# Le Routard

# Allemagne



*Directeur de collection et auteur*
Philippe GLOAGUEN

*Cofondateurs*
Philippe GLOAGUEN
et Michel DUVAL

*Rédacteur en chef*
Pierre JOSSE

*Rédacteurs en chef adjoints*
Amanda KERAVEL
et Benoît LUCCHINI

*Directrice de la coordination*
Florence CHARMETANT

*Directrice administrative*
Bénédicte GLOAGUEN

*Direction éditoriale*
Catherine JULHE

*Rédaction*
Isabelle AL SUBAIHI
Mathilde de BOISGROLLIER
Thierry BROUARD
Marie BURIN des ROZIERS
Véronique de CHARDON
Gavin's CLEMENTE-RUÏZ
Fiona DEBRABANDER
Anne-Caroline DUMAS
Géraldine LEMAUF-BEAUVOIS
Olivier PAGE
Alain PALLIER
Anne POINSOT
André PONCELET

*Administration*
Carole BORDES
Éléonore FRIESS

2015

hachette

## *Remarque importante aux hôteliers et restaurateurs*

Les enquêteurs du *Routard* travaillent dans le plus strict anonymat. Aucune réduction, aucun avantage quelconque, aucune rétribution n'est jamais demandé en contrepartie. Face aux aigrefins, la loi autorise les hôteliers et restaurateurs à porter plainte.

## *Avis aux lecteurs*

*Le Routard,* ce n'est pas comme le bon vin, il vieillit mal. On ne veut pas pousser à la consommation, mais évitez de partir avec une édition ancienne. Les modifications sont souvent importantes.

Les réductions accordées à nos lecteurs ne sont jamais demandées par nos rédacteurs afin de préserver leur indépendance. Les hôteliers et restaurateurs sont sollicités par une société de mailing, totalement indépendante de la rédaction, qui reste donc libre de ses choix. De même pour les autocollants et plaques émaillées.

## *Avec routard.com, choisissez, organisez, réservez et partagez vos voyages !*

- ✓ Rejoignez la plus grande communauté francophone de voyageurs : plus de **2 millions** de visiteurs !
- ✓ Échangez avec les routarnautes : forums, photos, avis d'hôtels.
- ✓ Retrouvez aussi toutes les informations actualisées pour choisir et préparer vos voyages : plus de 200 fiches pays, une centaine de dossiers pratiques et un magazine en ligne pour découvrir tous les secrets de votre destination.
- ✓ Enfin, comparez les offres pour organiser et réserver votre voyage au meilleur prix.



**Pictogrammes du *Routard***

**Établissements**

- Hôtel, auberge, chambres d'hôtes
- Camping
- Restaurant
- Boulangerie, sandwicherie
- Glacier
- Café, salon de thé
- Café, bar
- Bar musical
- Club, boîte de nuit
- Salle de spectacle
- Office de tourisme
- Poste
- Boutique, magasin, marché
- Accès internet
- Hôpital, urgences

**Sites**

- Plage
- Site de plongée
- Piste cyclable, parcours à vélo

**Transports**

- Aéroport
- Gare ferroviaire
- Gare routière, arrêt de bus
- Station de métro
- Station de tramway
- Parking
- Taxi
- Taxi collectif
- Bateau
- Bateau fluvial

**Attraits et équipements**

- Présente un intérêt touristique
- Recommandé pour les enfants
- Adapté aux personnes handicapées
- Ordinateur à disposition
- Connexion wifi
- Inscrit au Patrimoine mondial de l'Unesco

Le *Routard* est imprimé sur un papier issu de forêts gérées.


I.S.B.N. 978-2-01-002759-8

# TABLE DES MATIÈRES



## COMMENT Y ALLER ?



## ALLEMAGNE UTILE



## HOMMES, CULTURE, ENVIRONNEMENT

# L'OUEST DE L'ALLEMAGNE

## LA RHÉNANIE DU NORD – WESTPHALIE



## LA HESSE



## LA RHÉNANIE-PALATINAT



### La vallée du Rhin, de Mayence à Coblence



### La vallée de la Moselle, de Coblence à Trèves



### Le Palatinat (Pfalz)

# LE SUD DE L'ALLEMAGNE

## LE BADE-WURTEMBERG

### Stuttgart et le nord du Bade-Wurtemberg



### Au sud de Stuttgart et vers le lac de Constance



### Au sud et à l'est de Tübingen



### Le lac de Constance (Bodensee)



### La Forêt-Noire



## LA BAVIÈRE

### Munich et ses environs



### La Bavière orientale

### La Franconie



### La Route romantique



### La route allemande des Alpes



## L'EST DE L'ALLEMAGNE

### LA THURINGE



### LE LAND DE SAXE

## SAXE-ANHALT



# LE NORD DE L'ALLEMAGNE

## LA CÔTE BALTIQUE – LE LAND DE MECKLEMBOURG-POMÉRANIE OCCIDENTALE



## HAMBOURG ET SCHLESWIG-HOLSTEIN



# LE NORD-OUEST DE L'ALLEMAGNE

## LA BASSE-SAXE (NIEDERSACHSEN)

**IMPORTANT : DERNIÈRE MINUTE**

Sauf rare exception, le *Routard* bénéficie d'une parution annuelle à date fixe. Entre deux dates, des événements fortuits (formalités, taux de change, catastrophes naturelles, conditions d'accès aux sites, fermetures inopinées, etc.) peuvent intervenir et modifier vos projets de voyage. Pour éviter les déconvenues, nous vous recommandons de consulter la rubrique « Guide » par pays de notre site • ***routard.com*** • et plus particulièrement les dernières ***Actus voyageurs.***

**Recommandation à ceux qui souhaitent profiter des réductions et avantages proposés dans le *Routard* par les hôteliers et les restaurateurs :** à l'hôtel, pensez à les demander au moment de la réservation ou, si vous n'avez pas réservé, **à l'arrivée.** Ils ne sont valables que pour les réservations en direct et non cumulables avec d'autres offres promotionnelles (notamment sur Internet). Au restaurant, parlez-en **au moment** de la commande et surtout **avant** que l'addition ne soit établie. Poser votre *Routard* sur la table ne suffit pas : le personnel de salle n'est pas toujours au courant et une fois le ticket de caisse imprimé, il est difficile de modifier le total. En cas de doute, montrez la notice relative à l'établissement dans le *Routard* de l'année, bien sûr, et ne manquez pas de nous faire part de toute difficulté rencontrée.

NORD
DANEMARK
MER BALTIQUE
Îles de la Frise du Nord
MER DU NORD
Kiel
SCHLESWIG-HOLSTEIN
Lübeck
MECKLEMBOURG-POMÉRANIE OCCIDENTALE
Schwerin
Hamburg
Lüneburg
Bremen
POLOGNE
BASSE-SAXE
Oder
Berlin
PAYS-BAS
Potsdam
Hannover
BRANDEBOURG
Oder
Magdeburg
Neisse
SAXE-ANHALT
RHÉNANIE DU NORD-WESTPHALIE
Elbe
Düsseldorf
Leipzig
Dresden
Köln
Erfurt
Bonn
Marburg
SAXE
Aachen
THURINGE
HESSE
BELGIQUE
Koblenz
Wiesbaden
RHÉNANIE-PALATINAT
Frankfurt/Main
Trier
Mainz
RÉPUBLIQUE TCHÈQUE
LUX
SARRE
Nürnberg
Sarrebruck
BAVIÈRE
Stuttgart
RHIN
BADE-WURTEMBERG
FRANCE
Augsburg
München
Freiburg
AUTRICHE
SUISSE
100 km

## LES LÄNDER

# ??? LES QUESTIONS
## QU'ON SE POSE LE PLUS SOUVENT

**Pourquoi sommes-nous aussi réticents à visiter l'Allemagne ?**
L'histoire commune aux deux pays a sans doute pas mal contribué à installer durablement quelques préjugés. Heureusement, les choses ont changé et les jeunes sont de plus en plus nombreux à séjourner en Allemagne pour se familiariser avec la langue de Goethe et construire l'Europe avec nos partenaires à présent incontournables.

**Comment se déplacer en Allemagne ?**
Le pays est très grand, et il vaut mieux se limiter à une région à la fois. Le réseau autoroutier est très dense, et il n'y a pas de péage à redouter. Les jeunes emprunteront le réseau des chemins de fer en profitant des offres et promos sur un réseau de trains rapides (ICE) comparables aux TGV. Les bus, très bien organisés, rendent de très bons services dans toutes les régions. Et le vélo a la cote dans un pays de plus en plus soucieux d'écologie.

**Y fait-il toujours gris et froid ?**
Pour sa plus grande partie, l'Allemagne jouit d'un climat continental, donc assez contrasté entre l'été et l'hiver. Si la neige y dure plus longtemps que chez nous, les mois d'été peuvent être chauds et secs. Et allez donc faire un tour du côté de la Baltique en juillet, vous serez plutôt surpris !

**La vie y est-elle chère ?**
Le coût de la vie élevé est une idée reçue : l'Allemagne est légèrement moins chère que la France. On peut voyager à l'économie en fréquentant les pensions, les chambres chez l'habitant et les auberges de jeunesse. Au restaurant, on s'habitue vite au plat unique, avec un simple accompagnement.

**Mange-t-on gras et lourd en Allemagne ?**
Si on retrouve souvent le cochon sous toutes ses formes, sachez que les Allemands sont les plus grands voyageurs du monde et qu'ils ont appris à apprécier toutes les cuisines exotiques. Vous trouverez donc une très grande diversité dans l'offre culinaire. Le pire côtoyant le meilleur, comme toujours.

**N'y boit on que de la bière ?**
C'est vrai que l'Allemand moyen ingurgite facilement ses 150 litres annuels. C'est le moment de découvrir les plus typiques. Mais les vins produits dans le pays sont de plus en plus intéressants. En revanche, le *Sekt* (mousseux) ne fera jamais oublier le champagne...

**L'allemand est-il une langue difficile ?**
Si, au lycée, vous avez été assidu au cours d'allemand, vous n'aurez aucun mal à demander votre chemin. En revanche, vous serez étonné du nombre d'Allemands qui, eux, se débrouillent en français. Et puis, l'anglais, parlé ici depuis l'enfance est la seconde langue utilitaire.

**Et la culture dans tout cela ?**
Vous allez vous régaler : des châteaux en pagaille, des musées fabuleux et pas trop chers, des expos pointues, des concerts classiques à gogo, des festivals de rock, des scènes alternatives... et les traces d'une riche histoire, encore présentes à chaque coin de rue. En Allemagne, le mot *Kultur* ne rime jamais avec pénurie.

# LES COUPS DE CŒUR DU ROUTARD

**Nous tenons à remercier tout particulièrement Loup-Maëlle Besançon, Thierry Bessou, Gérard Bouchu, François Chauvin, Grégory Dalex, Stéphanie Déro, Fabrice Doumergue, Cédric Fischer, Carole Fouque, Michelle Georget, David Giason, Claude Hervé-Bazin, Emmanuel Juste, Dimitri Lefèvre, Fabrice de Lestang, Romain Meynier, Éric Milet, Pierre Mitrano, Jean-Sébastien Petitdemange, Thomas Rivallain et Dominique Roland pour leur collaboration régulière.**

Emmanuelle Bauquis
Mathilde Blanchard
Jean-Jacques Bordier-Chêne
Michèle Boucher
Mathilde Bouron
Sophie Cachard
Jeanne Cochin
Agnès Debiage
Jérôme Denoix
Joséphine Desfougères
Tovi et Ahmet Diler
Clélie Dudon
Sophie Duval
Alain Fisch
Cécile Gastaldo
Bérénice Glanger
Adrien et Clément Gloaguen
Bernard Hilaire
Sébastien Jauffret
Blanche-Flore Laize
Virginie Leibel
Jacques Lemoine
Julien Léopold
Jacques Muller
Caroline Ollion
Martine Partrat
Odile Paugam et Didier Jehanno
Julia Pouyet
Émile Pujol
Maud Régent
Anaïs Rougale
Prakit Saiporn
Jean-Luc et Antigone Schilling
Alicia Tawil
Caroline Vallano
Juliana Verdier

**Direction :** Nathalie Bloch-Pujo
**Contrôle de gestion :** Jérôme Boulingre et Alexis Bonnefond
**Secrétariat :** Catherine Maîtrepierre
**Direction éditoriale :** Catherine Julhe
**Édition :** Matthieu Devaux, Géraldine Péron, Olga Krokhina, Gia-Quy Tran, Julie Dupré, Pauline Fiot, Camille Loiseau, Béatrice Macé de Lépinay, Emmanuelle Michon, Martine Schmitt et Marion Sergent
**Préparation-lecture :** Véronique Rauzy
**Cartographie :** Frédéric Clémençon et Aurélie Huot
**Fabrication :** Nathalie Lautout et Audrey Detournay
**Relations presse France :** COM'PROD, Fred Papet. ☎ 01-70-69-04-69. • *info@comprod.fr* •
**Direction marketing :** Adrien de Bizemont, Lydie Firmin et Laure Illand
**Contacts partenariats :** André Magniez (EMD). • *andremagniez@gmail.com* •
**Édition des partenariats :** Élise Ernest
**Informatique éditoriale :** Lionel Barth
**Couverture :** Clément Gloaguen et Seenk
**Maquette intérieure :** le-bureau-des-affaires-graphiques.com, Thibault Reumaux et npeg.fr
**Relations presse :** Martine Levens (Belgique) et Maureen Browne (Suisse)
**Régie publicitaire :** Florence Brunel-Jars

## Remerciements

- ***Beatrix Haun, Till Palme*** et ***Vanessa Kewitz*** de l'office national du tourisme allemand à Paris.
- ***Tomma Profke*** de Tourismus Marketing du Baden-Württemberg à Stuttgart.
- ***Annegret Bey*** de l'office de tourisme de Stuttgart.
- ***Christina Möller*** de Heidelberg Marketing.
- ***Jean-Paul Wimmer,*** guide à Heidelberg.
- ***Bernhard Müller*** de FWTM à Fribourg.
- ***Verena Seegmüller,*** guide à Baden-Baden.
- ***Johanna Wolff,*** de Bayern Tourismus à Münich.
- ***Anneka Wünnerlein*** de l'office de tourisme de Munich et ***Hedda Manhard,*** guide professionnelle.
- ***Olivia Hernandez*** de l'office de tourisme de Regensburg.
- ***Jasmin Raschka*** de l'office de tourisme de Nuremberg, ainsi que ***Danièle List,*** guide professionnelle.
- ***Franck Nicklas*** de l'office de tourisme de Bayreuth.
- ***Michael Amthor*** de l'office de tourisme de Coburg.
- ***Anna-Maria Schühlein*** de l'office de tourisme de Bamberg.
- ***Maria Pertmann-Ley*** de l'office de tourisme de Wurzburg.
- ***Annemieke Böttger*** de l'office de tourisme de Rothenburg ob der Tauber.
- ***Dirk Homburg*** de l'office de tourisme d'Ulm, et ***Anna Schäfer*** et ***Elisabeth Knittel,*** guides professionnelles.
- ***Sonja Wolf*** de l'office de tourisme d'Augsburg, et ***Regina Thieme,*** guide professionnelle.

# ITINÉRAIRES CONSEILLÉS

Il serait un peu fastidieux d'énumérer toutes les possibilités de circuits pour découvrir l'Allemagne, d'autant plus que votre mode de locomotion et le temps que vous pouvez y consacrer détermineront votre choix : 16 *Länder* et villes-États constituent autant d'identités régionales fortement marquées.
Des séjours de 3 à 5 jours ne peuvent couvrir que la découverte des grandes villes.

## ITINÉRAIRES

### Du Rhin aux Alpes (8 j.)

Freiburg – Konstanz – Meersburg – Lindau – Füssen – Neuschwanstein – Oberammergau – Garmisch – Partenkirchen.

### Bavière Nord et Franconie. Remparts et vignobles (9 j.)

Munich (2 j.) – Passau – Regensburg – Nürnberg – Bamberg – Würzburg – Rothenburg ob der Tauber – Augsburg.

### Saxe et Thuringe. Périple musique et littérature (7 j.)

Dresde (2 j.) – Weimar – Erfurt – Leipzig – Dessau – Magdebourg (à compléter éventuellement par quelques jours à Berlin et Potsdam – voir guide *Berlin*).

### Villes hanséatiques et plages de la Baltique (7 j.)

Hambourg – Lübeck – Wismar – Rostock – Stralsund – Rügen – Usedom.

### Sur les traces des contes de Grimm (7 j.)

Hambourg – Lünebourg – Hameln – Celle – Hildesheim – Wolfenbüttel – Goslar.

### Rhénanie et Rhur. Commerce, art et industrie (7 j.)

Aachen – Köln (2 j.) – Düsseldorf – Duisburg – Essen – Bochum.

### Vignobles et vestiges romains (7 j.)

Trier – vallée de la Moselle – Koblenz – Wiesbaden – Mainz – Speyer – Baden-Baden.

### Forêt-Noire (7 j.)

Freiburg – Titisee – Triberg – Gengenbach – Hohenzollern – Tübingen – Stuttgart.

### De donjons en abbayes (7 j.)

Manheim – Heildelberg – Maulbronn – Bad Wimpfen – Dinkelsbühl – Rothenburg ob der Tauber – Nürnberg.

### L'or du Rhin (7 j.)

Koblenz – Boppard – Sankt-Goar – Oberwesel – Bacharah – Bingen – Rüdesheim.

### Spécial deux-roues, le long du Danube (6 j.)

Ulm – Neuburg – Ingolstadt – Regensburg – Straubing – Passau.



## SI VOUS AIMEZ...

### ... le Patrimoine mondial de l'Unesco

2 000 ans d'histoire ont laissé de nombreuses traces en Allemagne, témoins muets de phénomènes naturels ou explicites de réalisations humaines de première importance. Parmi les plus remarquables (39 au total), des édifices comme la cathédrale de Cologne ou l'opéra de Bayreuth, des ensembles urbains, comme les centres historiques de Stralsund et Wismar, mais également des sites industriels, comme le Zolverein à Essen et des paysages exceptionnels, comme la mer de Wadden, ont été classés par l'Unesco.

### ... les grandes villes

On compte en Allemagne plus de 10 000 villes entre la mer du Nord et les Alpes, chacune avec son propre caractère. Métropoles trépidantes ou paisibles, hauts lieux de l'architecture débordant de curiosités historiques, de grands musées, de rues commerçantes animées ou de maisons à colombages et animées d'une vie nocturne intense, les villes allemandes sont d'une incroyable diversité et ne demandent qu'à être découvertes.

### ... la nature

On se surprend à découvrir une nature à l'état pur, en contraste avec l'idée qu'on se fait d'une nation industrielle, des Alpes à la Baltique, la nature et sa préservation sont omniprésentes. 14 parcs nationaux et des paysages d'une grande diversité d'espèces, de plantes et d'animaux attendent le randonneur pour lui procurer des émotions profondes et le sentiment d'être en totale harmonie avec soi-même. *Géocaching,* marche nordique, treks en raquettes ou simple balade : les circuits de randonnées proposent une grande variété d'approches et de techniques.

### ... le cyclotourisme

Avec plus de 70 000 km de pistes cyclables et 200 sentiers de cyclotourisme sillonnant diverses régions, le choix est difficile. Les ambitieux peuvent attaquer les Alpes, les amateurs de balades choisiront les vignobles. Les chemins longeant les cours d'eau sont parfaits pour les familles. Et vous trouverez aussi une ribambelle d'hébergements, de la ferme au château-hôtel, aménagés tout spécialement pour les cyclistes.

### ... les musées

Autrefois ennuyeux, mais de nos jours instructifs, originaux et même parfois drôles ou fascinants grâce à leur modernisation, les 4 000 musées allemands entraînent leurs visiteurs dans des univers les plus variés : art, histoire, techniques, architecture, musique, littérature ou histoire naturelle. Plongez dans les cultures d'époques les plus diverses, admirez les œuvres des maîtres anciens ou des artistes modernes au *Städelsches Kunstinstitut* de Francfort ou au *Germanisches Museum* de Nürnberg. Le *Deutsches Museum* de Munich, lui, est considéré comme l'un des plus importants musées techniques au monde.

## ... les châteaux et leurs parcs et jardins

S'il y a bien un pays où ce thème fait tourner les têtes tant leur variété est infinie, c'est bien l'Allemagne : de toutes les époques et de tous les styles, dans toutes les régions, les découvertes exceptionnelles ne manquent pas : c'est un peu comme dans les contes et les légendes, mais en plus c'est en vrai !

## ... l'automobile

VW, Mercedes-Benz, Porsche, Opel, Audi et BMW, les grandes marques tiennent une place particulière dans le cœur des Allemands. Non seulement elles se distinguent par les qualités de fiabilité et d'innovation mais, en plus, elles s'exposent ! Plus de 200 espaces de découverte et musées sur le thème de l'automobile et de la technique sont répartis à travers tout le pays. À Stuttgart, Munich ou à Wolfsburg, les amateurs de belles cylindrées seront aux anges, sans compter les musées, moins spectaculaires mais aussi attachants, qui présentent les modèles d'antan.

## ... la musique

L'Allemagne est une scène permanente pour de multiples styles musicaux : on y trouve plus d'une centaine de salles de concerts classiques avec des orchestres de réputation internationale. Par ailleurs, châteaux, forteresses, paysages naturels et même circuits automobiles sont le cadre de festivals les plus variés : *Dixieland* à Dresde, rock au *Nürburgring,* reggae du Chiemsee, sans oublier l'hommage rendu dans les villes où ont vécu ou travaillé les maîtres du classique : Beethoven, Wagner, Bach, Haendel, Haydn ou Mozart...

## ... les marchés de Noël

Une tradition bien ancrée dans tout le pays et présente du littoral jusqu'aux Alpes. Plus de 150 marchés d'artisanat, au milieu des lumières de fête, avec musique, chants et bonnes choses à déguster, dans les senteurs de vin chaud et de cannelle raviront petits et grands.

# COMMENT Y ALLER ?

## EN AVION

**AVANT D'ENREGISTRER**

Conservez dans votre bagage en cabine, vos médicaments, vos divers appareils et chargeurs ainsi que vos objets de valeur (clefs et bijoux). Et on ne sait jamais, ajoutez-y de quoi vous changer si vos bagages n'arrivaient pas en même temps que vous.

### Les compagnies régulières

▲ **AIR FRANCE**

*Rens et résas au ☎ 36-54 (0,34 €/mn – tlj 6h30-22h), sur • airfrance.fr •, dans les agences Air France et dans ttes les agences de voyages. Fermées dim.*

➢ ***Au départ de Paris-Charles-de-Gaulle :*** Air France, en vols directs, dessert Düsseldorf (5-6 vols/j), Francfort (6-7 vols/j.), Hambourg (3-4 vols/j), Munich (6 vols/j., et bien sûr Berlin-Tegel (4-5 vols/j.).

➢ ***Au départ de Toulouse :*** liaison directe pour Hambourg.

Air France propose à tous des tarifs attractifs toute l'année. Vous avez la possibilité de consulter les meilleurs tarifs du moment sur Internet, directement sur la page « Meilleures offres et promotions ».

Le programme de fidélisation Air France-KLM permet de cumuler des *miles* à son rythme et de profiter d'un large choix de primes. Avec votre carte *Flying Blue,* vous êtes immédiatement identifié comme client privilégié lorsque vous voyagez avec tous les partenaires.

Air France propose également la carte *Fréquence Jeune* réservée aux jeunes âgés de 2 à 24 ans résidant en France métropolitaine, dans les départements d'outre-mer, au Maroc ou Tunisie ou en Algérie. Avec plus 1 000 destinations, et plus de 100 partenaires, *Flying Blue Jeune* offre autant d'occasions de cumuler des *miles* partout dans le monde.

▲ **HOP !**

*Rens et résas sur • hop.com •, via les canaux de ventes Air france, dans ttes les agences de voyages et au centre d'appels ☎ 0825-30-22-22 (0,15 €/mn ; tlj).*

➢ Depuis Paris-CDG, liaisons vers Brême (2-4 vols/j.), Hanovre (3-4 vols/j.), Nuremberg (3-4 vols/j.). Depuis Bordeaux, Nantes et Toulouse, vols vers Düsseldorf. HOP ! propose des tarifs attractifs toute l'année. Possibilité de consulter les meilleurs tarifs du moment sur le site internet.

▲ **LUFTHANSA**

*Rens : ☎ 0892-231-690 (0,34 €/mn). • lufthansa.fr •*

Lufthansa propose de nombreux vols directs entre la France et l'Allemagne dont certains en partage de codes avec ses partenaires Austrian, Brussels Airlines, Germanwings et Swiss.

L'aéroport de Francfort, un des plus grands d'Europe, dispose d'une gare de trains à grande vitesse *(ICE)* en liaison avec toutes les grandes villes allemandes et le réseau du TGV-Est.

➢ ***Départs depuis la France :*** depuis Paris-CDG vers Berlin, Francfort et

Hambourg ; depuis Lyon vers Düsseldorf et Munich ; depuis Nice vers Berlin, Cologne-Bonn, Düsseldorf, Francfort, Hambourg et Munich ; depuis Marseille vers Francfort et Munich ; depuis Toulouse vers Francfort, Hambourg et Munich ; depuis Montpellier vers Düsseldorf, Francfort et Munich ; depuis Bâle-Mulhouse vers Hambourg, ainsi qu'une liaison en bus jusqu'à Francfort au départ de Strasbourg.

➢ ***Départs depuis la Belgique :*** de Brussels Airport, vols vers Munich.

➢ ***Départs depuis la Suisse :*** de Genève vers Francfort et Munich.



▲ **BRUSSELS AIRLINES**

*Rens : ☎ 0892-64-00-30 (0,34 €/mn) depuis la France et ☎ 0902-51-600 (0,75 €/mn) en Belgique. • brusselsairlines.com •*

Plus de 50 destinations en Europe, dont Berlin, Francfort, Hambourg, Hanovre et Munich.

## Les compagnies *low-cost*

Ces compagnies dites « à bas prix » desservent les capitales européennes ainsi que de nombreuses villes de province. Plus vous réserverez vos billets à l'avance, plus vous aurez des chances d'avoir des tarifs avantageux, mais il ne faut pas trop espérer trouver facilement des billets à prix plancher lors des périodes les plus fréquentées (vacances scolaires, week-end...). N'hésitez pas à combiner les offres, d'autant plus que les compagnies *low-cost* permettent des vols simples. La résa se fait souvent par Internet et parfois par téléphone (pas d'agence, juste un numéro de réservation et un billet à imprimer soi-même). Des frais de dossier ainsi que des frais pour le paiement par carte bancaire peuvent vous être facturés. En outre, les pénalités en cas de changement d'horaires sont assez importantes. Afin de réduire les files d'attente dans les aéroports, certaines compagnies font même payer l'enregistrement aux comptoirs d'aéroport. Pour l'éviter, vous avez intérêt à vous enregistrer directement sur Internet, où le service est gratuit. Il faut aussi rappeler que plusieurs compagnies facturent maintenant les bagages en soute ou limitent leur poids. En cabine également, le nombre de bagages est strictement limité (attention, même le plus petit sac à main est compté comme un bagage à part entière). À bord, c'est service minimum, et tous les services sont payants (boissons, journaux...). Ne pas oublier non plus d'ajouter le prix du bus pour se rendre à ces aéroports, souvent assez éloignés du centre-ville ou dans des aéroports secondaires quand il s'agit des capitales. Attention également au moment de la résa par Internet à décocher certaines options qui sont automatiquement cochées (assurances, etc.). Au final, même si les prix de base restent très attractifs, il convient de prendre en compte tous ces frais annexes pour calculer le plus justement son budget.

▲ **AIR BERLIN**

*– France : ☎ 0826-967-378 (0,15 €/mn).*
*– Belgique : ☎ 070-654-737 (0,15 €/mn).*
*– Suisse : ☎ 0848-737-800 (0,08 Fs/mn).*
*• airberlin.com • Service clientèle 24h/24.*

Compagnie desservant plus d'une vingtaine de villes allemandes directement ou avec escale au départ de Paris-CDG, Paris-Orly (Calvi en été), et Nice. De Bâle-Mulhouse et Zurich, en Suisse, vers une dizaine d'aéroports allemands. Offres spéciales fréquentes à découvrir sur le site.

▲ **DARWIN**

*• darwinairline.com •*

Compagnie suisse basée à Genève qui assure des liaisons quotidiennes de Paris-CDG vers Leipzig/Halle.

▲ **EASYJET**

*Résas slt via Internet. • easyjet.com •*

➢ Vols de Paris-Orly, Lyon, Nice, Bruxelles et Genève pour Berlin-Schönefeld et Hambourg, et de Bâle-Mulhouse pour Berlin, Dresde et Hambourg.

▲ **GERMANWINGS**

*• germanwings.com •*
*– France : ☎ 0892-390-158 (0,34 €/mn).*
*– Belgique : ☎ 070-274-900 (0,15 €/mn).*
*– Suisse : ☎ 0900-000-407 (0,64 Fs/mn).*

➢ Au départ de Paris-CDG, Nice ; Bastia et Calvi et Montpellier (en été seulement), Strasbourg, Toulouse et Bâle-Mulhouse, Bruxelles, Genève

Toute l'authenticité de l'Allemagne
sous le signe de
la PlaisirdLogis
Réservez
aujourd'hui sur
logishotels.com
Les hôteliers-restaurateurs Logis
en Allemagne vous accueillent pour vous faire
partager leur goût de l'authenticité,
de la découverte, de l'originalité
et vous faire savourer une cuisine régionale
tellement gourmande.
C'est ce qu'on appelle
la PlaisirdLogis
2 600 hôtels-restaurants en Europe.
Vous n'êtes pas au bout de vos plaisirs.
Logis

et Zurich, liaisons régulières vers une quinzaine d'aéroports allemands.

▲ **RYANAIR**

*☎ 0892-780-210 (0,34 €/mn). • ryanair.com •*

➢ Vols pour Francfort-Hahn au départ de Montpellier.

➢ Vols pour Düsseldorf (Weeze) et Brême au départ de Béziers.

▲ **TRANSAVIA**

*• transavia.com •*

La compagnie low-cost du groupe Air France-KLM dessert de nombreuses destination vers l'Europe et le bassin méditerranéen au départ de Paris-Orly sud, Nantes, Lyon et Strasbourg dont la liaison Nantes-Berlin.

▲ **VOLOTEA**

*• volotea.com •*

Compagnie espagnole basée à Barcelone.

➢ Vols vers Munich depuis Bordeaux et Nantes.

▲ **TWINJET**

*• twinjet.fr •*

➢ Liaison quotidienne (lun-ven) Lyon-Stuttgart.

## LES ORGANISMES DE VOYAGES

Ne pas croire que les vols à tarif réduit sont tous au même prix pour une même destination à une même époque : loin de là. On a déjà vu, dans un même avion partagé par deux organismes, des passagers qui avaient payé 40 % plus cher que les autres. De plus, une agence bon marché ne l'est pas forcément toute l'année (elle peut n'être compétitive qu'à certaines dates bien précises). Donc, contactez tous les organismes et jugez vous-même.

Les organismes cités sont classés par ordre alphabétique, pour éviter les jalousies et les grincements de dents.

### EN FRANCE

▲ **AMSLAV TOURISME**

*– Paris : 60, rue de Richelieu, 75002. ☎ 01-44-88-20-40. • amslav.com • Ⓜ Bourse, Pyramides. Lun-ven 9h-18h ; sam 10h-13h, 14h-18h.*

Tour-opérateur et créateur de voyages, Amslav Tourisme est spécialiste de l'Europe centrale et orientale, dont l'Allemagne. L'équipe, composée de personnel expérimenté connaissant parfaitement le terrain pour y avoir vécu ou pour y être né, réunit son expérience et son savoir-faire pour proposer une gamme variée de produits : week-ends, voyages à la carte, séjours libres ou organisés, autotours, circuits culturels, circuits combinés dans plusieurs pays d'Europe centrale et orientale.

▲ **DBFRANCE**

*Rens : 20, rue Laffitte, 75009 Paris. Vente et rens slt par tél, lun-ven 9h30-17h30, au ☎ 01-44-58-95-40. • bahn.com/fr • Ts les horaires de train pour l'Europe sont disponibles sur le site ou sur place, dans les gares.*

DBFrance est une filiale de la compagnie *Deutsche Bahn (DB)*. L'offre de DBFrance s'appuie sur l'expertise et la légitimité de *Deutsche Bahn* dans le transport ferroviaire et également dans l'organisation de séjours touristiques ou de voyages d'affaires sur mesure.

– Bon plan avec l'***Europa-Spezial***, un *pass* à partir de 39 € en 2e classe sur l'ensemble du réseau *Deutsche Bahn* et certains trains en coopération. Attention, offre contingentée et disponible trois mois en avance ; le tarif n'est confirmé qu'au moment de la validation de la réservation. Les enfants de moins de 15 ans accompagnés de l'un de leurs parents ou grands-parents voyagent gratuitement sur les lignes internationales et à l'intérieur de l'Allemagne.

▲ **NOUVELLES FRONTIÈRES**

*Rens et résas au ☎ 0825-000-747 (0,15 €/mn) ; en agence de voyages, agences Nouvelles Frontières et Marmara, et sur • nouvelles-frontieres.fr •*

Depuis plus de 45 ans, Nouvelles Frontières fait découvrir le monde au plus grand nombre au travers de séjours aussi merveilleux qu'insoupçonnés, à la découverte de nouveaux paysages et de nouveaux visages ainsi que de rencontres riches en émotions. Selon votre

## NOUVEAUTÉ

### LA LOIRE À VÉLO (février 2015)

Eh oui, 800 km de voies aménagées pour les vélos de la région Centre à la côte Atlantique ; l'occasion de pédaler le long des berges d'un fleuve encore sauvage, au rythme de la petite reine. Découvrez, le nez au vent, les richesses des régions Centre et Pays de la Loire : lavoirs anciens, îles éphémères, villages troglodytiques, châteaux Renaissance, mais aussi réserves naturelles abritant toute une faune et une flore spécifiquement ligériennes. Le fleuve royal ne ménage pas ses effets pour vous séduire d'étapes en étapes. Un trajet qui serpente aussi à travers des vignobles réputés et permet ainsi de goûter aux richesses d'un terroir béni des dieux.
Un guide pratique : à chaque étape sa carte en couleurs et les sites à visiter. Accompagné d'un carnet d'adresses pour se loger, se restaurer, louer des vélos et bichonner sa monture à deux-roues.

budget ou vos désirs, plus de 100 destinations à choisir parmi 240 circuits ou bien en séjours et voyages à la carte à personnaliser selon vos envies. Rendez-vous sur le Web ou en agence où les conseillers Nouvelles Frontières seront à votre écoute pour mettre le voyage d'exception à votre portée et composer votre voyage selon vos souhaits.

**▲ VOYAGES-SNCF.COM**

*– Infos et résas depuis la France : • voyages-sncf.com • et sur tablette et mobile avec les applis V. (trains) et V. Hôtel (hôtels).*

*– Réserver un vol, un hôtel, une voiture : ☎ 0899-500-500 (1,35 € l'appel, puis 0,34 €/mn).*

*– Une question ? Rubrique Contact ou au ☎ 09-70-60-99-60 (n° non surtaxé).*

Voyages-sncf.com, distributeur de voyages en ligne de la SNCF, vous propose ses meilleurs prix de train, d'avion, d'hôtel et de location de voitures en France et en Europe. Accédez aussi à ses services exclusifs : billets à domicile (en France), Alerte Résa, calendrier des prix, offres de dernière minute...

**▲ VOYAGEURS DU MONDE**

*– Voyageurs en Russie et en Europe centrale (Allemagne, Autriche, Belgique, Hongrie, Pays baltes, Pays-Bas, Pologne, République tchèque, Russie, Slovénie, Ukraine). ☎ 01-42-86-17-60.*

*Le grand spécialiste du voyage en individuel sur mesure. • voyageursdumonde.com •*

*– Paris : La Cité des Voyageurs, 55, rue Sainte-Anne, 75002. ☎ 01-42-86-16-00. Ⓜ Opéra ou Pyramides. Lun-sam 9h30-19h. Avec une librairie spécialisée sur les voyages.*

*– Également des agences à Bordeaux, Grenoble, Lille, Lyon, Marseille, Montpellier, Nantes, Nice, Rennes, Rouen, Strasbourg et Toulouse.*

Parce que chaque voyageur est différent, que chacun a ses rêves et ses idées pour les réaliser, Voyageurs du Monde conçoit, depuis plus de 30 ans, des projets sur mesure. Les séjours proposés sur 120 destinations sont élaborés par leurs 180 conseillers voyageurs. Spécialistes par pays et même par région, ils vous aideront à personnaliser les voyages présentés à travers une trentaine de brochures d'un nouveau type et sur le site internet où vous pourrez également découvrir les hébergements exclusifs et consulter votre espace personnalisé. Au cours de votre séjour, vous bénéficiez des services personnalisés Voyageurs du Monde, dont la possibilité de modifier à tout moment votre voyage, l'assistance d'un concierge local, la mise en place de rencontres et de visites privées et l'accès à votre carnet de voyage via une application iPhone et Androïd.

Voyageurs du Monde est membre de l'association ATR (Agir pour un Tourisme Responsable) et a obtenu sa certification Tourisme Responsable AFAQ AFNOR.

## *Comment aller à Roissy et à Orly ?*

Bon à savoir :

– le ***pass Navigo*** est valable pour Roissy-Rail (RER B, zones 1-5) et Orly-Rail (RER C, zones 1-4). Les week-ends et j. fériés, le *pass Navigo* est dézoné, ce qui permet à ceux qui n'ont que les zones 1 à 3 d'aller tout de même jusqu'aux aéroports sans frais supplémentaires ;

– le ***billet Orly-Rail*** permet d'accéder sans supplément aux réseaux métro et RER.

> Conservez dans votre bagage cabine vos médicaments, vos divers chargeurs et appareils ainsi que vos objets de valeur (clés et bijoux). Et on ne sait jamais, ajoutez-y de quoi vous changer si vos bagages n'arrivaient pas à bon port avec vous.

## À Roissy-Charles-de-Gaulle 1, 2 et 3

Attention : si vous partez de Roissy, pensez à vérifier de quelle aérogare votre avion décolle, car la durée du trajet peut considérablement varier en fonction de cette donnée.

***En transports collectifs***

**Les cars Air France :** ☎ *0892-350-820 (0,34 €/mn).* • *lescarsairfrance.com* • *Paiement par CB possible à bord.*
Le site internet diffuse les informations essentielles sur le réseau (lignes, horaires, tarifs...) permettant de connaître en temps réel le trafic afin de mieux planifier son départ. Il permet d'acheter et d'imprimer les billets électroniques pour accéder aux bus.
➢ *Paris-Roissy :* départ pl. de l'Étoile (1, av. Carnot), avec un arrêt pl. de la Porte-Maillot (bd Gouvion-Saint-Cyr). Départs ttes les 30 mn, 5h45-23h. Durée du trajet : env 1h. Tarifs : 17 € l'aller simple, 29 € l'A/R ; réduc enfants 2-11 ans.
Autres départs depuis la gare Montparnasse (arrêt rue du Commandant-Mouchotte, face à l'hôtel *Pullman*), ttes les 30 mn, 6h-22h, avec un arrêt gare de Lyon (20 bis, bd Diderot). Tarifs : 17 € l'aller simple, 28,50 € l'A/R ; réduc enfants 2-11 ans.
➢ *Roissy-Paris :* les cars *Air France* desservent la pl. de la Porte-Maillot, avec un arrêt bd Gouvion-Saint-Cyr, et se rendent ensuite au terminus de l'av. Carnot. Départs ttes les 30 mn, 5h45-23h, des terminaux 2A et 2C (porte C2), 2E et 2F (niveau « Arrivées », porte E3 ou F9), 2B et 2D (porte B1), et du terminal 1 (porte 32, niveau « Arrivées »).
À destination de la gare de Lyon et de la gare Montparnasse, départs ttes les 30 mn, 6h-22h, des mêmes terminaux. Durée du trajet : env 1h15.

***Roissybus :*** ☎ *32-46 (0,34 €/mn).* • *ratp.fr* • Départs de la pl. de l'Opéra (angle rues Scribe et Auber) ttes les 15 mn (20 mn à partir de 20h, 30 mn à partir de 22h), 5h15-0h30. Durée du trajet : 1h. De Roissy, départs 6h-0h30 des terminaux 1, 2A, 2B, 2C, 2D et 2F, et à la sortie du hall d'arrivée du terminal 3. Tarif : 10,50 €.

***Bus RATP n° 351 :*** de la pl. de la Nation, 5h35-20h20. Solution la moins chère mais la plus lente. Compter 3 tickets ou 5,70 € et 1h40 de trajet. Ou ***bus n° 350,*** de la gare de l'Est (1h15 de trajet). Arrivée Roissypôle-gare RER.

***RER ligne B + navette :*** ☎ *32-46 (0,34 €/mn).* Départs ttes les 15 mn, 4h53-0h20 depuis la gare du Nord et à partir de 5h26 depuis Châtelet. À Roissy-Charles-de-Gaulle, descendre à la station (il y en a 2) qui dessert le bon terminal. De là, prendre la navette adéquate. Compter 50 mn de la gare du Nord à l'aéroport (navette comprise), mais mieux vaut prendre de la marge. Tarif : 10,90 €. *Pass Navigo* valable sans frais supplémentaires pour les aéroports.

– Si vous venez du Nord, de l'Ouest ou du Sud de la France en train, vous pouvez rejoindre les aéroports de Roissy sans passer par Paris, la gare SNCF Paris-Charles-de-Gaulle étant reliée aux réseaux TGV.

***En taxi***

Pensez aussi aux nouveaux services de transport qui se développent dans la capitale, et qui pourraient être adaptés à vos besoins :
– ***WeCab :*** ☎ *01-41-27-66-77.* • *wecab.com* • *Remise de 10 % pour nos lecteurs avec le code « routard2015 » au paiement.* Une formule de taxi partagé (avoir un peu de souplesse horaire donc, max 2 arrêts), fonctionnant entre les aéroports parisiens et Paris, ainsi qu'une quarantaine de villes en Île-de-France, tarifs forfaitaires (paiement à l'avance en ligne).
– ***Marcel :*** ☎ *0892-230-300.* • *marcel.cab* • *Appli Marcel Chauffeur sur iPhone et Android. 15 % de réduc pour toute résa effectuée plus de 48h à l'avance. Remise supplémentaire de 10 % pour nos lecteurs avec le code promo « routard ».* Service sur Paris et Ile-de-France, tarifs fixes avantageux et connus à la réservation. Aucun frais en sus pour les bagages, passagers supplémentaires ou l'approche. Réservation gratuite par Internet ou via l'application, payante par téléphone.

***En voiture***

Chaque terminal a son propre parking. Compter 36 € par tranche de 24h. Également des parkings longue durée (PR et PX), plus éloignés des terminaux, qui proposent des tarifs plus avantageux (forfait 24h 26 €, forfait 7 j. 158 €).

Possibilité de réserver sa place de parking via le site • aeroportsdeparis.fr • Stationnement au parking Vacances (longue durée) dans le P3 Résa (terminaux 1 et 3) situé à 2 mn du terminal 3 à pied, ou dans le PAB (terminal 2). Formules de stationnement 1-30 j. (115-230 €) pour le P3 Résa. Résa w-e 4 j. au PAB : 49 €. Réservation sur Internet uniquement. Les P1, PAB et PEF accueillent les deux-roues : 15 € pour 24h.

***Comment se déplacer entre Roissy-Charles-de-Gaulle 1, 2 et 3 ?***

Les rames du CDG-VAL font le lien entre les 3 terminaux en 8 mn. Fonctionne tlj, 24h/24. Gratuit. Accessible aux personnes à mobilité réduite. Départs ttes les 4 mn, et ttes les 20 mn minuit-4h. Desserte gratuite vers certains hôtels, parkings, gares RER et gares TGV. *Infos au ☎ 39-50.*

## À Orly-Sud et Orly-Ouest

***En transports collectifs***

***Les cars Air France :*** *☎ 0892-350-820 (0,34 €/mn). • lescarsairfrance.com • Tarifs : 12,50 € l'aller simple, 21 € l'A/R ; réduc 2-11 ans. Paiement par CB possible dans le bus.*
➢ *Paris-Orly :* départs de l'Étoile, 1, av. Carnot, ttes les 30 mn, 5h-22h40. Arrêts au terminal des Invalides, rue Esnault-Pelterie (Ⓜ Invalides), gare Montparnasse (rue du Commandant-Mouchotte, face à l'hôtel *Pullman* ; Ⓜ Montparnasse-Bienvenüe, sortie « Gare SNCF ») et porte d'Orléans (arrêt facultatif uniquement dans le sens Orly-Paris). Compter env 1h.
➢ *Orly-Paris :* départs ttes les 20 mn, 6h30-23h40, d'Orly-Sud, porte L, et d'Orly-Ouest, porte D, niveau « Arrivées ».

***RER C + navette :*** *☎ 01-60-11-46-20. • transdev-idf.com •* Prendre le RER C jusqu'à Pont-de-Rungis (un RER ttes les 15-30 mn). Compter 25 mn depuis la gare d'Austerlitz. Ensuite, navette pdt 15-20 mn pour Orly-Sud et Orly-Ouest. Compter 6,60 €. Très recommandé les jours où l'on piétine sur l'autoroute du Sud (w-e et jours de grands départs) : on ne sera jamais en retard. Pour le retour, départs de la navette ttes les 15 mn depuis la porte G à Orly-Ouest (5h40-23h14) et la porte F à Orly-Sud (4h45-0h55).

***Orlybus :*** *• ratp.fr •* Compter 20-30 mn pour rejoindre Orly (Ouest ou Sud) et 7,50 € l'aller simple.
➢ *Paris-Orly :* départs ttes les 15-20 mn de la pl. Denfert-Rochereau. Orlybus fonctionne tlj 5h35-23h, jusqu'à minuit ven, sam et veilles de fêtes.
➢ *Orly-Paris :* départ d'Orly-Sud, porte H, quai 4, ou d'Orly-Ouest, porte J, niveau « Arrivées ». Fonctionne tlj 6h-23h20, jusqu'à 0h20 ven, sam et veilles de fêtes.

***Orlyval :*** *☎ 32-46 (0,34 €/mn). • ratp.fr •* Compter 11,65 € l'aller simple entre Orly et Paris. La jonction se fait à Antony (ligne B du RER) sans aucune attente. Permet d'aller d'Orly à Châtelet et vice versa en 40 mn env, sans se soucier de la densité de la circulation automobile.
➢ *Paris-Orly :* départs pour Orly-Sud et Ouest ttes les 6-8 mn, 6h-23h.
➢ *Orly-Paris :* départs d'Orly-Sud, porte K, zone livraison des bagages, ou d'Orly-Ouest, porte A, niveau 1.

***En taxi***

Pensez aussi aux nouveaux services de transport de personnes qui se développent dans la capitale et pourraient être adaptés à vos besoins (voir plus haut les solutions en taxi proposées pour se rendre à Roissy).

***En voiture***

– ***Parkings aéroports :*** à proximité d'Orly-Ouest, parkings P0 et P2. À proximité d'Orly-Sud, P1, P2 et P3 (à 50 m du terminal, accessible par tapis roulant). Compter 28,50 € pour 24h de stationnement. Les parkings P0 et P2 (Orly-Ouest) ainsi que P6 (Orly-Sud), à proximité immédiate des terminaux, proposent des forfaits intéressants, dont le « Week-end ». Forfaits disponibles aussi pour les P4 et P5 (éloignés) : 24-27 € pour 24h. Il existe des forfaits « Vacances » intéressants à partir de 6 j. et jusqu'à 45 j. (100-300 €) aux P2 et P6. Les P4, P7 (en extérieur) et P5 (couvert) sont des parkings longue durée, plus excentrés, reliés en 10 mn par navettes gratuites aux terminaux. *Rens :* ☎ *01-49-75-56-50.* Comme à Roissy, possibilité de réserver en ligne sa place de parking (P0 et P7) sur ● *aeroportsdeparis.fr* ● Les frais de résa (en sus du parking) sont de 8 € pour 1 j., de 12 € pour 2-3 j. et de 20 € pour 4-10 j. de stationnement pour le P0. Les parkings P0-P2 à Orly-Ouest et P1-P3 à Orly-Sud accueillent les deux-roues : 6,20 € pour 24h.

– À proximité, ***Econopark*** : possibilité de laisser sa voiture à Chilly-Mazarin *(13, rue Denis-Papin, ZA La Vigne-aux-Loups, 91380 ; à env 10 mn d'Orly ; proche A 6 et A 10).* De 1 à 28 j., compter 30-166 €. Trajet A/R vers Orly en minibus (sans supplément). Option parking couvert possible. Réservation et paiement en ligne ● *econopark.fr* ● ou ☎ *01-60-14-85-62.*

## Liaisons entre Orly et Roissy-Charles-de-Gaulle

***Les cars Air France :*** ☎ *0892-350-820 (0,34 €/mn).* ● *lescarsairfrance.com* ● Départs de Roissy-Charles-de-Gaulle depuis les terminaux 1 (porte 32), 2A et 2C (porte C2), 2B et 2D (porte B1), 2E et 2F (porte E8 ou E9) vers Orly 5h55-22h30. Départs d'Orly-Sud (porte D) et d'Orly-Ouest (porte L) vers Roissy-Charles-de-Gaulle 6h30 (7h le w-e)-22h30. Ttes les 30-45 mn (dans les 2 sens). Durée du trajet : env 1h30. Tarif : 21 €, 35,50 € A/R ; réduc.

***RER B + Orlyval :*** ☎ *32-46 (0,34 €/mn).* Depuis Roissy, navette puis RER B jusqu'à Antony et enfin Orlyval entre Antony et Orly, 6h-22h15. Tarif : 19,50 €.

## EN BELGIQUE

### ▲ AIRSTOP

*Pour ttes les adresses Airstop, un seul numéro de tél :* ☎ *070-233-188.* ● *airstop.be* ● *Lun-ven 9h-18h30 ; sam 10h-17h.*

*– Bruxelles : bd E.-Jacquemain, 76, 1000.*

*– Anvers : Jezusstraat, 16, 2000.*

*– Bruges : Dweersstraat, 2, 8000.*

*– Gand : Maria Hendrikaplein, 65, 9000.*

*– Louvain : Mgr Ladeuzeplein, 33, 3000.*

Airstop offre une large gamme de prestations, du vol sec au séjour tout compris à travers le monde.

### ▲ NOUVELLES FRONTIÈRES

*– Nombreuses agences dans le pays, dont Bruxelles, Charleroi, Liège, Mons, Namur, Waterloo, Wavre, et au Luxembourg.*

Voir texte plus haut dans la partie « En France ».

### ▲ VOYAGEURS DU MONDE

*– Bruxelles : chaussée de Charleroi, 23, 1060.* ☎ *02-543-95-50 (0,45 €/mn).* ● *voyageursdumonde.com* ●

Voir texte plus haut dans la partie « En France ».

## EN SUISSE

### ▲ STA TRAVEL

● *statravel.ch* ● ☎ *058-450-49-49.*

*– Fribourg : 24, rue de Lausanne, 1701.* ☎ *026-322-06-55.*

*– Genève : 10, rue de Rive.* ☎ *058-450-48-00.*

*– Genève : 3, rue Vignier, 1205.* ☎ *022-329-97-34.*

*– Lausanne : 20, bd de Grancy, 1006.* ☎ *021-617-56-27.*

*– Lausanne : à l'université, Anthropole, 1015.* ☎ *021-691-60-53.*

Agences spécialisées dans les voyages pour jeunes et étudiants. Gros avantage en cas de problème : 150 bureaux STA et plus de 700 agents du même groupe répartis dans le monde entier sont là pour donner un coup de main *(Travel Help).*

STA propose des tarifs avantageux : vols secs *(Blue Ticket),* hôtels, écoles de langues, *Work & Travel,* circuits d'aventure, voitures de location, etc. Délivre la carte internationale d'étudiant ISIC et la carte Jeune Go 25.

### ▲ TUI – NOUVELLES FRONTIÈRES

*– Genève : 25, rue Chantepoulet, 1201.* ☎ *022-716-15-70.*

*– Lausanne : 19, bd de Grancy, 1006.* ☎ *021-321-41-11.*

Voir texte « Nouvelles Frontières » plus haut dans la partie « En France ».

## AU QUÉBEC

### ▲ TOURS CHANTECLERC

● *tourschanteclerc.com* ●

Tours Chanteclerc est un tour-opérateur qui publie différentes brochures de voyages : Europe, Amérique du Nord, Amérique du Sud, Asie et Pacifique sud, Afrique et le Bassin méditerranéen en circuits ou en séjours. Il s'adresse aux voyageurs indépendants qui réservent un billet d'avion, un hébergement (dans toute l'Europe), des excursions ou une location de voitures.

### ▲ TOURSMAISON

Spécialiste des vacances sur mesure, ce voyagiste sélectionne plusieurs « Évasions soleil » (plus de 600 hôtels ou appartements dans quelque 45 destinations), offre l'Europe à la carte toute l'année (plus de 17 pays) et une vaste sélection de compagnies de croisières (11 compagnies au choix). Des billets pour le train, les attractions, les excursions et les spectacles peuvent également être achetés avant le départ.

### ▲ VACANCES TOURS MONT ROYAL

● *vacancestmr.com* ●

Le voyagiste propose une offre complète sur les destinations et les styles de voyages suivants : Europe, destinations soleil d'hiver et d'été, forfaits tout compris, circuits accompagnés ou en liberté. Au programme Europe, tout ce qu'il faut pour les voyageurs indépendants : location de voitures, cartes de train, bonne sélection d'hôtels, excursions à la carte, forfaits à Paris, etc. À signaler : l'option achat/rachat de voiture (17 jours minimum, avec prise en France et remise en France ou ailleurs en Europe). Également : vols entre Montréal et Londres, Bruxelles, Bâle, Madrid, Malaga, Barcelone et Vienne avec *Air Transat* ; les vols à destination de Paris sont assurés par la compagnie *Corsair* au départ de Montréal, d'Halifax et de Québec.

## EN TRAIN

➢ ***Pour Francfort :*** 5 A/R directs/j. (avec TGV ou ICE) en 3h49 au départ de Paris-Est, via Sarrebruck, Kaiserslautern et Mannheim. 1 A/R direct/j. avec TGV aux départs de Marseille, Lyon et Strasbourg grâce au réseau TGV Rhin-Rhône.

➢ ***Pour Stuttgart et Munich :*** 4 A/R directs/j. avec TGV en 3h39 au départ de Paris-Est via Karlsruhe et Strasbourg. L'un de ces TGV se prolonge directement jusqu'à Munich en 6h10 via Ulm et Augsbourg.

➢ ***Pour Berlin :*** plusieurs trains quotidiens relient Paris à Berlin (HBF). Deux options :

➢ ***Au départ de Paris-Nord :*** 6 A/R tlj en *Thalys* avec changement à Cologne pour emprunter le réseau *Intercity* (compter 8h10 de trajet). Train de nuit direct avec couchettes : depuis Paris, départ à 20h05 et arrivée à Berlin à 8h28.

➢ ***Au départ de Paris-Est :*** pour rejoindre Berlin, TGV-Est soit par Saarbrücken, Kaiserslautern et changement à Mannheim et Berlin (8h16 de trajet), soit par Strasbourg, Francfort (changement) et Berlin (compter 8h16 de trajet). Pour en savoir plus, se renseigner sur le site.

Pour en savoir plus, se renseigner sur le site ● *voyages-sncf.com* ●

De ces villes on pourra utiliser le réseau rapide allemand de la *DB* pour rejoindre les autres grandes villes. ● *bahn.com/fr* ●

### ▲ ALLEO

● *alleo.eu* ●

Filiale commune de la SNCF et de la Deutsche Bahn, basée à Sarrebrück, Alleo exploite les lignes à grande vitesse Paris- Stuttgart, Paris-Munich et Paris-Francfort. Nombreuses promos intéressantes sur leur site.

– À signaler, la nouvelle ***liaison Rhin-Rhône*** qui permet de relier Marseille-Saint-Charles à Francfort UBF via Lyon et Strasbourg, puis de rejoindre Berlin.

## Pour préparer votre voyage

– ***e-billet :*** réservez, achetez et imprimez votre e-billet sur Internet.

– ***m-billet :*** plus besoin de support papier, vous pouvez télécharger le code-barres de votre voyage correspondant à votre réservation

directement dans votre smartphone, à l'aide de l'application *SNCF Direct*.
– ***Billet à domicile :*** commandez votre billet par Internet ou par téléphone au ☎ *36-35 (0,34 €/mn, hors surcoût éventuel de votre opérateur)* ; la SNCF vous l'envoie gratuitement à domicile sous 48h, en France.

## Pour voyager au meilleur prix

La SNCF propose des tarifs adaptés à chacun de vos voyages.
➢ ***Prem's :*** des petits prix disponibles toute l'année, jusqu'à 90 jours avant le départ. Billets non échangeables et non remboursables (offres soumises à conditions). Impossible de poser des options de réservation sur ces billets : il faut les payer immédiatement.
➢ ***Les tarifs Loisirs***
Une offre pour programmer votre voyage tout en gardant des billets modifiables : ils sont échangeables et remboursables. Pour bénéficier des meilleures réductions, pensez à réserver vos billets à l'avance (les réservations sont ouvertes jusqu'à 90 jours avant le départ) ou à voyager en période de faible affluence.
➢ ***Les cartes de réduction***
Pour ceux qui voyagent régulièrement, profitez de réductions garanties tout le temps avec les cartes Enfant +, Jeune 12-17, Jeune 18-27, Week-end ou Senior + (valables 1 an).

## Les *pass* internationaux

Avec les ***pass InterRail,*** les résidents européens peuvent voyager dans 30 pays d'Europe, dont l'Allemagne. Plusieurs formules et autant de tarifs, en fonction de la destination et de l'âge. À noter que le *pass InterRail* n'est pas valable dans votre pays de résidence. Cependant, l'*InterRail Global Pass* offre une réduction de 50 % de votre point de départ jusqu'au point frontière en France.
– Pour les grands voyageurs, l'***InterRail Global Pass*** est valable dans l'ensemble des 30 pays européens concernés : intéressant si vous comptez parcourir plusieurs pays au cours du même périple. Il se présente sous 5 formes au choix. ***2 formules flexibles :*** utilisable 5 jours sur une période de validité de 10 jours (281 € pour les plus de 25 ans, 184 € pour les 12-25 ans), ou 10 jours sur une période de validité de 22 jours (399 € pour les plus de 25 ans, 269 € pour les 12-25 ans). ***3 formules « continues » :*** *pass* 15 jours (442 € pour les plus de 25 ans, 312 € pour les 12-25 ans), *pass* 22 jours (517 € pour les plus de 25 ans, 345 € pour les 12-25 ans), *pass* 1 mois (668 € pour les plus de 25 ans, 442 € pour les 12-25 ans). Ces 5 formules existent aussi en version 1re classe ! Les voyageurs de plus de 60 ans bénéficient d'une réduction de 10 % sur le tarif de l'*InterRail Global Pass* en 1re et 2e classes (tarif Senior).
– Si vous ne parcourez que l'Allemagne, le ***One Country Pass*** vous suffira. D'une période de validité de 1 mois et utilisable, selon les formules, 3, 4, 6 ou 8 jours en discontinu : à vous de calculer avant votre départ le nombre de jours que vous passerez sur les rails. Là encore, ces formules se déclinent en version 1re classe (mais ce n'est pas le même prix, bien sûr).

***Tarifs Allemagne (2014)***

| | + de 25 ans | 12-25 ans | 4-11 ans |
|---|---|---|---|
| 3 jours | 216 € | 147 € | 108 € |
| 4 jours | 237 € | 157 € | 119 € |
| 6 jours | 302 € | 199 € | 151 € |
| 8 jours | 334 € | 222 € | 167 € |

– *InterRail* vous offre également la possibilité d'obtenir des réductions ou avantages à travers toute l'Europe avec ses partenaires bonus (musées, chemins de fer privés, hôtels, etc.).
*Tous ces prix sont applicables jusqu'au 31 décembre 2014.*
Pour plus de renseignements, adressez-vous à la gare ou à la boutique SNCF la plus proche.

## Renseignements et réservations

– ***Internet :*** ● *voyages-sncf.com* ●
– ***Téléphone :*** ☎ *36-35 (0,34 € TTC/mn).*
– Également dans les gares, les boutiques SNCF et les agences de voyages agréées.

## EN VOITURE

Ceux qui n'ont pas séché leurs cours de géographie au collège savent sans doute que l'Allemagne est un pays limitrophe de la France. Ceux qui étaient à cette époque entre le radiateur et la fenêtre peuvent encore consulter une carte pour constater cette réalité. En tout cas, vous l'avez compris, ce n'est pas si loin ! De plus, après Strasbourg, les autoroutes se déploient sur 11 000 km et sont gratuites.

➢ ***Pour rejoindre le Nord de l'Allemagne :*** l'itinéraire passera par la Belgique. Autoroute du Nord A 1, puis A 2 et E 42 vers Liège et Cologne. Autoroutes gratuites en Belgique.

➢ ***Pour le Centre et le Sud de l'Allemagne :*** A 4 vers Metz et Sarrebruck, puis vers le nord-est direction Francfort-sur-le-Main, ou vers le sud-est vers Stuttgart et la Forêt-Noire via Strasbourg.

### Covoiturage

Le principe est économique, écologique et convivial. Il s'agit de mettre en relation un chauffeur et des passagers afin de partager le trajet et les frais, que ce soit de manière régulière ou de manière exceptionnelle (pour les vacances, par exemple). Les conducteurs sont invités à proposer leurs places libres sur • *covoiturage.fr* • (disponible sur web et sur mobile). L'inscription est gratuite.

## EN BUS

▲ **BUSBUD**
• *busbud.com* •
*Busbud* est un service en ligne et sur mobile qui permet de rechercher, comparer et réserver des billets de bus dans le monde. Pour obtenir une réduction exclusive, rendez-vous sur • *busbud.com* • ou sur l'application mobile *Busbud* et tapez le code promo « ROUTARD2015 » lors de votre commande (code à usage unique).

▲ **CLUB ALLIANCE**
*– Paris : 33, rue de Fleurus, 75006. ☎ 01-45-48-89-53. • cluballiancevoyages.com • Ⓜ Notre-Dame-des-Champs ou Saint-Placide. Lun-ven 11h-19h, sam 14h-19h.*
Spécialiste des week-ends (Londres, Bruxelles) et des ponts de 3 ou 4 jours, notamment à destination de Berlin.

▲ **EUROLINES**
*☎ 0892-89-90-91 (0,34 €/mn ; lun-sam 8h-21h, dim 10h-17h). • eurolines.fr •*
*– Vous trouverez également les services d'Eurolines sur • routard.com • Eurolines propose 10 % de réduc pour les jeunes (12-25 ans) et les seniors. 2 bagages gratuits/pers en Europe.*
*– Paris : 55, rue Saint-Jacques, 75005. Lun-ven 9h30-18h30 ; sam 10h-13h, 14h-17h.*
*– Gare routière internationale à Paris : 28, av. du Général-de-Gaulle, 93541 Bagnolet Cedex. Ⓜ Gallieni.*
Première *low-cost* par bus en Europe, Eurolines permet de voyager vers plus de 500 destinations en Europe avec des départs quotidiens depuis 90 villes françaises. Eurolines propose également des hébergements à petits prix sur les destinations desservies.
*Pass Europe :* pour un prix fixe valable 15 ou 30 jours, vous voyagez autant que vous le désirez sur le réseau entre 51 villes européennes. Également un mini-*pass* pour visiter 2 capitales européennes (7 combinés possibles).

▲ **NOVO.TRAVEL**
*Rens et résas : ☎ 0899-18-00-18 (0,34 €/mn ; lun-ven 10h-12h, 14h-18h). • novo.travel •*
Spécialiste des voyages en autocar à destination de toutes les grandes cités européennes. Week-ends, séjours et circuits en bus toute l'année, grands festivals et événements européens, formules pour tout public, individuel ou groupe, au départ de toutes les grandes villes de France.

## UNITAID

UNITAID a été créé pour lutter contre le VIH/sida, le paludisme et la tuberculose, principales maladies meurtrières dans les pays en développement. UNITAID intervient dans 94 pays en facilitant l'accès aux médicaments et aux diagnostics, en en baissant les prix, dans les pays en développement. Le financement d'UNITAID provient principalement d'une contribution de solidarité sur les billets d'avion mise en place par six pays membres dont la France. Les financements d'UNITAID ont permis à près de un million de personnes atteintes du VIH/sida de bénéficier d'un traitement, et de délivrer plus de 19 millions de traitements contre le paludisme. Moins de 5 % des fonds servent au fonctionnement du programme, 95 % sont utilisés directement pour les médicaments et les tests. Pour en savoir plus : ● *unitaid.eu* ●

# ALLEMAGNE UTILE

## ABC DE L'ALLEMAGNE

- *Superficie :* 357 030 km².
- *Population :* 80,8 millions d'hab dont 6,2 millions d'étrangers.
- *Densité :* 225 hab./km².
- *Espérance de vie :* 77,8 ans pour les hommes, 82,5 pour les femmes.
- *Capitale :* Berlin (3,5 millions d'hab.).
- *Religions :* protestantisme luthérien, catholicisme, islam.
- *Langue officielle :* allemand.
- *Monnaie :* l'euro.
- *PIB :* 31 770 €/hab.
- *Taux de chômage :* 4,9% (2014).
- *Indice de développement humain :* 0,920. 5e place sur 182.
- *Régime politique :* État fédéral, démocratie parlementaire.
- *Chef de l'État :* Joachim Gauck, depuis 2012.
- *Chef du gouvernement (chancelier) :* Angela Merkel (CDU), première femme chancelière, réélue une 3e fois pour 4 ans en 2013.

## AVANT LE DÉPART

### Adresses utiles

#### En France

- ***Office national allemand de tourisme :*** *fermé au public. Nombreuses brochures en français à télécharger sur le site • germany.travel/fr/ebrochures •*
- ***Institut Goethe :*** *17, av. d'Iéna, 75016 Paris. ☎ 01-44-43-92-30. • goethe.de/paris • Ⓜ Iéna. Réception lun-sam 9h-21h ; sam 9h-14h. Accès à la bibliothèque : mer et ven 13h-20h ; jeu 10h-16h ; sam 10h-14h ; fermeture : début juil-début sept.* Cinéma, expositions, etc. Toute la culture allemande dans un cadre remis à neuf. Succursales à Lyon, Nancy et Toulouse.
- ***Office allemand d'échanges universitaires (DAAD) :*** *hôtel Duret de Chevry, 8, rue du Parc-Royal, 75003 Paris. ☎ 01-44-17-02-30. • paris.daad.de • Ⓜ Chemin-Vert ou Saint-Paul.* L'office est chargé de la coopération franco-allemande dans le domaine de l'enseignement. Il s'adresse aux étudiants désireux de poursuivre leurs études ou recherches en Allemagne. Vous y trouverez des informations sur l'organisation de l'enseignement supérieur allemand, ses voies et conditions d'accès, et la reconnaissance de vos diplômes.
- ***Office franco-allemand pour la jeunesse :*** *51, rue de l'Amiral-Mouchez, 75013 Paris. ☎ 01-40-78-18-18. • ofaj.org • RER B : Cité-Universitaire. Lun-ven 9h-17h.* L'OFAJ dispose de nombreuses informations utiles, dont une brochure très

complète sur toutes les possibilités de contacts avec l'Allemagne (stages, formations, voyages, rencontres...). Il attribue aussi des bourses dans le cadre d'un échange.

■ ***Ambassade d'Allemagne :*** *13-15, av. Franklin-D.-Roosevelt, 75008 Paris. ☎ 01-53-83-45-00. • paris.diplo.de • Ⓜ Franklin-D.-Roosevelt. Ouv lun-ven 8h30-16h45 (14h ven). Sur rdv slt.*

■ ***Centre d'information de l'ambassade d'Allemagne (CIDAL) :*** *31, rue de Condé, 75006 Paris. ☎ 01-44-17-31-31. • cidal.diplo.de • Ⓜ Odéon ou RER B : Luxembourg. Lun, mer, ven 11h-13h et 14h-17h, mar et jeu 14h-17h.*

■ ***Consulats d'Allemagne :***
*– Paris : 28, rue Marbeau, 75116. ☎ 01-53-83-45-00. • service.consulaire@amb-allemagne.fr • Ⓜ Porte-Dauphine. Lun-ven 9h-11h45.* Consulats à Bordeaux, Lyon, Marseille, Strasbourg et Toulouse.

■ ***Librairies allemandes :***
*– Der Buchladen : 3, rue Burq, 75018 Paris. ☎ 01-42-55-42-13.*
*– Marissal : 42, rue Rambuteau, 75003 Paris. ☎ 01-42-74-37-47.*
*– Fischbacher : 33, rue de Seine, 75006 Paris. ☎ 01-43-26-84-87.*

## En Belgique

ℹ ***Office national allemand de tourisme :*** *fermé au public. • germany.travel/fr •* Voir texte plus haut dans la partie « En France ».

■ ***Ambassade d'Allemagne :*** *rue J.-de-Lalaing, 8-14, Bruxelles 1040. ☎ 02-787-18-00.*

## En Suisse

ℹ ***Deutsches Zentrale für Tourismus (DZT) :*** *fermé au public. • germany.travel/fr •* Voir texte plus haut dans la partie « En France ».

■ ***Ambassade d'Allemagne :*** *Willadingweg 83, BP 250, 3000 Bern 15. ☎ 031-359-41-11. • bern.diplo.de •*

## Au Canada

ℹ ***German National Tourist Office :*** *fermé au public. • germany.travel/fr •* Voir texte plus haut dans la partie « En France ».

■ ***Ambassade d'Allemagne :*** *1 Waverley Street, Ottawa (Ontario) K2P 0T8. ☎ (613) 232-11-01. • ottawa.diplo.de •*

# Formalités

> Pensez à scanner passeport, visa, carte bancaire, billet d'avion et *vouchers* d'hôtel. Ensuite, adressez-les vous par e-mail, en pièces jointes. En cas de perte ou vol, rien de plus facile pour les récupérer dans un cybercafé. Les démarches administratives seront bien plus rapides. Merci tonton Routard !

– Une *carte d'identité* en cours de validité ou un *passeport* français, belge ou suisse, même périmé depuis moins de 5 ans, suffit pour entrer en Allemagne.

Les Canadiens doivent se munir de leur passeport mais sont exemptés de visa.
– Pour les conducteurs : permis de conduire, carte grise et assurance.
– Pour circuler dans les centres-villes, n'oubliez pas de vous procurer la vignette attestant que votre véhicule respecte les normes antipollution. Villes concernées : Berlin, Hanovre, Cologne, Stuttgart... Tous les détails sur les normes en vigueur et les endroits où l'on peut se procurer la vignette sur présentation de la carte grise sur *• connexion-francaise.com/region/articles/umweltzone-pensez-a-la-vignette-auto •* Voir plus loin « Transports intérieurs ».

# Assurances voyages

■ ***Routard Assurance*** *(c/o AVI International) :* *40-44, rue Washington, 75008 Paris. ☎ 01-44-63-51-00. • avi-international.com • Ⓜ George-V.*

Depuis 20 ans, *Routard Assurance,* en collaboration avec *AVI International,* spécialiste de l'assurance voyage, propose aux voyageurs un contrat d'assurance complet à la semaine, qui inclut le rapatriement, l'hospitalisation, les frais médicaux, le retour anticipé et les bagages. Ce contrat se décline en différentes formules : individuel, senior, famille, *light* et annulation. Pour les séjours longs (2 mois à 1 an), consultez leur site. L'inscription se fait en ligne et vous recevrez dès la souscription, tous vos documents d'assurance par e-mail.

■ ***AVA :*** *25, rue de Maubeuge, 75009 Paris. ☎ 01-53-20-44-20. • ava.fr •* Ⓜ *Cadet.* Un autre courtier fiable pour ceux qui souhaitent s'assurer en cas de décès-invalidité-accident lors d'un voyage à l'étranger, mais surtout pour bénéficier d'une assistance rapatriement, perte de bagages et annulation. Attention, franchises pour leurs contrats d'assurance voyage.

■ ***Pixel Assur :*** *18, rue des Plantes, 78600 Maisons-Laffitte. BP 35. ☎ 01-39-62-28-63. • pixel-assur.com • RER A : Maisons-Laffitte.* Assurance de matériel photo et vidéo tous risques dans le monde entier. Devis basé sur le prix d'achat de votre matériel. Avantage : garantie à l'année.

## Carte internationale d'étudiant (carte ISIC)

Elle prouve le statut d'étudiant dans le monde entier et permet de bénéficier de tous les avantages, services et réductions dans les domaines du transport, de l'hébergement, de la culture, des loisirs, du shopping... C'est la clé de la mobilité étudiante !

La carte ISIC permet aussi d'accéder à des avantages exclusifs sur le voyage (billets d'avion spécial étudiants, hôtels et auberges de jeunesse, assurances, cartes SIM internationales, location de voiture...).

### En France

– ***Rendez-vous dans la boutique ISIC*** *(2, rue de Cicé, 75006 Paris ; ☎ 01-40-49-01-01)* muni de votre certificat de scolarité, d'une photo d'identité et de 13 € (12 € + 1 € de frais de traitement). Ou commande en ligne sur *• isic.fr •*

### En Belgique

Elle coûte 12 € (+ 1 € de frais d'envoi) et s'obtient sur présentation de la carte d'identité, et de la carte d'étudiant auprès de l'agence ***Connections*** : *rens au ☎ 070-23-33-13. • isic.be •*

### En Suisse

Dans toutes les agences ***STA Travel*** *(☎ 058-450-40-00 ou 49-49),* sur présentation de la carte d'étudiant, d'une photo et de 20 Fs. Commande de la carte en ligne : *• isic.ch • statravel.ch •*

### Au Canada

La carte coûte 20 $Ca (+ 1,50 $Ca de frais d'envoi). Disponible dans les agences ***Travel Cuts/Voyages Campus,*** mais aussi dans les bureaux d'associations étudiantes. Pour plus d'infos : *• voyagescampus.com •*

## Carte d'adhésion internationale aux auberges de jeunesse (carte FUAJ)

Cette carte vous ouvre les portes des 4 000 auberges de jeunesse du réseau HI-Hostelling International en France et dans le monde. Vous pouvez ainsi parcourir 90 pays à des prix avantageux et bénéficier de tarifs préférentiels avec les partenaires des Auberges de Jeunesse HI. Enfin, vous intégrez une communauté mondiale de voyageurs partageant les mêmes valeurs : plaisir de la rencontre, respect des différences et échange dans un esprit convivial. Il n'y a pas de limite d'âge pour séjourner en auberge de jeunesse. Il faut simplement être adhérent.

### Pour l'obtenir en France

– ***En ligne*** *• hifrance.org •*
– ***Dans toutes les auberges de***

*jeunesse.* Liste sur ● *hifrance.org* ●

– ***Par correspondance*** auprès de l'antenne nationale *(27, rue Pajol, 75018 Paris ; ☎ 01-44-89-87-27)*, en envoyant une photocopie d'une pièce d'identité et un chèque à l'ordre de la FUAJ du montant correspondant à l'adhésion + 2 € pour les frais d'envoi.

***Les tarifs de l'adhésion 2015***

– *Carte internationale individuelle FUAJ - de 26 ans :* 7 €. Pour les mineurs, une autorisation parentale et la carte d'identité du parent tuteur sont nécessaires pour l'inscription.
– *Carte internationale individuelle FUAJ + de 26 ans :* 11 €.
– *Carte internationale individuelle FUAJ + de 26 ans :* 11 €.
– *Carte internationale FUAJ Famille :* 20 €. Pour les familles ayant un ou plusieurs enfants de - de 16 ans. Les enfants de + de 16 ans devront acquérir une carte individuelle FUAJ.

### En Belgique

Réservée aux personnes résidant en Belgique. La carte d'adhésion est obligatoire. Son prix varie selon l'âge : entre 3 et 15 ans, 4 € ; entre 16 et 25 ans, 10 € ; après 25 ans, 16 €.

***Renseignements et inscriptions***

■ ***À Bruxelles :*** **LAJ,** *rue de la Sablonnière, 28, 1000. ☎ 02-219-56-76.* ● *lesaubergesdejeunesse.be* ●

### En Suisse (SJH)

Réservée aux personnes résidant en Suisse. Le prix de la carte dépend de l'âge : 22 Fs pour les - de 18 ans, 33 Fs pour les adultes et 44 Fs pour une famille avec des enfants de - de 18 ans.

***Renseignements et inscriptions***

■ **Schweizer Jugendherbergen (SJH) :** *service des membres, Schaffhauserstr. 14, 8006 Zurich. ☎ 044-360-14-14.* ● *youthhostel.ch* ●

### Au Canada

Elle coûte 35 $Ca pour une durée de 16 à 28 mois et 175 $Ca pour une carte valable à vie (tarif hors taxes). Gratuit pour les enfants de - de 18 ans.

■ ***Auberges de Jeunesse du Saint-Laurent / St Laurent Youth Hostels :*** *3514, av. Lacombe, Montréal (Québec) H3T 1M1. ☎ 514-731-10-15. N° gratuit (au Canada) : ☎ 1-800-663-5777.*

■ ***Canadian Hostelling Association :*** *301-20 James St, Ottawa (Ontario) K2P 0T6. ☎ 613-237-78-84.* ● *info@hihostels.ca* ● *hihostels.ca* ●

### Pour réserver votre séjour en auberge de jeunesse HI

– ***En France :*** ● *hifrance.org* ● Accès aux offres spéciales et dernières minutes.
– ***En France et dans le monde :*** ● *hihostels.com* ● Si vous prévoyez un séjour itinérant, vous pouvez réserver plusieurs auberges en une seule fois !

## ARGENT, BANQUES, CHANGE

### Argent

Pour nos lecteurs numismates : sur les pièces des euros allemands figurent au verso la feuille de chêne, la porte de Brandebourg ou l'aigle de la démocratie. À côté de la date, une lettre indique où la pièce a été frappée : A pour Berlin, D pour Munich, F pour Stuttgart, G pour Karlsruhe et J pour Hambourg. Même si les Allemands ont l'habitude de tout payer en liquide, les cartes de paiement sont de plus en plus acceptées dans les hôtels, les magasins, les restaurants et même dans les supermarchés.

### Banques et change

Les banques sont généralement ouvertes en semaine de 8h30 à 13h et de 14h30 à 16h ou 17h30 (fermées le week-end).
Pour nos amis suisses et canadiens, bureaux de change dans les aéroports, aux frontières et dans les gares des

grandes villes ouverts de 6h à 22h, même le week-end ! Les commissions sur le change ne varient que très peu d'une banque à l'autre. Pour les retraits en euros aux DAB, en principe, plus de commission si votre compte se situe dans la zone euro ; vérifiez auprès de votre banque si ce n'est pas le cas.

## Cartes de paiement

En cas de perte ou de vol, quelle que soit la carte que vous possédez, chaque banque gère elle-même le processus d'opposition et le numéro de téléphone correspondant !

Avant de partir, notez donc bien le numéro d'opposition propre à votre banque (il figure souvent au dos des tickets de retrait, sur votre contrat, ou à côté des distributeurs de billets), ainsi que le numéro à 16 chiffres de votre carte. Bien entendu, conservez ces informations en lieu sûr et séparément de votre carte.

Par ailleurs, l'assistance médicale se limite aux 90 premiers jours du voyage et l'assistance véhicule aux cartes haut de gamme (renseignez-vous auprès de votre banque). N'oubliez pas aussi de VÉRIFIER LA DATE D'EXPIRATION DE VOTRE CARTE BANCAIRE avant votre départ !

– **Carte Bleue Visa :** *numéro d'urgence (Europ Assistance) : ☎ (00-33) 1-41-85-85-85 (24h/24). • visa.fr •*

– **Carte MasterCard :** *numéro d'urgence : ☎ (00-33) 1-45-16-65-65. • mastercardfrance.com •*

– **Carte American Express :** *téléphoner en cas de pépin au ☎ (00-33) 1-47-77-72-00. • americanexpress.fr •*

– *Pour toutes les cartes émises par* ***La Banque postale,*** *composer le ☎ 0825-809-803 (0,15 €/mn) depuis la France métropolitaine et les DOM, et depuis l'étranger le ☎ (00-33) 5-55-42-51-96.*

– Également un numéro d'appel valable ***quelle que soit votre carte de paiement pour faire opposition*** : *☎ 0892-705-705 (serveur vocal à 0,34 €/mn). Ne fonctionne ni en PCV, ni depuis l'étranger.*

Petite mesure de précaution : si vous retirez de l'argent dans un distributeur, utilisez de préférence ceux attenants à une agence bancaire. En cas de pépin avec votre carte (carte avalée, erreurs de code...), vous aurez un interlocuteur dans l'agence, pendant les heures ouvrables du moins.

## *Western Union Money Transfer*

En cas de besoin urgent d'argent liquide (perte ou vol de billets, chèques de voyage, carte de paiement), vous pouvez être dépanné en quelques minutes grâce au système ***Western Union Money Transfer.*** Pour cela, demandez à quelqu'un de vous déposer de l'argent en euros dans l'un des bureaux *Western Union ;* les correspondants en France de *Western Union* sont *La Banque postale* *(fermée sam ap-m, n'oubliez pas ! ☎ 0825-00-98-98 ; 0,15 €/mn)* et la *Société financière de paiements* *(SFDP ; ☎ 0825-825-842 ; 0,15 €/mn).* L'argent vous est transféré en moins d'un quart d'heure. La commission, assez élevée, est payée par l'expéditeur. Possibilité d'effectuer un transfert en ligne 24h/24 par carte de paiement (*Visa* ou *MasterCard* émise en France).
*• westernunion.com •*

# ACHATS

L'Allemagne imite ses voisins européens et autorise désormais les magasins à rester ouverts jusqu'à 20h en semaine et le samedi, alors qu'ils ouvrent jusqu'à 16h la plupart du temps. Attention : ce ne sont que les grands magasins et les supermarchés qui peuvent s'offrir de tels horaires, tandis que les pharmacies, les boulangeries et commerces spécialisés ferment vers 18h en semaine et entre 13h et 14h le samedi. L'ouverture dominicale reste aléatoire et dépend beaucoup de la réglementation de chaque Land.

### Que rapporter ?

- De l'Est, les ***porcelaines*** de Saxe ou de Meissen.
- Les ***Birkenstockschuhe*** : genre de sandales orthopédiques très confortables, qui existent dans toutes les couleurs, se portent avec tout et durent toute une vie !
- Dans les villes de l'Est, les germanophiles se jetteront sur les ***livres*** (surtout à Leipzig), bon marché, et les mélomanes sur les ***partitions,*** réputées pour leur qualité.
- Les foulards de ***soie*** et, pour ceux qui aiment, les célèbres ***chopes à bière*** (chères) de Munich.
- Pour les plus gros budgets, les ***pierres taillées*** de la région du Palatinat.
- Et pour les amateurs (il y en a), les inénarrables ***coucous*** de la Forêt-Noire !

## BUDGET

Recommandation à ceux qui souhaitent profiter des réductions et avantages proposés dans le *Routard* par les hôteliers et les restaurateurs : à l'hôtel, pensez à les demander au moment de la réservation ou, si vous n'avez pas réservé, **à l'arrivée.** Ils ne sont valables que pour les réservations en direct et non cumulables avec d'autres offres promotionnelles (notamment sur Internet). Au restaurant, parlez-en **au moment** de la commande et surtout **avant** que l'addition ne soit établie. Poser votre *Routard* sur la table ne suffit pas : le personnel de salle n'est pas toujours au courant et une fois le ticket de caisse imprimé, il est difficile de modifier le total. En cas de doute, montrez la notice relative à l'établissement dans le *Routard* de l'année, bien sûr, et ne manquez pas de nous faire part de toute difficulté rencontrée.

Si le taux de change du Deutsche Mark a terrorisé des générations de touristes potentiels, l'euro a mis tout le monde au diapason. Le niveau de vie a beau être légèrement plus élevé en Allemagne qu'en France, les prix à la consommation y sont globalement plus bas, en particulier dans les bars et restaurants (et pourtant, ils n'ont pas la TVA à 5,5 % !). De plus, vu la générosité des portions à table, les Allemands se contentent souvent d'un plat. L'hébergement demeure assez onéreux, mais les campings et les AJ (plébiscitées aussi par les seniors et les familles) constituent une bonne alternative ! Quant aux magasins, ils affichent des tarifs plus modestes, notamment pour les vêtements, les produits culturels (CD, livres) et électroniques.

**ON L'A ÉCHAPPÉ BELLE !**

*C'est grâce aux Allemands que la monnaie européenne ne s'est pas appelée écu : c'était une vacherie qu'ils n'auraient pas supportée (à l'oreille, écu était trop proche du nom* Kuh *qui veut dire « vache » ) !*

### Hébergement

Compter autour de 15-30 € par personne pour une nuit dans les adresses figurant en catégorie « Bon marché » (auberges de jeunesse et campings). Pour les adresses « Prix moyens », compter de 30 à 45 € par personne. Les adresses classées « Chic » commencent à 45 € par personne. Si les prix grimpent lors des congrès ou des grandes manifestations, ils chutent de façon impressionnante en période creuse, au cœur de l'été par exemple. D'où l'intérêt d'une réservation par Internet le plus vite possible, dès qu'on connaît ses dates de séjour.

## Restaurants

En ce qui concerne la restauration, un repas en resto U ou dans un *Imbiss* (snack-bar très populaire avec saucisses ou plats à emporter pour manger sur le pouce, tout à côté bien souvent) vous coûtera moins de 5 €. Pour un repas au restaurant, compter 10-15 € dans une adresse « Bon marché », 15-25 € dans une adresse « Prix moyens », et à partir de 25 € dans une adresse « Plus chic ». Tout cela sans les boissons, bien sûr.

## Transports

Les prix des transports en commun sont un peu plus élevés que ceux pratiqués en France. À noter que dans chaque Land, il existe un ticket hebdomadaire qui permet d'utiliser les transports de manière illimitée, à des tarifs vraiment intéressants. Dans les grandes villes, un *pass* vendu à l'office de tourisme permet d'utiliser les transports urbains à volonté, en même temps que de bénéficier de réductions sur les musées...
Un gros bémol pour les motorisés : l'explosion des ***tarifs des parkings.*** Jour après jour, cela peut représenter une somme rondelette. Le mieux est de laisser la voiture en périphérie et de marcher (dans les petites villes) ou prendre les transports en commun (dans les grandes).

## Réductions

Les étudiants sont particulièrement bien lotis avec des réductions jusqu'à 50 % sur les musées et les spectacles... Vous pouvez vous faire établir une « carte franco-allemande d'étudiant » pour 2,30 € auprès du service culturel du CROUS : ☎ *01-40-51-37-03.* ● *crous-paris.fr* ● Elle permet aux étudiants français d'être considérés comme des étudiants allemands. Carte imprimée bilingue : aucune contestation possible.
Mais il existe également des avantages dont chacun peut profiter : billets de théâtre et d'opéra à 50 % le soir même, offres spéciales de la *Deutsche Bahn* (voir la rubrique « Transports intérieurs »), logement en résidence universitaire (quand il y a de la place), billets familiaux pour les musées, etc. De plus, pratiquement chaque ville présentant un intérêt touristique propose une carte offrant la gratuité des transports et des réductions sur les musées, concerts et spectacles. En vente entre 10 et 20 € dans les offices de tourisme.

## Musées

Prévoir un gros budget : leur tarif est souvent raisonnable, mais ils sont nombreux... et assez fabuleux ! Dans certaines grandes villes (Berlin, Munich, Francfort), on trouve des musées sur tous les sujets imaginables, des nounours aux pots de chambre ! Les collections artistiques du pays sont d'une richesse époustouflante. Musées généralement bien organisés, avec plans détaillés, consigne, cafétéria, etc. Inconvénients : peu acceptent le paiement par carte, donc toujours avoir suffisamment de liquide sur soi. Et surtout, les explications et audioguides en français sont trop rares ! Le français vient ici après l'italien ou l'espagnol, lorsqu'il est utilisé...
– Bon à savoir : si la plupart du temps l'accès aux moins de 16 ans est gratuit, ils accordent aussi des réductions aux étudiants (ne pas oublier sa carte), aux enfants, familles, personnes âgées, militaires, personnes handicapées, etc.

Enfin, les musées d'État sont en général gratuits les dimanches après-midi et les jours fériés ou le jeudi en soirée. Vérifiez au cas par cas.

## CLIMAT

L'hiver n'est pas la meilleure saison pour voyager en Allemagne : entre le froid et la brume dans le Sud, le vent et l'humidité dans le Nord, la neige fréquente dans l'Est (parfois jusqu'en avril !), il y a de quoi hésiter. En plus, certains établissements ferment à cette période.
L'idéal est donc de partir entre mai et octobre (plutôt chaud dans le Nord – climat continental à l'Est –, carrément chaud dans le Sud), même si l'hébergement peut poser un problème, car les Allemands ont l'habitude de réserver leur chambre très à l'avance. Un dernier conseil : pour faire face à la fraîcheur des soirées et aux averses orageuses, n'oubliez pas votre petite laine et un imper.

## DÉCALAGE HORAIRE

Eh bien non, il n'y a aucune différence d'heure entre l'Allemagne et ses voisins européens. Nous vivons à la même heure et passons de l'heure d'hiver à l'heure d'été en même temps. Seule différence : Berlin ou Dresde sont 1 000 kilomètres plus à l'est de Paris (entre autres) ; résultat, le soleil s'y lève et s'y couche plus tôt.

## FÊTES ET JOURS FÉRIÉS

Les *magasins, musées, établissements publics* sont fermés les jours suivants (mais renseignez-vous avant pour les musées, car il y a beaucoup d'exceptions) : 1er janvier, Épiphanie (dans le Bade-Wurtemberg, en Bavière et en Saxe-Anhalt), carnaval (dans le Bade-Wurtemberg, en Bavière du Sud, en Rhénanie-Palatinat et Rhénanie-Westphalie), Vendredi saint, dimanche et lundi de Pâques, 1er mai, Ascension, dimanche et lundi de Pentecôte, Fête-Dieu, Assomption (dans les régions de tradition catholique), *Fronleichnam* (le 2e jeudi suivant la Pentecôte), fête de la Réforme (31 octobre), jour de Pénitence et de Prière à la mi-novembre (en Saxe), Toussaint (régions catholiques) et les 25 et 26 décembre.
– ***Fête nationale :*** le 3 octobre, date de la réunification. Tout est fermé ce jour-là.
– ***Oktoberfest :*** grande fête de la Bière, la dernière semaine de septembre et la première d'octobre (voir le chapitre « Munich »).
– ***Frühlingsfest*** *(fête du Printemps)* **:** manifestation la plus gaie et la plus importante de l'ex-RDA qui a lieu le 1er mai.
– ***Weihnachtsmärkte*** *(marchés de Noël)* **:** dans de nombreuses villes, durant tout le mois de décembre : artisanat, vin chaud à la cannelle, saucisses à gogo, pains d'épice...
– ***Carnavals rhénans et alémaniques :*** en février, à Düsseldorf, Cologne, Bonn, Mayence.
– ***Le Rhin en flammes :*** entre mai et septembre, les rives et coteaux du Rhin romantique, Bonn et Mayence s'embrasent, sous les lumières des bateaux illuminés.

## HÉBERGEMENT

Parfois saturé en raison des salons, foires et autres manifestations, il peut causer du souci au visiteur, aussi bien à l'Est qu'à l'Ouest ! Nous insistons : RÉSERVEZ

chambres d'hôtel, AJ et campings LE PLUS TÔT POSSIBLE avant de partir. Il est plus prudent de réserver par e-mail plutôt que par téléphone.
À noter que, en règle générale, se loger à l'Est coûte au moins aussi cher qu'à l'Ouest. Si l'on a une voiture, mieux vaut trouver un hébergement aux environs des grandes villes, pourvu d'un parking gratuit. Cela dit, en été, les Allemands partent massivement en vacances à l'étranger. On trouve donc de la place dans les grandes villes. Passez par les offices de tourisme, très compétents, qui peuvent se charger de vous dégoter sans commission une chambre disponible.
Attention surtout aux villes où sont organisées des foires *(Messe)* ! Il est important, disons même impératif, de les éviter lors de ces manifestations, car les prix augmentent fortement, et il est quasiment impossible de trouver la moindre chambre. On peut obtenir le calendrier des congrès et foires auprès des offices de tourisme ou sur • *messe.de* •

## Chambres chez l'habitant

Une solution qui en sauvera plus d'un. D'abord, c'est moins cher que l'hôtel ; et surtout, on en trouve partout, aussi bien en ville qu'à la campagne où la formule est assez répandue. Guetter les pancartes *Zimmer frei* ou *Fremdenzimmer* sur les routes ou demander aux offices de tourisme locaux les adresses des habitants prêts à accueillir les touristes (tous ne les donnent pas !). Dans les campagnes, il y en a à partir de 25-30 € pour deux personnes pour une chambre avec petit déj. Dans les villes, ce sera un peu plus cher.
– Sites internet (en allemand avec pages en français et en anglais) : • *homecompany.de* • *bed-and-breakfast.de* • Surtout à l'Ouest pour ce dernier. • *allemagne-service.com* • On peut s'y procurer un répertoire (payant) de 1 500 adresses chez l'habitant surtout dans le sud du pays.
– Contact à Paris : *Kaiser, 30, rue Berzélius, 75017.* ☎ *01-42-26-70-77.*

## Auberges de jeunesse

– La FUAJ offre à ses adhérents la possibilité de réserver en ligne grâce à son système de réservation international • *hihostels.com* • jusqu'à 12 mois à l'avance, dans plus de 4 000 auberges de jeunesse dans le monde. Et si vous prévoyez un séjour itinérant, vous pouvez réserver plusieurs auberges en une seule fois.
Ce système permet d'obtenir toutes informations utiles sur les auberges reliées au système, de vérifier les disponibilités, de réserver et de payer en ligne.
En Allemagne, les AJ (plus de 550) existent sous deux formes : la *Jugendherberge* et la *Jugendgästehaus.* La seconde est un peu plus chère que la première ; les deux exigent officiellement la carte des AJ mais, dans la pratique, il est généralement possible d'y séjourner en payant juste un supplément (de l'ordre de 3 €) par nuit passée (et au bout de 6 nuits, si on a chaque fois fait tamponner une petite carte contenant 6 cases, on est membre !). Hors saison, elles sont fréquentées par les groupes scolaires. Les AJ allemandes ne sont pas toutes mixtes (ne rêvons pas !), mais beaucoup proposent des chambres doubles ou « familiales » (à petits lits). Le petit déj est généralement inclus dans le prix. Il est rare qu'on puisse y faire sa cuisine, mais la plupart servent des repas chauds (à heures fixes et allemandes, donc très tôt par rapport aux habitudes françaises !) bon marché. On y trouve de nombreuses infos pour les routards (horaires de trains et bus, excursions, visites...) et toutes sortes d'activités sportives. À noter que presque toutes les AJ allemandes sont fermées quelques jours autour de Noël et du Jour de l'an. Bien se renseigner au coup par coup.
– Site internet : • *jugendherberge.de* •
On dénombre également de plus en plus d'*hostels* indépendants, proches des *backpackers* anglo-saxonnes. Situation centrale, pas de carte de membre requise, service 24h/24. On y trouve une ambiance moins rigide et un cadre plus original

que dans les AJ officielles, mais parfois aussi un confort et un entretien plus aléatoires (bien que la plupart soient aussi bien tenues que les AJ officielles).
– Sites internet pour plus d'infos : ● *backpackernetwork.de* ● *europeanhostels.com/hostels/germany* ●
À l'Est, les avantages issus du « socialisme démocratique » sont indéniables. Il n'est pas rare de retrouver des châteaux (Dresde, Hohnstein...) ou de magnifiques propriétés transformées en AJ, où il est, là encore, impératif de réserver. Mais pas de favoritisme, on trouve à l'Ouest des AJ tout aussi étonnantes. La carte y est également obligatoire. Se la procurer en France (se reporter à la rubrique « Avant le départ », plus haut).

## Campings

Terrains souvent bien situés, en bordure de lac ou de forêt, voire les deux. Bien équipés également. Inconvénient : parfois loin des villes intéressantes (surtout à l'Est). Se procurer la carte des campings d'Allemagne (il y en a plus de 2 000) dans les centres d'informations des grandes villes ou à l'Office national allemand de tourisme à Paris (voir « Avant le départ », plus haut). Sinon, beaucoup de cartes d'État ou régionales les mentionnent. Bien que certains terrains soient assez vastes pour espérer y trouver une place sans réserver (certains alignent plus de 1 000 emplacements !), il est plus prudent de téléphoner avant de s'y rendre.
Pour avoir un ordre d'idée, les tarifs varient de 4 à 7 € par personne et par nuit, et autour de 7 € par emplacement. Attention : douches chaudes, électricité et papier toilette parfois payants !
La *Fédération allemande du camping* (DDC) et l'*Automobile Club allemand* (ADAC) peuvent vous renseigner sur le camping-caravaning en Allemagne.

## Vacances à la ferme

Envie d'un séjour à la campagne dans une vraie ferme, avec la bonne odeur du foin et les doux effluves du lait tout frais sorti du pis de la vache ? Essayez le tourisme rural, particulièrement développé en Bavière et dans les régions viticoles. C'est économique et, à défaut d'avoir le sourire de la fermière, vous aurez la garantie d'une tranquillité absolue loin de la trépidation des grandes villes.
Le guide des fermes sélectionnées est édité en allemand par *DLG-Verlag* (● *dlg-verlag.de* ●). Il propose un grand choix de location de gîtes et de chambres avec petit déj. Disponible en France par correspondance, avec frais d'envoi en appelant le : ☎ 01-42-23-77-17. ● *allemagne-service.com* ●
***– Site internet en allemand avec pages en français :*** ● *landtourismus.de* ●
*Contact : Kaiser, 30, rue Berzélius, 75017 Paris.* ☎ *01-42-26-70-77.*

## Hôtels

***Prix cassés sur Internet à certaines périodes***

De plus en plus d'hôtels modulent les tarifs de leurs chambres sur Internet en fonction du taux d'occupation. Il y a donc les prix de base (ceux que nous indiquons et qui nous sont communiqués) et les promos proposées sur le net. Celles-ci sont extrêmement variables d'une semaine à l'autre, voire d'un jour à l'autre. Elles sont particulièrement intéressantes pour les hôtels de gamme supérieure (3 ou 4 étoiles) : lorsque vous avez choisi votre hôtel dans votre guide préféré, allez faire un tour sur son site pour voir ce qu'il propose. De vraies bonnes affaires en perspective !

Attention, dans les brochures et sur les sites internet, les prix sont souvent indiqués par nuit et ***par personne.*** Bien se faire préciser le prix à la réservation. Précisez aussi si vous désirez un seul lit ou deux lits, en chambre double *(Doppelzimmer)*, c'est plus prudent.

# LANGUE

Pour vous aider à communiquer, n'oubliez pas notre ***Guide de conversation du Routard en allemand.*** D'autant plus que la plupart des brochures ou des infos données dans les musées sont en allemand, voire en espagnol ou en italien, mais rarement en français. Même si l'Allemagne a plus que jamais la cote auprès des Français, il semble qu'un vieux contentieux historique ici ne soit pas réglé (on plaisante... quoique !).

**DONAUDAMFPSCHIFFAHRTS-GESELLSCHAFTSKAPITÄNS-KAJÜTENSCHLÜSSELBUND**

*Traduction : le trousseau de clefs ouvrant les cabines du capitaine de la compagnie des bateaux à vapeur du Danube... soit le mot le plus long de la langue allemande (62 lettres). Une belle illustration du goût des Allemands pour les noms composés. Pas facile à placer dans une conversation !*

Assez doués pour les langues, les Allemands de l'Ouest parlent souvent l'anglais, et quelquefois le français. À l'Est aussi, la langue de Shakespeare a supplanté le russe, à ranger au rayon des souvenirs historiques. Plus curieux, une partie des professionnels du tourisme ne comprennent rien d'autre que l'allemand ! On peut toujours se débrouiller avec les indications suivantes.
Si vous êtes intéressé par un ***séjour linguistique,*** demandez à l'Office national allemand de tourisme à Paris la brochure *Parlez-vous Deutsch* (à consulter aussi sur le site), qui recense plus de 70 associations et agences de voyages proposant séjours, rencontres, échanges, voyages scolaires, stages ou jobs pour apprendre ou améliorer son allemand.

## Prononciation

La prononciation et l'intonation sont très importantes pour se faire comprendre en Allemagne. Aucune lettre n'est muette, elles doivent toutes être prononcées (sauf le « h » dans certains cas).

| | | | | | |
|---|---|---|---|---|---|
| ***e*** | *se prononce* | **é** | ***y*** | *se prononce* | **u** |
| ***g*** | *se prononce* | **gue** | ***z*** | *se prononce* | **tse** |
| ***j*** | *se prononce* | **yeu** | ***ä*** | *se prononce* | **è** |
| ***q*** | *se prononce* | **qveu** | ***ö*** | *se prononce* | **œ** |
| ***u*** | *se prononce* | **ou** | ***ü*** | *se prononce* | **u** |
| ***v*** | *se prononce* | **f** | ***au*** | *se prononce* | **ao** |
| ***w*** | *se prononce* | **v** | ***eu*** | *se prononce* | **oï** |

Attention, derrière des voyelles fortes (a, o, u), le couple de consonnes « ch » se prononce « r » (exemple : *Buch* se prononce « bour », alors que *Bücherei* se prononce « bucheraï »).
– Autre particularité : le « ß » (prononcer « estset ») est une lettre qui n'existe que dans l'alphabet allemand. Il se traduit par le double s, et se prononce de la même façon. Exemple : *Straße* = *Strasse.* Mais il est en voie de disparition, surtout depuis la réforme de l'orthographe de 1998.

## Un peu de grammaire

Très structurée, la langue allemande est complexe, tellement complexe que sa grammaire est la hantise principale de tous les lycéens. En effet, elle ne laisse aucune place au hasard : tout se décline, comme en latin. Les verbes, les adjectifs, les articles et les pronoms, c'est à en perdre son allemand... surtout si on l'a étudié il y a longtemps ! Cela dit, comme le couple franco-allemand se trouve être toujours le fer de lance de la construction européenne, nous aurions tout intérêt à nous atteler à la tâche...

– Dans la phrase simple : le verbe occupe toujours la deuxième place. Exemple : *Er* ***spielt*** *mit dem Ball* (il joue avec la balle).

– Dans la subordonnée : le verbe est renvoyé en fin de phrase, ce qui complique l'affaire : *Er spielt mit dem Ball, der rot* ***ist*** (il joue avec la balle qui est rouge). La virgule devant le pronom relatif (ici, *der*) est indispensable.

– Attention, en allemand, les noms communs prennent toujours une majuscule. Ne confondez donc pas une carte de restaurant avec une liste d'invités !

### VASISTAS ?

*Au XVIIIe s, l'Ouest de l'Allemagne était occupé par les troupes françaises. Quand les soldats essayaient d'entrer dans les maisons, les habitants regardaient par les petites fenêtres situées au-dessus des portes et criaient « Was ist das ? », c'est-à-dire « Qui va là ? ». Le mot francisé sera donné aux petites lucarnes qui apparurent par la suite en France.*

## Vocabulaire

***Conversation générale***

| | |
|---|---|
| Oui | *Ja* |
| Non | *Nein* |
| Je ne comprends pas | *Ich verstehe nicht* |
| Parlez-vous français ? | *Sprechen Sie Französisch ?* |
| Bonjour | *Guten Tag* |
| (le matin jusqu'à midi) | *Guten Morgen* |
| (toute la journée) | *Grüss Gott* (dans le Sud) |
| Bonsoir | *Guten Abend* |
| Bonne nuit | *Gute Nacht* |
| S'il vous plaît | *Bitte* (prononcer le « e » !) |
| Merci | *Danke ou danke schön* |
| Pardon ! | *Entschuldigung !* |
| Avez-vous... ? | *Haben Sie... ?* |
| Je voudrais... | *Ich möchte...* |
| Où se trouve... ? | *Wo ist... ?* |
| Comment s'appelle... ? | *Wie heißt... ?* |
| Combien ? | *Was kostet das ? ou wieviel ?* |
| Au revoir | *Auf Wiedersehen ou tschüss (plus courant)* |

***En voyage***

| | |
|---|---|
| La gare | *der Bahnhof* |
| Le train | *der Zug* |
| Le billet de train, le ticket de métro | *die Fahrkarte* |
| Le départ | *die Abfahrt* |
| L'arrivée | *die Ankunft* |
| L'entrée | *der Eingang* |
| La sortie | *der Ausgang* |
| L'aéroport | *der Flughafen* |
| L'avion | *das Flugzeug* |
| Le tramway | *die Straßenbahn* |

| | |
|---|---|
| Le métro | *die U-Bahn* |
| La voiture | *das Auto, der Wagen* |
| À droite | *rechts* |
| À gauche | *links* |
| Tout droit | *geraudeaus* |
| Où sont les toilettes ? | *Wo sind die Toiletten ?* |
| Fermé | *geschlossen, zu* |
| Louer | *mieten* |
| La voiture de location | *der Mietwagen* |
| La bicyclette | *das Fahrrad* |

***À l'hôtel***

| | |
|---|---|
| L'auberge de jeunesse | *die Jugendherberge* |
| L'hôtel | *das Hotel* |
| L'auberge (restaurant qui propose quelques chambres) | *der Gasthof* |
| Complet ou occupé | *voll belegt* ou *besetzt* (on l'entend souvent !) |
| Une nuit | *eine Nacht* (avec un « ch » dur) |
| Deux nuits | *zwei Nächte* (avec un « ch » doux) |
| L'addition | *die Rechnung* ou *Zahlen* |
| Gardez la monnaie | *Stimmt so* |
| Avez-vous une chambre ? | *Haben Sie ein Zimmer frei ?* |
| Une chambre à 2 lits | *ein Doppelzimmer* ou *Zweibettzimmer* |
| J'ai réservé (la phrase-clé !) | *Ich habe vorbestellt/reserviert* |

***Calendrier***

| | |
|---|---|
| Lundi | *Montag* |
| Mardi | *Dienstag* |
| Mercredi | *Mittwoch* |
| Jeudi | *Donnerstag* |
| Vendredi | *Freitag* |
| Samedi | *Samstag* ou *Sonnabend* |
| Dimanche | *Sonntag* |
| Hier | *Gestern* |
| Ce matin | *Heute Morgen* |
| Ce soir | *Heute Abend* |
| Aujourd'hui | *Heute* |
| Demain | *Morgen* |
| Demain matin | *Morgen früh* |

***Chiffres***

| | |
|---|---|
| Un | *eins* |
| Deux | *zwei* (ou *zwo* quand on donne un numéro de téléphone) |
| Trois | *drei* |
| Quatre | *vier* |
| Cinq | *fünf* |
| Six | *sechs* |
| Sept | *sieben* |
| Huit | *acht* |
| Neuf | *neun* |
| Dix | *zehn* |
| Onze | *elf* |
| Douze | *zwölf* |
| Vingt | *zwanzig* |

| | |
|---|---|
| Vingt et un | *einundzwanzig* |
| Trente | *dreißig* |
| Quarante | *vierzig* |
| Cinquante | *fünfzig* |
| Cent | *hundert* |
| Deux cents | *zweihundert* |
| Mille | *tausend* |

## LIVRES DE ROUTE

– ***Portrait de groupe avec dame :*** roman de Heinrich Böll (Le Seuil, coll. « Points » n° 164, 1997). La dame, c'est Léni, « une Allemande de 48 ans. Elle mesure 1,71 m et pèse (en négligé) 68,800 kg, donc, à 300 ou 400 g près, le poids idéal correspondant ». Le groupe, ce sont les gens qui gravitent autour de Léni et, au-delà, la société allemande tout entière.
– ***Le Tambour :*** roman de Günter Grass (Le Seuil, coll. « Points » n° 347, 2001). Décidé à n'être en aucun cas un politicien comme Adolf, ni même un marchand de produits exotiques comme son père, Oskar Mabzerath a résolument cessé de grandir le jour de ses 3 ans. Du haut de ses 90 cm, il devient l'observateur du Dantzig des années 1920 à 1950.
– ***Les Buddenbrook :*** roman de Thomas Mann (Le Livre de Poche, coll. « Biblio » n° 3192, 1993). La saga d'une grande famille bourgeoise dans le Lübeck du XIXe s. Mann décrit merveilleusement ce milieu, auquel il appartient, et fait graviter autour des Buddenbrook une foule de personnages caractéristiques de la société hanséatique.
– ***Le Roi des aulnes :*** roman de Michel Tournier (Gallimard, coll. « Folio » n° 656, 2005). Ce gros livre troublant, prix Goncourt 1970, baigne dans une atmosphère de conte germanique. Son héros, Abel Tiffauges, est garagiste à Paris au début de la Seconde Guerre mondiale. Adorant les enfants, ce géant myope décide de se vouer à eux. Il finira recruteur de cadets militaires dans une école du IIIe Reich !
– ***Le Liseur :*** de Bernard Schlink (Gallimard, coll. « Folio » n° 3158, 1999). Récit d'une relation amoureuse, le roman traite de l'apprentissage d'un jeune homme, de son initiation au désir par une adulte, Hannah, jusqu'à la découverte de son lourd secret. Schlink aborde avec finesse le poids des responsabilités dans l'Allemagne d'après Auschwitz.
– ***Jour sans retour :*** de Kathrine Kressmann Taylor (Le Livre de Poche n° 5434). Après le succès de *Inconnu à cette adresse,* la journaliste américaine d'origine allemande développe en 1942 sa dénonciation du nazisme en ciblant la manipulation de l'Église. L'histoire du personnage principal est inspirée du destin de Karl Hoffmann, jeune pasteur ayant fui le régime nazi.
– ***L'Ami retrouvé :*** nouvelle de Fred Uhlmann (Gallimard, coll. « Folio » n° 1463, 2007). Au début des années 1930, l'amitié entre Hans, fils d'un médecin juif, et Conrad, descendant d'une famille aristocrate, se confronte à la montée du nazisme.
– ***Allemagne : une puissance en mutation :*** essai de Jacques-Pierre Gougeon (Gallimard, coll. « Folio Actuel » n° 124, 2006). Essai sur une Allemagne d'après l'unification, dont la mutation actuelle risque de peser sur l'évolution du monde. Une analyse de la remise en question du modèle

### LE GOTHIQUE ÉCARTÉ PAR LES NAZIS

*En 1941, une directive signée Martin Bormann imposa à tous les éditeurs et imprimeurs du Reich l'abandon de l'écriture gothique au profit de l'écriture latine. Motif : le caractère* schwabach*, utilisé dans l'imprimerie présentait, selon eux, trop de similitudes graphiques avec l'écriture hébraïque.*

politique et social qui a prévalu depuis la création de la RFA en 1949 : refondation du modèle social rhénan avec une redéfinition du concept de justice sociale faisant appel à la responsabilité individuelle ; levée du tabou militaire qui met fin à la culture de la retenue en matière diplomatique et émancipation à l'égard des États-Unis par le non à la guerre en Irak, avec l'émergence d'une nouvelle Allemagne « puissance mondiale », non seulement économique mais aussi politique.

### Bande dessinée

– ***Asterix et les Goths :*** en 1963, Ostrogoths et Wisigoths vivaient dans une Germanie divisée en deux. Goscinny s'en est donné à cœur joie en envoyant Téléféric, Electric (le général), Cloridric et Passmoilcric capturer le druide Panoramix pour s'emparer du secret de la potion magique, en prévision des futures invasions barbares. Uderzo, lui, les coiffe de désopilants casques à pointes.

## POSTE

Bureaux généralement ouverts du lundi au vendredi de 9h à 18h, le samedi de 9h à 12h. Dans les gares des grandes villes et dans les aéroports, ils restent ouverts plus longtemps et parfois même le dimanche.
Les tarifs d'expédition « pour l'intérieur » s'appliquent également aux pays de l'Union européenne, ainsi qu'à la Turquie et la Suisse. Pour l'affranchissement d'une lettre ou d'une carte postale, compter env 0,80 € par envoi.

## POURBOIRE

Dans les restaurants, les prix affichés incluent toujours le service et les taxes, ce qui ne vous empêche pas de laisser quelque chose, comme le font la plupart des Allemands (en général 5 à 10 % du total). En revanche, dans les villes universitaires, le service est souvent effectué par des étudiants qui dépendent du pourboire pour s'assurer un revenu. Il est donc convenu d'arrondir la note en fonction de la disponibilité et de l'empathie/sympathie du serveur ou de la serveuse. Faites mentir la réputation des Français, qui passent souvent pour de véritables radins.
Dans les restos où l'on vous sert à table, on vous demandera si vous préférez payer *zusammen oder getrennt* (« ensemble ou séparé »), et même si vous êtes 15, chacun pourra régler séparément sa note. Indiquez alors le montant du pourboire en payant, car on ne le laisse jamais sur la table. Précisez : *stimmt so* (on prononce « chtimtzo ») pour dire : « gardez la monnaie ».
Toutefois, sachez que dans beaucoup de bars et de cafés, le service est souvent minimum et qu'il faut passer sa commande au comptoir et la porter à table tout seul, comme un grand.

## SANTÉ

Pour un séjour temporaire en Allemagne, pensez à vous procurer la ***carte européenne d'assurance maladie.*** Il vous suffit d'appeler votre centre de Sécurité sociale (ou de vous connecter au site internet de votre centre, encore plus rapide !) qui vous l'enverra sous une quinzaine de jours. Cette carte fonctionne avec tous les pays membres de l'Union européenne (y compris les 12 petits derniers), ainsi qu'en Islande, au Lichtenstein, en Norvège et en Suisse. C'est une carte plastifiée bleue du même format que la carte vitale. Elle est valable un an, gratuite, et personnelle (chaque membre de la famille doit avoir la sienne, y compris les enfants). Attention, la carte n'est pas valable pour les soins délivrés dans les établissements privés.

Les médecins consultent en général de 8h à 12h et de 16h à 18h, sauf les mercredi, samedi et dimanche. En cas de pépin, on peut toujours appeler le consulat de France, qui fournira une liste de médecins. En urgence, demander l'*Ärztlicher Notdienst* (secours médicaux).

## SITES INTERNET

- *routard.com* • Rejoignez la plus grande communauté francophone de voyageurs ! Échangez avec les routarnautes : forums, photos, avis d'hôtels. Retrouvez aussi toutes les informations actualisées pour choisir et préparer vos voyages : plus de 200 fiches pays, une centaine de dossiers pratiques et un magazine en ligne pour découvrir tous les secrets de votre destination. Enfin, comparez les offres pour organiser et réserver votre voyage au meilleur prix. Routard.com, le voyage à portée de clics !
- *messe.de* • Le calendrier des grandes foires commerciales. Juste pour éviter de séjourner à ces moments-là ! En anglais.
- *welt.de* • Le site du plus grand quotidien allemand.
- *leader-city.com/Allemagne* • De bons conseils pour ceux qui voudraient travailler et s'établir en Allemagne.
- *connexion-française.com* • Site d'infos pratiques pour les francophones qui vivent en Allemagne. Forum et offres d'emploi en plus.
- *abrege.com/lpv/allem.htm* • Tout savoir sur la production viticole allemande.
- *roadstoruins.com/index.html* • Tout sur les ruines médiévales et les châteaux allemands (en anglais).
- *europarc-deutschland.de* • La liste complète des parcs nationaux.
- *wanderverband.de* • 90 itinéraires de grande randonnée.

## TABAC

Les Allemands suivent le modèle de leurs voisins et appliquent depuis 2008 des lois antitabac sur les ***lieux publics,*** les ***lieux de travail*** et dans la restauration. Mais du fait du fédéralisme, chaque Land a sa propre législation, ce qui entretient un peu la confusion. En 2008, le tribunal suprême de Karslruhe a ordonné aux législateurs de revoir leur verdict sur l'interdiction de fumer dans les bistrots, bars et « cafés du coin » (les *Eckkneipe*), car trop exigus pour séparer fumeurs et non-fumeurs. La justice allemande a, en effet, assoupli la législation en vigueur dans 14 des 16 Länder, au motif que les établissements constitués d'une seule pièce, qui n'ont donc pas la possibilité de se doter d'un espace fumeurs distinct, sont discriminés. D'autres établissements, enfin, deviennent fumeurs à partir d'une certaine heure. Les Allemands peuvent donc fumer dans les « cafés du coin », à condition qu'il soit clairement indiqué que le lieu est « fumeurs » et que l'entrée soit interdite aux mineurs.
Pour vous simplifier encore plus la tâche, dites-vous que les lieux où l'on boit et où l'on mange tout à la fois sont non fumeurs, à la différence des bars, branchés, *lounge* ou alternatifs, où vous pourrez fumer.

## TÉLÉCOMMUNICATIONS

- ***Allemagne → France :*** 00 + 33 + n° du correspondant à 9 chiffres (on ne compose pas le 0).
- ***Allemagne → Belgique :*** 00 + 32 + indicatif de la ville + numéro.
- ***France → Allemagne :*** 00 + 49 + indicatif de la ville + n° du correspondant.
- ***Belgique → Allemagne :*** 00 + 49 + indicatif de la ville + numéro.

– ***Allemagne → Allemagne :*** pour téléphoner d'une localité à l'autre de l'Allemagne, il faut composer le 0 devant l'indicatif de la ville.
– Renseignements nationaux : ☎ 01-188.
– ***Renseignements internationaux :*** ☎ 00-118 depuis l'Allemagne et ☎ 00-33-12 + code pays (49 pour l'Allemagne) depuis la France.
– ***Appel en PCV :*** ☎ 013-08-000 + 33 (pour la France).
– ***Urgences*** (de n'importe quel poste, dans tout le pays) : *appel de secours,* ☎ 110.
– ***Sapeurs-pompiers :*** ☎ 112.
– ***Telefonkarten :*** elles sont en vente à 5 ou 10 €.

### *Le téléphone portable en voyage*

Le routard peut utiliser son propre téléphone en Allemagne avec l'option « Europe ». L'Allemagne utilise la technologie GSM ce qui veut dire que les Européens et la plupart des autres pays peuvent utiliser leur téléphone actuel.
– ***Activer l'option « international » :*** pour les abonnés récents, elle est en général activée par défaut. En revanche, si vous avez souscrit à un contrat depuis plus de 3 ans, pensez à contacter votre opérateur pour souscrire à l'option (gratuite). Attention toutefois à le faire au moins 48 heures avant le départ.
– ***Le « roaming » :*** c'est un système d'accords internationaux entre opérateurs. Concrètement, cela signifie que lorsque vous arrivez dans un pays, au bout de quelques minutes, le nouveau réseau s'affiche automatiquement sur l'écran de votre téléphone.
– Vous recevez rapidement un sms de votre opérateur qui propose un ***pack voyageurs*** plus ou moins avantageux, incluant un forfait limité de consommations téléphoniques et de connexion Internet. À vous de voir...
– ***Tarifs :*** ils sont propres à chaque opérateur et varient en fonction des pays (le globe est découpé en plusieurs zones tarifaires). N'oubliez pas qu'à l'international, vous êtes facturé aussi bien pour les appels sortants que les appels entrants. Ne papotez donc pas des heures en imaginant que c'est votre interlocuteur qui payera !
– ***Internet mobile :*** utiliser la wifi à l'étranger et non les réseaux 3G ou 4G. Sinon on peut faire exploser les compteurs, avec au retour de voyage des factures de plusieurs centaines d'euros ! Le plus sage consiste à ***désactiver la connexion*** « données à l'étranger » (dans « Réseau cellulaire »). Il faut également penser à ***supprimer la mise à jour automatique de votre messagerie*** qui consomme elle aussi des octets sans vous avertir (option « Push mail »). Opter pour le mode manuel.

### *Bons plans pour utiliser son téléphone à l'étranger*

– ***Acheter une carte SIM/puce sur place :*** c'est une option très avantageuse pour certaines destinations. Il suffit d'acheter à l'arrivée une carte SIM locale prépayée chez l'un des nombreux opérateurs locaux représentés dans les boutiques de téléphonie mobile des principales villes du pays et souvent à l'aéroport. On vous attribue alors un numéro de téléphone local et un petit crédit de communication. Avant de signer le contrat et de payer, essayez donc, si possible, la carte SIM du vendeur dans votre téléphone – préalablement débloqué – afin de vérifier si celui-ci est compatible. Ensuite, les cartes permettant de recharger votre crédit de communication s'achètent facilement en Allemagne. C'est toujours plus pratique pour trouver son chemin vers un *B & B* paumé, réserver un hôtel, un resto ou une visite guidée, et bien moins cher que si vous appeliez avec votre carte SIM personnelle.
– ***Se brancher sur les réseaux wifi*** est le meilleur moyen de se connecter au web gratuitement ou à moindre coût. De plus en plus d'hôtels, restos et bars disposent d'un réseau (appelé WLAN en Allemagne), payant ou non. Néanmoins, le choix d'un fournisseur d'accès Internet (FAI) devient vite un casse tête, surtout lorsqu'on ne maîtrise pas le vocabulaire informatique dans la langue de Goethe.
Il y a désormais tellement de fournisseurs Internet différents qu'il est de plus en plus difficile de s'y retrouver mais les différences sont assez faibles. Les principaux ont pour nom : T-online, Vodafone, Freenet, Tele 2, Skydsl, Versatel1&1 et Alice/AOL.

Beaucoup de villes organisent le wifi gratuit dans le centre touristique de leur centre-ville.

Une fois connecté, grâce au wifi, à vous les joies de la ***téléphonie par Internet*** ! Le logiciel ***Skype,*** le plus répandu, vous permet d'appeler vos correspondants gratuitement s'ils sont eux aussi connectés, ou à coût très réduit si vous voulez les joindre sur leur téléphone. Autre application qui connaît un succès grandissant, ***Viber*** permet d'appeler et d'envoyer des SMS, des photos et des vidéos aux quatre coins de la planète, sans frais. Il suffit de télécharger – gratuitement – l'appli sur son smartphone, celle-ci se synchronise avec votre liste de contacts et détecte automatiquement ceux qui ont *Viber.* Même principe, mais sans la possibilité de passer un coup de fil, ***Whatsapp Messenger*** est une messagerie pour smartphone qui permet de recevoir ou envoyer des messages photos, notes vocales et vidéos. La première année d'utilisation est gratuite, ensuite elle coûte 0,99 US$/an.

## En cas de perte ou de vol de votre téléphone portable

Suspendre aussitôt sa ligne permet d'éviter de douloureuses surprises au retour du voyage ! Voici les numéros des quatre opérateurs français, accessibles depuis l'étranger :

– ***SFR :*** *depuis la France, ☎ 1023 ; depuis l'étranger, 📱 + 33-6-1000-1923.*

– ***Bouygues Télécom :*** *depuis la France comme depuis l'étranger, ☎ 0-800-29-1000 ; depuis l'étranger, ☎ + 33-1-46-10-86-86.*

– ***Orange :*** *depuis la France comme depuis l'étranger, 📱 + 33-6-07-62-64-64.*

– ***Free :*** *depuis la France, ☎ 3244 ; depuis l'étranger, ☎ 33-1-78-56-95-60.*

Vous pouvez aussi demander la suspension depuis le site internet de votre opérateur.

☎ **112 :** voici le numéro d'urgence commun à la France et à tous les pays de l'UE, à composer en cas d'accident, d'agression ou de détresse. Il permet de se faire localiser et aider en français, tout en améliorant les délais d'intervention des services de secours.

# TRANSPORTS INTÉRIEURS

## Le stop

Comme partout en Europe, le stop est tombé en désuétude. En revanche, le « stop organisé » (avec participation) est bien développé et demeure très économique : au moins une agence *(Mitfahrzentrale)* par ville : *☎ 194-44 (pour tte l'Allemagne ou • mitfahrgelegenheit.de • ou • mitfahrzentrale.de •).* Moins chers encore, les trajets proposés par l'intermédiaire de petites annonces par les étudiants dans les restos universitaires : il existe des panneaux prévus à cet effet, où l'on peut aussi passer une annonce. Pour aller en Allemagne à partir d'un pays voisin : *• carpooling.fr •*

## Le bus

– ***Berlinlinien Bus :*** *• berlinlinienbus.de •* Cette compagnie, en partenariat avec d'autres compagnies européennes, assure les liaisons entre 350 villes en Allemagne et en Europe.

## Le train

Excellent réseau ferroviaire réparti sur 35 000 km de voies, ponctualité au rendez-vous, horaire cadencé (au moins un train toutes les heures) entre les grandes villes,

## LES LIAISONS FERROVIAIRES

avec correspondances pour les régions. Une certaine complexité dans l'organisation si l'on ne parle pas l'allemand ou l'anglais, mais les quais sont indiqués sur les fiches horaires, que vous pouvez trouver au comptoir d'information des gares. Le site internet ● *bahn.de* ● est d'une facilité d'utilisation (en français) à rendre jaloux les compagnies voisines, avec un moteur de recherche clair et très performant.

Les billets « tarif normal » ne sont pas bon marché, surtout ceux de l'*ICE* (équivalent du TGV). Cependant, la *Deutsche Bahn (DB)* propose de nombreuses réductions *(BahnCard, Sparpreisticket, Mitfahrer...)* ; renseignez-vous avant de partir, sur Internet, auprès de leur bureau de Paris ou sur place au « Service Point » ou aux guichets des gares. Il est parfois utile de réserver (4 € de supplément) ; cependant, pas de réservation obligatoire pour les trains nationaux de jour. Pour les grandes liaisons intérieures, faible différence de prix entre le train au tarif normal et les offres promotionnelles en avion.

Si vous vous baladez le week-end, demandez un billet *Schönes Wochenende* à 35 €. Ce ticket est valable sur tout le réseau allemand, et ce, toute la journée du samedi OU du dimanche, pour un maximum de 5 personnes, mais uniquement dans les trains régionaux.
Un *Länder-Ticket* est également une formule intéressante qui permet à une personne (Single) ou 5 personnes maximum de voyager dans les trains régionaux d'un *Land* (par exemple, la Bavière) pendant toute une journée à partir de 9h, pour 18-33 €, un peu plus cher le week-end.
En réservant 3 mois à l'avance les ***trains de nuit,*** on bénéficie de tarifs imbattables.

■ ***DB BAHN :*** *20, rue Laffitte, 75009 Paris. Ⓜ Richelieu-Drouot. Vente et rens slt par tél. ☎ 01-44-58-95-40.* Par ailleurs, DB BAHN ne vend pas que des billets de train, c'est aussi un excellent spécialiste de l'organisation du voyage en Allemagne en individuel ou en groupe (voir « Comment y aller ? ; Les organismes de voyage »).

## La voiture

***Distances kilométriques***

| | Berlin | Cologne | Francfort | Hambourg | Munich | Stuttgart |
|---|---|---|---|---|---|---|
| **Berlin** | | 569 | 555 | 284 | 584 | 634 |
| **Cologne** | 569 | | 189 | 422 | 578 | 376 |
| **Francfort** | 555 | 189 | | 495 | 400 | 217 |
| **Hambourg** | 284 | 422 | 495 | | 782 | 668 |
| **Munich** | 584 | 578 | 400 | 782 | | 220 |
| **Stuttgart** | 634 | 376 | 217 | 668 | 220 | |

L'Allemagne possède l'un des meilleurs réseaux routiers d'Europe (12 700 km d'autoroutes gratuites), mais les travaux omniprésents à l'Est ralentissent considérablement l'allure. ***Un projet de vignette pour les véhicules étrangers pourrait entrer en vigueur en 2016.***
Les autoroutes sont désignées par un **A** *(Autobahn)* de couleur bleue. Les numéros pairs concernent celles qui vont d'Ouest en Est (ou l'inverse) et les impairs concernent les axes Nord-Sud (ou l'inverse, vous aviez compris !). Stations-service assez espacées les unes des autres, prenez vos précautions. Toilettes souvent payantes. Mais le ticket des toilettes donne droit à une réduc à la cafétéria. Donc pipi AVANT le petit noir !
L'essence est un peu plus chère qu'en France. La ceinture de sécurité (avant et arrière) est, bien sûr, obligatoire. Il est conseillé de ne pas dépasser 130 km/h sur autoroute (bien qu'il ne soit pas interdit de le faire sur certains tronçons) ; vitesse limitée à 100 km/h en dehors des agglomérations et attention, en ville, de bien respecter la vitesse de 50 km/h ou 30 km/h, selon les zones, car il y a souvent des radars fixes ; le taux toléré d'alcool dans le sang est de 0,5 g/l. En cas d'accident, le seuil toléré descend à 0,3 g/l. Téléphoner au volant sans « mains libres » est interdit.
– En ville, n'oubliez pas les tramways. Ils peuvent surprendre l'automobiliste distrait. Sachez qu'ils doivent toujours être dépassés par la droite et jamais à l'arrêt.

### LE MYSTÈRE DE LA FERMETURE « ÉCLAIR »

*Lorsque la chaussée se rétrécit en raison de travaux, un panneau routier arbore une bizarre fermeture « Éclair ». Il recommande aux véhicules de passer de deux à une seule file, en s'insérant alternativement dans le flux, exactement comme un zip de braguette. Il suffit alors d'avoir juste un peu de courtoisie et de sens civique.*

Cette règle peut vous éviter un homicide involontaire !

– Se garer en agglomération relève souvent de l'exploit. Pratiquement toutes les villes possèdent un grand centre piéton où, contrairement aux centres français similaires, l'accès en voiture est impossible. N'hésitez pas à utiliser les nombreux parkings souterrains. Des places sont réservées aux femmes *(Frauenparkplatz)* près de la sortie et des caisses. Pratiques, ils évitent bien des soucis. Pensez à vous munir d'un disque de stationnement.

– Zones antipollution : depuis 2008, une zone verte *(Umweltzone)* a été instaurée dans plusieurs grandes villes allemandes pour restreindre la circulation des automobiles et utilitaires trop polluants. Tous les véhicules des résidents mais aussi des visiteurs (même étrangers, sauf s'il s'agit d'une voiture de location) doivent être munis d'une vignette de couleur, à afficher sur le pare-brise, indiquant dans quel groupe de polluants ils sont classés. Des interdictions de circuler pour les catégories les plus polluantes (surtout les moteurs diesel sans filtres) pourront être décidées lors de pics de pollution. Cette mesure concerne des villes comme Hanovre, Stuttgart, Munich, Dresde, Nuremberg, Augsbourg, Cologne, etc.
Les touristes visitant ces villes doivent se rendre dans les établissements habilités, présenter leur carte grise et, moyennant 5 à 15 €, une vignette leur sera remise. Il est aussi possible de commander cette vignette avant de partir par courrier ou message électronique. Toute infraction au règlement de la zone écologique est passible d'une amende de 40 € !

– Bon plan : l'*ADAC* est un service de dépannage présent dans presque toutes les villes. Leurs patrouilleurs sur les routes sont souvent très sympas et vous mettent en rapport avec le dépanneur le plus proche. *Appeler le : ☎ 0180-2222-222 (ne composez pas le ☎ 0180 depuis un portable).* • *adac.de* •

– Attention : faire un plein avec du LPG peut s'avérer compliqué. Les raccordements aux réservoirs des voitures de marques françaises ne sont pas toujours disponibles.

#### *La location de voitures*

Les sociétés ***Sixt, Hertz, Europcar, Avis*** et autres louent des voitures de différents types pour toutes durées. Bureaux de location dans tous les aéroports, les gares principales et les villes. Tarif week-end du vendredi 12h au lundi 9h.

■ ***Auto Escape :*** *☎ 0892-46-46-10 (0,34 €/mn).* • *autoescape.com* • *Vous trouverez également les services d'Auto Escape sur* • *routard.com* • Auto Escape offre 5 % de remise sur la location de voiture aux lecteurs du Routard pour toute résa par Internet avec le code de réduction « GDR15 ». L'agence Auto Escape réserve auprès des loueurs de véhicules de gros volumes d'affaires, ce qui garantit des tarifs très compétitifs. Il est recommandé de réserver à l'avance.

■ ***BSP AUTO :*** *☎ 01-43-46-20-74 (tlj 9h-21h30).* • *bsp-auto.com* • Les prix proposés sont attractifs et comprennent le kilométrage illimité et les assurances. *BSP Auto* vous propose exclusivement les grandes compagnies de location sur place, vous assurant un très bon niveau de services. Les plus : vous ne payez votre location que 5 jours avant le départ ; et réduction spéciale aux lecteurs de ce guide avec le code « routard ».

## La bicyclette

Moyen de locomotion économique et écologique, la bicyclette est plébiscitée par les Allemands urbains. Dans certaines villes, on en voit partout ! De nombreuses pistes cyclables ont été aménagées dans les agglomérations. Piétons, prudence ! Dessinées sur les trottoirs, ces pistes sont exclusivement réservées aux cyclistes, qui foncent d'ailleurs sans toujours avertir. Même avertissement aux automobilistes : en ville, les cyclistes font partie intégrante de la circulation. De ce fait, ils ont tendance à être moins vigilants (par exemple, quand ils ont la priorité). Soyez

prudent et ne faites pas n'importe quoi quand vous partagez la route avec eux.
Pour visiter l'Allemagne à vélo : l'Office national allemand de tourisme (voir « Avant le départ », plus haut) publie une brochure sur les pistes cyclables en Allemagne, soit 40 000 km de routes, recensées par régions, avec les curiosités, les cartes et des infos pratiques...
– ***ADFC :*** • *adfc.de* • On peut y commander des cartes et des itinéraires de cyclotourisme.
– ***Bund Deutscher Radfahrer :*** • *rad-net.de* • Le site de la Fédération cycliste allemande.

## Les taxis

Ils ne sont pas moins chers qu'en France. Le taximètre est obligatoire. Les tarifs peuvent varier d'une ville à l'autre et se composent d'une prise en charge et d'un prix au kilomètre parcouru.
Dans la plupart des grandes villes, il existe des taxis pour les femmes qui ont peur toutes seules la nuit. On peut les appeler après 21h en précisant qu'on veut un *Frauen-Taxi.* Les tarifs sont équivalents à ceux des trajets en bus.

# HOMMES, CULTURE, ENVIRONNEMENT

S'il est de loin le plus peuplé des pays de l'Union européenne, l'Allemagne est aussi riche en traditions fortes, en villages de charme au milieu de paysages pleins de douceur, en petites cités médiévales préservées, souvent reconstruites à l'identique après la guerre. Du folklore franconien aux forêts du Bade-Wurtemberg, des plages de la Baltique aux châteaux de Bavière, des petites routes de Rhénanie aux rives du Danube, une Allemagne « profonde » et paisible existe bel et bien, loin de l'industrie lourde et des villes tentaculaires engendrées par le XXe s.

Et puis, l'Allemagne recèle des musées parmi les plus beaux du monde, des cathédrales gothiques et des châteaux baroques, des fêtes « kolossales » et des maisons de poupées.

Voilà pour la tradition, mais côté modernité, que serait l'Allemagne sans sa créativité couplée à son légendaire dynamisme commercial ? Vous serez surpris de découvrir une architecture à couper le souffle, un art inspiré à la pointe de l'avant-garde, des événements variés et un design *made in Germany* qui rendent le quotidien d'outre-Rhin beaucoup plus excitant qu'on ne l'imagine d'ordinaire. Tous les jours naissent de nouvelles tendances, se développent des idées novatrices, souvent à mettre au crédit d'une jeunesse dont l'originalité et la liberté vous étonneront...

L'Allemagne, qui ne fait pourtant pas partie des destinations de vacances de « rêve » pour les Français, a aujourd'hui le vent en poupe. Elle est classée comme la première destination culturelle des Européens (eh oui !).

Les professionnels du tourisme ont enregistré une augmentation de la fréquentation française en 2013 avec plus de 3 millions de nuitées (+ 4,5 %), et cette tendance à la hausse n'est pas nouvelle. L'Allemagne possède de nombreux atouts : des offres hôtelières de qualité et abordables, une culture et une histoire riches, des ambiances festives et des paysages divers. Même si le sud du pays reste la destination la plus prisée par les touristes avec la fascination jamais démentie pour les châteaux de Louis II de Bavière, Berlin est en tête des villes les plus visitées.

Côté politique, après la Chute du Mur (avec des majuscules, comme tout événement historique, 25 ans déjà !), on a découvert une ex-Allemagne de l'Est déroutante, au passé mal connu. L'intégration de cet espace nouveau n'a pas encore tout à fait gommé les différences entre *Wessis* et *Ossis,* mais l'eau a coulé sous les ponts de l'Elbe, et après l'effort colossal pour intégrer les Länder de l'Est, le pays a renoué avec la croissance et la (relative) prospérité.

Si la natalité déficitaire et le vieillissement de la population sont des sujets d'inquiétude, la chancelière Angela Merkel a imposé son style discret, mais drôlement efficace, en jouant un rôle majeur au sein du groupe des grands de ce monde. Pour preuve, sa popularité et son rôle déterminant dans la résolution de la crise de la zone euro qui lui a permis de briguer un troisième mandat consécutif.

# BOISSONS

Autant le savoir, en Allemagne, « eau » s'entend presque toujours gazeuse. Si vous ne supportez pas les bulles, insistez pour avoir de la *stilles Wasser* (eau non gazeuse) ou demandez de l'eau du robinet *(Leitungswasser).*

### UN SODA SOUS L'UNIFORME ALLEMAND

*À l'entrée en guerre des États-Unis, fin 1941, la marque Coca-Cola fut interdite par les nazis. La filiale de l'entreprise américaine établie en Allemagne commercialisa alors une nouvelle boisson pour maintenir son activité pendant le conflit et lança le* Fanta, *nom qui vient du mot* fantastisch *en allemand. Après 1945, le* Fanta *fut importé aux États-Unis où la marque fut déposée en 1960.*

## La bière

Chez les anciens Germains, on buvait de la bière *(Bier)* sans excès, et toujours entre *Kameraden.* N'est-ce point pour réconcilier deux groupes de dieux que Kvasir, le poète, tira une boisson alcoolisée de leurs crachats mélangés ? C'était l'hydromel, la boisson d'immortalité du paradis des guerriers. Ce sera, pour la gent commune, la bière : après l'avoir brassée de ses mains, la maîtresse de maison la présente dans de grandes cornes (d'aurochs, précise César) à ses invités, venus au banquet par amitié, ou pour fêter le solstice d'hiver. Cette convivialité ancestrale de la bière, présente dans toute l'Allemagne, prend toute sa dimension à Munich où on la boit du matin jusqu'au soir dans ces grandes brasseries, comme la ***Hofbräuhaus*** (près de 1 000 personnes). Les *Mass,* chopes d'un litre, glissent en fanfare d'un bout à l'autre des longues tables en bois. Selon l'époque, elles débordent de ***Starkbier,*** une bière forte de printemps inventée pour revigorer les moines durant le carême, ou de la *Maibock* de mai, plus ronde et plus légère. En été vient le temps des ***Biergärten,*** ces jardins à bière où des milliers de chopes peuvent trinquer sous les châtaigniers, et dont Munich, là encore, s'est fait une spécialité. Sans oublier la fameuse ***Oktoberfest,*** toujours à Munich, grande kermesse qui se termine début octobre, où le tempérament bavarois se déchaîne en beuveries, flonflons, chansons et autres gargantuesques ripailles.

En vérité, c'est toute l'Allemagne qui, avec ses 150 litres annuels par tête de pipe – les canettes font un demi-litre –, se pose en patrie de la bière. Le pays compte 1 200 brasseries qui mettent 5 000 marques différentes sur le marché de la soif. Chaque région, chaque ville, chaque abbaye a la sienne et la défend contre toutes les autres ! Ici, c'est une petite brasserie familiale. Là, un couvent en pleine fermentation, comme celui où l'on produit la *Salvator,* une brune de Bavière qui n'est brassée que quelques jours par an. Si Munich s'en tient aux chopes, Cologne boit la sienne, légère, dans un verre long et fin comme la tour de sa cathédrale. Berlin savoure dans une grande coupe à pied sa ***Berliner Weisse,*** une bière blanche de froment *(Weizen),* mousseuse et un brin amère, relevée avec de la framboise ou du citron. Dortmund, enfin, abrite de puissantes brasseries industrielles.

Au XVe s, l'Allemagne comptait au moins 113 bières diverses, souvent aromatisées : safran, cannelle, muscade, gentiane, opium même... Elles disparurent avec le ***Reinheitsgebot*** de 1516, qui limitait strictement les composants de la bière : orge, eau, houblon. Encore maintenant, cet « édit de pureté » garde force de loi, interdisant en Allemagne, en théorie du moins, ces bières légères de maïs si communes aux Pays-Bas et en France. Aujourd'hui, les recettes de famille et les secrets de brasserie sont un peu noyés par la standardisation. La fermentation haute, où les levures « attaquaient » la cuve par le haut, a quasiment disparu au profit de la fermentation basse. Elle produit des bières blondes moins typées, du genre *Pils.* Les ***Pils,*** qui doivent être tirées en 7 secondes pour obtenir le bon

« faux col » de mousse, sont les plus répandues. Viennent ensuite les *Export,* plus légères, et les ***Alt*** ou ***Dunkle,*** c'est-à-dire les brunes à l'ancienne.

## Les vins

Allemagne mousseuse contre France pinardière ? Vite dit. Le vin (*Wein*) allemand a ses crus, ses lieux, et sa vogue progresse : il plaît. Certes, l'Allemagne est dépourvue de terroirs trois étoiles. Elle privilégie la qualité de masse (la législation allemande est l'une des plus strictes au monde) aux dépens du caractère de ses vins. Pourtant, si la bière rythme le quotidien, c'est le vin, plus coûteux, qui le distingue.
Dans toute l'Allemagne, on trouve des bars à vins : ***Weinstube, Weinkeller, Weinrestaurant, Schneckenhaus*** et autres ***Kneipen,*** où on le boit dans des verres bombés, dressés sur un gros pied de couleur verte, le *Schoppen* (canon), avec de petits plats chauds. Dans les régions viticoles, en revanche, le vin règne dans toutes les auberges, on le sert sous la tonnelle en *Schoppen* ou en *Viertel* (quart).
Ce vin – à 80 % blanc (les rouges sont moins intéressants) – est gai, fruité, subtil. Bref, un peu alsacien. Pas étonnant, les cépages (*riesling*, pour les meilleurs, mais aussi *sylvaner*, *traminer*, etc.) et le climat sont en gros les mêmes. Avec une particularité, la douceur. En effet, la loi autorise à sucrer légèrement le moût pour conférer au vin cette agréable suavité dont les Allemands raffolent. Comment choisir ? En vérifiant le sigle : ***Tafelwein*** pour le courant, *QBA* pour les vins d'appellation contrôlée, *QMP* pour les crus exceptionnels, et ***Naturrein*** (pureté naturelle) pour tous.
Le vignoble allemand – une centaine de milliers d'hectares – se cantonne dans le centre et le sud du pays, où il s'atomise en petits crus. Les plus fameux sont les vins du Rhin, comme l'illustre la ***route du Vin*** qui s'étire de Karlsruhe à Spire, en passant par la Rheinhau, autour de Rüdesheim, Bad Dürkheim (avec la plus grande fête du vin au monde : 500 000 visiteurs à la mi-septembre) et le long défilé après Bingen. Dans la foulée, il faut essayer leurs voisins du Palatinat, les *Pfälzer,* doux, puissants et complexes, et ceux, secs et racés, des vallées de la Sarre et de la Moselle. Les crus du Sud-Ouest sont remarquables, en premier lieu ceux du Kaiserstuhl, près de Fribourg-en-Brisgau, marqués par leur terroir volcanique, ainsi que leurs compères de la Forêt-Noire, les ***Markgräfler*** (près de Baden-Baden), et de Franconie (Franken), secs comme les Tübingen. Une pensée pour les vins bavarois (Rothenburg et Würzburg), très clairs, très secs, très élégants, conservés dans des bouteilles à ventre rond et plat, dérivées des outres (***Bocksbeutel,*** « sac de bouc »). La Thuringe aussi a ses crus : les vins des vallées de la Saale et d'Unstrut. Les bordeaux traditionnellement importés par les villes hanséatiques jouissent à Lübeck d'un curieux traitement : on les cuit, on les sucre, on les revend aux Scandinaves sous le label *Lübischer Rotspon* !
Enfin, sachez que ***Sekt*** est l'appellation générique pour « champagne » : c'est en fait du mousseux, généralement correct.

## Les alcools

Dans ce climat froid, on a bien besoin d'eux. Aussi sont-ils nombreux. *Schnaps* est leur nom générique. Il y a des *Schnaps* à tout. Aux fruits dans la Forêt-Noire : cerise, quetsche, framboise... Blancs en Westphalie, comme le ***Steinhäger.*** Au cumin dans le Schleswig-Holstein, comme pour l'« aquavit » nordique. Plus spécial, le *Weinbrand* de Mayence ou Wiesbaden, imité du cognac. Le *Kümmel* de la Baltique et le *Danziger Goldwasser,* frère de la vodka aux paillettes d'or de Pologne. Le bizarre ***Jägermeister*** et le redoutable *Ratzeputz* du Nord, mixture incendiaire à base de gingembre conçue pour résister à des froids de - 30 °C.
À toujours boire avec un peu de bière, le verre collé à la chope. En levant le coude, le schnaps coule précisément dans la zone de bière que l'on s'apprête à boire. Les moins sportifs se contentent de mélanger les deux.

Dans l'Est, l'alcool le plus fréquent reste la vodka. On peut aussi goûter au ***Korn,*** eau-de-vie de grain au goût curieux.

# CUISINE

## Où manger traditionnel ?

Assurément dans les brasseries, souvent bien typées et très fréquentées, ou dans les *Biergärten,* ces « jardins à bière », où l'on peut généralement aussi manger. Les plats y sont la plupart du temps simples mais plutôt bien réalisés et quasi toujours copieux. Si c'est votre première découverte de l'Allemagne, ne manquez pas non plus les *Ratskeller* qui se situent en centre-ville, en dessous de tous les *Rathaus* (les mairies). Caractéristiques usuelles : lieu historique, grandes salles où tout le monde se mélange, nourriture roborative et prix raisonnables. Après deux ou trois essais, vous aurez fait le tour de la question.
On trouve aussi toujours une table accueillante et une nourriture correcte dans les auberges de campagne comme dans les restos de quartier. Il suffit de regarder ce que prennent les autres. S'il n'y a personne, mieux vaut ne pas insister.

## Du lard ou du cochon ?

On retrouve du porc *(schwein)* dans toutes les assiettes et quelles que soient les régions, sous des formes prouvant l'imagination débridée des charcutiers : saucisses, saucissons, lardons, jambons, jarrets, abats ou simples côtelettes...

## Saucisses à gogo

On en trouve partout dans les rues, dans de petites baraques commerçantes, les *Imbiss Stuben,* à des prix dérisoires. Grâce à notre ouvrage de référence *(Larousse gastro),* tâchons de distinguer les grandes tendances. La *Weisswurst,* sorte de boudin blanc, est de loin la meilleure mais elle existe seulement en Bavière. La *Currywurst,* inventée à Berlin, a conquis toute l'Allemagne. La *Bockwurst* a une peau un peu dure. La *Bierwurst,* sorte de salami, accompagne la bière. La *Bratwurst,* originaire de Nuremberg, servie grillée, a fait, en 2003, son entrée dans le club très select des AOP (appellations d'origine protégée). La *Schinkenwurst,* fumée mais à grains épais, n'a pas l'air engageante. La *Leberwurst,* au foie, peut être tartinée et la *Knackwurst* est la moins passionnante ! Nous ne nous étendrons pas sur leurs consœurs : *Wiener, Brägen, Zungen* et autres *Würste* plus rares.
Cela dit, on vous laissera vous faire une opinion par vous-même.

## La patate et le chou

Pour accompagner saucisses et viande de porc (plus rarement volaille, gibier ou poisson), deux légumes omniprésents : la pomme de terre *(Kartoffel)* et le chou *(Kohl).* Les patates se mangent sous toutes leurs formes : bouillies, rissolées, en salade, en purée, frites, etc. Le chou, rouge et aigre en entrée, donne aussi la fameuse choucroute *(Sauerkraut),* moins présente dans le pays qu'on le croit. Elle accompagne surtout l'*Eisbein,* jarret de porc fumé et spécialité berlinoise incontournable.
Les *Knödel* sont également très présents. Ces grosses boulettes de pâte, à base de mie de pain ou de pommes de terre, en ont étouffé plus d'un. Un bon plat hongrois que l'on trouve dans tout l'est de l'Allemagne : le goulasch, soupe de bœuf aux oignons et au paprika.

## Et bien sûr... le pain

La réputation du pain allemand n'est plus à faire, tant le *Weissbrot* (blanc), le *Schwarzbrot* (noir), le *Vollkornbrot* (aux céréales), les *Brötchen* (petits pains) que le *Pumpernickel* (voir encadré), pain noir dont les fines tranches compactes sont, comme en Scandinavie, conservées sous papier alu. Sur ce pain, posez un *hareng Bismarck,* ou ces charcuteries dont les Allemands sont les maîtres : *Leberwurst, jambon de Westphalie,* etc. Et pour finir, prenez le temps du *Kaffee-Kuchen* à l'heure du goûter et attaquez un gros gâteau crémeux à étages *(Schwarzwälder Kirschtorte),* ou une lichette de ces pâtisseries géantes, type *Strudel,* dont les ménagères étalent la pâte sur leur plaque de four. Voilà un repas de roi-paysan, calorique et sain.

### DEUX LÉGENDES POUR UN PAIN NOIR

*On raconte que Napoléon, en goûtant ledit pain, se serait écrié : « Pouah ! c'est juste bon pour Nickel ! [son cheval] ». De fil en aiguille « bon pour Nickel » serait devenu « Pumpernickel ». Nous, on l'adore !*

## Spécialités régionales

Qu'on se le dise, la gastronomie allemande existe, et il y en a même plusieurs. Avec les mêmes produits de base (chou, porc, gibier, bœuf, volaille, agneau...), chaque province a créé son répertoire. On fait bouillir les viandes, on fabrique des charcuteries. Mais les saucisses n'ont pas le même goût selon qu'on les mange à Nuremberg (grillées) ou à Munich. Voici un petit aperçu du grand éventail régional.

– ***Berlin et Brandebourg :*** ici règne la pomme de terre prussienne, *Pellkartoffel. Schlachtplatte :* boudin noir et saucisse de foie, pied et viande de porc. *Aal grün :* anguille sauce aux choux. *Bockwürstchen :* petite saucisse de porc. *Eberswalder Spritzkuchen :* gâteau au saindoux du Mardi gras. *Hackepeter :* hachis de porc assaisonné, à tartiner. *Warmbier :* bière blanche battue avec du jaune d'œuf, du lait et du sucre, puis chauffée.

– ***Hambourg et Schleswig-Holstein :*** la Hanse ayant ouvert le Nord au vaste monde, cette cuisine mêle, sur fond de poisson (harengs et maquereaux fumés...), aigre-doux exotique et sucré-salé scandinave. Un bœuf de premier ordre et des agneaux de prés-salés exquis. Hambourg est la première ville gourmande du pays. *Ente Vierländer Art :* oie grasse fourrée aux pommes. *Grünkohl Hamburger Art :* chou vert à la saucisse et aux joues de porc fumées, servi sur pommes de terre. *Labskaus :* viande et poisson salés, purée de pommes de terre, servis avec des œufs frits. *Marzipan :* le fameux massepain de Lübeck.

– ***Mecklembourg et Poméranie :*** une cuisine de l'Est aux accents baltes et russes. *Bärenfang :* hydromel relevé d'épices et d'alcools forts. *Betenbarsch :* le « borchtch » local. *Gänseschwarzsauer :* blanc d'oie préparé avec le sang mêlé à une sauce douce, accompagné de boules de pommes de terre. Sans oublier le poisson, mariné ou fumé, comme l'anguille et le hareng.

– ***Westphalie et Basse-Saxe :*** où le jambon de Westphalie et le hareng de Brême règnent en maîtres... *Altbierbowle :* bol de bière brune glacée aux fruits. *Würstebraut und Liäberbraut :* purée de saucisses épicées, rôties au saindoux et servie avec des rondelles de pommes cuites. *Stolzer Heinrich :* saucisse à cuire en anneau, mijotée avec de la crème et des pommes de terre. *Friesische Bohnensuppe :* boisson chaude avec brandy, rhum, raisins secs et sucre candi.

– ***Rhénanie-Palatinat :*** sous le signe du vin. *Ähzezupp :* soupe de gros pois aux oreilles et pieds de cochon. *Hämmchen met soore Kappes :* choucroute à la purée de haricots. *Sauerbraten :* rôti de bœuf mariné. *Kochkäse :* fromage blanc fermenté et cuit avec du cumin, du lait et un œuf. *Leberwurst Muzen :* gâteau du Mardi gras au saindoux.

– ***Francfort et Hesse :*** la patrie du *Bretzel* et du *Rippchen* (petit salé). *Betmännchen :* boulettes de massepain garnies d'amandes. *Frankfurter grüne Sauce :* sauce aux herbes mêlées d'huile et de jaune d'œuf. *Spansau :* cochon de lait fourré aux tripes et aux pommes de terre.

– ***Saxe et Thuringe :*** *Bemme.* Ce sont des tranches de pain avec garnitures diverses. *Gewürzfleisch :* bœuf aux oignons, aux tubercules et aux épices. *Leipziger Allerlei :* petits légumes de printemps aux morilles et autres champignons. *Meissner Fummel :* un gâteau délicat et friable. *Thüringen Topfbraten :* servi, entre autres, à Weimar et composé d'abats cuits puis étuvés avec une sauce à l'oignon. Enfin, les saucisses grillées aux fines herbes.

## ALOUETTE, GENTILLE ALOUETTE

*Cette délicate spécialité de Leipzig à base de pâte brisée fourrée de pâte d'amandes doit sa création à un édit du XIXe s. À l'époque, les alouettes rôties étaient tellement appréciées, que leur population a été pratiquement décimée. Devant l'inquiétude des gourmets, la chasse en fut interdite. Les confiseurs créèrent alors des alouettes (lerchen) en version pâtissière, histoire d'adoucir cette pénurie.*

– ***Bade-Wurtemberg :*** *Salbeiküchlein.* Sauce fraîche cuite avec des jaunes montés. *Spargel :* asperges, souvent accompagnées de jambon de Forêt-Noire ou alors servies dans des *Pfannkuchen* (sorte de crêpes locales). *Gugelhopf* et *Bäckeoffe :* les mêmes qu'en Alsace. *Spätzle :* pâtes faites maison. *Maultaschen :* sorte de raviolis. Sans oublier d'excellents plats de gibier *(Wild).*

– ***Franconie :*** *Gwerch.* Salade de tête de bœuf avec saucisse de Nuremberg et emmenthal. *Hechtenkraut :* choucroute de brochet. *Coburger Bratwurst :* saucisse grillée et fumée sur des pommes de pin. *Bauchstecherle :* nouilles de pommes de terre.

– ***Bavière :*** *Bifflamot.* Bœuf à la mode façon Munich. *Kartoffelknödel : Knödel* aux pommes de terre. Le *Knödel* est une boule de mie de pain farcie et cuite au bouillon. *Pressack :* saucisse de museau de bœuf ou de veau. *Schlachtplatte :* assiette de saucisse de foie, boudin noir, tripes, saucisses diverses, *Knödel* au foie et choucroute.

– ***Et encore :*** *Nürnberger Bratwurst.* Ce sont de minuscules saucisses grillées. *Backers :* délicieuses galettes de pommes de terre. *Haxn :* jarret (de porc, de dinde ou de veau) généralement servi grillé. Sans oublier les pâtisseries propres à certaines villes, comme les *croissants de Bamberg* !

Voilà pour la tradition et les clichés. Cela dit, les Allemands sont de grands voyageurs, et leur sol a accueilli des immigrés de toutes origines. L'offre culinaire s'est beaucoup diversifiée et les Allemands (surtout les Allemandes) ont appris à tenir compte des aspects diététiques de l'alimentation pour se trouver, l'été venu, à leur avantage sur les plages de Ténériffe ou des îles grecques. On trouvera donc de plus en plus de cartes variées et savoureuses, plus soucieuses d'équilibre pondéral que de gavage d'estomac. Le hic, c'est que la bière, elle, s'ingurgite toujours à coups de chopines d'un demi-litre.

# ÉCONOMIE

## On revient de loin

Au sortir de la Seconde Guerre mondiale, malgré la défaite, mais dopée par les aides du plan Marshall, l'Allemagne fait un bond économique remarquable, sa production industrielle s'emballe, les salaires augmentent, et bien vite, le niveau de vie allemand devient l'un des plus élevés du globe. En 1989, la RFA tient la quatrième place des puissances économiques mondiales. Le dynamisme de son industrie, le consensus de paix sociale et la stabilité du Deutsche Mark (soutenue par la *Bundesbank*) sont les piliers de cette réussite.

L'industrie fait vivre près d'un Allemand sur deux et installe le pays aux avant-postes de l'économie : premier producteur de construction mécanique, troisième

dans le secteur automobile... La chimie en est également l'un des fleurons puisque les deuxième, troisième et quatrième places sont détenues par des groupes chimiques d'outre-Rhin.
Peu à peu, le produit allemand s'associe aux labels de qualité et de fiabilité. On achète allemand parce que c'est du solide ! Les exportations marchent bien, tellement bien que l'Allemagne devient premier exportateur devant le Japon !

### MADE IN GERMANY

*Pour les Allemands, exporter fait partie de leur ADN. Dès la fin du XIX<sup>e</sup> s, les Anglais en prenaient déjà ombrage. Une réglementation britannique obligea leurs produits à porter le label* made in Germany, *ce qui était synonyme de bas de gamme. Personne n'avait prévu que l'innovation technologique et le savoir-faire allemands allaient vite surpasser la concurrence.* Made in Germany, *initiative protectionniste anglaise, devint alors un label d'excellence.*

## Une intégration laborieuse

À la fin des années 1990, pourtant, il faut se rendre à l'évidence : l'intégration à la hussarde de l'ex-RDA n'en finit pas de peser sur l'économie de l'Allemagne réunifiée. La compétitivité s'essouffle, les entreprises licencient, le chômage grimpe. En 2002, tout en transférant leur capitale dans un Berlin sans Mur, les Allemands font le douloureux sacrifice du symbole de leur réussite : le Deutsche Mark cède sa place à l'euro.
En 2003, baisses d'impôts massives, projets multiples de réforme d'un État-providence hérité de la fin du XIXe s : l'Allemagne semble décidée à redonner du souffle à une économie plongée dans la léthargie depuis plusieurs années et frappée par un taux de chômage frisant les 10 %. Le processus des réformes se met lentement en marche. Après de longues hésitations, la première économie de la zone euro paraît avoir pris la mesure de ses difficultés. Dans un pays régulièrement vilipendé pour sa pression fiscale, le gouvernement social-démocrate change de cap et lance en 2004 un programme de baisses d'impôts. En 2004, le déficit public allemand se monte à 3 % du PIB, et l'Allemagne passe (tout comme la France) sous les fourches caudines du Pacte de stabilité européen. Le taux de faillites atteint un chiffre record. Pour relancer la compétitivité et tabler positivement sur l'avenir, l'Allemagne s'attelle à mettre en route sans tarder d'indispensables nouvelles réformes – ce que d'autres n'oseront pas faire, à leurs dépens...
La croissance économique connaît un rebond notable début 2008 avec un effet dopant sur l'euro, beau redressement qui aurait mérité un coup de chapeau, mais...

### LES ROIS DE L'EXPORT

*Jusqu'en 1870, date de l'unification du IIe Reich, les territoires allemands étaient une mosaïque de petits États. Pour prospérer, les entreprises devaient absolument vendre hors de leur territoire. Cette capacité acharnée à exporter leur est restée.*

## Crise financière et reprise inespérée

Comme partout dans le monde, ces perspectives sont oblitérées par la crise financière et économique apparue fin 2008. En novembre, l'Allemagne entre en récession. Un mois plus tard, le nombre de chômeurs dépasse la barre des trois millions. Devant l'ampleur de la crise, Angela Merkel prône le soutien de l'État aux secteurs les plus touchés. Fin 2009, la récession atteint un niveau record dans l'histoire de la Bundesrepublik : - 5 %. Pour la première fois, l'Allemagne perd sa place de première nation exportatrice au profit de la Chine. Mais les Allemands ne paniquent pas : loin de se laisser ronger par la sinistrose ambiante, ils jouent sur

leurs forces, l'industrie et les exportations (surtout hors zone euro). Les plans de relance, en soutenant la consommation des ménages et les dépenses publiques, permettent de limiter l'ampleur de la récession.
En 2011, le gouvernement a pu compter sur une croissance de 3 %, une belle performance en ces temps qui courent. Mais la détérioration des comptes publics se poursuit ; conséquence : le déficit budgétaire flirte désormais avec les 4 % du PIB. Bruxelles fait les gros yeux et exige un retour sous la barre des 3 % pour 2013. Mais le chômage n'a pas flambé comme redouté et a même baissé jusqu'au taux record de 4,9 % en 2014 car les entreprises ont réduit considérablement le temps de travail au lieu de comprimer leurs effectifs. En plus, seulement 7,8 % des jeunes de moins de 25 ans sont sans emploi (un exploit dans l'UE). Il faut cependant nuancer en disant que ce résultat s'explique aussi par un recours accru au temps partiel, qui permet de diminuer facilement les statistiques globales du chômage : 20 % des emplois allemands sont précaires. À l'occasion de la crise grecque, l'Allemagne s'est posée en parangon de vertu. Après une contraction de l'activité fin 2011, l'économie allemande a renoué faiblement avec la croissance en 2012, grâce notamment aux exportations et à la consommation des ménages. Dans ce contexte, le ministre des Finances a accepté une augmentation salariale dans la fonction publique et une inflation supérieure à celles des autres pays européens. Depuis, un salaire minimum a été instauré pour 2015 (mesure exceptionnelle en Allemagne).

### Le moteur se grippe

Malgré sa réputation d'efficacité, son budget à l'équilibre pour 2015 et la belle santé de son commerce extérieur, la belle machine allemande a connu quelques ratés spectaculaires. La Lufthansa et les chemins de fer ont été frappés par des grèves. De gros projets d'équipements publics ont pâti de sérieux problèmes de gestion : malfaçons, retards imprévus, explosion des coûts... un vrai fiasco ! Empêtrées dans un écheveau de complications politico-bureaucratiques, les constructions de la *Elbphilharmonie* de Hambourg, de la nouvelle gare de Stuttgart et surtout du futur aéroport-fantôme de Berlin (BBI) sont devenues à la fois la risée de la presse et la honte des Allemands. Une des raisons viendrait de la complexité administrative des institutions fédérales où les États ont souvent des intérêts divergents, des calendriers électoraux décalés et des sensibilités politiques pas toujours compatibles qui bloquent les processus décisionnels. Sans compter les désaccords entre architectes, concepteurs des projets et ingénieurs chargés de les réaliser. La belle santé de l'Allemagne pourrait encore connaître une épidémie de grippe avec la nécessaire rénovation du réseau autoroutier vieillissant et surtout, dans la perspective de l'abandon du nucléaire pour 2022 au profit des énergies renouvelables, la construction d'un réseau d'infrastructures de lignes à haute tension pour acheminer l'énergie éolienne produite sur le rivage de la mer du Nord. On voit déjà se lever des objections de la part de ceux qui considèrent d'un mauvais œil les pylônes métalliques défigurer la vue de leur jardin...

## ENVIRONNEMENT

Les Allemands roulent toujours dans des bolides à près de 200 km/h, mais leurs véhicules sont les moins polluants du monde et leurs centre-ville sont réservés aux piétons et vélos. Sujet d'étonnement. Depuis 1994, l'État allemand a fait de la protection de l'environnement une priorité constitutionnelle qui figure dans un article de la ***Loi fondamentale.*** En conséquence, il incombe à tous les organes d'État la responsabilité de protéger l'environnement en pensant au bien-être des générations futures.

# PLANS ET CARTES EN COULEURS

## DISTANCES PAR LA ROUTE

# KÖLN (COLOGNE) – PLAN I

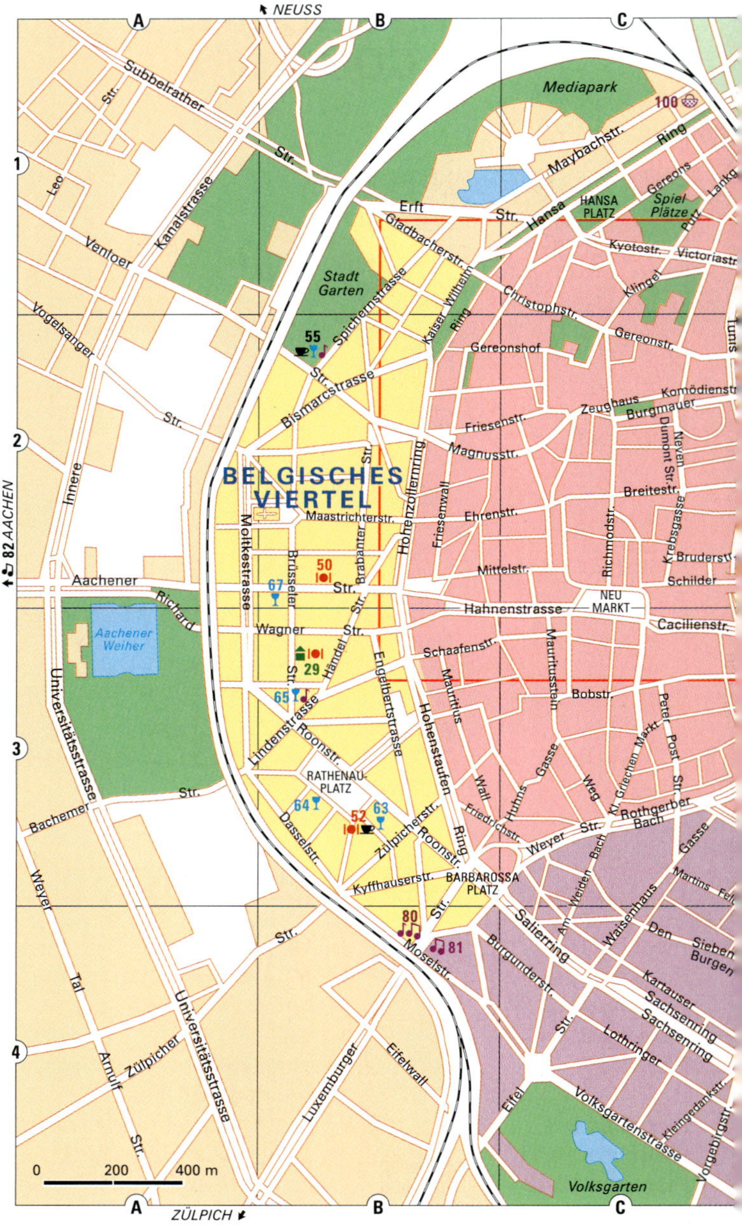

## Où dormir ?

- 10 Camping Berger
- 11 Jugendherberge Pathpoint
- 13 Jugendherberge Köln-Deutz
- 14 Jugendherberge Köln-Riehl
- 26 Hotel Santo
- 27 Art'Otel Cologne
- 29 Hopper Hotel et cetera
- 30 Hopper Hotel St Antonius

## Où manger ?

- 50 Metzgerei Schmitz
- 52 Feynsinn
- 53 Léo
- 54 Gaststätte Lommerzheim

## Où boire un verre ? Où écouter de la musique ?

- 55 Stadtgarten
- 63 Rosebud
- 64 Hotelux KGB bar
- 65 Scheinbar
- 67 Six Packs
- 68 Hafenterrasse

## Où guincher ? Où écouter un concert ?

- 80 Luxor
- 81 Rose Club
- 82 Subway
- 83 E-Werk

## Achats

- 100 Disquaire Saturn

# KÖLN (COLOGNE) – PLAN I

# KÖLN (COLOGNE) – PLAN CENTRE

**Adresses utiles**

- Office de tourisme
- 5 Compagnie KD

**Où dormir ?**

- 12 Station Hostel for Backpackers
- 15 Hotel Im Kupferkessel
- 16 Hotel Drei Kronen
- 17 Hotel Brandenburger Hof
- 19 Hostel Köln
- 20 Hotel Madison am Dom
- 21 Hotel Drei Könige
- 22 Hotel Domblick
- 23 Das Kleine Stapelhäuschen
- 24 Hotel Flandrischer Hof
- 25 Hotel am Museum
- 28 Hotel Cristall

**Où manger ?**
**Où prendre un petit déj ?**

- 41 Cölner Hofbräu Früh
- 42 Papa Joe Klimperkasten

## KÖLN (COLOGNE) – PLAN CENTRE

43 Bierhaus en d'r Salzgass
44 Brauhaus Sion
45 Brauerei zur Malzmühle
47 Päffgen
48 Schreckenskammer
49 Bieresel
51 Bella Italia

**Où boire un verre ?**
**Où écouter de la musique ?**

60 Papa Joe's Jazz Lokal
61 Päff Schankwirtschat
66 Klapsmühle

**À voir**

**91** Duftmuseum im Farina Haus
**92** L'Eau de Cologne N° 4711, boutique-exposition
**93** Le quartier juif

LA VALLÉE DU RHIN

## FREIBURG IM BREISGAU (FRIBOURG-EN-BRISGAU)

■ **Adresse utile**
- 🛈 Office de tourisme

**Où dormir ?**
- 10 Jugendherberge
- 11 Black Forest Hostel
- 12 Pension Paradies
- 13 Alleehaus
- 14 Park Hotel Post
- 15 Hôtel Schwartzwälder Hof
- 25 Löwen

**Où manger ?**
- 21 Brennessel
- 22 Restaurant & Enoteca
- 23 Freiburger Markthalle
- 24 Oberkirchs Weinstube et Ganter Brauereiausschank

**Où boire un verre ? Où sortir ?**
- 30 Hausbrauerei Feierling Garten
- 31 Greiffenegg Schlössle
- 32 Schlappen
- 33 Osteria & Oporto
- 34 Agar
- 35 Elpi

# MÜNCHEN (MUNICH) – PLAN DU MÉTRO

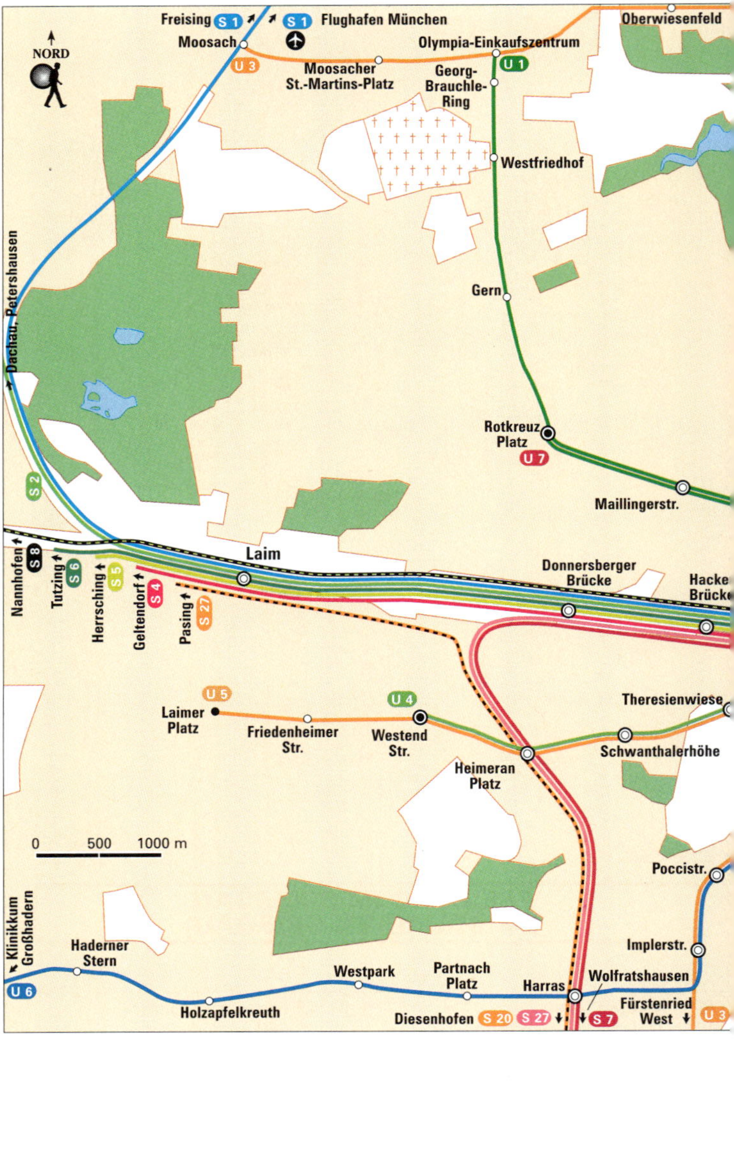

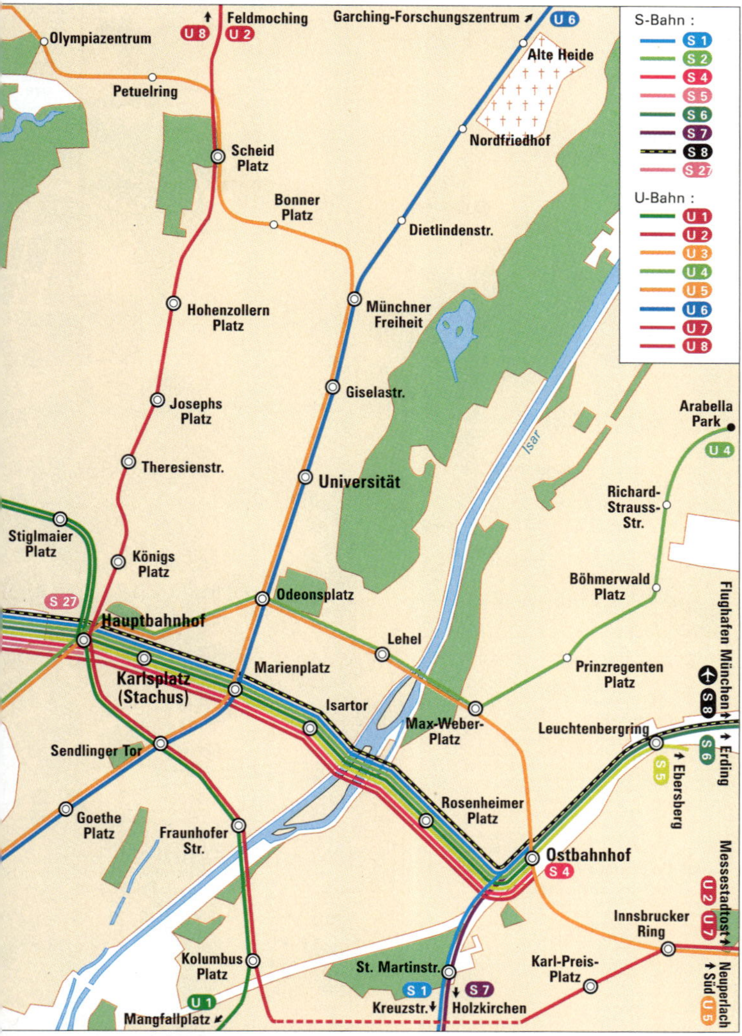


MÜNCHEN (MUNICH) - PLAN DU MÉTRO

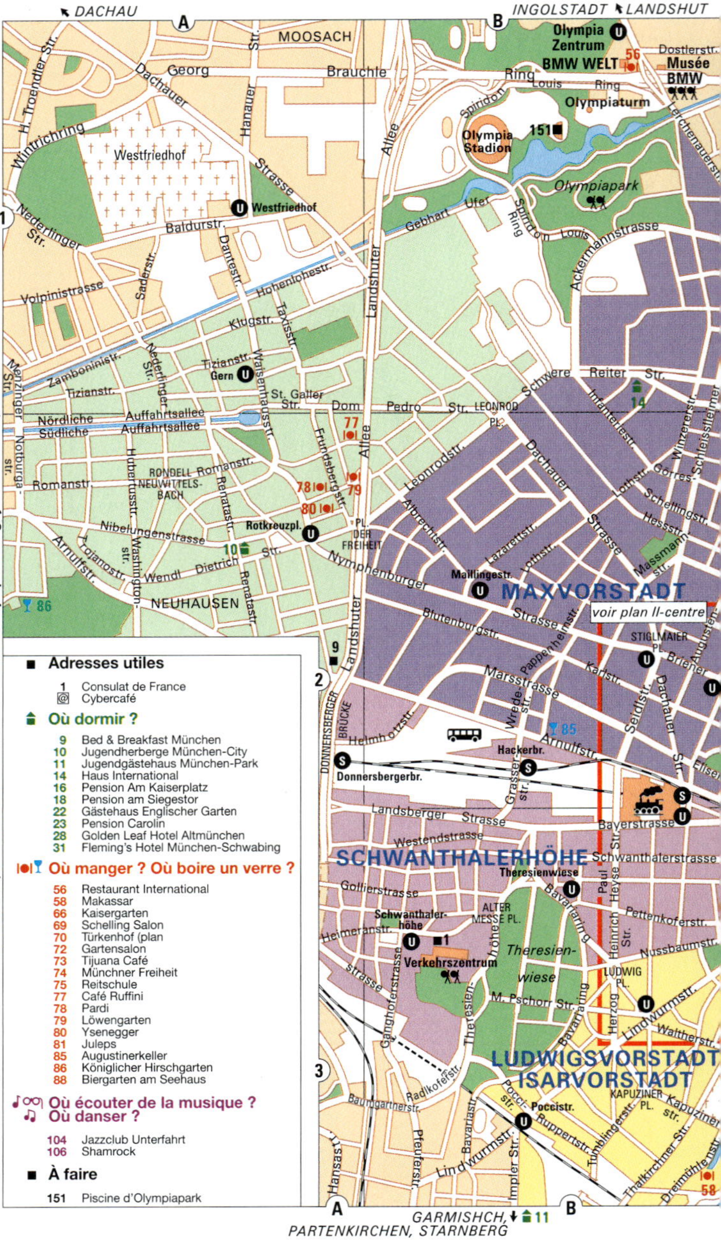


■ **Adresses utiles**

1 Consulat de France
@ Cybercafé

**Où dormir ?**

9 Bed & Breakfast München
10 Jugendherberge München-City
11 Jugendgästehaus München-Park
14 Haus International
16 Pension Am Kaiserplatz
18 Pension am Siegestor
22 Gästehaus Englischer Garten
23 Pension Carolin
28 Golden Leaf Hotel Altmünchen
31 Fleming's Hotel München-Schwabing

**Où manger ? Où boire un verre ?**

56 Restaurant International
58 Makassar
66 Kaisergarten
69 Schelling Salon
70 Türkenhof (plan
72 Gartensalon
73 Tijuana Café
74 Münchner Freiheit
75 Reitschule
77 Café Ruffini
78 Pardi
79 Löwengarten
80 Ysenegger
81 Juleps
85 Augustinerkeller
86 Königlicher Hirschgarten
88 Biergarten am Seehaus

**Où écouter de la musique ? Où danser ?**

104 Jazzclub Unterfahrt
106 Shamrock

■ **À faire**

151 Piscine d'Olympiapark

MÜNCHEN (MUNICH) – PLAN I

MÜNCHEN (MUNICH) – PLAN I

# MÜNCHEN (MUNICH) - PLAN II, CENTRE

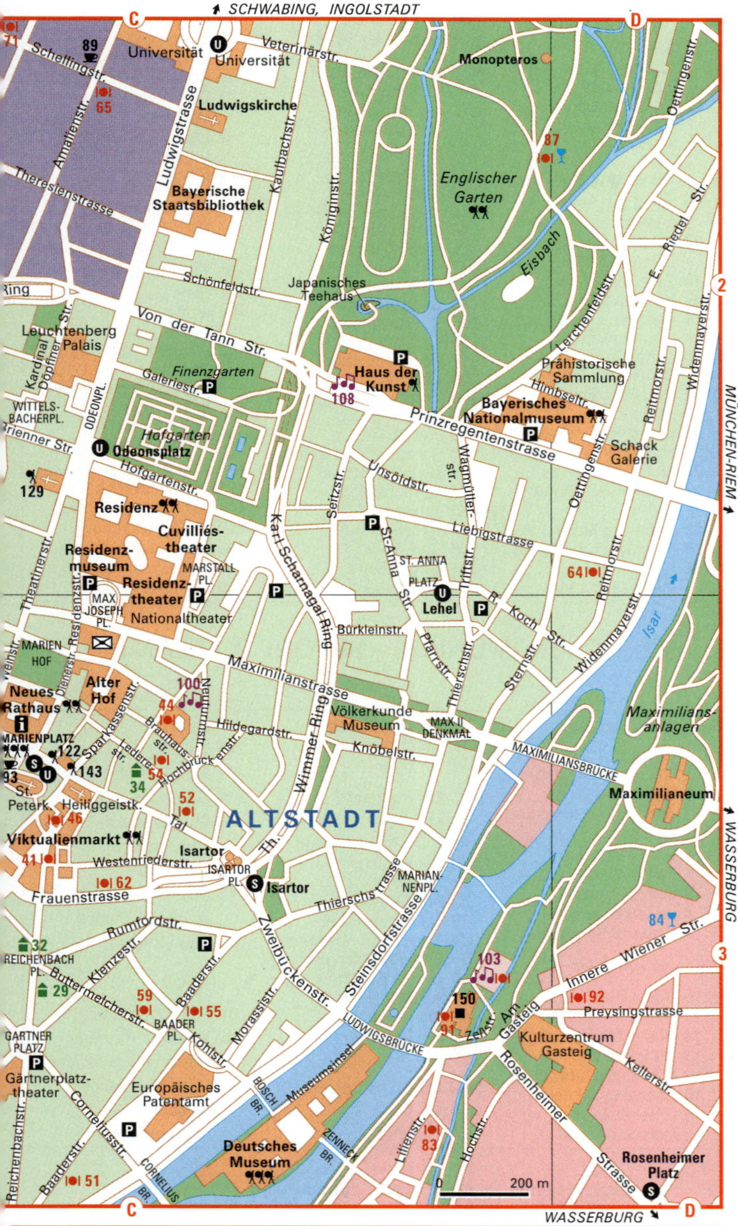


# MÜNCHEN (MUNICH) – PLAN II, CENTRE

**Adresses utiles**

- Office de tourisme de la gare (Hauptbahnhof)
- Office de tourisme sur Marienplatz
- Work St@tion

**Où dormir ?**

12 The 4 You Hostel & Hotel
13 CVJM Jugendgästehaus (YMCA)
15 Euro Youth Hotel
17 Pension Geiger
19 Pension am Gärtnerplatz
20 Motel One – Sendlinger Tor
21 Hôtel-pension Mariandl
24 Creatif Hotel Elephant
25 Hotel-Pension Atlanta
26 Munich Jaeger's
27 Cocoon Sendlinger Tor
29 Deutsche Eiche
30 Wombats City Hostel
32 Hotel am Viktualienmarkt
34 Hotel Cortiina
35 Smart Stay Hostel

**Où manger ? Où boire un verre ? Où déguster une pâtisserie ?**

41 Viktualienmarkt
43 Fraunhofer
44 Hofbräuhaus
45 Andechser am Dom
46 Bratwurstherzl
47 Wirtshaus zum Straubinger
49 Café Glockenspiel
51 Baader Café
52 Zum Dürnbrau
53 Café am Beethovenplatz
54 Bar Centrale
55 Königsquelle
57 Prinz Myshkin
59 Joe Peñas
61 Bar-restaurant Dukatz
62 Master's Home
64 Les Cuisiniers
65 Atzinger
67 Tresznjewski
68 Café Puck
71 Lo Studente
83 Wirtshaus in der Au
84 Hofbräukeller
87 Biergarten am Chinesischen Turm
89 Konditorei Schneller
91 Café im Müller'schen Volksbad
92 Resto-Club Nektar
93 Café am Marienplatz Rischart

**Où écouter de la musique ? Où danser ?**

100 The Atomic Café
101 Park Café
103 Muffathalle
105 Padres
108 P1 Club
109 Pacha
110 089 Bar and Lounge
111 Milch und Bar

**À voir. À faire**

122 Altes Rathaus
125 Michaelskirche
127 Sendlinger Tor
129 Theatinerkirche
143 Spielzeugmuseum
147 Jüdisches Museum
150 Volksbad

## MÜNCHEN (MUNICH) – REPORT DU PLAN II

**Adresses utiles**

1 Office de tourisme
2 Office de tourisme
3 Gare ferroviaire principale et location de vélos
4 Gare ferroviaire de Neustadt
5 Institut français
6 Location de vélos (Fahrrad Schwarzer)

**Où dormir ?**

10 Motel One
11 Lollis Homestay
12 Hostel Mondpalast
13 Hotel Martha
14 Gästehaus Mezcalero
15 Backstage Hotel
16 Hôtel Pullman Dresden Newa
17 Art'otel Dresden
18 Hotel Ibis Budget
19 QF Hotel

**Où manger ?**

28 Max
29 Café Planwirtschaft
30 Raskolnikoff
31 Hai Au
32 Alte Meister
33 Couscous Haus
34 Currywurst & Pommes
35 Zum Schiesshaus
36 Dürüm Kebab House
38 Augustiner an der Frauenkirche
39 Am Nordsee
54 Hot Wok

**Où boire un verre ? Où sortir ?**

40 Frank's Bar
41 Bailamor
42 El Cubanito
43 Scheunecafé
44 Blue Note
45 Studentenclub Bärenzwinger
46 Hebeda's
47 Down Town et Groove Station
48 Reise Kneipe

**À voir**

61 Pfund's Molkerei
62 Kunsthof-Passage
65 Dresdner Kreuzkirche
66 Militärhistorische Museum der Bundeswehr

## DRESDEN (DRESDE) – REPORT DU PLAN

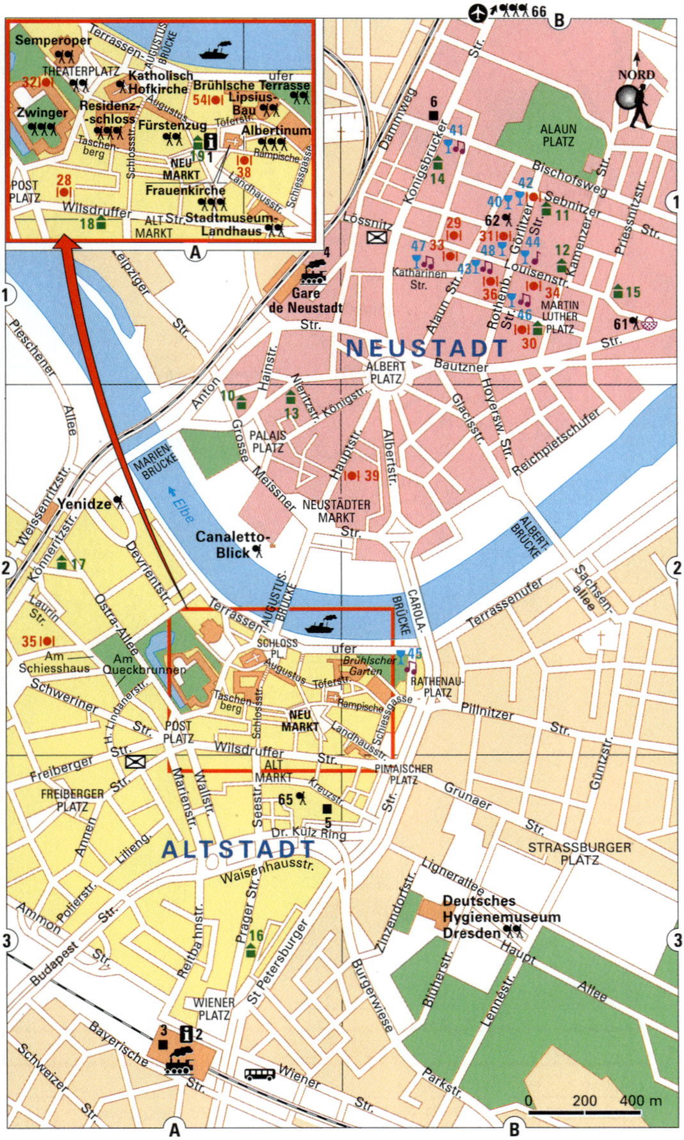


# DRESDEN (DRESDE)

# LÜBECK

■ **Adresse utile**

- Tourist Information

**Où dormir ?**

10 Jugendherberge « Altstadt » Lübeck
11 Jugendherberge « Vor dem Burgtor »
12 Rucksack Hotel
13 Hôtel Zur Alten Stadtmauer
14 CVJM Lübeck et hôtel Am Dom
15 Hotel an der Marienkirche

**Où manger ?**

20 Konditorei-Café Niederegger
21 Lübecker Kartoffel Keller
22 Salento
23 Restaurant Schiffergesellschaft
24 Ratskeller
25 Krüzfeld

**Où boire un verre ?**

30 Im Alten Zolln
31 Buthmanns Bierstuben
32 Jazz Café

La ***conscience écologique*** que l'on retrouve à tous les niveaux de la société fait de l'Allemagne un des acteurs de pointe du combat contre le réchauffement de la planète au niveau européen et mondial. Consciente de sa position de premier consommateur européen d'énergie et dépendante des importations étrangères (notamment du gaz russe), elle est à la pointe de la recherche. Au quotidien, cette conscience est également partagée par les ménages : toutes les bouteilles sont consignées, chaque déchet est dûment trié (le verre l'est même par couleur : blanc, vert, marron !), et les courriers que les Allemands reçoivent sont systématiquement imprimés sur papier recyclé. Depuis belle lurette, influencée par un parti écologiste très actif (les *Grüne*), la politique du gouvernement fédéral vise à économiser l'énergie et à l'utiliser de manière efficace tout en favorisant les énergies renouvelables et le développement durable. Par exemple, en 2000, la coalition SPD/Verts décide l'abandon progressif du nucléaire d'ici 2022. Le camp conservateur, mené par Angela Merkel, tente de revenir sur cette décision, craignant un impact négatif sur l'industrie du pays. Mais le séisme de mars 2011 au Japon et l'accident de la centrale de Fukushima ont radicalement changé la donne : la même année, après un débat public animé, le Bundestag confirme la date de 2022.
L'Allemagne peut s'appuyer sur les ***énergies renouvelables,*** qui représentent environ 10 % de l'énergie produite dans le pays. On ne peut pas rouler 5 km sans croiser un champ d'éoliennes (7,6 % de l'énergie allemande est produite grâce au vent, ce qui en fait le leader mondial dans le secteur éolien), les projets géothermiques et d'utilisation de la biomasse fleurissent, le solaire continue son fort développement : près de 300 000 emplois sont liés aux énergies vertes... Si tout va comme prévu, la production d'énergies renouvelables devrait atteindre les 20 % en 2022, voire au-delà pour les prévisions les plus optimistes.

## HISTOIRE

L'unité allemande est récente : jusqu'au début du XXe siècle, l'Allemagne est restée divisée en petits États autonomes qui ont fortement influencé les particularismes, ce qui explique son système fédéral actuel. Entre 1945 et 1990, elle a même été divisée en deux entités antagonistes : la RFA et la RDA. Mais revenons 2 000 ans en arrière.
Au début, les ***Germains*** ne faisaient pas d'étincelles... Ils ne savaient pas encore qu'ils étaient germains et batifolaient dans la steppe kazakhe avec leurs cousins indo-européens. Entre 2000 et 1500 av. J.-C., bougeotte générale. Les Hellènes vont en Grèce, les Italiotes en Italie, puis les Celtes font un barouf d'enfer de l'Anatolie jusqu'au Portugal. Entre autres, ils occupent le sud de l'Allemagne (oui, il y a du sang gaulois, là-bas) et laissent le Nord à des cousins de la froide Scandinavie : ce sont les Germains, arrivés entre-temps. D'abord discrets, ces gaillards vont faire parler d'eux vers 105 av. J.-C., et en mal : chassés du Danemark par un refroidissement climatique, Cimbres, Teutons et Ambrons partent dévaster la Gaule. Le Romain Marius raccompagne ces clandestins aux frontières. Mais le pli est pris. 40 ans plus tard, César doit recommencer avec les Suèves, les Usipètes et les Tenctères. Tous des Germains... Qui sont-ils, au fait, ces Barbares qui, loin de tout, traînent une existence itinérante sous des cieux plombés ? *Germani,* en latin, c'est comme *Süeboz* (les Souabes) : « ceux du même sang ». Un sang plutôt robuste, puisque leurs territoires s'étendent maintenant du Rhin à la mer Noire.
Ils habitent un empire sans villes et se nourrissent d'orge et d'avoine, de seigle et de froment et de navets. Ils vendent l'ambre et les peaux de la Baltique pour s'offrir des articles de luxe. Mœurs strictes, hospitalité proverbiale, fidélité à toute épreuve (comme au Japon, on se suicide quand le chef meurt au combat). Les hommes libres prennent leurs décisions en conseil. Ils adorent Wodhanaz le Borgne (Wotan-Odin), le dieu-roi nécromant à qui les ennemis sont sacrifiés

par pendaison ; Thonar le Boiteux (Donar-Thor), le tonnerre, Vulcain boiteux à barbe rousse armé d'un marteau ; Teiwaz le Manchot (Tyr) et Fro l'Incestueux, qui donnent la fécondité. Tous ces éclopés divins sont promis au « crépuscule des dieux »... Pas très optimistes, les Germains ! Cette ***mythologie*** expliquerait-elle la « part obscure » de l'âme allemande ?

## Des guerriers en vêtements collants

Les Romains, dommage pour eux, ignorent tout ça quand ils entreprennent la conquête de la Germanie. En l'an 9 (ap. J.-C.), Auguste en a confié la pacification à un certain ***Varus.*** Le pauvre ! Des tribus conduites par un Germain, ex-centurion romain, Arminius-Herrmann, le surprennent dans la forêt de ***Teutoburg*** (au nord d'Osnabrück). De ses trois légions, on ne retrouvera que des crânes cloués aux arbres. Herrmann deviendra le premier héros national allemand. Passablement choqués, les Romains campent sur la frontière Rhin-Danube et ne tentent pas de poursuivre plus loin. C'est là qu'ils construisent leur ligne Maginot, le ***limes,*** et des camps : *Colonia Agrippina* (Cologne), *Augusta Treverorum* (Trèves), *Mogontiacum* (Mayence), *Castra Regina* (Ratisbonne), *Augusta Vindelicum* (Augsbourg), *Confluentes* (Coblence) ou *Vindobona* (Vienne)... Ça contiendra un moment la poussée des Saxons (Bas-Rhin), des Marcomans (Haut-Rhin), des Suèves (Tyrol), des Hérules et les fameux Goths (Orient). Alléchés par les récits des voyageurs, ces barbus blonds ont très envie de croquer des villes. Il faut en payer certains, afin de protéger l'Empire contre les autres. Attaques, retraites, razzias, expéditions punitives...
Durant trois siècles, c'est la même rengaine. Mais voilà qu'en 375, le chaudron déborde. Poussés dans leur dos par les Huns, presque tous les peuples germains sont en marche, les plus civilisés, c'est-à-dire les Goths, en tête. Dans Rome qu'ils assiègent, on découvre avec effroi ces guerriers en vêtements collants, dont « la large chevelure rousse descend jusqu'au front tandis que la nuque reste à découvert ». Rome prise, les Germains s'éparpillent en Gaule, en Espagne et jusqu'en Afrique du Nord, reviennent piller Rome... Par la conquête, les voici dépositaires de l'Empire romain : quand les Huns arrivent, ils s'allient au reste des Romains pour repousser Attila. Et bientôt, tout le monde plante ses pénates. En Allemagne même, les Thuringen prennent la Thuringe, les Sueboz le pays souabe, les Marcomans la Bavière, les Francs la Franconie, les Saxons la Saxe et les Alamans le Sud. Le puzzle prend forme.
Qui va le rassembler ? Un peuple du Rhin, les ***Francs.*** La Gaule tombe entre leurs mains, puis, en 511, la majeure partie de l'Allemagne. Les Francs se convertissent au christianisme à l'exemple de leur roi, Clovis, baptisé en 496. Sous leur férule, des États surgissent : le Nord forme le royaume de Saxe, le Sud et l'Est l'Austrasie. En 751, une nouvelle dynastie franque, les ***Carolingiens,*** porte l'Empire à son apogée, avec de cruelles campagnes contre les Saxons qui repoussent les frontières de l'Est. Barbe fleurie ou non, ***Charlemagne,*** couronné empereur par le pape en 800, reste un Franc, il porte un nom germain *(Karl der Grosse),* habite en Germanie (Aix-la-Chapelle) et y est enterré. Mais d'ailleurs, n'est-ce pas toute l'Europe qui se germanise ? Au IXe s, huit « Français » sur dix portent des noms germaniques...

## Le premier Empire allemand

Après le partage de Verdun en 843, à la mort de Charlemagne, c'est à nouveau la dislocation. Une succession de guerres et de partages entre héritiers carolingiens aboutit, au Xe s, à la constitution de duchés et de comtés. Deux ensembles prénationaux : la France (des Francs de l'ouest) et l'Allemagne. Quand s'éteignent les Carolingiens, les grands des « quatre nations des Francs de l'est » (Souabes, Francs, Bavarois et Saxons) se réunissent pour élire le souverain de Germanie. La couronne impériale va à un Franconien, puis passe aux Saxons – les ***Othons*** – avant de revenir aux Franconiens. Entre-temps, Otton le Grand, vainqueur des tribus hongroises,

a recréé l'empire de Charlemagne qui, amputé de la France, devient, sous le nom de Saint Empire romain germanique, une pure entité allemande.
Quadrillée par de grands archevêchés – Mayence, mais aussi Trèves, Cologne, Brême... –, la Germanie paraît stabilisée. L'empereur est le premier souverain d'Occident – pour autant qu'il se maintienne sur le trône, car il n'est qu'un élu. Par la puissance, il égale le pape. Et c'est là une source de conflit. Entre ***guelfes*** (papistes) et ***gibelins*** (impériaux), la course à la prééminence engendre 50 ans de guerre, de dépositions et d'excommunications, d'antipapes et d'antirois. Là-dessus, les Hohenstaufen souabes reprennent aux Francs le trône et la couronne. Deux grands souverains : Frédéric Barberousse le terrible et son petit-fils Frédéric II, polyglotte, diplomate habile, et respectueux des musulmans.
Mais les Germains n'ont pas terminé leurs pérégrinations. Entre une France capétienne à la puissance montante, une Angleterre insulaire, une Scandinavie dangereuse (les Vikings avaient détruit Hambourg), où aller, sinon en Italie du Centre et du Nord, sur laquelle l'empereur a d'ailleurs des droits – pas d'Empire romain sans Rome. Il ne peut que se heurter au pape. Pendant qu'il s'y épuise, ses compatriotes du Nord colonisent l'Est. En Poméranie, en Silésie, dans le Mecklembourg, les princes réclament de bons paysans allemands pour développer le pays : le roi Ottokar de Bohême fonde ainsi plus de 60 villes allemandes dans son royaume. Cette colonisation prend un tour musclé sous l'impulsion des ***chevaliers Teutoniques,*** l'un des ordres créés à Jérusalem : les chevaliers en noir et blanc se croisent contre les populations slaves. Pour les seconder, ils ont la ***Hanse,*** cette puissante ligue portuaire qui, profitant du repli maritime sur l'Atlantique (l'Orient qui avait enrichi Venise était devenu dangereux), contrôle avec ses 200 villes tout le commerce de l'Europe du Nord-Ouest. Côté culture, cette Allemagne rayonne. En témoignent la cathédrale de Cologne, de pur gothique français, et les poèmes courtois des *minnesingers* qui remplacent les chansons de geste...

**VIVE LA SCIENCE !**

*On sait que l'empereur Frédéric II s'intéressait beaucoup aux sciences, notamment à la médecine. On raconte que pour vérifier l'impact du sommeil et de l'exercice sur la digestion, il fit avaler le même repas à deux condamnés, puis il envoya l'un se coucher et l'autre couper du bois... Ensuite, il leur ouvrit les intestins.*

## L'« embourgeoisement » des villes allemandes

En 1250, les ***Hohenstaufen*** s'éteignent, et l'Empire est à l'encan. Le roi de France est candidat, mais on le juge trop puissant. Après la promulgation de la *Bulle d'or* en 1456, les électeurs héréditaires – trois archevêques, le roi de Bohême, le margrave de Brandebourg, le prince de Saxe et le duc de Bavière – choisissent un modeste seigneur alpestre du nom de ***Habsbourg*** dont la famille reviendra en 1458 pour occuper le trône durant près de cinq siècles. Mais les temps sont durs pour l'empereur sans capitale. Les princes s'affirment dans leurs territoires. Les villes soignent leurs affaires : pour Nuremberg, les mines ; pour Lübeck, les salines de Lüneburg. Déjà riche de fer et d'argent, l'Allemagne du Sud devient un carrefour économique dont témoigne l'essor des ***foires*** de Leipzig et de Francfort-sur-le-Main, ou l'extension européenne de la Grande Société d'Allemagne (à Ravensburg), pendant germanique de la puissante compagnie commerciale des Médicis. Au XIVe s, la morosité s'accentue. Rongée par les rivalités entre villes rhénanes et ports baltes, et par la jalousie envers la ville maîtresse, Lübeck, la Hanse va s'écrouler peu à peu. C'est l'époque de la ***peste noire,*** qui tourmentera le talent des artistes...
Le XVe s est celui de la décomposition. L'Empire se morcelle en 350 petits États plus ou moins autonomes d'où émergent trois entités d'une certaine taille : le

Brandebourg des ***Hohenzollern,*** la Saxe des ***Wettiner*** et la Bavière des ***Wittelsbach.*** Les petits seigneurs, eux, prétendent ne dépendre que de l'empereur, c'est-à-dire de personne. Les particularismes s'accentuent. En Bohême, les disciples de Jan Hus sont portés par la vague du « nationalisme » tchèque. Ils n'en réagissent pas moins contre la décadence spirituelle de l'Église et de la papauté. L'ardente spiritualité allemande a soif d'absolu. Elle est mûre pour la ***Réforme*** de Luther et la monarchie universelle de ***Charles Quint*** issu de la lignée des ***Habsbourg.***

## L'avènement de Charles Quint

En juin 1519, les électeurs de la diète de Worms réunis à Francfort désignent le successeur de Maximilien Ier d'Autriche. Quatre candidats (dont François Ier et Henry VIII d'Angleterre, qui veut probablement s'offrir un pied-à-terre sur le continent) sont en lice, mais c'est Charles Ier, roi d'Espagne, qui est choisi. Ce Habsbourg, né dans les Flandres, petit-fils de l'ancien empereur de surcroît, règne déjà sur l'héritage bourguignon. Mais il a surtout de solides appuis financiers (en l'occurrence, le banquier ***Fugger,*** le plus important de l'époque) qui lui permettent de s'attirer les bonnes grâces de certains électeurs... On n'a rien sans rien : cette « élection » lui coûte la bagatelle de 850 000 florins ! Pour le même tarif, il peut se permettre de changer de nom et se fait désormais appeler Charles V, dit « le Quint ».

Sa grand-mère, Marie de Bourgogne (qui avait épousé Maximilien d'Autriche), étant la fille de Charles le Téméraire, il a bénéficié à Gand, sa ville natale, d'une solide éducation dispensée par son précepteur, Adrien d'Utrecht (qui deviendra pape), et d'un grand respect pour les ambitions de son aïeul, à savoir rebâtir et agrandir l'ancienne Lotharingie. Des ennuis avec la couronne de France sont donc à prévoir.

La maison de Valois voit d'un très mauvais œil les ambitions d'un ***Charles Quint*** disposant désormais d'une puissance jamais égalée en Europe, surtout depuis l'afflux de l'or et de l'argent des Amériques. Mais si, en effet, François Ier n'arrête jamais de lui mettre des bâtons dans les roues, notamment en s'alliant avec Henry VIII d'Angleterre, puis avec le sultan Süleyman (dit « le Magnifique »), c'est de l'intérieur que Charles Quint est le plus violemment contesté. La cause de cette déstabilisation ? Un « petit moine »...

## Luther, moine révolutionnaire

Fils d'un mineur de Saxe qui le traita sévèrement, roué de coups par ses maîtres d'école (du vrai Zola !), ***Martin Luther*** (1483-1546) entre tôt dans les ordres, vocation qui le prend après une violente tempête dans la forêt. Il devient moine augustin à Erfurt où, l'esprit tourmenté par le doute, il est en proie tantôt à des visions paradisiaques, tantôt aux tentations du démon !

Dès 1508, ses supérieurs se débarrassent de ce moine instable en l'envoyant enseigner à Wittenberg où, imprégné des idées de la Renaissance et de l'humanisme, le prince électeur de Saxe vient de créer une université. C'est là que

### LE COMMERCE DES INDULGENCES

*Cette pratique encouragée par le pape, finança la construction de la basilique Saint-Pierre de Rome. On sut vite qu'une bonne partie des fonds collectés, en échange du pardon des péchés, l'était au profit de quelques ecclésiastiques indélicats, comme le prince-archevêque de Mayence, qui réglait ainsi ses dettes aux banquiers Fugger. Cet abus ne pouvait plus durer. Une réforme (d'où le nom du vaste mouvement qui allait suivre) de l'Église fut initiée par Luther. Ce fut l'origine du protestantisme.*

tout commence, lorsque Luther apprend qu'un moine dominicain démarche dans cette région et pratique ce qu'on appelle le ***trafic des indulgences,*** permettant à un représentant dûment accrédité de vendre le pardon de l'Église à domicile.
Au passage, notons que Luther a saisi le fantastique potentiel de cette invention alors toute nouvelle : l'imprimerie. Il en fait un usage plus que généreux tout au long de sa vie. Pour commencer, il placarde d'affiches les portes de l'église de Wittenberg pour exposer ses « 95 thèses » accusatrices. Puis il va de ville en ville haranguer les passants. Il a l'appui du prince électeur Frédéric de Saxe (dit « le Sage »), rallié à ses idées, troublant au passage les convictions d'autres membres de la noblesse. Commence alors une série de longues controverses avec, entre autres, un envoyé du pape. Ce n'est plus seulement le dogme catholique que Luther remet en question, mais bel et bien l'autorité temporelle de l'Église tout entière, y compris celle du souverain pontife ! Léon X réagit en 1520 par une bulle condamnant tous les écrits de Luther et le menaçant d'excommunication. Luther rédige alors un communiqué dans lequel il traite le pape d'Antéchrist !
Harcelé par l'Église, Charles Quint se décide à convoquer Luther. L'empereur lui rappelle qu'il est l'héritier et le dépositaire de traditions séculaires qui ont lié à jamais la monarchie au catholicisme, et qu'il « ne peut tolérer qu'un seul petit moine vienne pervertir le peuple ». En mai 1521, la promulgation de l'***édit de Worms*** met Luther au ban de l'Empire. Déguisé en chevalier, il se réfugie alors dans le château de la Wartburg, à Eisenach, et traduit le Nouveau Testament. Transposant le texte biblique d'une langue morte à une langue vivante, il jette un pavé définitif dans la mare fangeuse des privilèges du clergé catholique. Grâce à lui, la connaissance des textes sacrés n'est plus un monopole réservé à l'élite.

## Révoltes et répressions

Volontiers frondeuses, les grandes villes sont les premières à adopter les idées de Luther, suivies par une partie de la noblesse et de la bourgeoisie, qui y voient une excellente occasion pour mettre la main sur les biens du clergé. Puis le peuple tout entier prend parti. Si l'humanisme et les idées réformistes génèrent des penseurs comme Zwingli (Suisse), Jean Calvin (France) ou John Knox (Écosse), on voit aussi apparaître une foule de prédicateurs en tout genre, certains peut-être farfelus mais d'autres semeurs de troubles. Des soulèvements secouent Mulhouse, Bâle, la Bavière, Francfort et toute la Franconie, puis la Westphalie. Les princes et les seigneurs (considérablement enrichis par la confiscation des biens du clergé, chacun y trouve son compte...) s'empressent de réprimer l'agitation. Luther lui-même n'a pas soutenu ce que l'on appelle aujourd'hui la *Bauernkrieg* (guerre des paysans), ne souhaitant pas que ses idées soient utilisées dans ce sens : révolutionnaire doctrinal certes, mais sûrement pas social ! Tout cela se termine, notamment en 1525 puis en 1535, dans un immense bain de sang paysan...

## La Contre-Réforme

Dans la crainte de se retrouver en état d'infériorité, l'Église entreprend une vaste campagne de restauration, qui prend le nom de ***Contre-Réforme.*** Celle-ci se solde par le concile de Trente, qui siège près de 20 ans ! Tout en restant ferme sur les dogmes et les enseignements catholiques, le concile révise les points gênants soulevés par Luther. L'Église en ressort avec un peu plus d'humilité et moins d'avidité... Une des innovations suscitées par ce mouvement est la création d'un ordre animé d'un formidable esprit militant, les jésuites (soldats de la ***Compagnie de Jésus***), ordre fondé par Ignace de Loyola.
Découragé par le manque d'unité politique et religieuse de son empire, rongé par la goutte, Charles Quint abdique en 1555, donnant l'Espagne et les Pays-Bas à son fils Philippe II et confiant l'Empire germanique à son frère ***Ferdinand II.*** Puis il se retire dans un couvent en Espagne, où il meurt en 1558.

## La guerre de Trente Ans (1618-1648)

Celui qui avait tant désiré instaurer une monarchie héréditaire dans une Allemagne enfin unifiée laisse derrière lui un pays encore plus profondément divisé que lors de son élection. Même au sein de la Réforme, les dissensions se sont accentuées entre luthériens et calvinistes, entraînant de nombreuses persécutions. Malgré la « paix d'Augsbourg » de 1555 qui permet au souverain de chaque État de choisir sa confession pour lui et ses sujets, pendant un demi-siècle, villes libres, petits royaumes et principautés jouent au jeu dangereux des alliances avec des pays étrangers. À la création d'une Union évangélique en 1606, répond celle de la Sainte Ligue en 1609. Une histoire de succession met le feu aux poudres, plongeant bientôt la plus grande partie de l'Europe dans le chaos de la guerre.
En mai 1618, le peuple de Bohême se soulève à l'annonce de la fermeture de plusieurs temples protestants. Il dépose son souverain, l'empereur Ferdinand II de Habsbourg fervent catholique, lui choisissant comme successeur un protestant, Frédéric V. Aidé par son cousin d'Espagne, Ferdinand reprend possession de son trône et entame une campagne de représailles qui décime la noblesse protestante de Bohême. Il rétablit le catholicisme dans ses États.
Le roi de ***Danemark*** et celui de ***Suède*** interviennent pour aider les princes protestants allemands. Puis l'Espagne, profitant des troupes envoyées pour soutenir Ferdinand, mate les Hollandais calvinistes qui appellent l'Angleterre à la rescousse. Pour finir, la France de Richelieu, pourtant catholique, saute sur l'occasion pour contrer les Habsbourg : d'abord secrètement, en fournissant l'argent dont ont besoin les armées danoises et suédoises ; puis en soutenant ouvertement Venise et la Savoie (toutes deux catholiques) qui veulent se libérer de l'Empire, et en engageant des troupes aux côtés des princes protestants.

## Les derniers sursauts du Saint Empire romain germanique

Au fur et à mesure que la coalition protestante reprend le dessus sur Ferdinand II, la situation apparaît sous un angle nouveau : il y a décidément beaucoup d'étrangers sur le sol allemand ! La famine et les épidémies s'en mêlent : on estime à plus d'un tiers (12 à 13 millions d'habitants !) les pertes subies par la population allemande pendant cette période. Dans ces conditions, il n'est pas surprenant que l'offre faite par l'empereur pour obtenir le soutien des Allemands des deux confessions contre les Suédois et les Français soit reçue avec intérêt. Pendant ce temps, ***Turenne*** se rend maître de l'Alsace et du Palatinat. À la mort de Ferdinand II, en 1637, son fils Ferdinand III hérite d'un pays à genoux au milieu de voisins hostiles... En 1644, il demande une trêve, et des négociations s'engagent. Elles aboutissent en 1648 aux ***traités de Westphalie,*** signés à Munster. Désormais, la souveraineté des Habsbourg se limite à l'Autriche et à la Bohême. Les Suédois s'installent durablement au bord de la Baltique et la France reçoit une partie de la vallée du Rhin. Et surtout, ce traité modifie profondément les rapports entre l'Église et les pouvoirs temporels. Le pape Innocent X a beau déclarer le traité « nul, injuste et sans valeur », aucun des participants aux négociations ne lui prête attention ! Enfin, les traités de Westphalie vont peser lourd sur le destin de la nouvelle Europe : la ***Prusse*** commence à profiter des faiblesses de ses voisins pour affirmer ses ambitions.

## L'irrésistible ascension de la Prusse

Autant l'***Autriche*** – jusqu'à présent pierre angulaire de l'Empire – avait lié son histoire à celle des pays proches de l'Atlantique et de la Méditerranée, autant le ***Brandebourg*** – comme d'autres provinces allemandes – vivait au rythme de ses relations avec les pays bordant la Baltique. Cela explique les profondes

différences culturelles et sociales entre ces peuples. C'est ***Frédéric-Guillaume de Hohenzollern*** (1640-1688) qui pose les bases de la puissance prussienne. Héritier d'une province ruinée par les guerres et les soulèvements, il redresse la situation en imposant un appareil d'État inflexible, entièrement dévoué à son souverain. Il organise une armée permanente et anesthésie la noblesse brandebourgeoise en distribuant des charges d'officier et des privilèges. Le peuple, lui, reste contraint au servage ; mais pour l'État et non plus pour un seigneur. Quant à la bourgeoisie, elle est libre de commercer... sous l'étroite surveillance de la police. Pour ce qui est de la politique extérieure, Frédéric-Guillaume pratique une diplomatie retorse où la volte-face tient un rôle majeur.
Ses successeurs consolident l'œuvre entreprise. ***Frédéric II le Grand*** (1740-1786) s'impose comme monarque incontesté parmi ses pairs. Il porte son armée à plus de 140 000 hommes et entreprend une campagne de réformes inspirée par sa correspondance avec Voltaire : il rend l'enseignement obligatoire et réorganise douanes et finances en créant une classe de hauts fonctionnaires choisis parmi la noblesse, la mettant ainsi à sa botte. Il développe aussi le commerce et, en « despote éclairé » mais sans toutefois accorder une réelle liberté à la presse, encourage la littérature. Il a une certaine idée de la justice, abolit la torture et bien qu'athée, il prêche la tolérance religieuse. À la fin de son règne, en 1786, la Prusse en pleine expansion est devenue l'une des plus grandes puissances européennes.

## Un antagonisme profond entre l'Autriche et la Prusse

Si, en tant qu'électeurs, les Hohenzollern ont encore des comptes à rendre à l'Empire, il devient évident qu'ils recherchent l'affrontement ouvert avec les Habsbourg d'Autriche. Demeurés officiellement gérants du Saint Empire romain germanique, ces derniers n'ont en effet qu'un but : faire accéder leur pays au rang de grande puissance indépendante. Le premier pas est franchi avec la défaite des Turcs au ***siège de Vienne*** en 1683. La menace ottomane désormais écartée, avec l'aide des Polonais, les Autrichiens peuvent reporter leur attention sur ce qui se passe à l'ouest. Le second pas est franchi aux ***traités d'Utrecht*** (1713-1715) : en mettant fin à la guerre de la Succession d'Espagne et en remodelant la carte de l'Europe, les accords reconnaissent la Prusse-Brandebourg comme royaume à part entière, mais n'en consacrent pas moins l'Autriche comme nouvelle « superpuissance » en donnant à son souverain Charles VI les anciens Pays-Bas espagnols (l'actuelle Belgique), une partie de la péninsule italienne et la Sardaigne.
Enfin, le dernier pas est accompli lorsque Charles VI promulgue la ***Pragmatique Sanction*** – destinée à régler sa succession en faveur de sa fille Marie-Thérèse –, ce qui lie pour un bon moment les destinées de la Bohême et de la Hongrie à celle de l'Autriche. Charles VI meurt en 1740, peu après l'avènement de Frédéric II. Aussitôt, ce dernier s'empresse de se joindre à la vague de contestation que soulève l'héritage de ***Marie-Thérèse.*** Après 5 ans d'une « guerre de récréation » à laquelle tous les pays d'Europe participent, le problème de la succession d'Autriche est enfin réglé : l'époux de Marie-Thérèse, ***François de Lorraine,*** obtient le titre d'empereur en 1745.
Un autre conflit se dessine quand la Prusse et l'Angleterre s'entendent pour éloigner des affaires allemandes la France et la Russie. L'Autriche avait déjà entrepris le rapprochement avec une France d'autant plus conciliante que le mariage de Marie-Thérèse avait mis fin au monopole des Habsbourg sur le trône impérial. La Russie les rejoint et un traité est signé. Cet accord implique l'***électeur de Saxe*** (qui est aussi roi – élu – de Pologne, vous êtes sûr d'avoir bien suivi ?) en lui promettant une partie des territoires de Frédéric II. Bien entendu, lorsque ce dernier l'apprend, sans crier gare, il attaque la Saxe, ce qui lui vaut d'être mis au ban de l'empire.
La ***guerre de Sept Ans*** (1756-1763) manque de sonner le glas des ambitions prussiennes. Les armées de Frédéric subissent de graves défaites, mais ses ennemis ne savent pas les exploiter : quand l'impératrice de Russie, Élisabeth,

tombe malade, entraînant le retrait de ses troupes hors du conflit, les Prussiens reprennent le dessus. Lorsque la paix est signée, début 1763, les armées prussiennes ont prouvé enfin leur valeur. Ainsi en position de force, Frédéric II récupère définitivement toutes ses possessions, et se permet même un beau geste en rendant la Saxe à son légitime propriétaire, Auguste le Fort. La Prusse entre ainsi la tête haute dans le club des grandes nations...

## L'Allemagne de Napoléon

La Révolution française a peu de retentissement au sein de l'Empire. Seuls les États rhénans s'intéressent aux idées nouvelles. En revanche, les réactions sont vives chez les aristocrates, qui affichent leur solidarité avec la monarchie française. Mais les menaces restent sans effet et, malgré quelques défaites peu significatives, la France républicaine parvient à contenir les armées d'une Europe liguée contre elle. Mieux, les limites de la France s'étendent en s'emparant notamment de l'***Alsace-Lorraine,*** avec la bénédiction de ses habitants !

### NAPOLÉON A CESSÉ D'ÊTRE UN HÉROS

*La troisième symphonie composée par Beethoven fut d'abord dédiée à Bonaparte, que le musicien admirait en tant qu'incarnation des idéaux de la Révolution. Lorsque le Corse se proclama empereur des Français en 1804, Beethoven fut si dégoûté qu'il supprima le nom Bonaparte de la page titre. Plus tard, le compositeur y inscrivit : « Symphonie Héroïque, composée en mémoire d'un grand homme ».*

Une fois couronné empereur des Français, Bonaparte forme le dessein de devenir maître du monde... Et s'il échoue comme beaucoup avant lui, il n'en reste pas moins qu'en instaurant la ***Confédération du Rhin,*** en 1806, il sème les graines de la future Allemagne. Il s'offre même le luxe de proposer au roi de Prusse, alors son allié, le titre d'empereur d'Allemagne du Nord ! Le 6 août 1806, François II d'Autriche dépose la couronne impériale : le Saint Empire romain germanique a vécu. La Prusse a bien un dernier sursaut de révolte devant l'« usurpateur », mais le formidable rouleau compresseur de Napoléon lui ouvre les portes de Berlin. Napoléon exige l'épée de Frédéric II ? On lui en donne une fausse. Il veut limiter l'armée prussienne à 40 000 hommes ? Aussitôt, on décrète le service militaire obligatoire et on incite les riches *Junkers* à créer leur propre milice ! Aussi, quand les survivants de la campagne de Russie reviennent sur leurs pas en 1812, ils rencontrent non pas une nation secourable mais de vrais ennemis organisés.

Après les Cent-Jours et Waterloo, le congrès de Vienne de 1815 voit la Prusse et l'Autriche se disputer âprement la dépouille de l'Europe napoléonienne. La Prusse obtient la Westphalie et la Rhénanie, conforte ses positions en Pologne (déjà dépecée par la Russie et la Suède) et se permet de réclamer l'Alsace et la Lorraine. Bref, les guerres futures résulteront de ce partage d'influence. Sans parler du fait que les soldats français avaient transporté les acquis et les espoirs de la Révolution dans leur paquetage...

## Le modèle français

Entre 1815 et 1862 (année où ***Bismarck*** devint Premier ministre du roi de Prusse Frédéric-Guillaume IV), l'Allemagne traverse une période trouble mais s'industrialise à marche forcée. La disparition du Saint Empire romain germanique la laisse en proie à ses divisions. La confédération du Rhin, instaurée sous Napoléon, a laissé de profondes empreintes. Autour de 1820, plusieurs petits États du Sud et du Centre se dotent d'une constitution démocratique au sein de la récente ***Confédération germanique*** et une union douanière *(zollverein)* plante les jalons

d'une unification. Quand éclate (après la France) le soulèvement révolutionnaire de mars 1848, la Prusse semble perdre pied et une Assemblée nationale se forme à Francfort. Mais quand le Parlement propose une constitution au printemps 1849, Frédéric-Guillaume IV se fâche et réprime violemment en Saxe, dans le Bade et le Palatinat tout ce qui ressemble à un élan démocratique. Paradoxalement, l'Autriche prend alors systématiquement parti contre la Prusse.
Une crise se dessine quand Bismarck devient Premier ministre : il porte le service militaire à 3 ans et s'empare des provinces méridionales du Danemark et s'impose, en 1866 à ***Sadowa,*** à l'Autriche, qui subit là la plus lourde défaite de son histoire militaire. Il met fin à la Confédération germanique pour la remplacer, en 1867, par celle d'Allemagne du Nord, bien sûr, sous tutelle prussienne. L'économie s'en trouve dopée, et les syndicats d'ouvriers se forment, inspirés par les écrits de Karl Marx. Le parti social-démocrate (SPD) est créé en 1875.
Doté d'un talent diplomatique certain, Bismarck mène une politique extérieure – dont la France fera les frais en 1870 – pour remettre en selle l'idée d'un Empire allemand. Le vieux rêve d'unité reprend corps, cette fois-ci marqué du sceau de la discipline et de la rigueur prussiennes. Mais en 1890, brouillé avec son nouvel empereur, ***Guillaume II,*** Bismarck démissionne.

### UNE BATAILLE MEURTRIÈRE

*Sadowa, en 1866, constitue une révolution dans les pratiques militaires en inaugurant l'époque des combats où la place de l'arme à feu devient primordiale. La baïonnette, qui était autrefois décisive, devient secondaire. Les Prussiens étaient équipés d'un fusil ultramoderne qui permettait aux fantassins allongés, de tirer six à huit coups par minute en rechargeant par la culasse. Les Autrichiens, quant à eux, n'étaient équipés que de mousquets les contraignant à rester debout pour recharger. Les pertes autrichiennes furent six fois plus élevées.*

## La guerre de 1914-1918 : ingrédients d'une cuisine explosive

Si Bismarck met tout en œuvre pour isoler la France, surtout après 1870, Guillaume II ruine ce projet par une politique extérieure brutale et hésitante qui finit par le discréditer aux yeux des autres puissances. Le seul pays que Guillaume II ne se met pas à dos est l'Empire austro-hongrois (en proie à la montée des nationalismes dans les Balkans), auquel il promet aide et assistance en cas d'extension des conflits...
Le 28 juin 1914, à ***Sarajevo,*** le Serbe Gavril Princip assassine l'archiduc François-Ferdinand d'Autriche et son épouse : la Première Guerre mondiale éclate alors ; elle impliquera 25 états et leurs 1 345 millions d'habitants, c'est-à-dire plus de la moitié de la planète à l'époque !
À la lumière des documents qui ont été révélés par la suite, on sait que la Russie et l'Allemagne auraient pu éviter le déclenchement de la guerre si elles avaient vraiment voulu assurer un rôle de médiation entre la Serbie et l'Autriche. Il apparaît nettement que Guillaume II souhaitait ce conflit et l'aurait même probablement provoqué si l'affaire serbe n'avait pas éclaté ! Des raisons socio-économiques sont aussi à l'origine de ce bellicisme ambiant.
Après 1870, l'Allemagne s'est considérablement enrichie grâce aux 25 milliards de francs-or versés par la France à titre de « dédommagement » après sa défaite en 1870. Un tel capital n'engendre alors pas seulement un formidable boom industriel.
L'exode rural qui suit prend des dimensions irréversibles, l'industrie allemande préférant embaucher des étrangers payés deux à trois fois moins. Ils sont plus de 500 000 Italiens, Croates et Polonais, sans parler des 800 000 Slaves, qui

accomplissent régulièrement les travaux agricoles pénibles dont les paysans allemands ne veulent plus. Entre 1870 et 1914, la population passe de 40 à 67 millions d'habitants ! Ainsi, les problèmes sociaux et un taux de chômage galopant font germer dans certains esprits allemands la notion très prussienne de « pangermanisme ». Un concept dont le principe était clair : une domination mondiale par l'efficacité, la discipline, et le mépris de l'individu face aux intérêts de la Nation !

### LE DERNIER KAISER

*L'empereur Guillaume II avait le bras gauche atrophié depuis la naissance. Ce handicap l'empêchait de monter seul à cheval, ce qui était plutôt humiliant dans un environnement militariste. Certains historiens pensent que cela expliquerait certains de ses traits de caractère : agressivité, impulsivité et arrogance. Son autoritarisme borné serait donc un des facteurs du déclenchement de la guerre de 1914-1918.*

Au début, cette volonté ne dépassait pas le cadre de l'industrie et du commerce, mais la tentation d'user de la force pour s'imposer détermine la politique extérieure de Guillaume II et les orientations de l'industrie elle-même : la priorité est donnée à l'armement. Le vide diplomatique qui se crée alors autour de la nouvelle Allemagne ne fait que renforcer le sentiment que tout le monde est ligué contre elle. Sentiment que Guillaume exploite alors, afin de justifier la guerre aux yeux de son peuple...

## Le retour de manivelle

Bon, les taxis de la Marne, Verdun, la Somme, cela appartient déjà à la légende ! Précisons simplement qu'en 1918, et malgré ses deux millions de victimes (!), la France a effacé l'humiliation de 1870. Défaite, l'Allemagne se voit imposer un ***traité*** (signé à ***Versailles*** en juin 1919) qu'Hitler ne tardera pas à surnommer « Diktat ». Le territoire national est réduit de 15 %, au profit notamment de la France (Alsace-Lorraine) et de la Pologne ressuscitée (le fameux ***corridor de Dantzig,*** qui coupe l'Allemagne en deux, pour donner à la Pologne un accès à la mer, sera un prétexte au déclenchement de la Seconde Guerre mondiale). Partiellement occupée (la Sarre et la Ruhr), désarmée, contrainte de payer des réparations colossales (sur le papier du moins, car la réalité fut tout autre), l'Allemagne est mise au ban des nations.

### LE PRIX NOBEL ÉTAIT UN CRIMINEL DE GUERRE

*Fritz Haber, chimiste allemand d'origine juive, découvrit le gaz moutarde qui tua tant de soldats dans les tranchées de la Grande Guerre. En 1918, considéré comme un héros dans son pays, il reçut en plus le prix Nobel de chimie ! Confrontée à cette horreur, sa femme se suicida. Il mit aussi au point le Zyklon B que les nazis utilisèrent dans les chambres à gaz.*

## L'éphémère république de Weimar

La chute du régime impérial laisse la place à de nouvelles forces politiques, plus libérales. Le socialiste Ebert est nommé chancelier. Le SPD paraît en même temps le meilleur rempart contre la révolution bolchevique qui gronde. Les spartakistes, autour de ***Karl Liebknecht*** et ***Rosa Luxemburg,*** ont en effet fondé en janvier 1919 le KPD (parti communiste) et préparent une insurrection, qui éclate à Berlin. Le Grand Soir, brisé par les automitrailleuses, se transforme vite en « semaine sanglante ».
Après l'éviction de cette aile gauche révolutionnaire, les forces de progrès modérées remportent haut la main les élections (où les femmes ont voté, notons-le !) et forment la coalition de ***Weimar.***

Mais économiquement, le pays est laminé. L'État s'est considérablement endetté pour financer l'effort de guerre, et la reconstruction exige de nouvelles dépenses. En 1923, l'inflation s'engage sur une pente vertigineuse : les timbres-poste valent des milliards de marks, les ouvriers touchent leur paie deux fois par jour et ont besoin d'une brouette pour la transporter. Mais c'est sur le plan social que la guerre laisse le plus de séquelles. La défaite, ce « coup de poignard dans le dos », laisse des militaires et des anciens combattants frustrés, obnubilés par l'idée d'une revanche. Une démocratie parlementaire plutôt molle, née de cette défaite, cristallise les haines de tous les déçus et autres nationalistes revanchards. Or, ce « régime de Weimar », avec son gigantesque marasme économique, est imposé par les Alliés. ***Hitler*** réussira sans effort à convaincre que la démocratie est le mal absolu. On en connaît les conséquences...
Les tendances extrêmes s'affirment. L'extrême droite, dont le bastion se trouve en Bavière, franchit une étape décisive avec le putsch manqué de Munich (voir le chapitre « Munich » dans « Le Sud de l'Allemagne »).

## La crise de 1929, fossoyeur de la république

Le « jeudi noir » de Wall Street frappe de plein fouet l'Allemagne. Brutalement, la source de capitaux américains se tarit, plongeant le pays dans la crise. Les classes moyennes, les plus touchées, voient leur salut en la personne d'un petit caporal autrichien, tribun au verbe incisif et à la personnalité fascinante malgré un physique quelconque : Adolf Hitler. Le ***NSDAP*** (parti national socialiste des travailleurs allemands) dispose depuis les années 1920 d'un programme (pangermanisme, racisme), d'une force paramilitaire (les sections d'assaut ou SA), d'organismes satellites divers (Hitler-Jugend – ***Jeunesses hitlériennes*** –, entre autres) et d'un chef charismatique. Il lui manque l'appui des masses, que la crise lui apporte. Face à un paysage politique éclaté, à une social-démocratie déconsidérée, Hitler mène le jeu, et l'effet boule de neige fonctionne à merveille. Les premiers succès électoraux du NSDAP lui rallient les classes dirigeantes qui pensent pouvoir les contrôler. Si ***Hindenburg*** est réélu en 1932, Hitler conquiert néanmoins une honorable place de second avec plus de 11 millions de voix. Et le 30 janvier 1933, le vieux maréchal-président appelle Hitler à la chancellerie. C'est ainsi en toute légalité que le futur « Führer » arrive au pouvoir. La dictature n'est pas loin. L'incendie du Reichstag, perpétré par les SA mais imputé aux communistes, lui fournit le prétexte pour dissoudre le KPD et emprisonner les leaders socialistes.
Puis tout se précipite en moins d'un an : suppression des libertés individuelles, interdiction de tous les partis et syndicats, mise au pas de la justice. Pour satisfaire la Reichswehr, dont il a besoin pour affermir son pouvoir, le chef du NSDAP (officiellement parti unique) n'hésite pas à faire massacrer les SA et leur chef Ernst Röhm par les SS lors de la « Nuit des longs couteaux » (juin 1934).
À la mort d'Hindenburg à 86 ans, quelques mois plus tard, Hitler devient le maître absolu. La dictature est en place.

### ORIGINE DE LA « PESTE BRUNE »

*Cette expression qualifiait le péril nazi. Les sections d'assaut du parti (les SA) se distinguaient par la couleur brune de leurs uniformes. En fait, il s'agissait d'un vieux stock de vêtements destiné aux troupes coloniales allemandes, mais comme, depuis le traité de Versailles de 1919, il n'y avait plus de colonies allemandes, le lot fut racheté en solde par le parti nazi pour équiper sa milice.*

## L'idéologie nazie

Culte du Führer, exaltation de la « race aryenne » : pour diffuser sa propagande obscène, Hitler crée la « Chambre culturelle du Reich », dont ***Goebbels*** est le grand prêtre. La fanatisation des masses se fait au moyen de la censure, de l'endoctrinement systématique, des grandes parades de ***Nuremberg*** et de Berlin. Ils inventent les premiers grands shows politiques.

Les opposants sont muselés par la manière forte. À la tête de la ***Gestapo*** et des ***SS,*** Himmler fait régner la terreur. Dès 1933, les premiers camps de concentration sont ouverts. Ils accueilleront pêle-mêle militants de gauche, « asociaux », condamnés de droit commun, homosexuels, tsiganes et juifs. Le racisme nazi repose sur une théorie pseudo-scientifique de la hiérarchie des peuples qui place l'Aryen au pinacle. Tout en bas de l'échelle : le Slave, le Noir et, surtout, le juif. La discrimination à l'égard de ce dernier prend d'abord la forme du boycott des magasins. En 1935, les lois raciales de Nuremberg lui interdisent la plupart des professions (commerce, banque, édition, etc.), le privent de la citoyenneté allemande, lui imposent le port de l'étoile jaune. À partir de 1938, la persécution devient systématique. Lors de la ***Nuit de Cristal,*** les magasins et appartements des juifs sont pillés. Beaucoup d'entre eux doivent quitter l'Allemagne en abandonnant leurs biens, mais pour ceux qui restent, les SS ne tardent pas à réclamer la « solution finale ».

### MEIN KAMPF

*Hitler écrivit les bases du nazisme en prison. Sa lecture était obligatoire pour les membres du parti. Dès la prise du pouvoir, en 1933, l'État allemand l'offrait systématiquement aux jeunes mariés. Au total, il en écoula plus de 10 millions d'exemplaires. Avec les substantiels droits d'auteur, le Fürher put s'acheter son chalet de Berchtesgaden. Afin de ne pas alerter l'ennemi voisin, il fit même un procès à l'éditeur de l'édition française qui osa le publier. Peu de nos gradés lurent l'ouvrage, sauf le maréchal Lyautey qui le commenta : « Tout Français doit lire ce livre. » Cet avertissement n'eut aucun effet ! En 2015, les éditions Fayard en publieront une édition critique scientifique.*

## Montée des périls

À partir de 1933, le nazisme ne sort l'Allemagne de la crise de 1929 que pour mieux la précipiter dans la guerre. L'économie redémarre et le pays devient la deuxième puissance industrielle du monde.

Parallèlement, Hitler applique à la lettre le programme inscrit dans ***Mein Kampf*** : le Reich se réarme, clandestinement d'abord, puis Hitler annonce le rétablissement du service militaire pour enfin remilitariser la Rhénanie. Quelques mois plus tard, la guerre d'Espagne lui offre l'occasion d'une répétition générale en testant de nouveaux matériels et des tactiques militaires. Il renforce ses alliances en signant un pacte avec ***Mussolini,*** un autre avec le ***Japon.*** En mars 1938, c'est l'annexion de l'Autriche ***(Anschluss),*** approuvée par une grande majorité d'Autrichiens. En septembre 1938, ce sont les ***accords de Munich*** qui abandonnent au Reich les territoires ***sudètes*** où vivent des Allemands. Mollement défendue par

### UN PYROMANE QUI VIENT À POINT

*Le 27 février 1933, le Reichstag prend feu. Sur place, la police se saisit de van der Lubbe, un communiste hollandais à moitié fou. Il est accusé de l'incendie et exécuté. En réalité, ce soir-là, un groupe de SA a emprunté un passage souterrain depuis la demeure de Goering jusqu'au Reichstag et y a répandu des produits inflammables. La présence du Hollandais n'aurait été que fortuite. Hitler tira parti de la situation : il attribua le crime aux communistes et fit arrêter 4 000 membres du KPD. Le même jour, il fit signer par von Hindenburg un décret qui suspendait toutes les libertés. Le 23 mars, on inaugura Dachau.*

ses alliés, la Tchécoslovaquie ne résiste pas aux coups de boutoir des nazis. Le pays est démembré. Les démocraties occidentales ouvrent – enfin – les yeux : Hitler n'est pas un gentleman !
Lorsqu'en septembre 1939 le Reich étend ses serres d'acier sur la ***Pologne,*** Britanniques et Français se réveillent et déclarent la guerre à l'Allemagne.

## La Seconde Guerre mondiale

Grâce au pacte signé avec ***Staline*** en 1939, Hitler est tranquille sur son front oriental. Il commence donc par régler son sort à la France en passant encore une fois par la Belgique. L'offensive est foudroyante (***Blitzkrieg :*** « guerre éclair »), terrassant l'adversaire en quelques semaines. Armistice, occupation... on ne va pas vous faire un dessin. Bref, jusqu'en 1941, les nazis ont le vent en poupe. Mais bientôt, Hitler va trouver à qui parler : l'URSS (après la rupture du pacte) et les États-Unis entrés en guerre en décembre 1941, après Pearl Harbor, joignent leurs forces pour anéantir le Reich. Bataille de Stalingrad, débarquement allié en Afrique du Nord puis en Normandie, poussée soviétique à l'est : pris en tenailles, le territoire est ensuite soumis aux incessants bombardements alliés. Deux logiques guerrières s'affrontent : d'un côté, le jusqu'au-boutisme de la *guerre totale* prêchée par Goebbels ; de l'autre, la volonté des alliés de « casser le moral des Allemands » en rasant les grandes villes, les voies de communication et les usines d'armement où triment jusqu'à l'épuisement des centaines de milliers de travailleurs forcés. Que de villes historiques réduites à l'état de cendres ! Le 30 avril 1945, le rêve du « Reich de 1000 ans » s'achève, enseveli sous les décombres, et l'Allemagne est contrainte de capituler. Jusque dans sa chute, Hitler est resté théâtral : l'ultime émission de la radio nazie s'achève sur la diffusion du *Crépuscule des dieux,* de Wagner. Le dictateur se suicide dans son bunker avec sa femme ***Eva Braun*** ; Goebbels l'imite, avec sa femme et ses six enfants.

### UN CODE PAS SI SECRET

*Depuis les années 1920, tous les messages militaires allemands étaient transmis sur Enigma, une machine de cryptage très sophistiquée. Au début des années 1930, des ingénieurs polonais la copièrent et des mathématiciens parvinrent à casser les codes. En 1939, transmise aux alliés, cette découverte fut décisive pour la victoire finale, les Allemands ayant toujours été persuadés de l'inviolabilité de leurs communications.*

## Les crimes d'une autre Allemagne

En 1945, l'Europe compte ses morts et découvre l'horreur. L'ouverture des camps d'extermination nazis (six au total) ébranle les consciences. On ne pourra jamais fixer précisément l'ampleur de ce génocide (***Shoah,*** en hébreu), le plus grand crime contre l'humanité jamais perpétré (le chiffre de 6 millions est désormais le plus largement accepté).
Dès 1942, l'application de la « solution finale » à l'égard des juifs a transformé les camps en

### DES SOLDATS CAMÉS

*Durant le conflit mondial, l'armée allemande distribua sous le nom de Pervitine des millions de doses de méthamphétamine aux combattants, surtout aux pilotes. Cette drogue, psychostimulante, était très addictive en donnant un sentiment de puissance et d'inconscience face au danger. La phase descendante, en revanche, générait paranoïa et tendance suicidaire. Le Führer en était un utilisateur régulier.*

véritables villes-mouroirs (10 000 personnes, pour certains). La perversité des tortures infligées à toutes les catégories de détenus dépasse l'entendement. Pendaisons publiques, « laboratoires d'expériences médicales », chambres à gaz – et le typhus, qui décima ceux que la bête immonde n'avait pas encore exterminés. Les ***procès de Nuremberg*** tenteront de faire le procès du nazisme (voir le chapitre « Nuremberg » dans « Le Sud de l'Allemagne. La Bavière »). L'Allemagne occupée, débarrassée de la gangrène qui la rongeait, réapprend lentement la voie de la démocratie.

## L'axe berlinois

Après l'effondrement du nazisme, Russes et Alliés, réunis à Potsdam (mais ils avaient tout préparé à Yalta !) se partagent Berlin, puis l'Allemagne, puis l'Europe, puis la planète en zones d'influence. Proclamée le 23 mai 1949, la république fédérale d'Allemagne (de l'Ouest) redevient un pays souverain dont l'avenir est très vite associé à celui de l'Europe, tant dans l'esprit d'opposer un troisième bloc face à l'URSS et aux États-Unis que dans celui d'essayer de rendre impossible une troisième guerre mondiale. Traumatisée par un passé récent épouvantable, cette Allemagne se consacre entièrement à sa reconstruction économique tout en se rachetant une conduite : on parle de « miracle économique allemand ». À l'est – dans l'ancienne Prusse des Hohenzollern –, les choses évoluent différemment.

### LES JUIFS ALLEMANDS

*Des 530 000 juifs en 1933, à la prise de pouvoir de Hitler, il n'en restait à peine que 10 000 au début des années 1990. Ceux qui avaient échappé au génocide étaient partis vers Israël. La chute du régime soviétique permit l'émigration de 200 000 juifs russes. Voilà pourquoi la très grande majorité de la communauté juive d'Allemagne est aujourd'hui originaire de l'ex-URSS.*

## La RDA socialiste

La ***République démocratique allemande*** commence à balbutier le 8 mai 1945, après la capitulation du III^e Reich. Tout d'abord zone soviétique d'occupation, la partie orientale de l'Allemagne vaincue se lance dans la « dénazification », puis dans la nationalisation de l'industrie et les réformes agraires. Il faut reconstruire un pays en ruine : les antagonismes politiques viendront plus tard.

Tandis qu'à l'ouest, s'organise une république fédérale sous l'égide des États-Unis, l'Est devient officiellement RDA le 7 octobre 1949. Le président du gouvernement, Wilhelm Pieck, est également responsable du ***SED,*** parti socialiste unifié (entendez communiste). La « période d'édification des bases du socialisme » commence avec le premier plan quinquennal au début des années 1950. À la mort de Staline, une augmentation intensive de la production (non rémunérée) déclenche les émeutes de juin 1953, réprimées par l'intervention des chars soviétiques à Berlin.

Les deux Allemagnes se retrouvent dans des blocs militaires antagonistes. En 1958, ***Khrouchtchev*** remet en question le statut de Berlin pour amener les Occidentaux à reconnaître la RDA. La guerre froide s'accentue tandis que le plan septennal échoue, provoquant une vague d'exode chez les paysans. Ils sont suivis par des milliers de personnes passant à l'Ouest chaque semaine à cause des difficultés de ravitaillement.

Le 13 août 1961, à 2h du matin, policiers, militaires et milice ouvrière édifient une ligne de barbelés autour de Berlin-Ouest. Elle est ensuite remplacée par un mur. Le gouvernement de la RDA est couvert par le pacte de Varsovie et peut se pencher sur son nouveau système économique pour résoudre la crise. Les résultats vont enfin se faire sentir, plaçant le pays au cinquième rang des puissances industrielles d'Europe dans les années 1970. Mais bon, il n'y a pas que l'industrie dans la vie : le peuple regarde la télé de l'Ouest et rêve de la fée Consommation, dansant avec un Père Noël sans tunique rouge.

## « Ils ont cassé le Mur ! »

Une fois Gorbatchev à la tête des destinées du bloc soviétique, en 1985, les événements se précipitent, exténuant les journalistes du monde entier.

Petite chronologie des événements :

– ***12 juin 1987 :*** ça commence en musique. Bowie joue à Berlin-Ouest ; 3 000 jeunes de l'Est braillent : « Gorby ! Le Mur doit tomber ! »

– ***21 juin 1988 :*** on remet ça avec Michael Jackson ; 4 000 gamins au pied du Mur. Les Vopos s'excitent.

– ***2 mai 1989 :*** la Hongrie montre l'exemple. Plus de frontière austro-hongroise !

– ***25 septembre :*** Leipzig se réveille en premier ; 8 000 personnes dans les rues pour réclamer la législation du Nouveau Forum d'opposition.

– ***6 octobre :*** Gorby vient fêter les 40 ans de la RDA. Baiser mortel à Honecker. Drôle d'anniversaire : les manifs tournent mal.

– ***16 octobre :*** boule de neige à Leipzig. Ils sont 150 000 dans la rue !

– ***18 octobre :*** Honecker démissionne. Egon Krenz le remplace à la tête du SED.

– ***23 octobre :*** Leipzig enfonce le clou ; 300 000 manifestants !

– ***31 octobre :*** paniqué, Egon Krenz s'envole vers Gorby qui répond : débrouillez-vous ! L'entrevue moscovite entraîne des démissions en cascade au sein du pouvoir est-allemand.

– ***4 novembre :*** un habitant sur trois dans les rues de Berlin-Est.

– ***9 novembre 1989 :*** le Mur est pris d'assaut ! Chacun y va de son petit coup de pioche. Les policiers font mieux : ils viennent avec les bulldozers ! Les copains de l'Ouest apportent le champagne. Le monde entier est devant sa télé. On a tous le tournis, mais les frontières sont enfin ouvertes !

– Dans la foulée, les flics de la terrible *Stasi* rendent les armes, l'opposition peut faire table commune avec le gouvernement. Hans Modrow remplace Krenz, déconnecté. La démocratie chrétienne triomphe aux premières élections libres du ***18 mars 1990*** et l'unification s'accélère, avec la décision de détruire les vieux billets de la RDA... Enfin, le ***3 octobre 1990, réunification*** définitive.

### UNE BOULETTE CAUSE LA FIN DU MUR

*Le 9 novembre, Gunter Schabowski, un membre du parti communiste de la RDA est interrogé par la presse. On lui demande quand le décret autorisant les Berlinois de l'Est à se rendre en RFA prendra effet. Ne connaissant pas la réponse, l'apparatchik bredouille : « pour autant que je sache, immédiatement ». Cette annonce provoque la ruée vers le mur et les gardes-frontière débordés, ouvrent les barrières et pas le feu...*

### LES SECRETS DE LA STASI

*Dès l'automne 1989, les fonctionnaires de la police secrète est-allemande utilisèrent, jour et nuit, les machines à broyer pour détruire leurs archives. Leur volume était si considérable que les machines tombèrent en panne. Des centaines d'employés continuèrent en déchirant ou en brûlant ces pièces à conviction compromettantes. Bien des turpitudes apparurent finalement au grand jour. C'est ainsi qu'on apprit que la bande à Baader était totalement sous contrôle de la Stasi.*

## L'Allemagne depuis la réunification

À partir de 1990, l'Est connaît un changement extraordinaire, avec une croissance de 5 à 8 % par an, et des écarts de productivité avec l'Ouest réduits de 70 à 40 %. Tout cela en partie grâce aux énormes transferts d'argent de l'Ouest – entre 1 500 et 2 000 milliards d'euros depuis 25 ans – dont les ***Wessies*** (ex-Allemands de l'Ouest) estiment supporter seuls le lourd « sacrifice ». En face, les habitants des nouveaux Länder se sentent encore « inférieurs », et quelque 1,7 million d'ex-Allemands de l'Est sont passés à l'Ouest, terre promise du confort économique et social. ***Helmut Kohl*** a pu éviter une plus grande migration en décidant l'union monétaire immédiatement après la réunification et en acceptant d'aligner les salaires très bas de l'Est sur ceux de l'Ouest, alors que la productivité était loin d'être identique.
Ensuite, les chantiers de construction s'ouvrent et les grands conglomérats font place aux PME, entraînant avec les privatisations un énorme changement de la culture économique.
Vingt-cinq ans après, le bilan est mitigé : le taux de chômage est passé de 18,4 % à 9,4 % à l'Est contre 6 % à l'Ouest. Et un ménage de l'Ouest dispose d'un tiers de plus de revenus et son patrimoine pèse le double de l'Est. Avec ***Gerhard Schröder,*** la création d'emplois apparaît comme l'implacable défi lancé au chancelier obligé de chercher le salut de son pays dans une « social-démocratie » résolument moderne, « dépassant les dogmes de droite et de gauche... » En face, chez les chrétiens-démocrates de la CDU, Helmut Kohl, abattu par le scandale du financement de son parti, a cédé la place à une présidente qui a grandi en RDA : ***Angela Merkel.*** Elle devient la ***première chancelière*** de l'histoire allemande en 2004. En 2009, elle prolonge son mandat pour 4 ans avec ses alliés libéraux du FPD ; en 2013, elle est réélue dans un fauteuil, son parti frisant la majorité absolue.

## Dernières nouvelles d'Allemagne

– ***Printemps 2010 :*** face à la crise financière grecque, la chancelière tergiverse et se pose en donneuse de leçons. Mise sous pression par ses partenaires européens, elle finit néanmoins par approuver un plan de sauvetage de 110 millions d'euros destiné à la Grèce.
– ***Juillet 2011 :*** à la suite de la catastrophe de la centrale japonaise de Fukushima en mars, l'Allemagne stoppe ses réacteurs les plus anciens, et le Parlement vote à une écrasante majorité l'abandon du nucléaire d'ici 2022.
– ***Automne 2011 :*** pas de deux permanent dans les médias entre Sarkozy et Merkel pour tenter de juguler la dégringolade boursière consécutive à la crise de la dette dans la zone euro. Les Allemands en veulent beaucoup à la Grèce et à son laxisme budgétaire. On les retrouve malgré tout aussi nombreux que par le passé dans les îles de la mer Égée durant l'été 2012.
– ***Octobre 2013 :*** élections fédérales. Angela Merkel décroche un troisième mandat. Un accord du gouvernement de « large coalition » est conclu entre la CDU d'Angela Merkel et le SPD. Pour la première fois, l'Allemagne instaure un salaire minimum garanti.
– ***Décembre 2013 :*** accident de ski dans les Alpes françaises. Le pilote automobile Michael Schumacher chute sur un rocher. Il reste plusieurs mois dans le coma.
– ***Juillet 2014 :*** *Mundial* au Brésil ; après avoir étrillé (7-1) la formation locale en demi-finale, la *Manschaft* vient à bout de l'Argentine en finale (1-0) et remporte sa 4e Coupe du monde.

# MÉDIAS

## Votre TV en français : TV5MONDE partout avec vous

TV5MONDE est reçue partout dans le monde par câble, satellite et sur IPTV. Dépaysement assuré aux pays de la francophonie avec du cinéma, du divertissement, du sport, des informations internationales et du documentaire.

En voyage ou au retour, restez connecté ! Le site internet • *tv5monde.com* • et son application iPhone, sa déclinaison mobile *(• m.tv5monde.com •),* offrent de nombreux services pratiques pour préparer le séjour, le vivre intensément et le prolonger à travers des blogs et des visites multimédia.
Demandez à votre hôtel le canal de diffusion de TV5MONDE et n'hésitez pas à faire part de vos remarques sur le site • *tv5monde.com/contact* •

## La presse allemande

Lire le journal reste une activité très populaire en Allemagne, même si à l'heure d'Internet, le format papier commence à disparaître. La presse écrite allemande est l'une des plus puissantes d'Europe ; 30 millions de quotidiens sortent des rotatives chaque jour et les deux tiers sont vendus par abonnement. Les quotidiens locaux et régionaux dominent le paysage avec une influence réelle sur les faiseurs d'opinion politiques et économiques.
***Bild*** réalise le plus grand tirage ; populaire et populiste (comme les *tabloïds* anglais), il est tiré à 5 millions d'exemplaires. Pas un sujet de la presse à scandale ne lui échappe, et vu la place qu'y tiennent les photos, il se lit en 10 mn. Les grands quotidiens suprarégionaux comme le ***Frankfurter Allgemeine Zeitung*** et ***Die Welt*** ainsi que des journaux lus bien au-delà de leur propre zone publicitaire tels que le ***Süddeutsche Zeitung,*** le ***Frankfurter Rundschau,*** le ***Tageszeitung*** et le ***Handelsblatt*** ont un tirage moins élevé mais bénéficient d'une grande crédibilité. D'autres médias importants sont les magazines d'information ***Der Spiegel*** et ***Focus*** ainsi que l'hebdo ***Die Zeit.*** L'offre est complétée par les journaux du dimanche comme *Bild am Sonntag, Welt am Sonntag, Sonntag Aktuell* et *Frankfurter Allgemeine Sonntagszeitung.*
Le marché allemand des revues est lui aussi largement diversifié : près de 10 000 titres. On trouve surtout des programmes de radio et de télévision à grand tirage, des illustrés d'actualité comme ***Stern*** et ***Bunte,*** ainsi que des magazines féminins. Un tiers du marché des périodiques est couvert par des publications des organisations et fédérations. L'*ADAC-Motorwelt,* organe de l'Automobile Club d'Allemagne, est, avec environ 13 millions d'exemplaires, la revue à plus fort tirage.
Tout ceci bien sûr évolue très vite avec l'arrivée de technologies permettant d'offrir, ici comme partout, l'essentiel de l'info sur un écran de plus en plus réduit. Dans les gares et dans certains kiosques des villes importantes, vous trouverez les quotidiens nationaux français (*Le Monde, Libération, Le Figaro,* etc.).

## La télévision

Il existe en Allemagne deux formes différentes d'organisation et de financement. Les chaînes privées vivent essentiellement des recettes publicitaires. Les chaînes de droit public, en revanche, sont financées par le biais des redevances et (un peu) de la publicité. En Allemagne, chaque citoyen doit payer la redevance, qu'il possède une télé ou non. Des émissions éducatives, informatives et culturelles, représentant si possible tous les courants, doivent figurer dans les programmes publics.

# PATRIMOINE CULTUREL

## Peinture et architecture

Au début du XVI^e s, Augsbourg devient la première place financière d'Europe. L'influence italienne, par la Lombardie, se fait sentir en Allemagne. À Nuremberg, Albrecht Dürer (1471-1528), fils d'orfèvre, devient le maître de la gravure sur bois. Son contemporain, Matthias Grünewald, est surtout célèbre pour son ***Retable***

***d'Issenheim,*** exposé à... Colmar. Lucas Cranach l'Ancien (1472-1553) produit essentiellement des œuvres de commande pour les électeurs de Saxe, et se lie d'amitié avec Luther, dont il fait un portrait célèbre. Albrecht Altdorfer (1480-1538), avec son chef-d'œuvre halluciné, ***La Bataille d'Alexandre*** (1529, Munich), utilise l'espace et la lumière avec une grandeur épique toute wagnérienne. Enfin, le Souabe Hans Baldung Grien (1484-1545) se découvre un faible pour les Vénus et les Ève bien en chair... Un sacré coquin ! Hans Holbein le Jeune (1497-1543) s'ennuie beaucoup à Bâle : il émigrera à la cour de Londres et deviendra un portraitiste très recherché par les princes, mais ce virtuose n'a pas l'âme tourmentée de ses prédécesseurs.

Le XVIIe s, avec sa guerre de Trente ans (1618-1648), sera une période sombre pour l'Allemagne. Au XVIIIe s, l'architecture surtout marquera sa suprématie. Chaque prince veut faire bâtir son petit Versailles. La Bavière catholique développe un *baroque* influencé par l'Italie. Le théâtre de la Cour (1750-1753) à Munich est un joyau de l'art rococo, ainsi que l'église Saint-Jean-Népomucène. En Saxe, l'une des œuvres majeures est le ***Zwinger de Dresde,*** commencé en 1711. Les parcs oscillent entre le style à l'italienne (à Wilhelmshöhe près de Kassel) ou à la française (à Schwetzingen et Nymphenburg) ou encore à l'anglaise (à Wörlitz près de Dessau). La réaction contre le baroque se fera dans le goût *néoclassique* de Palladio. Berlin et Munich se couvriront d'édifices froids et rigides à la gloire de ce nouveau culte de l'Antique.

Le retour à la « grande » peinture n'aura lieu qu'à la fin du XIXe s avec la découverte des arts océaniens ! Si les romantiques Otto Rünge et Caspar David Friedrich traduisent le romantisme d'un Hoffmann ou d'un Novalis, Emil Nolde (1867-1956) sera le premier à traduire la modernité en peinture. À sa suite, le groupe expressionniste ***Die Brücke*** est fondé à Dresde en 1905. Les plus célèbres, Erich Heckel et Ludwig Kirchner, produisent un expressionnisme proche de Gauguin et Van Gogh. Dans le même temps, à Munich, le Bavarois Franz Marc et le Rhénan August Macke créent, avec le Russe Kandinsky, ***Der Blaue Reiter*** (Le Cavalier bleu) en 1912.

Après la Première Guerre mondiale, Otto Dix et Georg Grosz, par leur critique violente de la société de Weimar, seront de vrais peintres punks avant la lettre. Max Ernst, s'il commence sa carrière auprès des dadaïstes allemands, émigre vite en France. À l'heure actuelle, une nouvelle génération de peintres, dont Baselitz, Kiefer et Polke, connaît un succès sur le marché international de l'art contemporain. Dans le domaine de la « sculpture », c'est évidemment Joseph Beuys qui s'impose comme figure de proue.

En architecture, on retiendra surtout les noms de Walter Gropius (1883-1969), fondateur du ***Bauhaus*** en 1919 à Weimar, puis en 1925 à Dessau, où peintres, architectes et sculpteurs entendent « concevoir et créer le nouvel édifice du futur », et de Mies van der Rohe (1886-1969) qui, exilé aux États-Unis, va couvrir Chicago de buildings.

## Littérature

Il y avait bien les runes, un alphabet légué par le dieu Wotan. Mais leur pouvoir magique était trop puissant pour inspirer autre chose que des malédictions. À l'époque romaine, donc, dans les forêts de Germanie, on pratiquait une activité littéraire réduite occupé avant à émigrer et à conquérir. Sous l'Empire carolingien, les moines ont commencé à tailler leur plume. Mission n° 1 : copier la Bible. Mission n° 2 : la commenter. Mission n° 3 : la traduire dans la langue du pays, le *thiudisk* (Deutsch), cette *lingua theodisca* encore mal fixée opposée à la *lingua romana* de la Francie. C'était facile : longtemps avant, Ulfilas l'avait fait pour les Goths et il existait déjà des lexiques latin-germain. Et c'était nécessaire : même Charlemagne parlait mieux germain que latin.

Depuis Abélard et saint Bernard, le rayonnement français contamine les Allemands. L'oncle de l'empereur rapporte chez lui des traités d'Aristote et le goût de la scolastique. Jongleurs et étudiants itinérants font circuler le savoir. Dès 1160, ***Heinrich von Melk*** pose le premier jalon de l'idéal courtois. On joue les premières chansons de geste. L'*Hildebrandslied* carolingien fut le premier à héroïser les Germains des grandes invasions – avec Attila en *guest star.* Même le cycle celte de la Table ronde passe à la moulinette germanique : c'est le *Tristan* de Gottfried de Strasbourg et le *Parsifal* de ***Wolfram von Eschenbach.***

Au XIVe s, l'Allemagne a rejoint le concert des lettres européennes : de nouvelles universités y permettent d'économiser le stage à la Sorbonne. Sa scolastique rayonne avec ***Albert le Grand,*** maître du futur Thomas d'Aquin, et surtout Maître Eckhahrt, qui en traduisant le bonheur de l'âme unie à Dieu, jette les fondements de la mystique allemande.

## Les Lumières

À partir de 1750, à Hambourg, à Leipzig puis à Berlin, les idées des Lumières se diffusent : c'est l'***Aufklärung.*** Mais l'Allemagne se cherche un modèle historique original. Wieland, précepteur du futur duc de Weimar, s'enthousiasme pour la Grèce antique. Lessing ne jure que par Shakespeare.

Le mouvement ***Sturm und Drang*** (Tempête et Passion), qui apparaît vers 1760, exalte le lyrisme échevelé. Les jeunes ***Schiller*** et ***Goethe*** y font leurs premières armes. Ce dernier signe en 1774 la « bible » du mouvement : *Les Souffrances du jeune Werther,* roman qui déclenchera dans toute l'Europe un torrent de larmes... Mais quand Goethe arrive à Weimar, un an plus tard, il songe déjà à ce qui deviendra le classicisme allemand. C'est l'idéal de « l'honnête homme » que forge l'expérience de la vie. Puis la Révolution française enflamme les esprits, et ceux qui deviendront les grands romantiques allemands trouvent un peu courte la philosophie de la vie selon Goethe.

## Le romantisme

À Iéna, vers 1800, on cultive l'ironie (le *Witz*) mais on se passionne pour le merveilleux, la magie, le magnétisme animal. On redécouvre un Moyen Âge très stylisé. ***Novalis*** ouvre la porte à Nerval, à Lautréamont et aux surréalistes.

Terre de contes et légendes, l'Allemagne trouve avec les ***frères Grimm*** ses meilleurs illustrateurs.

Après la chute de Napoléon, une « seconde génération » romantique apparaît. Sur le Rhin, l'atmosphère est plus mystique qu'à Berlin.

Dès 1890, l'agitation sociale va imposer un style naturaliste. ***Frank Wedekind*** signe au théâtre de violentes satires. Une première génération expressionniste prophétise l'apocalypse de 1914 : elle y disparaîtra elle-même...

## Du Reich aux ruines

Après 1918, c'est l'apothéose de Berlin et de ses cabarets, la « Babylone » de ***Brecht*** et des *expressionnistes* qu'***Alfred Döblin*** immortalisera juste avant fermeture dans son grand roman : *Berlin Alexanderplatz* (1929). Tandis qu'***Erich Maria Remarque*** et Ernst von Salomon tirent plutôt froidement les conclusions de l'effondrement de l'Empire, ***Ernst Jünger*** et ***Thomas Mann*** portent un regard sibyllin de grands bourgeois désabusés sur un avenir encore plus sombre. Au théâtre, Brecht s'engage politiquement très à gauche, avec *Tambours dans la nuit* (1922), puis *L'Opéra de quat'sous* (1928). La poésie se fait macabre, avec ***Gottfried Benn,*** médecin à la morgue, ou « concrète » (et dadaïste) avec le loufoque Kurt Schwitters.

En 1933, pour beaucoup, c'est l'exil, parfois même le suicide, ou encore l'« exil intérieur », dont Ernst Jünger sera le symbole. La génération suivante produit ce que l'on appellera « la littérature des ruines » !

Malgré les tentatives de faire « table rase », les écrivains allemands de l'après-guerre, en dehors des figures que sont ***Heinrich Böll*** ou ***Günter Grass,*** voire ***Peter Handke,*** restent coincés, par la droite et par la gauche, dans une liberté restreinte et surveillée.
1999 : le prix Nobel de littérature est attribué à Günter Grass, qui révèle en 2006, dans ses *Mémoires,* son enrôlement à 17 ans dans la Waffen SS. Aveu tardif mais qui contribue à une réflexion sur les années de plomb.

## Philosophie

La philosophie allemande a toujours eu un appétit d'ogre. En deux siècles, nombreux sont les auteurs qui, si on les comprend bien, ont tout résolu, et même le reste.
– ***Leibniz*** *(1646-1716)* **:** étudie la philosophie à Leipzig, les maths à Iéna, et vient à Paris s'imprégner de Pascal, puis va en Hollande bavarder avec Spinoza. Génie touche-à-tout, s'il fait la synthèse entre Aristote et Descartes, il a tout de même un dada : unir l'Occident chrétien. Mais il meurt solitaire et oublié.
– ***Kant*** *(1724-1804)* **:** né à Königsberg, un des plus grands philosophes de l'histoire était bossu, maniaque et hydrocéphale. Il ne changea qu'une fois dans sa vie l'ordre de sa promenade quotidienne : pour aller au-devant du facteur qui lui apportait le journal annonçant la Révolution française. Il passa toute son existence à Königsberg, où il se trouvait fort bien. S'il accomplira une « révolution copernicienne » dans la philosophie, le papa de la *Critique de la raison pure* se prit au mot : il sombra dans une folie douce et retrouva l'âge mental d'un enfant de 5 ans. Il avait trop tiré sur la corde.
– S'en réclamera surtout ***Hegel*** (1770-1831), sans lequel le monde moderne n'aurait sans doute pas été la foire d'empoigne que l'on sait. Ancien séminariste puis paisible professeur à Iéna et à Nuremberg, il triomphe à 48 ans grâce à son « best-seller », une encyclopédie des sciences philosophiques ! Grâce à cette dernière mais également à sa célèbre *Phénoménologie de l'esprit,* on accourt de tout le pays pour assister à ses cours. Et Goethe fait des pieds et des mains pour le rencontrer. Cette œuvre majeure, avec sa conception de l'État total, n'a fait qu'écrire tout bas ce que dans le même temps Napoléon réalisait en grand. Appelé dans la prestigieuse université de Berlin, l'ancien petit fonctionnaire achève la création de la méthode dialectique et de la philosophie de l'histoire. Mais s'il a inventé la dynamite, il manquait le détonateur : celui-ci s'appellera Karl Marx.
– ***Marx*** *(1818-1883)* **:** « La bourgeoisie se souviendra longtemps de mes varices », disait celui qui, renversant l'idéologie hégélienne, créera ce bon vieux « matérialisme historique ». Né à Trèves, Marx ne connut guère de répit au cours de sa vie d'exil miséreux, à Paris dès 1845, puis à Londres, avec son épouse, une aristocrate ruinée qui voyait d'un mauvais œil les théories de son barbu de mari. En 1867 paraît le premier tome du *Capital,* écrit sur un coin de table poussiéreuse pendant que Madame Marx mettait l'argenterie au clou. Jusqu'à sa mort, en 1883, « Old Nick » travaillera aux tomes II et III de ce même *Capital,* dont sa femme (encore !) se plaignait « qu'au lieu de l'écrire, il ferait mieux de le gagner » !
– ***Schopenhauer*** *(1788-1860)* **:** né à Dantzig, il est à contre-courant de tout : avec son ouvrage phare, *Le Monde comme volonté et comme représentation* (1818), il aboutit à un pessimisme égoïste et douloureux qui inspirera fortement le jeune Friedrich Nietzsche.
– ***Nietzsche*** *(1844-1900)* **:** ce célèbre moustachu sera l'enfant terrible de la philosophie : étudiant à Bonn, nommé professeur de philologie à Bâle à seulement 24 ans, l'inventeur du « surhomme » et de « l'éternel retour », est d'abord fasciné par Schopenhauer et Wagner. De santé fragile, celui qui prôna « la philosophie à coups de marteau » déteste cordialement l'esprit allemand, qu'il juge « lourdaud et plein de bière », et vit surtout en Italie. Penseur en marge de tous les systèmes, il prêche l'indépendance d'esprit et la destruction des préjugés. Sa

liaison platonique avec la sulfureuse et talentueuse femme de lettres Lou Andréa Salomé tourne court et le porte vers la dépression et l'opium. Dans la foulée, il rédige son chef-d'œuvre, *Ainsi parlait Zarathoustra.* À Turin, en 1889, l'Antéchrist moustachu disjoncte en se jetant au cou d'un cheval battu. Se prenant dès lors tour à tour pour le Christ et Dionysos, il ne recouvrera jamais la raison. Il fut hélas « récupéré » par les nazis (tout comme Hegel et Schopenhauer), et il a fallu attendre les années 1950 pour que le « vrai » Nietzsche soit correctement apprécié...

– ***Husserl*** *(1858-1938)* et ***Heidegger*** *(1889-1976),* en revanche, bunkérisés dans leur langage de spécialistes de la « phénoménologie transcendantale », s'inscrivent en réaction au style vivant et imagé de Nietzsche... Martin Heidegger, qui avait jeté les bases de l'existentialisme avec *L'Être et le Temps,* était devenu l'un des penseurs les plus contestés de l'après-guerre en raison de ses affinités, parfois démonstratives, avec le national-socialisme. Son approche existentialiste resta cependant déterminante, même après 1945, pour un large mouvement dans la philosophie et dans toutes les sciences humaines.

– Créée dans les années 1920 par *Max Horkheimer* et *Theodor Adorno,* qui avaient dû fuir l'Allemagne pendant le nazisme en tant que philosophes juifs épris de la tradition marxiste, l'***école de Francfort*** est sans doute la pensée philosophique (mélange de Freud, de Marx et de sociologie) la plus intéressante de cette époque. On y trouve ***Wilhelm Reich*** et ***Herbert Marcuse,*** qui émigreront aux États-Unis en 1933 et deviendront les deux grands théoriciens de la libération sexuelle chez nos amis les hippies *(La Fonction de l'orgasme, Éros et Civilisation).* Leurs théories eurent une forte influence sur le mouvement étudiant de la fin des années 1960. Aujourd'hui, ***Jürgen Habermas*** (*Raison et Légitimité,* 1973) perpétue l'esprit de l'école de Francfort : sorte de Baudrillard allemand, qui a longtemps enseigné aux États-Unis, il reste en quelque sorte le dernier philosophe dérangeant outre-Rhin. Sa philosophie incarne la volonté de combiner des éléments significatifs de la philosophie occidentale-continentale et ceux de la philosophie anglo-saxonne – la fidélité aux échelles de valeurs généralement admises et le lien étroit avec les faits.

## Musique classique

Avec l'*Aufklärung* apparaît en Thuringe la dynastie des ***Bach.*** Le plus célèbre, ***Johann Sebastian*** (1685-1750), s'il est un excellent organiste, développe aussi le domaine vocal, de nouvelles formes et jeux d'écriture. Choriste à Saint-Michel de Lüneburg, violoniste à la cour de Weimar, puis compositeur à Leipzig, Jean-Sébastien Bach (« Ruisseau » en français) devient « Konzertmeister » dans cette ville, où il est enterré. En 1749, il subira deux opérations qui le rendront totalement aveugle (le même chirurgien refera le coup 2 ans plus tard à Haendel). Il fallut attendre le XIX$^{e}$ s – grâce à Mendelssohn – pour qu'on réalise qu'il avait du génie !

### UN ARTISTE PROLIFIQUE

*Jean-Sébastien Bach eut 20 enfants au total. D'abord, 7 de sa première épouse, sa cousine, puis 13 de sa seconde femme, une chanteuse de rue. Mais 10 moururent en bas âge.*

Pendant la même période, ***Georg Friedrich Haendel*** sera infiniment plus célébré de son vivant. Né à Halle, il émigre vite en Angleterre où il compose de splendides musiques de cour.

Le *mouvement préclassique* regroupe deux des fils de Bach, ***Wilhelm Friedmann*** et ***Carl Philip Emmanuel,*** ainsi que ***Georg Philip Telemann*** et ***Johann Mattheson,*** qui, plus modernistes, considèrent Bach et Haendel comme des hommes du passé...

Arrive alors ***Ludwig van Beethoven*** (1770-1827), dont Einstein dira : « Beethoven préfère écrire contre son temps que pour lui. » Atteint de surdité dès 1795, il voyage entre Bonn (où il naquit), Dresde et Berlin pour exercer ses talents de pianiste virtuose. On le dit méfiant et querelleur. Il communique par le truchement de ses fameux « carnets de conversation », dont on découvrira après sa mort que certains étaient des faux !

Fasciné par le tumulte de l'histoire, admirateur ambigu de Napoléon, le plus célèbre sourd échevelé du romantisme meurt misanthrope et miné par une cirrhose, après avoir laissé derrière lui neuf symphonies qu'on n'a pas fini d'entendre...

Le *romantisme* s'exprime aussi avec ***Carl Maria von Weber*** (1786-1826) et son grand opéra fantastique : le *Freischütz* (1821). Mais c'est surtout ***Robert Schumann*** (1810-1856) qui incarnera le mieux, au travers de ses *Lieder,* l'âme romantique du XIXe s. Paralysé de la main droite à 22 ans, il voit sa carrière de virtuose brisée. De dépressions en tentatives de suicide, sa destinée s'achève à l'asile d'Endenich, tempérée par l'amitié de ***Mendelssohn*** et du jeune ***Brahms*** (1833-1897), qui prolongeront l'esprit du maître. Ce dernier, natif de Hambourg, dédia sa vie entière à la musique. Son enfance fut baignée des accords de son contrebassiste de père, concertos pour piano et pour violon, cantates, musique de chambre, symphonies... La question du célèbre roman de Françoise Sagan se pose toujours : « Aimez-vous Brahms ? ».

***Richard Wagner*** (1813-1883) va, lui, faire table rase et s'enfermer dans un univers fantastique et somptueux, dont ses nombreux créanciers ne parviendront jamais à le tirer ! Son oncle Adolf (ça ne s'invente pas) fait sa première éducation culturelle, puis il étudie à Dresde et à Leipzig. Chef d'orchestre à Riga de 1837 à 1839, il doit quitter la ville, poursuivi par une meute de créanciers... C'est durant sa fuite en bateau vers Londres, après un naufrage où il a failli se noyer, qu'il a l'idée du *Vaisseau fantôme.* En exil pendant 10 ans, il développe alors l'univers mythologique de sa future *Tétralogie.* À partir de l'opéra *Tannhäuser* (1845), le style mégalo de Wagner ne cesse d'alimenter les controverses. Admiré par Baudelaire, Nietzsche et Tolstoï, il devient le protégé de Louis II de Bavière, qui fait construire pour lui l'opéra de Bayreuth en 1872. La représentation de *Parsifal* en 1882 marque l'apothéose du génie créateur de *L'Or du Rhin* et de *La Walkyrie.* Grand ami puis grand ennemi de Nietzsche, récupéré par Hitler qui pleurait en écoutant ses œuvres, Wagner ne laisse personne indifférent !

Mais *l'époque moderne* arrive. On s'attaque à la construction même de la phrase musicale : « atonalité », « dodécaphonisme », « sérialisme » représentent en musique l'équivalent de la révolution cubique puis abstraite en peinture. En Allemagne, ***Paul Hindemith*** et ***Carl Orff*** sont les meilleurs représentants de cette tendance « expressionniste », tandis que ***Richard Strauss*** (1864-1949), à l'écart de toutes les évolutions, maintiendra le cap d'un romantisme tour à tour impressionniste, mystique (quatre derniers *Lieder*) et grandiloquent *(Also sprach Zarathoustra).* Enfin, après la dernière guerre, ***Karlheinz Stockhausen*** (né en 1926), élève de Milhaud et de Messiaen, développe la théorie du « hasard guidé » et la « technique sérielle ponctuelle » (*Kontrapunkte,* 1953). Parallèlement, ***Hans Werner Henze*** (né la même année) enrichit la musique concrète.

## Le rock allemand

Les premiers groupes de rock allemand célèbres à l'étranger furent, à partir de la fin des années 60, des groupes de musique planante comme ***Amon Düül II*** ou ***Ash Ra Temple.*** Le mouvement, qualifié en français de « Rock-choucroute » (*Krautrock*), avait pour chefs de file ***Tangerine Dream, Popoll Vuh et Neu !,*** dans la mouvance de la scène punk. Déboule alors le groupe ***Kraftwerk,*** inventeur de la musique « Kling Klang », précurseur de la techno-pop – que certains traitent un peu vite de fasciste – créée à Düsseldorf en 1969. Ces lascars fascinés par les autoroutes et la radioactivité se voulaient l'Allemagne de demain, efficace, humanoïde, et sans états d'âme. La mousseuse et pulpeuse ***Nina Hagen,*** fille zazou d'une cantatrice célèbre en RDA, exerça ses charmes sur de jeunes punks innocents, en concoctant des mélanges de pre-world music avant de virer bouddhiste.

Le hard rock fit florès dans le pays à partir des années 1970, avec comme chefs de file, les ***Scorpions,*** groupe mondialement connu. Dans les années 1980 et 1990 le genre évolue et de nombreux groupes de metal font leur apparition avec notamment les vociférations de ***Rammstein, Helloween, Gamma Ray*** et ***Blind Guardian.***
Depuis, la scène rock allemande s'est énormément développée jusqu'à devenir l'une des plus variées d'Europe. Son succès va en grandissant, comme en témoigne l'apparition récente de groupes comme ***Silbermond, Wir sind Helden*** et ***Juli*** qui chantent tous leurs titres en allemand. Issue de la scène berlinoise, la *minimal techno* a déferlé sur toute l'Europe. *Bpitch Control,* le label d'Ellen Allien, figure encore parmi les plus créatifs. Citons aussi ***Sven Väth,*** le pape de la techno allemande, et le fameux label *Kompakt,* basé à Cologne.
Comme partout dans le monde, des groupes apparaissent désormais à la TV, soumis aux suffrages d'un jury plus ou moins « académique ». Cela donne comme résultat étonnant des chansons allemandes chantées sous la tour Eiffel devant une foule d'ados fanatisés par les crypto-gothiques post-grunge de ***Tokio Hotel.*** Vive la mondialisation !

## Cinéma

Inspirés d'abord par le fantastique d'Hoffmann, les cinéastes allemands vont vite adopter l'*expressionnisme. Le Cabinet du docteur Caligari* (1919), avec l'acteur fou Conradt Veidt, lance le genre, entre grand guignol et delirium tremens. ***Friedrich Murnau*** tourne en 1922 son *Nosferatu,* sous-titré sobrement « Une symphonie de l'horreur ».
Avec le redressement économique apparaît la *« nouvelle objectivité »* dont ***G. W. Pabst*** est l'auteur le plus illustre : *La Rue sans joie* (1925), où une inconnue du nom de ***Greta Garbo*** crie misère, *Lulu* (1929), où Louise Brooks est divinisée par la critique, et *L'Opéra de quat'sous* (1928), en collaboration avec Brecht. De son côté, ***Ernst Lubitsch,*** avant de filer à Hollywood, donnera dans le grand spectacle avec *Madame du Barry* (1919) et *Anne Boleyn* (1920).
L'apparition du parlant marque la fin de l'âge d'or, à quelques exceptions près, dont *L'Ange bleu* (1930), de ***Joseph von Sternberg,*** avec la révélation de ***Marlène Dietrich,*** ou le très bolchevique *Ventres glacés* (1932), de Slatan Dudow. Seul ***Fritz Lang*** surfera génialement sur divers styles, depuis *Les Trois Lumières* (1921) jusqu'au *Testament du docteur Mabuse* (1932) et *M. le maudit* (1933).
Après que le sosie de Charles Chaplin aura achevé en sous-sol son macabre tour de piste, l'Allemagne se passera pendant 20 ans de faire du cinéma... Seuls émergent dans ce désert *Les assassins sont parmi nous* (1946), de Wolfgang Staudte, et *Un homme perdu* (1951), de l'ancien acteur fétiche de Lang, ***Peter Lorre.***
L'exemple de la *nouvelle vague* française réchauffera les jeunes imaginations vers 1963-1964. Dans le sillage de ***Volker Schlöndorff*** (avec *Les Désarrois de l'élève Törless,* 1965) et Peter Fleischmann (*Scènes de chasse en Bavière,* 1969), une nouvelle génération se hisse vite à un niveau mondial en cultivant un style décadent et un humour nihiliste. L'inépuisable ***Rainer Werner Fassbinder*** en est l'âme punkoïde, tandis que ***Werner Herzog,*** avec *Aguirre* (1972), cultive un certain mysticisme et que ***Wim Wenders,*** à partir de *L'Ami américain* (1977), stylise sa fascination pour les *road movies...* Comme nous !
Signalons en 2003 le fabuleux succès de *Good Bye, Lenin !,* film culte de l'*Ostalgie,* ainsi que *Rosenstrasse,* de Margarethe von Trotta, l'histoire d'une révolte de femmes sous le régime nazi, qui fut primé à la Mostra de Venise. En 2005, *La Chute* raconte avec réalisme les derniers jours de Hitler dans son bunker berlinois.
Réalisé en 2006 à Berlin, *La Vie des autres,* écrit et réalisé par ***Florian Henckel von Donnersmarck,*** a reçu de nombreuses récompenses, dont l'oscar du meilleur film étranger, et a connu un succès énorme.

## PERSONNAGES

– ***Franz Beckenbauer*** *(né en 1945)* **:** né à Munich 4 mois après la fin de la guerre, il possède un palmarès incomparable avec 103 sélections en équipe d'Allemagne de football et une victoire historique en Coupe du Monde en 1974. Son charisme et son rôle de leader lui ont valu le surnom de « Kaiser » (empereur). Il représentera à jamais, sur un terrain, l'élégance et le courage, ayant disputé en 1970 une demi-finale de Coupe du Monde contre l'Italie avec une clavicule cassée. Il a parfaitement réussi sa reconversion dans le football, puisqu'il a mené la sélection allemande au titre de championne du monde en 1990. Depuis, il a pris la direction du plus grand club allemand, le *Bayern* de Munich, et est sorti tout auréolé de prestige après la réussite de sa Coupe du Monde 2006.

– ***Joseph Beuys*** *(1921-1986)* **:** sa jeunesse tragique détermine toute sa vie d'artiste. À 22 ans, pilote de bombardier de chasse, il est blessé sur le front russe, gravement brûlé, recueilli et soigné à l'ancienne par une tribu de Tatars de Crimée. Enrobé totalement de graisse, bandé comme une momie, il survit miraculeusement et en gardera le souvenir toute sa vie dans sa pratique d'artiste. Sa devise : « Les processus se poursuivent, réactions chimiques, processus de fermentation, transformation des couleurs, décomposition, dessèchement, tout se transforme... »

– ***Heinrich Böll*** *(1917-1985)* **:** enfant de Cologne, il refuse à 15 ans de s'engager dans les Jeunesses hitlériennes (« pour des raisons morales mais aussi esthétiques : je n'aimais pas leur uniforme » !). Les ruines de l'après-guerre en font un désabusé. Ennemi juré de la presse à scandale du groupe *Springer,* critique envers le capitalisme autant que le communisme ou la religion, il connaît pourtant un grand succès populaire avec ses derniers romans *(L'Honneur perdu de Katharina Blum, Portrait de groupe avec dame).* Prix Nobel de littérature en 1972, ce sceptique pacifiste reste le plus lu des auteurs allemands de l'après-guerre.

– ***Bertolt Brecht*** *(1898-1956)* **:** né à Augsbourg, mobilisé en 1918, il décrira son expérience dans *La Légende du soldat mort.* Ce dramaturge, mais aussi poète et romancier, fut d'abord l'élève de Max Reinhardt et collaborateur de Piscator. Très tôt acquis aux thèses marxistes, c'est avec l'adaptation du *Beggar's Opera* de John Gay, intitulé *L'Opéra de quat'sous,* qu'il deviendra très populaire. Dénonciateur coriace du nazisme et théoricien du théâtre « didactique » prolétarien, il ne lui reste plus qu'à faire ses valises en 1933. De retour des États-Unis à la fin de la guerre, il choisit l'Allemagne de l'Est, où il fonde en 1948 le « Berliner Ensemble ». Personne n'est parfait : on lui décerna le prix Staline en 1953.

– ***Daniel Cohn-Bendit*** *(né en 1945)* **:** leader charismatique de Mai 68, il a su exploiter toutes les ficelles de la politique-spectacle. Novice en matière d'engagement politique (sa seule référence : ses parents, juifs allemands exilés en France puis devenus résistants), Danny-le-Rouge s'affirme surtout par son insolence. Citoyen allemand bien que né à Montauban, il est expulsé du territoire français en 1968. Revenu de ses idéaux révolutionnaires, c'est un « vert » qui a occupé – en bon démocrate – le poste d'adjoint au maire de Francfort, chargé des relations multiculturelles. En 1999, il est élu au Parlement européen, où il milite activement pour l'unité européenne. En retraite, il est très présent dans les médias (presse et radio) où il a décroché des chroniques, notamment sportives.

– ***Lucas Cranach l'Ancien*** *(1472-1553)* **:** artiste-vedette de Saxe et de Thuringe. Il n'y a pas une ville de ces deux régions qui ne possède un ou plusieurs tableaux de lui. Peintre officiel de la cour de Saxe, il est proche de Luther et des idées de la Réforme. Son style, très expressif au début, devint par la suite plus linéaire. Ses thèmes favoris : les nus, la mythologie et la Bible. L'important atelier qu'il créa à Wittenberg fut, à sa mort, repris par son fils, ***Lucas Cranach le Jeune*** (1515-1586), lui aussi très présent dans les musées et églises d'Allemagne. En 2015, à l'occasion des 500 ans de sa naissance, une douzaine de villes allemandes, surtout à l'Est, lui consacreront d'intéressantes expositions et rétrospectives (● wege-zu-cranach.de ●).

– ***Marlene Dietrich*** *(1902-1992)* **:** de son vrai nom Maria Magdalena von Losch, elle explose en 1930 avec le rôle de Lola dans *L'Ange bleu,* de Josef von Sternberg (qui avait créé de toutes pièces le personnage de la femme fatale). Le succès lui ouvre les portes d'Hollywood, où l'on cherchait une créature diabolique et sexy à opposer à l'iceberg Garbo. Elle y entame, en 1941, une liaison passionnée avec Jean Gabin qui durera 6 ans. Marlène devait ensuite tourner avec les plus grands (*La Belle Ensorceleuse,* de René Clair ; *Témoin à charge,* de Billy Wilder ; *La Soif du mal,* d'Orson Welles, etc.). En 1978, elle fait encore du charme à David Bowie dans *Just a Gigolo* de David Hemmings.

– ***Otto Dix*** *(1891-1969)* **:** avec lui, les horreurs de la guerre ne sont plus un vague mot. Sa peinture en est comme obsédée. Mais aussi par le sexe, la violence, la déchéance, etc. Bref, un type assez génial pour que Hitler dise de lui : « Il est dommage qu'on ne puisse pas enfermer ces gens-là ! ». Dadaïste à ses débuts, Dix s'installe à Berlin et rallie la « Nouvelle Objectivité ». Il finira tout de même sa vie comblé d'honneurs, lui qui pendant longtemps fut l'incarnation de « l'artiste dégénéré ».

– ***Albrecht Dürer*** *(1471-1538)* **:** ce visionnaire fut véritablement le propagateur des idées de la Renaissance italienne dans l'Europe du Nord et se révéla dans un attachement au détail, visible dans ses célèbres gravures, portraits et allégories, tous empreints de religiosité.

– ***Rainer Werner Fassbinder*** *(1946-1982)* **:** il commence par créer l'« Antitheater », à Munich, et parvient à le faire fermer par la police en 1968 (bon signe). Il s'oriente alors vers le cinéma. Dans la période 1969-1971, il réalise pas moins de 10 films ! Fasciné à la fois par l'histoire de l'Allemagne, l'homosexualité et les marginaux, il tourne aussi bien de vrais succès commerciaux clean (comme *Querelle*) que des films glauques et ultra-décadents (évidemment les meilleurs).

– ***Johann Wolfgang von Goethe*** *(1749-1832)* **:** il naît à Francfort-sur-le-Main où il vivra jusqu'en 1765. Étudiant à Leipzig, il se plonge dans l'occultisme et l'alchimie, et dans diverses amours tumultueuses qui lui inspireront son fameux *Werther* (1774). Il est alors invité à s'installer à Weimar par le grand-duc Charles Auguste, qui lui offre un coquet pavillon. Conseiller secret, botaniste, géologue, il découvre même l'os intermaxillaire chez l'homme ! Mais il sera plus connu pour son œuvre littéraire... L'auteur de *Faust* et des *Affinités électives* mourra à Weimar en prononçant un « mot de la fin » particulièrement discuté depuis : « De la lumière ! » Allez comprendre...

– ***Johannes Gutenberg*** *(1400-1468)* **:** en inventant l'usage des caractères métalliques mobiles, permettant d'imprimer les livres en grand nombre, cet orfèvre de Mayence a révolutionné la diffusion du savoir jusque-là confiné entre les mains de l'Église et de quelques clercs. Ce fait fut l'un des événements annonciateurs de la Renaissance. Pour Gutenberg, la fin de vie fut difficile : spolié de son matériel par l'un de ses associés, il ne fut sauvé de la misère que par une pension à vie accordée par Adolphe de Nassau.

– ***Frédéric II Hohenstaufen*** *(1194-1250)* **:** premier empereur moderne d'Allemagne, il est le plus fascinant de tous. Il passe sa jeunesse en Sicile sous la protection de son tuteur, le pape Innocent III, puis part conquérir l'empire et se fait l'ami des Sarrasins. Le premier prince de la chrétienté ne serait-il pas un peu musulman ? Pris d'un doute, le pape exige qu'il se croise. Il se croise... les bras. Il est excommunié. Ayant trahi Saint Louis en dévoilant son plan de bataille au sultan, il obtient Jérusalem, Nazareth et Bethléem ! Après avoir organisé l'Allemagne, fondé des universités et fait chanter sa gloire en vrai mégalo, il tente la conquête de l'Italie, en vain. Quand on l'enterre, c'est en Sicile. Avec, à son côté, un sabre sarrasin...

– ***Diane Kruger*** *(1976)* **:** actrice native de Rhénanie-Westphalie, chez qui on décèle très jeune des aptitudes pour la danse classique. Un accident au genou l'empêche de poursuivre cette voie. Elle entre alors à 15 ans dans le mannequinat pour l'agence Elite et s'installe à Paris. Elle rencontre Guillaume Canet qui l'épouse (divorce 3 ans plus tard) et Luc Besson qui lui conseille le cours Florent puis la fait tourner. On la voit en cantatrice des tranchées avec son mari dans *Joyeux Noël.* Parfaite trilingue (anglais, français et allemand), elle entame une brillante carrière internationale et est sollicitée par Hollywood pour le rôle d'Hélène dans *Troie* aux côtés de Brad Pitt, qu'elle retrouve plus tard sous la direction de Tarantino dans *Inglourious Basterds.* Prototype de la blonde hitchcockienne, un peu froide, elle s'essaie à la comédie en 2012 dans *Un Plan parfait,* où entre Kenya et Moscou, elle tombe amoureuse d'un rédacteur du *Routard,* incarné par Dany Boon.

## UN BON PLAN... PARFAIT

*Fin 2012 sort sur les écrans une comédie tournée par Pascal Chaumeil qui met en scène la lumineuse Diane Kruger. Pour contourner la malédiction qui compromet tous les premiers mariages de sa famille, Isabelle doit trouver un pigeon, le séduire, l'épouser et divorcer. Sa cible s'appelle Jean-Yves (joué par Dany Boon) qui est rédacteur au* Routard. *Elle va le suivre du Kilimandjaro à la place Rouge, tomber sous le charme et finir par choisir l'aventure plutôt qu'une vie plan-plan.*

– ***Fritz Lang*** *(1890-1976)* **:** cet ancien élève en architecture, né à Vienne, plaque tout pour un tour du monde. Il en vient à écrire des scénarios pour se distraire... mais passe vite à la mise en scène. *Metropolis* sera le film le plus coûteux réalisé en Allemagne et *M. le maudit* un signe avant-coureur de la montée du nazisme. Pourtant, en 1933, Goebbels lui offre la direction du cinéma allemand « rénové » : le lendemain matin, Lang passe la frontière suisse ! Il s'installe aux États-Unis où il devient une légende vivante. Dix ans avant de s'éteindre, il fait une apparition dans *Le Mépris,* de Godard, où il discute en parfait érudit un passage obscur d'un poème d'Hölderlin.

– ***Ernst Lubitsch*** *(1892-1947)* **:** né à Berlin dans une famille juive, il réalise ses premières comédies en Allemagne dès 1914. Mais c'est à Hollywood, à partir de 1923, qu'il obtient la reconnaissance internationale d'un talent qui est plus que jamais consacré aujourd'hui. Ses films reposent sur une mise en scène légère, brillante, caustique (la *Lubitsch's touch*), qui fait une grande part à l'ellipse : Lubitsch est ainsi resté célèbre pour filmer des portes closes, derrière lesquelles le spectateur peut imaginer toutes sortes de scènes. Il est aussi l'unique réalisateur à avoir fait rire Greta Garbo (dans *Ninotchka*) ! Parmi ses 80 films, beaucoup de chefs-d'œuvre.

– ***Thomas Mann*** *(1875-1955)* **:** ce grand Nobel allemand incarnait ce que les nazis détestaient le plus, c'est-à-dire la grande bourgeoisie du Nord, éclairée, intello, libérale et, de plus, sociale. Fils d'un négociant de Lübeck, il a décrit dans sa saga des *Buddenbrook* la vieille aristocratie commerçante et ses états d'âme. À Berlin, en 1930, il plaide pour l'alliance du socialisme et des « exigences de bonheur bourgeoises comme la liberté, l'esprit, la culture ». Un groupe de SA en smoking l'expulse de la salle ! Sans être aussi menacé que son frère Heinrich (l'inspirateur du film *L'Ange bleu*), Mann doit émigrer. Et c'est en Suisse, puis en Amérique, qu'il poursuit son œuvre : *Mort à Venise,* puis son second chef-d'œuvre, *La Montagne magique.*

– ***Angela Merkel*** *(née en 1954)* **:** bien que née à Hambourg, c'est en RDA qu'Angela fait ses études de physique, puis travaille à l'Académie des sciences, comme spécialiste de chimie quantique. Elle a été la porte-parole du dernier gouvernement de la RDA. Députée de la CDU, puis ministre à deux reprises sous Kohl. Devenue la patronne de la CDU, elle mène les élections de 2005 et devient chancelière en octobre. Fille de pasteur, aussi à l'aise en russe qu'en anglais, la « Jeanne d'Arc » de la CDU compense son manque de charisme par une détermination sans faille. Son début de mandat l'a vue se faire une place sur la scène internationale. Considérée comme la « femme la plus puissante au monde » selon le magazine *Forbes,* la chancelière aborde de front les sujets majeurs de la politique intérieure, comme l'intégration des immigrants, la réduction de la bureaucratie et les problèmes liés à la baisse démographique. Et il faut reconnaître que cela ne lui réussit pas mal. Elle a été réélue dans un fauteuil en 2009 et devient en septembre 2013 le premier chef d'État à être réélu après la crise financière.

**LE NOM DE LA CHANCELIÈRE**

*Fille de pasteur, Angela Merkel a passé son enfance en Allemagne de l'Est. Elle a toujours voulu garder le nom de son premier mari, le physicien Ulrik Merkel. En effet, son deuxième mari s'appelle Sauer, ce qui signifie en allemand... « aigre », un nom pas vraiment conseillé pour réussir une carrière politique !*

– ***Wilhelm Reich*** *(1897-1957)* **:** l'homme qui a fait découvrir aux hippies où était leur sexe fut d'abord un élève appliqué de Freud. Découvrant le marxisme, il crée à Berlin dans les années 1930 la « ligue pour une politique sexuelle prolétarienne » *(Sexpol)* ! Réfugié aux États-Unis après son pamphlet d'économie sexuelle *(Psychologie de masse du fascisme),* il développe la théorie de l'origine bioélectrique du cancer liée aux frustrations sexuelles. Personnage fantasque et dérangeant, il est alors systématiquement calomnié jusqu'à sa mort, survenue mystérieusement en prison...

# POLITIQUE

## Les institutions

La Constitution de 1949 a été rédigée dans le souci de ne pas réitérer les erreurs qui ont conduit la république de Weimar au désastre. Un maximum de dispositions ont été prises pour établir un nouveau régime parlementaire stable. Les pouvoirs sont essentiellement partagés entre le ***Bundestag*** (l'assemblée fédérale) et le ***chancelier,*** chef du gouvernement ; le président de la République (Christian Wülff depuis 2010) n'ayant qu'un pouvoir représentatif très limité. Le chancelier est élu par les députés, eux-mêmes élus au suffrage universel. Le Parlement dispose ainsi d'un véritable pouvoir de contrôle sur le gouvernement, et joue de plus un important rôle législatif.
Le fédéralisme est un aspect important des institutions allemandes. Il résulte de l'histoire même du pays. Avant 1871, date de l'unification, l'Allemagne n'était qu'un ensemble de petits royaumes, de duchés et de villes libres autonomes. Cette tradition s'est perpétuée, étant donné qu'aucune de ces petites unités n'acceptait un centralisme à la française. Aujourd'hui, les petits États sont devenus des ***Länder*** (en français, « pays ») et disposent de réels pouvoirs. Si les relations extérieures, la défense, les télécommunications, les transports et la monnaie sont des domaines réservés au pouvoir fédéral, l'éducation, la police et l'organisation communale relèvent des *Länder* (au nombre de 16 depuis la réunification).

## Les partis

« Les partis coopèrent à la formation de la volonté politique du peuple. Leur fondation est libre. Leur organisation interne doit répondre aux principes démocratiques. Ils doivent rendre compte publiquement de la provenance de leurs ressources. » (Article 21 de la Loi fondamentale de 1949).
Les six partis du Bundestag sont, depuis 1990 : la ***CDU*** (Union démocrate chrétienne), droite parlementaire, et son alliée traditionnelle la ***CSU*** (Union sociale chrétienne), branche bavaroise du CDU ; le ***FDP*** (parti libéral), au centre droit ; le

***SPD*** (parti social-démocrate) à gauche, le ***Linkspartei*** (parti de gauche), formation récente issue du *PDS* (parti du socialisme démocratique) et d'une partie de l'aile gauche du *SPD*, et ***Bündnis 90 – Die Grünen*** (Verts, parti écologiste entré sous ce nom au Bundestag en 1993).

Les grands partis allemands sont favorisés aux élections législatives. En effet, une loi exclut de la représentation parlementaire les partis qui obtiennent moins de 5 % des voix. C'est que les Allemands ont tiré des leçons de l'histoire : cette loi est censée éviter le blocage des décisions politiques par un trop grand nombre de petits partis au parlement, et a pour effet direct d'éliminer les extrêmes (surtout de droite !).

Mais il existe quelques exceptions : ainsi les Verts, qui n'atteignaient pas 5 % en 1990, ont pu refaire une nouvelle liste associée à l'Alliance, et entrer de nouveau au Bundestag. De même, la clause des 5 % n'est pas appliquée aux minorités nationales.

### UNE FEMME À LA TÊTE DES ARMÉES

*Fait assez rare dans l'histoire, c'est une femme, Ursula von der Leyden (CDU), qui occupe depuis 2013 le poste de ministre de la Défense en Allemagne. Elle se démarque de ses prédécesseurs par un net volontarisme sur les dossiers internationaux comme en témoigne sa position en faveur d'une révision de la doctrine allemande de retenue militaire. Elle est aussi mère de sept enfants.*

## POPULATION

La population allemande compte plus de 81 millions d'habitants, mais c'est l'une des plus vieillissantes d'Europe. Le taux de natalité est assez faible et était presque catastrophique en RDA jusqu'au début des années 1980. L'Allemagne compte aussi parmi les plus grands pays d'accueil du monde : plus de 7 millions d'étrangers y vivent et plus de 15 millions sont d'origine étrangère (soit 18 % de la population totale). Cette tendance à l'immigration s'est renforcée depuis 2012, en accueillant des milliers de jeunes diplômés en provenance des pays en crise du Bassin méditerranéen.

Les particularismes provinciaux sont très forts, et les Allemands y sont attachés. Évitez de confondre un Souabe avec un Badois, ou un Bavarois avec un Hambourgeois, sinon vous vous feriez des ennemis.

Dans l'ex-RDA, il existe une minorité ethnique : les Sorabes. Au nombre d'environ 100 000, ils vivent au sud-est de Berlin, notamment dans la *Spreewald*. D'origine slave, les Sorabes sont autorisés depuis la fin de la dernière guerre à perpétuer leurs traditions, leur langue et leur culture.

### MÈRES AU FOYER

*Avec un taux de natalité très bas, l'Allemagne risque de perdre 7 à 8 millions d'habitants dans les 40 prochaines années. Une des raisons : il est de bon ton pour les jeunes mamans de délaisser leur job pour s'occuper de bébé à la maison. Un grand nombre d'entre elles n'hésitent pas à sacrifier leur carrière pour ne pas être surnommées* Rabenmutter *(mère indigne).*

### L'âme allemande

Contrairement à ce que l'on croit souvent, les Allemands ne manquent pas d'humour. En revanche, s'il est une chose dont ils manquent certainement, c'est de détachement face à la vie ; car leur soif d'absolu les empêche de plaisanter sur les événements graves.

Si les Britanniques, eux, mettent un point d'honneur à tourner en dérision les avatars les plus dramatiques, leur manière d'en sourire laisse les Allemands en général très mal à l'aise, tout comme, dans un autre registre, les Français sont d'une susceptibilité maladive et incapables de se moquer d'eux-mêmes.
« Les Allemands, disait Goethe, compliquent tout... à la fois pour eux-mêmes, mais aussi pour les autres. » Dès qu'un sujet important fait surface dans une conversation, ils adorent en débattre pendant des heures, animés d'une ferveur tourmentée. Les valeurs et les institutions démocratiques sont très récentes dans l'histoire allemande, alors que les Anglais aiment faire remonter leur démocratie à la signature de la Magna Carta au XIIIe s et que les Français se gonflent d'orgueil dès qu'il s'agit de valeurs républicaines. Les Allemands savent que le meilleur moyen de sauvegarder leur démocratie est de la consolider avec des lois qui puissent guider leur comportement. Voilà pourquoi la société allemande peut, à certains moments, paraître guindée, conformiste et très réglementée. Mais en y regardant de près, on constate que ce respect des règles leur permet de jouir d'une grande marge de manœuvre, puisque l'État n'est pas tenté de légiférer à tout bout de champ pour tempérer les ardeurs des uns et des autres.

## *Ostalgie,* quand tu nous tiens...

La nostalgie des ex-camarades. Avec le temps, dans l'Est, les attraits de la société occidentale ont perdu de leur éclat, et le culte du bon vieux temps – où tout était pris en charge par l'État – a fait son apparition, sous le joli nom d'*Ostalgie.* On recherche les bistrots au look d'autrefois, les sodas de l'enfance, le café Gold, les savons Florena, les pâtes à tartiner Nudossi, le chocolat Schlager qui colle toujours au palais et ce subtil mélange de cornichons et tomates des temps difficiles, définitivement remplacé par un zeste d'orange... Les célèbres *Ostalgie-Parties* sont un exemple typique de l'*Ostalgie,* pendant lesquelles se montrent des sosies d'Erich Honecker, des airs de musique de la RDA (*RDA-Musiktitel*) sont joués, et des produits alimentaires typiques (*DDR-typisch*) consommés, comme le « Club Cola ». Le fin du fin est de se rendre à ces fêtes à bord d'une Trabi dans des vêtements exhibant les anciens insignes de la RDA. Retour à l'enfance pour beaucoup, tout simplement... mais aussi souvenir du temps béni où les crèches et les soins de santé étaient gratuits, où l'emploi à vie (même à ne presque rien faire) était quasi garanti et où la solidarité dans les HLM sordides n'était pas un vain mot... même sous l'œil vigilant des indics de la *Stasi,* et cela d'autant plus que le passage brutal au capitalisme a fait beaucoup de dégâts.
La sortie des films *Good Bye Lenin !* (6 millions de spectateurs) et *La Vie des autres,* ainsi que le succès de la société *Ossiversand,* qui vend par correspondance des produits de l'Est (recréés) comme les cornichons sucrés de la *Spreewald* et l'infect mousseux *made in RDA,* ont contribué à conforter cette tendance.

### L'ICÔNE DE LA DDR

*Faute d'acier pendant la guerre froide, la carrosserie de la Trabant était composée de résines et de coton. Plus chère à fabriquer qu'en métal, la carcasse était tellement résistante qu'elle était... indestructible, à moins d'injecter une bactérie dans les épaves pour les faire disparaître. Moquée pour la puanteur de ses gaz d'échappement et sa vitesse de pointe à 120 km/h, la Trabi n'en était pas moins la seule voiture que pouvaient s'offrir les travailleurs méritants de l'Est, à condition toutefois de patienter 10 à 15 ans sur une liste d'attente...*

# RELIGION

L'État garantit la pleine liberté de confession et le libre exercice du culte. En théorie, chaque Allemand appartient à une Église et doit verser un impôt

*(Kirchensteuer)* à l'État, qui le redistribue au culte choisi. Pour échapper à cette taxe, beaucoup d'Allemands se déclarent athées ! Qui plus est, suite aux récentes affaires de pédophilie qui ont éclaté au sein de la hiérarchie catholique, plusieurs milliers de fidèles ont tourné le dos à l'Église, et ce en l'espace de quelques mois. Contrairement aux idées reçues, catholiques et protestants font pratiquement jeu égal dans le pays : environ 30 % de chaque confession. Mais la majeure partie des Allemands se déclarent... sans religion (près de 35 %). Les catholiques se concentrent surtout dans le Sud (la Bavière en compte 7 millions !). Les musulmans (environ 4 millions) représentent 5 % des fidèles. Moins de 0,25 % des Allemands sont juifs (ils étaient plus d'un demi-million en 1936...).

## SAVOIR-VIVRE ET COUTUMES

Bien qu'il n'y ait pas de différences fondamentales entre les mœurs de nos voisins et les nôtres, il faut savoir que les Allemands sont d'une nature plutôt disciplinée. Certaines des attitudes latines des Français, si elles ne sont pas freinées, peuvent les amuser ou parfois même les heurter. Alors, agissons en personnes civilisées...

### LE CARACTÈRE ALLEMAND

*Si le Français cherche à séduire, l'Allemand préfère l'efficacité. Résultat, notre voisin dira la vérité, sans s'encombrer de formules de politesse. Il parle « cash », donc pas de sous-entendus bien latins. L'Allemand privilégie la fiabilité et aime travailler en groupe, tandis que le Français est plutôt individualiste. Est-il possible de travailler avec eux ? Oui, le succès d'Airbus en est une preuve.*

- Ne vous ruez pas sur la première Allemande qu'on vous présente en l'embrassant sur les deux joues comme si vous la connaissiez depuis toujours. Calmez vos ardeurs et serrez-lui la main (sans la broyer, de préférence). En Allemagne, on n'embrasse que les personnes que l'on connaît bien (dommage !).
- Traversez la rue seulement lorsque le feu pour piétons est au vert, et ce même quand il n'y a pas de voiture en vue. On vous expliquera, en effet, que c'est un très mauvais exemple pour les enfants qui pourraient vous regarder ! Faire le contraire pourrait vous attirer les remarques de mères de famille, ou de policiers. Cela pourrait même vous coûter une amende.
- Évitez d'aborder le thème du III^e^ Reich avec un inconnu ou une connaissance trop récente. Traumatisés par leur passé, les Allemands (même jeunes) restent très susceptibles sur ce point et pourraient croire à une mise en accusation directe de votre part. Faites preuve de tact et de diplomatie ! Et dites-vous bien que la génération actuelle n'est pas responsable des crimes du passé.
- Évitez d'arriver 45 mn en retard à vos rendez-vous, les Allemands sont d'une ponctualité très suisse !

## SITES INSCRITS AU PATRIMOINE MONDIAL DE L'UNESCO

Organisation des Nations Unies pour l'éducation, la science et la culture

En coopération avec le centre du patrimoine mondial de l'UNESCO

Pour figurer sur la liste du Patrimoine mondial, les sites doivent avoir une valeur universelle exceptionnelle et satisfaire à au moins un des 10 critères de sélection. La protection, la gestion, l'authenticité et l'intégrité des biens sont également des considérations importantes.

Le patrimoine est l'héritage du passé dont nous profitons aujourd'hui et que nous transmettons aux générations à venir. Nos patrimoines culturel et naturel sont deux sources irremplaçables de vie et d'inspiration. Ces sites appartiennent à tous les peuples du monde, sans tenir compte du territoire sur lequel ils sont situés.

*Pour plus d'infos : ● whc.unesco.org ●*

On ne le croirait pas, mais avec 39 sites classés, l'Allemagne arrive à la quatrième place mondiale de la liste du Patrimoine de l'Unesco derrière l'Italie (50), la Chine (47), l'Espagne (44), à égalité avec la France (39), et devant le Mexique et l'Inde (32), la Grande-Bretagne (28) et la Russie (26). Belle performance !

Le dernier site classé en date, pour 2014, est le *Westkerk carolingien et civitas de Corvey*, près de la ville de Höxter dans l'est de la Rhénanie-Westphalie.

# L'OUEST DE L'ALLEMAGNE

## LA RHÉNANIE DU NORD – WESTPHALIE

### MÜNSTER

280 000 hab. IND. TÉL. : 0251

**Non loin de la frontière néerlandaise, dans la partie westphalienne du Land parsemée de châteaux de plaine, Münster (à ne pas confondre avec la ville alsacienne du fromage homonyme) est une cité universitaire qui mérite un crochet lorsque l'on se dirige vers Hanovre ou Hambourg. Elle a marqué l'histoire avec un grand H, puisque c'est ici qu'en 1648, les grandes puissances belligérantes de l'époque mirent un terme à la guerre de Trente Ans. Détruite à plus de 90 % en 1945, la vieille ville *(Altstadt)* a été reconstruite presque à l'identique, cathédrale comprise. D'où l'étrange impression de visiter une ville ancienne... toute neuve. Outre sa superbe cathédrale à deux tours, le visiteur appréciera également l'ambiance assurée par les 50 000 étudiants qui se déplacent à vélo dans des rues majoritairement piétonnes.**

**Aux beaux jours, allez flâner sur les quais vers le port (*Am Stadthaffen* dans le quartier appelé *Kreativkai*). Ce quartier, entièrement rénové, abrite les bars, restos et boîtes les plus branchés du moment. Une salle d'exposition temporaire installée dans un ancien silo, des ateliers d'artistes... c'est un tout nouveau visage de la ville, qui mérite vraiment une virée.**

### UN PEU D'HISTOIRE

Tous les étudiants en histoire ont été obligés de retenir cette fameuse date du 24 octobre 1648. En signant ce qu'on appela les traités de Westphalie qui entérinaient, entre autres, l'indépendance des cantons suisses et des Pays-Bas, les puissances européennes mettaient fin aux guerres de Religion qui duraient depuis un siècle en Europe. En fait, seuls les princes catholiques séjournaient à Münster, les protestants, eux, étaient rassemblés à Osnabrück, mais leurs ambassades firent des allers et retours pendant plus de 5 ans. Le traité consacra pour plus de 200 ans encore le morcellement de l'Allemagne. Il n'empêche que c'était la première fois qu'étaient définies les relations entre les États dans le respect de la souveraineté de chacun et que chaque monarque recevait désormais la garantie d'être maître chez lui, y compris en matière religieuse.

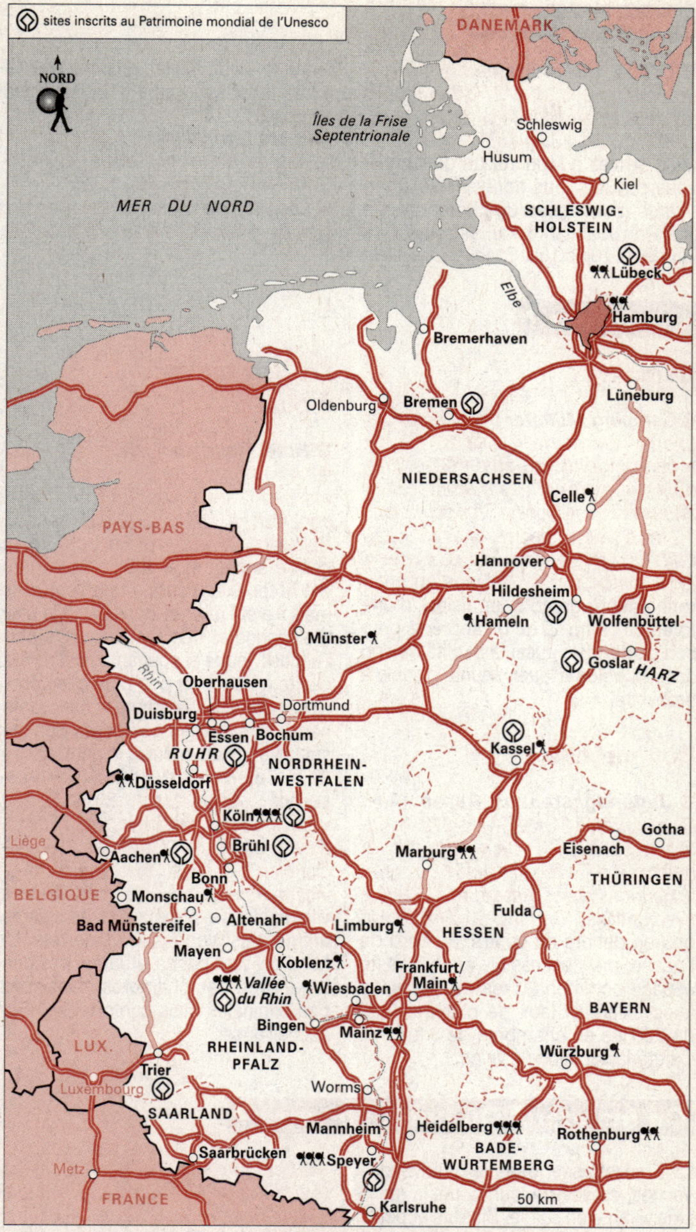


## LE NORD-OUEST DE L'ALLEMAGNE

## Adresses utiles

**Office de tourisme :** *Heinrich-Brüning St 9 ☎ 492-27-10. • muenster.de • Juste derrière le Rathaus. Lun-ven 10h-18h ; 10h-13h sam.* Si vous arrivez à Münster un dimanche, vous pouvez vous adresser au *stand d'infos touristiques* de l'hôtel de ville (sur Prinzipalmarkt), qui est ouvert ce jour-là de 10h à 16h. En revanche, il est fermé le lundi. Visites guidées en allemand tous les jours à 11h, le samedi en anglais.

**Gare ferroviaire :** *à moins de 1 km au sud-est du centre. Résas : ☎ 0180-599-66-33 ou 0180-551-25-12.*

**Location de vélos :** ***Radstation,*** *à la gare ferroviaire. Ouv 5h30 (7h w-e)-23h.*

## Où dormir ?



### Camping

**Camping Münster :** *Wolbecker Str, Laerer Werseufer 7. ☎ 31-19-82. • campingplatz-muenster@t-online.de • campingplatz-muenster.de • Situé près de la piscine Stappelskotten, à 7 km à l'est du centre, direction Handorf. Ouv tte l'année. Env 28 € pour 2 avec tente et voiture.* Dans un environnement agréable, en lisière d'une forêt, un camping qu'on apprécie pour son cadre mais aussi la qualité de son accueil. Vélos à louer, sauna, piscine à proximité.

### Bon marché

**Jugendgästehaus Aasee** (AJ) **:** *Bismarckallee 31. ☎ 53-02-812. • jgh-muenster@djh-wl.de • djh-wl.de/muenster • De la gare, bus n° 10 ; arrêt Jugendgästehaus Aasee. Nuit 30-39 € avec petit déj. Doubles 60-77 €.* Un peu en dehors du centre, au bord de l'Aasee, mais accessible à pied. Vaste espace commun au rez-de-chaussée avec billard et jeux de plateau. Plus de 200 lits en chambres de 2 à 4 lits. Cafétéria, location de vélos.

### De prix moyens à plus chic

**Hotel Mauritzhof :** *Eisenbahnstr 17. ☎ 41-720. • info@mauritzhof.de • mauritzhof.de • De 139 € la double côté rue à 159 € côté promenade. Petit déj plantureux.* En bordure du centre ancien et à 350 m de la gare, cet hôtel existe certes depuis 40 ans, mais il a été relooké dans un style plein d'élégance et très tendance. De plus, l'accueil, jeune et souriant, y est parfait. Quitte à payer un peu plus cher, choisissez plutôt les chambres côté promenade, plus calmes que celles donnant sur l'avenue qui mène à la gare.

**Hotel-Restaurant Überwasserhof :** *Überwasserstr 2. ☎ 41-770. • info@ueberwasserhof.de • ueberwasserhof.de • Ouv tte l'année. Doubles tt confort 122-135 €, petit déj inclus. Parking privé sur résa.* Dans la ville ancienne, à deux pas du quartier animé des Vaches (*Kuhviertel*). Un hôtel qui vaut par sa situation très centrale, avec des chambres classiques, pas originales mais confortables. Bon accueil aussi.

## Où manger ? Où boire un verre ?

La Kreuzstrasse, dans le quartier des Vaches, est sans aucun doute la rue la plus vivante en soirée. Bistrots et petits restos s'y tiennent au coude à coude.

**Brauerei Pinkus-Müller :** *Kreuzstr 4-10 (dans le quartier des Vaches). ☎ 451-51. • info@pinkus-mueller.de • pinkus.de • Tlj sf dim 12h-minuit. Plat du jour 7 €, autres plats 8-20 €.* Brasserie de tradition avec bière maison. L'intérieur a près de 2 siècles. Bonnes grosses spécialités westphaliennes ou bien, pour les petits creux, des en-cas variés. L'un des classiques de la ville.

**Cavete :** *Kreuzstr 37-38. ☎ 41-43-516. Tlj 18h-23h (w-e minuit). Plats 7-13 €.* À un jet de pierre de la brasserife *Pinkus-Müller.* En service depuis 1959, c'est le plus vieux bar pour étudiants du quartier des Vaches. Atmosphère sombre et hyper chaleureuse, avec alcôves intimes, banquettes patinées et moult curiosités accrochées aux murs. La grande spécialité, ce sont les *Grüne Nudeln* (nouilles vertes), délicieuses et très différentes des pâtes que l'on connaît. À 30 m dans la même rue, vous pouvez aussi pousser la porte du **Das Blaue Haus,** deuxième plus vieux troquet du quartier, intime et sympa lui aussi.

**Heaven :** *Hafenweg 31 (sur les quais). ☎ 60-90-585. • info@heaven-lounge.de • Resto mar-sam dès 18h. Plats 10-24 €. Boîte ven-sam 23h-5h. Entrée : 5 €.* Un endroit surprenant et décalé, avec sa plage de sable blanc et ses paillotes servant cocktails et bières dans un environnement d'anciens silos, hautes cheminées et entrepôts, aujourd'hui pour la plupart transformés en bureaux, bars ou restos. Cette ancienne usine réhabilitée en restaurant avec sa large terrasse de bois vaut le détour pour son ambiance et sa déco intérieure, très moderne, qui joue avec l'architecture industrielle et ses beaux volumes, mais aussi pour sa cuisine thaïe soignée, savoureuse et à prix très raisonnables. Une piste de danse, un coin lounge, un éclairage choisi, une musique variée qui va du disco à la house en passant par le funk font du *Heaven* un des lieux préférés du moment de la jeunesse de Münster.



## À voir

Il y a 124 églises à Münster et pas moins de 86 offices réguliers, 58 catholiques et 28 protestants. Vous n'aurez sans doute pas le temps de toutes les voir, alors on vous en a sélectionné quelques-unes, à commencer par la cathédrale, qui vaut le détour. Allez-y juste avant midi (12h30 le dimanche) pour voir les automates de l'horloge astronomique s'animer.

### LES FLAGELLANTS

*Au XIII^e s, les flagellants considéraient que la peste était une punition de Dieu. Nombreux en Rhénanie, ils allaient de ville en ville et se fouettaient en place publique. Très croyants, ils critiquaient l'Église pour ses turpitudes. Inquiet, le pape Clément VI interdit le mouvement en 1349. Certains, d'ailleurs, furent condamnés... à la flagellation !*

**Dom :** *tlj 6h30-18h (19h le dim) en hiver ; 6h30-19h30 en été.* La cathédrale Saint-Paul, la plus grande de la région, appartient au style roman westphalien du XIII^e s (109 m de long, deux tours carrées et deux transepts). Prendre du recul sur la vaste place pour embrasser ses belles proportions du regard. Sur la façade sud, un portail nommé *porche du Paradis* recèle une série de statues d'apôtres et de saints dominée par un christ présidant le Jugement dernier. À l'entrée, un gigantesque saint Christophe, avec un arbre à la main, est adossé à une forte colonne. Larges voûtes bombées de la nef principale, en contraste avec les nefs latérales plus basses. Dans le déambulatoire, curieux vitraux modernes et horloge astronomique de 1540 avec personnages animés. Son calendrier va jusqu'en 2071. Son malheureux créateur eut les yeux crevés pour qu'il ne puisse pas reproduire son chef-d'œuvre ! Par le cloître, on accède au *trésor (mar-dim 11h-16h ; entrée : 1 €).* À voir pour la mise en scène très étudiée des précieux bustes-reliquaires en cuivre et argent repoussé et de la croix processionnelle sertie de pierres précieuses.

➢ De la place, on aperçoit la tour plate de l'**église Notre-Dame** *(Liebfrauenkirche),* dont les anabaptistes avaient abattu le clocher pour y installer des canons. L'autre grande église de Münster est consacrée à **saint Lambert** *(Sankt*

*Lambertikirche)* ; elle est de style gothique et en forme de halle. On lèvera les yeux sur la haute flèche ajourée de 99 m pour apercevoir, pendues à son flanc, les trois sinistres cages où furent livrées aux corbeaux les dépouilles des chefs anabaptistes qui, en 1534 et pendant 16 mois, sous prétexte de société utopique, égalitaire et polygame, livrèrent la ville à la terreur et à l'injustice. Bonne occasion pour rappeler que les anabaptistes prônaient, à l'inverse de Luther, le baptême pour les adultes. On s'étripait vraiment pour rien à cette époque !
De Saint-Lambert part l'artère principale de Münster : l'opulente et majestueuse ***Prinzipalmarkt,*** reconstruite à l'identique après 1945, avec une succession de pignons formant un ensemble harmonieux. Sous les arcades, les boutiques rivalisent d'élégance et les tavernes étalent leurs terrasses. Un très beau marché investit la place chaque mercredi et samedi matin. Saluons, au passage, un ancêtre du routard : la petite statue du *Kiepenkerl,* le colporteur avec sa hotte.
Tout près, le ***Rathaus*** (hôtel de ville) redouble d'élégance avec son pignon tout en verticalité et à pinacles délicats. À l'intérieur, visite obligatoire de la fameuse *Friedenssaal (salle de la Paix ; mar-ven 10h-17h, w-e 10h-16h ; entrée : 2 €)* où se signa le traité de 1648 évoqué plus haut. On peut y voir le tableau de circonstance qui immortalise l'événement et les portraits des négociateurs, dont un Louis XIV enfant ! Intéressantes histoires autour des casiers de bois du banc des conseillers qui borde un des petits côtés de la salle. Imposant lustre en fer forgé. Parmi les objets étranges exposés (une chaussure, une main coupée du XVI$^{e}$ s cachée dans un coffret de bois) se trouve une belle pièce en argent doré, sans doute réalisée vers 1600 à Nuremberg et dont on se servait lors de réceptions : la tête se dévisse, et le corps du coq a une contenance de 0,7 l. Les hôtes de marque étaient invités à y boire du vin, considéré alors comme un produit de luxe.
La ***Klemenskirche*** mérite aussi un détour, pour son architecture circulaire et son décor baroque. Elle est une des réalisations majeures de l'architecte baroque Schlaun (celui du château de Brühl). Détruite en 1943, elle a été reconstruite à l'identique. Sa coupole, son intérieur baroque coloré et richement orné en font un lieu très prisé qu'on loue pour des cérémonies. En face, l'hôtel particulier de la famille Droste, ***Erbdrostenhof,*** fut construit, toujours par Schlaun, en diagonale par manque d'espace. La maison appartient toujours à la famille, et seul le vestibule se visite. Observez la façade, c'est un véritable calendrier : les saisons, mois et jours de la semaine y figurent, symbolisés notamment par des visages sculptés.

***Residenzschloss :*** à l'ouest de la ville, le château baroque des princes-évêques de Münster appartient à l'Université. On doit également cette façade richement ornée de personnages à l'architecte Schlaun. Conçue à la fin du XVIII$^{e}$ s, elle fut, elle aussi, entièrement reconstruite après la Seconde Guerre mondiale. Caché derrière le château, ne manquez surtout pas l'exceptionnel ***jardin botanique*** *(accès libre ; tlj 8h-19h, 16h en hiver),* qui offre un voyage bucolique à travers les essences du monde, des Alpes à l'Australie.

***Landesmuseum für Kunst und Kulturgeschichte Münster*** *(musée des Beaux-Arts et d'Histoire culturelle de Westphalie)* ***:*** *Domplatz 10. ☎ 59-07-01. • lwl.org • Mar-dim 10h-18h (21h jeu). Entrée : 2-5 € selon l'expo ; réduc.* Deux parties. La première se consacre à l'art médiéval westphalien, avec une profusion de primitifs allemands et de retables (remarquez, entre autres, le portrait de la femme de Luther par Lucas Cranach). La seconde section porte sur l'art contemporain et reprend des œuvres expressionnistes du constructivisme et du Bauhaus, avec des artistes de renom comme Macke ou Albers.

***Graphikmuseum Pablo Picasso*** *(musée Picasso)* ***:*** *Königsstr 5. ☎ 41-44-70. Dans le centre. Mar-dim et j. fériés 10h-18h. Entrée : 10 € ; réduc.* L'unique musée, en Allemagne et ailleurs, à ne présenter que des lithographies de l'artiste espagnol – près de 800. Également plusieurs œuvres de Chagall et de Braque.

– Enfin, de nombreux espaces publics sont agrémentés de ***sculptures*** très diverses. Certaines sont même franchement originales. La plupart furent conçues pour l'exposition *Sculpture Project,* qui se tient tous les 10 ans à Münster depuis 1977. La prochaine aura lieu en 2017. N'hésitez pas, pour les découvrir, à vous procurer le livret *Sculptures in Münster* (en anglais), en vente à l'office de tourisme pour 1 €.

# DÜSSELDORF

588 000 hab. IND. TÉL. : 0211

**Deuxième pôle financier et boursier d'Allemagne, centre administratif, Düsseldorf est la capitale du Land de Rhénanie du Nord-Westphalie et donne l'image d'une cité affairiste et bourgeoise. Il est vrai qu'elle est renommée pour son shopping de luxe, et draine les Allemands fortunés qui viennent lécher les vitrines de la « Kö », l'avenue la plus luxueuse... du pays. C'est une ville très verte et élégante, résolument tournée vers l'avenir, comme le prouve la transformation de l'ancien port commercial. Entièrement restructuré, il surprend par son savant mélange de bâtiments industriels remis à neuf et son architecture ultramoderne audacieuse. C'est le quartier branché où s'installent médias, entreprises de communication, ateliers de créateurs de mode, bars et restos tendance... Les amateurs pourront y admirer des réalisations de célèbres cabinets d'architectes comme celui de Frank Gehry. Prenez le temps de parcourir ce coin étonnant de la ville, complètement en contraste avec le centre ancien, doté, lui, de ruelles et de maisons typiques. En quelques minutes, en longeant le Rhin, on bascule de la tradition la plus pure au futurisme le plus débridé. Surprenant !**

### DES NIPPONS À DÜSSELDORF

*Si vous croisez des Japonais à Düsseldorf, sachez que pour une fois, ce ne sont pas forcément des touristes : ils sont près de 9 000 à y vivre, ce qui en fait la troisième plus importante communauté en Europe. Plus de 500 entreprises japonaises ont leur siège en Rhénanie, dont 450 à Düsseldorf ! Il existe un quartier japonais près de la gare, et un jour de fête japonais a lieu début juin : le* Japan Tag, *avec un immense feu d'artifice japonais.*

– *Attention :* Düsseldorf est aussi une ville de foires. Évitez d'y séjourner pendant ces périodes. Les prix des hôtels doublent et l'ambiance en ville est plutôt costard-cravate.

Fin juillet, le Salon de la mode présente les collections de plus de 1 800 exposants venus d'une cinquantaine de pays. Il accueille 45 000 visiteurs professionnels et 1 500 journalistes.

## UN PEU D'HISTOIRE

À l'origine, on a la trace d'un village de pêcheurs au confluent de la petite rivière *Düssel* et du Rhin. Au XIIIe s, les ducs de Berg choisissent Düsseldorf comme résidence, mais c'est au XVIIe s que la cité prend un véritable essor, sous le règne du prince électeur palatin Johann Wilhelm, qui fait édifier des fortifications et développe les arts, en généreux mécène qu'il est. Passée sous domination française suite à la Révolution, la ville voit ses remparts rasés, remplacés par des parcs et de larges avenues : Düsseldorf se modernise et sa population croît rapidement. Napoléon, qui y séjourne 4 nuits, donne à la ville le titre de capitale du duché de Berg, et place son frère Jérôme à sa tête. La Prusse récupère la région en 1815.

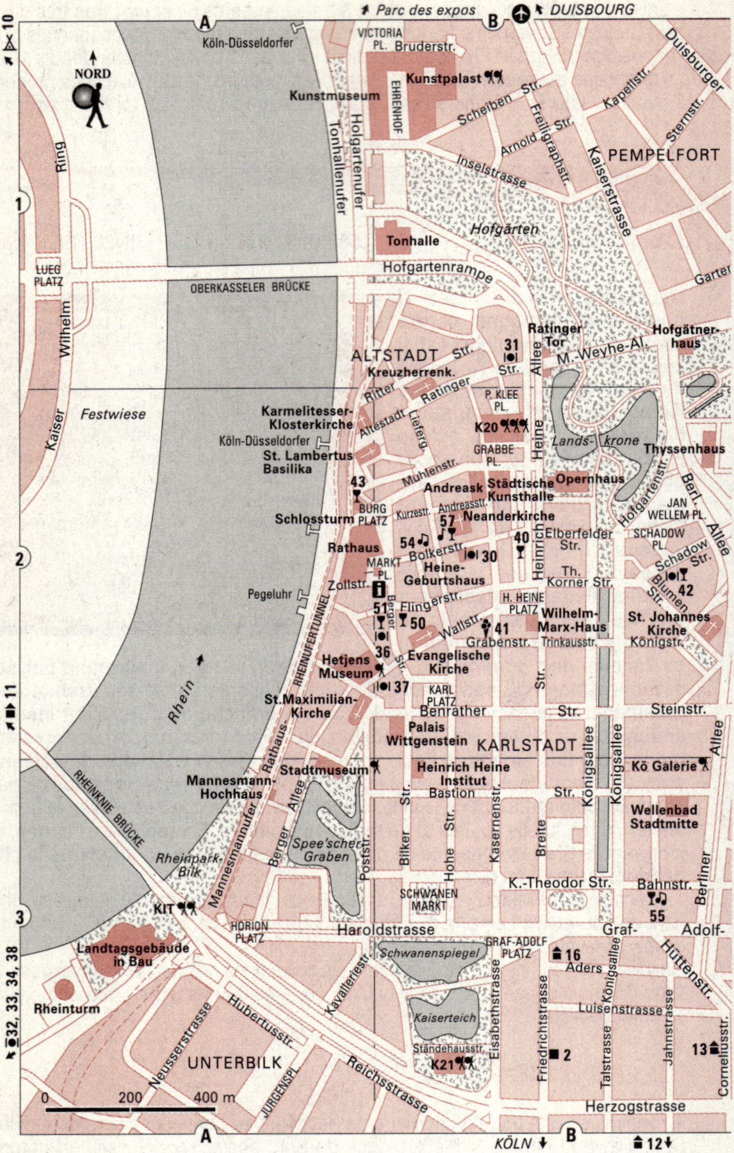
Parc des expos
DUISBOURG
NORD
VICTORIA PL.
Bruderstr.
Kunstpalast
Kunstmuseum
EHRENHOF
Köln-Düsseldorfer
Holgartenufer
Tonhallenufer
Scheiben Str.
Arnold Str.
Freiligraphstr.
Kapellstr.
Sternstr.
Duisburger
PEMPELFORT
Kaiserstrasse
Inselstrasse
Hofgärten
Tonhalle
Ring
Kaiser
Wilhelm
LUEG PLATZ
Hofgartenrampe
OBERKASSELER BRÜCKE
Garter
Ratinger Tor
Hofgätner-haus
ALTSTADT
Kreuzherrenk.
M.-Weyhe-Al.
Allee
Ritter Str.
Ratinger
P. KLEE PL.
Festwiese
Karmelitesser-Klosterkirche
Altestadt
Liefer.
K20
Heine
Landskrone
St. Lambertus Basilika
GRABBE PL.
Thyssenhaus
Mühlenstr.
Andreask
Städtische Kunsthalle
Opernhaus
BURG PLATZ
Kurzestr.
Andreasstr.
Neanderkirche
Hofgartenstr.
Berl. Allee
JAN WELLEM PL.
Schlossturm
Elberfelder Str.
SCHADOW PL.
Rathaus
MARKT PL.
Bolkerstr.
Heine-Geburtshaus
Heinrich
Schadow Str.
Th. Korner Str.
Blumen Str.
Zollstr.
Pegeluhr
Berger
Flingerstr.
H. HEINE PLATZ
Wilhelm-Marx-Haus
St. Johannes Kirche
Wallstr.
Grabenstr.
Trinkausstr.
Königstr.
Hetjens Museum
Evangelische Kirche
RHEINUFERTUNNEL
Rhein
St.Maximilian-Kirche
KARL PLATZ
Benrather Str.
Steinstr.
Palais Wittgenstein
KARLSTADT
Königsallee
Allee
Rathaus-
Stadtmuseum
Heinrich Heine Institut
Kö Galerie
Mannesmann-Hochhaus
Bastion Str.
Wellenbad Stadtmitte
RHEINKNIE BRÜCKE
Spee'scher Graben
Poststr.
Bilker Str.
Hohe Str.
Kasernenstr.
Breite
Rheinpark-Bilk
Mannesmannufer
K.-Theodor Str.
Bahnstr.
Berliner
KIT
SCHWANEN MARKT
HORION PLATZ
Haroldstrasse
Graf-Adolf-
Landtagsgebäude in Bau
Schwanenspiegel
GRAF-ADOLF PLATZ
Hüttenstr.
Kavalleriestr.
Elisabethstrasse
Aders
Rheinturm
Kaiserteich
Luisenstrasse
Hubertusstr.
Friedrichstrasse
Talstrasse
Jahnstrasse
Corneliusstr.
Ständehausstr.
Neusserstrasse
UNTERBILK
Reichsstrasse
JÜRGENSPL.
0
200
400 m
Herzogstrasse
KÖLN
DÜSSELDORF

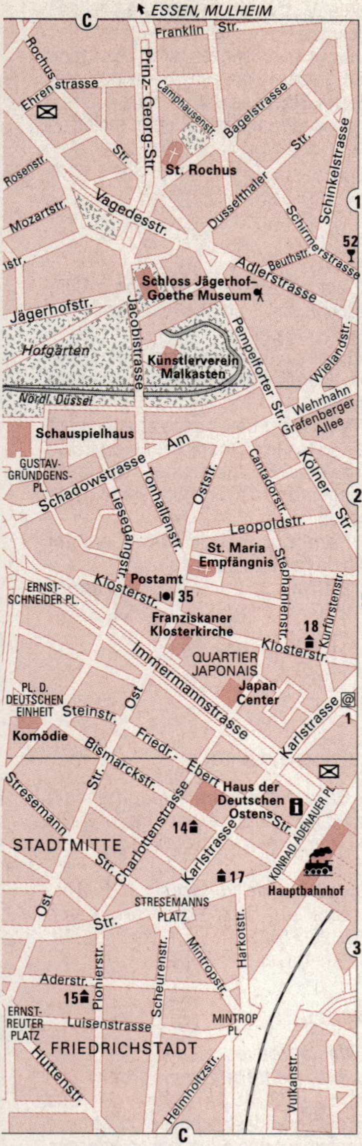


## DÜSSELDORF

### ■ Adresses utiles

- Offices de tourisme
- @ 2 Stern Verlag

### Où dormir ?

- 10 Camping Lörick
- 11 Jugendherberge Düsseldorf City Hostel
- 12 Backpackers-Düsseldorf
- 13 AO Hostel
- 14 Hotel Komet
- 15 Max Hotel Garni
- 16 Hotel Bristol
- 17 CVJM Düsseldorf Hotel
- 18 Hotel Sir & Lady Astor
- 20 Hotel Friends

### Où manger ?

- 30 Zum Schlüssel
- 31 Brauerei Fueschen
- 32 Curry
- 33 Mongo's
- 34 Meerbar
- 35 Na Ni Wa
- 36 Fischhaus
- 37 Brauereizum Schiffchen
- 38 Lido

### Où boire un café ? Où manger une glace ou un gâteau ?

- 40 Bazzar Caffè
- 41 Eiscafé Pia
- 42 Café-restaurant-pâtisserie Heinemann
- 43 Laterne im Schlossturm

### Où boire un verre ? Où sortir ?

- 50 Killepitsch/Et Kabüffke
- 51 Zum Uerige
- 52 Les Halles
- 54 SUB
- 55 Nachtresidenz

### Où écouter du jazz ?

- 57 Em Pöötzke

Le milieu du XIXe s voit passer de nombreux artistes. L'école de peinture dite « de Düsseldorf » se développe, le grand poète Heinrich Heine naît ici, les musiciens Mendelssohn, Schumann et Brahms y passent quelques années, et la réputation de l'académie des Beaux-Arts est bien assise grâce à l'enseignement de prestigieux professeurs tels Paul Klee ou Joseph Beuys. Ravagée par les deux guerres, la ville se redresse rapidement pour devenir un centre industriel et financier de premier plan.

## Arriver – Quitter

### En avion

✈ ***Düsseldorf International :*** *à 8 km au nord de Düsseldorf.* ☎ *02-11-42-10. Liaisons directes depuis Paris-Orly avec* Air Berlin. L'aéroport est également desservi par le Thalys.

➢ Pour se rendre de l'aéroport en ville et en venir, prendre le train S-11. Le billet (2 €) s'achète aux boîtes jaunes à l'extérieur. 15 mn de trajet jusqu'à la gare centrale. Fréquence : ttes les 20 mn. En taxi, comptez 20 €.

### En train

***Gare centrale*** *(plan C3)* **:** *Konrad-Adenauer-Platz.* Ⓜ *Düsseldorf Hauptbahnhof.*

➢ Avec **Thalys,** A/R de **Paris** à Düsseldorf 3 fois/j. en 3h43 via Bruxelles, Liège et Cologne.

➢ Liaisons très régulières avec ***Cologne, Bonn, Münster*** et les villes de la ***Ruhr.***

➢ ***Münster :*** trains sans changement mais assez lents (compter 2h de trajet) ou trains *ICE,* plus rapides mais avec changement à Dortmund (env 1h20 en tout).

➢ ***Hambourg :*** 1 direct/h. Compter 3-4h de trajet selon le train.

➢ ***Berlin :*** 1 train *ICE*/h. Compter 4h30.

## Adresses et infos utiles

### Informations touristiques

ℹ ***Office de tourisme*** *(plan C3)* **:** *Immermannstr 65b, en face de la gare.* ☎ *17-202-844. • duesseldorf-tourismus.de • Lun-sam 9h30-19h (17h sam).* Prendre le *Düsseldorf Guide* (disponible en français), qui reprend l'essentiel de ce qu'il y a à voir ici. Propose aussi, comme à Cologne et à Bonn, une *Welcome Card* permettant de visiter gratuitement certains musées (réduc pour les autres) et d'emprunter librement les transports publics. Tarifs : 9 €/j., 14 € pour 2 j. et 19 € pour 3 j. À vous de voir, bien sûr, si elle peut être rentabilisée. Enfin, on pourra vous y réserver une chambre d'hôtel à des tarifs intéressants (sauf en période de foires) et vous organiser des tours guidés de la ville.

ℹ Autre office de tourisme très pratique, en plein dans la vieille ville : *Marktplatz 6 (plan A-B2).* ☎ *17-202-840. Tlj 10h-18h.*

### Transports

***Gare ferroviaire*** *(Hauptbahnof ; plan C3)* **:** *à 2 km à l'est de la vieille ville. Infos trafic :* ☎ *0800-150-70-90 (n° Vert).*

■ ***Location de voitures :*** ***Sixt,*** *Willi-Beckerallee 10 (juste derrière la gare).* ☎ *1806-25-25-25. Lun-ven 7h-21h, sam 8h-15h et dim 12h-20h.*

### Divers

■ ***Objets trouvés :*** ☎ *899-32-85.*

■ ***Librairie internationale :*** ***Stern Verlag*** *(plan B3,* ***2****), Friedrichstr 24.* Une des plus grandes du pays ! On y trouve évidemment des bouquins en français.

■ ***Consulat de France :*** *Martin Luther Platz 26.* ☎ *82-85-460. • duesseldorf@botschaft-frankreich.de •*

– ***Infos culturelles :*** les germanophones pourront se procurer le *Monatsprogramm* à l'office de tourisme. Gratuit.

## Où dormir ?

*Attention :* pendant les foires, les prix des hôtels augmentent beaucoup par rapport à ceux que nous indiquons. Mieux vaut se renseigner à l'office de tourisme ou consulter le calendrier sur • *messe-duesseldorf.de* • avant de réserver.

### Camping

**Camping Lörick** *(hors plan par A1,* ***10****) : Niederkasseler Deich 305, 40547. ☎ 59-14-01. • duesselcamp@web.de • De l'autre côté du Rhin. De la gare, prendre le U-Bahn (métro) n° 70, 74, 75, 76 ou 77 jusqu'à Belsenplatz ; de là, bus n° 828 jusqu'à Strandbad-lörick. Pas pratique quand on est à pied mais bien pour les pers motorisées. 1er avr-30 sept. Compter env 20 € pour 2 avec tente et voiture.* Agréable, propre, calme et proche d'un lac.

### Bon marché

***Jugendherberge Düsseldorf City Hostel*** *(AJ ; hors plan par A2,* ***11****) : Düsseldorfer Str 1, 40545. ☎ 55-73-10. • duesseldorf@jugendherberge.de • duesseldorf.jugendherberge.de • Juste de l'autre côté du Rhin. Passer le Rheinkniebrücke et prendre la 1re sortie. De la gare, U-Bahn n° 74, 75, 76 ou 77, descendre à Luegplatz et marcher env 500 m ou continuer jusqu'à Belsenplatz et prendre le bus n° 835 ou 836 direction Seestern. Nuit en dortoir 29,50 €/pers, chambre double 87 € ; draps et petit déj inclus.* AJ complètement rénovée, une des plus modernes d'Europe, avec une large vue sur le fleuve. Plus de 300 places en chambres lumineuses de 1 à 6 lits. Confort quasi hôtelier. Bar 24h/24 et cafétéria.

***Backpackers-Düsseldorf*** *(hors plan par B3,* ***12****) : Fürstenwall 180, 40215. ☎ 30-20-848. • info@backpackers-duesseldorf.de • hostel-duesseldorf.de • Bus n° 725 depuis la gare direction Lausward, arrêt Corneliusstr. Nuit 19-26 €/pers selon saison et taille du dortoir ; draps, petit déj (léger), parking compris.* AJ privée de 60 places (dortoirs de 4 à 10 lits) entre la gare et l'ancien port commercial. Bonne petite ambiance dans cet intérieur coloré et agrémenté des photos de voyage du proprio. Salon commun avec TV et fauteuils cosy, cuisine et laverie. Location de vélos et casiers de sécurité.

***AO Hostel*** *(plan B3,* ***13****) : Corneliusstr 9, 40215. ☎ 33-99-44-800. • reception@aohostels.com • aohostels.com • Compter 12 €/pers en dortoir de 10-16 lits, 19-30 €/pers en dortoir de 4-6 lits et 45-80 € la chambre double (prix variables selon l'affluence) ; draps (3 €) et petit déj (4 €) en sus. Parking payant.* Étonnant concept tout en un, à la fois hôtel et AJ. L'établissement est maousse (plus de 500 lits) et impersonnel, car il abritait autrefois des bureaux. Au rayon des points positifs : des dortoirs et chambres tous équipés de sanitaires et une situation centrale bien pratique. Peut toutefois s'avérer bruyant si des groupes de jeunes investissent le bar de la réception, ouvert 24h/24 ! Location de vélos.

### Prix moyens

***Hotel Komet*** *(plan C3,* ***14****) : Bismarckstr 93, 40210. ☎ 36-77-530. • info@hotelkomet.de • hotelkomet-iwg.de • Réception au 2e étage. Fermé 10 j. en fin d'année. Double avec douche 60 € (plus cher en période de foire) ; w-c sur le palier. Petit déj copieux inclus.* Petit hôtel vraiment pas cher et pourtant tout à fait convenable. Simple et bien tenu. Une bonne affaire.

***Max Hotel Garni*** *(plan C3,* ***15****) : Adersstr 65, 40215. ☎ 38-68-00. • info@max-hotelgarni.de • max-hotelgarni.de • Compter 90 € pour 2, hors petit déj (7,50 €). Un café offert sur présentation de ce guide.* Bien situé, entre la gare et la « Kö ». Petit hôtel de 11 chambres sympathiques et originales, réalisées dans les tons jaune et vert avec du mobilier design. Un chouette endroit où l'on est très bien accueilli.

***Hotel Bristol*** *(plan B3,* ***16****) : Adersstr 8, 40215. ☎ 37-07-50.*

• *info@hotelbristol.de • hotelbristol.de • Compter env 70 € pour 2, petit déj compris.* Dans la même rue que le *Max Hotel Garni,* une bonne petite adresse là encore. Chambres fraîches, confortables et élégantes, dans des tons bleu marine, spacieuses et très propres. Excellent rapport qualité-prix. Accueil très aimable.

***CVJM Düsseldorf Hotel*** *(YMCA ; plan C3,* ***17****) : Graf-Adolfstr 102.* ☎ *17-28-50. • info@cvjm-duesseldorf.de • cvjm-duesseldorf-hotel.de • À deux pas de la gare. Doubles env 65-90 €.* Cet établissement fait penser à une AJ de luxe, même s'il s'agit bel et bien d'un hôtel. D'ailleurs, il n'y a qu'à voir les prix. Chambres impeccables cela dit, avec salle de bains. On a bien aimé aussi le petit jardin-terrasse, très agréable aux beaux jours.

DÜSSELDORF

## Plus chic

***Hotel Sir & Lady Astor*** *(plan C2,* ***18****) : Kurfürstenstr 18.* ☎ *93-60-90. • info@sir-astor.de • sir-astor.de • Doubles env 99-125 €.* 2 hôtels en 1 : un bâtiment « Sir Astor » d'un côté de la rue, et « Lady Astor » quasiment en face. Un même concept, dans de vieilles demeures, une vingtaine de chambres et une atmosphère intimiste qui tient plus de la chambre d'hôtes que de l'hôtel. Mobilier et agencement identiques pour « Sir Astor », sur le thème surprenant mais réussi de « L'Écosse rencontre l'Afrique ». La différence tient à la couleur des sols et des murs (gris, mandarine, vanille et pourpre). La déco de « Lady Astor » est différente dans toutes les chambres ; certaines évoquent des continents (Asie, Afrique), d'autres des personnages comme Renoir, Marco Polo... Un très bel endroit, où même l'accueil est charmant.

***Hotel Friends*** *(hors plan par C2,* ***20****) : Worringer Str 94-96, 40210.* ☎ *17-93-09-0. • duesseldorf@hotelfriends.de • hotelfriends.de • Doubles 65-99 € selon saison et catégorie. Petit déj 12,50 €.* À 300 m de la gare et à moins de 1 km de la vieille ville. Réception au 1er étage. Malgré sa situation pas évidente, à un carrefour fréquenté, et l'absence de parking, on ne résiste pas à cette adresse, jeune et design. Les couleurs toniques et tendance, vert pomme, violet, chocolat, se marient avec un mobilier contemporain et des objets rigolos. Confort extra. Ambiance détente dans le salon commun, où l'on se sent comme chez soi. Mention spéciale au personnel, disponible et souriant. Un coup de cœur !

# Où manger ?

Outre les endroits branchés, plus nombreux que dans d'autres villes allemandes, où l'on sert une cuisine internationale, Düsseldorf a aussi son lot de vieilles tavernes et de brasseries typiques. On y déguste des spécialités du coin comme le *Rheinischer Sauerbraten,* sorte de bœuf émincé en sauce avec raisins et amandes. Excellent boudin aux pommes aussi et, en hiver, bonnes *Reibekuchen,* de petites crêpes de pommes de terre râpées, le tout arrosé de l'excellente bière brune locale à haute fermentation, l'*Altbier,* servie partout dans des verres de 20 cl. Pour se restaurer sur le pouce, on peut essayer le ***marché de la Karlplatz*** *(plan B2)* avec ses quelques stands garnis de tables au milieu des fleuristes et des maraîchers.

## Prix moyens

|●| ***Zum Schlüssel*** *(plan B2,* ***30****) : Bolkerstr 41-47.* ☎ *82-89-55-0. • info@zumschluessel.de • 10h-minuit (1h ven-sam). Menu à partir de 23,90 € (brunch 11 €). Plats 8-15 €.* Très longue salle avec des boiseries partout. Typique en diable et proposant de grands classiques comme la *Kohlroulade,* roulade de chou farci à la viande, le *Rheinischer Sauerbraten* et des plats du jour bien troussés.

|●| ***Brauerei Fueschen*** *(plan B1,* ***31****) : Ratinger Str 28.* ☎ *137-47-16. • lokal@*

*fuechsen.de* • *Lun-jeu 9h-1h ; ven-sam 9h-2h ; dim 9h-minuit.* À l'enseigne du petit renard, une vénérable brasserie populaire datant de 1848, dans une rue animée de la vieille ville. Tables de bois poli, carreaux de faïence, boiseries sombres et ambiance on ne peut plus typique. En dehors des sandwichs et des potages, une belle carte (disponible en français) de spécialités servies dans des proportions pantagruéliques : entre autres, jambonneau-choucroute ou harengs en crème à l'aneth, à chaque fois servis avec un tombereau de pommes sautées. Quelques verres d'*Alt* locale sont nécessaires pour faire passer tout cela ! Une valeur sûre.

🍽 **Curry** *(hors plan par A3, **32**) : Hammerstr 2.* ☎ *30-32-857.* • *info@curry-deutschland.de* • *Tlj 11h30-23h (minuit w-e). Env 6 € la saucisse-frite.* Snack extrêmement populaire, spécialisé dans la *Bratwurst* et la *Currywurst.* Une façon rapide et peu onéreuse de se remplir la panse. Avec une bière et quelques frites, ça passe tout seul ! Ambiance sympa, bonne musique.

🍽 **Mongo's** *(hors plan par A3, **33**) : Zollhof 10.* ☎ *44-07-270.* • *dusseldorf@mongos.de* • *Lun-jeu 12h-minuit, ven-sam 12h-1h, dim 11h30-minuit. Buffet midi 10,50 € (un seul service)-14,50 € (à volonté) et le soir 16,50-21,90 €.* Grande salle vitrée dans le quartier ultramoderne de l'ancien port. Attention, c'est souvent plein. La formule est simple : il s'agit d'un buffet « mongol » (assez éloigné, bien sûr, de la formule initiale !), composé de légumes, viandes, poissons et crustacés qu'on fourre dans un grand bol et qu'on fait cuire sur une plaque avec la marinade de son choix. On vous conseille de prendre la formule « à volonté » car un seul passage, c'est vraiment trop frustrant.

🍽 **Meerbar** *(hors plan par A3, **34**) : Neuer Zollhof 1.* ☎ *339-84-10.* • *info@meerbar.de* • *Tlj jusqu'à 1h (cuisine 23h) et 3h ven-sam (cuisine minuit). Plats 12-30 €. Menus à partir de 43 €.* Au bord du Rhin, au pied des immeubles de Frank Gehry. Terrasse très classe avec de larges fauteuils, idéale pour un apéro accompagné de tapas et de fruits de mer. À l'intérieur, une salle clinquante de style design. La cuisine est, elle aussi, design, colorée et servie sur de larges assiettes, comme d'habitude dans ce genre d'endroit. Surtout du poisson et des fruits de mer.

🍽 **Na Ni Wa** *(plan C2, **35**) : Oststr 55.* ☎ *16-17-99. Tlj sf mar 11h30-22h30. Plats 8-12 €. CB refusées.* Vu le nombre de Japonais qui vivent ici, il fallait bien qu'on vous indique l'une de leurs cantines favorites ! L'endroit est tellement populaire qu'il faut toujours faire la queue sur le trottoir (des bancs ont même été disposés le long du resto !) avant de passer commande et de s'installer à table ou au comptoir. Leur grande spécialité est sans conteste la soupe de nouilles, copieuse et bonne à s'en lécher les babines. Quelques autres plats, mais pas de sushis.

🍽 **Fischhaus** *(plan A-B2, **36**) : Berger Str 3-7.* ☎ *854-98-64.* • *info@fischhaus-duesseldorf.de* • *11h30-minuit. Plats 10-25 €.* Vous l'aurez deviné grâce à la déco sans équivoque, la spécialité, ici, c'est le poisson. Sole, saumon, haddock, cabillaud, truite, turbot... ils sont tous là ! Excellentes casseroles de moules à la mode rhénane *(Rheinischer Art)* avec céleri, oignons, carottes... Au revoir (pour un soir) les tubercules et le cochon !

🍽 **Brauerei Zum Schiffchen** *(plan B2, **37**) : Hafenstr 5.* ☎ *13-24-21.* • *info.schiffchen@stockheim.de* • *Tlj sf dim et j. fériés 11h30-minuit. Plats et spécialités 11-21 €.* Grande et rustique taverne, avec ici et là des maquettes de bateaux et un coin à la gloire de Napoléon. Sans doute la plus touristique de toutes, même carrément un peu l'usine. Au menu : des saucisses de toutes les formes et de (presque) toutes les couleurs, *Schweine Haxe Schiffchen* (jarret de porc grillé aux pommes de terre), mais sans finesse.

## Plus chic

🍽 **Lido** *(hors plan par A3, **38**) : Am Handelshafen 15.* ☎ *15-76-87-30.* • *genuss@lido1960.de* • *Tlj sf dim midi et soir. Plats 15-30 €.* Au milieu d'un pont, un cube tout en transparence, suspendu au-dessus de l'eau : restaurant élégant avec vue imprenable sur le Rhin, la vieille ville au loin, les ports et les drôles de façades tout près. L'été, on vous sert un étage plus bas, au niveau de l'eau, dans une ambiance plus décontractée. La cuisine est classique et fine ; l'adresse est connue pour ses excellents fruits de mer. Accueil charmant et service irréprochable. Fait aussi glacier sur le pont aux beaux jours.

## Où boire un café ? Où manger une glace ou un gâteau ?

**Bazzar Caffè** (plan B2, **40**) **:** *Heinrich-Heine-Allee 53. ☎ 32-24-45. • alsela@bazzar.de • Dans le centre, à proximité de la Königsallee. Lun-sam 8h-22h ; dim et j. fériés 10h-23h.* À la fois boutique et café, c'est à un art de vivre à l'italienne qu'on vous invite ici à découvrir. 2 salles avec toute une collection d'objets liés au café, et une petite terrasse cachée à l'arrière, pour déguster sans hâte un *espresso.* Des soirées lecture ou débat y sont régulièrement organisées.

**Eiscafé Pia** (plan B2, **41**) **:** *Kasernenstr 1. ☎ 32-62-33. Lun-sam 10h-22h, dim 13h-22h. 5-12 €.* Sans l'ombre d'un doute, les meilleures glaces de la ville. Pas donné, mais ça n'empêche pas les fidèles de former de longues files d'attente sur le trottoir pour réclamer leur offrande !

**Café-restaurant-pâtisserie Heinemann** (plan B2, **42**) **:** *Vereinsbank Passage, Martin-Luther-Platz 32. ☎ 13-25-35. Dans le centre, entre la Königsallee et Schadow Arkaden. Lun-ven 9h-19h ; sam 9h-18h30 ; dim 10h-18h.* Le lieu où les Düsseldorfois d'un certain âge viennent prendre le traditionnel *Kaffee und Kuchen,* notamment le dimanche. La réputation de ce pâtissier-chocolatier n'est plus à faire : gâteaux absolument délicieux... et copieux. Chocolats et douceurs à emporter, pour offrir à ses amis.

**Laterne im Schlossturm** (plan A2, **43**) **:** *Burgplatz 30. ☎ 49-02-95. Dans la Schlossturm. Tlj sf lun 11h-18h.* Du haut de cette tour-lanterne (qui abrite aussi le petit musée maritime), vous jouirez de la plus belle vue qui soit sur le Rhin d'un côté, la vieille ville de l'autre. Un nid d'aigle rêvé pour déguster une part de gâteau avec un thé ou un café.

## Où boire un verre ? Où sortir ?

Entre rivaux colonais et düsseldorfois, l'entente n'a jamais été au beau fixe. Les premiers aiment à dire qu'ils jettent leur bière dans le Rhin lorsqu'elle n'est pas suffisamment savoureuse. Quelques kilomètres plus loin, à Düsseldorf, on n'aurait donc plus qu'à se baisser pour récupérer des flots l'*Alt,* la bière locale. Petit détail important : votre consommation est pointée sur le sous-bock en carton remis avec le verre. Si vous ne voulez plus être resservi, posez le carton sur le dessus du verre.

Deux grandes zones se partagent la nuit de Düsseldorf : la vieille ville *(Altstadt),* qui grouille de monde les soirs de fin de semaine, et l'ancien port commercial *(MedienHafen),* un quartier où bars et boîtes à la mode font courir le Tout-Düsseldorf.

**Killepitsch/Et Kabüffke** (plan B2, **50**) **:** *Flingerstr 1. ☎ 13-32-69. • kontakt@killepitsch.de • Au cœur de la vieille ville. 11h-minuit (sam 1h) ; boutique lun-ven 9h-18h30, sam 9h-16h.* Troquet minuscule et adorable avec sa mezzanine qui ondule gentiment. Ici, on boit le *Killepitsch,* liqueur noire et sucrée à base de 90 plantes, herbes et fruits, vendue uniquement à Düsseldorf. On vide les verres les uns après les autres, sans s'en rendre compte, avant d'aller acheter une bouteille à la boutique d'à côté pour faire goûter aux amis. Un petit lieu mythique à ne pas manquer.

**Zum Uerige** (plan A-B2, **51**) **:** *Bergerstr 1. ☎ 86-69-90. • info@uerige.de • 10h-minuit.* Une institution qui vaut le coup d'œil. On peut y manger,

DÜSSELDORF

comme dans toutes les brasseries, mais l'ambiance est plutôt à la beuverie le soir, dans la grande salle-hall de gare, avec ses papys rougeauds, debout ou assis, accoudés à des tables-tonneaux. Assiettes de charcuterie et gros plats classiques pour absorber les litres de bière.

**Les Halles** *(plan C1,* ***52****)* **:** *Schirmerstr 54. ☎ 86-93-77-96. • info@les-halles.de • les-halles.de • Lun-jeu 17h-1h, ven 17h-5h, sam 10h-5h, dim 10h-18h.* Un café-*Biergarten* situé dans d'anciens entrepôts de la *Deutsche Bahn.* Fait aussi resto (jusqu'à 23h sf dim).

**SUB** *(plan B2,* ***54****)* **:** *Bolkerstr 14. • sub-duesseldorf.de • Mer, w-e 21h-5h du mat.* Cette boîte se niche dans une cave voûtée de la vieille ville et ressemble à un tunnel de métro. Musique variée pour un public jeune.

**Nachtresidenz** *(plan B3,* ***55****)* **:** *Bahnstr 13-15. ☎ 136-57-55. • info@nachtresidenz.de • nachtresidenz.de • Ven, sam et j. fériés dès 22h.* Près de la Königsallee, un vieux cinéma dont on a conservé en partie la déco. On y écoute surtout de la house entre adultes bien sapés (les prix et l'ambiance sont assez chic).

### Où écouter du jazz ?

**Em Pöötzke** *(plan B2,* ***57****)* **:** *Mertensgasse 6. Tlj 20h-02h. Fermé lun et mar juin-août. ☎ 32-69-73. • info@em-poetzke.de • em-poetzke.de • Entrée gratuite.* Petit troquet bien patiné tout en longueur, où se produisent de petites formations de New Orleans. Ambiance bon enfant.

## À voir. À faire

Commençons par une ***balade à travers la vieille ville,*** entre la Königsallee (la fameuse « Kö ») et le Rhin. Ce sera l'occasion de voir l'église baroque de *Saint-André,* l'église protestante de *Neander (dont on peut entendre la petite musique à 11h, 13h, 15h, 18h et 21h),* puis, sur la place du marché, la plus grande statue équestre construite au nord des Alpes, représentant Jan Wellem, électeur palatin. À proximité, le clocher torsadé de l'église Saint-Lambert voisine avec la ***Schlossturm,*** dernier vestige d'un château qui abrite un petit *musée de la Navigation* et un café à son sommet (voir plus haut). Dans la Bolkerstrasse, véritable *rue de la soif* locale, au-dessus d'une librairie, la maison natale du poète romantique ***Heinrich Heine,*** auteur, entre autres, de la *Lorelei.*
L'itinéraire se poursuit vers la *Burgplatz,* point de départ de la promenade aménagée le long du Rhin, où l'on apercevra la statue des *Radschläger,* deux enfants qui font la roue, devenus l'un des symboles de la ville : d'après la légende, les enfants de Düsseldorf auraient fêté de cette manière la victoire de Worringen en 1288, et la roue serait ainsi devenue une tradition locale. La visite se poursuit vers le sud, par le très contemporain quartier de *MedienHafen* (voir plus loin).

***La « Kö »*** *(Königsallee ; plan B2-3)* **:** ce « boulevard royal » longe une partie de l'ancien fossé qui ceinturait la cité. Bourgeoise et chère, elle est bordée de boutiques clinquantes de marques françaises et italiennes. Mobilier urbain Art nouveau, élégance en bandoulière, la Kö donne sur 1 km un bon aperçu de l'assurance de cette riche cité qui organise aussi, chaque année, le Salon de la mode. Au n° 60, la ***Kö Galerie*** *(plan B3),* grande concentration du chic allemand. Certains dimanches, on peut y assister à une brocante de luxe... pas vraiment un marché aux puces ! Faites un saut dans la petite dernière des galeries commerciales ouvertes sur la Kö, le ***Sevens,*** pour sa remarquable architecture sur 7 étages. De plus en plus, des centres commerciaux thématiques ouvrent : ***Stillwerk,*** par exemple, dans la Grünestrasse, est spécialisé dans la déco. Le ***Schadow Arkaden*** est le plus abordable. Il se trouve dans la Schadowstrasse, qui serait la première rue allemande en matière de chiffre d'affaires généré ! À l'extrémité nord de la Königsallee, le beau parc ***Hofgarten*** abrite dans sa partie est le château de ***Jägerhof,*** où se trouve le musée Goethe.

La partie la plus ancienne, qui date du XVIIIe s, se trouve près du château. Une seconde partie a été aménagée après destruction des remparts et agrandie grâce à Napoléon. Lors de sa visite à Düsseldorf en 1811, avec Marie-Louise, l'Empereur est logé au château, où il apprécie particulièrement l'aménagement paysager du parc. Il va financer son extension jusqu'aux rives du Rhin. On peut d'ailleurs voir un talus appelé le « Napoléonsberg » au milieu de cette troisième partie du parc.

➢ On peut revenir ensuite dans les petites rues et places animées et commerçantes de l'*Altstadt.* Chacune d'entre elles a son ambiance : la ***Schneider Wibbel Gasse,*** perpendiculaire à la Bockerstrasse, aligne plusieurs restaurants hispanisants. Levez les yeux : en son centre, sur la façade à gauche du *Spanisches Restaurant,* on a gardé un souvenir du passage de Napoléon ! Un tout petit peu plus loin, saluez le *Schneider Wippel,* personnage de roman, et frottez-lui le nez ou le genou... il paraît que ça porte bonheur ! Pour les fringues et les bars, la *Flingerstrasse* est la rue préférée de la jeunesse. Dans la *Bergstrasse,* on découvre un magasin avec toute une collection de moutardes à déguster, qui est aussi un véritable petit musée. La *Ratingerstrasse* est une rue très animée le soir : les étudiants s'y retrouvent dans les nombreux bars et boîtes de nuit.

➢ Au niveau de la *Burgplatz,* en descendant l'escalier vers le Rhin, on peut découvrir la reconstitution d'un port avec un vieux bateau, tel qu'il était au Moyen Âge ! De là, on emprunte directement la ***Rheinpromenade.*** Longue de 1,5 km, elle relie depuis 1995 la vieille ville au port en traversant le quartier de *Karlstadt.* Avec ses allées pour piétons et vélos, bordées de quelque 600 platanes, et les pavés de béton teintés en bleu qui représentent les vagues du Rhin, cette promenade a obtenu le prix national d'Urbanisme et d'Architecture en 1998. Arrivé au ***MedienHafen,*** le quartier assure une rupture par ses allures futuristes et son ambiance branchée, un peu bobo. C'est le quartier des affaires, et ce, depuis longtemps. Le port douanier était déjà très moderne lorsqu'il fut créé en 1896 ; il était spécialisé dans l'importation de blé, d'orge et de bois. Avec ses immeubles à l'architecture ultracontemporaine, il est aujourd'hui de nouveau à la pointe de la modernité. À voir surtout, le groupe d'immeubles pour le moins originaux conçus par l'architecte ***Frank Gehry.*** Pas la peine d'en dire plus, on les identifie d'un coup d'œil ! Autre construction qui ne passe pas inaperçue, la *Rheinturm,* un relais télé en béton qui culmine à 234 m ! Intéressant toutefois pour la vue que l'on a d'en-haut, d'autant plus saisissante qu'elle s'étale véritablement sous les pieds du visiteur... Le restaurant panoramique qui s'y trouve effectue une rotation complète en 1h.



➢ Pour ceux qui s'aventureront de l'autre côté du Rhin par le *Rheinkniebrucke,* une petite balade dans le faubourg d'***Oberkassel,*** prisé par la colonie japonaise, pour admirer les jolies façades Art nouveau du Kaiser Wilhem Ring et, en contrebas dans une zone inondable, les jardins potagers et les grands prés où paissent des moutons qui se transforment en champ de foire attirant quatre millions de visiteurs lors de la kermesse du Rhin en juillet.

🏛🏛🏛 ***K20*** *(Kunstsammlung Nordrhein-Westfalen ; plan B2)* **:** *Grabbeplatz 5. ☎ 838-12-04. • kunstsammlung.de • Tlj sf lun 10h-18h (jusqu'à 22h le 1er mer du mois). Entrée : 8 € ; réduc. Ticket combiné avec le K21 : 17 €. Gratuit le 1er mer du mois 18h-22h.* Superbe édifice moderne, inspiré par la forme d'un piano à queue et dessiné par des architectes danois, entièrement consacré à la

## BEUYS ET LE MIEL DES TATARS

*Un épisode de sa vie a été déterminant pour la production de ce géant de l'art contemporain : pilote de chasse en Crimée en 1942, son avion s'écrasa en flammes. Beuys raconte ensuite qu'il est revenu à la vie grâce aux nomades tatars qui l'ont enroulé, recouvert de graisse, dans des couvertures de feutre, et qui l'ont nourri de miel : des éléments matériels qui furent utilisés plus tard dans sa production artistique.*

peinture du XX^e s et, plus particulièrement, aux artistes européens de 1900 à 1950. La visite débute par le 2^e étage, puis se poursuit au 1^er. On distingue grosso modo trois parties : l'art d'avant 1945, au 2^e étage ; la collection Paul Klee, puis l'art à partir de 1945, à cheval sur les 2^e et 1^er étages. Au rez-de-chaussée, intéressantes expos temporaires. Musée d'une grande richesse, très réputé, notamment, pour son large panel d'œuvres – huiles et dessins – de Paul Klee, qui fut professeur à l'Académie des beaux-arts de Düsseldorf jusqu'en 1933. Sinon, cubisme avec Picasso, Braque, fauvisme avec Matisse, Bonnard et Derain, surréalisme avec Magritte, Dalí, Tanguy, De Chirico, Duchamp et Max Ernst, constructivisme avec Kandinsky et Mondrian, expressionnisme allemand avec Kirchner, Otto Dix, Max Beckmann, expressionnisme abstrait avec les Américains Pollock, Rauschenberg, Rothko et Warhol, CoBRA avec Jasper Johns, sans oublier Beuys, la gloire locale. Un musée à ne pas manquer.

|●| Pour se restaurer sur place, ***Op de Eck*** (au coin) propose dans un espace design et ensoleillé quelques jolis plats entre 8 et 18 € affichés au tableau noir.

**K21** *(plan B3) :* *Ständehausstr 1. ☎ 838-12-04. • kunstsammlung.de • Tlj sf lun 10h-18h (jusqu'à 22h le 1^er mer du mois). Entrée : 12 € ; réduc. Ticket combiné avec le K20 : 17 €.* Installé dans l'ancien siège du parlement régional, ce tout nouveau musée, qui s'articule sur plusieurs niveaux autour d'une étonnante verrière, est le prolongement dans le temps des collections du K20. Bon, contrairement à ce que son nom suggère, il ne présente pas que des œuvres du XXI^e s, mais peu importe. Car, tout de même, on peut y admirer les toutes dernières créations en matière d'art visuel, des montages vidéo et DVD de Nam June Paik ou Eija-Liisa Ahtila, aux sculptures de Paul McCarthy et Franz West, en passant par les installations curieuses de Juan Muñoz. Les fondus d'art contemporain ne seront pas déçus.

**Hetjens Museum** *(plan A2) :* *Schulstr 4. ☎ 899-42-10. • duesseldorf.de/hetjens • Tlj sf lun et j. fériés 11h-18h. Entrée : 4 € (sf expos temporaires : 5 €) ; réduc.* On a rarement vu un musée traitant d'un sujet avec une telle exhaustivité : de la céramique, encore de la céramique, rien que de la céramique ! Depuis la nuit des temps (6 000 ans av. J.-C.) jusqu'à nos jours, et de l'Europe jusqu'aux confins de l'Asie. Tout y passe : potiches romaines, vases grecs, masques japonais, bustes de faïence français, art de la table Jugendstil, pendules tarabiscotées du XVIII^e s, etc. Quelques pièces rares et exceptionnelles, comme cette coupe à pied d'Iran, « Tepe sialk », qui date de 3200 av. J.-C., ou cette série de poteries précolombiennes aux formes animales stylisées (aztèque, maya, inca...).

**Museum Kunstpalast** *(musée des Beaux-Arts ; plan B1) :* *Ehrenhof 4-5. ☎ 566-42-100. • smkp.de • U : Tonhalle/Ehrenhof. Mar-dim 11h-18h (21h jeu). Entrée : 5 € ; réduc. Expos temporaires en supplément.* Encore un grand musée consacré aux arts en général, et à la peinture en particulier. Il y en a vraiment pour tous les goûts, du XI^e au XXI^e s ! La collection permanente démarre en beauté avec de superbes Lucas Cranach l'Ancien, dont le *Couple inégal,* qui reprend l'un de ses thèmes favoris : l'union d'un riche et rebutant vieillard avec une jeune fille cupide. On continue avec la peinture des Pays-Bas du XVII^e s, notamment la célèbre *Assomption de la Vierge* de Rubens. Au 2^e étage, la section italienne permet de retrouver le réalisme sidérant de Canaletto, avant de plonger dans l'obscur romantisme d'un Caspar Friedrich. Puis, sans transition, on voit débouler cette fabuleuse cohorte de peintres allemands qui ont porté si haut les couleurs de l'expressionnisme au XX^e s : Kirchner, Pechstein, Macke, Franz Marc, Otto Dix... Ceux que ça intéresse pourront terminer le voyage au rez-de-chaussée par la section des verres, l'une des plus riches d'Europe.

**Schloss Jägerhof – Goethe Museum** *(musée Goethe ; plan C1) :* *Jacobistr 2. ☎ 899-62-62. • goethe-museum-kippenberg-stiftung.de • Mar-dim 11h (13h sam)-17h. Entrée : 4 € ; réduc.* Situé dans le très académique *Jägerhof* du XVIII^e s, ancienne résidence du maître des chasses des princes électeurs. Il fut reconstruit après la guerre. Ce musée passionnera surtout ceux qui connaissent déjà un peu l'œuvre de Goethe. Fonds de manuscrits et de tableaux permettant de suivre les traces du célèbre poète tout au long de sa vie. Goethe séjourna peu de temps à Düsseldorf, mais son souvenir y est entretenu avec une grande ferveur. À part les manuscrits, les objets présentés témoignent aussi de la vie artistique de l'époque. Collections de verres, médailles, porcelaine de Weimar. Évocation de l'enfance de Goethe à Francfort, ses études à Strasbourg, son amour pour Friederike Brion, son roman *Les Souffrances du jeune Werther,* sa vie à Weimar à l'appel du duc Carl August, son intérêt pour les sciences, son départ en Italie. Une salle est entièrement consacrée à *Faust.* Les vitrines les plus émouvantes sont celles qui abritent les éditions originales, des notes personnelles et des lettres de Goethe.

***Stadtmuseum** (musée de la Ville ; plan A3) :* *Berger-Allee 2. ☎ 899-61-70. • duesseldorf.de/stadtmuseum • Mar-dim 11h-18h. GRATUIT (sf expos temporaires) : 4 € ; réduc.* Dans un cadre de verdure, au bord d'un petit lac, ce musée retrace, à coups de plans et de tableaux, toute l'histoire de la ville de sa fondation à nos jours. Agréable café en bas.

***KIT « Kunst Im Tunnel »** (L'art dans le tunnel ; plan A3) :* *Mannesmannufer 1b. ☎ 892-07-69. • kunst-im-tunnel.de • Mar-dim et j. fériés 11h-18h. Accueille slt des expos temporaires. Entrée : 4 € ; réduc.* Autre lieu étonnant dans cette ville pleine de surprises : un espace libre, vestige des travaux de percement d'un tunnel sous le Rhin. Que fallait-il faire de cette artère souterraine sans issue, longue de 105 m ? Après des années de réflexion, on a décidé de l'aménager en salle d'exposition d'art contemporain : un bel éclairage à la fois naturel et artificiel, un café moderne à la sortie... le KIT est devenu l'un des lieux incontournables de Düsseldorf. Les expos durent environ 3 mois, mais il faut s'y rendre rien que pour découvrir cette salle surprenante.

DÜSSELDORF

## Balade sur le Rhin

Nombreux bateaux de croisière sur les rives du fleuve, partant de la vieille ville. Toutes sortes de balades, de 1h à 1 journée.

■ ***Weisse Flotte Düsseldorf** (plan A2) :* *Fringsstr 11a. ☎ 32-61-24 ou 30-86-72. • w-flotte.de • Compter 12 € pour 1h.* C'est la principale compagnie.

■ ***KD Rheinschifffahrt** (plan A2) :* *Burgplatz, Altstadt. ☎ 20-88-318. • k-d.com •* Excursions de 1-2h de la vieille ville à l'ancien port et jusqu'à Kaiserwerth pour les balades de 2h.

## Fêtes et manifestations

– ***Carnaval du Lundi gras :*** *la veille du Mardi gras.* Énorme fête populaire avec cortèges, farandoles, musique, etc.
– ***Jazz Rally :*** *5-8 juin en 2014, sur 3 j. • duesseldorfer-jazzrally.de •* L'un des plus grands festivals de jazz d'Allemagne.
– ***Kirmes am Rhein :*** *2 sem en juil.* Immense fête foraine le long du Rhin.
– ***Fête française :*** *mi-juil.* Un marché de spécialités des régions françaises sur la place de la Mairie et, dans sa cour, bal musette et concerts.
– ***Cinéma en plein air :*** *juil-août.* Une vingtaine de soirées cinéma. Projections sur un écran de 200 m$^2$, avec une programmation très éclectique, sur la plage de Lörick.
– ***Quadriennale d'Art contemporain :*** manifestation artistique de premier plan s'étalant en principe de septembre à janvier. Prochaine édition : 2014.

## DANS LES ENVIRONS DE DÜSSELDORF

***Benrath Schloss :*** *au sud-est de Düsseldorf (à env 10 km). Benrather-Schlossallee 100-106. ☎ 0211-899-38-32. • schloss-benrath.de • Mar-dim 10h-17h (de* *mi-avr à fin oct, 18h sam-dim). Entrée : 9 € pour le château ; 6 € pour le musée de l'Histoire des jardins européens et le musée d'Histoire naturelle ; 12 € pour l'ensemble ; réduc.* Bel édifice rococo du XVIIIe s, à la façade rose, comprenant un corps central et deux ailes séparées (qui abritent chacune un musée). Visite de plusieurs salles, dont les appartements du prince électeur Carl Theodor. Vestibule de marbre, pièces couvertes de stucs. Belles *Gartensäle* présentant des fresques intéressantes. À l'étage, les appartements privés, entièrement rénovés. À l'extérieur, grand parc superbe et long bassin de 700 m. Étonnant.

**Neanderthal Museum :** *Talstr 300, à **Mettmann.** ☎ (02104) 97-97-20. • neanderthal.de • En voiture depuis Düsseldorf, prendre l'A 6 direction Wuppertal et sortir à Hilden, puis c'est fléché. Avec le S-Bahn n° 28 depuis la gare, arrêt Neanderthal (15 mn de trajet puis 10 mn de marche). Mar-dim 10h-18h (nov-fév jusqu'à 16h ; mar-oct jusqu'à 17h pour le site de fouilles). Entrée : 8 € ; 10 € avec les expos temporaires ; réduc (notamment de 1 € si on est venu en transport public). Audioguides en allemand et anglais. Livret en français.* À 400 m du lieu où l'on a retrouvé les ossements du fameux homme de Neandertal, un musée tout moderne pour remonter le temps ! La présentation est très visuelle : personnages de cire illustrant l'évolution de l'espèce humaine et scènes de vie quotidienne au temps de la préhistoire, exposition d'objets, vidéos, jeux interactifs... C'est ludique et présenté avec humour (on a bien aimé la caisse à outils de nos ancêtres). Café à l'étage avec vue sur la forêt environnante. Il faut aussi sortir du musée, parcourir les sentiers à la rencontre de sculptures (suivre le balisage couleur ocre) dans les paysages forestiers que notre homme de Neandertal a arpentés. En suivant le balisage vert, on arrive sur le site où, en 1856, des carriers découvrirent 16 ossements humains. C'est d'ailleurs en l'honneur de l'un d'entre eux, Joachim Neander, que l'on a rebaptisé la vallée... et aussi l'homme préhistorique retrouvé.

## PUZZLE PALÉONTOLOGIQUE

*Si incroyable que cela puisse paraître, pendant plus d'un siècle, le lieu de la découverte de l'homme de Neandertal a été, tout simplement oublié : Johann Carl Fuhlrott, le premier anthropologue qui a examiné les ossements, n'avait laissé aucune indication sur l'emplacement de la découverte. Il a donc fallu attendre 1997 pour que deux archéologues arrivent à le localiser. Ils y ont trouvé des outils de pierre, des ossements d'animaux, mais aussi des fragments d'os humains, dont certains s'ajustaient parfaitement au squelette de 1856 !*

**Deutsches Klingenmuseum** *(Musée allemand de la Lame)* **:** *Klosterhof 4, à **Solingen.** ☎ (0212) 25-83-60. • klingenmuseum.de • Depuis Düsseldorf, prendre l'A 46 direction Wuppertal, sortie Haan-Ost, puis direction de Solingen-Gräfrath ; une fois à Gräfrath, le musée est indiqué. Mar-dim 10h-17h (14h-17h ven). Entrée : 4,50 € ; réduc.* L'histoire de la lame, donc arme blanche, aussi bien que couvert et instrument médical, y est retracée depuis ses débuts, c'est-à-dire du silex, jusqu'à nos jours. Bien belles collections venant de tous pays, exposées dans un ancien monastère. Les couverts russes de la cour des tsars sont splendides. On y souligne également l'importance du *Bergisches Land,* et de Solingen en particulier, quant au développement de l'industrie de la lame, qui aurait débuté dès le VIe s. Collections permanentes, expos temporaires, et aussi un atelier d'artisan au sous-sol.
Faites également un saut jusqu'à l'imposante forteresse médiévale ***Burg an der Wupper*** de Solingen.

**Le château Dyck :** *à **Juchen.** ☎ (021) 82-82-40. • stiftung-schloss-dyck.de • Quitter Düsseldorf en prenant la direction de Neuss, puis Juchen. Ouv tte l'année mar-ven 14h-18h et w-e 12h-18h (nov-mars, ouv slt le w-e 12h-17h). Entrée : 7 € ;*

DÜSSELDORF

*réduc.* Presque 1 000 ans d'histoire pour ce château construit sur quatre îles au milieu d'un superbe parc à l'anglaise. Il est constitué d'un bâtiment principal et de deux bâtiments de façade, entourés d'un fossé. Un de ses châtelains était un érudit et un collectionneur de pièces botaniques, en particulier le *Hortus Dyckensis.* Grande bibliothèque comprenant de nombreux ouvrages de botanique où il consignait les particularités de toutes les plantes du parc et des jardins. Une visite s'impose au printemps, lorsque les rhododendrons et les azalées sont en fleurs.

# LA RÉGION DE LA RUHR

5 400 000 hab.

**Quand on parle de *Ruhrgebiet,* c'est avant tout à la plus grande région industrielle d'Europe que l'on songe, en l'imaginant arrosée d'un peu de pluie, de fumées d'usines et de grisaille... Eh bien, il va falloir changer votre vision des choses, cher lecteur, car cette région a bel et bien réussi sa reconversion : seulement 5 % de la population travaille encore dans l'industrie, le tourisme et les loisirs étant désormais le deuxième employeur de la zone. Oh, ne pas s'attendre pour autant à un endroit au charme irrésistible, son passé étant ce qu'il est ; il faut plutôt y voir une région en pleine mutation, qui a su attraper le train de la modernité tout en préservant le patrimoine industriel qui représente son identité. Dans toutes les villes, les sites industriels ont été habilement transformés en musées, ateliers d'artistes, bars branchés, espaces verts... Il faut dire que la Ruhr est une région dynamique, progressiste, cosmopolite et passionnée par la culture sous toutes ses formes : une kyrielle de musées de qualité, d'immenses salles de concerts, de nombreuses fêtes...**
**Tout ça pour vous dire que ça bouge, et que cette région est le contraire de l'image qu'on se fait d'elle : gaie, jeune et tournée vers l'avenir. On vous encourage à suivre cette « route de la Culture industrielle » sur les traces préservées de deux siècles de labeur et de luttes sociales replacées dans le cadre d'une fascinante modernité.**

## COMMENT Y ALLER ?

### En voiture

Difficile d'imaginer un réseau routier plus dense que celui de la *Ruhrgebiet.* Il est même admis qu'on ne peut plus l'étendre davantage, pour des raisons écologiques et d'espace. En clair, quelque 600 km d'autoroutes, 730 km de routes principales et 3 300 km de routes secondaires traversent la région en tous sens ! Inutile de préciser que dans ces conditions, vous n'aurez aucun problème à rallier n'importe laquelle des 25 villes qui composent cet étrange ensemble. Une fois sur place, tâchez de repérer les panneaux d'indication marron portant l'inscription *« Route Industriekultur ».*

### En train

➢ Nombreux trains rapides ou régionaux entre ***Düsseldorf, Cologne*** et les principales villes du bassin ***(Duisburg, Oberhausen, Essen, Bochum, Dortmund...).*** Depuis peu, le ***Thalys*** en provenance de Paris et Bruxelles pousse également jusqu'à Essen (2 liaisons/j. ; en 4h18 de trajet) via Düsseldorf (en 3h43) et Duisburg (en 4h01).

## ***DUISBURG*** *(code postal 47137 ; 490 000 hab. ; ind. tél. : 0203)*

Ville industrielle étendue et moderne au confluent du Rhin et de la Ruhr, Duisburg est aussi le plus grand port fluvial d'Europe, où sont transbordés plus d'un million de containers par an. La ville n'a pas eu la chance de conserver son centre ancien, mais n'hésitez pas à vous balader à pied ou à vélo du *Schwanentor Brücke* jusqu'au musée *Küppersmühle,* sur les quais du port intérieur. Comme dans les autres villes de la région, c'est le quartier jeune et branché, symbole de cette rénovation réussie d'anciens entrepôts dans un esprit design contemporain.

## Adresse et infos utiles

**Office de tourisme :** *Königsstr 39.* ☎ *28-54-40.* • *duisburg-marketing.de* • *Dans le City-Palais, à 300 m de la gare. Avr-oct, lun-sam 10h-19h, aussi dim 10h-14h.* Visites guidées du port et du centre-ville en français.

– À noter que 2 Thalys quotidiens desservent Duisburg depuis Paris.

## Où dormir ?

### Bon marché

**Jugendherberge Duisburg-Meiderich** *(AJ) : Lösorter Str 133.* ☎ *41-79-00.* • *duisburg-meiderich@jugendherberge.de* • *duisburg-meiderich.jugendherberge.de* • *Au nord par l'A 59 ; S-Bahn n° 903 depuis la gare, puis 10 mn à pied. Ouv tte l'année sf entre Noël et le Jour de l'an. Nuit 26,40 € en chambre de 4 ou 6 lits, petit déj et draps compris. Double 67 €. Carte AJ obligatoire.* Auberge de jeunesse de 140 lits sur le site du *Landschaftspark Duisburg Nord.* Un cadre postindustriel étonnant, entre verdure et usines reconverties. Repas servis sur commande.

### De prix modérés à prix moyens

**Ferrotel Duisburg :** *Düsseldorfer Str 122-124.* ☎ *28-70-85.* • *ferrotel@sorat-hotels.com* • *sorat-hotels.com* • *À 500 m de la gare, près du centre. Doubles à partir de 113 €.* La façade gris et rouge donne tout de suite le ton. Cet hôtel de 30 chambres n'a pas honte de la vocation industrielle de la ville, bien au contraire : il en joue ! Derrière ses lignes sobres, il est très confortable, accueillant et plein de personnalité. Cela valait bien un coup de cœur.

## Où manger ?

**Webster Brauhaus :** *Dellplatz 14.* ☎ *23-078.* • *webster-brauhaus@t-online.de* • *Dans le centre, au pied de l'église Saint-Joseph. Tlj midi et soir (brunch dim dès 10h30). Plats 6-20 €.* Cuisine hyper variée et pour toutes les bourses. Outre les classiques de brasserie et la saucisse au mètre, on peut opter pour de bons plats de poisson, des assiettes de légumes et des tapas à l'allemande. Il faut bien ça pour éponger l'excellente bière maison, qui existe en version brune ou blonde ! Chaque jour, des spécialités à prix réduits. Le tout dans une ambiance relax et un très beau cadre, que ce soit dans la chaleureuse salle décorée d'antiquités et de cuves rutilantes ou en terrasse sur la place.

**Drei Giebel Haus :** *Nonnengasse 8 (en plein centre).* ☎ *26-859.* • *info@dreigiebelhaus.com* • *Tlj sf lun et sam midi 12h-14h30, 18h-21h30 (20h30 dim). Plats 9-20 €.* Ce restaurant a pour cadre la seule maison du Moyen Âge conservée du centre-ville. Couvent de 1608 à 1806 pour les sœurs cisterciennes, elle devint école privée pour filles au XIX<sup>e</sup> s avant d'être rachetée par la Ville et rénovée. Elle abrite aujourd'hui une des belles tables de la ville, qui sert une cuisine classique et savoureuse. Aux beaux jours, on profite de la jolie cour ombragée avec vue sur la façade à 3 pignons.

## À voir. À faire

**Museum der Deutschen Binnenschiffahrt** (musée de la Navigation fluviale) **:** *Apostelstr 84. ☎ 80889-40. • duisburg.de/micro/binnenschifffahrt/ • Ⓣ 901 jusqu'à l'arrêt Ruhrort Bahnhof, puis bus n° 907 ; si vous choisissez l'option balade en bateau, sachez qu'il peut vous faire descendre devant le musée. Vous avez alors 1h20 pour le visiter, et vous prenez le bateau suivant... la formule qu'on vous conseille ! Mar-dim 10h-17h. Entrée : 3 € ; réduc.* Aménagé dans une ancienne piscine couverte de style Art nouveau de la zone portuaire, c'est un musée au décor bien surprenant ! Il retrace l'évolution de la navigation fluviale allemande et de ses techniques à travers de nombreux modèles, dont un voilier grandeur nature. Des expositions temporaires en relation avec la vie des mariniers y sont également présentées. À proximité, sur le canal, on peut aussi visiter un bateau à vapeur (le *Oscar Huber*) et le dragueur *Minden*.

**Wilhelm Lehmbruck Museum :** *Friedrich-Wilhelm-Str 40. ☎ 283-26-30. • lehmbruckmuseum.de • Mer-sam 12h-18h (22h jeu), dim 11h-18h. Entrée : 8 € ; réduc.* Situé dans un parc aux nombreuses sculptures non loin de la zone piétonne du centre. Bâtiment tout en verre et en béton, avec un petit jardin au milieu. On y voit les œuvres de Wilhelm Lehmbruck, mais aussi celles de certains de ses pairs tels Max Ernst, Dalí, Picasso, Giacometti, Franz Marc ou Beuys. La sculpture domine largement, Lehmbruck s'y étant particulièrement adonné, avec un penchant manifeste pour les nus.

Pour prolonger agréablement votre visite, le *Café Museum,* à l'extérieur du musée, en lisière du parc, propose plats et boissons à des prix très corrects.

**Kultur und Stadthistorisches Museum** (musée d'Histoire et de la Culture de la ville) **:** *Johannes-Corputius-Platz 1. ☎ 28-32-640. • stadtmuseum-duisburg.de • Au bord du Rhin. De la gare, métro n° 901, direction Marxloh/Ruhrort, jusqu'à l'arrêt Rathaus Duisburg, puis 3 mn à pied. Mar-sam 10h-17h (14h ven) ; dim 10h-18h. Entrée : 4,50 € ; réduc.* Ce musée présente de façon ludique et agréable l'histoire de Duisburg de ses origines à nos jours, grâce à une scénographie remarquable de modernité et de diversité : maquettes, reconstitution d'une ancienne bibliothèque, mise en scène de machines du XIXe s, d'objets des années 1950... vraiment bien fait. Un seul bémol : aucune explication en français. Ne pas manquer le 1er étage du musée, avec sa belle collection de cartes anciennes, atlas, mappemondes... l'une des plus importantes d'Europe !

### IL S'EST PROJETÉ SUR LE PAPIER

*Gerhard Mercator, né en 1512 près d'Anvers et mort en 1594 à Duisburg, était l'un des plus brillants cartographes de son époque. Ses globes et atlas, reconnus pour leur exactitude, lui étaient réclamés dans le monde entier. La « projection Mercator », qui transforme un globe en planisphère, est toujours en usage.*

**Le musée Küppersmühle :** *Philosophenweg 55. ☎ 30-19-48-11. • museum-kueppersmuehle.de • Mer 14h-18h, jeu-dim 11h-18h. Entrée : 6 € ; 9 € combiné avec les expos temporaires ; réduc.* En bordure d'un bras du Rhin, un musée d'Art moderne installé dans un ancien moulin à grains. Les six niveaux de l'édifice original ont été ramenés à trois, ce qui confère de fort beaux volumes aux salles d'expos. Récemment, l'édifice a été coiffé d'un cube géant qui « flotte » à 36 m de hauteur. Il accueille des collections très diverses d'artistes allemands de l'après-guerre.

Ceux qui aiment tout ce qui touche à la navigation pourront aller faire un tour du côté du **port fluvial** de Duisburg, le plus important d'Europe. Pour ce faire,

prendre le bateau au *Schwanentor Brücke,* au bout de l'artère piétonne du centre *(3 départs/j., fin mars-début nov ; prix : 12 € ; réduc).* Cette balade permet de comprendre l'activité économique portuaire de Duisburg, son développement et ses difficultés (commentaires en allemand et anglais). Le port de Duisburg a longtemps occupé la première place mondiale dans sa catégorie ; il est aujourd'hui supplanté par celui de Rotterdam. C'est en tout cas à Duisburg que le charbon et ses propriétés calorifères furent découverts, et c'est de là qu'a commencé son extraction. Les paysages n'ont donc rien de bucolique, mais c'est une visite intéressante.
Vous pouvez aussi coupler cette excursion à la visite du *Museum der Deutschen Binnenschiffahrt,* mais veillez alors à partir tôt car le dernier des trois bateaux quotidiens repart pour le *Schwanentor Brücke* à 14h25.

**Landschaftspark Duisburg Nord :** *Emscherstr 71. ☎ 429-19-42 ou 712-808-00. • landschaftspark.de • De Duisburg, prendre la A 42 direction Oberhausen, sortie 7. Ouv non-stop. Entrée libre.* Une promenade sur 200 ha de friches industrielles revalorisées, pour plonger dans l'univers de la métallurgie. À voir notamment les week-ends et jours fériés, à la nuit tombée, pour la très belle mise en lumière du site. Surprenant.

**Zoo et Delphinarium :** *Mülheimerstr 273. ☎ 30-55-90. • zoo-duisburg.de • Accès par l'A 3 et l'A 40, sortie Duisburg-Kaiserberg (rue Carl-Benz). Ouv tlj, vente de tickets d'entrée 9h-18h30 (16h en hiver). Entrée commune : 14,50 € ; réduc. Pas de CB.* Entre Duisburg et Mülheim/Ruhr, 15 ha de nature et plus de 2 000 animaux : éléphants, lions, girafes, gorilles mais aussi koalas, kangourous et des espèces rares de Madagascar évoluent dans un cadre naturel. Jardin chinois et delphinarium.

## OBERHAUSEN
*(code postal 46001 ; 213 000 hab. ; ind. tél. : 0208)*

Le centre ancien de la ville a été totalement dévitalisé par la construction d'un second centre, d'ailleurs appelé « Neue Mitte » (nouveau centre). C'est donc au départ de ce quartier que nous vous conseillons la visite d'Oberhausen. Le *centrO Oberhausen* est l'un des plus grands centres commerciaux du pays avec plus de 200 magasins sur 70 000 m² d'espace commercial. Cette promenade de 400 m de long, bordée de bars et de petits restos, est l'axe autour duquel s'articulent parcs d'attractions, boutiques et sentiers de randonnée conduisant aux musées, châteaux...

### Adresses utiles

**Office de tourisme :** *Willy-Brandt-Platz 2. ☎ 82-45-713. • oberhausen-tourismus.de • En face de la gare. Lun-ven 10h-18h, sam 10h-13h30.*

– Autre bureau dans le centre : *Promenade 77. ☎ 82-45-70. Lun-sam 10h-19h.*

### À voir à Oberhausen et dans les environs

**Rheinisches Industriemuseum** *(Musée industriel rhénan)* **:** *Hansastr 20. ☎ 2234/99-21-555. • industriemuseum.lvr.de • Juste derrière la gare. Mar-ven 10h-17h ; sam-dim 11h-18h. Entrée : 4,50 € ; réduc. Livret très complet en français dispo à l'accueil.* C'est une ancienne usine de zinc datant de 1854 et fermée en 1981 que l'on a choisi de recycler afin d'y exposer de l'outillage, des machines, toutes sortes d'objets, documents et photos relatifs à l'histoire de l'industrie métallurgique. On y évoque le quotidien des ouvriers d'autrefois, de leur famille, ainsi que leurs prises de position dans les mouvements sociaux. Une section entière est dédiée à l'entreprise Krupp et au rôle prépondérant qu'elle joua dans l'essor de la sidérurgie allemande. Enfin, on y explique le statut particulier – et le rôle crucial – de la Ruhr durant les deux guerres mondiales, notamment lors du plan quadriennal du IIIe Reich. À ne pas manquer, le marteau-pilon d'une dizaine de mètres de hauteur.

**Der Gazometer** *(le gazomètre)* **:** *Arenastr 11. ☎ 850-37-30. • gasometer.de • Dans le centrO. Pdt les expos temporaires, mar-dim 10h-18h. Entrée : 9 € ; réduc.* Construit en 1929 pour y stocker le gaz nécessaire à la sidérurgie, cet étrange « château de gaz », le deuxième plus grand au monde après celui de Chicago, offre depuis son sommet un panorama saisissant sur la région. On peut y reconnaître les différents lieux d'exploitation industrielle alentour, grâce aux trois points d'orientation. Mais l'intérieur, qui accueille désormais des expos d'art temporaires, est tout aussi surprenant puisqu'on se retrouve sous un plafond de... 117 m de haut ! Capacité volumique du monstre : 375 000 m$^3$. De quoi alimenter pendant quelques heures les hauts fourneaux !

**Sea Life :** *Zum Aquarium 1, au bout de la promenade du centrO Oberhausen. ☎ 44-48-84-44. • sealife.de • En voiture, prendre l'A 42, sortie Oberhausen, Neue Mitte, et suivre les panneaux. Bus réguliers depuis la gare, arrêt Neue Mitte ou Marina. Tlj 10h-18h30. Entrée : 18 € ; réduc (notament en réservant via Internet).* Un parcours qui vous fait longer 50 aquariums et voir plus de 20 000 poissons et crustacés dans des décors qui évoluent d'un milieu de rivières jusqu'aux profondeurs de l'océan, en passant par un port, un sous-marin... sans oublier le monument érigé en l'honneur de Paul le poulpe ! Salle de jeux, boutique et cafétéria avec vue sur le petit port. Très bien fait mais très cher.

**Movie Park :** *Warner-Allee 1, 46244* ***Bottrop-Kirchhellen,*** *à 25 km au nord d'Oberhausen, entre Bottrop et Dorsten (non loin d'une jolie centrale nucléaire). ☎ (2045) 899-899. • moviepark.de • En voiture, prendre l'A 31, sortie 39. Avr-début nov, tlj dès 10h (heure de fermeture variable selon j. et saison). Entrée : 35 € ; réduc. Parking 5 €.* Hollywood en Allemagne ! Vous y trouverez tout ce qu'un parc d'attractions thématique honorable se doit d'avoir : grand huit, cinéma en 3D, spectacles, attractions, boutiques... De Batman à Bob l'éponge, en passant par les héros de *L'Âge de Glace,* il y en a pour tous les goûts et tous les âges.

## ESSEN *(code postal 45001 ; env 575 000 hab. ; ind. tél. : 0201)*

L'ancienne cité minière, siège historique de l'empire industriel des Krupp, capitale du charbon et de l'acier, incarna dans les années 1950 le moteur du miracle économique allemand. Aujourd'hui, Essen continue de jouer un rôle moteur dans l'industrie du pays mais plutôt dans les secteurs de pointe : énergie, chimie, électronique... La ville abrite les sièges de 13 des 100 plus grandes entreprises allemandes. Quant au secteur tertiaire, il représente 80 % des emplois, contre seulement 20 % pour l'industrie manufacturière. C'est dire si le paysage a changé par rapport à l'image qu'on s'en fait !

Mais Essen ne renie pas son passé, bien au contraire : la reconversion de la houillère Zollverein, fermée en 1986 après 50 ans d'exploitation, symbolise cette volonté de valoriser le patrimoine local pour en faire un pôle culturel d'importance. Elle a d'ailleurs été inscrite au Patrimoine mondial de l'Unesco. On y trouve un musée, des salles d'exposition, des ateliers d'artistes, une école supérieure de design...

Ville cosmopolite, multiculturelle et dynamique, située au cœur d'un bassin de population très dense, Essen a été récompensée en 2010 par le titre de capitale européenne de la culture. À cette occasion, elle devint le porte-parole de toute la région de la Ruhr.

## Adresse et infos utiles

**Office de tourisme :** *Am Hauptbahnhof 2. ☎ 19-433. • essen.de • En face de la gare. Lun-ven 9h-18h, sam 10h-16h.* Bonne documentation en français.
– Deux liaisons quotidiennes depuis Paris avec Thalys.

## Où manger ?

**Casino Zollverein :** *Gelsenkirchener Str 181. ☎ 83-02-40. • casino-zollverein.de • Dans l'ancienne halle à compresseurs du site de Zollverein (voir ci-dessous), à côté du musée du design Red Dot. Mar-dim 11h30-minuit. Menu midi 20 € (1 seul plat au choix), plats 12-25 €.* Ce qui surprend ici, c'est bien sûr le décor industriel de la salle, avec ses énormes piliers en béton et ses lourdes machines. À la carte, viandes et poissons apprêtés avec sophistication. C'est fin mais vraiment pas donné et, surtout, très peu copieux : les affamés iront voir ailleurs.

Toujours dans le complexe de Zollverein, le ***Kokerei café*** (situé dans la Kokerei, donc !) permet de se restaurer à prix plus raisonnables. *Mar-dim 12h-20h.*

# À voir

**Zeche Zollverein XII :** *Gelsenkirchenerstr 181. ☎ 24-68-10. • zollverein.de • En voiture depuis l'A 40, sortie E-Frillendorf ; ou de l'A 42, sortie GE-Hessler. Depuis la gare, S-Bahn nº 107 ou bus nº 170. Tlj 10h-18h. Entrée : 8 € pour le Ruhrmuseum ; 12 € avec l'expo temporaire ; réduc. Visite guidée (en allemand mais avec audioguide en français) de la mine : horaires fluctuants à vérifier sur le site. Prix : 8 €, durée 2h. Visite guidée de la cokerie : horaires et prix idem. Durée 2h. Billet combiné pour les 2 visites : 15 €.*

Attention, seules les visites guidées permettent d'accéder à l'enceinte du puits de mine et à la cokerie. On vous les conseille, car sans ça, une balade sur le site n'a que peu de sens. La mine de charbon et la cokerie de Zollverein ont été inscrites au Patrimoine mondial de l'Unesco en tant qu'*exemple représentatif* du développement de l'industrie lourde en Europe. Cet ensemble minier, le plus grand d'Europe, permet au visiteur de suivre le chemin du charbon depuis son extraction jusqu'à sa transformation. La Zeche Zollverein était le site d'extraction du charbon le plus grand et le plus moderne du monde (plus de 12 000 t de charbon pur produites par jour). Fritz Schupp et Martin Kremmer, deux architectes inspirés par le Bauhaus, ont harmonieusement conçu le complexe industriel le long de deux axes selon les principes de la symétrie et de la géométrie. En 1986, la mine fut définitivement fermée, au terme de 55 ans de bons et loyaux services. Aujourd'hui, la cokerie et le puits XII constituent un complexe industriel de rang international, avec un centre culturel des plus animé.

Dans le bâtiment principal (l'ancienne usine de lavage de charbon) se trouve le ***Ruhrlandmuseum,*** qui présente la région à travers des photos et vidéos : culture, sports, nature. Peu d'intérêt.

Autres attractions proposées en été : une impressionnante grande roue *(12h-18h, 2 € le tour)* qui mène des profondeurs de la cokerie jusqu'au ciel, et une piscine *(gratuite)* installée dans d'anciens containers.

**Musée du design Red Dot :** *dans l'un des bâtiments du site de Zollverein. ☎ 30-10-40. • red-dot.de • Mar-dim 11h-18h. Entrée : 9 € ; réduc.* L'ancienne chaufferie a été réaménagée par Norman Foster et accueille, depuis 1997, ce lieu dédié au design. On chemine sur plusieurs niveaux le long de tuyaux, de poutrelles et autres structures métalliques à la découverte d'objets curieux accrochés çà et là ou posés sur des plates-formes. Insolite.

**Museum Folkwang :** *Museumplatz 1. ☎ 884-54-44. • museum-folkwang.de • Env 1 km au sud de la gare. Mar-dim 10h-18h (22h30 ven). Entrée : 5 € ; réduc. Audioguide en anglais (4 €).*
Décrit en 1932 comme « le plus beau musée du monde ». C'était à l'époque le premier grand musée d'art moderne, avec une riche collection de l'avant-garde des XIXe et XXe s patiemment édifiée à partir de 1902 par ***Karl Ernst Osthaus,*** un fils de banquier passionné. Mais cette initiative dut subir en 1937 l'ostracisme nazi à l'encontre de l'*Art dégénéré.* Plus de 1 400 œuvres furent confisquées, vendues et disséminées à travers le monde.
Le musée Folkwang expose à nouveau certains de ces chefs-d'œuvre récupérés dans les tourbillons de l'histoire, au sein d'une nouvelle structure dessinée par l'architecte britannique ***David Chipperfield.*** Six cubes d'acier et de verre aux reflets verts pâles, dotés de larges fenêtres et d'un puits de lumière, ont permis de porter la surface d'exposition à 2 800 m² sur un seul niveau. Ce lumineux écrin abrite les artistes les plus talentueux des XIXe et XXe s : peintures de l'école française (Courbet, Delacroix, Géricault) et allemande (Caspar Friedrich, Böcklin), impressionnisme (Monet, Renoir), expressionnisme (Munch, Franz Marc, Kirchner), pointillisme (Signac), cubisme (Braque, Picasso), abstraction (Delaunay, Klee, Kandinsky) et expressionnisme abstrait (Pollock et ses taches, Rothko). À noter, pour ne citer que quelques œuvres majeures, les *Contes Barbares* de ***Gauguin,*** un *Moissonneur* et les *Bateaux amarrés sur le Rhône* de ***Van Gogh,*** *La Carrière de Bibémus* de ***Cézanne*** et, au rayon sculpture, une très belle *Ève* de ***Rodin.***
Le tout est subtilement parsemé de chefs-d'œuvre issus des cultures extra-européennes : offrandes funéraires égyptiennes, sculptures africaines, arts primitifs d'Océanie. Karl Ernst Osthaus a été le premier au monde à faire découvrir à l'Europe la diversité des arts du monde.

**Villa Hügel :** *Hügel 15 (au sud de la ville, à 3 stations de S-Bahn). ☎ 61-62-90. • villahuegel.de • Mar-dim 10h-18h Entrée : 5 € pour les 2 maisons et le parc.*
Résidence de la famille Krupp de 1873 à 1945, ce petit château, posé là dans son magnifique écrin de verdure, est un brillant témoignage de la fortune et de l'envergure économique de la plus célèbre famille d'industriels allemands. La « grande maison », sans doute nommée ainsi à cause de ses 269 pièces, vaut à elle seule la visite. Mais il y a aussi la *Gästehaus* (« la petite maison »), qui raconte les activités de mécénat de la fondation Alfred-Krupp. Un bel hommage aux fond(at)eurs d'un empire sidérurgique et de la grosse Bertha.

### UN MARCHAND DE CANONS DISCRÉDITÉ

*Friedrich Alfred Krupp hérita des plus grandes usines d'armement d'Europe. En 1902 éclata le scandale : le journal socialiste* Vorwärts, *heureux de pouvoir ridiculiser l'homme le plus riche du monde, révéla ses penchants homosexuels. Sa femme s'indigna et demanda au Kaiser d'agir. Celui-ci envoya Krupp dans un asile où il se suicida. Sa mort fut déguisée en crise cardiaque. Guillaume II arrangea alors le mariage de l'héritière Krupp avec l'un de ses hommes de main, von Bohlen und Halbach (futur nazi), et prit ainsi le contrôle des fabriques d'armement. Pour l'anecdote, la fille de Krupp se nommait Bertha, d'où le nom du fameux canon de 14-18.*

## BOCHUM *(code postal 44701 ; 375 000 hab. ; ind. tél. : 0234)*

### Un peu de culture populaire

Si vous voulez vous faire des amis à Bochum, dites que vous connaissez Herbert Grönemeyer ! En effet, le Jean-Jacques Goldman allemand est originaire de cette ville et lui a même dédié une chanson qui a fait fureur au hit-parade national. À propos de chansons, il en a aussi consacrée une au plat local : la *Currywurst* ! Si vous voulez y goûter, sachez qu'elle se vend à tous les coins de rue mais que les meilleures se trouvent dans un tout petit kiosque nommé le *Dönninghaus,* dans le centre-ville, à côté du cinéma *Union-Kino.* Autre curiosité de la région : les *Trinkhallen,* sortes de bar-tabac où l'on vend aussi de l'alcool et où l'on se retrouve après le boulot, que ce soit en bleu de travail ou en costard-cravate.

## Adresse utile

***Office de tourisme :*** *Huestr 9. ☎ 96-30-20. • bochum-tourismus.de • Dans la rue piétonne qui démarre en face de la gare. Lun-ven 10h-17h, sam 10h-18h.*

## Où manger ?

***Mutter Wittig :*** *Bongardstr 35. ☎ 121-41. • mutterwittig@t-online.de • Dans le centre piéton. Tlj 11h-23h (22h dim). Plats 8-18 €.* Déco intérieure lourdement rustique, et pour cause, ce resto existe depuis le XIXe s. La cuisine jouit d'une bonne réputation.

## À voir

**Deutsches Bergbaumuseum** *(musée allemand de la Mine)* ***:*** *Am Bergbaumuseum 28. ☎ 5877-126. • bergbaumuseum.de • De l'A 40, suivre les panneaux « Zentrum » et on tombe dessus. Mar-ven 8h30-17h (dernière descente dans la fosse à 15h30), w-e et j. fériés 10h-17h. Entrée : 6,50 € ; réduc. Visite en français sur rdv.* Ce serait le plus grand musée sur l'industrie minière au monde. Vrai ou pas, il nous transporte dans l'univers de l'exploitation du minerai de fer et du charbon de façon tout à fait vivante. Outre les trois niveaux qui retracent l'histoire, l'évolution et les différentes techniques du travail à la mine (une salle d'exposition de machines est proposée à des fins ludiques, pour les enfants), le clou de la visite, c'est quand même la descente dans la fosse, même si cette fosse est une fausse, puisqu'elle fut construite en 1937 à destination des visiteurs ! 2,5 km de galeries vous y attendent à 20 m sous terre (température ambiante 12 °C), reconstituant le travail dans les mines tel qu'exécuté jusqu'à la fermeture du site dans les années 1980 (demandez à essayer le marteau-piqueur !). Une visite de 45 mn environ, parfois guidée par d'anciens mineurs passionnés par ce qu'ils vous racontent (en allemand). Possibilité également de monter sur la plate-forme de la tour d'extraction, à 60 m de hauteur... Sujets au vertige, s'abstenir !

## À voir dans les environs

***Zeche Zollern :*** *Grubenweg 5, à* ***Dortmund-Bövinhausen*** *(entre Bochum et Dortmund, par l'A 40 sortie Lütgendortmund). ☎ 69-61-111. • lwl.org • Mar-dim 10h-18h. Entrée : 6 € ; réduc.* Encore un charbonnage, pour ceux qui en voudraient toujours plus. Ensemble bien préservé où l'on peut voir, là encore, une grande salle des machines (et le premier extracteur de charbon électrique en Allemagne), l'intérieur de la tour d'extraction (vue de Dortmund du sommet) et, bien sûr, le musée, dédié à la vie des mineurs. Un tunnel permet de se rendre compte de l'obscurité qui régnait sous terre. Également un resto au décor début XXe s.

***Westfälisches Freilichtmuseum :*** *Mäckingerbach, à* ***Hagen.*** *☎ (02-331) 780-70. • lwl.org • Au sud du centre-ville, quartier Eilpe. Début avr-fin oct, mar-sam et j. fériés 9h-17h30 (18h dim) ; dernière admission 17h. Entrée : 7 € ;*

*réduc.* Il s'agit ici d'un « musée de plein air » : dans un décor presque tyrolien, des maisons disposées le long d'une petite vallée, et recréant plus ou moins un village. On peut voir, à l'intérieur de celles-ci, de nombreux corps de métier différents, illustrant l'artisanat des XVIII$^{e}$ et XIX$^{e}$ s : ça va de la forge à l'imprimerie, en passant par le boulanger, le bourrelier, on en passe et bien d'autres. On peut assister au travail des artisans, qui font revivre sous vos yeux les métiers de leurs ancêtres ! Sur place, un resto et une ferme d'animaux.

# AACHEN (AIX-LA-CHAPELLE)

(52062) 259 000 hab. IND. TÉL. : 241

**Ville moyenne au nord de l'Eifel, capitale de l'Empire franc aux VIII$^{e}$ et IX$^{e}$ s. Déjà, les Romains aimaient venir à Aix prendre les eaux. Charlemagne choisit l'endroit certainement pour la même raison. Tout ici rappelle le passage de l'empereur à la barbe fleurie, malgré les innombrables destructions qui ravagèrent la cité avec une régularité de métronome. Un passé qui resurgit d'ailleurs au détour des rues sous la forme de fontaines, puisque la cité thermale n'en compte pas moins de 67.**
**Aix jouit également d'une grande renommée parmi les étudiants des sciences techniques. Le centre s'étire en rues piétonnes charmantes, pour la plupart restaurées dans des styles néogothique, baroque, etc. C'est une bonne halte d'une journée sur le plan historique, avec sa cathédrale, son trésor et son bel hôtel de ville. 2014 aura vu l'année de la commémoration des 1 200 ans de la mort de Charlemagne.**



## UN PEU D'HISTOIRE

Celtes puis Romains séjournent tour à tour à Aix et y créent des thermes. Pépin le Bref, roi des Francs, y installe une de ses cours. Son fiston, Charlemagne, y fait édifier un palais où il meurt en 814. Entre le X$^{e}$ et le XVI$^{e}$ s, 31 rois y sont couronnés. Peu à peu, Aix devient cité de pèlerinage, car Charlemagne avait réussi à y réunir des dizaines de reliques auxquelles on ajoutera les siennes. Le nombre de fidèles oblige, alors, à agrandir la cathédrale du XIV$^{e}$ s. Puis la cité perd de sa puissance au profit de Francfort qui devient ville de couronnement. Détruite en quasi-totalité par un grand incendie au milieu du XVII$^{e}$ s, elle ne reprend de l'importance que grâce à ses sources d'eau chaude qui suscitent un nouvel engouement. À la fin du XVIII$^{e}$ s, sous l'occupation française, Napoléon fait nettoyer toutes les sources, avant que la ville ne soit prise par les Prussiens. La dernière guerre détruit de nouveau Aix, qui ne tarde pourtant pas à se relever une nouvelle fois et à développer une importante industrie technologique.

### L'ÉLÉPHANT BLANC DE CHARLEMAGNE

*En 797, inquiet du traitement réservé aux pèlerins chrétiens en Palestine, Charlemagne envoya une ambassade visiter le calife de Bagdad. La délégation revint à Aix-la-Chapelle avec les cadeaux offerts par Haroun-al-Rashid : des étoffes de soie, mais surtout un éléphant albinos. Charlemagne se serait régulièrement déplacé avec l'animal, de palais en palais, parfois même sur les champs de bataille. Il vécut 40 ans mais mourut de pneumonie en nageant dans le Rhin.*

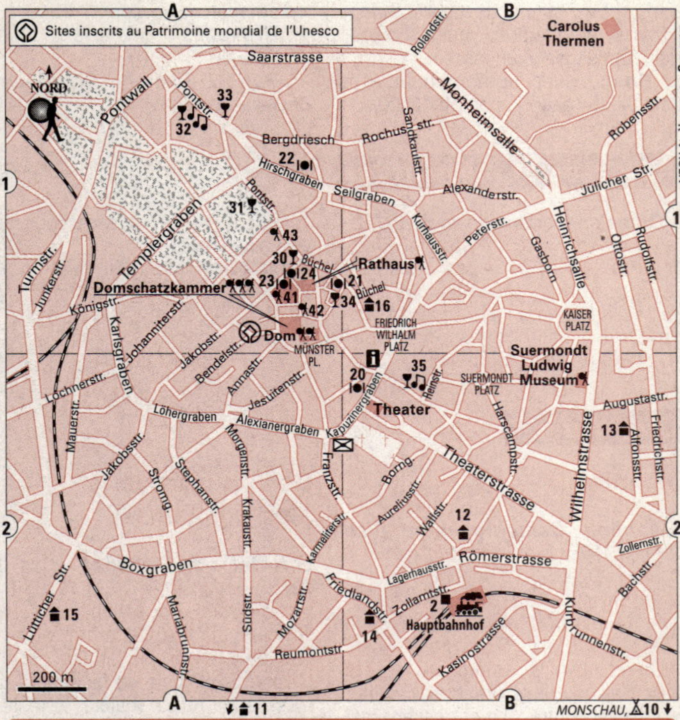


## AACHEN (AIX-LA-CHAPELLE)

**Adresses utiles**

- Office de tourisme
- 2 Location de vélos (Radstation)

**Où dormir ?**

- 10 Aachen Camping
- 11 Euregionales Jugendgästehaus Aachen
- 12 Hôtel am Bahnhof
- 13 Hôtel Pallazzo Alfonso
- 14 Hôtel Hesse
- 15 Residenz Hotel Domicil
- 16 Hôtel Aquis Grana

**Où manger ?**

- 20 Aachener Brauhaus
- 21 Café Van den Daele
- 22 Am Knipp
- 23 Zum Goldenen Einhorn
- 24 Postwagen/Ratskeller

**Où boire un verre ? Où danser ?**

- 30 Egmont
- 31 Café Kittel
- 32 Café Madrid et Die Molkerei
- 33 Labyrinth
- 34 Domkeller
- 35 Aoxomoxoa

**À voir**

- 41 Centre Charlemagne
- 42 Musée Couven
- 43 Internationales Zeitungsmuseum

# Arriver – Quitter

## En train

***Gare ferroviaire*** *(plan B2) : à 10 mn à pied au sud du centre. Infos trafic au* ☎ *0800-150-70-90.* Grand centre de transit ferroviaire, la ville offre un large choix de destinations.

➢ ***Cologne :*** 5 *Thalys*/j. dans les 2 sens. Env 40 mn de trajet. Sinon, 2 trains régionaux/h, mais compter alors 1h de trajet bien tassée.

➢ ***Bonn :*** avec correspondance à Cologne (5 *Thalys*/j., compter 1h20).

➢ ***Hambourg :*** 2 trains directs/j. (compter 5h de voyage).

➢ ***Bruxelles :*** 5 *Thalys*/j. Compter 1h10.

➢ ***Pari :*** 5 *Thalys*/j., via Liège et Bruxelles (en 2h35).

## Adresses et infos utiles

***Office de tourisme*** *(plan B1-2)* ***:*** *Elisenbrunnen/Friedrich-Wilhelm-Platz. ☎ 180-29-60 ou 61. • aachen-tourist.de • Lun-ven 9h-18h (14h sam) ; ouv les w-e et j. fériés entre Pâques et Noël 9h-16h. En saison, visites thématiques de la ville en allemand plusieurs fois/j. (résa conseillée).* Peut aussi vous réserver un logement.

***Location de vélos*** *(plan B2,* ***2****)* ***:*** ***Radstation,*** *Zollamtstr 3. ☎ 45-01-95-02. À droite en sortant de la gare. Lun-ven 5h30-22h30, w-e 10h-18h30. Pas cher : 1 €/j.*

## Où dormir ?

### Camping

***Aachen Camping*** *(hors plan par B2,* ***10****)* ***:*** *Brandenhoferweg 11. ☎ 608-80-57. • mail@aachen-camping.de • aachen-camping.de • À env 1 km au sud-est de la gare. Compter 15 € pour 2 avec tente et voiture ; douche payante (1 €).* Basique mais pratique, car tout proche du centre-ville et desservi par de nombreuses lignes de bus. Carré de pelouse ombragé pour les tentes. Quand il n'y a personne à la réception, on laisse simplement l'argent dans une boîte.

### Bon marché

***Euregionales Jugendgästehaus Aachen*** *(hors plan par A2,* ***11****)* ***:*** *Maria-Theresia-Allee 260, 52074. ☎ 71-10-10. • aachen@jugendherberge.de • aachen.jugendherberge.de • Bus n° 2 depuis la gare, arrêt Ronheide. Couvre-feu à 1h. Nuit 25,80 €/pers en dortoir, 45,50 € la double. Pas de cuisine, mais repas sur place env 6 €.* Bâtiments modernes dans les faubourgs sud de la ville, sur une butte entourée de verdure. Dortoirs clairs et calmes de 4 ou 5 lits. Également quelques doubles. Bar, ping-pong et baby-foot.

### De bon marché à prix moyens

***Hôtel am Bahnhof*** *(plan B2,* ***12****)* ***:*** *Bahnhofplatz 8. ☎ 354-49. • mail@hotel-ambahnhof.de • hotel-ambahnhof.de • Chambre avec sdb env 69 €, petit déj inclus. Parking payant.* Situé juste en face de la gare c'est là son atout majeur, le reste ne présentant guère plus de caractère que dans les autres hôtels de cette catégorie. Chambres entièrement rénovées et petit café en bas. À noter tout de même que les proprios sont particulièrement serviables. L'hôtel est couplé avec l'hôtel *Stadt Nah,* Leydelstr 2.

***Hôtel Pallazzo Alfonso*** *(plan B2,* ***13****)* ***:*** *Alfonsstr 26. ☎ 90-03-15-0. • pallazzo@t-online.de • pallazzo-aachen.de • Compter env 85 € pour 2. Petit déj 10 €.* Petit hôtel de caractère qui, en tout cas, sort de l'ordinaire à Aix. Ouf ! Espace gai et coloré, orné de tableaux, et chambres à la fois confortables et design (8 en tout). Petit loft au dernier étage. On recommande chaudement.

***Hôtel Hesse*** *(plan B2,* ***14****)* ***:*** *Friedlandstr 20, 52064. ☎ 47-05-40. • hotelhesse@aol.com • hotelhesse.de • Doubles 70-200 € selon confort et saison. Petit déj 10 €. Parking payant.* Petite façade blanche dissimulant des chambres standardisées mais bien finies, avec boiseries claires.

Préférez celles donnant sur l'arrière, plus calmes. L'agréable salle de petit déj fait aussi resto.

### Plus chic

**Residenz Hotel Domicil** (plan A2, **15**) : *Lütticher Str 27, 52064. ☎ 70-51-200. • info@domicilaachen.de • domicilaachen.de • À 10 mn à pied du centre. Double 115 € (105 € le w-e). Petit déj 10 €. Parking privé payant.* 2 hôtels particuliers du XIXe s côte à côte, restaurés avec goût, avec un grand jardin à l'arrière dans un quartier résidentiel. C'est un endroit élégant, calme et hyper confortable, où tout est fait pour qu'on se sente vraiment bien : accueil prévenant, service parfait, copieux petit déj, et plein de coins reposants dans le jardin près de l'étang.

**Hôtel Aquis Grana** (plan B1, **16**) : *Büchel 32, 52062. ☎ 44-30. • info@hotel-aquisgrana.com • hotel-aquisgrana.com • Doubles standard 80-130 €, chambre « business » env 145 € ; petit déj inclus.* Entre la mairie et la cathédrale, un hôtel sobre et chic. Les chambres spacieuses à l'épaisse moquette rouge, aux murs blancs, avec leur mobilier contemporain et de grandes baies vitrées sont de grand confort. Accueil très pro.

## Où manger ?

Petite gâterie locale à signaler, le *Printen,* sorte de pain d'épice enrobé de chocolat avec, parfois, des noix. L'essayer, c'est l'adopter !

### Bon marché

Pour manger pas cher, direction la *Pontstrasse.* D'innombrables restos s'y succèdent et proposent des repas bon marché à toute heure. L'idéal pour se sustenter avant la tournée des bistrots !

### De prix modérés à prix moyens

**Aachener Brauhaus** (plan B2, **20**) : *Kapuzinergraben 4. ☎ 360-17. • info@aachener-brauhaus.de • Tlj 11h-22h (23h ven-sam). Janv-août : fermé dim. Menu en français. Plats 8-20 €.* La brasserie par excellence, avec son cortège de tables et de banquettes en bois, sa mezzanine, ses lanternes lourdaudes, ses compartiments à vitraux... En bref, un classique fréquenté par les touristes comme par les Aixois. Parmi les spécialités, la *Riesenbratwurst* (saucisse géante), la *Nürnberger Rostbratwurst* (saucisse grillée à la mode de Nuremberg), la *Kasseler Rippenspeer mit Weinkraut* (côte de porc fumée avec choucroute au vin blanc) ou le goulasch maison servi avec de la compote. À côté, petit bar tout en longueur qui appartient au resto, toujours plein à craquer !

**Café Van den Daele** (plan A-B1, **21**) : *Büchel 18. ☎ 357-24. • info@van-den-daele.de • Lun-ven 9h-18h30, sam-dim 10h-18h.* La plus ancienne pâtisserie d'Allemagne avec son décor baroque tout en bois et ses petites salles intimes où l'on vient prendre son quatre-heures à base de gâteau de riz, de *Printen* ou encore de délicieuses *Apfelstrudel* et autres *Apfelfladen.* Fait aussi des petits plats le midi (quiches, lasagnes, vol-au-vent...) et des petits déj (costauds) le matin.

### Un peu plus chic

**Am Knipp** (plan A1, **22**) : *Bergdriesch 3. ☎ 331-68. • info@amknipp.de • Ouv dès 17h en sem, 18h le w-e. Fermé mar. Plats 10-20 €. Résa très conseillée.* Pas vraiment de surprise côté décor : banquettes de bois, faïences aux murs et un solide comptoir derrière lequel le patron veille au grain. Il faut dire que ça fait plus de 3 siècles que la maison existe ! La cuisine est à l'unisson : du bon gros traditionnel des familles, exécuté dans le respect des règles du genre. Une bonne table.

**Zum Goldenen Einhorn** (plan A1,

*23) : Markt 33. ☎ 326-93. Face à l'hôtel de ville. Tlj midi et soir. Plats 10-20 €.* Plusieurs salles en enfilade avec banquettes, lambris et vieilles photos aux murs. Plats typiquement d'ici (bonne choucroute) ou cuisine continentale un peu plus travaillée. Bon accueil aussi et terrasse bien située, en plein sur la grand-place.

**Postwagen/Ratskeller** *(plan A1, 24) : Markt 40. ☎ 350-01. • info@ratskeller-aachen.de • À l'angle de l'hôtel de ville. À partir de 11h (cuisine jusqu'à 22h). Plats 9-20 €.* Plus typique, tu meurs ! Le *Postwagen* est le plus ancien pub de la ville (XVIIe s) avec ses vitres en cul de bouteille, son enseigne en forme de diligence et sa mini-salle en encorbellement accolée au *Rathaus.* Côté cuisine, pas mal de spécialités régionales comme l'inévitable *Himmel und Erde* ou le *Rheinischer Sauerbraten.* Dans une autre salle sur le devant de la place, le *Ratskeller* est un resto plus chic géré par la même maison *(plats 18-26 €).*

## Où boire un verre ? Où danser ?

En soirée, ceux qui ont la bougeotte migrent en général vers *Pontstrasse* : c'est le centre névralgique des nuits aixoises.

**Egmont** *(plan A1, 30) : Pontstr 1-3. ☎ 40-77-46. • kontakt@egmont-aachen.de • Tlj à partir de 8h.* Une rutilante brasserie toujours pleine comme un œuf. Déco aux tons chauds, vieux objets et miroirs partout. Chose rare : on y trouve la presse quotidienne européenne à portée de main.

**Café Kittel** *(plan A1, 31) : Pontstr 39. ☎ 365-60. Tlj 10h-2h (3h ven-sam).* Genre de *coffee shop* à la californienne avec une ambiance très relax. Musique selon l'humeur du barman et joyeux *Biergarten* dans une ruelle.

**Café Madrid** *(plan A1, 32) : Pontstr 141. ☎ 160-52-01. Dim-mar 10h-1h ; mer et ven 10h-5h ; jeu 10h-2h ; sam 9h-5h.* Grande salle au haut plafond, traversée de tuyaux et presque toujours noyée dans le brouhaha, ou terrasse bien en vue dont les fauteuils sont faits en caisses de récup. L'apothéose se produit le week-end dès 22h, lorsqu'on donne le coup d'envoi de la soirée dansante ! Très nombreux cocktails.

**Die Molkerei** *(plan A1, 32) : Pontstr 141 (face au Café Madrid). ☎ 489-82. Tlj 10h-1h (3h ven-sam).* Un vieux de la vieille, bien agréable avec sa grande terrasse couverte et chauffée, et son coin salon très cosy à l'intérieur. Près du comptoir, une table de mixage, car ici, on peut écouter de la musique et danser le soir. Ambiance détendue.

**Labyrinth** *(plan A1, 33) : Pontstr 156-158. ☎ 355-95. Tlj 11h-1h (2h ven-sam).* Dans un style plus rustique que ses voisins (parquet usé, fresque du vieil Aix, murs jaunis...), ce bar draine une clientèle bien installée dans la vie. À l'arrière, 2 salles avec des affiches de films culte contiennent à grand-peine la ferveur verbale des buveurs.

**Domkeller** *(plan A1, 34) : Hof 1. ☎ 342-65. Tlj 10h-2h (3h ven-sam).* Vieux troquet plein de boiseries sur 2 étages, qui attire une clientèle entre deux âges. Les vieilles huisseries des fenêtres qui s'ouvrent sur une placette contribuent à en faire un endroit pittoresque. Large choix de bières et service très sympa.

**Aoxomoxoa** *(plan B2, 35) : Reihstr 15. ☎ 61-52-294. Lun-mar 21h-3h ; jeu-sam 23h-5h.* Petite piste de danse et programmation différente chaque jour. En gros, dark wave et gothic le lundi, métal le mardi, électro ou pop-rock les jeudi et vendredi, et musique variée le samedi. S'y pointer vers 23h semble raisonnable. Clientèle un brin marginale.

## À voir

**Dom** *(cathédrale ; plan A1) : Domhof 1, en plein centre. ☎ 47-70-90. • aachendom.de • Tlj 7h-19h (18h en hiver), sf pdt les offices. Visite guidée en*

AIX-LA-CHAPELLE

*allemand ttes les heures : lun-ven 11h-13h et 14h30-17h30 ; w-e 13h-17h. Aussi une visite en anglais tlj à 14h : 4 € ; réduc. Billet combiné avec le trésor : 9 €.*

On doit la construction de la première église sur ce site à Charlemagne qui y fit élever une chapelle palatine. Cet édifice carolingien, très marqué par Byzance, la plus grande ville chrétienne du moment, est l'un des rares encore debout et constitue aujourd'hui le chœur de l'actuelle cathédrale. L'idée de Charlemagne était de faire d'Aix-la-Chapelle une nouvelle Rome au nord des Alpes. Il avait donc établi ici son palais... et sa chapelle. À sa mort en 814, Charlemagne est inhumé dans l'église du palais. Le sarcophage antique se dresse aujourd'hui au centre du chœur polygonal gothique. La cathédrale revêt une importance majeure, tant du point de vue architectural qu'historique. Au cours d'une période de 600 ans (936-1531), 30 rois allemands y ont été couronnés. Il s'agit en fait d'un octogone entouré d'une galerie à étages. Le déambulatoire est remarquable pour ses 16 côtés. À l'étage, l'empereur siégeait (son trône est toujours là). Plusieurs siècles après la mort de celui-ci, ses reliques exposées dans l'église faisaient l'objet de pèlerinages massifs, et l'édifice ne suffisait plus à contenir l'afflux des fidèles. On y a donc adjoint un chœur gothique au début du XVe s, pour les 600 ans de la mort de Charlemagne.

– De l'extérieur, on est frappé par le dôme côtelé édifié au XVIIe s ainsi que par cette curieuse tour élevée dont la partie supérieure date de la fin du XIXe. La base appartient pour sa part à l'édifice carolingien. De la place, sur la droite de l'entrée, belle vue sur l'une des chapelles gothiques, le dôme, la coupole et la nef.

– On pénètre dans la cathédrale par un narthex (le porche) dans lequel on peut voir une énorme pomme de pin en bronze du Ve s, ainsi qu'une louve d'airain.

– On entre ensuite dans la chapelle octogonale avec ses voûtes romanes et ses huit piliers derrière lesquels court le déambulatoire. Noter les voûtes entièrement décorées de motifs floraux. Au-dessus de la chapelle centrale, à 31 m de hauteur, la superbe coupole est ornée d'une mosaïque dorée du XIXe s où le Christ est entouré des vieillards de l'Apocalypse. Le lustre qui pend au centre date du XIIe s. Au-dessus de la chapelle, deux vollées de galeries superposées atténuent l'impression de lourdeur. Dans le chœur, un autel sur le devant duquel on voit la ***Pala d'Oro*** de style carolingien, tout en or, du XIe s, décrivant la Passion. Absolument superbe. Au centre, dans l'ovale, un christ en majesté. Au fond de la chapelle, derrière le chœur, la châsse de Charlemagne, en bois, parée de panneaux d'argent et d'or et ornée de statues de rois, qu'on ne peut voir de près qu'en suivant la visite guidée. Elle fut réalisée au début du XIIIe s sur une commande de Frédéric Ier Barberousse. Devant, on voit Charlemagne, et derrière, la Vierge. Vitraux modernes et réussis, vivants et colorés. Sur la droite du chœur, noter la remarquable chaire composée de panneaux de cuivre doré orné de pierres précieuses énormes. Raffiné et baroque à la fois.

### SAINTE RELIQUE

*La célèbre cape de Saint-Martin fut l'un des objets les plus vénérés du Moyen Âge. Charlemagne la fit venir à Aix-la-Chapelle, capitale de son empire. « Cape » est d'ailleurs à l'origine du mot « chapelle » (capella en latin), le lieu où est exposée la cape.*

– Pour voir de près le trône de Charlemagne, situé dans la galerie supérieure de l'octogone, il vous faudra là encore vous joindre à une visite guidée, ou bien vous contenter de l'entrapercevoir depuis le maître-autel. Le grand fauteuil est composé de plaques de marbre blanc ajustées. Pour montrer leur dévotion, les pèlerins se faufilaient par un petit passage sous le trône. C'est ce que l'on appelle « faire carpette ».

– En sortant de la cathédrale, prendre la petite Krämerstrasse, juste derrière. À 30 m de là, petite fontaine ***Puppenbrunnen*** (la fontaine aux Poupées) dont tous les membres des statues sont mobiles. Belle et ludique. Elle reprend les personnages influents de la ville comme « le notaire, le bedeau et même son éminence ». Les Allemands sont vraiment les rois dans le domaine des fontaines de quartier.

**Domschatzkammer** *(trésor de la cathédrale ; plan A1)* **:** *entrée par la Klostergasse, reconnaissable à son portail gothique. ☎ 17-940-530. Lun 10h-13h, mar-dim 10h-18h (17h janv-mars). Entrée : 5 € ; réduc ; billet combiné avec la visite guidée du Dom : 9 €.* La chambre du trésor de la cathédrale abrite l'un des plus importants trésors ecclésiastiques d'Europe. À cela s'ajoutent les trésors culturels sacrés datant de la fin de l'Antiquité, de l'époque des Carolingiens, des Ottoniens, des Hohenstaufen et du gothique, qui comptent, pour certains, parmi les plus grandes œuvres d'art de leur époque. Depuis le Moyen Âge, les reliques qui y sont conservées, les quatre grands sanctuaires, valent à la cathédrale d'être considérée comme l'un des plus importants sites de pèlerinage de la chrétienté. À voir donc des collections exceptionnelles d'objets liturgiques ainsi que de riches vêtements ecclésiastiques. On y voit nombre de chefs-d'œuvre réalisés pour les différents couronnements des rois. On ne va pas passer tous les objets en revue, mais en voici quelques-uns auxquels votre regard ne pourra échapper : sarcophage en marbre de Proserpine du IIe s, où l'on pense que Charlemagne reposa pendant 400 ans, buste reliquaire de Charlemagne du XIVe s en or et argent qui fut donné par Charles IV, croix de Lorraine portant la marque de Lothaire II (petit-fils de Charlemagne), incrustée de pierres précieuses et portant au centre un camée de l'empereur Auguste. Du XIe s, étonnant reliquaire de saint Anastase provenant d'Antioche, et belle châsse de saint Félix sertie d'émaux. On y voit encore une chasuble, dite « de saint Bernard », ornée de perles en velours bleu, des retables, et un cor en ivoire (olifant) qui pourrait avoir été fabriqué à partir d'une des défenses de l'éléphant de Charlemagne (voir encadré plus haut), etc.
– Juste en face, dans la même rue, un nouveau ***centre d'information*** dédié à la cathédrale a été créé *(tlj 10h-18h, entrée libre).* On peut y voir quelques pièces du trésor, et c'est d'ici que partent les visites guidées.

AIX-LA-CHAPELLE

***Rathaus*** *(hôtel de ville ; plan A1)* **:** *sur la Grand-Place (Markt). ☎ 432-73-10. • aachen.de/rathaus • Tlj 10h-18h. Entrée : 5 € ; réduc. L'intérieur se visite mais est parfois fermé à cause de manifestations qui s'y déroulent.*
Jolie façade du XIXe s. Situé à l'emplacement du palais de Charlemagne, construit dans le style gothique, il fut « relifté » en baroque au XVIIIe s, pour la signature du traité de paix d'Aix-la-Chapelle. Sur la gauche, il reste une tour rustique, dite « de Granus ». Noter également l'auberge *Postwagen* (Le Courrier), qui est venue s'accrocher ici au milieu du XVIIe s. Même si l'édifice a été refait en quasi-totalité après la guerre, on a conservé le style du Moyen Âge. Les statues qui ornent la façade sont celles des rois qui furent couronnés dans la ville. Elles datent du XIXe s.
La visite permet de voir la *salle Blanche* (beaux stucs baroques), la *salle du Conseil* parée de boiseries du XVIIIe s, ainsi que la *salle du Couronnement* (à l'étage), avec ses belles voûtes et ses fresques sur la vie du grand Charles, exécutées au XIXe s par Rethel. Dans cette salle toujours, une statue de bronze de l'empereur, autrefois placée sur la fontaine du marché. Aujourd'hui, on l'a remplacée par une copie. Sont présentés également des objets rares, comme le sabre de Charlemagne, qui servait lors des cérémonies du couronnement, l'évangéliaire de l'Empire, etc. Dommage, ce ne sont que des reproductions ! Face à l'hôtel de ville, sur la place, la ***Haus Löwenstein,*** seul édifice gothique qui ait survécu au grand incendie du XVIIe s, abrite provisoirement le centre d'information sur la route Charlemagne.

***Centre Charlemagne*** *(plan A1, **41**)* **:** situé entre la cathédrale et la mairie, dans l'ancienne cour intérieure du palais (le *Katschhof*), ce centre présente une grande expo historique et marque le point de

## SACRÉ CHARLEMAGNE

*Avec sa barbe fleurie, il aimait bien l'école, mais préférait les femmes puisqu'il eut 6 épouses et 5 maîtresses dont sa soeur Ghisla. Au total, 17 enfants au compteur !*

départ de la ***Route Charlemagne.*** Il s'agit d'un itinéraire commenté à travers le centre-ville et jalonné de stations thématiques (« pouvoir » au Rathaus, « religion » au Dom, etc.). Le centre a ouvert ses portes au printemps 2014 pour abriter une expo majeure à l'occasion des 1 200 ans de la mort de l'empereur.

***Musée Couven*** *(plan A1,* ***42****) : Hühnermarkt 17 (derrière la cathédrale). ☎ 432-44-21. • couven-museum.de • Mar-dim 10h-18h (13h-18h ts les premiers sam du mois). Entrée : 5 € ; réduc. Visite en français sur rdv.* Dans une maison bourgeoise du XVII^e^ s, une vingtaine de pièces présentent des intérieurs des XVIII^e^ et XIX^e^ s des régions d'Aix, Maastricht et Liège. Boiseries, cheminées, mobilier baroque et nombreuses peintures montrant la vie paysanne. On peut aussi y voir, à l'endroit même où elle se trouvait il y a deux siècles, la pharmacie *Adler,* où l'on faisait déjà du chocolat.

***Ludwig Forum für Internationale Kunst*** *(hors plan par B1) : Jülicherstr 97-109. ☎ 180-71-04. • ludwigforum.de • Mar-dim 12h (11h w-e)-18h (20h jeu). Entrée : 5 € ; réduc.* C'est dans cette ancienne fabrique de parapluies que la ville accueille les différentes tendances de l'art contemporain international, du Pop Art aux dernières créations. Outre les expos temporaires, le *Ludwig Forum* possède aussi sa propre collection d'œuvres, qu'il expose par roulement. Joli restaurant à l'entrée.

***Suermondt-Ludwig Museum*** *(plan B2) : Wilhelmstr 18. ☎ 479-800. • suermondt-ludwig-museum.de • Mar-dim 12h (11h w-e)-18h (20h mer). Entrée : 5 € ; réduc.* Portant le nom de son donateur principal, ce musée situé dans une demeure bourgeoise joliment mélancolique propose surtout un riche ensemble de peintures allemandes et flamandes du Moyen Âge au XVIII^e^ s. Les amateurs d'art religieux seront comblés, avec pas mal de peintures gothiques, une impressionnante *Chute des damnés* de ***Jan Boeckhorst*** et une vaste section consacrée aux sculptures sur bois (saints et vierges polychromes). À voir aussi, un ***Pieter Bruegel le Jeune*** un ***Lucas Cranach l'Ancien*** et quelques ***Van Dyck.*** Enfin, au dernier étage, des œuvres romantiques et contemporaines, ainsi qu'une collection de vitraux d'époques diverses.

***Internationales Zeitungsmuseum*** *(Musée international du Journal ; plan A1,* ***43****) : Pontstr 13. ☎ 432-49-10. • izm.de • Mar-dim 10h-18h. Entrée : 5 € ; réduc.* Tout neuf et avec des commentaires en français. De Gutenberg au Web 2.0, un voyage au cœur de la presse et de ses enjeux, à travers une présentation ultramoderne (écrans tactiles, images 3D). On y aborde des thèmes actuels : liberté de la presse, éthique du journalisme... L'idée est bonne, mais il est vraiment dommage que le contenu en soit si limité : 3 salles et finalement très peu de documents authentiques, alors que la collection de ce musée (en grande partie constituée par Oscar von Forckenbeck, de 1854 à sa mort) compte plus de 160 000 exemplaires de journaux du monde. La visite est censée gagner en clarté et en pédagogie ; nous, on l'a surtout trouvée trop rapide !

## PIGEONS JOURNALISTES

*En 1850, Paul Julius Reuter fonda la première agence de presse Reuters à Aix-la-Chapelle. Elle acheminait les dépêches grâce à 200 pigeons-voyageurs. Les pigeons étaient beaucoup plus rapides que le train postal, donnant à Reuters un accès plus rapide aux informations boursières. En 1851, les oiseaux furent remplacés par des liaisons télégraphiques.*

***Markt*** *(marché ; plan A1) : sur la pl. de l'Hôtel-de-Ville, mar et jeu 7h-14h.* On peut encore y entendre le dialecte local, l'*Oecher Platt,* principalement parlé par les anciens. Si vous avez la chance de poser vos valises à Aix en hiver, ne manquez pas non plus le ***marché de Noël.*** Artisanat, vin chaud, « saucissonnades », éléments de déco style maison de poupées. Il démarre le matin et s'achève vers 21h.

## DANS LES ENVIRONS D'AIX-LA-CHAPELLE

### *MONSCHAU*

Ville de 12 000 habitants au cœur du massif de l'Eifel, Monschau a tout d'une carte postale. C'est d'ailleurs une destination éminemment touristique, plébiscitée par les autocaristes et leurs cargaisons de retraités... Un site charmant coincé au fond d'une gorge encaissée, plus de 600 maisons anciennes parfaitement conservées et classées, des ruelles pavées tortueuses, d'innombrables ponts... On ne propose aucun itinéraire car, ici, il faut errer comme on le sent.

#### Adresse utile

**Office de tourisme :** *Stadtstr 16 (en plein centre). ☎ (024) 7-280-480. • monschau.de • Tlj 10h-17h.* Cartes et infos sur les randonnées à faire dans le coin.

#### Où dormir ?

Si ce ne sont pas les hôtels qui manquent à Monschau, aucun n'est à recommander plus qu'un autre. Leurs prestations seront fonction de leur coût, point. Sachez juste que le moins cher, le ***Monschau Altstadt,*** se trouve dans la même rue que l'office de tourisme.

#### Camping

***Camping Perlenau :*** *52156* ***Monschau.*** *☎ (024) 72-41-36. • familie.rasch@monschau-perlenau.de • monschau-perlenau.de • À 1,5 km au sud du centre. Env 20 € pour 2 avec tente et voiture.* Un camping 4 étoiles en plein cœur d'une forêt de sapins, avec piscine, jeux pour enfants, resto... L'endroit idéal pour des vacances très nature !

#### Bon marché

***Jugendherberge Burg Monschau*** *(AJ) : Auf dem Schloss 4. ☎ (024) 72-23-14. • burg-monschau@jugendherberge.de • burg-monshau.jugendherberge.de • Fermé janv. Nuit en dortoir 16 €, petit déj et draps compris. Repas env 5 €. Loue également des apparts dans une maison en contrebas pour 5-6 pers 69-89 €/j.* Idéalement située, dans le château en surplomb du village, une grande auberge de jeunesse de 96 lits en dortoirs de 6 ou 10 lits. Quelques chambres doubles. Accueil chaleureux.

#### Où manger ?

***Schnabuleum :*** *Laufenstr 118. ☎ (024) 72-90-98-40. Tlj 11h30-14h30 et 17h30-21h30. Plats 12-20 €.* C'est le resto du moulin à moutarde (voir plus bas), qui sert donc des plats où intervient, d'une façon ou d'une autre, la moutarde. Et c'est bon ! Essayez le poivron farci. Également des soupes à la moutarde. Cadre rustique de vieille grange. Accueil chaleureux.

## À voir

***Rotes Haus*** *(Maison rouge) : Laufenstr 10. ☎ 72-50-71. Pâques-nov, mar-dim 10h-17h. Il faut arriver pile à 10h, 11h, 14h, 15h ou 16h, car ensuite la pers à l'accueil assure des visites guidées (en allemand) et ferme l'entrée. Entrée : 3 € ; réduc. Dépliant en français pour la visite.* Belle maison du milieu du XVIIIe s. Ancienne demeure d'un riche drapier, elle a été transformée en musée. Superbe aménagement intérieur et bel escalier de chêne.

***Die Senfmühle*** *(le moulin à moutarde) : Laufenstr 118. ☎ (024) 72-22-45. • senfmuehle.de • Mars-oct, visites mer et ven à 11h et 14h pour le moulin (entrée : 2,50 €). Tlj sf lun, sur résa de groupe de 12 pers min, possibilité de visites*

AIX-LA-CHAPELLE

*en français. Tlj pour la boutique.* Le moulin n'est certes pas souvent ouvert à la visite, mais on vous en parle pour la boutique attenante, qui vend les 18 sortes de moutarde préparées par le moutardier (et propriétaire du moulin) Guido Breuer. Arômes surprenants, n'hésitez pas à vous fendre d'un petit pot. Essayez aussi la liqueur à base de café et moutarde.

Pour les moins pressés enfin, il y a encore le ***musée de la Brasserie*** *(ouv mar-dim, Pâques-oct, 11h-20h),* celui de la ***Photo*** (belle collection d'appareils !), la ***Haus Troistorff*** ayant appartenu à un riche marchand drapier ou encore un souffleur de verre. À *Rohren* (quelques kilomètres à l'ouest de Monschau), un centre sportif est équipé d'une piste de bobsleigh d'été de 750 m. Et puisque nous sommes dans un parc national, nombreux sentiers de randonnée.

## Manifestation

– ***Open air Klassik auf der Burg Monschau :*** *1 sem en août. Infos et résas : ☎ (024) 72-80-48-28. • monschau-klassik.de •* Festival de Musique classique et d'Opéra, en plein air, au pied du château.

# KÖLN (COLOGNE)

1 007 000 hab. IND. TÉL. : 0221

Pour les plans de Cologne, se reporter au cahier couleur.

*Lille-Cologne : 295 km ; Metz-Cologne : 250 km ; Cologne-Aix-la-Chapelle : 65 km.*

**Quatrième ville d'Allemagne, Cologne a été presque totalement détruite pendant la guerre. Elle s'est relevée avec un étonnant courage et une stupéfiante rapidité. Pour les Allemands, le nom de *Köln* évoque une ville dynamique, jeune et fêtarde. Même si la reconstruction a connu des ratés, le vieux centre et les verdoyants quais du Rhin sont pleins de charme. La vieille ville n'est certes pas très ancienne, mais ses hautes maisons à pignon ont été rénovées avec soin. D'autres endroits méritent qu'on s'y attarde : le quartier belge des jeunes créateurs, celui autour de l'université, Deutz et son ambiance de village... Alors, tournez le dos aux quelques réalisations architecturales pseudo-avant-gardistes des années 1970 qui sont venues défigurer le centre, et visitez plutôt sa fameuse cathédrale (une des cartes postales les plus vendues d'Allemagne), son chapelet de musées, et testez son fabuleux carnaval, sa célèbre eau (de Cologne) et sa bière ! Vous découvrirez une ville d'autant plus attachante que la population est chaleureuse et accueillante. Spontanés, ouverts, le tutoiement facile : on dit souvent que les Colonais sont les plus latins des Allemands !**

### PARLEZ-VOUS LE *KÖLSCH* ?

Kölsch *désigne ce qui est propre à Cologne. Ce n'est pas seulement le nom de la bière locale, mais aussi un dialecte rhénan issu du francique encore en usage à Cologne. D'ailleurs, on dit ici que c'est le seul langage qui se boit ! Ce dialecte est très difficile à comprendre, y compris pour les Allemands. Toutefois, les oreilles attentives reconnaîtront peut-être les mots « trottoir », « parapluie » et autres termes empruntés au français.*

– *Attention :* avant de partir, vérifiez le programme des foires et des salons auprès de l'office de tourisme ou sur ● *koelnmesse.de* ●, car la *Köln Messe* en accueille un paquet tout au long de l'année. À ces périodes, les prix des hôtels explosent et il devient difficile de trouver une chambre. Souvent, d'ailleurs, elles sont réservées d'une année sur l'autre.

## UN PEU D'HISTOIRE

À visiter la ville trop rapidement, à part la cathédrale, on ne pourrait imaginer que son histoire remonte si loin dans le temps : dès l'an 50, la cité devient colonie romaine (d'où son nom). Les arts se développent, et Rome veut l'élever au rang de capitale. De nombreux vestiges subsistent de cette période : ruines, murs d'enceinte, un prétoire *(praetorium),* une très belle mosaïque à sa place originale et une superbe collection de verrerie et de céramiques exposée au Musée romain-germanique. À la rubrique people de l'Antiquité, sachez qu'***Agrippine,*** la troisième femme de l'empereur Claude et mère de Néron, était native de *Colonia.*
Sainte Ursule, martyrisée par les Huns (au IVe s), adulée par les autres, devient la patronne de la ville. Puis saint Géréon, martyr lui aussi, voit s'élever sur sa tombe une église. Cologne acquiert le rang d'archevêché. Tout au long du Moyen Âge, les religieux dominent la vie politique de la cité et de nombreuses églises sont bâties. La ville devient alors un véritable creuset du monde des arts et des sciences. Au XIIe s, ***Frédéric Ier Barberousse*** rapporte de Milan les reliques des Rois mages. La ville affirme ainsi son statut de grand centre de pèlerinage en Europe. Ville bourgeoise, commerçante et prospère, elle organise sa première foire en 1360. En 1388, son rayonnement intellectuel entraîne la fondation d'une université. La peste modère toutefois ses ambitions et, comme partout en Europe, les juifs, accusés d'avoir propagé l'épidémie, subissent d'infâmes pogroms avant d'être chassés de la ville.
Fin XVIIIe s, les Français occupent la ville. Ils font un beau carnage et détruisent de nombreux édifices. Ils seront chassés par les Prussiens et les Russes au début du XIXe s. Sous l'administration prussienne, Cologne développe son industrie, se modernise et surtout s'agrandit. On construit le « Ring », large boulevard semi-circulaire qui cerne le centre-ville. Après la Première Guerre mondiale, ***Konrad Adenauer,*** maire de la ville, poursuit la tâche. Il devra s'enfuir en 1933, à l'arrivée de Hitler au pouvoir.
La Seconde Guerre mondiale et les intenses bombardements stoppent net cette ascension, et tout est à refaire : la vieille ville est détruite à 95 % ! S'installe alors une période d'anarchie architecturale puisqu'il faut reloger à la va-vite toute une partie de la population. Mais petit à petit, des parcs sont redessinés, les responsables s'accordent sur une architecture cohérente et globale, un vaste plan de restauration des églises et monuments est mis en place, et une politique culturelle dynamique est définie. Si nous nous attardons un peu sur cette reconstruction, c'est qu'il nous semble important de voir Cologne au travers du prisme de son histoire récente, et de comprendre l'incroyable effort réalisé pour sortir cette ville nouvelle des décombres.
Au rayon célébrités, notons qu'***Heinrich Böll,*** prix Nobel de littérature en 1972, est natif de Cologne. Signalons aussi que la ville fait figure de capitale allemande de l'audiovisuel : les plus grandes chaînes de télé y ont leur siège.



## HISTOIRE D'EAU POUR BUVEURS DE BIÈRE

Au cours du XVIIIe s, un Italien, Johan Maria Farina, distille des parfums de fleurs afin de mettre au point un aphrodisiaque. Il loupe son coup (enfin, on en attend toujours les effets !) et crée ainsi une eau de toilette. L'« eau de Cologne » était née. Aujourd'hui, toute eau de Cologne est une eau de toilette. Mais l'inverse n'est pas vrai. Seule la mention « *Echt Kölnisch Wasser* » (Eau de Cologne originale), qui doit figurer sur le flacon, distingue l'authentique de l'ersatz. Seules deux maisons produisent cette véritable eau : Farina et la maison 4711. Elles continuent aujourd'hui encore à se disputer cette précieuse appellation. C'est Johan Maria Farina, venu s'installer à Cologne en 1709, qui aurait le premier utilisé ce nom. Avec l'arrivée des Français à Cologne en 1801, le droit de libre commerce est instauré, et plus de 2 000 contrefaçons de ce parfum vont exister. Muehlens crée son eau de Cologne et un nombre impressionnant de procès vont avoir lieu entre les deux maisons, jusqu'au déménagement de Muehlens dans la Glockengasse. Il aura l'ingénieuse idée de baptiser son eau du numéro de sa rue, mettant ainsi un terme à beaucoup de confusions.

Exportée dès le XVIIIe s vers les Indes par les officiers français, l'eau de Cologne conquiert également le Nouveau Monde au siècle suivant. Le secret de la préparation de l'eau de toilette, jalousement conservé, suscite des envieux. La recette du mélange, détenue par un seul membre de la famille, se transmet de génération en génération, bien qu'on sache que des extraits d'orange, de citron, de lavande, de jasmin, de bergamote et de thym entrent dans la composition.

### UNE EAU MULTI-USAGE

*Au XVIIIe s, l'emploi de l'« eau de Cologne » relèvait plus de la médication que du plaisir olfactif. Quand les soldats de Louis XV, après la guerre de Sept Ans, rapportèrent l'eau admirable de Cologne (d'où son nom), les Français commencèrent à l'utiliser pour ses vertus revigorantes : on s'en frictionnait le corps, on en usait pour les ablutions, on la prescrivait en injection et on en mettait même dans la soupe !*

## HISTOIRE DE BIÈRE

Sur la *mosaïque de Dionysos* du *Römisch Germanisches Museum,* on peut encore observer les délices sacrés de Lucullus. Les Romains, de fichus fêtards, allaient ripailler le samedi soir en face du campement. Ils se jetaient dans les *canabae* dont on a tiré, à Cologne, la *Kneipe.* Le Dom étant devenu un lieu de pèlerinage, la toponymie colonaise nous a livré bien des secrets. Car après les vêpres, le pèlerin n'allait pas pioncer, il allait près de l'église Sainte-Ursule dans la rue baptisée « Derrière la cuisine de l'abbesse ». Pour la plupart, en fait, les brasseries se situaient dans les caves de maisons patriciennes. Malheureusement, la guerre ne les a pas épargnées. Mais la disposition intérieure est presque identique.

Plus d'une vingtaine d'entre elles produisent la célèbre *Kölsch,* bière légère, un peu amère, qui ne se boit que dans le *Kölsch Stange,* une flûte de 0,20 cl à large base, style verre à rhum-coca. Le *Köbes,* le serveur en tablier bleu, viendra avec sa couronne (le plateau à poignée qui contient les verres) la remplacer dès qu'elle sera vide. C'est un gage de fraîcheur. Les habitués fréquentent souvent la même brasserie, si bien que le *Köbes,* qui virevolte avec célérité entre les tables, fait confiance à ses hôtes pour lui rappeler le montant de leur ardoise. En revanche, s'il ne vous connaît pas, il inscrira une marque sur l'un des sous-bocks de votre « binouse ». Quand on n'a plus soif, il suffit de couvrir son verre avec le sous-bock. Enfin, on nous a affirmé que l'on buvait et produisait plus de bière à Cologne qu'à Munich. Mais on ne sait toujours pas si c'est l'effet de la *Kölsch* ou l'expression d'un chauvinisme de bon aloi...

# Arriver – Quitter

## En train

**Gare ferroviaire** *(plans couleur I et centre, D2)* **:** *située juste à côté de la cathédrale.* La gare de Cologne est l'une des plus importantes d'Allemagne. Quelque 1 200 trains arrivent et partent quotidiennement au pied du Dom !

*Infos horaires, tarifs et résas au ☎ 118-61 ou 0800-150-70-90. Lun-ven 6h-22h, w-e 7h-21h.*

➢ ***Berlin :*** au moins 1 train *ICE*/h. Compter 4h de trajet.

➢ ***Francfort :*** au moins 2 trains *ICE*/h. Durée : 1h à 2h30.

➢ ***Hambourg :*** 1 à 2 trains *ICE*/h. Durée : 4h.

➢ ***Munich :*** 1 train *ICE* direct ttes les h. Durée : 4h30.

➢ ***Stuttgart :*** 1 train *ICE* direct ttes les 2h. Durée : 2h15.

➢ ***Paris :*** 8 *Thalys* quotidiens via Bruxelles (). Durée : 3h15.

### En bus

***Gare routière*** *(plan couleur centre, D2) : juste derrière la gare ferroviaire.* Arrivées et départs *Eurolines.*

### De et vers l'aéroport de Cologne-Bonn

➢ ***Pour rejoindre la ville*** (à 15 km au sud-est) *:* trajet en 15 mn avec le S-Bahn 13 (départ ttes les 30 mn, 2,50 €) ou bus nº 170 jusqu'à la gare routière (ttes les 12 mn, 5 €). 4 à 5 fois plus pour un taxi. ● *koeln-bonn-airport.de* ●

## Déplacements en ville

C'est une ville où l'on marche. Inutile et même déconseillé de circuler en voiture. Le système de sens unique est de toute manière absolument infernal. Garer son véhicule dans un parking autour du centre. Tout ce qui est à voir se trouve dans la zone piétonne ou juste à côté, à une ou deux exceptions près.

### En transports en commun

***Bus, tram*** et ***métro.*** Mêmes tickets. Vous trouverez un plan gratuit du réseau à l'office de tourisme. Pour la plupart, les lignes convergent vers le centre aux stations « Hauptbahnhof » et « Neumarkt ».

### En voiture

Attention, parkings très chers : grosso modo, 2 € de l'heure entre 9h et 23h.

## Les quartiers

COLOGNE

– ***Innenstadt*** *(plan couleur I, B-C-D1-2-3) :* le centre. Code postal : 50667. C'est là que les grosses brasseries, grands restos classiques et principaux monuments se concentrent. Pour la plupart, les touristes s'y cantonnent. Sinon, dans le sens contraire à celui des aiguilles d'une montre, à partir de la gare :

– ***Kunibertviertel*** *(plan couleur I, D-E1-2) :* derrière la gare. Code postal : 50668. C'est l'ancien quartier des prostituées. Désormais réhabilité, on y trouve pas mal de petits hôtels familiaux et de restos sympas.

– ***Eigelstein*** *(plan couleur I, C-D1) :* vers le nord-ouest, vous tombez dans le quartier turc d'Eigelstein, où déambulent encore quelques filles de joie.

– ***Quartier résidentiel « Belgisches Viertel »*** *(plan couleur I, B2-3) :* du sud du Stadtgarten à Barbarossaplatz, entre le Hohenzollernring et la voie ferrée. C'est le coin des petits restos, bars, pubs, boutiques de design. Plus on s'approche de l'université et plus le quartier s'anime (quartier « Lateng »).

– ***Alt Stadt Süd*** *(plan couleur I, C-D3-4) :* au nord de Chlodwigplatz, même style que le précédent. On y trouve aussi le quartier gay, de part et d'autre d'Elendskirche. Un peu à l'ouest, le Volksgarten accueille des groupes africains et sud-américains tous les soirs d'été.

– ***Rheinauhafen*** *(plan couleur I, E3-4) :* alangui le long du Rhin autour du Severinsbrücke, c'est le tout nouveau quartier à la mode, avec ses bâtiments futuristes en forme de grue portuaire et ses promenades aménagées en bord de fleuve.

– ***Deutz*** *(plan couleur I, E-F2-3) :* et enfin, au-delà *du* Rhin, au sud de la *Koeln Messe,* un monde différent, Deutz, où règne un esprit de clocher du genre rive droite/rive gauche. Un quartier vivant et populaire, délaissé par les touristes.

## Adresses et infos utiles

### Informations culturelles et touristiques

**Office de tourisme** *(Köln Tourismus Office ; plan couleur centre, D2)* **:** *Kardinal-Höffner Pl.* ☎ *221-346-430.* • *koelntourismus.de* • *En face de la cathédrale. Lun-sam 9h-20h, dim 10h-17h.* Achetez le dépliant en français sur la ville, avec plans du centre et du métro (2 €). Vous pouvez aussi y acheter la *Welcome Card (9 € pour 24h),* qui permet d'utiliser librement tous les transports publics et donne droit à des réductions sur les musées, attractions, tours en bus ou en bateau, certains spectacles et, même, à une bière gratuite dans l'un ou l'autre pub. À vous de calculer si vous pouvez la rentabiliser. Enfin, l'office de tourisme peut aussi se charger de vous trouver une chambre et vend les tickets pour les bus touristiques qui pratiquent le « hop-on, hop-off » pour faire le tour de la ville avec commentaires en français dans le casque. Librairie bien fournie.

■ **Réservations d'hôtels** *(Hotel Reservation Service)* **:** *Blaubach 32.* ☎ *2077-4964.* • *hrs.de* • *Résas par tél tlj 7h-minuit (22h w-e).* Possible aussi via Internet. Peut être une bonne solution, car souvent moins cher que si l'on s'adresse directement à l'hôtel.

– Pour ceux qui ont peu de temps, il peut être intéressant de faire le tour de la ville en bus (commentaires en allemand et en anglais). Plusieurs compagnies, notamment **City Tour** • *citytour.de* • *1 bus/h. Résa à l'office de tourisme. Prix : 15 € avec escales, 13 € sans ; réduc. Durée : 2h.*

– **Journaux d'actualités culturelles :** pour les forts en allemand, il y a le *Monatsvorschau Köln (en vente pour 1 € à l'office de tourisme),* et surtout la *Stadt Revue (chez les marchands de journaux).*

### Transports

■ **Location de voitures :** *plusieurs agences* **Sixt** *en ville, la plus centrale étant celle de la gare principale.* ☎ *912-32-47. Lun-ven 7h-22h, w-e 9h-18h. Une autre adresse à l'aéroport de Köln-Bonn,* ☎ *(02203) 95-450.*

■ **Location de vélos :**

– **Radstation :** *juste derrière la gare, sur la droite.* ☎ *139-71-90.* • *koelnerfahrradverleih.de* • *Lun-ven 5h30-22h30, sam 6h30-20h, dim et j. fériés 8h-20h. Loc pour 3h (5 €) ou 1 j. (10 €).*

– **Rent a Bike :** *Markmanngasse, au pied du Deutzer Brücke (près de l'embarcadère KD).* ☎ *(0171) 629-87-96. Avr-oct 10h-18h. Mêmes tarifs que le précédent.* Organise des tours de ville guidés à vélo, en allemand mais aussi, sur demande, en français *(tlj 13h30-16h30 ; 15 €).* Selon nous, la meilleure façon de visiter Cologne. Résa conseillée.

Longues promenades à vélo à faire le long du Rhin. Berges vertes et excellentes pistes cyclables.

## Où dormir ?

*Petit rappel :* il peut être intéressant de réserver via le service *Hotel Reservation Service* (voir « Adresses utiles »), qui propose en principe des tarifs légèrement plus bas que ceux que vous paieriez en vous adressant directement à l'hôtel. Quoi qu'il en soit, n'oubliez pas que les prix des chambres explosent littéralement en période de foires, où ils sont multipliés par 2 ou 3, voire 4 !

### Camping

**Camping Berger** *(hors plan couleur I par E4,* **10***)* **:** *Uferstr 71, 50996.* ☎ *935-52-40.* • *kontakt@camping-berger-koeln.de* • *camping-berger-koeln.de* • *Sur un coude de la rive gauche du Rhin, à 7 km au sud de la ville. Ouv tte l'année. Env 24 € pour 2 avec tente et voiture.* Le plus proche et le meilleur. Resto, machines à laver et location de vélos (pour la piste cyclable qui longe le Rhin).

## Bon marché

**Jugendherberge Pathpoint** *(AJ ; plan couleur I, D1, **11**) : Allerheiligenstr 15, 50668. ☎ 13-05-68-60. • info@pathpoint-cologne.de • pathpoint-cologne.de • 24h/24. Nuit en dortoir à partir de 22,40 €. Petit déj 4 €. Carte FUAJ facultative, mais elle donne droit à une réduc.* La mieux située des AJ officielles. Toute neuve, agréable, pas trop grande (115 lits) et bien équipée : difficile de trouver une critique à formuler dans ces conditions ! Toutes les chambres, de 2 à 8 lits, ont des sanitaires complets et des casiers. Cuisine à dispo, laverie, cour ombragée et salle de jeux installée dans une ancienne église.

**Station Hostel for Backpackers** *(plan couleur centre, D1, **12**) : Marzellenstr 44, 50668. ☎ 912-53-01. • station@hostel-cologne.de • hostel-cologne.de • Nuit en dortoir 17-24 €, doubles 48-55 € ; petit déj env 4 €. Majoration de 6 €/pers pdt les foires.* AJ privée en plein centre, à 300 m de la gare et de la cathédrale. Pas de couvre-feu. Chambres propres, aux couleurs vives, de 1 à 6 lits. Sanitaires bien tenus. Cuisine à dispo, bar, machines à laver, coffres-forts.

**Jugendherberge Köln-Deutz** *(AJ ; plan couleur I, F2, **13**) : Siegesstr 5, 50679. ☎ 81-47-11. • koeln-deutz@jugendherberge.de • koeln-deutz.jugendherberge.de • U 2-8 et 7-9 : Deutzer Freiheit. 24h/24. Nuitée à partir de 23,40 € ; doubles 55-70 €.* Sur la rive droite du Rhin, dans un bloc blanc de 7 étages. On peut l'atteindre en 15 mn à pied de la gare, en traversant le Hohenzollernbrücke. Avec plus de 500 places en chambres de 1 à 6 lits (toutes avec sanitaires privés), c'est une vraie ruche dotée de 2 cafétérias et d'un bar.

**Jugendherberge Köln-Riehl** *(AJ ; hors plan couleur I par E1, **14**) : an der Schanz 14, 50735. ☎ 97-65-130. • koeln-riehl@jugendherberge.de • koeln-riehl.jugendherberge.de • U 18 : Boltensternstr (un arrêt après le zoo) ; ensuite, 3 mn de marche. À env 4 km au nord du centre, non loin de la grande tour « Axa » (super point de repère si vous êtes en voiture !). 24h/24. Nuit à partir de 23,40 € ; double env 74 €, petit déj inclus. Parking gratuit.* Grand bâtiment moderne, genre hôpital, situé dans un grand parc pour ceux que ça pourra consoler. Capacité maousse de 500 lits en chambre de 4 ou 6 lits (avec douche et w-c). Bar et cafétéria qui sert des repas à heures fixes.

## Prix moyens

**Hotel Im Kupferkessel** *(plan couleur centre, C1, **15**) : Probsteigasse 6. ☎ 270-79-60. • info@im-kupferkessel.de • im-kupferkessel.de • U 12-15 : Christopherstr. Compter 82-150 € pour 2 avec sdb (petit déj inclus). Fermé vac de Noël. Parking payant.* Bien pour ceux qui voyagent seuls car on y trouve des chambres simples à bon prix *(40-53 €)*. Un jeune couple a repris l'hôtel et rénové les chambres d'heureuse manière : claires, plaisantes et confortables. Excellent accueil. L'un des moins chers lors des foires.

**Hotel Drei Kronen** *(plan couleur centre, D2, **16**) : Auf dem Brand 6. ☎ 258-06-92. • info@hotel-drei-kronen.de • hotel-drei-kronen.de • U 5-16-18 : Dom-Hbf. Pour 2, à partir de 73 €. Petit déj 10 €/pers.* Excellente situation près du Rhin, à l'ombre des tours de la cathédrale. Rien à redire sur les chambres, impeccables et à prix sages pour le quartier. Certaines donnent sur le Rhin.

**Hotel Brandenburger Hof** *(plan couleur centre, D1, **17**) : Brandenburger Str 2-4, 50668. ☎ 12-28-89. • brandenburgerhof@t-online.de • brandenburgerhof.de • À 3 mn à pied de la gare. Compter 75-170 € pour 2, sans ou avec sdb (prix plus élevés lors des Messe), petit déj compris. Parking gratuit (qqs places slt). Café offert sur présentation de ce guide.* Chambres calmes et bien tenues. Les proprios parlent le français. Plusieurs autres hôtels dans la rue.

**Hostel Köln** *(plan couleur centre,*

COLOGNE

C3, **19**) : *Marsilstein 29, 50676. ☎ 99-87-760. • willkommen@hostel.ag • hostel.ag • U 9 : Mauritiuskirche. Env 24 €/pers en chambre partagée. Double env 89 €, petit déj inclus. Parking (15 €/nuit).* Un nouveau concept à cheval entre l'hôtel classique et l'AJ : chambres avec sanitaires de 1 à 6 lits, que l'on peut avoir pour soi tout seul ou partager avec des amis (mais pas avec des étrangers, au contraire des AJ). Déco fraîche et sobre, tout en modernité. Bien situé entre la vieille ville et le quartier étudiant, avec une terrasse sur le toit.

**Hotel Madison am Dom** *(plan couleur centre, D1,* **20**) : *Ursulaplatz 10-12, 50668. ☎ 13-29-91. • contact@hotelmadison.de • hotelmadison.de • Doubles avec petit déj 60-90 € selon saison. Parking.* Très bien situé, pas loin de la gare et à un jet de pierre des principaux centres d'intérêt de la ville. Guère de charme, mais des chambres spacieuses avec salle de bains parfaitement tenues. Également des triples et quadruples pour les familles. Préférez celles qui donnent sur l'église plutôt que sur la voie ferrée ! Accueil sympa.

**Hotel Drei Könige** *(plan couleur centre, D1,* **21**) : *Marzellenstr 58-60. ☎ 13-20-88. • info@drei-koenige-hotel.de • drei-koenige-hotel.de • Tt près de la gare. Double autour de 95 € (prix très variables selon affluence), petit déj inclus.* Chambres sans grande originalité mais avec tout le confort et des salles de bains « nickel-chrome ». Excellent accueil.

**Hotel Domblick** *(plan couleur centre, D1,* **22**) : *Domstr 28, 50668. ☎ 12-37-42. • info@hoteldomblick.de • hoteldomblick.de • À deux pas de la gare. À partir de 70 € la double avec petit déj (prix variables selon confort et saison). Parking.* Petit hôtel, juste au nord de la gare, rénové avec un confort standard ; chambres assez exiguës mais toutes dotées de sanitaires.

## Plus chic

**Das Kleine Stapelhäuschen** *(plan couleur centre, D2,* **23**) : *Fischmarkt 1-3, 50667. ☎ 272-77-77. • info@kleines-stapelhaeuschen.de • kleines-stapelhäuschen.de • U 5-16-18 : Dom-Hbf. Fermé à Noël et au Nouvel An. Plusieurs niveaux de confort et donc plusieurs prix ; en gros, compter 63-135 € la double sans ou avec sanitaires (plus ou moins complets), petit déj inclus. Possibilité de ½ pens. Hausse des prix pdt les foires.* Délicieux petit hôtel de charme dans le quartier le plus sympathique de la ville, tenu par une gentille famille. D'allure médiévale, il possède 2 façades, l'une verte, l'autre saumon, au bord du Rhin. Escalier qui craque sous les pas, salle à manger rustique *(resto fermé lun-mar).* Les chambres sont modestes mais agréables, en particulier celles de la vieille aile. La n° 42, sous les toits, possède même de grosses poutres et une poulie. Notre adresse coup de cœur à Cologne.

**Hotel Flandrischer Hof** *(plan couleur centre, B2,* **24**) : *Flandrische Str 3-11. ☎ 203-60. • info@flandrischerhof.de • flandrischerhof.de • U 1-7-12-15 : Rudolfplatz. Doubles 55-175 € selon confort, mais offres spéciales sur le site web. Gros buffet petit déj 9 €.* Installé dans une petite rue de ce quartier vivant le soir. Vous y trouverez des chambres standardisées mais agréables et luxueuses, avec minibar et excellente literie. Une très bonne adresse dans sa catégorie. Bon accueil.

**Hotel am Museum** *(plan couleur centre, D2,* **25**) : *Unter Taschenmacher 18-20. ☎ 258-07-24. • info@hotel-am-museum.de • hotel-am-museum.de • U 5-16-18 : Dom-Hbf. À deux pas de la cathédrale. Fermé Noël-31 janv. Doubles 85-145 € selon saison, petit déj inclus. Parking payant.* Façade ultratypique. L'intérieur respire le souci du détail, qu'il s'agisse des chambres (parfumées et décorées de meubles en bois peint) ou du petit bar au rez-de-chaussée. Mention spéciale pour la salle du petit déj en sous-sol, vraiment superbe ! Environnement un peu bruyant les soirs de week-end. Accueil très aimable.

**Hotel Santo** *(plan couleur I, D1,* **26**) : *Dagobertstr 22-26. ☎ 913-97-70. • info@hotelsanto.de • hotelsanto.de • À 300 m de la gare. Doubles à partir de 89 €, petit déj inclus.* Hôtel design confortable et élégant. Dans un quartier calme, à deux pas de la gare. Belle salle de petit déj toute vitrée et plein d'espaces agréables pour se reposer. Les chambres, toutes équipées de douches, sont sobres et ultramodernes. L'accueil est tout en sourire et simplicité, on s'y sent vraiment bien.

**Art'Otel Cologne** *(plan couleur I, E3,* ***27****) : Holzmarkt 4, 50676. ☎ 80-10-30. • acoinfo@pphe.com • artotels.com/cologne • U 3-4 : Severinsta. Doubles env 120-200 € selon taille et saison (promos sur Internet). Parking gratuit.* Un bel hôtel tendance astucieusement situé au bord d'un bassin de plaisance relié au Rhin, dans le nouveau quartier du Rheinauhafen. Les couloirs et les chambres, de grand confort bien sûr, sont parsemés d'œuvres de l'artiste coréenne Seo. Il s'en dégage une atmosphère à la fois moderne et chaleureuse, avec de beaux jeux de lumière. Sauna. Buffet petit déj extra, servi dans une salle panoramique. Super accueil.

**Hotel Cristall** *(plan couleur centre, D1,* ***28****) : Ursulaplatz 9-11. ☎ 163-00. • info@hotelcristall.de • hotelcristall.de • À deux pas de la gare. Doubles 65-180 € selon taille, petit déj inclus.* Très central, cet hôtel intrigue par sa façade originale, totalement moderne à l'exception d'un porche roman bien conservé. Mobilier résolument contemporain et grand confort. Mais moyennement calme, car bordé d'un côté par une route très fréquentée et de l'autre par la voie ferrée. Accueil charmant.

## Très chic

**Hopper Hotel et cetera** *(plan couleur I, B3,* ***29****) : Brüsseler Str 26. ☎ 92-44-00. • hotel@hopper.de • hopper.de • U 1-7 : Molktestr. Dans le quartier belge, branché et animé le soir. Congés fin déc-début janv. Doubles dès 135 € en sem, 120 € le w-e, petit déj inclus ; jusqu'à 310 € en hte saison. Au resto, plats dès 17 €. Parking (13 €/j).* La cohabitation harmonieuse d'une architecture moderne dans un ancien couvent et de multiples œuvres d'art font de cet endroit un lieu d'exception : si la sobriété est de rigueur, les espaces sont malgré tout chaleureux, égayés par des touches de couleur, des fleurs... tout est luxe et raffinement. Les chambres, installées dans d'anciennes cellules de moines, ne sont pas très grandes mais claires. Salles de bains de marbre noir. Sauna, salle de fitness. Aucune fausse note ici, un vrai régal pour les yeux, mais aussi pour le palais : on y mange une fine cuisine aux notes méditerranéennes à des prix plus que corrects le midi. Excellent accueil.

**Hopper Hotel St Antonius** *(plan couleur I, D1,* ***30****) : Dagobertstr 32. ☎ 166-00. • st.antonius@hopper.de • hopper.de • À 350 m au nord de la gare, peu après l'*hôtel Santo. *Doubles dès 175 € en sem selon taille, dès 145 € le w-e, petit déj inclus.* Le petit frère de l'hôtel cité juste avant. On ne change pas un concept qui gagne, donc toujours cet enchevêtrement réussi d'ancien et de contemporain. Ici, c'est la photo qui est mise à l'honneur : Fritz Gruber, fondateur de la collection photo Gruber au musée Ludwig, a, par amitié, aidé au choix des œuvres exposées dans l'établissement, donnant ainsi une ambiance particulière et unique à chaque chambre. Joli resto autour d'un délicieux patio. Cuisine française « rustique ».

## Où manger ?

À Cologne plus qu'ailleurs, les tavernes sont au coude à coude. Il faut absolument découvrir ces endroits traditionnels, qui sont l'âme du pays. Sans retenue, on y chahute devant une bonne bière ou autour de plats typiques, proposés à tous les prix, ce qui permet aux moins fortunés de se remplir l'estomac sans trop bourse délier. Parmi les spécialités culinaires, colonaises et rhénanes, notons le *Kölsch Kaviar* (boudin noir fumé accompagné de rondelles d'oignons), la *Bockwurst* (saucisse épicée servie avec un pain de seigle), le *Hämmchen* (jambonneau de porc et choucroute), le *Himmel un Äd* (boudin noir avec compote de pommes et purée) et, enfin, les *Decke Bunne met Speck* (fèves en sauce et au lard). Que du diététique ! On peut aussi se sustenter du délicieux pain noir au seigle de la région de Cologne, le *Pumpernickel*.

## *Dans la vieille ville*

### De bon marché à prix moyens

Nous vous avons sélectionné quelques-unes de ces brasseries typiques et incontournables. Vous y trouverez la même carte, à une ou deux variantes près.

**|●| *Cölner Hofbräu Früh*** *(plan couleur centre, D2,* ***41****)* **:** *Am Hof 12-14. ☎ 261-30. • gastronomie@frueh.de • U : Dom-Hbf. 12h-minuit. Plats 10-15 €. CB refusées.* Immense taverne à deux pas de la cathédrale. Plus de 1 000 places sur 3 étages ! Inutile, bien sûr, de dire que tout cela rugit, en particulier le dimanche où le passage est continu. Ici, c'est la *Früh* qu'on sirote, accompagnée d'un des nombreux plats du jour. En spécialité, le jambonneau ou la *Gulaschsuppe* présentée de façon plutôt originale dans une petite miche de pain. Peut-être aurez-vous la chance de tomber sur une réunion des confréries de la ville et de les voir chanter en se tenant les coudes... L'été, la terrasse colonise la rue piétonne.

**|●| *Papa Joe Klimperkasten*** *(plan couleur centre, D2,* ***42****)* **:** *Alter Markt 50-52. ☎ 258-21-32. • info@papajoes.de • U : Dom-Hbf. Tlj 11h-3h. Plats et snacks 5-15 €.* Chouette bar-resto rétro où la bière coule à flots. On s'assoit à des tables reposant sur de vieilles machines à coudre, puis on laisse courir son regard sur les vieilles affiches, les portraits et les journaux collés aux murs. Clientèle de tous âges et musique sur le vieux piano tous les soirs de semaine en été dès 20h. Le week-end, c'est Gerhard et Günther, deux automates, qui s'activent au clavier ! Pour boire comme pour manger, on a aimé.

**|●| *Bierhaus en d'r Salzgass*** *(plan couleur centre, D2,* ***43****)* **:** *Salzgasse 5-7. ☎ 800-19-00. • info@bierhaus-salzgass.de • U : Heumarkt. Tlj 16h (12h ven-dim)-minuit. Plats 10-20 €.* On y sert une cuisine de bonne qualité et une savoureuse *Kölsch Päffgen* au tonneau. Joli décor qui confine au sacré : un vrai temple de la bière avec son autel, ses statues, ses peintures et son immense cathédrale.

**|●| *Brauhaus Sion*** *(plan couleur centre, D2,* ***44****)* **:** *Unter Taschenmacher 5-7. ☎ 257-85-40. • info@brauhaus-sion.de • U : Dom-Hbf. 10h30-minuit (1h30 le w-e). Menu midi env 8 €. Plats 6-15 €.* Lambris foncés, lampes rustiques, vitraux, bref, les attributs traditionnels de la taverne rhénane. Au fond, belle salle de 500 places. On y retrouve les spécialités du coin comme le *Decke Bunne met Speck* (fèves des marais au lard fumé) et le *Kölsche Kaviar* (boudin noir aux oignons). Terrasse sur les pavés aux beaux jours.

**|●| *Brauerei zur Malzmühle*** *(plan couleur centre, D3,* ***45****)* **:** *Heumarkt 6. ☎ 21-01-17. • info@malzmuehle.de • U : Heumarkt. 11h30-minuit (1h ven-sam, 23h dim). Plats 9-20 €.* Brasserie bien typique du vieux quartier, dont le nom signifie « moulin à malt ». Carte en plusieurs langues. Le décor boisé n'altère pas la belle luminosité de cette grande salle où les bavardages vont bon train. Nourriture revigorante, où *Sauerkraut* et *Kartoffeln* côtoient assidûment saucisses *(Bockwurst)* et jarrets de porc. Le tout, bien sûr, arrosé de *Mühlenkölsch*.

**|●| *Päffgen*** *(plan couleur centre, B2,* ***47****)* **:** *Friesenstr 64-66. ☎ 13-54-61. • paeffgen@paeffgen-koelsch.de • U : Friesenstr. 10h-minuit (0h30 ven-sam). Plats 8-13 €.* Un peu à l'écart de la zone touristique, on aime bien cette brasserie chaleureuse à la clientèle presque 100 % colonaise. Attention, c'est souvent plein à craquer ! Cuisine rhénane pur jus et *Päffgen* fraîche pour se rincer le gosier. Côté décor, même topo qu'ailleurs : grandes salles lambrissées aux murs clairs, grosses tables de bois poncé. En été, poussez au fond du jardin : on peut y observer la production.

|●| ***Schreckenskammer*** *(plan couleur centre, D1, **48**) : Ursulagartenstr 11-15. ☎ 13-25-81. U/S : K-Hansaring. 11h-13h45, 16h30-22h30. Fermé dim-lun. Plats 9-17 €.* *Kölsch* artisanale brassée depuis 500 ans dans la même maison. Fréquentée principalement par les Colonais, qui viennent manger rumsteacks et escalopes de porc. Terrasse en face du cloître des Ursulines aux beaux jours.

|●| ***Bieresel*** *(plan couleur centre, C2, **49**) : Breite Str 114. ☎ 257-60-90. U : Appelhofplatz. Lun-sam 10h-minuit, dim 12h-21h. Plats 10-20 €.* Un peu de changement dans ce monde de cochonnaille. Le changement en question, c'est la moule ! À la mode allemande, bien sûr, mais seulement en saison (de septembre à avril). Sinon, on revient aux spécialités traditionnelles, dans un cadre classique qui tranche avec cette rue très tendance.

### *Dans le Belgisches Viertel*

## De bon marché à prix moyens

|●| ***Metzgerei Schmitz*** *(plan couleur I, B2, **50**) : Aachener Str 28-30. ☎ 139-55-77. • post@salonschmitz.com • Tlj 10h-22h. Plats chauds 8-15 €.* Un café-resto vraiment très populaire et de qualité constante, installé dans une ancienne boucherie. La toute petite salle et le bout de terrasse sont fort prisés. Mais on peut aussi s'attabler dans le bistrot voisin : c'est la même maison ! Quiches et salades pour les petits creux, plats plus consistants pour ceux qui ont vraiment les crocs. Dans la même rue, on trouve plusieurs autres snacks pas chers.

|●| ***Bella Italia*** *(plan couleur centre, B2, **51**) : Friesenwall 52. ☎ 277-46-22. U : Rudolfplatz. Tlj 11h30-minuit (1h ven-sam).* Pizzas, pâtes, lasagnes à petits prix, grand choix, service rapide, cuisine succulente, tout est préparé devant le client et la formule plaît. Adoptée par les étudiants mais aussi une clientèle de Colonais de tous âges, il faut souvent attendre qu'une table se libère.

|●| ☕ **Feynsinn** *(plan couleur I, B3, **52**) : Rathenauplatz 7. ☎ 240-92-10. • info@cafe-feynsinn.de • U : Zülpicherplatz. Dim-jeu 9h-1h (10h dim), ven-sam 9h-2h (9h30 sam). Plats 8-19 €.* Jeu de miroirs et de verres sur les murs, lustres scintillants... C'est un endroit à la mode, chic et décontracté. Cuisine fine et inventive à base de produits régionaux, souvent bio. Copieux petit déj.

### *Dans le Kunibertviertel*

## Prix moyens

|●| ☕ ***Léo*** *(plan couleur I, D1, **53**) : Lübecker Str 2, am Eigelsteintor. ☎ 120-62-06. • info@leoinkoeln.de • U : Ebertplatz. Tlj 9h-1h. Plats 7-10 €. Petit déj jusqu'à 13h en sem et 15h le w-e.* Ambiance apaisante et détendue avec une bonne musique de fond. La cuisine, méditerranéenne, est fine, subtile et joliment présentée. Viandes et poissons sont proposés en plat du jour. Agréable terrasse sur cette place pleine de cachet.

|●| Sur la même place, il y a d'autres restos très relax avec terrasse. On conseille le ***Klaaf,*** juste en face, à ceux qui aiment les spécialités locales à prix sages et le ***Rossini,*** un italien un poil chic et délicieux.

### *À Deutz*

|●| ***Gaststätte Lommerzheim*** *(plan couleur I, F2, **54**) : Siegesstr 18. ☎ 81-43-92. U : Deutzer Freiheit. Tlj sf mar 11h-14h30, 16h30-1h. Plats 8-20 €.* La quintessence de l'auberge colonaise. Une adresse culte, adulée par le petit peuple de Deutz, et pourtant, cela fait « à peine » plus de 50 ans qu'elle existe. Le soir, attendez-vous à faire un peu la queue avant d'obtenir une table... On vient y déguster à la bonne franquette des plats ultracopieux, notamment les côtelettes géantes qui sont la grande spécialité du lieu et qui mettent les plus gros mangeurs en difficulté ! Que ce soit dans la vieille salle aux murs râpés, dans la cave ou dans la cour, l'ambiance est absolument conviviale et détendue. Une super adresse hors des sentiers battus.

## Où boire un verre ? Où écouter de la musique ?

Bien sûr, toutes les *tavernes* citées plus haut sont autant d'endroits où l'on peut se contenter de boire un verre.

À part ça, c'est dans la zone estudiantine, dite « quartier Lateng » (prononcez « latin » avec l'accent du sud), qu'on trouve le plus d'ambiance à la nuit tombée. Les petits bars dansants et cafés pleins d'étudiants s'y succèdent à un rythme effréné, notamment le long de *Zülpicherstrasse (plan couleur I, A-B3-4)*. Ailleurs en ville, les lieux de sortie sont plus éparpillés, encore que les abords de *Hohenzollernring (plan couleur I, B2)* en concentrent un bon nombre.

### *Dans la vieille ville*

**Papa Joe's Jazz Lokal** *(plan couleur centre, D2,* ***60****) : Buttermarkt 37. ☎ 258-21-32. U : Heumarkt. Tlj 19h-3h.* Dans la partie animée de la vieille ville, longeant le Rhin. Plus de 30 ans déjà que, tous les soirs, un groupe de jazz se produit dans ce bar tout en longueur, avec ses habitués qui s'agglutinent sur 3 rangs. Et ça marche toujours aussi bien, surtout le week-end !

### *Dans le quartier étudiant dit « Lateng »*

**Päff Schankwirtschaft** *(plan couleur centre, B2,* ***61****) : Friesenwall 130. ☎ 12-10-60. • info@paeff.com • U : Friesenplatz. Ouv 20h-2h (3h ven-sam).* Déco simplissime, intérieur orange tendance « deelite » autour d'un bar carré. À l'entrée, vieux fauteuils et fresque spatiale. Ni *dress code* ni videur. Côté musique, DJ tous les soirs dès 22h, qui fait dans le funk, les sixties et les seventies.

**Rosebud** *(plan couleur I, B3,* ***63****) : Heinsbergstr 20. ☎ 240-14-55. Tlj sf dim 21h-2h (3h w-e). Entrée slt pour les plus de 21 ans.* Élu meilleur *Cocktail Bar* du pays en 1997 et 2003. Pas vraiment prolo (déco assez classe et serveurs en cravate), musique planante et atmosphère relax. La sélection de cocktails change régulièrement.

**Hotelux KGB bar** *(plan couleur I, B3,* ***64****) : Rathenauplatz 22. ☎ 20-53-87-96. • info@hotelux.de • Tlj à partir de 20h.* Amateurs de vodka, vous n'aurez que l'embarras du choix : on vous en propose une vingtaine de sortes déclinées en cocktails aux noms évocateurs de *Fidel Castro, KGB, Place Rouge...* Il y a même de la bière russe *Octobre Rouge* ! Dans un cadre où la couleur dominante est... le rouge, quelle surprise ! La clientèle est jeune, la musique bien présente sans être agressive, et si le bar est petit, l'ambiance n'en est que plus chaleureuse.

**Scheinbar** *(plan couleur I, B3,* ***65****) : Brüsseler Str 10. ☎ 923-20-48. Tlj dès 20h-1h (3h w-e).* DJ chaque weekend et ambiance pas prise de tête. Beau choix de cocktails.

**Stadtgarten** *(Jardin de la Ville ; plan couleur I, B2,* ***55****) : Venloer Str 40. ☎ 952-994-0. • jh@stadtgarten.de • U : Böckerplatz ou Friesenplatz. Biergarten avr-nov jusqu'à minuit (selon météo) ; bar jusqu'à 1h (2h ven-sam). Resto dès 18h. Petit déj le dim 10h30-14h30. Accès parfois payant à la salle de concert : 6-12 €.* Dans le jardin de la ville, donc entouré de verdure. Bar-resto qui propose une cuisine différente des plats traditionnels du centre-ville : risotto, salades, grillades... Salle au sous-sol, le « Studio 672 », qui accueille des concerts (jazz, folk...) en semaine et des soirées électro avec DJs réputés le week-end.

**Klapsmühle** *(plan couleur centre, B2,* ***66****) : Hohenzollernring 39-41. ☎ 222-511-0. • koeln@klapsmuehle.com • U : Friesenplatz. lun, mer, ven et sam 21h-5h. Entrée : 6-7 € (w-e).* Ambiance assurée à l'intérieur, surtout pour les soirées à thème et le weekend où, en général, plus d'un millier de personnes franchissent le pas de la porte. Il faut dire que le cadre est farfelu, avec ses 2 étages pleins de boiseries, de fresques et de bibelots. En bas, on trouve même un carrousel !

**Six Packs** *(plan couleur I, B2,* ***67****) : Aachener Str 33. ☎ 25-45-87. U : Moltkestr. Tlj 20h-3h (5h w-e).* Une adresse culte et presque secrète. Vous trouverez d'ailleurs l'entrée grâce aux personnes qui attendent devant la porte... car il n'y a pas d'enseigne :

seule une pub lumineuse sur laquelle figurent 6 boîtes de bière. À ce propos, grand choix de bières et musique électro.

### Dans le quartier Rheinauhafen

**Hafenterrasse** *(plan couleur I, E3, **68**)* **:** *sur Holzmarkt, en bord de Rhin. ☎ 272-02-62. Tlj 11h-23h (18h-19h en hiver).* Une superbe terrasse vaillamment gardée par la tour de Malakoff, d'où l'on contrôlait l'ancienne écluse. Un endroit vraiment très relaxant, disposant d'un petit kiosque qui permet de grignoter une saucisse ou une part de *Flammenkuchen* pour accompagner sa *Kölsch*.

## Où guincher ? Où écouter un concert ?

**Luxor** *(plan couleur I, B4, **80**)* **:** *Luxemburger Str 40. ☎ 92-44-60. • as@luxor-koeln.de • U : Barbarossaplatz. Mer, ven et sam dès 23h. Entrée : env 5 €.* L'une des premières scènes de Cologne pour les mixeurs. Également des concerts de tous styles. Clientèle jeune et toujours très nombreuse.

**Rose Club** *(plan couleur I, B4, **81**)* **:** *Luxemburger Str 37. ☎ 240-82-66. U : Barbarossaplatz. Mar, ven, sam 23h-6h.* Face au *Luxor*, une musique variée avec une prédilection tout de même pour le rock et l'électro.

**Subway** *(hors plan couleur I par A2, **82**)* **:** *Aachener Str 82-84. ☎ 51-79-69. • subway-der-club.de • U : Moltkestr. Dès 23h.* À deux pas du quartier étudiant, soirées techno-house le week-end, et hip-hop, soul et R'n'B le jeudi. Petite salle sombre.

**E-Werk** *(hors plan couleur I par F1, **83**)* **:** *Schanzenstr 36. ☎ 967-90. • e-werk-cologne.com • Derrière le Köln Messe (le parc des expos).* Grande salle de concert qui accueille des groupes rock de stature internationale.

## Achats

**Disquaire Saturn** *(plan couleur I, C1, **100**)* **:** *Maybachstr 15. U : Hansaring. Lun-sam 10h-20h.* Attention, si vous aimez la musique mais que vous avez des problèmes avec votre banque, zappez cette adresse. Le slogan publicitaire de ce disquaire est d'être « le plus grand du monde ». Et en effet, on y trouve une quantité RENVERSANTE de CD. Comment font-ils ?

**Belgisches Viertel** *(plan couleur I, B2-3)* **:** *quartier situé à l'ouest du centre ancien s'étendant, grosso modo, du nord au sud de la Friesenplatz à la Barbarossaplatz, et d'est en ouest d'Hohenzollernring et Hohenstaufenring à la Moltkestr. U : Rudolfplatz, Barbarossaplatz.* C'est dans ce quartier belge, appelé ainsi à cause du nom des rues, que vous ferez vos achats les plus branchés... pas les moins chers mais certainement les plus originaux. C'est en effet dans ce coin de Cologne que s'installent artistes et créateurs. Ceux qui ne cèdent pas aux sirènes du shopping auront tout de même le plaisir de voir de jolies choses dans un quartier jeune et animé.

## À voir

Les spécialistes de l'histoire de l'art voient dans la cathédrale de Cologne une harmonie unique de tous les éléments de construction. Cet emblème de Cologne, si cher à ses habitants, se dresse fièrement au cœur de la ville, tel un gigantesque gardien.

**Dom** *(cathédrale ; plan couleur centre, D2)* **:** *6h-21h (19h30 l'hiver). • koelner-dom.de • Entrée libre. Visite guidée en allemand à 15h les mar-mer-ven-sam-dim et en anglais à 10h30 et 14h30 (slt 14h30 dim) : 7 €.*
C'est le monument le plus visité d'Allemagne, et de loin (environ 6,5 millions de visiteurs par an !). Construite de 1248 à 1880, lorsqu'elle fut achevée, elle était le

COLOGNE

plus grand bâtiment du monde (7 000 m²). C'est encore l'une des plus grandes églises de la chrétienté, archétype de l'édifice du haut gothique dans sa forme la plus pure et la plus aboutie. L'effigie de la « Rome allemande » a récemment fêté ses 750 printemps, avec pour cadeau une inscription sur la liste du Patrimoine mondial de l'Unesco. Avec ses deux tours vertigineuses qui s'élancent à 157 m au-dessus de nos têtes (possibilité d'y monter, voir plus loin), la cathédrale, splendide et figée vers le ciel, reste l'une des images les plus populaires du pays. Elle abrite une profusion d'œuvres d'art majeures : les vitraux aux couleurs chatoyantes, la croix ottonienne de Géro (la plus ancienne grande sculpture de l'Occident), la châsse-reliquaire des Rois mages, une œuvre majeure de l'orfèvrerie de la région Rhin-Meuse, l'autel des saints patrons de la ville, un retable de Stephan Lochner (le chef-d'œuvre de l'école de peinture de Cologne) et, pour finir, l'ensemble d'orgues.

*Un peu d'histoire*

Tout a commencé avec Frédéric Barberousse. Au début du XIIe s, un de ses sbires rapporta dans son sac à dos les reliques des Rois mages. Sous la pression des fidèles, toujours plus nombreux à vénérer ces ossements, on dut bâtir une cathédrale au milieu du XIIIe s. Partie pour être la plus grande du monde, elle s'essouffla plusieurs fois en chemin et ne fut achevée qu'en 1880 ! Son architecture est inspirée des cathédrales françaises d'Amiens et de Beauvais. Le chœur fut achevé au XIVe s, puis une tour s'éleva doucement. À plusieurs reprises, le chantier s'arrêta, puis redémarra et s'arrêta à nouveau. Les ecclésiastiques n'avaient-ils pas eu la cathédrale plus grosse que le porte-monnaie ? Entre le milieu du XVIe et le milieu du XIXe s, elle offre l'image d'un chantier béant. On se décida pourtant à terminer l'ouvrage au milieu du XIXe s, profitant de la nouvelle mode néogothique. D'importantes fouilles furent entreprises au XXe s, sous et autour de l'édifice. Des vestiges romains, notamment l'étonnante mosaïque de Dionysos, en furent dégagés. On peut la voir au Musée romain-germanique.

*La visite*

Ce qui frappe d'emblée, c'est le gigantisme allié à la majesté. Mais sa vraie délicatesse s'observe plus encore à l'intérieur qu'à l'extérieur, recouvert d'une couche de crasse. Difficile, en effet, de croire que quelque 5 millions d'euros sont chaque année consacrés à la belle pour lui refaire une beauté. Sa façade est composée de deux tours ajourées surmontées chacune d'une flèche. On notera, sur le flanc droit, les quatre portes de bronze. Celle de gauche (de 1953) est une allégorie de Cologne en flammes : la Seconde Guerre mondiale n'a pas épargné l'édifice. D'ailleurs, sur la gauche de la façade ouest, un disgracieux ajout en brique rouge rappelle qu'un obus est venu terminer sa course à cet endroit.

Faire un tour à l'arrière de l'édifice, véritable forêt d'arcs-boutants soutenus par des piliers travaillés et surmontés de pinacles.

– À l'intérieur, on est surpris par la hauteur et l'élégance de cette fantastique ***nef*** de 43 m de haut, véritable forêt de colonnes (ou piliers fasciculés) supportant de gigantesques vitraux. À ne pas manquer, les cinq ***vitraux*** du début du XVIe s, dans le bas-côté gauche, qui évoquent les vies de saint Pierre et de la Vierge. Dans la nef, sculptures du XIXe s pour la plupart.

– ***Le chœur :*** *accessible slt lors de visites guidées.* Il est entouré de 104 stalles du XIVe s. Sur la partie extérieure, grande fresque à la détrempe décrivant des scènes religieuses. Le chœur est séparé du déambulatoire par d'élégantes grilles du XVIIIe s.

– ***La châsse des Rois mages :*** derrière le maître-autel. Due à un Français, Nicolas de Verdun, qui la réalisa à la fin du XIIe s. Restaurée pendant les trente glorieuses, elle est composée d'argent doré, de pierres précieuses et d'un pourtour ciselé évoquant la vie de Jésus.

– ***Les chapelles :*** plusieurs sont dignes d'intérêt. À gauche du cœur, celle de la Sainte-Croix accueille la croix de bois de Géro *(Gerokreuz)*, de style ottonien (Xe s), la plus ancienne d'Europe. Un peu plus loin, la chapelle Saint-Materne abrite le

tombeau d'un archevêque. Celui-ci est entouré de tours à créneaux, curieuse allégorie de la paix retrouvée. Tout au fond, la chapelle des Rois mages : sans doute la plus belle. Elle abrita longtemps la châsse. Aujourd'hui, il reste les vitraux des XIIIe et XIVe s, d'une étonnante finesse, ainsi qu'un beau retable. Juste à côté, la chapelle Sainte-Agnès présente un sarcophage gothique. La chapelle de la Vierge propose l'un des joyaux de l'école de Cologne : le triptyque *Bildder* du XVe s, représentant les patrons de la ville ainsi que les Rois mages.
– ***Les vitraux :*** en 2007, on a inauguré 113 m² de vitraux imaginés par Gerhard Richter au bout du transept gauche. 72 couleurs différentes composent l'ensemble de 11 263 petits carrés de verre soufflé... Quelle patience !
– *Concerts d'orgue : ts les mar juin-août, à 20h. Entrée gratuite.*
– À l'extérieur de la cathédrale, le portail au sud de la façade donne accès aux ***tours*** *(9h-18h – 16h l'hiver ; entrée : 3 €).* Après 509 marches, on est hissé à 97 m. Bon courage !
– ***La salle du trésor*** *(Dom Schatzkammer) : Roncalliplatz 2 (accès direct par l'extérieur de la cathédrale).* ☎ *179-403-00.* • *dombau-koeln.de* • *Tlj 10h-18h. Entrée : 5 € ; réduc.* Objets liturgiques, médaillons et orfèvrerie gothique et baroque essentiellement, remarquablement présentés dans les salles voûtées du sous-sol.

***Römisch-Germanisches Museum*** *(Musée romain-germanique ; plan couleur centre, D2) : Roncalliplatz 4.* ☎ *221-245-90.* • *museenkoeln.de* • *Mar-dim 10h-17h (22h 1er jeu du mois). Entrée : 8 € selon l'expo temporaire ; réduc.*
Il rassemble le produit des fouilles effectuées dans la ville et fournit un témoignage complet et passionnant de la Cologne romaine. Ce musée fut édifié en 1974 sur la place de la cathédrale, à la suite de la découverte, en 1943, de la ***mosaïque de Dionysos.*** Cette pièce incroyablement conservée est d'ailleurs visible de l'extérieur du musée, par une vaste baie vitrée. Elle a conservé une grande fraîcheur de tonalité. Au-dessus de la mosaïque, le très impressionnant ***mausolée de Lucius Poblicius,*** découvert dans une cave en 1965. Il date de 50 apr. J.-C. et mesure près de 15 m. Ces deux pièces constituent le clou de la visite. Derrière, dans une salle attenante, une collection d'objets de la vie quotidienne au temps des Romains. L'ensemble est présenté de manière aérée, claire et jamais barbante.
À l'étage, fascinante collection de verre, l'une des plus belles que l'on connaisse. Vases gravés, coupes de couleur, bouteilles ciselées, urnes aux formes délicates, beaucoup de bouteilles aux formes étranges, incrustées d'animaux, comme la bouteille aux dauphins, ainsi que le fameux verre Diatrète (IVe s). On verra encore des céramiques, bronzes, pierres sculptées, chapiteaux, pierres votives... La section de bijoux n'est pas en reste et fera se pâmer d'envie les coquettes.
Jetez également un coup d'œil à la ***mosaïque des Philosophes,*** car il est possible d'en identifier les personnages (hommes politiques, philosophes et poètes). Ce chef-d'œuvre remonte à l'an 260 et fut découvert au cours du IXe s à l'endroit où se trouve à présent la Kunsthalle.

***Wallraf-Richartz Museum*** *(plan couleur centre, D2) : Martinstr 39.* ☎ *221-211-19.* • *wallraf.museum* • *U : Heumarkt. Mar-dim 10h-18h (21h jeu). Entrée : 8 € (sf expo temporaire) ; réduc. En 2014, le 3e étage était fermé pour travaux.*
Superbe collection de peinture datant du XIIIe au XIXe s, dans un bâtiment blanc moderne duquel vous jouirez de la meilleure vue sur la cathédrale et le *Rathaus.* Son nom vient de ceux de ses fondateurs, le chanoine Wallraf, qui possédait une importante collection de tableaux, et le marchand Richartz qui permit au premier bâtiment de voir le jour, en 1861.
Sans passer en revue toutes les œuvres, voici les grandes écoles de peinture représentées. L'une des collections phare est celle de l'***école de Cologne du Moyen Âge*** (très riches peintures sur bois, du XIVe au XVIe s), où l'on trouve d'admirables retables, triptyques, et dont les pièces les plus anciennes datent de la fin du XIIIe s. Le XVe est surtout présent avec des œuvres de Stefan Lochner. La Renaissance allemande est bien représentée avec Dürer, Cranach ou Burgkmair.

Viennent ensuite d'impressionnantes collections de ***peintures hollandaises et flamandes*** du XVI^e au XVIII^e s : Rembrandt (bel autoportrait), Van Dyck, Rubens, Frans Hals, Ruysdael et bien d'autres. Bref, un bel échantillon de ce qui se faisait de bien à l'époque. Autre collection d'importance : les ***peintures allemandes et françaises du XIX^e s,*** où une grande place est faite aux romantiques. Des Corot, du réalisme social avec Courbet, de l'impressionnisme avec Renoir, Monet, Caillebotte, Van Gogh, Sisley, Degas, Pissarro, pour ne citer qu'eux, puis Cézanne, Gauguin, Redon et Munch (expressionniste norvégien).
I●I Agréable cafet' à la fin de la visite.

***Ludwig Museum*** *(plan couleur centre, D2)* **:** *Heinrich-Böll-Platz. ☎ 221-261-65. ● museum-ludwig.de ● U : Dom/Hauptbahnhof. Entre la cathédrale et le Römisch-Germanisches Museum. Mar-dim 10h-18h (22h 1^er jeu du mois). Entrée : 11 € ; réduc.*
Le fonds de ce musée a été constitué par un avocat colonais qui prit soin d'en mettre une partie à l'abri des nazis pendant la guerre. Il retrace l'histoire picturale du XX^e s jusqu'à aujourd'hui. La période d'entre-deux-guerres est illustrée par les peintres constructivistes russes, le *Bauhaus* et les expressionnistes des mouvements *Die Brücke* et *Der Blau Reiter.* Les peintres de Cologne y sont naturellement représentés, mais on admirera surtout, au 1^er étage, les œuvres de grands noms de l'époque : de très beaux Picasso, Magritte, Matisse, Picabia, Otto Dix dans sa période « Nouvelle objectivité », de superbes Kokoschka, Macke, Chagall, Liebermann ou encore le fameux *Rendez-vous des amis* de Max Ernst, véritable photo de famille des surréalistes... Au 2^e étage, les arts abstraits et minimalistes. Enfin, ne manquez pas de visiter le sous-sol, qui abrite la plus grande collection de Pop Art en dehors des États-Unis : Warhol, Johns, Lichtenstein, Rauschenberg... tout le gratin est là !
– Possibilité de se reposer les pattes au très agréable café-resto du musée, le ***Ludwig im Museum*** *(tlj 10h-minuit).*

***Schnütgen et Rautenstrauch-Joest Museum*** *(plan couleur centre, C3)* **:** *Cäcilienstr 29-33. ☎ 221-31-356. ● museenkoeln.de ● U : Neumarkt. Mar-dim 10h-18h (20h jeu). Entrée : 6 € pour le Schnütgen et pour le Rautenstrauch ; réduc. Billet combiné : 10 €. Expos temporaires en supplément. Audioguide en anglais.*
Deux musées situés dans le même bâtiment : le ***Schnütgen*** occupe l'ancienne église Sainte-Cécile avec ses riches collections d'***art sacré,*** du VI^e au XVI^e s. Lieu particulièrement serein et bonne présentation générale : bronzes sculptés du Moyen Âge, bustes-reliquaires, retables, orfèvrerie romane, gothique et baroque. À voir encore, les miniatures en ivoire, signes de l'apparition des figures de dévotions dans la vie privée... de ceux qui pouvaient s'en payer. Le musée ***Rautenstrauch*** se consacre quant à lui aux cultures du monde entier, que l'on découvre tout au long d'un parcours high-tech. Les objets et documents rapportés au XIX^e s par le routard et ethnographe Wilhelm Joest sont mis en scène avec brio et nous emportent aux quatre coins de la planète.

***Kolumba Museum*** *(plan couleur centre, D2)* **:** *Kolumbastr 4. ☎ 933-19-30. ● kolumba.de ● U : Dom/Hbf. Mer-lun 12h-17h. Entrée : 5 € ; réduc.* Le musée du diocèse s'est récemment installé dans ce tout nouveau bâtiment dont les lignes contemporaines intègrent avec une grande réussite les vestiges de l'église Kolumba (joli travail de l'architecte Peter Zumthor). Chaque année, une nouvelle collection y est présentée, s'articulant autour d'un thème précis. Quelques pièces majeures restent toutefois à résidence, comme la croix de Herimann (XI^e s), la croix d'Erp datant de 1150 ou la toile attribuée à Stefan Lochner, *La Vierge à la violette.*

***Museum für Angewandte Kunst*** *(musée des Arts décoratifs ; plan couleur centre, D2)* **:** *an der Rechtsschule. ☎ 221-238-60. ● museenkoeln.de ● U : Dom/Hauptbahnhof. Tlj sf lun 11h-17h (10h 1^er dim du mois et 22h 1^er jeu du mois). Entrée : 6 € ; réduc ; expos temporaires en sus.* Grande bâtisse moderne, agréable et claire, présentant l'histoire des Arts décoratifs. Explications en allemand et anglais. Modern style, Art nouveau, Art déco, Bauhaus, années 1950, toutes les tendances y sont présentées jusqu'aux années 1980. Au 1er étage, les collections du XVe au XIXe s. Surtout de la vaisselle (faïence, porcelaine) et du mobilier. Dans certaines sections, les collections s'élargissent à d'autres pays européens. Au 2e étage, belle salle de costumes féminins du XXe s. Tous les grands de la haute couture sont présents. Excellent musée à ne pas manquer.

**Cafétéria** avec terrasse au rez-de-chaussée.

**Kölnisches Stadtmuseum** *(plan couleur centre, C2)* **:** *Zeughausstr 1-3. ☎ 221-257-89. • museenkoeln.de • U : Appellhofplatz. Mar-dim 10h-17h (20h mar, 22h 1er jeu du mois). Entrée : 5 € ; réduc. Audioguide en français compris dans le billet.* Un musée situé dans l'ancien arsenal, une belle et grosse bâtisse abritant tous les témoignages possibles sur Cologne. Un peu un poème à la Prévert avec des chopes de bière, objets de carnaval, armes et armures... Maquette représentant le centre historique en 1914. Section pudique sur le nazisme, dont une grande photo de la ville en ruine. À l'étage, mobilier, vêtements et objets usuels de la Renaissance à l'an 1900. Bref, un intéressant bric-à-brac.

**EL-DE-Haus** *(plan couleur centre, C2)* **:** *Appellhofplatz 23-25. ☎ 221-263-32. • nsdok.de • U : Apellhofplatz. Mar-dim 10h (11h w-e)-18h (22h 1er jeu du mois). Entrée : 4,50 € ; réduc. Audioguide en français conseillé 2 €, tt est en allemand.* En 1934, Leopold Dahmen, négociant colonais, fait construire sa maison en centre-ville. Une position stratégique qui intéresse rapidement la *GEheime STAats POlizei* (autrement dit, la police secrète), qui confisque la demeure pour y installer son siège régional. La mission de cette dernière consistait à éliminer tout contrevenant au régime, par n'importe quel moyen : détention, torture, déportation... Et c'est dans la maison EL-DE qu'on procédait aux interrogatoires. Les 1 800 inscriptions mises au jour dans les cellules du sous-sol traduisent bien la colère et l'angoisse de leurs occupants. Un témoignage poignant et terrifiant sur les crimes du national-socialisme, qui prouve encore une fois que les Allemands ont le courage de faire face à leur ténébreux passé.

COLOGNE

**Schokoladen Museum** *(musée du Chocolat ; plan couleur I, E3)* **:** *Am Schokoladenmuseum 1a. ☎ 931-88-80. • schokoladenmuseum.de • U : Heumarkt. Mar-ven 10h-18h, w-e et j. fériés 11h-19h ; dernière admission 1h avt la fermeture. Entrée : 9 € ; réduc.* Situé sur une île, dans un beau bâtiment en forme de bateau le long du Rhin, ce musée évoque la fabrication du chocolat et retrace son histoire dans la région. Dommage que les explications soient uniquement en allemand ou en anglais. La 1re salle détaille la production et les conditions d'exploitation du cacao. Une serre renferme de nombreux plants ainsi que d'autres espèces tropicales. Au 1er étage, pas vraiment besoin de parler allemand pour comprendre, puisqu'il s'agit d'une chaîne de fabrication de chocolat avec, à l'issue, des chocolats moulés en forme du « Dom ». Au 2e étage, une belle exposition d'objets d'art des civilisations maya, aztèque, olmèque... Une collection d'argenterie et de vaisselle précieuse du XVIIIe s dans laquelle on servait le chocolat, la reproduction d'une épicerie de 1898 à Vienne et de la droguerie Beckers de 1930, une présentation de boîtes de chocolats permettant d'illustrer l'évolution du produit de luxe à celui de boisson du peuple. Pour finir, le dernier niveau est le plus ludique, avec un cinéma où défilent les pubs consacrées au chocolat, des jeux pour enfants, la présentation de produits devenus cultes comme *Milka, Nutella, Kinder,* et une brève histoire de la chocolaterie *Stollwerck* qui employait, en 1890, 718 femmes dans le quartier *Sevenin* à Cologne. Même si, aujourd'hui, c'est la maison *Lindt* qui produit les chocolats *Stollwerck,* un musée du Chocolat dans cette ville n'est pas dénué de sens !

**Cafétéria** où l'on peut, bien sûr, boire plusieurs sortes de chocolats, avec vue sur le Rhin.

**Deutsches Sport und Olympia Museum** *(musée du Sport et des Jeux olympiques ; plan couleur I, E3)* **:** *Im Zollhafen 1, à côté du musée précédent. ☎ 336-090. • sportmuseum.de • Mar-ven 10h-18h, w-e et j. fériés 11h-19h. Entrée : 6 € ;*

*réduc.* Dans un ancien entrepôt des douanes, un musée interactif de grande envergure : le monde du sport au travers de plus de 100 000 objets. Commentaires en allemand.

**Duftmuseum im Farina Haus** *(musée du Parfum de la Maison Farina ; plan couleur centre, D2,* ***91****)* **:** *Obenmarspforten 21, près du Wallraf-Richartz Museum. ☎ 399-89-94. • farina-haus.de • Lun-sam 10h-19h, dim 11h-16h. Entrée : 5 €.* La Maison Farina a fêté ses 300 ans d'existence en 2009 ; c'est toujours une entreprise familiale et c'est la parfumerie la plus ancienne du monde. La visite du musée retrace la vie de Jean-Marie Farina qui, arrivé à Cologne en 1709, allait se lancer avec succès dans la parfumerie et créer la fameuse eau. Eau de Cologne reste une appellation réservée uniquement à la création de cette maison jusqu'en 1801, où les Français installent le droit de libre commerce. Plus de 2 000 contrefaçons de ce parfum vont alors voir le jour. Le pire ennemi des Farina est sans conteste Mühlens, qui crée la célèbre *Eau de Cologne N° 4711*... une longue bataille judiciaire s'engage, qui va durer plusieurs décennies. Bref, un petit musée instructif, avec à la fin de la visite une boutique odorante. Si vous traversez la place, regardez la façade du *Rathaus*, à l'angle gauche du bâtiment, au 1er niveau, vous pourrez voir la statue de Jean-Marie Farina.

**L'Eau de Cologne N° 4711, boutique-exposition** *(plan couleur centre, C2,* ***92****)* **:** *Glockengasse, face à l'Opéra. ☎ 270-999-11. • 4711.com • U : Appellhofplatz, Neumarkt. Lun-sam 9h30-18h30 (18h sam). GRATUIT. Visite guidée de 1h sam à 13h (5 €). Ttes les heures 9h-19h, sur la façade sud, le carillon avec ses figurines napoléoniennes joue* La Marseillaise... *À ne pas louper !* Boutique au rez-de-chaussée et petite expo libre d'accès à l'étage, qui raconte l'évolution de la marque et des différents flacons à travers les âges. C'est un moine chartreux qui aurait offert la recette d'une eau miraculeuse à de jeunes mariés en 1792, et c'est à partir de cette dernière que Wilhelm Mühlens commença sa production de parfum. Pendant l'occupation française de Cologne en 1796, le général Daurier impose la numérotation continue des maisons dans chaque rue de la ville. La Maison Mühlens se voit attribuer le n° 4711, et le proprio choisit de baptiser ainsi son parfum. Vous pourrez voir dans la boutique une tapisserie des Gobelins retraçant cet épisode historique ; elle a été commandée en 1964 pour célébrer la réouverture de ce lieu détruit pendant la Seconde Guerre mondiale, et dont on a reconstruit la façade à l'identique.
Une fois la visite terminée, aspergez-vous d'eau de Cologne, il y a une fontaine de ce précieux liquide à la sortie !

### BONAPARTE AVAIT LE NEZ DÉLICAT

*C'est à l'arrivée des Français en Allemagne en 1801 que le commerce de l'eau de Cologne se propagea. Son plus célèbre utilisateur était Napoléon, qui en versait un flacon dans ses bottes avant de monter à cheval. Il en consommait plus de 40 litres par mois. À Sainte-Hélène, privé de son eau favorite, il parvint à en retrouver la formule artisanale en faisant appel aux souvenirs de ses compagnons d'infortune.*

## À voir encore...

**Rathaus** *(hôtel de ville ; plan couleur centre, D2)* **:** *sur la Rathausplatz, dans la vieille ville. ☎ 221-23-332. Lun-jeu 9h-15h, ven 9h-12h. GRATUIT.* Édifice intéressant bien que sans unité architecturale. Présente une tour octogonale du XVe s sur sa gauche, haute de 60 m, avec un carillon au sommet. Il propose en façade une jolie galerie Renaissance italienne. L'édifice fut reconstruit après la guerre.

**Le quartier juif** *(plan couleur centre, D2, **93**)* **:** *au centre de la Rathausplatz. • museenkoeln.de • Visite du prétoire et des bains rituels mar-dim 10h-17h. Entrée : 3,50 € (4,50 € avec les bains ; demander la clé à la caisse du prétoire).* La communauté juive de Cologne était l'une des plus importantes d'Allemagne au Moyen Âge, et ce site, en cours de fouilles, en est le témoignage. Un édit de Constantin évoque l'existence d'une communauté juive à Cologne dès 321, et les récentes découvertes prouvent que cette présence a perduré jusqu'au Moyen Âge. Des vestiges ont été mis au jour lors de la rénovation du quartier en 1956-1957. Ils sont aujourd'hui bien visibles sous la structure de verre qui les recouvre, en attendant le futur ***Judisches Museum*** (Musée juif) qui sera construit autour du site dès l'achèvement des fouilles. Une première synagogue est construite au VIIIe s. Détruite plusieurs fois, notamment en 1096 lors de violents pogroms, une nouvelle sera érigée avec des bains rituels entre 1165 et 1170. Ces bains *(Mikwe)* vont être parmi les plus grands d'Allemagne : ils se composent d'une pièce d'accès de 2,50 m sur 4,50 m, et le bassin a une profondeur de 16 m. Un escalier tournant y conduit. Au niveau de l'entrée, une autre pièce sur le côté, plus petite, jouait sans doute le rôle de vestiaire. Le tout était peut-être coiffé d'une coupole.

**L'église Gross Sankt Martin** *(plan couleur centre, D2)* **:** *An Gross St Martin 9. U : Heumarkt. Mar-sam 9h-12h30,13h30-17h ; dim 13h15-18h.* Grâce à son clocher qui ne passe pas inaperçu, cette basilique du XIIe s est l'une des silhouettes les plus marquantes de la ville. Très fortement endommagée par les bombes en 1945, elle fut reconstruite comme à l'origine, avec sa tour de croisée carrée décorée de clochetons aux quatre coins et surmontée d'une flèche gothique. Son intérieur dépouillé aux fresques délavées inspire le respect.

**L'église Sankt Maria im Kapitol** *(plan couleur centre, D3)* **:** *Kasinostr 6. U : Heumarkt. Tlj 9h-18h (11h30-17h dim).* L'une des plus anciennes églises de la ville puisqu'elle fut édifiée au XIe s dans le style ottonien tardif, mais malheureusement aussi très endommagée au cours de la dernière guerre. Tout l'intérieur a été refait, sans modernisme exagéré, en conservant la forme des voûtes romanes. À noter, le beau jubé Renaissance et, à gauche de l'autel, une Vierge à l'Enfant du début du XIIe s, ripolinée façon santon de Provence. Dans le bas-côté droit, superbe porte sculptée du XIe s représentant les diverses scènes classiques de la vie de Jésus. Vaste crypte sous le chœur. Devant l'église, un cloître agréable, dont une des parties supérieures a été aménagée en HLM. Heureux locataires !

**L'église Sankt Maria im Lyskirchen** *(plan couleur I, D3)* **:** *Am Lyskirchen, au sud de la vieille ville, presque au bord du Rhin. En face du musée du Chocolat. U : Heumarkt. Tlj 9h-18h.* Édifiée au XIIIe s, cette église romane est surtout intéressante pour ses fresques pratiquement intactes. Multiples crues indiquées sur le tympan de l'une des portes.

**L'église Sankt Gereon** *(plan couleur centre, C2)* **:** *entrée par la Christophstr. U : Christophstr. Tlj 10h (13h dim)-18h (17h30 sam). Visite de la crypte slt mer 15h-17h et sam 10h-12h. Visites guidées de l'église (rens : ☎ 474-50-70).* Église au plan assez curieux, édifiée sur les bases d'un mausolée du IVe s pour célébrer le martyr chrétien saint Géréon. La version actuelle fut bâtie entre le XIe et le XIIIe s. Il s'agit du seul édifice décagonal (à 10 côtés) en Europe. Dans la crypte, sol de mosaïque du XIe s, sarcophage de saint Géréon, fresques du XIIIe s et retable Renaissance. Dans l'église même, une tapisserie d'Aubusson évoquant la vie de Joseph, que vous ne pouvez malheureusement voir qu'à l'occasion d'une visite guidée, car elle est recouverte d'un rideau protecteur.

**Rheinpark** *(plan couleur I, E-F1)* **:** *U : Köln-Deutz.* 50 ha de verdure, idéal pour la sieste. Un téléphérique joint l'autre rive du Rhin et offre de ce fait une jolie vue sur la ville. Bon également à noter, de mai à octobre, au *Tanzbrunnen,* série de concerts gratuits pour la plupart. *Rens sur les programmes : ☎ 821-31-83.*

***Marché de Noël :*** laissez les parfums du vin chaud vous enivrer, celui des marrons et du pain d'épice vous ramener aux temps de votre enfance, et le froid vous fouetter les pommettes. Sur les cinq marchés de Noël de Cologne (Roncalliplatz, Neumarkt, Alter Markt, Rudolfplatz et autour du musée du Chocolat), on peut voir les étameurs, les souffleurs de verre et les tresseurs de couronnes de sapin à pied d'œuvre. Celui des abords du musée du Chocolat est médiéval. Grosso modo, ils sont présents du 25 novembre jusqu'à Noël.
– À noter, la *Saint-Nicolas* (6 décembre), attendue avec impatience par tous les petits Allemands, qui reçoivent ce jour-là cadeaux, bonbons et autres douceurs. Une sorte de Noël avant l'heure.

## Le carnaval

C'est le plus impressionnant d'Allemagne. Il a lieu, en général, fin février (ça dépend de la date de Pâques et, donc, du Mardi gras). Plus d'une centaine d'associations y participent. Parallèlement au grand défilé de chars (avec tribunes et entrée payante), des dizaines de groupes déguisés et colorés arpentent la ville en tous sens. Ce sont les défilés « off », où paradent des bandes de joyeux drilles auxquelles il fait bon se mêler. Le grand cri de ralliement du carnaval est *Alaaf,* qui signifie à peu près « Cologne, en avant ! ». En français, on dirait : « Après moi, le déluge ! ». Le jeudi qui précède le Mardi gras, lors du carnaval des femmes, les messieurs se font couper la cravate sans sommation. Le dimanche, chaque quartier organise son propre défilé. Le lundi, *Rosenmontag,* c'est le grand défilé des chars qui caricaturent l'actualité politique. Le jour de Mardi gras, à minuit, on brûle un mannequin de paille (le *Nubbel*) censé porter tous les péchés commis durant l'année, et une retraite aux flambeaux est organisée. Le mercredi soir, pour clore, on avale une réconfortante soupe de poisson.
– *Pour tte info sur le carnaval, s'adresser à l'office de tourisme.* Celui-ci annonce d'ailleurs le programme longtemps à l'avance, en principe même dès le 11 novembre, puisque la période du carnaval débute officiellement le 11 novembre à 11h11 (quelle ponctualité, ces Allemands !).

## Balade en bateau

*Avec la compagnie **KD** (Köln-Düsseldorf) : ☎ 20-88-318. • k-d.com • Avr-oct, plusieurs sorties/j. sur le Rhin, d'une durée de 1 ou 2h. Départ au pied du Deutzer Brücke (plan couleur centre, E2, **5**). Compter 9,50 €/pers ; réduc.*

# DANS LES ENVIRONS DE COLOGNE

### BRÜHL

*À une quinzaine de km au sud de Cologne.* Cette petite ville est facilement accessible en *S-Bahn* (ligne 18) depuis la gare de Cologne, en une vingtaine de minutes. De là, en 2 mn, on peut aller à pied au château, dans le centre ancien et au musée Max-Ernst, ou prendre une navette pour se rendre au parc d'attractions.

#### Adresse utile

***Office de tourisme :*** *Uhlstr 1, 50321. ☎ (022) 327-93-45. • bruehl.de • Dans une rue à l'arrière du château. Lun-ven 9h-19h, sam 9h-16h, dim 13h-17h. Hors saison, fermé sam ap-m et dim.* Excellente doc en français, avec sites et circuits de visites.

## À voir

**Schloss Augustusburg :** ☎ (022) 324-40-00. • schlossbruehl.de • *U 18 : Brühl Mitte. Dans un grand parc face à la gare. Mar-ven 9h-12h, 13h30-16h ; w-e et j. fériés 10h-17h. Fermé en déc-janv. Visite guidée slt en allemand (durée : 1h). Entrée : 6 € ; réduc. Mai-août, certains sam et dim, concerts de musique classique. Rens : ☎ (022) 329-418-84. • info@schlosskonzerte.de • Ne manquez pas celui à la mi-août, couronné par un splendide feu d'artifice, c'est magique !* Chef-d'œuvre du rococo, le *Schloss Augustusburg* de Brühl est étroitement lié à l'histoire de la grande architecture européenne de la première moitié du XVIIIe s. Résidence favorite de Clemens August von Wittelsbach (1700-1761), prince électeur et archevêque de Cologne (même s'il vivait à Bonn), il est considéré comme l'une des premières créations d'importance du rococo en Allemagne. Pour nos lecteurs tintinolâtres, c'est tout à fait Moulinsart, en plus grand, version ocre et gris. Le cœur du château est le somptueux escalier de Balthasar Neumann, véritable morceau de bravoure à la fois dynamique et élégant. Quelques pièces furent détruites lors de la dernière guerre. De 1949 à 1996, les autorités de la RFA y accueillaient certains de leurs hôtes de marque. Toujours à l'intérieur, coupole en trompe l'œil du plus pur style baroque et rococo. Peu de mobilier en revanche (les Français sont passés par là au XVIIIe s). La visite permet de voir d'autres salles, salons et chambres, tous plus chargés les uns que les autres. À la fin, c'est un peu comme si on avait mangé trop de chantilly.

Pour vous reposer les yeux, allez flâner dans les jardins à la française. Conçu à partir de 1728, le jardin baroque est l'œuvre de Dominique Girard sur un modèle français. Une charmante promenade depuis le château d'Augustusburg conduit le visiteur au somptueux *Jagdschloss Falkenlust* (pavillon de chasse), bâti entre 1729 et 1737, l'un des pavillons de plaisance préférés de ses propriétaires. Le prince électeur y partait à la chasse au faucon, y recevait des invités mais aussi la visite de dames triées sur le volet. Les châteaux ont été inscrits au Patrimoine mondial, en tant qu'œuvre d'art globale, unique du rococo. Face à l'entrée, un petit *Biergarten.* L'ancienne cafétéria, elle, a fait place à une *Orangerie,* version chic et chère. On vous conseille plutôt de sortir par l'arrière du château pour rejoindre le centre commerçant de Brühl et sa Marktstrasse, où de nombreux cafés et salons de thé permettent de se restaurer à petits prix.

COLOGNE

**Max Ernst Museum :** *Comestr 42.* ☎ *(022) 34-99-21-555. • maxernstmuseum.de • Mar-dim 11h-18h (21h 1er jeu du mois). Entrée : 6 € ; réduc. Visite en français sur rdv.* Musée consacré à l'enfant du pays, l'artiste surréaliste Max Ernst. Pour accueillir les collections acquises année après année, la petite ville de Brühl a créé une fondation et entrepris l'aménagement d'un joli pavillon modernisé avec beaucoup d'élégance. Peintures, sculptures, photographies, frottages et collages donnent une idée assez complète de cet artiste cosmopolite et foisonnant. Une partie seulement de la collection est permanente, car elle est toujours enrichie de prêts d'œuvres d'autres musées. Pas moins de neuf salles qui racontent le parcours personnel et artistique de Max Ernst. Absolument superbe.

### LES HASARDS DE LA GUERRE

*Pendant la Première Guerre mondiale, Max Ernst fut incorporé dans l'armée allemande. Il apprit quelques années plus tard qu'il se trouvait non loin de la ligne de front sur la Somme, où servait son ami Paul Éluard, mais dans le camp d'en face. Surréaliste !*

**Phantasialand :** *Berggeiststr 31-41.* ☎ *(022) 32-36-200. • phantasialand.de • Avr-début nov, tlj 9h-18h ; fermé nov-fin mars sf en déc 11h-20h. Entrée : 45 € ; 22 € 4-11 ans ; réduc et forfaits famille.* Si certains viennent à Brühl pour visiter le château, la grande majorité des visiteurs déferle pour venir s'éclater dans ce *Disneyland* à l'allemande ! Pas mal fait, d'ailleurs, il vous invite à un tour du monde en quelques pas : on traverse des continents de carton-pâte agrémentés de manèges, attractions et spectacles...

# BONN

325 000 hab. IND. TÉL. : 0228

**Cette bonne cité provinciale a beau avoir perdu son titre de capitale, elle ne s'en porte pas plus mal. On peut même affirmer que Bonn a joliment négocié la transition. À vrai dire, cette ville paisible, que les Allemands avaient surnommée « Hauptdorf » (le village-capitale), flottait un peu dans des habits trop grands. Lorsqu'elle fut choisie comme capitale de l'ex-RFA en 1949, elle savait que ce titre serait provisoire. Après la réunification, la ville sut conserver un rôle majeur dans la vie politique du pays, puisqu'elle abrite encore six ministères, et pas des moindres : la Défense, la Santé, l'Environnement (même si le maire de Berlin tente activement de rapatrier ces ministères chez lui !)... Cette influence s'exerce aussi à l'international : Bonn accueille 18 bureaux des Nations unies et voit passer bon nombre de diplomates. En résumé, elle ne fut pas abandonnée à son triste sort, loin de là !**
**La ville a également su jouer sur ses points forts : l'économie (on y trouve le siège de *Deutsche Telekom,* qui fournit 12 000 emplois directs, ou encore ceux de la *Deutsche Post* et du fabricant de bonbons *Haribo*), les sciences et la formation (pas moins de 30 000 étudiants), la culture (des musées passionnants)... Aujourd'hui, Bonn jouit d'un niveau de vie nettement supérieur à la moyenne du pays, tout en ayant gardé son tempérament ouvert et accueillant.**

### DES OURS À LA CHAÎNE

*Née à Bonn en 1920, la marque de confiserie Haribo est renommée pour ses oursons gélifiés. Si tous ceux qui sont produits en une année étaient mis bout à bout, ils feraient quatre fois le tour de la Terre avec une longueur de 160 000 km.*

## UN PEU D'HISTOIRE

Occupée par les Romains au début de notre ère, Bonn fut détruite par les Normands au IX<sup>e</sup> s, puis de nouveau au XIII<sup>e</sup> s par le duc Henri de Brabant. À cette époque, on fortifia la ville. Les Français la ravagèrent au XVII<sup>e</sup> s. Les Prussiens calmèrent le jeu au XIX<sup>e</sup> s sous leur domination. C'est à Bonn que fut rédigée, en 1949, la Constitution allemande (la « Grundgesetz »), et la même année, elle fut choisie comme capitale fédérale. Plusieurs raisons à cela : déjà, la ville fut relativement épargnée par les bombes (« seulement » 30 % des bâtiments détruits) et pouvait donc accueillir rapidement tout le personnel nécessaire. Et puis, elle n'était pas liée politiquement au nazisme. Bonn resta la capitale de la RFA jusqu'à la réunification, en 1990. C'est aussi la ville natale d'un géant : ***Ludwig van Beethoven.***



## Arrivée à l'aéroport de Cologne-Bonn

➢ ***Pour rejoindre la ville*** (à 16 km au sud-est) ***:*** prendre le bus SB 60 ; départ ttes les 30 mn. Va jusqu'à la gare. Durée : env 30 mn. Billet : 5 €. • *koeln-bonn-airport.de* •

## Adresses utiles

ℹ ***Office de tourisme*** *(plan B2) :* *Windeckstr 1.* ☎ *77-50-00.* • *bonn.de* • *Lun-ven 10h-18h, sam 10h-16h, dim et j. fériés 10h-14h.* Demandez

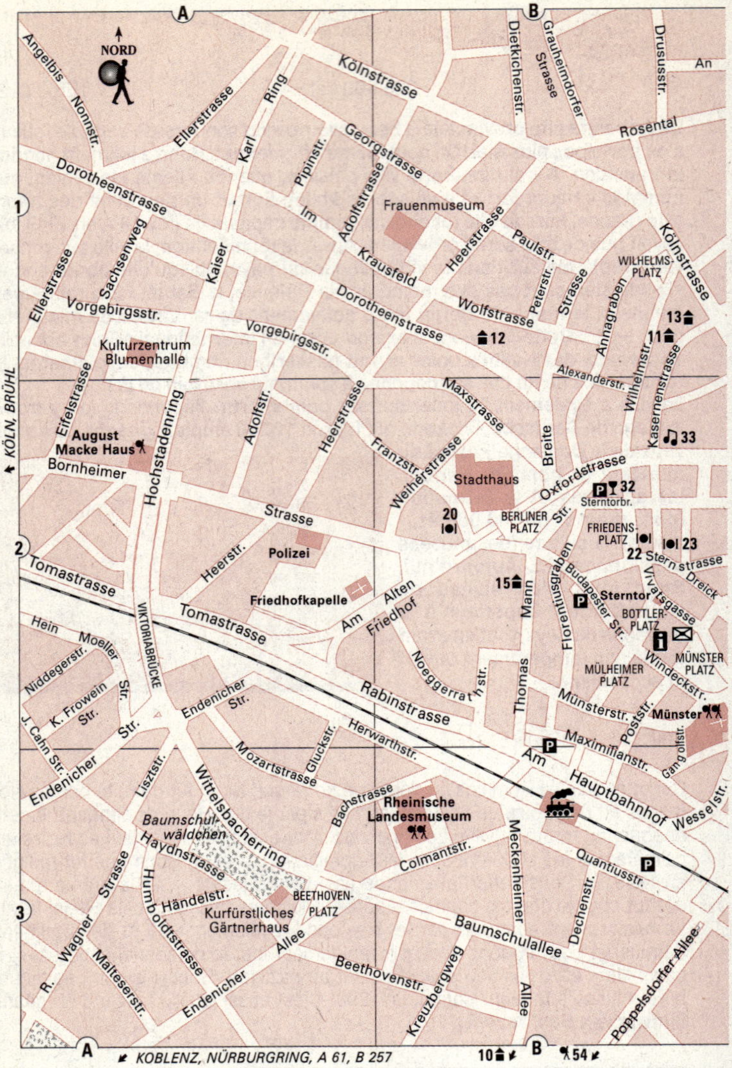


## Adresses utiles

- Office de tourisme
- 2 Compagnie KD

## Où dormir ?

- **10** Jugendherberge Bonn-Venusberg
- **11** Hotel Bergmann
- **12** Hotel Aigner
- **13** Hotel Deutsches Haus
- **14** Hotel Löhndorf
- **15** Hotel Domicil

## Où manger ?

- **20** Frittebud
- **21** Im Stiefel
- **22** Sudhaus

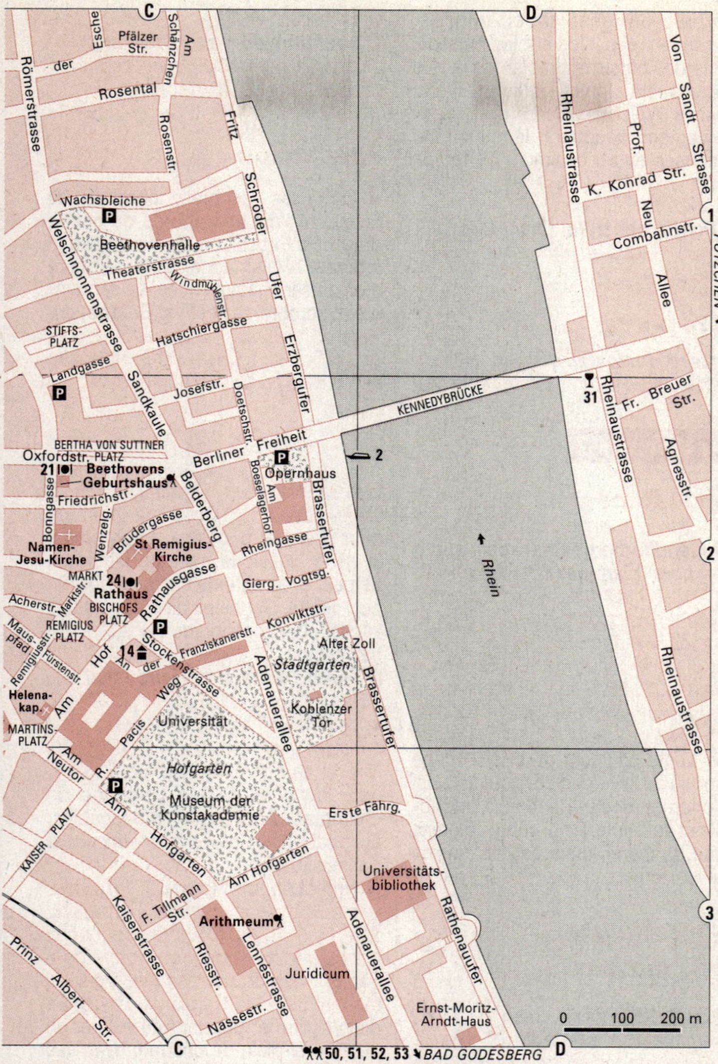


## BONN

23 Zum Gequetschten
24 Em Höttche

### Où boire un verre ? Où sortir ?

31 Rheinlust
32 Brauhaus Bönnsch

### Où danser ?

33 Jazz Galerie

### À voir

50 Kunstmuseum Bonn
51 Kunst und Ausstellung-shalle der Bundesrepublik Deutschland
52 Haus der Geschichte
53 Deutsches Museum Bonn
54 Château de Poppelsdorf et jardin botanique

leur brochure générale en français, qui contient des infos sur les musées, la liste des hôtels et un plan de la ville avec les principaux parkings. Vend aussi la *Welcome Card,* pour ceux qui veulent découvrir le maximum de choses en un minimum de temps *(coût : 9 €/24h, 12 € avec les sites des environs).*

✉ **Poste centrale** (plan B2) **:** *sur Münsterplatz. 9h-20h (16h sam). Fermé dim.*

## Transports

**Gare ferroviaire** (plan B3) **:** *à 5 mn à pied du centre. Infos trafic au ☎ 0180-350-40-30.*

■ **Location de vélos : Radstation,** *derrière la gare. ☎ 981-46-36. 6h (7h sam, 8h dim)-22h30.*

## Spectacles

♩ Outre les nombreux concerts se déroulant l'été aux abords du centre d'Art et d'Exposition de la république fédérale d'Allemagne, Bonn est fière d'organiser chaque année, en septembre et octobre, le ***Festival Beethoven.*** *Rens et résas au Theaterkasse, à côté de l'office de tourisme, sur • bonnticket.de • ou au ☎ 0180-500-18-12.*

# Où dormir ?

## Bon marché

**Jugendherberge Bonn-Venusberg** *(AJ ; hors plan par B3,* ***10*****) :** *Haager Weg 42. ☎ 28-99-70. • bonn@jugendherberge.de • bonn.jugendherberge.de • À quelques km au sud du centre, sur la colline de Venusberg. De la gare, bus n° 600 ; il s'arrête presque devant l'AJ. À pied, n'y comptez pas. Nuit en dortoir env 22,90 €, double 72 €.* Vaste bâtiment de brique rouge au milieu de la verdure. En tout 250 lits, en chambres de 1 à 4 lits. Impeccable et au calme. Ping-pong, cafétéria (vente de bière), mais pas de cuisine pour les hôtes.

BONN

## De prix modérés à prix moyens

**Hotel Bergmann** (plan B1, **11**) **:** *Kasernenstr 13. ☎ 63-38-91. • info@hotel-bergmann-bonn.de • hotel-bergmann-bonn.de • Env 60-80 € la double. Petit déj 5 €. CB refusées.* Jolie façade un peu démodée. Chambres sans tralala mais bien tenues. Douche et w-c à l'extérieur.

**Hotel Aigner** (plan B1, **12**) **:** *Dorotheenstr 12. ☎ 60-40-60. • hotel-aigner@t-online.de • hotel-aigner.de • Dans le quartier étudiant, à 5 mn du centre. Fermé fêtes de fin d'année. Compter 82-102 € la double, moins cher le w-e. Petit déj inclus. Parking privé payant.* On aime bien ce coin vivant et populaire. Chambres à la déco classique mais parfaitement tenues, avec salle de bains (parfois un peu petite). Certaines disposent d'une kitchenette. Location de vélos. Accueil très sympa.

**Hotel Deutsches Haus** (plan B1, **13**) **:** *Kasernenstr 13. ☎ 63-38-91 • info@hotel-bergmann-bonn.de • deutscheshaus-bonn.de • Fermé Noël-Nouvel An. Doubles tt confort 60-80 €, petit déj inclus.* Une vingtaine de chambres rénovées et impeccables, avec salle de bains. Excellent accueil et bonne situation.

**Hotel Löhndorf** (plan C2, **14**) **:** *Stockenstr 6, entre la mairie et l'université. ☎ 63-47-26. • info@hotel-loehndorf-bonn.de • hotel-loehndorf-bonn.de • Fermé fêtes de fin d'année. Doubles tt confort 95-140 €, petit déj inclus.* En plein centre et pourtant au calme, un petit hôtel plein de charme, avec ses chambres sous les toits, son petit déj copieux, sa terrasse. Accueil aussi adorable que le lieu.

## Plus chic

**Hotel Domicil** (plan B2, **15**) **:** *Thomas-Mann-Str 24-26. ☎ 72-90-90. • info@domicil-bonn.bestwestern.de • domicil-bonn.bestwestern.de • Doubles à partir de 145 €, petit déj* *inclus.* Du bon petit luxe à prix encore abordable. Tout y est soigné, depuis les chambres, absolument tout confort, jusqu'aux espaces communs, tout en recoins intimes. Bon resto italien dans la petite cour à l'arrière.

## Où manger ?

Ici, plus qu'ailleurs, on s'est contenté de vous indiquer les brasseries typiques (et recommandables !) de la ville. Le cuistot ne fait généralement pas dans la dentelle, mais au moins, vous êtes sûr de ne pas avoir faim en sortant de table...

### Spécial fauchés

|●| ***Frittebud*** *(plan B2,* ***20****) : Franzstr 43. ☎ 620-88-22. Lun-jeu 11h-23h, ven 11h-1h, sam 18h-1h. Fermé dim. Plats 5-7 €.* Le chouchou de la jeunesse désargentée de la ville : pour trois fois rien, on déguste dans une ambiance très rock'n'roll d'excellents burgers (attention au *Big Mik,* si géant qu'il est impossible à finir !), des saucisses et des pâtes. On aime !

### De bon marché à prix moyens

|●| ***Sudhaus*** *(plan B2,* ***22****) : Friedensplatz 10. ☎ 65-65-26. • info@sudhaus-bonn.de • Tlj 10-minuit. Spécialités 10-15 €.* Sur l'une des places les plus populaires de la ville. Belle terrasse. À l'intérieur, poutres et plafonds peints, tables en bois. Bonne cuisine, tout à fait rhénane, et bar animé.

|●| ***Zum Gequetschten*** *(plan B2,* ***23****) : Sternstr 78. ☎ 63-81-04. Lun-sam 10h30-1h ; dim 12h-22h. Spécialités 9-17 €.* D'un côté le bar, de l'autre le resto, avec tables en bois et boiseries ornées de faïence. Musique allemande genre top 50. Clientèle moins jeune que dans d'autres tavernes. En saison, on peut y manger des moules. Sinon, plats du jour variés et pas chers à base de porc, choux et pommes de terre.

|●| ***Em Höttche*** *(plan C2,* ***24****) : Markt 4. ☎ 69-00-09. Tlj 11h-1h. Spécialités 10-16 €.* Accolé à la jolie maison communale. Ça reste touristique (et on vous passe le décor, typique en diable), mais on y sert une cuisine rhénane qui tient au corps. Beethoven y aurait jadis mangé... bien avant que l'édifice ne brûle, en 1944. Il fut rebâti à l'identique.

|●| ***Im Stiefel*** *(plan C2,* ***21****) : Bonngasse 30. ☎ 69-65-96. • info@gasthausimstiefel.de • Dès 12h. Plats 10-18 €.* Là encore, pas de surprise : c'est du typique, du solide. On y sert de bonnes grosses spécialités locales qui devraient vous lester pendant quelques heures. Plusieurs salles en enfilade garnies de boiseries, grosse cheminée en face du comptoir.

## Où boire un verre ? Où sortir ?

– Ici, on boit de la *Kölsch,* la bière de Cologne. En fait, la seule bière vraiment locale est la *Bönnsch,* qui n'est autre qu'une *Kölsch* brassée à Bonn !

– Les soirs d'été, toutes les places du centre sont occupées par les terrasses de cafés. Atmosphère vraiment agréable. C'est sur *Marktplatz, Münsterplatz* et *Friedensplatz* qu'on trouve le plus de monde. Les tavernes typiques citées plus haut sont autant de bars avec terrasses.

– Pour se mêler aux fêtards, il faut aller au nord d'Oxfordstrasse, à 5 mn du centre. Beaucoup d'animation nocturne sur *Breitestrasse, Dorotheenstrasse* et *Maxstrasse.* Pas d'adresses à signaler en particulier, à vous de choisir en fonction de votre humeur et de l'ambiance.

Voici quand même quelques adresses hors du quartier étudiant, que vous n'auriez pas forcément trouvées tout seul :

🍷 ***Rheinlust*** *(plan D1-2,* ***31****) : Rheinaustr 134. ☎ 46-70-91. De l'autre côté du Rhin, au pied du*

*Kennedybrücke (sur la droite en venant du centre). Lun-sam 10h-1h (3h sam), dim 9h-1h.* L'un des endroits les plus géniaux de la ville. Ambiance décontractée, bonne musique, une belle énergie qui flotte dans l'air et une super terrasse donnant sur le Rhin, idéale aux beaux jours. Clientèle de tous âges et tous horizons. Incontournable !

***Brauhaus Bönnsch*** *(plan B2,* ***32****)* **:** *Sterntorbrücke 4. ☎ 65-06-10. • klein-voit@boennsch.de • Tlj 11h (12h dim)-1h (3h w-e). Plats 10-20 €.* Bar populaire et central qui brasse tous les styles, et qui brasse surtout sa propre bière, la *Bönnsch.* Atmosphère plus jeune que dans les brasseries traditionnelles.

## Où danser ?

♫ **Jazz Galerie** *(plan B2,* ***33****)* **:** *Oxfordstr 24. ☎ 262-54-42. • info@jazzgalerie-bonn.de • jazzgalerie-bonn.de • Jeu-sam dès 21h. Entrée : 7,50 €.* Pour ceux qui auraient la fièvre du samedi soir, musique pop et des années 1980 dans une petite salle en sous-sol avec des projecteurs et des boules en alu !

# À voir

Bonn possède une belle tripotée de musées, dont trois ou quatre de grande valeur. On vous rappelle que la *Welcome Card* permet l'accès aux principaux musées de la ville ainsi qu'aux transports. On l'achète à l'office de tourisme. Elle vaut vraiment le coup si vous comptez visiter 2 ou 3 musées le même jour.
Un parcours *Weg der Demokratie* permet de parcourir la ville en passant devant les institutions qui ont marqué la vie politique de la ville pendant les 50 années où Bonn était capitale de la RFA. Départ non loin du musée *Haus der Geschichte,* où l'on peut se procurer le plan du circuit, jalonné par 18 panneaux explicatifs (durée : environ 1h30).

**La collégiale** *(Münster ; plan B-C2)* **:** *Martinsplatz.* Intéressante par son plan en trèfle, symbolique du style roman du XIIe s. De l'extérieur, l'église a des allures de forteresse, avec sa haute tour octogonale et ses tourelles. Imposante et loin d'être laide. À l'intérieur, nef gothique. Plusieurs éléments baroques dans la décoration, notamment la chaire. Noter la longueur du chœur. Crypte du XIe s. Voir le chemin de croix *(Kreuzgang),* qui a été reconstruit récemment d'après les plans d'origine, à la place d'un ancien cloître.



***Beethovens Geburtshaus*** *(maison natale de Beethoven ; plan C2)* **:** *Bonngasse 20. ☎ 98-175-25. • beethoven-haus-bonn.de • Tlj 10h-18h (17h nov-mars). Entrée : 6 € ; réduc. Audioguide en français.* Maison natale de l'artiste, la plus célèbre figure de la ville. Il vécut ici ses 22 premières années, avant d'obtenir une bourse pour étudier à Vienne, auprès de Haydn. Les meubles exposés n'étaient pas ceux de la famille, mais les instruments et partitions, eux, sont originaux. Dans les pièces du 1er étage, on verra un orgue avec lequel Beethoven accompagnait la messe et un alto dont il jouait également. Au 2e étage, la pièce de Vienne : s'y trouvent les instruments du quatuor de Beethoven, offerts par le prince Lichnowsky, mécène attitré de l'artiste. Dans cette même pièce, son dernier piano couvrant six octaves 1/4. Noter les cornets acoustiques du début du XIXe s, que Ludwig jugeait totalement inefficaces. Dans une vitrine, le *Testament de Heiligenstadt* écrit en 1802, témoignage poignant de cette période difficile : le pauvre était déjà sourd comme un pot et songeait au suicide. Comme les médecins de l'époque étaient incapables de le soigner, il chercha à dissimuler son handicap en s'isolant du monde, ce qui lui vaudra une réputation injustifiée de misanthrope. Dès 1818, il emploie des carnets de conversation pour dialoguer avec ses proches : on peut seulement y lire les questions qui lui étaient posées, pas les réponses : sourd oui, mais pas muet ! Sous les combles, on voit son masque mortuaire, à l'âge de 56 ans. La dernière salle est la chambre natale de Beethoven, où trône son buste. Enfin, de l'autre côté de la cour, une salle multimédia a été ouverte, avec accès à ses œuvres remasterisées.

**Arithmeum** *(plan C3)* **:** *Lennestr 2. ☎ 73-87-90. • arithmeum.uni-bonn.de • Mar-dim 11h-18h. Entrée : 3 € ; réduc.* Pour ceux que les cours de maths n'ont pas traumatisés, belle collection de machines à calculer de toutes les époques, du boulier aux circuits intégrés. On ne comprend pas toujours comment ça marche, mais il est amusant de voir à quoi ressemblaient les ancêtres de nos calculettes.

***Rheinische Landesmuseum*** *(musée de la Rhénanie ; plan B3)* **:** *Colmantstr 14-18. ☎ 207-00. • rheinisches-landesmuseum.de • Mar-dim 11h-18h (13h sam). Entrée : 8 € ; réduc ; supplément obligatoire lors des expos temporaires. Audioguide en anglais inclus.* L'histoire du *Rheinland* présentée dans un nouveau bâtiment en bois contenu dans une structure de verre. Original, comme souvent. L'intérieur a lui aussi été refait : plutôt qu'un ensemble de salles passant en revue les différentes époques de la région, le parcours, sur trois étages, est thématique, ce qui permet au visiteur d'aller plus facilement vers ce qui l'intéresse mais aussi de mieux saisir le sens de ce qu'il voit. Par exemple, le thème « Von den Göttern zu Gott » explore la transition entre la religion des Romains et la chrétienté. Un autre thème (*Macht und Mächte*) s'attarde sur l'exercice du pouvoir dans la région. Sept thèmes sont ainsi traités, en plus d'expos temporaires de grande qualité : de quoi occuper intelligemment, pendant 2h au moins, tout amateur d'histoire européenne.

***Kunstmuseum Bonn*** *(musée d'Art de Bonn ; hors plan par D3,* ***50****)* **:** *Friedrich-Ebert-Allee 2. ☎ 77-62-60. • kunstmuseum-bonn.de • De la gare, U/S 16, 63 et 66 vers Rheinallee, arrêt Heussallee. Mar-dim 11h-18h (21h mer). Entrée : 7 € ; réduc. Billet combiné avec le* Kunst und Ausstellungshalle *: 13,90 €.* Consacré à l'art allemand au XXe s. Avec le centre d'Art et d'Exposition de la RFA, situé juste en face, et la *Haus der Geschichte* (musée d'Histoire), cet édifice carré assez massif constitua un enrichissement culturel majeur pour la ville. Outre des expos temporaires, on peut y admirer une belle brochette d'expressionnistes rhénans comme Max Ernst, August et (son cousin) Helmut Macke, une section sur l'art allemand depuis 1945 avec, en bonne place, un certain Joseph Beuys, et une partie consacrée à la vidéo regroupant divers artistes internationaux.



***Kunst und Ausstellungshalle der Bundesrepublik Deutschland*** *(centre d'Art et d'Exposition de la RFA ; hors plan par D3,* ***51****)* **:** *Friedrich-Ebert-Allee 4. ☎ 917-10. • bundeskunsthalle.de • Mar-mer 10h-21h (19h jeu-dim). Entrée : 10 € ; réduc. Billet combiné avec le* Kunstmuseum *: 15 €. Audioguide en anglais 5 €.* À côté du *Kunstmuseum,* bâtiment moderne coiffé de trois cônes bleus vitrés. Le musée fut créé pour donner à la RFA un grand centre d'exposition, ce qui fut fait, mais après la réunification, puisque le lieu ne fut inauguré, comme son vis-à-vis (le *Kunstmuseum*), qu'en 1992. Pas de collection permanente, mais des expos temporaires de grande envergure consacrées à des artistes reconnus. Se renseigner sur la ou les expos en cours.

***Haus der Geschichte*** *(maison de l'Histoire ; hors plan par D3,* ***52****)* **:** *Willy-Brandt-Allee 14. ☎ 916-50. • hdg.de • À deux pas des précédents. Mar-ven 9h-19h, w-e 10h-18h. Entrée gratuite.* Superbe musée retraçant l'histoire de l'Allemagne de 1945 à nos jours, sur trois étages, au travers d'une présentation assez visuelle : documents, photos, coupures de presse, affiches et vidéos. Les explications sont en allemand, mais on peut demander un guide en français à l'entrée. Le 1er étage traite des séquelles de la guerre, le 2e met en parallèle le socialisme pratiqué en RDA et le consumérisme de la RFA, et le 3e illustre le miracle économique allemand et la vie politique des dernières décennies. Voilà qui intéressera tous les férus d'histoire ! Une cave romaine a été découverte au cours des travaux : on l'aperçoit sous nos pieds, dans le hall d'entrée.

**Deutsches Museum Bonn** *(hors plan par D3,* ***53****)* **:** *Ahrstr 45. ☎ 302-255. • deutsches-museum.de/bonn • Au sud de la ville. U 16-63-67 : arrêt Hochkreuz, puis 5 mn de marche par la Kennedyallee. Mar-dim 10h-18h. Entrée : 5 € ; réduc.* Portant sur la contribution de l'Allemagne (fédérale) aux progrès de la technologie depuis 1945, ce musée ne dévoilera ses charmes qu'à ceux qui lisent suffisamment l'anglais ou l'allemand pour lire les panneaux explicatifs. Mieux vaut, en outre, posséder quelques notions scientifiques, car les domaines abordés sont tout de même assez pointus. On retiendra le premier accélérateur de particules, une horloge atomique, ou encore le principe de lévitation électromagnétique (les fameux trains à coussins d'air).

***Le château de Poppelsdorf et le jardin botanique*** *(hors plan par B3,* ***54****)* **:** le château est situé au bout de la Poppelsdorferallee, superbe allée bordée de châtaigniers et de fleurs. Datant du début du XVIIIe s, sa construction fut décidée par Clément-Auguste. Facture classique de la façade et cour originale en hémicycle à l'italienne. Le château fait aujourd'hui partie de l'université et ne se visite pas.

En revanche, il faut en faire le tour et visiter le ***jardin botanique.*** *L'été, tlj sf sam 10h-18h (20h jeu) ; l'hiver, lun-ven 10h-16h ; serres 10h-12h, 14h-16h (17h30 dim en été) 3 €, réduc.* Celui-ci présente, dans des serres remarquables, des centaines d'essences tropicales et semi-tropicales. Mention spéciale pour les serres aux cactus et pour l'arum titan *(Titanenwurz)* qui produit certaines années une fleur de 2,70 m de haut ! Du château, on peut atteindre à pied la *Kreuzbergkirche.*

### LES GÉNIES MEURENT AUSSI

*Une étude effectuée en 2000 révèle la vraie cause de la mort du génie : le saturnisme. Beethoven buvait son vin dans une coupe en cristal de plomb ! Et les médecins de l'époque employaient souvent le plomb dans leurs traitements. Cela explique ses maux de ventre chroniques et ses sautes d'humeur, mais rien ne permet de relier cette maladie à la surdité du compositeur... dont la cause profonde reste donc un mystère !*

***August Macke Haus*** *(maison et atelier du peintre ; plan A2)* **:** *Bornheimer Str 96. ☎ 65-55-31. • august-macke-haus.de • Mar-ven 14h30-18h ; w-e 11h-17h. Entrée : 5 € ; réduc. Visite en anglais le dim à 11h30 (3 €).* La maison où August Macke a vécu et travaillé est ouverte au public depuis 1991. C'est à la fois un musée, un lieu d'expositions et un centre de recherche sur l'expressionnisme rhénan.



## Balade en bateau

Avec la *compagnie* ***KD*** *(plan C-D2,* ***2****)* **:** *près du Kennedybrücke. ☎ 0221-208-83-18. • k-d.de •* Avr-oct, 8 liaisons/j. entre Bonn et Linz (village sur le Rhin à une vingtaine de km au sud) et 2/j. vers Cologne.

# LA HESSE

**Ce Land, très industrialisé, a été largement touché par les destructions de la Seconde Guerre mondiale. La reconstruction rapide et nécessaire de quartiers entiers, détruits pour certains jusqu'à 95 %, nous donne à voir aujourd'hui**

**des villes parfois dépourvues de charme. Pourtant, certaines font exception à la règle comme Francfort-sur-le-Main, qui a su renaître de ses cendres, offrant un visage mêlant modernité et tradition, avec de fabuleux musées. D'autres villes encore, notamment Wiesbaden, Limburg-an-der-Lahn et Marburg, ont été grandement épargnées et livrent de formidables témoignages du passé. Aux confins de la Thuringe, Kassel, patrie des frères Grimm et connue de tous les amateurs d'art contemporain pour sa « Dokumenta », s'est distinguée en 2013, en recevant la consécration du classement au Patrimoine mondial de l'Unesco des jardins en cascade de son Schloss Willemshöhe.**

# LIMBURG AN DER LAHN

(65549) 33 620 hab. IND. TÉL. : 06431

**Construit sur un éperon rocheux bordé par la verdoyante rivière Lahn, Limburg offre un très beau centre urbain médiéval, l'un des rares à ne pas avoir été détruit au cours de l'histoire allemande. Un peu touristique, ce vrai bourg typique invite à la flânerie le long des ruelles et des passages, où l'on part à la découverte des vénérables maisons à colombages, à pignon, à tourelles et à échauguettes... On prend plaisir à en détailler les sculptures de bois, notamment dans les rues montant à la cathédrale.**

## Arriver – Quitter

– ***Infos transports régionaux en train et bus :*** *• rmv.de •*

### En train

**Hauptbahnhof** *(gare ferroviaire centrale) :* *Bahnhofsplatz. ☎ 0800-150-70-90 (nº vert). • bahn.de •*

➢ ***Frankfurt :*** 7-27 trains/j. Durée : 1h10.

➢ ***Wiesbaden :*** 6-8 trains/j. Durée : 1h10.

➢ ***Koblenz :*** 23-35 trains/j. Durée : 1 h05.

➢ ***Marburg :*** nombreux trains avec changement à *Gießen.* Durée : 2h.



## Adresse utile

***Office de tourisme :*** *Bahnhofplatz 2. ☎ 20-32-22 et 61-66. • limburg.de • Juste à gauche en sortant de la gare. Tlj sf dim 9h-17h, sam (avr-oct slt) 10h-14h.* Dépliant en français, plan de la ville en allemand et en anglais avec présentation succincte des curiosités, liste des hébergements, infos loisirs (canoë, kayak, piscine, croisières en bateau...), route des vins...

## Où dormir ?

### Camping

***Lahn Camping :*** *Schleusenweg 16. ☎ 226-10. • info@lahncamping.de • lahncamping.de • Avr-oct. Compter 20 € pour 2 pers avec tente et voiture.* Grand camping ombragé, qui s'étire agréablement au bord de la Lahn, à 5 mn à pied du centre historique. Sanitaires nickel. Bien équipé : resto-bar avec *Biergarten*, ping-pong, jeux enfants, etc., mais le site est traversé par un pont routier un peu bruyant. Une bonne adresse quand même.

## Auberge de jeunesse

**Jugendherberge Limburg :** *Auf dem Guckucksberg. ☎ 414-93. • jh-limburg@jugendherberge.de • limburg.jugendherberge.de • De l'office de tourisme, bus n^os 3 et 4, arrêt Hammerberg, puis 5 mn à pied. Nuit env 24 €/pers, petit déj compris. ½ pens et pens complète possibles. Parking gratuit.* En pleine nature, grand bâtiment contemporain en brique, aux aménagements fonctionnels. Au choix, près de 190 lits superposés dispatchés dans des chambres de 1 à 6 personnes, avec sanitaires intérieurs. Simple mais bien tenu. Resto-bar, jeux enfants, ping-pong...

## Prix moyens

**Hotel Frankfurter Hof :** *Frankfurter Str 7. ☎ 64-95. • info@frankfurter-hof-limburg.de • frankfurter-hof-limburg.de • Doubles à partir de 65 € selon saison et confort, petit déj inclus. Parking payant.* Dans une jolie maison ancienne en brique, située en plein cœur de Limburg, juste à côté de la poste. Chambres lumineuses et confortables, soignées mais sans grand charme. Solarium. Certainement la meilleure option du centre-ville, malgré l'accueil pas terrible.

# Où manger ? Où boire un verre ?

## De bon marché à prix moyens

**Café Will :** *Salzgasse 23. ☎ 69-70. • info@cafe-will.de • Tlj 9h (10h dim)-18h. Moins de 5 €.* En plein cœur historique, l'un des plus vieux cafés de la ville, avec sa longue salle – façon salon de thé – pour prendre un café en dévorant une part de tarte maison. Également des petits sandwichs.

**Gasthaus Schwarzer Adler :** *Barfüßerstr 14. ☎ 63-87. • abr1068227@aol.com • Plats 10-17 €.* Authentique vieille taverne en bois sobre, avec de vieilles affiches de corrida aux murs. Une adresse que les gens du cru affectionnent pour ses honnêtes plats du jour inscrits sur l'ardoise, d'un bon rapport qualité-prix. Cuisine à la bonne franquette, copieuse mais sans finesse. Bon accueil et ambiance chaleureuse. Bien aussi pour siroter une binouse. Propose quelques chambres très abordables.

# À voir. À faire

**Dom** (cathédrale) **:** *Domplatz. ☎ 92-99-83. • dom.bistumlimburg.de • Tlj 9h-19h (10h-17h nov-mars). Visites guidées en allemand (mar-jeu 11h et 15h, sam 11h, dim 12h). Tarif : 3 €.* Construit sur un éperon rocheux dominant la Lahn et le vieux bourg, l'édifice offre une architecture élancée. Façade romane du XIII^e s avec des portions gothiques très colorées. Le tout fut entièrement remanié au XIX^e s, et ça se voit ! Noter l'originalité des toitures des tours. L'intérieur, inspiré de la cathédrale gothique de Laon, accueille des tribunes superposées, un triforium et des fenêtres hautes. Jolie déco polychrome, et admirable baptistère en pierre rouge sculptée de symboles.

**Diözesanmuseum** (Musée diocésain) **:** *Domstr 12. ☎ 584-72-00. • staurothek.bistumlimburg.de • Dans la rue montant à la cathédrale, sur la droite. De mi-mars à mi-nov, tlj sf lun 10h-13h, 14h-17h, dim 11h-17h ; le reste de l'année, slt sur rdv. Entrée : 2 € ; réduc. Feuille explicative en anglais.* Peu de choses en réalité, mais toutes très belles et bien mises en valeur ! ***Au sous-sol,*** magnifiques reliquaires du Xe s en argent ciselé et incrusté de pierres semi-précieuses et d'émaux, dont un en forme de croix. Également des évangiles à couverture d'argent. Au ***rez-de-chaussée et au 1er étage,*** on découvre des statues polychromes superbes (XVe-XXIe s), dont ce Saint-Georges à cheval terrassant un dragon pas commode (XVe s) ; une tapisserie du XVe s ; une *pietà* du XIVe s ; sans oublier ce magnifique petit évangile en argent (XVIe s) ayant appartenu au pape Pie VIII.

Dans la vieille ville, au hasard des ruelles, en levant les yeux, nombreuses ***façades*** intéressantes de maisons des XVIe et XVIIe s, telles que la *Haus Brückengasse* (vers le pont), avec ses solives représentant les sept péchés capitaux, ou encore l'*Alte Shiftsvikarie,* l'une des plus vieilles et des plus mignonnes maisons de Limburg...

***Promenades en bateau :*** *avec la compagnie* ***Lahntalschiffart Vomfell,*** *☎ 39-84. ● lahntalschiffahrt.de ● Embarcadère sur Eschhöfer Weg. De mi-avr à mi-oct. Prix : 12-22 € ; réduc.* Selon le jour de la semaine, différentes croisières de 1h30 à 5h sur la Lahn. Une autre façon de découvrir les charmes du coin à bord du navire « Wappen von Limburg ».

## MARBURG (35037) 72 430 hab. IND. TÉL. : 06421

**Une belle ville comme on les aime, lovée dans un méandre de la rivière Lahn. Elle a tout pour séduire, et on tombe fatalement sous son charme ! Marburg fut l'un des principaux lieux de pèlerinage de l'Occident chrétien jusqu'au XVIe s, attirant les foules qui venaient se recueillir sur les reliques de sainte Élisabeth. La Réforme, bien sûr, supprima ce culte, mais la ville devint cependant un centre important de théologie protestante.**

**On a vraiment plaisir à se perdre dans ses ruelles qui grimpent à n'en plus finir, à la découverte des vieilles maisons pittoresques. Tout en haut de la *Altstadt,* un château altier, et tout en bas, une fière église ! Marburg est jeune grâce à son université. Ce fut d'ailleurs la première faculté protestante, créée en 1527. Aujourd'hui, avec ses 20 000 étudiants, elle est devenue le plus gros employeur de la ville ! À ce propos, une phrase récurrente sur la cité plante bien le décor : « Göttingen a une université, Marburg est une université. » Par conséquent, en soirée, les nombreux bistrots du centre se remplissent d'étudiants sympathiques et loquaces. Une idée : l'université propose toute l'année des cours intensifs d'allemand, l'occasion de découvrir la ville et de perfectionner votre pratique de la langue de Goethe. Marburg est, en tout cas, une halte obligatoire !**



### Arriver – Quitter

– ***Infos transports régionaux en train et bus :*** *● rmv.de ●*

#### En train

**Hauptbahnhof** *(gare ferroviaire centrale ; hors plan par A1) : Bahnhofstr. ☎ 0800-150-70-90 (no vert). ● bahn.de ●*

➢ ***Frankfurt :*** 1-3 trains/h. Durée : 1h.

➢ ***Kassel :*** 1-2 trains/h. Durée : 1h20.

➢ ***Fulda :*** nombreux trains avec changement à *Frankfurt, Gießen* ou *Kassel.* Durée : 2h20.

➢ ***Limburg an der Lahn*** et ***Koblenz :*** nombreux trains avec changement à *Gießen.* Durées respectives : 2h et 2h40.

➢ ***Wiesbaden :*** nombreux trains avec changement à *Frankfurt.* Durée : 2h10.

## Adresses utiles

**Office de tourisme** *(plan B2, **1**) : Pilgrimstein 26. ☎ 991-20. • marburg.de • Au pied de la vieille ville, à deux pas des ascenseurs. Tlj sf dim 9h (10h nov-mars)-18h, sam 10h-14h. Également un **autre bureau** (plan A2, **2**) sur Marktplatz, au cœur de la vieille ville, juste à côté du Rathaus (mairie). Ouv w-e avr-oct slt : sam 14h-18h, dim 13h-17h.* Brochure en français listant les points d'intérêt de Marburg (téléchargeable sur le site web) ; plan de la ville ; dépliant en français sur la vallée de la Lahn *(das Lahntal)* ; liste des hébergements chez l'habitant (résa possible) en ville ou dans la campagne alentour ; intéressante visite guidée de la ville en français *(résa 2 sem avt)* ; dépliants en allemand et en anglais pour une balade dans l'univers des frères Grimm, qui ont résidé ici... Y retirer aussi le *Studier mal Marburg* et l'*Express*, deux magazines gratuits sur les manifestations culturelles. Accueil dynamique, souriant et compétent.

■ ***Location de vélos, barques et embarcations à pédales :*** *au **Ufercafé Gischler** (plan B2, **30**), Auf dem Wehr, 1a. ☎ 804-84-67 ou 📱 (0173) 902-27-98. • bootsverleih-marburg.de • Au bord de la rivière, en contrebas du pont. Avr-nov, 9h-21h. Compter 24 €/j. Loc barques à rames ou embarcations à pédales : env 10 €/h.* Belle balade à vélo sur la piste cyclable le long de la rivière Lahn... Sinon, l'association ***Velociped*** *(☎ 88-68-90 ; • velociped.de •)* propose et organise des circuits à vélo pour les groupes...

■ ***Location de canoës :*** *__LT-Aktivreisen__, Lahntalstr 45, à **Roth.** ☎ (06426) 928-00. • lahntours.de •* Propose et organise des balades en canoë-kayak sur la Lahn, de 1 à 7 jours.

– ***Marchés :*** *mer et sam mat, sur Marktplatz (plan A2), et sur Frankfurter Str (plan A3) et Friedrichstr (plan A3).*

**P** ***Parkings et stationnement :*** impossible de se garer dans la *Altstadt,* uniquement piétonne. Sinon, au bas de la vieille ville, les parkings du centre sont chers *(1,50 €/h).* Même punition pour les places de stationnement avec horodateurs *(1 €/h).* Il existe heureusement un grand parking gratuit *(P+R)* à côté du *stade (Leopold-Lucas Str ; hors plan par A2),* à 10 mn du centre avec le bus n° 3. Et toc !

## Comment accéder à la vieille ville ?

En grimpant les ruelles pavées, ou au moyen des deux ascenseurs *(Aufzug)* gratuits, dont l'un est situé juste à côté de *l'office de tourisme principal (plan B2, **1**). Fonctionne tlj 7h-1h30 du mat.* Bien pratique quand on a usé ses semelles toute la journée !

**Adresses utiles**

- **1** Office de tourisme principal
- **2** Office de tourisme saisonnier
- **30** Ufercafé Gischler

**Où dormir ?**

- **10** Camping Lahnaue
- **11** Jugendherberge Marburg
- **12** Pension Schneider
- **13** Art-hotel Tusculum
- **14** Pension Harmony
- **15** Hotel Zur Sonne
- **16** Welcome Hotel Marburg

**Où manger ?**

- **15** Restaurant Zur Sonne
- **20** Café Klingelhöfer
- **21** Café Barfuss
- **22** Restaurant Bottega
- **23** Restaurant Auflauf
- **24** Weinstube Weinlädele

**Où boire un verre ? Où déguster une glace ?**

- **30** Ufercafé Gischler
- **31** Roter Stern
- **32** Café Vetter
- **33** Bückingsgarten

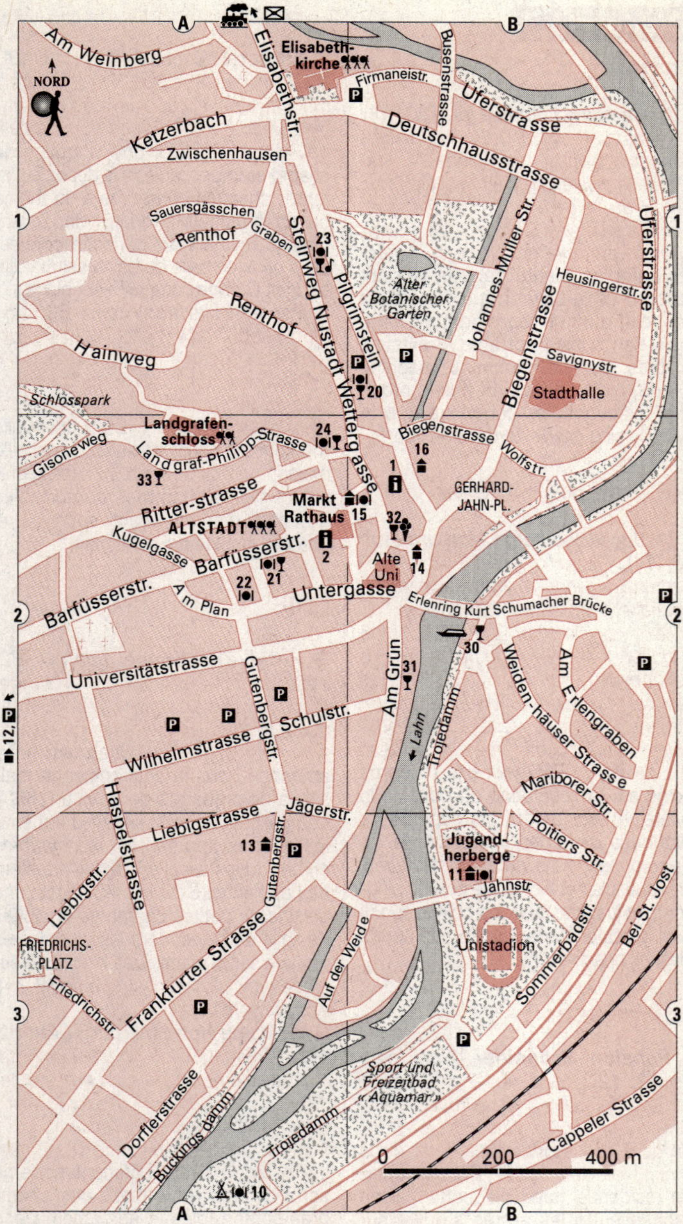
NORD
Am Weinberg
Elisabethkirche
Firmaneistr.
Busenstrasse
Uferstrasse
Deutschhausstrasse
Ketzerbach
Zwischenhausen
Elisabethstr.
Sauersgässchen
Renthof
Graben
Steinweg
Nustadt
Pilgrimstein
Alter Botanischer Garten
Johannes-Müller Str.
Heusingerstr.
Renthof
Hainweg
Biegenstrasse
Savignystr.
Stadthalle
Schlosspark
Landgrafenschloss
Landgraf-Philipp-Strasse
Wettergasse
Wolfstr.
Gisoneweg
GERHARD-JAHN-PL.
Ritter-strasse
Markt
Rathaus
ALTSTADT
Kugelgasse
Barfüsserstr.
Alte Uni
Untergasse
Am Plan
Erlenring
Kurt Schumacher Brücke
Universitätstrasse
Gutenbergstr.
Am Grün
Weidenhäuser Strasse
Am Erlengraben
Schulstr.
Wilhelmstrasse
Lahn
Trojedamm
Mariborer Str.
Haspelstrasse
Liebigstrasse
Jägerstr.
Poitiers Str.
Jugendherberge
Liebigstr.
Jahnstr.
Bei St. Jost
FRIEDRICHS-PLATZ
Frankfurter Strasse
Auf der Weide
Unistadion
Sommerbadstr.
Friedrichstr.
Sport und Freizeitbad « Aquamar »
Dorflerstrasse
Buckingsdamm
Trojedamm
Cappeler Strasse
0
200
400 m

MARBURG

## Où dormir ?

### Camping

**Camping Lahnaue** (plan A3, **10**) : *Trojedamm 47. ☎ 213-31. • info@lahnaue.de • lahnaue.de • À env 1 km au sud de la vieille ville (15 mn à pied), ou 500 m de la gare sud (Sudbahnhof). Ouv tte l'année. Compter 20 € pour 2 pers avec tente et voiture.* Agréable camping planté dans la verdure du bord de la Lahn. L'autoroute n'est pas loin, d'où un léger bruit de fond, mais rien d'insupportable. Sanitaires propres. Cuisine commune, machine à laver, bistrot-snack. Et puis à proximité : minigolf, et complexe sportif avec piscine, stade, terrains de sports.

### Auberge de jeunesse

**Jugendherberge Marburg** (plan B3, **11**) : *Jahnstr 1. ☎ 234-61. • jh-marburg@jugendherberge.de • marburg.jugendherberge.de • À 10 mn à pied de la vieille ville. De la gare principale, bus C jusqu'à Auf der Weide, et passer le pont sur la rivière. Nuit à partir de 21,50 €/pers selon capacité et confort, petit déj compris. ½ pens et pens complète possibles. Parking gratuit (peu de places). Loc de vélos.* Bâtiment bas moderne cerné par la végétation du bord de la rivière. Autour de 160 lits superposés distribués dans des chambres de 1 à 6 personnes, sans ou avec sanitaires. Pratique, clair et nickel. Resto-bar, ping-pong, et juste en face : complexe sportif avec piscine, stade, terrains de sports (basket, beach-volley...).

### Prix moyens

**Pension Schneider** (hors plan par A2, **12**) : *Gladenbacher Weg 39. ☎ 342-36. À env 3 km à l'ouest de la vieille ville (voiture indispensable). Double 55 €, prix dégressifs à partir de la 3e nuit ; résa min 2 nuits.* Dans un quartier résidentiel tranquille, cette maison cachée entre les arbres s'ouvre sur plusieurs chambres spacieuses, avec salle de bains et petit salon. Jardin. Un bon moyen pour se loger à prix serré. Ambiance familiale.

**Art-hotel Tusculum** (plan A3, **13**) : *Gutenbergstr 25. ☎ 227-78. • info@tusculum.de • tusculum.de • Doubles 68-76 € selon confort, pas de petit déj.* Hôtel original d'une vingtaine de chambres impeccables à la déco décoiffante ; chacune consacrée à un thème ou un artiste (Mondrian, Miró, Kandinsky...). Une vraie curiosité colorée, sans ou avec salle de bains selon votre budget. Cuisine commune sur place.

**Pension Harmony** (plan B2, **14**) : *Mühltreppe 1. ☎ 167-07-03. • info@pension-harmony-marburg.de • pension-harmony-marburg.de • Doubles 68-98 € selon taille, pas de petit déj. Parking payant.* Dans une ruelle montant au bourg ancien, cette vieille maison bordée d'un jardinet abrite plusieurs belles chambres confortables à thème : cinéma, orient, sport... Une adresse insolite qui nous plaît.

### Chic

**Hotel Zur Sonne** (plan A-B2, **15**) : *Markt 14. ☎ 171-90. • sonne.marburg@gmail.com • zur-sonne-marburg.de • Doubles 85-100 € selon vue, petit déj inclus.* Charmant hôtel aménagé dans la plus ancienne maison à colombages de la ville (1600). Les parquets pas vraiment d'équerre, les poutres apparentes, les meubles en bois et les escaliers raides attestent de l'authenticité du lieu. Au choix : une dizaine de petites chambres équipées de salle de bains, dont les plus chères ont vue sur la place. Très bon resto sur place (voir plus loin « Où manger ? »). Accueil gentil.

**Welcome Hotel Marburg** (plan B2, **16**) : *Pilgrimstein 29. ☎ 91-80. • info.mar@welcome-hotels.com • welcome-hotels.com • Juste au bas de la vieille ville, devant l'un des ascenseurs qui y mènent. Doubles à partir de 130 €, petit déj inclus.* Grand bâtiment moderne sans charme renfermant des chambres confortables et agréables. Déco contemporaine standardisée, comme dans tous les hôtels de la chaîne. Une bonne adresse centrale et sans surprise pour ceux qui ont des ronds.

## Où manger ?

Vous ne pourrez échapper aux gratins, tous les restaurants en proposent... à foison !

### De bon marché à prix moyens

**Café Klingelhöfer** (plan B1, **20**) : *Wettergasse 38. ☎ 642-06. • info@konditorei-klingelhoefer.de • Tlj sf lun 9h30 (13h dim)-18h30. Moins de 10 €.* En plein cœur de la vieille ville, cette pâtisserie-salon de thé fabrique d'alléchants gâteaux à dévorer avec un café dans une petite salle avec vue sur les pavés. Également de bons encas simples et frais à midi, du genre sandwichs, salades... On s'est régalé !

**Café Barfuss** (plan A2, **21**) : *Barfüsserstr 33. ☎ 253-49. Tlj 10h-1h (2h w-e). Plats 5-12 €.* Déco chaleureuse sur le thème du commerce équitable pour ce resto-bar écolo-branché. Large choix de plats simples, bons et pas chers : gratins, soupes, salades, sandwichs, pâtes, mais aussi quelques steaks et spécialités traditionnelles plus chers. Également des cocktails à siroter en terrasse sur rue en été. Depuis près de 40 ans, une valeur sûre plébiscitée par les étudiants !

**Restaurant Bottega** (plan A2, **22**) : *Krebsgasse 1. ☎ 160-52-89. • info@bottega-marburg.de • Tlj cuisine 10h-15h et 18h-23h (22h dim). Plats 6-17 €.* Pour changer du régime gratin, on recommande ce resto, installé sur une agréable placette avec fontaine contemporaine. Cuisine originale et soignée aux intonations méditerranéennes : salades, pâtes, et même d'excellents woks. Également une jolie salle contemporaine avec de vieilles poutres. Bon rapport qualité-prix

**Restaurant Auflauf** (plan A1, **23**) : *Steinweg 1. ☎ 68-13-43. • info@auflauf-marburg.de • Tlj 12h (10h w-e)-minuit (1h ven-sam). Plats 6-16 €.* Encore un spécialiste des gratins, que l'on peut facilement délaisser au profit des soupes, sandwichs, salades, tapas, burgers et de quelques plats plus consistants bien ficelés. Intéressants plats du jour et brunchs le week-end. Musique *live* ou DJ certains soirs. Une adresse réputée en ville.

**Weinstube Weinlädele** (plan A2, **24**) : *Schlosstreppe 1. ☎ 142-44. • info@weinladaele.com • Tlj 12h (10h w-e)-minuit. Plats 6-15 €. Café offert sur présentation de ce guide.* On est séduit par cette gentille *Weinstube* domiciliée dans une charmante maison ancienne à colombages. Déco intimiste de bon goût, un brin rustique. On se délecte des vins régionaux accompagnés de spécialités souabes, comme les *Maultaschen* (ravioles) ou les *Flammenkuchen.* Terrasse sur rue en été.

### De prix moyens à chic

**Restaurant Zur Sonne** (plan A-B2, **15**) : *Markt 14. ☎ 171-90. • sonne.marburg@gmail.com • Tlj 8h-14h, 18h-22h. Plats 9-23 €. Menu 30 €.* La bonne table de la ville ! Cette vieille maison à colombages abrite plusieurs salles rustiques, authentiques et chaleureuses. Dans l'assiette, savoureuses spécialités régionales et allemandes, mitonnées avec créativité par un chef passionné, pour un bon rapport qualité-prix. On aime !



## Où boire un verre ? Où déguster une glace ?

**Ufercafé Gischler** (plan B2, **30**) : *Auf dem Wehr 1a. ☎ 804-84-67. Au bord de la rivière, en contrebas du pont. Avr-nov, tlj 10h-23h.* Gentil *Biergarten* sous les arbres pour siroter au fil de l'eau, tout en détaillant l'architecture de la vieille ville perchée sur son promontoire rocheux.

**Roter Stern** (plan B2, **31**) : *Am Grün 30. ☎ 247-87. • mail@roter-stern.de • Tlj sf dim 10h-19h (16h sam).* Un café-librairie *links-grün-bunt* (gaucho-bio), idéal pour prendre un café avec une part de gâteau ou un sandwich, et refaire le monde : en salle, entouré d'affiches engagées sur le droit des femmes ou des immigrés, ou sur une des petites tables installées au bord de la Lahn. En plus d'être sympa, « *L'Étoile rouge* » aide les personnes en difficulté à se réinsérer par le travail...

**Café Vetter** (plan B2, **32**) : *Reitgasse 4. ☎ 258-88. ● info@cafe-vetter-marburg.de ● Tlj 9h-18h.* Le café *altmodisch* (vieillot) par excellence, véritable institution locale ! La vue panoramique sur la Lahn et les gâteaux « taillés dans la masse » sont deux bons prétextes pour venir y poser ses fesses et boire un café. On y sert aussi de bonnes glaces.

**Bückingsgarten** (plan A2, **33**) : *Landgraf-Philipp-Str 6. ☎ 165-77-71. ● info@bueckingsgarten-marburg.de ● Au pied du château. Tlj 12h-22h.* Superbe terrasse panoramique adossée à l'ancienne fortification du château avec vue plongeante sur la ville. Fait aussi resto (trop cher pour ce que c'est !).

## À voir. À faire

**Landgrafenschloss** (château ; plan A1-2) : *Schlossgasse. ☎ 99-120 ou 282-23-55. Tlj sf lun 10h-18h (16h nov-mars). Entrée : 4 € ; réduc.* Perché au sommet de la vieille ville, le château fut pendant cinq siècles et par intermittence, la résidence des landgraves de Hesse. La transformation d'une tour de guet (IXe s) en château fut entreprise par le petit-fils de sainte Élisabeth (voir plus loin le texte sur *Elisabethkirche*) à la fin du XIIe s. Et puis au fil du temps, l'édifice a subi d'importantes transformations et ajouts. Habité pendant plusieurs siècles par les landgraves, il fut occupé par les grognards de Napoléon, avant de devenir hôpital militaire et même prison au XIXe s, puis entrepôt d'archives au XXe s. Aujourd'hui, c'est l'université qui exploite ces lieux chargés d'histoire. On y visite plusieurs salles, dont notamment le cabinet des landgraves, la chapelle du XIIIe s, la salle des Chevaliers, la halle à deux nefs de style gothique, et une salle permettant de découvrir les vestiges de l'ancienne tour fortifiée des origines. Le château abrite aussi le ***Museum für Kulturgeschichte*** *(musée d'Art et d'Histoire régionale)* qui propose un panorama exhaustif de l'histoire de la région à travers des collections archéologiques, d'art religieux, d'armes et d'arts décoratifs... Enfin, le ***charmant parc*** tout autour du château invite à une belle promenade offrant d'étonnants points de vue sur la ville.

**Elisabethkirche** (église Sainte-Élisabeth ; plan A1) : *Elisabethstr 3. ☎ 655-73. ● elisabethkirche.de ● Au bas de la vieille ville. Tlj : avr-oct 9h (11h dim)-17h ; nov-mars 10h (11h dim)-16h. Entrée : 2,50 € ; réduc. Dépliant en français. Visite guidée en allemand et concerts d'orgues payants (se renseigner).*
Élisabeth (1207-1231), fille du roi de Hongrie, mariée à l'âge de 14 ans au landgrave de Thuringe, consacre sa courte vie aux malades et aux démunis. Quatre ans après sa mort, survenue à l'âge de 24 ans, elle est canonisée. L'ordre des chevaliers Teutoniques (moines-chevaliers) construit alors cette « église-halle » à trois nefs d'égale hauteur, pour y abriter et honorer ses reliques. Achevée en 1283, elle demeure la toute première église allemande de style gothique jamais construite à l'est du Rhin.
***À l'extérieur,*** sur la gauche de l'édifice, observez sur le sol les pavés plus clairs qui marquent l'emplacement de l'ancienne chapelle qui abritait la tombe d'Élisabeth ; tombe qui demeure au même endroit dans l'église actuelle et donc décentrée... Admirez ensuite le très beau portail d'entrée du monument, et remarquez sur les portes : les croix gothiques (fer forgé sur cuir d'origine) des chevaliers de l'ordre Teutonique, ainsi que le butoir, placé très haut car on pouvait entrer dans l'église à cheval ! Il s'agissait évidemment d'un lieu de culte (protestant, comme aujourd'hui) mais aussi d'un lieu de vie, de rencontres, voire de commerce, un peu à l'image du forum latin...
***À l'intérieur*** se dégage un charme discret, dont la légèreté est soulignée par la pureté des colonnes. Beaucoup d'œuvres d'art exceptionnelles, dont voici les

éléments principaux. Au bout de la nef gauche, avant la croisée du transept, intéressante ***statue de Sainte-Élisabeth*** du XVe s, tenant l'église dans sa main. Elle est représentée avec des vêtements du XVe s portés à la cour de France (le summum de la mode !), et non de son époque (XIIIe s). Au niveau de la croisée du transept, ***jubé gothique*** d'une grande finesse d'exécution. Il séparait paroissiens et pèlerins, relégués à l'arrière, des chevaliers de l'ordre Teutonique dont les stalles en bois sont d'origine. Là se tient le célèbre ***crucifix d'Ernst Barlach*** réalisé en 1918 et caché durant la dernière guerre car jugé dégénéré par les nazis... Dans le bras gauche du transept, noter le superbe retable de la Vierge (XVIe) et le ***tombeau de sainte Élisabeth*** du XIIIe s, décoré d'un magnifique bas-relief représentant sa mort (son âme sort de son oreille gauche pour rejoindre le ciel !)... Dans le chœur, très beau ***retable*** en grès sculpté et peint, datant des origines de l'église. À gauche du chœur, dans la sacristie, on admire le ***reliquaire de sainte Élisabeth*** (XIIIe), ciselé dans le cuivre et incrusté de pierres semi-précieuses (les gravures du toit illustrent les moments importants de sa vie). Les reliques ne s'y trouvent plus, car un de ses descendants, au XVIe s, le fit forcer au moment de la Réforme pour les enterrer au cimetière... Le bras droit du transept abrite la nécropole des « cœurs des landgraves » de Hesse, descendants de la sainte. En sortant, à droite de la porte, jetez un petit coup d'œil au tombeau du maréchal Hindenburg, le dernier président allemand avant que les nazis ne prennent le pouvoir. Hindenburg est mort en 1934 après avoir, la mort dans l'âme, nommé Hitler chancelier un an plus tôt...

***Altstadt*** *(la vieille ville ; plan A2)* **:** construite sur un promontoire rocheux où culmine son ***Landgrafenschloss*** *(château),* cette charmante *Altstadt* est sillonnée par des ruelles aux vieilles maisons pittoresques. Au centre, ***marktplatz,*** la place du marché (mercredi et samedi matin), livre un magnifique écrin de maisons à colombages (les nos 14, 21 et 23 sont particulièrement remarquables). Là, ne manquez pas le ***Rathaus*** *(mairie),* très beau bâtiment témoignant du style transitoire entre le gothique et le Renaissance (XVIe s). Sur sa tour, juste au-dessus de la porte, une sculpture de Sainte-Élisabeth. Et plus haut sur le fronton, on distingue un globe terrestre surmonté d'un coq-automate de 400 ans qui soulève ses ailes avec peine toutes les heures. À droite de l'horloge, ne manquez pas non plus la Mort qui fait tourner son sablier, également toutes les heures...

***Promenade en bateau :*** *avec* ***Landschiff Elisabeth II.*** *Embarquement devant l'*Ufercafé Gischler *(plan B2,* ***30****), Auf dem Wehr, 1a. ☎ 991-20 (office de tourisme) ou 804-84-67* (Ufercafé Gischler). *• lahnschiff-elisabeth.de • D'avr à mi-oct, w-e et j. fériés à 15h, 16h et 17h. Billet : 6 € ; réduc. Durée : 1h.* Promenade en petit comité à bord d'une vieille chaloupe à moteur baptisée *Elisabeth II.* Une expérience romantique à souhait !

## Fête

– ***Drei Tage Marburg*** *(3 jours de Marburg)* **:** *2e w-e de juil.* La grande fête de Marburg ! Dans toute la ville : animations, orchestres, course de bateaux en forme de dragons – les fameux *Drachenboot* –, saucisses et bière à gogo...



## KASSEL (CASSEL)

195 000 hab. IND. TÉL. : 0561

**La ville natale des frères Grimm, au nord-est du Land de Hesse a beaucoup souffert de la dernière guerre. Entourée d'industries d'armement, elle était une cible de choix pour les bombardiers de la RAF. 80 % de son patrimoine**

**urbain constitué de maisons à colombages ont disparu dans les flammes. Seuls quelques immeubles historiques ont échappé aux destructions, et la reconstruction s'est faite sur un modèle passe-partout reflétant bien les préoccupations fonctionnelles des années 1950. Néanmoins, depuis 1955, la ville a attiré en masse les amateurs d'art contemporain, en organisant tous les 5 ans, la renommée « *Documenta* » (prochaine édition en 2017). Et cerise sur le gâteau, en 2013, la ville a pu clamer sa fierté d'avoir été classée au Patrimoine mondial de l'Unesco pour les remarquables jardins et les jeux d'eau de son *Willemshöhe* créés au XVIII^e s à la demande du landgrave *Guillaume de Hesse-Kassel.* On en profitera pour visiter la galerie des maîtres anciens, riches de quelques toiles de première valeur.**

## Arriver – Quitter

### En train

***Kassel Hauptbahnhof :*** *c'est la gare où transitent les trains classiques de la DB. ☎ 0800-150-70-90 (nº vert). • bahn.de •*

***Kassel Wilhemshöhe :*** *gare des trains à grande vitesse ICE.* Nombreux trains pour :

➢ ***Frankfurt :*** 3 trains/h. Durée : 1h30.
➢ ***Marburg :*** 1 train/h. Durée : 1h15.
➢ ***Fulda :*** 1-2 trains/h. Durée : 50 mn.

## Adresses utiles

***Tourist Information Innenstadt :*** *Wilhemstr 23. ☎ 70-77-07. Lun-sam 9h-18h. • kassel.de • Également à la **Hauptbahnhof,** ☎ 340-54.*

## Où dormir ?

### De bon marché à prix moyens

***Jugendherberge Kassel :*** *Schenkendorfstr 18, 34119. ☎ 776-455. • jh-kassel@jugendherberge.de • kassel.jugendherberge.de • Nuitée en dortoir à partir de 23,50 €, pour les moins de 27 ans, avec petit déj.* Proche de la Hauptbahnhof, le bâtiment fonctionnel peut accueillir plus de 200 personnes. Toutes les facilités du genre plus la location de vélos.

***Hotel Credé Garni :*** *Knorrstr 13. 34134. ☎ 503-32-658. • hotel-crede.de • Doubles à partir de 59 €. Dans la partie sud de la ville, dans un environnement de jardins. Parking gratuit.* Petit déj-buffet en supplément. Chambres modernes, lumineuses et fonctionnelles. Très bon rapport qualité/prix pour un hôtel sans prétentions mais agréable.

## Où manger de prix moyens à plus chic ?

***Gusthof :*** *Wilhelmshöher Allee 347, 34131. ☎ 325-25. • gusthof@t-online.de • Tlj 12h-14h30 et 18h-23h. Plats 12-25 €.* Près du Bergpark, décor de brasserie, tout en boiseries. Très fréquentée (mieux vaut réserver). Cuisine typique, généreuse en sauces crémeuses, mais avec un effort vers la modernité et la légèreté pour certains plats. Portions pour gros appétits et prix justifiés. Belle carte de vins allemands. *Biergarten* en été.

LA HESSE

### À voir

***Bergpark Wilhelmshöhe :*** *ouv tte l'année, accès libre. Entrée 3 € pour le socle de l'Hercule. Mise en eaux : mai-début oct, mer, dim et j. fériés à 14h30.* Descendant la longue pente d'une colline couronnée par la statue géante d'Hercule (symbole de la ville posé sur un socle octogonal), les jeux d'eau monumentaux de Wilhelmshöhe furent créés en 1701 par le landgrave Charles de

Hesse-Cassel. Des réservoirs et canaux apportent l'eau au système complexe de dispositifs hydrauliques alimentant le vaste théâtre baroque du site, sa grotte, ses fontaines et sa grande cascade de 350 m de long. Outre cet ensemble, les lignes sinueuses qui traversent l'axe central, en alimentant, sur plus de 200 m, de spectaculaires chutes d'eau et des rapides tumultueux, aboutissent à un geyser jaillissant à une hauteur de 50 m. La superficie du parc (350 ha), ses jeux d'eau, reflètent la conception du pouvoir absolu dans l'Europe baroque du XVIIIe s, tout en annonçant par leur disposition à l'anglaise, l'esthétique nouvelle du romantisme comme en témoigne le fantaisiste château de Löwenburg.

***Schloss Willemshöhe :*** *mar-dim 10h-17h (20h mer).* • *museum-kassel.de* • *Entrée : 6 € ; réduc.* Construction bien classique du début du XIXe s avec colonnades en façade et ailes symétriques, le château abrite des collections antiques et un mobilier Louis XV et Empire. On le visitera essentiellement pour sa *galerie de maîtres anciens* avec, en vedette, des œuvres de la Renaissance allemande : Altdorfer, Cranach le Vieux, Dürer et Hans Baldung Grien, mais aussi plusieurs Rembrandt, Bruegel l'ancien, Jordaens, Jan Steen, Hals, Rubens Van Dyck et Ruysdael. Tintoret, Titien et Bassano pour les Italiens, Ribera et Murillo pour l'Espagne, sans oublier Poussin qui viennent enrichir encore ces superbes collections.

# FULDA

64 780 hab. IND. TÉL. : 0661

**Fière de son beau château de la Fasanerie du XVIIIe s, de son quartier baroque et de ses agréables parcs verdoyants, Fulda demeure fortement marquée par son passé religieux. Son abbaye bénédictine fut longtemps un important foyer de pouvoir et de spiritualité sous la houlette des princes-abbés, gardiens du fameux tombeau de Saint-Boniface, évangélisateur de la Germanie au VIIIe s, et visible aujourd'hui dans la cathédrale. Fulda s'impose ainsi comme le cœur de l'Allemagne catholique.**

### CAROLINE CHÉRIE

*En 780, les moines de l'abbaye de Fulda inventèrent la « caroline », à la demande de Charlemagne (Carolus en latin, d'où son nom), cette nouvelle écriture claire et simple, lisible par le plus grand nombre, à l'opposé de la mérovingienne. Elle fut évincée plus tard par l'écriture gothique, mais reprise à la Renaissance par Gutenberg et les humanistes.*

## Arriver – Quitter

– ***Infos transports régionaux en train et bus :*** • *rmv.de* •

### En train

***Hauptbahnhof*** *(gare ferroviaire centrale)* **:** *Am Bahnhof.* ☎ *0800-150-70-90 (n° vert).* • *bahn.de* •

➢ ***Frankfurt :*** 2-3 trains/h. Durée: 1h.

➢ ***Marburg :*** nombreux trains avec changement à *Frankfurt, Giessen* ou *Kassel.* Durée : 2h20.

➢ ***Kassel :*** 1-3 trains/h. Durée : 50 mn.

## Adresse et info utiles

***Office de tourisme :*** *Bonifatiusplatz 1 (palais Buttlar).* ☎ *102-18-14.* • *tourismus-fulda.de* • *Lun-ven 8h30-18h, w-e 9h30-16h.* Plan de Fulda,

LA HESSE

brochures en français, audioguide (payant) en allemand et en anglais pour explorer la ville en 2h. Vend le ***Museum Pass*** pour visiter les 6 musées locaux à prix réduit *(12 € ; réduc).* Accueil sympa et pro.

– ***Marché :*** *mer et sam mat, sur Gemüsemarkt / Kanalstrasse.*

## Où dormir ?

### Auberge de jeunesse

🏠 🍽 ***Jugendherberge Fulda :*** *Schirrmannstr 31. ☎ 733-89. • jh-fulda@jugendherberge.de • fulda.jugendherberge.de • À 15 mn au sud-ouest du centre ville par le bus n° 3, arrêt « Stadion », puis 3 mn à pied. Nuit 24,50 €/pers (moins de 27 ans), petit déj compris. ½ pens et pens complète possibles. Parking gratuit.* En pleine campagne, cet élégant bâtiment moderne tout neuf propose près de 180 lits superposés, distribués dans des chambres de 1 à 8 personnes ; toutes avec sanitaires intérieurs. Fonctionnel et nickel, le charme du mobilier contemporain en plus. Resto-bar, jeux enfants, ping-pong... Accueil jeune et sympa.

### Prix moyens

🏠 ***Pension Hodes :*** *Peterstor 14. ☎ 728-62. • info@kreativpension-fulda.de • kreativpension-fulda.de • Entrée sur le côté de l'immeuble par une porte de garage. Double env 62 €, petit déj en sus : 2 €/pers. Également des triples et quadruples.* À deux pas des rues piétonnes, on aime bien ces quelques jolies chambres tout confort, lumineuses et décorées avec goût et originalité. Gentille terrasse pour le petit déj aux beaux jours. Bon rapport qualité-prix. Accueil pro.

## Où manger ? Où boire un verre ?

### Bon marché

🍽 🍷 ***Wess Café am Dom :*** *Kanalstr 2a. ☎ 90-25-70. • info@cafe-wess • Tlj sf lun 8h (12h dim)-18h30. Moins de 10 €.* À deux pas du Dom, cette pâtisserie-salon de thé sert des soupes, sandwichs et quelques bons petits plats typiques, histoire de caler une vilaine faim. Également de belles parts de tartes traditionnelles que l'on accompagne volontiers d'un café. Salle un peu kitch et, aux beaux jours, plaisante terrasse sur rue et *Biergarten* à l'arrière.

## À voir

***Dom*** (cathédrale) **:** *Domplatz 1. ☎ 972-07. • bistum-fulda.de • Tlj 10h (13h dim)-18h (17h nov-mars ; 15h sam). Gratuit. Récitals d'orgues tte l'année (se renseigner).*

Construite au début du XVIIIe s dans un style inspiré du baroque romain, elle est l'emblème de Fulda, et l'église baroque principale de la Hesse. Déco chargée. Son intérêt principal demeure le ***tombeau de saint Boniface*** situé dans la crypte, sous l'autel. La cuve du mausolée en marbre est ciselée d'un magnifique bas-relief, où le saint est représenté avec ses plus beaux habits, soulevant la dalle de sa tombe lors du Jugement dernier. C'est là le but de nombreux pèlerinages. Et depuis 1867, les conférences des évêques catholiques allemands ont lieu à cet endroit chaque année...

Sur place, on peut visiter le ***Dom Museum*** (trésor de la cathédrale) : *tlj sf lun. Avr-oct, 10h (12h30 dim)-17h30 ; nov-mars, 10h-12h30, 13h30 (12h30 dim)-16h. Entrée : 2,10 € ; réduc.* Plusieurs tableaux, statues, éléments architecturaux, et puis le fac-similé du *Codex Ragyndrudix* que Boniface aurait tenu en main lors de son martyre, des reliquaires et quelques vêtements sacerdotaux.

**Michaelskirche** *(église Saint-Michel)* **:** *Michaelsberg 1. Tlj : avr-oct 10h-18h ; nov-mars 10h-12h, 14h-17h. Gratuit.* L'une des plus vieilles églises romanes d'Allemagne, intéressante pour sa tour carrée, sa crypte carolingienne dont les voûtes reposent sur un seul pilier, et pour son chœur situé sous une tour-coupole suspendue sur huit piliers. Une vraie prouesse architecturale à l'époque !

**Schloss Fasanerie** *(château des princes-abbés)* **:** *Fasaneriestr à* ***Eichenzell.*** *☎ 94860. • schloss-fasanerie.de • À 7 km au sud de Fulda. Accès bus n° 7 jusqu'à Eichenzell, puis 3 km à pied. Avr-oct, tlj sf lun 10h-17h. Visite guidée obligatoire chaque heure : 6 € ; combinée avec les collections de porcelaines : 10 € ; réduc. Parc ouv tlj jusqu'au soleil couchant.* Construit au milieu du XVIIIe s, ce château baroque fut d'abord la résidence d'été des princes-abbés de Fulda, avant de tomber dans l'escarcelle des princes-électeurs de Hesse-Kassel en 1816, qui le réaménagèrent dans le style néoclassique. Traversant près de 60 salles grandioses, la visite guidée permet de découvrir une riche collection de meubles et d'objets d'art ayant appartenu à la maison de la Hesse (XVIIIe-XIXe s). Également une section très complète consacrée aux porcelaines européennes, qui ne plaira qu'aux passionnés. Le parc de 100 ha est aussi fort agréable et donne lieu chaque année à une grande fête de 4 jours, début juin.

# FRANKFURT AM MAIN (FRANCFORT-SUR-LE-MAIN)

687 780 hab. IND. TÉL. : 069

**Francfort n'est pas une ville simple, en tout cas elle ne laisse pas indifférent. Comme toute ville historique, ou plutôt ancrée dans l'histoire, elle traîne derrière elle quantité de paradoxes et d'ambiguïtés.**

**Détruite à 90 % pendant la dernière guerre, elle subit de plein fouet le boom « reconstructiviste » des années 1950. Ville moderne avec un Innenstadt de gratte-ciel à l'américaine doté de quelques joyaux de l'architecture contemporaine, capitale financière de l'Allemagne brandissant sa réussite en étendard, elle se veut aussi secrète et chaleureuse, avec son petit « centre ancien » que la commune bichonne comme une relique. Le commerce va bon train, et les costards-cravates du monde entier viennent ici brasser de gros contrats. N'est-ce pas à Frankfort que se développa le monde moderne des affaires ?**

**Le soir, toutes classes confondues, on délaisse l'*Innenstadt,* on redescend des tours glacées pour chercher un peu d'amitié et d'authenticité. On se réchauffe alors le corps et le cœur au coude à coude, en descendant un, deux, trois... dix *Apfelwein,* ce gentil cidre aigrelet, qu'on accompagne d'un *Grill Haxe.* Et c'est là que Francfort devient intéressante, car la ville a su conserver ses traditions.**

**Après la panse, l'esprit ! Francfort possède – alignés au bord du Main – l'un des plus importants chapelets de musées**

## BUSINESS-ON-MAIN

*Les premières foires commerciales remontent au VIIIe s et sont officialisées en 1240. Suit la création de la première bourse en 1585, avant que le XVIIIe s ne voie naître les grandes dynasties de banquiers, Rothschild et Bethmann. Francfort devient en 1949 le siège de la Deutsche Bundesbank et avec plus de 400 banques, la capitale financière de l'Allemagne. Également siège de la Banque centrale européenne, la ville compte aujourd'hui près de 100 000 personnes travaillant dans la finance, lui valant le surnom de « Bankfurt » !*

**du pays. Classiques pour certains, mais aussi de véritables bijoux sur le plan architectural et d'un grand intérêt thématique, comme les musées du Cinéma, de la Communication, de l'Architecture... Francfort accueille également une multitude de salons et de foires. Notons celle du Livre, la plus grande du genre au monde. Car si la ville gère l'héritage des Rothschild à merveille, rappelons qu'elle a aussi vu naître Goethe, et qu'il l'aima profondément.**
**Francfort œuvre également sur le plan écologique. Avec ses 20 parcs et son immense forêt qui la ceinture, elle figure dans le top 5 mondial des villes réputées pour leur qualité de vie. Festive (près de 120 fêtes par an !), nourrie d'événements sportifs internationaux, et oscillant entre tradition et modernité, Francfort est une ville ouverte et changeante, qui connaît le plein emploi. Le brassage culturel et la tolérance y règnent plus qu'ailleurs dans le pays, comme le prouve l'importance de la communauté gay, ainsi que les 180 nationalités représentées. Ici, quasi 30 % de la population sont d'origine étrangère et on en est fier !**

## UN PEU D'HISTOIRE

La ville est fondée par Charlemagne en 794, édifiant un palais et organisant les toutes premières foires au bord du seul gué existant sur le Main. Un carrefour avantageux qui pousse le développement rapide de la ville. Au XIIIe s, le principe des foires est officialisé par l'empereur Frédéric II. À cette époque on construit la cathédrale *(Kaiserdom)*, où les empereurs allemands se feront couronner jusqu'au XVIIIe s.
L'apogée culturelle est atteinte à la Renaissance, quand Gutenberg y séjourne au milieu du XVe s. Au XVIe s, la ville adhère à la Réforme et accroît sa puissance, disposant du droit de battre monnaie. En 1562, détrônant Aix-la-Chapelle, Francfort devient le lieu d'élection des empereurs germaniques. En 1585, la première bourse européenne y est créée. Les Français occupent la cité au milieu du XVIIIe s et, un siècle plus tard, la révolution de 1848 prend ses racines ici. La dynastie des banquiers Rothschild crée des filiales dans plusieurs villes d'Europe. La Seconde Guerre mondiale provoque la destruction quasi totale de la cité, qui renaît ensuite rapidement de ses cendres et reprend vite du galon sur le plan économique. Francfort est aujourd'hui le premier pôle économique d'Allemagne, symbolisé notamment par la présence du siège de la Banque centrale européenne, que les habitants surnomment affectueusement « DIE Bank » (LA banque). La ville est en concurrence permanente avec Londres, se disputant tour à tour le titre de « plus grande place financière européenne ».

### LE GUÉ DES FRANCS

*On raconte que Charlemagne, ayant franchi la rivière Main sain et sauf, s'agenouilla et fonda la ville en 794. Elle se nommait alors « Franconofurd », ce qui signifie « Gué des Francs ».*

## Arriver – Quitter

– ***Infos transports régionaux en train et bus :*** *● rmv.de ●*

### En avion

✈ ***Flughafen Frankfurt-am-Main*** *(aéroport international de Francfort ; hors plan II par E6)* **:** *à 13 km au sud-ouest de la ville. Infos vols 24h/24 : ☎ 0180-637-246-36 (0,20 €/mn depuis l'Allemagne) ou 69-00. ● frankfurt-airport.de ●* Desservi par toutes les compagnies aériennes internationales, c'est le principal aéroport du pays et le 3e en Europe. Sur place : ***office de tourisme,*** *dans le hall B du terminal 1. Tlj 7h-22h30.* Vend l'avantageuse *Frankfurt Card* (voir plus loin « Adresses et infos utiles – Infos touristiques et culturelles »).

➢ ***Pour rejoindre le centre-ville :*** les trains S-Bahn n^os 8 et 9 relient l'aéroport à la gare centrale *(Hauptbahnhof)*, et s'arrêtent même à la station « Hauptwache » *(plan 1, B2)*, en plein centre-ville. Départ ttes les 15 mn. Billet : 4,25 € ; gratuit avec la *Frankfurt Card.* Ces 2 trains relient aussi directement Wiesbaden et Mainz. Pour les autres villes, correspondance à la gare centrale.

✈ ***Flughafen Frankfurt-Hahn*** *(aéroport de Francfort-Hahn)* **:** *Gebäude 667, à* ***Hahn.*** ☎ *(06543) 50-92-00.* • *hahn-airport.de* • *À env 100 km à l'ouest de Francfort.* Desservi notamment par la compagnie *low-cost Ryanair* (• *ryanair.com* •) en liaison avec certaines villes françaises. Bus réguliers pour rejoindre le centre de Francfort (terminus à la gare centrale) en 1h45 et pour 14 € *(infos :* • *bohr.de* •*).*

## En train

🚆 ***Hauptbahnhof*** *(gare ferroviaire centrale ; plan I, A3)* **:** *Am Hauptbahnhof 1.* ☎ *26-50 ou 0800-150-70-90 (n° vert).* • *bahn.de* • *À l'ouest du centre-ville. Infos au guichet face à la voie n° 12, et achat billets au* Reisezentrum *face aux voies n^os 10-12.*

➢ ***Paris-Est*** (France) **:** 4-5 TGV/j. desservant aussi ***Saarbrücken*** et ***Mannheim.*** Durée : 4h.

➢ ***Köln :*** 3-5 trains/h. De là, ligne *Thalys* reliant ***Bruxelles*** (Belgique), ***Düsseldorf...*** Durée : 3h30.

➢ ***Berlin*** (4h30) **:** env 1 direct/h. Également des liaisons un peu moins rapides avec changement à *Naumburg, Hannover, Leipzig,* etc., et des trains de nuit plus lents. Durée : 4h30.

➢ ***Fulda :*** 2-3 trains/h. Durée : 1h.

➢ ***Marburg :*** 1-3 trains/h. Durée : 1h.

➢ ***Limburg an der Lahn :*** 7-27 trains/j. Durée : 1h10.

➢ ***Wiesbaden :*** 2-3 trains/h. Durée : 45 mn.

➢ ***Mainz :*** 2-3 trains/h. Durée : 40 mn.

➢ ***Koblenz :*** 1-3 directs/h et d'autres avec changement à Mainz. Durée : 1h45.

➢ ***Speyer :*** 3 trains/h avec changement à *Mannheim.* Durée : 1h45.

➢ ***München :*** env 1 direct/h. Durée : 3h20.

## Faire la foire peut coûter cher !

***Important :*** évitez absolument de vous trouver à Francfort lors d'une grande foire. Car les prix explosent et tout est complet. La plupart des sociétés réserve leurs chambres d'une année sur l'autre et c'est un véritable casse-tête pour en trouver une. Tenez-en compte pour organiser votre séjour. Il se tient sept grandes foires annuelles, s'étalant de janvier à octobre, qui durent de trois à sept jours (infos à l'office de tourisme).

## Les transports urbains

– On visite facilement la ville à pied. Circuler en voiture est inutile et de toute manière impossible dans le centre, vu qu'une bonne partie est piétonne. À signaler aussi, les nombreux parkings souterrains, très pratiques mais chers *(env 1,50 €/h).*

– Le ***U-Bahn*** (métro) dessert assez bien la ville, il est complété par des bus et des tramways. Vous avez aussi la possibilité de prendre le ***S-Bahn,*** sorte de RER dont les lignes relient le centre et filent vers la banlieue (voir plan). Attention, les derniers ramassent les nuitards vers 0h30-0h50. Soyez attentif, car le métro n'est pas toujours souterrain et certaines stations sont dans la rue, tout comme pour les tramways. L'achat des tickets de transport en commun au détail revient cher *(env 2,60 € à l'unité).* Ainsi, si vous compter visiter la ville – seul ou en groupe (2-5 personnes) – on conseille d'acheter l'avantageuse ***Frankfurt Card*** (voir plus loin « Adresses et infos utiles – Infos touristiques et culturelles ») donnant la gratuité des transports collectifs en ville, y compris sur le trajet aéroport. Sinon, sachez que le réseau des transports en commun de Francfort *Traffiq* (• *traffiq.de* •) propose la ***Tageskarte*** *(8,30 €),* valable

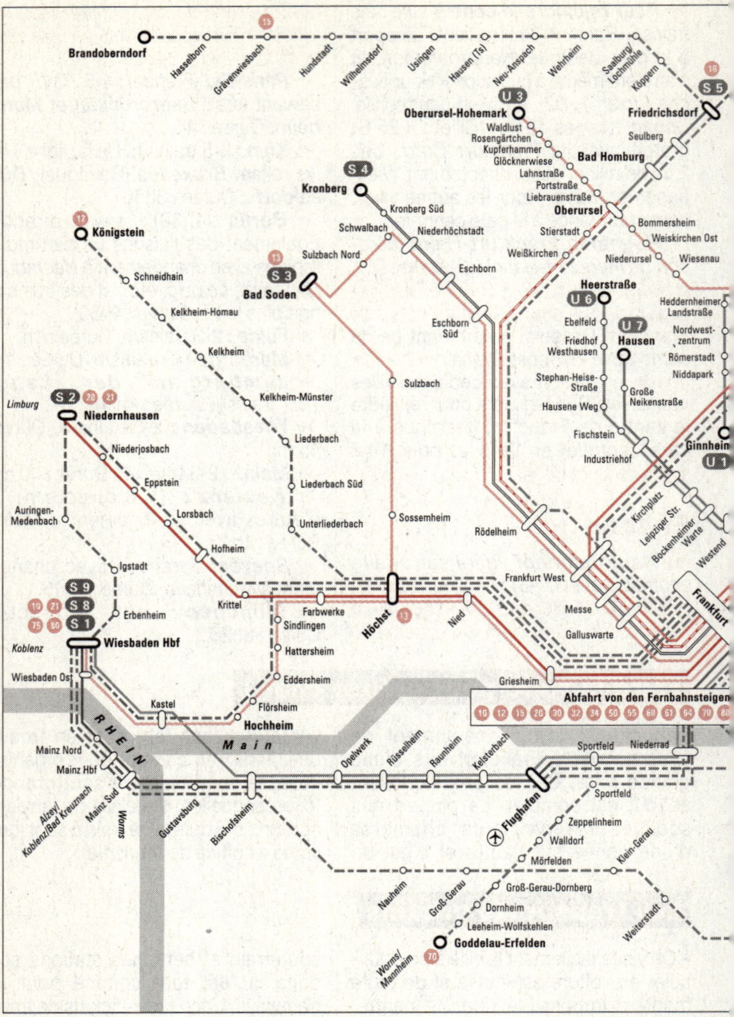


une journée sur toutes les lignes ; trajet aéroport compris. Mêmes avantages avec la ***Gruppentageskarte*** *(15 €)* si vous voyagez en groupe, jusqu'à 5 personnes. Et si vous restez plus longtemps, il existe aussi la ***Wochenkarte*** *(carte hebdomadaire)* ou la ***Monatskarte*** *(carte mensuelle)*...

## Comment s'orienter ?

Même si Francfort paraît grande, on s'y retrouve facilement. L'***Altstadt*** (centre historique) est bordé par la rivière Main, et se parcourt à pied. Il est délimité par

## LE MÉTRO DE FRANCFORT

une ceinture verte à l'emplacement des anciennes fortifications dont il ne reste que la *Eschenheimer Turm.* Son noyau historique est constitué par le ***Römerberg,*** le ***Kaiserdom*** (cathédrale impériale) et la ***Paulskirche*** (église Saint-Paul). L'artère principale, piétonne, la ***Zeil,*** débute au niveau de la grande place ***an der Hauptwache,*** dont la proximité sud attire la jeunesse locale dans ses nombreux restos, bars et boîtes de nuit, jusqu'à ***Willy Brandt Platz.*** De l'autre côté du fleuve *(plan II)*, voici la ***Museumsufer*** (rive des musées), un formidable chapelet de musées égrainés sur environ 1 km le long du Main. Là, au niveau du pont *Untermainbrücke,* vue intéressante sur le quartier

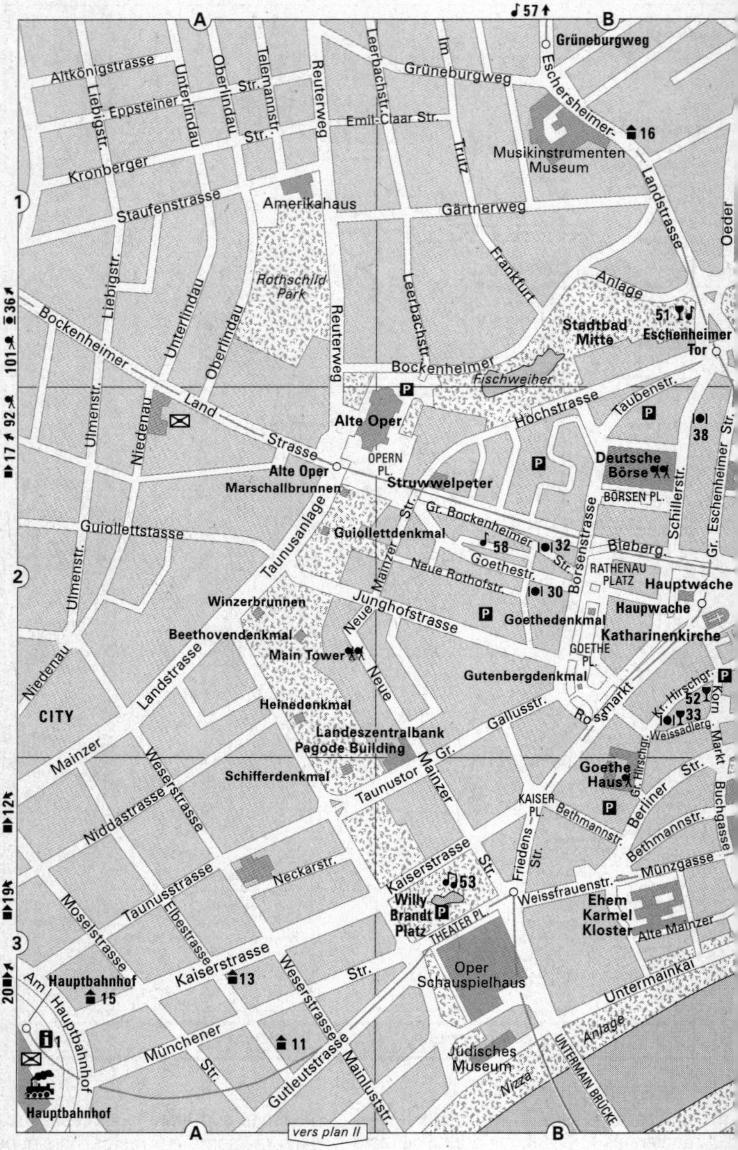

57
A
B
Grüneburgweg
Altkönigstrasse
Liebigstr.
Eppsteiner Str.
Unterlindau
Oberlindau
Telemannstr.
Reuterweg
Leerbachstr.
Im Trutz
Eschersheimer Landstrasse
16
Musikinstrumenten Museum
Emil-Claar Str.
Kronberger Str.
Staufenstrasse
Amerikahaus
Gärtnerweg
1
Frankfurt
Anlage
Rothschild Park
Oeder
36
101
92
17
Bockenheimer Land Strasse
Niedenau
Ulmenstr.
51
Stadtbad Mitte
Eschenheimer Tor
Bockenheimer
Fischweiher
Hochstrasse
Taubenstr.
38
Alte Oper
OPERN PL.
Struwwelpeter
Deutsche Börse
BÖRSEN PL.
Marschallbrunnen
Taunusanlage
Guiollettstasse
Guiollettdenkmal
Gr. Bockenheimer Str.
58
32
Bieberg.
Schillerstr.
Gr. Eschenheimer Str.
Goethestr.
Neue Rothofstr.
RATHENAU PLATZ
Hauptwache
2
30
Börsenstrasse
Winzerbrunnen
Junghofstrasse
Goethedenkmal
Haupwache
Beethovendenkmal
Neue Mainzer Str.
Katharinenkirche
Main Tower
GOETHE PL.
Gutenbergdenkmal
Kl. Hirschgr.
52
Korn Markt
Landstrasse
Rossmarkt
33
Weissadlerg.
CITY
Heinedenkmal
Gallusstr.
Landeszentralbank
Pagode Building
Mainzer
Gr. Hirschgr.
Goethe Haus
12
Weserstrasse
Schifferdenkmal
Taunustor
Gr.
KAISER PL.
Berliner Str.
Buchgasse
Niddastrasse
Bethmannstr.
Friedens Str.
Neckarstr.
Kaiserstrasse
Münzgasse
19
Taunusstrasse
Elbestrasse
53
Willy Brandt Platz
Weissfrauenstr.
Ehem Karmel Kloster
Moselstrasse
3
THEATER PL.
Alte Mainzer
20
Hauptbahnhof
15
Kaiserstrasse
13
Oper Schauspielhaus
Untermainkai
Am Hauptbahnhof
1
11
Anlage
Münchener Str.
Gutleutstrasse
Jüdisches Museum
Nizza
UNTERMAIN BRÜCKE
Mainlustr.
Hauptbahnhof
vers plan II

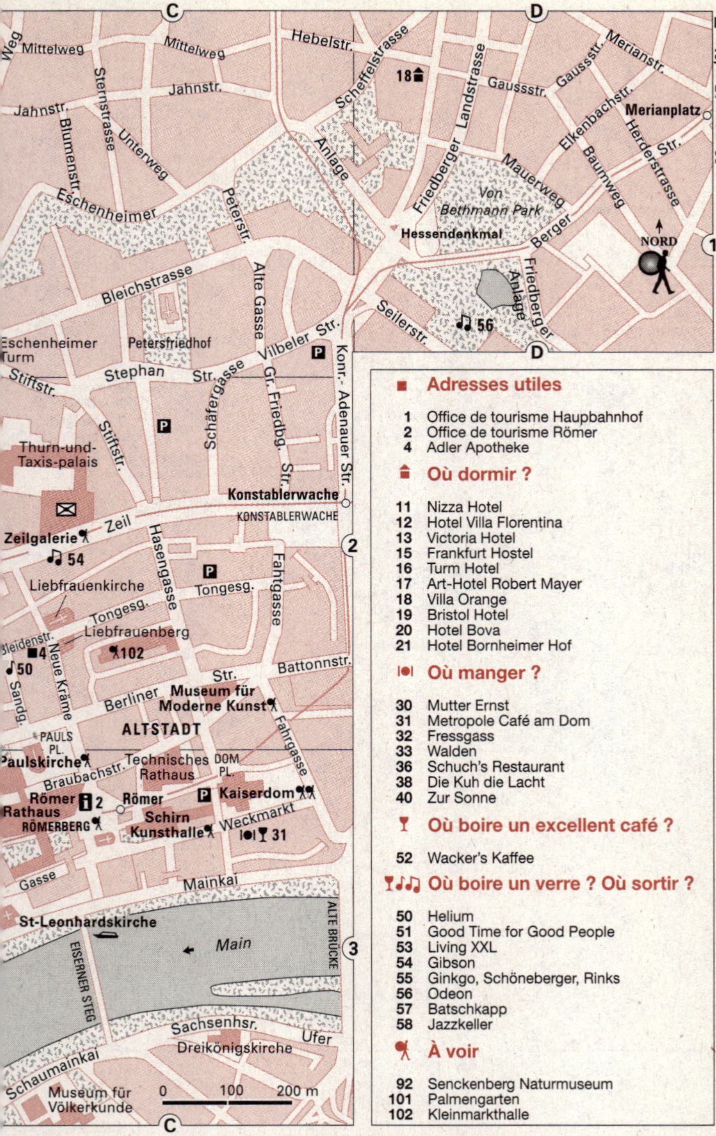


## Adresses utiles

1 Office de tourisme Haupbahnhof
2 Office de tourisme Römer
4 Adler Apotheke

## Où dormir ?

11 Nizza Hotel
12 Hotel Villa Florentina
13 Victoria Hotel
15 Frankfurt Hostel
16 Turm Hotel
17 Art-Hotel Robert Mayer
18 Villa Orange
19 Bristol Hotel
20 Hotel Bova
21 Hotel Bornheimer Hof

## Où manger ?

30 Mutter Ernst
31 Metropole Café am Dom
32 Fressgass
33 Walden
36 Schuch's Restaurant
38 Die Kuh die Lacht
40 Zur Sonne

## Où boire un excellent café ?

52 Wacker's Kaffee

## Où boire un verre ? Où sortir ?

50 Helium
51 Good Time for Good People
53 Living XXL
54 Gibson
55 Ginkgo, Schöneberger, Rinks
56 Odeon
57 Batschkapp
58 Jazzkeller

## À voir

92 Senckenberg Naturmuseum
101 Palmengarten
102 Kleinmarkthalle

FRANCFORT-NORD (PLAN I)

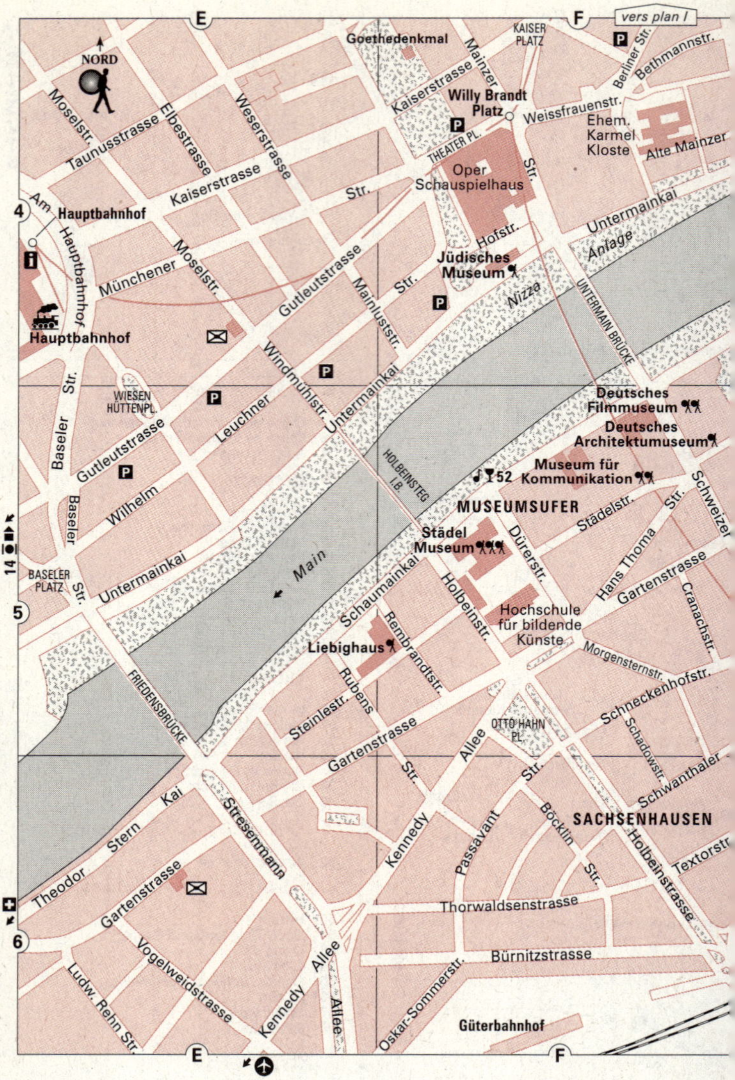


■ **Adresse utile**

✚ Universitätsklinikum Frankfurt

**Où dormir ?**

**10** Jugendherberge Frankfurt
**14** Hotelschiff Schlott

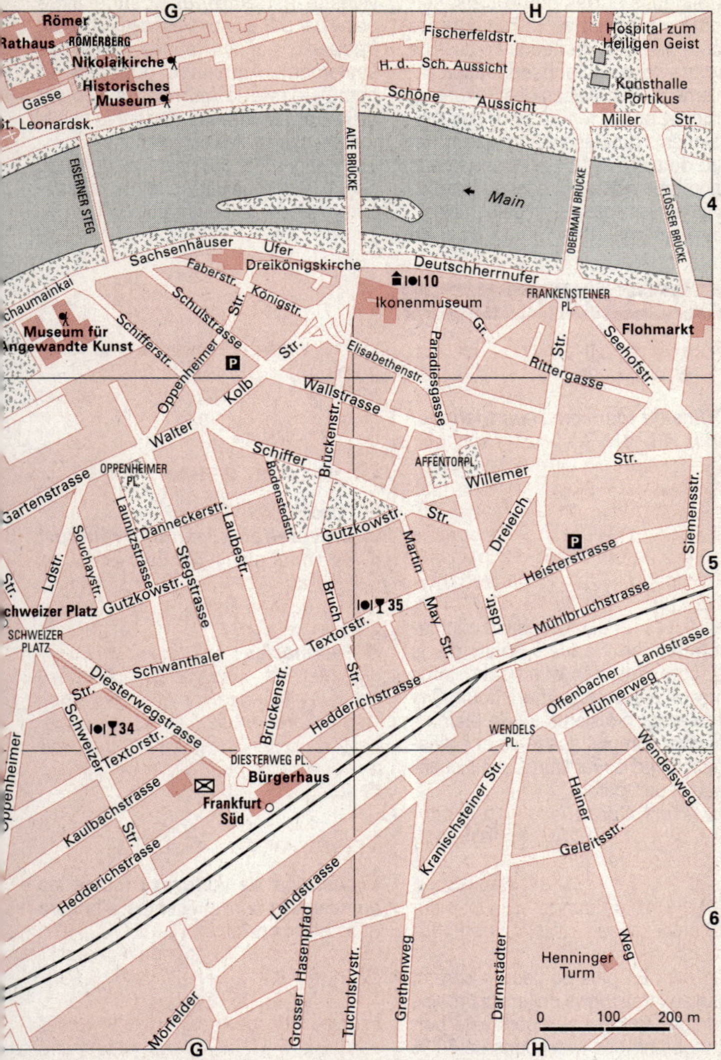


## FRANCFORT-SUD (PLAN II)

| Où manger ? | Où boire un verre ? Où sortir ? |
|---|---|
| **34** Zum Gemalten Haus | **52** Main Café |
| **35** Kanonesteppel, Zur Germania | |

des banques et des gratte-ciels, surnommé « Mainhattan ». Toujours de ce côté du Main, on découvre aussi le quartier sympa de ***Sachsenhausen*** (littéralement : « la Maison des Saxons »), familial et bobo, réputé pour ses établissements produisant l'*Apfelwein* ; un genre de cidre sans bulles servi dans les nombreux restos et bars du quartier, très animé les soirs de fin de semaine.
L'autre quartier très réputé pour sa vivacité est ***Bornheim,*** situé *(hors plan I par D1)* au nord-est de l'*Altsatdt* ; fréquenté par les jeunes, mais pas seulement. Ambiance populaire et commerçante la journée, le secteur de la ***Berger Strasse*** devient la nuit le théâtre des sorties estudiantines.
Enfin, le quartier de la gare, à l'ouest du centre, est considéré comme le quartier « chaud » de Francfort...

## Adresses et infos utiles

### Informations touristiques et culturelles

***Office de tourisme Hauptbahnhof*** *(plan I, A3,* ***1****)* **:** *Am Hauptbahnhof. ☎ 21-23-88-49. • frankfurt-tourismus.de • Au rdc de la gare, à droite en sortant par la porte centrale. Tlj 8h-21h (9h-18h w-e et j. fériés). Dans la vieille ville, également l'****office de tourisme Römer*** *(plan I, C3,* ***2****) : Römerberg 27. ☎ 21-23-88-00. Tlj 9h30-17h30 (10h-16h w-e et j. fériés).* Une mine d'infos ! Brochures en français, plan de la ville, liste des hébergements, infos loisirs (musées, bus touristique *City Sightseeing,* croisières sur le Main...), calendrier complet des fêtes et événements... Vend la *Frankfurt Card.* Accueil sympa et compétent.

– ***Frankfurt Card :*** *valable 1 j. pour 9,90 €, ou 2 j. pour 14,50 € ; également une carte groupe (2-5 pers) pour 20 € (1 j.) et 29,50 € (2 j.), avantageuse si vous voyagez en famille. En vente sur Internet ou dans les offices de tourisme de l'aéroport, de la gare et de la vieille ville.* En plus de l'accès libre et illimité aux transports collectifs urbains (y compris le trajet aéroport), elle permet d'obtenir des réductions de 50 % sur l'entrée des 26 musées de la ville ; 20 % sur les visites guidées à pied, les circuits de bus touristiques (rouge à impériale) *City Sightseeing,* et les croisières en bateau sur le Main ; et encore plein d'autres remises de 15 à 50 % sur certaines attractions, concerts et spectacles, location de vélos, boutiques, restos... On conseille de l'acheter dès votre arrivée !

■ ***Réservation de chambre d'hôtel :*** *avec* ***Frankfurt Tourismus und Kongress.*** *Résa par tél : ☎ 21-23-08-08 ou sur • frankfurt-tourismus.de/hotels.html • Pas de commission.*

### Urgences, santé

■ ***Police :*** *☎ 110.*

***Universitätsklinikum Frankfurt*** *(CHU ; hors plan II par E6)* **:** *Theodor-Stern-Kai 7. ☎ 63-010. • klinik.uni-frankfurt.de • Dans le quartier de Sachsenhausen.*

■ ***Pharmacies :*** *à la gare (plan I, A3), ouverte tard. Sinon, en plein centre, accueil en français à la* ***Adler Apotheke*** *(plan I, C2,* ***4****), Liebfrauenberg 33. ☎ 28-35-25. Enfin, pour avoir le nom de la pharmacie de garde : ☎ 01-15-00.*

### Transports

■ ***Location de voitures :*** toutes les compagnies sont présentes à la gare et à l'aéroport. ***Sixt :*** *☎ 0180-525-25-25 (0,20 €/mn). • e-sixt.de • ;* ***Hertz :*** *☎ 23-04-84 (gare) et ☎ 695-932-44 ou 69-40-73 (aéroport). • hertz.com • ;* ***Europcar :*** *24-29-810 (gare) et ☎ 69-79-70 (aéroport). • europcar.de • ;* ***Avis :*** *☎ 279-970-10 (gare) et ☎ 690-277-71 ou 690-326-31 (aéroport). • avis.de •*

***Taxis :*** *plusieurs compagnies :* ***Taxi Frankfurt*** *(☎ 23-00-01) ;* ***Time Car*** *(☎ 203-04) ;* ***SGS*** *(☎ 793-079-99) ;* ***Comet Taxi*** *(☎ 707-66-90).*

■ ***Location de vélos :*** *chez* ***Fahradladen*** *(hors plan I par A3), Gutleutstr 156. ☎ 23-34-44. • hexhex-fahrraeder.de • Sur le côté de la gare. Tlj sf* *dim-lun 10h-13h, 15h-18h ; sam 12h-14h. Également chez* ***Theo Intra*** *(hors plan I par A1), Westerbachstr 273. ☎ 34-27-80. • intra.radsport.de • Tlj sf dim 10h-18h30 (14h sam).* Enfin, des vélos-taxis avec chauffeur chez ***Velotaxi Frankfurt,*** *☎ 715-888-55. • frank furt.velotaxi.de • Avr-oct 12h-20h.* Un moyen original et écolo de visiter le centre de Francfort sur plusieurs circuits.

## Divers

■ ***Réservations de spectacles*** *(plan I, B2)* **:** *avec* ***Frankfurt Ticket Rhein-Main,*** *B-Ebene, Hauptwache (contre le resto KFC). ☎ 134-04-00. • frankfurt ticket.de •*

■ ***Le ballet de Francfort :*** *se produit au* ***Bockenheimer Depot*** *(hors plan I par A1), Carlo-Schmid-Platz 1 ; ou au* ***Frankfurt Lab*** *(hors plan I par A3), Schmidtstr 12. Infos : ☎ 907-39-91-00. • theforsythecompany.de • bockenhei mer-depot.de • frankfurt-lab.de • Résa en ligne ou chez* Frankfurt Ticket Rhein-Main *(voir plus haut).* Pour les amateurs de danse contemporaine.

– ***Journaux français*** *(plan I, A3)* **:** de nombreux kiosques en proposent, dont celui de la gare, très bien pourvu en magazines.

– ***Magazines locaux :*** procurez-vous le ***Journal Frankfurt*** pour savoir tout ce qui se passe à Francfort : concerts, théâtres, opéras, cinémas, manifestations, expos, boîtes... Une fois par an paraît son édition spéciale, « ***Frankfurt Geht Aus*** », sur les sorties et restos, disponible dans les kiosques. Également le même genre d'infos dans le ***Prinz.*** Et puis les gratuits ***Strandgut*** et ***Frizz.*** Soyez-en sûr, vous ne raterez rien !

– ***Marché alimentaire à la Kleinmarkthalle*** (voir plus loin la rubrique « À voir encore »). ***Marché aux puces*** *(Flohmarkt)* **:** *1 sam sur 2 au bord du Main, sur Schaumainkai (plan II, E5-G4).*

# Où dormir ?

***Important :*** les hôtels accordent souvent de grosses ristournes en période creuse, sans foire ; l'été notamment. Leur rapport qualité-prix est alors imbattable.

## Camping

⛺ ***Campingplatz Mainkur :*** *Frankfurter Landstr 107, à* ***Maintal.*** *☎ 41-21-93. • campingplatz-mainkur@t-online.de • campingplatz-mainkur.de • À env 12 km au nord-est de Francfort. Accès : trams n^os 11 et 12 ou bus n^os 44, 706, 939, 940 et 945. Avr-sept. Compter 21 € pour 2 pers avec tente et voiture.* Agréablement situé dans la verdure luxuriante et ombragée le long du Main, mais aussi en bordure d'une voie rapide. Sanitaires impeccables. Petite épicerie pour dépanner et jeux enfants. Base nautique à proximité : baignade, ski nautique...

## Auberges de jeunesse

🏠 🍽 ***Jugendherberge Frankfurt*** *(plan II, H4,* ***10****)* **:** *Deutschherrnufer 12. ☎ 610-01-50. • info@hellofrankfurt.de • jugendherberge-frankfurt.de • De la gare, bus n° 46, arrêt « Frankensteiner Platz » ; ou tram n° 16, arrêt « Lokalbahnhof », puis 5 mn à pied. Résa conseillée. Nuit 19-42 €/pers selon âge et capacité de la chambre, petit déj compris. ½ pens et pens complète possibles. Parking payant.* Idéalement située au bord du Main – à 10 mn à pied du centre-ville, 5 mn du quartier de Sachsenhausen, et 10 mn de la « rive des musées » – c'est véritablement la providence du routard ! Conçue un peu comme un hôtel, voici de loin la meilleure adresse en ville. Énorme bâtiment moderne pratique, renfermant plus de 430 lits distribués dans des chambres de 1 à 8 personnes, avec ou sans sanitaires intérieurs. Parfaitement tenu. Resto-bar et terrasse.

🏠 ***Frankfurt Hostel*** *(plan I A3,* ***15****)* **:** *Kaiserstr 74. ☎ 247-51-30. • info@frankfurt-hostel.de • frankfurt-hostel.de • Réception au 3^e étage. Accès : U-Bahn 4 ou 5, arrêt « Hauptbahnhof ». Résa conseillée. Lit en dortoir 20 €, double 65 € ; petit déj inclus.* 📶 À deux pas de la gare et proche du centre, petite AJ privée dans un immeuble élégant du début XXe s, aux parquets surannés. Au choix : dortoirs (6-10 lits) ou chambres (1-5 lits). Tout est fonctionnel, nickel et doté de sanitaires intérieurs. Bar sympa avec piano à la réception. Ambiance cosmopolite, très routard dans l'âme.

## Prix moyens

**Hotel Bova** *(hors plan I par A3,* ***20****) : Ottostr 5. ☎ 900-21-75-32. • kontakt@hotel-bova.de • Sur le côté de la gare. Accès : U-Bahn 4 ou 5, arrêt « Hauptbahnhof ». Double env 80 € selon saison, petit déj inclus.* Jolie façade ancienne en brique rouge pour cet hôtel tenu par une gentille famille italienne un peu francophone. Dans les étages, voici des chambres pratiques et parfaitement tenues, toutes avec salle de bains. Un bon rapport qualité-prix dans ce quartier que l'on pourrait surnommer la « Little Italy » de Frankfurt, connu pour ses authentiques et bons restos transalpins.

**Hotel Bornheimer Hof** *(hors plan I par D1,* ***21****) : Bergerstr 283. ☎ 45-17-62. • info@bornheimer-hof.de • bornheimer-hof.de • Dans le quartier de Bornheim. Accès : U-Bahn 4, arrêt « Bornheim-Mitte ». Doubles à partir de 70 €, petit déj compris. Parking payant.* Hôtel en plein cœur d'un quartier résidentiel vivant et à deux pas des restos-bars animés de Bergerstr, bien connus des noctambules. Chambres fonctionnelles bien tenues, toutes avec salle de bains. Pas le charme du grand soir, mais de quoi simplement roupiller ! Bon rapport qualité-prix.

**Hotelschiff Schlott** *(hors plan II par E5,* ***14****) : Batterie-Mainufer. ☎ 300-676-80. • hotelschiff.schlott@online.de • hotel-schiff-schlott.de • Dans le quartier de Höchst, à env 10 km à l'ouest du centre-ville. Accès : S-Bahn 1 ou 2 jusqu'à « Höchst », ou bus nº 54, 55 ou 57 ; arrêt « Bolangaropalast ». Doubles 50-80 € selon confort et saison, petit déj inclus.* Amarré sur le Main – au bord d'un charmant quartier ancien – ce long bateau offre près d'une vingtaine de cabines simples et pratiques, toutes avec lavabo ; et douche dans les plus chères. W-c extérieurs nickel. Fait aussi resto au fil de l'eau. Accueil pro et sympa.

## De prix moyens à chic

**Nizza Hotel** *(plan I, A3,* ***11****) : Elbestr 10. ☎ 242-53-80. • info@hotelnizza.de • hotelnizza.de • Accès : U-Bahn 4 ou 5, arrêt « Willy-Brandt-Platz ». Doubles 85-165 € selon confort et saison, petit déj en sus : 13 €/pers.* Hôtel de charme d'une vingtaine de chambres aux beaux parquets de chêne et à la déco dépouillée : murs blancs, meubles tout simples, un tableau et *basta* ! Certaines sont spacieuses, nos préférées. D'autres, moins chères, ont une jolie salle de bains commune. Billard et petite terrasse sur les toits pour siroter en musardant. Accueil gentil. Bref, on n'est pas loin de dire « allez fissa au Nizza ! »

**Hotel Villa Florentina** *(hors plan I par A3,* ***12****) : Westendstr 23. ☎ 974-03-70. • hotelflorentina@t-online.de • hotelflorentina.de • Accès : U-Bahn 4, arrêt « Festhalle Messe ». Doubles 85-150 € selon saison, petit déj compris. Parking payant.* Installée dans un quartier résidentiel vert et tranquille, cette charmante maison ancienne abrite une trentaine de chambres plutôt petites, mais tout confort. Mobilier classique et quelques touches de déco contemporaine. Beau salon du petit déj, et micro-*Biergarten* paisible à l'arrière. Accueil prévenant.

**Bristol Hotel** *(hors plan I par A3,* ***19****) : Ludwigstr 15. ☎ 24-23-90. • info@bristol-hotel.de • bristol-hotel.de • Accès : U-Bahn 4 ou 5, arrêt « Hauptbahnhof ». Doubles 75-160 € selon saison, petit déj inclus. Parking payant.* À deux pas de la gare, un hôtel au design moderne minimaliste mais bien affûté. Près de 150 belles chambres confortables, lumineuses et sobrement arrangées dans les tons noir et blanc. Malgré l'importance du bâtiment, on ne se sent pas dans une usine à dormir ! Superbe bar-lounge verdoyant sur le toit, ouvert aux beaux jours. Bon accueil.

**Turm Hotel** *(plan I, B1,* ***16****) : Eschersheimer Landstr 20. ☎ 15-40-50. • rooms@turmhotel-fra.de • turmhotel-fra.de • Accès : U-Bahn 1, 2, 3 ou 8, arrêt « Eschenheimer Tor ». Doubles 65-145 € selon saison et vue, petit déj en sus : 10 €/pers. Parking payant.* À 10 mn à pied du centre-ville, hôtel moderne aux aménagements contemporains plaisants. Chambres tout confort avec des ambiances thématiques assez design. On a bien aimé les « little gym » avec leur espalier, pour les couples sportifs un peu coquins ! Accueil attentionné. Un excellent rapport qualité-prix en période creuse.

**Art-Hotel Robert Mayer** *(hors plan I par A2,* ***17****) : Robert-Mayer-Str 44. ☎ 970-91-00. • info@arthotel-frankfurt.de • arthotel-frankfurt.de • Dans le quartier de Bockenheim. Accès : U-Bahn 4, 6 ou 7, arrêt « Bockenheimer Warte ». Doubles 84-375 € selon saison (plus cher en période de foire) et j. de la sem, petit déj inclus. Parking payant.* Au cœur d'une zone résidentielle tranquille, derrière cette jolie façade Art nouveau, se cache un hôtel pas comme les autres : une douzaine de chambres confortables à la déco minimaliste et design ; chacune réalisée par un artiste différent. Un endroit original, mais un peu surestimé quand même. Accueil prévenant.

### Chic

**Victoria Hotel** *(plan I, A3,* ***13****) : Kaiserstr 59 (angle Elbestr 24-26). ☎ 27-30-60. • victoria-hotel@t-online.de • victoriahotel.de • Accès : U-Bahn 4 ou 5, arrêt « Willy-Brandt-Platz ». Doubles 90-300 € selon saison, petit déj inclus.* Baignant dans une ambiance Pop Art avec ses tableaux sérigraphiés colorés, un hôtel feutré et arrangé avec goût, où l'on se sent vite bien. Belles chambres contemporaines assez petites (sauf les suites) mais tout confort. Accueil très aimable. Bref, on est sous le charme !

**Villa Orange** *(plan I, D1,* ***18****) : Hebelstr 1. ☎ 40-58-40. • contact@villa-orange.de • villa-orange.de • Accès : U-Bahn 5, arrêt « Musterschule ». Doubles 115-158 € selon saison, petit déj (10 €) inclus. Parking payant. Café offert sur présentation de ce guide.* Un hôtel pour hommes d'affaires certes, mais plein de charme. Confort, raffinement des matériaux, et bon accueil, à seulement 15 mn à pied du centre.

## Où manger ?

### *Dans l'Altstadt*

### De bon marché à prix moyens

**Metropol Café am Dom** *(plan I, C3,* ***31****) : Weckmarkt 13-15. ☎ 28-82-87. • info@metropolcafe.de • Accès : U-Bahn 4 ou 5, arrêt « Dom/Römer ». Tlj sf lun 9h-1h. Plats 8-15 €. Menu midi env 9 €.* Admirer d'abord l'intéressante architecture de cette rue, pleine de curiosités. Mais revenons à nos moutons ! On sert dans ce resto quelques bons petits plats simples et inventifs, à un prix honnête. En été, *Biergarten* à l'arrière et terrasse sous les arcades à l'avant. Agréable aussi en journée d'y boire un café, accompagné d'excellentes pâtisseries maison.

**Die Kuh die Lacht** *(plan I, B2,* ***38****) : Schillerstr 28. ☎ 272-901-71. • frankfurt1@diekuhdielacht.com • Accès : U-Bahn 1, 2, 3 ou 8, arrêt « Eschenheimer Tor ». Tlj 11h-23h (dim 12h-22h). Plats env 8 €.* Ambiance contemporaine épurée, grandes tablées jusqu'en terrasse, et un comptoir où l'on commande son burger bio, cuit et préparé avec soin et selon vos désirs. Simple, bon et pas cher du tout.

**Mutter Ernst** *(plan I, B2,* ***30****) : Alte Rothofstr 12. ☎ 28-38-22. • sull682437@aol.com • Accès : U-Bahn 1, 2, 3, 6, 7 ou 8, arrêt « Hauptwache ». Tlj sf dim et j. fériés 9h-22h (17h sam). Plats 7-12 €.* Perdu au milieu des boutiques de luxe, ce resto demeure un îlot d'authenticité, où se mêlent au coude à coude les costards-cravates, les étudiants et les papis et mamies du quartier. On y dévore des spécialités régionales, du genre *Kartoffelsalat, Rippchen mit Sauerkraut* (côte de porc bouilli avec choucroute), saucisses, *Frikadellen* (boulettes de viande)... Ici, rien n'a bougé depuis les années 1960 et c'est tant mieux ! Service efficace et gentil.

**Fressgass** *(plan I, B2, **32**) : Kalbächergasse et Grosse Bockenheimer Str. Accès : U-Bahn 6 ou 7, arrêt « Alte Oper » ou « Hauptwache ». Tlj 9h-20h.* Surnommée *Fressgass* ou « rue de la Bouffe », cette artère aligne restos et bistrots. Quelques tables en salle ou en terrasse pour manger rapidement à prix copain. Difficile de ne pas trouver son bonheur devant la diversité du choix proposé ! Ambiance animée et joyeusement bondée. Parmi ces adresses, on a bien aimé ***Nordsee,*** *Grosse Bockenheimer Str 29. ☎ 913-970-57. Tlj 9h30-20h (18h dim). Portions 4-8 €.* Fondée en 1896, c'est une chaîne de restos spécialisés dans les produits de la mer. On choisit poisson, sauce et accompagnement, avant de dévorer le tout dans un cadre aseptisé. C'est bon, et l'addition ne laisse pas d'arête en travers de la gorge !

***Walden*** *(plan I, B2, **33**) : Kleiner Hirschgraben 7. ☎ 928-827-00. • be@walden-frankfurt.com • Accès : U-Bahn 1, 2, 4, 6, 7 ou 8, arrêt « Hauptwache ». Tlj 8h-minuit (1h ven- sam, 18h dim). Plats 7-15 €.* Cadre contemporain sympa avec mobilier design pour ce resto branché qui ne désemplit pas. Dans l'assiette : salades, sandwichs, pizzas, burgers, et plats du jour soignés. Un poil cher, mais vraiment *trendy.* Musique DJ certains soirs.

### *À Sachsenhausen*

Dans la plupart des restos, les mêmes plats typiques sont proposés avec, en vedette, la ***Rippchen mit Sauerkraut,*** côte de porc bouillie sur son lit de choucroute. Également le ***Handkäs mit Musik,*** rondelles de fromage assaisonnées avec de l'ail, du vinaigre, du cumin et des oignons. On vous laisse imaginer la métaphore poétique qui symbolise la conséquence sonore *(Musik)* lors de sa digestion ; quel humour ! Et puis observez les enseignes des restos : une couronne végétale verte autour d'un pot en grès gris signifie qu'on y fabrique de l'***Apfelwein,*** sorte de cidre sans bulle, grande spécialité du quartier.
*– Accès : U-Bahn 1, 2, 3 ou 8, arrêt : « Schweizer Platz ».*

## De bon marché à prix moyens

***Zum Gemalten Haus*** *(La Maison peinte ; plan II, G5, **34**) : Schweizer Str 67. ☎ 61-45-59. Tlj sf lun 10h-minuit. Plats 5-13 €.* L'un des plus fameux restos de la ville. Un dédale de salles aux murs peints de fresques dans leur partie supérieure : paysages de Francfort et scènes de beuveries qui reflètent un peu l'atmosphère du lieu ! Ici, on sert les *Rippchen* au kilomètre, impérativement arrosées d'*Apfelwein* maison. Vraiment copieux ! Parfois un peu touristique, mais la qualité demeure. Tables dans les patios aux beaux jours. Une excellente adresse.

***Kanonesteppel*** *(plan II, H5, **35**) : Textorstr 20. ☎ 61-18-91. Tlj sf dim 11h-minuit. Plats 8-20 €.* Déco plus soft que les copains du quartier, ça repose ! Dans l'assiette, toujours les célèbres énormes côtes de porc bouillies sur lit de choucroute. En été, agréable terrasse avec grandes tables dans la cour intérieure ombragée de platanes. Une adresse bien connue des gens du quartier qui viennent aussi y siroter de l'*Apfelwein.*

***Zur Germania*** *(plan II, H5, **35**) : Textorstr 16. ☎ 61-33-36. • zur-germania@t-online.de • Tlj sf lun 16h (12h w-e)-minuit. Plats 10-15 €.* Un local rustique donnant sur une arrière cour sans fioritures. Car ici, l'essentiel est dans l'assiette : côtes de port bouillies, choucroute, *Apfelwein* et tout le tintoin ! Un resto authentique que les habitants de Sachsenhausen recommandent volontiers. Pas de menu traduit ; foncez !

### À Bornheim

## De bon marché à prix moyens

**Zur Sonne** (hors plan I par D1, **40**) : *Bergerstr 312. ☎ 45-93-96. Accès : U-Bahn 4, arrêt « Bornheim-Mitte ». Tlj 17h-minuit (12h-23h dim et j. fériés). Plats 6-18 €.* Petit havre de fraîcheur verdoyante, ce *Biergarten* inattendu, planté entre deux maisons à colombages, offre une foule de tablées pour siroter l'*Apfelwein* maison en papotant avec les copains. Et pour mettre du solide dans le liquide, voici des plats traditionnels rustiques corrects, et puis des soupes, salades et sandwichs. Côté salle, on se croirait dans une auberge de campagne ! Une adresse bien connue dans ce quartier animé en soirée.

### À Praunheim

## Prix moyens

**Schuch's Restaurant** (hors plan I par A1, **36**) : *Alt-Praunheim 11. ☎ 76-10-05. • info@schuchs-restaurant.de • Accès : U-Bahn 1 ou 9, arrêt « Römerstadt » ou U-Bahn 6, arrêt Prauheim-Heerstr ; puis env 15 mn à pied (voiture indispensable le soir). Tlj sf mer 12h (17h lun)-23h. Plats 9-21 €.* Dans un bel édifice en brique, façon auberge, ce resto original propose de délicieuses spécialités allemandes déclinées sur le thème de la pomme. Et pour cause, des pommes, il y en a partout, sur les murs, dans l'assiette, et même dans les verres, car les proprios produisent eux-mêmes leur *Apfelwein.* Ambiance conviviale mêlant touristes et gens du cru. Une adresse qui vaut le déplacement.

# Où boire un excellent café ?

**Wacker's Kaffee** (plan I, B2, **52**) : *Kornmarkt 9. ☎ 28-78-10. Accès : U-Bahn 1, 2, 4, 6, 7 ou 8, arrêt « Hauptwache ». Tlj sf dim 8h-19h (18h sam).* Les cols blancs y viennent entre midi et deux pour déguster un bon café du monde (beaucoup de choix), à l'italienne, c'est-à-dire debout au comptoir, ou sur les quelques tables en terrasse. Si vous avez du mal à trouver, suivez l'odeur...

# Où boire un verre ?

Les bistrots de Francfort sont des lieux à dimension variable, ouverts du petit-déj' au dîner, en passant par le brunch, le déjeuner, le café dans l'après-midi, et le verre du soir pour refaire le monde jusque tard. À vous de voir l'heure qui vous convient ! Également quelques adresses de bars branchés, car ça bouge pas mal à Francfort la nuit.

### Dans l'Altstadt

**Helium** (plan I, C2, **50**) : *Bleidenstr 7. ☎ 28-70-35. • kontakt@helium-ffm.de • Accès : U-Bahn 1, 2, 4, 6, 7 ou 8, arrêt « Hauptwache ». Tlj sf dim 11h30-2h (4h sam).* Lignes épurées et matériaux bruts pour ce bar branché très couru, où l'on retrouve pas mal de membres de la communauté gay de la ville. Mais ce n'est pas pour autant un ghetto ! Ambiance sympa sur fond de musique électro forte, balancée par un DJ.

**Good Time for Good People** (plan I, B1, **51**) : *Eschenheimer Tor 3. ☎ 257-553-88. Accès : U-Bahn 1, 2, 3 ou 8, arrêt « Eschenheimer Tor ». Tlj 11h30 (12h dim)-2h (3h sam).* Longue salle étroite ouverte sur rue avec mobilier industriel bricolé et quelques tablées en terrasse. La foule déborde largement sur le trottoir jusqu'à tard dans la nuit, à tel point qu'il n'est pas évident d'atteindre le comptoir ! Un bar *so trendy* !

**Ebbelwei Express :** *Kurt-Schumacher Str 8 (infos slt). ☎ 213-224-25. • ebbelwei-express.com • Roule sam, dim et j. fériés 13h30-18h30. Billet :*

*8 € ; réduc. Durée : 1h.* Ce vieux tram coloré sillonne la ville, passant notamment par les quartiers de *Bornheim, Sachsenhausen,* et marquant quelques arrêts dans la *Altstadt.* Facile alors d'y monter pour découvrir Francfort de façon originale, en sirotant un verre d'*Apfelwein,* ou d'autres boissons sans alcool.

### À Bornheim

Quartier qui a pour colonne vertébrale la **Berger Strasse,** commerçante le jour, et aussi très animée la nuit avec ses bistrots.

*– Accès par le U-Bahn 4, arrêts : « Merianplatz », « Höhenstrasse » et « Bornheim-Mitte ».*

**Ginkgo** *(hors plan I par D1, **55**) : Berger Str 81. ☎ 49-12-02. • info@ginkgo-frankfurt.de • Tlj 9h-minuit (1h ven sam).* Déco design épurée, grandes baies vitrées sur la rue et terrasse avec grandes tablées et plantes vertes. Bien pour boire un verre au calme, malgré la grosse fréquentation. Une adresse avec laquelle il faut compter.

**Schöneberger** *(hors plan I par D1, **55**) : Berger Str 237. ☎ 945-066-12. • info@schoene-berger.de • Tlj 18h (10h dim)-1h (2h ven-sam).* Murs en brique, tables en bois épais, lampes d'atelier, et terrasse animée par les discussions qui ne désemplit pas. Un bistrot plébiscité par les noctambules du quartier.

**Rinks** *(hors plan I par D1, **55**) : Berger Str 86. ☎ 405-666-04. Tlj 10h-1h (2h ven-sam, minuit dim).* Bar-*lounge* design et branché, avec fausse cheminée qui crache des flammes au rythme de la musique. Grandes tablées en terrasse sur rue pour manger un bout ou boire un coup, avec des jeunes gens qui se la jouent !

**Zur Sonne** *(hors plan I par D1, **40**) :* voir précédemment « Où manger ? – À Bornheim ».

### À Sachsenhausen

Un autre quartier très animé en soirée, notamment les terrasses des restos cités précédemment (voir « Où manger ? – À Sachsenhausen »), où l'on vient descendre des godets d'*Apfelwein.*

*– Accès : U-Bahn 1, 2, 3 ou 8, arrêt : « Schweizer Platz ».*

**Main Café** *(plan II, F5, **52**) : Schaumainkai 50. ☎ 661-697-13. • freunde@maincafe.net • Face au Museum für Kommunikation. En été, tlj dès 10h ; le reste de l'année, mer 20h-2h et sam-dim 12h-20h.* Charmant *Biergarten* pour musarder au bord du Main. Musique DJ certains soirs (se renseigner) dans une atmosphère un brin mystique.

## Où sortir ?

**Batschkapp** *(hors plan I par B1, **57**) : Gwinnerstras 5. ☎ 952-184-10. • batschkapp.de • Accès : U-Bahn 1, 2, 3 ou 8, arrêt « Weißer Stein ». Concerts live à partir de 19h. Entrée : 15-30 €.* Un peu tous les styles de musique se donnent en concert : rock, hip-hop, techno... Sans compter les formations d'avant-garde et les soirées à thème.

**Jazzkeller** *(plan I, B2, **58**) : Kleine Bockenheimer Str 18a. ☎ 28-85-37. • jazzkeller.com • Accès : U-Bahn 1, 2, 3, 6, 7 ou 8, arrêt « Hauptwache ». Mar-dim. Concerts ou jazz session dès 21h. Entrée : 5-15 €.* Un des hauts lieux du jazz à Francfort. Surtout branché free et modern jazz.

**Living XXL** *(plan I, B3, **53**) : Willy-Brandt-Platz. ☎ 242-93-70. • livingxxl.de • Accès : U-Bahn 1, 2, 3, 4, 5 ou 8, arrêt « Willy-Brandt-Platz ». Ven-sam. Entrée : dès 20 €.* Accolée à *l'Eurotower,* cette grande véranda arrondie accueille les jeunes du coin qui démènent leurs petits corps jusqu'au bout de la nuit sur des « musiques-de-danse-de-jeunes ». Une adresse incontournable de la nuit locale.

**Gibson** *(plan I, C2, **54**) : Zeil 85-93. ☎ 949-477-70. • gibson-club.de • Accès : U-Bahn 4, 5, 6, ou 7, arrêt « Konstablerwache ». Jeu-sam. Concerts ou discothèque dès 21h ou 23h. Entrée : dès 20 €.* Autre temps fort de la nuit francfortoise, les concerts live et autres musiques DJ déchaînent une foule de jeunes gens lookés et plutôt sexy.

♫ **Odeon** *(plan I, D1, **56**) : Seilerstr 34. ☎ 28-50-55. • theodeon.de • Accès : U-Bahn 1, 2, 3, 6, 7 ou 8, arrêt « Hauptwache ». Lun et jeu-sam dès 22h. Entrée : 5-10 €.* Au milieu du gazon, ce vieux pavillon de caractère a été transformé en boîte de nuit. Jeunes et moins jeunes s'y trémoussent sans compter tout en reprenant leur souffle dans de jolis salons design, ou sur des transats en plein air dans les coursives autour du bâtiment. Musiques DJ éclectiques et concerts live certains soirs.

## Achats dans les environs

**Wertheim Outlet Village :** *Almosenberg, à **Wertheim**. ☎ (09342) 91-99-100. • wertheimvillage.com • À env 90 km (40 mn) au sud-est de Francfort, au bord de l'autoroute A 3 (Frankfurt-Nurenberg), sortie 66 « Wertheim/Lengfurt ». Tlj sf dim 10h-20h.* Une véritable ville dédiée au commerce des grandes marques de la mode internationale, ustensiles de cuisine design... Les prix, de 30 à 80 % inférieurs aux boutiques classiques, valent vraiment le déplacement.

# À voir

## *La vieille ville (Altstadt)*

**Römerberg** *(plan I, C3)* **:** cette grande place demeure le cœur historique de la ville *(accès : U-Bahn 4 ou 5, arrêt « Dom/Römer »).* L'essentiel de ce qu'on voit aujourd'hui a été reconstruit à l'identique ou profondément rénové après les bombardements de 1944. Ici se tenaient les grandes foires du printemps et de l'automne dès le XIII^e s. Sans grande unité architecturale, la place propose néanmoins quelques édifices intéressants. L'œil est évidemment attiré tout d'abord par le ***Rathaus** (mairie)* du XV^e s, constitué de trois corps de bâtiments gothiques dotés de pignons à redents. Au-dessus du balcon sculpté, quatre empereurs surmontés de deux aigles ajoutés au XIX^e s. L'hôtel de ville est aussi appelé le *Römer*, car dans la plus haute des trois constructions étaient logés les Italiens durant les foires, d'où ce nom de « romain ».

– Il est possible de visiter la ***Kaisersaal,*** « salle impériale » *(tlj 10h-13h, 14h-17h, sf réception ; entrée : 2 €).* C'est là que les banquets des couronnements avaient lieu. Les niches accueillent les portraits des 52 empereurs, de Charlemagne à François II. Dans la cour intérieure, charmante tour-escalier Renaissance en colimaçon. Une visite pas indispensable.

– Les autres édifices des XVI^e, XVII^e et XVIII^e s, bien que jolis à regarder grâce à leurs façades à colombages, ont été pour la plupart rénovés dans les années 1980 à partir des croquis du Moyen Âge. Sur la place de l'Hôtel-de-Ville, jolie ***fontaine de la Justice*** (1611).

Au sud de la place, la ***Nikolaikirsche*** *(église Saint-Nicolas ; plan II, G4)* dont le toit en ardoise ressemble à celui d'une maison. De la galerie, les notables observaient les fêtes sur l'esplanade. Si l'intérieur est sans intérêt, tous les jours à 9h05, 12h05 et 17h05, un carillon de 35 accords retentit du clocher. Face au Historisches Museum, l'une des plus belles maisons à colombages de la ville, la ***Haus Wertheim,*** du début du XVII^e s. Noter les encoignures dorées et la lanterne. Elle abrite aujourd'hui un resto.

***Schirn Kunsthalle*** *(galerie d'art Schirn ; plan I, C3)* **:** *Römerberg. ☎ 299-88-20. • schirn.de • Accès : U-Bahn 4 ou 5, arrêt « Dom/Römer ». Tlj sf lun 10h-19h (22h* *mer-jeu). Entrée variable selon expo : 9-10 €.* La galerie Schirn propose des expos temporaires (programme éclectique sur site web) d'art contemporain et des rétrospectives de grande qualité (Kandinsky, Chagall, Kahlo, Caillebotte...). Pour info : *Schirn* désignait autrefois un regroupement d'échoppes qui vendaient leurs marchandises ici, dans le centre-ville...

Juste en face de la sortie se trouve le ***Café Schirn,*** plutôt agréable pour boire un verre, et qui organise parfois des séances de lecture.

***Kaiserdom*** *(cathédrale ; plan I, C3)* **:** *Am Domplatz 1. ☎ 297-03-20. • dom-frankfurt.de • Accès : U-Bahn 4 ou 5, arrêt « Dom/Römer ». Tlj 8h-20h. GRATUIT. Concerts réguliers (se renseigner).* Contrairement à toute bonne cathédrale qui se respecte, celle-ci ne fut jamais le siège d'un évêché. C'est à force de couronner les têtes royales qu'elle s'éleva à ce rang, comme en décida la « Bulle d'or », l'acte organisant l'élection des empereurs du Saint Empire en 1356. À la période carolingienne (IXe s), il existait déjà une église à cet emplacement, qui fut largement transformée au cours des siècles suivant. Au XVe s, on lui adjoignit sa belle tour de 95 m de haut, surmontée d'un dôme à lanternon, et elle prit alors son style gothique définitif. De tout là-haut (328 marches), vue surprenante sur la cité *(tlj 9h-18h. Entrée : 3 €).* Gravement endommagée en 1944, la cathédrale fut reconstruite immédiatement après la guerre. L'intérieur est composé d'une vaste nef gothique. La première curiosité est cette architecture inhabituelle à croix symétrique (grande longueur du transept). Le chœur propose de belles stalles du XIVe s. De la même période, sur la droite, la pierre tombale verticale très colorée de *Günther de Schwarzburg* qui échoua contre Charles IV à l'élection au trône de l'Empire. Riche retable du XVe s dans le chœur. Des fresques courent tout le long du mur au-dessus du chœur. La *Wahlkapelle* accueillait les sept princes électeurs du Saint Empire. C'est là qu'ils se mettaient d'accord sur le nom du nouveau souverain. Musée *(Dom Museum)* sur place.

***Paulskirche*** *(église Saint-Paul ; plan I, C3)* **:** *Paulsplatz 1. Accès : U-Bahn 4 ou 5, arrêt « Dom/Römer ».* C'est dans cette église de style néoclassique, reconstruite après la dernière guerre, que siégea la première assemblée nationale allemande, élue après la révolution de 1848. Considérée comme le berceau de la démocratie allemande, on y célèbre chaque 3 octobre la réunification du pays. Et une fois par an se déroule ici la remise du prix *Friedenspreis des Deutschen Buchhandels* de la librairie allemande pour encourager la paix et la compréhension entre les peuples.

## Les musées

Francfort n'a pas lésiné côté culture ! Les musées sont nombreux, intéressants, généralistes, thématiques, et proches les uns des autres. Nous vous citons les principaux. Sinon, sachez qu'une brochure gratuite les répertorie tous (voir dans les offices de tourisme). ***Important :*** pour la plupart, les musées sont ouverts de 10h à 17h ou 18h et pratiquent souvent une nocturne le mercredi jusqu'à 20h ou 21h. Ils sont généralement fermés le lundi. ***Un bon tuyau :*** l'entrée dans les musées municipaux est gratuite le dernier samedi du mois.

### Dans le centre-ville

***Goethe Haus und Museum*** *(maison et musée Goethe ; plan I, B3)* **:** *Großer Hirschgraben 23-25. ☎ 13-88-00. • goethehaus-frankfurt.de • Accès : U-Bahn 1, 2, 4, 5, 6, 7 ou 8, arrêt « Dom/Römer » ou « Hauptwache ». Tlj 10h-18h (17h30 dim et j. fériés). Entrée : 7 € ; réduc. Feuilles explicatives en français. Audioguide en allemand et anglais : 3 €.*

C'est la grand-mère de Goethe qui acheta cette maison en 1733 à la mort de son mari, aubergiste, pour y abriter sa cave. Son patrimoine en bouteilles de vin dépassait certainement le prix de la maison ! Johann Wolfgang Goethe y naquit en 1749, mais la maison originale fut détruite en 1944. On se consolera donc en apprenant que c'est ici, à Francfort, qu'il connut son premier grand amour, Gretchen, qui l'aurait inspiré pour la *Marguerite* de *Faust*. Il écrivit également ici ses œuvres les plus fameuses. On se sent un peu frustré d'explorer une vraie-fausse maison reconstruite après la dernière guerre. Exception faite de la pompe à eau dans la cuisine, de l'évier et des quatre premières marches de l'escalier...
- ***Au 2e étage,*** portraits familiaux et une bibliothèque dont une partie a appartenu au poète. On voit aussi sa « chambre natale », totalement dépouillée.
- ***Au 3e étage,*** plus intéressant, son petit théâtre de marionnettes... Bien que peu authentique, la visite demeure un petit témoignage de la vie bourgeoise de l'époque, à travers meubles et aménagements intérieurs. Le musée attenant à la maison présente un ensemble de collections très diverses, toutes liées à l'époque de Goethe : nombreuses toiles familiales, sculptures du XVIIIe s, documents, lettres, et puis la copie de la toile « Goethe dans la campagne de Rome », dont l'original se trouve au Städel Museum (voir plus loin).

***Saalhof Historisches Museum*** *(musée d'Histoire ; plan II, G4) : Fahrtor 2. ☎ 212-355-99. • historisches-museum-frankfurt.de • Accès : U-Bahn 4 ou 5, arrêt « Dom/Römer ». Tlj sf lun 10h-18h (21h mer). Entrée : 7 € ; réduc. Gratuit dernier sam du mois.* Plusieurs musées en un où, avouons-le, on se perd facilement, tant l'organisation des collections et du circuit de visite est bordélique ! Dans cet immense fouillis, essayer de ne pas manquer les trois grandes maquettes témoignant du visage de Francfort avant la guerre, pendant la guerre (après les bombardements de 1944) et aujourd'hui. Et puis pêle-mêle, une série de toiles du XVIIIe s reflétant le développement de la ville, une section de peintures religieuses, des éléments architecturaux (chapiteaux...), une collection d'armes anciennes, un groupe de céramiques avec notamment des pièces de faïence de Francfort réalisées du XVIIe au XVIIIe s... Une nouvelle aile devrait être bientôt construite pour agrandir et mieux organiser l'espace muséal. On a hâte !

***Museum für Moderne Kunst*** *(MMK ; musée d'Art moderne ; plan I, C2) : Domstr 10. ☎ 212-304-47. • mmk-frankfurt.de • Accès : U-Bahn 4 ou 5, arrêt « Dom/Römer ». Tlj sf lun 10h-18h (20h mer). Entrée : 12 € ; réduc. Gratuit dernier sam du mois.* Édifice moderne intéressant, construit par l'architecte viennois Hans Hollein sur une petite surface au sol de forme triangulaire ; d'où son surnom : « tortenstück », la part de tarte. L'intérieur est lumineux, vaste, frais et aéré, et l'organisation des espaces – ni chronologique ni thématique – favorise une errance agréable à travers l'art contemporain international et allemand. Entre les expos temporaires parfois déroutantes (programme sur site web), petite collection permanente de peintures, sculptures, mobiles et photos, s'articulant sur trois niveaux : juste quelques œuvres d'Andy Warhol, Roy Lichtenstein, Claes Oldenburg, Katharina Fritsch, Joseph Beuys...
***Bistrot*** au rez-de-chaussée.

Pour profiter d'une vue intéressante sur Francfort, monter dans la ***Zeilgalerie*** *(plan I, C2),* centre commercial situé au début de la Zeil, l'artère commerçante. Prendre les escalators jusqu'en haut en suivant l'indication « panoramadeck ».

***Deutsche Börse*** *(Bourse de Francfort ; plan I, B2) : Börsenplatz 4. ☎ 2110. • deutsche-boerse.de • Accès : U-Bahn 1, 2, 3, 6, 7 ou 8, arrêt « Hauptwache » ou « Eschenheimer Tor ». Visite sur résa plusieurs j. à l'avance (prévoir une pièce d'identité) par tél au ☎ 211-115-15 : lun-ven, à 10h30 et 12h30 pour le « visitors galery ». GRATUIT.* La grande fierté de Francfort, siège de la bourse du pays ! On parcourt une galerie ouverte sur la salle des marchés. Devant le bâtiment, les deux célèbres statues de l'ours écrasant les cours (baisse) et du taureau les relevant avec ses cornes (hausse). Associés aux traders, c'est un fameux bestiaire !

**Senckenberg Naturmuseum** *(musée d'Histoire naturelle de Senckenberg ; hors plan I par A2,* ***92****) : Senckenberganlage 25. ☎ 754-20. • senckenberg.de • Accès : U-Bahn 6 ou 7, arrêt « Bockenheimer Wartel ». Tlj 9h-17h (20h mer, 18h w-e). Entrée : 9 €, réduc. Audioguide en allemand et anglais : 3 €.* Uniquement pour les amateurs, le plus vaste musée allemand du genre, organisé de manière didactique et vivante. Section paléontologique particulièrement riche. Fossiles, squelettes de sauriens géants et de mammifères à trompe. Dans une salle, un anaconda dévore un phacochère. Galeries classiques d'animaux empaillés, oiseaux, reptiles, insectes, etc. On y apprend aussi des choses sur la biodiversité actuelle, la géologie...

**Jüdisches Museum** *(Musée juif ; plan II, F4) : Untermainkai 14-15. ☎ 212-388-05. • juedischesmuseum.de • Accès : U-Bahn 4 ou 5, arrêt « Dom/Römer ». Tlj sf lun 10h-17h (20h mer). Entrée : 9 € ; réduc ; audioguide en français compris. Gratuit dernier sam du mois.* Installé dans l'ancien palais des Rothschild, ce musée présente toutes les facettes de la culture juive (fêtes, rituels...) et de l'histoire de la communauté juive de Francfort, du Moyen Âge à nos jours. Collection d'objets cérémonials, vieilles torahs, documents anciens, tableaux... Une visite instructive.

## *Museumsufer* – « La rive des musées » (au sud du Main)

*– Pour s'y rendre : U-Bahn 1, 2, 3 ou 8, arrêt « Schweizer Platz ».*

**Liebieghaus Skulpturen Sammlung** *(plan II, E-F5) : Schaumainkai 71. ☎ 650-04-90. • liebieghaus.de • Tlj sf lun 10h-18h (21h mer-jeu). Entrée : 7 € ; réduc. Expos temporaires en sus. Audioguide en allemand et anglais.* Aménagé dans une belle villa ancienne avec jardin, ce musée, entièrement consacré aux statues de toutes origines et de toutes époques, ne séduira que les dingues du sujet. L'Égypte pharaonique et l'Antiquité gréco-romaine sont bien représentées. Également des œuvres du Moyen Âge, de la Renaissance, de l'époque baroque...
***Café*** sur place.

**Städel Museum** *(musée Städel ; plan II, F5) : Schaumainkai 63. ☎ 605-09-80. • staedelmuseum.de • Tlj sf lun 10h-18h (21h mer-jeu). Entrée : 12 € (14 € w-e) ; réduc.*
Une visite à ne rater sous aucun prétexte ! Installé dans un imposant édifice de la fin du XIX^e^ s, ce musée – créé par le banquier Städel en 1815 – regroupe l'une des plus importantes collections d'art de la planète. À travers trois sections chronologiques, on passe en revue l'histoire de la peinture depuis le XIV^e^ s à nos jours, à travers des œuvres majeures.
– **2^e^ étage :** consacré aux vieux maîtres de la peinture (1300-1800). D'abord, les ***primitifs flamands*** avec notamment l'*Ecce Homo* de Jérôme Bosch, où Jésus reçoit les sarcasmes du peuple qui rit à pleine dent. Également une *Lucca Madonna* de Van Eyck, allaitant paisiblement, assise sur son trône (salle 1). Ensuite, parmi les ***primitifs allemands,*** notons le triptyque *Torgauer Altar* de Cranach, montrant la Vierge, Jésus, et quelques apôtres tristounets. Et puis du même auteur, voir cette sensuelle *Vénus,* vêtue d'un voile transparent (salle 2). *Scène de forêt* avec moult détails, signée Bruegel l'ancien, suivie d'une belle *Vierge à l'enfant* sur bois et d'un *Roi David jouant de la harpe,* de profil, par Rubens (salle 5). Ce tableau d'un *Jeune Homme chantant* de Van Baduren rappelle étrangement le style du Caravage ; puis un *Aveuglement de Samson* par Rembrandt, particulièrement viandard (salle 6) ! On s'émerveille ensuite devant la lumière magnifiquement traitée par Vermeer dans son précieux *Géographe* (salle 7). La ***peinture italienne de la Renaissance*** fait ensuite une entrée fracassante, avec Botticelli nous offrant ce très beau portrait d'une femme portant un camé autour du coup (salle 14). Toiles du Tintoret, du Titien et du Parmigianino, qui passeraient presque inaperçues à côté du formidable *Portrait du Pape Jules II* de Raphaël, engoncé dans une paisible méditation (salle 15). Classiques vue de Venise de Canaletto (salle 17)...

– ***1er étage :*** dédié à l'art moderne (1800-1945). D'abord, le fameux portrait de *Goethe dans la campagne de Rome* (salle 1), puis, une bien curieuse *Famille d'artiste* par Otto Dix (salle 2). Salle 4, c'est l'orgie : petite *Chaumière* tranquille par Van Gogh ; tableau et statues des *Danseuses* levant la pa-patte de Degas ; une *Fin de déjeuner* par Renoir : « café, pousse-café, cigarette ! » ; une autre scène de *Déjeuner* touchante de Monet, où un gamin ne paraît pas décidé à avaler quoi que ce soit, devant sa mère qui palabre, sa grand-mère excédée, et la petite bonne qui jette l'éponge ! Statue d'Ève repliée sur elle-même de Rodin. Ensuite, sale temps dans *La Vague,* tableau de Courbet (salle 5) ; étonnante *Marie-Madeleine dans le désert* tenant un crâne, par Puvis de Chavanne, et un alcoolo pathétique à côté d'un zinc par Munch (salle 6). Puis, un amusant *Agneau de Dieu* qui tire la langue par Paul Klee, sans oublier le *Rabbin* de Chagall (salle 8). Joli *Bouquet de fleurs* de Matisse (salle 11). Et encore une foule de Bonnard, Rousseau, Munch ; sans oublier les peintres allemands Kirchner, Liebermann, Corinth, Slevogt, etc., et cette admirable statue de *Tête de femme* par Picasso (salle 14).
– ***Sous-sol :*** consacré à l'art contemporain (1945 à nos jours). À l'entrée, *portrait de Goethe,* natif de Francfort, sérigraphié par Andy Warhol ; un mobile de Calder, et encore des œuvres de Klee et Dubuffet, pour les plus connues.
***Bistrot*** sur place pour prendre un verre au *Städel Café* ou manger sérieusement au *Holbein Café Restaurant* (cher !).

**Museum für Kommunikation** *(musée de la Poste et des Communications ; plan II, F5) : Schaumainkai 53. ☎ 606-00. • mfk-frankfurt.de • Tlj sf lun 9h-18h (11h-19h w-e). Entrée : 3 €, réduc ; 4,50 € avec l'audioguide en allemand et anglais.*
Bâtiment moderne, original et lumineux, où l'espace du sous-sol accueille une belle collection d'objets autour de l'histoire des médias : des premières tablettes manuscrites à l'Internet, en passant par la poste, le télégraphe, le téléphone, la radio et la télévision. On remarque d'abord une imposante flotte de véhicules postaux : diligence, wagon, camions, camionnettes, scooter, vélos, etc. ; le tout associé à des enseignes de la poste allemande de différentes époques. Ensuite, une foule d'instruments télégraphiques un peu abstraits, puis une énooorme collection de téléphones, du tout premier au portable. Là, un atelier interactif propose de téléphoner avec un téléphone à cadran : une vraie expérience pour les gamins d'aujourd'hui ! À côté, voici un incroyable assortiment de postes de radio et de télévision, qui sont de véritables meubles ! On visionne alors avec amusement des émissions TV de chaque décennie depuis les années 1950. Également des espaces dédiés aux expos temporaires. Une visite formidable et d'un excellent rapport qualité-prix. On recommande !
Un ***café*** et une belle terrasse pour boire un verre ou grignoter.

**Deutsches Architekturmuseum** *(musée allemand de l'Architecture ; plan II, F5) : Schaumainkai 43. ☎ 212-388-44. • dam-online.de • Tlj sf lun 11h-18h (20h mer, 19h dim). Entrée : 6 € ; réduc. Visite guidée gratuite des expos temporaires en allemand le w-e (se renseigner).* Musée consacré à l'architecture, aux architectes et à leur démarche créative. Les expos sont un peu techniques et n'intéresseront que les initiés.
– ***Au 2e étage*** sont présentées des maquettes montrant différentes architectures à travers les âges : l'*homo erectus* niçois et sa cabane en bois, le temple à terrasse égyptien, la citadelle grecque, la ville romaine proprette, et puis les villages médiévaux et architecture des églises de l'époque. Notez une certaine régression lorsqu'on passe du forum de Pompéi (79 av. J.-C.) à un village médiéval allemand (800 apr. J.-C.)... Ensuite, les styles Renaissance et baroque, puis les constructions en métal et verre du XIXe s, et jusqu'à l'habitat social des années 1920 et les gratte-ciel new-yorkais...
– ***Aux rez-de-chaussée, 1er et 3e étages,*** expos temporaires intéressantes.

### MUSIQUES MILITAIRES

*Elvis Presley fit son service militaire en 1958 dans une base américaine des environs de Francfort. On dit qu'il initia la vogue de la musique américaine – véhiculée par les soldats de l'US Army – sur la ville. Ainsi, après le rock-n-roll et le jazz, c'est aujourd'hui la musique latina qui prédomine, portée par les GI's portoricains.*

**Deutsches Filmmuseum** *(Musée allemand du Cinéma ; plan II, F5)* **:** *Schaumainkai 41. ☎ 961-22-02-20. • deutsches-filmmuseum.de • Tlj sf lun 10h-18h (20h mer). Entrée : 6 € ; réduc. Expos temporaires en sus.* Excellent musée interactif et ludique à la fois. ***Au 1er étage,*** on passe en revue tous les miracles du début du cinéma à grand renfort de chambres noires, lanternes magiques, « peep show », caméras, projecteurs, kaléidoscopes, etc. ; le tout associé aux prestigieux noms des pionniers français, comme les frères Lumière ou Méliès. Là, de petits ateliers interactifs permettent de décortiquer et de comprendre le procédé. Ensuite, ***au 2e étage,*** on rejoint le monde de la réalisation par le biais des acteurs, storyboards, décors, costumes, effets spéciaux, tournage, montage, etc. Et on se met en scène soi-même dans d'autres ateliers ludiques utilisant les technologies actuelles. ***Le 3e étage*** est dédié aux expos temporaires. ***Au rez-de-chaussée,*** une salle de cinéma propose des projections quotidiennes originales (programme sur site web). Bref, Une visite formidable et d'un excellent rapport qualité-prix.
***Café*** au rez-de-chaussée pour boire un verre ou grignoter.

**Museum für Angewandte Kunst** *(musée des Arts appliqués ; plan II, G4)* **:** *Schaumainkai 17. ☎ 212-340-37. • museumangewandtekunst.de • Tlj sf lun 10h-18h (20h mer). Entrée : 9 € ; réduc.* Musée aménagé dans un bâtiment moderne parfaitement intégré à l'environnement verdoyant, construit par le célèbre architecte new-yorkais Richard Meier. Ici, tout est lumière et volume. En résumé, ce musée offre un vaste panorama des Arts décoratifs mondiaux – ni plus ni moins ! – à travers des expos temporaires thématiques (par pays, période historiques...) présentant tour à tour les objets de l'imposante collection (XIVe-XVIIIe s). Par la passerelle au 1er étage, on gagne une vieille villa pittoresque, où sont présentés mobilier et objets du quotidien dans différentes ambiances (XVIIIe-XXe s).
***Bistrot*** au 2e étage pour boire un coup et manger un bout.

## À voir encore...

**Palmengarten** *(jardin botanique ; hors plan I par A1,* ***101****)* **:** *Siesmayerstr 61. ☎ 212-339-39. • palmengarten-frankfurt.de • Accès : U-Bahn 6 ou 7, arrêt « Bockenheimer Warte » ; puis 5 mn à pied. Tlj 9h-18h (16h nov-janv). Entrée : 7 € ; réduc. Événements spéciaux (festival, exposition...) en sus.* Créé il y a plus d'un siècle, ce jardin présente plus de 10 000 espèces de plantes. Superbes et vastes serres tropicales et subtropicales. Plantations de cactus qui vous plongent en plein Far West. Autour, de grands espaces verts invitent à la promenade et au farniente. Un des plus beaux jardins tropicaux d'Europe !

**Kleinmarkthalle** *(petit marché couvert ; plan I, C2,* ***102****)* **:** *Hasengasse 5. • kleinmarkthalle.de • Accès : U-Bahn 1, 2, 4, 6, 7 ou 8, arrêt « Hauptwache ». Tlj sf dim 8h-18h (16h sam).* Marché coloré où sont proposés non seulement les produits de la région mais aussi des spécialités internationales. On peut y manger sur le pouce. Ne pas manquer le stand n° 8, *Schreïber,* une institution de la saucisse en ville, comme la queue l'atteste !

**La City** *(plan I, A2-3)* **:** *sur Friedrich-Ebert-Anlage et Mainzer Landstr. Accès : U-Bahn 4 ou 5, arrêt « Hauptbahnhof ».* Impossible d'échapper aux tours de Francfort, récemment construites. Dernières idées architecturales, statues et art moderne à gogo, on n'y passe pas la journée, mais ça mérite tout de même le détour. À noter : le building de la *Commerzbank*, construit par le célèbre architecte anglais Sir Norman Foster. Il mesure 259 m de haut et possède dans ses étages supérieurs neuf jardins intérieurs.

***Main Tower*** *(plan I, A2)* **:** *Neue Mainzer Str 52-58. ☎ 365-047-77. • maintower.de • Accès : U-Bahn 6 ou 7, arrêt « Alte Oper ». Ouv tlj : en été, 10h-21h (23h ven-sam) ; en hiver, 10h-19h (21h ven-sam). Entrée : 6,50 € ; réduc.* On ne peut rêver meilleur point de vue sur la ville. Deux ascenseurs successifs vous mènent à la plate-forme ouverte perchée à près de 200 m de haut, d'où Francfort scintille de mille feux la nuit venue. Resto-bar-lounge panoramique à l'étage d'en dessous, pour ceux qui ont des sous ou qui sont très très amoureux !

## À faire

***Le chemin de halage*** sur les berges du Main offre la possibilité de rejoindre la banlieue de Höchst à vélo. Paysage changeant : on se trouve tantôt en ville, tantôt à l'usine, et tantôt parmi les « bêtes à cornes ».

***Promenades en bateau*** *(plan I, C3)* **:** *avec les compagnies* ***Primus-Linie*** *(☎ 133-83-70. • primus-linie.de •) et* ***Köln-Düsseldorfer*** *(☎ 20-88-318. • k-d.com •). Mai-oct. Proposent des croisières courtes (env 3h), sur le Main, ou à la journée en descendant le Main et un bout du Rhin. Billet : à partir de 12 €.*

## Manifestations

De nombreux événements musicaux, culturels et sportifs se déroulent chaque année à Francfort. *Infos : • frankfurt-tourismus.de •*

– ***Opernplatz Fest :*** *pdt 10 j. à la mi-juin sur la pl. de l'Opéra.* Un festival culinaire et culturel avec de nombreux concerts tous les soirs.
– ***Museumsuferfest*** *(fête de la Rive des musées)* **:** *une fois par an pdt 3 j. (fin août). Rens à l'office de tourisme.* La rive, fermée à la circulation, devient la plate-forme de présentations culturelles et artistiques internationales. Le tout est couronné à la fin par un feu d'artifice. Cette fête attire chaque année pas moins de deux millions de personnes.
– ***Marché de Noël :*** *dernier w-e de nov-22 déc, sur le Römerberg.*

# WIESBADEN

(65183) 272 640 hab. IND. TÉL. : 0611



**Ville d'eau résidentielle et étendue, elle est le type même de la cité bourgeoisement cosy, qui camoufle ses belles villas au fond des parcs. Ses 26 sources thermales ont longtemps attiré ceux qui avaient suffisamment d'argent pour venir soigner leurs maux le jour et perdre leur fortune sur les tables du grand casino le soir. Dostoïevski trouva ici son personnage pour *Le Joueur,* Brahms y composa sa deuxième symphonie et Wagner y écrivit *Les Maîtres chanteurs...* Wiesbaden héberge aussi actuellement une importante communauté**

**de soldats américains (environ 17 000 personnes), constituée en véritable « ville dans la ville » avec ses journaux, ses magasins, ses habitations sous haute surveillance... Pour apprécier tout le charme feutré et l'atmosphère désuète de cette *« Nice du Nord »* dotée d'un microclimat unique en Allemagne, laissez-vous inviter à la flânerie et vibrer au rythme des échos de sa splendeur révolue.**

### DU CUIVRE QUI VAUT DE L'OR !

*Pendant longtemps, à Wiesbaden, lors du nettoyage des fontaines thermales, un article dans le journal local annonçait aux dames qu'elles pouvaient venir récupérer gratuitement le cuivre resté en dépôt dans le fond des vasques. Mais pour quoi faire, nous direz-vous ? En fait, pour se teindre les cheveux en roux, selon l'antique tradition romaine. 100 % naturel, très résistant, on n'a pas encore trouvé mieux !*

## UN PEU D'HISTOIRE

Les tribus germaniques, puis les Romains avaient déjà découvert les bienfaits des eaux thermales chaudes de Wiesbaden réputées pour le traitement des maladies de peau, du foie, de la sphère ORL et de la constipation. Elles furent donc utilisées au cours des siècles. Au XIXe s, les ducs de Nassau-Usingen choisissent la ville pour résidence. Récupérée ensuite par les Prussiens, elle prend, sous le règne de Guillaume II, son visage actuel : néoclassique et pompeux. Elle connaît alors son apogée : les riches affluent, la haute noblesse européenne et les personnages célèbres s'y donnent rendez-vous. Wiesbaden tombe en désuétude après 1914, comme en témoignent ses vieux hôtels fastueux, aujourd'hui reconvertis en habitations. Peu touchée pendant la Seconde Guerre, et devenue en 1945 la capitale de la Hesse, elle offre le visage de l'opulence dans la discrétion.

## Arriver – Quitter

– ***Infos transports régionaux en train et bus :*** • *rmv.de* •

### En train

🚂 ***Hauptbahnhof*** *(gare ferroviaire centrale ; hors plan par B3) : Bahnhofsplatz.* ☎ *0800-150-70-90 (n° vert).* • *bahn.de* •

➢ ***Frankfurt :*** 2-3 trains/j. Durée : 45 mn.

➢ ***Mainz :*** 2-3 trains/j. Durée : 15 mn.

➢ ***Limburg an der Lahn :*** 6-8 trains/j. Durée : 1h10.

➢ ***Koblenz*** (1h30) ***:*** env 1 direct/h, et d'autres avec changement à Mainz. Durée : 1h30. Certains s'arrêtent dans les villages de la rive droite du Rhin, comme ***Braubach, Sankt-Goarshausen, Kaub, Rüdesheim.***

➢ ***Marburg :*** nombreux trains avec changement à *Frankfurt.* Durée : 2h10.

■ **Adresses utiles**

- ℹ 1 Office de tourisme principal
- ℹ 2 Office de tourisme de la gare

**Où dormir ?**

- **10** Jugendherberge Wiesbaden
- **11** Town Hotel
- **12** Ibis Hotel
- **13** Hotel Klemm
- **14** Hotel Drei Lilien

**Où manger ? Où déguster des pâtisseries ?**

- **14** Chookdee
- **20** Karim's
- **21** Spital
- **22** Goldgasse
- **23** Bäckerbrunnen
- **24** Käfer's Bistro
- **25** Café Maldaner

**Où boire un verre ? Où écouter de la musique ?**

- **30** Der Eimer
- **31** Sherry & Port
- **32** Schlachthof

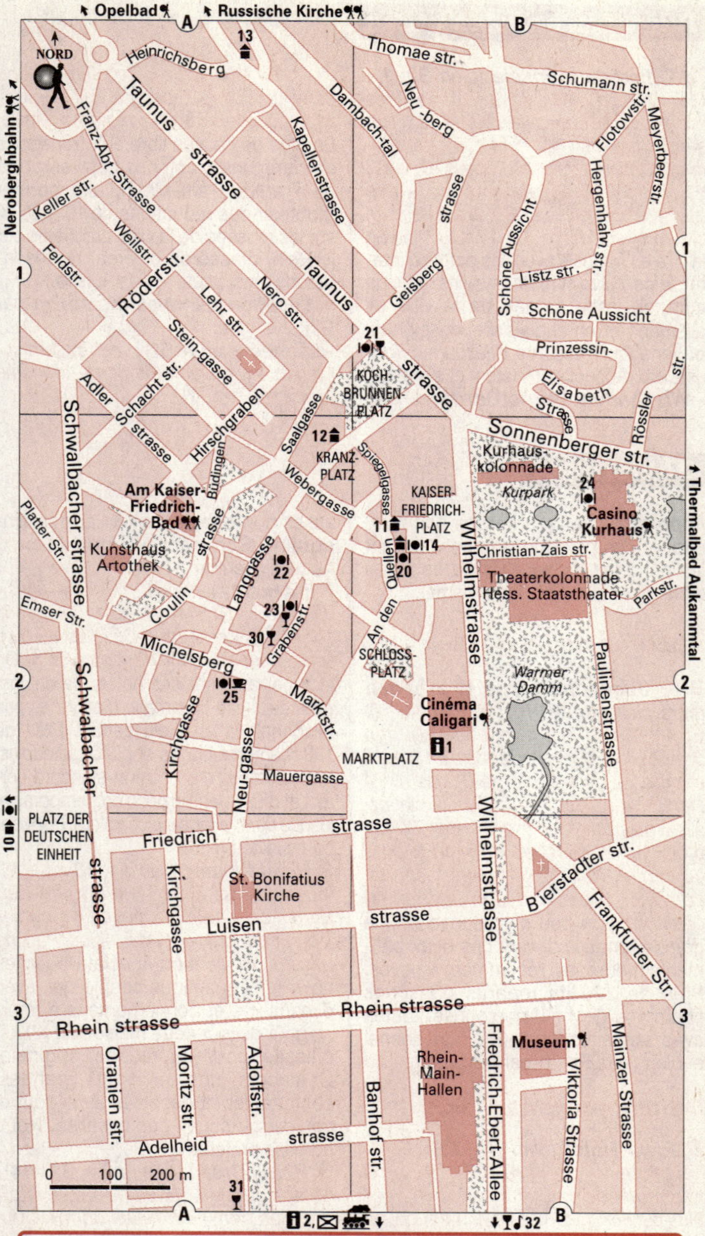
Opelbad
Russische Kirche
NORD
Nerobergbahn
Thermalbad Aukammtal
Heinrichsberg
Thomae str.
Schumann str.
Taunus strasse
Franz-Abt-Strasse
Kapellenstrasse
Dambach-tal
Neu-berg
Flotowstr.
Meyerbeerstr.
Keller str.
Weilstr.
Feldstr.
Röderstr.
Lehr str.
Nero str.
Geisberg
Schöne Aussicht
Hergenhahn str.
Listz str.
Prinzessin-Elisabeth Strasse
Rössler str.
Stein-gasse
Schacht str.
Adler strasse
Hirschgraben
KOCH-BRUNNEN-PLATZ
Saalgasse
KRANZ-PLATZ
Spiegelgasse
Webergasse
KAISER-FRIEDRICH-PLATZ
Sonnenberger str.
Kurhaus-kolonnade
Kurpark
Casino Kurhaus
Christian-Zais str.
Theaterkolonnade
Hess. Staatstheater
Parkstr.
Am Kaiser-Friedrich-Bad
Büdingen strasse
Kunsthaus Artothek
Platter Str.
Schwalbacher strasse
Coulin
Langgasse
Quellen
An den
Grabenstr.
Emser Str.
Michelsberg
Marktstr.
SCHLOSS-PLATZ
Wilhelmstrasse
Warmer Damm
Paulinenstrasse
Cinéma Caligari
MARKTPLATZ
Kirchgasse
Neu-gasse
Mauergasse
PLATZ DER DEUTSCHEN EINHEIT
Friedrich strasse
St. Bonifatius Kirche
Bierstadter str.
Frankfurter Str.
Luisen strasse
Rhein strasse
Museum
Rhein-Main-Hallen
Oranien str.
Moritz str.
Adolfstr.
Bahnhof str.
Friedrich-Ebert-Allee
Viktoria Strasse
Mainzer Strasse
Adelheid strasse
0 100 200 m
A
B
1
2
3
10
11
12
13
14
20
21
22
23
24
25
30
31
32

WIESBADEN

## Adresses et infos utiles

**Office de tourisme** (plan B2, **1**) : Marktplatz 1. ☎ 172-99-30. • wiesbaden.de • Lun-sam 10h-18h (15h sam), dim 11h-15h ; fermé dim oct-mars. Résa chambres d'hôtels et pens : ☎ 172-97-77. Également un **autre bureau** (hors plan par B3, **2**) à la gare. Tlj sf dim 6h-20h (sam 10h-17h30). Plan de la ville en français avec ses points d'intérêt, infos loisirs et route des vins, agenda culturel, visite guidée de la ville en allemand et en anglais (se renseigner), et vend l'intéressante *Wiesbaden TouristCard*. Accueil compétent et sympa.

– **Wiesbaden TouristCard :** valable 2 j., pour env 12,50 € ; également une carte groupe (2-5 pers) à env 23,50 €, avantageuse si vous voyagez en famille. En plus de l'accès libre aux transports en communs (y compris trajet aéroport de Frankfurt-am-Main), elle permet d'obtenir des réductions de 10 à 50 % sur les musées de la ville, croisières sur le Rhin, places de cinéma, représentations musicales, sports, loisirs...

**Location de vélos** (hors plan par B3) : à la gare.

– **Marché** (plan A-B2) : mer et sam sur Marktplatz (devant l'office de tourisme principal).

## Où dormir ?

***Important :*** peu d'adresses bon marché, et des prix qui flambent pendant les périodes de congrès ou de foires (calendrier à l'office de tourisme).

### Auberge de jeunesse

**Jugendherberge Wiesbaden** (hors plan par A2, **10**) : Blücherstr 66. ☎ 44-90-81. • jh-wiesbaden@jugendherberge.de • wiesbaden.jugendherberge.de • De la gare, bus n° 14 (vers Klarenthal), arrêt « Gneisenauerstr », puis marcher tt droit env 500 m ; c'est sur la gauche. À 15 mn à pied du centre. Nuit 27,50 €/pers, petit déj compris. ½ pens et pens complète possibles. Un peu de pelouse et une grande terrasse devant ces deux bâtiments modernes, récemment rénovés. Près de 220 lits répartis dans des chambres de 1 à 4 personnes, toutes avec sanitaires intérieurs. Fonctionnel et bien tenu. Resto-bar sur place.

### De prix moyens à chic

**Town Hotel** (plan B2, **11**) : Spiegelgasse 5. ☎ 36-01-60. • info@townhotel.de • townhotel.de • Doubles 69-89 € selon période, petit déj en sus : 8 €/pers. Parking payant. Cette ruelle tranquille du centre-ville livre un petit hôtel d'une vingtaine de chambres, plutôt petites mais lumineuses et assez confortables. Mobilier contemporain. Bon rapport qualité-prix. Accueil charmant.

**Ibis Hotel** (plan A2, **12**) : Georg-August-Zinn-Str 2, ☎ 361-40. • h1179@accor.com • ibishotel.com • Doubles 89-99 € selon période, petit déj compris. On indique rarement des hôtels de chaîne, mais celui-ci a l'avantage d'offrir des prix raisonnables en plein centre. Près de 130 chambres claires et plutôt agréables, toutes dotées d'un confort standard correct et d'une gentille déco contemporaine, jusque dans le *lobby*, plus coloré. Bon rapport qualité-prix.

**Hotel Klemm** (plan A1, **13**) : Kapellenstr 9. ☎ 58-20. • info@hotel-klemm.de • hotel-klemm.de • Doubles à partir de 72 €, petit déj inclus. Parking payant. Mention spéciale pour les Lowell, sympathique couple qui, avec dynamisme et bonne humeur, a remis au goût du jour cette maison du XIXe s, classée pour sa façade originale. Chambres plus ou moins grandes, confortables et décorées avec goût et couleurs. Accueil personnalisé. Notre adresse préférée en ville.

**Hotel Drei Lilien** (plan B2, **14**) : Spiegelgasse 3. ☎ 99-17-80. • info@dreililien.com • dreililien.com • Doubles 105-145 € selon période, petit déj inclus. Dans une ruelle calme du centre, cette jolie façade début XXe s cache de charmantes chambres

LA HESSE

confortables, à la déco alliant tradition et modernité. Accueil chaleureux et attentionné. Une excellente adresse qui n'a rien de standard. On aime !

## Où manger ?

### Bon marché

|●| ***Karim's*** *(plan B2,* ***20****) : Obere Webergasse 7. ☎ 959-06-08. • info@karims.de • Tlj 10h-23h. Plats 4-13 €.* On est sous le charme de ce resto oriental propret proposant un large choix de spécialités goûtues : du *hommos* aux *falafels,* en passant par la moussaka, les *shawarmas,* tajines... Cadre sobre avec quelques lanternes, et terrasse dans la rue. Bon rapport qualité-prix.

|●| 🍷 ***Spital*** *(plan B1,* ***21****) : Kochbrunnenplatz 3. ☎ 52-88-30. • info@spital-wiesbaden.de • Tlj 10h-1h (2h ven-sam). Plats 8-20 €.* Installé dans l'ancien hôpital de la ville, ce resto avec véranda et terrasse s'ouvre généreusement sur l'agréable jardin de la place. Dans l'assiette : pâtes, soupes, salades et quelques plats internationaux en plus des spécialités allemandes.

|●| Dans la rue **Goldgasse** *(plan A2,* ***22****),* on trouve de quoi combler une envie de pizza, notamment chez ***Aurum*** *(Goldgasse 16. ☎ 360-08-77. • mail@aurum-mediterrane.de •),* qui jouit d'une excellente réputation. Agréables terrasses.

### De prix moyens à chic

|●| ***Chookdee*** *(plan B2,* ***14****) : Spiegelgasse 3. ☎ 30-58-40. Tlj 12h-15h, 18h-23h. Plats 10-20 €.* Un resto thaï formidable ! Magnifique et chaleureuse déco du pays avec quelques tables basses pour manger « comme là-bas, dis ! » Cuisine savoureuse à souhait ; un régal pour les papilles. Une excellente adresse raffinée.

|●| 🍷 ***Bäckerbrunnen*** *(plan A2,* ***23****) : Grabenstr 28. ☎ 37-34-09. Tlj 11h30-1h. Plats 9-20 €.* Intérieur cosy, façon taverne, avec bois et carrelage aux murs, et bar en demi-lune. Aux beaux jours, terrasse dans la rue donnant sur les clapotis de la source thermale. Charmant tout ça ! Côté cuisine, on se régale de salades, soupes (goulasch), mais aussi des quelques plats typiques plus sérieux et un brin plus chers. Également bien pour boire un verre. Une adresse très courue qui nous plait.

|●| ***Käfer's Bistro*** *(plan B2,* ***24****) : Kurhausplatz 1. ☎ 53-62-00. • info@kurhaus-gastronomie.de • Tlj 11h30 (11h dim)-1h (2h ven-sam). Menu midi 20 €. Plats 12-25 €.* Petit air de nostalgie dans ce resto Belle Époque installé dans une aile du Kurhaus. Élégante déco Art nouveau, un peu chargée par une foule de jolis cadres et une hélice d'avion au plafond. Cuisine de style brasserie, plus que grande gastronomie, avec quelques plats allemands qui viennent se greffer aux spécialités internationales. Prix salés, vous êtes prévenus ! Grande carte de vins.

## Où déguster de délicieuses pâtisseries ?

|●| ☕ ***Café Maldaner*** *(plan A2,* ***25****) : Marktstr 34. ☎ 30-52-14. • cafe-maldaner@t-online.de • Tlj 8h30-19h (10h-18h dim et j. fériés).* Fondé en 1859, ce café historique bien connu offre d'abord une belle déco intérieure, encore dans son jus. Joli choix de délicieuses pâtisseries à dévorer avec un café, sur fond de jazz duveteux. Service accueillant. Une adresse incontournable.



## Où boire un verre ? Où écouter de la musique ?

***Important :*** sympas et piétonnes, les trois rues – ***Grabenstrasse, Goldgasse*** et ***Wagemannstrasse*** – concentrent l'essentiel de l'animation nocturne locale. C'est là que l'on vient s'amuser à Wiesbaden !

**Der Eimer** (plan A2, **30**) : *Wagemannstr 9. ☎ 360-03-91. Tlj sf dim, dès 19h.* Vieux bistrot pittoresque, petit et tout cosy, où le temps s'est arrêté il y a des lustres. Dans son jus : murs boisés avec fresques naïves à peine visibles et une foule d'objets hétéroclites suspendus au plafond. On y descend bières et verres de vin en compagnie des habitués de tous âges qui papotent gentiment. Une adresse authentique.

**Sherry & Port** (plan A3, **31**) : *Adolfallee 11. ☎ 37-36-32. • info@sherry-und-port.de • Tlj 12h-1h.* Au cœur d'un charmant quartier résidentiel aux maisons anciennes, ce bistrot d'habitués est doté – aux beaux jours – d'un agréable *Biergarten* sous les arbres, au pied de la fontaine du terre-plein central. Une adresse très plaisante.

**Schlachthof** (hors plan par B3, **32**) : *Murnaustr 1. ☎ 97-44-50. • info@schlachthof-wiesbaden.de • schlachthof-wiesbaden.de • Entrée payante. Accès : traversez la pelouse à gauche de la gare, c'est en face.* Une salle de concert installée dans d'anciens abattoirs. Programmation hétéroclite axée hip-hop, rock, reggae. Clientèle de jeunes chevelus sympas !

## À voir. À faire

**Museum Wiesbaden** (plan B3) : *Friedrich-Ebert-Allee 2. ☎ 335-22-50. • museum-wiesbaden.de • Tlj sf lun 10h-17h (20h mar et jeu). Entrée : 6-10 € selon expos temporaires ; réduc.* L'intérêt principal de ce musée réside dans la présentation d'une riche collection d'Alexj von Jawlensky, peintre russe ayant vécu et terminé sa vie à Wiesbaden, au début du XX^e s. Excellent expressionniste, grand ami de Kandinsky, il fut qualifié de « peintre des icônes du XX^e s ». À la fin de sa vie, il a surtout travaillé sur des séries de visages, symbole selon lui de la forme d'expression la plus universelle. À noter, le beau travail de recherche sur la couleur. Voir le très beau *Nikita* (1910). Belles collections de dessins. Présente également quelques Beckmann, Kirchner et Schmitt-Rottluff. À côté de cette collection permanente, le musée consacre la majeure partie de son espace à des expos temporaires.

**Kurhaus und Casino** (plan B2) : *Kurhausplatz 1. ☎ 172-91-00. • wiesbaden.de • Foyer ouv 24h/24 ; casino tlj 12h-4h. Entrée : 2,50 €.* Édifice emblématique de Wiesbaden, la Kurhaus fut construite au début du XX^e s, dans un style néoclassique assez rigide. En grande partie détruit par les bombardements de février 1945, il a été restauré plusieurs fois. Jetez un petit coup d'œil à l'intérieur grandiose et admirez la coupole du ***foyer*** (21 m de haut) avec ses médaillons de mosaïque et sa couronne de bas-reliefs représentant des danseuses ; le tout éclairé par une verrière. Les quatre statues de style antique représentent Athéna, Irène (déesse de la Paix) avec Pluton enfant, Apollon et Esculape. Malheureusement, le reste du bâtiment n'est accessible qu'aux joueurs du casino. On dit que *Dostoïevski* se laissait prendre parfois ici par la folie du jeu, ce qui lui aurait inspiré son célèbre roman *Le Joueur...*

– Derrière la Kurhaus s'étend le ***Kurpark*** *(parc des curistes),* charmant parc tout en longueur où l'on se promène sous de beaux arbres. Des concerts en plein air y ont lieu en été. Les deux rues ***Sonnenbergstr*** et ***Parkstr,*** qui entourent le parc, sont bordées de magnifiques villas qui méritent absolument la promenade.

**Kochbrunnen** (plan B1) : *Kochbrunnenplatz, à côté de la Taunusstr.* Cette fontaine est la réunion de 15 sources. Riche en fer, elle atteint une température de 66 °C. Délivre 346 l d'eau par minute. Vous pouvez la boire (si le goût un peu salé ne vous rebute pas), il paraît que c'est très bon pour l'estomac. L'hiver, elle dégage de la vapeur. Impressionnant ! Voir aussi la jolie ***Bäckerbrunnen*** *(plan A2,* ***23****), Grabenstr 28.*

**Cinéma Caligari** *(plan B2) : Marktplatz 9. ☎ 31-50-50. • wiesbaden.de/caligari • Entrée : 6 € ; réduc. Derrière l'église de Marktplatz.* Superbe salle de cinéma des années 1930, où sont projetés des films rares tirés des archives cinématographiques, ou bien des classiques de l'histoire du cinéma ; le tout en v.o. Faites-vous une toile ou jetez juste un coup d'œil à la beauté du lieu.

**Kaiser Friedrich Bad** *(plan A2) : Langgasse 38-40. ☎ 31-70-60. • wiesbaden.de/kft • Tlj 10h-22h (minuit ven-sam, sept-avr slt). Ouv mar pour les femmes slt. Entrée (1-5h) : 4,50-6 €. À partir de 16 ans. Port du maillot de bain interdit mais juste autorisé dans la piscine. Pensez à apporter votre serviette de bains.* Construits en 1913, voici de beaux bains romains-irlandais, modernisés tout en ayant conservé un superbe style Art nouveau allemand. On peut y prendre un bain dans une eau thermale à 66 °C. Vous découvrirez les différents saunas, *sanarium, tepidarium* et bains à bulles dans une atmosphère de relaxation intense. L'expérience vaut vraiment le déplacement !

**Opelbad** *(hors plan par A1) : Am Neroberg. ☎ 174-649-90. • wiesbaden.de • Accès : bus n° 1 jusqu'au terminus, puis le funiculaire Nerobergbahn (voir plus bas). Mai-sept 7h-20h. Entrée : 8,20 € ; réduc.* Imaginez-vous volant au-dessus des toits de Wiesbaden ! Ouverte en 1934, cette piscine historique du plus pur style Bauhaus possède un bassin extérieur unique en son genre. Vue imprenable sur la ville garantie. Près de 14 500 m³, une eau à 24 °C en permanence surveillée par des capteurs solaires, l'endroit mérite vraiment que l'on s'y mouille !

**Russische Kirche** *(église russe ; hors plan par A1) : Christian-Spielmann-Weg 1. ☎ 959-09-94. • roc-wiesbaden.de • Sur une colline dominant la ville, à 4 km au nord. Accès : bus n° 1 jusqu'au terminus, puis le funiculaire Nerobergbahn (voir ci-dessous). Tlj : janv-mars 10h-16h, avr 10h-17h, mai-oct 10h (12h30 dim)-18h (16h45 sam). Entrée : 2 €.* Dédiée à Sainte-Élisabeth et toujours en activité, cette magnifique église orthodoxe du milieu du XIXe s, en forme de croix grecque, se veut être la reproduction miniature de la cathédrale de Moscou ! Elle se caractérise par ses cinq bulbes dorés de style russe byzantin. Les présidents *Gorbatchev, Eltsine* et *Poutine* en furent les derniers hôtes russes de marque... Remarquez la porte d'accès principale qui est close : elle ne pourra en effet être rouverte que devant le prochain tsar russe. On risque d'attendre longtemps !

**Nerobergbahn** *(chemin de fer du Neroberg ; hors plan par A1) : gare à l'angle de Wilhelminenstr et Wolkenbruck. ☎ 450-224-50. • nerobergbahn.de • Tlj avr-oct, 12h (10h w-e)-19h. Départs ttes les 15 mn. Billet A/R : 3,30 € ; réduc.* Construit en 1888 pour monter à l'assaut de la colline de Neroberg, d'où la vue sur la ville est magnifique, le Nerobergbahn demeure un brillant témoignage de l'ingéniosité technique de l'époque. En effet, montée et descente se font par la force hydraulique. Rempli à son arrivée au sommet de 7 000 l d'eau, le wagon descendant tire le wagon montant par un câble d'acier. Lorsque la voiture arrive en bas, elle se vide de son eau qui est alors refoulée vers le sommet. Écolo avant l'heure ! S'il fait beau, on peut descendre à pied sur Wiesbaden à travers la campagne (prévoir de bonnes chaussures).

## Fête et festival

– **Festival de Théâtre :** *tt le mois de mai.* C'est l'occasion d'admirer le superbe foyer baroque du XIXe s.
– **Fête des Vins :** *dès le 2e sam d'août, pdt 10 j. sur la Marktplatz.*



## DANS LES ENVIRONS DE WIESBADEN

**Kloster Eberbach** *(abbaye d'Eberbach) : Kloster-Eberbach-Str 1, à* **Eltville im Rheingau.** *☎ (067-23) 917-81-15. • klostereberbach.de • À 12 km au sud-ouest de Wiesbaden. Avr-oct 10h-18h ; visite guidée ven à 15h, w-e et j. fériés à 11h, 13h et*

*15h. Nov-mars 11h-17h ; visite guidée slt w-e à 14h. Fermeture caisse 30 mn avt. Entrée : 7,50 € ; réduc. Dépliant en français. Concerts réguliers (se renseigner).* Cette belle abbaye cistercienne fondée au XIe s comprend un vaste ensemble de bâtiments monastiques. Originalité : la présentation dans le réfectoire d'une belle collection de pressoirs anciens (XIIe s), témoins de l'activité viticole d'Eberbach depuis près de 800 ans. Le plus représentatif date de 1668. Le ***dormitorium,*** construit au XIIIe s, est constitué d'une salle à deux nefs d'une impressionnante longueur et mérite une attention toute particulière. On termine la visite par le musée qui retrace l'histoire de l'abbaye et de l'ordre cistercien. Amis cinéphiles, sachez également que le *dormitorium* a servi de décor pour certaines scènes d'intérieur lors du tournage du film *Le Nom de la rose* de Jean-Jacques Annaud... Vente de vin de l'abbaye (surtout du *riesling*).

***Promenades en bateau sur le Rhin :*** *avec les compagnies* ***Primus-Linie*** *(☎ 069-133-83-70. • primus-linie.de •) et* ***Köln-Düsseldorfer*** *(☎ 0221-208-83-18. • k-d.com •). Mai-oct. Proposent des croisières à la ½ journée ou à la journée au départ de Biebrich (env 10 km au sud de Wiesbaden). Billet : à partir de 12 €.*

# LA RHÉNANIE-PALATINAT

**C'est certainement autour d'un verre de vin blanc que l'on peut le mieux évoquer la Rhénanie-Palatinat *(Rheinland-Pfalz).* Ses vins doux ou secs, fruités et souvent légèrement pétillants, rappellent les pentes puissantes et majestueuses de la vallée du Rhin, les méandres tourmentés de la Moselle et la douceur des paysages du Palatinat. C'est une région qui se déguste lentement, comme un bon vin, au gré de ses villages viticoles parsemés de châteaux et de maisons à colombages.**

## ALTENAHR (53505) 1850 hab. IND. TÉL. : 02643

**Jolie bourgade au bord de la rivière Ahr et dominée de majestueux éperons rocheux dressés fièrement vers le ciel. Au sommet de l'un d'eux, les ruines d'un château du XIIe s. Charmant ! Avec ses maisons fleuries, ses montagnettes environnantes et son gentil cours d'eau, Altenahr constitue une halte sympathique, où l'on trouve également de bons bars à vins.**

### Adresse utile

***Office de tourisme :*** *Roßberg 3. ☎ 809-0. • altenahr.de • Lun-ven 8h-12h ; lun, mar et jeu 14h-16h.*

### Où dormir ?

#### Camping

***Campingplatz Altenahr :*** *à 10 mn à pied du centre, vers l'est, au bord de la rivière. ☎ 85-03. • info@camping-altenahr.de • camping-altenahr.de • Compter 16 € pour 2 pers avec tente et voiture.* Grande pelouse sans vraiment d'ombre pour planter sa tente. Agréable quand même. Resto-bar sur place.

### Prix moyens

Ce n'est pas le choix qui manque ! Toute une brochette de petites pensions le long de la ***Seilbahnstrasse*** (la rue qui mène au télésiège) pour les porte-monnaie légers, ou nombreux hôtels aux styles différents le long de la rue principale. Liste des pensions à l'office de tourisme.
De confidence en confidence, un petit hôtel de charme nous a beaucoup séduits :

***Zum Schwarzen Kreuz :*** *Brückenstr 5-7. ☎ 15-34. • info@zumschwarzenkreuz.de • zumschwarzenkreuz.de • Dans la rue principale. Fermé janv. Doubles à partir de 70 €. Possibilité de ½ pens et de pens complète. Loc de vélos. Parking.* Sa façade rose et ses colombages lui donnent un air de maison de poupées... Intérieur labyrinthique, chambres toutes différentes et très cosy ! Accueil souriant. Avec un peu de chance, vous aurez peut-être droit à un tarif préférentiel, accordé un peu à la tête du client.

## Où danser ?

♫ ***Hotel-café Lang :*** *Altenburger Str 1. ☎ 93-730. • info@hotel-lang.de •* Le soir, on y dîne et, surtout, on y danse *« mit Katja und Stephan »*. Ambiance, ambiance ! Les bords de Marne version allemande !

## À voir. À faire

Pas grand-chose, mais l'atmosphère générale de la vallée de l'Ahr est empreinte de douceur.

– ***Télésiège :*** à l'extrémité de Seilbahnstrasse, télésiège au sommet duquel on embrasse un superbe ***panorama*** sur toute la vallée de l'Ahr. Au loin, les ruines romantiques du château...

À 2 km d'Altenahr, à ***Kreuzberg,*** vue sur un joli petit ***château*** au sommet d'un éperon rocheux.

➢ ***La route d'Altenahr à Bad Münstereifel*** est un ravissement. Elle suit le dessin de la vallée. Sur le parcours, on peut apercevoir un radiotélescope géant.

# BAD MÜNSTEREIFEL (53902) 17 400 hab. IND. TÉL. : 02253

**Petit crochet en pays rhénan. À seulement 35 km au sud-ouest de Bonn, ce village fortifié au bord d'une petite rivière coulant au pied d'un mur d'enceinte du XIIIe s mérite un détour. Son centre ancien est particulièrement bien préservé, avec l'une des plus vieilles maisons d'habitation en pierre d'Allemagne, son ancienne pharmacie et ses maisons à pans de bois. Il faut prendre le temps de le visiter à pied. Une des portes des remparts ouvre sur la rue principale bordée de commerces, de cafés et de restos.**

## Adresse utile

***Office de tourisme :*** *Bahnhof, Kölner Str 13. ☎ 54-22-44. • bad-muenstereifel.de • À la gare. Lun-ven 10h-14h30.*

## Où dormir ?

### Auberge de jeunesse

**Jugendherberge Bad Muenstereifel :** *Herbergsweg 1-5. ☎ 74-38. • bad-muenstereifel@jungendherberge.de • bad-muenstereifel.jugendherberge.de • Véhicule vivement conseillé, sinon à 15 mn à pied du centre. Nuit 15,90-30,90 €/pers selon saison et chambre, petit déj compris. ½ pens et pens complète possibles. Loc de vélos.* Entouré de beaucoup de verdure, un édifice pratique mais sans charme, renfermant plus de 160 lits dispatchés dans des chambres de 1 à 8 personnes, avec sanitaires intérieurs pour certaines. Les points forts de l'AJ, ce sont les familles et le vélo, qu'on se le dise !

## À voir. À faire

**Rotes Rathaus :** *dans Heisterbacher Str, rue perpendiculaire à la rue piétonne.* Voir ce massif et charmant hôtel de ville, tout de rouge vêtu.

**L'église Sankt Chrysanthus und Daria :** *presque en face de l'hôtel de ville.* La base romane est du XIe s. Aspect assez lourd, mais bonnes proportions. Pas grand-chose à l'intérieur.
– La plus grande des maisons à pans de bois construite entre 1644 et 1664, dans la *Orchheimstrasse,* est l'une des plus belles de la région.

**Apothekenmuseum** *(musée de la Pharmacie)* **:** *Wertherstr 13. ☎ 76-31. Mar-ven 14h30-17h, w-e et j. fériés 11h-16h.* Présente une collection d'objets liés à la pharmacologie des XIXe et XXe s, dans une ancienne pharmacie de 1806.
➢ De la rue principale l'accès au ***Burg*** est aisé. Et après l'effort... le réconfort : au bout de la montée, la terrasse d'un charmant café-resto vous attend, avec, en plus, une très belle vue sur la ville.

## L'ABBAYE DE MARIA LAACH

IND. TÉL. : 02652

**Intéressante *abbatiale* très dépouillée, dont la première pierre fut posée au XIe s. Elle fut édifiée sur les plans d'une basilique romane. Sa situation au bord du *Laacher See,* beau lac de cratère de l'Eifel, l'enveloppe d'une atmosphère toute particulière. Cette église bénédictine présente en fait assez peu de particularités, si ce n'est ce curieux narthex du XIIIe s devant l'église en forme de cloître, proposant d'intéressants chapiteaux. Intérieur à trois nefs, quasi nu. Chapiteaux joliment ciselés, surtout celui du portique principal. Autel surmonté d'un baldaquin d'inspiration mauresque. Un chemin permet de faire le tour du lac (8 km). Bien agréable et serein. De nombreux concerts ont lieu dans l'abbaye.**
*– À une trentaine de km au nord de Coblence. Prendre la sortie « Mendig » ; ensuite, c'est indiqué. Lun-ven 9h-18h, sam, dim et j. fériés 10h-18h. Infos : ☎ 590. • maria-laach.de •*

## Où dormir ?

### Auberge de jeunesse

**Naturfreundehaus Laacherseehaus Jungendherberge :** *Laacher Seestr 17, à* ***Mendig-Osteifel.*** *☎ 47-77. • info@laacherseehaus.de • laacherseehaus.de • À 5 mn en voiture, avt d'arriver à Laacher See, sur la gauche en venant de Coblence. Nuit env 25 €/pers, petit déj compris. ½ pens et pens complète possibles.* Grande maison jaunâtre qui accueille tous les amis de la nature. Au choix : plus de 80 lits en chambres de 4 personnes. Cuisine disponible. Possibilité de camper à côté, sur un bel espace vert, et d'utiliser les sanitaires de la maison. Des repas sont servis à prix modiques. Terrain de beach-volley et BBQ.

## À voir

À deux pas de l'abbaye, petit ***musée de la Nature*** *(Naturkundemuseum). À 15 mn à pied, en traversant une petite forêt. • naturkundemuseum-maria-laach.de • Tlj 9h30-18h (17h nov-janv). Entrée : 4 € ; réduc.* Dioramas, terrarium avec des boas de Madagascar, des pythons et autres charmantes bestioles, animaux empaillés à l'étage (ours, loup, puma...). Assez impressionnant pour les petits et instructif pour les classes primaires. Cafétéria.

# KOBLENZ (COBLENCE)

(56068) 107 950 hab. IND. TÉL. : 0261

**Située au confluent du Rhin et de la Moselle, cette cité dynamique propose une jolie vue depuis la pointe où se rejoignent les deux fleuves. Également d'agréables balades en bateau, ainsi qu'un plaisant petit centre piéton. Essayez donc d'y venir pour le *Rhein in Flammen* en été (voir rubrique « Manifestations »), c'est magnifique.**

### UN ANCÊTRE DU ROUTARD

*En 1839, Karl Baedeker, libraire à Coblence, publia un guide de voyage sur la vallée du Rhin. Ses ouvrages remportèrent rapidement un grand succès grâce au développement du rail. Vers 1914, son concurrent* Le Guide Bleu *fit une publicité : « N'achetez pas le Baedeker, vous donneriez de l'argent à l'Allemagne. » Les armées de l'air allemande et britannique les ont d'ailleurs abondamment utilisés pour diriger leurs bombardements lors de la Seconde Guerre mondiale.*

## UN PEU D'HISTOIRE

La ville est fondée par les Romains en 20 av. J.-C. sur une position stratégique, entre deux fleuves. Elle s'appelle alors *Confluentes,* qui donnera bientôt Coblence, et son commerce est florissant. Au Ve s, la ville est conquise par les Francs, avant de tomber dans l'escarcelle des archevêques princes-électeurs de Trèves dès 1018. Puis, la cité connaît l'influence française après la Révolution, lorsque viennent s'y réfugier ses opposants, notamment les comtes d'Artois et de Provence, frères de Louis XVI, qui tentent d'entraîner les princes allemands dans la contre-révolution. Du coup, les armées de la République se portent jusqu'à la rive gauche du Rhin, et Coblence devient, jusqu'en 1815, la préfecture du département du Rhin et de la Moselle. Le congrès de Vienne l'attribue ensuite à la Prusse. Autre anecdote historique : Coblence a vu naître en 1926 l'ancien Président français Valéry Giscard d'Estaing...

## Arriver – Quitter

– ***Infos transports régionaux en train et bus :*** *• rmv.de • vrt-infos.de •*

### En train

***Hauptbahnhof*** *(gare ferroviaire centrale ; plan A2) : Bahnhofplatz 17. ☎ 0800-150-70-90 (n° vert). • bahn.de •*

➢ ***Mainz :*** 1-3 trains/h. desservant certains villages de la rive gauche du Rhin, comme ***Boppard, Bacharach*** et

***Bingen.*** Durée : 1h.
➢ ***Trier :*** 1-2 trains/h, via certains villages des berges de la Moselle, comme ***Traben-Trarbach*** et ***Cochem.*** Pour ***Bernkastel-Kues,*** il faut prendre le train jusqu'à Wittlich puis le bus. Durée : 1h30.
➢ ***Bonn :*** 2-3 trains/h. Durée : 1h25.
➢ ***Köln :*** 1-3 trains/h. Durée : 1h10.
➢ ***Wiesbaden :*** env 1 direct/h, et d'autres avec changement à *Mainz.* Durée : 1h30. Certains s'arrêtent dans les villages de la rive droite du Rhin, comme ***Braubach, Sankt-Goarshausen, Kaub, Rüdesheim.***
➢ ***Limburg an der Lahn :*** 23-35 trains/j. Durée : 1h05.
➢ ***Marburg*** (2h40) **:** nombreux trains avec changement à *Gießen.* Durée : 2h40.
➢ ***Frankfurt :*** 1-3 directs/h et d'autres avec changement à *Mainz.* Durée : 1h45.

## Adresses et infos utiles

🛈 ***Office de tourisme*** *(plan A1,* ***1****)* **:** *Zentralplatz 1. ☎ 194-33. • koblenz-touristik.de • Dans le bâtiment Forum Confluentes, triangulaire et design. Tlj 10h-18h. Également un* ***autre bureau*** *(plan B1,* ***2****) au bord du Rhin, Konrad-Adenhauer-Ufer. Ven 13h-16h, sam-dim et j. fériés 10h-16h (slt avr-oct).* Plan de la ville avec ses curiosités expliquées en français, liste des hébergements, agenda culturel, résa d'hôtels, infos routes des vins du Rhin et de la Moselle... Accueil efficace.

🚌 ***Infos bus urbains*** *(plan A1)* **:** *à la gare routière du Lörh-Center, Hohenfelders-Str. ☎ 39-20. • kevag.de • – De la gare jusqu'au centre-ville, ts les bus partent de l'arrêt D (les n^os 1, 5, 8, 9, etc.). Descendre à « Zentral-Platz » ou « Löhr-Center ».*

## Où dormir ?

### Camping

⛺ ***Camping Rhein-Mosel*** *(plan B1,* ***10****)* **:** *Schartwiesenweg 6. ☎ 827-19. • koblenz@knauscamp.de • knaus camp.de • Juste de l'autre côté du Deutsches Eck, au confluent de la Moselle et du Rhin. En voiture, passer le Balduinbrücke (panneaux). Sinon, depuis le centre, bus n° 2, arrêt « Plankenweg Süd » ; ou train (direction Köln), arrêt « Lützel » ; bateau-navette : traversée depuis le Deutches Eck. Avr-oct. Compter 23-28 € pour 2 pers avec tente et voiture selon saison.* Bel emplacement dans la verdure ombrageante, au bord de l'eau, juste en face du Deutches Eck. Non praticable en cas d'inondation.

### Auberge de jeunesse

🏠 🍴 ***Jugendherberge Koblenz*** *(hors plan par B1,* ***11****)* **:** *Festung Ehrenbreitstein. ☎ 97-28-70. • koblenz@diejugen dherbergen.de • diejugendherbergen.de • Dans une aile de la forteresse Ehrenbreitstein surplombant le Rhin, face à la ville. En voiture, du centre, prendre le Pfaffendorferbrücke, puis la direction de la forteresse. Sinon, depuis la gare, bus n° 8 ou 9 jusqu'au téléphérique* (seilbahn) *montant à la forteresse (horaires variables). Nuit 22,50-28 €/pers selon capacité, petit déj compris. ½ pens et pens complète possibles. Parking gratuit.* Ambiance grandiose et vue splendide sur Koblenz et le Rhin depuis cette aile de la forteresse. Près de 160 lits dans des chambres de 1 à 6 personnes, toutes avec sanitaires intérieurs. Jeux enfants, BBQ, ping-pong...

### Prix moyens

🏠 ***Hotel Jan Van Werth*** *(plan A2,* ***12****)* **:** *Von-Werth-Str 9. ☎ 365-00. • hotel-jan-van-werth@t-online.de • hoteljan vanwerth.de • Résa très conseillée. Doubles 53-66 € selon confort, petit déj inclus. Parking payant.* 📶 À 5 mn à pied du centre historique, hôtel familial donnant sur une impasse tranquille,

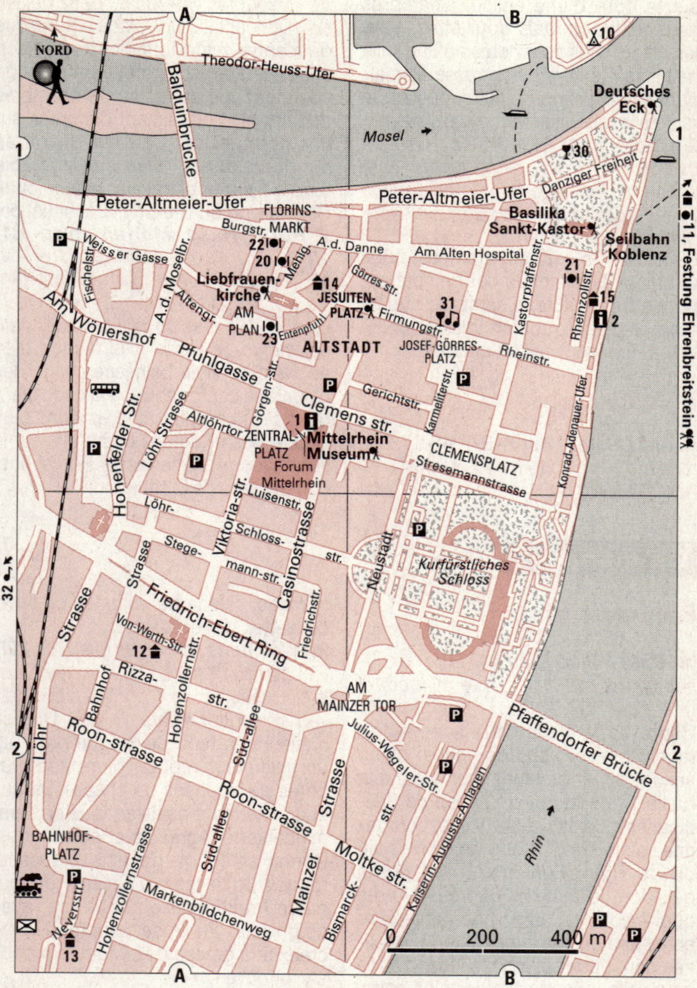


## KOBLENZ

**Adresses utiles**

- 1 Office de tourisme principal
- 2 Office de tourisme quai du Rhin

**Où dormir ?**

- 10 Camping Rhein-Mosel
- 11 Jugendherberge Koblenz
- 12 Hotel Jan Van Werth
- 13 GHotel
- 14 Aran Hotel
- 15 Hotel Haus Morjan

**Où manger ?**

- 20 Café Miljöö
- 21 Winninger Weinstuben
- 22 Weinhaus Hubertus
- 23 Wirtshaus Alt Coblenz

**Où boire un verre ? Où sortir ?**

- 30 Königsbacher Biergarten
- 31 Palais Café
- 32 Café Hahn

sur le côté d'une église. Chambres sans fioritures mais douillettes, dont les plus chères sont dotées d'une salle de bains. Gentil jardin-terrasse. Remarquez la collection de vieux postes de radio à la réception. Accueil obligeant.

**GHotel** (plan A2, **13**) : *Neversstr 15. ☎ 200-24-50. • koblenz@ghotel.de • ghotel.de • Face à la gare centrale, à 15 mn à pied du centre historique. Doubles 90-120 € selon saison, petit déj inclus.* On est séduit par cet hôtel moderne, affichant un design contemporain bien affûté. Chambres sobres mais élégantes, confortables et douillettes. Très bon rapport qualité-prix.

### Plus chic

**Aran Hotel** (plan A-B1, **14**) : *Jesuitenplatz 1-3. ☎ 20-16-40. • info@aranhotel-koblenz.de • aranhotel-koblenz.de • Doubles 85-105 €, petit déj en sus.* Donnant sur une place pittoresque du centre historique, cette maison ancienne à arcades abrite un hôtel de charme d'une quinzaine de chambres confortables et joliment décorées sur une note design. Café gourmand au rez-de-chaussée avec son agréable terrasse sur la place aux beaux jours. Bon rapport qualité-prix vu la situation.

**Hotel Haus Morjan** (plan B1, **15**) : *Konrad-Adenauer-Ufer 14. ☎ 30-42-90. • info@hotel-morjan.de • hotel-morjan.de • Doubles 90-105 € selon taille et vue, petit déj inclus.* Cette jolie façade bleu et blanc de style balnéaire cache des chambres confortables, à la déco standardisée. Les plus chères sont plus spacieuses et dotées d'une vue sur le Rhin avec petite terrasse. Pas si cher compte tenu de la situation.

## Où manger ?

### Bon marché

**Café Miljöö** (plan A1, **20**) : *Gemüsegasse 8. ☎ 142-37. • miljoeoe@gmx.de • Tlj 9h-1h. Plats 6-10 €.* Cadre cosy chaleureux avec éclairages tamisés, photos noir et blanc aux murs, et quelques tables dans la ruelle. Côté fourneaux, voici de délicieuses poêlées, que l'on accompagne volontiers d'un bon vin de Moselle ou du Rhin. Également des petits déj, dont le fameux « Après ». Après quoi ? Vous en aurez une petite idée en regardant sa composition... déclinée pour deux personnes ! Piano dans un coin qui se réveille certains soirs. On aime !

### Prix moyens

**Winninger Weinstuben** (plan B1, **21**) : *Rheinzollstr 2. ☎ 387-07. • info@winninger-weinstuben.de • Tlj sf lun 12h-minuit. Plats 6-12 €.* Terrasse avec vue pour ce bar à vins où s'étalent de larges tables au bord du Rhin. Et pour accompagner les bons petits vins de pays, voici des assiettes copieuses : charcuterie, *Flammenkuschen,* fromage, salade de pommes de terre, omelette... On est séduit.

**Weinhaus Hubertus** (plan A1, **22**) : *Florinsmarkt 6. ☎ 311-77. • weinhaus-hebertus@web.de • Tlj 15h-minuit (12h ven sam dim). Plats 7-20 €.* Un lieu chaleureux, tenu de longue date par un viticulteur réputé. Murs sombres ornés de trophées de chasse, vitraux et un charmant poêle antique en céramique verte. Agréable et authentique. Bonne sélection de vins blancs et rouges de la région. Cuisine germanique traditionnelle plutôt fine, avec du poisson. En fin de compte, du petit creux à la grosse dalle, tout le monde s'y retrouve !

**Wirtshaus Alt Coblenz** (plan A1, **23**) : *Am Plan 13. ☎ 16-06-56. • marianne.wilbert@gmx.de • Tlj dès 12h (16h lun). Plats 10-24 €.* Au coin de la place, c'est une vielle maison décorée façon lounge campagnarde, et flanquée d'une charmante terrasse toujours bondée en été. Cuisine allemande soignée. On se régale des viandes, poissons, salades, *Flammenkuschen,* etc., arrosés de vins du Rhin. Une adresse plébiscitée par les gens du cru, mais assez touristique quand même.

## Où boire un verre ? Où sortir ?

**Königsbacher Biergarten** (*plan B1, **30***) : *Danziger Freiheit 2. ☎ 914-23-23. • info@koenigsbacher-biergarten.de • Tlj avr-oct 11h-2h.* Planté sur le Deutsches Eck, juste devant la Moselle, un *Biergarten* très plaisant pour siroter vins et bières, en regardant le soleil se coucher sur les péniches. On peut aussi y casser une graine.

**Palais Café** (*plan B1, **31***) : *Firmungstr 2 ☎ 92-13-99-20. • palais-koblenz.de • Jeu-sam 23h-4h.* Superbe café-resto Art nouveau avec grande hauteur de plafond, rideaux bouffants et mezzanine qui rappellent un peu l'architecture d'un théâtre. Terrasse extérieure pour profiter du moindre rayon de soleil. Boîte de nuit en sous-sol. Fait aussi resto.

**Café Hahn** (*hors plan par A2, **32***) : *Neustr 15. ☎ 423-02. • info@cafehahn.de • cafehahn.de • Dans le quartier de Güls, au sud-ouest du centre. En voiture, direction Cochem puis Güls. Sinon bus n° 3. Pour rentrer, service de taxi pas cher. Entrée : 15-30 € selon les groupes.* Le lieu alternatif de Koblenz ! Une salle de concert à la programmation éclectique et de qualité. Il y en a pour tous les goûts : du hip-hop au rock en passant par le jazz, le blues et le punk.

## À voir. À faire

**Festung Ehrenbreitstein** (*forteresse d'Ehrenbreitstein ; hors plan par B1*) : *Greiffenklaustr. ☎ 667-540-00. • festungehrenbreitstein.de • Rive droite du Rhin, sur la falaise. Accès facile par le téléphérique* (seilbahn). *Avr-oct 10h-18h (17h nov-mars). Entrée : 6 €, billet combiné avec le téléphérique : env 12 € ; réduc. Brochure en français. Audioguide en français : 2 €. Visite guidée payante en français sur résa.* L'un des sites à ne pas manquer à Coblence ! Bâtie entre 1817 et 1832 sur les ruines d'un fort démoli en 1801 par les Français, c'est la seconde plus grande forteresse d'Europe, après Gibraltar. Cette construction imposante offre de nombreuses possibilités : visite des fortifications ; visite du *Landesmuseum Koblenz,* qui traite de l'histoire économique et technique de la région ; panorama avec vue imprenable sur les deux fleuves qui se rejoignent, la ville et les collines environnantes. Resto-bar sur place.

**Deutsches Eck** (*plan B1*) : au confluent du Rhin et de la Moselle, la pointe a été aménagée à la fin du XIXe s. Vue impressionnante sur les deux cours d'eau, ainsi que sur la ville, avec les flèches des églises côté Moselle. Au centre de la place trône l'imposante statue de Guillaume Ier qui a uni l'Allemagne après la guerre de 1871. Sur l'autre rive du Rhin, la forteresse d'Ehrenbreitstein domine au sommet de la falaise.

**Basilika Sankt-Kastor** (*basilique Saint-Castor ; plan B1*) : *Kastorhof 8. ☎ 314-46. • sankt-kastor-koblenz.de • Tlj 9h-12h (18h ven-dim).* Inaugurée en 836, cette église romane abrita les négociations du traité de Verdun établissant le partage de l'empire de Charlemagne entre ses fils, en 843. Mais l'église sous sa forme actuelle date de la fin du XIIe s, recevant notamment des voûtes gothiques. Elle fut restaurée après les bombardements de la Seconde Guerre. Architecturalement, l'intérieur ne vaut que par la nef à clefs de voûte colorées. Dans le chœur, deux tombeaux d'archevêques. Dans le croisillon droit, 16 panneaux peints sur bois où apparaît Saint-Castor (missionnaire qui a évangélisé les bords de la Moselle au IVe s). À noter, un des pouces du célèbre sculpteur français César, posé là, dans la cour du *Ludwigsmuseum,* attenante au jardin.

**Mittelrhein Museum** (*musée de la Vallée moyenne du Rhin ; plan A1*) : *Zentralplatz 1. ☎ 129-25-20. • mittelrhein-museum.de • Dans le bâtiment Forum Confluentes, triangulaire et design. Tlj sf lun 10h-18h. Entrée : 6 € ; réduc. Expos temporaires en sus.* Récemment ouvert dans ce grand bâtiment design, on y croise des sculptures religieuses sur bois des XIVe et XVIIIe s, d'artistes des environs du Rhin. Nombreuses toiles de Januarius Zick, peintre de la cour des princes-électeurs de Trèves au XVIIIe s, l'un des plus fameux de la région et de son époque. Également des peintures hollandaises et flamandes qui constituent la collection de base du musée, avec notamment des œuvres de Jan Bruegel l'Ancien.

***Jesuitenplatz*** *(place des Jésuites ; plan A-B1)* **:** *dans le centre historique.* Sur cette place pittoresque, on trouve le *Rathaus (hôtel de ville),* ancienne bâtisse du XVIIe s. Passer sous la voûte : sur la droite, une fontaine sympa comme tout où trône un gavroche local. Il s'appelle le *Schängelbrunnen* et symbolise l'humour des habitants de Coblence. Admirez le vert de ses yeux, sans pareil... mais attention si vous approchez trop !

***Balade dans la vieille ville*** *(Altstadt, plan A1)* **:** autour de ***Liebfrauenkirsche*** *(église Notre-Dame),* partez explorer ce qui reste des anciennes maisons dans les ruelles. Tout a été rénové avec goût. Placettes agréables, terrasses de cafés, rues piétonnes... à vous de flâner. À l'angle de ***Marktstrasse*** et ***Altengraben,*** jolies maisons à échauguettes sculptées et maisons à colombages entièrement restaurées.

***Promenades en bateau sur le Rhin :*** au bord du Rhin, tout le long du *Deutsches Eck (plan B1),* plusieurs compagnies proposent des tours de 1h, 2h et même une journée. L'été, départs en continu quand il fait beau.

– ***Seilbahn Koblenz*** *(téléphérique ; plan B1)* **:** *relie Konrad-Adenauer-Ufer à la forteresse d'Ehrenbreitstein. • seilbahn-koblenz.de • Avr-oct, tlj 12h-18h30 (juin-sept, jeu-sam 10h-22h). Horaires réduits hors saison. Billet A/R : 9 €, billet combiné avec la visite de la forteresse d'Ehrenbreitstein : env 12 € ; réduc.* Construit en 2011, il mesure 800 m de long et s'envole à 120 m au dessus du Rhin. Vue superbe depuis les cabines !

## Manifestations

– ***Internationales Gaukler und Kleinkunstfestival :*** *un w-e fin juil-début août. Infos sur • gauklerfest-koblenz.de •* Festival de théâtre de rue.
– ***Rhein in Flammen*** *(Rhin en flammes)* **:** *le 2e sam d'août. Infos sur • rhein-in-flammen.de •* Festival haut en couleur avec parades et feux d'artifice qui fêtera ses 60 ans en 2015. Plusieurs feux d'artifice sont tirés entre Spay et Coblence, le dernier a lieu sur les hauteurs de la forteresse d'Ehrenbreitstein.

# DANS LES ENVIRONS DE COBLENCE

***Burg Eltz*** *(château d'Eltz)* **:** *Burg-Elz-Str 1, à* ***Münstermaifeld.*** *☎ 95-05-00. • burg-eltz.de • À env 30 km au sud-ouest de Coblence. Accès en train : arrêt « Moselkern ». Compter 1h de montée à pied depuis le parking de Moselkern, ou bien 20 mn depuis celui de Wierschen. Avr-oct, 9h30-17h30. Entrée : 9 € ; réduc. Visites guidées en allemand et en anglais.* Un des joyaux de la vallée de la Moselle, qui campe fièrement sur son rocher. Situé sur une rive de la basse Eltz, ce château en pierre et brique chapeauté de tourelles à colombages offre un spectacle saisissant. Il demeure encore la propriété de l'une des familles qui constituaient les trois branches de la dynastie des Eltz. Plusieurs salles sont ouvertes à la visite : la salle de réception, devenue, au XIXe s, une salle d'armes ; la salle de séjour des Rübenach, notable pour sa *Madone à la grappe de raisin* (peinture sur panneau de bois) ; la chambre à coucher des Rübenach avec sa petite chapelle gothique « sur le tard », à la construction osée, et son lit surélevé pour conserver la chaleur ; ou encore la cuisine ou la salle de chasse avec sa superbe table en noyer (marqueterie du XVIIIe s).

***Mayen :*** *à env 30 km à l'ouest de Coblence.* En grande partie reconstruite après la Seconde Guerre, Mayen propose un agréable petit centre piéton, quelques vestiges de fortifications et son château du nom de *Genovevaburg.*

– N'y ratez pas l'***Eifelmuseum*** : *dans le château Genovevaburg, dominant la ville. ☎ 49-85-08. • mayenzeit.de • De mi-fév à oct, tlj sf lun 10h-17h. Entrée : 6 € ; réduc. Dépliant en français. Visite guidée en français w-e (se renseigner).* Ce vieux château du XIIIe s, détruit au XIXe et rebâti dans le style Renaissance, abrite un intéressant musée. D'abord, ***au sous-sol,*** on explore les souterrains du château, où le travail dans les anciennes mines d'ardoise au XIXe s est mis en scène. ***Au 1er étage,*** une section environnement présente des collections de pierres, d'ossements et d'animaux empaillés provenant du massif de l'Eifel. ***Au 2e étage*** sont reconstitués des habitats et ateliers du XIXe s, à grand renfort d'objets du quotidien, d'outils, de vêtements. Artisanat et mode de vie. Prendre ensuite l'escalier en pierre vers le ***donjon*** *(Goloturm)* et ses cachots. De là, belle vue sur le massif de l'Eifel et les remparts de la ville. Puis, la visite se poursuit par un assortiment de statues religieuses en bois polychromes, gravures, mobilier, armes anciennes... Jolie maquette de la ville en 1800. À noter, de fin mai à mi-août, le ***Burgfestspiele,*** festival de danse, musique, théâtre dans la cour du château.

**Schloss Bürresheim** (château de Bürresheim) **:** *à 5 km au nord-ouest de Mayen. ☎ 764-40. • mayenzeit.de • Fermé en déc. Tlj 9h-17h (18h avr-sept). Entrée : 4 € ; réduc. Visites guidées en allemand slt (durée : 45 mn).* Le château a subi d'incessantes transformations au cours des siècles. On longe d'abord un jardin à la française avant de passer sous un porche médiéval et d'accéder enfin au château. Celui-ci fut habité encore très récemment, ce qui donne la sympathique impression d'être reçu en invité. À l'intérieur, profusion de mobilier de style. Pièces en enfilade, toutes richement meublées. Les pendules sont à l'heure et on peut admirer une riche collection de trophées de chasse. Noter les nombreux arbres généalogiques. Les pièces sont décorées dans des styles variés, avec du mobilier accumulé au fil du temps, du Moyen Âge à la période baroque. Partout sur les murs, des portraits d'ancêtres. On voit également une jolie petite chapelle. Dommage que l'on ne puisse visiter que 12 pièces. Très beau site et halte intéressante en tout cas car on découvre 800 ans d'histoire de l'habitat.

## MAINZ (MAYENCE) (55116) 201 000 hab. IND. TÉL. : 06131

**La capitale du Land de Rhénanie-Palatinat est une cité administrative et universitaire bien vivante, dont les places et ruelles piétonnes de sa vieille ville – quartier qui échappa en grande partie aux bombardements de la Seconde Guerre – contribuent à son charme. On conseille d'y faire halte pour son exceptionnel musée Gutenberg, pour son carnaval très animé, pour sa superbe cathédrale, ou enfin pour les vitraux de l'église Saint-Étienne signés Chagall. Mayence est aussi un point de départ idéal pour explorer la vallée du Rhin. C'est aussi la première ville d'Allemagne pour le commerce du vin, à l'instar de Bordeaux en France.**

### L'ŒIL DE DIEU

*En concevant l'imprimerie à caractères mobiles, Gutenberg ne se rendait pas compte de l'impact de son invention. Il publia la première Bible en 1455. Les imprimeries essaimèrent dans toute l'Europe, en éditant des ouvrages pas toujours très catholiques. Voilà pourquoi, dès 1501, le Vatican instaura l'imprimatur afin de contrôler la diffusion des idées. Toute publication devait recevoir l'autorisation de l'évêque qui y apposait son tampon : sans lui, pas d'impression ! Cette censure dura des siècles.*

LA RHÉNANIE-PALATINAT

***Important :*** les plaques de rues sont bleues quand elles sont parallèles au Rhin, et rouge lorsqu'elles lui sont perpendiculaires.

## Arriver – Quitter

– ***Infos transports régionaux en train et bus :*** • *rmv.de* •

### En train

**Hauptbahnhof** *(gare ferroviaire centrale ; plan A2) : Bahnhofplatz.* ☎ *0800-150-70-90 (n° vert).* • *bahn.de* •

➢ ***Wiesbaden :*** 2-3 trains/j. Durée : 15 mn.

➢ ***Koblenz :*** 1-3 trains/h. desservant certains villages des berges du Rhin, comme ***Boppard, Bacharach*** et ***Bingen.*** Durée : 1h.

➢ ***Frankfurt :*** 2-3 trains/h. Durée : 40 mn.

➢ ***Speyer :*** env 7 directs/j ; ou plus nombreux avec changement à *Mannheim.* Durée : 1h.

## Adresses utiles

**Office de tourisme** *(plan D2) : Brückenturn, Rheinstr 55.* ☎ *24-28-88.* • *touristik-mainz.de* • *Entrée par un petit escalier depuis la Rheinstr. Lun-ven 9h-17h, sam 10h-16h.* Plan de la ville en français très complet, avec ses monuments, infos pratiques, historiques... Agenda culturel, info route des vins, résas d'hôtels, liste des chambres chez l'habitant, etc., et vend l'intéressante *Mainz Card Plus.* Accueil compétent et sympa.

– ***Mainz Card Plus :*** *valable 48h, pour env 10 € ; également une carte groupe (2-5 pers) à 25 €, avantageuse si vous voyagez en famille.* En plus de l'accès gratuit aux transports en commun (y compris jusqu'à Wiesbaden), elle offre l'accès libre aux musées de la ville et de belles réductions sur les croisières sur le Rhin, places de spectacles, restos...

**Location de vélos** *(plan A2,* ***1****) : chez* ***Mainzer Rad Verleih,*** *Binger Str 19.* ☎ *336-12-25. Au parking Cityport, près de la gare. Avr-oct, tlj sf dim 8h-19h30 (16h sam). Résas à l'avance. Env 9 €/j.*

– ***Marché*** *(plan C-D2) : mar, ven et sam 8h-13h, sur Marktplatz et Liebfrauenplatz. Sam, les viticulteurs y sont présents et offrent des dégustations.*

## Où dormir ?

***Important :*** hormis le camping, l'AJ et quelques hôtels, Mayence compte aussi une multitude de *Gästehaus (50-90 € la double)* dans les environs (liste à l'office de tourisme).

### Camping

***Camping Maaraue*** *(hors plan par D1,* ***10****) : Maaraustr 48.* ☎ *(06134) 25-75-922.* • *camping@camping-maaraue.de* • *campingplatz-maaraue.de* • *De l'autre côté du Rhin, dans le quartier de Kostheim. De la gare, bus n° 10 ou 19, arrêt après Brückenkopf ; puis 10 mn à pied. De fin mars à oct. Compter env 15 € pour 2 pers avec tente et voiture.* Au bord du Rhin, dans un grand parc ombragé charmant et calme, avec jolie vue sur Mayence. Vraiment bien aménagé, avec sanitaires impeccables. Piscine à 300 m, resto et *Biergarten* sur place.

### Auberge de jeunesse

***Jugendherberge Mainz*** *(hors plan par D3,* ***11****) : Otto-Brunfels-Schneise 4.* ☎ *853-32.* • *mainz@diejugendherbergen.de* • *diejugendherbergen.de* • *Au sud-est du centre. De la gare, bus n° 62, 63 ou 92 direction Weisenau, arrêt « Haltestelle Am Viktorstift », puis 3 mn à pied. Nuit 22,50-28 €/pers selon capacité de la chambre, petit déj compris. ½ pens et pens complète possibles. Parking gratuit.* Dans un cadre verdoyant paisible, ce grand bâtiment fonctionnel moderne renferme plus de 170 lits répartis dans des chambres de 1, 2, 4 et 6 personnes ; toutes avec sanitaires privés. Resto, BBQ, jeux enfants, terrains de sports, et grand parc juste en face.

### De prix moyens à chic

**Hotel Hof Ehrenfels** *(plan C3, **12**) : Grebenstr 5-7. ☎ 971-23-40. • info@hof-ehrenfels.de • hof-ehrenfels.de • Doubles 90-100 € selon j. de la sem, petit déj inclus.* Dans une ruelle calme au cœur du vieux centre de Mayence, cette belle façade classique cache une vingtaine de chambres plutôt petites et sans charme particulier, mais confortables et nickel. Jolie cour à l'arrière. Resto sur place. Accueil sympa.

**Ibis Hotel** *(plan D3, **13**) : Holzhofstr 2, ☎ 24-70. • h1084@accor.com • ibishotel.com • Doubles 59-111 € selon période, petit déj compris.* On recommande peu d'hôtels de chaîne, mais celui-ci a l'avantage d'être situé à la limite de la vieille ville et à deux pas du Rhin et de ses *Biergarten* d'été. Chambres agréables, pourvues d'un confort standard correct et d'une petite déco contemporaine. Bon rapport qualité-prix.



## Où manger ? Où boire un verre ?

### De bon marché à prix moyens

**Eisgrub-Braü** *(plan C3, **20**) : Weissliliengasse 1a. ☎ 22-11-04. Tlj 11h30 (9h sam-dim)-minuit (1h ven-sam). Plats 8-12 €.* Ancienne glacière du Moyen Âge. Depuis, la glace a fondu pour laisser place à... une délicieuse bière maison ! Véritable institution mayençaise, où tout le monde se retrouve sous les voûtes blanches, tous âges mélangés, devant des spécialités allemandes soignées. Également bien pour boire une bière maison dans une ambiance sympa. Terrasse aux beaux jours.

**Weinhaus zum Beichtstuhl** *(plan D3, **21**) : Kapuzinerstr 30. ☎ 23-31-20. Tlj dès 16h. Plats 5-16 €.* *Weinstube* sympa aux murs recouverts de bois sombre provenant d'anciens confessionnaux. Grand choix de vins régionaux, que l'on accompagne volontiers de « cale-creux » ou de petits plats du jour inventifs et pleins de goût.

**Al Cortile** *(plan C3, **22**) : Kartäuserstr 14. ☎ 61-78-78. • mail@alcortile.de • Tlj 11h45-15h, 18h-0h. Plats 6-21 €.* Belle grande salle contemporaine flanquée d'une terrasse ouverte sur l'arrière. Ce vrai resto italien sert d'excellentes pâtes, pizzas, salades, mais aussi quelques spécialités régionales plus élaborées et plus chères aussi. Une adresse avec laquelle il faut compter.

**Weinhaus Bluhm** *(plan C3, **23**) : Badergasse 1. ☎ 22-83-54. Tlj sf dim-lun 16h (13h sam)-1h.* Belle maison à colombages renfermant une salle basse de plafond avec des tables en bois où se retrouvent les habitués du quartier dans une ambiance bonne enfant. Ardoise listant les vins régionaux au verre. Gentille terrasse sur les pavés de la ruelle aux beaux jours.

### De prix moyens à chic

**Zur Kanzel** *(plan C3, **24**) : Grebenstr 4. ☎ 23-71-37. • restaurant@zurkanzel.de • Tlj sf dim 17h (12h sam)-1h. Plats 9-19 €.* Élégant et chaleureux resto avec son lot de colombages, une dose de campagne et un chouia d'Art déco. La carte fait la part belle aux délicieuses viandes, mitonnées selon des recettes germano-internationalisantes. Bon accueil et service *presto.*

**Heiliggeist** *(plan D2, **25**) : Mailandsgasse 11. ☎ 22-57-57. • reservierung@heiliggeist-mainz.de • Tlj 16h-1h (9h-2h w-e). Plats 7-23 €. CB refusées.* Un cadre étonnant. Cet ancien hôpital du XIIIe s fut un arsenal avant de devenir un resto en 1863, flanqué d'une agréable terrasse verdoyante. Carte à dimension variable, proposant salades, tartines gratinées, mais aussi quelques viandes plus chères.

■ **Adresses utiles**

- i Office de tourisme
- 1 Mainzer Rad Verleih (location de vélos)

**Où dormir ?**

- 10 Camping Maaraue
- 11 Jugendherberge Mainz
- 12 Hotel Hof Ehrenfels
- 13 Ibis Hotel

**Où manger ? Où boire un verre ?**

- 20 Eisgrub-Braü
- 21 Weinhaus zum Beichtstuhl
- 22 Al Cortile
- 23 Weinhaus Bluhm
- 24 Zur Kanzel
- 25 Heiliggeist

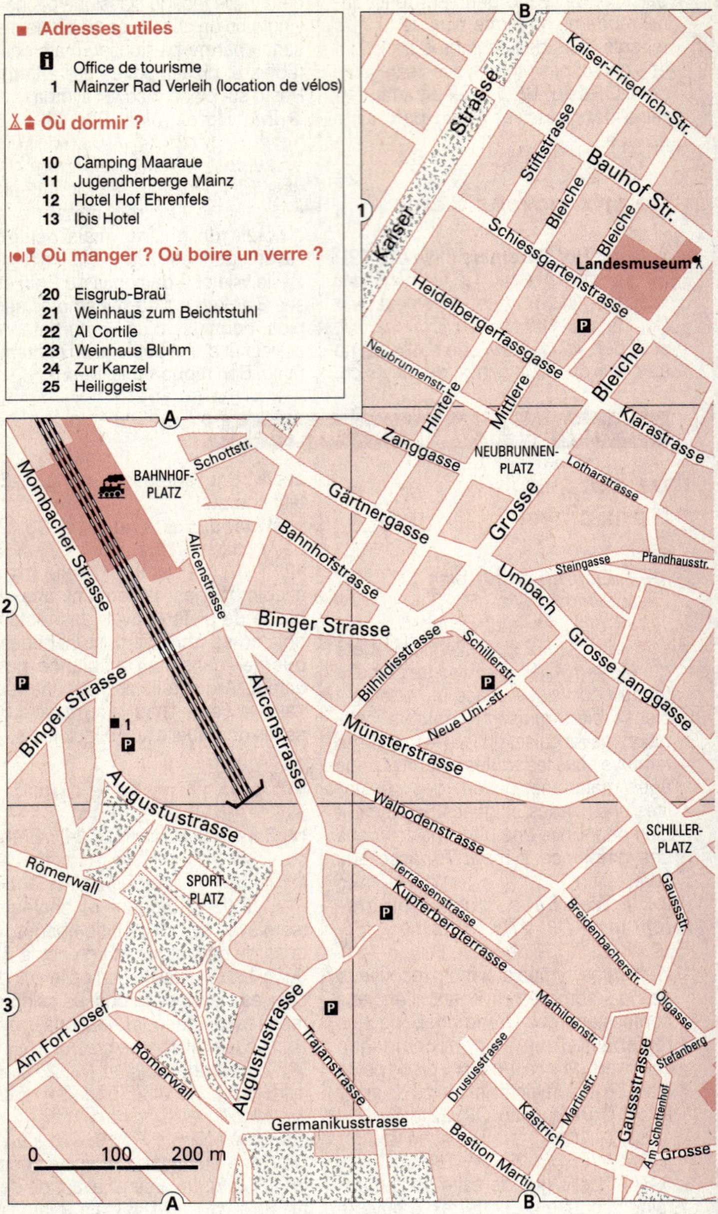

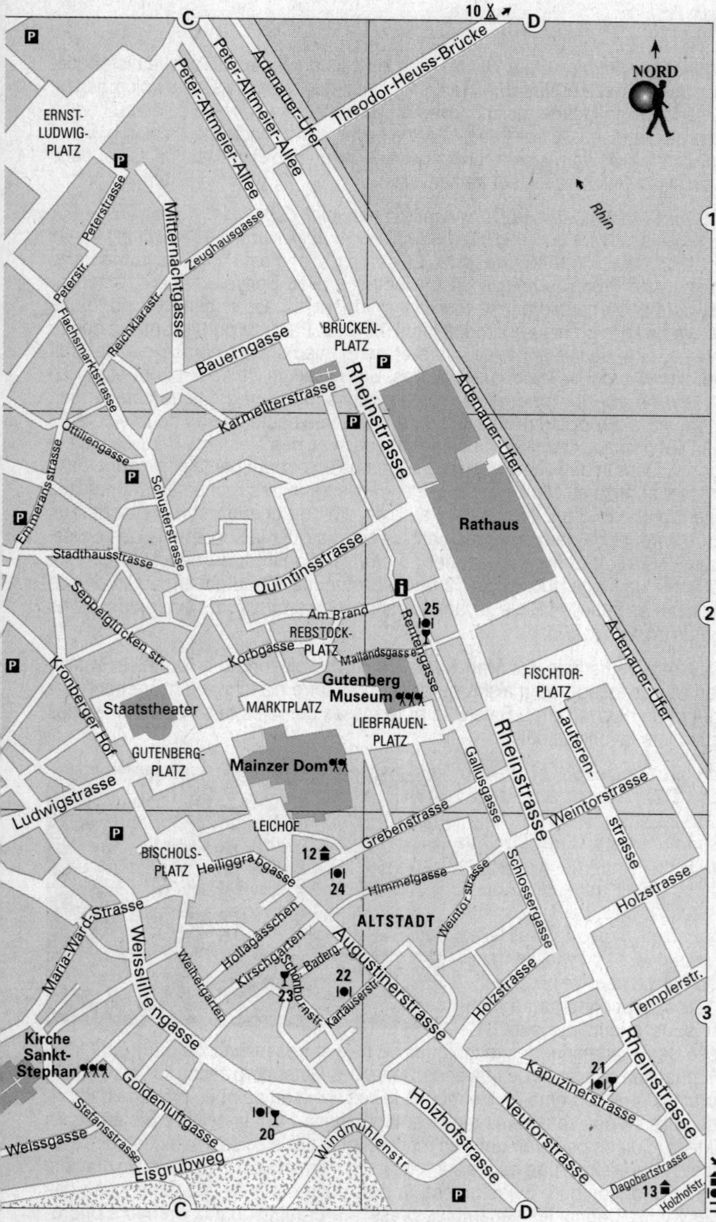


MAINZ (MAYENCE)

## À voir

*La vieille ville (plan C-D2-3)* : les rues les plus agréables du centre historique, ***Augustinerstrasse*** et ***Kirschgarten,*** proposent quelques maisons à colombages, des madones en façade, des chaussées pavées et une série de cafés où l'on se presse aux terrasses le soir venu. C'est la partie la plus ancienne de la ville. De-ci de-là, une façade vaguement rococo, une autre un rien Renaissance. C'est dans ce coin sympathique qu'il faut traîner le soir.

**Sankt Martin** *(Mainzer Dom – cathédrale ; plan C2)* : *Markt 10.* ☎ *25-34-12.* • *bistum-mainz.de* • *Lun-ven 9h-18h30 (17h nov-fév), sam 9h-16h, dim et j. fériés 13h-14h45, 16h-18h30. Entrée libre.* Édifiée au Xe s, c'est l'une des cathédrales monumentales les plus anciennes d'Allemagne avec Speyer et Trier. L'extérieur est surtout remarquable par sa tour-lanterne dont la base romane supporte une structure de style gothique-baroque tardif (XVIIIe s). Passé le portail roman à quatre colonnes, l'intérieur s'annonce vaste et harmonieux, mais écrasé par de gros piliers carrés proches les uns des autres. Sur plusieurs de ceux-ci ont été ajoutés des ***monuments funéraires*** d'archevêques, de style gothique notamment. Remarquez la ***coupole*** au-dessus du transept, très haute, et son double chœur : l'un à l'Est (roman), l'autre à l'Ouest (gothique avec des éléments Renaissance et baroque). Dans la deuxième chapelle, à gauche en entrant par la porte principale, intéressante mise au tombeau du XVe s. Plusieurs autres monuments funéraires méritent un coup d'œil. Notez celui au pied droit du chœur est représentant un évêque entouré de deux rois plus petits, pour marquer la suprématie de l'église. Le bas-côté droit permet d'accéder au ***cloître.*** Construit au début XVe s, il fut rehaussé d'un étage pour accueillir une bibliothèque où Gutenberg aurait décidé d'imprimer sa fameuse Bible... Dans le transept de droite, ***fonts baptismaux*** très élégants en bronze (XIIIe s).

Devant la cathédrale, sur ***Marktplatz*** *(plan C2),* voir surtout la ***fontaine*** Renaissance et une façade de maison baroque, une autre classique, entièrement restaurée et du plus joli effet. Bateleurs et terrasses de cafés très accueillantes dès les premiers rayons de soleil.

**Gutenberg Museum** *(plan D2)* : *Liebfrauenstr 5.* ☎ *12-25-03.* • *gutenberg-museum.de* • *Tlj sf lun 9h (11h dim)-17h. Entrée : 5 € ; réduc. Audioguide en français : 3,50 €. Ttes les heures, plusieurs ateliers : fonte des caractères d'imprimerie en plomb, le travail du compositeur et des pressiers.* Un lieu exceptionnel, à ne manquer sous aucun prétexte ! Ce musée de l'imprimerie, des techniques du livre et des inventions qui y sont liées est l'attraction principale de Mayence. Johannes Gutenberg est né ici vers 1400 et mourut en 1468. Comme tout le monde le sait, il mit au point un procédé d'imprimerie utilisant des caractères mobiles. Il publia en 1455 la célèbre Bible dite « à 42 lignes », qu'on peut voir dans ce musée. Au fil des siècles, l'évolution des procédés d'impression et de reliure sur tous les continents est présentée de manière claire et pédagogique. Évidemment, la part belle est faite aux techniques des XVe et XVIe s. Depuis les vénérables presses à bras jusqu'aux premiers photocopieurs Xerox, on suit le cheminement de l'écrit et de sa reproduction.

– ***Au 1er niveau,*** plusieurs presses typographiques à bras, et d'autres, lithographiques, ainsi que des livres anciens du XVIe au XVIIIe s, présentés par roulement pour éviter une trop longue exposition à la lumière.

### DU PRESSOIR À LA PRESSE

*Selon la légende, c'est en voyant fonctionner un pressoir à vin à Strasbourg que Gutenberg eut l'idée d'inventer le nouveau procédé d'impression qui lui permit de produire 180 Bibles en l'espace de 3 ans, alors qu'il fallait le même temps à un moine pour en recopier une seule.*

**LES INCUNABLES**

*Ce sont les premiers ouvrages fabriqués pendant les 50 premières années de l'imprimerie, jusqu'en 1500, selon le procédé de Gutenberg, quand cette technique était encore au berceau (incunabula en latin).*

- ***Au 2e niveau,*** dans une salle genre « salle des coffres », voir les exceptionnels livres du XVe s imprimés à Mayence, notamment la première Bible « à 42 lignes » de Gutenberg. Voir aussi une sorte de B.D. colorée, de toute beauté représentant l'Apocalypse. À côté, présentation des techniques d'avant la typographie, ainsi que celles de préparation des couleurs minérales, et de la fabrication du parchemin. Une autre salle fait un parallèle entre l'invention de Gutenberg et les techniques d'imprimerie mises au point à la même époque en Corée et en Chine, utilisant des caractères mobiles en bois et en métal.
- ***Au 3e niveau,*** l'histoire de l'écriture sous toutes ses formes est passée en revue. Signes japonais, papyrus égyptiens, ouvrages islamiques, etc.
- ***Au 4e niveau,*** évoque les techniques de reliure et de fabrication du papier.
- ***Au sous-sol,*** on trouve une reconstitution de l'atelier de Gutenberg, ainsi que de nombreuses machines appartenant aux techniques modernes : monotypes, linotypes, grosses rotatives, machine offset, etc.

*** ***Kirche Sankt-Stephan*** *(église Saint-Étienne ; plan B-C3)* **:** *Kleine Weißgasse 12. ☎ 23-16-40. • st-stephan-mainz.de • Tlj 10h (12h dim)-17h (16h30 nov-mars).* Assez anonyme, cette église de style gothique (XIIIe s), restaurée après la Seconde Guerre, est surtout remarquable pour ses sublimes neuf vitraux réalisés par Marc Chagall de 1973 à 1985 (six dans le cœur et trois dans le transept). Tous dans les bleus, ils constituent une interprétation poétique très libre de scènes de l'Ancien Testament. À la mort de l'artiste, c'est son maître verrier qui termina les vitraux de l'église. Sur place, magnifique petit cloître du XVe s.

* ***Landesmuseum*** *(plan B1)* **:** *Grosse Bleiche 49-51. ☎ 285-70. • landesmuseum-mainz.de • Entrée par Schiessgartenstr. Tlj sf lun 10h-17h (20h mar). Entrée : 6 € ; réduc.* Situé dans l'ancien manège à chevaux des princes-électeurs, ce musée régional présente plusieurs collections importantes. Vaste section archéologique d'antiquités romaines issues de fouilles dans la région : chapiteaux sculptés, pierres tombales, arches, ainsi que la célèbre colonne de Jupiter *(Jupiterssäule).* Plusieurs salles présentent des collections de peinture du XVIIe jusqu'au XIXe s, de qualité inégale. Porcelaine de Höchst, verrerie Jugendstil. Plus loin, section baroque assez importante : retables de bois, sculptures polychromes, toiles italiennes du XVIe s... La plus belle collection reste la partie archéologique.

## Croisières sur le Rhin

Mayence est un bon point de départ pour une balade sur le Rhin. En effet, la plus belle partie du fleuve, la plus riche en châteaux et points de vue, se situe entre Mayence et Coblence. Reportez-vous plus loin à la rubrique « Comment découvrir la vallée du Rhin ? ».

## Le carnaval

* La grande fête populaire de Mayence, c'est son carnaval qui débute tous les 11 novembre à 11h11. Durant 3 jours et 4 nuits, la ville s'anime. Des retransmissions télévisées permettent de suivre les différentes animations. Le point culminant de la fête est le *Rosenmontag* (Lundi des roses), qui donne lieu à un grand défilé déguisé dans toute la ville, rassemblant chaque année un demi-million de

personnes. Il existe même un petit *musée du Carnaval* regroupant les documents concernant cette manifestation populaire depuis ses débuts en 1837. Pour les fans...

# LA VALLÉE DU RHIN, DE MAYENCE À COBLENCE

▸ Pour la carte de la vallée du Rhin, se reporter au cahier couleur.

## LE PAYSAGE CULTUREL DE LA VALLÉE DU HAUT-RHIN MOYEN

Depuis l'ancienne ville romaine de Coblence jusqu'à Bingen et Rüdesheim, en passant par la légendaire Lorelei, la vallée fluviale du Rhin s'étend sur 65 km entre les versants escarpés où pousse la vigne dont on fait les célèbres « vins du Rhin ». Loin des usines chimiques, des cités industrielles polluantes, le Rhin, véritable épine dorsale de l'Europe, propose, le long de ses rives sinueuses, l'un des plus charmants paysages qui soient. Vignobles en étages alignés proprement, ruines de châteaux à flanc d'éperon rocheux, coteaux couverts de forêts, villages radieux et nonchalants posés au bord du fleuve, chaque méandre donne une dimension nouvelle au fleuve et pousse à la découverte.
Véritable *fleuve du destin* pour les Allemands, le Rhin a de tout temps transporté, outre des hommes de toutes les origines, des marchandises, des influences et des idées artistiques. Gens de lettres, peintres et musiciens se sont laissé inspirer par ce paysage. Nulle part ailleurs en Europe, on ne retrouve une telle densité de monuments architecturaux de tout premier ordre.
Beaucoup de légendes sont attachées à cette vallée, et elles résonnent encore des échos des chants des Nibelungen, épopée germanique du Moyen Âge qui retrace les exploits de Siegfried et le déchaînement des passions de la cour burgonde. Si le Rhin est particulièrement majestueux sur ce parcours, c'est qu'il est dompté par une gorge étroite qui lui donne sa force. Cependant, tout corseté qu'il est par des rives de béton, il peut aussi décevoir. Un conseil, ne vous limitez pas au seul Rhin. Les falaises se dressent parfois à plus de 100 m de hauteur, les eaux étranglées s'écoulent avec puissance et, du haut de la Lorelei, souffle un vent de poésie étrange. N'oubliez pas de charger *L'Or du Rhin* de Richard Wagner dans votre baladeur, et de relire les *Rhénanes* (dans *Alcools*) de Guillaume Apollinaire !

## UN PEU D'HISTOIRE

De Mayence à Coblence, le Rhin prend le chemin des écoliers, s'enfonçant dans une gorge profonde déjà exploitée par les Romains. Ces derniers ne tardèrent d'ailleurs pas à aménager les coteaux en terrasses pour planter de la vigne. Peu à peu, les bords du Rhin se couvrirent de châteaux défensifs et de demeures seigneuriales. Pas moins de 32 empereurs et rois descendirent le fleuve, voie royale vers leur couronnement. Comme sur les grands chemins, des brigands attaquaient les bateliers. On fit donc édifier des *Burgen* (châteaux forts) pour protéger les voyageurs. Mais il fallait payer un droit, auquel s'ajoutaient les impôts féodaux perçus par les princes-électeurs rhénans. Au XIIIe s, entre Bingen et Coblence, on pouvait payer jusqu'à 10 fois ! Après le XVIe s, les châteaux commencèrent

à tomber en ruine car les problèmes de sécurité n'étaient plus aussi importants et les nobles s'intéressaient à d'autres vallées.
Au XVIIIe s, la vie romantique du fleuve débuta avec le voyage de Goethe (1774). Ensuite, l'attrait pour cette région ne fit que croître, surtout au XIXe s, siècle romantique par excellence. Une vallée sans danger et de superbes châteaux ruinés donnaient toute leur majesté à ce fleuve gonflé par la légende de la Lorelei. Chaque escarpement rocheux, chaque boucle du fleuve, chaque îlot, chaque ruine recèle sa parcelle de récit merveilleux. Cette partie moyenne du Rhin *(Mittelrheintal)* a été classée au Patrimoine mondial de l'Unesco en 2002.



## Comment découvrir la vallée du Rhin ?

Ce circuit à ne pas manquer peut s'organiser de plusieurs manières. En bateau, en voiture ou à bicyclette.

### En bateau

Au départ des grandes villes comme Coblence et Cologne au nord, ou Mayence au sud, de nombreuses compagnies proposent durant l'été toutes sortes de croisières, de 1h à plusieurs jours, à la carte. Les offices de tourisme de chaque ville possèdent les brochures complètes détaillant les parcours et les prix. Voici néanmoins les coordonnées des principales compagnies :

■ ***Köln-Düsseldorfer (KD) :*** *la plus représentée sur le Rhin. Possède un bureau d'info dans chacune des villes escales. ☎ (06131) 23-28-00 à Mayence ; ☎ (06722) 38-08 à Rüdesheim ; ☎ (06721) 142-00 à Bingen ; ☎ (06743) 13-22 à Bacharach ; ☎ (06744) 229 à Oberwesel ; ☎ (06741) 16-34 à Sankt-Goar ; ☎ (06742) 22-32 à Boppard ; ☎ (02627) 356 à Braubach ; ☎ (0261) 310-30 à Coblence... • k-d.com •* Selon la destination choisie, la croisière peut être longue : on vous conseille de faire l'aller en bateau et le retour en train (ou l'inverse).

■ ***Bingen-Rüdesheimer :*** *☎ (06721) 308-08-10 à Bingen et ☎ (06721) 308-08-24 à Rüdesheimer. • bingen-ruedesheimer.com •*

■ ***Hebel-Linie :*** *Rheinallee 35, à Boppard. ☎ (06742) 24-20. • hebel-linie.de •*

### En voiture

Évidemment, c'est le moyen de locomotion qui laisse le plus de liberté. On égrène les villages au gré de son inspiration et on s'arrête où l'on veut. Pour visiter tranquillement les deux rives sans se presser, un parcours de 3 jours est l'idéal si l'on veut flâner dans les villages, faire des haltes gastronomiques et regarder passer le fleuve. Il serait dommage de se limiter car ce circuit romantique se savoure en prenant son temps.

### À vélo

Même chose qu'en voiture, mais le charme et la détente en plus. Le parcours à bicyclette n'a rien de bien difficile sur le plan physique, et les points de vue sont toujours merveilleux. Même si vous parcourez cette région d'Allemagne en voiture, vous pouvez toujours laisser votre véhicule dans une ville et louer des vélos pour cette excursion. Vous ne le regretterez pas, d'autant que c'est à la portée de tous. Et puis, n'oubliez pas que vous êtes en Allemagne ! Pas de slaloms périlleux à effectuer entre les voitures : une piste cyclable longe le fleuve. Location de vélos un peu partout sur le parcours.

### En train

🚂 Nombreux trains quotidiens – rive gauche – sur la ligne ***Mainz – Koblenz,*** desservant directement certains villages des berges du Rhin, comme ***Boppard, Bacharach*** et ***Bingen.*** Également une foule de trains quotidiens – rive droite – sur la ligne ***Neuwied – Frankfurt,*** passant notamment par ***Koblenz, Braubach, Sankt-Goarshausen, Kaub, Rüdesheim, Wiesbaden...***

## Notre parcours

Assez arbitrairement, il part de Mayence au sud et remonte vers Coblence au nord, sur la rive gauche. Puis il redescend du nord au sud par la rive droite vers Wiesbaden. Ce circuit est évidemment indicatif, et rien ne vous empêche de faire autrement, voire de zigzaguer d'une rive à l'autre. Vous noterez que sur ces 60 km, il n'y a aucun pont. Aussi, entre certains villages de part et d'autre du fleuve, des bacs réguliers transbordent-ils les voitures. En tout, une quinzaine de liaisons sur l'ensemble du circuit : elles sont fréquentes dans la journée, un peu moins en début de soirée, et s'arrêtent la nuit. On ne vous indique pas tous les villages ni toutes les ruines, mais uniquement ceux qui nous ont semblé les plus dignes d'intérêt. Vous ferez votre propre choix.

ℹ ***Office de tourisme régional*** *(Rheinessen Touristik)* **:** *Friedrich-Ebert Str 17, à* ***Ingelheim*** *(entre Bingen et Mayence).* ☎ *(06132) 44-170.* • *rheinhessen.de* • *Tlj sf w-e 9h-17h.* Infos sur toutes les curiosités (châteaux, musée...) à voir de la région, hébergements, viticulteurs, agenda culturel...
– Ou encore ***Romantischer Rhein*** : *Loreley Besucherzentrum, à* ***Sankt-Goarshausen.*** ☎ *(06771) 95-93-80.* • *romantischer-rhein.de* • Site internet en anglais très bien conçu.
Bien que la vallée soit très touristique, les prix pratiqués dans l'hôtellerie, contrairement à beaucoup d'autres villes allemandes, se révèlent raisonnables. En revanche, il convient d'organiser son voyage et de réserver les chambres longtemps à l'avance.

## Fête

– ***Rhein in Flammen :*** *mai-sept.* Ne manquez pas ce formidable festival itinérant de feux d'artifice tirés depuis un bateau navigant sur le Rhin, de Bonn à Rüdesheim, en passant par Koblenz, Oberwessel, Sankt-Goar... *Infos :* • *rhein-in-flammen.com* •

# RIVE GAUCHE (DU SUD AU NORD)

## *BINGEN* *(55411 ; ind. tél. : 06721)*

En remontant vers le nord à partir de Mayence, c'est à Bingen que l'on voit le Rhin s'engouffrer dans son étroit défilé. Le bourg se révèle assez quelconque mais paisible et dominé à 130 m d'altitude par un château, le ***Burg Klopp,*** d'où la vue est intéressante. Il fut la résidence des évêques de Mayence et détruit par les troupes de Louis XIV. À Bingen eut lieu une guerre pour les droits de péage sur le Rhin. Le château ne se visite pas (c'est la mairie !), sauf sa tour crénelée, du haut de laquelle la vue est magnifique *(avr-oct, tlj 8h-18h ; GRATUIT).*

### Adresse utile

ℹ ***Office de tourisme :*** *Rheinkai 21.* ☎ *18-42-05.* • *bingen.de* • *Tlj de 9h jusqu'à la tombée de la nuit.* Plan du village, dépliant en français, infos chambres chez l'habitant et les appartements à louer, liste des viticulteurs du coin, agenda culturel, infos loisirs verts (vélo, randonnée pédestre)...

### Où dormir ? Où manger ? Où boire un verre ?

#### Camping

***Campingplatz Hindenburgbrücke « Bauer-Schorsch » :*** *Kempter Wiesen.* ☎ *171-60.* • *bauer@bauer-schorsch.de* • *bauer-schorsch.de* • *Compter 12 € pour 2 pers avec tente et voiture.* Juste au bord du Rhin, petit camping tout simple sur une vaste pelouse plantée de quelques arbres. Sanitaires nickel. Resto-bar sur place. Accueil familial sympa.

## Prix moyens

**Hôtel Köppel :** *Kapuzinerstr 12. ☎ 14-770. • info@hotel-koeppel.de • hotel-koeppel.de • Double 88 €, petit déj compris. Plats 5-10 €. Parking payant.* En plein centre du village, petit hôtel d'une vingtaine de chambres, assez simples dans leur confort, mais coquettes et nickel. Au rez-de-chaussée sur rue, café-salon de thé concoctant de belles parts de tartes et quelques plats du jour typiques pas chers, sans oublier salades, toasts et soupes. Accueil gentil. Une adresse idéale pour ne pas se ruiner.

***WeinZeit in der Vinothek :*** *Hindenburganlage 2. ☎ 309-89-92. • service@weinzeit-bingen.de • Mai-sept, tlj sf lun dès 11h. Oct-avr, mer-ven dès 16h, w-e dès 11h. Plats 6-24 €.* Juste au bord du Rhin, on s'est régalé dans cet élégant bar à vins tenu par une gentille famille de vignerons. Dans l'assiette, succulente cuisine évolutive mitonnée avec les bons produits frais du cru. Le tout arrosé par les gouleyants vins de la propriété. Terrasse sur le Rhin aux beaux jours, pour regarder passer les bateaux sans sucer des glaces à l'eau !

LA VALLÉE DU RHIN

## À voir

***Mäuseturm :*** après Bingen, une fois passé le pont, apparaît au milieu du fleuve la *Mäuseturm* (« la tour aux Souris »), toute jaune et à créneaux, élevée au XIV$^{e}$ s et transformée au XIX$^{e}$. Elle tient son nom d'une triste histoire : un jour, Hatto, un évêque de Mayence, enferma les pauvres dans une grange et y mit le feu, car il en avait assez de les entendre gémir à propos des conséquences de la famine. Pendant la nuit, des souris envahirent le palais de l'évêque, qui se réfugia dans la tour. Les souris le suivirent et le dévorèrent ! Plusieurs fois détruite, la tour fut reconstruite dans le style néogothique (ne se visite pas).

## BURG RHEINSTEIN

*Au-dessus du village de **Reichenstein.** ☎ (06721) 63-48. • burg-rheinstein.de • De mi-mars à oct, tlj 9h30-18h ; le reste de l'année, w-e slt 10h-17h ; fermé fin déc-fév. Entrée : 5 € ; réduc.* Littéralement suspendu au coteau verdoyant, ce **château** se caractérise par sa belle couronne de créneaux. Édifié au X$^{e}$ s avec l'ambition d'être un poste douanier impérial, il fut transformé en résidence d'été par un prince russe au XIX$^{e}$ s... Mobilier du XVII$^{e}$ et du XIX$^{e}$ s, armes du XV$^{e}$. Un peu poussiéreux. Intéressant surtout pour la vue sur la vallée.

## BURG REICHENSTEIN

*Au-dessus du village de **Trechtingshausen.** ☎ (06721) 61-17. • burg-reichenstein.de • Tlj sf lun 10h (9h30 dim)-18h. Entrée : 5 € ; réduc.* Construit au XIII$^{e}$ s, ce château compte des dizaines de salles dont la plupart sont décorées de centaines de trophées de chasse (bof !). Belle bibliothèque-salle à manger. Intéressante salle de musique, d'armes et d'armures... et toujours des trophées ! Depuis les tours à créneaux, vue superbe sur le Rhin. Si les collections ont peu d'intérêt, la visite permet de pénétrer dans un vrai château meublé. On peut prendre un verre, dîner au resto ou dormir dans l'une des chambres faisant partie d'une annexe du château (voir ci-après).

## Où dormir ? Où manger ?

### Chic

**Hotel Burg Reichenstein :** *Burgweg 24, à **Trechtingshausen.** ☎ (06721) 61-17. • info@burg-reichenstein.de • burg-reichenstein.de • Doubles 94-153 €, petit déj inclus.* Une aile du château propose une dizaine de chambres assez vastes. Bien qu'elles aient été rénovées, leur déco s'avère un peu fade. On y trouve bien quelques lits à baldaquin sans style particulier... Mais l'environnement très romantique fait oublier ce petit manque d'authenticité ! Resto sur place.



## *BACHARACH* *(55422 ; ind. tél. : 06743)*

Ancien fief des comtes palatins, c'est une charmante bourgade tranquille abritant un vieux quartier fortifié du XIV^e s. Quelques tours de garde en pierre et au toit d'ardoise se perdent dans l'étendue des vignes. On découvre aussi de nombreuses maisons à colombages légèrement penchées, fièrement retapées et toujours abondamment fleuries. L'***Altes Haus,*** avec sa tourelle et ses toits pentus, date du milieu du XVI^e s... Également la ***chapelle gothique Saint-Werner,*** presque entièrement détruite en 1689 pendant la guerre palatine, puis partiellement reconstruite durant le XVII^e s. Rien n'a été fait depuis, elle demeure en ruine, mais ses voûtes élancées valent le coup d'œil.

## Adresse utile

***Office du tourisme :*** *Oberstr 10. ☎ 91-93-03. • rhein-nahe-touristik.de • Avr-oct, tlj 9h-17h (10h-15h w-e et j. fériés) ; nov-mars, lun-ven 9h-13h.* Plan du village avec ses curiosités détaillées en français, visite guidée en français (sur résa), infos hébergements, liste des viticulteurs du coin, agenda culturel...

## Où dormir ?

### Camping

***Camping Sonnenstrand :*** *Strandbadweg 9. ☎ 17-52. • info@camping-sonnenstrand.de • camping-sonnenstrand.de • Fin mars-oct. Compter 17 € pour 2 avec tente et voiture.* Installée sur une longue pelouse coincée entre le Rhin et la route, et ombragée de quelques arbres. Plage de sable pour barboter dans le fleuve.

### Auberge de jeunesse

***Jugendherberge Burg Stahleck :*** *Burg Weg. ☎ 12-66. • bacharach@diejugendherbergen.de • diejugendherbergen.de • À 15 mn à pied de la gare (ça monte dur !). Nuit 21,50-27 €/pers selon capacité, petit déj compris. ½ pens et pens complète possibles.* Un charme fou ! Aménagée dans un superbe château médiéval avec tours, murailles et créneaux, cette AJ – l'une des meilleures que nous ayons visitées en Allemagne – propose près de 170 lits dispatchés dans des chambres pratiques de 1 à 10 personnes ; toutes avec sanitaires privés. Terrasses pour musarder au soleil, resto-bar sur place. Une adresse exceptionnelle dotée d'un panorama formidable sur le Rhin. Pour l'anecdote, le lieu a servi de rencontre lors du sommet franco-allemand de 2002 avec *Jacques C., Lionel J.* et *Gerhard S...*

### De prix moyens à chic

***Pension Im Malerwinkel :*** *Blücherstr 41-45. ☎ 12-39. • pension@im-malerwinkel.de • im-malerwinkel.de • De mi-mars à oct. Double 68 €, petit déj compris ; tarifs dégressifs dès la 2^e nuit. Loc de vélos. Parking gratuit.* À côté d'un petit ruisseau et de l'une des vieilles portes pittoresques de la ville, c'est une jolie maison à colombages avec balcons en bois et géraniums débordants. Chambres plus ou moins spacieuses, fonctionnelles, confortables et très bien tenues. Certaines possèdent un balcon. Accueil tatillon côté Français !

**Rhein Hotel :** *Langstr 50. ☎ 12-43. • info@rhein-hotel-bacharach.de • rhein-hotel-bacharach.de • De mars à mi-déc. Doubles 75-100 € selon saison, petit déj inclus. ½ pens et pens complète possibles. Resto tlj sf mar. Menus 29-47 €. Parking. Café offert sur présentation de ce guide.* Située sur le mur d'enceinte de la vieille ville, mais en bordure de la voie ferrée, cette jolie maison à colombages – insonorisée – offre des chambres confortables, à la déco standardisée, dont certaines avec petite terrasse sur le Rhin. La bonne table du village se trouve aussi sur place ! Une bonne adresse familiale.



## Où manger ? Où boire un verre de vin du Rhin ?

**Weinstube « Zum grünen Baum » :** *Oberstr 63. ☎ 12-08. • weingut-bastian-bacharach@t-online.de • Tlj 12h-22h. Plats 4-9 €.* Belle occasion de s'initier aux vins du Rhin dans cette *Weinstube,* dont les savoureux nectars proviennent de la propriété familiale. Et pour mettre un peu de solide dans le liquide, voici quelques plats aux saveurs simples et authentiques, du genre fromage, charcutaille, etc., à dévorer dans deux petites salles *gemütlich,* ou en terrasse.

**Weinhaus-restaurant Altes Haus :** *Oberstr 61. ☎ 12-09. • altes_haus@t-online.de • Tlj dès 18h. Fermé dim et j. fériés. Tlj sf lun midi et mer 12h-14h30, 18h-23h. Fermé en nov et à Pâques. Plats 10-30 €.* Situé dans l'une des maisons à colombages les plus connues de la vallée du Rhin qui, célébrée par de nombreux poètes, a servi de décor à plusieurs films. On y sert une bonne cuisine traditionnelle allemande et, notamment, du gibier et des plats de viande. Bref, une bonne table, un peu plus chère.

# OBERWESEL *(55430 ; ind. tél. : 06744)*

Ce n'est pas la bourgade la plus pittoresque des bords du Rhin, mais elle possède un beau cachet, avec son château et ses admirables fortifications rythmées par 18 tours. Peu touristique par rapport aux autres villages de la vallée, on prend grand plaisir à s'y balader en admirant les façades des vieilles maisons, sans oublier son **église Notre-Dame,** toute rouge. Celle-ci présente un beau jubé du XIVe s de style gothique, ainsi que plusieurs remarquables retables, notamment celui du maître-autel et ceux de chaque côté du chœur, à droite celui de sainte Marthe et à gauche celui de saint Nicolas. Dans le bas-côté droit, triptyque terrible du XVIe s évoquant la fin du monde...

## Adresse utile

**Office de tourisme :** *Rathausstr 3. ☎ 71-06-24. • oberwesel.de • Avr-oct, lun-ven 9h-13h (14h ven, nov-mars), 14h-17h (18h ven) ; juin-sept, mêmes horaires, plus sam 9h-13h.* Plan du village, itinéraire de trek urbain en anglais, liste des hébergements, infos route des vins...

## Où dormir ? Où manger ? Où boire un verre ?

### Bon marché

**Jugendherberge Rheintal (AJ) :** *Auf dem Schönberg. ☎ 93-330. • oberwesel@diejugendherbergen.de • diejugendherbergen.de • Pas de bus depuis la gare (30 mn à pied). Nuit 22,50-28 €/pers selon capacité, petit déj compris. ½ pens et pens complète possibles. Parking gratuit.* En pleine nature et à deux pas du château, une AJ aménagée avec un style et des couleurs contemporaines vraiment sympas. Au choix, plus de 200 lits répartis dans des chambres de 1 à 4 personnes, toutes avec sanitaires intérieurs. Très propre. Resto-bar sur place. Accès piscine couverte, terrain de basket...

**Café Bonsch :** *Liebfrauenstr 45. ☎ 264. • cafe-bonsch@t-online.de • Tlj sf mar 11h-18h. Moins de 10 €.* Boulangerie-pâtisserie-salon de thé pour une pause gourmande en explorant le village. Délicieuses parts de tartes et autres gâteaux à la crème que l'on accompagne d'un café. Également de bons toasts, soupes et sandwichs à avaler dans la salle ou sur les quelques tables en terrasse. Loue aussi des chambres pratiques, soignées et très abordables dans les étages.

## À voir

**Turmmuseum :** *Auf Schönburg. ☎ 405. Avr-oct, tlj sf lun 10h-18h. Entrée : 3 €.* Il s'agit de l'une des tours du système défensif du village, datant du XIIIe s. Sur plusieurs étages, on découvre son histoire et sa vocation, tout en explorant ses différentes salles. Très belle vue sur le village et le Rhin depuis la terrasse panoramique.

## SANKT-GOAR *(56329 ; ind. tél. : 06741)*

Ce village doit son nom à un ermite du VIe s qui y édifia la fameuse ***chapelle Sankt-Goar,*** aujourd'hui située sous le chœur de l'église collégiale. En vous promenant sur les bords du Rhin, vous remarquerez que, contrairement à beaucoup d'autres villages de la vallée, le train ne bloque pas ici la vue sur le fleuve, rendant ainsi la balade plus agréable. ***C'est d'ailleurs de Sankt-Goar que l'on a la plus impressionnante vue sur le promontoire de la Lorelei, sur l'autre rive.*** Ne manquez pas d'aller observer la rapidité des courants mythiques et le ballet incessant des bateaux, dont le trafic est dirigé par des panneaux émettant des signaux destinés aux péniches quand elles abordent le fameux méandre dangereux. Ne manquez pas non plus la visite des ruines du ***château de Rheinfels,*** qui surplombe le village. Le village en soi est assez quelconque, mais on prend quand même plaisir à le découvrir.

### Adresse utile

***Office de tourisme :*** *Heerstr 86. ☎ 383. • st-goar.de • Mai-sept, lun-ven 9h-18h ; sam 10h-13h. Avr et oct, lun-ven 9h-12h30, 13h30-17h. Nov-mars, lun-jeu 9h-12h30, 13h30-17h ; ven 9h-14h.* Plan du village, feuille en français décrivant les principaux monuments, liste des hébergements et des vignerons... Compétent et accueil en français.

### Où dormir ?

#### Campings

***Campingplatz Friedenau :*** *Gründelbach 103. ☎ 368. • info@camping-friedenau.de • camping-friedenau.de • Passer le village, puis à gauche (panneau) ; c'est 1 km plus loin sur la gauche. Avr-oct. Compter env 18 € pour 2 pers avec tente et voiture.* En contrebas de la route, petit camping familial sur une longue pelouse bordée d'arbres et d'un torrent. Fait également pension et sert des repas chauds. Calme, modeste et parfaitement tenu.

#### Auberge de jeunesse

***Jugendherberge Sankt-Goar :*** *Bismarckweg 17. ☎ 388. • st-goar@diejugendherbergen.de •*

*diejugendherbergen.de • À 5 mn à pied du centre et 10 mn de la gare. Nuit 17-20,50 €/pers selon capacité, petit déj compris. ½ pens et pens complète possibles. Parking gratuit.* Au pied du château de Rheinfels, un édifice cubique aux tons clairs, surplombant le Rhin et sa vallée. Au choix, plus de 120 lits en chambres de 2 à 10 personnes ; toutes avec sanitaires extérieurs. Resto-bar, jeux enfants...

## Prix moyens

***Weinstube et pension Knab's Mühlenschenke :*** *Gründelbachtal 73. ☎ 16-98. • info@muehlenschenke.de • muehlenschenke.de • À la sortie du village, suivre le panneau Gründelbachtal. De mi-mars à mi-nov. Resto fermé mar. Doubles 66-80 €, petit déj compris. Plats 5-7 €.* Cette charmante maison de vigneron, véritable îlot de tranquillité, abrite des chambres aux murs blancs, simples mais nickel et toutes équipées du confort standard. Au rez-de-chaussée, *Weinstube* rustique où l'on déguste les vins de la propriété, accompagnés de charcuterie, fromages et autres produits savoureux du terroir local.



## Où manger ? Où boire un verre ?

### De bon marché à prix moyens

***Café St. Goar :*** *Heerstr 95. ☎ 16-35. Dans la rue principale piétonne. Tlj 6h (12h dim)-18h. Plats 3-6 €.* Cette boulangerie-pâtisserie-salon de thé sert de grosses parts de tartes et des viennoiseries, mais aussi des sandwichs, soupes... À déguster dans la salle ou en terrasse sur rue aux beaux jours. Une adresse qu'affectionnent les gens du cru.

### Très chic

***Hôtel Schloss Rheinfels :*** *Schlossberg 47. ☎ 80-20. • info@schloss-rheinfels.de • Plat env 15-30 €. Menus 35-60 €.* Installé dans une aile du château de Rheinfels, cet établissement chic offre une vue plongeante sur la vallée. Bien sûr, c'est cher, mais c'est un endroit magique pour un dîner en amoureux. Cuisine raffinée sublimant les bons produits frais de la vallée dans des recettes à la fois évolutives et enracinées. Certainement la meilleure table de la ville. Fait aussi hôtel, mais les chambres sont hors de prix !

## *BURG RHEINFELS*

*Au-dessus de Sankt-Goar. ☎ 77-53. Accès possible par le train touristique (payant) depuis le centre-ville. Tlj de mi-mars à début nov, 9h-18h (17h fin oct à début nov) ; début nov à mi-mars, sam et dim 11h-17h. Fermeture caisse 1h avt. Entrée : 4 € ; réduc. Dépliant en français.* On visite les superbes ruines de ce château bâti au XIIIe s puis transformé à la Renaissance, véritable forteresse imposante avec ses vastes tours carrées. Très agréable promenade à travers ses pierres fatiguées mais encore fières, le dédale de ses passages, ses toits, ses coursives, ses façades rongées par les herbes folles. Outre les ruines du château, on peut voir le ***musée*** qui présente notamment une maquette de la forteresse ; sinon, son intérêt est assez limité. De la tour de l'horloge, vue superbe sur la vallée du Rhin. N'oubliez pas de vous munir d'une lampe électrique ou d'acheter des bougies au musée, elles vous seront indispensables pour emprunter les couloirs des anciennes mines. Attention, les voûtes de schiste sont parfois coupantes, gare aux crânes !

## ***BOPPARD*** *(56154 ; ind. tél. : 06742)*

Lovée dans un harmonieux méandre, c'est une charmante vieille ville impériale, bien en retrait de la route principale et de la voie ferrée. Un ***télésiège*** permet d'embrasser un vaste panorama sur l'un des plus beaux méandres du Rhin, d'un arrondi parfait. On pourra voir l'***église des Carmélites*** du XIVe s, possédant deux autels du XVIIe s et une jolie statue de la Vierge appelée la « Madone aux Raisins ». Dans l'***église Saint-Severus,*** fresque du XIIIe s au plafond.

## Adresses et info utiles

***Office de tourisme :*** *Marktplatz 17.* ☎ *38-88.* • *boppard-tourismus.de* • *Dans l'ancien hôtel de ville. Mai-sept, lun-ven 9h-18h30, sam 10h-14h ; oct-avr, lun-ven 9h-17h.* Plan de la ville, itinéraire de découverte du bourg en français, brochure en français listant les curiosités, infos hébergements, loisirs verts (vélo, randonnée pédestre)... Accueil dynamique et sympa.

***Location de vélos :*** *chez* ***Fahrradstudio,*** *Oberstr 105.* ☎ *47-36. Lun-ven 9h-18h, sam 9h-13h. Compter 7 €/j.*

– ***Marché :*** *ven mat sur Marktplatz.*

## Où dormir ?

### Prix moyens

***Hotel Günther Garni :*** *Rheinallee 40.* ☎ *890-90.* • *info@hotelguenther.de* • *hotelguenther.de* • *Doubles 60-120 € selon confort, saison et vue, petit déj compris.* Planté au bord du Rhin, cet hôtel propose des chambres à la déco neutre mais confortables et très bien tenues. Et il y en a pour tous les budgets ! Les plus chères disposent d'une vue plongeante sur le Rhin, alors que les moins onéreuses, nos préférées, se situent dans une annexe à l'arrière. Bon rapport qualité-prix. Une excellente adresse.

***Hotel Zur Krone :*** *Rheinallee 36.* ☎ *22-20.* • *info@rhein-hotel-krone.de* • *rhein-hotel-krone.de* • *Doubles dès 69 €, petit déj compris.* Au fil du Rhin, un hôtel des années 1950 récemment rénové sur une note contemporaine réussie. Chambres soignées, confortables et nickel, dont certaines sont joliment mansardées, et les plus chères équipées d'un balcon sur le fleuve. Bon rapport qualité-prix accueil.

## Où manger ? Où boire un verre ?

### De bon marché à prix moyens

***Café Schüg :*** *Oberstr 126.* ☎ *24-08.* • *backstube@cafe-schug.de* • *Tlj 7h (12h dim)-18h (16h sam). Plats 4-6 €.* Nos papilles sont emballées par les succulents gâteaux, parts de tartes, viennoiseries, et autres douceurs concoctées dans cette boulangerie-pâtisserie-salon de thé, plébiscitée par les gens du cru. Également des soupes, pâtes et toasts pour caler une vilaine faim. Une excellente adresse à prix copain.

***Severus Stube :*** *Untere Marktstr 7.* ☎ *32-18.* • *info@severus-stube.de* • *Tlj sf mer midi et jeu 11h30-14h, 17h-23h. Plats 6-12 €.* Dans ce resto du centre historique, on a bien aimé les spécialités allemandes mijotées avec soin et joliment présentées. À dévorer dans une salle typique décorée de bois ou sur l'agréable terrasse dans la ruelle. Une adresse que recommandent volontiers les villageois.

***Weingut Heilig Grab :*** *Zelkesgasse 12.* ☎ *23-71.* • *weinhausheiliggrab@t-online.de* • *Face à la gare. Tlj sf mar, dès 15h. Plats 5-9 €.* Ce charmant *Biergarten* verdoyant offre l'occasion de s'initier ou de poursuivre votre apprentissage en matière de vins du Rhin. Tenu par une famille de vignerons, réputée pour ses nectars au poil ! Et pour mettre un peu de solide dans le liquide, voici des *Flammenkuschen,* assiettes de charcuterie et fromage... Une adresse côté saveurs, pas chère.

# RIVE DROITE (DU NORD AU SUD)

## *BRAUBACH ET MARKSBURG* *(56338 ; ind. tél. : 02627)*

Avec ses ruelles étroites et ses maisons à colombages, Braubach est un village agréable et très typique, où subsistent plusieurs vieilles portes aux entrées de l'ancienne fortification. Juste au dessus, le ***château de Marksburg,*** dressé sur un promontoire basaltique boisé demeure l'un des rares qui soit resté intact depuis son édification au XIIIe s.



### Adresse utile

***Office de tourisme de Braubach :*** *Rathausstr 8. ☎ 97-60-01. • braubach.de • Dans la rue qui descend face à l'église. Avr-sept, tlj 9h30-18h (13h30 sam, 12h30 dim) ; oct-mars, tlj sf dim 9h30-17h (13h30 sam).*

### Où dormir ? Où manger ? Où boire un verre ?

***Hotel Garni Maaß :*** *Oberalleestr 1. ☎ 544. • info@hotelmaas.de • hotelmaas.de • Doubles dès 75 €, petit déj inclus.* À la lisière de la vieille ville, dans une jolie maison à colombages, on est séduit par la douzaine de chambres fonctionnelles, soignées et confortables. Mobilier simple en bois clair. Accueil adorable, aux petits soins. Au rez-de-chaussée, bistrot-salon de thé pour dévorer une part de tarte avec un café. Une excellente adresse.

***Zum Goldenen Schlüssel :*** *Marktplatz 14. ☎ 340. • info@zum-goldenen-schluessel.de • Tlj sf jeu. Plats 8-16 €, menu 10 €.* La bonne table du village ! Resto propret à la déco rustique, simple et de bon goût, flanqué d'une charmante terrasse sur la place. Dans l'assiette, voici de délicieuses spécialités allemandes bien présentées, mais aussi des salades, soupes, omelettes, *rostis*... Excellent rapport qualité-prix-sourire. On s'est régalé pour quelques euros, bravo ! Loue aussi des chambres.

## À voir

***Le château de Marksburg :*** *juste au dessus de Braubach. ☎ 206. • marksburg.de • Ouv tte l'année 10h-17h. Entrée : 6 € ; réduc. Parking payant : 2 €. Visite guidée en allemand obligatoire ttes les 15 mn (en anglais ou en français, se renseigner). Durée : 50 mn.*
Certainement le château le plus beau et le mieux préservé de toute la vallée du Rhin, récemment restauré dans son état moyenâgeux en recouvrant les murs en schiste d'un enduit plus blanc que blanc (ce qui pourrait être discutable !).
Vu le passé mouvementé de la région et la position dominante de ce château, on imagine sans peine la richesse de son histoire... Pour la plupart, les matériaux utilisés ont été datés du XIIe s, tandis qu'une analyse des nœuds des solives de l'intérieur a révélé qu'elles avaient été remplacées en 1434-1435, probablement après un incendie. On doit l'apparence actuelle du château aux amendements commandités par Philippe II et menés par l'architecte de Hesse, Anton Dauer, au milieu du XVIe s. Chaque époque apporte son lot de nouveautés. Ainsi, les bastions « Scharfes Eck » et « Pulvereck », face au sud, datent de la fin du XVIIe.
Mais ce n'est réellement qu'au début du XXe s que l'Association allemande pour la conservation des *Burgen* se charge de le retaper. Le château a été acquis pour la somme symbolique de 1 000 Marks, et 30 ans se sont avérés nécessaires pour mener à bien cette restauration grâce aux anciens plans dressés avec minutie par un géographe, Willem Dillich, lors de son passage en 1605 dans la région.
On visite plusieurs salles, dont l'étonnante cuisine gothique de 27 m de long avec son immense cheminée où l'on pouvait sans problème faire cuire un bœuf, la salle

d'armes, la chambre des tortures. À l'étage, salle des chevaliers. Noter les trous d'aisance dans le mur extérieur. Dans le prolongement de ce hall, la chapelle consacrée au XVe s à Saint-Marc (d'où « Marksburg »), où subsistent de belles peintures murales. Enfin, le château abrite une incroyable bibliothèque composée de plus de 15 000 ouvrages sur le thème de l'histoire des *Burgen.* Admirer pour finir le superbe jardin où poussent quelque 170 plantes aromatiques et médicinales, utilisées au Moyen Âge.
Pour la petite histoire, sachez que Marksburg, comme beaucoup d'autres, a son fantôme. En 1937, une ombre étrangement ressemblante à un homme priant les mains jointes est apparue lors du tirage d'une photo prise dans la chapelle.

## LES CHÂTEAUX DES FRÈRES ENNEMIS

Au dessus du village Kamp Bornhofen, voici deux châteaux, presque à côté l'un de l'autre, et auxquels est attachée une curieuse légende opposant deux « frères ennemis » qui résidaient chacun dans l'un d'eux. D'abord, Burg ***Sterrenberg*** possède un beau rempart entourant un rocher central où se dresse une tour. Si celle-ci ne se visite pas, on peut néanmoins se balader dans le site fortifié, où un resto-bar avec charmante terrasse dominant le Rhin occupe désormais le terrain. Ensuite, on peut visiter la tour de Burg ***Liebenstein.*** Également quelques fragments de remparts, où s'appuie un petit hôtel fade avec resto-bar et vue sur le Rhin.

## BURG MAUS

Au dessus du village de Stadteil Willmich (commune de Sankt-Goarshausen), le « château de la Souris », élevé au XVIe s, était avant tout défensif. Il servit un temps aux archevêques de Trèves. Napoléon le fit sauter au XIXe s, mettant en œuvre son ambition de détruire les fortifications du Rhin. Il fut reconstruit et réaménagé intérieurement. La vue sur la vallée vaut à elle seule le déplacement. *Visites guidées et concerts réguliers. Infos : ☎ (06771) 23-03. ● burg-maus.de ●*

## LA LORELEI *(ind. tél. : 06771)*

Perché au dessus du village de Sankt-Goarshausen, ce rocher schisteux – symbole du Rhin romantique – se dresse à 132 m à la verticale au-dessus du fleuve, et demeure chargé de légendes. Sachez que *Lure,* en ancien allemand, veut dire « perfide », *ley* signifiant « rocher ». Ce rocher perfide donc, mis en scène par Heine dans un célèbre poème au XIXe s, puis de nouveau dans la mélodie de Silcher, fut, bien avant cela, un lieu de mille fables populaires.
Ainsi, au pied du rocher, le fleuve se rétrécit (113 m de large et 25 m de profondeur), ce qui fait du « passage de la Lorelei » un lieu redouté depuis toujours par les navigateurs du fleuve, à cause des courants et des tourbillons. Précédant le passage, trois sons de cloche indiquaient le moment de la prière. On pense que le site devint légendaire grâce à son écho. La résonance des sons fut interprétée comme les voix des esprits. Plus tard naquit la légende selon laquelle le chant et la beauté de la Lorelei attiraient le regard des bateliers qui en oubliaient les dangers du fleuve, faisant ainsi échouer leurs embarcations envoutées. Selon cette légende, le comte héritier de la Rhénanie-Palatinat fut ainsi la proie de cette ondine (génie des eaux). Son papa ordonna pour le venger qu'on attrape cette sorcière. La Lorelei appela son papa à elle, le Rhin, à la rescousse. Le fleuve se gonfla et de gigantesques vagues emportèrent l'ondine au loin. Elle ne revint plus jamais. Si vous la voyez, faites-nous signe !
Un truc marrant : si vous passez par la Lorelei avec un bateau-croisière, vous entendrez la musique de Silcher dans les haut-parleurs... reprise en chœur par tous les Allemands à bord !

La fameuse statue représentant la Lorelei se trouve au pied de la falaise.
Par une route sinueuse (5 km) à partir de Sankt-Goarshausen, on grimpe jusqu'à la falaise. Au sommet de ce roc boisé, point de vue absolument extraordinaire sur la vallée du Rhin. Essayez d'arriver tôt, ou en fin de journée, pour éviter les dizaines de cars de touristes. *Infos sur place : au* ***Loreley Visitor Centre,*** *☎ 59-90-93. • info@tal-der-loreley.de • loreley-info.com •*

## Où dormir ? Où manger ? Où boire un verre ?

### Auberge de jeunesse

***Turner und Jugendheim Loreley Herberge :*** *en arrivant sur la falaise, au rond-point à droite. ☎ 26-19. • tuhe@loreley-herberge.de • loreley-herberge.de • De la gare de Sankt-Goarshausen, bus n° 595. Résa très conseillée. Nuit en dortoir 16 €/pers, doubles 38-44 € selon confort ; réduc à partir de 4 nuits. En été, possibilité de dormir dans une cabane en bois sans sanitaires pour 14 €/pers, ou de camper (20 € pour 2 avec tente et voiture). ½ pens et pens complète possibles. Parking gratuit.* À deux pas du haut du rocher de la Lorelei, devant une large pelouse tranquille, cette grande maison de style renferme près de 130 lits, dans des dortoirs assez quelconques, ou des chambres de 1 à 4 personnes, sans ou avec sanitaires. Pratique et nickel, mais froid. Resto, ping-pong... Une adresse fréquentée par de nombreux randonneurs.

### Prix moyens

***Berghotel « Auf der Loreley » :*** *Auf der Loreley 9. ☎ 80-920. • berghotel-loreley@t-online.de • berghotel-loreley.de • Sur le haut de la falaise. Doubles 68-75 € en fonction de la saison, petit déj inclus. Plats 9-20 €.* Hôtel aux chambres un peu vieillottes mais propres et dotées du confort de base. Sur place, resto-bar de bonne tenue, accueillant souvent des groupes. C'est la seule option pour manger un bout sur le rocher.

## *BURG PFALZGRAFENSTEIN*

Accessible en bateau depuis ***Kaub,*** ce petit château pittoresque, construit en 1328 sur une île du Rhin, servit de station de péage jusqu'en 1866. Il se dresse comme l'étrave d'un navire au milieu du fleuve et se compose d'un donjon à cinq pans et de tourelles. *Infos : ☎ (6774) 222. • burg-pfalzgrafenstein.de • Mars-oct, tlj sf lun 10h-18h (17h en mars) ; nov, janv-fév, w-e 10h-17h ; fermé en déc. Entrée payante. Durée : 1h30.*

## *LES RUINES D'EHRENFELS*

Dans l'alignement de la tour aux Souris, plantée au milieu du fleuve, on distingue les belles ruines d'Ehrenfels *(ne se visitent pas).* Le château de Bingen (rive gauche), la tour aux Souris et le château d'Ehrenfels constituaient une barrière défensive contre les ennemis du Nord. Ehrenfels fut détruit par les troupes françaises à la fin du XVIIe s. C'est l'une des plus imposantes forteresses protégeant le Rhin.

## *RÜDESHEIM AM RHEIN* (ind. tél. : 06722)

Cette charmante bourgade livre un centre piéton adorable, fait de ruelles bordées par des maisons anciennes typiques. Une image un peu ternie par les centaines de boutiques à souvenirs, car le village est hautement touristique. On s'y promène quand même avec plaisir en fin d'après midi, en s'arrêtant, pourquoi pas, dans les nombreuses caves de vignerons, car Rüdesheim est aussi une petite capitale de la dégustation des vins du Rhin. Et puis ne manquez pas la visite du formidable ***musée des instruments de musique mécaniques,*** et si vous avez un peu de temps, envolez-vous au dessus du Rhin en prenant le ***téléphérique.***



## Adresse utile

***Office de tourisme :*** *Rheinstr 29a. ☎ 90-61-50. • ruedesheim.de • Avr-oct, lun-ven 8h30-18h30, w-e 10h-16h ; nov-mars, lun-ven 9h-16h30.* Plan du village en français avec ses centres d'intérêt, résas de chambres d'hôtel ou chez l'habitant, infos loisirs (vélo, randonnée pédestre, rafting...), agenda culturel, liste des vignerons, vente de billets de bateau et de téléphérique...

## Où dormir ? Où manger ? Où boire un verre ?

### Auberge de jeunesse

***Jugendherberge Rüdesheim :*** *Jugendherberge 1. ☎ 27-11. • jh-ruedesheim@jugendherberge.de • ruedesheim.jugendherberge.de • À 15 mn à pied du village ; bus n° 187 depuis la gare (arrêt au terminus). Moins de 27 ans 20,50 €/pers, petit déj compris. ½ pens et pens complète possibles. Parking gratuit.* Sur les hauteurs de Rüdesheim, dans la campagne surplombant le village, le Rhin et les vignes, cette grande bâtisse moderne compte près de 170 lits en chambres de 2 à 12 personnes, avec sanitaires privés pour les plus chères. Fonctionnel et propre. Resto, grande terrasse avec vue, tennis, minigolf...

### Prix moyens

***Gasthaus « Zur Lindenau » :*** *Löhrstr 9. ☎ 33-27. • info@zur-lindenau.de • zur-lindenau.de • Doubles 70-80 € selon saison, petit déj compris.* En plein cœur du village, que l'on s'accapare plus volontiers en fin de journée, lorsque les cars de touristes sont repartis, petite *Gasthaus* d'une dizaine de chambres pratiques et très propres ; toutes avec salle de bains. Tenue par une famille de viticulteur. Fait aussi resto dans une gentille courette. Cuisine du cru simple et bonne. Accueil en français, pro et serviable.

***Weingut Herbert Philipp :*** *Steingasse 13. ☎ 32-20. • mail@wein-philipp.de • Avr-oct et pdt marché Noël, tlj dès 13h. Plats 5-10 €.* C'est la table d'un vigneron du coin. Jolie courette ombragée par une treille. Au menu, cuisine familiale du terroir, simple et sans prétention, que l'on déguste avec un ballon de vin local. Une adresse plébiscitée par les villageois.

## À voir

***Siegfried Mechanisches Musikkabinett*** *(musée des Instruments de musique mécanique)* ***:*** *Oberstr 27-29. ☎ 492-17. • smmk.de • Mars-déc, tlj 10h-18h. Entrée : 6,50 € ; réduc. Visite guidée obligatoire, en français sur résa (4 pers min). Feuille explicative en français si jamais le tour est dans une autre langue.* Installé dans un vieux manoir du XVe-XVIe s, cet étonnant musée présente près de 350 instruments de musique mécanique, datant de 1780 à 1930, et généralement utilisés dans les cinémas, hôtels, restos, salle de bal et fêtes foraines. Une douzaine de ceux-ci est mise en route durant la visite guidée. Quel formidable barouf ! En même temps, on explore les pièces du manoir. Une visite à ne rater sous aucun prétexte !

# LA VALLÉE DE LA MOSELLE, DE COBLENCE À TRÈVES

**Moins réputée que les bords du Rhin, la vallée de la Moselle *(Moseltal)* offre pourtant un panorama formidable. Au gré des généreux méandres qui freinent son débit, cette paresseuse livre d'admirables vignobles enrobant ses berges escarpées. Si vous avez un peu de temps, laissez-vous bercer au rythme de ce cours d'eau séduisant. Le long de la route, également quelques châteaux majestueux et autres ruines romantiques, sans oublier, de-ci de-là, des cadrans solaires incrustés sur les parois rocheuses.**



## Arriver – Quitter

### En train et bus

Nombreux trains quotidiens sur la ligne ***Trier – Koblenz,*** desservant certains villages des berges de la Moselle, comme ***Traben-Trarbach*** et ***Cochem.*** Pour ***Bernkastel-Kues,*** il convient de prendre le train jusqu'à Wittlich puis le bus.

– ***Infos transports régionaux en train et bus :*** • *vrt-info.de* •

## Adresse utile

***Office de tourisme de la vallée de la Moselle*** *(Moselland Touristik)* **:** *Kordelweg 1, à* ***Bernkastel-Kues.*** ☎ *(06531) 973-30.* • *mosellandtouristik.de* • Infos sur tous les villages, les transports pour s'y rendre, les possibilités d'hébergement (hôtels, pensions et chambres chez l'habitant) et les loisirs (vélo, randonnée pédestre, canoë-kayak, croisières...). Liste des vignerons de la vallée, calendrier des fêtes et événements. Brochures en français à télécharger en ligne.

## Les vins

Les vins blancs secs sont ici à l'honneur et le cépage roi, le ***riesling,*** donne des vins un peu âpres, légers, proposant des saveurs délicates, extrêmement fines – certains y hument des arômes de litchi et de rose. Deux caractéristiques notables qui favorisent le développement harmonieux de ce vin : un terrain schisteux et des récoltes très tardives. Les vendanges s'effectuent parfois fin novembre ou même début décembre. En remontant la Moselle, n'hésitez pas à faire des haltes pour déguster quelques verres dans les caves.

## *COCHEM* *(56812 ; ind. tél. : 02671)*

Intéressant village adossé à une verte colline, au sommet de laquelle trône un beau château du XIe s. Cochem mérite aussi une halte pour ses bons vins ; les cars de touristes l'ont bien compris ! Juste de l'autre côté de la Moselle, accessibles à pied par un pont, ***Cond*** et ***Sehl*** où on se balade plus tranquillement, deux anciens bourgs de pêcheurs et de bateliers, aux ruelles dominées par une jolie chapelle.

## Adresses et infos utiles

***Office de tourisme :*** *Endertplatz 1.* ☎ *60-040.* • *cochem.de* • *ferienland-cochem.de* • *Au niveau du pont, face à la gare routière. De mai à fin juil, lun-ven 9h-17h (sam mai-juin 9h-15h, juil-oct 9h-17h et dim juil-oct 11h-16h) ;*

*le reste de l'année, lun-ven 9h-13h, 14h-17h.* Plan de la ville avec ses points d'intérêt expliqués en français, liste des vignerons locaux et des châteaux à visiter dans les environs, infos loisirs (vélo, randonnées pédestres, canoë-kayak, croisières...), agenda des événements culturels, visites guidées en allemand (se renseigner). Accueil pro.

■ ***Location de vélos :*** *chez* ***Fahrradshop Kreutz*** *(Endertstr 35. ☎ 911-31), et chez* ***Radverleih Schaltwerk*** *(Ravenestr 18-20. ☎ 91-62-86). Env 10 €/j.*

## Où dormir ?

### Camping

***Mosel camping Cochem :*** *Stadionstr. ☎ 44-09. • info@campingplatz-cochem.de • campingplatz-cochem.de • À env 15 mn à pied de la gare. Prendre le pont qui s'enroule derrière la Polizei ; puis à gauche sur l'autre rive (panneaux). Avr-oct. Compter 18 € pour 2 pers avec tente et voiture.* Agréable camping allongé sur les bords de la Moselle, plantés de grands arbres. Jolie vue sur les vignes de l'autre côté de la rivière, juste au-dessus de la route de Koblenz, assez passante en journée. Sanitaires propres. Resto-bar pas cher et jeux enfants sur place ; stade et complexe nautique à proximité.

### Auberge de jeunesse

***Jugendherberge Moseltal :*** *Klottenerstr 9. ☎ 86-33. • cochem@diejugendherbergen.de • diejugendherbergen.de • À 10 mn à pied de la gare. Prendre le pont au niveau de la Polizei ; puis à droite sur l'autre rive (panneau). Nuit 22,50-28 €/pers selon capacité, petit déj compris. ½ pens et pens complète possibles. Parking gratuit.* Surplombant la Moselle, grand bâtiment moderne aux installations fonctionnelles. Près de 150 lits répartis dans des chambres de 2 à 8 personnes ; toutes avec sanitaires intérieurs. Simple mais nickel. Resto-bar, BBQ, jeux enfants, ping-pong...

### De prix moyens à chic

***B & B Cochem :*** *Schloßstr 5. ☎ 91-89-470. • info@bb-cochem.com • bb-cochem.com • Doubles 70-77 € selon taille et saison, petit déj inclus. Parking payant.* Quelques chambres confortables et aménagées avec soin dans cette maison moderne donnant sur la ruelle montant au château. Également des appartements avec cuisine pour 4-5 personnes. Accueil sympa.

***Hotel Villa Vinum :*** *Moselstr 18. ☎ 916-54-45. • info@villa-vinum-cochem.de • villa-vinum-cochem.de • Doubles 120-150 € selon taille et saison, petit déj inclus. Parking gratuit.* Élégante maison du XIXe s plantée au bord de la Moselle. Déco sublimant l'architecture originelle avec une belle touche de modernité design. Les 3 étages comptent une dizaine de magnifiques chambres de charme confortables, insonorisées, et équipées de jolies salles de bains avec douche à l'italienne. Accueil gentil. Une excellente adresse.

***Hotel Triton :*** *Uferstr 10. ☎ 600-10. • triton@moselstern.de • moselstern.de • Doubles 120-170 € selon standing, petit déj inclus. ½ pens et pens complète possibles. Parking gratuit.* Sur l'autre rive de la Moselle, ce bâtiment récent offre une trentaine de chambres confortables et décorées avec soin. Les plus chères sont aussi plus grandes et donnent sur la rivière. Piscine couverte. Accueil sympa. Une adresse au calme.

## Où manger ?

### De bon marché à prix moyens

**Ristorante Castello :** *Oberbachstr 55. ☎ 41-22. • castello-cochem@t-online.de • castellocochem.de • Tlj 11h-14h30, 17h30-23h30. Plats 6-20 €.* À l'écart du flux touristique (5 mn à pied de la Moselle), ce vrai resto italien sert de bons antipasti, pizza, pasta, carne... e tutti quanti ! Prix honnêtes. Agréable salle voûtée tout en pierres et terrasse dès les beaux jours.

## Où acheter du bon vin de Moselle ?

**Weingut Walter J. Oster :** *Moselweinstr 14. ☎ (02675) 235. • weingutoster.de • Tlj.* Halte intéressante en montant vers le château, ce cellier troglodytique propose les vins élevés à la propriété ; essentiellement des *riesling* à prix raisonnables, mais aussi des *rivaner* plus simples en bouche. Épicerie fine à l'étage, avec des moutardes aux goûts surprenants...

## À voir. À faire

**Reichsburg Cochem** (château) **:** *Schlossstr 36. ☎ 255. • burg-cochem.de • À 15 mn à pied de la Moselle, sinon bus-navette payant au départ de l'office de tourisme en haute saison slt. Mi-mars à oct 9h-17h ; horaires restreints hors saison (se renseigner). Entrée : 5 € ; réduc. Visite guidée ttes les heures (40 mn).* Érigé au XIe s, il fut en grande partie reconstruit au XIXe s et transformé en musée renfermant une belle collection de mobilier médiéval. Du château d'origine, il ne reste que le donjon et la base des murs.

**Cochemer Sesselbahn** (télésiège) **:** *Endertstr 44. ☎ 98-90-63. • cochemer-sesselbahn.de • Fin mars-juin et oct, 10h-18h ; début juil et sept, 10h-18h30 ; de mi-juil à août, 9h30-19h ; nov, 11h-16h. Billet A/R : 6,30 € ; réduc.* Ce télésiège vous emmène jusqu'au *Pinna Kreuz,* sur les hauteurs de Cochem, d'où vous aurez une belle vue sur la vallée. De là, nombreuses possibilités de balades à pied.

**Beilstein :** *village situé rive droite, à quelques km en amont de Cochem. Accès en voiture ou en prenant un bateau (intéressant, car il emprunte des écluses).* Beilstein, ravissant petit village, est lové dans un méandre de la Moselle. Ce bourg romantique fortifié, qui a souvent servi de décor à des films ou des séries TV, possède de jolies maisons à colombages. On notera particulièrement sur la place du marché la ***maison de la dîme,*** l'***église Saint-Christophe*** et, au-dessus du village, les ruines du ***château de Metternich.***

**Promenades en bateau :** *avec la compagnie* ***Personenschiffahrt Kolb,*** *☎ 73-87. • moselrundfahrten.de • Embarcadère au niveau du pont, juste derrière l'office de tourisme. Plusieurs départs tlj mai-oct. Prix : 10-16 € ; réduc.* Petites croisières de 1h à 1h30 sur la Moselle. Une autre façon de découvrir les charmes de la vallée, ou de se rendre à Koblenz ou Traben-Trabach.

## Fête

– ***Fête du vin :*** *la dernière sem d'août.* L'une des plus importantes de la région.

### TRABEN-TRARBACH *(56841 ; ind. tél. : 06541)*

Intéressant gros village lové dans un méandre, de part et d'autre de la Moselle. À la fin du XIXe s et au début du XXe, il fut l'un des marchés de vins les plus importants d'Europe. De cette période riche et prospère, il reste quelques beaux témoignages architecturaux de style *Jugendstil.*

## Adresse utile

**Office de tourisme :** *Am Bahnhof 5. ☎ 83-980. • traben-trarbach.de • Côté Traben. Mai-oct, lun-ven 10h-17h (18h sept-oct), sam 11h-15h ; nov-avr, lun-ven 10h-16h.* Plan du village en français avec ses points d'intérêt,

LA VALLÉE DE LA MOSELLE

liste des hébergements, infos route des vins, loisirs (vélo, randonnées pédestres, canoë-kayak et croisières sur la Moselle...), châteaux du coin (Mont Royal, Grevenburg...), agenda des événements culturels.

## Où dormir ?

### Camping

**Campingplatz Rissbach :** *Rissbacherstr 155. ☎ 31-11. • info@moselcampingplatz.de • moselcampingplatz.de • Avr-oct. Compter 12 € pour 2 pers avec tente et voiture.* Côté Traben, un peu au nord du village, un camping sympa qui s'étale au bord de la Moselle avec quelques arbres. Sanitaires propres. Snack et micro-épicerie sur place.

### Auberge de jeunesse

**Jugendherberge Mittelmosel :** *Hirtenpfad 6. ☎ 92-78. • traben-trarbach@diejugendherbergen.de • diejugendherbergen.de • Côté Traben, à 15 mn à pied de la gare et 10 mn du centre-ville (panneaux). Nuit 21,50-27 €/pers selon capacité, petit déj compris. ½ pens et pens complète possibles. Parking gratuit.* Grand édifice moderne et pratique, installé dans un coin de verdure au dessus de la Moselle. Plus de 170 lits distribués dans des chambres de 1 à 8 personnes ; toutes avec sanitaires intérieurs et mobilier en sapin. Simple et propre. Resto-bar, jeux enfants, ping-pong, terrains de sport...

### De prix moyens à plus chic

**Pension « Altstadt Café » :** *Mittelstr 12. ☎ 81-06-25. • frankebbers@aol.com • altstadtcafe-trarbach.de • Côté Trarbach, à l'angle de Augustastr. Doubles 50-56 € selon saison, petit déj compris.* Imposante maison familiale de style régional, en schiste et toit en ardoise. Voici plusieurs chambres dotées d'une salle de bains, et des appartements avec cuisine. Fonctionnel et nickel. Gentil jardinet à l'arrière pour siroter ou croquer un bout.

## Où manger ?

**Alte Zunftscheune :** *Neue Rathausstr 15. ☎ 97-37. • info@zunftscheune.de • Côté Traben. Hiver, jeu-dim dès 18h (w-e 17h) ; été, tlj dès 17h (w-e 11h-15h). Plats 9-20 €.* La bonne table du village ! Ambiance rustique et chaleureuse sous les vieilles poutres de cette ancienne grange, bardée de vieux objets. À la carte : *Schnitzel, Pfännchen,* viandes grillées, poêlées de pommes de terre, etc., mais aussi des salades, soupes et tartines pour les fauchés. Bonne carte des vins de la Moselle. On s'est régalé ! Une adresse pittoresque. Loue également des appartements de charme, confortables et décorés avec goût.

## À voir. À faire

Sur la rive gauche de la Moselle, à Traben donc, il subsiste trois maisons de style *Jugendstil.* L'***hôtel Bellevue*** mérite un intérêt tout particulier, car sa déco intérieure est restée *in style* : splendide ! On vous conseille donc d'aller goûter leurs délicieux gâteaux dans l'après-midi ou d'y prendre un verre le soir. Un peu plus haut sur la berge se trouve la ***villa Nollen,*** inspirée de l'Art nouveau avec des influences japonisantes, notamment pour le toit. Beaucoup plus bas sur la rive, côté gare, rejoignez la ***villa Huesgen,*** qui possède son propre théâtre. En 1904, sa construction a coûté une petite fortune ! Seul l'extérieur est visible, car la maison ne se visite pas.

***Mosel Therme*** (Thermes de Moselle) **:** *Wildsteiner Weg. ☎ 830-30. • moseltherme.de • Côté Trarbach, au sud du village. Tlj 9h (14h lun)-21h (18h* *w-e). Saunas 15h (10h w-e)-jusqu'à tard (minuit mer-ven). Entrée : 4-11 € selon formule choisie ; réduc.* Réputée pour ses vertus thérapeutiques sur les rhumatismes, les sciatiques et les troubles des reins, l'eau jaillit à 33 °C des profondeurs du schiste pour alimenter bassins thermaux, jets de massage et jacuzzis. Également un coin sauna, des bassins extérieurs, pelouses, solarium, espace enfants...

***Promenades en bateau :*** *avec la compagnie* ***Personenschiffahrt Kolb,*** *☎ (02673) 15-15. • moselrundfahrten.de • Départs tlj mai-oct.* Idéal pour découvrir les charmes de la Moselle en se rendant, par exemple, à Bernkastel-Kues.

## Fête

– ***Mosel Wein festival*** *(fête du vin) : le 2^e^ w-e de juil.*

## BERNKASTEL-KUES *(54470 ; ind. tél. : 06531)*

S'étalant de part et d'autre de la Moselle, Bernkastel-Kues est une importante cité viticole dotée d'un magnifique centre ancien qui en fait l'un des plus beaux villages de la vallée. Du coup, le lieu est éminemment touristique, comme en témoignent ses nombreuses boutiques de souvenirs. Aussi conseille-t-on de visiter Bernkastel-Kues en fin de journée, quand les cars sont repartis. On apprécie alors l'authenticité, le charme et la beauté romantique des pittoresques maisons à colombages, dominées par les coteaux viticoles.

### Adresses utiles

***Office de tourisme :*** *Gestade 6. ☎ 50-01-90. • bernkastel.de • Devant la Moselle, côté Bernkastel, sur la gauche de l'église. Mars-nov, tlj 9h (9h30 sam, 10h dim)-17h (13h dim) ; nov-mars, lun-ven 9h30-16h.* Plan du village, dépliant en français, liste des hébergements (nombreuses chambres d'hôtes), infos loisirs (vélo, randonnée pédestre, croisières...), liste des vignerons du coin, audioguide (payant) en allemand et anglais pour ne rien rater du bourg ancien.

***Office de tourisme de la vallée de la Moselle*** *(Moselland Touristik) : Kordelweg 1. ☎ 973-30. • mosellandtouristik.de • En dehors du centre, un peu plus en amont, dans le quartier d'Andel.* Une foule d'infos sur tous les villages de la Moselle, les transports pour s'y rendre, les hébergements (hôtels, pensions et chambres chez l'habitant), les loisirs (vélo, randonnée pédestre, canoë-kayak, croisières...). Liste des vignerons de la vallée, calendrier des événements culturels. Brochures en français à télécharger en ligne.

### Où dormir ?

#### Camping

***Campingplatz Kueser Werth :*** *Am Hafen 2. ☎ 82-00. • camping-cueser-werth@web.de • camping-kueser-werth.de • Côté Kues, en amont du pont, à côté du port de plaisance. Avr-oct. Compter env 20 € pour 2 pers avec tente et voiture.* Longue pelouse ombragée par quelques arbres sur le bord de la Moselle. Bref, un petit camping agréable, calme et frais, où les places les plus chères ont les pieds dans l'eau. Sanitaires nickel. Jeux enfants et snack sur place.

#### Auberge de jeunesse

***Jugendherberge Moselblick :*** *Jugendherbergsstr 1. ☎ 23-95. • bernkastel-kues@diejugendherbergen.de • diejugendherbergen.*

LA VALLÉE DE LA MOSELLE

*de ● Côté Bern-kastel, en haut de la colline, juste au dessus du château, à 10-15 mn à pied du village (panneaux). Nuit 17-20,50 €/pers selon capacité, petit déj compris. ½ pens et pens complète possibles. Parking gratuit. Loc vélos.* Planté dans un cadre verdoyant avec vue superbe sur le château et la Moselle, ce bâtiment moderne parfaitement tenu propose près de 100 lits ventilés dans des chambres de 1 à 8 personnes ; toutes avec sanitaires communs à l'étage. Demander la chambre nº 105 avec son petit salon donnant sur la vallée. Fonctionnel et sympa. Resto-bar, BBQ, jeux enfants, ping-pong, terrains de sport...

## Chambres chez l'habitant

Les ***Gästezimmer*** sont ici nombreuses et se concentrent en plein cœur du bourg ancien, notamment sur *Burgstrasse* où chaque pas de porte propose des hébergements. Également quelques chambres de charme perdues dans le vignoble alentour. Qualité et prix très corrects *(doubles 50-70 € avec sdb, petit déj compris).* Liste des *Gästezimmer* à l'office de tourisme.

## Chic

***Hotel Doctor Weinstube :*** *Hebegasse 5. ☎ 966-50. ● info@doctor-weinstube-bernkastel.de ● doctor-weinstube-bernkastel.de ● Côté Bernkastel. Doubles 90-143 € selon saison, petit déj buffet compris. ½ pens et pens complète possibles. Parking payant.* Au beau milieu des ruelles du centre historique parsemées d'étonnantes maisons à colombages, petit hôtel de charme d'une trentaine de jolies chambres confortables et toutes dotées d'un design épuré. Agréable courette verdoyante pour prendre le petit déj aux beaux jours. Resto gastronomique sur place (cher !) servant notamment de la *geräucherter Aal* (anguille fumée), la spécialité culinaire du cru.

# Où manger ?

## De bon marché à prix moyens

***Ristorante Spinelli :*** *Bahnhofstr 9. ☎ 24-36. Côté Kues, à deux pas de la gare, et dans l'alignement du pont. Tlj sf mar 12h-15h, 17h30-22h. Plats 7-17 €.* Resto italien de bonne tenue. À la carte : pizzas, pâtes et puis des plats plus élaborés mais aussi plus chers. Dans tous les cas, on en a pour son argent ! Salle chaleureuse soignée ou terrasse sur rue. Bon rapport qualité-prix.

# À voir. À faire

Le ***vieux village de Bernkastel*** est piéton et vraiment extraordinaire à découvrir. Il se compose de dizaines de vénérables maisons à colombages, penchées... comme des petites vieilles ! La place du marché, ***Marktplatz,*** demeure la figure de proue de cet ensemble étonnant, vieux de plus de 400 ans. Au centre, fontaine Saint-Michel du XVIIe s, avec de belles grilles en fer forgé. Dans un petit coin, repérez la maisonnette la plus célèbre de la ville, la ***Spitzhäuschen,*** d'une étonnante étroitesse, toute de travers et défiant véritablement les lois de l'équilibre ! Déambuler dans ce labyrinthe de ruelles est un vrai plaisir, toutefois pondéré par l'accumulation des (trop) nombreuses boutiques de souvenirs.

Du centre historique de Bernkastel, on peut grimper jusqu'aux ruines du château ***Burg Landshut,*** bâti au XIIIe s pour le compte des archevêques de Trèves, sur le site d'une ancienne place forte romaine. Dominant la vallée et le village, il fut la proie des flammes à la fin du XVIIe s, et jamais reconstruit. *Accès (payant) à la tour avr-nov.* De là, superbe point de vue sur le méandre gracieux de la rivière. Café sur place.

***St. Nikolaus Hospital-Cusanusstift*** (hôpital Saint-Nicolas) **:** *Cusanusstr 2. ☎ 22-60. • cusanus.de • Côté Kues, juste au niveau du pont. Entrée libre pour la chapelle, tlj 9h-18h (15h le sam). Visite guidée (5 €) en allemand avr-oct, le mar 10h30 et le sam 15h (se renseigner car changement possible) ; sur résa le reste de l'année.*
Le cardinal Nicolas de Cusanus (1401-1464) est à l'origine de cette fondation hébergeant des vieillards démunis. Symboliquement – en référence à l'âge du Christ au moment de sa mort – on ne prend ici que 33 pensionnaires. Eh oui ! on parle bien encore au présent, car l'hôpital est encore en activité et assure ainsi sa fonction première ! Beau cloître de style gothique et, dans la charmante chapelle : retable du XVᵉ s représentant la Crucifixion, le Couronnement et la Mise au tombeau. Dans l'entrée, fresque du Jugement dernier. Sur place, bibliothèque renfermant quelques manuscrits précieux.
– Dans l'aile gauche de l'hôpital, un ***musée du Vin de la Moselle*** a été aménagé *(• moselweinmuseum.de • Tlj : de mi-avr à oct, 10h-18h ; de nov à mi-avr, 14h-17h. Entrée : 5 € ; réduc).* À l'aide d'outils multimédias, présentation de la plus vieille région viticole allemande. Dégustation en supplément.

***Promenades en bateau :*** *avec la compagnie* ***Personenschiffahrt Kolb,*** *☎ (02673) 15-15. • moselrundfahrten.de • Départs tlj mai-oct.* Idéal pour explorer les méandres gracieux de la Moselle en se rendant, par exemple, à Trier ou Traben-Trarbach.



## Fête

– ***Festival du Vin :*** *le 1er w-e de sept (jeu-lun), avec feux d'artifice le sam soir.*

# TRIER (TRÈVES)

(54290) 106 300 hab. IND. TÉL. : 0651

**Trèves – la ville la plus ancienne d'Allemagne – est une cité bien agréable, touristique certes, mais aussi universitaire, ce qui la rend bien vivante. Sa position stratégique en bord de Moselle, en fit un temps une « seconde Rome » dont il subsiste encore de nombreux vestiges. Ainsi, la porte romaine *Porta Nigra* est devenue son véritable emblème, classée au Patrimoine mondial de l'Unesco avec huit autres monuments de la ville et alentour. Trèves, à l'image de la vallée de la Moselle, coule une petite vie paisible et se révèle une halte séduisante et reposante. Tiens, Karl Marx est né ici ! C'est sans doute, avec Berlin, l'une des dernières villes du pays à avoir une rue Karl-Marx...**

## UN PEU D'HISTOIRE

La fondation de la cité est attribuée à l'empereur romain Auguste en 17 av. J.-C., après sa victoire *in situ* sur les *Trévires,* tribu celtique. La ville se nommait alors *Augusta Trevorum,* et s'entoura dès le IIᵉ s d'un rempart dont il subsiste aujourd'hui la célèbre *Porta Nigra.* Fin IIIᵉ s, Trèves fut la capitale des Gaules. Au siècle suivant, elle connut son apogée sous l'empereur Constantin, qui en fit sa résidence et sa capitale (l'empire romain ne comptait pas moins de sept empereurs auto-proclamés à cette époque !). La cité devint alors un rendez-vous important du christianisme. Puis les invasions des Francs l'affaiblirent, et Trèves déclina jusqu'à ce que Charlemagne en fasse un évêché au IXᵉ s. Les archevêques accrurent leurs pouvoirs et leurs richesses, et exercèrent bientôt les pouvoirs régaliens. Ils devinrent

au XIVe s « archevêques-princes électeurs », et se firent construire un palais qui intégra l'ancienne salle du trône monumentale (la *aula*) de Constantin. Fin XVIIIe s, les troupes françaises prirent la ville qui devint préfecture de la Sarre, alors département français. En 1815, elle tomba aux mains des Prussiens. Durant la Seconde Guerre mondiale, la ville fut détruite pour moitié.
Aujourd'hui, Trèves affiche un formidable mélange des styles architecturaux qui lui donne un visage unique, porteur d'une accumulation de caractères de la culture occidentale. Elle demeure aussi le centre des vins de Moselle, l'un des principaux vignobles du pays.

## Arriver – Quitter

– ***Infos transports régionaux en train et bus :*** *• vrt-infos.de •*

### En train

**Hauptbahnhof** *(gare ferroviaire centrale ; plan C2)* **:** *Bahnhofsplatz. ☎ 0800-150-70-90 (n° vert). • bahn.de •*

➢ ***Saarbrücken :*** 2-3 trains/h. Durée : 1h30.

➢ ***Luxembourg-Ville :*** 1-2 trains/h. Durée : 1h.

➢ ***Völklingen :*** 1-2 trains/h. Durée : 1h.

➢ ***Koblenz :*** 1-2 trains/h, via certains villages des berges de la Moselle, comme ***Traben-Trarbach*** et ***Cochem.*** Durée : 1h30. Pour ***Bernkastel-Kues,*** il faut prendre le train jusqu'à *Wittlich* puis le bus.

## Adresses et infos utiles

**Office de tourisme** *(plan C1)* **:** *an der Porta Nigra. ☎ 97-80-80. • trier-info.de • Mai-oct, lun-sam 9h-18h (19h ven-sam), dim 10h-17h ; nov-déc et mars-avr, lun-sam 9h-18h, dim 10h-15h ; janv-fév, tlj 10h-17h (13h dim et la sem de Noël).* Plan de la ville en français pointant ses principaux monuments, petit guide culturel illustré en français (payant), liste des vignerons de la vallée de la Moselle, infos loisirs dans les environs (vélo, randonnée pédestre, croisières...), agenda des événements culturels. Assure les résas d'hôtels, des visites guidées (payantes) en allemand et parfois en anglais (se renseigner), et vend l'intéressante *Trier Card.* Accueil sympa.

– ***Trier Card :*** *valable 3 j. Prix : 10 € ; 21 € pour les familles (2 adultes et 3 enfants max).* En plus de l'accès gratuit au réseau de bus urbains, elle permet d'obtenir une réduction de 10 % sur l'entrée des édifices romains ; autour de 25 % sur le tarif des musées et des visites guidées organisées par l'office de tourisme ; et encore plein d'autres remises sur la location de vélos, les croisières en bateau, spectacles, piscines, boutiques, restos...

✉ **Poste** *(plan B2)* **:** *Fleischstr 62. Tlj sf dim 9h30-20h.*

**Urgences médicales** *(plan A2,* ***5****)* **:** *Feldstr 16. ☎ 45-555.*

– **Marché** *(plan B2)* **:** *tlj sur Hauptmarkt. Et le 1er sam du mois, marché fermier sur la place de la cathédrale.*

**Location de vélos :** *chez* ***Radstation-Bürger Service*** *(plan C2,* ***6****), à la gare ferroviaire, face au quai 11. ☎ 14-88-56. De mi-avr à mi-oct, tlj 9h-13h et 15h-18h ; d'oct à mi-avr, lun-ven 10h-18h. À partir de 12 €/j.* Nombreuses pistes cyclables le long de la Moselle, infos à l'office de tourisme.

**Promenades en bateau** *(plan A1,* ***7****)* **:** *avec la compagnie* ***Personenschifffahrt Kolb,*** *☎ 266-66. • moselrundfahrten.de • Avr-oct. Résas à l'office de tourisme.* Départ de l'embarcadère de *Zurlaubener Ufer* pour des croisières de 1h à 1 journée sur la Moselle, qui permettent aussi de gagner le village de Bernkastel-Kues, plus en aval.

## Où dormir ?

### Camping

⛺ |●| ***Camping und Reisemobil Park Treviris*** *(hors plan par A3, **10**) : Luxemburger Str 81. ☎ 820-09-11. • info@camping-treviris • camping-treviris.de • De l'autre côté du pont Konrad Adenauer, à 20 mn à pied du centre. Avr-oct. Compter 22-25 € selon saison pour 2 pers avec tente et voiture.* Au bord de la Moselle, voici de grandes pelouses ombragées pour planter ses sardines. Resto-bar, épicerie, jeux pour enfants...

### Auberge de jeunesse

|●| ***Jugendherberge Römerstadt*** *(hors plan par B1, **11**) : an der Jugendherberge 4. ☎ 14-66-20. • trier@diejugendherbergen.de • diejugendherbergen.de • De la gare ferroviaire, compter 30 mn de marche. Sinon, bus nº 12 ; descendre au Kaiserwilhelmbrücke, c'est à 5 mn à pied. Nuit 22,52-28 €/pers selon capacité, petit déj compris. ½ pens et pens complète possibles. Parking gratuit. Loc de vélos.* Bâtiment moderne confortable offrant plus de 200 lits répartis dans des chambres de 1 à 6 personnes ; toutes avec sanitaires intérieurs. Resto-bar avec *Biergarten* sympa, billard, ping-pong, jeux enfants... Une bonne adresse sans fioritures, mais un peu éloigné du centre à pied.

### Bon marché

|●| ***Kolpinghaus Warsberger Hof*** *(plan B2, **12**) : Dietrichstr 42. ☎ 97-52-50. • info@kolpinghaus-warsberger-hof.de • kolpinghaus-warsberger-hof.de • Lit en dortoir 24 €, double 68 € ; draps et petit déj inclus. Menu midi 9 €. Parking payant.* En plein centre-ville, dans un édifice ancien parfaitement tenu et très calme, près de 170 lits répartis dans des chambres de 2 ou 4 personnes, toutes équipées de lavabo ; douche et w-c à l'étage. Une adresse fonctionnelle et nickel. Sur place, resto très honnête, ouvert sur un charmant *Biergarten* agréable aux beaux jours.

### De prix moyens à chic

***Hotel Grund*** *(plan C1, **15**) : Paulinstr 7. ☎ 259-39. • info@hotel-portanigra.de • hotel-portanigra.de • À côté de la Porta Nigra. Double 95 €, petit déj inclus.* Récemment rénové et parfaitement tenu, c'est l'un des hôtels les moins chers de la ville. Chambres pratiques et nickel, toutes avec salle de bains. Celles sur rue sont insonorisées, mais préférez quand même les autres à l'arrière. Bon rapport qualité-prix et accueil familial sympa.

***Hotel Casa Chiara*** *(plan C1, **14**) : Engelstr 8. ☎ 27-07-30. • info@casa-chiara.de • casa-chiara.de • Doubles 85-130 € selon saison. Parking payant.* Dans une rue tranquille à deux pas de la *Porta Nigra,* on est séduit par ce petit hôtel propret. Chambres fonctionnelles soignées et équipées de tout le confort standard. Accueil très aimable.

|●| ***City Hotel Primavera*** *(plan B2, **13**) : Johannesstr 16. ☎ 145-52-50. • info@cityhotel-primavera.de • cityhotel-primavera.de • Doubles 63-85 € selon saison. Petit déj en sus 5 €. ½ pens et pens complète possibles. Parking payant.* Entrée bordée de verdure pour cet hôtel moderne situé en plein centre-ville. Une trentaine de chambres confortables et standardisées, plutôt plaisantes et impeccablement tenues. Bon rapport qualité-prix. Resto italien sur place.

***Hotel Alte Villa*** *(hors plan par B3, **16**) : Saarstr 133. ☎ 93-81-20. • info@hotelaltevilla.de • hotelaltevilla.de • Doubles 85-130 € selon taille, petit déj inclus. Parking payant.* À 20 mn à pied du centre, c'est une charmante maison baroque de plus de 3 siècles, équipée d'une petite terrasse à l'avant. Au choix parmi une vingtaine de chambres confortables, à la déco très classique. Une bonne adresse, un peu excentrée quand même.

|●| ***Hotel Zum Christophel*** *(plan C1, **17**) : Simeonstr 1. ☎ 97-94-200.*

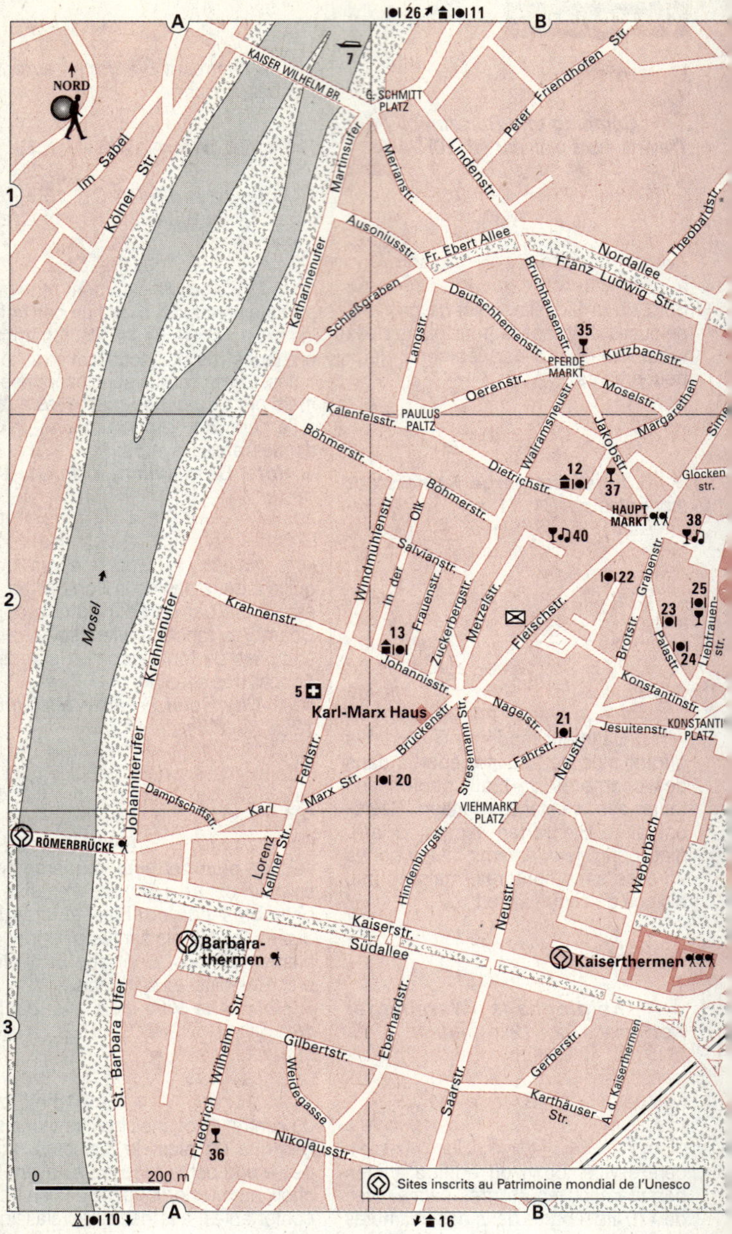
NORD
KAISER WILHELM BR.
G. SCHMITT PLATZ
Im Sabel
Kölner Str.
Martinsufer
Meriansstr.
Lindenstr.
Peter Friendhofen Str.
Theobaldstr.
Ausoniusstr.
Fr. Ebert Allee
Nordallee
Franz Ludwig Str.
Katharinenufer
Schießgraben
Deutschhermenstr.
Bruchhausenstr.
Langstr.
PFERDE MARKT
Kutzbachstr.
Oerenstr.
Moselstr.
Margarethen
Kalenfelsstr.
PAULUS PALTZ
Böhmerstr.
Walramsneustr.
Jakobstr.
Dietrichstr.
Glocken str.
HAUPT MARKT
Windmühlenstr.
Olk
Salviansstr.
In der
Frauenstr.
Zuckerbergstr.
Metzelstr.
Fleischstr.
Grabenstr.
Brotstr.
Palastr.
Liebfrauen-str.
Krahnenstr.
Mosel
Krahnenufer
Johannisstr.
Karl-Marx Haus
Brückenstr.
Stresemann Str.
Nagelstr.
Konstantinstr.
Jesuitenstr.
KONSTANTIN PLATZ
Johanniterufer
Feldstr.
Fahrstr.
Neustr.
Dampfschiffstr.
Karl Marx Str.
VIEHMARKT PLATZ
RÖMERBRÜCKE
Lorenz Kellner Str.
Hindenburgstr.
Weberbach
Kaiserstr.
Südallee
Barbara-thermen
Kaiserthermen
St. Barbara Ufer
Friedrich Wilhelm Str.
Gilbertstr.
Weidegasse
Eberhardstr.
Saarstr.
Gerberstr.
Karthäuser Str.
A. d. Kaiserthermen
Nikolausstr.
0
200 m
Sites inscrits au Patrimoine mondial de l'Unesco
A
B
1
2
3
26
11
7
35
12
37
38
40
22
25
23
24
13
5
21
20
36
10
16

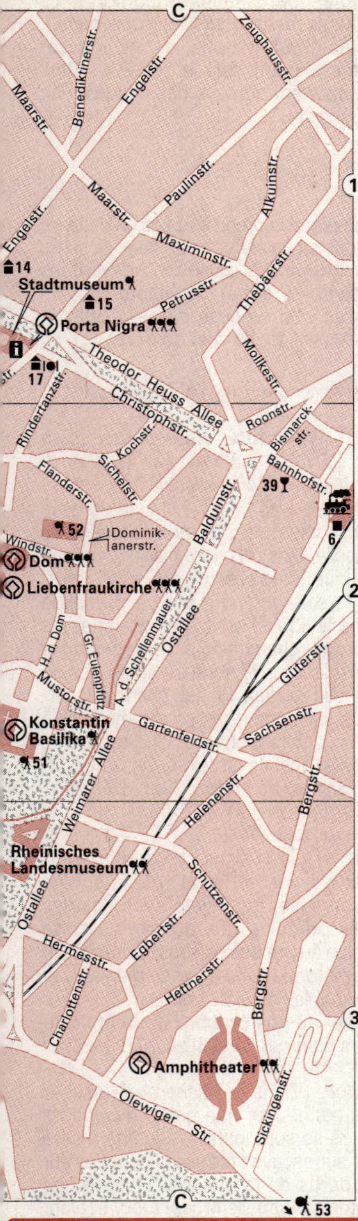


TRÈVES

## Adresses utiles

- Office de tourisme
- 5 Urgences médicales
- 6 Radstation-Bürger Service (location de vélos)
- 7 Promenades en bateau

## Où dormir ?

- 10 Camping und Reisemobil Park Treviris
- 11 Jugendherberge Römerstadt
- 12 Kolpinghaus Warsberger Hof
- 13 City Hotel Primavera
- 14 Hotel Casa Chiara
- 15 Hotel Grund
- 16 Hotel Alte Villa
- 17 Hotel Zum Christophel

## Où manger ?

- 20 Astarix
- 21 Kartoffel Kiste
- 22 Brasserie Trier
- 23 Bistro « oh ! Bio mio »
- 24 Pasta-Pasta
- 25 Weinstube Kesselstatt
- 26 Les restos du bord de la Moselle

## Où boire un verre ? Où sortir ?

- 35 Zapotex
- 36 Funky Abbey
- 37 New Minton's
- 38 Café Walderdorff's
- 39 Lecca Café
- 40 Coyote Café

## À voir

- 51 Kurfüstliches Palast
- 52 Museum am Dom
- 53 WeinortTrier Olewig

*• info@schroeders-hotels.de • zum christophel.de • Doubles à partir de 99 € selon saison, petit déj compris.* On ne peut rêver mieux placé : vue directe sur la Porta Nigra depuis cet hôtel installé dans un vieil immeuble pittoresque. Chambres confortables et lumineuses, dans les tons pastel. Le saint Christophe, patron de cet établissement, fera le reste en vous transportant au pays des songes. Fait aussi resto.

## Où manger ?

### Bon marché



🍴 ***Astarix*** *(plan B2,* ***20****) : Karl-Marx-Str 11. ☎ 722-39. • webmaster@astarix-trier.de • À côté du théâtre. Tlj 11h30 (13h dim)-23h (23h30 ven-sam). Plats 3-8 €.* Grande salle chaleureuse flanquée d'une terrasse donnant sur un carré de verdure. Dans l'assiette : bons petits plats copieux, rapidement ficelés et servis avec le sourire, du genre pizzas *(lun slt),* pâtes, toasts, salades, soupes... Bon rapport qualité-prix. Un resto tout simple, plébiscité par les jeunes et les moins jeunes.

🍴 ***Kartoffel Kiste*** *(plan B2,* ***21****) : Fahrstr 13-14. ☎ 979-00-66. • mail@kiste-trier.de • Tlj 11h30-22h. Plats 4-17 €.* En plein centre, resto totalement dédié à la pomme de terre, arrangée selon de nombreuses recettes (boulette, frite, robe de chambre, soupe, salade...), et que l'on accompagne volontiers d'une viande. On se régale simplement et sans se ruiner dans une grande salle un peu rustique, ou en terrasse sur la rue piétonne. Une adresse courue à midi par les employés du quartier.

🍴 ***Bistro « oh ! Bio mio »*** *(plan B2,* ***23****) : Palaststr 3. ☎ 191-208-20. Lun-sam 8h30-19h (18h sam). Plats 6-10 €. Dans le supermarché* Biogate. Ce bistrot nous rappelle qu'en Allemagne, manger bio est réservé à... tout le monde ! On se régale de généreuses portions végétariennes, saines, naturelles et renouvelées chaque jour. Bons jus de fruits frais. Plein à craquer le midi, autour du grand comptoir en bois ovale.

🍴 ***Pasta-Pasta*** *(plan B2,* ***24****) : Palaststr 5-7. ☎ 991-73-33. Tlj 11h-21h. Plats 5-6 €.* Grande salle fraîche ouverte sur la ruelle, pour ce self-service consacré aux pâtes, pizzas et salade vendues au poids. Mode d'emploi : on prend d'abord un plateau, on choisit sa sauce et on paie. Ensuite, muni du ticket, on se rend devant les casseroles d'eau bouillante où l'on choisit son type de pâtes. Copieux, rassasiant et pas cher du tout.

### De prix moyens à chic

🍴 🍷 ***Weinstube Kesselstatt*** *(plan B2,* ***25****) : Liebfrauenstr 10. ☎ 411-78. • info@weinstube-kesselstatt.de • Tlj 10h-minuit. Plats 5-12 €.* Une adresse formidable pour s'initier aux vins de la Moselle dans un cadre plaisant, un brin rustique, avec pressoir ancien au milieu de la salle. Et pour mettre du solide dans le liquide, voici des assiettes de fromage, charcuterie et quelques bons plats du jour typiques inscrits sur de grands tableaux. En été, charmante terrasse sur les pavés, avec vue imprenable sur la Liebfrauenkirche. Une excellente adresse animée en soirée. On aime !

🍴 ***Brasserie Trier*** *(plan B2,* ***22****) : Fleischstr 12. ☎ 97-80-00. • info@brasserie-trier.de • Tlj 12h-22h. Plats 10-28 €.* Dans ce cadre chaleureux chic, on est séduit par la cuisine savoureuse, qui mijote avec soin les bons produits frais du cru. La carte évolue au gré des saisons. Terrasse sur rue piétonne. Une adresse bien appréciée par les gens du coin.

🍴 ***Les restos du bord de la Moselle*** *(hors plan par B1,* ***26****) : à 10 mn à pied du centre, suivre les panneaux « Zurlauben ».* Dans le *Fischerdorf* (quartier des pêcheurs), une petite dizaine de restos se sont installés les uns à côté des autres, avec terrasses ouvertes sur les bords de la Moselle. L'un de nos préférés s'appelle ***Mosel Lied,*** servant du poisson de la rivière. Dépaysement assuré. On vient ici surtout goûter un peu de fraîcheur durant les soirs d'été. Bondé en fin de semaine.

## Où boire un verre ? Où sortir ?

**Coyote Café** *(plan B2, **40**) : Nikolaus-Koch-Platz 5. ☎ 994-76-06. • info@coyote.de • Tlj 10h-1h (3h ven-sam).* Succès fou pour cet énorme bar à la déco tex-mex, doublé d'une terrasse sur la place. Et quelle ambiance en fin de semaine quand les étudiants déboulent ! Soirées *DJ* et musique *latina,* qui précipitent les corps dans la danse.

**Zapotex** *(plan B1, **35**) : Pferdemarkt 1A. ☎ 758-22. • kontakt@zapotex.de • Tlj 19h (20h en été)-3h.* Un rendez-vous étudiant avec lequel il faut compter. Devant les fresques murales lumineuses, soirées à thème et *DJ set* le w-e (jazzy, latino, électro...). Une adresse animée sympa.

**Funky Abbey** *(plan A3, **36**) : Nikolausstr 69. ☎ 458-66. • lin@funky-abbey.de • À l'angle de Friedrich-Wilhelm-Str. Par beau tps mer-sam dès 22h, par mauvais tps lun-sam dès 21h.* Autre temps fort de la nuit, derrière ses vitres fumées, petit bar tout de rouge illuminé. Long zinc pour une foule de cocktails. Souvent bondé. Ambiance gentiment alternative.

**New Minton's** *(plan B2, **37**) : Jakobstr 13. ☎ 979-02-65. • mail@newmintons.de • Tlj dès 11h (10h dim).* Bistrot tout en longueur, dont le nom rend hommage au mythique club de jazz new-yorkais. Mais la similitude s'arrête là ! Idéal pour siroter un cocktail en terrasse dans la ruelle, ou manger un bout (burgers, pizzas...) entre copains. Ambiance décontractée.

**Café Walderdorff's** *(plan B2, **38**) : Domfreihof 1a. ☎ 994-44-12. • kontakt@walderdorffs.de • Tlj sf dim dès 11h30-1h (2h ven-sam)* Face à la cathédrale, cet élégant bâtiment ancien, bordée d'une belle terrasse sur la place, propose 3 ambiances plutôt chics pour le prix d'une ! D'abord un café-resto, puis un bar à vins, et enfin une discothèque au sous-sol. Clientèle dorée mais décontractée.

**Lecca Café** *(plan C2, **39**) : Bahnhofplatz 7. ☎ 994-98-30. • info@cafe-lecca.de • Tlj 9h (10h sam-dim)-1h.* Déco intérieure sobre et simple, pour une clientèle étudiante venue surfer autour d'un bon milk-shake. Terrasse sur rue. Large choix de cocktails, mais aussi des petits déj et quelques trucs simples à croquer (sandwichs, soupes, gâteaux...).

TRÈVES

## Monuments de l'époque romaine à découvrir

Considérée comme « la Rome du Nord » ou « la seconde Rome », Trèves et ses alentours conservent plusieurs beaux témoignages de cette période antique ; en tout sept monuments classés au Patrimoine mondial de l'Unesco depuis 1986, en même temps que la cathédrale *(Dom)* et l'église Notre-Dame *(Liebfrauenkirche)*. *• welterbe-rlp.de •*

**Porta Nigra** *(plan C1) : Porta Nigra Platz. ☎ 754-24. Tlj 9h-18h (17h oct et mars, 16h nov-fév). Fermeture caisse 30 mn avt. Entrée : 3 € ; réduc.* Superbe porte romaine du IIe s, presque entièrement conservée dans son architecture d'origine, haute de 30 m et large de 36 m. Certainement l'un des plus beaux témoignages de la présence des Romains en Allemagne. Les ravages du temps, les mousses végétales et les intempéries ont donné une patine noirâtre à la pierre, d'où son nom depuis le XIe s. Cette porte défensive, appartenant à l'ancien mur d'enceinte, est composée de blocs de grès posés les uns sur les autres, sans mortier de scellement, mais attachés entre eux par des crampons métalliques (certains sont encore visibles). La porte est formée de plusieurs étages d'arcades auxquels on accède par un escalier. Remarquez la cour au milieu de celle-ci, qui était fermée côté intérieur par des portes, mais aussi côté extérieur par des herses. Certains assaillants se retrouvaient ainsi piégés.

À partir du XIe s, la porte fut intégrée aux murs d'une église dédiée à Saint-Siméon ; ce qui l'a préservée. En fait, on édifia deux églises superposées, et pour cela, il fallut ajouter des planchers à la construction initiale, sculpter les chapiteaux... Mais Bonaparte fit détruire l'église au début du XIXe s, pour redonner au monument sa forme originelle, puis les Prussiens s'en servirent à nouveau comme porte... Attenant au monument se trouve le cloître de l'église saint Siméon, siège du *Stadtmuseum* (voir plus loin).



**Kaiserthermen** *(thermes impériaux ; plan B3) : Im Palastgarten. ☎ 436-25-50. Tlj 9h-18h (17h oct et mars, 16h nov-fév). Fermeture caisse 30 mn avt. Entrée : 3 € ; réduc.* Les thermes impériaux de Trèves, construits par l'empereur Constantin au IVe s, sont particulièrement impressionnants par leur taille (250 m sur 145 m) et intéressants du fait de leur bon état de conservation. Ils furent transformés par la suite en caserne militaire par les successeurs de Constantin... Aujourd'hui, on visite les multiples souterrains et dédales de couloirs voûtés et frais. La partie principale des thermes, le *caldarium* (bains chauds), présente une structure en hémicycle où alternent gracieusement pierres et briques en éventail. C'est la partie la plus visible du vieil édifice.

**Amphitheater** *(arène ; plan C3) : Olewiger Str 25. ☎ 730-10. Tlj 9h-18h (17h oct et mars, 16h nov-fév). Fermeture caisse 30 mn avt. Entrée : 3 € ; réduc.* On visite les ruines de l'arène romaine, construite au IIe s apr. J.-C., pour les combats de gladiateurs et d'animaux. L'amphithéâtre faisait partie intégrante de l'enceinte de la ville et servait aussi de porte fortifiée, côté sud. Il pouvait accueillir jusqu'à 20 000 spectateurs. Son sous-sol, dégagé et accessible, permet d'observer les vestiges de la machinerie qui assurait la montée de la scène. Au Moyen Âge, l'arène servit de refuge aux villageois, ce qui la préserva de la destruction totale.

**Konstantin Basilika** *(basilique de Constantin ; plan C2) : Konstantinplatz 10. ☎ 425-70. • konstantin-basilika.de • Avr-oct, tlj 10h-18h ; nov-déc, tlj sf lun 10h-12h, 14h-16h (dim 12h-13h) ; janv-mars, tlj sf lun 11h-12h, 15h-16h (dim 12h-13h). Gratuit.* Gigantesque *aula,* commencée par Constantius Chlorus (293-305), poursuivie par Constantin le Grand (306-337), et achevée sous Gratien (367-383), elle servait de salle d'audience. Elle fut conservée dans son état originel car c'était une aile du palais des archevêques-princes électeurs. Partiellement détruite durant la Seconde Guerre mondiale, elle fut reconstruite, et abrite désormais l'église protestante de Trèves. Concerts payants en été (se renseigner).

**Barbarathermen** *(thermes de Sainte-Barbe ; plan A3) : Südallee 48. Fermé pour restauration (durée indéterminée, se renseigner).* Bains romains du IIe s qui tirent leur nom d'un quartier de Trèves aujourd'hui disparu. À l'origine, ils étaient grands comme sept terrains de foot ! Seules les fondations sont aujourd'hui visibles, car le site servit de carrière pour d'autres constructions...

**Römerbrücke** *(pont romain ; plan A3) :* construit au IIe s, en même temps que l'enceinte de la ville et sa célèbre Porta Nigra, le pont est large de quatre voies sur neuf piles de basalte. Jusqu'en 1912, il était le seul pont à enjamber la Moselle. Aujourd'hui encore en service, c'est l'un des principaux ponts de Trèves.

**Rheinisches Landesmuseum** *(Musée archéologique de Rhénanie ; plan C3) : Weimarer Allee 1. ☎ 977-40. • landesmuseum-trier.de • Tlj sf lun 10h-17h. Fermeture caisse 30 mn avt. Entrée : 6 € ; réduc ; audioguide en français compris.* Ce musée est né par la volonté même de Bonaparte de rassembler des collections d'objets archéologiques découverts fortuitement ou lors de fouilles à Trèves et dans sa région. Cette œuvre fut poursuivie par les Prussiens. Bien présentées et mises en valeur de façon interactive, voici d'intéressantes sections consacrées à la préhistoire, au Moyen Âge, mais surtout à l'Antiquité romaine. Riches collections de mosaïques, sculptures, statuettes, tombes et autres monuments funéraires. Ne ratez pas le ***Bateau de Neumagen,*** célèbre sculpture emblématique, dont vous retrouverez des représentations dans toute la ville. Ce bateau transportant du vin couronnait un monument funéraire. Il montre l'importance de Trèves en tant que ville commerçante et viticole à l'époque romaine. Les Romains fournissaient les cépages, et les Celtes leurs tonneaux ; preuve d'une vie gallo-romaine en harmonie... Également ***la scène d'école,*** magnifique et touchant bas relief funéraire en marbre du IIe s, représentant un précepteur grec, deux élèves assis, et un troisième qui fait signe de son désir de recevoir l'enseignement. Enfin, ne manquez pas encore le plus important ***trésor en or*** du monde romain, avec plus de 2 600 pièces de monnaie !

***Resto-café*** sur place avec gentille terrasse dans le jardin.

## À voir encore...

***Dom*** *(cathédrale ; plan C2) : Liebfrauenstr 12. ☎ 979-07-90. • dominformation.de • Tlj 6h30-18h (17h30 nov-mars). Gratuit.*
C'est la plus ancienne église épiscopale d'Allemagne, point d'attraction central de la ville. Le plus remarquable de sa structure demeure sans doute son ***extérieur,*** massif, mais duquel se dégage une grande pureté : au centre, sur la place, une abside arrondie entourée de tours carrées trapues. Si le cœur de l'édifice est romain (fin IIIe-début IVe s), sa façade ouest du XIe s affiche une architecture romane, et les styles mosan, gothique et baroque, se fondent ici en un édifice au pouvoir de séduction exceptionnel ! À ***l'intérieur,*** gros piliers robustes carrés sur lesquels sont plaqués des autels baroques assez imposants. La cathédrale possède en fait deux chœurs qui se font face. Celui de l'ouest abrite le tombeau gothique en marbre de l'archevêque-prince électeur Baudouin de Luxembourg. Au-dessus du chœur oriental, est enfermée la Sainte Tunique, vêtement-relique sans couture qui aurait appartenu au Christ... Juste à l'entrée, dans le bas-côté droit : ancien tympan roman (le sol est aujourd'hui plus haut), représentant le Christ avec saint Pierre et la Vierge. Sur le côté gauche, très belle chaire de pierre sculptée, ornée de bas-reliefs d'une rare finesse. Ne manquez pas enfin les orgues monumentales modernes, en nid d'hirondelle et comme suspendues. Très beau cloître gothique (XIVe s) accessible en poussant une porte sur la droite.
– ***Le trésor de la cathédrale :*** *tlj, avr-oct 10h (12h30 dim)-17h ; nov-mars, 11h (12h30 lun et dim)-16h. Entrée : 1,50 € ; réduc.* Présente des objets liturgiques. À voir particulièrement, l'autel portatif de saint André du Xe s, témoignant de la qualité de l'orfèvrerie médiévale.

***Liebfrauenkirche*** *(église Notre-Dame ; plan C2) : Liebfrauenstr 2. ☎ 979-07-90. • dominformation.de • Contiguë à la cathédrale. Tlj 10h (11h sam)-19h (17h nov-mars). GRATUIT.* Avec celle de Marburg, c'est l'une des plus anciennes églises gothiques d'Allemagne (XIIIe s). Avant d'entrer, jeter un œil sur le tympan du portail, représentant une Vierge en majesté. L'intérêt réside surtout dans le plan original de l'église – en forme de croix grecque – dans laquelle s'insère à chaque angle deux absidioles, lui donnant l'aspect d'une rose mystique à 12 pétales. Cette impression de légèreté est amplifiée par la finesse des 12 colonnes (symbole des apôtres), des voûtes et des galeries de circulation, qui font le tour de l'édifice.

***Hauptmarkt*** *(plan B2) :* la place principale de la ville, centre de l'animation dans la journée. Au milieu, la ***Croix du marché,*** signe de la domination épiscopale et symbole du cœur de la ville, dont l'original se trouve au Stadtmuseum. À côté, la ***fontaine de Saint-Pierre,*** de style maniériste (1595), représente en dorure et couleurs les quatre vertus, comme autant de messages à la population. De ce point de vue, le regard embrasse un large et agréable panorama, avec la ***cathédrale*** d'un côté et une belle enfilade de magnifiques ***maisons*** de tous les styles : gothique, Renaissance et baroque, ainsi qu'un édifice appelé ***Steipe,*** tout blanc avec ses créneaux et ses arcades de style néogothique. Symbole du pouvoir civil, c'est l'ancienne salle de fêtes de la municipalité qui servait aussi de prison, d'archives et de chancellerie... Entre les arcades, on peut voir les statues de sainte Hélène, saint

Pierre, saint Paul et saint Jacques, les patrons de Trèves. À côté, élégante maison rouge frappée d'une inscription dorée en latin sur sa façade, qui parle de Trèves comme l'une des plus vieilles villes de l'univers !

**Kurfüstliches Palast** *(palais des Princes électeurs ; plan C2,* ***51****)* **:** *Im Palastgarten.* Bordé par le *Palastgarten,* jardin à la française inattendu, la façade de ce palais rococo (XVII$^{e}$ s) tout rose est copieusement décorée de statues et de dorures.

**Stadtmuseum** *(Musée municipal ; plan B1)* **:** *Simeonstr 60. ☎ 718-14-59. • museum-trier.de • Dans le cloître roman Saint-Simon (Simeonstift), jouxtant la Porta Nigra. Tlj sf lun 10h-17h. Entrée : 5,50 € ; réduc.* Collections d'objets éclectiques reflétant l'histoire de la ville, du Moyen Âge à nos jours. À voir, la superbe maquette de Trèves donnant l'image de la cité au XIX$^{e}$ s. Nombreuses gravures sur le développement de la ville. Au rez-de-chaussée, remarquer la fameuse « croix du marché » (X$^{e}$ s) qui se trouvait autrefois sur la place du Marché et aujourd'hui remplacée *in situ* par une copie. Cette croix, de forme irlandaise, montre en son centre l'Agneau de Dieu...

**TRÈVES**

**Museum Am Dom** *(musée de la Cathédrale ; plan C2,* ***52****)* **:** *Bischof-Stein-Platz 1. ☎ 710-52-55. • museum-am-dom-trier.de • Tlj sf lun 9h (13h dim et j. fériés)-17h. Entrée : 3,50 € ; réduc.* Musée d'art sacré, exposant essentiellement le fruit des fouilles archéologiques entreprises autour de la cathédrale *(Dom)* et de l'église Notre-Dame *(Liebfrauenkirche).* Le clou du musée est l'exceptionnel groupe composé de 15 fresques trouvées sous la cathédrale et minutieusement reconstituées à près de 80 %. Incroyable travail de fourmi ! L'ensemble décorait un plafond à caissons du IV$^{e}$ s, et proviendrait du palais de Constantin. Des chercheurs pensent que la fresque du caisson central montre sainte Hélène, mère de Constantin, ou Fausta, sa première femme.

**Karl-Marx Haus** *(maison de Karl-Marx ; plan B2)* **:** *Brückenstr 10. ☎ 97-06-80. • fes.de/karl-marx-haus • Tlj 10h-18h (20h le 1$^{er}$ ven du mois) ; nov-mars, 11h (14h lun)-17h. Entrée : 3 € ; réduc.* Sans donner de cours d'histoire, rappelons que Marx est né en 1818 à Trèves et mort à Londres en 1883. À la fois philosophe et économiste, il élabora la théorie du « matérialisme historique ». Il se lia d'amitié avec Engels et rédigea avec lui le *Manifeste du parti communiste* en 1848. Très vite apatride, il habita tour à tour en France et en Grande-Bretagne. Il écrivit *Les Luttes des classes en France* et *Fondements de la critique de l'économie politique.* Puis vint *Le Capital,* qui reste son œuvre majeure. C'est là que Marx définit l'objectif de la I$^{re}$ Internationale, l'abolition du capitalisme, et met au point les différentes phases de l'avènement du communisme. Sa doctrine prendra le nom de marxisme... contre son gré. La visite de sa maison natale a été entièrement remaniée pour une présentation plus engageante. On y trouve de nombreuses photos, œuvres originales, des premières éditions, ainsi que des documents sur sa famille et son parcours.

**Weinort Trier Olewig** *(quartier des Vignerons d'Olewig ; hors plan par C3,* ***53****)* **:** *à proximité de l'amphithéâtre.* Six propriétés viticoles installées dans l'Olewigerstraße proposent des dégustations de vin, visites de caves et vente de vins. Un bon moyen pour découvrir les vins de Moselle, l'un des plus vieux vignobles d'Allemagne.

## Fête

– **Altstadt Fest** *(fête de la vieille ville)* **:** *le dernier w-e de juin.* Une fête populaire attirant plus de 100 000 visiteurs autour des places de la ville, accueillant spectacles et buffet. Grand concert devant la cathédrale.

# LE PALATINAT (PFALZ)

**La partie Palatinat *(Pfalz)* du Land Rhénanie-Palatinat correspond à une ancienne province dirigée par un prince-électeur du Saint Empire romain germanique. Ce territoire boisé au nord et plus vallonné dans le sud demeure pour les Allemands un lieu privilégié de balades. Point d'orgue des découvertes, ne manquez pas l'agréable ancienne ville impériale de *Spire (Speyer)* sur les bords du Rhin, et sa sublime cathédrale romane classée au Patrimoine mondial de l'Unesco. Moins sympa à visiter mais d'un passé aussi prestigieux, la ville de *Worms* est connue pour sa cathédrale romane Saint-Pierre *(Dom Sankt-Peter)*. Enfin, la Route allemande des Vins *(Deutsche Weinstrasse)* offre aux visiteurs gastronomes un gentil parcours à travers les coteaux vallonnés du Palatinat, parsemés de villages et de châteaux...**

## SPEYER (SPIRE) (67346) 49 800 hab. IND. TÉL. : 06232



**Sur la rive gauche du Rhin, la cité est reconnaissable de loin grâce à la silhouette massive de sa superbe cathédrale romane, classée au Patrimoine mondial de l'Unesco. Ce monument majeur de l'art du Saint Empire romain germanique fut la dernière demeure de plusieurs empereurs allemands pendant près de trois siècles. Ville impériale donc, mais aussi important lieu de culte, Spire accueillit près de 50 diètes (assemblées du Saint Empire romain) entre le IXe et le XVIe s, lui conférant nombre d'avantages politiques et commerciaux. Le tribunal d'Empire y siégea pendant un siècle et demi, et la ville fut même sous-préfecture d'un département français entre 1792 et 1814... Malgré les guerres et les destructions, Spire conserve quelques sublimes vestiges de ses heures de gloire. Sillonnée par la Speyerbach, petite rivière qui se jette dans le Rhin, la ville offre un visage très séduisant et s'explore agréablement à pied ou à vélo.**

### Arriver – Quitter

– ***Infos transports régionaux en train et bus :*** *• rmv.de • vrn.de •*

#### En train

☒ ***Hauptbahnhof*** *(gare ferroviaire centrale ; plan A1) : Bahnhofstr. ☎ 0800-150-70-90 (N° vert). • bahn.de • Accès au centre historique avec le bus n° 565.*

➢ ***Mainz :*** env 7 directs/j ; ou plus nombreux avec changement à *Mannheim*. Durée. 1h.

➢ ***Frankfurt :*** 3 trains/h avec changement à *Mannheim*. Durée : 1h45.

➢ ***Heidelberg :*** 1-3 trains/h. Durée : 50 mn.

➢ ***Mannheim :*** 1-3 trains/h. Mannheim est un carrefour ferroviaire important. Durée : 40 mn.

### Adresses et infos utiles

ℹ ***Office de tourisme*** *(plan C2) : Maximilianstr 13. ☎ 14-23-92. • speyer.de • Avr-oct, lun-ven 9h-17h, w-e 10h-15h (14h dim) ; nov-mars, lun-ven 9h-17h, sam 10h-12h.* Plan de la ville avec ses monuments commentés en français pour réaliser une balade sympa de 1h30-2h ; infos croisières sur le Rhin ; propose des visites guidées en allemand (se renseigner), et vend

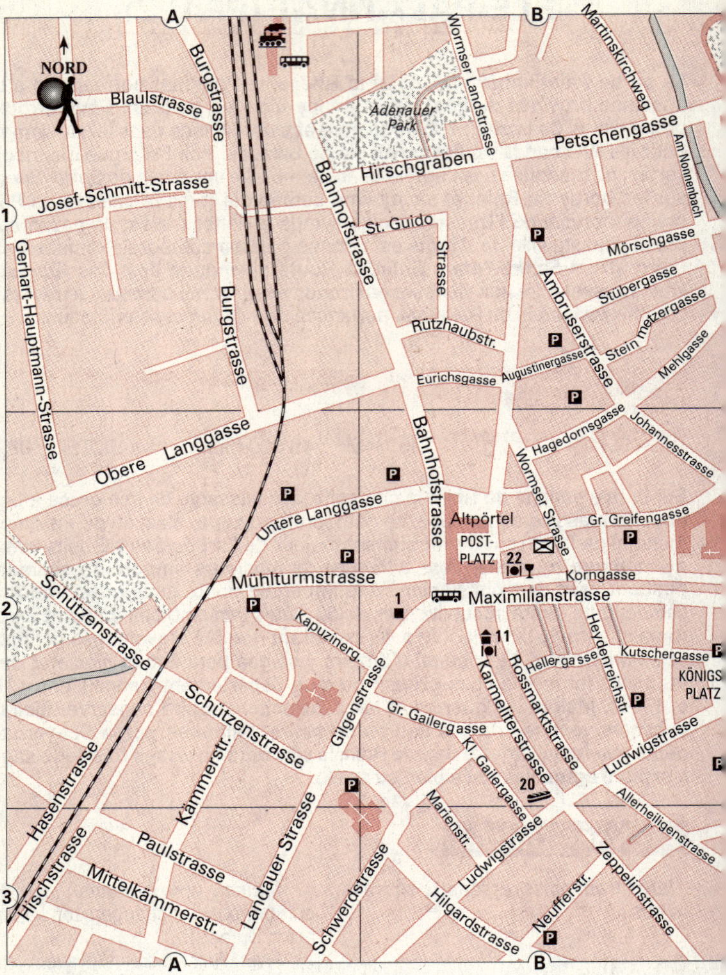


**■ Adresses utiles**

- Office de tourisme
- 1 Stiller (location de vélos)
- 2 Fahrgastschiff Pfälzerland
- 3 MS Sea-Life

**Où dormir ?**

- 10 Jugendherberge Speyer
- 11 Hotel Backmulde
- 12 Hotel 1735
- 13 Hotel Speyerer Hof

**Où manger ? Où boire un verre ?**
**Où manger une glace ?**

- 20 Bäckerei Lenknereit
- 21 Café Hindenburg
- 22 Maximilian
- 23 Hausbrauerei im Domhof
- 24 Biergarten au bord du Rhin

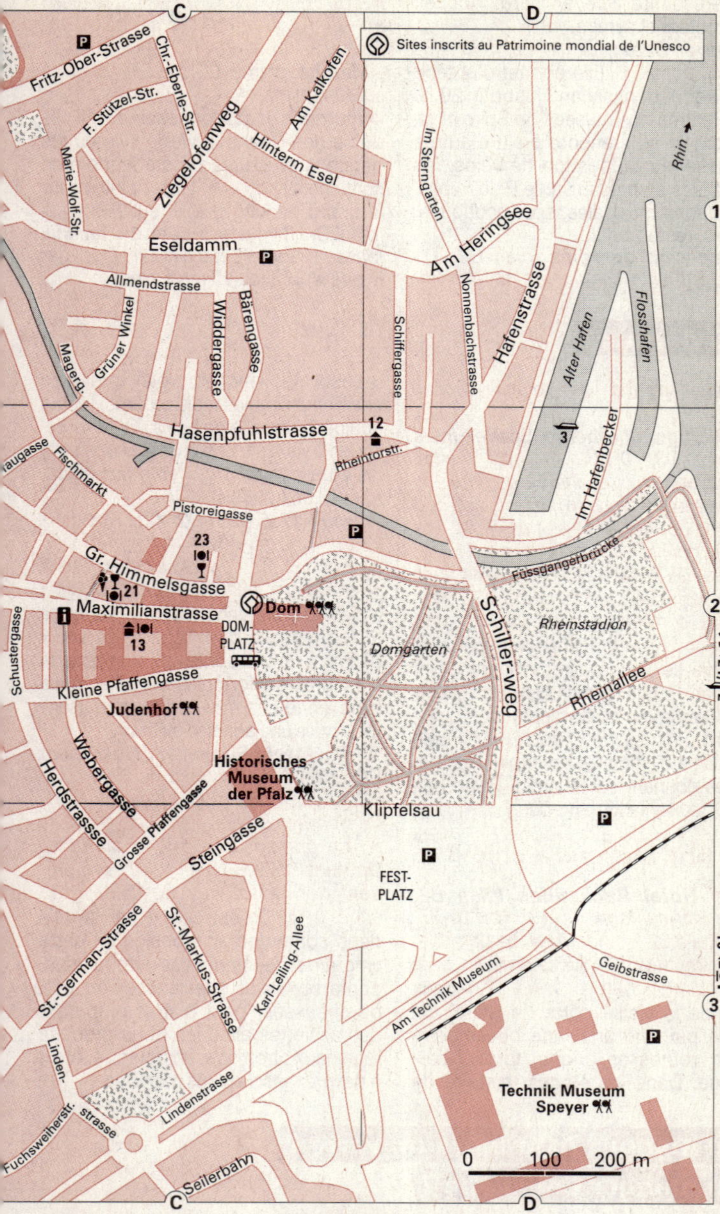
Sites inscrits au Patrimoine mondial de l'Unesco
Fritz-Ober-Strasse
Chr.-Eberle-Str.
F. Stützel-Str.
Marie-Wolf-Str.
Ziegelofenweg
Hinterm Esel
Am Kalkofen
Im Sterngarten
Rhin
Eseldamm
Am Heringsee
Allmendstrasse
Widdergasse
Bärengasse
Schiffergasse
Nonnenbachstrasse
Hafenstrasse
Alter Hafen
Flosshafen
Grüner Winkel
Magerg.
Hasenpfuhlstrasse
Rheintorstr.
Im Hafenbecker
Fischmarkt
Pistoreigasse
Füssgangerbrücke
Gr. Himmelsgasse
Maximilianstrasse
Dom
DOM-PLATZ
Schiller-weg
Rheinstadion
Domgarten
Schustergasse
Kleine Pfaffengasse
Judenhof
Rheinallee
Webergasse
Herdstrassse
Historisches Museum der Pfalz
Grosse Pfaffengasse
Steingasse
Klipfelsau
FEST-PLATZ
St.-German-Strasse
St.-Markus-Strasse
Karl-Leiling-Allee
Am Technik Museum
Geibstrasse
Technik Museum Speyer
Linden-strasse
Lindenstrasse
Fuchsweiherstr.
Seilerbahn
0 100 200 m

SPEYER

l'intéressante *Speyer Card*. Accueil compétent et sympa.

– ***Speyer Card* :** *valable 1 j., pour 4 € ; ou 3 j. pour 8 €.* Elle permet d'obtenir des réductions allant jusqu'à 20 % sur l'entrée des musées de Spire et sa région, et puis encore plein d'autres remises sur la location de vélos, les croisières en bateau sur le Rhin, représentations musicales, spa, boutiques, hôtels, restos-bars...

■ ***Location de vélos*** *(plan B2,* ***1****)* **:** *chez* ***Stiller,*** *Gilgenstr 24. ☎ 759-66. • stiller-radsport.de • Lun-ven 9h-12h30, 14h-18h30 ; sam 9h-14h. Env 10 €/j. pour un VTC.*

– ***Marché*** *(plan B-C2)* **:** *jeu et sam mat sur Königsplatz.*

🅿 ***Parkings et stationnement* :** difficile de se garer dans la vieille ville où les parkings et places de stationnement sont chers *(1,50 €/h).* Optez plutôt pour le grand parking gratuit sur *Festplatz (plan C-D3),* juste à côté du *Technik Museum Speyer,* et à 5 mn du *Dom* par le bus n° 565 (ou 10 mn à pied).

LE PALATINAT

## Où dormir ?

### Auberge de jeunesse

🏠 🍽 ***Jugendherberge Speyer*** *(hors plan par D3,* ***10****)* **:** *Geibstr 5. ☎ 615-97. • speyer@diejugendherberge.de • diejugendherberge.de • Juste à côté du parking du Technik Museum Speyer. Bus n° 565 pour le centre historique (ou 10 mn à pied) ou la gare. Nuit 22,50-28 €/pers selon capacité, petit déj compris. ½ pens et pens complète possibles. Parking gratuit. Loc de vélos.* Planté entre béton et verdure, ce grand bâtiment moderne livre près de 180 lits répartis dans des chambres pratiques et parfaitement tenues, pour 1 à 4 personnes ; toutes avec salle de bains et mobilier en sapin. Préférer celles donnant sur le jardin. Resto-bar, BBQ, jeux enfants, ping-pong...

### De prix moyens à chic

🏠 🍽 ***Hotel Backmulde*** *(plan B2,* ***11****)* **:** *Karmeliterstr 11-13. ☎ 715-77. • hotel@backmulde.de • backmulde.de • Doubles 78-85 € selon taille, petit déj inclus. ½ pens possible.* 📶 À deux pas de la vieille porte de Spire. On entre par une ancienne boulangerie avec voûtes en brique, four et carrelage. Dans les étages, histoire de reposer ses miches, voici quelques chambres simples mais propres, toutes équipées de salle de bains, TV et mobilier en bois clair. Les plus grandes sont les plus chères. Bon resto sur place. Accueil en français.

🏠 ***Hotel 1735*** *(plan D2,* ***12****)* **:** *Rheintorstr 5. ☎ 60-46-10. • info@hotel1735.de • hotel1735.de • Doubles 95-105 € selon saison, petit déj inclus.* 📶 À 5 mn à pied du *Dom,* dans une ruelle tranquille et résidentielle de l'*Altstadt,* ce vieux bâtiment rénové abrite une vingtaine de chambres confortables et nickel, mais sans grand charme. Atmosphère aseptisée mais une adresse efficace.

🏠 🍽 ***Hotel Speyerer Hof*** *(plan C2,* ***13****)* **:** *Maximilianstr 8. ☎ 60-21-220. • info@hotel-speyerer-hof.de • hotel-speyerer-hof.de • Dans la rue principale, à 100 m du Dom. Doubles 100-110 € selon saison, petit déj inclus. Loc de vélos (trop chère !).* 📶 On est séduit par la jolie déco contemporaine design de cette vingtaine de chambres lumineuses, confortables et spacieuses. Au rez-de-chaussée, petit bistrot préparant des assiettes avec les bons produits régionaux : fromage, charcutaille, etc. ; à dévorer assis sur les marches.

## Où manger ? Où boire un verre ? Où manger une glace ?

### Bon marché

***Kiosques à Bretzels*** *(plan B-C2)* **:** *sur Maximilianstr.* Plusieurs petits kiosques verts disséminés dans la rue principale piétonne proposent de bons bretzels, vieille spécialité de la ville.

**Bäckerei Lenknereit** *(plan B2, **20**) : Ludwigstr 24. ☎ 762-48. À l'angle de Karmeliterstr. Tlj sf dim 5h30-18h (12h30 sam). Moins de 5 €.* Boulangerie-pâtisserie traditionnelle servant pains, viennoiseries, bretzels, parts de tartes et quelques trucs salés. Idéal pour se constituer un pique-nique sur les berges du Rhin.

**Café Hindenburg** *(plan C2, **21**) : Maximilianstr 91. ☎ 756-81. • info@cafeindenburg-speyer.de • Tlj 8h-23h. Plats 4-10 €.* Curieux salon de thé à l'allure de pizzeria chic ! On y dévore viennoiseries, parts de tartes et glaces à l'italienne maison. Également des salades, sandwichs, soupes et *Flammenküchen* pour une dînette pas chère. Terrasse sympa sur la rue piétonne. Une adresse qui ne désemplit pas.

## Prix moyens

**Maximilian** *(plan B2, **22**) : Korngasse 15. ☎ 100-25-00. • info@mein-maximilian.de • Tlj sf sam 8h (9h dim)-minuit (1h jeu-ven). Plats 5-15 €.* Déco élégante – genre brasserie « à la française » – avec murs parsemés de couvertures de *Paris-Match,* de vieilles fresques et d'affiches publicitaires. À la carte : burgers, soupes, salades, sandwichs, pâtes, *Flammenküchen...* Intéressant menu lunch. Simple et bon sans se ruiner. Agréable terrasse sur la rue piétonne, avec vue sur la vieille porte et son beffroi flanqué d'une horloge. Bien aussi pour prendre un verre. Une adresse très courue. Quel succès !

**Hausbrauerei im Domhof** *(plan C2, **23**) : Grosse Himmelgasse 6. ☎ 74-055. • rezeption@domhof.de • Tlj 11h-minuit (23h dim et lun). Plats 7-16 €.* Bonne cuisine rustique de tradition dans cette grande brasserie toujours pleine de monde. On retrouve toute l'Allemagne dans l'assiette : goulasch à la bière, *Saumagen,* jarret de porc... et jusque dans le costume typique des serveuses. Grand *Biergarten* sur l'arrière pour goûter à la bière maison. Fait aussi hôtel avec des chambres à la déco très classique et donnant sur une jolie courette fleurie.

On trouve deux gentils ***Biergarten* au bord du Rhin** *(hors plan par D2, **24**), à l'extrémité de Rheinallee.* Sympa d'y siroter en été dans la fraîcheur de la berge, tout en regardant passer les bateaux.

LE PALATINAT

# À voir. A faire

***Dom zu Speyer*** *(cathédrale de Spire, plan C2) : Domplatz. ☎ 10-21-18. • bistum-speyer.de • dom-speyer.de • welterbe-rlp.de • Tlj 9h-19h (17h nov-mars). Entrée libre. Accès crypte : 3 €. Audioguide en français : 7 €, accès crypte compris. Billet combiné : 9,50 €, audioguide en français, accès crypte, Kaisersaal et tour inclus. Dépliants en français. Concerts réguliers payants (se renseigner).*

**ALLEZ LES VERRES !**

*Sur le parvis du Dom, le grand baptistère en pierre recèle une capacité de 1 589 l. Le Domnapf (écuelle de la cathédrale), marquait jadis la frontière entre le domaine épiscopal et le territoire municipal. Il était rempli de vin lorsqu'un nouvel évêque prenait ses fonctions. Tous les villageois venaient y boire à sa santé ! Aujourd'hui, cette tradition médiévale perdure à chaque fête importante. Hic !*

Classée au Patrimoine mondial de l'Unesco depuis 1981, la cathédrale de Spire demeure l'un des plus grands et des plus importants édifices romans au monde. En 1030, l'empereur Conrad II fait poser les premières pierres d'une cathédrale – sur le plan d'une croix latine – qui, après sa consécration en 1061, restera 700 ans durant, la plus haute d'Allemagne. Puis, l'élégant édifice en grès jaune et rose, à deux dômes et quatre tours, est remanié au XI^e s. L'imposante voûte à trois nefs vient parachever la mise en œuvre du plan originel, qui va par la suite exercer une influence considérable

sur le développement de l'architecture romane des XI$^{e}$ et XII$^{e}$ s... C'est certainement depuis les jardins qu'on a la plus belle vue sur l'abside de la cathédrale, et notamment sur la galerie naine, qui parcourt le transept et le chœur. De là, on aperçoit aussi les restes de l'ancienne muraille de la ville avec l'une de ses tourelles (XII$^{e}$ s)...
On pénètre dans la cathédrale par le grand porche, reconstruit au XIX$^{e}$ s dans un style néoroman, après sa destruction durant la guerre de succession du Palatinat. À l'intérieur, noter l'impressionnante hauteur de la nef et du transept romans, leur luminosité et leur extrême sobriété.
Ne ratez pas ensuite la ***crypte des Empereurs,*** harmonieuse et en forme de croix, conservée dans son état originel et comptant parmi les plus belles d'Allemagne. Il s'agit de la plus grande salle hypostyle romane d'Europe. Elle abrite plusieurs sépultures impériales, royales et épiscopales des Saliens, des Hohenstaufen et des Habsbourg ; des sarcophages plutôt modestes, en grès du pays. Remarquez notamment l'imposante pierre tombale de Rodolphe de Habsbourg (XIII$^{e}$ s)... Les souverains se sont fait enterrer ici, comme les rois de France à la basilique Saint-Denis, ou les monarques britanniques à l'abbaye de Westminster... Montez enfin dans la ***Kaisersaal,*** espace propret situé juste au dessus du porche d'entrée, exposant de grandes peintures religieuses éclairées par la rosace de la façade. De là, un escalier mène à la ***tour*** droite : jolie vue sur l'architecture du *Dom,* la ville, ses autres monuments, le Rhin qui coule à proximité, et puis cette centrale nucléaire à l'arrêt qui trône dans la campagne.

LE PALATINAT

**Historisches Museum der Pfalz** *(musée historique du Palatinat, plan C2-3) :* *Domplatz 4. ☎ 62-02-22. • museum.speyer.de • Tlj sf lun 10h-18h. Entrée : 7 € ; réduc. Billet expos temporaires en sus (svt avec audioguide en allemand).*
Ce musée inattendu présente de riches collections d'objets – datant de la préhistoire jusqu'aux années 1950 – particulièrement bien présentées dans un cadre aéré. Dommage que les commentaires ne soient qu'en allemand ! Également des expos temporaires de grande qualité.
– ***Au sous-sol :*** on explore une intéressante ***section préhistorique*** où sont regroupés pierres taillées, céramiques, outils en pierre puis en bronze, bijoux en bronze et en or, dont le fabuleux « chapeau d'or » de Schifferstadt daté de 1300 av. J.-C. Également une reconstitution d'un habitat traditionnel et des mannequins habillés avec des peaux de bête... Puis on embraye sur le ***monde romain,*** avec des vitrines contenant d'autres trésors bien mis en valeur : stèles, magnifiques bas-reliefs, statuettes de divinités en bronze, armes, céramiques, sarcophages, verrerie... Sans oublier la reconstitution d'un intérieur de maison de maître. Enfin, section consacrée à l'histoire du ***vin du Rhin*** : pressoir énorme du XVIII$^{e}$ s, chais, cruches, verres antiques...
– ***Au 1$^{er}$ étage :*** l'histoire de la région des années 1500 à 1950 est racontée à travers des tableaux, meubles, livres, vaisselle, statues, armes, vêtements, photos et affiches anciennes.

**Judenhof** *(cour juive, plan C2) :* *Kleine Pfaffengasse 20-21. ☎ 29-19-71. • verkehrsverein-speyer.de • Avr-oct, tlj 10h-17h ; nov-mars, tlj sf lun 10h-16h. Entrée : 3 €. Dépliant en français. Visite guidée possible (se renseigner).* Au Moyen Âge, Spire comptait la communauté juive la plus importante du sud de l'Allemagne. On découvre d'abord les ***bains rituels*** de purification (« mikwé » en hébreu) datant du XII$^{e}$ s et magnifiquement conservés. Construits par les ouvriers venus bâtir la cathédrale, leur particularité est le bassin : situé à 10 m de profondeur sous terre, au niveau de la nappe phréatique. C'est le plus ancien de ce type en Allemagne. Juste à côté, jetez un coup œil sur les vestiges de la ***synagogue,*** édifiée à la même époque et détruite dans l'incendie de la ville en 1869. Notez que le mur de séparation entre les parties hommes et femmes est percé de deux fenêtres... juste pour se voir ; ce qui était alors une idée très moderne ! Enfin, le ***musée SchPIRA*** expose éléments architecturaux, pièces de monnaie, vaisselle rituelle, stèles, etc., provenant du site.

**Technik Museum Speyer** *(musée de la Technique, plan D3)* **:** *Am Technik Museum 1. ☎ 670-80. • technik-museum.de • Bus nº 565 depuis le centre historique (ou 10 mn à pied) ou la gare. Tlj 9h-18h (19h w-e et j. fériés). Entrée : 14 €, billet combiné avec film IMAX : 19 €, ticket jumelé avec l'Auto & Technik Museum Sinsheim : 35 € ; réduc.* Musée présentant de manière ludique une foule d'avions, d'hélicoptères, de voitures, locomotives, motos, bateaux, un sous-marin, une navette spatiale et des véhicules de pompiers. On peut pénétrer dans de nombreuses machines. Amusant pour ceux qui ont gardé une âme d'enfant ! Cinéma IMAX sur écran géant. Le « grand frère » du Musée technique de Spire se trouve à Sinsheim (à 45 km, direction Karlsruhe par l'A 6), un peu plus grand et plus fourni. Hôtel et resto sur place.

**Promenades en bateau sur le Rhin :** *avec la compagnie* **Fahrgastschiff Pfälzerland** *(hors plan par D2,* **2***), Rheinallee 2. ☎ 713-66. • personenschifffahrt-streib.de • Également chez* **MS Sea-Life** *(plan D2,* **3***), Hafenstr 22. ☎ 29-11-50. • ms-sealife.de • Avr-oct. Plusieurs croisières quotidiennes de 1h30 sur le Rhin. Billet : env 10 € ; réduc.*

## Manifestation

– **Brezelfest :** *le 2e w-e de juil.* Grande kermesse avec défilé de chars, manèges et concert.

## DANS LES ENVIRONS DE SPEYER

**Worms** *(à env 30 km au nord de Speyer)* est située au cœur des plaines viticoles du Palatinat, baignées par le Rhin. Ville impériale, elle fut le théâtre d'importantes luttes d'influences religieuses. C'est ici qu'une diète (assemblée) impériale s'est réunit en 1521 à la demande de Charles Quint, afin d'exiger du moine Luther la réfutation de ses thèses... Peine perdue ! Worms est aujourd'hui une grande ville moderne sans charme, sauf dans les quelques monuments témoins de son passé prestigieux.

N'y ratez pas la superbe ***cathédrale romane Saint-Pierre*** *(Dom Sankt-Peter)* **:** *Domplatz. ☎ (06241) 61-15. • wormser-dom.de • Tlj 9h-18h (10h-17h nov-mars). Gratuit. Concerts payants en été (se renseigner).* Allure unique de cet édifice à deux absides et quatre tours rondes, inauguré au XIIe s et modifié par la suite. Admirez le portail gothique de la façade sud (XIVe s) et ne pas oublier le Christ entouré de saints qui se trouve au dos du portail, à l'intérieur. Toujours dans le *Dom,* côté nord, voir les cinq sculptures gothiques des XVe-XVIe s représentant l'Annonciation, la Nativité, la Mise au tombeau, la Résurrection et l'Arbre de Jessé. Le chœur est abrite quelques stalles et autels baroques du XVIIIe s, et la chapelle Sainte-Anne une sculpture de Daniel dans la fosse aux lions (XIIe s).

### NAISSANCE D'UNE RELIGION

*En 1521, l'édit de Worms mit Luther au ban de l'empire. Six princes luthériens s'élevèrent officiellement contre ce nouveau procès et vinrent « protester » devant la diète. C'est ici que cette nouvelle doctrine, qui allait devenir religion, prit son nom : protestantisme !*

**La route allemande des Vins** *(Deutsche Weinstrasse)* **:** *passe à env 25 km à l'ouest de Speyer.* Offre aux visiteurs un gentil parcours à travers les coteaux vallonnés du Palatinat. Cette route balisée commence au nord à ***Bockenheim*** (juste à l'ouest de Worms) et s'étire sur près de 85 km vers le sud jusqu'à ***Wissembourg,*** à la frontière française. Elle est une invitation au plaisir des yeux et des papilles !

Le sol calcaire et le climat particulièrement doux du coin sont propices à la viticulture. Parmi les crus les plus célèbres, on compte les vins de *Bad Dürkeim,* de *Wachenheim* et de *Deidesheim.* De nombreuses propriétés proposent dégustations et visites de caves ; rencontres avec des vignerons passionnés en prime. Dans la plupart des villages ont lieu début octobre des *fêtes du vin,* l'occasion de rassemblements populaires, parades, feux d'artifice, élection de la reine du vin et dégustation des produits locaux !

➢ Et puis en route – du nord vers le sud – prévoyez donc une pause à ***Deidesheim,*** le plus charmant et le plus typique des villages de la *Weinstrasse,* avec son adorable place du Marché, sa mairie du XVIe s, son église gothique, ses *Weinstube* et ses restos de spécialités régionales *(• deidesheim.de •).*

➢ Ensuite, perdez-vous dans les ruelles pittoresques de ***Neustadt an der Weinstrasse,*** bordées de vieilles maisons à colombages ; l'une des plus importantes concentrations de la région *(• neustadt.eu •).*

➢ Enfin, passez voir le ***château d'Hambach*** *(Hambacher Schloss)* d'où fut hissé pour la première fois en 1832 le drapeau noir, rouge et or, qui deviendra en 1919 et en 1949 le drapeau allemand. C'est pourquoi on surnomme cette forteresse « le berceau de la démocratie » *(• hambacher-schloss.de •).*

➢ À proximité, charmant village de ***Sankt-Martin.*** Et un peu plus au sud encore, l'intéressant ***château de Trifels*** *(Burg Trifels)* qui abrita naguère le trésor de la Couronne, et même, selon la légende : le saint Graal ! Plus sûrement, le château servit de prison pendant 2 ans à Richard Cœur de Lion, roi d'Angleterre, à son retour de croisade en 1192 *(• trifelsland.de •).*



ℹ ***Pfalz Touristik*** *(office de tourisme du Palatinat) : Martin-Luther-Str 69, à **Neustadt an der Weinstr.** ☎ (06321) 391-60. • pfalz.de • deutsche-weinstrasse.de • Lun-ven 8h-17h (16h ven), sam 10h-12h (mars-déc slt).* Une mine d'infos pour organiser son voyage : logements, balades, manifestations culturelles, et puis tout sur les vins et propriétés viticoles. Brochures à télécharger.

## SAARBRÜCKEN (SARREBRUCK)

177 000 hab. IND. TÉL. : 0681

**Véritable carrefour entre l'Allemagne, la France et le Luxembourg, le Land de Sarre (2 500 km², un million d'habitants) est connu pour ses mines de charbon et de minerai de fer qui firent sa richesse dès le XVIIIe s. Sa capitale, Sarrebruck, est ancrée au bord de la rivière Sarre, à deux pas de la frontière française. Une proximité longtemps source de conflits entre les deux pays pour son contrôle... Malgré les bombardements de la Seconde Guerre mondiale, la ville conserve plusieurs beaux édifices baroques du XVIIIe s témoins, de son faste passé : la *basilika Saint-Johan,* le monumental château *(Schloss),* l'élégante *Ludwigskirche,* et la *Stiftskirche Sankt-Arnual* qui renferme 50 tombeaux gothiques et Renaissance des comtes de Nassau-Sarrebruck... La Sarre est aussi une destination nature,**

**réserve de la biosphère (39 % du territoire sont boisés) et riche de 60 circuits balisés de randonnée et de cyclotourisme autour du spectaculaire site de la boucle de la Sarre. Mais le plus intéressant se trouve assurément dans les environs : l'étonnante usine sidérurgique *Völklinger Hütte,* à Völklingen (10 km à l'ouest), tout premier bâtiment industriel classé au Patrimoine mondial de l'Unesco ; une visite à ne pas rater !**

## UN PEU D'HISTOIRE

Avec sa taille réduite de 2 500 km² et son million d'habitants, la Sarre est néanmoins un Land à part entière de la RFA. À l'origine, le territoire appartenait à l'Empire romain, avant d'être partagé au Moyen Âge entre les archevêques princes-électeurs de Trèves, les comtes de Nassau-Sarrebruck, les comtes de Palatinat-Deux-Ponts et les ducs de Lorraine. Au XVIIe s, en pleine guerre de Trente Ans, Louis XIV, lancé dans sa politique d'annexions, demanda à Vauban de bâtir la ville fortifiée de Sarrelouis qui demeura française jusqu'en 1815. Au XVIIIe s débuta l'exploitation du charbon et du minerai de fer, dont les richesses permettaient aux princes de Nassau-Sarrebruck d'embellir leurs villes de somptueux monuments baroques. En 1792, les armées de la Révolution envahirent la Sarre qui devint département français de 1801 à 1815, avec Trèves pour préfecture. Mais le traité de Vienne enleva la région aux Français pour la partager entre la Prusse et la Bavière... Après la Première Guerre mondiale, le traité de Versailles accorda à la France la propriété des mines et plaça la Sarre sous mandat de la SDN, jusqu'au plébiscite de 1935 où une écrasante majorité se prononce en faveur du rattachement au IIIe Reich. Après 1945, la Sarre fut incluse dans la zone d'occupation française. En 1947, les conseillers municipaux adoptèrent une constitution sarroise : la région devint un véritable État de droit doté d'une souveraineté propre mais amené à se rapprocher des intérêts français. L'indépendance du territoire fut alors reconnue au sein des instances internationales.

Puis, les accords de Paris de 1954 stipulèrent la fin du régime d'occupation en Allemagne de l'Ouest et tentèrent de régler le statut de la Sarre. Ces accords prévoyaient de la doter d'un « statut européen » dans le cadre élargi de la CEE comme embryon d'une future nation fédérée européenne ; nouveau statut rejeté par les Sarrois lors d'un référendum en 1955. Finalement, l'année suivante, le rattachement politique de la Sarre à la RFA fut entériné par la France, mettant fin à ce vieux contentieux au sein des relations franco-allemandes.

### EUROPE 1 ÉMET DEPUIS L'ÉTRANGER

*Le statut spécial de protectorat français sur la Sarre a permis des opportunités légales intéressantes afin d'échapper au monopole français de la radiodiffusion. Ainsi, depuis 1954, les antennes de l'émetteur de la station de radio Europe 1 se dressent sur les hauteurs du village de Felsberg.*

## Arriver – Quitter

Pour beaucoup, la ville de Sarrebruck constitue un point d'entrée pratique en Allemagne. ***Infos transports régionaux en train et bus :*** *● saarvv.de ●*

### En train

**Hauptbahnhof** *(gare ferroviaire centrale) : Bahnhofsvorplatz. ☎ 0800-150-70-90 (n° vert). ● bahn.de ●*

➢ ***Paris-Est*** (France) *:* 4-5 TGV/j desservant aussi ***Mannheim*** puis ***Francfort.*** Durée : 1h50.

➢ ***Völklingen :*** 2-3 trains/h. Durée : 10 mn.

➢ ***Trier :*** 2-3 trains/h. Durée : 1h30.

## En avion

✈ ***Flughafen Saarbrücken*** *(aéroport) : Balthasar-Goldstein-Str. ☎ (0689) 38-30. • flughafen-saarbruecken.de •* Env 15 km du centre. Bus réguliers pour la gare centrale de Sarrebruck.

➢ Vols réguliers avec **Berlin, Hambourg, Luxembourg** et même **Paris-Orly.**

## Adresses et info utiles

***Office de tourisme :*** *Rathaus St-Johann (hôtel de ville). Rathausplatz 1. ☎ 93-80-916. • die-region-saarbruecken.de • Lun-ven 9h-18h, sam 10h-16h30.* Plan de la ville, audioguide en français (payant) pour découvrir les principaux monuments de la cité, dépliant en français proposant une promenade autour des bâtiments réalisés par Stengel, agenda culturel...

■ ***Location de vélos :*** *chez* ***Radhaus am Rathaus,*** *Großherzog-Friedrich-Str 8. ☎ 37-50-05. • radhausamrathaus.de • Env 15 €/j. pour un VTC.* Nombreuses pistes cyclables en ville et au bord de la Sarre.

– ***Marché :*** *lun, mer et sam sur Sankt-Johanner Markt.*

LE PALATINAT

## Où dormir ? Où manger ? Où boire un verre ?

***Domicil Leidinger :*** *Mainzer Str 10. ☎ 932-70. • info@domicil-leidinger.de • domicil-leidinger.de • Doubles 105-180 € selon standing, petit déj compris. Resto fermé dim-lun. Repas à partir de 25 €. Parking payant.* Dans la vieille ville, ces maisons du XIXe s abritent deux hôtels aux aménagements différents. L'un propose des chambres au confort standard, plutôt petites et sans fioritures. L'autre partie de l'hôtel livre des chambres de charme décorées sur le thème du voyage : Japon, Bali, Afrique, Chine... Agréable jardin-terrasse zen. Sur place, le resto ***S'Olivo*** sert une bonne cuisine aux saveurs méditerranéennes.

***Stiefel Bräu :*** *Am Stiefel 2. ☎ 936-450. • derstiefel@t-online.de • En plein centre historique, dans une ruelle en retrait de la place Sankt-Johanner Markt. Lun-jeu 12h-14h30 et 17h30-minuit ; ven-sam 12h-minuit ; dim 17h30-23h. Plats 8-18 €.* Bistrot doté d'une longue salle élégante aboutissant à deux grosses cuves en cuivre. Car ici, dans la plus ancienne brasserie de la Sarre, on fabrique une bonne petite binouze épicée pour accompagner salades, *Kartoffel* et quelques plats typiques. Cuisine de bonne tenue à prix doux. Et si vous poussez la porte d'à côté, sortez les sous ! Car ***Zum Stiefel*** est la version gastronomique avec son agréable *Biergarten* à l'arrière.

***Café Schubert :*** *Sulzbach Str 2. ☎ 355-99. • info@cafe-schubert.de • Lun-sam 8h-19h (18h sam), dim 11h-18h30. Moins de 10 €.* Une maison connue de longue date pour ses pâtisseries, gâteaux et autres glaces. Également quelques bricoles salées et un plat du jour pas cher à engloutir sur place.

***Place Santk-Johanner Markt :*** c'est ici que bat le cœur de la vieille ville avec ses terrasses de restos et cafés.

## DANS LES ENVIRONS DE SARREBRUCK

***Völklinger Hütte :*** *Rathaus Str, à* ***Völklingen.*** *☎ (0689) 891-001-00. • voelklinger-huette.org/fr • À 10 km à l'ouest de Sarrebruck et facilement accessible en train (10 mn), la gare de Völklingen se trouve à 3 mn à pied du site. En voiture, suivre les panneaux « Weltkulturerbe ». Tlj 10h-19h (18h nov-mars). Entrée : 15 € ; réduc. Remarquables expos temporaires, consultez la programmation sur le site internet. En 2015, grande expo consacrée à l'art urbain (25 mars-1er nov).*

Construit à partir de 1873 et fermé en 1986, cet immense ensemble sidérurgique de 600 000 m² comptait six hauts fourneaux, employant près de 17 000 personnes. Il est un témoin précieux du passé industriel de l'Allemagne et de l'époque prospère du fer, d'où son classement en 1994 au Patrimoine mondial de l'Unesco. Le site se visite sur un parcours sécurisé fléché (panneaux en français), permettant d'accéder au cœur des installations, vraiment impressionnantes par leur taille et leur volume. Parcourant les passerelles métalliques, on sillonne ainsi les couloirs sombres des ***salles de stockage et de mélange*** qui pouvaient contenir jusqu'à 12 000 t de matière première. Celle-ci était chargée dans des bennes suspendues qui montaient à 27 m de haut pour se déverser dans les « gueulards », ces trous au sommet des ***six hauts fourneaux.*** Depuis cette plate-forme, vue exceptionnelle sur l'ensemble du site. On redescend ensuite inspecter les ***fours à cokerie,*** transformant le charbon minéral en coke qui, mélangé au minerai de fer, permettait sa fusion. Ici, la nature reprend ses droits... Puis, le ***centre scientifique Ferrodrom*** permet de s'initier à l'univers du fer à travers une centaine d'objets illustrant le processus de fabrication de l'acier, tout en participant à des animations interactives. De là, vue sur la voie ferrée du charbon et le monte charge incliné unique au monde. Enfin, l'immense ***salle des soufflantes*** qui produisaient l'air attisant les hauts fourneaux accueille désormais des expos temporaires, comme d'autres secteurs de l'usine.

Nouveau centre d'accueil UNESCO, avec l'occasion de découvrir le cadre spectaculaire de la salle de frittage.

***Bistrot*** avec terrasse à l'entrée du site.

# LE SUD DE L'ALLEMAGNE

## LE BADE-WURTEMBERG

## STUTTGART ET LE NORD DU BADE-WURTEMBERG

### STUTTGART

620 000 hab. IND. TÉL. : 0711

**Sixième ville d'Allemagne par sa population, la capitale du Land de Bade-Würtemberg s'abrite au milieu d'une ceinture de collines boisées où la vigne est cultivée de longue date – les archives mentionnent les premières traces de viticulture au XIIe s ; on peut donc parler d'une vraie tradition du vin à Stuttgart. Pour s'en convaincre, il suffit d'assister au *Stuttgarter Weindorf* (voir « Manifestations » plus loin), où plus d'un million de visiteurs viennent déguster les crus locaux. Mais la ville est surtout l'un des berceaux de l'automobile allemande. De prestigieuses marques comme Mercedes-Benz et Porsche y ont leurs bureaux d'études et leurs sièges sociaux. Les rues du centre-ville s'ordonnent comme un véritable catalogue, où les grosses berlines et sportives sillonnent les grandes artères bordées d'immeuble modernes. Suite aux bombardements de la Seconde Guerre mondiale, le cœur historique a été presque totalement détruit. Mais à force de reconstructions, Stuttgart est aujourd'hui une ville moderne avec beaucoup d'innovations architecturales. À noter que le sous-sol de Stuttgart recèle les sources d'eau minérale les plus importantes en Europe après Budapest.**
**Les activités culturelles y sont nombreuses et variées, et les soirées offrent quantité de restos de spécialités souabes et des bars aux styles variés.**

### UN PEU D'HISTOIRE

À partir du XIVe s, il est difficile de dissocier le développement de la ville de l'ascension des princes de Württemberg. En 1320, Stuttgart devient résidence du comte de Wurtemberg. La cité prend de l'importance, et le comté devient duché en 1495, un an avant la mort d'Eberhard im Bart (dit le Barbu). Au XVIe s, la ville suit le courant protestant naissant, ce qui lui vaut de tomber aux mains des Habsbourg lors de la guerre de Trente Ans. En 1806, Napoléon élève le Wurtemberg au rang de royaume. Stuttgart reste ainsi résidence royale jusqu'en 1918, date à laquelle le Wurtemberg devient république. Le IIIe Reich absorbe la région en 1934. Bien que sévèrement touchée par la dernière guerre, la cité n'a rien perdu de son dynamisme.

### NAISSANCE D'UNE MARQUE ÉTOILÉE

*En 1899, un consul austro-hongrois à Nice, Emil Jellinek, participait à de nombreuses compétitions automobiles. Amateur de véhicules rapides, il commanda au constructeur allemand Daimler plusieurs modèles équipés d'un nouveau moteur, et il les baptisa du prénom de sa fille, Mercedes !*

## *STUTTGART 21* : UN PROJET QUI A FAIT POLÉMIQUE

Le cœur de *Stuttgart 21* (premier projet de grande ampleur prévu à l'ouest depuis la réunification) consiste en la transformation de la gare, actuellement de type cul-de-sac, en une gare souterraine de passage, faisant partie prenante du projet plus large de « magistrale européenne » à grande vitesse Paris-Budapest. 57 km de voies ferrées sont prévues, dont 30 km de lignes TGV et 33 km souterraines réparties en 16 tunnels et 18 ponts. En surface, le terrain de 100 ha occupé par les voies sera ainsi récupéré et reconverti pour le développement de la ville, la construction de nouveaux logements et la plantation de nouveaux arbres en remplacement de ceux qu'il a fallu abattre.
Les travaux ont débuté en 2010, mais le projet a été très controversé et a généré des manifestations plutôt houleuses pour les habitudes allemandes, qui privilégient le plus souvent la négociation et le consensus. Finalement, malgré les budgets qui ont explosé, la démocratie a parlé et c'est par referendum en 2011 que la population a approuvé le plan avec 63 % des voix. Le bout du tunnel sera en vue en 2020...

## Arrivée à l'aéroport

**I-Punkt :** *terminal 3, niveau 3, « Arrivées ». ☎ (0711) 22-281-00. Lun-ven 8h-19h ; sam 9h-13h, 13h45-16h30 ; dim 10h-13h et 13h45-17h30.*

➢ ***En S-Bahn :*** liaison directe avec le centre-ville par le S-Bahn n° 2 ou n° 3. Durée : 27 mn. Prix du ticket : 3,30 €. Ttes les 10-20 mn.

➢ ***En taxi :*** env 20 mn. Compter 30 €.

***Logement à l'aéroport :*** en cas de besoin (départ matinal ou arrivée tardive), l'***hôtel Mövenpick am Flughafen*** *(☎ 0711-55-34-40 ; • moevenpick-hotels.com/stuttgart •)* propose de magnifiques chambres de grand standing *(à partir de 91 € la double en été, sinon 145 € pour une chambre standard, petit déj inclus).* Promos fréquentes sur le site.

## Arrivée à la gare

***Hauptbahnhof*** *(plan C1)* **:** nœud ferroviaire des lignes Nord-Sud et Est-Ouest, via les réseaux *ICE, IC, InterRegio.* Stuttgart est reliée

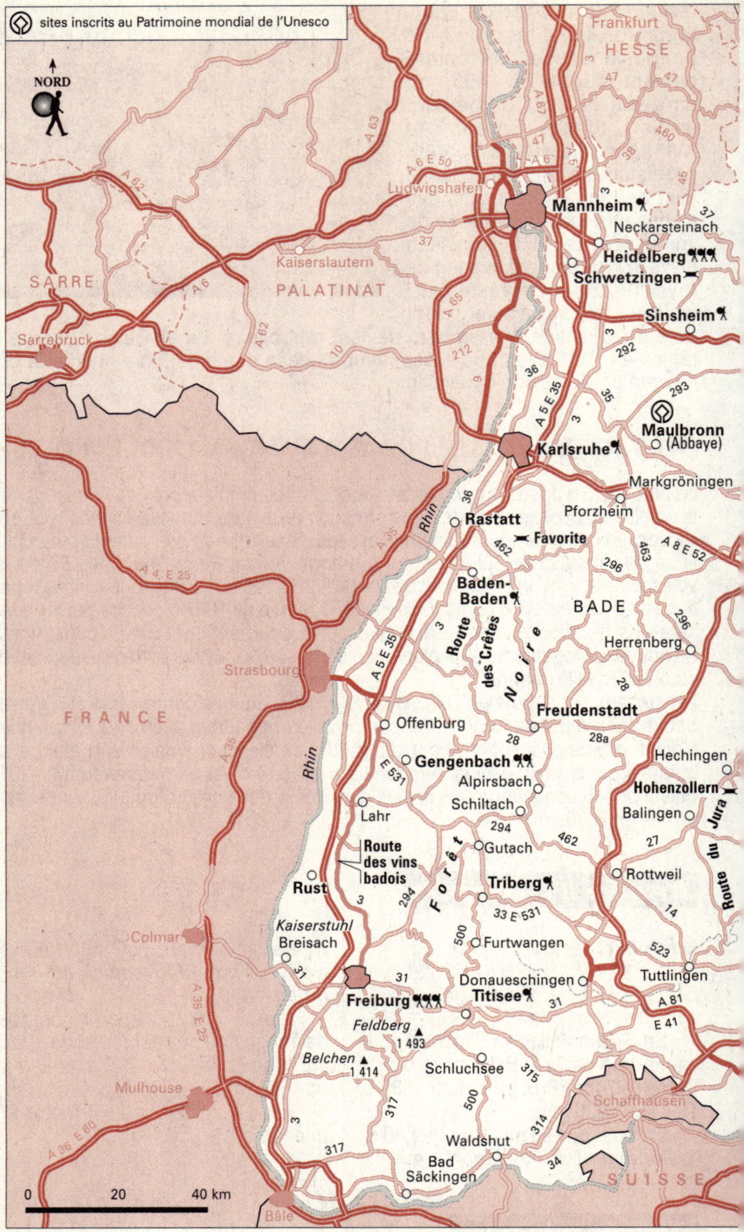
sites inscrits au Patrimoine mondial de l'Unesco
NORD
Frankfurt
HESSE
Ludwigshafen
Mannheim
Neckarsteinach
Heidelberg
Schwetzingen
Sinsheim
Kaiserslautern
PALATINAT
SARRE
Sarrebruck
Maulbronn
(Abbaye)
Karlsruhe
Markgröningen
Pforzheim
Rastatt
Favorite
Baden-
Baden
BADE
Route des Crêtes
Noire
Herrenberg
Freudenstadt
Strasbourg
FRANCE
Rhin
Offenburg
Gengenbach
Hechingen
Hohenzollern
Alpirsbach
Schiltach
Balingen
Lahr
Gutach
Route
des vins
badois
Rust
Forêt
Triberg
Rottweil
Route du Jura
Kaiserstuhl
Breisach
Furtwangen
Colmar
Donaueschingen
Tuttlingen
Freiburg
Titisee
Feldberg
1 493
Belchen
1 414
Schluchsee
Mulhouse
Schaffhausen
Waldshut
Bad
Säckingen
SUISSE
Bâle
0
20
40 km

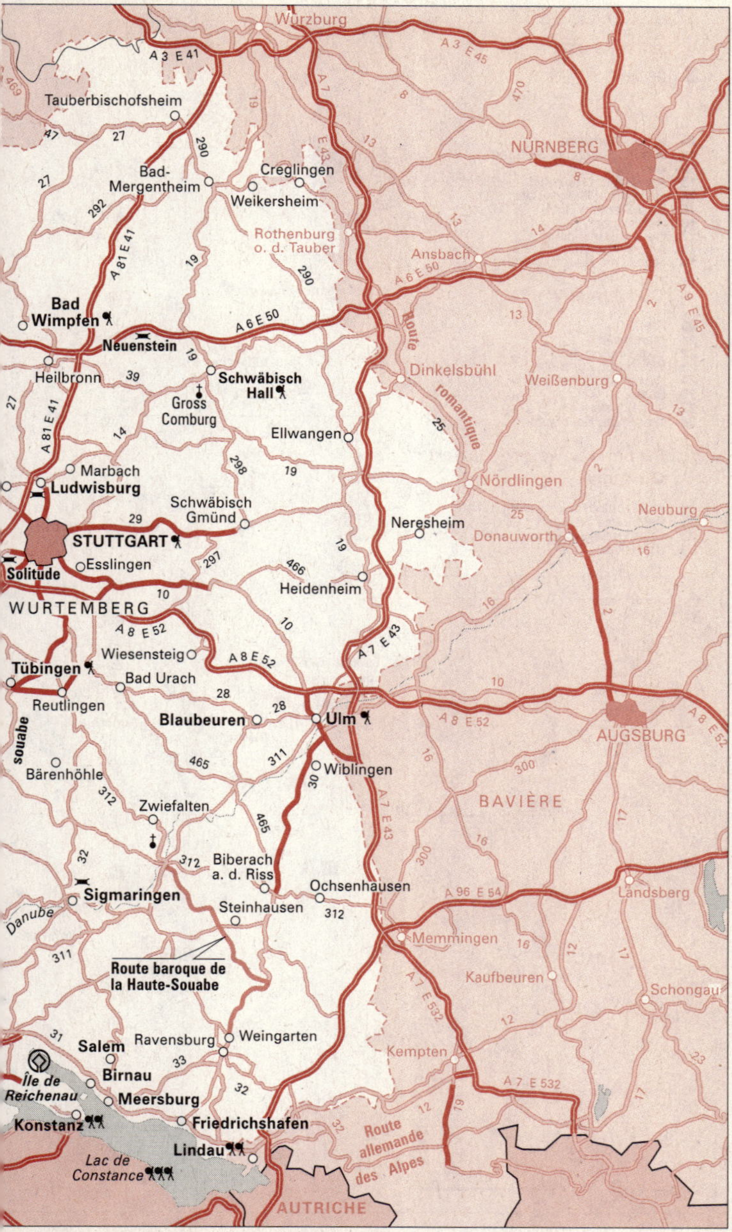


BADE-WURTEMBERG ET LA FORÊT NOIRE

■ **Adresse utile**

- I-Punkt

**Où dormir ?**

- 10 Jugendherberge
- 11 Jugendgästehaus Stuttgart
- 12 Alex 30
- 13 Pension am Heusteig
- 14 Hôtel am Wilhelmsplatz
- 15 Best Western Hotel
- 16 Hotel Unger
- 17 Der Zauberlehrling
- 18 Arcotel Camino
- 19 Motel One Hauptbahnhof

**Où manger ?**

- 20 Stetter
- 21 Markthalle
- 22 Vegi Voodoo King
- 23 Weinstube Zur Kiste
- 24 Weinstube Schellenturm
- 26 Basta
- 27 Alte Kanzlei
- 28 Weinstube Kachelofen

**Où boire un verre ? Où sortir ? Où danser ?**

- 30 Academie der Schönsten Künste
- 32 Penthouse Stuttgart
- 33 Carls Brauhaus
- 34 Schocken

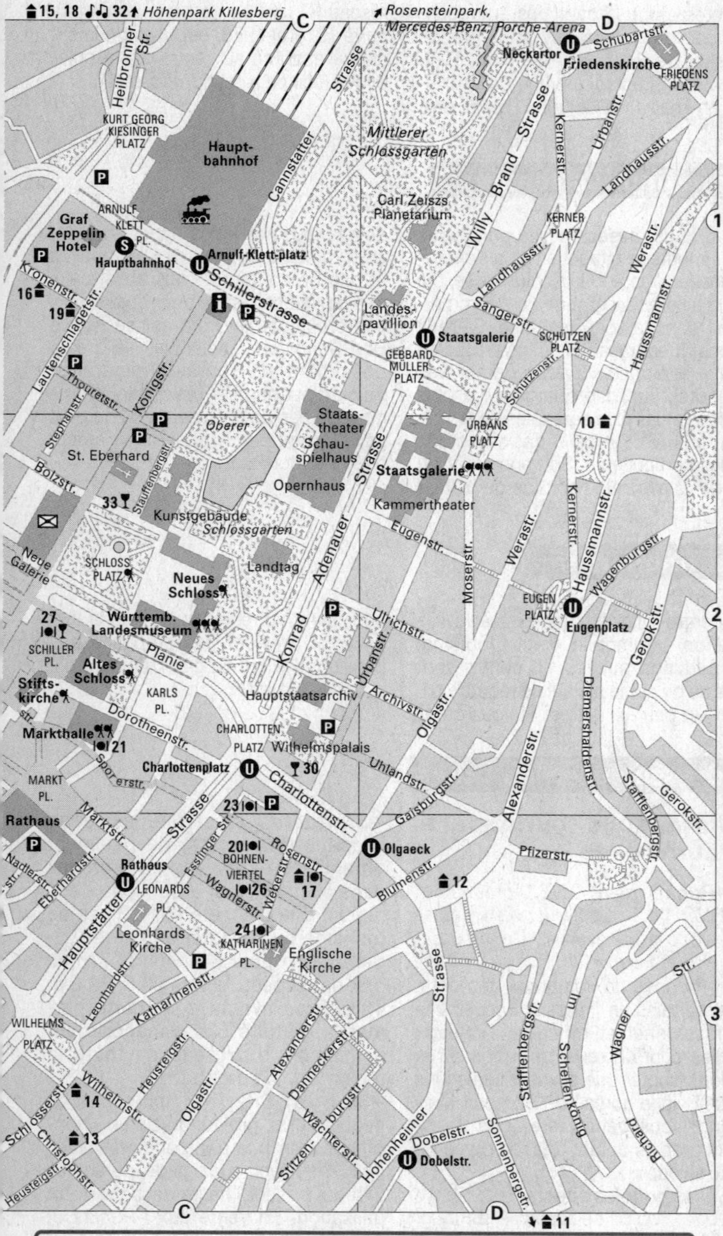

15, 18 32 Höhenpark Killesberg
Rosensteinpark, Mercedes-Benz, Porche-Arena
C
D
Neckartor
Schubartstr.
Friedenskirche
FRIEDENS PLATZ
Heilbronner Str.
KURT GEORG KIESINGER PLATZ
Haupt-bahnhof
Cannstatter Strasse
Mittlerer Schlossgarten
Willy Brand Strasse
Kernerstr.
Urbanstr.
Landhausstr.
Carl Zeiszs Planetarium
KERNER PLATZ
Werastr.
Haussmannstr.
Graf Zeppelin Hotel
ARNULF KLETT PL.
Hauptbahnhof
Arnulf-Klett-platz
Schillerstrasse
Kronenstr.
16
19
Lautenschlagerstr.
Landes-pavillion
Staatsgalerie
Sangerstr.
SCHÜTZEN PLATZ
GEBBARD MÜLLER PLATZ
Schützenstr.
Thouretstr.
Königstr.
Stephanstr.
St. Eberhard
Oberer
Staats-theater
Schau-spielhaus
URBANS PLATZ
10
Bolzstr.
Opernhaus
Konrad Adenauer Strasse
Staatsgalerie
Kammertheater
33
Stauffenbergstr.
Kunstgebäude
Schlossgarten
Eugenstr.
Neue Galerie
SCHLOSS PLATZ
Landtag
Moserstr.
Werastr.
Neues Schloss
EUGEN PLATZ
Eugenplatz
Wagenburgstr.
27
Württemb. Landesmuseum
Ulrichstr.
SCHILLER PL.
Planie
Urbanstr.
Gerokstr.
Altes Schloss
Stifts-kirche
KARLS PL.
Hauptstaatsarchiv
Archivstr.
Olgastr.
Diemershaldenstr.
Dorotheenstr.
Markthalle
21
CHARLOTTEN PLATZ
Wilhelmspalais
Alexanderstr.
Charlottenplatz
30
Uhlandstr.
Sporerstr.
MARKT PL.
Charlottenstr.
Galsburgstr.
Stafflenbergstr.
Gerokstr.
Rathaus
Marktstr.
Strasse
23
Esslinger Str.
Olgaeck
20
BOHNEN-VIERTEL
Rosenstr.
Pfizerstr.
Nadlerstr.
Eberhardstr.
Rathaus
Wagnerstr.
Weberstr.
17
26
Blumenstr.
12
LEONARDS PL.
Hauptstätter
24
Leonhards Kirche
KATHARINEN PL.
Englische Kirche
Strasse
Leonhardstr.
Katharinenstr.
WILHELMS PLATZ
Heusteigstr.
Alexanderstr.
Danneckerstr.
Stafflenbergstr.
Im Schellenkönig
Wagner Str.
Richard
Schlosserstr.
Wilhelmstr.
14
Olgastr.
Stitzenburgstr.
Wächterstr.
Hohenheimer
Dobelstr.
Dobelstr.
Sonnenbergstr.
13
Christophstr.
Heusteigstr.
11
1
2
3


STUTTGART

directement à 13 capitales européennes par le réseau ferroviaire à grande vitesse. De Paris, gare de l'Est, TGV-Est 4 A/R directs/j. (3h40) ; de Bruxelles, en *Thalys* via Cologne (1h48), puis réseau *IC* (3h09). La gare, construite entre 1914 et 1928, est un monument classé et placé au centre d'une polémique (voir plus haut *Stuttgart 21*).

## Comment se repérer ?

Les grands musées et les principaux monuments se situent entre la *Konrad-Adenauerstrasse* et la *Königstrasse,* qui est d'ailleurs la grande rue commerçante dans la zone piétonne. Entre la Haupstätterstrasse et l'Olgastrasse se trouve le *Bohnenviertel* (quartier des Haricots), l'un des quartiers les plus anciens et les plus agréables de la ville. Autrefois, c'était celui des vignerons et des horticulteurs. Son nom vient du fait qu'ils avaient l'habitude de planter devant leur porte des haricots. C'est aujourd'hui le quartier des antiquaires et des brocanteurs, mais aussi celui des tapineuses, sans pour autant qu'il soit craignos. Au nord-est se trouve *Bad Cannstatt,* ancienne ville d'eau, possédant 19 sources minérales. Aujourd'hui quartier résidentiel qui ne manque pas de charme et où l'on peut agréablement manger et flâner autour de la Marktplatz.



## Stationnement

Le centre-ville est restreint à la circulation automobile. Petit problème, les parkings publics du centre sont hors de prix, mieux vaut se rabattre sur ceux un peu excentrés. Si vous optez pour garer votre véhicule dans la rue, on vous prévient, les préposés aux papillons veillent au grain, un carnet à souches à la main.

## Adresses et infos utiles

### Informations touristiques et culturelles

**I-Punkt** *(plan C1)* **:** *Königstr 1a, 70173.* ☎ *22-281-00.* ● *stuttgart-tourist.de* ● *Face à la gare centrale. Lun-ven 9h-20h (18h sam), dim 11h-18h.* Propose de nombreux dépliants, dont certains en français. Accueil très professionnel et efficace. Tableaux tactiles pour chercher des infos sur la région. À noter que si vos réservations se font via le bureau de Stuttgart Marketing, vous bénéficierez des transports gratuits durant toute la durée de votre séjour.

■ ***Résas pour les spectacles :*** *comptoir dans l'office de tourisme, au fond.* ☎ *22-28-111.* Résas pour tous les spectacles sauf pour le Staatstheater. Beaucoup de théâtres font relâche le lundi.

– ***Stuttcard :*** c'est une carte de la forme d'une carte de paiement offrant des réductions ou gratuités dans 50 musées et attractions de la région. Elle s'achète aux offices de tourisme ou sur Internet ● *stuttgart-tourist.de* ● pour 24h, 48h et 72h au prix de respectivement 23 €, 38 € et 45 €. Gros avantage, la carte permet la gratuité des transports sur l'ensemble du réseau de toute la région, dont l'aéroport.

– ***Stuttgart City Tour :*** pour 15 € on peut, en plus, profiter du circuit « hop-off bus » en bus à impériale *(avr-déc 9h30-18h)* avec audioguide, durant les 24h qui suivent l'heure de la première utilisation. En vente aux *I-Punkts* et à bord.

– ***Programmes des manifestations culturelles :*** en vente à l'office de tourisme ou dans les kiosques, demandez le *Lift*, très bien fait pour les jeunes. Aussi *Top Magazin*.

■ ***Résas pour chambres chez l'habitant :*** ***Night & Day,*** *Gutenbergstr 20, 70176.* ☎ *769-60-70.* ● *nd-bed-breakfast.de* ● *U-Bahn n$^{os}$ 1 à 6, arrêt Feuersee. Lun-ven 9h-17h30.* Organisme de réservation de chambres et appartements chez l'habitant à partir de 20 € par personne. Propose une liste de ce qui est libre, en fonction des conditions posées, et réserve ensuite sans commission.

## Urgences

✚ ***Urgences médicales :*** ☎ *19-222 ou 112.*

## Transports

■ ***Location de voitures :*** *beaucoup de compagnies sont présentes à la gare sur le quai n° 16 ou à l'aéroport (locs moins chères).* ***Avis,*** ☎ *22-37-258 (gare) ou* ☎ *94-84-451 (aéroport).* ***Hertz,*** ☎ *22-62-921 (gare) ou* ☎ *94-84-339 (aéroport).*

■ ***Infos sur les trains :*** ☎ *(01805) 99-66-33.*

■ ***Call-a-bike :*** ☎ *(07000) 522-55-22.* ● *callabike.de* ● Nouveau système de location de vélos installé par la *DBahn*. Inscription *(5 €)* par portable ou Internet, puis il suffit de prendre un vélo sur une des bornes *(30 mn gratuit, puis 0,80 €/mn).*

# Où dormir ?

Pendant les nombreuses foires et événements sportifs *(rens à l'office de tourisme ou* ● *stuttgart.de* ●*)*, les prix peuvent grimper. Avis aux aventuriers frileux : les nuits sont fraîches dans la région !

## Camping

⛺ ***Campingplatz Cannstatter Wasen*** *(hors plan par D1) :* *Mercedesstr 40.* ☎ *55-66-96.* ● *info@campingplatz-stuttgart.de* ● *campingplatz-stuttgart.de* ● *Sur les bords du Neckar, à 4 km au nord-est du centre-ville. À 500 m du S-Bahn (ligne directe de la gare principale). Compter 20 € pour 2 avec tente et voiture.* Cuisine et machines à laver à disposition. Petite épicerie et resto.

## Auberges de jeunesse

🏠 ***Jugendherberge*** *(plan D1-2,* ***10****) :* *Haussmannstr 27.* ☎ *66-47-47-0.* ● *info@jugendherberge-stuttgart.de* ● *jugendherberge-stuttgart.de* ● *À 15 mn à pied du centre, mais il faut monter la colline. De la gare principale, U-Bahn n° 15 ou bus n° 42 jusqu'à la station Eugenplatz. Carte AJ exigée. Nuit à partir de 23,70 € et plus pour les plus de 27 ans. Draps et petit déj inclus. Supplément de 10 € pour privatiser une double.* Wi-Fi Ne cherchez pas un bâtiment mais un ascenseur métallique suspendu au-dessus de la ville. Il permet d'accéder à l'AJ qui est construite à flanc de colline. Entièrement rénovée, elle propose plus de 300 lits répartis dans une centaine de chambres majoritairement de 2 et 4 lits, toutes avec douche et w-c.

🏠 ***Jugendgästehaus Stuttgart*** *(hors plan par D3,* ***11****) :* *Richard-Wagner-Str 2.* ☎ *24-11-32.* ● *jgh-stuttgart@internationaler-bund.de* ● *hostel-stuttgart.de* ● *Légèrement à l'écart du centre, env 20 mn à pied. Prendre le tram n° 15 de la gare principale (direction Ruhbank/Fernsehturm) jusqu'à l'arrêt Bubenbad/Jugendgästehaus. Fermé pdt vac de Noël. Une cinquantaine de chambres. Nuitée env 19-24 €/pers selon confort. Doubles 43-62 € selon taille. Petit déj inclus. Ristourne à partir de la 2$^{e}$ nuit. Repas 7 €.* Wi-Fi Une belle AJ privée avec une bonne ambiance. C'est un des bons plans pour dormir en ville. 2 jolies maisons avec un grand jardin. Petit déj sympa dans la véranda avec vue sur Stuttgart. Accueil sympathique.

## De prix moyens à plus chic

Stuttgart offre peu d'adresses enthousiasmantes dans cette gamme de prix.

Le week-end, n'hésitez pas à jeter un œil dans la catégorie « Beaucoup plus chic », certaines promotions peuvent être attractives.

**Alex 30** (plan D3, **12**) : *Alexanderstr 30. ☎ 83-88-95-0. • info@alex30-hostel.de • alex30-hostel.de • Env 15 mn à pied du centre. U-Bahn n$^{os}$ 5 à 7, 15 ou bus n° 41, arrêt Olgaeck. Dortoirs à partir de 24 €/nuit ; doubles sans ou avec sdb 58-70 €, petit déj 8 €.* Une adresse simple, qui n'est pas une AJ, malgré certains aspects du fonctionnement. Ambiance colorée avec des chambres proprettes au confort basique mais plaisantes et bien agencées. Petite terrasse pour siroter une bière et parking facile. Personnel serviable. Un bon plan économique.

**Motel One Hauptbahnhof** (plan C1, **19**) : *Lautenschlagerstr 14. ☎ 30-02-090. • stuttgart-hauptbahnhof@motel-one.com • motel-one.com/en/hotels/stuttgart/.de • Double 99 €, très bon petit déj inclus.* Cette chaîne qui se développe dans toutes les grandes villes d'Europe rencontre un grand succès en proposant des hébergements de bonne qualité dans un décor design particulièrement réussi et à un prix imbattable. Les chambres, bien isolées, peuvent paraître petites, mais le confort est au rendez-vous. Parking. Autre adresse à Stuttgart près du musée Mercedes : *Heilbronnerstr 325. ☎ 32-77-92. Doubles 69-89 €.*

**Pension am Heusteig** (plan C3, **13**) : *Heusteigstr 30. ☎ 23-93-00. • ph@bbv-hotels.de • am-heusteig.de • U-Bahn n° 14, arrêt Österreichischer Platz. Doubles avec douche et w-c 75-89 €, moins chères le w-e ; petit déj inclus.* Assez centrale. Meublées avec du mobilier en pin, les chambres sont sans fioritures et d'une propreté à toute épreuve. Salle de bains impeccables. Très bon rapport qualité-prix.

**Best Western Hotel Suttgart** (hors plan par C1, **15**) : *Friedhostr 21. ☎ 25-870. • info@stuttgart21.bestwestern.de • bestwestern.de.s-tuttgart • Au calme, sur les hauteurs derrière la gare, à 10 mn à pied du centre. U-Bahn : Stadtbibliothek. Doubles 79-169.* Chambres standard de bon confort, salles de bains riquiqui mais certaines avec balcon pour contempler le chantier de construction de Stuttgart 2. Restaurant pour ceux qui ne veulent pas se déplacer. Parking aisé.

**Hotel am Wilhelmsplatz** (plan C3, **14**) : *Wilhelmsplatz 9, 70182. ☎ 21-02-40. • info@hotelamwilhelmsplatz.de • hotelamwilhelmsplatz.de • U-Bahn n° 14, arrêt Österreichischer Platz ou Rathaus. Doubles avec douche et w-c 99-105 €.* Extrêmement bien situé, à deux pas du *Bohnenviertel* et de la zone piétonne, sur une large place donnant sur le Ring. Chambres fonctionnelles et bien équipées. La déco est vétuste, mais rien n'arrache les yeux ! Salle de petit déj un peu sombre. Accueil aimable. En dépannage seulement.

## Beaucoup plus chic

**Arcotel Camino** (hors plan par C1, **18**) : *Heilbronner Str 21. ☎ 258-580. • camino@arcotel.at • arcotelhotels.com • À 700 m de la gare et finalement pas si excentré. Doubles en sem 135-270 € et 95-115 € le w-e selon taille et saison. Petit déj 16 €.* Dans un ancien bâtiment qui servait de foyer aux cheminots et aux postiers. Aujourd'hui, c'est un hôtel design et soigné. Les chambres sont modernes et vraiment confortables. Un bon plan le week-end. Accueil professionnel.

**Hotel Unger** (plan C1, **16**) : *Kronenstr 17. ☎ 20-990. • info@hotel-unger.de • hotel-unger.de • U-Bahn n° 14, arrêt Österreichischer Platz. Doubles 146-155 €, moins chères le w-e ; petit déj inclus.* À 100 m de la gare, mais au calme, un hôtel d'affaires au confort assuré. Chambres rénovées pour certaines, propreté nickel, ventilos. Petit déj généreux. Accueil courtois. Un bon plan prix-situation.

**Der Zauberlehrling** (plan C3, **17**) : *Rosenstr 38. ☎ 237-77-70. • kontakt@zauberlehrling.de • zauberlehrling.de • U-Bahn : Olgaeck. Fermé 2$^{de}$ quinzaine d'août. Doubles avec douche ou sdb et w-c 185-245 € selon saison et confort. Petit déj 19 €. Repas 40-50 €.* Derrière la façade assez sobre du *Bohnenviertel* se cache

STUTTGART

une petite merveille d'hôtel à thème, portant le doux nom d'« Apprenti sorcier ». Une adresse d'un rare raffinement, trop peut-être... Chaque chambre est un voyage à part entière, et il est plus juste de parler d'univers que de décoration. Côté resto, le goût ne déroge pas à l'esprit de la maison, c'est un tourbillon de raffinement. Accueil un peu pincé.

## Où manger ?

Goûtez la cuisine souabe *(Schwäbische Küche),* elle fait la fierté de la région et est réputée dans toute l'Allemagne : les *Maultaschen* (sorte de gros raviolis), les *Spätzle* (pâtes locales)...

### De bon marché à prix moyens

**Vegi Voodoo King** (plan B3, **22**) : *Steinstr 13. Lun-sam 11h30-minuit, dim 17h-minuit.* Bon et pas cher, compter 5 € pour un casse-croûte. Bons fallafels et préparations végétariennes, à déguster en terrasse sur la rue.

**Weinstube Kachelofen** (plan B3, **28**) : *Eberhardstr 10. ☎ 24-23-78. • kachelofen@weinstubekachelofen.de • Tlj, très tard. Plats 7,50-15 €.* Dans le petit piétonnier qui draine pas mal de monde en soirée, une *Weinstube* typique et chaleureux avec boiseries claires et nappes de dentelle pour une cuisine souabe dans toute sa tradition : *maultaschen,* rôti de porc et *knödel,* saucisses-lentilles ou tripes à la mode souabe. Terrasse extérieure avec couvertures pour les frileux. Service efficace.

**Stetter** (plan C3, **20**) : *Rosenstr 32. ☎ 24-01-63. • post@weinhaus-stetter.de • U-Bahn : Rathaus. Lun-ven 15h-23h ; sam 12h-15h, 17h30-23h. Fermé dim. Vesper (plats froids) et plats chauds 5-12 €.* Une *Weinstube* qui a su garder tout son charme. Souvent bondé, mais le voyageur y trouve toujours une place entre 2 convives. On grignote quelques coupe-faim, mais surtout, on goûte les vins de la région. La clientèle d'habitués donne le ton : ici, on parle fort ! Bonne adresse.

**Markthalle** (plan C2, **21**) : *Dorotheenstr 4. U-Bahn : Charlottenplatz. Lun-ven 7h30-18h30, sam 7h-17h. Fermé dim.* Ce marché couvert, de style *Jugendstil,* est une des adresses préférées des autochtones pour manger le midi, surtout le samedi. Ça fourmille de monde et de senteurs provenant des étals : épices, fruits, charcuterie et fromages en tout genre. On y achète un copieux sandwich pour son pique-nique ou bien on court dans un des restos qui se disputent la vedette.

### De prix moyens à plus chic

**Weinstube Zur Kiste** (plan C2, **23**) : *Kanalstr 2. ☎ 24-40-02. • info@zur-kiste.de • U-Bahn : Charlottenplatz. En face de la sortie du U-Bahn. Tlj sf dim 17h (11h30 sam)-minuit. Résa vivement conseillée. Plats 11-20 €.* La taverne la plus ancienne, la plus célèbre et la plus fréquentée depuis des générations. Installée sur plusieurs étages, les amateurs de vin et de bonne chère s'y retrouvent. Arriver de bonne heure le soir pour réussir à s'asseoir. Les voisins de table sont souvent bavards, et il est facile de lier conversation.

**Alte Kanzlei** (plan C2, **27**) : *Schillerplatz 5a. ☎ 29-44-59. • info@alte-kanzlei-stuttgart.de • Ouv 9h30-minuit (1h ven-sam ; 23h le dim). Plats 7-20 €.* Dans l'ancienne chancellerie. On vient ici pour ses belles terrasses, qui sont un point d'observation idéal sur le vieux et le nouveau château. Café-resto aux lignes design. Bonne cuisine souabe servie avec le sourire.

**Basta** (plan C3, **26**) : *Wagnerstr 39. ☎ 24-02-28. U-Bahn : Charlottenplatz ou Rathaus. Tlj sf dim 16h-1h (2h le sam). Plats 15-20 €.* Ambiance feutrée et chic pour ce resto-bar au style années 1930. Seulement quelques plats à la carte, qui change en fonction du marché et de la saison. Cuisine d'inspiration française, goûteuse et bien maîtrisée. Dans une ambiance intime de bistrot, on passe un bon moment agrémenté d'un service qui sait laisser du temps aux convives.

**Weinstube Schellenturm** *(plan C3, **24**) : Weberstr 72. ☎ 236-48-88. • info@weinstube-schellenturm.de • U-Bahn : Rathaus. Lun-sam 17h-minuit. Résa conseillée. Plats 12-22 €. Pas de CB.* Au pied d'une tour du XVI^e s, quelque tables sous les arbres. Dans la tour, petites salles mignonnes qu'on découvre par un escalier en colimaçon à l'atmosphère authentique avec ses poutres et ses colombages. Plats souabes de tradition et goûteux : *maultaschen, spätzle* ou le *Kutteln,* un plat de tripes dans une sauce au vin. Précisément, le vin est servi dans une tasse de grès. Une bonne adresse pour les gastronomes curieux.

## Où boire un verre ? Où sortir ? Où danser ?

Trois spots pour aller boire un verre le soir : autour de la place **Hans im Glück Brunnen,** où chacun trouve verre à son gosier, sur la **Calwerstr** et la **Theodor-Heuss-Strasse,** large boulevard particulièrement connu pour ses cafés très *hype.* Sans ignorer évidemment le **Bohnenviertel** *(plan C3)* pour ses *Weinstuben.* On ne peut pas décrire tous les cafés de ces coins tant il y en a. Choisissez-en un selon votre inspiration et votre humeur.

**Carls Brauhaus** *(plan C2, **33**) : Stauffenbergstr 1. ☎ 25-97-46-11. U-Bahn : Charlottenplatz. Tlj 9h-1h. Plats 10-12 €.* Face à la Schlossplatz, la grande brasserie locale qui peut accueillir des centaines de buveurs. Terrasse en L, déco moderne à l'intérieur autour des cubes qui brassent la mousse locale. Plats courants en cas de petite faim à toute heure.

**Academie der Schönsten Künste** *(plan C2, **30**) : Charlottenstr 5. ☎ 24-24-36. • kontakt@academie-der-schoensten-kuenste.de • U-Bahn : Charlottenplatz. Lun-ven 7h (9h sam)-minuit, dim 9h-19h. Petit déj et snacks 4-8 €.* Un vrai *Tip* (tuyau) pour boire un verre. Outre ses nombreux tableaux qui font tout son style arty-bohème, c'est aussi l'académie de la convivialité. Une adresse chic et décontractée.

**Penthouse Stuttgart** *(hors plan par C1, **32**) : Heilbronner Str 385. • penthousestuttgart.de • À 5 km au nord de la ville. U-Bahn n^os 5, U15 ; arrêt : Borsigstr. Jeu-sam à partir de 21h, inutile de venir avt 23h30. Entrée : 8-15 €.* Énorme vaisseau lumineux sur le bord de la route. Rien d'underground, mais de la bonne house, électro, R & B et eighties fraîchement mixées par la fine fleur des DJs locaux. Multi-ambiance. Resto.

**Schocken** *(plan B3, **34**) : Hirschstr 36. Tlj dès 13h (11h sam ; 13h dim).* Indy-rock-électro-club toujours bondé, les beaux jours (nuits) aussi sur la terrasse.

## À voir

**Staatsgalerie** *(plan D1-2) : Konrad-Adenauer-Str 30-32. ☎ 470-400. • staatsgalerie.de • U-Bahn : Staatsgalerie. Tlj sf lun 10h-18h (20h jeu) ; le 1^er sam de chaque mois, ouv jusqu'à minuit. Entrée : collections permanentes : 5 € ; expos 10 ou 12 € (avec la collection permanente).*

Fondée en 1843 et composée de deux bâtiments juxtaposés et d'époques différentes, elle constitue l'une des plus riches collections d'art pictural en Allemagne. La partie ancienne du musée abrite des œuvres allemandes du Moyen Âge et de la Renaissance (retables souabes, **Holbein, Cranach**). On y trouve aussi, successivement la peinture italienne, surtout florentine (1300-1800) avec en vedette un « *Corps du Christ* » de **Carracci** avec un effet de perspective éblouissant, la peinture flamande et hollandaise (1480-1700) avec des œuvres de **Memlinc** (*Bethsabée au bain*), **Rembrandt** (*Saint Paul en prison*), **Ruysdael** et **Rubens** (*Dame

*âgée et jeune fille*), le baroque allemand, et pour finir la peinture européenne et la sculpture de 1800 à 1900 ; on a retenu ce *Paysage de Bohème* de ***Caspar David Friedrich,*** *Madame Victor Choquet* de Renoir et les *Champs au printemps* de ***Monet,*** et ***Pissaro, Courbet, Cézanne, Degas, Gauguin*** et ***Ensor.*** Cette aile se clôture par l'art contemporain de 1960 à nos jours.
La nouvelle *Staatsgalerien* d'une architecture qui ne fait pas l'unanimité, présente au travers de plusieurs centaines de tableaux et de sculptures un panorama complet des mouvements artistiques du XXe s, de l'impressionnisme à l'art contemporain, dans une présentation anti-chronologique avec ***Joseph Beuys, Jeff Koons*** et le désopilant ***Marcel Broodthaers*** inspiré par Duchamp, en passant par ***Modigliani, Soutine, Klee, Miro, Ernst, Chagall, Mondrian*** et ***Kandinsky*** jusqu'aux sculptures hyperréalistes de ***Duane Hanson.*** À noter, les œuvres des expressionnistes allemands (Rottluf, Kirchner, Marc, Max Bekmann...), des véristes, avec ***Dix*** et ***Grosz,*** l'école du *Blaue Reiter* et la collection Steegmann. L'œuvre de Picasso est bien représentée, puisque 12 œuvres sont exposées.

★★ ***Kunstmuseum*** *(nouvelle galerie d'art ; plan B2)* **:** *Kleiner Schlossplatz 1.* ☎ *21-62-188.* • *kunstmuseum-stuttgart.de* • *Tlj sf lun 10h-18h (21h ven). Entrée : 6 €, gratuit ven après 18h ainsi que sam et dim ; réduc. Visite guidée en allemand : mer et ven à 18h, sam et dim à 15h ; compter env 1h.* Grand cube de verre sur la plus grande place de Stuttgart, inauguré en 2005. 5 000 m² destinés à présenter, au 3e étage, la plus grande collection publique de l'œuvre d'***Otto Dix,*** avec plus de 250 peintures et dessins. On y retrouve aussi des œuvres de ***Willi Baumeister*** et ***Fritz Winter.*** Les étages supérieurs abritent des expos temporaires.

★ ***Schlossplatz*** *(place du Château ; plan C2)* **:** au centre de cette vaste place se dresse la *Jubiläumssäule* (Victoire de la colonne du Jubilé), qui tourne le dos au *Neues Schloss.* Devant le *cube,* « Crinkly avec Disque Rouge » : ce mobile coloré d'***Alexandre Calder,*** qui s'anime avec le vent. Sous le petit kiosque à musique, parfois des concerts de musique classique le dimanche.

★ ***Neues Schloss*** *(château Neuf ; plan C2)* **:** *Schlossplatz.* Un petit Versailles au cœur de la ville. Bombardé lors de la dernière guerre, il fut reconstruit dans les années 1950.

★ ***Altes Schloss*** *(château Vieux ; plan C2)* **:** *Schillerplatz.* Un imposant château, en grande partie du XVIe s, qui fut la résidence des ducs de Württemberg. Une charmante cour intérieure, dominée par trois étages de galeries et par la statue équestre d'Eberhard im Bart.
|●| Cafétéria dans la cour.

★★★ ***Württembergisches Landesmuseum*** *(musée régional du Wurtemberg ; plan C2)* **:** *Schillerplatz 6.* ☎ *89-535-111.* • *landesmuseum-stuttgart.de* • *Mar-dim 10h-17h. Entrée : 5,50 € ; réduc.* Magnifique musée complètement rénové qui présente, au fil d'un parcours chronologique moderne, l'histoire de la Souabe et de l'État de Bade à partir de collections rassemblées dès 1862. Pièces archéologiques superbement mises en valeur prouvant la présence humaine dans les grottes 35 000 ans av. J.-C., traces de l'âge du bronze et du fer. Bijoux témoignant de l'habileté des orfèvres celtes ; présence des Romains retranchés derrière le *limes* avec statuaire et armes, sépultures datant des invasions alamanes puis occupation et sédentarisation des Francs. Importante statuaire religieuse médiévale d'Allemagne du Sud. Le visiteur est ensuite entraîné de salle en section dans la ronde des siècles. À force d'objets

### LE CHEVAL POUR EMBLÈME

*Dans le* hochdeutsch *(l'allemand ancien),* stuot *était le mot pour désigner la jument.* Stuotgarten *évoquait donc le territoire peuplé par les hardes de chevaux, d'où le nom de la ville et également le blason de la marque Porsche, avec un cheval en son centre.*

rares, de peintures, de mobilier, de vaisselle, de gravures, de cartes, d'instruments de musique et de costumes, les mises en scènes chronologiques se multiplient de façon habile autour de différents thèmes. On arrive enfin sur la période industrielle et sur la constitution d'un État moderne sous la férule des princes de Bade qui tenaient une cour brillante à Stuttgart. Une visite passionnante. Expos temporaires de qualité.

**Stiftskirche** *(collégiale de la Sainte-Croix ; plan C2) : Stiftsstr 12. • stiftskirche.de • Lun-jeu 10h-19h, ven-sam 10h-16h, dim 10h-18h.* Bâtie au début du XIIe s, la collégiale a vu sa silhouette modifiée au fil du temps par les modes et les destructions. La nef, d'un style gothique flamboyant, fut achevée en 1495, et le clocher, qui donne toute sa spécificité à l'édifice, date de 1531. Enfin, les bombardements qui endommagèrent la nef et les reconstructions qui s'ensuivirent apportèrent à la Stiftskirche sa forme actuelle. À l'intérieur, une petite chapelle baptismale et un monument dédié à ses aïeux par Ludwig III.

**Fernsehturm** *(tour de la télévision) : fermé pour raisons de sécurité mais pourrait à nouveau être accessible en 2015.* Un des symboles de Stuttgart. Sur sa colline, au sud-est de la ville, on ne peut pas la manquer. La tour culmine à 217 m. Inaugurée en 1956, elle a servi de prototype à toutes les autres tours de télévision dans le monde.

STUTTGART

**Markthalle** *(marché couvert ; plan C2) : Dorotheenstr 4. Tlj sf dim 7h-18h30 (16h sam).* Marché de style Art nouveau, construit entre 1912 et 1914. Fresques de Gref et Häbich. Très animé. Étalages colorés débordant de victuailles. On peut agréablement y manger, se laisser enivrer par les parfums des épices ou flâner dans les galeries du grand magasin ***Merz & Benzing*** pour emporter des pièces d'artisanat de qualité.

**Lindenmuseum** *(plan B1) : Hegelplatz 1. ☎ 20-223. • lindenmuseum.de • Mar-dim 10h-17h (18h sam). Entrée : 4 € ; réduc. Audioguide inclus.* Cette superbe collection ethnographique restitue les us et coutumes d'un grand nombre de peuples de tous les continents, à l'exception de l'Europe ! Un des plus beaux musées d'Allemagne sur ce thème. On passe des tribus d'Amérique du Nord aux Incas du Pérou, on file vers le Pacifique pour croiser les cultures mélanésiennes, on aborde l'Asie par le Japon, la Chine, le Népal, le Tibet et l'Inde, ce qui nous mène au Moyen-Orient islamique puis à l'Afrique noire et ses masques mystérieux. Un beau voyage.

## À faire

**Weissenhofsiedlung** *(cité expérimentale du Weissenhof) : à* ***Stuttgart-Killesberg.*** *Au nord de Stuttgart, à côté de la foire exposition Killesberg. Bus n° 44, arrêt Kunstakademie. Musée dans la maison Le Corbusier : Rathenaustr 1. ☎ 25-79-187. • weissenhofmuseum.de • Mar-dim 11h (10h le w-e)-18h. Entrée : 5 € ; réduc. Dépliant en français 2 €. Visite guidée mar-ven à 15h, w-e à 11h et 15h.* L'exposition « Wohnung 1927 » (Habitat 1927) avait fait appel aux plus grands noms qui ont marqué l'architecture contemporaine (Mies van der Rohe, Le Corbusier, Behrens...) pour construire 21 maisons témoins, dont 11 ont subsisté. Une intéressante promenade au cœur de l'histoire de l'architecture du XXe s qui débute à la maison Le Corbusier, où un petit musée est aménagé. Pour les initiés.

**Musée de la Viticulture :** *Uhlbacherplatz 4, à Uhlbach, un faubourg à l'est de la ville. ☎ 32-57-18. • weinbaumuseum.de • Jeu-ven 14h-20h, sam 14h-18h dim 11h-18h. Entrée : 3 € ; réduc.* Ce musée consacré à une activité traditionnelle des coteaux de Stuttgart se situe dans le cadre d'un ancien pressoir à colombages. Il offre une vue d'ensemble de 2 000 ans de culture viticole, depuis les Romains au travers d'une expo multimédia très bien faite. Atelier de tonnelier et dégustation de quelques crus, comme il se doit.

**Le parc Wilhelma :** *Neckartalstr,* ***Stuttgart-Bad Cannstatt.*** *☎ 54-020. • wilhelma.de • U-Bahn nº 14. Tlj 8h15-18h (17h30 avr et sept, 17h mars et oct, 16h nov-fév). Entrée : 14 € ; réduc (10 € dès 16h).* Le plus grand parc zoologique et botanique d'Allemagne doit sa renommée à ses magnifiques serres et à la modernité de son aquarium.

## Musées automobiles

**Mercedes-Benz Museum :** *Mercedesstr 100, porte 1,* ***Stuttgart-Bad Cannstatt.*** *• mercedes-benz-classic.com • ☎ 17-30-000. S-Bahn S1 : Gottlieb-Daimler-Stadion. Prendre la direction du Stadion/Neckarpark à partir du nord-est de la ville. Laisser sa voiture sur le parking du musée ou sur P4. Mar-dim 9h-18h (fermeture de la caisse à 17h). Entrée : 8 € (audioguide en français compris) ; réduc.*
Dans un bâtiment de l'usine Stuttgart-Untertürkheim, 180 modèles originaux retracent sur neuf étages l'histoire de la célèbre firme automobile, de l'évolution des techniques et des modes au fil du temps. La structure de base du musée architectonique ressemble à un trèfle à trois feuilles. Au milieu de l'arc se tient un atrium triangulaire autour duquel les salles d'exposition ont été aménagées.

### MALIN !

*Dès les débuts de la compétition automobile, il fut convenu de différencier le pays d'origine des bolides par une couleur distincte : bleu pour la France, rouge pour l'Italie, vert pour la Grande-Bretagne, blanc et bleu pour les États-Unis, jaune pour la Belgique... Les modèles allemands avaient hérité du blanc, mais très vite, il fut remplacé par l'argenté du métal. Pourquoi ? Tout simplement parce que, lors d'une course au Nürburgring, une voiture présentait un léger excédent de poids et en grattant la peinture blanche on gagna le kilo superflu, depuis la pratique est restée.*

Pour débuter le parcours en spirale descendante, au dernier étage, les premières automobiles de Karl Benz et Gottlieb Daimler, à l'origine concepteurs de moteurs, les premières Mercedes et 80 autres merveilles qui illustrent le mythe de la marque à l'étoile. Plein de modèles de légende, entre autres, des voitures de course telles que la *Blitzen-Benz,* avec laquelle Bob Burman décrocha le record du monde de 228 km/h en 1911 à *Daytona Beach.* Ensuite, les limousines et les voitures de sport des années 1920 et 1930 alliant prestige et puissance, luxe et confort, comme les *Kaiserwagen* et les voitures sportives *Kompressor* avec le roadster spécial 500 K. Les modèles utilitaires ne sont pas absents avec des bus à impériale et ce magnifique autobus rouge de la ville de Buenos Aires, avec un médaillon à l'effigie de Carlos Gardel à l'arrière. On a flashé sur le magnifique cabriolet rouge de 1934, avec un revêtement intérieur de cuir blanc. Noter, dans le capot arrière, le « siège de belle-mère » escamotable pour loger un passager supplémentaire. La 260 D fut le premier véhicule diesel de série au monde et la 170 V, le modèle le plus vendu avant-guerre. Le coupé 280 SL est sans conteste une vraie légende avec ses portes en ailes de papillon (mais peu pratiques, impossible de descendre les vitres !). Quelques modèles de *people* également : une *Papamobile,* la 600 et la 190 E de Ringo Starr, la ML 320 utilisée dans *Jurassic Park* de Spielberg.
Dans une présentation spectaculaire, alignés comme sur un circuit en anneau, la cohorte de *flèches d'argent* qui remportèrent de nombreuses victoires et marquèrent l'histoire de Mercedes-Benz avec Fangio ou Stirling Moss au volant. On est

stupéfait de découvrir le peu de sécurité passive dans l'habitacle de ces bolides. Un des mérites du musée est de jalonner le parcours de la visite d'une série de panneaux illustrés de photos d'époque qui replacent les modèles dans leur cadre historique. Le musée est connecté désormais au centre Mercedes-Benz, lieu d'exposition pour les nouveaux modèles avec des boutiques et des restos.

**Porsche Museum :** *Porscheplatz 1,* ***Stuttgart-Zuffenhausen.*** *☎ 911-20911. • porsche.com • S-Bahn n° 6 : Neuwirtshaus. Bus n° 52, 99, 501 ou 591, arrêt Porsche/Zuffenhausen. Mar-dim 9h-18h. Entrée : 8 € ; réduc. Audioguide 2 €.*
Pour faire face à son concurrent à l'étoile à trois branches, au début 2009, un nouveau musée s'est ouvert sur 5 000 m², avec 80 bolides, des ateliers et un restaurant. Déjà, l'architecture du nouveau bâtiment vaut le détour. L'histoire de Porsche est aussi longue que celle de l'automobile. En effet, Ferdinand Porsche se fit un nom de constructeur très tôt. Il apporta son savoir-faire aussi à Daimler, chez qui il conçut les deux légendaires voitures sportives *Kompressor* dans les années 1920. En 1931, il créa son propre atelier à Zuffenhausen et utilisa ses inventions pour assurer le développement des voitures sportives de série et des voitures de course. Le tout premier modèle (type 64) en aluminium de 1938 utilisait le châssis et le moteur de la Volkswagen. Il devait courir dans une course Berlin-Rome, en 1939, qui n'eut jamais lieu. Ce qui est remarquable, c'est de constater que sa forme fut à la base de tous les modèles qui allaient être construits par la suite. Le légendaire *roadster 356* fut construit en 1948 à base de pièces fabriquées à Gmünd en Autriche par Volkswagen. Ce fut la Porsche N° 1 et elle porta pour la première fois le nom de son concepteur.

### LE PAPA DE LA COCCINELLE

*Le brillant ingénieur autrichien Ferdinand Porsche est connu pour les voitures portant son nom. Mais il est aussi le père de la Volkswagen, « voiture du peuple », conçue à la demande d'Adolf Hitler pour permettre à tous les Allemands de posséder une voiture. Il a également participé au développement de Mercedes et d'Audi. Sa participation à l'effort de guerre allemand entre 1939 et 1945 est rarement évoquée, alors qu'il conçut le char Tigre et le chasseur de chars Elefant.*

Porsche fit son entrée dans le sport automobile avec le *coupé 356* alu en 1951. Son objectif était d'améliorer la sécurité et la fiabilité de ses véhicules en profitant des expériences faites en course. Ce fut au volant d'une *Porsche 550 Spyder,* qu'il surnommait « Little Bastard », que James Dean se tua en 1955. En 1964, la *Porsche 904 Carrera GTS Coupé* fut mise sur le marché. C'était la première voiture à posséder une carrosserie en plastique. La même année sortit la *Porsche 911* ; régulièrement modernisé, ce modèle fait toujours partie des favoris du catalogue.

### POURQUOI À GAUCHE ?

*Les voitures Porsche ont la clé de contact qui s'insère à gauche du volant. Cette caractéristique provient des courses, où le départ se faisait moteur coupé (comme aux 24h du Mans) et où les pilotes couraient jusqu'à leur voiture pour démarrer. Ainsi, mettre la clé de contact sur la gauche, par où il rentrait dans l'habitacle, permettait de gagner une ou deux précieuses secondes.*

## Manifestations

Si l'Allemagne est un pays réputé dans le monde entier pour la qualité de sa bière, le Bade-Wurtemberg est aussi reconnu pour l'excellence de son vin blanc. Cette rivalité ancestrale ne s'est pas limitée aux boissons mais est allée jusqu'à atteindre leurs adeptes. Aussi les buveurs de vin méprisent-ils les buveurs de bière, qui, bien sûr, le leur rendent bien. Une fête municipale n'aurait pas réussi à réunir tout ce beau monde. Ainsi, la *Cannstatter Volksfest* satisfait les buveurs de bière, tandis que le *Stuttgarter Weindorf* rassemble les buveurs de vin.

– ***Cannstatter Volksfest :*** *cette fête populaire se déroule chaque année pdt 2 sem (fin sept-début oct) sur la Wasen à* ***Bad Cannstatt.*** C'est l'heure des flonflons et de la bonne humeur. Tous les ans, trois à quatre millions de visiteurs défilent entre les stands de *Currywürste* (saucisses au curry) et les innombrables débits de bière. Ceux qui n'ont pas le temps de se rendre à Munich trouveront ici la même ambiance qu'à la fameuse *Oktoberfest* de la capitale bavaroise. Venir plutôt de mi-avril à début mai quand se déroule la ***Frühlingfest,*** la fête du Printemps, qui n'est pas en reste en matière de libations. Attractions foraines, flonflons et bière à gogo.

– ***Stuttgarter Weindorf :*** *fin août-début sept, la ville se transforme en « village du Vin » (Weindorf) pdt 15 j.* Environ un million de visiteurs goûtent les différents crus régionaux qu'offre le Bade-Wurtemberg. Autre clientèle, autre ambiance.

– ***Marché de Noël :*** *déc.* C'est le plus grand d'Europe avec un concours de décoration des toits.

## DANS LES ENVIRONS DE STUTTGART

***Schloss Solitude :*** *à l'ouest de Stuttgart, sortir par la Rotebühlstr. • schloss-solitude.de • ☎ 69-66-99. Prendre le bus n° 92, arrêt Solitude (compter env 30 mn). Mar-sam 10h-12h, 13h30-17h (slt 13h30-16h nov-mars), dim 10h-17h (16h nov-mars). Entrée : 4 € ; réduc.* Ancienne résidence d'été des Württemberg, construite entre 1763 et 1767 dans un style Louis XV, sous la direction d'un architecte français, La Guêpière. Une des curiosités est le bureau du roi Frédéric I^er^ de Württemberg, qui, souffrant d'obésité, l'avait fait adapter à son embonpoint.

***Motorworld :*** *à une quinzaine de km au sud de Stuttgart. Graf Zeppelin Platz, 71034* ***Böblingen.*** *☎ (07031) 30-69-40. • meilenwerk.com • Lun-sam 8h-20h ; dim 10h-20h. Entrée gratuite.* Les fondus de bagnoles ne manqueront pas cette dernière étape du parcours automobile autour de Stuttgart. Les lieux se trouvent sur une ancienne base aérienne américaine désaffectée. Les hangars ont été aménagés en salle de conférence, hôtel, restaurant (cuisine branchée d'inspiration italienne), le tout dans un décor de garages anciens. On parcourt deux immenses salles d'expo organisée en dépôt-vente de voitures de collection pour particuliers. Chaque pièce de collection affiche son prix. Il y a même un avion *F 104 Strafighter* des années 1960 (mais pas à vendre) qui coiffe les rangées de *Old Timers* et de bolides rutilants (grosse concentration de Ferrari et Lamborghini) qui raviront les amateurs de chromes et de carrosseries rutilantes.

Dans cet environnement vroum-vroum, un ***hôtel*** thématique au nom évocateur de ***V8*** *(• v8hotel.de •)* propose des chambres et suites thématiques à la déco plutôt design dont certaines donnent directement sur les salles d'expo. La chambre *Car-Wash,* où les montants de lits sont des rouleaux et le pied de lit une calandre de Mercedes, nous a paru particulièrement appropriée pour passer une nuit vrombissante. *Compter 155-190 € pour une double standard et à partir de 175 € pour une suite thématique (sans petit déj).*

### LUDWIGSBURG

Au nord de Stuttgart, la ville doit son nom au duc Eberhard Ludwig de Württemberg. Au début du XVIII^e^ s, ce dernier décida de créer une cité autour de la résidence princière qu'il avait fait bâtir quelques années plus tôt. En accordant d'importants privilèges aux nouveaux habitants, le duc atteignit bien vite son objectif. Malheureusement, fortement touchée pendant la guerre, la ville ne conserve que peu de bâtiments de cette époque ; seul le château est resté intact. Ludwigsburg fut, après la guerre, la première ville à être jumelée avec une ville française, Montbéliard, en 1950. Cela mérite d'être souligné. L'ambiance y est festive en raison de la présence de nombreux étudiants.

### HUGO A BOSSÉ POUR LES NAZIS

*En 1924, Hugo Boss fournit les nazis en chemises brunes depuis son atelier au sud de Stuttgart. En 1931, il adhère au parti nazi. De 1933 à 1945, sa société confectionne les uniformes militaires du IIIe Reich. Elle a recours à de la main-d'œuvre de travailleurs forcés, français et polonais pour la plupart, ainsi qu'à des déportés en camps de concentration. En 2000, la société Hugo Boss a accepté de verser 500 000 £ au Fonds d'indemnisation des anciens travailleurs forcés.*

## À voir

**Residenzschloss** *(le château)* **et son parc :** *☎ (07141) 18-20-04. ● schloss-ludwigsburg.de ● Tlj 10h-17h. Accès à l'intérieur slt en visite guidée. Entrée : 7 € (8,50 € avec le château de la Favorite) ; réduc. Musées (de la Mode ; de la Céramique ; Barockgalerie) : encore 7 € ; réduc. Audioguide inclus.*
Bref, il faut consacrer une journée entière pour tout voir autour de cet immense château baroque construit au XVIIe s et inspiré du modèle versaillais. Il ne dévoile que 75 de ses 452 pièces, marquées par une décoration baroque puis Empire, du fait de la longueur des travaux de construction. Au fil de la visite, on découvrira le pavillon de chasse *(Jagdpavillon)*, qui abrite un cabinet chinois aux laques orientales, un cabinet de marbre, ainsi qu'un cabinet de boiseries. Le cabinet des Glaces *(Spiegelkabinett)* se trouve dans l'ancien corps de logis, où étaient exposés de précieux bijoux. Le pavillon des jeux *(Spielpavillon)*, de forme circulaire, est orné de stucs et couronné d'un plafond peint. La galerie des Ancêtres, aménagée par Thouret, abrite les portraits des Württemberg. On se laissera surprendre également par la présence de deux monumentales chapelles baroques (*Ordenskapelle* et *Schlosskapelle*) et par le raffinement du théâtre, dont la machinerie et les décors datent de sa construction. On peut également visiter le ***château de la Favorite,*** accessible seulement en visite guidée *(tlj 10h-17h ; de nov à mi-mars, tlj sf lun 10h-16h ; entrée : 3,50 €).*

***Le parc, Blühendes Barock mit Märchengarten*** *(Floralies baroques avec jardin féerique)* **:** *de mi-mars à début nov 7h30-20h30 (jardin féerique 9h-18h). Entrée : 8 € ; réduc.* Reconstitution d'un parc à la mode baroque, avec des décorations florales et minérales : vallée des oiseaux, lac avec chute d'eau, jardin japonais... Pour les enfants, jardin féerique décliné sur les thèmes des contes de Grimm.



# KARLSRUHE

286 000 hab. IND. TÉL. : 0721

**En 1715, le prince margrave Charles-Guillaume choisit cet endroit pour y édifier un château autour duquel devait s'organiser une agglomération. Suivant un plan strict, les artères de la ville convergent vers le palais, dessinant ainsi un éventail. Mais le visage de Karlsruhe est aujourd'hui tout autre, car la ville fut détruite à 80 % lors de la Seconde Guerre mondiale. Bien que reconstruite**

**sur ce plan, la ville n'en est pas moins moderne, et les amateurs de vieilles pierres seront déçus. Son université et la proximité du Rhin ont largement contribué au développement culturel et industriel de Karlsruhe. La Cour de cassation et la Cour constitutionnelle d'Allemagne y ont établi leurs sièges, donnant ainsi un rôle juridique majeur à la ville. Karlsruhe s'enorgueillit de deux célébrités : Hertz, le scientifique qui découvrit les ondes électromagnétiques, et Carl Benz qui, lui, contribua au développement de l'automobile. Cela dit, la ville ne mérite pas une visite approfondie. On peut se contenter de voir ses musées.**

➢ Karlsruhe se trouve à 3h05 de Paris, par le TGV-Est.

## Adresses utiles

**Office de tourisme :** *Bahnhofplatz 6, 76137. ☎ 37-20-53-83. • karlsruhe-tourisme.de • Sous les arcades en face de la gare. Lun-ven 8h30-18h, sam 9h-13h ; avr-oct, dim 10h-13h. Accueil compétent. Réseau de wifi gratuit dans la ville.*

– **WelcomeCard Karlsruhe :** *carte touristique à se procurer à l'office de tourisme. Prix : 1 j. 6,50 € ; 2 j. 12,50 € ; 3 j. 17,50 €.* Elle donne droit à un accès gratuit aux transports de la ville et à de nombreux avantages.

## Où dormir ?

**City Hotel :** *Kaiserstr 152. ☎ 253-03. • info@city-hotel-karlsruhe.de • city-hotel-karlsruhe.de • En face de la* Deutsch Bundespost. *Prendre l'ascenseur à côté du cinéma. Doubles 85-100 € selon saison, petit déj inclus.* Une adresse en plein centre-ville. Bien qu'impersonnelles, les chambres sont modernes et confortables. Accueil aimable.

**Art Hotel Royal :** *Kriegsstr 94. ☎ 933-80-50. • info@arthotelroyal.de • arthotelroyal.de • Doubles 80-100 € selon saison. Prix avantageux le w-e.* Légèrement excentré, sur une artère très passante. Demandez impérativement les chambres sur cour. Une adresse agréable où l'art est roi. Le propriétaire possède une collection de peintures contemporaines plutôt bien choisies. Chambres très confortables. Accueil aimable.

## Où manger ? Où boire un verre ?

Pour ceux qui veulent grignoter, on conseille particulièrement la Ludwigsplatz.

**Café Emaille :** *Kaiserstr 142-144. ☎ 15-100-74. Tlj 8h-1h. Plats 2,50-8 €.* Impossible de penser que ce vilain couloir mène à une adresse si conviviale. Resto-bar en plein centre où se retrouvent les étudiants pour manger bon marché, boire un verre ou écouter des concerts (souvent vendredi et samedi soir). Ambiance décontractée. Murs couverts de plaques publicitaires et grand *Biergarten*.

**Alte Bank :** *Herrenstr 30-32. ☎ 183-28-18. En face de l'église St-Stephan. Tlj. Plats 5-10 € le midi, 9-17 € le soir.* Sous les hauts plafonds, des lustres étincellent de leurs riches pampilles de cristal. Dans l'assiette, rien de tel, mais une bonne et franche cuisine locale. Service aimable.

## À voir

**Staatliche Kunsthalle** *(musée national des Beaux-Arts) : Hans-Thomas-Str 2-6. ☎ 926-33-59. • kunsthalle-karlsruhe.de • Près du château. Tlj sf lun*

LE BADE-WURTEMBERG

*10h-18h. Entrée : 8 € ; réduc.* Très belle collection de peintures européennes du XIVe s à nos jours. Les écoles allemande, hollandaise et française y sont largement représentées. *Le Portement de croix, Le Christ en croix entre la Vierge et saint Jean,* de **Matthias Grünewald,** et le *Retable de la Passion,* d'**Hans Holbein** l'Ancien, font partie des œuvres maîtresses du musée. On y verra également un *Autoportrait* de **Rembrandt,** quatre remarquables *Natures mortes* de **Chardin,** quelques œuvres de **Manet,** ainsi que beaucoup d'autres toiles dignes d'intérêt. Le cabinet d'estampes, qui se trouve dans l'aile Mohl, abrite une riche collection d'art graphique. L'orangerie est consacrée à la peinture du XXe s. On y découvre des peintures d'artistes appartenant à l'expressionnisme allemand, au cubisme et à l'Art contemporain.

Café-resto dans le parc, près de l'orangerie.

**C'ÉTAIT AVANT LE VÉLO**

*En 1817, le baron Karl von Drais, assis à califourchon sur une poutre en bois reliant deux roues, parcourut avec sa machine plus de 14 km en une heure, par action de ses pieds sur le sol. Cette machine baptisée en France draisienne fut brevetée en 1818 sous le nom de vélocipède. Son succès fut éphémère, le véhicule n'était pas très efficace, mais il permettait de se déplacer plus vite qu'à pied. L'engin ne trouva les faveurs du public que le jour où on le dota de pédales.*

***Museum für Neue Kunst*** *(musée de l'Art contemporain)* **:** *Lorenzstr 9. ☎ 81-000. • zkm.de • Env 20 mn à pied de la gare ou du château, ou tram n° 2, arrêt ZKM. Dans le ZKM (Zentrum für Kunst und Medientechnologie, centre pour l'art et la technologie), centre culturel mettant en relation l'art et les nouveaux médias. Mer-dim 10h (w-e 11h)-18h. Entrée : 6 € ; réduc. Pas de traduction des cartels, dommage !* Avis aux amateurs d'art contemporain : pour son cadre et les peintures présentées, ce musée vaut vraiment le détour ! Installé dans une ancienne usine d'armement, il retrace sur 7 000 m² la peinture des années 1960 à nos jours, au travers d'œuvres importantes de l'art européen et américain. Riche collection, présentant entre autres **Warhol, Baselitz, Kiefer, Richter, Gursky, Violla** et bien d'autres encore.

***Badisches Landesmuseum*** *(Musée régional badois)* **:** *dans le château. ☎ 92-66-65-14. • landesmuseum.de • Ouv mar-dim 10h-17h (18h ven-dim et j. fériés). Entrée : 4 € ; réduc. Entrée libre.* Il abrite, d'une part, les collections les plus variées d'objets, de bijoux et autres œuvres d'art de la préhistoire au XXe s en passant par le Moyen Âge ou la Renaissance. D'autre part, on remarquera les trophées rapportés du champ de bataille par Louis-Guillaume de Bade alors qu'il guerroyait contre les Turcs.

***Museum beim Markt* :** *Karl-Friedrich-Str 6. Entre la pl. du Marché et le château. ☎ 926-65-78. Mar-sam 11h-17h, ven-dim 10h-18h. Entrée : 2 € ; réduc ; gratuit ven 14h-18h (sf expos temporaires).* Appartenant au *Landesmuseum,* ce musée présente des collections d'arts appliqués depuis 1900. Peintures, sculptures et meubles depuis l'Art nouveau jusqu'aux designers contemporains. Également des expositions temporaires de grande qualité.

## DANS LES ENVIRONS DE KARLSRUHE

***Schloss Bruchsal*** *(château de Bruchsal)* **:** *à 20 km au nord de Karlsruhe. ☎ (7251) 74-2661. • schloss-bruchsal.de • Mar-dim 10h-17h (13h en jan), plus lun fériés. Entrée : 6 € ; réduc.* Vaste ensemble baroque avec jardins à la française ayant appartenu aux princes-évêques de Spire. Salles d'apparat, escalier monumental, stucs rococo reflétant la vie de cour au XVIIIe s. Mais le plus intéressant se trouve dans le bâtiment principal : le ***musée allemand des Automates musicaux,*** une des plus vastes collections au monde dans son genre. Les instruments jouent tout seuls et donnent l'impression que des orchestres entiers se cachent dans les salles du château. Quelques curiosités, comme l'orgue construit pour le Titanic, mais pas livré à temps pour la première (et fatale) traversée. Le musée présente également des gramophones et des boîtes à musique complétant ce panorama passionnant des moyens mécaniques pour produire de la musique.

***L'abbaye de Maulbronn :*** *à 40 km à l'est de Karlsruhe. ☎ (07043) 92-66-10. • kloster-maulbronn.de • Mars-oct, tlj 9h-17h30 ; nov-fév, tlj sf lun 9h30-17h (13h-17h en janv). Entrée : 7 € ; réduc. Visites guidées en allemand à 11h15 et 15h, 11 €. Promenades-découverte guidées pour parcourir le réseau des viviers aménagés par les moines.*
En édifiant ce monastère dans le grès de la région dans la vallée de la Salzach, les moines de Maulbronn ont profondément marqué le paysage culturel des environs. Tout autour du monastère, ils ont développé un ingénieux système d'irrigation avec des fossés, des mares et des viviers, afin de tirer profit et nourriture de la pisciculture. Les vignes des moines sont encore exploitées de nos jours.
L'abbaye cistercienne, très bien conservée, est inscrite au Patrimoine mondial de l'Unesco. Fondée en 1147 par des moines alsaciens, consacrée en 1178, elle fut agrandie pendant 390 ans par les cisterciens. C'est non seulement le monastère médiéval le mieux préservé au nord des Alpes, mais également un ensemble particulièrement représentatif des architectures romane et gothique.
Ainsi, dans le cloître, les fenêtres à tympan ajouré illustrent l'infinité des formes de l'art de la taille de la pierre. L'état dans lequel le site a été préservé et son homogénéité donnent au visiteur une image quasi authentique de la vie monacale du Moyen Âge. L'église romane du monastère, une basilique à trois nefs, en est le plus ancien bâtiment. Aujourd'hui encore, la cour du monastère est délimitée par les imposantes habitations et les dépendances, et près d'un kilomètre de remparts. Autre élément marquant : les stalles en chêne pour 92 moines, richement ornées.
En 1504, le duc Ulrich de Württemberg, après un siège de 7 jours, prend possession du monastère et le dissout. En 1556, pendant la Réforme, un séminaire protestant y est installé. En plus d'un scientifique comme Kepler, il a accueilli d'illustres philosophes et écrivains allemands comme Johannes Kepler, Hermann Hesse, Friedrich Hölderlin... Ce séminaire fonctionne toujours.
Restauration dans le cadre rustique de l'ancienne forge, spécialité de *maultaschen,* sorte de délicieux raviolis souabes.



## HEIDELBERG

150 000 hab. IND. TÉL. : 06221

**Dominée par les ruines de son château, baignée par la rivière Neckar, cernée de forêts et de vignobles, Heidelberg est incontestablement l'une des plus jolies villes de la région. Son ensemble harmonieux, ses points de vue exceptionnels et son atmosphère singulière ont exercé une véritable fascination sur une génération entière de romantiques, qu'ils soient poètes, peintres ou philosophes. C'est ici qu'Hölderlin écrivit son *Ode à Heidelberg* et que Goethe tomba amoureux de Marianne von Willemer. Mais contrairement aux villes-musées qui ne vivent que dans leur lointain passé, Heidelberg se singularise par son dynamisme culturel. Les spectacles sont nombreux, et les activités ne manquent pas. Depuis 1386, la renommée de son université a fait le tour du monde. Classée parmi les 50 meilleures de la planète, elle s'enorgueillit de 10 prix Nobel et se distingue par son rayonnement scientifique,**

**principalement grâce à la qualité de ses travaux en mathématiques fondamentales et par la recherche contre le cancer. Pendant l'année académique, les étudiants animent les rues pavées de la vieille ville ou refont le monde dans les tavernes, autour d'une bière. Aux beaux jours, ils s'allongent sur les larges pelouses bordant le fleuve, maudissant les nuages qui leur cachent le soleil...**

## UN PEU D'HISTOIRE

C'est la création de son université en 1386 par le comte palatin Ruprecht I^er^ qui marque le début du développement et du rayonnement de Heidelberg. En 1620, le prince électeur protestant Frédéric V veut se faire couronner roi de Bohême. Son accession au trône, à la place d'un Habsbourg, déclenche la guerre de Trente Ans. Deux ans plus tard, la ville tombe aux mains des troupes catholiques du ***général Tilly.*** La célèbre bibliothèque palatine, qui faisait la gloire de la cité, est saisie et offerte au pape. Charles-Louis, fils de Frédéric, relève peu à peu le Palatinat de ses destructions. Soucieux de préserver la paix dans cette région, il décide de marier au duc d'Orléans, frère de Louis XIV, sa fille Liselotte, la très fameuse ***princesse Palatine*** à la correspondance prolifique. Mais le frère de Liselotte meurt sans laisser d'héritier. C'est alors que Louis XIV réclame la part de l'héritage revenant à sa belle-sœur ! Son exigence rejetée, il décide de partir à la conquête du Palatinat. Le conflit engendre la guerre de la Ligue d'Augsbourg. En 1693, les Français prennent Heidelberg et la saccagent totalement avant de l'incendier. Seules l'église du Saint-Esprit et la maison du Chevalier *(Haus zum Ritter)* subsisteront.

### LA PRINCESSE PALATINE

*Née à Heidelberg, elle fut l'épouse bafouée de Monsieur, frère de Louis XIV, qui préférait plutôt la compagnie des garçons. Trop enveloppée et malheureuse, elle était courageuse dans ses écrits (60 000 lettres !). Elle y dénonce l'égoïsme et les bassesses de la Cour, et s'en prend à Mme de Maintenon, seconde épouse du roi, « Cette vieille conne », disait-elle.*

Au XVIII^e^ s, la cité est entièrement reconstruite dans un style baroque mais sur le plan de la ville au Moyen Âge. Ces grands travaux incitent les princes palatins à quitter Heidelberg pour Mannheim, dont ils font leur nouvelle résidence. En 1803, la ville retrouve son prestige d'antan grâce à la création d'une nouvelle université. Cette renaissance culturelle et le site extraordinaire dont elle bénéficie avec les ruines de son château en font un haut lieu du romantisme allemand. Victime d'une seule bombe, lâchée par erreur, elle sortit intacte de la dernière guerre, à l'instar de Bamberg et de Ratisbonne en Bavière.

### UNE MORT STUPIDE

*Le 9 décembre 1945, la Cadillac du célèbre général Patton heurta par inadvertance un camion militaire américain. Paralysé, Patton mourut quelques jours après l'accident à l'hôpital de Heidelberg. Une de ses dernières phrases fut : « Quelle façon de mourir à la con ! »*

## Adresses et infos utiles

### Informations touristiques et culturelles

🅸 ***Office de tourisme*** *(hors plan par A3) : Willy-Brandt-Platz 1, kiosque devant la gare principale, 69115. ☎ 584-44-44. • heidelberg-marketing.de • Avr-oct, lun-sam 9h-19h, dim 10h-18h. Le reste de l'année, lun-sam 9h-18h.*

– ***Autre bureau à la mairie*** *(Rathaus, C2)* **:** *Marktplatz, en face de l'église. Lun-sam 8h (10h sam)-17h.*

– ***Visites guidées dans la vieille ville :*** *rens : ☎ 14-22-23 ou 25. Rdv sur Marktplatz, entrée principale de l'hôtel de ville. Avr-oct, tlj 10h30, en allemand. En plus jeu, ven et sam 10h30 en anglais ; le reste de l'année, ven 14h30 et sam 10h30 en allemand. Possibilité de visite guidée en français.* Possibilité de tour de la ville en bus avec visite du château. Rens à l'office de tourisme et dans la gare centrale. Résa conseillée.

– Carte touristique ***Heidelberg Card*** : *achat à l'office de tourisme. Prix : 12,50 € 1 j. ; 14,50 € 2 j. ; 16, 50 € 4 j. ; carte familiale 31,50 € 2 j. Cette carte donne droit à un accès gratuit aux transports de la ville, funiculaire inclus, ainsi qu'une entrée pour le château. D'autre part, elle permet des réduc dans certains musées, restos, visites guidées et magasins.*

– ***Journal sur les spectacles et expos :*** se procurer le *Meier,* en vente dans les kiosques, ou bien, à l'office de tourisme, le *Heidelberg Aktuell (2,50 €).*

– ***Internet :*** bon à savoir, la ville s'est dotée pour 2015 du wifi gratuit dans un large périmètre du centre historique et même autour du château.

## Transports

■ ***Location de vélos*** *(hors plan par A3)* **:** *dans la gare, sur le quai 1B. ☎ 659-94-52. • fahrrad-heidelberg.de • Lun-ven 7h (10h mar et jeu)-18h. Fermé w-e.*

***Promenades en bateau*** *(plan B2)* **:** *en face de la Stadthalle (salle des congrès). ☎ 201-81. • weisse-flotte-heidelberg.de • Avr-fin oct.* Plusieurs formules de jour et en soirée, et même à bord d'un bateau solaire *(☎ 983-86-37 ; • hdsolarschiff.com •).*

LE BADE-WURTEMBERG

# Où dormir ?

## Campings

Les deux campings se trouvent sur les bords du Neckar, avec l'inconvénient d'être en sandwich entre la rivière et la route. Donc un poil bruyant !

***Camping Haide :*** *Ziegelhaüser Landstr'91, 69151* ***Neckargemünd,*** *entre Ziegelhausen et Kleingemünd, 8 km au sud-est du centre-ville. S-Bahn : Orthopädie ou bus nº 35. ☎ (062-23) 21-11. • camping-haide.de • Avr-oct. En hte saison, compter env 18 € pour 2 avec tente et voiture. Loc de bungalows un peu austères 26-42 € selon nombre de pers. Jeton douche en supplément.* Assez éloigné. Ombragé au bord du Neckar. Pas de resto ou épicerie. Location de vélos.

## Bon marché

***Lotte The Backpackers*** *(plan C1,* ***11****)* **:** *Burgweg 3. ☎ 73-50-725. • lotte-heidelberg.de • Réception 8h-13h, 14h-22h. Lits en dortoir 20-25 € et doubles 58-70 € selon saison avec petit déj varié.* Maison sans charme extérieur, mais située à seulement 100 m du funiculaire pour le château. Par ailleurs, 5 chambres plaisantes et personnalisées (dont des familiales) et 2 dortoirs avec 5-6 lits superposés dont un pour filles avec salle de bains privée. Cuisines communes, machine à laver, accueil adorable et très bonne ambiance à partager dans le salon commun entre jeux et échange de livres.

***Hemingway's and the Papa's Pension*** *(plan A2,* ***19****)* **:** *Fahrtgasse 1. ☎ 65-80-488. • kontakt@hemingways-hd.de • hemingways-heidelberg.de • Doubles 65-70 € selon saison, petit déj en sus. Tlj 9h-1h (2h ven-sam), plats 6-12 €.* Chambres joliment rénovées, avec salle de bains à partager. Demandez-en une avec vue sur la rivière, préférez celles à l'étage pour s'éloigner du tapage du bar. Une adresse dépaysante avec une ambiance effervescente. Resto-bar original qui propose des plats et boissons de tous les coins du monde où Papa Ernest a vécu. Cela donne une cuisine cubano-américano-française plutôt réussie : tapas, burgers et salades surtout. Salle décorée de photos et d'objets insolites

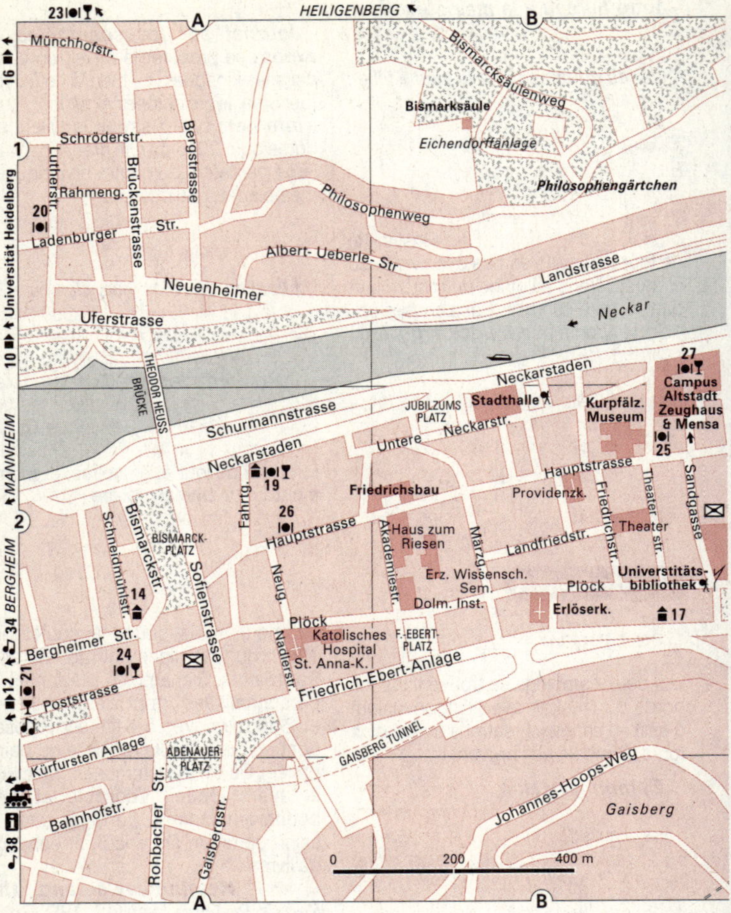


**Adresses utiles**

- Offices de tourisme

**Où dormir ?**

- **10** Jugendherberge
- **11** Lotte The Backpackers
- **12** Steffis Hostel
- **14** Denner Hotel
- **16** Hotel-pension Berger
- **17** Hotel Monpti
- **18** Hotel Holländer Hof
- **19** Hemingway's and the Papa's Pension

**Où manger ?**

- **20** Marktstübel
- **21** Urban Kitchen
- **22** Kulturbrauerei
- **23** Alt Hendesse
- **24** Rossi
- **25** Backmulde
- **26** Schlemmermeyer

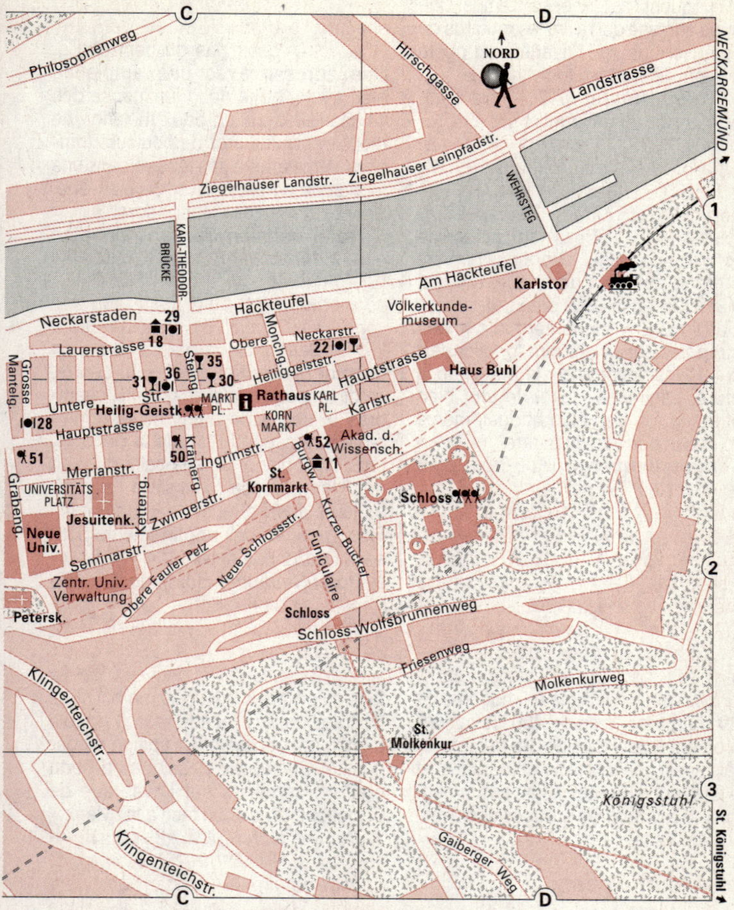


## HEIDELBERG

27 Campus Altstadt Zeughaus & Mensa
28 Weisser Bock
29 Zum Goldener Hecht

**Où goûter ?**

36 Café-Konditorei Knösel

**Où boire un verre ? Où sortir ?**

27 Cafe im Marstall
30 Max Bar
31 Reichsapfel & Lager
34 Musikfabrik Nachtschicht
35 Brauhaus Vetter
38 Halle 02

**À voir**

50 Haus zum Ritter
51 Studentenkarzer
52 Maison de Graimberg

qui évoquent l'auteur et son temps. Une bonne adresse qui ravira les routards de la première heure ! Voyageur en quête de tranquillité, passe ton chemin !

**Steffis Hostel** *(AJ ; hors plan par A2,* ***12****) : Alte Eppelheimer Str 50. ☎ 77-82-772. • info@hostelheidelberg.de • hosteheidelberg.de • Lit 18-24 €/nuit selon taille du dortoir, doubles 28-45 €/pers. Petit déj 3 €. Accès 24h/24.* De la gare, prendre le Kürfurstenpassage, et poursuivre vers un grand bâtiment de brique, l'AJ est au 3e étage au-dessus d'un self-service asiatique. Environnement d'anciens entrepôts. Beaux dortoirs fonctionnels de 4-10 lits décorés sur le thème de la nature, sanitaires nickel, le tout bien entretenu. Un bon plan budget, même si c'est un peu loin du centre.

**Jugendherberge** *(AJ ; hors plan par A1,* ***10****) : Tiergartenstr 5, 69120. ☎ 65-11-90. • info@jugendherberge-heidelberg.de • jugendherberge-heidelberg.de • À l'ouest du centre, à côté du zoo. Prendre le bus n° 32 à la gare, arrêt Youth Hotel. Nuit à partir de 23,70 €/pers pour les moins de 27 ans et 4 € en sus pour les autres. Supplément 10 € pour une chambre double. Dortoirs non mixte.* Une AJ moderne de 120 chambres, près de 450 lits majoritairement en dortoirs de 3-8 personnes mais aussi une trentaine de doubles, et au final, accueillante malgré ses dimensions. Beaucoup de groupes scolaires, on s'en doute.

## De prix moyens à plus chic

**Hotel Monpti** *(plan B2,* ***17****) : Friedrich-Ebert-Anlage 57. ☎ 60-45-60. • info@hotel-monpti.de • hotel-monpti.de • Double 115 € en sem, promos le w-e ; petit déj inclus.* À deux pas du centre-ville. Une adresse avec une ambiance bien à elle, où la déco lumineuse des 14 chambres est un doux mélange de mobilier asiatique et de couleurs franches. Atmosphère très réussie dans une recherche d'harmonie et de bien-être. Bonne adresse et accueil adorable.

**Hotel-pension Berger** *(hors plan par A1,* ***16****) : Erwin-Rohde-Str 8, 69120. ☎ 40-16-08. • info@hotelberger.de • hotelberger.de • Résa plus que conseillée. Double 98 €, petit déj-buffet inclus.* Belle maison particulière d'un quartier résidentiel proche du centre. Jardin impeccable avec piscine, chambres et salles de bains nickel entièrement refaites, tic-tac de la pendule, crucifix et piano dans la salle du petit déj. Une adresse familiale à l'accueil toujours aussi attentif de Mme Berger. Propose aussi des appartements pour séjour de longue durée.

**Hotel Holländer Hof** (plan C1, **18**) : *Neckarstaden 66. ☎ 60-500. • info@hollaender-hof.de • hollaender-hof.de • Doubles env 100-150 € selon confort et saison avec petit déj.* Pile face au pont sur le Neckar, un bel hôtel de tradition à la façade rose à double pignon qui perpétue la tradition d'hospitalité. Chambres classiques de bon confort, certaines ont l'avantage de disposer d'un balcon face à la rivière.

**Denner Hotel** (plan A2, **14**) : *Bergheimer Str 8. ☎ 60-45-10. • info@denner-hotel.de • denner-hotel.de • Double 119 € avec petit déj.* Une petite vingtaine de chambres spacieuses, toutes différentes, à la décoration colorée dans un style colonial postmoderne. Parking privé *(12,50 €/j.)*.

## Où manger ?

De manière générale, pour bien manger éviter plutôt la Hauptstrasse, repaire, à quelques exceptions près, des restaurants assez touristiques. Comme bien souvent, le distinguo entre resto et bar n'est pas très net. Dans ceux qui sont retenus, on peut donc aussi bien manger que simplement boire un verre. À vous de voir !

### De bon marché à prix moyens

**Schlemmermeyer** (plan A2, **26**) : *Hauptstr 31. Tlj sf dim 9h-19h (18h sam).* Une bonne épicerie fine pour manger sur le pouce à moins de 5 €.

**Campus Altstadt Zeughaus**

**& Mensa** *(plan B1-2, **27**) : tlj sf dim 11h-22h. Plats au poids, compter 1,45 € pour 100 g sans la carte d'étudiant.* Resto U installé dans le Marstall (anciennes écuries). On y mange simplement, soit dehors, soit au milieu d'un épais brouhaha fait de cliquetis de couverts, fendu de temps à autre par de forts éclats de rire. Une ambiance de cantoche ! Cool pour faire des rencontres.

|●| ***Marktstübel*** *(plan A1, **20**) : Ladenburger Str 18. ☎ 43-66-02. Ouv 11h-15h, 17h-1h. Plats 7-16 €.* Sur une jolie place, endroit sympathique pour manger midi et soir des spécialités alsaciennes. Salle un brin rustique (épaisses tables en bois, poêle en faïence vert), fréquentée par un public mélangé cohabitant dans une ambiance copain-copain. Dès les beaux jours, on mange sur une des terrasses les plus agréables de la ville. Service au lance-pierres, hélas.

## De prix moyens à plus chic

|●| ***Zum Goldener Hecht*** *(plan C1, **29**) : Steingasse 2, face au pont sur le Neckar. ☎ 65-99-222. • goldener-hecht-restaurant@t-online.de • Tlj midi-minuit. Plats principaux à moins de 10 €.* Dans sa salle rustique avec fresques historico-humoristiques ou sur sa belle terrasse stratégiquement située, ce « brochet doré » attire invariablement ses proies depuis 200 ans au moins. Cuisine de classiques de la gastronomie badoise joliment interprétés. On a apprécié le sandre poêlé, mais on peut opter pour le *tafelpitz,* le *rindgulash* ou le *wiener schnitzel.* Service en costume et empressé. Prix tout à fait raisonnables.

|●| 🍷 ***Kulturbrauerei*** *(plan C1, **22**) : Leyergasse 6. ☎ 50-29-80. • info@heidelberger-kulturbrauerei.de • 11h30-23h. Plats 11-26 €.* Véritable brasserie où les cuves ne servent pas seulement de décor mais bien à fabriquer de la bière. On s'attable dans le *Biergarten* ou dans la majestueuse salle avec mezzanine, plafonds peints et tables éclairées à la bougie. À la carte, des plats régionaux dans la palette classique de la culture culinaire allemande, qui accompagnent bien une mousse ou un vin régional. Plats dans la palette classique de la culture culinaire allemande. Service plein d'entrain.

|●| 🍷 ***Rossi*** *(plan A2, **24**) : Rohrbacher Str 4. ☎ 97-460. • info@caferossi.de • Dim-mer 8h-minuit, jeu-sam 8h-1h. Plats 7-20 €. Brunch dim 10h-17h.* Décor de bistrot 1900 dans la tradition des cafés viennois, avec comptoir en zinc. Aux beaux jours, vaste terrasse sous les platanes. On y sert une cuisine de brasserie sans prétention mais de qualité. Service parfois un peu lent.

|●| ***Backmulde*** *(plan B2, **25**) : Schiffgasse 11. ☎ 53-660. • info@gasthaus-backmulde.de • Tlj sf dim 18h-23h. Fermé la sem du carnaval et 10 j. en août. Carte env 17-28 €.* Le mariage réussi de la tradition et du savoir-faire. Le chef concocte des plats qui rendent hommage au terroir : canard rôti à la rhubarbe accompagné de *Schnupfnudel.* À la carte, des plats de poisson et de viande au gré des saisons, qui réjouissent les sens. La salle, dans les bruns avec ses rideaux rouge profond, plonge ses convives dans une ambiance cosy qui correspond bien à la cuisine.

|●| ***Weisser Bock*** *(plan C2, **28**) : Grosse Mantelgasse 24. ☎ 90-000. • info@weisserbock.de • Tlj 7h-minuit. Menus 69-79 €, plats 17-36 €.* Réception dans la cuisine, on adore ! Bonne table, qui propose une large palette de plats régionaux déclinant les classiques de la cuisine allemande avec une pointe de créativité. Salle élégante, pour un moment agréable. Service attentionné et sans fautes.

|●| 🍷 ***Alt Hendesse*** *(hors plan par A1, **23**) : Mühltalstr 4. ☎ 48-05-17. Au nord de la ville. De Bismarckplatz, tram n° 3, 4 ou 5, arrêt OEG Bahnhof. Tlj 17h (11h dim)-minuit. Plats 8-19 €. CB refusées.* Une adresse que l'on conseille vivement pour sortir des sentiers battus, située dans le quartier de Handschuhsheim, vieux village qui a conservé toute son âme avec ses charmantes maisons et son château. Ancien relais de chasse, chauffé en hiver par un poêle en faïence de la Forêt-Noire. Cuisine rustique de spécialités badoises de

bonne qualité. Ici, pas de chichis ou de superflu : du vrai, rien que du vrai. Menu en allemand seulement, mais les serveurs parlent l'anglais. Une adresse qui emporte des suffrages amplement mérités. Charmant *Biergarten* où grimpe la vigne.

**Urban Kitchen** *(hors plan par A2,* ***21****) : Postr 36, dans le quartier de Bergheim. ☎ 998-69-73. • heidelberg@myurbankitchen.de • Lun-ven 11h-minuit ; sam 10h-très tard ; dim 10h-23h. Brunch (11h-15h dim) 15 €.* Café resto très à la mode pour les jeunes branchés, bondé les soirs de week-end dans les locaux des anciens bains municipaux. Bar extérieur dans un wagon en alu, type *dinner* américain et tables sous parasols. Pizzas, pittas, burgers, salades, cuisine grecque et sushis. Serveurs *hipsters-tatoo* un peu abrupts. Discothèque à l'étage.

## Où goûter ?

**Café-Konditorei Knösel** *(plan C1-2,* ***36****) : Haspelgass 20. ☎ 72-72-754. Tlj 12h-15h et 18h-22h, le dim sans interruption.* Inventeur du fameux *Studentenkuss,* un bonbon au chocolat et pâte d'amandes, destiné à l'origine à faciliter les rapprochements entre les jeunes filles de bonne famille et les étudiants. Bon gros gâteau, qui en impose par sa haute et fière stature crémeuse. Fondé en 1863, c'est le plus ancien salon de thé de la ville.

## Où boire un verre ? Où sortir ?

LE BADE-WURTEMBERG

Les tavernes d'étudiants ne manquent pas à Heidelberg, c'est même une spécialité locale. On y refait le monde depuis des siècles. Certains cafés arborent des drapeaux bien particuliers, ce sont ceux des 12 « confréries battantes », ces fraternités étudiantes gardiennes de traditions séculaires.

**Brauhaus Vetter** *(plan C1,* ***35****) : Steingasse 9, Im Schöneck. ☎ 16-58-50. • info@brauhaus-vetter.de • Tlj 11h-minuit (2h le w-e).* Un incontournable du centre historique avec ses cuves brassant la plus forte bière du monde (selon le Guinness Book) : la *Vetter 33,* 11,5° d'alcool ! Une brune onctueuse et veloutée avec une pointe de caramel. Elle est servie, pour 4,30 €, en « petit » verre de 20 cl. Pour ceux qui préfèrent la quantité à la qualité, on a aussi des bières plus légères servies en pichets de 1 à 5 l. Bières blanches et bières de saison accompagnent idéalement des plats traditionnels de brasserie.

**Reichsapfel & Lager** *(plan C1-2,* ***31****) : Untere Str 35. ☎ 48-55-42. Tlj 19h30-3h.* 2 grandes salles et une jolie cour intérieure, toujours bondées. On joue des coudes pour avoir la chance d'accéder au comptoir. Ambiance étudiante, on s'en serait douté.

**Max Bar** *(plan C1-2,* ***30****) : Marktplatz 5. ☎ 24-419. • maxmatthieu@t-online.de • Tlj jusqu'à 1h, et bien plus tard ven-sam. CB refusées.* Une adresse dans son jus ! On ne l'indique pas uniquement pour son caractère parigot et la tronche de Gainsbarre, mais bel et bien pour son âme bien palpable. Quelques tables en terrasse pour siroter une mousse.

**Cafe im Marstall** *(plan B1-2,* ***27****) : sur le campus Altstadt Zeughaus & Mensa. Lun-ven 9h-minuit, sam 14h30-21h, dim 13h30-23h. Biergarten.* Rencard des étudiants. Bonne ambiance électrique, certains soirs des groupes de rock s'y vident les poumons. Sympa pour faire des rencontres.

**Musikfabrik Nachtschicht** *(hors plan par A2,* ***34****) : Bergheimer Str 147. ☎ 43-85-50. • nachtschicht.com • Mer-sam 22h-3h (5h sam). Entrée : 5-7 €.* Dans un ancien espace industriel réaménagé, près de la gare. Discothèque où aiment se retrouver les étudiants pour faire la fête. Tous les styles musicaux.

**Halle 02** *(hors plan par A3,* ***38****) : Zollhofgarten 2. ☎ 33-89-990. • halle02.de • De Bismarckplatz, tram n° 26, arrêt Montpellierbrücke. Ven-sam à partir de*

*22h.* Dans des anciens entrepôts de la gare. Espace multi-ambiance à prédominance électro. Déconseillé aux filles seules.

## À voir

⚘⚘⚘ ***Schloss*** *(le château ; plan D2)* **:** ☎ *65-88-80.* • *schloss-heidelberg.de* • *Tlj 8h-17h30. Entrée : 6 € ; réduc (billet combiné avec la montée au funiculaire). Audioguide en français : 4 €. On rejoint le château à pied ou avec le funiculaire, dont une partie date de 1890. Un billet de bus ou de tramway, peut être utilisé comme correspondance gratuite avec le funiculaire. La visite des intérieurs (slt visite guidée, 4 € ; réduc, à réserver au Besuchzentrum) n'a pas vraiment grand d'intérêt.*

### LE HÉROS DE HEIDELBERG

*Le personnage le plus célèbre de la ville est sans aucun doute le nain Clemens Pankert, dit Perkeo, né vers 1700. Souffrant probablement de diabète, il avait toujours soif mais ne buvait que du vin. Malin comme il l'était, il fit carrière en devenant bouffon de cour et gardien officiel du grand tonneau du château (228 000 l). Son surnom Perkeo provient de sa réponse en italien quand quelqu'un lui offrait un verre : « Perchè no » (Pourquoi pas ?). Quand il fut vieux et malade, un médecin lui ordonna de ne boire que de l'eau. Il mourut le lendemain matin.*

La construction du château commence vers 1300 et s'achève 400 ans plus tard, ce qui explique la diversité des styles des façades. À deux reprises, en 1689 et en 1693, les troupes françaises, lancées par Louis XIV, détruisent le château et la ville. Les princes électeurs le délaissent alors et se font construire une nouvelle résidence à Mannheim. Le château tombe alors en ruine. Mais c'est sans compter sur ***Charles de Graimberg,*** un Français arrivé en 1810 à Heidelberg pour faire des gravures du château. Il y resta jusqu'à sa mort en 1864. Durant toutes ces années, il consacre ses journées à la sauvegarde de l'édifice et à rassembler ce qui constituera le fonds des collections du musée du Palatinat. On peut encore voir sa ***maison,*** reconnaissable à son inscription dans la langue de Molière, sur la *Kornmarkt* au n° 5 *(plan C2,* ***52****).*

Avant d'entrer dans la cour du château, on peut se promener dans le ***Stückgarten,*** terre-plein aménagé entre deux remparts et renforcé par la ***Dicker Turm*** *(Grosse Tour),* que les Français firent sauter en 1689, et par le ***Rondell,*** en saillie dans le rempart. Pour ressortir, on emprunte l'***Elisabethentor*** *(porte d'Élisabeth),* en forme d'arc de triomphe, que Frédéric V aurait fait élever en une nuit pour les 19 ans de son épouse Élisabeth Stuart.

Dans la cour du château, sur la gauche après avoir franchi le pont fortifié et les deux portes, on découvre le plus ancien bâtiment, la ***Ruprechtsbau*** *(aile Ruprecht),* de style gothique. La clef de voûte du porche, composée de deux anges qui tiennent une couronne de roses et un compas, aurait probablement été posée en souvenir des jumeaux de l'architecte, tués en tombant d'un échafaudage. Directement en face se trouve la ***Brunnenhalle*** *(pavillon du Puits).* Ses colonnes romaines en granit proviennent du palais de Charlemagne près de Mayence. De l'autre côté de la cour, on ne peut louper la façade Renaissance, richement décorée avec ses deux pignons festonnés, de la ***Friedrichsbau*** *(aile de Frédéric).* Les statues de la façade représentent les ancêtres de Frédéric IV (parmi eux, les Wittelsbach). À droite s'élève la ***Gläserner Saalbau*** *(aile de la salle des Glaces),* inspirée par la Renaissance italienne. L'imposant bâtiment situé à sa droite, l'***Otto-Heinrichsbau*** *(aile Othon-Henri),* du milieu du XVIe s, est un modèle d'architecture Renaissance allemande tardive.

Cette aile abrite le ***Deutsches Apothekenmuseum*** *(musée allemand de la Pharmacie ; ouv tlj 10h-18h – 17h30 nov-mars),* qui recèle des instruments d'apothicaire et de beaux meubles de pharmacie des XVIIIe et XIXe s. L'aile du grand

*Fassbau (tonneau)* renferme une des plus célèbres curiosités du château : un gigantesque tonneau d'une contenance de 228 000 l, datant de 1751.
En empruntant le passage sous l'aile Frédéric, on atteint la ***Atlan*** *(Grande Terrasse),* qui offre une vue exceptionnelle sur la vieille ville. En rejoignant les jardins (lieu idéal pour une petite sieste), on longe la ***Gesprengter Turm*** *(tour Rompue).* Les jardins aménagés en terrasses sous Frédéric V étaient décrits au XVIIIe s comme la « huitième merveille du monde ». De ces jardins, Goethe aimait admirer Heidelberg.

👁👁 ***La vieille ville :*** pas de grandes curiosités à visiter, mais il se dégage de l'ensemble une grande harmonie. Flânez et enfoncez-vous dans les ruelles pour en découvrir toute la douceur. Ne ratez surtout pas, en face de l'église du Saint-Esprit, la ***Haus zum Ritter*** *(maison du Chevalier ; plan C2, **50**)* au buste de saint Georges, construite en 1592 pour un marchand huguenot et aujourd'hui un hôtel de luxe, le ***Rathaus*** *(mairie ; plan C1-2)* qui date de 1700 et la ***Jesuitenkirche*** *(église des Jésuites ; plan C2).* Empruntez le pont Karl-Theodor-Brücke, ou ***Vieux Pont*** *(plan C1),* flanqué de ses deux tours rondes qui offrent la plus belle vue sur Heidelberg.

👁👁 ***Heilig-Geistkirche*** *(église du Saint-Esprit ; plan C2)* **:** imposante église-halle érigée au XVe s. Ancien lieu de sépulture, le chœur n'abrite aujourd'hui que le monument funéraire de Ruprecht III. Originalité : à sa construction fut prévue une galerie pour accueillir la *Bibliotheca Palatina,* « mère de toutes les bibliothèques ». Après la prise de la ville en 1623, le duc de Bavière en fit don au pape. Aujourd'hui encore, une grande partie des manuscrits, en dehors du célèbre *Mannesse,* se trouvent au Vatican. À l'extérieur, remarquez les échoppes qui se blottissent contre les contreforts et qui étaient déjà mentionnées en 1483. Malheureusement, les boutiques de souvenirs médiocres ont envahi ces arcades ! Concerts réguliers, programme à l'office du tourisme.

👁 ***Universitätsbibliothek*** *(bibliothèque de l'Université ; plan B-C2)* **:** *Plöck 107-109. ☎ 54-23-80. Salle Mannesse au 1er étage ouv lun-sam 9h-19h (13h le sam). Entrée libre.* On y trouve une partie de l'ancienne bibliothèque palatine, dont le manuscrit *Codex Mannesse (Mannessische Liederhandschrift)* datant du XIVe s. Jolies reliures du XVIe s et intéressants recueils de poésies.

👁 ***Studentenkarzer*** *(cachot des étudiants ; plan C2, **51**)* **:** *Augustinergasse 2. ☎ 54-35-54. Mar-dim 10h-18h (16h oct-mars). Entrée aux cachots et autres bâtiments universitaires : 3 € ; réduc.* Cachot utilisé de 1778 à 1914 et destiné aux étudiants turbulents. Un séjour à l'ombre passait pour un épisode glorieux de leur vie estudiantine. On peut y voir les inscriptions et les dessins évoquant leur passage.

## LE MENSUR

*Depuis le XVIe s, ce combat au sabre fait partie des traditions estudiantines allemandes. Le corps et les yeux sont bien sûr protégés maintenant, mais autrefois, arborer sur le visage une balafre était un signe de courage et de virilité. Des chirurgiens se chargeaient d'ailleurs de confectionner des cicatrices sans combat... Donc, moins risqué et succès assuré auprès des filles !*

👁 ***Kurpfälzisches Museum*** *(musée de l'Électorat palatin ; plan B2)* **:** *Hauptstr 97. ☎ 58-34-020. Mar-dim 10h-18h. Entrée : 3 € ; réduc ; gratuit jusqu'à 16 ans.* Installé dans le palais Morass, construction baroque du XVIIIe s, il renferme le moulage de la mâchoire de l'homme le plus vieux d'Europe : l'*Homo heidelbergensis* habitait la région il y a 600 000 ans ! D'autre part, le département des primitifs allemands présente le très beau *retable des Douze Apôtres,* exécuté en 1509 par Tilman Riemenschneider. À voir également, la galerie d'œuvres de l'époque romantique avec ses tableaux et gravures représentant Heidelberg et son château.

## À faire

➢ ***Königsstuhl*** *(plan D3)* **:** offre un beau panorama sur la ville et abrite un *Biergarten* qu'on recommande après la visite du château. Deux possibilités d'arriver au sommet à 568 m : soit prendre le funiculaire qui mène d'abord au château, soit grimper les innombrables marches de la célèbre *Himmelsleiter* (l'échelle au ciel) qui commence sur un parking du *Molkenkurweg (plan D2).* Seulement pour les très sportifs !

➢ ***Promenade le long du Philosophenweg*** *(chemin des philosophes ; plan A-B1)* **:** passer sur la rive droite du Neckar par le Theodor-Heuss-Brücke, puis suivre ce « chemin des Philosophes » jusqu'au *Philosophen Gärtchen,* le « petit jardin des Philosophes ». De là, on a une vue superbe sur la ville et sur le fleuve, derrière la Bismarcksäule, genre de grande tour. Continuer à monter le Heiligenberg jusqu'à sa tour-belvédère, la *Heiligenbergturm.* Compter 1h30.

## Manifestations

– ***Schlossbeleuchtung*** *(feu d'artifice)* **:** *le 1er sam des mois de juin, juil et sept.* Célèbre illumination du château avec un somptueux feu d'artifice. Il rappelle les incendies occasionnés par la guerre de succession en 1693 et par la foudre en 1764. Attire des foules de visiteurs. Prenez place suffisamment tôt sur le *Philosophenweg* ou sur un bateau *(voir « Adresses et infos utiles »).*
– ***Schlossfestspiele*** *(festival de jazz au château)* **:** *chaque année en automne. Résas : ☎ 58-22-000.* Concerts et opéras avec, comme décor, la cour du château.

# DANS LES ENVIRONS DE HEIDELBERG

## *LE CHÂTEAU DE SCHWETZINGEN*

*À 12 km à l'ouest. ☎ (06221) 65-88-80. • schloss-schwetzingen.de • Parc ouv tlj : avr-sept, 9h-18h ; nov-fév, 9h-17h. Entrée parc : 5 €, 3 € en hiver ; réduc. Le château est fermé pour travaux jusqu'à la fin 2015.* Résidence d'été des princes électeurs, construite au XVIIIe s. L'intérêt réside surtout dans la visite du parc. Conçu par Nicolas Pigage, il mêle le jardin à la française à la fantaisie des jardins de la fin du XVIIIe s (fausses ruines, temples...). Le plus étonnant est la mosquée et ses minarets. Chaque année depuis 1952, de fin avril à début juin s'y déroule un festival de musique de renommée internationale ***Schwetzinger Festspiele.*** *Rens à l'office de tourisme : Dreikönigsstr 3. ☎ (06202) 94-58-77.*

## *MANNHEIM*

Située au confluent du Rhin et du Neckar, cette ville industrielle a connu un bel essor au XVIIe s. Après les mises à sac successives de Heidelberg, les Palatins en font leur nouvelle résidence, stimulant ainsi les efforts économiques de la cité. Totalement détruite pendant la Seconde Guerre mondiale, la ville reconstruite rapidement n'a pas autant de charme que ses villes voisines, malgré son commerce actif et ses boutiques de luxe. La curiosité vient de la répartition historique du centre-ville en carrés au lieu d'un réseau de rues traditionnel. D'où son nom *Quadratestadt* (ville des carrés).
➢ Mannheim se trouve à 3h05 de Paris, par le TGV-Est.

## À voir

***Städtische Kunsthalle*** *(musée des Beaux-Arts)* **:** *Friedrichsplatz 4. ☎ (0621) 293-64-52. • kunsthalle-mannheim.de • Tlj sf lun 11h-18h (20h mer).*

*Entrée : collections et expos temporaires 9 € ; réduc.* Belles collections de peintures et de sculptures européennes des XIX^e^-XX^e^ s. Au 1^er^ étage : *L'Exécution de l'empereur Maximilien du Mexique,* de **Manet,** *Le Fumeur de pipe,* de ***Cézanne,*** et bien d'autres toiles de Monet, Delacroix, Géricault, Picasso, Renoir, Klee, Kandinsky, Otto Dix, Beckmann, Kokoschka, James Ensor... La galerie de sculptures (au rez-de-chaussée) n'est pas moins riche : œuvres de Kolbe, Barlach, Rodin, Lehmbruck, Matisse... Expositions temporaires de grande qualité.

***Schloss** (château) : ☎ 292-28-91. ● schloss-mannheim.de ● Tlj sf lun 10h-17h. Entrée et audioguide en français : 6 € ; réduc.* Gigantesque château baroque dont la construction date du XVIII^e^ s. Entièrement reconstruit après la Seconde Guerre mondiale, il abrite en grande partie des salles de l'université. On visite entre autres la *Rittersaal* (salle des Chevaliers) et un joli cabinet-bibliothèque du style rococo.

**POUR UNE FENÊTRE DE PLUS**

*Nombre de châteaux d'Europe des XVII^e^ et XVIII^e^ s étaient construits sur le modèle de Versailles. À Mannheim, l'architecte du château, pour faire mieux, avait reçu l'ordre formel de faire construire une façade de 440 m de long avec exactement une fenêtre de plus qu'à Versailles. Et toc !*

## LA VALLÉE DU NECKAR

➢ *Suivre la B 37.* Cette vallée riche en châteaux et villages médiévaux érigés sur ses versants boisés marque le début de la *Burgenstrasse* (route allemande des châteaux) et s'étend de Heidelberg à Bad Wimpfen. Jolie promenade, que l'on peut faire en voiture, en bateau (voir « Adresses et infos utiles » de Heidelberg) ou à vélo. À voir particulièrement, *Dilsberg* (belle cité fortifiée), *Neckarsteinach* (quatre châteaux dominent cette localité) et le château de *Guttenberg.* La route des châteaux continue à travers le pays jusqu'à Prague, mais restons plus proches.

➢ Ceux que le romantisme laisse froids prendront l'autoroute (l'A 5 de Heidelberg, puis l'A 6 direction Heilbronn) et feront une halte éventuelle pour célébrer l'ère de la mobilité.

***Auto & Technik Museum Sinsheim :** Museumsplatz, 74889 **Sinsheim.** ☎ (07261) 92-990. ● technik-museum.de ● Tlj 9h-18h (19h w-e). Entrée : 14 € ; 19 € avec un ticket pour le cinéma* Imax *et 35 € pour un billet combiné avec son petit frère à Spire (voir chapitre Palatinat). Gratuit moins de 5 ans. Un des plus grands au monde dans son genre. Si vous êtes passionné, compter facilement 3-4h de visite. Possibilité de restauration 9h-18h. Explications en anglais.*

Facilement repérable grâce aux avions posées sur les toits, dont un Concorde qui se lance à la poursuite d'un Tupolev 144 (quasi son jumeau !). Dans le premier hangar, gigantesque collection de voitures surtout américaines des années 1920 aux années 1960, entourées de mannequins de cire (James Dean, Marilyn, Audrey Hepburn). Voitures de F1 et motos...

Non moins grande accumulation de matériel militaire de 1939-1945 avec mise en scène et décor allemand, anglais, américain et russe, le tout entouré de vitrines avec armes et uniformes à profusion et surmonté d'une noria d'avions de toutes origines et de tous âges accrochés aux plafonds. Matériel agricole avec tracteurs et les fermiers qui les conduisent, impressionnantes locomotives et même un bus de la RATP, direction, place Pigalle ! Le tout est un peu surchargé, c'est le moins qu'on puisse dire, mais les amateurs seront à la fête.

En face, deuxième hangar, consacré essentiellement à l'automobile et aux motocyclettes. Quelques locos gigantesques et des orgues et manèges forains aussi dans des salles annexes. Les voitures de légende ne manquent pas, la plupart exposées par marques, dont des Bugatti, des Porsche, Ferrari Horch ou la

Mercedes noire de Heinrich Himmler et une autre Mercedes 600 décapotable et blindée du chancelier du Reich en personne ! Hélicoptères et biplans au plafond. On ne sait plus où donner de la tête... À l'extérieur, longue allée montante avec matériel blindé, chars d'assaut, canons, fusées et tourelle d'artillerie de marine.

# BAD WIMPFEN (74206) 6 900 hab. IND. TÉL. : 07063

**Sur les chemins de la vallée du Neckar, Bad Wimpfen, petite ville thermale, est l'occasion idéale d'une halte agréable. Cette ancienne résidence impériale des Hohenstaufen au XIIIe s a su conserver tout son caractère pittoresque. Montez vers la ville haute *(Bad Wimpfen am Berg)* et flânez au long de ses ruelles tortueuses bordées de belles maisons à colombages pour en découvrir tous les charmes...**

## Adresses utiles

**Office de tourisme :** *Hauptstr 45. ☎ 97-200. • badwimpfen.de • Avr-oct, lun-ven 10h-12h, 14h-17h ; sam 10h-12h. Le reste de l'année, fermé w-e.* Accueil compétent. Un prospectus (en français) détaillé et gratuit des principaux monuments. Visite guidée en allemand tous les dimanches à 14h (en français sur rendez-vous). Aux étages, petit musée gratuit sur l'histoire de la ville, pas inintéressant pour ceux qui lisent l'allemand.

**Location de vélos :** *à l'hôtel* Neckarblick, *Erich-Sailer-Str 48. ☎ 96-16-20.*

## Où dormir ? Où manger ?

**Hotel Herberge Zur Traube :** *Hauptstr 1, un peu en contrebas de la vieille ville, le long de la muraille. ☎ 93-43-43. • kontakt@herberge-zur-traube.de • hotel-traube-bad-wimpfen.de • Doubles 72-92 € avec petit déj.* Dans une rue calme, un hôtel familial avec des chambres bien agréables et de bonne taille, certaines sous les combles. Accueil plein de gentillesse.

**Picasso :** *Hauptstr 82. ☎ 26-60-37. Tlj sf mar 12h-14h, 17h-22h. Plats 10-25 €. Suggestions du j. au tableau.* Vénérable façade triangulaire à colombages. Terrasse sur la rue aux beaux jours. Cuisine à coloration méditerranéenne, qui fait la part belle aux pièces de viande grillées, bœuf argentin. Plats végétariens également et pâtes. Vins espagnols et italiens servis au verre.

LE BADE-WURTEMBERG

## À voir

**Blauer Turm** (tour Bleue) **:** *Burgviertel. ☎ 89-68. Tlj 10h-18h. Entrée : 1,50 € ; réduc.* Donjon massif de la *Kaiserpfalz* (le palais impérial) construit au XIIe s, dont le couronnement avec flèche et clochetons date du XIXe s. Panorama sur la vallée.

**Historisches Museum im Steinhaus** *(musée d'Histoire dans la maison de pierre)* **:** *Burgviertel 25. D'avr à mi-oct, mar-dim 10h-12h, 14h-16h30. Entrée : 2,50 € ; réduc.* Cette grande maison à la façade de style roman abrite le musée d'Histoire de la ville. Maison au pignon à redents, possédant à l'intérieur des peintures murales datant du Moyen Âge.

**Pfalzkapelle der Kaiserpfalz** *(chapelle palatine de l'enceinte impériale)* **:** *d'avr à mi-oct, tlj sf lun 10h-12h, 14h-16h30. Entrée : 2 € ; réduc.* Construite vers 1200, elle possède une tribune réservée à l'empereur. On y trouve le *musée de l'Histoire* *des églises de la ville.* Juste à sa droite à l'extérieur, on peut observer des arcatures romanes à colonnes jumelées, les seuls vestiges de la galerie de l'ancien palais.

## SCHWÄBISCH HALL

38 000 hab. IND. TÉL. : 0791

**Charmante cité au flanc de la vallée de la Kocher, sur la route de la Franconie, qui a prospéré autour de l'exploitation de sources salines connues depuis les Celtes. Au Moyen Âge, elle a reçu le privilège de pouvoir frapper la monnaie impériale, le Heller. Au pied de l'église Saint-Michel et de l'ancien arsenal s'enchevêtrent, sous les toits pointus, les maisons à colombages du vieux quartier. L'Ober Herrngasse ou l'Untere Herrngasse en conservent de beaux spécimens datant des XVe et XVIe s, épargnés par les bombes alliées en 1939-1945. Les amateurs d'art s'y rendront surtout pour découvrir la superbe collection d'art contemporain de la galerie Würth, et les flâneurs prendront plaisir à longer les berges de la rivière en franchissant les passerelles face à l'imposant arsenal.**

### Adresse utile

**Office de tourisme :** *Am Markt 9, côté gauche face à l'église. ☎ 751-246. • schwaebischhall.de • Mai-sept, lun-ven 9h-18h, w-e 10h-15. Oct-avr, lun-ven 9h-17h.* Bonne doc.

### Où dormir ? Où manger ? Où boire un verre ?

**Jugendherberge :** *Langenfelder Weg 5. ☎ 41-050. • info@schwaebisch-hall.jugendherberge-bw.de • schwaebisch-hall.jugendherberge-bw.de • Lit en dortoir à partir de 19,40 €. Comptez 56-66 € pour une chambre double avec petit déj.* Une grosse bâtisse bien solide de 30 chambres et 130 lits surplombant les toits de la ville à 5 mn à l'est du centre. Bonne ambiance.

**Hotel Scholl :** *Klosterstr 2-4. ☎ 97-750. • info@hotel-scholl.de • hotel-scholl.de • Doubles 99-145 € avec petit déj-buffet.* Bien situé au cœur de la ville à droite de l'église Skt Michael. Façade rose à pignon triangulaire. La déco élégante mélange le moderne et l'ancien. Chambres de taille diverses, poutres au plafond, parfois un peu petites. Celles sous les combles sont vraiment réussies. Accueil prévenant. Parking aisé avec un *pass* à demander à la réception.

**Sudhaus :** *Lange Str 35/1. ☎ 946-72. • info@sudhaus-sha.de • Tlj sf lun 9h-22h. Menu du jour à 9,50 €.* Grand bâtiment industriel de brique de 1903 au look médiéval à côté de la fondation Wurth. Idéal pour une halte avant de visiter le musée en admirant le panorama sur la ville depuis le toit. On y brasse une bière locale pour accompagner des plats simples et honnêtes. Petits déj et brunch musicaux.

**Zur Ilge :** *Im Weiler 2. ☎ 946-35-47. Ouv dès 10h (9h le sam) pour servir un petit déj.* Café-cocktail bar à l'entrée du *Henckersbrücke* qui mène au centre historique. Repérez la belle enseigne en forme de couronne fleurie. Terrasse en surplomb de la rivière. Parfait pour se remettre de la vision des enfers dans la *Johanniterhalle* voisine. La nef romane fut transformée au XVe s en halle gothique.

## À voir

***Marktplatz*** et ***Sankt Michaelkirche :*** à flanc de colline, la place du marché est dominée par l'église Saint-Michel perchée sur un escalier monumental de

54 marches. Celle-ci arbore une tour romane couronnée par un clocheton Renaissance. Le chœur est en gothique flamboyant. Tabernacle-tour finement ciselé de 15 m de haut. Face à l'église, l'***hôtel de ville*** en baroque tardif fut construit après un incendie qui ravagea la ville en 1728. Magnifique alignement de hautes maisons à colombages sur les côtés du Markt. Sur la gauche, une ***fontaine*** monumentale de couleur turquoise du début du XVIe s adossée à un mur où saint Michel, saint Georges et Samson trucident leurs ennemis respectifs. On remarquera aussi la colonne du pilori où pendent encore les menottes qui enchaînaient les condamnés.

***Hälisch-Fränkisches Museum :*** *Keckenhof 10. Tlj sf lun 10h-17h. Entrée : 2,50 € ; réduc.* Le musée historique de la ville est réparti dans plusieurs bâtiments historiques dominés par une tour de huit étages datant de 1240. Sections géologique et préhistorique. Parcours historique du haut Moyen Âge à 1802, date à laquelle Schwäbisch Hall cessa d'être une ville d'Empire. Évocation intéressante de l'importance du commerce du sel. Figurines en ivoire sculptées à l'époque de la guerre de 30 ans par Leonard Kern.

***Kunsthalle Würth :*** *Lange Str 35, du côté opposé à la vieille ville. ☎ 946-720. • kunst.wuerth.com • Tlj 10h-18h. Entrée gratuite.* Remarquable architecture moderne bien intégrée face au décor ancien de la ville, cette fondation, inaugurée par Gehrard Schöder en 2001, accueille les collections rassemblées par l'industriel et mécène Reinhold Würth. Pas de fonds permanent mais expo temporaire annuelle de mai à mai – essentiellement des œuvres du XXe s d'art moderne et contemporain en collaboration avec la *Nationalegalerie* de Berlin –, toujours d'un niveau exceptionnel.

# AU SUD DE STUTTGART ET VERS LE LAC DE CONSTANCE

## TÜBINGEN

88 200 hab. IND. TÉL. : 07071

**Au sud-est de Stuttgart, certainement l'une des plus jolies villes de la région, Tübingen a su garder son charme en se préservant d'une industrialisation à outrance. Depuis la création, au XVe s, de son « École supérieure » par le comte Eberhard im Bart (Eberhard le Barbu), la cité vit au rythme universitaire. Bien que, avec la guerre de Trente Ans, la ville et son université aient subi un fort déclin, elle connaît au XIXe s un renouveau intellectuel qui la situe de nouveau parmi les grands centres intellectuels d'Allemagne. Encore aujourd'hui, l'expression « Tübingen n'a pas d'université, mais elle est une université » caractérise bien la ville. À peine 300 étudiants au XVe s, plus de 20 000 aujourd'hui ; ils sillonnent à bicyclette une ville qui leur appartient. Les nombreux cafés aux bancs usés par leurs aînés (les philosophes Hegel et Schelling, les poètes**

### LES GONDOLES DU NECKAR

*Incontournable attraction de Tübingen à ne pas manquer : sous la Hölderlinturm, louer un* stockerkahn*, une de ces embarcations de bois hybrides, entre gondole et pirogue et effectuer au soleil couchant une balade romantique sur la rivière nonchalante en glissant entre saules pleureurs et frondaison de châtaigniers.*

LE BADE-WURTEMBERG

**Mörike, Uhland et Hölderlin ou encore les savants comme Kepler) les invitent autour d'une table gravée de prénoms oubliés. Là, tout est charme, douceur et culture. Une étape qu'on ne quitte qu'à regret...**

## Adresses utiles

**Office de tourisme** (plan C2) **:** *an der Neckarbrücke, 72072. ☎ 91-360. • tuebingen-info.de • Lun-ven 9h-19h, sam 10h-16h, plus dim mai-sept 11h-16h. Visite guidée de la ville (en allemand) : départ de l'hôtel de ville, mars-oct, tlj à 14h30. Prix : 6,50 €. Pour groupes, visite en français sur demande.* Quelques brochures gratuites, bien utiles. Résas de chambres d'hôtels et de places de théâtre. Accueil aimable et disponible. Propose des visites guidées de la ville (seulement en allemand).

■ **Location de vélos** (plan B1, **1**)**:** ***Radlager,*** *Lazarettgasse 19-21. ☎ 55-16-51.* ***Fahrradladen am Haagtor,*** *Haaggasse 43. ☎ 23-244.*

■ **Location de bateaux et de barques : *Bootsvermietung Märkle,*** *Eberhardsbrücke, sous l'office de tourisme. ☎ 31-529. • bootsvermietung-tuebingen.de •* Organise aussi des tours guidés à bord des fameuses barques, mais c'est assez cher.

## Où dormir ?

### Camping

**Neckarcamping Tübingen :** *Rappenberghalde 61, 72070. ☎ 431-45. • mail@neckarcamping.de • neckarcamping.de • Au bord du Neckar. Desservi par le bus nº 9. À 2,5 km de marche de la vieille ville. Avr-oct. À partir de 23 € selon saison, pour 2 avec tente et voiture.* Accueil en français. Sanitaires impeccables mais peu nombreux. Resto et épicerie.

### Auberge de jeunesse

**Jugendherberge** (hors plan par D2, **10**) **:** *Gartenstr 22/2, 72074. ☎ 230-02. • info@jugendherberge-tuebingen.de • jugendherberge-tuebingen.de • Au bord du Neckar, à 600 m de l'office de tourisme. Desservie par le bus nº 22. Nuit 24,40 € ; 30,40 € pour les plus de 27 ans. Supplément de 10 € pour privatiser une double. Petit déj inclus.* Un accueil souriant et dynamique, auprès duquel on trouve de précieux renseignements pratiques. Chambres de 4 et 6 lits, certaines seulement avec lavabo et d'autres avec douche.

### Prix moyens

**Pension Binder** (plan C1, **11**) **:** *Nonnengasse 4. ☎ 52-643. • pension-binder.de • Doubles 89-112 € sans ou avec douche et w-c, petit déj inclus.* Située au cœur de la vieille ville, cette maison aimable abrite un petit *Kaffeehaus* à l'ancienne et 8 chambres d'un style un peu bric-à-brac mais très propres et aménagées avec goût. Prenez celle nommée *Turmzimmer*, qui n'est pas vraiment dans une tour, mais spacieuse et avec un balcon qui donne une vue superbe sur la vieille ville. Accueil prévenant.

**Hotel Hirsch :** *Closenweg 4/2, Tübingen-Kilchberg. ☎ 977-90. • anfrage@hirsch-kilchberg.de • hirsch-kilchberg.de • À 4,5 km du centre-ville, dans un faubourg au sud-ouest de Tübingen. Fermé Noël-début janv. Doubles avec douche et w-c 75-85 € selon saison, petit déj inclus.* Petit hôtel familial calme aux chambres simples et modernes. Petit déj et check-out assez matinal (petit déj avant 9h, départ avant 10h). Restaurant (fermé jeu) attenant ouvert seulement le soir.

### Plus chic

**Hotel am Schloss** (plan B2, **12**) **:** *Burgsteige 18. ☎ 92-940. • info@hotelamschloss.de • hotelamschloss.de • Sur les hauteurs de la vieille ville, juste avt l'entrée du château.*

LE BADE-WURTEMBERG

*Doubles 118-135 € selon confort et saison, petit déj inclus. Plats 9-25 €.* Un cadre superbe, à côté du château, en plein cœur de la vieille ville. Hôtel romantique fleuri aux chambres soignées et cossues. Les propriétaires ont eu la drôle d'idée de tout repeindre en blanc, poutres y compris; cela donne un côté design. Les moins chères, qui se trouvent dans l'annexe juste à côté, sont déjà très confortables. Réserver bien à temps ! Le resto attenant est connu pour ses spécialités souabes excellentes avec de nombreuses variétés de *Maultaschen*. Accueil un peu rude.

**Hotel Domizil** (plan C2, **13**) : *Wöhrdstr 5. ☎ 13-90. • info@hotel-domizil.de • hotel-domizil.de • Chambres doubles 141-151 € avec petit déj. Prix plus avantageux le w-e. Les plus chères ont la vue sur la rivière. Parking 10 €/nuit.* Hôtel moderne bien situé, terrasse en bordure de Neckar pour le petit déj. Chambres fonctionnelles, meublées design, équipement complet. Sauna, hammam et salle de fitness. Restaurant.

## Où manger ?

### Bon marché

**Das « X »** (plan B1, **20**) : *Kornhausstr 6. ☎ 249-02. Tlj 11h30-13h, 17h30-minuit. Plats 5-8 €.* Une institution basique depuis plus de 30 ans. C'est ici que les étudiants grignotent leurs pommes-frites, *Currywurst* et *Schnitzel*. *Imbiss* où l'on peut manger debout, mais il y a aussi quelques tables à l'intérieur. Toujours bondé.

### Prix moyens

**Wurstküche** (plan C1, **22**) : *Am Lustnauer Tor 8. ☎ 92-750. • info@wurstkueche.com • 11h-minuit (la cuisine ferme à 23h). Plats 9-15 €.* Cadre rustique, bancs en bois de pin. Ambiance montagnarde à souhait. On s'y croirait ! Bien sûr, là aussi, on mange souabe. En été, on déjeune à l'extérieur, sur une charmante petite place pavée. Pas trop cher. On suit volontiers leur invitation souabe : *Naigugga, naihogga* ! (Regardez et asseyez-vous !). Service très agréable, une bonne adresse.

**Krumme Brücke** (plan B1, **24**) : *Kornhausstr 17b. ☎ 224-66. Tlj 11h30-22h. Schnitzel et plats souabes 7-11 €.* Belle enseigne ouvragée en façade. On connaissait la *Star Academy*, eh bien, voilà la *Schnitzel Akademie* ! Des *Schnitzel* triées sur le volet, ayant gagné leurs galons au fond d'une casserole, sans savoir à quelle sauce elles vont être croquées... Ambiance un poil rustique, cuisine sans fausse note. Portions pour travailleurs de force. Terrasse ombragée à côté de la rivière.

**La Torre** (plan C2, **21**) : *au coin de Neckargasse et du Eberhardsbrücke. ☎ 25-67-16. • luciano-ruzza@t-online.de • Mar-ven 11h-15h, 17h-23h ; w-e sans interruption.* Terrasse fleurie stratégique pour à la fois contempler le trafic sur le pont et contempler les évolutions et les joutes nautiques en contrebas. Formule gagnante du lieu : les pizzas au four, bien croustillantes et les pâtes *al dente* accompagnées d'un vin sicilien qui flatte le palais. Viandes et poisons ne sont pas absents de la carte bien fournie.

**Ratskeller** (plan B2, **23**) : *Haaggasse 4. ☎ 25-79-85. • josip.guja@gmx.de • Tlj 11h30-14h30, 17h30-23h ; w-e 11h30-23h. Plats 8-19 €. Midi en sem, plat du jour 6,90 €.* Dans une belle cave voûtée, comme il se doit. Cuisine honnête. Tables en bois épaisses, lumières tamisées, service jeune et avenant.

## Où manger dans les environs ?

**Schwärzlocher Hof** : *Schwärzloch 1. ☎ 433-62. • reichert@schwaerzloch.de • Prendre le grand tunnel direction Herrenberg ; juste après, 1re à gauche, direction Schwärzloch ; suivre les panneaux sur 1 km ; le resto est en hauteur par rapport au minuscule chemin. Tlj sf lun-mar 11h-22h (dernier service à 21h30). Large fourchette de prix 5-17 €.* Dans

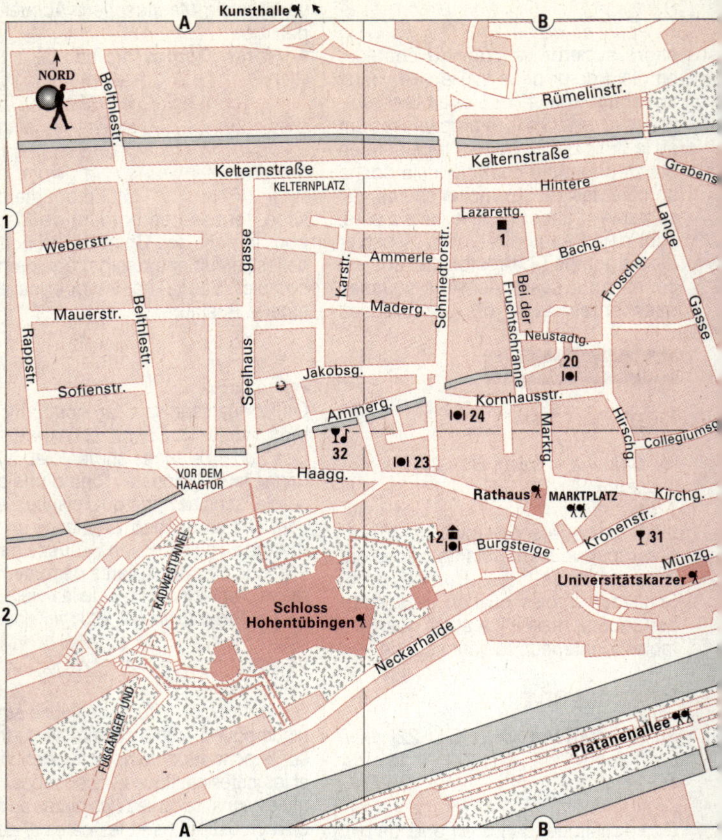




**Adresses utiles**
- Office de tourisme
- 1 Location de vélos (Radlager)

**Où dormir ?**
- 10 Jugendherberge
- 11 Pension Binder
- 12 Hotel am Schloss
- 13 Hotel Domizil

**Où manger ?**
- 20 Das « X »

une ferme agricole en activité. On mange sous les arbres du pain cuit au four et des saucisses faites maison. On déguste le *Most* (sorte de cidre brut), vieilli sur place dans des tonneaux de bois. Un endroit authentique ! Belle vue sur la vallée et superbe balade digestive aux alentours. Un endroit comme on les aime, rempli d'odeurs de la campagne.

## Où boire un verre ? Où écouter de la musique ?

**Forelle** (plan B2, **31**) **:** *Kronenstr 8.* ☎ *240-94.* ● *info@weinstube-forelle.de* ● *Tlj 11h-23h. Plats 9-19 €.* *Weinstube* historique dans une maison

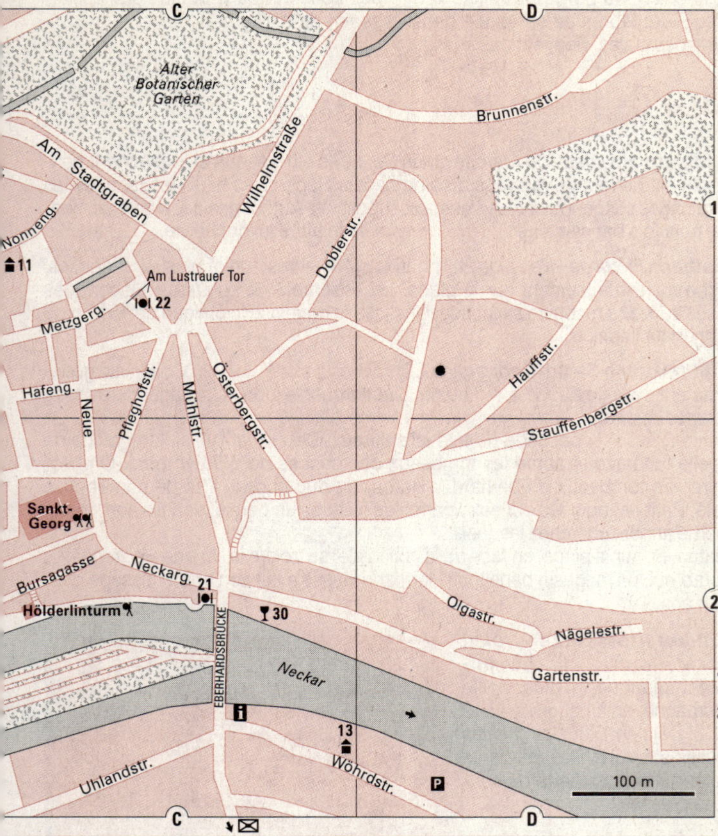


## TÜBINGEN

| | |
|---|---|
| **21** La Torre | **Où boire un verre ? Où écouter de la musique ?** |
| **22** Wurstküche | **30** Neckarmüller |
| **23** Ratskeller | **31** Forelle |
| **24** Krumme Brücke | **32** Ammerschlag |

classée. La phrase de Goethe inscrite sur la porte : « La vie est trop courte pour boire du mauvais vin » vous annonce la couleur. Superbe salle décorée de peintures murales datant de 1894.

**Ammerschlag** *(plan A1-2,* ***32****)* **:** *Ammergasse 13. ☎ 51-591. • jutta.fritz@ammerschlag.de • Tlj 15h-1h (3h ven-sam).* Ici, on est irréductiblement rock. Régulièrement, des groupes y donnent des concerts. Minuscule *Kneipe* rustique fréquenté par des étudiants et des habitués. Souvent bondé le week-end. Quelques chaises le long du ruisseau qui longe la maison.

**Neckarmüller** *(plan C2,* ***30****)* **:** *Gartenstr 4. ☎ 278-48. • info@neckarmueller.de • À côté du Neckarbrücke. Tlj 10h-1h. Plats 5-15 €.* Bel emplacement au bord du Neckar. Terrasse. Bière fabriquée sur place dans de grandes cuves. Souvent des fêtes et des concerts dans le plus grand *Biergarten* de la ville.

## À voir

**Marktplatz** *(place du Marché ; plan B2)* **:** très pittoresque et légèrement pentue, elle est cernée de maisons à colombages. Repérer en haut des façades les quatre cages suspendues réservées aux suppliciés. Autour de sa fontaine de Neptune, trois fois par semaine *(lun, mer et ven),* le marché lui donne vie.

**Rathaus** *(hôtel de ville ; plan B2)* **:** bâti en 1435 et restauré à plusieurs reprises, il règne majestueusement sur la place. Un ensemble de *sgraffites* allégoriques réalisés au XIXe s recouvre sa façade. Une jolie horloge astronomique de 1511 orne le pignon de l'édifice.

**Stiftskirche Sankt-Georg** *(plan C2)* **:** Holzmarkt. Tlj 9h-16h. Collégiale gothique datant de la fin du XVe s. À l'intérieur, remarquer le jubé et la magnifique chaire de pierre. Le chœur *(ouv avr-sept, sam-dim dès 11h30 en principe ; tlj pdt les vac d'été ; entrée : 1 €)* possède de très jolis vitraux. Depuis le XVIe s, il fait office de chapelle funéraire et abrite les tombeaux des princes de Württemberg. On peut admirer les tombeaux d'Eberhard le Barbu, du duc Ludwig II et de son épouse Ursula. Petit jeu pour les curieux : parmi les gisants, un père et son fils sont morts la même année, cherchez lesquels...
À l'extérieur, sur la place, en face de la collégiale, se trouve la librairie *Heckenhauer* (aujourd'hui, un magasin banal), où Hermann Hesse a fait son apprentissage pendant 4 ans.

**Universitätskarzer** *(plan B2)* **:** Münzgasse 20. La prison estudiantine la plus vieille d'Allemagne, en fonction de 1519 à 1808. Déjà en 1736, les graffitis et dessins frivoles des étudiants devaient être recouverts de sentences pieuses.

### MESURES PÉDAGOGIQUES

*Du XVIe s jusqu'au début du XXe s, les universités d'Allemagne avaient l'autorité juridique sur leurs étudiants et leurs professeurs, et recouraient souvent à l'emprisonnement. Mais, au XIXe s, cette condamnation perdit de son efficacité puisque les séjours en cellule dégénéraient souvent en joyeuses libations alcoolisées entre camarades détenus et gardes corrompus.*

**Schloss Hohentübingen** *(plan A2)* **:** accès par la Burgsteige. Construit au XIe s mais rénové maintes fois, il a pris sa forme actuelle à la Renaissance. Le château abrite désormais des instituts universitaires et un musée consacré à l'Égypte et à l'archéologie *(tlj sf lun-mar 10h-17h (19h jeu) ; entrée : 5 € ; réduc).* Inspirée des arcs de triomphe antiques, la porte d'enceinte datant de 1606 constitue le principal intérêt architectural. Les terrasses offrent une belle vue sur la vallée du Neckar.

**Hölderlinturm** *(tour Hölderlin ; plan C2)* **:** Bursagasse 6. ☎ 220-40. Tlj sf lun : mar-ven 10h-12h, 15h-17h, w-e 14h-17h. Entrée : 2,50 € ; réduc. Reconnaissable à sa tourelle plantée sur les bords du Neckar. Le poète y vécut de 1807 à sa mort en 1843, des suites d'une longue maladie psychiatrique. Divers souvenirs.

**Plataneallee** *(plan A-B-C2)* **:** île artificielle qui sépare le Neckar en deux bras. Plantée d'allées de platanes (vous l'aviez deviné !), elle constitue une agréable promenade romantique. Aux beaux jours, les barques des étudiants glissent sur la rivière.

**Kunsthalle** *(hors plan par A1)* **:** Philosophenweg 76, par le Nordring. ☎ 969-10. • kunsthalle-tuebingen.de • Mar-dim 11h-18h (20h mar). Entrée : 8 € ; réduc.

Régulièrement, des expositions itinérantes de renommée internationale. Renseignez-vous à l'office de tourisme avant de faire le détour.

## DANS LES ENVIRONS DE TÜBINGEN

***Kloster Bebenhausen** (abbaye) : à 6 km au nord de Tübingen. ☎ 602-802. • kloster-bebenhausen.de • Accès au cloître : avr-oct, lun-sam 9h-12h et 13h-18h, dim 9h-18h ; nov – mars, dim slt : 10h-12h et 13h-17h. Entrée : 4,50 € ; réduc. Visite guidée du château : avr-oct, mar-ven 11h-18h et w-e 11h-17h ; nov-mars, mar-ven 14h-16h, w-e 11h-17h. Visite guidée : 6 € ; réduc. Demandez à la caisse le texte en français très détaillé. Audioguide en français payant. En visite guidée, aussi accès au château de chasse.*
Abbaye cistercienne romano-gothique digne d'intérêt, fondée au XIIe s. Le cloître de style flamboyant, du XVe s, et le réfectoire d'été à deux nefs, du XIVe s, avec ses voûtes en éventail, ne manquent pas d'allure. Maquette de l'abbaye en 1535 à l'entrée. Magnifique dortoir à l'étage, dont on peut encore admirer la succession de cellules, divisées au XVIe s. Leur mobilier date des années 1950, période pendant laquelle le parlement du Wurtemberg y siégea.
– Concerts durant les mois d'été *(rens sur place ou à l'office de tourisme).*
Deux hôtels-restaurants à proximité de l'abbaye.

# AU SUD ET À L'EST DE TÜBINGEN

***Schloss Hohenzollern** (château) : à une vingtaine de km au sud de Tübingen en empruntant la B 27. ☎ (07471) 24-28. • burg-hohenzollern.de • Du parking (2 €) où se vendent les billets, 25 mn à pied ; sinon, navette pour les paresseux de mi-mars à oct (3,10 € A/R). Accès tlj 10h-16h30 (17h30 de mi-mars à fin oct). Entrée avec visite guidée des intérieurs : 10 € ; réduc. Départ ttes les 30 mn ; visite longuette si on ne comprend pas l'allemand mais possibilité d'en réserver une en français sur demande préalable.* Berceau de la dynastie des Hohenzollern, descendants des rois de Prusse, on est d'ailleurs en territoire prussien. Construit sur ordre de Frédéric-Guillaume entre 1847 et 1867 dans le plus pur style néogothique, il n'a rien à envier aux châteaux de Louis II de Bavière, suivant l'idéal romantique et l'historicisme de l'époque. Il faut dire qu'il a fière allure avec ses tours et son enceinte fortifiée perchées sur une colline. De l'ancienne forteresse, il ne reste que la chapelle Saint-Michel avec ses vitraux. On débute par l'impressionnant arbre généalogique de la famille, puis on enfile les patins pour ne pas abîmer les carrelages et les parquets. Costumes militaires et casques à pointe. Fresques historicistes, vues de Potsdam, portraits des Frédéric successifs et d'autres de la famille apparentée dont la reine Victoria d'Angleterre. Évocation de la terrible légende de « ***La dame blanche des Hohenzollern*** » aux apparitions annonciatrices d'un décès imminent dans la famille. On termine par une « salle du trésor » avec quelques trophées précieux comme la couronne et le sceptre de la Prusse, bien à l'abri dans une vitrine blindée.

## *SIGMARINGEN*

Les passionnés de l'histoire de la famille des Hohenzollern peuvent poursuivre vers le sud (64 km au sud de Tübingen) pour visiter le ***château de Sigmaringen*** perché sur son rocher.

### Adresse utile

***Office de tourisme** : Leopoldplatz 4. ☎ (07571) 10-62-24. • sigmaringen.de • Avr-sept, lun-ven 10h-13h et 14h-18h, w-e 10h-13h. Oct-mars, lun-ven 10h-13h, 14h-16h.*

LE BADE-WURTEMBERG

## Où dormir ? Où manger ?

**Gasthof Traube :** *Fürst-Wilhelm-Str 19. ☎ (07571) 64-510. • traube@hotel-traube-sigmaringen.de • hotel-traube-sigmaringen.de • Doubles 70-80 € avec petit déj. CB refusées.* Belle maison à colombages avec vue sur le château. Auberge familiale d'une vingtaine de chambres cosy et bien équipées. Resto en terrasse. Accueille les cyclistes.

## À voir

**Schloss Hohenzollern :** *☎ (07571) 72-92-30. • hohenzollern.com/schloss-sigmaringen • Tlj 9h-18h fin mars-début nov, 10h-16h le reste de l'année. Entrée slt en visite guidée d'1h en allemand, brochure en français : 9 € ; réduc.* Les appartements sont un témoignage de la vie quotidienne de l'aristocratie prussienne. Les descendants y habitent toujours. À voir, des salles au mobilier d'apparat, des appartements privés, des grands portraits de famille, salle de bal, quelques tableaux de maîtres, des tapisseries des Gobelins, des trophées de chasse par centaines et une des plus abondantes collections d'armes d'Europe.

La visite n'évoque pas du tout la période où de septembre 1944 à avril 1945 y vécurent, évacués par les Allemands, les membres du gouvernement de Vichy repliés autour du maréchal Pétain et une ribambelle de collabos de l'État français. Pierre Assouline propose une chronique romancée de ces événements avec *Sigmaringen* (Gallimard).

### DE VICHY À SIGMARINGEN

*Emmenés en Allemagne en août 1944, contre leur gré, Pétain et ses collaborateurs (Laval, Doriot, Darnand, Déat...) logèrent dans le château et entretinrent la fiction d'un gouvernement en exil. Des hôtels accueillaient les journalistes, les fonctionnaires et les sympatisants du régime. Rappelons que Louis-Ferdinand Céline évoqua son séjour à Sigmaringen dans le roman* D'un Château l'autre *(Folio).*

# ULM

117 541 hab. IND. TÉL. : 0731

**Ulm est située sur le Danube, qui la sépare de la Bavière. Chargée d'histoire, elle est aussi la ville natale d'Albert Einstein. Les premières images que livre la ville sont celles de bâtiments froids de style après-guerre, de rues trop larges ou de commerces sans âme. Cependant, malgré ces aspects et son intense activité économique, Ulm n'est pas dénuée de charme, tant s'en faut ! Beaucoup d'efforts sont faits par la municipalité pour faire oublier les cicatrices de l'histoire. Le quartier des Pêcheurs et des Tanneurs et la superbe cathédrale à la flèche vertigineuse réconcilient bien vite le voyageur et la ville. Quelques passerelles enjambant les bras de la Blau relient de petites rues pavées à d'imposantes maisons médiévales. En dehors de ces quartiers rénovés, d'audacieux bâtiments modernes voient le jour dans le nouveau cœur de la ville comme le centre commercial *Münstertor*, le centre administratif de la Caisse d'Épargne et le musée *Weishaupt*.**

## UN PEU D'HISTOIRE

En 1184, Ulm est élevée au rang de ville impériale. Dans les années 1500, c'est son âge d'or. Un dicton populaire était alors répandu en Europe : « Le pouvoir de

Venise, la splendeur d'Augsbourg, l'inventivité de Nuremberg, les armes de Strasbourg et la monnaie d'Ulm régissent le monde ».
La bataille d'Ulm les 15 et 17 octobre 1805 fut une victoire remportée par la Grande Armée de Napoléon Ier sur les Autrichiens du général Karl Mack. La victoire a été obtenue par les habiles manœuvres de l'Empereur, qui a poussé son adversaire à s'enfermer dans Ulm, où, privé de ravitaillement, il a été rapidement contraint à la reddition. Peu de pertes au final: 500 hommes chez les Français et 4 000 chez les Autrichiens. Butin : 60 canons et 25 000 prisonniers autrichiens. Cette victoire a ouvert la voie pour la prise de Vienne après Austerlitz. En 1945, la ville a été ***détruite à 81 %,*** mais la cathédrale fut épargnée. Ulm fut occupée par les troupes américaines jusqu'en 1964.

## Adresses et infos utiles

- ***Office de tourisme :*** **Stadthaus,** *Münsterplatz 50, 89073. ☎ 161-28-30. • tourismus.ulm.de • Avr-déc, tlj 9h-18h (9h-16h sam, 11h-15h dim). Janv-mars, fermé dim.* Beaucoup de dépliants gratuits, même en français. Accueil jovial et professionnel. *Résas pour les spectacles (préventes slt) au ☎ 96-70-70.*
– ***Visites guidées :*** *en allemand slt mais audioguide pour les visiteurs. Départ de la cathédrale et du Fischerviertel. Avr-oct, lun-sam à 10h et 14h30 ; dim à 11h30 et 14h30. Nov-mars, sam à 10h et 14h30 ; dim à 11h30 et 14h30. Prix : 8 € ; réduc. Départ de l'office de tourisme.*

■ ***Médecin :*** *☎ 192-22.*

■ ***Location de vélos :*** ***Reich's Radlshop,*** *Guideon-Bacher Str 3. ☎ 211-79.*

## Où dormir ?

### Auberge de jeunesse

***Jugendherberge Geschwister Scholl :*** *Grimmelfingerweg 45. ☎ 38-44-55. • info@jugendherberge-ulm.de • jugendherberge-ulm.de • Au sud-ouest du centre, à 1,5 km de la Münsterplatz. De la gare, prendre le tram n° 1 jusqu'à l'Ehinger Tor, puis le bus n° 4 direction Kuhberg jusqu'à Schulzentrum. Nuit 22,70 € ; 28,20 € pour les plus de 27 ans.* Principalement des dortoirs pour 4 personnes, avec douche et w-c à l'étage.

### Prix moyens

***Hotel Bäumle :*** *Kohlgasse 6, 89073. ☎ 62-287. • info@hotel-baeumle.de • hotel-baeumle.de • Doubles avec douche et w-c 92-103 €.* Une vieille demeure à la façade jaune, très bien restaurée avec des chambres calmes et bien aménagées. Meubles neufs en bois sur une moquette bordeaux dans des murs historiques. Certaines ont même une vue sur la flèche de la cathédrale.

***Hotel Brauhaus Barfüsser :*** *Paulstr 4, 89231* ***Neu-Ulm.*** *☎ 97-44-80. • info@barfuesser-brauhaus.de • barfuesser-brauhaus.de • Au bord du Danube, côté Neu-Ulm. Double avec w-c et douche env 90 € avec petit déj.* La situation de l'hôtel au bord du Danube et le très agréable *Biergarten* compensent l'ambiance un peu impersonnelle des chambres, spacieuses et confortables néanmoins. Bien adapté pour les familles. Copieux petit déj. Accueil jeune et dynamique.

***Bed & Breakfast Das Schmale Haus :*** *Fischergasse 27, 89073. ☎ 1754-940. • mheide0107@aol.com • fischauge-ulm.de • Double avec douche ou sdb et w-c 113 €.* Seulement 3 chambres, mais impossible de passer sous silence cette adresse avec façade à colombages, tant la déco a fait l'objet d'un soin particulier. Tout a été pensé dans les moindres détails pour aménager ces chambres version contemporaine qui semblent plonger dans les canaux du *Fischerviertel.* Accueil attentif du propriétaire, qui bichonne son précieux bien. Une très bonne adresse qu'il est préférable de réserver longtemps à l'avance.

## Plus chic

**Hotel Schiefes Haus :** *Schwörhausgasse 6, 89073. ☎ 96-79-30. • hotelschiefeshausulm@t-online.de • hotelschiefeshausulm.de • Doubles avec sdb et w-c 129-160 € selon confort et période.* Un hôtel de charme au luxe discret et à la décoration très originale en plein cœur du *Fischerviertel.* Maison à colombages du XVIe s, irrémédiablement penchée par le poids des années. L'ensemble a été entièrement restauré et modernisé en gardant son caractère exceptionnel. L'on ne trouve pas un seul angle droit. Même les planchers des chambres sont en légère pente, particularité remarquée par le Guinness Book des Records ! Location de vélos.

## Où manger ?

**Anker, Spanische Weinstube :** *Rabengasse 2. ☎ 63-297. • info@hotel-anker-ulm.de • À gauche quand on est face à la cathédrale. Tlj sf lun 12h-23h. Plat du jour env 6 €. Plats (Schnitzel, omelettes et saucisses) 6-15 €.* Il y a 2 bonnes raisons d'aller à l'*Anker* : les plats du jour, mais surtout l'accueil des 2 sympathiques propriétaires, qui devient même brûlant lorsque le patron s'aperçoit que son client est français ! Quelques chambres modestes à l'étage *(doubles 58-70 €).*

**Zunfthaus der Schiffleute :** *Fischergasse 31. ☎ 644-11. • info@zunfthaus-ulm.de • Tlj 11h-minuit (service jusqu'à 23h30). Plats 10-25 €.* Il y a environ 600 ans, cette maison des bateliers logeait les familles de pêcheurs. Aujourd'hui, c'est une auberge de tradition servant sur 3 étages une cuisine locale copieuse et savoureuse. Grosses tables en bois, quelques bateaux pendus au plafond rappelant le passé du lieu, une ambiance de taverne. Réjouissant et toujours bondé.

**Zur Forelle :** *Fischergasse 25. ☎ 63-924. • info@zurforelle.com • Tlj 11h-15h et 17h-minuit (23h le dim). Menus à partir de 23 €.* Un grand classique à l'enseigne de la truite depuis 1626, au cœur du quartier des pêcheurs. À l'intérieur, plusieurs pièces en enfilade, à l'extérieur, une petite terrasse surplombant l'eau, avec quelques tables sur le pavé. Comme il se doit, la truite est à l'honneur, impeccable dans sa finesse et sa fraîcheur. Un pichet de riesling en accompagnement, et Schubert sera aux anges !

**Bellavista Café :** *Münsterplatz 35. ☎ 602-69-66. • info@bellavista-ulm.de • Lun-sam 8h30-19h. Plats 10-15 €.* Au 4e étage d'un immeuble moderne, à droite de la cathédrale, une situation privilégiée en terrasse, abritée de parasols en cas de soleil et chauffée lorsque la température se fait frisquette. Idéal pour un *lunch* : plats légers et variés avec des teintes méditerranéennes et asiatiques. Bien aussi pour prendre un verre dans l'après-midi.

**Gerberhaus :** *Weinhofberg 9, dans le Fischerviertel. ☎ 1755-771. Tlj 11h30-14h30, 17h30-23h (22h le dim). Plats 9-21 €. • kontakt@gerberhaus-ulm.de •* Construite au XVIIe s, la maison des tanneurs le long des canaux est une demeure chargée d'histoire. Dommage que le front de fenêtres et les lambris de sa façade soient moins dans le ton. Malgré ce petit détail, on ne peut que conseiller cette table qui propose des plats souabes revisités et agréablement cuisinés. On a particulièrement apprécié le sandre dans sa croûte au basilic, servi avec des courgettes et des pommes de terre nouvelles.

**Da Vinci Ristorante :** *Augsburgerstr 19, Neue-Ulm. ☎ 25-09-95-57. Dans le quartier de Neue-Ulm, sur la rive droite du Danube. En venant du centre et de la cathédrale, après le pont sur le fleuve, suivre la rue Marienstrasse sur env 500 m. Le resto se trouve sur la droite de la rue, juste avt l'intersection avec la Maximilianstr. Ouv tlj sf lun 11h30-14h30, 19h30-22h30. Plats 8-20 €.* Sans conteste le meilleur restaurant italien d'Ulm et de la région. Façade discrète, salle bien agréable, accueil cordial et cuisine remarquable à base de produits frais, préparée par une cheffe de talent. *Pasta* al dente, raviolis, risotto, salade *caprese...* La patronne, Marika Caliolo, est une personnalité joviale et reconnue au niveau international. Elle parle plusieurs langues (dont le français) et représente souvent son pays (l'Italie) dans les salons gastronomiques. C'est une sorte d'ambassadrice de la cuisine italienne en Allemagne et dans le monde. Notre coup de cœur !

## Où boire un verre ?

C'est autour de la *Marktplatz* que les jeunes ont l'habitude de se retrouver hiver comme été.

**Ratskeller :** *Marktplatz 1. ☎ 880-17-40. Tlj 10h30-minuit. Plat du jour 5 €. Brunch dim 10h-14h.* LE bar de la Marktplatz, où tout le monde se retrouve du matin au soir et du soir au matin. Petite carte pour grignoter.

**Buddha Lounge :** *Frauenstr 52. ☎ 52-44-102. Tlj 20h-4h.* Bar agréable apprécié par les étudiants et jeunes travailleurs. Musique du style *lounge* pas trop forte et décor asiatique réussi. Très bons cocktails.

– Et aussi d'autres bars dans le centre : le ***Billbar,*** le ***Dolce,*** le ***Stitz...***

# À voir

**Münster** *(cathédrale d'Ulm)* **:** *Münsterplatz. Nov-fév, 9h-16h45 ; en mars et oct, 9h-17h45 ; juil-août, 9h-19h45 (18h45 avr, juin et sept). Montée dans la tour : 4 € ; réduc. Attention, le clocher ferme 1h avt les horaires de la cathédrale. Brochure payante en français. Concerts d'orgue mai-sept, mar-sam. Infos et billets à l'office de tourisme.*

En surface, c'est la troisième église au monde après Saint-Pierre de Rome et la cathédrale de Cologne. 20 000 fidèles pouvaient y tenir au Moyen Âge. La construction de cette magistrale cathédrale gothique débute en 1377, mais sa flèche, ***la plus haute du monde*** (161 m), n'est achevée qu'en 1890, selon les plans originaux. La cathédrale fut miraculeusement épargnée par les bombardements de 1945. Sa restauration (par ailleurs, c'est la plus grande église protestante du monde depuis 1530) étant très coûteuse, de nombreuses collectes sont organisées, comme cette initiative de mettre aux enchères des sculptures géantes d'oiseaux créées par différents artistes et représentant l'*Ulmer Spatz* (le moineau d'Ulm), symbole de la ville. Elles sont disséminées un peu partout dans la vieille ville.

L'absence de transept et les arcades très aiguës de la nef soulignent encore un peu plus ses perspectives aériennes. À l'intérieur, les vitraux sont modernes, sur un de ceux-ci figurent Kepler, Copernic, Galilée et Einstein. La chaire est coiffée d'une flèche en tilleul, œuvre de Jörg Syrlin le Jeune (1510).

Les ***stalles de bois,*** œuvre de Jörg Syrlin l'Ancien (1469-1474), sont superbement sculptées et ornées de personnages de la mythologie et de la Bible. Les plus courageux ne manqueront pas de gravir les ***768 marches de la tour ouest,*** pour découvrir une vue magnifique sur les plateaux du Jura souabe et sur le Danube.

**Stadthaus** *(centre culturel)* **:** *à côté de la cathédrale.* Ce bâtiment blanc contemporain, œuvre de l'architecte américain Richard Meier, abrite des salles d'expositions, de conférences et l'office de tourisme.

**Rathaus** *(hôtel de ville)* **:** *sur la Marktplatz.* Cet imposant bâtiment gothique et Renaissance, construit en 1370, doit sa renommée à sa remarquable façade peinte, avec l'évocation du commerce fluvial entre Ulm et les villes européennes au moyen de barges à fond plat, et à sa ***belle horloge astronomique*** (XVIe s). Sur le pignon sud, observer les motifs représentant un bateau sur le Danube, et les blasons des villes qui commerçaient avec Ulm : Paris, Strasbourg, Bâle, Genève... Devant le pignon, le *Fischkasten,* jolie fontaine sculptée en 1482 par Jörg Syrlin l'Ancien (encore lui !).

Sous le sol, sans doute le plus beau parking d'Allemagne, avec tapis rouge et colonnes illuminées pour mettre en valeur les vestiges archéologiques et les photos de 1944-1945.

***Neue Zentralbibliothek*** *(la nouvelle bibliothèque centrale)* **:** *sur la Marktplatz.* Ce bâtiment en verre, conçu par l'architecte allemand Gottfried Böhm, a rapidement été surnommé par les habitants « la pyramide ». Malgré le contraste avec le *Rathaus* tout proche, avec le temps ce bâtiment a été accepté par la population. Il fait partie du paysage urbain à présent. Intéressant à noter : sa façade étagée reprend les éléments classiques des constructions de la ville. Mais les opposants à l'architecture contemporaine vont encore s'arracher les cheveux, car *Ulms neue Mitte,* le nouveau centre entre le *Rathaus* et le *Münster,* est désormais orné de deux nouveaux bâtiments imaginés par l'architecte allemand Stephan Braunfels, qui a conçu la Pinacothèque moderne à Munich. Dans un troisième s'est ouverte en 2008 la *Kunsthalle Weishaupt,* une grande collection privée d'art contemporain.

***Ulmer Museum*** *(Musée municipal)* **:** *Marktplatz 9. ☎ 161-43-30. ● ulmer-museum.ulm.de ● Mar-dim 11h-17h (20h jeu pour les expos temporaires). Entrée : 5 € ; réduc ; gratuit ven pour les collections permanentes.* Le département des Beaux-Arts expose quelques œuvres des maîtres d'Ulm, comme Hans Multscher ou Jörg Syrlin l'Ancien. La section d'art moderne présente des toiles de Picasso, de Braque, de Klee et de Léger, ainsi que des œuvres de Max Ernst, Miró, Beuys, Pollock, Fontana, Tinguely... Également une section historique, très intéressante pour retracer l'histoire de la ville. Dans la partie préhistorique, à noter l'homme-lion qui date de 40 000 ans...

***Museum der Brotkultur*** *(musée de la Boulangerie)* **:** *ImSalzstadel. ☎ 699-55. ● museum-brotkultur.de ● Tlj 10h-17h (20h30 mer). Entrée : 4 € ; réduc. Audioguide en français.* Environ 700 objets exposés sur 18 000 en réserve, provenant des quatre coins du monde, retracent l'histoire du pain et sa symbolique. On en apprend !

LE BADE-WURTEMBERG

## À faire

➢ ***Promenade dans le Fischerviertel*** *(quartier des Pêcheurs)* **:** partir de l'hôtel de ville, prendre la *Sattlergasse,* suivre la *Weinhofberg,* puis tourner dans la *Fischergasse.* Cette très ancienne rue longe un canal bordé de vieilles maisons de caractère. En descendant vers le fleuve, on aperçoit la ***Schiefes Haus*** du XV$^{e}$ s *(Schwörhausgasse 6),* grande bâtisse patinée par le temps et les siècles. En continuant dans la même direction, on rejoint les remparts. Possibilité d'y monter par de petits escaliers. Longer le Danube jusqu'à la *Metzgerturm* (tour des Bouchers), du XIV$^{e}$ s. En face, Neue Ulm est déjà en Bavière.

## Manifestations

– ***Schwörmontag*** *(lundi du Serment)* **:** *3$^{e}$ lun de juil.* Tradition existant depuis 1397. Chaque année, le maire renouvelle le serment de la Constitution de la ville du haut du balcon de la ***Haus der Stadtgeschichte*** (abrite le musée d'histoire local et les archives). Ensuite la foule descend vers le Danube pour la *Nabada,* grande parade nautique sur le Danube, dont la tradition remonte au XVIII$^{e}$ s. On festoie et on s'amuse jusque tard dans la nuit. Tous les 4 ans ont lieu aussi ce jour-là les *Fischerstechen* (joutes de pêcheurs), tournoi nautique datant du XV$^{e}$ s.
– Tous les 2 ans, il y a le festival international du Danube.

## DANS LES ENVIRONS D'ULM

**Wiblingen :** *à 7 km au sud. Sortir de la ville par l'Adenauerbrücke, puis prendre la Wiblingerstr, sur la droite.* ☎ *(07315) 02-89-75.* ***Basilique :*** *• kloster-wiblingen.de • Mar-dim 10h-17h, slt le w-e en hiver 13h-17h.* ***Musée et salle de la bibliothèque :*** *avr-oct, tlj sf lun 10h-17h ; nov-mars, slt w-e 13h-16h. Entrée : 4,50 € ; réduc ; audioguide en français inclus.* Ancienne *abbaye bénédictine* dans une petite ville entourée de forêts. Fondée au XIe s, l'abbatiale Saint-Martin fut remaniée au XVIIIe s dans un style baroque à l'extérieur, mais nettement néoclassique à l'intérieur. Dans un autel baroque à gauche du transept, une relique précieuse : un morceau de la Sainte Croix, motif d'un afflux considérable de pèlerins. À l'intérieur, le peintre Janvarius Zick a compensé par de très bons effets d'optique le manque de profondeur des coupoles. Le crucifix du XVIe s, exposé dans le transept, provient de la cathédrale d'Ulm. Mais le joyau de Wiblingen est certainement la bibliothèque, de style rococo. Remarquer particulièrement la fresque en trompe l'œil au plafond, ainsi que 32 colonnes de stuc rose et bleu. Le musée attenant retrace la vie spirituelle et le pouvoir qu'exerçait l'abbaye jusqu'à la sécularisation.

**Legoland** (musée Lego) : *à* ***Günzburg*** *(en Bavière).* ☎ *(08221) 700-700. • legoland.de • À 30 km d'Ulm, sur l'A 8 direction Munich, sortie Günzburg. Fin mars-début nov, tlj 10h-18h (19h juil, 20h août). Entrée : 40 € ; 35 € pour les enfants 3-11 ans. Parking : 3 €. Réduc de 10 % en réservant sur Internet.* Ouvert en 2002, ce musée est entièrement dédié à Lego, cette marque danoise de briquettes de construction créée en 1949. Le site comprend 40 attractions, dont des reproductions de sites célèbres. Les enfants apprécient, le porte-monnaie des parents un peu moins !

### BLAUBEUREN

*À 19 km à l'ouest d'Ulm.* Village souabe connu pour les rochers qui le dominent. Laisser la voiture à l'entrée de l'abbaye bénédictine.

## À voir

**Altes Stift Blaubeuren :** ☎ *(07344) 96-26-25. Du dim des Rameaux à la Toussaint, tlj 9h-18h ; le reste de l'année, lun-ven 14h-16h, sam-dim 11h-16h. Entrée : 2,50 € ; réduc.* Belle abbaye cistercienne. Imposant retable *(Hochaltar),* présenté dans le chœur de l'ancienne église abbatiale. Œuvre de l'école d'Ulm (XVe s), représentant la Passion, la vie de saint Jean Baptiste et la Vierge entre les saints. Remarquables stalles de Jörg Syrlin l'Ancien.

**Blautopf :** *à deux pas de l'abbaye.* Lac-source d'une couleur bleue impressionnante. Sa profondeur atteint 22 m, et il constitue l'entrée d'un énorme système de grottes souterraines récemment découvertes.

# LE LAC DE CONSTANCE (BODENSEE)

**À l'altitude de 396 m, le lac de Constance (Bodensee en allemand) regroupe en fait trois plans d'eau : le lac supérieur (Obersee), qui représente la plus grande partie du lac, allant de Bregenz à Constance ; puis « le bras nord-ouest » du lac (Überlinger See), allant de Mainau à Überlinger ; et enfin, le lac inférieur (Untersee) au sud-ouest de Constance, où le Rhin s'engouffre vers les chutes de Schaffhausen (en Suisse) et poursuit sa course jusqu'à la mer**

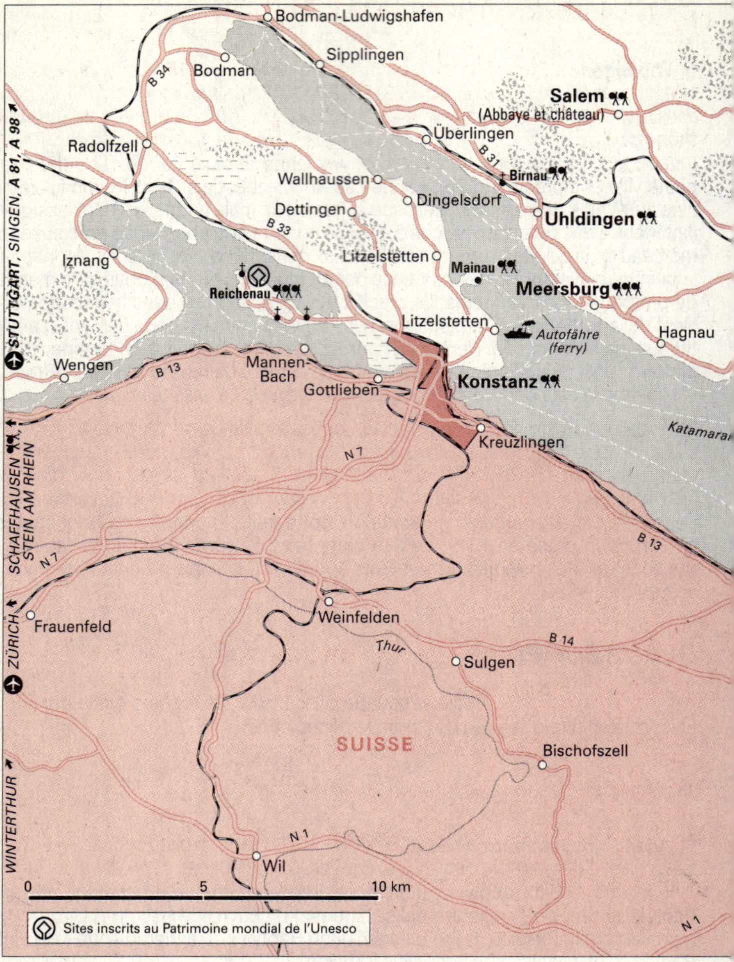


du Nord. Alimenté par 236 rivières et ruisseaux, le lac reçoit la plus grande partie de son eau du Rhin. Le lac est enchâssé entre les Alpes et le Jura, et partagé entre l'Allemagne, l'Autriche et la Suisse. La frontière lacustre entre ces trois pays n'est pas vraiment bien établie et les eaux du lac sont tacitement reconnues comme un territoire commun.

La qualité de son eau s'est dégradée depuis le XVIe s, notamment en raison d'une accumulation de débris organiques provoquant un manque d'oxygène dans les profondeurs ; pour employer un mot savant, on parle dans ce cas d'eutrophisation. Depuis, grâce à la construction de stations d'épuration et à une meilleure gestion des eaux, le problème a nettement diminué.

## LAC DE CONSTANCE

**Le climat doux qui règne dans cette région est favorable à une végétation luxuriante de type méditerranéen, ainsi qu'à l'exploitation de vignes et de vergers. En parcourant les rives, on rencontre de nombreuses localités pittoresques, à l'histoire ancienne dont témoignent pas mal d'édifices médiévaux. La plupart des cités riveraines sont reliées entre elles par des navettes fluviales qui sillonnent le lac, et en été, sa surface se pare d'innombrables voiles blanches et colorées, lui conférant un charme tout méridional. Le lac de Constance est un endroit merveilleux et calme où il fait bon se ressourcer en famille.**

– Renseignez-vous sur la carte touristique ***Bodensee-Erlebniskarte*** *(en vente dans ts les offices de tourisme),* qui propose différents forfaits pour les accès aux musées, aux attractions et aux transports autour du lac. • *bodensee-tourismus.com* •

…e tour complet du lac peut se faire ***à vélo.*** C'est une autre façon de le découvrir en empruntant la piste de 286 km prévue à cet effet, passant par l'Autriche et la Suisse. *Rens : ☎ (07531) 81-99-30 ou • bodensee-radweg.com •* Cet organisme se charge de réserver vos hôtels, d'organiser votre parcours ou de transporter vos bagages d'hôtel en hôtel. On peut emmener son vélo sans problème sur les bateaux et dans le train, mais pas toujours gratuitement.

# LINDAU AM BODENSEE

(88131) 24 500 hab. IND. TÉL. : 08382

**Petite enclave bavaroise dans le lac de Constance, Lindau est le départ vers la route allemande des Alpes. Le charme médiéval de cette ancienne ville impériale attire bien des touristes. Le petit pont qui relie l'île à la terre ferme est très souvent saturé. Les embouteillages et les difficultés à trouver une place de parking constituent le lot quotidien des habitants de l'île. Malgré ces quelques désagréments, Lindau reste une ville très agréable. Les lauréats du prix Nobel ne s'y sont d'ailleurs pas trompés et s'y réunissent chaque année, toutes disciplines confondues, depuis 1951. Dans la *Maximilianstrasse* ou sur le port, toutes les nationalités se mêlent aux terrasses des restaurants dans une ambiance de vacances style *Riviera*.**

## Comment y aller ?

➢ ***En voiture :*** en venant du nord et de la région du Rhin, par l'autoroute jusqu'à Memmingen, puis par la B 18. De Munich, par l'A 96 jusqu'à Landsberg, puis par la B 18. Garez-vous sur un des nombreux parkings situés sur la terre ferme et empruntez les navettes gratuites, disponibles fin mai-sept, pour rejoindre l'île.

➢ ***En bateau :*** la *Weisse Flotte* assure plusieurs fois/j. la liaison entre les villes de Constance, Bregenz et Lindau. ***BSB*** *(☎ 94-44-16. • bsb-online.com •)* et ***Schiffsbetrieb Wiehrer*** *(Bösenreutiner Steig 4A à Lindau. ☎ 781-94. • wiehrer.de •)*

➢ ***En train*** *(plan A1)* **:** plusieurs liaisons quotidiennes avec Munich, Stuttgart, Bregenz, Ulm, Hanovre, etc.

## Adresses et info utiles

ℹ ***Office de tourisme*** *(plan A1)* **:** *Alfred-Nobel-Str 1. ☎ 26-00-30. • lindau-tourismus.de • Avr-début oct, lun-sam 10h-18h et dim mat ; début oct-fin mars, lun-ven 10h-12h, 14h-17h. Visites guidées en allemand (en français sur résa) avr-oct, mar à 10h et ven à 14h30.*

⛴ ***Bodensee-Schiffsbetrieb BSB*** *(plan A1)* **:** *Seepromenade. ☎ 275-84-10. • bsb-online.com •* Assurent la liaison avec les autres villes bordant le lac : Constance, Meersburg, Bregenz…

■ ***Location de vélos*** *(plan A1,* ***1****)* **:** *Inselgraben 14, coin Ludwistr. ☎ 94-36-88. Lun-sam 9h-13h, 15h-18h ; dim 9h-13h. Compter 8 €/j.*

■ ***Location de bateaux*** *(plan B1,* ***2****)* **:** ***Bootsverleih Hodrius,*** *Am kleinen See, derrière la Inselhalle. ☎ 29-77-71. • bootsverleih-lindau.de •*

– ***Concerts :*** renseignez-vous à l'office de tourisme sur les nombreux concerts payants et gratuits à Lindau, qui ont lieu de mai à septembre.

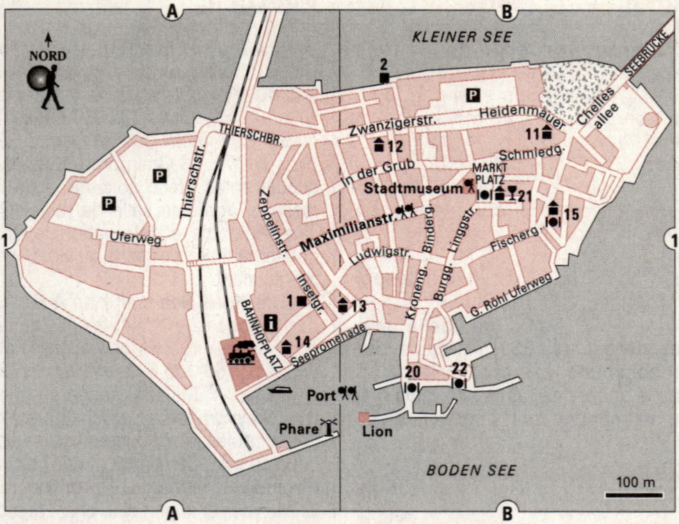


## LINDAU AM BODENSEE

| | |
|---|---|
| **Adresses utiles**<br>Office de tourisme<br>Bodensee-Schiffsbetrieb BSB<br>**1** Location de vélos<br>**2** Location de bateaux<br><br>**Où dormir ?**<br>**11** Hotel Garni Brugger | **12** Hotel Möve Garni<br>**13** Cafe Hotel Schreier<br>**14** Hôtel Bayerischer Hof<br>**15** Alte Post<br><br>**Où manger ?**<br>**20** Zum Romus<br>**21** Hotel Gasthof Stift<br>**22** Mole 3 |

Mais aussi, chaque année, Festival de musique *(Bregenzer Festspiele)* réputé, de mi-juillet à mi-août à Bregenz, côté Autriche.

## Où dormir ?

### Campings

Pas de camping sur l'île de Lindau !

***Campingpark Lindau am See :*** *Fraunhoferstr 20, direction Autriche. ☎ 722-36. • info@park-camping.de • park-camping.de • Le long du lac, à env 4 km à l'est de Lindau am Bodensee. Ouv tte fin mars-début nov. Selon période, 21-25 € pour 2 avec tente et voiture.* Immense camping avec une belle plage sur les bords du lac, ainsi qu'un restaurant et un *Biergarten.*

***Campingpark Gitzenweiler Hof :*** *à* ***Lindau-Oberreitnau.*** *☎ 949-40. • info@gitzenweiler-hof.de • gitzenweiler-hof.de • À 5 km de Lindau et à 3,5 km de la sortie d'autoroute A 96 Weissensberg. Ouv avr-début nov. Compter env 27-34 €, selon confort pour 2 avec tente et voiture.* Vaste camping superbement entretenu mais aussi surfréquenté ! Il dispose d'une piscine, de 2 restos et d'un petit supermarché. Location de mobile homes. Animations pour les enfants. Accueil privilégié des cyclistes.

## Auberge de jeunesse

**Jugendherberge :** *Herbergsweg 11. ☎ 967-10. • lindau@jugendherberge.de • lindau.jugendherberge.de • À 15 mn à pied de la vieille ville. Bus n° 1 ou 2 jusqu'à l'arrêt ZUP, puis bus n° 3 direction Zech jusqu'à l'arrêt Jugendherberge ; derrière le complexe aquatique* Limare. *Fermé en janv. Nuitée 20-24 €/pers ; 24-30 € pour les plus de 27 ans (prix selon saison). Draps et petit déj inclus. ½ pens possible.* Dans une belle maison datant de 1830. Agréable partie commune. Les chambrées n'ont pas le cachet de la maison mais n'en demeurent pas moins impeccables.

## De bon marché à prix moyens

**Hotel Garni Brugger** (plan B1, **11**) : *Bei der Heidenmauer 11. ☎ 934-10. • info@hotel-garni-brugger.de • hotel-garni-brugger.de • Entrée possible par la Schmiedgasse. Doubles 94-115 € selon saison, petit déj inclus.* Les chambres sont modernes, confortables et colorées, certaines avec balcon. Accueil adorable.

**Hotel Möve Garni** (plan B1, **12**) : *Auf der Mauer 21. ☎ 275-895-0. • info@hotel-moeve-lindau.de • hotel-moeve-lindau.de • Doubles 88-118 € selon saison, petit déj inclus.* Sur l'ancien mur d'enceinte de la vieille ville. Chambres confortables, certaines avec balcon. Salles de bains impeccables. Terrasse au soleil sous la vigne. Accueil parfois un peu empressé.

## Plus chic

**Alte Post** (plan B1, **15**) : *Fischergasse 3, près du théâtre. ☎ 934-60. • info@alte-post-lindau.de • alte-post-lindau.de • Doubles 130-190 €, petit déj inclus. Côté resto (service jusqu'à 22h), plats 9-20 €.* Chambres fraîches et accueillantes, déco soignée. Jolie terrasse et agréable salle de resto. Cuisine régionale et internationale, avec notamment des poissons du lac. Service très souriant.

**Cafe Hotel Schreier** (plan A-B1, **13**) : *Färbergasse 2. ☎ 94-44-84. • info@hotel-schreier.de • hotel-schreier.de • Doubles 160-185 € selon saison, petit déj inclus.* Maison orange au centre de la *Seepromenade*. Les chambres sont impeccables et décorées avec beaucoup de soin. Certaines ont des balcons, d'autres des terrasses. Pas donné, mais la jolie vue sur le port et le phare autorise toutes les folies. Un bon point de chute, doublé d'un excellent accueil.

## Beaucoup, beaucoup plus chic

**Hotel Bayerischer Hof** (plan A1, **14**) : *Seepromenade. ☎ 91-50. • hotel@bayerischerhof-lindau.de • bayerischerhof-lindau.de • Doubles avec douche ou bains 192-322 € selon vue.* Hôtel de luxe on ne peut mieux placé, face au port et aux montagnes. Chambres évidemment très confortables, qui permettent – pour les mieux situées (les plus chères, bien sûr) – de se trouver aux premières loges pour observer le lac et sa promenade. Piscine superbement installée sur la promenade mais à l'abri des regards. Sauna. Accueil guindé... comme le lieu l'exige.

## Où dormir dans les environs ?

**Landhotel Martinsmühle :** *Bechtersweiler 25. ☎ 58-49. • relax@landhotel-martinsmuehle.de • landhotel-martinsmuehle.de • À 7 km de Lindau, direction Schönau, puis Unterreitnau ; suivre ensuite Bechtersweiler. Fermé jeu. Congés : fin oct-fév. Doubles 80-100 € selon taille et saison, petit déj inclus. Repas du soir 8-15 €. Parking.* Un petit « paradis » en pleine nature ! Ici, tout est artisanal : confitures, schnaps, lait de vache et même l'électricité ! Chambres agréables, pour certaines avec balcon, agrémentées de meubles typiques bavarois peints à la main...

## Où manger ?

Voici quelques adresses qui sortent des sentiers battus.

### De bon marché à prix moyens

|●| ***Zum Romus*** *(plan B1, **20**) : sur le port. ☎ 68-30. Tlj 9h-20h. Plats 4,50-9 €.* On le dit d'avance : ce n'est pas une adresse gastronomique. Mais on aime bien cette guinguette et ses quelques tables sur le quai du port. Plats et casse-croûtes traditionnels très simples. Soupes et omelettes.

|●| ***Hotel Gasthof Stift*** *(plan B1, **21**) : Stiftsplatz 1. ☎ 935-70 • info@hotel-stift.de • Plats 10-15 €.* Une bonne grosse auberge qui propose des spécialités souabes copieuses et bien préparées. On s'installe en terrasse sur la place ou à l'arrière, dans le *Biergarten.* Service aimable. Bar dans la cave *(ouv 21h, sf dim).* Propose aussi des chambres doubles très correctes *(100-120 €, petit déj inclus).*

|●| ***Mole 3*** *(plan B1, **22**) : Segelhafen 3. ☎ 274-92-89. • info@mole3.com • Plats 8-18 €. Dans de rares occasions, il est possible que le resto ferme pour des soirées privées.* Le *Yatch Club* de Lindau a la gentillesse d'ouvrir certaines de ses tables aux non-membres. C'est l'une des plus belles terrasses de la ville, elle surplombe simplement le lac. Cuisine soignée et préparée avec délicatesse, large carte des vins pour ne rien gâcher. Service aux petits soins.

## À voir

👁👁 ***Le port*** *(plan A-B1)* **:** principale attraction de Lindau, cette promenade le long des quais *(Seepromenade)* offre une large vue sur les Alpes et la rive autrichienne. Solide, un peu à l'écart, l'ancien phare (le *Mangturm,* XIIIe s) semble indifférent à l'agitation des touristes. En face, dominant l'immense ***lion en marbre*** (symbole de la Bavière), le ***nouveau phare*** (1856) veille sur le port. De son sommet, la vue est exceptionnelle *(montée payante : 1,80 €).* L'ambiance un peu désuète, le défilé incessant de touristes et ces deux statues, qui se dressent face aux Alpes, confèrent au lieu une ambiance de décor d'opérette, surtout la nuit, quand tous les lampions s'allument sur les façades du port...

👁👁 ***Maximilianstrasse*** *(plan A-B1)* **:** les maisons bourgeoises de styles architecturaux différents s'y succèdent et, pourtant, la rue connaît une certaine harmonie. En la descendant, on passe devant la *Reichsplatz,* sur laquelle se dresse l'*Altes Rathaus* (XVe s). Cette ancienne mairie est reconnaissable aux séduisantes fresques de 1885 qui ornent sa façade et qui racontent l'histoire de la ville. Rejoindre ensuite la *Diebsturm* (tour des Brigands) du XIVe s, puis faire un saut jusqu'à la *Peterskirche* (l'église Saint-Pierre, du XIe s) qui renferme les seules fresques conservées de Hans Holbein l'Ancien (1465-1524).

👁 ***Stadtmuseum*** *(plan B1)* **:** *Marktplatz. ☎ 94-40-73. • kultur-lindau.de • Mai-août, tlj sf lun 11h (14h sam)-17h. Entrée : 3 € ; réduc.* Cette superbe maison du XVIIIe s ornée de fresques abrite le musée de la ville : peintures, sculptures et meubles. Collection des instruments de musique mécanique : *slt en visite guidée sam-dim à 14h15 et 15h, entrée 3 €, réduc.* Expos temporaires.

## DANS LES ENVIRONS DE LINDAU AM BODENSEE

👁 ***Wasserburg*** **:** *ravissant village de pêcheurs à 6 km de Lindau.* Offre une balade attrayante avec sa petite église et ses sculptures modernes plantées un peu partout sur les chemins du village. Très fréquenté : on vous conseille comme toujours de vous y rendre soit tôt le matin, soit en fin de journée.

**La Route baroque de la Haute-Souabe :** itinéraire de 56 km, parsemé de très intéressantes églises baroques. Point de départ : Weingarten, à 35 km au nord de Lindau. Un passage obligé pour ceux qui veulent découvrir l'art baroque allemand, car les plus grands noms ont participé à l'édification et à la décoration de ces églises. À voir absolument, l'***église de Weingarten*** où prédomine une influence italienne, l'***église de Steinhausen*** que l'on qualifie de « la plus belle église villageoise », œuvre du célèbre Dominikus Zimmermann, et enfin, l'exubérante et somptueuse ***église de Zwiefalten,*** construite par J. M. Fischer. Des déluges de peintures, stucs et dorures.

# FRIEDRICHSHAFEN

57 000 hab. IND. TÉL. : 07541

**Avec son port plein d'activité et son dynamisme économique et commercial, cette petite ville n'est pas vraiment un lieu de villégiature, mais une visite de ses musées consacrés à l'aéronautique permettra de flâner sur la longue promenade le long du lac où les occasions de s'arrêter pour se sustenter ou boire un verre ne manqueront pas. On peut aussi partir d'ici pour une croisière sur le lac et aller jusqu'aux chutes du Rhin à Schaffhausen en Suisse.**

## UN PEU D'HISTOIRE

À la fin du XIXe s, le comte Ferdinand von Zeppelin conçoit les premiers dirigeables, et leur construction contribue au développement rapide de la ville. Une nouvelle agglomération nommée Zeppelindorf apparaît en 1912, avec une société employant 200 salariés. La société d'aviation Dornier s'installe également en périphérie. Possédant une industrie d'armement, la ville devient alors la cible d'attaques aériennes régulières pendant la Seconde Guerre mondiale, détruisant le centre historique. La ville est reconstruite en 1950.

LE LAC DE CONSTANCE

## Adresse utile

**Office du tourisme :** *Bahnhofplatz 2, en face du Stadtgarten. ☎ 30-010. • friedrichshafen.info • Mai-juin et sept, lun-ven 9h-12h et 13h-18h, sam 9h-13h. Juil-août : lun-ven 9h-18h, sam 9h-13h. Oct-mars horaires restreints en sem, fermé le w-e.* À l'extérieur, tableau des disponibilités d'hébergements avec prix, d'où on peut téléphoner.

## À voir

***Zeppelin Museum*** *(musée Zeppelin) : Seestr 22. ☎ 38-010. • zeppelin-museum.de • Dans l'ancienne gare ; grand bâtiment blanc facile à repérer. Mai-oct, tlj 9h-17h ; nov-avr, mar-dim 10h-17h. Entrée : 8 € ; réduc. Ticket combiné avec le musée Dornier valable 7 j. : 15 €, réduc. Audioguide en français 3 €. Explications en anglais.* Ce musée est consacré aux dirigeables mis au point par le comte von Zeppelin. Dans le hall d'entrée, magnifique conduite intérieure Maybach. Reconstitution d'une partie du dirigeable *Hindenburg* (il faisait 245 m de long !), permettant d'apprécier le luxe qui régnait à bord. Aménagement d'un design très moderne pour l'époque, inspiré du Bauhaus. Le Zeppelin reliait l'Allemagne à Rio de Janeiro en 83h, une performance ! Salle consacrée aux pionniers de l'aérostation. Photos des destructions de la ville. Le musée présente aussi une collection thématique de peintures et de sculptures du Moyen Âge à nos jours, notamment des œuvres d'Otto Dix.

**LA FIN DES ZEPPELIN**

*Long de 235 m, le Hindenburg fut le plus grand de tous les aéronefs jamais construits. Après son baptême, célébré en grande pompe par les autorités nazies, son existence se termina tragiquement dans le New Jersey, en 1937. Retardé par un orage, et à 300 m de son mât d'amarrage, il commença à prendre feu et s'écrasa au sol, faisant 35 victimes sur 97 passagers. L'arrivée du Zeppelin aux États-Unis avait attiré une importante foule de curieux et de journalistes et la catastrophe fut abondamment filmée. Ces images l'ont tué.*

**Dornier Museum :** *Claude-Dornier Platz, en bordure de l'aérodrome. ☎ 487-36-00. • dorniermuseum.de • Tlj 9h-17h ; nov-avr, fermé lun. Entrée 9 €, réduc ; ticket combiné avec le musée Zeppelin valable 7 j. : 15 €, réduc.* Les passionnés d'aviation connaissent le nom de Dornier, car c'est sous cette marque que volaient nombre d'avions de la Luftwaffe qui furent employés dans le conflit 1939-1945. Fils d'un Français, l'ingénieur Claude Dornier (1884-1969) travailla d'abord pour le comte Zeppelin puis se lança dans la construction d'avions pour son propre compte. Sa passion le poussa à s'intéresser principalement aux hydravions. Sa plus belle réussite fut le Dornier WAL en 1922, construit en Italie du fait de l'interdiction faite en 1919 à l'Allemagne de posséder une aviation. Il fut utilisé par l'explorateur Roald Amundsen dans sa tentative de rejoindre le pôle Nord en 1925. Plus tard, il conçut le « bateau volant », le Do X, le plus grand aéronef d'avant 1940 destiné aux liaisons transatlantiques et équipé de 12 moteurs à hélices accouplés par paires. Il pouvait transporter plus de 170 passagers ! Le Do 26, lui, était un hydravion au concept révolutionnaire de moteurs basculants et aux flotteurs rétractables, de manière à améliorer l'aérodynamisme, point noir des hydravions. On peut admirer les magnifiques maquettes de ces hydravions en laiton et des photos dans les vitrines et les caractéristiques des principaux modèles de la marque. En tant que fournisseur de matériel de guerre, Dornier fut inquiété dans les procès en dénazification, mais il fut acquitté. Si son usine allemande détruite était en faillite, sa filiale suisse installée à Zoug continua à produire des avions sous licence et s'intéressa au décollage vertical. Après le retrait de la vie active en 1962 de son fondateur, la firme Dornier fut reprise d'abord par ses fils puis par Daimler-Benz, ensuite par Fairchild, et collabora aux différents programmes de recherche spatiale. Plusieurs modèles d'avion sont exposés à l'extérieur, dont un Bréguet Atlantique de l'aéronavale française, raison supplémentaire pour attirer tous les fondus d'aviation.



# MEERSBURG

(88709) 5 500 hab. IND. TÉL. : 07532

**Bien que Meersburg ne soit qu'un village vigneron typique, on pourrait presque dire qu'il y a deux Meersburg : la ville haute aux rues pentues avec belles maisons à colombages, groupées autour du château fort et du château neuf, et la ville basse au bord du lac, où flotte l'ambiance d'une petite station balnéaire. Meersburg est, avec Lindau, une des villes pittoresques du lac de Constance.**

## Adresses utiles

**Office de tourisme :** *Kirchstr 4, 88709. ☎ 44-04-00. • meersburg.de • Mai-oct, lun-ven 9h-12h30, 14h-18h ; sam 10h-15h ; dim et j. fériés 10h-13h. Autre bureau (infos slt) dans le Wein und Kulturzentrum, Kronenstr 19 (sortie B 33) : lun-mar 9h30-12h, 15h-17h ; ven 16h-18h ; sam 9h30-12h.* Dépliant gratuit en français pour la visite de la ville. Infos détaillées sur les hôtels et les chambres chez l'habitant.

■ ***Location d'embarcations à pédales :*** *Frey, Bootshafen am Stadtgarten. ☎ 77-32.* À côté du port.

■ ***Location de vélos :*** *Dreher, Stadtgraben 5. ☎ 51-76.* Le matin, même le w-e, présence assurée.

***Bodensee-Schiffsbetrieb BSB :*** *☎ (07531) 813-89. • bsb-online.com •* Liaisons régulières avec les autres villes du lac.

***Bacs Meersburg-Konstanz :*** *☎ (07531) 803-333 • fachre.konstanz.de • Embarcadère dans la ville basse.* Départs 24h/24 toutes les 15 mn. Le meilleur moyen pour rejoindre Constance *(env 14,30 € pour une voiture avec 2 pers).* Durée : env 20 mn.

## Où dormir ?

***Chambres d'hôtes Elisabeth Jost :*** *Droste-Hülshoff-Weg 13. ☎ 49-42-20. • info@drosteweg13.de • drosteweg13.de • De la ville haute, prendre la 1re à gauche dans la Daisendörferstr. Doubles 65-80 € selon taille et sans ou avec vue, petit déj inclus.* Dans une maison des années 1920, avec un jardin, chambres bénéficiant d'une vue imprenable sur le lac. Meublées sans fioritures mais avec goût. Préférez celles qui ont un balcon. Salles de bains impeccables et modernes. La propriétaire reçoit avec une gentillesse empreinte de réserve. Une bonne adresse.

***Pension Säntisblick :*** *Von Lassbergstr 1. ☎ 92-77. • info@tp-meersburg.de • tp-meersburg.de • À l'angle avec la Daisendörferstr. Fermé de mi-oct à mi-mars. Selon saison, doubles avec w-c et douche 59-95 €, petit déj compris. Parking privé.* Chambres simples et confortables, les meilleures avec vue sur le lac. Piscine. Accueil jeune et décontracté des propriétaires, qui sont aussi profs de plongée.

### Plus chic

***Landhaus Ödenstein :*** *Droste-Hülshoffweg 25. ☎ 61-42. • post@oedenstein.de • oedenstein.de • De la ville haute, prendre la 1re à gauche dans la Daisendörferstr. Doubles avec douche ou bains 92-145 € selon orientation et saison, petit déj inclus. Parking.* Voilà un endroit romantique, niché entre les vignes et perché au-dessus du lac. Vue époustouflante. Une vraie maison au parquet qui craque. Chambres pleines de charme. Préférez celles avec balcon.

***Sport-Hotel Schönblick Garni :*** *Von Lassbergstr 8. ☎ 97-50. • info@sporthotel-schoenblick.de • sporthotel-schoenblick.de • Doubles 80-110 € selon taille et saison. Possibilité de chambres familiales. Parking.* Dans une maison moderne, chambres confortables plutôt vastes avec balcon ou terrasse. Ambiance nickel, voire aseptisée. Jolie vue sur la vieille ville et le lac. Piscine et salle de sport à disposition. Sauna et UV payants.

## Où manger ?

### De bon marché à prix moyens

***Weinstube Haltnau :*** *Uferpromenade 107. ☎ 97-32. À env 25 mn à pied du centre en longeant le lac vers l'ouest (env 1,7 km de Meersburg). En voiture, direction Hagnau. Au niveau du club nautique. Tlj sf jeu 9h-minuit, plats chauds servis slt 11h30-14h, 17h30-21h. Plats froids (Vesper) et plats chauds 7-20 €. Parking.* Après la fatigue d'une petite marche à pied, le réconfort ! Des plats copieux et goûteux vous attendent et une table au bord du lac vous tend déjà les bras... Charcuterie et vin faits maison, poissons frais du lac. Ambiance authentique, un brin rustique, à l'image de son service. Une très bonne adresse bien connue des gens du cru.

LE LAC DE CONSTANCE

## Plus chic

**Winzerstube zum Becher :** *Höllgasse 4, petite rue partant du Rathaus. ☎ 90-09. • benz@zumbecher.de • Tlj sf lun 10h30-14h, 17h-minuit. Fermé 3 sem en janv. Plats 15-27 €.* Maison jaune où court la vigne vierge. Salles chaleureuses du *Stube* avec ses boiseries. On y sert une bonne cuisine bourgeoise soignée et des vins locaux. Plats régionaux de viande et de poisson savoureux. C'est un peu plus cher, mais la qualité est au rendez-vous. Petite terrasse en été.

## Où boire un verre ?

**Winzerverein Meersburg :** *Unterstadtstr 11. ☎ 80-71-64. • weinuhrig@googlemail.com •* Caviste représentant la production des vignerons locaux. C'est le moment de tester un müller thurgau ou un weissburgunder, un joli pinot blanc. Vous laissez une caution de 2 € pour le verre, et vous payez le contenu du cru que vous voulez déguster attablé autour de tonneaux posés sur le trottoir.

## À voir

**Meersburg** (vieux château) : *☎ (07532) 800-00. Tlj 9h-18h30 (10h-18h nov-fév) ; dernière entrée 30 mn avt la fermeture. Entrée : 9,50 € ; 12 € avec la visite de la tour Dagobert ; réduc. Visite libre. Dépliant en français (quelques centimes) très utile pour la visite.* C'est le roi Dagobert Ier d'Austrasie qui fit bâtir le donjon et le palais vers 628. À partir de 1268, le château devint propriété des princes-évêques de Constance. Lors de la sécularisation, le château fut acquis par l'État de Bade, qui voulut le démanteler en 1837. Le baron de Lassberg s'y opposa et sauva l'édifice. Les 28 pièces de ce château privé nous plongent dans la vie au Moyen Âge : salle d'armes, cuisines, oubliettes... On accède également à trois pièces, qui furent habitées par la célèbre poétesse allemande Annette Droste-Hülshoff (1797-1848). Une visite touchante où rien ne semble avoir bougé. Visite guidée de la tour Dagobert.

**Zeppelinmuseum :** *Schlossstr 8. ☎ (07532) 79-09. • zeppelinmuseum.com • De mars à mi-nov, tlj 10h-18h. Entrée : 4 €. Rien à voir avec celui de Friedrichshafen.* Quasi en face de l'entrée du château, un petit musée privé un peu fourre-tout mais assez sympathique, accumulant les pièces originales et les documents sur les fameux ballons dirigeables, dont les premiers modèles prirent l'air à la fin du XIXe s, mais dont la carrière s'acheva avec le désastre du Hindenburg en 1937.

LE LAC DE CONSTANCE

## DANS LES ENVIRONS DE MEERSBURG

**Pfahlbaumuseum Unteruhldingen** (musée sur pilotis d'Unteruhldingen) : *Strandpromenade 6, à **Uhldingen-Mühlhofen.** ☎ (07556) 92-89-00. • pfahlbauten.de • À 4 km de Meersburg. Avr-oct, ouv 9h-18h30 (17h oct) ; mars, slt w-e 9h-17h ; déc-fév, visite sur résa. Entrée : 9 € ; réduc. Brochure en français. Visite guidée obligatoire (durée : env 1h).* Intéressant musée de plein air. Reconstitution grandeur nature d'un village lacustre de l'âge de pierre et de l'âge du bronze, mettant en scène la vie quotidienne et l'habitat des hommes de la préhistoire. Les enfants adoreront parcourir les passerelles de bois reliant les frêles cahutes sur pilotis. Animations en été et petit musée didactique à l'entrée.

**L'abbaye et le château de Salem :** *à 15 km de Meersburg. ☎ (07553) 814-37. • salem.de • Avr-début nov, ouv 9h30 (10h30 dim)-18h. Entrée : 7 €. 2 tours guidés (en allemand slt, en anglais ou français sur demande) : 12,50 €.* Ancienne abbaye cistercienne, fondée au XIIe s, rattachée à l'Empire, elle n'obéissait qu'à l'Empereur et au Pape. Elle est la propriété des margraves de Bade depuis 1802. Incendié en 1697, le monastère fut entièrement reconstruit dans un style baroque au XVIIIe s, période de son apogée. Une partie des bâtiments accueille un célèbre internat, où les rejetons de l'aristocratie européenne viennent étudier. La visite guidée permet d'accéder à l'abbatiale gothique, décorée d'un tabernacle gothique et de médaillons d'albâtre, au cloître, aux appartements des abbés, à la salle impériale et au réfectoire, au plafond stuqué avec un magnifique poêle de faïence illustré de scènes des travaux et des jours des moines. Visite du site intéressante. Si vous ne souhaitez pas participer à la visite guidée et donc visiter l'intérieur de l'abbaye, le prix d'entrée se révèle assez prohibitif. Dommage que cet aspect gâche un peu la beauté et l'intérêt de ce lieu !

***Affenberg Salem*** *(montagne des Singes) : 88682* ***Salem.*** *☎ (07553) 381. • affenberg-salem.de • Ouv tlj : de mi-mars à fin oct 9h-18h ; oct-nov 9h-17h ; dernière entrée 30 mn avt. Entrée : 8,50 € ; réduc.* Un immense parc en plein air est devenu l'habitat de 200 singes magots qui y vivent en totale liberté et qui s'assoient tranquillement pour prendre dans la main des visiteurs le pop-corn distribué à l'entrée. On y admire également des espèces régionales comme les carpes, les daims et les cigognes.

***L'église de Birnau :*** *ouv 7h30-17h (7h-19h avr-oct).* Entre les vignes et le lac se dresse cette église, chef-d'œuvre de l'époque baroque, construite entre 1746 et 1750 par les cisterciens de l'abbaye de Salem. À voir, que l'on soit ou non amateur du style rococo.



## KONSTANZ (CONSTANCE)

81 000 hab. IND. TÉL. : 07531

**Enclave allemande sur le territoire suisse, c'est aujourd'hui la ville la plus importante au bord du lac. Déjà, au Moyen Âge, sa situation en faisait une plaque tournante du commerce occidental. La ville fut florissante ; elle devint ainsi le siège du concile destiné à mettre fin au grand schisme d'Occident (1378-1429). Entre 1414 et 1418, (encore une commémoration à programmer pour 2014-2018 !) les prélats tentèrent par tous les moyens de réunir le monde chrétien divisé en trois pontifes (Rome, Pise, Avignon), autour d'un seul pape. En 1417, sa mission s'accomplit enfin avec l'élection de Martin V au trône de Saint-Pierre. Tout au long de ces quatre années, la ville joua donc le rôle de capitale du monde chrétien ! Mais Jean Hus, le recteur de l'université de Prague, contestant le pouvoir papal eut moins de chance : déclaré hérétique, il y fut brûlé vif en 1414.**
**Si quelques façades et certains monuments témoignent de l'époque où Constance était une cité phare, on ressent, en flânant dans ses rues, que ce passé glorieux est bien révolu. Le soir, l'agitation du centre-ville migre vers l'esplanade du port pour profiter du bon air « marin » et des derniers rayons du soleil sur une des nombreuses terrasses. C'est néanmoins une ville agréable à vivre, et qui constitue une étape idéale pour faire le tour du lac, notamment pour visiter les îles de Mainau et de Reichenau.**

### Adresses utiles

***Office de tourisme*** *(plan B2) : Bahnhofplatz 43, 78462. ☎ 13-30-30. • konstanz.de/tourismus • Sur le côté de la gare et des quais. Avr-oct, 9h-18h30 (16h sam), dim 10h-13h ; le reste de l'année, en sem 9h30-12h30 et 14h-18h.* Brochures sur les activités. Horaires des bateaux et liste

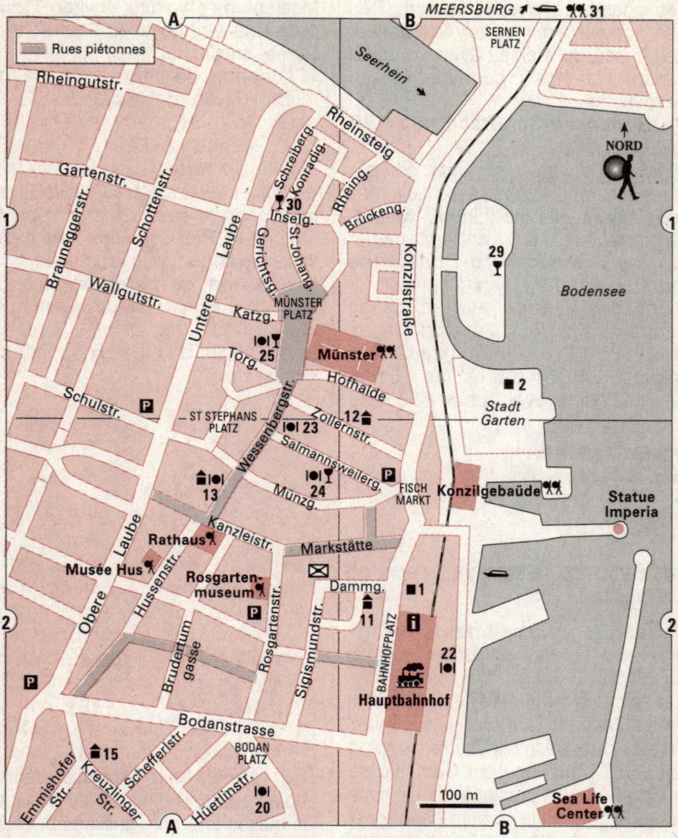


# KONSTANZ



**Adresses utiles**

- Office de tourisme
- Bodensee-Schiffsbetrieb BSB
- Bacs Meersburg-Constance
- 1 Location de vélos
- 2 Location de bateaux

**Où dormir ?**

- 11 Gästehaus Centro
- 12 Hotel-Pension Gretel
- 13 Hôtel-restaurant Barbarossa
- 15 Hôtel Constantia

**Où manger ?**

- 20 Tolle Knolle
- 22 Resto Biergarten Hafenhalle
- 23 Elefanten
- 24 Weinstube Zum Küfer Fritz « PFOHL »
- 25 Wessenberg

**Où boire un verre ? Où sortir ?**

- 29 Terrasse de l'hôtel Steigenberger
- 30 Brauhaus Johann Albrecht

**À voir**

- 31 Archäologisches Landesmuseum

des chambres chez l'habitant. Très bon accueil. Pour visiter Constance, Reichenau ou Mainau avec un guide parlant le français, contacter l'office de tourisme.

***Bodensee-Schiffsbetrieb BSB*** *(plan B2) : Hafenstr 6. ☎ 31-36-400. • bsb-online.com •* Plusieurs compagnies assurent la liaison avec les autres villes bordant le lac (Lindau, Meersburg, Bregenz...) et avec l'île Mainau.

***Bacs Meersburg-Constance*** *(hors plan par B1) : Schiffstr 41, **Konstanz-Staad.** Au nord du centre-ville, à env 10 mn de voiture. ☎ 31-80-30. • sw.konstanz.de •* Départs 24h/24 toutes les 15 mn. Le meilleur moyen pour rejoindre Meersburg en voiture, environ 11,50 € pour une voiture avec 2 personnes. Durée : env 20 mn.

■ ***Location de vélos*** *(plan B2, **1**) : **Kultur-Rädle,** Bahnhofsplatz 29, à la gare. ☎ 27-310. Lun-ven 9h-12h30, 14h30-18h ; sam 10h-16h ; dim 10h-12h30. Compter 12 €/j. Possibilité de rendre les vélos jusqu'à 20h.* Vélos correctement entretenus, tandem pour les amoureux. Propose aussi des excursions payantes à vélo le samedi.

■ ***Location de bateaux*** *(plan B1, **2**) : **Marc Fluck,** Stadtgarten 1, Am Gondelhafen. ☎ 218-81.* Location toute l'année de bateaux à moteur, à rames, etc.

## Où dormir ?

### Campings

Ces campings se trouvent au nord de Constance.

***Campingplatz Litzelstetten-Mainau :*** *Grossherzog-Friedrich-Str 43. ☎ 94-30-30. En direction de Mainau, à slt 10 mn à pied de l'île. Fermé fin oct-fin mars. Compter 22 € l'emplacement pour 2.* Un minuscule camping qui aurait pu s'appeler « Camping de la Plage », vu sa proximité du lac. Une adresse conviviale et bien cachée, et ce n'est pas le patron qui s'en plaindra, vu qu'il souhaite conserver au lieu un caractère amical. Une bonne adresse que l'on vous murmure à l'oreille.

***Campingplatz Klausenhorn :*** *Hornwiesenstr, à **Konstanz-Dingelsdorf.** ☎ (07533) 63-72. • info@camping-klausenhorn.de • camping-klausenhorn.de • À env 14 km de Constance. Fin mars-début oct. Compter 21-26 € pour 2 avec tente et voiture selon saison.* Pas très grand mais situé directement au bord du lac. Ambiance un peu baba, même les lapins ont leurs caravanes. Plutôt arboré. Très fréquenté par les camping-cars. Prêt de vélos. Plage.

### Auberge de jeunesse

***Jugendherberge Otto-Moerike-Turm :*** *Zur Allmannshöhe 16, 78464. ☎ 322-60. • info@jugendherberge-konstanz.de • jugendherberge-konstanz.de • À 3,6 km au nord du centre-ville. Prendre le bus n° 4 à la gare principale (arrêt Jugendherberge) ou le bus n° 1 (arrêt Allmannsdorf-Post). Fin mars-1er nov. En haute saison nuit à 24 €/pers en chambres de 4 et 6 lits avec douche et w-c ; 29 € pour les plus de 27 ans. Compter 10 € en supplément pour privatiser une double. Draps et linge fournis.* Installée dans un ancien château d'eau et au-dessous, l'immense tour offre une très belle vue sur le lac depuis certaines chambres.

### De prix moyens à plus chic

***Hotel-restaurant Barbarossa*** *(plan A2, **13**) : Obermarkt 8-12. ☎ 12-89-90. • info@barbarossa-hotel.com • barbarossa-hotel.com • Resto 11h30-14h15, 18h-23h. Doubles 92-132 € selon catégorie, petit déj inclus. Tarifs dégressifs à partir de 4 nuits. Au resto, plats 11-25 €, menus 29-34 €.* Hôtel-restaurant historique situé en plein cœur de Constance, dans la zone piétonne. C'est ici que l'empereur Frédéric Ier, dit Barberousse, signa la paix avec la Lombardie. Mais cet établissement n'en est pas pour autant resté englué dans le

LE LAC DE CONSTANCE

passé. Les chambres ont été rénovées avec goût dans des styles différents. Si les moins chères ne font l'objet d'aucune déco particulière, les autres, en revanche, sont vraiment coquettes. Côté cuisine, que l'on mange à la terrasse ou dans la salle cossue au 1er étage (boiseries et vitraux), la carte puise dans des spécialités de poisson, de gibier et de plats régionaux. Pas de grande inventivité, mais une qualité qui ne fait jamais défaut. Accueil prévenant.

**Hotel Constantia** (plan A2, **15**) : *Kreuzlinger Str 13. ☎ 46-32-10. • info@hotel-constantia.de • hotel-constantia.de • Doubles à partir de 110 €, petit déj inclus. Resto et bar. Parking payant à l'arrière.* À proximité de l'animation des rues commerçantes, un hôtel de très bon confort, déco design sobre et lumineuse. Petit déj-buffet généreux. Très bon accueil. Parking possible

**Hotel-Pension Gretel** (plan B1-2, **12**) : *Zollernstr 6-8. ☎ 45-58-25. • rezeption@hotel-gretel.de • hotel-gretel.de • Doubles 50-98 € selon saison, petit déj en sus. Prix spécial pour 3 nuits. CB refusées.* Nous recommandons cette adresse exclusivement pour ses chambres les moins chères avec salle de bains partagée, les autres sont d'un rapport qualité-prix moins intéressant. Les chambres sont petites et sans charme particulier.

**Gästehaus Centro** (plan B2, **11**) : *Bahnhofplatz 4, sur le côté du McDo, réception à l'étage. ☎ 457-18-18. • centro@gruppealbert.de • gaestehauscentro.de • Doubles 80-120 € selon saison et sans ou avec vue, petit déj inclus.* Meublées dans un style totalement impersonnel et fonctionnel, les chambres sont très correctes et bien tenues. Une adresse à deux pas du port et à seulement quelques enjambées du centre-ville. Accueil flottant.

## Où manger ?

### De bon marché à prix moyens

Parmi les bons plans « Bon marché », ne manquez pas le *Biergarten Hafenhalle* dans « De prix moyens à plus chic ».

**Weinstube Zum Küfer Fritz « PFOHL »** (plan A2, **24**) : *Salmannsweilergasse 11. ☎ 221-98. Lun 17h-minuit, mar-sam 11h-1h. Fermé dim. Casse-croûte env 4,50 €.* Une adresse où rien ne bouge, ni le décor, ni les habitués, ni même la gentillesse de la patronne, ce qui plaît aux clients fidèles. On goûte ici au Constance du XXe s.

**Tolle Knolle** (plan A2, **20**) : *Bodanplatz 9. ☎ 17-575. Au bout de la Bahnhofplatz, côté Sea Life Center. Tlj 11h-minuit. Plats 8-19 €.* Des pommes de terre en veux-tu en voilà : *patatas bravas, Kartoffelpuffer,* pommes de terre en robe des champs... Originalité de la maison : la pâte à pizza à base de pommes de terre. N'en jetez plus, le décor est planté. Pour ne rien gâcher, la salle est soignée et ornée de tableaux représentant, évidemment, des pommes de terre, une vraie obsession ! Très agréable terrasse dès les beaux jours. Bonne adresse.

### De prix moyens à plus chic

**Resto Biergarten Hafenhalle** (plan B2, **22**) : *Am Hafen 10. ☎ 211-26. • info@hafenhalle.com • Derrière la gare, sur le port. Tlj 10h-1h. Au Biergarten, plats 4-8 €. Au resto, plats 8-22 €.* Installé au bord du lac dans un ancien entrepôt de la *Deutsche Bahn.* 2 possibilités : manger à prix doux dans le *Biergarten,* sous les lampions, ou dans le resto au cadre industriel aménagé avec style, où l'on sert une bonne cuisine régionale. Ambiance décontractée. Bondé le week-end. Un de nos coups de cœur dans la ville.

**Wessenberg** (plan A1, **25**) : *Wessenbergstr 41, face à la cathédrale. ☎ 91-96-64. 9h (11h dim)-1h (2h w-e). Plats régionaux et internationaux*

*8-16 €. Brunch dim 11h-14h30.* Bistrot au design épuré (grandes banquettes noires et bar en inox). Un passage obligé des jeunes branchés de la ville. Terrasse à l'intérieur très courue.

**Elefanten** *(plan A2,* ***23****) : Salmannsweilergasse 36, à l'angle avec la Wessenbergstr qui va de la cathédrale à Obermarkt.* ☎ *221-64. Tlj sf dim 11h30-14h30, 17h30-minuit. Plats 11-19 €. Le mer, à 18h, formule « all you can grill » pour 15 €.* Réputé pour son poisson bien cuisiné et sa cuisine badoise. Cuisine à déguster dans une ambiance rustique.

## Où boire un verre ? Où sortir ?

Été comme hiver, les points de ralliement restent les cafés du *Fischmarkt* (place derrière le *Konzil*), notamment le *café Rossini,* mais aussi le port (derrière la gare).

**Terrasse de l'hôtel Steigenberger** *(plan B1,* ***29****) : ouv dès les beaux j. 12h-22h30.* À défaut de vous y payer une nuit, allez prendre sur la terrasse, quand il fait beau, un *Kaffee-Kuchen,* une glace ou un apéritif face au lac : vue imprenable. Chic mais pas guindé.

**Brauhaus Johann Albrecht** *(plan A1,* ***30****) : Konradigasse 2.* ☎ *250-45.* • *konstanz@brauhaus-joh-albrecht.de* • *11h30-minuit.* Bière fabriquée quotidiennement par le maître brasseur qui veille à la température de l'alambic. Petite terrasse sur rue. *Prost* !

## À voir

**Münster** *(cathédrale ; plan A-B1) : tlj 8h-18h. Visite de la tour tlj 10h (12h30 dim)-17h30.* Pyramide translucide sur le parvis, dévoilant des vestiges romains des IVe et Ve s apr. J.-C., construite entre le XIe et le XVIIe s. Remarquez les superbes vantaux des portes du porche, avec scènes de la vie du Christ, datant du XVe s. Les mélanges de styles architecturaux qui la caractérisent en font un édifice original. Nef et transept de style roman et chapelles de style gothique. L'ancienne cathédrale a hébergé les séances du concile entre 1414 et 1418. Elle a conservé une grande partie de son mobilier du XVe s, comme les stalles du chœur. Du haut de la tour, très jolie vue sur la ville et le lac. La crypte renferme quatre disques de cuivre doré, datant des XIe et XIIIe s. À l'extérieur, en passant par le cloître, on rejoint la chapelle Saint-Maurice du XIIIe s, qui abrite la réplique du Saint-Sépulcre, ouvrage sculpté doté de 12 côtés et datant du haut Moyen Âge. En sortant de la cathédrale, poussez votre visite jusqu'au quartier de Niederburg, ensemble de petites rues partant en face du porche.

**Rathaus** *(hôtel de ville ; plan A2) : Kanzleistr.* Élégant bâtiment du XVIe s, recouvert de fresques du XIXe s illustrant l'histoire de la cité. À l'origine, il a été construit pour abriter la confrérie des tisserands.

**Konzilgebäude** *(maison du Concile ; plan B2) :* cet ancien entrepôt de la fin du XIVe s accueillit le conclave qui procéda en 1417 à l'élection du pape Martin V. Aujourd'hui, fidèle à sa vocation, la maison organise à nouveau des événements et des congrès. Programme à l'office de tourisme.

### UN MONUMENT DÉDIÉ AU PLUS VIEUX MÉTIER DU MONDE

*Le plus grand monument au monde (9 m) dédié à une prostituée veille depuis 1993 sur le port de Constance. Il rend hommage aux milliers de courtisanes ayant séjourné à Constance entre 1414 et 1418 pour rendre le fameux concile supportable. Sur ses mains levées vers le ciel sont assis deux bouffons totalement nus, portant seulement leur coiffe. À gauche, le pape, et à droite, le roi. On remarque vite qui détenait le pouvoir pendant les négociations...*

**Le musée Hus** *(plan A2)* **:** *Husenstr 64. ☎ 290-42. Ouv mar-dim 11h-17h (16h oct-mars).* Dans un ensemble de maisons du XVe s et XVIe s, ce lieu de commémoration est dédié à Jan Hus, réformateur religieux tchèque, qui fut déclaré hérétique devant le concile de Constance en 1414 et condamné au bûcher. Explication sur le « hussisme, cette doctrine religieuse dissidente encore active en Bohême ».

**Rosgartenmuseum** *(plan A2)* **:** *Rosgartenstr 3-5. ☎ 900-246. • rosgartenmuseum-konstanz.de • Ouv mar-dim 10h-12h et 14h-16h (14h le ven et 17h le w-e). Entrée : 3 € ; réduc. Entrée libre mer dès 14h et 1er dim de chaque mois.* Musée régional installé dans l'ancienne maison des Bouchers. Présentation assez moderne de l'histoire de la ville avec plusieurs thèmes abordés comme celui de la vie quotidienne au XVe s et la prostitution en rappelant qu'à l'époque du Concile Constance comptait 700 prostituées pour 7 000 habitants ! Café à l'intérieur du musée.

**Archäologisches Landesmuseum** *(Musée archéologique régional ; hors plan par B1,* ***31****)* **:** *Benediktinerplatz 5. Juste au nord du pont en direction de Meersburg. ☎ 98-040. • konstanz.alm-bw.de • Ouv mar-dim 10h-18h. Entrée : 4 € ; réduc. Entrée libre le 1er sam de chaque mois.* Retrace l'histoire du Bade-Wurtemberg de la préhistoire à nos jours, en passant par les Romains, les Celtes et le Moyen Âge. Intéressant bâtiment mêlant un ancien couvent à une structure moderne. Présentation vivante. Jetez un coup d'œil au plus ancien bateau retrouvé dans le lac de Constance.

**Sea Life Center** *(plan B2)* **:** *Hafenstr 9. ☎ 12-82-70. • visitsealife.com/konstanz/ • Tlj 10h-19h (18h mai-juin et sept-oct ; 17h nov-avr). Entrée : 16,50 € ; réduc si achat sur Internet.* Un voyage au cœur de la vie marine : reconstitution avec de grands aquariums du port de Rotterdam au Moyen Âge, du lac de Constance, des lacs de montagne... pour le plus grand plaisir des petits et des grands !

## À faire

➢ **Promenade :** *longez le lac en partant de la gare principale en direction du Rhin.* Du *Stadtgarten,* jolie vue. Poussez votre balade en passant sur l'autre rive en empruntant le *Rheinbrücke* et promenez-vous sur la *Seestr,* qui offre une autre vue sur le lac et Constance.

– **Freibad Horn :** *Eichhornstr 100. À 3 km de la gare. Prendre le bus n° 5.* Immense terrain de baignade légué à la ville par un particulier sous la condition qu'il reste toujours accessible et gratuit. Alors, profitez du cadeau et jetez-vous dans l'eau !

## Manifestation

– ***Seenachtsfest*** **:** *2[e] sam d'août.* Un feu d'artifice gigantesque sur le lac enthousiasme chaque année les habitants et les visiteurs. Avant et après ce grand moment, des concerts et des animations nombreuses ont lieu le long du lac.

# DANS LES ENVIRONS DE CONSTANCE

## *L'ÎLE MAINAU*

### Comment y aller ?

➢ ***En bateau :*** liaison Constance-Mainau ttes 30 mn en saison. Compter env 14 €.

➢ ***En voiture :*** grand parking juste devant le pont reliant l'île au continent. Y laisser sa voiture.

➢ ***En bus :*** depuis Constance, ligne nº 4 de la gare principale, (direction Litzelstetten/Wallhausen). Env 15 mn de trajet.

## À voir

★★ ***Le Parc botanique de l'île :*** *Infos : ☎ 30-30. • mainau.de • Ouv tte l'année de l'aube au coucher du soleil ; dernière admission 1h avt la fermeture. L'entrée est payante et chère : au printemps et en été, 18 € ; réduc. Bon plan : y aller vers 17h, d'abord, parce qu'il y a moins de monde, ensuite, parce que le billet est à moitié prix. En automne et en hiver, entrée moins chère (8,50 €).* L'île est aménagée en un immense ***parc botanique*** depuis que le comte Lennart Bernadotte en a pris possession, en 1932. Les symboles rappelant les origines suédoises de la famille Bernadotte abondent. Dans le vaste parc, les dahlias, azalées, orchidées, tulipes, rhododendrons, séquoias et bien d'autres espèces de plantes et d'arbustes en font un ensemble coloré dès l'arrivée des beaux jours et un but de promenade très agréable. Château et église baroque construits au XVIIIe s. Très fréquenté en saison. Préférez y aller très tôt le matin ou en fin de journée.

### UN ARBRE AU NOM INDIEN

*Avec plus de 100 m de haut, le séquoia géant américain est le plus haut des conifères et peut être considéré par sa majesté comme le roi des forêts. Ce nom lui fut attribué par le botaniste autrichien Endlicher à la mémoire du chef indien Sequoyah (1767-1843), inventeur de l'alphabet cherokee.*

## *L'ÎLE DE REICHENAU*

LE LAC DE CONSTANCE

### Comment y aller ?

➢ ***En voiture :*** l'île est reliée à la terre par un pont, à 7 km à l'ouest de Constance.
➢ ***En bus et en train :*** prendre à Konstanz le *S-Bahn Seehas* et à la gare de Reichenau le bus nº 7372. Sur l'île, un bus *Inselbus* fait en boucle le tour de Reichenau (mai-oct 10h-17h).
➢ ***À vélo :*** le moyen de locomotion idéal pour découvrir l'île dans tous ses charmes. On peut pique-niquer très agréablement sur l'île.

### Adresses utiles

ℹ ***Office de tourisme :*** *Pirminstr 145, 78479* ***Insel Reichenau,*** *à proximité de l'abbatiale à* ***Mittelzell.*** *☎ (07534) 920-70. • reichenau.de • Mai-sept, lun-ven 9h-18h, sam 10h-14h ; oct-avr, 9h-12h30, 13h30-16h (17h avr et oct).* Infos sur toutes les possibilités d'hébergement dans les 5 hôtels de l'île *(prix très variables),* les nombreuses chambres chez l'habitant ou la location d'appartements.

■ ***Location de vélos :*** *chez* ***Freizeitcenter,*** *Bradlengasse 29, 78479* ***Insel Reichenau.*** *📱 873-17-84. • freizeitcenter-reichenau.de • À côté du camping* Sandseele. *Avr-oct, tlj 9h-18h.* Idéal pour partir à la découverte de l'île de Reichenau. Également location de bateaux.

### Où dormir ? Où manger ?

⛺ ***Campingplatz Sandseele :*** *Bradlengasse 24d, 78479* ***Insel Reichenau.*** *☎ (07534) 73-84. • beyer@sandseele.de • sandseele.de • Avr-fin sept.*

*Compter 21 € pour 2 avec tente et voiture.* Très agréablement situé au bord du lac avec sa petite plage. Un îlot de tranquillité. Restaurant et bar les pieds dans l'eau. Épicerie. Location de canoës, de vélos. Terrain de volley et de foot.

|●| ***Georg Fischerhütte :*** *Fischergasse 5, en contrebas de la basilique de Niederzell, au bord de l'eau.* ☎ *(07534) 71-69.* ● *georgs-fischerhuette@web.de* ● *Tlj sf lun 12h-21h (19h basse saison). Compter 10-15 €.* Sympathique endroit (en libre-service) pour déguster un poisson grillé ou fumé (brochet, perche, féra...). Grandes tables en pin pour partager un moment avec d'autres routards. Terrasse avec vue sur le lac. Une adresse authentique.

## À voir

L'île de Reichenau, inscrite au Patrimoine mondial de l'Unesco. La petite île de 5 km de long sur 2 km de large rayonne sur la région depuis le VIIIe s. Au détour des champs et des serres consacrés à la culture maraîchère, vous apprendrez que son histoire fut dominée par la vie monastique. Ce qui subsiste de cette lointaine époque constitue un témoignage exceptionnel du rôle religieux, scientifique et culturel d'un grand monastère bénédictin du haut Moyen Âge. L'abbaye doit, en outre, sa célébrité à sa bibliothèque, à l'école de peinture de Reichenau et à l'orfèvrerie. Des professeurs de renom enseignèrent dans la célèbre école du monastère, dont sont issus d'éminents théologiens, politiciens, scientifiques, poètes et musiciens.

De la vingtaine d'églises et de chapelles qui se trouvaient sur l'île, il n'en reste aujourd'hui que trois datant du IXe s et du XIe s, et qui méritent absolument une visite. Elles attestent de l'architecture de l'époque et sont considérées comme des avant-postes spirituels de l'Occident au temps des Carolingiens et des Ottoniens. Reichenau est l'un des plus anciens sites de la chrétienté en Allemagne. C'est en l'an 724 que l'évêque errant Pirmin fonda le premier monastère bénédictin sur l'île encore inhabitée. Durant le haut Moyen Âge, elle connut son apogée politique, scientifique et artistique. Le monastère fut définitivement dissout en 1803.

L'église Saint-Georges, datant du IXe s, est la première que vous découvrirez dans le hameau de ***Oberzell*** en venant de Constance. Superbes peintures murales représentant les miracles du Christ, considérées comme les seules peintures d'église datant d'avant le Xe s conservées au nord des Alpes.

Le lieu-dit de ***Mittelzell*** abrite l'*abbatiale Sainte-Marie et Saint-Marc,* consacrée en 816, qui eut un grand rôle spirituel entre le IXe s et le XIe s. L'abbaye était réputée pour la qualité de ses enluminures. La basilique est le plus important édifice roman d'Allemagne du Sud. À noter en particulier, la charpente en bois (voûte en berceau) intacte du XIIIe s. Faites un tour dans le chœur pour visiter le *trésor,* où est conservé un reliquaire de saint Marc en argent enrichi d'émaux. Derrière l'abbatiale se trouve la coopérative de vin *(Winzerkeller)* de Reichenau, une bonne occasion de goûter un petit cru du coin. À proximité de l'office de tourisme, quatre bâtiments abritent le ***Museum Reichenau*** *(Ergat 1 ; tlj 10h30-17h30 – 16h30 avr et oct ; nov-mars slt w-e ap-m ; entrée : 3 €, réduc),* qui retrace l'histoire religieuse et profane de l'île. ● *reichenau.de* ●

Enfin, à l'extrémité de l'île, à ***Niederzell,*** se trouve l'église de Saint-Pierre-et-Saint-Paul, intéressante car elle fut « baroquisée » en 1756.

– Reichenau connaît trois ***fêtes*** insulaires importantes donnant lieu à de grandes processions, ce qui montre un grand attachement à sa tradition : le 25 avril pour la fête de saint Marc, le lundi suivant le dimanche de la Trinité et le 15 août pour l'Assomption.

## À voir un peu plus loin

***Rheinfall Schaffhausen :*** *à env 70 km à l'ouest de Constance, sur le côté suisse.* Les plus grandes chutes d'Europe attirent des masses de visiteurs, de la

Forêt-Noire ou du lac de Constance, qui admirent le spectacle bruyant du Rhin où 750 m³ d'eau par seconde franchissent les rochers d'une hauteur de 23 m et sur 150 m de largeur.

# LA FORÊT-NOIRE

**La Forêt-Noire (*Schwarzwald* en allemand), recouverte à 60 % de sombres et mystérieuses forêts de conifères et d'épicéas, préserve les échos des contes et légendes qui hantent ses montagnes. Sur un si petit territoire, qui s'étend sur 170 km de Karlsruhe à Bâle en Suisse, le visiteur ne pourra qu'être enchanté par la diversité des paysages alternant pâtures, vignes et forêts, crête, coteaux et vallées encaissées et par l'accueil de cette terre de tradition. Pour découvrir toute la magie du lieu, il faut regarder la Forêt-Noire comme si on n'avait jamais vu une forêt auparavant. On y pratique la randonnée et le tourisme thermal en été et le ski de fond en hiver.**
**Et pour commencer, une fois n'est pas coutume, la cerise avant le gâteau avec Fribourg-en-Brisgau.**

## FREIBURG IM BREISGAU (FRIBOURG-EN-BRISGAU)

219 000 hab. IND. TÉL. : 0761

◗ Pour le plan de Freiburg im Breisgau, se reporter au cahier couleur.



**À la croisée des chemins de l'Allemagne, de la Suisse et de la France. La forêt est aux portes de la ville, à ce point proche que l'on peut partir à pied pour une balade depuis le centre-ville. Freiburg-im-Breisgau est considérée comme la capitale de la Forêt-Noire. Depuis 500 ans, les étudiants usent les pavés des douces ruelles concentrées autour de la cathédrale gothique. L'université est d'ailleurs le premier employeur de la ville. Pour un grand nombre de *Bobbele* (surnom donné aux habitants de Fribourg), la bicyclette demeure le moyen de locomotion idéal pour apprécier à sa juste valeur un style de vie que beaucoup d'Allemands leur envient.**

### UNE ÉCOVILLE DU FUTUR

À plus d'un titre, Fribourg est une cité écologiquement responsable qui n'a pas attendu la mode actuelle pour passer à l'acte. Au milieu des années 1990, quand les forces françaises stationnées en Allemagne quittent le quartier Vauban, se pose la question de l'exploitation de l'ancien casernement. D'abord, des squatteurs investissent les lieux situés au sud de la ville en y privilégiant un mode de vie écologique. Puis rapidement, la municipalité lance un programme d'éco-quartier (un des premiers de la planète) sur les 4 ha du site.
Aujourd'hui, nombre de maisons sont autosuffisantes et indépendantes en énergie grâce au solaire. Les eaux de pluie sont collectées pour arroser les espaces verts et nettoyer la voirie. Le tri sélectif est bien sûr de rigueur et des aires de compostage sont à la disposition des riverains pour recycler les déchets organiques. Au-delà, c'est la ville de Fribourg tout entière qui axe sa politique vers un développement écologique. En 2002, les habitants ont élu Dieter Salomon comme premier maire Vert d'une grande ville d'Allemagne. Côté transports, la vitesse de

circulation des automobiles est limitée à 30 km/h et les déplacements doux (vélos et tramways) sont à l'honneur. Beaucoup de rues ont été clôturées et transformées en aires de jeux pour les enfants. Le succès de ce projet tient aussi au bon esprit et à l'engagement citoyen de chacun dans la vie de tous les jours. À noter aussi que des entreprises locales se sont spécialisées dans la production de panneaux photovoltaïques ; d'ailleurs, une des tours du centre-ville en est entièrement parée sur un de ses flancs, tout un symbole ! Tout cela fait de Fribourg la capitale écologique d'Allemagne... où il fait bon vivre !

## UN PEU D'HISTOIRE

Au XIIe s, le duc Konrad II von Zähringen fonde Fribourg et lui donne le statut de marché libre (d'où son nom, *frei* signifiant « libre »). La ville se développe assez rapidement, mais le duc de Zähringen meurt sans laisser d'héritier. Son neveu, le comte Egino von Urach, prend alors sa succession. Cette nouvelle lignée n'est guère appréciée par les Fribourgeois qui se placent sous la tutelle des Habsbourg au XIVe s. La ville demeure un bastion du catholicisme. Elle quitte l'Empire autrichien en 1806 et se voit rattachée au grand-duché de Bade à l'instigation de Napoléon Bonaparte qui a œuvré pour ce ralliement. Malheureusement, la dernière guerre n'a pas épargné Fribourg : elle ne subira qu'une attaque aérienne, le 27 novembre 1944, mais celle-ci sera désastreuse, puisque 80 % de la vieille ville seront détruits en moins de 20 mn. La cathédrale sera « miraculeusement » épargnée, et la restauration sera bien réussie.

## Adresses et infos utiles

**Office de tourisme** (plan couleur, A1) : *Rathausplatz 2-4.* ☎ *388-18-80.* • *freiburg.de* • *Juin-sept : lun-ven 8h-20h, sam 9h30-17h, dim et j. fériés 10h30-15h30. Oct-mai : lun-ven 8h-18h, sam 9h30-14h30 et dim 10h-12h.* Personnel dynamique. Nombreux dépliants sur la ville et les balades en Forêt-Noire. À disposition, le mensuel (gratuit) des manifestations culturelles *(Freiburg Aktuell)*, à retirer aussi dans les hôtels et restos.

■ ***Visites guidées de la ville :*** *organisées par* Freiburg Kultour, *dans les locaux de l'office de tourisme.* ☎ *29-07-447.* • *freiburg-kultour.com* • *Départs des visites de l'office de tourisme. « Ruelles, ruisseaux et cathédrale » : visite en allemand jeu-sam à 14h30 ; en français avr-oct sam à 11h30. Prix : 7 € ; réduc. Durée : env 2h.*

■ ***Insider Group AG*** *(résas de chambres d'hôtel) : Am Bischofskreuz 1, 79114.* ☎ *88-58-11-79.* • *freiburg-tourist.de* • *Lun-ven 8h30-21h, sam 9h-16h.*

■ **Location de vélos : Fahrradstation mobile,** *Wentzinger Str 15, derrière la gare.* ☎ *29-27-998.*

## Où dormir ?

### Campings

***Campingplatz Tunisee :*** *79108* ***Freiburg-Hochdorf.*** ☎ *22-49.* • *info@tunisee.de* • *tunisee.de* • *Au nord de Fribourg, à proximité de la sortie d'autoroute Freiburg-Nord. Avr-fin oct. Compter 21 € pour 2 avec tente et voiture.* Ce grand camping très fréquenté est installé sur les rives d'un large plan d'eau avec une plage quasiment privée pour les campeurs. *Waterskiing* (tire-fesses permettant de tracter un skieur sur l'eau). Le moins cher de la ville mais excentré.

***Campingplatz Hirzberg :*** *Kartäuserstr 99, 79104 (Oberwiehre).* ☎ *350-54.* • *hirzberg@freiburg-camping.de* • *freiburg-camping.de* • *À l'est de la ville, à proximité des rives de la Dreisam. Env 1,5 km de la vieille ville (20 mn). Ouv tte l'année. Compter 18,50-21,50 € pour 2* *avec tente et voiture selon saison.* Un camping surpeuplé en été, plus calme hors saison. Très fréquenté par les mountain-bikers, qui rentrent en fin de journée heureux et couverts de boue. Accueil familial et attentionné. Location de vélos. Promenade agréable d'une demi-heure le long de la rivière pour rejoindre la ville.

⛺ ***Camping am Möslepark :*** *Waldseestr 77, 79117. ☎ 76-79-333. • info@camping-freiburg.com • camping-freiburg.com • À l'est de la ville. De mi-mars à fin oct. Réception 8h-13h, 15h-22h. En hte saison, compter 25 € pour 2 avec tente et voiture. Loc de yourtes et de mignons mobile homes.* Très calme, car à proximité de la forêt. Aire de jeux, sauna, massages et resto. Accueil sympathique. Location de vélos.

## Auberges de jeunesse

🏠 ***Black Forest Hostel*** *(Backpackers ; plan couleur, B2,* ***11****) : Kartäuserstr 33. ☎ 88-17-870. • backpacker@black forest-hostel.de • blackforest-hostel.de • Prendre le tram n° 1, direction Littenweiler jusqu'à Oberlinden. C'est à 5 mn en voiture ou 15 mn à pied à partir du centre-ville. Check-in 7h-1h. Dortoir 17-27 €/pers en fonction de la taille de la chambre. Double 58 €. Pas de petit déj, cuisine à dispo. Draps et linge 4 € (n'oubliez donc pas votre sac de couchage).* Une bonne adresse installée dans un ancien local industriel. Déco de récup faite avec beaucoup d'ingéniosité, l'ensemble ne manque pas de charme pour qui aime la simplicité. Ambiance décontractée très propice aux rencontres. Les étudiants de la ville ne s'y sont pas trompés, et certains s'y installent pour de très longues périodes. Piano, guitare, ping-pong, jeu d'échecs à disposition. Préférez cette adresse à l'AJ officielle, beaucoup plus austère. Un bon plan comme on les aime.

🏠 ***Jugendherberge*** *(hors plan couleur par B2,* ***10****) : Kartäuserstr 151, 79102. ☎ 676-56. • jugendherberge-freiburg.de • À l'est de la ville, à une centaine de mètres des rives de la Dreisam. Tram n° 1, direction Littenweiler, arrêt Römerhof. C'est à 10 mn à pied. Nuitée en dortoir, petit déj compris entre 23,70 € et 32,50 € pour les plus de 27 ans. Draps et linge fournis.* Wi-fi. Chambres de 4 et 6 lits, douche et w-c attribués pour 2 chambres. Cadre agréable, tranquillité assurée.

## De prix moyens à plus chic

🏠 🍽 ***Pension Paradies*** *(hors plan couleur par A1,* ***12****) : Mathildenstr 28, 79106. ☎ 27-37-00. • info@paradies-freiburg.de • paradies-freiburg.de • Doubles sans ou avec douche et w-c 55-80 €. Familiales 3-4 pers 85-95 €. Petit déj en sus. Parking.* Un établissement un peu excentré, proposant des chambres simples et bariolées au bon rapport qualité-prix. Ambiance jeune et aimable, à l'image de la partie resto. Agréable terrasse.

🏠 ***Alleehaus*** *(plan couleur, B2,* ***13****) : Marienstr 7, 79098. ☎ 38-76-00. • wohlfuehlen@hotel-alleehaus.de • hotel-alleehaus.de • Doubles avec w-c et douche ou sdb 92-115 €. Parking 9 €.* Wi-fi. Dans une maison bourgeoise de caractère, à deux pas du centre. Intéressant hall d'entrée avec son lustre. Chambres lumineuses, modernes et confortables. Certaines sont très spacieuses, avec coin-salon et balcon ; les moins chères sont dans une annexe. Une adresse agréable, soutenue par un accueil aimable. Possibilité de parking.

🏠 🍽 ***Löwen*** *(plan couleur, B2,* ***25****) : Herrenstr 47. ☎ 88-990. • info@hotelloewen.de • hotelloewen.de • Tlj 11h-1h. Doubles 63-99 € sans ou avec sdb, petit déj inclus. Plats 9-20 €.* Les chambres sont simples et convenables. Nous recommandons uniquement les chambres avec salle de bains sur le palier car elles présentent un bon rapport qualité-prix, ce qui est moins le cas des plus chères. Garage payant. Côté resto, c'est le refuge des couche-tard, on y prend les commandes jusqu'à 2h du mat. Salle rustique comme la cuisine, qui propose des spécialités locales. Service un peu lent !

🏠 ***Park Hotel Post*** *(plan couleur, A1,* ***14****) : Am Colombi Park. ☎ 38-54-80. • info@park-hotel-post.*

*de • park-hotel-post.de • Doubles 129-179 €, petit déj inclus* À 5 mn de la place du marché et à 200 m de la gare, un hôtel entièrement dédié à la littérature. De la réception aux couloirs d'étage, on trouve partout des bouquins (en allemand). D'ailleurs, « un livre est un jardin qu'on emporte », comme le dit un proverbe arabe. Chambres hyper-mignonnes, mais pas très grandes, coloris chauds et de tout confort. Superbes photos de Fribourg aux murs. Salle de petit déj bigarrée avec buffet varié et plantureux. Service de prêt de vélos gratuit, accueil aux petits oignons. Garage en sous-sol payant. Bref, un amour d'hôtel !

**Hôtel Schwarzwälder Hof** *(plan couleur, B2, **15**) : Herrenstr 43. ☎ 38-03-0. • info@schwarzwaelder-hof.eu • shof.de • Resto tlj sf dim soir 11h30-14h, 18h-22h. Doubles 99-115 € selon taille et saison, petit déj inclus. Repas 18-25 €. Resto fermé dim. Parking 10 €. Carte des transports locaux offerte pour la durée du séjour.* Très bien situé, en plein centre. Cet établissement familial propose des chambres spacieuses conformes au goût de chacun : les unes traditionnelles, les autres sobres, modernes et chic. Déco générale hétéroclite ; jetez un œil au curieux meuble de la réception, on vous laisse découvrir... Au rez-de-chaussée, agréable restaurant proposant une cuisine badoise de qualité dans une intime salle tout en bois et agrémentée de tableaux. Spécialité de truite.

## Où manger ?

Pour manger, la Freiburger Markthalle est un des meilleurs plans en ville, tant pour la qualité des produits, le choix proposé que pour l'ambiance.

### De bon marché à prix moyens

**Freiburger Markthalle** *(plan couleur, A2, **23**) : double entrée : Grünwalderstr 4 ou Kaiser-Joseph-Str 237. ☎ 38-70-00. Lun-sam 8h-20h (minuit ven-sam). Fermé dim. Plats 3-12 €.* C'est un grand marché couvert où se succèdent des échoppes. Toutes les cuisines du monde s'y côtoient, on n'a que l'embarras du choix. Dans le fond, on aime bien le ***Badishe Bar,*** à recommander pour sa bonne cuisine locale. On s'installe où l'on peut, y compris sur les tables de l'***Osteria*** (il suffit d'y prendre une boisson pour profiter du superbe cadre ; voir « Où boire un verre ? »). Ne pas oublier, en partant, de débarrasser ! Un vrai bon plan où l'on mange bien dans une atmosphère conviviale... mais bruyante ! Musique live ou DJ les vendredi et samedi.

**Ganter Brauereiausschank** *(plan B1, **24**) : Munsterplatz 18-20. Tlj 10h-minuit.* Sur le Markt, grande terrasse sous les parasols où l'on s'installe au coude à coude. À l'intérieur, salle rustique traditionnelle. Carte en français numérotée pour découvrir les spécialités badoises. Si vous êtes plusieurs, essayez le n° 205 : rôti de porc et veau, saucisses, *knödels,* gnocchis, lard et choucroute... redoutable. Après ça, s'il reste par miracle de la place, essayez la tarte « forêt noire ». Ensuite ce sera régime pour 3 jours ! En plus léger, la truite forêt noire n'est pas mal non plus. Service en tenue badoise, parfois débordé.

**Brennessel** *(hors plan couleur par A1, **21**) : Eschholzstr 17. ☎ 28-11-87. • mail@brennessel-freiburg.de • Ouv 18h-1h. Plats 3-12 €.* Une adresse bien connue des étudiants. Simple, copieuse et bon marché, la cuisine leur convient parfaitement. Souvent bondé.

### De prix moyens à plus chic

**Oberkirchs Weinstube** *(plan couleur, B1, **24**) : Münsterplatz 22. ☎ 202-68-68. • info@hotel-oberkirch.de • Sur la pl. de la Cathédrale. Tlj sf dim 7h-minuit (service jusqu'à 21h30). Fermé en janv. Menus 23-27 €. Plats 12-25 €.* Jolie maison jaune aux volets vert amande, proposant une cuisine de tradition et une belle vue sur la cathédrale. Un classique qui ne peut que satisfaire les papilles. Ambiance de brasserie avec sa salle recouverte de boiseries et son poêle de la Forêt-Noire. Large carte de vins badois. Service attentionné et aimable.

**Restaurant & Enoteca** (*plan couleur, B2,* **22**) *: Gerberau 21 et Am Schwabentor. ☎ 38-99-130. • restaurant@enoteca-freiburg.de • Resto tlj sf dim 12h-14h et 19h-minuit,* Enoteca *attenante 18h-minuit. Au resto, menus 39-60 € ; à l'*Enoteca*, compter 10-20 € pour un repas.* 2 adresses côte à côte dans un coin adorable de la ville. Le resto avec ses tables nappées de blanc et son ambiance smart n'est pas vraiment abordable, c'est pourquoi on vous conseille l'*Enoteca* dans le bâtiment annexe. Ambiance décontractée. Cuisine préparée avec de bons produits. En plus, cadre superbe dans une cave voûtée, bonne carte de vins.

## Où dormir ? Où manger dans les environs ?

**Gasthaus zur Tanne :** *Altgasse 2, 79112* ***Freiburg-Opfingen,*** *à 9 km à l'ouest du centre, direction Tuniberg. ☎ (07664) 18-10. • tanne-opfingen.de • Resto tlj sf mar. Doubles sans ou avec douche et w-c 56-97 €. Compter 25-40 € pour un repas en fonction de l'envie et de l'appétit.* Belle bâtisse datant de 1786, avec une magnifique enseigne dorée qui offre une halte agréable. D'ailleurs Napoléon en profita. Dirigé depuis plus de 20 ans par la même famille. On y mange des plats de saison dans un cadre agréable : du gibier et des champignons en automne, de l'agneau et des asperges au printemps. Cuisine goûteuse, vraie récompense après une balade. Excellente cave avec vins badois.

## Où boire un verre ? Où sortir ?

**Greiffenegg Schlössle** (*plan couleur, B2,* **31**) *: Schlossbergring 3. ☎ 32-728. • info@greiffenegg.de • Du Schwabentor, prendre l'escalier, la passerelle, puis l'ascenseur. Ouv du printemps à la fin de l'automne 10h-minuit,* Biergarten *généralement fermé les j. de pluie (ce qui n'empêche pas de s'attabler pour boire une mousse à la terrasse du resto chic).* À la « lisière » de la Forêt-Noire, avec une vue incroyable sur la ville. Un des beaux *Biergarten* de Fribourg, à ne pas louper !

**Hausbrauerei Feierling Garten** (*plan couleur, B2,* **30**) *: Gerberau 46. ☎ 243-480. • info@feierling.de • Face à face, un bar ouv 11h-minuit (1h ven-sam) et un* Biergarten *ouv dès 14h (11h w-e).* Une brasserie et un *Biergarten* au cœur de la vieille ville. On boit de la bière sur de longues tables de bois, abritées par quelques marronniers. Dans le petit canal, tête de crocodile ! Un autre incontournable de la vieille ville.

**Osteria & Oporto** (*plan couleur, A2,* **33**) *: Grünwalderstr 2. ☎ 387-00-38. • info@osteria-freiburg.de • Attenant à la Freiburger Markthalle. Mar-sam 9h-minuit. Assiette de tapas env 3,50 €. Repas le soir 8-25 €.* 2 bars à vins en 1 : une partie vit au rythme du Portugal et l'autre vous emporte au cœur de la Toscane. Laissez-vous séduire par son décor élégant et ses tapas qui accompagnent merveilleusement sa carte de vins italiens et portugais.

**Schlappen** (*plan couleur, A2,* **32**) *: Löwenstr 2. ☎ 334-94. • info@schlappen.com • Tlj 11h-1h (2h jeu, 3h ven-sam). Plats 4-9 €.* Le bar étudiant de Freiburg, avec 2 bottes au-dessus de la porte et où des affiches usées couvrent ses murs. Bonnes assiettes pour les grosses faims. Très grand choix de whiskies. Le soir, on monte la sono et on joue des coudes tant il y a du monde. Petite terrasse sur rue.

**Agar** (*plan couleur, A2,* **34**) *: Löwenstr 8. ☎ 13-80-650. Mar-sam dès 23h.* Les étudiants y font la fête. Différents styles de musique. Programmation affichée sur la porte.

♩ **Elpi** *(plan couleur, A1, **35**) : Schiffstr 16. ☎ 374-77. Mar-jeu 22h-4h (5h ven-sam), dim parfois des concerts.* Le bon plan secret des étudiants. Plutôt rock et électro, très alternatif, décor rétro...

## À voir

**Münster** *(cathédrale ; plan couleur, B1) : Münsterplatz. • freiburgermuenster.info • Lun-sam 10h-17h, dim 13h-19h30. Visites guidées du chœur affichées à la grille. Visite de la tour : en été, tlj 9h30h (13h dim)-16h45. Le reste de l'année, mar-sam 9h30-17h, dim 13h-17h. Tarif : 2 € ; réduc.* Échelonnés sur plus de trois siècles, les travaux de construction de cette cathédrale gothique débutent aux environs de 1200. Le transept ainsi que les tours qui le surmontent forment la partie romane la plus ancienne de l'édifice. Entre le XIIIe et le XIVe s, on élève la célèbre tour de façade au-dessus du porche ouest. Surmontée d'un remarquable clocher ajouré, elle devait devenir l'un des symboles de la ville. À l'intérieur, on peut voir d'intéressantes pièces médiévales sculptées. Ne pas manquer le retable du maître-autel (1516) réalisé par Hans Baldung Grien, qui montre au centre le couronnement de la Vierge, et les très beaux vitraux.
– ***Concerts d'orgue :*** *de mi-juin à fin sept, mar à 20h15. Entrée : 6 € (billets en vente dès 19h30 devant le portail principal) ; réduc.*

**Wentzingerhaus, Museum für Stadtgeschichte** *(plan couleur, B1-2) : Munsterplatz. ☎ 201-25-15. • freiburg.de • Mar-dim 10h-17h. Entrée : 3 € ; réduc. Commentaires en allemand.* À gauche de la Kaufhaus, une maison du XVIIIe s autrefois propriété d'un peintre localement célèbre qui abrite de nos jours un intéressant musée historique de la ville. Au sous-sol, maquettes de la ville où l'on voit notamment la forteresse de la ville. Photos des destructions de 1944 qui ont épargné la cathédrale. Aux étages, coupole avec trompe-l'œil et valises avec brochures, guides de voyage et cartes postales avec la cathédrale pour sujet.

***Augustinermuseum** (plan couleur, B2) : Augustinerplatz. ☎ 201-25-21. • freiburg.de • Mar-dim 10h-17h. Entrée : 6 € ; réduc. Audioguides slt en français, 2 €.* Un beau musée bien restauré dans l'ancienne église du monastère présente une superbe collection d'art, de l'époque médiévale au baroque, ainsi que des peintures datant du XIXe s siècle. Le cloître sert de cafétéria. Les originaux des statues et des vitraux de la cathédrale forment le cœur de l'exposition ainsi que les collections de bois polychrome et les peintures du XVIe s (***Grünewald, Cranach le Vieux,*** et ***Hans Baldung Grien***), qui sont présentées dans un environnement contemporain. La pièce maîtresse est le buffet d'orgue de l'abbatiale de Gengenbach, réalisé dans les années 1720. Les œuvres baroques déploient tout leur faste dans l'ancien chœur. Au dernier étage, sous la belle charpente, collection de peintures du XIXe s ; ***Franz Xaver Winterhalter, Hans Thoma, Anselm Feuerbach*** et quelques autres se consacrent à la peinture de paysages, aux portraits et aux scènes de genre, aux sujets allégoriques et religieux. Ne manquez pas de jeter un œil par la fenêtre pour observer les toits de la ville.
Et ce n'est que le début : de nouvelles salles d'exposition seront créées au cours des prochaines années pour la collection d'œuvres graphiques et le fonds historico-culturel du musée.

***La vieille ville :*** malgré les destructions subies lors de la Seconde Guerre mondiale, la ville a été reconstruite sur des tracés anciens et a su conserver son charme. La ***place de la Cathédrale*** est particulièrement séduisante. Elle est le théâtre d'un *marché de pays (tlj sf dim 7h-13h).* Préférez les stands se trouvant sur la face nord de la cathédrale : c'est là que les agriculteurs bio viennent vendre leurs produits. Les « vrais » Fribourgeois s'y retrouvent tous les samedis à midi pile pour honorer la tradition du *Rote mit Musik* !

**LES CANIVEAUX DU BONHEUR**

*Les Bächle, ce réseau de larges caniveaux ou ruisseaux à ciel ouvert, constituent la curiosité de Fribourg. Au Moyen Âge, ils servaient autant à l'alimentation en eau fraîche de la forêt que de réservoir en cas d'incendie. La légende veut que si l'on trébuche dedans par inadvertance, on se marie dans l'année avec un habitant de Fribourg.*

Sur la Münsterplatz, jetez un coup d'œil à la ***Kaufhaus*** *(maison des Marchands ; plan couleur, B1-2)*, de couleur rouge, de style gothique du début du XVIe s. Le toit de tuiles vernissées surplombe les arcades de la galerie. La rutilante façade ornée de statues d'empereurs témoigne des relations étroites entre la ville et la maison des Habsbourg.
Sur la place du ***Rathaus,*** statue de Berthold Schwarz, un moine franciscain du XIVe s qui aurait découvert les propriétés de la poudre noire comme explosif en cherchant à fabriquer de l'or ; on dit qu'il était aussi un peu alchimiste !
En vous promenant, ne ratez pas non plus au no 3 de la Franziskanerstrasse, la ***Haus zum Walfisch*** *(maison de la Baleine ; plan couleur, A-B1), avec* son portail de la fin de l'époque gothique. Didier Erasme de Rotterdam y trouva refuge lors des persécutions de la Réforme. Sur la façade, remarquez le goitre du personnage de la gargouille droite. En effet, nombreux en Forêt-Noire étaient ceux qui en souffraient. Cette représentation était censée éloigner ce mal.
La frontière sud de la vieille ville est marquée par deux tours de l'enceinte médiévale. D'un côté le ***Schwabentor,*** datant de 1250, d'où on monte au *Schlossberg* avec son nouveau belvédère, et de l'autre côté le ***Martinstor,*** construit au XIIIe s et agrandi en 1901. Près de la tour se trouve l'*Alte Universität,* fondée au XVe s par l'archiduc Albert VI d'Autriche. Les bâtiments qu'on voit aujourd'hui ne datent que du début du XXe s.

## DANS LES ENVIRONS DE FRIBOURG-EN-BRISGAU, LE TITISEE

***Le lac de Titisee :*** *à 29 km à l'est de Fribourg.* Ceint de profondes forêts, c'est un des lacs les plus fréquentés de la région. Cette étendue d'eau de 700 m de large et de 2 km de long, d'origine glaciaire et située à 846 m d'altitude, est bien souvent couverte de bateaux. Les habitants des villes voisines viennent s'y détendre le week-end, tandis que d'autres s'adonnent à la randonnée. Les activités sportives sont nombreuses. En pleine saison, le site souffre d'un excès de visiteurs.

### Adresse utile

***Office de tourisme :*** *Strandbadstr 4, 79822* ***Titisee-Neustadt.*** *☎ (07651) 980-40. • hochschwarzwald.de • Lun-ven 9h-18h, w-e 10h12h. Dans la Kurhaus, à deux pas du lac.* Brochures sur les activités et les hébergements dans la région à l'est de Fribourg.

***Panoramas sur la région :*** ne vous privez pas d'aller arpenter les deux points culminants de la Forêt-Noire. Le ***Feldberg*** (1 493 m d'altitude, situé à 42 km de Fribourg), d'où l'on jouit d'un point de vue impressionnant allant jusqu'aux Alpes, et le ***Belchen*** (1 414 m d'altitude, situé à 36 km de Fribourg), cime arrondie offrant là aussi une belle vue sur les Alpes, les Vosges et la Forêt-Noire. Moins haut et plus proche de Fribourg, le ***Schauinsland*** (1 284 m) et son téléphérique sont plus appropriés pour une petite balade en famille. Poursuivre ensuite au sud vers le ***Schluchsee,*** le lac artificiel le plus vaste de la Forêt-Noire, ou vers la ***Wutachschlucht,*** à 25 km à l'est du Titisee, pour des randonnées spectaculaires le long des ***gorges de la Wutach.***

**Le Kaiserstuhl et le Tuniberg :** *à l'ouest de Fribourg s'étendent les vignobles dans un rayon de 20 à 30 km.* « Pays merveilleux où le vin mûrit avec, en arrière-plan, la Forêt-Noire », disait Goethe. Le climat doux et les couches profondes de loess (alluvions) laissées par le Rhin sont les secrets de sa fertilité. D'ailleurs, un tiers des vignes allemandes sont cultivées dans le *Kaiserstuhl.* Juste à côté se trouve le *Tuniberg,* sur le sol duquel les cépages de bordeaux poussent particulièrement bien. Goûtez aux crus réputés d'*Ihringen, Bickensohl* et *Oberrotweil.* Cette région offre une belle balade qui ravira tous vos sens.

# TRIBERG (78098) 5 100 hab. IND. TÉL. : 07722

**Au cœur de la Forêt-Noire, Triberg est, du fait de sa situation, une ville extrêmement fréquentée. Son cadre de carte postale et ses horloges à coucou en font un parfait cliché, et le décor semble trop factice pour y croire. Presque toute l'année, c'est un flux de touristes dévalant la rue pentue et s'arrêtant devant les magasins d'horloges... fabriquées à Taiwan ! Il est vrai que les pièces authentiques sont hors de prix. Pour les vrais passionnés, on conseille de rejoindre des lieux plus authentiques sur la *Deutsche Uhrenstrasse,* la route allemande des Horlogers, boucle de 320 km, dont le centre est la petite ville de *Furtwangen,* avec le musée allemand de l'Horlogerie (voir « Dans les environs de Triberg »). Elle traverse les principaux villages et villes où cet artisanat est pratiqué (Triberg, Furtwangen, Waldkirch, Titisee, Villingen, Schwenningen, Schramberg...).**

## Adresse et info utiles

**Office de tourisme :** *Im Schwarzwaldmuseum, Wallfahrtstr 4. ☎ 86-64-90. • triberg.de • Lun-ven 9h-17h (18h mai-sept).* Quelques brochures en français. Bonnes infos et accueil courtois.

– **Deutsche Uhrenstrasse** *(route allemande des Horlogers) : rens dans la gare de Villingen-Schwenningen. ☎ (07720) 82-12-09. • deutsche-uhrenstrasse.de •*

## Où dormir à Triberg et dans les environs ?

### Auberge de jeunesse

**Jugendherberge :** *Rohrbachstr 35. ☎ 41-10. • info@jugendherberge-triberg.de • jugendherberge-triberg.de • En pleine nature, à 3 km au sud-est du centre. Y aller à pied n'a rien d'une douce promenade, env 45 mn de marche en montée. En hte saison, nuit 23,20 € pour les moins de 27 ans ; 32,20 € pour les autres.* Piscine et terrains de sport à proximité. Bon point de départ pour des balades.

### Prix moyens

**Pension Waldbauernhof/Obergiesshof :** *Obergiesshof 34, à Hornberg (78132). ☎ (07833) 69-78. • info@kaltenbach-schwarzwald.de • kaltenbach-schwarzwald.de • Accès par la B 33 à mi-chemin entre Hornberg et Triberg, puis suivre les panneaux « Zimmer Frei » pdt 1 km par une petite route qui serpente. Doubles 48-58 €, petit déj inclus. Parking.* À 5 km de Triberg, en pleine nature. Dans une souriante vallée, cette charmante adresse familiale propose des chambres simples et sans superflu. Également une maison avec appartements pour 2 à 5 personnes à louer à la semaine. Un havre de paix, avec un éventail de balades aux alentour. Accueil très aimable.

### Plus chic

**Parkhotel Wehrle :** *Gartenstr 24, à* ***Triberg.*** *☎ 860-20. • info@parkhotel-wehrle.de • parkhotel-wehrle.de • En bas du village, sur la route principale. Doubles 150-170 € selon taille, petit déj et accès au spa inclus.* C'est l'hôtel chic de la ville. Les grandes chambres sont cossues et très confortables. Petit jardin arboré, spa, sauna et piscine. Accueil et service irréprochables, comme il convient.

## Où manger ?

**Restaurant Zur Lilie :** *Wallfahrtstr 3, à* ***Triberg.*** *☎ 44-19. En face de l'office de tourisme. Repas 15-20 €.* Une grande taverne qui propose une cuisine correcte et copieuse, servie dans une atmosphère chaleureuse et boisée. Service un peu lent, tant mieux, cela permet de digérer.

## À voir

**Wasserfälle** (chutes d'eau) **:** *à proximité du centre (très bien indiquées). Mai-sept 10h-18h (17h le reste de l'année). Entrée : 4 € ; réduc. Billet combiné avec le musée : 7,50 réduc.* Les eaux de la Gutach forment sept cascades successives dans les rochers granitiques. Ce sont les plus hautes chutes d'Allemagne (163 m). Durée de la promenade : environ 30 mn.

**Schwarzwaldmuseum** *(musée de la Forêt-Noire)* **:** *Wallfahrtstr 4. ☎ 44-34. • schwarzwaldmuseum.de • Tlj 10h-18h (17h nov-avr) ; fermé lun nov-Pâques. Entrée : 5 € ; réduc.* Ce musée folklorique dépeint la vie traditionnelle en Forêt-Noire. Une très belle collection d'horloges, d'automates et de costumes régionaux, mais aussi une des plus grandes collections européennes d'orgues de Barbarie dont certains ont la capacité de 50 musiciens ; en revanche, il faut allonger 2,50 € pour mettre le bastringue en branle. Une visite immanquable pour les amateurs de musique mécanique et pour les enfants.

## DANS LES ENVIRONS DE TRIBERG



**Deutsches Uhrenmuseum** *(musée allemand de l'Horlogerie)* **:** *Robert-Gerwig-Platz 1, 78120* ***Furtwangen.*** *☎ (07723) 92-02-800. • deutsches-uhrenmuseum.de • Tlj 9h-18h (10h-17h nov-mars). Entrée : 5 € ; réduc. Brochure en français bien faite.* Dans la ville sans intérêt mais où une école d'horlogerie a été fondée il y a 150 ans, ce musée illustre l'histoire et l'évolution du métier d'horloger, et présente des pièces historiques ainsi que des modèles d'aujourd'hui. 155 ans de collections prestigieuses d'horloges et de montres ont contribué à la renommée internationale de l'horlogerie en Forêt-Noire. De la mesure du temps depuis l'Antiquité avec les cadrans solaires à la magie des montres anciennes en passant par la fonctionalité des horloges plus usuelles, plus de 8 000 pièces, vestiges de l'histoire, témoignent du savoir-faire des maîtres-horlogers. La majorité de la

### POURQUOI LES HORLOGES À COUCOU SONT-ELLES SI KITSCH ?

*À la suite d'un concours public pour promouvoir la production des horloges de la Forêt-Noire en 1850, Friedrich Eisenhor, un ingénieur ferroviaire, eut l'idée d'utiliser comme modèle les maisonnettes de gardes-barrières, délicieusement fleuries. Quant au cri du coucou, c'est tout simplement un son reconnaissable entre tous !*

production de cette région est constituée d'horloges du quotidien, réveils, régulateurs ou même pointeuses. Le musée possède également quelques objets phare en matière d'horloges électriques. Également des bastringues et orgues de foire au mécanisme apparenté aux horloges. Évocation de la commercialisation des horloges au XIXe s avec les colporteurs partant à pied sur les routes pour vendre le contenu de leur havresac au porte-à-porte. Section incontornable des coucous. Parmi les pièces rares, une des premières horloges à quartz de 1928 et une pendule à moteur électrique de 1845. Au final, un musée passionnant.

# FREUDENSTADT

(72250) 23 900 hab. IND. TÉL. : 07441

**Freudenstadt, ville de cure, littéralement « ville de la joie », n'est pas aussi plaisante que son nom le laisserait espérer. Presque entièrement détruite en 1945, elle fut reconstruite sur des plans anciens avec une place centrale de dimensions gigantesques. Peu de choses à voir, mais sa situation dans la Forêt-Noire centrale, la proximité des pistes de ski et les nombreuses possibilités de randonnées avec plus de 400 km de chemins balisés en font une halte agréable pour séjourner et rayonner dans les environs. Amis randonneurs, vous trouverez ici votre bonheur (en plus, ça rime) !**

## Adresses utiles

**Office de tourisme : Freudenstadt Tourismus,** *Marktplatz 64. ☎ 86-40. • ferien-in-freudenstadt.de • Lun-ven 9h-18h (hiver, 10h-17h) ; w-e 10h-15h (11h-13h hiver).* Vente de cartes des chemins de randonnée. Accueil compétent et très aimable.

**Kniebis Hütte :** *Strassburger Str 347, (72250) à* **Kniebis.** *☎ (07442) 12-11-60. • kniebishuette.de • Sur la route de Baden-Baden, à 9 km de Freudenstadt, à la sortie de Kniebis. Tlj 10h-17h, en hiover 10h-15h.* C'est le point info incontournable pour les randos dans le coin. Bonnes cartes et infos. Restaurant attenant.

**Location de vélos : Intersport Glaser,** *Katharinenstr 8. ☎ 91-85-90.*

**Stations de sport d'hiver :** *forfait et rens à l'office de tourisme. Info sur l'enneigement des pistes : hotline en allemand slt ☎ (07442) 69-22.*

## Où dormir ? Où manger ?

### Camping

**Campingplatz Langenwald :** *à 5 km env, direction Kniebis sur la B 500, à gauche en contrebas. ☎ 28-62. • camping-langenwald.de • Pour 2 avec tente et voiture, env 24 €.* Camping en pleine nature. Bon état général des structures. Piscine l'été. Nombreuses activités proposées, permis de pêche en vente à la réception. Location de cabanes de rondins. Accueil aimable.

### Auberge de jeunesse

**Jugendherberge :** *Eugen-Nägelestr 69. ☎ 72-404. • info@jugendherberge-freudenstadt.de • jugendherberge-freudenstadt.de • Au nord de Freudenstadt, dans un coin résidentiel, non loin du Panoramabad. À env 10 mn à pied de la Stadtbahnhof et 30 mn de la gare centrale. Station de bus : Berufsschule. Dortoir 21,20 €/pers pour les moins de 27 ans et 26,70 €/pers pour les autres ; réduc* *à partir de 2 nuits. Petit déj inclus. Supplément de 11 € pour privatiser une double.* Une AJ moderne et nickel. Demi-pension possible quand il y a assez de monde pour faire tourner la cuisine. Bon accueil.

## Prix moyens

**Turm Brauhaus am Markt :** *Am Markt. ☎ 90-51-21. • info@turmbraeu.de • Tlj 11h-minuit (3h ven-sam). Plats 8-17 €.* Intérieur chaleureux genre chalet de la Forêt-Noire, tout en bois. Agréable, midi et soir, pour manger des saucisses ou du jambon fumé de la région. Bonne ambiance le soir pour boire une bière faite maison. Plutôt jeune.

**Hotel-restaurant Adler :** *Forststr 17. ☎ 915-20. • info@adler-fds.de • adler-fds.de • Doubles 85-99 € selon taille et confort, petit déj compris. Resto fermé mer et de fin oct à mi-nov. Menu 19 €. Parking. Café offert sur présentation de ce guide.* Chambres propres et sans surprise, mais à un prix très honnête pour les prestations offertes. Accueil très sympathique et amical. Et comme les patrons l'annoncent fièrement : « Ici, on parle le français ! » Côté resto, bonne cuisine traditionnelle allemande. Un bon rapport qualité-prix.

**Hotel-restaurant Warteck :** *Stuttgarter Str 14. ☎ 919-20. • info@warteck-freudenstadt.de • warteck-freudenstadt.de • Resto tlj sf mar. Doubles 92-98 € selon saison, petit déj inclus. Plats de poisson, viande et gibier 17-30 €, menu 37,50 €.* À quelques pas de la place principale. Plaisante *Gasthof* proposant une bonne cuisine bourgeoise doublée d'un hôtel aux chambres confortables et cossues. Bonnes spécialités locales et accueil très aimable. Très large carte des vins.

# À faire à partir de Freudenstadt

Voici quelques idées d'itinéraires. N'oubliez pas de vous renseigner à l'office de tourisme ou à la *Kniebis Hütte* (voir « Adresses utiles ») sur les nombreux chemins de randonnée à pied ou à vélo.

➢ ***Schwarzwald-Hochstrasse*** *(route des Crêtes)* **:** *belle route (B 500) au nord-ouest de Freudenstadt.* On accède d'abord au plateau à l'aspect de lande marécageuse de *Kniebis,* qui se trouve à une altitude d'environ 1 000 m. C'est l'une des stations de sport d'hiver les plus importantes de la Forêt-Noire. Faites ensuite un petit détour par les ***ruines de l'abbaye d'Allerheiligen*** (construite dans la seconde moitié du XIIIe s) et suivez le chemin qui rejoint les ***Allerheiligen-Wasserfälle*** *(chutes d'Allerheiligen)* et offre une belle promenade. Si vous poussez encore votre route, vous atteindrez le ***Mummelsee*** (petit lac glaciaire), qui se trouve au pied du ***Hornisgrinde*** (1 164m).

➢ ***Bad Peterstal et Bad Griesbach :*** *à 20 km à l'ouest de Freudenstadt.* De jolies destinations de randonnées se trouvent autour de ces deux stations thermales. Découvrez, par exemple, les rochers de la *Teufelskanzel* au nord ou le *Kreuzkopf* (691 m) au sud de Bad Griesbach, ou prenez un bain dans les eaux noires du *Glaswaldsee,* lac aux sources mystérieuses entourées de rochers.

➢ ***Kinzigtal*** *(vallée du Kinzig)* **:** *au sud de Freudenstadt.* Cette route, qui traverse de nombreux villages traditionnels de la Forêt-Noire, vous mènera tout d'abord à l'***abbaye bénédictine d'Alpirsbach*** *(☎ 951-62-81 ; slt visite guidée : tlj de début nov à mi-mars 13h-15h ; le reste de l'année, lun-sam 10h-17h30 ; entrée : 4 € ; réduc).* C'est le plus ancien monument roman de la Forêt-Noire (XIIe s). En été, concerts dans le cloître gothique.
Jetez ensuite un œil au village de ***Schiltach.*** Bel ensemble de maisons à colombages autour de la Marktplatz en pente. En poursuivant vers *Gutach,* avant l'entrée du village, visitez le ***Schwarzwälder Freilichtmuseum Vogtsbauernhof*** *(écomusée de Vogtsbauernhof ;* voir ci-après « Dans les environs de Gengenbach »).

## DANS LA VALLÉE DU RHIN

**Europa-Park :** *Europa-Park str 2, 77977* ***Rust.*** *☎ 078-22-77-66-88, bureau en France : ☎ 03-88-22-68-07. • europapark.com • Entre Fribourg et Baden-Baden, par l'autoroute A 5 (sortie 57b). Également accessible en bus, au départ de Fribourg (bus SBG, à la gare routière), et au départ de Strasbourg (50 km ; bus desserte CTBR ligne 271 au départ de la gare routière). Navette également au départ de l'aéroport Mulhouse-Bâle-Freiburg. (☎ 0761/36-80-388). Tlj début avr-début nov : avr-oct 9h-18h (jusqu'à 20h certains soirs et même plus tard, selon l'affluence en été) ; fin nov-début janv 11h-19h (fermé 24-25 déc). Entrée : 36 € jusqu'à 11 ans, 41 € adulte. Parking 5 €. Tarifs réduits l'hiver. À cette période, certaines attractions sont fermées mais d'autres les remplacent : patinoire, piste de luge... Les enfants qui ont leur anniversaire (jusqu'à 12 ans) le j. de la visite entrent gratuitement. Signalétique trilingue.* Baby switch *pour éviter aux parents de faire 2 fois la queue, à demander au personnel du parc. Pour bien en profiter prévoyez 2 j.*

Le plus grand parc d'attractions d'Allemagne s'étend sur 95 ha. Très agréablement arboré, avec de nombreux points d'eau, il propose plus de 100 attractions et des spectacles pour tous les âges. C'est le deuxième site touristique le plus visité d'Allemagne après la cathédrale de Cologne. Comme son nom l'indique, l'Europa-Park permet de faire un tour de l'Europe à travers 13 quartiers, de l'Islande à l'Espagne (et son arène), en passant par la France (très kitsch, avec même une statue de Jeanne d'Arc), l'Angleterre mais aussi la Russie, la Grèce (on s'y croirait) ou l'Italie (*bellissima !*). Styles architecturaux, cultures, cuisines, attractions et paysages sont bien dans le style du pays. Des montagnes russes aux tournois de chevaliers en passant par la découverte d'Atlantis, les fans s'y retrouveront ! Surtout ceux que rien n'effraie puisque le parc propose 11 Grands Huit dont le *Silver Star,* le plus long et le plus haut d'Europe. Ne pas manquer aussi le *WodanTimburcoaster* tout en bois et le *Blue Fire Megacoaster* (le must) qui décoiffe véritablement avec une succession de loopings et de vrilles. Vous nous en direz des nouvelles !

Nombreuses attractions aquatiques, fort agréables en été, à condition d'aimer se faire tremper ! Les plus jeunes ne sont pas oubliés avec de très nombreuses attractions comme la *forêt enchantée* de Grimm ou des Grands Huit adaptés à leur taille et à leur âge.

D'autres spectacles, changeant chaque année, sont aussi un des atouts forts du parc.

On s'amuse vraiment bien à Europa-Park, et ce dans une ambiance plutôt détendue. Mais pourquoi diable ont-il choisi une souris comme mascotte du parc ?

### MANÈGE STORY

*La famille Mack construit des manèges forains et des carrousels depuis 1870. Elle réalisa en 1921 son premier Grand Huit, transportable, en bois. Après 1945, la petite entreprise familiale s'attaqua au marché américain. Dans les années 1970, les Mack rachetèrent le château Balthasar et son parc pour en faire la vitrine de leur production. Ils l'ouvrirent au public en 1975. Aujourd'hui, ces mêmes attractions sont adoptées dans les parcs d'attraction du monde entier.*

– ***Nouvelle attraction depuis 2014 :*** « Arthur au Royaume des Minimoys » mis en scène dans des décors gigantesques et avec des effets spéciaux élaborés avec la collaboration de Luc Besson sous un dôme de 16 m de haut.

## Où dormir ? Où manger ?

Côté dodo, car il faut se remettre de toutes ses émotions, *Europa- Park Resort* propose 5 hôtels thématiques, 4-étoiles, avec restos, bars, piscines, spas et toutes sortes de délassements pour les parents et de jeux pour les enfants.

**Bell Rock :** reconstitution d'un hôtel et d'un port de plaisance de la côte est des États-Unis au XVIIIe s avec son phare, ses voiliers, son resto sur le thème de la mer. Très chic. Restaurant étoilé *Ammolite* dans le phare.

**Colosseo :** spectaculaire reconstitution de la façade du Colisée. À l'hôtel, personnel en toge et bien entendu, thermes romains. Et surtout une adorable place avec des terrasses de café, des jeux d'eaux et du linge qui pend aux fenêtres. Idéal pour un verre en fin de soirée. C'est la dolce vita !

**Santa Isabel :** mention spéciale pour cette imitation de monastère portugais. Le soir, atmosphère magique quand le cloître est illuminé par les bougies. La piscine est installée dans une chapelle, le resto dans un enclos à l'image d'un jardin d'herbes médicinales avec sa pharmacie, et le service est assuré par des moines en robe de bure. Amen. Il y a même une chapelle où l'on peut se marier !

**El Andaluz :** pour partir à Séville et le **Castillo Alcazar** pour faire un saut au Moyen Âge.

Plus décontracté et plus économique, on peut choisir de coucher au **Camp resort** avec des tipis, des roulottes et des maisons en rondins pour jouer aux cow-boys et aux indiens mais tout en disposant quand même d'un certain confort. Sans oublier un **camping.**

Outre de nombreux restaurants, self, kiosques, etc., on peut pique-niquer fort agréablement au bord de la rivière sur les pelouses ou à l'ombre des grands arbres centenaires puisqu'ici, contrairement à d'autres parcs, c'est autorisé.

Un resto original à signaler, le **Food Loop** où les plats arrivent sur votre table après avoir effectué des loopings sur des rails qui circulent au-dessus de vos têtes. Assez amusant !

## GENGENBACH (77723) 11 000 hab. IND. TÉL. : 07803



**Dans la plaine, à l'entrée de la Forêt-Noire, sur le trajet de la route des vins, Gengenbach (sur la R 33 vers Offenburg) est un petit bijou de cité, qui dévoile au visiteur un cadre joliment préservé. Ses maisons à colombages, ses pignons baroques, ses ruelles pavées, ses balcons fleuris et la fraîcheur de ses collines boisées ou plantées de vignes forment un ensemble vraiment enchanteur. Pourtant, ici, il n'y a pas de cathédrale, pas de passé prestigieux ni même de musée réputé. Non, il y a ici quelque chose de plus rare... un air pur, un art de vivre unique et d'excellents vins. Plan de la ville en étoile en trois branches avec à chaque fois une tour à l'extrémité de chacune, vestige des anciennes fortifications**

**La ville s'enorgueillit d'avoir le plus grand calendrier de l'Avent du monde. En effet, les 24 fenêtres de l'hôtel de ville servent d'éphéméride et chaque jour, une fenêtre s'ouvre jusqu'à Noël. C'est l'occasion pour tous les enfants de la ville de s'agglutiner chaque soir de décembre, pour attendre l'ouverture de la fenêtre et assister à un petit spectacle symbolisant un épisode de l'Évangile. Une tradition typiquement germanique qui rassemble petits et grands dans la fraîcheur hivernale. Voilà de bonnes raisons pour s'arrêter à Gengenbach !**

### Adresse utile

***Office de tourisme :*** *Im Winzerhof, accès par la Hauptstr.* *☎ 930-143. • gengenbach.info • Juil-août, lun-ven 9h-17h ; mai* *et oct, sam 10h-12h ; sept et juin, lun-ven 9h-12h30 et 13h30-17h.* Dynamique et accueillant. Demandez le plan de la ville avec un tour guidé à effectuer soi-même. Liste des chambres chez l'habitant et des appartements à louer. Brochure avec le descriptif des 4 petits musées de la ville : batellerie, histoire, carnaval et musée de curiosités.

## Où dormir ? Où manger ?

### Auberge de jeunesse

🏠 ***Jugendherberge Schloss Ortenberg :*** *Schloss Ortenberg, Burgweg 21, 77799* ***Ortenberg.*** *☎ (0781) 317-49. • info@jugendherberge-schloss-ortenberg.de • jugendherberge-schloss-ortenberg.de • Prendre le bus qui relie les gares d'Offenburg et de Gengenbach ; arrêt : Ortenberg-Ortsmitte ; puis 10 mn à pied pour monter au château sur la colline. Chambrées de 4 à 6 lits, 22,70 €/pers pour les moins de 27 ans et 28,20 €/pers pour les autres, petit déj inclus. Supplément 10 € pour privatiser une double. ½ pens possible.* Une auberge de jeunesse dans un château, c'est top ! Bien que le mobilier soit celui d'une AJ, certaines chambres ont des plafonds à caissons. Beau réfectoire entièrement paré de boiseries travaillées, un must pour le petit déj... Aux murs, des puzzles de toiles de maîtres ont remplacé les originaux qui auraient très bien pu s'y trouver.

### Prix moyens

🏠 |●| ***Gasthof Hirsch :*** *Grabenstr 34. ☎ 33-87. • info@gasthof-hirsch.com • gasthof-hirsch.com • Fermé fin juil-début août. Resto tlj sf mar et mer. Doubles 70-90 €, petit déj inclus. Plats 9-18 €. Plats 10-22 €.* Grande bâtisse dans des tons rouge et vert à double entrée. Chambres pimpantes et confortables d'un bon rapport qualité-prix. Pour ne rien gâcher, on y mange une cuisine familiale badoise qui sait se faire inventive. Spécialités de la maison : la truite d'élevage de la Forêt-Noire (arrivage journalier). Une bonne adresse.

|●| ***Rialto la Vivere :*** *Victor-Kretz Str 29. ☎ 66-68. • engel-rialto.lavivere@gmx.de • Mar-sam 17h30-23h ; dim 12h30-14h30, 17h30-22h. Plats 12-18 €.* Au pied de l'Oberturm, un resto italien flanqué d'une petite courette avec tables et fauteuil d'osier à l'ombre de la muraille. Déco un poil florentine, lustre vénitien, objets choisis bien mis en valeur, cuisines apparentes. Cuisine italienne de saison bien tournée et joliment présentée, excellentes recettes de pâtes. On peut aussi se contenter d'une pizza. Service souriant.

|●| ***Steinkellerhaus Frei :*** *Hauptstr 33. ☎ 24-71. • info@steinkellerhaus.de • Fermé lun. Plats 8-17 €.* Le resto propose des bons plats joliment présentés dans le décor rustique d'une *Weinstube* traditionnelle. Propose à la vente des vins de la région et du schnaps distillé maison.



## À voir

***L'église Sainte-Marie et le monastère bénédictin :*** romane a l'origine, elle est dotée d'un chœur gothique et coiffée d'un élégant clocher baroque puis joliment remaniée en décor néo-roman au XIXe s. Près de l'église l'ancien moulin à eau de l'abbaye alimenté par une conduite aérienne. L'ancienne abbaye bénédictine remontant au VIIe s a fait place à des bâtiments conventuels du XVIIIe s. En faire le tour pour flâner dans l'enclos des plantes médicinales. De là, on peut voir une section de l'enceinte avec son chemin de ronde couvert d'un toit.

***Engelgasse :*** ruelle croquignolette bordée de petites maisons basses à colombages bien fleuries. Adorable petite boutique d'artisanat à l'entrée.

## DANS LES ENVIRONS DE GENGENBACH

**Schwarzwälder Freilichtmuseum Vogtsbauernhof** *(écomusée de Vogtsbauernhof) : à 25 km au sud-est de Gengenbach, un peu avt l'entrée de Gutach. ☎ (07831) 93-560. • vogtsbauernhof.org • Fin mars-début nov, 9h-18h (19h août) ; dernière admission 1h avt la fermeture. Entrée : 8 € ; réduc. Audioguide en français (2 €).* Musée de plein air qui met en scène les constructions traditionnelles rurales, artisanales et agricoles de la Forêt-Noire. Une forge, des moulins, des fours et six fermes ont été rebâtis autour de la ferme Vogtbauern, restée en l'état depuis 1570. Témoignage original de la vie quotidienne d'antan et des techniques de construction en Forêt-Noire.

## BADEN-BADEN

54 000 hab. IND. TÉL. : 07221

**Baden-Baden, pourquoi-pourquoi ? Jusque dans les années 1930 il était d'usage de nommer la ville de Baden « Baden in Baden », c'est-à-dire « Baden du pays de Bade » ; puis, petit à petit, les langues ont glissé jusqu'à donner Baden-Baden. C'est une ville-jardin où la végétation et la nature sont très présentes. Elle est aussi réputée pour ses thermes qui attirent depuis les Romains toutes les têtes couronnées de l'Europe venues soigner leurs maux, mais aussi tenter leur chance au jeu. L'empereur Guillaume Ier y vient pendant 40 ans, Dostoïevski y joue (beaucoup !) et y écrit une partie de ses œuvres. Brahms, Schumann, Napoléon III, le tsar Nicolas, Sissi et la reine Victoria en apprécient les charmes. De Gaulle, lui, y vint chercher l'appui de son vieux pote Massu (commandant des Forces françaises d'Allemagne), le 29 mai 1968, alors que la France était paralysée par les grèves. Le lendemain, le général prononçait la dissolution de l'Assemblée nationale.**

**Aujourd'hui, une clientèle fortunée et relativement âgée a remplacé les monarques. Ainsi, la ville reste-t-elle un lieu de villégiature plutôt élitiste pour les nantis en quête de ce passé glorieux.**

### GARNISON FRANÇAISE

*En 1945, après l'effondrement du IIIe Reich, la ville devint le siège du commandement en chef des Forces françaises en Allemagne (FFA), avec la construction d'une véritable ville française dans les quartiers ouest. Environ 5 000 Français (militaires du contingent, officiers, familles) y vivaient, disposant de nombreuses infrastructures : supermarchés, écoles et lycée français, église catholique... Cette présence s'est achevée à la fin des années 1990.*

### Adresses utiles

**Office de tourisme :** *Schwarzwaldstr 52, 76532. ☎ 27-52-00. • baden-baden.de • À l'entrée de la ville. Sur la bretelle d'accès à Baden-Baden (B 500) ; attention, le kiosque est totalement masqué par la végétation, il se trouve en face de la firme Wertheim. Lun-sam 9h-18h, dim 9h-13h.* Plans et brochures gratuits sur hôtels, pensions et chambres chez l'habitant. Accueil sympathique. Possibilité de résa de chambres d'hôtel (répondeur 24h/24 à l'extérieur). Infos sur diverses activités (pêche, montgolfière, tir à l'arc, sports aériens, parapente, courses de chevaux...). *Résas pour les spectacles : ☎ 27-52-33.*

**Office de tourisme au centre :** *dans la* Trinkhalle *(buvette thermale).*

*Lun-sam 10h-17h ; dim 14h-17h.*
■ ***Résas pour le Festspielhaus*** *(palais des festivals)* **:** *à l'office de tourisme ou directement sur place (en sem 10h-18h et w-e 10h-14h). ☎ 30-13-101. ● festspielhaus.de ● Résa tlj 9h-19h.* De réputation internationale. Places excessivement chères.

## Où dormir ?

### Bon marché

**⌂ *Jugendherberge*** *(AJ)* **:** *Hardbergstr 34, 76532. ☎ 522-23. ● jugendherberge-baden-baden.de ● À 50 mn à pied du centre. De la gare, bus n° 201 ; arrêt Grosse Dollenstr ; puis 10 mn de crapahutage en montée. Dortoir 22,70-28,20 €/pers. Petit déj inclus. Supplément 10 € pour privatiser une double.* Une AJ moderne avec une belle vue sur la vallée du Rhin et sur la ville. Juste à côté *(de mi-mai à sept)*, piscine olympique avec plongeoir.

### De prix moyens à très chic

**⌂ *Hotel am Markt* :** *Marktplatz 18, 76530. ☎ 270-40. ● info@hotel-am-markt-baden.de ● hotel-am-markt-baden.de ● Entre la mairie et la Stiftskirche. Fermé 14-26 déc. Doubles 88-90 € sans ou avec sdb privée, petit déj inclus. Parking payant.* Dans l'un des plus jolis quartiers de la ville. Derrière sa façade rose, quelle que soit la catégorie, les chambres sont fraîches et pimpantes. C'est une adresse sans prétention, offrant un bon rapport qualité-prix. Accueil adorable.

**⌂ *Hotel-restaurant Rathausglöckel* :** *Steinstr 7, 76530. ☎ 906-10. ● info@rathausgloeckel.de ● rathausgloeckel.de ● Résa conseillée. Doubles 110-140 € selon saison, petit déj inclus. Resto le soir slt.* Les chambres sont élégantes et meublées avec soin. Préférer celles qui disposent d'une vue sur la ville. Jolie terrasse sur le toit pour profiter des fins de journée et du bon air de la Forêt-Noire. Bon accueil.

**⌂ *Hotel Tanneck* :** *Werderstr 14. ☎ 973-97-70. ● info@hotel-tanneck.com ● hotel-tanneck.com ● Congés : de mi-nov au 20 décembre. Doubles 84-105 € sans ou avec w-c ; douche et petit déj inclus. Réduc en basse saison. Parking.* À flanc de colline sur les hauteurs de Baden-Baden. Petite pension de famille rétro et proprette qui aurait besoin d'une rénovation. Les chambres sont simples et lumineuses ; préférez celles avec vue sur la vallée et la ville. Accueil aimable.

### Beaucoup plus chic

**⌂ *La Belle Époque* :** *Maria-Viktoria-Str 2c. ☎ 30-06-60. ● info@hotel-belle-epoque.de ● hotel-belle-epoque.de ● Doubles 230-300 € selon taille, petit déj et goûter inclus.* (wifi) À deux pas du centre-ville, un hôtel particulier du XIXe s s'ouvrant sur un vaste jardin. Dans les beaux salons richement meublés, le majordome a toujours soin de laisser une bûche qui crépite lorsque la température est fraîche. Les chambres, toutes différentes, sont élégantes et particulièrement soignées. Une adresse coup de folie. Accueil irréprochable et au garde-à-vous.



## Où manger ?

Pour déguster de la bonne cuisine badoise, une des fiertés de la région, partez dans le *Rebland*, vignoble badois (voir « Dans les environs de Baden-Baden »).

### De prix moyens à plus chic

**|●| *Schneider's Weinstune & Vinothek* :** *Merkurstr 3. ☎ 976-69-29. Lun-ven 17h-23h ; sam 12h-14h et 17h-23h. Plats 10-22 €.* Petite salle, mobilier ancien et piano. Plats du terroir bien travaillés apprêtés, excellents vins bien conseillés. Accueil jovial et prix corrects. On peut y aller les yeux fermés.

**|●| *Le Bistro* :** *Sophienstr 4. ☎ 323-11. ● info@lbbb.de ● Tlj 8h-1h. Plats 7-28 €.* Ambiance bistrot, tables en bois et banquettes de cuir rouge. Grande fourchette de prix (oui, affichés de cette manière) et carte variée. Le rendez-vous des gens de Baden-Baden : tous les âges et tous les styles. On partage la terrasse avec des sculptures amusantes. Bonne cuisine. Accueil et service aimables.

**La Casserole :** *Gernsbacherstr 18. ☎ 222-21. Tlj sf dim 12h-23h. Tartes flambées et plats 8-19 €.* Une petite adresse très mignonne, proposant une bonne cuisine alsacienne préparée avec attention. Accueil aux petits soins.

**La Provence :** *Schlossstr 20. ☎ 216-50. • info@restaurant-la-provence.com • La rue qui monte en partant de la Stiftskirche. Tlj 17h (12h w-e)-23h. Plats 10-30 €. Parking.* Dans l'ancienne dépendance du château. Atmosphère méditerranéenne (couleurs chaudes et tissus provençaux). Les tables sont mises avec élégance. À la carte, des plats qui fleurent bon le Midi. Une adresse très prisée par les autochtones, qui se sentent eux aussi un peu du « Sud » quand ils s'adressent à... un Berlinois !

## Où boire un verre ?

**In der Trinkhalle :** *Kaiserallee 3. ☎ 30-29-05. Tlj 10h-2h.* Non, ce n'est pas la buvette thermale, mais un bar-*lounge* stylé pour boire un café ou passer une soirée décontractée dans de lourds fauteuils. Offre une belle vue depuis la terrasse sur l'agitation devant le casino.

**Brasserie Löwenbrau :** *Gernbacherstr 9. ☎ 22-331. Tlj 10h-minuit.* Incontournable *Biergarten* du centre-ville tout décoré aux couleurs bavaroises, bleu et blanc. Très touristique, on peut y manger, mais il vaut mieux se contenter d'un verre. Serveurs désinvoltes.

## À voir

**Kurhaus** (*établissement thermal*) **et le casino :** *Kaiserallee 1, 21060. ☎ 353-207. Casino tlj 14h-2h (3h ven-sam). Tenue habillée exigée. Entrée : 5 €. Visite guidée en allemand et anglais tlj 9h30-12h ; dernière visite à 11h30. Entrée pour la visite : 5 € ; réduc.* Le Kurhaus est le centre de la vie culturelle de la ville. C'est la seule aile restante du palais construit entre 1821 et 1824. L'aile sud abrite le plus ancien casino d'Allemagne, qui a fait la gloire et la notoriété de cette ville. Il a été élu à plusieurs reprises comme étant l'un des plus beaux du monde, notamment pour le faste de ses salons rappelant la Belle Époque. Il a inspiré Dostoïevski pour son roman *Le Joueur.*

**Trinkhalle** (buvette thermale) **:** *dans le Kurgarten. Lun-sam 10h-17h ; dim 14h-17h.* Depuis 1842, dégustation dans cette buvette d'eau thermale, offerte par Baden-Baden. L'eau à 68 °C n'a pas un goût trop agréable mais doit être bonne pour la santé. La galerie de 90 m de long, avec ses colonnes corinthiennes, abrite une série de 14 fresques illustrant les célèbres légendes de la Forêt-Noire.

**Stiftskirche :** *Marktplatz.* Cette ancienne église collégiale, devenue paroissiale, renferme les monuments funéraires des margraves de Bade, dont à droite, dans le chœur, celui de *Türkenlouis* (Louis le Turc) assez grandiloquent.

**Les bains romains :** *Römerplatz 1, sous Friedrichsbad. ☎ 27-59-34. De mi-mars à mi-nov, tlj 11h-12h, 15h-16h. Entrée : 2,50 € ; réduc. Audioguide en français inclus.* Construits par les Romains au Ier s apr. J.-C., ils étaient divisés en deux parties : la première était réservée à l'usage exclusif des seigneurs, tandis que la seconde était destinée aux hommes de troupe.

**Staatliche Kunsthalle** (*Galerie d'art nationale*) **:** *Lichtentaler Allee 8a. ☎ 30-07-63. Tlj sf lun 10h-18h. Entrée : 6 € ; réduc.* Cette galerie présente uniquement des expos temporaires d'art contemporain, mais s'est dotée d'une nouvelle aile créée par Richard Meier.

**Museum Frieder Burda :** *☎ 39-89-80. • museum-frieder-burda.de • Mar-dim 10h-18h. Entrée : 12 € ; réduc. Billet combiné avec la Staatliche Kunsthalle : 17 €. Audioguide en anglais 4 €.* Les amateurs d'art contemporain seront à la fête. Constituée d'un millier d'œuvres d'art moderne (sculptures, objets, travaux sur papier et avant tout peintures), la collection Frieder Burda recèle un large choix d'expressionnistes allemands. Mais le noyau dur est constitué par des réalisations de la seconde moitié du XXe s orientées vers les évolutions les plus actuelles de la peinture (voir encadré). Les artistes allemands contemporains à la renommée internationale tels que Georg Baselitz, Markus Lüpertz, Sigmar Polke et Gerhard Richter y sont mis en valeur. En perpétuelle évolution, la collection se développe avec la jeune génération : Tim Eitel, Eberhard Havekost, Anton Henning, Karin Kneffel, Simon Pasieka, Neo Rauch, Corinne Wasmuht et Matthias Weischer, entre autres. Ces œuvres sont exposées en roulement trois fois par an, mais chaque été, la collection privée cède la place à des expos temporaires de très grande qualité, dès lors, seuls un nombre très limité d'œuvres sont visibles.

### LE TRÉSOR DÉDAIGNÉ

*Frider Burda, l'héritier du groupe de presse allemand, possède une collection privée hébergeant notamment des œuvres des expressionnistes américains (Pollock, De Kooning, Rothko) et les derniers tableaux peints par Picasso. Il souhaitait établir sa fondation d'art sur la côte d'Azur, à Mougins, ville qu'il a toujours aimée. Mais après 7 ans de démarches infructueuses (la municipalité craignait-elle pour la sieste de ses électeurs ?), Burda est allé installer son musée à Baden-Baden.*

**Fabergé Museum :** *Sophienstr 30. Tlj 10h-18h. Entrée : 18 € (!) ; réduc.* Le premier musée dans le monde entier dédié à l'œuvre du célèbre joaillier russe. On a là l'occasion rare de pouvoir contempler 700 objets parmi les plus précieux au monde, dont les célèbres œufs de Pâques réalisés pour la famille du tsar, ainsi que les étuis et tabatières à cigarettes finement ciselés et sertis de pierres précieuses. Œuvres également d'autres orfèvres contemporains comme Bolin, Boucheron, Cartier, Ovtschinikov, Sazikov, Chlebnikov, Falize, etc. Exceptionnel sans doute, mais drôlement cher !

### LE TRÉSOR DISPARU DES ROMANOV

*Avec ses 55 milliards de dollars, le tsar Nicolas II était certainement l'homme le plus riche du monde. Lors de la Révolution de 1917, un train rempli de lingots d'or sombra dans le lac Baïkal. Une autre partie du butin fut dépensée par les bolcheviks mais aussi par les troupes tsaristes. On prétend qu'une partie de l'or serait conservée « provisoirement » à la Banque de France depuis presque... 100 ans. On cherche toujours.*



## À faire

➢ **Lichtentalerallee :** *superbe promenade qui longe le canal de l'Oos sur plus de 2 km. Début dès Goetheplatz.* De nombreux penseurs, poètes et hommes d'État ont arpenté cette allée plantée de plus de 300 espèces d'arbres et d'arbustes. Au bout se trouve le monastère Lichtenthal, abbaye cistercienne encore en activité.

– **Les thermes de Friedrichsbad :** *Römerplatz 1. ☎ 27-59-20. Tlj 9h-22h (dernière entrée 20h). Bains hommes et femmes séparés lun, jeu et sam. Interdit aux moins de 14 ans. Prix des bains irlando-romains (succession de bains dont* *la température varie de 39 à 18 °C) : 23 € pour 3h.* Ces thermes à la décoration somptueuse furent construits sur les vestiges des bains romains en 1873. Vous pourrez vous y détendre grâce à 16 bains différents... le tout dans un cadre exceptionnel. Mais attention, les maillots ne sont pas admis, on se baigne donc tout nu !

– ***Les thermes Caracalla*** *(les thermes modernes)* **:** *Römerplatz 1. ☎ 27-59-40. Tlj 8h-22h. Interdit aux moins de 7 ans. Entrée (pour 2h) : 15 €.* Ces bains sont ouverts depuis 1985. Ils portent le nom d'un empereur romain qui vint y faire soigner ses rhumatismes au IIIe s apr. J.-C. Complexe aquatique ludique avec bains et saunas sur une superficie de 1 000 m².

➢ ***Merkurgipfel*** *(sommet de Mercure)* **:** *prendre le bus nº 204 ou nº 205 jusqu'à Merkurwald, puis un funiculaire (circule tlj sf quelques j. en janv 10h-22h, départ ttes les 15 mn ; prix : 4 €) jusqu'au sommet.* Emblème de Baden-Baden, le mont Mercure a une altitude de 668 m. De là, on peut admirer toute la région et redescendre à pied : très belle balade. Son nom provient d'une pierre votive romaine dédiée à Mercure.

## DANS LES ENVIRONS DE BADEN-BADEN

¶¶ ***Le vignoble badois, le Rebland :*** *suivre les panneaux « Badische Weinstrasse » (route des Vins badois) ou « Rebland » à partir de Baden-Baden vers le sud, direction Offenburg/Gengenbach (circuit de 75 km).* Jolie promenade qui allie le plaisir des yeux et des papilles. Pour les amateurs de vin, on vous conseille particulièrement de goûter les crus de *Varnhalt, Neuweier* ou *Affental.* En automne et en hiver, les vignerons poursuivent la tradition des *Besenwirtschaften* (traduction littérale : « auberge du balai »). Ils invitent ainsi chacun à venir déguster leur vin en installant devant leur porte des balais décorés de rubans de couleur. Une particularité : les vignerons ont l'autorisation de mettre leur vin en bouteille dans des *Bocksbeutel* (fameuse bouteille au ventre rond), droit habituellement réservé aux vins de Franconie.

### Où dormir ? Où manger ?

|●| ⌂ ***Gasthaus Weinberg :*** *Umwegerstr 68, à* ***Umweg*** *(6 km au sud-ouest de Baden-Baden). ☎ (07223) 969-70. • info@weinberg-umweg.de • weinberg-umweg.de • Doubles 85-92 €, petit déj inclus. Resto tlj sf mar. Plats 16-26 €.* Une très bonne adresse accrochée aux vignes pour manger et se loger dans le *Rebland.* Cuisine soignée donnant ses lettres de noblesse aux plats régionaux. Contrairement aux autres restos du coin, qui ont voulu se moderniser à outrance, cette auberge a su conserver son esprit Forêt-Noire. Chambres confortables et propres sans prétention.



### À voir

¶¶ ***Schloss-residenz Rastatt :*** *Herrenstr 18, 76537* ***Rastatt.*** *☎ (07222) 342-44. • schloss-rastatt.de • À 8 km au nord de Baden-Baden. Avr-oct, tlj sf lun 10h-17h (16h nov-mars). Billet combiné : entrée aux appartements princiers (visite guidée ttes les heures) et au Musée militaire : 7 € ; réduc. Billet combiné avec le château de la Favorite : 12 € ; réduc.*

En 1699, Louis le Turc fit ériger sa nouvelle demeure à Rastatt, celle de Baden-Baden ayant été détruite par les Français 3 ans plus tôt. Il confia la direction des travaux à un architecte italien qui s'inspira de Versailles pour réaliser cette superbe demeure princière de style baroque.

– Aujourd'hui, le château abrite également au rez-de-chaussée le ***mémorial de la Liberté*** *(dim-jeu 9h30-17h, ven 9h30-12h ; fermé sam ; entrée libre)* qui se consacre aux mouvements de libération dans l'histoire allemande de la Renaissance à la chute de la RDA et le ***musée de l'Histoire militaire*** *(avr-oct, tlj sf lun 10h-17h30 ; nov-mars, slt ven-dim 10h-16h30).* Ce dernier présente de nombreux documents, mannequins et uniformes retraçant l'histoire militaire allemande de la fin du Moyen Âge à la Première Guerre mondiale.

👁👁 ***Schloss Favorite*** *(château de la Favorite)* **:** *à 12 km au nord, direction Sandweier et Rastatt. ☎ 41-207. • schloss-favorite.de • De mi-mars à mi-nov, tlj sf lun 10h-18h (17h d'oct à mi-nov) ; fermé 16 nov-15 mars. Entrée : 8 € ; réduc. Billet combiné avec le château de Rastatt : 12 € ; réduc. Visite guidée ttes les heures.* Magnifique résidence d'été de Sybilla Augusta, l'épouse de Louis le Turc. Construite entre 1710 et 1712. Son charme réside surtout dans sa décoration intérieure précieuse : sols en *scagliola* (pierres incrustées sur des pâtes colorées, ayant l'aspect du marbre), stucs, chinoiseries, portraits, miniatures, cabinet des glaces... Intéressante collection de porcelaines et de faïences rares.

# LA BAVIÈRE

**La Bavière apparaît toujours comme cette magnifique contrée verdoyante réputée pour ses châteaux extravagants, ses villes et églises baroques, et pour la qualité de sa bière. Pourtant, ce Land, le plus grand d'Allemagne, peuplé de 12 millions et demi d'habitants, est beaucoup plus que cela. Avec sa capitale (Munich), ses régions distinctes (la Bavière orientale, la Franconie, la route romantique et la route des Alpes) et sa puissance économique (*Siemens, BMW, Allianz, Adidas, MAN, Puma,* etc.), la Bavière est quasiment un pays en soi !**

**Un pays qui réussit, en apparence, l'exploit de rester imperméable aux mutations extérieures, cultivant la réputation d'un espace préservé où il fait bon vivre, en toute sécurité, où les souvenirs du passé, loin d'être oubliés, s'effacent simplement devant ce qu'on doit appeler le sens des réalités. Il est peu de pays où l'on peut, comme ici, ne revenir qu'une fois tous les 10 ans et avoir du mal à deviner ce qui a changé réellement. Les modes passent, la Bavière reste.**

**Les touristes l'ont bien compris, puisqu'ils sont plus de 20 millions à s'y rendre chaque année. Difficile donc de se retrouver vraiment seul à profiter de la douceur de ses paysages, de la beauté de ses villes et du charme de son folklore. À moins de se lever tôt et de partir à bicyclette sur les multiples chemins de campagne**

## RIFIFI À COUPS DE POMPE

*Née juste après la guerre d'une brouille entre Adolf et Rudolf Dassler – les deux fils d'un cordonnier bavarois spécialiste des pantoufles –, l'entreprise aux trois bandes a connu une ascension spectaculaire. Avec le diminutif de son prénom « Adi » et la première syllabe de son nom « Das », Adolf crée, en 1948, Adidas. Son frère Rudolf, lui, s'installe dans la même ville, mais de l'autre côté de la rivière, et fonde la marque concurrente,* Puma.

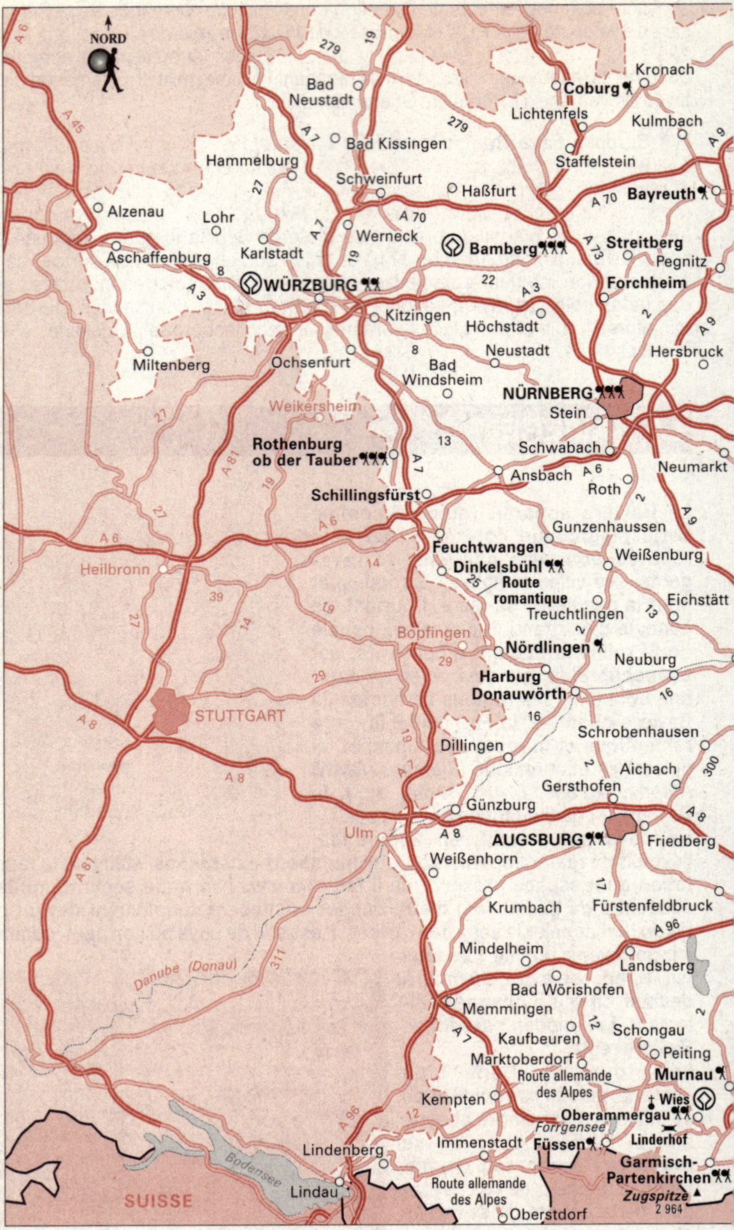
NORD
Bad Neustadt
Bad Kissingen
Hammelburg
Schweinfurt
Haßfurt
Coburg
Kronach
Lichtenfels
Kulmbach
Staffelstein
Bayreuth
Alzenau
Lohr
Werneck
Aschaffenburg
Karlstadt
Bamberg
Streitberg
Pegnitz
WÜRZBURG
Forchheim
Kitzingen
Höchstadt
Miltenberg
Ochsenfurt
Neustadt
Hersbruck
Bad Windsheim
NÜRNBERG
Weikersheim
Stein
Rothenburg ob der Tauber
Schwabach
Neumarkt
Ansbach
Roth
Schillingsfürst
Gunzenhausen
Heilbronn
Feuchtwangen
Weißenburg
Dinkelsbühl
Route romantique
Eichstätt
Treuchtlingen
Bopfingen
Nördlingen
Neuburg
Harburg
Donauwörth
STUTTGART
Schrobenhausen
Dillingen
Aichach
Gersthofen
Günzburg
Ulm
AUGSBURG
Friedberg
Weißenhorn
Krumbach
Fürstenfeldbruck
Mindelheim
Landsberg
Danube (Donau)
Bad Wörishofen
Memmingen
Schongau
Kaufbeuren
Peiting
Marktoberdorf
Route allemande des Alpes
Murnau
Wies
Kempten
Oberammergau
Forggensee
Linderhof
Lindenberg
Immenstadt
Füssen
Garmisch-Partenkirchen
Bodensee
SUISSE
Lindau
Route allemande des Alpes
Zugspitze
2 964
Oberstdorf

sites inscrits au Patrimoine mondial de l'Unesco
Hof
Rehau
Selb
Münchberg
Wunsiedel
Marktredwitz
PLZEŇ
RÉPUBLIQUE
TCHÈQUE
Weiden
Sulzbach-
Rosenberg
Amberg
Furth im Wald
Schwandorf
Cham
Burglengenfeld
Roding
Zwiesel
Regenstauf
REGENSBURG
Regen
Kelheim
Straubing
Deggendorf
Plattling
Passau
Danube (Donau)
Ingolstadt
Landau
Vilshofen
Mainburg
Dingolfing
Landshut
Pfaffenhofen
Eggenfelden
Moosburg
Marktl
am Inn
Erding
Mühldorf
Dachau
Altötting
Oberschleissheim
Burghausen
MÜNCHEN
Wasserburg
Traunreut
Grafing
Chiemsee
Traunstein
Starnberg
Bad
Aibling
Rosenheim
Freilassing
SALZBURG
Geretsried
Bad Reichenhall
Bad
Tölz
Berchtesgaden
Penzberg
Route allemande
des Alpes
Königssee
AUTRICHE
Mittenwald
0
15
30 km

LA BAVIÈRE

…erdits aux automobiles. À moins encore d'arriver les premiers devant les portes des châteaux de Louis II, ce roi d'opérette destitué pour ses dépenses extravagantes et devenu, signe des temps, un des meilleurs retours sur investissement qui soient. Un roi que beaucoup imagineraient, pour un peu, régnant toujours sur ce vaste décor de carton-pâte qui s'étend de Munich à Berchtesgaden, de Rothenburg ob der Tauber à Garmisch-Partenkirchen...
Oubliez vos préjugés : on trouve facilement de quoi se loger, se nourrir à prix corrects, surtout en dehors de Munich et des grandes villes. Vous paierez parfois plus cher pour garer votre voiture que pour manger, mais à moins d'avoir opté pour le deux-roues, qui est désormais ici le moyen de locomotion idéal, il faudra peut-être en passer par là pour partir à la découverte de la Bavière profonde...
De toute façon, quel que soit le moyen de transport choisi, la Bavière mérite le voyage, ne serait-ce que parce qu'il est difficile de comprendre l'Allemagne et les Allemands sans bien connaître la Bavière.

# MUNICH ET SES ENVIRONS

## MÜNCHEN (MUNICH)

1 367 000 hab. (2,6 millions avec la périphérie) IND. TÉL. : 089

Pour les plans de Munich et de son métro, se reporter au cahier couleur.

Munich, capitale secrète de l'Allemagne ? La capitale bavaroise est incontestablement, après Berlin, la ville la plus intéressante d'Allemagne. C'est d'ailleurs la ville qui reçoit le plus de visiteurs après la capitale fédérale. Ses contradictions y sont pour quelque chose. Traditionalisme et cosmopolitisme y font bon ménage, histoire et modernisme s'y rencontrent, mode et industrie en rythment la vie, avant-garde et fête de la Bière lui donnent ses couleurs. *BMW* et *Siemens* en ont fait leur fief, mais c'est aussi la ville des espaces verts. Hitler en a hanté les rues, y a fait bâtir, mais démocrates et alternatifs de tout poil s'y plaisent bien. Ce « village » de plus d'un million d'habitants n'oppresse jamais, comme c'est le cas d'autres capitales. En l'espace de deux décennies, la ville s'est entièrement transformée pour se donner aux piétons. À pied ou à vélo, on y respire. Mais Munich, c'est également une cité prospère où le taux de chômage est le plus bas de toutes les grandes villes d'Allemagne.
L'essor économique de Munich date de la fin des années 1960, lorsque l'annonce des Jeux olympiques de 1972 a transformé le paysage urbain et que les instituts de recherche ont commencé à s'y concentrer, créant un pôle d'attraction. Le courant hippie, avec l'étalage des corps nus sur les pelouses du « jardin anglais », a choqué le Munichois moyen qui n'aime ni la décadence ni l'excentricité et qui a commencé à apprécier Louis II lorsque l'afflux des touristes venant visiter ses châteaux a rapporté au centuple dans les caisses du Land l'argent dépensé pour leur construction.



### UN PEU D'HISTOIRE

À l'origine du nom de la ville, le mot allemand *Mönchen,* qui signifie « moines », en rapport évident avec l'abbaye installée à côté du village. Depuis, la ville a gardé un petit moine comme emblème.

C'est au XIIe s que le village de München, tranquillement alangui sur la rivière Isar, intéresse le duc de Saxe, ***Henri le Lion,*** qui vient d'hériter de la Bavière. Il y fait construire un pont à péage, ce qui lui permettra de taxer le sel ! Pour protéger cette rente, il fait fortifier le site. Officiellement fondée en 1158, la ville ne devient capitale de Bavière qu'un siècle plus tard, lorsque Louis le Sévère y installe château, famille et cour. Ses descendants, les Wittelsbach, vont y prospérer, grâce au sel mais aussi en commerçant avec les villes italiennes, et enrichir la cité. L'un d'eux, ***Louis IV le Bavarois,*** est même élu empereur, attirant à sa cour seigneurs, artistes et dignitaires religieux...

La dynastie des ***Wittelsbach*** va régner sans partage pendant 738 ans sur la Bavière. Chacun des héritiers apporte sa marque à la capitale : Albert V fait construire le superbe Antiquarium de la *Residenz,* Maximilien Ier transforme celle-ci en un somptueux palais Renaissance, Max II s'offre le château de Schleissheim, Charles Albert se lance dans le rococo. Parallèlement à ces ambitions architecturales, apanage des puissants seigneurs bavarois, existe chez la plupart des Wittelsbach le désir de conquérir d'autres territoires et de jouer un rôle politique important, aussi bien en Allemagne qu'en Europe. Pendant la longue querelle religieuse qui enflamme le pays au XVIe s, ils prennent parti contre les idées luthériennes, transformant leur duché en bastion de la ***Contre-Réforme.*** Ils s'attirent ainsi les grâces du pouvoir (aussi bien papal qu'impérial) tout en empêchant la bourgeoisie (portée vers le protestantisme) de s'émanciper. L'autoritarisme des Wittelsbach pendant cette page importante de l'histoire allemande aura pour conséquence non négligeable de faire de la Bavière la région la plus catholique d'Allemagne !

## De Napoléon à Lola Montès

Comme d'habitude, ambitions, guerres d'influence et calculs politiques entraînent invasions et carnages : les armées protestantes ravagent la Bavière pendant la guerre de Trente ans (1618-1648), les troupes suédoises occupent Munich en 1632, la peste se répand peu après (décimant les deux tiers de la population). Au début du XVIIIe s, ce sont les Autrichiens qui prennent possession de la ville. Au siècle suivant, les troupes napoléoniennes entrent dans Munich. ***Maximilien IV Joseph,*** contraint de s'allier à Napoléon, est en retour proclamé roi de Bavière. Munich est naturellement choisie comme capitale de ce nouveau royaume.

La ville est considérablement rénovée sous ***Louis Ier,*** passionné par l'Antiquité, qui attire de nombreux artistes. « Je veux faire de Munich une ville dont ceux qui ne l'auront pas vue ne pourront pas prétendre avoir vu toute l'Allemagne. » Ce roi sage et économe durant les trois quarts de sa vie reste également connu pour sa liaison sur le tard avec la sulfureuse danseuse ***Lola Montès,*** qui lui coûtera sa fortune et, accessoirement, semble-t-il, sa couronne. D'autres mécènes lui succéderont : Max II (féru de littérature) et, bien sûr, ***Louis II de Bavière,*** le « roi vierge », le « roi fou », que la politique indiffère et qui passera sa vie à fuir les responsabilités et donc la capitale, lui préférant la quiétude de ses châteaux de campagne. C'est là qu'il se retirera à chacune des déclarations de guerre, contre la Prusse en 1866, et contre la France en 1870, guerres qui provoquèrent l'intégration de la Bavière au Reich allemand.

### UNE DANSEUSE ESPAGNOLE TRÈS OLÉ OLÉ

*Née en... Irlande en 1821, Lola Montès devint la maîtresse de Louis Ier de Bavière. La « grande horizontale » dansait bien mal mais se produisait sur scène sans sous-vêtements. Ce qui compensait. Colérique et écervelée, elle provoqua de telles manifestations de haine à Munich que son amant dû abdiquer. Elle se produisit ensuite en Californie dans des cabarets minables et mourut seule à 43 ans.*

Pendant leurs règnes successifs, Munich s'épanouit sur le plan artistique. C'est d'ailleurs dans la capitale bavaroise que se retrouvent des peintres comme le Russe ***Kandinsky*** et le Suisse ***Paul Klee*** qui, autour du groupe *Der Blaue Reiter* (Le Cavalier bleu), créé ici même en 1911, participent activement à la naissance de l'art abstrait et, du même coup, à celle de l'art contemporain !

## Du Cavalier bleu aux Chemises brunes

Alors que les futurs grands artistes du siècle y élaborent leurs théories révolutionnaires, un autre peintre, né en Autriche, s'emmêle les pinceaux à Munich pendant 2 ans. En 1914, constatant qu'il n'a aucun génie artistique, ***Adolf Hitler*** décide de s'engager comme volontaire dans l'armée bavaroise (alors qu'il vient d'être réformé !). Il revient du front des Flandres gazé et brûlé aux yeux. Ces blessures, mais peut-être plus encore l'humiliation ressentie lors de la défaite militaire, vont nourrir en lui un violent désir de revanche.

En 1919, Hitler adhère à Munich au *Deutsch Arbeiter Partei,* et convainc son fondateur Anton Drexler de le renommer NSDAP, parti national-socialiste des travailleurs allemands. Un parti qui n'a pas vraiment l'intention de jouer le jeu démocratique puisque, 3 ans après sa création, la prise de pouvoir est déjà à l'ordre du jour, comme le prouve le fameux « putsch de Munich »... Le putsch raté aura eu cet avantage (pour lui, pas pour ses futures victimes) de le promouvoir du statut de petit chef d'un groupuscule obscur à celui de personnalité « en vue » de la vie politique allemande des années 1920.

### RÉPÉTITION GÉNÉRALE

*Le 8 novembre 1923 au soir, la bande à Adolf envahit la brasserie* Bürgerbräukeller, *où se tient un meeting nationaliste. Tout ce petit monde décida de marcher sur Berlin pour en chasser le gouvernement et proclamer une dictature ! Le lendemain matin, les leaders du coup d'État avorté sont emprisonnés : Hitler en prend pour 5 ans. Mais une fois enfermé, il ne lui faudra qu'une année pour rédiger* Mein Kampf...

## Des années noires à la prospérité

Munich va jouer un deuxième rôle pour Hitler, une fois celui-ci au pouvoir : en 1933, la ville est proclamée « capitale du mouvement national-socialiste ». C'est à Munich que sont signés en 1938 les accords entre ***Daladier, Chamberlain, Mussolini*** et ***Hitler,*** censés préserver la paix en Europe, mais qui, depuis, symbolisent la passivité des démocraties devant les revendications territoriales des dictatures. Le Führer rêve d'entreprendre dans la ville de grands travaux à sa gloire, mais la guerre l'en empêche. Près de la moitié de l'agglomération est bombardée par les Alliés, et la plupart des monuments historiques sont détruits. Au printemps 1945, les Américains pénètrent dans Munich. La ville se repeuple peu à peu après la guerre, avec l'arrivée de réfugiés venus de l'Est et de travailleurs étrangers appelés pour reconstruire la cité et relancer l'industrie. Munich devient ainsi la troisième ville du pays après Berlin et Hambourg. Le « miracle » économique des années 1950 profite principalement à l'État bavarois et à sa capitale, qui mise sur l'industrie, mais surtout sur l'électronique, l'informatique, l'aérospatiale, etc. La mode, les médias, la finance, le tourisme et, bien sûr, la bière achèvent d'en faire une ville riche et attirante.

Les ***Jeux olympiques de 1972,*** censés présenter son nouveau visage (et peut-être faire oublier les antécédents nazis), se soldent par la mort de 11 athlètes israéliens – à la suite d'une prise d'otages menée par l'organisation palestinienne « Septembre noir » (voir le film *Munich,* de Steven Spielberg)...

Le temps a passé. Et la ville a bien changé : après le métro et la transformation des rues et places devenues piétonnes, c'est la reconstruction, en plus chic, en plus

« authentique », du centre-ville qui fait l'objet des préoccupations actuelles.
Le troisième millénaire a vu naître la troisième pinacothèque, qui accueille les innombrables œuvres du début du XX^e^ s dont les musées de la ville regorgent, ainsi que le musée Brandhorst, collection qui regroupe plus de 700 œuvres d'art contemporain.
L'autre nouveauté récente est l'ouverture des ***Fünf Höfe*** en plein cœur de Munich, un labyrinthe de luxe (cafés, brasseries, galeries, bureaux, magasins chic), d'une architecture résolument contemporaine. Comme souvent à Munich, il faut entrer dans ces passages, où alternent le verre, le bois, le bronze et les jardins suspendus, pour découvrir les nouveaux lieux de prédilection de ses habitants.
Munich, malgré toutes ces épreuves et ces travaux colossaux, n'a jamais perdu son attrait et demeure l'une des villes les plus paisibles d'Allemagne : rires et chants continuent à remplir ses tavernes et ses *Biergärten* ! Ici, on trinque volontiers avec les touristes, activité de libation qui rapporte environ 3 milliards d'euros par an...

### L'AUTRE GÖRING

*Le maréchal de l'air Hermann Göring avait un frère, Albert, un homme d'affaires qui méprisait les nazis. Il utilisa maintes fois son nom, pour imiter la signature de son frère et libérer des juifs des camps. Il aida la résistance allemande et tchèque. Après la guerre, ce nom maudit l'empêcha de vivre honorablement et il mourut dans la disette à Munich en 1966.*

## *Bierkultur et Gemütlichkeit*

Au pied des Alpes, la ville la plus méridionale d'Allemagne, renfermée sur elle-même en hiver, prend des allures italiennes dès les premiers beaux jours. Dans les jardins, on se dore au soleil, on rit, on boit, on se prélasse langoureusement dans les innombrables *Biergärten.* Il fait bon visiter Munich au printemps, mais aussi à la fin de l'automne, quand les derniers flonflons de la fête de la Bière se sont éteints, quand les rues sont encore envahies par ceux qu'on appelle toujours les ***Schicki-Micki*** – « Mickeys » chic –, savant mélange de yuppies californiens et de bobos parisiens.
« Ici, il n'y a que l'argent : l'abondance d'argent et le manque d'argent », déclarait une jeune femme dans une pièce de théâtre actuelle. Dans cette ville d'histoire devenue un centre de la haute technologie, bon nombre de *Schicki-Micki,* si élégants et si sûrs d'eux, roulant en coupé *Mercedes,* en *Porsche* ou – bien sûr – en *BMW* dernier modèle, sont des non-Bavarois qui ont répondu à l'appel de l'argent, du soleil et de la qualité de vie : magasins de luxe, restaurants renommés, théâtres, musées... *Bierkultur* et *Gemütlichkeit* sont deux mots qui résument pourtant bien la Munich éternelle, ville peu « spirituelle » mais si agréable à vivre (c'est le sens du second mot), où l'on refait volontiers le monde tout en buvant jusqu'à plus soif.
Mais il n'y a pas qu'à travers la bière que l'on peut parler de Munich comme d'une ville de *Kultur* ! **Richard Strauss** y est né, **Einstein** y a étudié, le réfrigérateur y fut inventé (mais ça, est-ce bien de la culture ?)... On n'y trouve pas moins de 58 théâtres, dont un opéra, 45 musées et autour de 300 maisons d'édition ! La « Rome allemande » possède même sa *Cinecittà* à elle, la *Bavaria Filmstadt,* que l'on peut visiter et où une bonne partie des films et téléfilms allemands sont réalisés...
Ville étudiante enfin, Munich a son Quartier latin, ***Schwabing,*** où pullulent cafés et petits restos pas chers, ainsi que ses nouveaux arrondissements branchés, où vous découvrirez les artistes de demain, loin des tavernes touristiques du vieux centre-ville.



## Arrivée à l'aéroport

✈ ***Aéroport de Munich*** *(Flughafen München ; hors plan I par C1)* **:** *situé à 32 km au nord-est de la ville.* ☎ *97-500 ou 97-52-13-13.* ● *munich-airport.de* ●

Vaste aéroport, le 2e d'Allemagne et le 6e d'Europe. Dans chacun des 2 terminaux, un *Service Center* est ouvert 24h/24, avec consigne, vente de tickets de bus et de cartes téléphoniques, et accès Internet. Les objets trouvés et les loueurs de voitures, eux, se trouvent au terminal 1.

➢ ***Pour se rendre au centre-ville :*** le meilleur moyen reste le S-Bahn, situé au sous-sol, avec les lignes S1 (ttes les 20 mn 5h-minuit env) ou S8 (ttes les 20 mn, 4h-1h30 env). Compter 40-45 mn de trajet pour l'*Hauptbahnhof* (gare) ou *Marienplatz*. Ticket normal (à prendre au comptoir avant les escalators) : 10 € ; à peine 1 € de plus pour celui à la journée (intéressant si vous arrivez le matin). Également des tickets de groupes ou pour 3 j. On peut aussi prendre le bus *Lufthansa,* départ ttes les 20 mn 6h20-21h40. Rejoint le centre en 40 mn. Compter 10,50 € le trajet (réduc pour les 6-14 ans). • *airportbus-muenchen.de* •

Le taxi n'est pas plus rapide et est bien plus cher : compter 60 € pour rallier l'*Hauptbahnhof.*

## Transports en Bavière

– ***Bon à savoir :*** il existe pour tout le Land de Bavière un ***Bayern Ticket*** qui permet d'utiliser tous les transports publics (bus, S-Bahn, U-Bahn, trains, trams...) pour 23 € par jour pour 1 personne et à peine 27, 31, 35 et 39 € par jour pour des groupes de 2 à 5 personnes voyageant ensemble. Très avantageux, donc, pour les couples, les familles ou les bandes d'amis, surtout lorsqu'on quitte Munich. Tickets en vente aux guichets des gares et aux distributeurs de titres de transport. Infos en français sur le site • *bahn.com* •

## Comment se repérer ?

Si l'on excepte ses banlieues, la ville n'est pas très étendue. On peut parcourir à pied le centre-ville (où sont concentrés monuments et musées) sans trop se fatiguer. Munich se décompose en quartiers bien distincts. Les plus intéressants : le *centre* et la *Gärtnerplatz, Schwabing* et *Maxvorstadt* (au nord), *Haidhausen* (à l'est), *Neuhausen* (à l'ouest) et *Nymphenburg* (beaucoup plus à l'ouest). Ceux qui comptent rester quelque temps peuvent investir dans l'achat du plan *Falk* (en librairie), très utile pour son index des rues.

## Comment se déplacer ?

Oubliez la voiture ! Le centre est presque totalement piéton et truffé de sens interdits. Quelques places avec parcmètres et des parkings souterrains très chers. En journée, vous pouvez laisser votre voiture à l'entrée de la ville, où vous trouverez des parkings à la sortie des autoroutes (un peu éloignés mais pas chers ou gratuits), et prendre le métro, le bus ou le tramway – ces 2 derniers étant très pratiques, car ils vont partout où les métros ne vont pas. Mais le moyen de transport écolo et préféré des Munichois reste tout de même le vélo (location dans les gares), avec un réseau de pistes cyclables (plan disponible dans les offices de tourisme) à faire pâlir d'envie tous les écolos d'Europe... Quant au métro (***U-Bahn,*** 6 lignes) et aux trains de banlieue (***S-Bahn,*** sorte de RER), ils sont fréquents et quadrillent bien la ville et ses environs.



### Transports en commun (U-Bahn, S-Bahn, bus et tramways)

Il y a quatre zones tarifaires, sachant que la 1re zone (qui apparaît en blanc sur le plan du réseau) couvre une bonne partie de la ville (banlieues

comprises). Prix du ***ticket de base*** pour une zone : 2,60 € ou, pour les trajets courts (4 arrêts de bus ou de tram, 2 stations en S-Bahn et U-Bahn), 1,25 €. Tarifs réduits pour les enfants de 6 à 14 ans et les jeunes de 15 à 21 ans.
Il existe aussi un ***ticket à la journée*** *(Tageskarte),* valable de 9h jusqu'au matin suivant à 6h, ou une ***carte de 3 jours***, à respectivement 6 € et 15 €, qui permettent d'utiliser tous les transports librement pendant la durée de validité du billet. C'est la formule la plus intéressante si vous comptez beaucoup utiliser les transports en commun. Bon à savoir aussi : la carte d'un jour est disponible en version « groupe » (valable pour 5 adultes ou 10 enfants), 11,20 € (pour la zone 1).
Les tickets s'achètent aux points de ventes des stations de métro (pas toujours quelqu'un aux guichets cependant) et aux distributeurs automatiques qu'on trouve un peu partout, finalement assez faciles à utiliser, d'autant que certaines sont configurées en plusieurs langues.
– Attention, bien ***composter son billet*** avant de monter dans le train, métro, bus ou tram, faute de quoi il n'est pas valide (et en cas de contrôle, amende de 40 € minimum). *Rens en français : • mvv-muenchen.de •* avec brochure téléchargeable en pdf.
– Comme dans la plupart des villes allemandes, les fêtards et autres insomniaques sont choyés : nombreux bus et trams de nuit (*Nightlines*, brochure disponible dans les gares), tous les jours 1h-5h, avec un dispositif renforcé du vendredi au dimanche. Point névralgique : *Karlsplatz (Stachus),* duquel la plupart des lignes partent.

### La City Tour Card

Une carte avantageuse qui permet d'utiliser tous les moyens de transport (au choix : dans la zone 1 ou sur l'ensemble du réseau). Elle offre aussi des réductions (jusqu'à 50 %) sur les entrées de musées. La carte est à dater et à signer. Elle peut être achetée pour la journée ou pour 3 jours, en individuel *(10,90-20,90 €)* ou pour un groupe *(17,90-30,90 €). Rens : • citytourcard.com •*
On peut se la procurer à l'aéroport, à la gare, aux distributeurs de titres de transport et dans les offices de tourisme.

## Adresses et infos utiles

### Offices de tourisme

Pour des infos générales sur Munich, un site : *• muenchen-tourist.de • (version française disponible).* C'est le portail officiel de la ville. Permet aussi de trouver un hébergement.
🅸 Sinon, ***deux offices de tourisme :***
*– À la* ***gare centrale*** *(Hauptbahnhof ; plan couleur II, B2-3) : Bahnhofsplatz 2. Lun-sam 9h-20h, dim 10h-18h.* On y parle le français. Infos et doc sur Munich, notamment le plan couleur de la ville et le catalogue mensuel *In München* (en allemand), qui recense tous les spectacles, expos et manifestations culturelles du mois. Résas de chambres d'hôtel aussi, achats de titres de transports (à la journée, y compris la *City Tour Card*), et comptoir *München Ticket* (pour réserver un concert ou un spectacle).
*– Dans le* ***centre-ville*** *(plan couleur II, C3) : sur Marienplatz à la Neues Rathaus (nouvelle mairie). Tlj 10h (9h en été)-19h (17h sam, 14h dim et j. fériés).*
– À deux pas de là, ***Infopoint-Museen & Schlosser in Bayern*** : *Alterhof 1. ☎ 210-140-50. • infopoint-museen-bayern.de • Lun-sam 10h-18h.* Fournit toutes les infos sur les musées et châteaux dans tout le Land de Bavière.

### Poste et télécommunications

✉ ***Poste*** *(plan couleur II, B3) : Bahnhofsplatz 1. En face de la gare, à l'angle de Bayerstr. Lun-ven 8h-20h, sam 9h-16h.* D'autres bureaux en ville.
Avec la généralisation du wifi et des *smartphones*, on ne trouve plus beaucoup de ***cafés Internet*** à Munich.
@ ***Work St@tion*** *(plan couleur II, B2) : Schützenstr 14. Lun-sam 7h-23h30,*

*dim 8h-22h.* À l'étage du *Coffee Fellows,* un bel espace avec des bornes en libre accès... si on consomme (joli choix de cafés, muffins, sandwichs...). Sinon, c'est assez cher.
@ Autre ***petit cyber*** dans le quartier de Schwabing : *Occamstr 3 (plan couleur I, C1). Tlj 11h30-minuit.* Pas cher.

## Consulats

■ ***Consulat de France*** *(plan couleur I, B3,* ***1****)* **:** *Heimeranstr 31.* ☎ *419-41-10.* • *consulfrance-munich.org* • *U-Bahn nos 4 et 5 : Schwanthalerhöhe. Lun-mar et jeu-ven 8h45-12h, mer 13h30-17h.*
■ ***Consulat de Suisse :*** *Briennerstr 14/III.* ☎ *286-62-00. Au 3e étage.*
■ ***Consulat du Canada :*** *Im Tal 29.* ☎ *219-95-70.* • *munic@international.gc.ca* • *Lun-ven 9h-12h.*

## Argent, change

– On peut payer avec des ***cartes de paiement*** *(Visa, MasterCard, American Express, Maestro)* dans certains magasins et dans la plupart des hôtels. En revanche, dans les pensions et les restos, la carte est souvent refusée. Mieux vaut prévoir assez d'argent liquide !
– Les ***banques*** ferment assez tôt *(15h30, mais jusqu'à 17h30 jeu)* sauf la *Reise Bank* de la gare centrale *(Hauptbahnhof)* : *tlj 7h-22h.*

## Santé, urgences

■ ***Pharmacies internationales : Internationale Ludwigsapotheke,*** *Neuhauserstr 11.* ☎ *550-50-70. Tlj sf dim 9h-20h.* ***Internationale Apotheke,*** *Orleansplatz 10.* ☎ *44-71-85-43. Lun-ven 6h-20h, sam 9h-16h. Fermé dim.*
■ ***Urgences médicales : Ärztlicher Bereitschaftsdienst Bayern,*** ☎ *(018) 05-19-12-12. Pour les soins dentaires,* ***Zahnärztlicher Notdienst*** *:* ☎ *72-40-10.*
■ ***Objets trouvés*** *(Fundstelle)* **:** *Oetztaler Str 19.* ☎ *2-33-96-045. Lun-jeu 8h-12h (mar en plus 14h-18h30), ven 7h-12h.* ***À la gare :*** *face au quai no 26.* ☎ *13-08-66-64. Lun-ven 6h30-23h30, sam 7h45-23h, dim et j. fériés 7h30-23h15.* ***À l'aéroport :*** *niveau 3 du terminal 1.* ☎ *9-75-213-70. 6h-23h.*

## Culture, loisirs

■ ***Institut français*** *(plan couleur I, C2)* **:** *Kaulbachstr 13.* ☎ *286-62-80. Lun-jeu 10h-13h, 14h-19h ; ven 10h-14h.*
– ***Vie culturelle :*** on peut se procurer gratuitement à l'office de tourisme (et dans certains cafés ou lieux culturels) la revue (en allemand seulement) *In München,* qui contient le programme des cinémas, théâtres, expos, concerts, etc. Sinon, il y a aussi le *Prinz,* que l'on trouve à la vente en librairie. Et, pour les gays, le mensuel *Sergej* ou *Our Munich (*Our Munich Shop, *Müllerstr 36 ; U-Bahn : Sendlinger Tor),* distribué gratuitement.
– ***Réservation de places de concerts ou de spectacles : München Ticket,*** ☎ *54-81-81-81.* • *muenchenticket.de* • Possède un comptoir dans les 2 offices de tourisme.

## Transports

***Gare ferroviaire centrale*** *(Hauptbahnhof ; plan couleur II, B2-3)* **:** *rens horaires,* ☎ *080-01-50-70-90 (no Vert).* Entre 5h et 19h50, un bus *Lufthansa* part pour l'aéroport toutes les 20 mn de la sortie côté Arnulfstrasse (durée du trajet : env 40 mn ; prévoir plus aux heures de pointe, en particulier à partir de 16h). On vous conseille plutôt de prendre le RER (S-Bahn). ***Consignes :*** manuelles, à droite après l'entrée côté Bahnhofs platz (compter 5 €/j. par sac ou valise), ou à pièces, à côté des manuelles notamment (3-5 €/j.).
***Gare routière*** *(plan couleur I, B2)* **:** *Zentraler Omnibusbahnof München (ZOB) Munich, Arnulfstr 21.* ☎ *45-20-98-90. Dans le prolongement de la gare centrale.* Un superbe bâtiment à l'architecture réussie et ultramoderne. Départs en bus pour les 4 coins de l'Europe. C'est ici que les bus *Eurolines* arrivent et partent.
***Taxis :*** ☎ *21-610.*
■ ***Mitfahrzentrale*** *(covoiturage)* **:** *Lämmerstr 6 (près de la gare, côté nord).* ☎ *59-25-10 ou 59-45-61 (tlj 8h-20h).*

• *mitfahrzentrale.de* • *Mer-ven 8h-20h ; sam-mar 8h-19h.* Réservation par tél ou sur Internet, afin d'obtenir une ou plusieurs places dans des voitures à destination de villes allemandes ou d'autres pays (partage des frais). Système particulièrement bien rodé en Allemagne comme en Autriche.

■ Une bonne nouvelle pour les ***camping-caristes*** : plusieurs parking-relais aux entrées de la ville, où l'on peut stationner pour la nuit pour 1 €, et ce juste à côté des stations de métro et de bus.

## Location de vélos

Munich possède des centaines de kilomètres de pistes cyclables. C'est le moyen de transport le plus utilisé par les jeunes (et les moins jeunes). Location, entre autres, à :

■ ***Radius Tours & Bike Rental*** *(plan couleur II, B2)* **:** *à la gare, côté Arnulfstr 3.* ☎ *54-34-87-77-40.* • *radius munich.com* • *Avr-oct 8h30-19h (20h le w-e mai-sept).* Propose aussi des visites guidées à vélo (en allemand ou en anglais).

■ ***Mike's Bike Tours*** *(plan couleur II, C3)* **:** ☎ *255-43-987.* • *mikesbiketours.com* • *À l'angle de Hochbrückenstr et de Bräuhausstr, dans le centre.* Organise des balades à vélo *(départ à 11h30 de mars à mi-avr et sept-nov ; tlj à 11h30 et 16h30 de mi-avr à fin août).* Les balades durent 4h, 5h ou 7h (prix et horaires variables). Point de rendez-vous : *Turm des Alten Rathauses Marienplatz* (tour de l'ancienne mairie à Marienplatz).

■ ***Spurwechsel :*** *bureau Ohlmüllerstr 5.* ☎ *692-46-99.* • *spurwechsel.info* • Organise des balades à vélo (ou à pied) dans la ville *(ven, sam, dim et j. fériés).* On vous fournit le vélo sur place. Départ à 11h15, rendez-vous à la fontaine *(Fischbrunnen)* de Marienplatz (pas d'inscription obligatoire). En été, une sortie est également proposée le vendredi en soirée, départ même lieu à 18h.

# Où dormir ?

L'hébergement à Munich peut se révéler difficile, voire impossible au moment de l'*Oktoberfest* (dernière semaine de septembre et première semaine d'octobre). En effet, les réservations pour cet événement sont faites 6 à 12 mois à l'avance, et les prix sont majorés de 15 à... 100 % (voire plus !), de l'hôtel de luxe à la pension la plus modeste, aucun endroit n'y échappe, pas même les AJ ! Si vous tenez absolument à assister à cet événement (certes mémorable, mais bon...), il existe une ultime solution : dormir dans sa voiture garée sur les parkings des autocars (autorisés et gratuits mais, là encore, pris d'assaut). Sur place, on trouve des toilettes et douches installées pour l'occasion. Sinon, si vous n'avez rien réservé, tentez plutôt votre chance dans une ville voisine (Augsbourg, par exemple).

Autres périodes difficiles avec lesquelles il faut, hélas, compter : celles des congrès et foires-expositions *(Messe)*, très nombreux (au moins une vingtaine par an). Vous pouvez contacter l'office de tourisme pour en connaître le calendrier. Sinon, une bonne nouvelle : les foires, congrès et autres rendez-vous d'affaires collectifs se déroulant en semaine, les hôtels des catégories « Plus chic » et « Beaucoup plus chic » sont souvent amenés à casser leurs prix le week-end, et ce tout au long de l'année. C'est donc le moment de se payer une petite folie niveau logement...

– ***Infos et réservations d'hébergement :*** ☎ *089-233-96-500.*

## Campings

*Attention :* en Bavière, pendant la période de la fête de la Bière, l'accès aux campings municipaux est interdit aux moins de 18 ans non accompagnés d'un adulte.

⛺ ***Jugendlager am Kapuzinerhölzl « Das Zelt »*** (La Tente) **:** *In den Kirschen 30, entrée par Franz-Schrank-Str 18, 80992.* ☎ *141-43-00.* • *cu@the-tent.com* • *the-tent.com* • *Prendre le tram n° 17 de la gare jusqu'au Neuer*

*Botanischer Garten, c'est à 2 mn à pied. Début juin-début oct 24h/24. Le prix comprend l'emplacement, un matelas isolant, une couverture : 7,50 € (10,50 € avec un lit de camp).* C'est en fait un immense chapiteau monté dans un parc près du château de Nymphenburg, destiné à protéger les routards des intempéries. L'hébergement est un peu rudimentaire et réservé à ceux qui ne recherchent pas vraiment l'intimité, mais il est à proximité de la rivière Isar et d'une piscine. Douches et toilettes en nombre suffisant. Cafétéria. On peut aussi planter sa tente *(16,50 € pour 2).* Attention, il n'y a pas de possibilité de parking pour les voitures à l'intérieur du camping.

⛺ ***Campingplatz München-Thalkirchen :*** *Zentralländstr 49, 81379. ☎ 72-31-707. • muenchen.de • U-Bahn nº 3 jusqu'à Thalkirchen (Tierpark), puis bus nº 57 (attention : plus de bus après 22h et la station de métro la plus proche est à 1,3 km). De mi-mars à fin oct. Env 20 € pour 2 avec tente et voiture selon saison.* Grand terrain municipal ombragé près de l'Isar, bien équipé. Malgré tout, en saison, c'est un peu l'usine, et les sanitaires, bien que grands, sont vite sales ! Bon accueil. Golf à proximité (zoo, *Tierpark*, à côté).

⛺ ***Langwieder See :*** *Eschenrieder Str 119, 81249. ☎ 864-15-66. • info@camping-langwieder-see.de • camping-langwieder-see.de • À 2 km de l'autoroute pour Stuttgart (sortie nº 80 Langwied). Pas de liaison urbaine. Tte l'année. Camping hors saison slt sur résa. Compter 17 € pour 2 avec tente et voiture.* Assez éloigné mais près d'un lac, avec des emplacements ombragés. Resto.

⛺ ***Campingplatz Nord-West :*** *Auf den Schrederwiesen 3, 80995, en direction de Dachau. ☎ 15-06-936 ou (0831) 320-840. • info@campingplatz-nord-west.de • campingplatz-nord-west.de • Pas de liaison urbaine. Tte l'année. Env 20 € pour 2 avec tente et voiture.* De hauts et vieux arbres donnent un cachet particulier à ce camping sans prétention.



## Chambres chez l'habitant

■ ***Bed & Breakfast München*** *(plan couleur I, A2, **9**) : Schulstr 31, 80634. ☎ 168-87-81. • bfm@bed-breakfast-muc.de • bed-breakfast-muc.de • U-Bahn ou tram nº 12 : Rotkreuzplatz. Tlj sf w-e 9h-12h30, 14h-17h30.* Agence qui dispose de plus de 500 chambres chez l'habitant, avec ou sans petit déj, il y aussi des studios équipés pour 2 personnes ou plus. À partir de 2 nuits.

■ Pour les étudiants, il est possible de s'adresser à la ***Mitwohnzentrale an der Uni*** *(plan couleur I, C1-2) : Fendstr 6, 80802. ☎ 33-03-740. • info@mrliving.de • mrliving.de • U-Bahn nº 3 ou 6 : Münchner Freiheit.* Propose appartements et maisons pour des séjours plus longs.

### *AUBERGES DE JEUNESSE (DHJ)*

## Auberges de jeunesse officielles

Ces AJ exigent en principe la carte de membre, valable 12 mois (sinon il est souvent possible de séjourner en payant quelques euros de plus par nuit passée). Les plus de 26 ans sont désormais largement acceptés (à condition, là encore, de payer un supplément). Le prix inclut le petit déjeuner.

🏠 ***Jugendherberge München-City*** *(plan couleur I, A2, **10**) : Wendl-Dietrich-Str 20, 80634. ☎ 202-444-90 • muenchen-city@jugendherberge.de • muenchen-city.jugendherberge.de • U-Bahn nº 1 : Rotkreuzplatz, puis 10 mn à pied. Ou bien tram nº 12, bus nº 53 ou 152. Congés : de mi-déc au 6 janv. Bureau 24h/24. Chambres 2-6 lits. Nuit 25-36 €/pers. (payant).* Dans le quartier branché de Neuhausen, une auberge remontant à... 1927 (ce fut la première à ouvrir dans une grande ville). Dortoirs impeccables avec casiers. Salle commune avec billard, jardin. On peut y manger matin, midi et soir. Bien aussi pour les familles.

🏠 ***Jugendgästehaus München-Park*** *(hors plan couleur I par B3, **11**) : Miesingstr 4 (à 4 km au sud de Munich), 81379. ☎ 785-76-770. • muenchen-park@jugendherberge.*

*de • muenchen-park.jugendherberge.de • De la gare, U-Bahn n° 1 ou 2 : Sendliger Tor, puis U-Bahn n° 3 : Thalkirchen, c'est à 3 mn à pied. Accueil 7h-23h. Fermé en déc. Nuit à partir de 25 €. Réservez longtemps à l'avance, surtout en été. (payant).* Un peu excentrée, mais située dans la verdure, voici une grande auberge de jeunesse dans un bâtiment moderne, avec des dortoirs bien arrangés. Pas moins de 371 lits répartis dans 120 chambres. Possibilité de dîner.

***Jugendherberge Burg Schwaneck :*** *Burgweg 4-6, 82049* ***Pullach.*** *☎ 74-48-66-70. • info@jugendherberge-burgschwaneck.de • burgschwaneck.de • Excentrée, à 12 km de Munich mais slt à 20 mn en métro de Marienplatz (S-Bahn n° 7 jusqu'à Pullach, puis 10 mn de marche en suivant les panneaux). Tlj 7h30-23h30. Fermé de mi-déc à mi-janv. À partir de 24,50 €/pers en dortoir, 26,50 € en chambres de 4-6 lits et 34,50 € en chambre double.* Une jolie auberge récemment rénovée, tout confort, dans un « manoir » ancien entouré d'un parc. Dortoirs de 4 à 6 lits. Resto. Installations sportives (dont une piscine dans les environs) et bowling.

## Auberges de jeunesse indépendantes

***The 4 You Hostel & Hotel*** *(plan couleur II, B2,* ***12****) : Hirtenstr 18, 80335. ☎ 552-16-60. • info@the4you.de • the4you.de • U-Bahn : Hauptbahnhof. À 2 mn de la gare (sortie côté voie 26), petite rue calme parallèle à Arnulfstr. Accueil 24h/24. Dortoir 21-26 €/pers, chambre simple 59 €, doubles sans ou avec sdb et TV 64-84 €. Petit déj inclus. (payant)* Une AJ privée rénovée et bien située à deux pas de la gare. Outre des dortoirs, le lieu possède une partie hôtelière, aux 4e et 5e étages du même immeuble, avec des chambres confortables (salle de bains et TV). Salle de billard et TV, salon de lecture et un bar à l'ambiance chaleureuse proposant tous les jours un *happy hours* dès l'après-midi... En été, un *Biergarten* de 16 places... le plus petit de la ville sans doute ! Petite restauration à prix très doux. Enfin, l'auberge est le point de départ, tous les jours à 10h en saison, de balades guidées de la ville en anglais... et c'est gratuit !

***CVJM Jugendgästehaus*** *(YMCA ; plan couleur II, B3,* ***13****) : Landwehrstr 13, 80336. ☎ 552-14-10. • hotel@cvjm-muenchen.org • cvjm-muenchen.org/hotel • U-Bahn : Hauptbahnhof. À 5 mn de la gare. Fermé 21 déc-15 janv et 4 j. à Pâques. Accepte les couples... mariés slt (c'est catholique !). Couvre-feu 0h30-7h. Doubles 28,50-44 €, petit déj compris. Supplément de 3 € au-delà de 26 ans. Prix dégressifs à partir de 3 nuits. (payant). Café offert sur présentation de ce guide.* Moderne et propre, avec des chambres de 1 à 3 lits (plus calmes côtés cour), à la déco sobre. Sanitaires communs. Possibilité de prendre ses repas sur place.

***Haus International*** *(plan couleur I, B1,* ***14****) : Elisabethstr 87, 80797. ☎ 12-00-60. • info@haus-international.de • haus-international.de • Dans le quartier de Schwabing. U-Bahn n° 2 jusqu'à Hohenzollernplatz ; bus n° 53 ou tram n° 12 jusqu'à Barbarastr. 24h/24. Selon saison, dortoirs 3-8 lits avec sdb env 26-30 €/pers ; env 24-40 €/pers en chambre double sans ou avec sdb, petit déj inclus. (payant).* Immeuble sans grand charme mais bien équipé (il y a même une disco...) avec des dortoirs à l'aménagement fonctionnel. Propose des repas midi et soir.

***Euro Youth Hotel*** *(plan couleur II, B3,* ***15****) : Senefelderstr 5, 80336. ☎ 59-90-88-11. • info@euro-youth-hotel.de • euro-youth-hotel.de • U-Bahn : Hauptbahnhof. À 50 m de la gare centrale. Selon période, dortoirs 3-12 lits 16-26 €/pers (petit déj 4,30 €), doubles sans ou avec sdb 37-87 € (petit déj compris). (payant).* Une bâtisse qui date de 1880, classée Monument historique, autrefois hôtel de luxe et maintenant auberge fonctionnelle mais non dénuée de charme, avec des touches de décoration d'un autre temps. Excellente tenue. Bar animé, avec *happy hours* en début de soirée.

***Munich Jaeger's*** *(plan couleur II, B3,* ***26****) : Senefelderstr 3, 80336.*

☎ 55-52-81. • office@jaegerhostel.de • jaegershostel.de • U-Bahn : Hauptbahnhof. À côté de l'Euro Youth Hostel. Compter 12-30 €/pers en dortoir (selon saison et nombre de lits) et 43 €/pers en chambre double. Petit déj en sus. (payant). Encore un *hostel* pour *backpackers* et autres voyageurs en solo pas trop fortunés. Communs agréables et modernes aux tons orangés et dortoirs de 4 à 10 lits (et même un pour 40 personnes !) très bien tenus. Également des chambres privées dignes d'un vrai hôtel (avec salle de bains, TV et AC). Bar. Une bonne adresse, très fréquentée là encore en été.

**Wombats City Hostel** (plan couleur II, B3, **30**) : Senefelderstr 1, 80336. ☎ 59-98-91-80. • office@wombats-munich.de • wombats-hostels.com/munich • U-Bahn : Hauptbahnhof. À côté du Munich Jaeger's. Dortoirs 19-29 €/pers selon nombre de lits et saison, doubles 76-80 €. Petit déj-buffet en plus. (payant). Vaste et bien aménagé mais, en saison, c'est l'usine ! Chambres privées et dortoirs impec' de 4 à 10 lits. Bien sûr, il y a un bar (animé) et même un « atrium » avec sièges de plage où tout le monde se rassemble ! À fuir si vous cherchez le calme, conseillé en revanche pour ceux qui cherchent à faire des rencontres.

**Smart Stay Hostel** (plan couleur II, B3, **35**) : Mozartstr 4, 80336. ☎ 55-87-97-0. • munichcity@smart-stay.de • smart-stay.de • U-Bahn : Goetheplatz. Dortoir de 2, 4, 6 et 8 lits à partir de 15 €/pers (20 € pour ceux de 4 lits), petit déj en sus. Double avec sdb 89 €, petit déj compris. Lobby moderne avec bar et billard, et chambres lumineuses avec bonne literie.

MUNICH

## PENSIONS

Les pensions sont souvent complètes en saison, mais elles restent un bon moyen pour vivre « à la munichoise », souvent en plein cœur de la ville. Notre liste n'est pas exhaustive, mais vous donnera des points de repère. Les réservations par téléphone ou e-mail sont acceptées.

**Pension Am Kaiserplatz** (plan couleur I, C1, **16**) : Kaiserplatz 12, 80803. ☎ 34-91-90. • amkaiserplatz.de • À l'angle avec Kaiserstr. U-Bahn nº 3 ou 6 : Münchner Freiheit. Réception jusqu'à 20h. Fermé fêtes de fin d'année. Doubles sans ou avec douche (w-c à l'étage) 55-71 €, petit déj inclus. Prix très abordables pdt l'Oktoberfest. Mention spéciale pour cette pension établie dans un vieil immeuble, donnant sur une place tranquille. Une dizaine de chambres assez vastes, meublées dans un style certes très kitsch et éclectique (guéridon doré, petit canapé, rideaux épais... et cabine de douche dans la pièce), mais bien tenue et bon marché pour Munich. Accueil cordial.

**Pension Geiger** (plan couleur II, C2, **17**) : Steinheilstr 1, 80333. ☎ 52-15-56. • info@pensiongeiger.de • pensiongeiger.de • U-Bahn : Theresienstr. Fermé 24 déc-6 janv. Double avec douche 88 € ; petit déj 3 €. Parking payant (pas cher). Au 2e étage sans ascenseur. Modeste pension bien tenue et propre, dans une ambiance familiale. La douche est une cabine de verre posée dans un coin de la pièce (bien fermer la porte avant utilisation...). Petit déj servi dans la chambre.

**Pension am Siegestor** (plan couleur I, C2, **18**) : Akademiestr 5, 80799. ☎ 39-95-50. • siegestor@t-online.de • siegestor.com • U-Bahn : Universität. Doubles sans ou avec sdb 74-120 € selon confort et saison ; petit déj inclus. Parking (6 €). Installée dans une ancienne villa à proximité de la Siegestor. Chambres très bien tenues, colorées et décorées avec sobriété, certaines donnant sur l'académie des Beaux-Arts. Patronne très souriante et qui parle le français. Agréable adresse à prix abordables.

**Pension am Gärtnerplatz** (plan couleur II, C3, **19**) : Klenzestr 45, 80469. ☎ 202-51-70. • info@pensiongaertnerplatz.de • pensiongaertnerplatz.de • U-Bahn : Fraunhoferstr. Doubles sans ou avec sdb et balcon 120-130 €, petit déj inclus. Parking privé payant. Dans un quartier agréable, un peu à l'écart de l'agitation. Une pension originale plus chic que la moyenne, avec de belles chambres propres et salles de bains impeccables. Les plus chères sont décorées sur le thème de Sissi impératrice ou dans un style rustique bavarois avec meubles peints. Une atmosphère rococo pimentée par la forte personnalité de la patronne à la gouaille inimitable. Beau petit déj.

**Hotel-pension Mariandl** (plan couleur II, B3, **21**) : *Goethestr 51, 80336. ☎ 55-29-100. • office@mariandl.com • mariandl.com • U/S-Bahn : Goetheplatz. Chambres sans ou avec douche et w-c 70-165 € selon confort, petit déj inclus.* Dans un quartier résidentiel paisible, une belle bâtisse datant de 1899, qui abrite un hôtel de charme, avec des chambres confortables et de caractère. Vieux planchers, mobilier choisi, décoration soignée à l'ancienne. Ambiance jeune un peu bobo. Sommeil léger s'abstenir, car l'insonorisation est exécrable. Petit déj servi au *Café am Beethovenplatz* (voir la rubrique « Où manger ? Où boire un verre ? »).

**Gästehaus Englischer Garten** (plan couleur I, D1, **22**) : *Liebergesellstr 8, 80802. ☎ 383-94-10. • info@hotelenglischergarten.de • hotelenglischergarten.de • U-Bahn n° 3 ou 6 : Münchner Freiheit. Doubles 87-205 € selon confort et saison. Petit déj 8,50 €. Garage payant.* Située en lisière de l'Englischer Garten, dans un environnement très verdoyant. Villa moderne qui paraît ancienne en raison des plantes grimpantes qui couvrent la façade. Atmosphère d'une grande sérénité, pourtant à 10 mn de l'animation de Schwabing. Accueil jovial et poli. Copieux petit déj. Animaux bienvenus, location de vélos.

**Pension Carolin** (plan couleur I, C2, **23**) : *Kaulbachstr 42, 80539. ☎ 34-57-57. • info@pension-carolin.com • pension-carolin.com • U-Bahn n° 3 ou 6 : Universität. Congés : 2 sem en août. Chambres sans ou avec sdb et TV 90-100 € (10 % de plus à peine pdt la fête de la Bière), petit déj compris.* Dans un quartier résidentiel, proche de l'Englischer Garten et à 2 mn de la Siegestor, une pension arrangée avec soin. Décoration d'un hôtel standard, c'est propre et fonctionnel. Accueil charmant de Mme Mohr, qui parle un peu le français.

## *HÔTELS*

Si les hôtels proposés sont complets, n'hésitez pas à vous adresser à l'office de tourisme directement : *☎ 23-39-65-00 ou • gaesteservice.tam@muenchen.de •*

### De prix moyens à plus chic

**Cocoon Sendlinger Tor** (plan couleur II, B3, **27**) : *Lindwurmstr 35, 80337. ☎ 59-993-907. • info@hotel-cocoon.de • hotel-cocoon.de • U-Bahn : Goetheplatz. Doubles avec sdb 80-130 € selon saison (hors de prix pdt l'Oktoberfest). Petit déj 9 €. Garage 13 €.* Peut-être notre hôtel préféré à Munich par son originalité. Comme son nom le laisse entendre, tout évoque un cocon douillet et chaleureux. Des formes arrondies, un mobilier sobre, des coloris orange et vert pomme très pop, des images apaisantes de nature et papillons... Les chambres, tout confort, sortent vraiment de l'ordinaire. En bref, l'endroit idéal pour se poser et récupérer d'une journée animée. Accueil chaleureux, jeune et souriant.

**Motel One – Sendlinger Tor** (plan couleur II, C3, **20**) : *Herzog-Wilhelm-Str 28, 80331. ☎ 51-777-25-10. • muenchen-sendligertor@motel-one.com • motel-one.com • U-Bahn : Sendlinger Tor. À 50 m sur la gauche en sortant du métro. Doubles à partir de 94 €. Garage souterrain (payant) mais places en nombre limité... (payant).* Un autre coup de cœur ! Issu de la chaîne d'hôtels design allemande *Motel One* (il y en a 7 à Munich), celui-ci est idéalement situé, en plein centre et pourtant au calme. Tons gris, turquoise et marron pour une déco contemporaine, un bar et des espaces détente cosy à l'entrée et dans le patio intérieur... Chambres de grand confort, lumineuses, dans un style sobre et chic à la fois. Nos préférées : celles du dernier étage, où on profite de terrasses avec vue sur le vieux Munich depuis sa chaise longue (pour 20 € en plus du prix de base) ! Excellent accueil.

**Creatif Hotel Elephant** (plan couleur II, B2, **24**) : *Lämmerstr 6,*

*80335. ☎ 55-57-85. • creatif-hotel-elephant@munich-hotel.net • creatif-hotel-elephant • U-Bahn : Hauptbahnhof. Près de la gare et à côté de la* Mitfahrzentrale. *Doubles 60-300 € selon confort et saison. Petit déj-buffet 9 €. (payant).* Cet hôtel à la façade joliment colorée, qui tranche avec le quartier, a été rénové par un architecte français et propose aujourd'hui une quarantaine de chambres lumineuses et pimpantes, avec petit mobilier en bois clair et rideaux roses. Accueil sympathique.

**Hotel-Pension Atlanta** *(plan couleur II, C3,* ***25****) : Sendlinger Str 58, 80331. ☎ 26-36-05. • info@hotel-atlanta.de • hotel-atlanta.de • U-Bahn : Sendlinger Tor. Au-dessus d'un magasin de chaussures. Doubles sans ou avec sdb 70-90 € ; petit déj compris si on réserve directement auprès de l'hôtel.* Pension familiale, moderne et modeste dans son décor. Chambres agréables et arrangées avec soin. Idéal pour ceux qui cherchent un quartier animé avec de nombreux restos à deux pas.

**Hotel am Viktualienmarkt** *(plan couleur II, C3,* ***32****) : Utzschneiderstr 14, 80469. ☎ 231-10-90. • reservierung@hotel-am-viktualienmarkt.de • hotel-am-viktualienmarkt.de • Doubles 99-120 € avec sdb et TV.* Hôtel situé dans un quartier vivant et agréable, à proximité du marché aux victuailles (d'où est tiré son nom allemand). Chambres claires et lumineuses, avec déco design ; tout est impeccable, tout confort. Lobby et salle de petit déj du même style.

**Golden Leaf Hotel Altmünchen** *(plan couleur I, C3,* ***28****) : Mariahilfplatz 4, 81541. ☎ 45-84-40. • ahg@golden-leaf-hotel.de • golden-leaf-hotel.de • S-Bahn : Rosenheimer Platz. Doubles avec sdb 90-130 € ; prix attractifs le w-e (20-30 € de moins par chambre). Parking payant.* Fait partie d'une chaîne hôtelière. Sur une vaste place à deux pas du quartier de Haidhausen, à l'ambiance de village. L'extérieur est quelconque, mais les chambres à la décoration classique et soignée sont agréables et confortables. Préférer celles donnant sur la cour, plus calmes. Bonne table bavaroise à prix très corrects, et en été, il y a même un petit *Biergarten* sur l'arrière.

**Deutsche Eiche** *(plan couleur II, C3,* ***29****) : Reichenbachstr 13, 80469. ☎ 23-11-660. • info@deutsche-eiche.com • deutsche-eiche.com • Doubles 140-160 €.* Une adresse célèbre pour les fans de Fassbinder, lequel venait avec sa troupe au bistrot du rez-de-chaussée. Hôtel gay le plus célèbre de la ville, qui s'est fait porte-drapeau de sa communauté. Chambres modernes, couleurs chaudes, miroirs dans la salle de bains, bref : un grand confort dans un design épuré. Terrasse sur le toit, sauna et hammam (mais réservé aux hommes). Accueil attentionné.

## De plus chic à très chic

**Fleming's Hotel München-Schwabing** *(plan couleur I, C1,* ***31****) : Leopoldstr 130-132. ☎ 20-60-90-0. • flemings-hotels.com • U/S-Bahn : Dietlindenstr ou Münchner Freihet. Doubles 100-200 € selon confort et période.* Non loin du siège de BMW, au cœur de Schwabing, cet hôtel moderne à taille humaine présente de nombreux avantages, notamment son emplacement et son rapport qualité-prix. Les chambres sont impeccables et confortables (avec AC) ; en demander une donnant sur le calme de la cour intérieure. Fait aussi restaurant (prix sages). Excellent petit déj. Accueil professionnel à l'allemande. Parking aisé. Pour gagner le centre, lignes de bus ou de métro.

**Hotel Cortiina** *(plan couleur II, C3,* ***34****) : Ledererstr 8, 80331. ☎ 242-24-90. • cortiina.com • U/S-Bahn : Marienplatz ou Isartor. Doubles 170-310 € ; petit déj env 20 €.* Hôtel design dernier cri en plein cœur de la ville, l'adresse idéale quand on a décidé de casser sa tirelire. Évidemment, il faut être sensible au style résolument contemporain, mais dans le genre, c'est vraiment réussi. Matériaux nobles, jeux de lumière et de couleurs sombres dans les parties communes, chambres d'un goût exquis et très luxueuses. Accueil adorable.

## Où manger ? Où boire un verre ?

Les restaurants typiquement bavarois sont éminemment touristiques. Cela dit, les tavernes traditionnelles sont rarement chères et l'ambiance est toujours assurée... On ne vous les indique pas tous, mais vous ne risquez guère d'être déçu si vous poussez la porte de l'un d'eux, avec l'idée d'avaler quelques *Knödel* et autres rôtis de porc *(Schweinebraten)* ou jambonneaux *(Schweinshaxe),* ou encore un *Münchner Sauerbraten,* viande de bœuf marinée et bien épicée.

Sinon, contentez-vous de faire la pause casse-croûte, le fameux *Brotzeit.* Rien ne vaut alors un verre de bière pour faire passer l'*Obatza* (genre de camembert coulant mélangé avec du beurre et écrasé avec poivre, sel, oignon, poivron, cumin) servi avec un bretzel frais. Ou la *Weisswurst* de la fin de matinée accompagnée de moutarde sucrée *(Bayerischer Senf).*

L'idéal, s'il fait beau, pour apprécier le *Brotzeit,* c'est évidemment d'aller s'asseoir dans un *Biergarten,* histoire d'être vraiment au cœur de la vie bavaroise. C'est là que tout le monde se retrouve, en famille, entre amis, pour prendre l'air du temps et montrer qu'on est heureux de vivre dans la plus belle ville d'Allemagne (chauvins, les Bavarois ? vous voulez rire...). On sert rarement des desserts en fin de repas, surtout à midi, gardez plutôt une place pour la pause-goûter et dégustez alors un *Obstkuchen,* une *Schwarzwäldertorte* ou bien la spécialité autrichienne, le *Kaiserschmarren.*

### *Dans le centre*

#### Bon marché

On peut manger pour pas très cher à Munich, notamment dans l'un des nombreux ***Imbisse*** (grosse concentration dans le quartier de la gare), où l'on sert des saucisses (par exemple, dans ceux de l'enseigne ***Vinzenz-Murr***), mais aussi des *döner kebab* (mouton grillé dans un pain *pitta*).

À ne surtout pas manquer, le ***Viktualienmarkt*** *(plan couleur II, C3, **41**),* plus vieux marché munichois et l'un de nos lieux préférés pour grignoter (sauf le dimanche) entre 9h et 20h. Échoppes en bois présentant de beaux stands de fruits, légumes, charcuteries, fromages de l'Allgäu, pains, etc. Un peu cher, mais excellents produits. Le midi, file ininterrompue des employés du quartier, qui viennent s'acheter un *Leberkäse* glissé dans un *Brötchen* ou bien un poisson pané avec une salade de pommes de terre, comme le propose la chaîne ***Nordsee.*** Les jours où il fait frisquet, on se réchauffe avec un verre d'*Honigwein* (vin chaud au miel) à la boutique ***Honighäus'l.*** Et dès les beaux jours, *Biergarten* sous les marronniers. Une nouvelle halle a été construite juste derrière ce marché, avec là encore de nombreuses possibilités pour se restaurer.

### *BRASSERIES*

#### Prix moyens

On y sert les grandes spécialités de la cuisine bavaroise. Compter 8-15 € pour un plat... copieux (en général, ça suffit !). Pour une bière d'un litre, vous débourserez 6 ou 7 €.

|●| ***Hofbräuhaus*** *(plan couleur II, C3, **44**) : Am Platz 9. ☎ 290-13-60. • hbteam@hofbraeuhaus.de • U/S-Bahn : Marienplatz. Tlj 9h-23h30.* Une véritable institution à Munich et en Bavière. Probablement la brasserie la plus connue au monde. Créée en 1589, elle compte 3 600 places et accueille chaque année plus de 3 millions de visiteurs (jusqu'à 30 000 les jours de grande affluence) ! Presque en permanence, des concerts de musique bavaroise avec les culottes de cuir et les chapeaux à plumes. Même si certains se font payer (en liquide, évidemment !) pour faire de la figuration, ça marche toujours autant. Ne pas manquer non plus d'aller jeter un coup d'œil à la spectaculaire salle de fête au 2e étage.

|●| ***Andechser am Dom*** *(plan couleur II, C3, **45**) : Weinstr 7a.*

☎ 29-29-29-20. • info@andechser-amdom.de • U/S-Bahn : Marienplatz. Tlj 10h-1h (23h la cuisine). Plats 8-16,50 €. À l'ombre de la cathédrale, une grande salle avec des boiseries, patinée par le temps, d'où son charme. En terrasse, on sert une cuisine typique de qualité. Les prix comme la bière des bons moines sont très honorables. Service impeccable. Toujours bondé en été.

|●| **Bratwurstherzl** *(plan couleur II, C3,* ***46****) :* *Dreifaltigkeitsplatz 1. ☎ 29-51-13. • bratwurstherzl@t-online.de • U/S-Bahn : Marienplatz. Juste à côté du Viktualienmarkt. Tlj sf dim 10h-23h (la cuisine ferme à 21h30). Moins de 10 € le plat.* Là où il y a de la bière, la saucisse n'est pas bien loin... on dirait presque un dicton bavarois ! Fidèle au poste depuis 1633. On y vient pour son atmosphère familiale et son grand choix de plats bavarois à prix très corrects à déguster dans une salle voûtée. Seuls hic, toujours beaucoup de monde et un service un peu lent.

|●| ***Wirtshaus zum Straubinger*** *(plan couleur II, C3,* ***47****) : Blumenstr 5. ☎ 232-38-30. • info@zumstraubinger.de • U/S-Bahn : Marienplatz. Lun-sam 10h-1h, dim et j. fériés 11h-23h. Le midi, plat du jour env 6,50 €. Autres plats 7-18 €.* Local de tradition à côté du marché aux victuailles. Bonne table légèrement plus chère, mais la qualité est au rendez-vous. Bon choix de plats bavarois typiques, soupes, salades et quelques plats végétariens. Pour digérer, prenez un petit schnaps (à consommer avec modération !). Très agréable *Biergarten* sous les marronniers.

## *KNEIPEN (CAFÉS) ET RESTAURANTS*

Étudiants et habitués aiment bien se sustenter dans les *Kneipen,* sortes de café-resto au look un peu ancien où l'on peut boire et manger dès midi, mais souvent davantage fréquentés en soirée...

### De bon marché à prix moyens

|●| 🍷 ***Café Glockenspiel*** *(plan couleur II, C3,* ***49****) : Marienplatz 28. ☎ 26-42-56. • welcome@cafe-glockenspiel.de • U/S-Bahn : Marienplatz. Au 5e étage, entrée par le passage de la Rosenstr. Tlj 9h-minuit ou 1h (10h-19h dim). Plats 10-20 €. Menus à partir de 15 € le midi et 30 € le soir.* Salon de thé renommé depuis des décennies pour ses pâtisseries. Fait également bar-restaurant avec 2 jolies salles et une agréable terrasse sur les toits en été, où viennent se retrouver les bandes de copines après le shopping. Côté resto, on vous conseille de réserver le soir si vous souhaitez dîner en tête-à-tête avec les personnages du carillon de l'hôtel de ville : vue imprenable pour le spectacle ! Cuisine à tendance méditerranéenne et énormes gâteaux, dont le *Glockenspiel* (en hiver seulement), à la mousse au chocolat ! Le bar donne sur l'arrière et dispose d'une terrasse couverte (voir « Où boire un verre ? » plus bas).

|●| ***Fraunhofer*** *(plan couleur II, C3,* ***43****) : Fraunhoferstr 9. ☎ 26-64-60. U-Bahn n° 1 ou 2 : Fraunhoferstr. Tlj 16h30-minuit. Plats 8-19 €. CB refusées.* Le lieu de rencontre des intellectuels dans un décor ancien de vieille taverne bavaroise, autour d'épaisses tables en bois, avec des têtes d'animaux empaillés au mur, de vieux lustres, des plafonds moulurés. Cuisine traditionnelle copieuse et sincère. Théâtre dans la cour intérieure, cinéma d'art et d'essai au sous-sol.

|●| ***Bar Centrale*** *(plan couleur II, C3,* ***54****) : Ledererstr 23. ☎ 22-37-62. • info@bar-centrale.com • U/S-Bahn : Isartor ou Marienplatz. Tlj 7h30 (9h dim)-1h. Pâtes et sandwichs 3,50-10,50 €.* Un charmant petit bistrot très bien situé, avec une salle de resto-*lounge* à l'arrière. Excellente adresse réputée pour son cappuccino. Bien aussi pour déjeuner sur le pouce. Bonne musique et grande ambiance en soirée !

|●| ***Baader Café*** *(plan couleur II, C3,* ***51****) : Baaderstr 47. ☎ 20-10-638. • bauer.gastro@web.de • U/S-Bahn : Fraunhoferstrasse. Tlj 9h30-1h (2h ven-sam).* Un café un peu bohème réputé pour sa carte de *Frühstück*. Brunch-buffet le dimanche – sauf en été –, certainement le meilleur de la ville. Sinon, petite restauration (d'ici et d'ailleurs) pas chère. Également

gâteaux maison et cafés à emporter.

|●| ***Café am Beethovenplatz*** *(plan couleur II, B3,* **53***) : Goethestr 51. ☎ 54-40-43-48. • office@mariandl.com • U/S-Bahn : Goetheplatz. Tlj 9h-1h. Petit déj à la carte servi jusqu'à 16h. À midi, choix de plats à 5-7 € ; le soir compter 8-18 € et menu env 20 €.* Dans un quartier calme, le plus vieux café-concert de Munich dans un établissement de style néogothique de 1899 (en fait c'est un hôtel). Grande salle à arcades avec beaucoup de caractère, agréable terrasse sous les marronniers. Le café se targue d'avoir accueilli le premier night-club de l'après-guerre, où se retrouvaient les soldats américains des troupes de l'Occupation. Aujourd'hui, le piano est toujours là, et des concerts y sont organisés tous les soirs, ainsi que le samedi de 15h à 18h et le dimanche de 11h à 14h. Cuisine classique sans prétention, mais à prix raisonnables ; excellents gâteaux maison : *Sachertorte, Apfelstrudel, Kaiserschmarl* et autres pâtisseries viennoises.

|●| ***Zum Dürnbrau*** *(plan couleur II, C3,* **52***) : Dürnbraugasse 2. ☎ 22-21-95. • info@zumduernbraeu.de • U/S-Bahn : Marienplatz. Tlj 10h-minuit. Plats 10-20 €.* En plein cœur du vieux Munich, dans une ruelle calme à deux pas des plus grandes brasseries. Le restaurant fonctionne depuis 1487. On y sert de la cuisine bavaroise typique. Sa réputation n'est donc plus à faire : une solide tradition culinaire régionale, un service chaleureux, efficace et en tenue locale, avec, aux beaux jours, un joli patio à l'arrière du resto et un *Biergarten* non moins charmant à l'avant.

|●| ***Prinz Myshkin*** *(plan couleur II, C3,* **57***) : Hackenstr 2. ☎ 26-55-96. • info@prinzmyshkin.com • U/S-Bahn : Sendlinger Tor ou Marienplatz. Tlj 11h-0h30 (dernier service à 23h30). Plats 7-17 €.* Enfin un resto végétarien proposant soupes, salades, lasagnes et pâtes à base de produits frais et « naturels » dans une vaste et claire salle voûtée. Quelques tables en terrasse aussi. Beau choix de plats froids ou chauds d'inspirations orientale et italienne. Une adresse cosmopolite, élégante et à prix sages.

|●| ***Joe Peñas*** *(plan couleur II, C3,* **59***) : Buttermelcherstr 17. ☎ 22-64-63. • joepenasmuenchen@web.de • S-Bahn : Isartor. Près de Gärtnerplatz. Tlj sf j. fériés 17h-1h (service jusqu'à 23h). Env 7-16 €.* Resto mexicain dans une belle salle de style néo-colonial. C'est toujours bondé et souvent bruyant. Toute la variété des plats mexicains : *tacos, burritos, enchiladas,* guacamole... mais aussi du poulet à l'orange, fondue *gaucho... Happy hours* au bar en début de soirée (17h-20h) : ça permet de réserver sa place et d'être un peu tranquille avant le rush des étudiants.

## D'un peu plus chic à chic

|●| ***Königsquelle*** *(plan couleur II, C3,* **55***) : Baaderplatz 2. ☎ 22-00-71. U-Bahn n° 1 ou 2 : Fraunhoferstr. Près de Gärtnerplatz. Tlj 17h (19h sam)-1h. Résa très conseillée. Plats env 15-20 €. Café offert sur présentation de ce guide.* Une des adresses préférées des Munichois. Salle à l'atmosphère tamisée avec de petites tables en bois et un bar au milieu d'une collection de bouteilles. Cette adresse ravira les gourmands. On y sert des spécialités régionales préparées avec soin. On y découvre une autre facette de la tradition bavaroise, plus fine dans ses plats et dans son ambiance. Bonne carte de vins.

|●| ***Makassar*** *(plan couleur I, B3,* **58***) : Dreimühlenstr 25. ☎ 77-69-59. • info@makassar.de • Au sud du centre-ville, près de la Südbahnhof. Bus n° 31 de Sendlinger Tor, direction Westendstr, arrêt Reifenstuel (à l'angle de Thalkirchnerstr). Tlj sf dim et j. fériés 18h30-1h. Plats 13-20 €. CB refusées. Parking.* Le patron est un ancien marin qui a baroudé sur toutes les mers du monde. Il a aussi voyagé à bord de la « Calypso » du commandant Cousteau. Le décor néocolonial raffiné, les bonnes spécialités françaises, créoles et les cocktails pour le moins tropicaux : voici autant de raisons pour s'y installer. Service prévenant et atmosphère paisible. La clientèle est plutôt huppée. Prendre le soin de réserver, la salle est vite complète (sinon, il reste le comptoir).

|●| ***Master's Home*** *(plan couleur II, C3,* ***62****) : Frauenstr 11. ☎ 22-99-09. • info@mastershome-muenchen.de • S-Bahn : Isartor. Tlj 18h-3h (1h la cuisine).* Ici, toutes les « portions », à forte influence italienne, sont à 6,50 €. Très belle salle de resto, de style colonial anglais, avec beaucoup de style: boiseries, vieux meubles, beau bar en arc de cercle, coin salon-pub très cosy. À vous alors de choisir entre la bibliothèque, la salle de bains ou la chambre : ici, on peut prendre son *bloody mary* dans la baignoire ou un *daiquiri* allongé sur le lit... Une des meilleures adresses du quartier.

|●| ***Les Cuisiniers*** *(plan couleur II, D2,* ***64****) : Reitmorstr 21, Ecke Liebigstrasse, 80538 Lehel. ☎ 23-70-98-90. • info@lescuisiniers.de • U-Bahn : Lehel. Tlj sf sam midi et dim 12h-15h, 18h-23h. Résa conseillée. Menus 18-23 € le midi et 64-86 € le soir. À la carte, env 50 €, sans les boissons.* Un cadre élégant pour une cuisine qui ne l'est pas moins. Ici, on joue l'alliance mets et vins, allant jusqu'à proposer avec le menu à 62 € un verre de vin différent pour accompagner chaque plat. Le service est attentionné, et la cuisine du chef français vraiment réussie, délicate et savoureuse. Un seul bémol : l'adresse est si appréciée qu'il faut vraiment réserver si vous voulez avoir une table ou, à défaut, un bout de comptoir.

|●| ***Bar-restaurant Dukatz*** *(plan couleur II, C3,* ***61****) : Maffeistr 3a. ☎ 710-40-73-73. • info@dukatz.de • U-Bahn nº 3, 4, 5 ou 6 : Odeonsplatz. Tlj 9h-1h (19h dim). Plat env 25 €, menu 60 €. CB refusées. Café offert sur présentation de ce guide.* Dans une charmante cour intérieure, on grignote à toute heure, ou presque, sandwichs, pâtes, salades (mais aussi escargots, soupe de poisson, quiches...) à prix nettement moins élevés. Vous pouvez opter pour le café, installé en terrasse au rez-de-chaussée.

MUNICH

## À Maxvorstadt

Situé au nord-ouest de la vieille ville *(U/S-Bahn : Universität),* c'est un peu, avec Schwabling, le Quartier latin de Munich. Pas de doute, on est bien dans le QG des étudiants, où fourmillent cafés et restos à prix modérés, qui souvent proposent un plat du jour très bon marché en semaine le midi.

|●| ***Atzinger*** *(plan couleur II, C2,* ***65****) : Schellingstr 9, à l'angle d'Amalienstr. ☎ 28-28-80. • info@atzinger-muenchen.de • Tlj 9h-1h (cuisine jusqu'à minuit). Petit déj jusqu'à 11h30. Plats du jour 5-6 €, sinon plats à la carte pour la plupart en dessous de 10 €.* L'un des restos de Maxvorstadt les plus fréquentés par tous les âges, mais surtout par les étudiants de l'Université. Ils viennent ici pour goûter aux plats copieux et savoureux à prix doux. Salle conviviale qui respire l'authenticité mais pas le folklore bavarois.

|●| ***Tresznjewski*** *(plan couleur II, C2,* ***67****) : Theresienstr 72. ☎ 28-23-49. • info@tresznjewski.com • Juste à côté de la Pinacothèque, à l'angle de Baererstr. Tlj 8h-1h (2h jeu-sam). Menus du jour 7-9 €, plats 9-13,50 €.* Bistrot style Art déco, avec petites tables à nappes à carreaux sur le trottoir. Avantages : il est situé à côté de beaucoup de musées et il est ouvert tard le soir. Ajoutez à cela des prix sages pour une cuisine variée (bavaroise, italienne, asiatique... même si on y vient surtout pour le burger maison !). Au final, un bon rapport qualité-prix.

|●| ***Café Puck*** *(plan couleur II, C2,* ***68****) : Türkenstr 33. ☎ 280-22-80. Tlj 9h-1h. Plat du jour env 7 €, sinon 10-17 €.* À côté de l'Université. Toujours plein de jeunes. Une bonne adresse pour faire des rencontres. Si vous ne nouez aucun contact, vous n'aurez pas tout perdu, car les salades et les petits déjeuners sont délicieux. Encore un bon rapport qualité-prix.

|●| ***Schelling Salon*** *(plan couleur I, C2,* ***69****) : Schellingstr 54, à l'angle de Baererstr. ☎ 272-07-88. Jeu-lun 10h-1h. Souvent fermé d'août à mi-sept. Compter 3,50-7,50 €. Menu env 8 €. CB refusées.* Un café-salle de jeux tenu par la même famille depuis sa création, en 1872 ! Y sont venus Lénine, Bertolt Brecht, Rainer Maria Rilke... Ne cherchez pas les jeux électroniques, il n'y a que des échiquiers et des billards ! La grande salle a gardé son caractère ancien, elle est décorée

de souvenirs familiaux, et les clients sont des habitués (en fait il abrite aussi un petit musée familial). Menu bon marché, cuisine rustique. Dépaysement garanti !

**Lo Studente** *(plan couleur II, C2, **71**) : Schellingstr 30. ☎ 27-37-54-47. • lostudente@web.de • Tlj 11h-minuit. Plat et menu du jour 5-8 €, pâtes et pizzas en dessous de 10 €.* Cette petite pizzeria donne sur la rue ; elle est prolongée par une terrasse sur le trottoir. Les prix sont serrés et la cuisine italienne (des pizzas bien fines et des pâtes surtout) de bonne facture. Vins à la bouteille pas très chers.

**Türkenhof** *(plan couleur I, C2, **70**) : Türkenstr 78. ☎ 280-02-35. Tlj 11h-1h (2h ven-sam). Menu du jour env 8 €, plats en dessous de 10 €.* Un petit café sans prétention, à la déco de bois. Clientèle d'intellos, de baroudeurs, d'habitués et de touristes de passage. Intéressant le midi pour son menu à prix plancher, ses salades copieuses, ses soupes et ses plats chauds bon marché. Musique le soir. Terrasse en été.

**Gartensalon** *(plan couleur I, C2, **72**) : Türkenstr 90. ☎ 28-77-86-04. • mail@rosagelee.de • Tlj 9h (10h dim)-19h.* Seul un panneau indique de la rue cette charmante terrasse aux tables colorées, installée dans une cour d'immeuble. Également une petite salle genre maison de poupée. Très agréable pour un verre ou un café, mais on peut aussi y grignoter de bons en-cas ou petits plats genre tartines garnies, soupes et ragoûts du jour. Propose aussi des petits déj.

## À Schwabing

Longtemps repaire des intellos et des artistes (Lénine, Kandinsky, Klee, Brecht, Rilke et Thomas Mann, entre autres, y ont vécu), Schwabing est devenu un quartier jeune, qui vit au rythme de la plus grosse université munichoise (65 000 étudiants). Les étudiants aiment toujours se retrouver sur Leopoldstrasse (entre Münchner Freiheit et Giselastrasse) où se succèdent cafés et vendeurs de glaces, à deux pas de l'Englischer Garten.

**Café Münchner Freiheit** *(plan couleur I, C1, **74**) : Münchner Freiheit 20. ☎ 33-00-79-90. Tlj 7h-19h. Moins de 10 € le plat.* Pâtisserie-salon de thé-resto connue de tous les Munichois. On le voit tout de suite, près d'un jardin public, avec sa façade rose moderne et sa vaste terrasse sous les marronniers. On y sert à toute heure gâteaux, glaces, pâtisseries, salades, pâtes, quiches et quelques plats plus consistants. Il est bon de s'y installer entre amis... ou seul tout simplement avec son journal.

**Tijuana Café** *(plan couleur I, C2, **73**) : Leopoldstr 13. ☎ 33-04-07-24. • service@tijuana.de • U/S-Bahn : Giselastr. Tlj 17h-1h (3h ven-sam). Plats env 18 €. Ouv 17h-1h du mat (3h le w-e). Cocktails à moins de 6 €.* Le tex-mex préféré des jeunes, en plein Schwabing, avec terrasse en été, très bien aménagée. Ventilateurs, cactus, tequila, musique *mariachi* et guacamole préparé sous vos yeux. *¡ Viva México !*

**Kaisergarten** *(plan couleur I, C1, **66**) : Kaiserstr 34. ☎ 34-02-02-03. • office@kaisergarten.com • Tlj 10h-1h. Plat et menu du jour env 7-10 €. À la carte, plat env 20 €.* On aime beaucoup cet établissement installé à l'angle d'une place tranquille, à l'écart de Leopoldstrasse. Très agréable terrasse façon *Biergarten* ou salle très soignée avec vieux plancher, étagères et tables en bois. Côté cuisine, c'est vraiment bon et pas frugal pour un sou. Si les prix à la carte vous semblent un peu élevés, rien ne vous empêche de venir profiter à midi (en semaine) de l'excellent plat ou menu du jour ! Petit déj le week-end servi jusqu'à 16h. Accueil et service impeccables.

**Cafe Reitschule** *(plan couleur I, C2, **75**) : Königinstr 34. ☎ 388-88-760. Tlj 9h-1h (19h dim). • contact@cafe-reitschule.de • Petite restauration et plats plus élaborés 8-25 €.* Café-resto dont la particularité est de donner directement sur le manège d'un club hippique, à la lisière de l'Englischer Garten. Savoureuse cuisine de style méditerranéenne avec des plats italiens. Terrasse flambant neuve dans la verdure pour les beaux jours.

### À Olympiapark

Quartier à l'architecture futuriste, c'est un véritable espace de loisirs avec parc, complexe nautique, stade, patinoire, aquarium, musées...
Un endroit idéal pour un pique-nique, mais aussi pour des repas originaux, au restaurant panoramique tout en haut de la tour de télévision ou à celui situé dans l'immeuble *BMW Welt*, pas donnés cependant. Ce sont les mêmes gérants et la qualité de la cuisine est au rendez-vous.

**Restaurant International** *(plan couleur I, B1,* ***56****)* **:** *Am Olympiapark 1. ☎ 35-8274-910. • restaurantinternational@doco.com • U-Bahn n° 3 : Olympiazentrum. Tlj 11h-minuit. Plats 20-25 €, menus à partir de 40 €.* L'un des restos du « monde de BMW », qui n'est pas seulement un centre de livraison des voitures mais aussi une superbe réussite architecturale de verre et d'acier avec des espaces ludiques. La cuisine ici est à la mesure du lieu : parfaite, raffinée et originale, tendance internationale (voir le nom du resto), avec même une carte japonaise. Vue splendide sur l'Olympiapark depuis la terrasse comme depuis la salle.

### À Neuhausen

Envie de sortir un peu des sentiers battus et de découvrir un autre Munich ? Allez donc faire un petit tour à Neuhausen, quartier de prédilection des bobos, en apparence résidentiel mais qui recèle de bonnes adresses.

**Café Ruffini** *(plan couleur I, A2,* ***77****)* **:** *Orffstr 22-24. ☎ 16-11-60. • ruffini@ruffini.de • U-Bahn ou tram n° 12 : Rotkreuzplatz. À l'angle de Ruffinistr (perpendiculaire à Nymphenburgerstr). Tlj sf lun 10h-minuit. Menu du jour env 8 €, plats 9,50-19 €.* Depuis des années, une adresse de qualité, du matin au soir et du soir au matin. Décor clair et menus affichés sur une grande ardoise à l'entrée. On y vient pour refaire le monde autour d'un bon verre de vin et pour sa cuisine à base de viande bio et d'inspiration méditerranéenne plutôt inventive. Adresse culturelle aussi avec des sessions de jazz ou de blues le lundi (sauf en été) et ses expos qui changent tous les mois. Terrasse agréable à l'étage. Clientèle hétéroclite. C'est aussi un resto « sans patron » : tous ceux qui y travaillent, et ils sont une petite trentaine, ont une part égale dans l'affaire. Juste à côté, la pâtisserie *(tlj 8h30-18h, sam-dim 10h-17h)* du même nom est renommée et propose plus de 50 sortes de gâteaux.

**Pardi** *(plan couleur I, A2,* ***78****)* **:** *Volkartstr 24. ☎ 13-18-50. U/S-Bahn : Rotkreuzplatz. Tlj 9h-1h.* Kahvalti *(petit déj turc 9h-15h) 7,50-10 € ; formule déj 9 € ; plats 13-22 €.* Excellent resto turc, qui propose des spécialités goûteuses, comme les grandes assiettes chaudes ou froides de *mezze*, des brochettes d'agneau, des *böreks* (feuilletés)... Bon choix de vins turcs. Salle chaleureuse aux tons doux de pierre blonde, agrémentée le soir d'une lumière tamisée. Très agréable terrasse dès les beaux jours. Également de bons cocktails. Service aimable et efficace.

**Löwengarten** *(plan couleur I, A2,* ***79****)* **:** *Volkartstr 32, à l'angle d'Orffstr. ☎ 16-13-73. U-Bahn : Rotkreuzplatz. Lun-ven 17h-minuit, w-e 10h-minuit (23h pour la cuisine). Plats 8-13 €.* Auberge néobavaroise. Les bonnes vieilles recettes de cuisine du terroir, qui ont fait leurs preuves, ont été sagement conservées, mais la carte affiche aussi des plats asiatiques. Charmant petit *Biergarten*. Accueil convivial.

**Ysenegger** *(plan couleur I, A2,* ***80****)* **:** *Ysenburgstr 3. ☎ 16-27-91. • ysenegger@eggerlokale.de • U/S-Bahn : Rotkreuzplatz. Tlj 9h-1h. Menus le midi 6-8 €, plats à la carte 8-10 €.* Dans une rue tranquille entre arbres et petites maisons au cœur de Neuhausen, un café-resto sans prétention mais très apprécié des riverains : charmant *Biergarten* en été et jolie salle mâtinée de quelques notes rétro. Dans l'assiette, salades, plats allemands, asiatiques, végétariens et des burgers pas chers. Accueil jovial, bon service, ambiance chaleureuse.

### À Haidhausen
### *(sud-est du centre historique)*

Un autre « village » plein de charme où l'on vient surtout pour flâner, boire un café... et, de plus en plus, faire bombance, en soirée notamment. C'est aussi le rendez-vous des artistes et des branchés qui évitent soigneusement les lieux traditionnels et touristiques du centre-ville.

**Juleps** *(New York Bar & restaurant ; plan couleur I, D3,* ***81****) :* *Breisacher Str 18. ☎ 448-00-44. • welcome@allabouttexmex.de • U/S-Bahn : Ostbahnhof. Tlj 17h-1h (3h ven-sam). Plats 10-16 €.* Cuisine américano-mexicaine dans un décor style « Prohibition ». Essayez les *ribs,* vraiment bons (et copieux) avec leur sauce barbecue maison ! Burgers le samedi, et très bons steaks (viande au poids) le dimanche. Excellents cocktails aussi (c'est toujours plein à craquer pour l'*happy hours* de 17h-20h). Clientèle jeune et plutôt branchée mode.

**Wirtshaus in der Au** *(plan couleur II, C3,* ***83****) :* *Lilienstr 51. ☎ 44-81-400. • info@wirtshausinderau.de • Tlj 17h (10h w-e et j. fériés)-1h. Plats 10-25 €.* Non loin de la rivière et du Deutsches Museum. Grand resto de style rustique au goût du jour, avec tables en bois, chopes et objets du monde brassicole pendus aux murs... Cuisine traditionnelle bavaroise de qualité (avec un beau choix de plats à la carte), réputée pour servir les plus gros *Knödel* de tout Munich (aisément de la taille d'un pamplemousse !). La maison fait aussi sa propre bière, brune et épicée. Ambiance de bon aloi. Service convivial en costume local. Une très bonne adresse.

**Café im Müller'schen Volksbad** *(plan couleur II, C3,* ***91****) :* *Rosenheimer Str 1. ☎ 444-392-50. U/S-Bahn : Isartor. Tram n° 16. Cuisine tlj 10h-minuit. Plats 8-18 €.* Dans un édifice de style Jugendstil datant de la fin du XIXe s. Un café-restaurant au charme désuet, à l'entrée de la piscine *Volksbad,* avec un *Biergarten* et service en extérieur l'été, et belle salle (colonnes, arcades, hauts plafonds). Cuisine tendance méditerranéenne élaborée, avec de succulentes suggestions du jour.

**Café Glockenspiel** *(plan couleur II, C3,* ***49****) :* *Marienplatz 28. ☎ 26-42-56. Voir « Où manger ? », plus haut. Tlj 9h-minuit ou 1h (10h-19h dim).* Le bar du resto du même nom ne dispose pas de la même vue, puisqu'il est situé à l'arrière, mais il est au cœur du vieux Munich. Difficile de trouver meilleur emplacement. Places en terrasse convoitées pour siroter des cocktails originaux comme le *zombi,* le *matador,* le *kangourou volant* ou le *Prince of Wales.*

**Resto-Club Nektar** *(plan couleur II, D3,* ***92****) :* *Stubenvollstr 1. ☎ 459-11-311. • reservierung@nektar.de • U-Bahn : Rosenheimer Platz. Tram nos 18 et 20 : Luwigsbrücke. Sept-mai : mar-jeu 19h-1h (2h le w-e), à partir de 20h le reste de l'année. Résa fortement conseillée. Grillades viande et poisson en été 15-30 € ; menus en hiver 49-56 € (env 20-35 € le plat à la carte).* 2 restos en 1 : l'hiver, un restaurant de cuisine créative et légère, où l'on mange assis ou allongé sur de longs divans blancs... dans une ambiance des plus originale (avec soirées dansantes certains jours), et l'été, 600 m$^2$ de sable blanc au bord de l'Isar (c'est le *Nektar Beach*), pour des soirées grillades festives... que viennent animer, là aussi, les meilleurs DJs. C'est l'adresse branchée par excellence, qui combine avec succès fête, folie et gastronomie.

## Pour s'attabler dehors : les *Biergärten*

Indispensable à votre culture ! S'il fait beau, si les oiseaux chantent dans votre tête... vous allez aimer. Comptez 7 € pour 1 l de bière et... c'est tout, si vous avez eu la bonne idée d'apporter votre pique-nique, ce qui est ici parfaitement naturel. En plus, on vous rembourse le prix de la chope si vous ne partez pas avec ! Bon, que cela ne vous empêche pas de vous régaler d'une bonne *Bratwurst* et autres plats simples mais typiques, souvent proposés aux comptoirs en libre-service. De plus, pour parfaire votre connaissance du dialecte bavarois, il n'y a guère mieux comme endroit...

## Les *Biergärten*

Invention typiquement bavaroise, dont Munich n'en revendique plus pour autant l'exclusivité aujourd'hui. À l'origine, le *Biergarten* (jardin à bière) était le jardin attenant à un restaurant, où les clients pouvaient s'asseoir et consommer leurs propres denrées à condition de commander de la bière. Les propriétaires n'avaient pas le droit de vendre autre chose pour ne pas faire concurrence aux restos. De là vient la tradition vivante d'apporter son casse-croûte au *Biergarten.* Véritable institution locale, il est planté de marronniers (pour garder les fûts à l'ombre) et comprend deux parties : l'une aux tables nues, avec bancs d'une seule pièce, où les consommateurs viennent s'installer avec leurs paniers remplis de denrées ; l'autre où les tables sont couvertes de nappes (souvent à carreaux blanc et bleu, les couleurs de la Bavière) et où l'on boit et mange les plats proposés (souvent en libre-service) par le *Biergarten. Gesundheit* !

***Hofbräukeller*** *(plan couleur II, D3,* ***84****)* **:** *Innere-Wiener-Str 19, Haidhausen. ☎ 459-92-50. • info@hofbraeukeller.de • U-Bahn n° 4 ou 5 : Max-Weber-Platz ; tram n° 16 : Wiener Platz. Tlj 10h-minuit.* Près d'une des places les plus agréables du quartier, difficile de ne pas avoir une préférence pour ce *Biergarten* qui s'étend aux beaux jours sous les marronniers. Il y a même du sable et des transats près du bar en été !

***Augustinerkeller*** *(plan couleur I, B2,* ***85****)* **:** *Arnulfstr 52, Neuhausen. S-Bahn : Hauptbahnhof. • buero@augustinerkeller.de • Tlj 11h30-minuit (plats à grignoter jusqu'à 22h).* Proche de la gare ferroviaire. Des tables pour 5 000 personnes, plus une salle de 600 places ! C'est immense et ce n'est même pas le plus grand de la ville ! En revanche, c'est le plus ancien. On a particulièrement aimé la charmante cour fermée à l'arrière, plus intime, entourée de maisons aux façades peintes en vert.

***Königlicher Hirschgarten*** *(plan couleur I, A2,* ***86****)* **:** *dans le Hirschgarten. S-Bahn : Laim ; tram n° 16 ou 17 : Steubenplatz. Tlj 9h-minuit.* Excentré, car il faut s'éloigner du centre pour trouver autant d'espace : il s'agit du plus grand *Biergarten* de toute la Bavière : 8 000 places dans la verdure ! Tout a commencé en 1791 par un chalet pour chasseurs, puis le pavillon fut transformé en restaurant. Difficile de s'y sentir seul, car vous serez sûrement nombreux à apprécier... à moins d'un orage, et encore...

***Biergarten am Chinesischen Turm*** *(plan couleur II, C-D2,* ***87****)* **:** *dans l'Englischer Garten, au nord du parc (accès par Tivolistr). • info@chinaturm.de • U-Bahn : Universität. Ouv quand il fait beau (et chaud) 10h-23h.* Bienvenue à *Chinaturm* et ses milliers de tables réparties sous les marronniers auprès d'une étonnante pagode de style chinois. À l'entrée, un self où acheter plats chauds, beaux sandwichs et salades. Resto plus chic au pied de la pagode, idéal pour un rendez-vous. En tout cas, l'endroit rêvé pour déjeuner en été : on peut ensuite faire une sieste sur l'herbe du parc... L'ambiance est plutôt familiale.

***Biergarten am Seehaus*** *(plan couleur I, D1,* ***88****)* **:** *également dans l'Englischer Garten mais au bord du lac. Bus n° 44 : Englischer Garten. Tlj quand il fait beau, 10h-1h.* Au bord d'un lac, dans le grand jardin anglais (Englischer Garten), c'est le *Biergarten* préféré des jeunes Munichois, rapidement complet dès que le soleil se montre mais il vaut vraiment le détour. Si vous venez du centre en voiture, vous aurez également le parking à payer.



## Où déguster une pâtisserie ?

***Konditorei Schneller*** *(plan couleur II, C2,* ***89****)* **:** *Amalienstr 59, Maxvorstadt. Tlj sf dim 9h-19h (17h sam).* Encore une bonne adresse dans le quartier de l'Université. Les étudiants, s'ils le délaissent l'été au profit des *Biergarten,* y défilent toute la journée « une fois la bise revenue ». Voici un salon de thé-confiseur au style désuet, avec sa tapisserie à fleurs, perdu au milieu des *coffee shops* modernes. Les pâtisseries sont exquises.

☕ ***Café am Marienplatz Rischart*** *(plan couleur II, C3,* ***93****) : Marienplatz 18. ☎ 23-17-00-320. • info@rischart.de • U/S-Bahn : Marienplatz. Sur la place face à la mairie. Tlj 6h30-21h (8h-20h dim).* Une pâtisserie-chocolaterie connue pour la qualité de ses gâteaux. Beaucoup de passage, étant donné l'emplacement. On vous conseille le salon de thé à l'étage, pour une pause-café juste un peu avant que ne sonne le carillon de la mairie. Asseyez-vous près des baies vitrées et vous serez aux premières loges pour assister au spectacle (à 11h, 12h et 17h en été) !

## Où écouter de la musique ? Où danser ?

La nuit munichoise ne s'anime vraiment qu'en fin de semaine. Mais là, il y a de quoi faire ! Entre les derniers clubs ou boîtes à la mode et les *Biergärten, Kneipen* et autres bars branchés, il peut être difficile de savoir où donner de la tête...

Si ***Schwabing*** est le quartier bien connu des étudiants et artistes, qui hantent, entre autres, Leopoldstrasse, il n'a plus le monopole de la « branchitude ». Aujourd'hui, ***Haidhausen,*** le « 2e Schwabing », a aussi le vent en poupe. Ça bouge également beaucoup du côté de ***Karlsplatz*** et le long de ***Sonnenstrasse.*** Sans parler des abords de la *Ostbahnhof,* qui regroupe des complexes abritant bars et boîtes, comme la ***Kultfabrik*** *(Grafingerstr 6, • kultfabrik.de •)* ou l'***Optimolwerkegelände*** *(Friedenstr 10, • optimolwerke.de •).* En bref, Munich multiplie les pôles d'attraction en vogue, et pas seulement sur le front des cafés et repaires festifs.

À noter aussi : les *After Work Parties,* du lundi au jeudi. Il s'agit de soirées débutant vers 19h pour ceux qui veulent festoyer après le boulot. L'entrée, à 7 €, comprend une conso et l'accès à un buffet. Et la fête peut durer jusqu'à 4h du mat ! On y trouve beaucoup de gens très différents, de 18 à 70 ans, certains encore en costume-cravate directement sortis du travail. Pour savoir où a lieu la *party* du jour, consultez le site *• juke-and-joy.de •*

Enfin, pour les concerts, se reporter aux dates annoncées dans les journaux locaux, comme le *Süddeutsche Zeitung* (sauf le dimanche), ou le *Münchner* (ou encore le mensuel gratuit *In München*). Les plus grands concerts de rock ont lieu sous le chapiteau de l'*Olympia Halle,* dans le parc olympique, au nord de la ville *(U-Bahn : Olympia-Zentrum).* Pour acheter des places : **München Ticket** (comptoirs à l'office de tourisme), *☎ 54-81-81-81. • muenchenticket.de •*

♩ ♫ **The Atomic Café** *(plan couleur II, C3,* ***100****) : Neuturmstr 5. ☎ 228-30-54. • atomic.de • S/U-Bahn : Marienplatz. Tlj sf lun 22h-3h (5h ven-sam) ; ouv dès 20h les soirs de concert. CB refusées.* Club très en vogue, qui tire son nom d'un film-documentaire américain. Excellent programme de concerts et DJs venant de toute l'Europe. Alors, « si vous ne vous amusez pas à l'*Atomic Café,* ce sera forcément de votre faute ! ».

♩ ♫ 🍴 🍷 **Park Café** *(plan couleur II, C2,* ***101****) : Sophienstr 7, Ludwigsvorstadt. ☎ 51-61-79-80. • parkcafe089.de • S/U-Bahn : Karlsplatz. Tlj 10h-1h du mat.* Immense bar-resto dans une belle bâtisse néoclassique. La maison et le *Biergarten* s'animent dès le milieu de la semaine, avec des soirées *black beat* le mercredi, DJ (house, rock, techno) à partir du jeudi et musique *live* le dimanche. Clientèle très hétéroclite, assez branchée. Derrière, un *Biergarten* dans l'ancien jardin botanique.

♩ ♫ **P1 Club** *(plan couleur II, C2,* ***108****) : Prinzregentstr 1, Lehel. • p1-club.de • U-Bahn nº 4 ou 5 : Lehel. Lun-sam à partir de 23h.* Située au sous-sol d'un musée d'art renommé (Haus der Kunst). C'est la discothèque la plus célèbre de Munich (la plus select aussi), fréquentée par les stars de passage, et les *happy few.* Mick Jagger ou Naomi Campbell en ont déjà foulé le *dance floor.* C'est le moment de revêtir « vos habits de lumière »... car ici le code vestimentaire se veut plus branché que rustique...

**Muffathalle** *(plan couleur II, C3,* ***103****) : Zellstr 4, Haidhausen. • muffatwerk.de • S-Bahn : Rosenheimer Platz ou tram n° 16 : Ludwigsbrücke (en face du Deutsches Museum). Derrière le Volksbad. Ouv en général mar, ven et sam 22h-5h (consulter le programme sur Internet).* Dans une ancienne centrale électrique reconvertie. En même temps un *Biergarten* (en été), une discothèque et une salle de concerts, voire de théâtre. Musique tendance hip-hop, électro, mais aussi disco et même des Balkans ! Quant au *Biergarten (ouv dès 12h),* on peut y manger, et les plats servis sont exclusivement bio.

**Jazzclub Unterfahrt** *(plan couleur I, D3,* ***104****) : Einsteinstr 44, Haidhausen, à côté de l'*Unions-Bräu*. ☎ 448-27-94. • unterfahrt.de • U-Bahn : Max-Weber-Platz. Tlj 19h30-1h. Les concerts débutent à 21h (entrée payante, souvent autour de 15 €).* Un des clubs de jazz les plus importants en Europe depuis les années 1970 ! Soirées be-bop, modern jazz. Groupes très connus et nouveautés chaque semaine. Dimanche, c'est *jam session (entrée à 5 €).* Une institution, et pas seulement à Munich.

**Padres** *(plan couleur II, C3,* ***105****) : Blumenstr 43. ☎ 26-42-63. • padres.de • U/S-Bahn : Sendlinger Tor. Tlj sf dim 19h-3h (4h ven-sam).* Bar américain qui court tout le long d'une salle profonde et étroite avec de très bons cocktails. Le week-end, le DJ et les 4 barmen musclés assurent l'animation. *Happy hours* 19h-21h à ne pas manquer.

**Shamrock** *(plan couleur I, C2,* ***106****) : Trautenwolfstr 6, Schwabing. ☎ 33-10-81. • shamrockmuenchen.com • U-Bahn : Giselastr. Dès 19h ou 20h. Fermé dim-lun.* Retransmission live des matchs de la *Bundesliga.* Bar au style *Irish pub* en sous-sol. Soirées à thème tous les jours d'ouverture : quiz, poker, karaoké, musique live... Excellente ambiance. Toutes les générations. Les prix sont corrects.

**Milch und Bar** *(plan couleur II, C3,* ***111****) : Sonnenenstr 12. ☎ 45-02-88-18. • milchundbar.de • U-Bahn : Stachus. Tlj sf dim 22h-6h du mat (23h-9h du mat, ven-sam).* Musique variée pour cette boîte appréciée des jeunes d'une vingtaine d'années. Elle est ouverte toute la nuit. Le lundi, soirée « années 80 ».

**Pacha** *(plan couleur II, C2,* ***109****) : Maximiliansplatz 5. ☎ 30-90-50-85. • pacha-muenchen.de • U/S-Bahn : Marienplatz. Jeu dès 19h, ven-sam dès 22h. Entrée : 7-10 €.* Pour ceux qui aiment l'ambiance Ibiza, avec toute la musique house et techno qui va avec. Clientèle 20-30 ans.

**089 Bar and Lounge** *(plan couleur II, C2,* ***110****) : Maximiliansplatz 5. ☎ 55-07-77-68. • 089-bar.de • U/S-Bahn : Marienplatz. Mar-sam dès 21h (entrée gratuite avt 22h30).* À côté du *Pacha* (autre discothèque). Une clientèle de plus de 25 ans qui vient pour chanter et danser sur des rythmes variés, allant du *top 40* à la house. Le week-end, sélection un peu stricte à l'entrée, tenue correcte souhaitée et si on arrive tard, il y a de fortes chances pour que l'endroit affiche déjà complet.



## Vie culturelle

Munich fourmille de lieux culturels. Pour les amateurs de théâtre, une soixantaine de salles attendent... ceux qui comprennent bien l'allemand. Les mélomanes ne seront pas en reste : on joue du classique un peu partout, notamment au ***Bayerische Staatsoper*** *(opéra d'État ; • bayerische.staatsoper.de •)* et dans l'étonnant ***Gasteig*** où joue l'orchestre philharmonique de Munich *(• gasteig.de •),* en face du *Volksbad,* ainsi que dans quelques églises du centre. Nombreuses expos également.

On trouve toutes les infos utiles dans le programme mensuel (en allemand uniquement) *In München* (disponible entre autres dans les offices de tourisme). Côté vie underground et contre-culture, les quartiers tels que Haidhausen et Neuhausen offrent de nombreuses manifestations, moins officielles.

Voici quelques adresses en vrac.

■ ***Neues Arena Kino :*** *Hans-Sachs-Str 7. ☎ 260-32-65. • arena-kino.de • U-Bahn : Fraunhoferstr.* Excellents films d'avant-garde, en v.o. (sous-titrés en allemand). Plus bas, dans la même rue, un cabaret assez original.

■ Autre ciné d'art et essai : le ***Theatiner Film*** *(Theatinerstr 32 ; ☎ 22-31-83, • theatiner-film.de •),* spécialisé dans les films français en v.o.

■ ***Schlachthof :*** *Zenettistr 9. • im-schlachthof.de • U-Bahn : Poccistr.* Voilà des abattoirs dont la reconversion a été parfaitement réussie : théâtre, concerts et bars entretiennent une atmosphère artistique sans excès de pédanterie.

■ ***Theater im Marstall :*** *Marstallplatz 4. • bayerischesstaatsschauspiel.de • S/U-Bahn : Marienplatz ou Odeonsplatz. Du début de la saison à mi-oct.* Un « théâtre expérimental » dont les programmes misent sur un dialogue entre le théâtre, la musique, mais aussi le multimédia. Place aux performances !

■ ***Prinzregententheater*** *(théâtre du Prince-Régent ; plan couleur I, D3) :* *Prinz Regentenplatz 12. ☎ 21-85-28-99. • prinzregententheater.de •* Conçu en 1901 sur le modèle du palais des festivals de Bayreuth, ce théâtre a rouvert ses portes en 1997 après 30 ans de rénovation ! Il se consacre au répertoire classique (théâtre et opéra).

– Nombreux ***cabarets*** à Schwabing.

## À voir

Le centre historique a été lourdement bombardé en 1945 mais il reste quand même quelques édifices anciens, les autres ont été reconstruits à l'identique. Munich est aussi à l'avant-garde des réalisations architecturales modernes, comme en témoignent la *Moderne Pinakothek,* le *Museum Brandhorst,* le *Jüdisches Museum,* le stade de l'*Allianz Arena,* ou encore le *BMW Welt.* Par ailleurs, la ville possède de nombreuses richesses, disséminées dans ses nombreux musées. Ceux qui aiment les arts seront ravis (panorama très complet), ainsi que les passionnés de sciences... Prévoir du temps, car les visites sont souvent longues vu l'immensité de certains lieux (*Pinacothèque* et *Deutsches Museum,* notamment).
À noter : réductions sur présentation de la carte d'étudiant dans les musées d'État, sauf le dimanche et les jours fériés. Petit guide édité par l'office de tourisme, *Les Musées de Munich,* en français.

### Munich gratuit (ou presque)

Quelques conseils pour ne pas dépenser n'importe comment son budget voyage dans une ville chère et aux multiples musées ou événements. Voici la liste de ceux dont l'entrée est parfois gratuite : le *Deutsches Museum* (dernière heure), le *Verkehrszentrum* (musée de la Mobilité ; dernière heure), la visite du camp de *Dachau,* le *festival du Film* de fin juin et ses projections en plein air sur la Königsplatz. Les moins de 18 ans bénéficient aussi de l'entrée gratuite au *Residenzmuseum,* à la *Schatzkammer,* à la *villa Stuck* et au *Stadtmuseum.*
Les musées suivants sont à 1 € le dimanche (et les jours fériés) : les 3 *pinacothèques,* le *Bayerisches Nationalmuseum,* la *Glyptothek,* les *Staatliche Antikensammlungen,* et la *Staatliche Münzsammlung.*
Ces dispositions pouvant changer, il convient tout de même de les vérifier (en anglais) sur *• museen-in-muenchen.de •*

## *Le centre-ville*

★★★ ***Marienplatz*** *(place de la Vierge-Marie ; plan couleur II, C3) :* *au centre de la vieille ville.* Cœur historique et centre de gravité de la cité, avec ses deux hôtels de ville. Au Moyen Âge s'y tenait le marché au blé. Les fêtes traditionnelles y ont encore lieu, comme le féerique marché de Noël. Au centre de la place, la *Mariensäule* (colonne de la Vierge, patronne de la Bavière), du XVIIe s, commémore la fin du rançonnement dont fut victime Munich lors de l'occupation par les troupes suédoises (1632). À côté, *Fischbrunnen* (fontaine aux Poissons) du XIXe s.

**Neues Rathaus** *(nouvel hôtel de ville ; plan couleur II, C3)* **:** le plus bel édifice de la Marienplatz, avec sa façade sculptée et son beffroi de 85 m de haut. Un petit air de famille avec les hôtels de ville de Vienne et de Bruxelles. L'ensemble, de style néogothique, ne date que du XIXe s. Au sommet, le fameux ***Münchner Kindl*** (moinillon), symbole de la ville. Mais l'attraction principale est l'étonnant ***Glockenspiel*** (carillon), dont les petits personnages s'animent régulièrement à 11h et 12h (également à 17h de mars à fin octobre). Les figurines représentent deux scènes historiques : le tournoi donné en l'honneur du mariage du duc Guillaume au XVIe s et la danse des tonneliers célébrant la fin d'une épidémie de peste. On peut escalader les 85 m de la ***tour*** du Rathaus *(tlj 10h-19h – 17h en hiver ; entrée : 2,50 €)* pour admirer (par temps clair) la chaîne des Alpes. Belle cour intérieure également, avec l'inévitable *Ratskeller* pour les petites faims.

**Altes Rathaus** *(ancien hôtel de ville ; plan couleur II, C3,* ***122****)* **:** *sur la place, en retrait.* Plus discret que son voisin, il a pourtant plus de charme, avec sa belle façade gothique du XVe s, son clocher à tourelles et son élégante voûte en berceau. S'y trouve dans la tour le musée du Jouet (voir plus loin le *Spielzeugmuseum* dans la rubrique « Les autres musées dans le centre »).

**Viktualienmarkt** *(plan couleur II, C3)* **:** *au sud de Marienplatz (accès par la Prälat-Zistlstr), en contrebas. Lun-sam 8h-20h.* LE marché de Munich, créé en 1807 par décret du roi Maximilien Ier. Échoppes et petites maisons charmantes. Un grand mât de cocagne bavarois (le *Maibaum)* se dresse au centre, couvert d'amusantes figurines sculptées. De bons produits fermiers sont proposés, à acheter où à grignoter sur place (voir plus haut « Où manger ? Où boire un verre ? Dans le centre. Bon marché »). Tout à côté, un marché couvert installé dans la *Schrannenhalle.*

**Frauenkirche** *(cathédrale Notre-Dame ; plan couleur II, C3)* **:** *sur Frauenplatz, à l'ouest de Marienplatz ; accès par Weinstr ou Kaufingerstr. • muenchner-dom.de • Tlj 7h-19h (20h30 jeu, 18h ven). Ascension possible de la tour sud avr-oct. Entrée : 3 € ; réduc.* Immense édifice de brique rouge, construit au XVe s dans le style gothique tardif, reconnaissable de loin à ses deux tours couronnées de bulbes. C'est un miracle si ces deux tours n'ont pas été détruites durant la guerre. Voici donc l'une des plus grandes églises d'Allemagne du Sud (109 m de long pour 40 m de large) et sa sobriété jure avec le baroque habituel de la région. Lors de sa construction, la nef pouvait accueillir les habitants de la ville, qui comptait alors 13 000 âmes. On y trouve au centre du chœur le mausolée de marbre rouge de l'empereur Louis IV (XVIIe s). La tour sud, haute de 99 m, se visite en saison et offre une vue panoramique sur la ville.

**Michaelskirche** *(église Saint-Michel ; plan couleur II, C3,* ***125****)* **:** *Neuhauser Str 52. Ouv 8h (10h lun et ven)-19h.* Construite à la fin du XVIe s, c'est la plus grande église Renaissance de Bavière. Les proportions sont belles, mais la façade n'a pas vraiment de charme. À l'intérieur, la nef est plus intéressante, grâce à sa voûte impressionnante, paraît-il la plus large du monde après celle de Saint-Pierre de Rome ! Sous le chœur, dans la crypte *(lun-sam 8h-17h ; entrée : 2 €),* ne pas manquer les tombeaux (une vingtaine) des rois de Bavière, de la dynastie des Wittelsbach. Le ***tombeau de Louis II*** (surnommé Kini) est le plus fleuri, ce qui explique l'affluence. Eugène de Beauharnais, neveu et fils adoptif de Napoléon, y repose aussi. Mort à Munich, il avait épousé Augusta-Amélie de Bavière.

**Asamkirche** *(église des Frères-Asam ; plan couleur II, C3)* **:** *Sendlinger Str 62. Tlj sf w-e 8h-17h30.* Également appelée *Sankt Johann,* cette église privée du XVIIIe s est inspirée du baroque italien et il est impossible de la contourner car elle est fondue dans la masse des immeubles. Elle symbolise assez bien les folies du rococo allemand. S'il y a une église à ne pas manquer, c'est celle-ci ! Voir d'abord la façade : avec ces rochers symbolisant les pierres sur lesquelles l'Église catholique fut fondée (« Tu es pierre et sur cette pierre... »). Ensuite, attenante à l'église, remarquez cette maison ornée de stucs, qui fut la demeure des frères Asam, les constructeurs de l'église. Décoration d'un luxe inouï : colonnes torsadées, stucs dorés, voûte peinte, autel argenté, foison de statues, angelots, moulures, etc. « On ne sait où donner de la tête ni reconnaître ce qui est vrai de ce qui est faux. Les deux frères ont marié aux raffinements de la technique les débordements de l'imagination », écrit Dominique Fernandez. En effet, voici une mise en scène étonnante, qui pourtant ne choque pas tant l'unité de l'ensemble est cohérente et le travail soigné. L'église appartenait aux frères Asam, deux riches architectes (l'un également sculpteur, l'autre peintre), qui durent en faire don à la ville devant la jalousie de leurs voisins.

***Sendlinger Tor*** *(plan couleur II, C3,* ***127****)* **:** *à l'angle de Sendlingerstr et de Sonnenstr.* L'une des plus belles portes de la ville et l'un des vestiges de l'ancien mur d'enceinte de la cité, construit au XIVe s. Deux autres portes existent, l'une à l'est du centre *(Isartor),* l'autre à l'ouest *(Karlstor),* que l'on peut voir en remontant Sonnenstrasse.

***Maximiliansplatz et Promenadeplatz*** *(plan couleur II, C2)* **:** en remontant Sonnenstrasse, puis en passant par Karlsplatz (en passant devant le palais de justice, monumental mais sans grand intérêt), on parvient à ces luxueuses places, symboles de la richesse de la ville.

***Theatinerkirche*** *(plan couleur II, C2,* ***129****)* **:** *Theatinerstr 22.* Bel édifice du XVIIe s, de type italien. C'est la plus ancienne église baroque d'Allemagne du Sud ; elle influença d'ailleurs la construction de bien des églises bavaroises. À l'intérieur, remarquer la blancheur limpide du décor qui ignore la couleur, la superbe chaire de bois noir et la crypte princière (ouverte en milieu de journée).

***Residenz*** *(palais des Wittelsbach ; plan couleur II, C2)* **:** *entrée par Max-Joseph-Platz et Residenzstr. ☎ 290-67-1. • residenz-muenchen.de • U/S-Bahn : Marienplatz ou Odeonplatz. Les visites se font séparément pour chacune des « attractions », et l'entrée est payante à chaque fois, billet combiné pour l'ensemble à 13 € ; gratuit pour les moins de 18 ans.*

La résidence des seigneurs de Bavière a remplacé l'ancien château fort et devint au fil du temps un vaste palais où se mêlèrent successivement tous les styles. Chacun des occupants (ducs, princes, puis rois de Bavière) y apporta sa touche, en fonction des « modes » architecturales et artistiques, mais aussi de ses fantasmes et de ses ambitions. La Residenz fut gravement endommagée en 1944, et ce que l'on voit aujourd'hui est le résultat, plus ou moins heureux, de travaux de reconstruction qui durèrent 40 ans ! Choisissez en fonction de vos intérêts les parties de la résidence que vous souhaitez visiter. Quelques incontournables : l'Antiquarium, la salle du Trésor et le théâtre Cuvilliés.

– ***Residenzmuseum*** **:** *tlj 9h-18h d'avr à mi-oct et 10h-17h le reste de l'année. Dernière admission 1h avt la fermeture. Entrée : 7 € ; gratuit pour les moins de 18 ans. Ticket combiné avec le trésor : 11 €. Audioguide en français gratuit.*

Les anciens appartements du palais, reconstruits, ont été transformés en musée pour présenter sculptures, peintures, mobilier, mais aussi porcelaines, tapisseries et bibelots divers. Le circuit comprend : la visite de la galerie des Ancêtres, avec l'arbre généalogique des Wittelsbach remontant à Hercule (rien que ça !), de la grotte artificielle (un rien kitsch, elle évoque les temples d'Inde), de l'*Antiquarium* avec toutes les villes et les villages de Bavière en miniature, salle des fêtes de 66 m de long, décorée à la fin du XVIe s dans le style romain (collection de bustes des empereurs romains), des appartements de Louis Ier, des salles d'apparat très rococo, les appartements du roi et la salle du trône, ainsi que d'autres salles de moindre importance. Suit la somptueuse collection de porcelaines et les *Silberkammer* ; 3 500 pièces d'argenterie parmi les plus belles du monde !

– ***Schatzkammer*** *(trésor)* **:** *mêmes horaires et tarifs que le Residenzmuseum. Audioguide en français gratuit.* Une collection qui rivalise d'importance avec celle des rois de Saxe conservée à Dresde. Environ 1 200 pièces, principalement d'orfèvrerie et de joaillerie, ont été réunies par la famille Wittelsbach depuis le XVIe s. Les premières salles sont consacrées à l'art médiéval. Un peu plus loin, l'un des chefs-d'œuvre du trésor : *Saint Georges terrassant le dragon,* statuette d'or finement ciselée, recouverte de cristal, de diamants, de saphirs et d'émeraudes. Salle suivante, les attributs des rois de Bavière : couronnes, sceptre, épées de cérémonie et quantité d'autres objets réalisés par certains des plus grands artisans de naguère... À noter aussi, un *nécessaire de voyage* du XIXe s, comprenant service de table, affaires de toilette, trousse de couture, etc. Le tout en or, vermeil, nacre et écaille. Ce service fut offert par la Ville de Paris en cadeau de noces à la femme de Napoléon !

– ***Staatliche Museum Ägyptischer Kunst*** *(musée d'Art égyptien)* **:** *entrée sur Hofgartenstr 1, à l'obélisque. ☎ 28-92-76-30. • aegyptisches-museum-muenchen.de • Mar-dim 10h-18h. Entrée : 12 € (6 € dim), audioguide compris.* Très belle collection d'antiquités aussi bien égyptiennes que romaines. Presque toutes les périodes de l'ancienne Égypte y sont représentées, de 3 000 ans avant notre ère à environ 400 apr. J.-C.

– ***Staatliche Münzsammlung*** *(musée des Monnaies)* **:** *entrée sur Residenzstr 1, par la Kappellenhof. ☎ 22-72-21. • staatliche-muenzsammlung.de • Tlj sf lun 10h-17h. Entrée : 2,50 € ; 1 € dim et j. fériés.* Des milliers de pièces illustrant l'histoire du plus encombrant et du plus convoité des moyens d'échange, des origines à nos jours. Sans doute la plus importante collection du genre en Europe. Certaines des pièces exposées sont d'authentiques œuvres d'art.

– ***Altes Residenztheater ou Cuvilliés-Theater*** *(théâtre Cuvilliés ; plan couleur II, C2)* **:** *avr-juil et de mi-sept à mi-oct : lun-sam 14h-18h, dim 9h-18h ; d'août à mi-sept : tlj 9h-18h ; le reste de l'année : lun-sam 14h-17h, dim 10h-17h. Entrée : 3,50 €.* Ce très joli théâtre n'a pas échappé aux bombes de 1945. Il a été reconstruit à l'identique, et on y a réintégré les décors originaux qui avaient été rangés en lieu sûr. Après rénovation, le théâtre a rouvert en 2008. Sa décoration de style XVIIIe s est l'illustration parfaite du style rococo. Débauche de moulures, d'ors, d'angelots en stuc, de draperies et autres lustres en cristal... En 1781, Mozart y donna la première d'*Idoménée* et le réalisateur suédois Ingmar Bergman y fut accueilli pendant 9 ans, à partir de 1976, après avoir quitté la Suède, qui le poursuivait pour fraude fiscale.

## Les autres musées dans le centre



– **La Pinacothèque** *(plan couleur II, C2)* **:** *au nord du centre-ville. • pinakothek.de • (site internet commun aux 3 pinacothèques). Pour s'y rendre, tram nº 27 : Pinakotheken. U-Bahn nº 2 ou 8 : Theresienstr ou Königsplatz. Bus nº 154 : Schellingstr. Fermé à Noël, le Jour de l'an, Mardi gras et 1er mai. Entrée à 1 € dim et j. fériés dans les 3 pinacothèques.*

★★★ ***Alte Pinakothek*** *(plan couleur II, C2)* **:** *Barerstr 27. ☎ 23-80-52-16. Tlj sf lun 10h-18h (20h mar). Entrée : 9 € (1 € dim et j. fériés) ; réduc. Billet valable 1 j. pour les 3 pinacothèques et le musée Brandhorst à 12 €. Audioguide en français 4,50 €. Attention : des* ***travaux de rénovation*** *ont commencé en 2014 et dureront jusqu'en 2017. Certaines salles peuvent être fermées au moment de votre visite.* C'est l'ancienne pinacothèque, comme son nom l'indique. L'une des plus importantes collections de peinture « classique » du globe, à égalité avec celles du Louvre et du Prado. Fondée en 1826 par le roi Louis Ier de Bavière, l'*Alte Pinakothek*

a recueilli ses collections personnelles et celles de ses prédécesseurs. Plusieurs milliers de tableaux, des primitifs à la fin du XVIII^e^ s, classés par « écoles », la plupart au 1^er^ niveau, par lequel on peut débuter la visite.
Honneur aux anciens, la salle I dévoile quelques chefs-d'œuvre des primitifs flamands, dont le plus beau est sans aucun doute le retable de *L'Adoration des Mages,* de ***Rogier van der Weyden.*** La peinture allemande du gothique tardif constitue ensuite la section la plus importante du musée, et c'est l'un de ses chefs-d'œuvre, *La Bataille d'Alexandre* (vision cosmique, grandiose de la victoire sur le roi des Perses) d'***Albrecht Altdorfer,*** qui est considérée comme l'acquisition la plus ancienne du musée (1529).
Suivent ***Cranach*** et ***Dürer*** (11 œuvres, dont son plus célèbre autoportrait), deux incontestables grands maîtres. L'école italienne, entre fin de la Renaissance et âge classique (une salle entière est réservée aux seuls « Vénitiens »), a ici grandement profité des talents de collectionneur de Louis I^er^. Au programme, entre autres : la superbe *Déploration du Christ* de ***Botticelli,*** trois sublimes ***Raphaël*** (période florentine), le Tintoret (« cycle de Gonzague »), ***Titien*** (*Le Couronnement d'épines,* un des trésors de la Pinacothèque, véritable testament artistique et humain), et l'un des chefs-d'œuvre du musée, la *Vierge à l'Enfant* de ***Léonard de Vinci.***
On remonte ensuite au nord de l'Europe, pour admirer la remarquable collection de peinture flamande (XVI^e^-XVII^e^ s), à travers trois génies que sont ***Rubens*** (une des collections les plus complètes de la « star » du musée : célèbre *Chasse au lion,* admirable représentation des corps en mouvement), ***Pieter Bruegel l'Ancien*** (*Le Pays de cocagne,* avec la petite morale qui va avec... original pour l'époque, observez bien les détails !) et ***Adriaan Brouwer*** (peintre de la vie paysanne).
Juste avant, on aura admiré l'école hollandaise, et ses thèmes de la vie quotidienne et campagnarde (*Cycle de la Passion* de ***Rembrandt***). Enfin, deux écoles plus modestement représentées : l'espagnole, et les incontournables ***Greco*** et ***Vélasquez,*** ainsi que la magnifique collection ***Murillo,*** peintre du baroque tardif (le pétillant *Joueurs de dés*).
La collection française, la plus réduite du musée (« seulement » 400 œuvres, même si une minorité est exposée !) : beaux tableaux de ***Poussin*** et de ***Boucher,*** et le très libertin *Jeune Fille au chien,* de ***Fragonard,*** qui choqua énormément à l'époque. La chemise troussée, les jambes repliées, la jeune fille laisse pendre entre ses cuisses le panache de la queue de son petit carlin. Ce n'est pas qu'une allusion. C'est une évidence !
La visite se termine au rez-de-chaussée par un des « compères » de Rubens, le second fils de Bruegel l'Ancien, Jan (scènes allégoriques...). Par ailleurs, l'*Alte Pinakothek* accueille des expos temporaires.
|●| Excellentes portions de tarte à la cafétéria.

*** ***Neue Pinakothek*** *(plan couleur II, C2)* **:** *Barerstr 29, entrée par Theresienstr. ☎ 238-05-195. Tlj sf mar 10h-18h (20h mer). Entrée : 7 € (1 € dim et j. fériés) ; réduc. Billet valable 1 j. pour les 3 pinacothèques et le musée Brandhorst à 12 €. Audioguide en français 4,50 €. Visites guidées en allemand lun à 15h, mer à 18h30 et jeu à 12h (compris dans le ticket d'entrée).*
Le complément parfait de sa voisine *(Alte Pinakothek).* Peu de grands noms manquent à l'appel dans ce qui constitue une vue d'ensemble de la peinture européenne au XIX^e^ s. Les sections consacrées aux nombreux courants allemands sont bien sûr plus riches. Une bonne occasion de découvrir quelques grands peintres du pays, et d'analyser les tendances, presque toujours en prise avec la réalité sociale de leur époque. Superbe intérieur : dans chaque salle du musée, un plafond de verre dépoli permet à une lumière diffuse et agréable de se déposer sur les toiles...
L'enchaînement des salles suit un ordre chronologique. Quelques morceaux de choix, pour titiller votre appétit visuel : tout d'abord, ***Goya,*** peintre du siècle d'or, au côté de peintres munichois de la fin du XVII^e^ s. Puis viennent des œuvres du Biedermeier, début du réalisme (Von Rayski, Carl Spitzweg), avec ce penchant

pour la moralisation, parfois marqué d'une touche d'humour. Suivent quelques grands noms de la peinture française, ici fortement représentée : ***Delacroix,*** avec *La Mort d'Ophélie,* qui lui a été inspirée par Hamlet, ***Corot, Courbet, Millet,*** puis les impressionnistes ***Monet*** *(Le Pont d'Argenteuil)* et ***Manet*** (*La Barque,* Monet ayant, là, servi de modèle à son ami), ***Cézanne*** (étrange *Autoportrait*), ***Degas, Toulouse-Lautrec, Pissarro...*** On peut d'ailleurs s'amuser à chercher les ressemblances avec les têtes de proue de l'impressionnisme allemand que sont ***Corinth*** et ***Liebermann.*** Les dernières salles abritent des œuvres du « tournant du siècle », les Viennois ***Kokoschka, Schiele*** ou ***Klimt,*** le Norvégien ***Munch.***
Enfin, dans la même salle, ***Gauguin*** et son sublime *Te Tamari no Atua,* ou la Nativité revisitée par l'atmosphère exotique de la Polynésie (Marie y est représentée sous les traits d'une jeune Maorie) ; et, bien sûr, ***Van Gogh,*** avec *Le Tisserand,* peinture aux couleurs sombres mais qui laisse déjà présager de son futur style, ainsi qu'un de ses *Tournesols.* Ouf !

Pour vous remettre de toutes ces émotions, rien de tel qu'un petit verre au bord de l'eau en terrasse, au *Caffè Greco,* à la sortie du musée.

***Pinakothek der Moderne*** *(plan couleur II, C2)* **:** *Barerstr 40. ☎ 238-05-360. Tlj sf lun 10h-18h (20h jeu). Entrée : 10 € (1 € dim et j. fériés) ; réduc. Billet valable 1 j. pour les 3 pinacothèques et le musée Brandhorst à 12 €. Pas d'audioguide en français.*

Cette belle construction, aux lignes épurées (on dirait le style d'Oscar Niemeyer), la plus importante depuis un demi-siècle à Munich, regroupe quatre musées sur 12 000 m², autour d'un cœur cylindrique laissant filtrer la lumière extérieure. Le musée a une démarche transdisciplinaire. Les quatre collections présentées (peinture, art graphique, architecture, design) démontrent les multiples relations qu'entretiennent tous les genres de l'art. Côté peinture, on retrouve les grands courants qui ont marqué le XXᵉ s : *Die Brücke* (**Kirchner, Nolde,** etc.), *Le Cavalier bleu* **(Kandinsky, Münter, Marc, Klee),** mais également ***Beckmann, Magritte, Picasso, Braque, Bacon, Baselitz, Warhol...*** Le département d'art graphique donne accès à 400 000 dessins et estampes, de Léonard de Vinci aux artistes contemporains. Celui d'architecture rassemble des dessins, photographies et maquettes illustrant l'œuvre d'architectes comme Neumann, Le Corbusier, Behnisch... Enfin, le département design présente 50 000 objets du quotidien (mobilier, ordinateurs, moyens de transport...). Une réalisation qui rivalise désormais avec le Centre Pompidou à Paris, le MoMA à New York et le Guggenheim à Bilbao. Le musée accueille également de nombreuses expos temporaires chaque année.

## TRÉSOR D'APRÈS-GUERRE

*Considérés par les nazis comme des œuvres d'« art dégénéré », près de 1 500 tableaux bannis ont été redécouverts dans un appartement de Munich. Peints notamment par Picasso, Matisse et Chagall, ils sont estimés à un milliard d'euros. Pendant 50 ans, ce butin était entreposé chez le fils du collectionneur allemand Hildebrand Gurlitt qui aida les nazis à vendre en douce les tableaux confisqués à l'étranger.*

***Brandhorst Museum*** *(plan couleur II, C2)* **:** *Theresienstr 35a. Tt près de la Pinakothek der Moderne, à l'angle de Theresienstr et de Türkenstr. ☎ 238-05-22-86. Tlj sf lun 10h-18h (20h jeu). Entrée : 7 € ; réduc. Billet valable 1 j. pour les 3 pinacothèques et le musée Brandhorst à 12 €.* Un musée complémentaire à la *Pinakothek der Moderne,* qui, avec plus de 700 œuvres d'art contemporain, présente l'art de la seconde moitié du XXᵉ s et du début du XXIᵉ s. C'est Udo et Anette Brandhorst qui ont constitué cette formidable collection dans les années 1970 ; elle rassemble plus d'une centaine d'œuvres d'***Andy Warhol,*** 60 tableaux, dessins et sculptures de Cy Tombly, ainsi que des œuvres de ***Joseph Beuys,*** Sigmar Polke, Gerhard Richter, Jannis Kounellis, Mario Merz, Eric Fischl, Alex Katz... Ces œuvres sont installées dans de vastes volumes sur trois niveaux, éclairées par une combinaison réussie de lumière naturelle et artificielle. La façade du bâtiment, composée de 36 000 tubes de céramiques colorées en 23 tons différents, est à elle seule une œuvre d'art. Comme le reste du musée, elle a été conçue avec une préoccupation environnementale, et donc, en plus d'être belle, elle est utile, car elle absorbe les bruits de circulation de la rue !

**Deutsches Museum** (plan couleur II, C3) **:** *Museumsinsel 1. ☎ 21-791. • deutsches-museum.de • Sur l'île de l'Isar, au sud-est du centre-ville. S-Bahn : Isartor ; U-Bahn nº 1 ou 2 : Fraunhoferstr ; tram nº 16 : Deutsches Museum. Entrée principale par le pont Bosch. Tlj sf certains j. fériés 9h-17h. Entrée : 8,50 € ; réduc pour les étudiants et les familles. Gratuit la dernière heure. Pas de parking. Ticket combiné (valable plusieurs j.) avec le Verkehrszentrum et Flugwert Schleissheim : 15 €. Tlj à 13h15, une visite guidée générale (en allemand) part du hall d'entrée. Durée : 2h30. Prix : 3 €.*
*Petite précision : en raison de travaux de rénovation devant durer jusqu'en... 2025, certaines salles peuvent être temporairement fermées.*

Ce musée, fondé en 1903 par un ingénieur en bâtiment, est l'un des plus importants du genre en Europe : une cinquantaine de sections et 1,5 million de visiteurs par an. Si on est passionné, on peut y passer la journée ! Un véritable dédale de couloirs en effet, avec escaliers, plates-formes et recoins sur plusieurs niveaux... Tout y passe : chimie, industrie, minéralogie, verre, imprimerie, photo, textile, télécommunication, informatique, aéronautique, astronomie, navigation, musique, physique, etc. Le dernier espace en date est consacré aux bio et nanotechnologies. Pour ne pas errer des heures durant, demander le plan à l'entrée (en français) et tracer un itinéraire.

## UNE ARME SECRÈTE VRAIMENT DANGEREUSE

*Utilisé à partir de 1944, le* Me 163 Komet *était un avion intercepteur destiné à semer la panique auprès des bombardiers alliés. Inédit par sa petite taille et basé sur le principe du planeur, il était doté d'un moteur de fusée qui lui permettait de dépasser les 800 km/h. Avec une autonomie de vol de 8 mn à peine, il atteignait les 12 000 m en 3 mn, ce qu'aucun avion allié ne pouvait égaler. L'avion atterrissait avec difficulté sur un patin placé sous le fuselage et le carburant utilisé était extrêmement corrosif : il arriva qu'à la suite d'une fuite du réservoir dans le cockpit, un pilote soit dissout vivant !*

Parmi les « clous » du musée, on peut citer les automates du XVIe s, ***le pendule de Foucault,*** la ***machine à calculer de Leibniz, l'imprimerie de Gutenberg,*** le ***premier téléphone*** (Bell), les ***premiers projecteurs,*** le ***premier moteur Diesel,*** les premiers télescopes à miroir, des microscopes du XVIIe s, les premiers pneus (Dunlop !), l'appareil avec lequel furent découverts les rayons X, etc. Les dingues de technologie seront comblés, comme les amateurs de petits trains : un circuit miniature géant tourne en permanence. Ne pas rater non plus le parcours minier au sous-sol.

Les avions et les fusées prennent le plus de place : le triplan *Fokker* couleur rouge du fameux ***Manfred von Richthofen,*** le ***« Baron Rouge »*** ; l'avion solaire, *Vampyr,* de 1921 (en cuir !) ; un *Junker Ju52,* la bonne à tout faire du transport aérien des années 1940, tout en alu et fabriqué sous licence à... Colombes, on le surnommait « Tante Ju ». Le *Messerschmitt 163B Komet,* avion-fusée (voir encadré), et le *Me 262,* premier chasseur à réaction. La capsule *Soyouz* authentique (revenant de loin) et même un *Spacelab* dans lequel on peut entrer, histoire de jouer au cosmonaute. Bon, on ne va pas tout vous décrire : c'est plein de trucs passionnants. On pourra achever la visite par le ***planétarium*** *(prix : 2 € en plus du ticket d'entrée),* avant de redescendre sur terre, c'est-à-dire au café du 3e étage *(tlj 10h-16h),* d'où l'on a une belle vue sur Munich et les Alpes...

Initiative pédagogique intéressante, le musée a aussi ouvert un *« royaume des enfants »* pour les 3-8 ans. Cette salle leur permet de s'initier à la science (le feu, la roue, etc.) et d'éveiller leur curiosité au moyen de nombreux jeux de découverte. La section automobile et transports se trouve dans un autre bâtiment dans la ville. Voir plus loin « Les musées à l'écart du centre. Verkehrszentrum ».
➢ Les fans d'aviation, eux, ne manqueront pas de se rendre à Oberschleissheim, pour visiter le musée d'aviation (*Flugwert Schleissheim,* voir « Dans les environs de Munich »).

**Jüdisches Museum** *(plan couleur II, C3,* ***147****) : St-Jakobs-Platz 16. ☎ 23-39-60-96. • juedisches-museum-muenchen.de • U/S-Bahn : Marienplatz. Tlj sf lun 10h-18h. Entrée : 6 € ; réduc. Billet combiné avec les musées municipaux de Munich, donnant droit à 50 % de réduc sur l'entrée au Stadtmuseum, à Lenbachhaus et à la Villa Stuck.*
Ce musée fait partie d'un ensemble comprenant aussi une synagogue et la maison de la communauté où se trouve un restaurant casher. Ces édifices ont été construits sur un ancien parking, en plein cœur du centre ancien, sans véritable lien avec l'histoire et la localisation des anciens quartiers juifs de la ville. Sur les grandes baies vitrées de la façade du musée s'étalent, en anglais et en allemand, des citations collectées par Sharone Lifschitz ; elle a, dans le cadre d'un projet artistique, publié des petites annonces dans plusieurs journaux allemands, pour aller à la rencontre de dizaines de personnes à travers l'Allemagne, et recueillir ces bribes de conversation désormais inscrites dans le verre.
À l'intérieur, le musée traite de l'histoire de la communauté juive à Munich et de l'identité juive en général, à travers des planches de B.D., des photos, des cartes, des vidéos, des témoignages audio, etc. Expositions temporaires sur des thèmes comme l'exil...

**Stadtmuseum** *(Musée municipal ; plan couleur II, C3) : St-Jakobs-Platz 1. ☎ 23-32-23-70. • muenchner-stadtmuseum.de • U/S-Bahn : Marienplatz. Tlj sf lun 10h-18h. Entrée : 7 € ; gratuit pour les moins de 18 ans.* Plusieurs musées en un, chacun intéressant pour sa spécificité et tous représentatifs de l'importance de la ville dans chaque domaine abordé : *musée de la Photo, musée des Instruments de musique* (riche collection, notamment de gongs orientaux) et *musée des Marionnettes,* ce dernier, très riche là encore, étant peut-être notre préféré. Enfin, un musée consacré à l'histoire même de la ville, qui n'élude pas la question du national-socialisme à Munich, et des reconstitutions d'appartements historiques, avec meubles et œuvres d'art vieilles parfois de cinq siècles. Tout à côté du musée, une *Cinémathèque* qui s'est spécialisée dans la restauration de films muets, avec projections en soirée (sauf en août), selon un programme qui change régulièrement.

**Stadtcafé :** *dans la cour du Stadtmuseum. ☎ 26-69-49. Tlj 10h-minuit (1h ven-sam).* Le rendez-vous des fans de ciné. Convivial, avec ses grandes tables pour manger un plat du jour à midi ou des mets plutôt originaux le soir, comme le chorizo au cidre ou les tripes aux fèves de cacao... Terrasse dans la cour l'été. Également de délicieuses tartes et autres pâtisseries. Les téléphones portables y sont interdits !

MUNICH

**Bayerisches Nationalmuseum** *(Musée bavarois ; plan couleur II, C-D2) : Prinzregentenstr 3. ☎ 211-24-01. • bayerisches-nationalmuseum.de • U-Bahn nº 4 ou 5 : Lehel ; tram nº 17 ou bus nº 100 : Bayerisches Nationalmuseum/Haus der Kunst. Tlj sf lun 10h-17h (20h jeu). Entrée : 7 € (1 € dim et j. fériés) ; réduc ; gratuit pour les moins de 18 ans.* Malgré son nom, ce musée ne se consacre pas qu'à la Bavière mais plutôt à l'histoire de l'Europe artistique et artisanale. On y trouve, entre autres, une ***fabuleuse collection de sculptures médiévales*** (notamment sur bois) à dominante sacrée, mais aussi des tableaux, meubles, poteries et objets divers, tous de grande valeur. À noter également, une impressionnante collection d'ivoires de la période baroque, ainsi que le plus grand nombre de crèches au monde (les Bavarois les adorent)...

**Glyptothek** *(musée des Sculptures)* **et Staatliche Antikensammlungen** *(musée des Antiquités ; plan couleur II, C2)* **:** *les deux se font face sur la Königsplatz 3 et 1. ☎ 28-61-00 et 59-98-88-30 respectivement. • antike-am-koenigsplatz.mwn.de • U-Bahn nº 2 : Königsplatz. Tram nº 27 : Karolinenplatz. Tlj sf lun 10h-17h (20h jeu pour la Glyptothek, 20h mer pour les Antikensammlungen). Entrée pour chaque musée : 3,50 € ; réduc. Entrée à 1 € dim. Billet combiné pour les 2 musées : 5,50 €. Visites guidées (en allemand) : 18h, mer (pour le musée des Antiquités) et jeu (pour la Glyptothek).* Ces deux musées renferment sans doute la plus belle collection d'art antique d'Allemagne. Un panorama exceptionnel de sculptures grecques et romaines (côté Glyptothek) et de poteries, bronzes et bijoux avant tout étrusques (côté musée des Antiquités). La Glyptothek se distingue aussi de sa jumelle grâce à l'extraordinaire mise en valeur de ses pièces dans une architecture transparente et épurée : les salles courent autour d'un patio où les tables du café sont installées pour les beaux jours. Dans la Glyptothek, ne pas manquer la ***salle du Faune,*** qui est circulaire, et coiffée d'une coupole. Cette sculpture, admirée par Goethe, est une rareté de l'art grec. L'homme semble à moitié endormi, on ne sait pas s'il est joyeux ou dans la peine, dans l'extase ou dans le sommeil. Observez son pied droit d'un réalisme troublant. Plus loin dans la salle VII : remarquable reconstitution partielle du fronton et du péristyle du ***temple d'Egine.*** Dans la salle d'Alexandre : rare sculpture d'Homère. Les deux musées accueillent également des expositions temporaires.

**Lenbachhaus** *(villa Lenbach ; plan couleur II, B-C2)* **:** *Luisenstr 33. ☎ 23-33-20-00. • lenbachhaus.de • U-Bahn nº 2 : Königsplatz. L'espace d'art contemporain Kunstbau reste ouv. Tlj sf lun 10h-18h. Entrée : 10 € avec audioguide.* L'élégante villa d'artiste de style néo-Renaissance (du XIXᵉ s) fut construite à l'origine pour le peintre Franz von Lenbach, qui aimait à se désigner comme « le Prince des peintres »... Elle a depuis été transformée en galerie de peinture consacrée aux monuments munichois des deux derniers siècles. Parmi les plus significatifs, les artistes « fin de siècle », comme Lovis Corinth et Slevogt, les genres Sécession et Jugendstil (Liebermann, Stuck, Lenbach) et surtout le fameux groupe du Cavalier bleu *(Der Blaue Reiter)* avec ces deux génies que furent Kandinsky et Klee, qui occupent à eux seuls tout le second niveau. D'autre part, le musée s'enrichit régulièrement depuis les années 1970 d'œuvres d'art contemporain, parmi lesquelles on retrouve Joseph Beuys, Asger Jorn, Christian Boltanski...
À proximité immédiate de la villa, l'espace ***Kunstbau,*** construit en même temps que la station de métro Königsplatz, présente des expositions temporaires d'art contemporain.

**Spielzeugmuseum** *(musée du Jouet ; plan couleur II, C3,* ***143****)* **:** *entrée par la tour de l'Altes Rathaus, Marienplatz 15. ☎ 29-40-01. • spielzeugmuseum-muenchen.de • U/S-Bahn : Marienplatz. Tlj 10h-17h30. Entrée : 4 € ; réduc.* Ce musée renferme des centaines de joujoux d'Europe et d'Amérique, du nounours aux poupées russes, en passant par les jouets à ressort, les bidules en bois, les trucs à ficelle, les indiens en plastique et les figurines machiavéliques ou sexy ! Expos temporaires.

**Haus der Kunst** *(plan couleur II, C2)* **:** *Prinzregentenstr 1. ☎ 21-12-71-13. • hausderkunst.de • Bus nº 100 ou tram nº 18. Non loin du Musée bavarois. Tlj 10h-20h (22h jeu). Entrée : 10 € ; réduc. Visites guidées gratuites en allemand mer à 18h30, sam et dim à 15h, et en anglais ven à 18h30.* Musée fondé par... Hitler, en 1937, qui voulait en faire une « maison de l'art allemand » (en bref, l'art nazi, officiel). Ironie de l'histoire, ce musée a gardé ses murs de l'époque mais l'esprit des lieux est aujourd'hui résolument moderne et même d'avant-garde. On y organise des expositions temporaires dédiées à l'art contemporain, la photo, l'architecture...



## À l'écart du centre

**Schloss Nymphenburg** *(château de Nymphenbourg)* **:** *à l'ouest du centre. ☎ 179-08-0. • schloss-nymphenburg.de • Pour y aller, tram nº 17 (depuis la*

*Hauptbahnhof) ou bus n° 51 : Schloss Nymphenburg. Tlj : d'avr à mi-oct 9h-18h ; le reste de l'année, 10h-16h ; dernière entrée 20 mn avt la fermeture. Entrée pour l'ensemble : 11,50 € en hte saison et 8,50 € en basse saison ; gratuit pour les moins de 18 ans. Parc gratuit ouv jusqu'à la tombée de la nuit (21h30 l'été). Possibilité de visiter chaque attraction séparément et de payer le billet d'entrée correspondant.*
Construit au XVIIe s (puis réaménagé jusqu'au XIXe s), c'était la résidence d'été de la famille Wittelsbach (la lignée des princes et rois de Bavière). À ne pas manquer, ne serait-ce que pour son gigantesque parc, superbe (c'est une imitation de celui de Versailles), ses jardins très soignés, ses nombreux canaux où barbotent cygnes et canards, ses différents pavillons et les musées attenants (dont celui des Carrosses). L'arrivée sur le parc vaut vraiment le coup d'œil : les élégantes façades du plus grand château baroque d'Allemagne semblent se refléter dans un étang pour le moins ravissant, soigneusement bordé de haies et de contre-allées romantiques.

– ***Le château :*** *entrée : 6 €.* La visite de l'intérieur révèle quelques splendeurs, dont la plus réputée est la *Steinernersaal (salle des fêtes).* Une grande finesse dans la luxueuse décoration bien qu'elle soit de style rococo. Beaux plafonds peints, chapiteaux dorés et fioritures blanches, le tout éclatant grâce à la lumière projetée par d'élégantes fenêtres à voûtes se faisant face. Autres attractions des lieux : la chambre où naquit Louis II de Bavière, mais surtout la *galerie des Beautés (Schönheitengalerie),* avec sa collection de 36 portraits commandés par le roi Louis Ier au peintre Stieler. Ce sont les Munichoises les plus célèbres pour leur beauté. Parmi les pin-up de l'époque, l'influente maîtresse officielle du vieux roi ***Lola Montès*** (1821-1861). Leur liaison dura pendant 2 ans (1846-1848). Si Louis Ier la vénérait, le peuple la détestait. L'anoblissement de cette aventurière comme « comtesse de Landfeld » déclencha des émeutes, qui furent à l'origine de la révolution de 1848, qui entraîna l'abdication du roi.

– ***Marstallmuseum*** *(musée des Carrosses)* **:** *dans l'aile sud du château. Entrée : 4,50 €.* On y trouve toutes les « voitures d'apparat » des Wittelsbach. Le plus insolite est la série des carrosses-luge dont un datant du XVIIe s qui est orné d'une sculpture d'Hercule qui tue un dragon. Le plus délirant : le ***traîneau aux nymphes*** de Louis II, d'un rococo fou et couvert d'or ! Au 1er étage, ne pas manquer la collection *Bäuml,* aperçu de la production de porcelaine locale depuis sa création, en 1747, jusqu'aux 20 premières années du XXe s.

– ***Les pavillons :*** *disséminés dans le parc, fermés de mi-oct à fin mars. Entrée (pour l'ensemble) : 4,50 €.* On en trouve quatre. Le plus remarquable est ***Amalienburg,*** un pavillon de chasse d'un luxe inouï, ***chef-d'œuvre de l'art rococo bavarois.*** Niché dans un bouquet d'arbres, à proximité du grand parterre, ce bijou a été conçu par l'architecte François de Cuvilliès sur commande de Charles-Albert en cadeau pour son épouse, la princesse électrice Marie-Amélie. Décor d'un raffinement extrême, à la française. La pièce la plus somptueuse est la salle des glaces, dans les bleu et blanc délicats. Voir aussi la cuisine avec ses carreaux de faïence hollandaise et ses motifs chinois.

Un peu plus loin, le ***pavillon de Bains*** *(Badenburg)* est une maison de plaisir dont le salon est décoré de fontaines en forme de coquillages ! Achevé en 1721 pour Maximilien-Emmanuel, *Badenburg* est inspiré par le faste des bains turcs. Ses murs sont revêtus de carreaux de faïence hollandaise. La piscine est surmontée d'une galerie couverte de faux marbre rouge d'où les visiteurs observaient les baigneurs. À l'époque, un système alimentait la piscine en eau chaude. La plus belle pièce du *Badenburg* est le cabinet aux singes, richement décoré. Les autres pavillons du parc sont un ermitage du XVIIIe s *(Magdalenenklause),* et le *Pagodenburg* au nord du canal central. Il n'a d'asiatique que la décoration intérieure (peintures en laque rouge, tapisseries chinoises de soie peinte).

– ***Le parc :*** *ouv jusqu'à la tombée de la nuit ; entrée gratuite.* À la fois jardin à l'anglaise et à la française, il propose parterres de fleurs, allées, bosquets, sculptures et même des labyrinthes, sans parler des canaux, dont le plus grand se termine en cascade. Serres avec plantes tropicales, dont des nénuphars géants.

**Englischer Garten** *(jardin anglais ; plan couleur II, C2)* **:** *à l'est de Schwabing. Accès par Veterinärstr (entre autres). U-Bahn : Universität.*
Traversé par divers cours d'eau et long de 5 km, c'est, paraît-il, le plus grand parc urbain d'Europe. Il est même, avec une superficie de 3,7 km², plus grand que Central Park à New York. On y trouve de fabuleux *Biergärten* (voir « Où manger ? Où boire un verre ? » et « Pour s'attabler dehors : les *Biergärten* »), des curiosités comme la célèbre rotonde *(Monopteros)* ou la *Japanisches Teehaus,* un lac, des aires sportives... C'est le rendez-vous favori des jeunes Munichois, après avoir été celui des hippies. À la grande époque baba, une centaine d'entre eux avaient inventé un petit jeu rigolo : ils traversaient le parc à la nage, puis prenaient le métro (tout nus !) pour revenir chercher leurs vêtements... Rien de bien révolutionnaire outre-Rhin : le naturisme (FKK pour *Freie Körper Kultur,* culture du corps libre) est une tradition bien ancrée dans les mœurs germaniques. Située au cœur de la ville, la ***zone FKK*** de l'*Englischer Garten (plan couleur I, C-D2)* témoigne de l'ouverture d'esprit munichoise.
Aujourd'hui, ce sont les surfeurs qui ont la cote : on les rencontre, en combinaison Néoprène, en équilibre sur leur planche, luttant contre le courant de l'Eisbach. Surprenant et spectaculaire !

**Olympiapark** *(parc olympique ; plan couleur I, B1)* **:** *au nord du centre-ville. U-Bahn n° 3 : Olympiazentrum.* De nombreuses visites guidées y sont organisées. L'une des plus belles réussites du genre. Cette petite ville vouée au sport fut élevée sur les décombres de Munich, rassemblés ici après la Seconde Guerre mondiale ! On trouve d'ailleurs un monument élevé à la paix au sommet de la colline olympique. Ce parc de 3 km², construit pour les Jeux de 1972, est une prouesse technique : le stade (62 250 places), la patinoire géante, le complexe nautique et le hall (pouvant contenir 14 000 personnes) sont recouverts d'une vaste toile d'araignée synthétique ! Ses immenses pelouses en font également l'endroit idéal pour un pique-nique au soleil.
Dernière attraction en date : le *Sealife,* un ensemble d'aquariums recélant quelque 4 500 animaux marins.
Au centre, la ***Fernsehturm*** (tour de télévision), haute de 290 m et surmontée d'une coupole qui tourne sur elle-même en 53 mn : la vue sur Munich et les Alpes y est évidemment assez fantastique *(accès 9h (10h nov-fév)-minuit ; entrée : 12,50 €, réduc).*
Le parc a connu un recyclage intelligent après les J.O. : le village olympique *(Olympisches Dorf)* a en partie été reconverti en cité universitaire, le hall sert de salle de concerts (rock) et la petite halle est vouée aux expositions (art notamment). Quant au stade, il a été jusqu'en 2005 le terrain du fameux club... de foot, le *FC Bayern.* N'oubliez pas non plus que la piscine, très agréable en été (notamment pour ses pelouses !), est ouverte à tous... Le programme des activités du parc est disponible à l'office de tourisme et à l'entrée du parc. C'est là que se déroule en été le festival de Tollwood (voir plus loin « Fêtes et festivals »).

**Tierpark Hellabrunn** *(parc zoologique)* **:** *Tierparkstr 30. ☎ 62-50-80. • tierpark-hellabrunn.de • Au sud de la ville. U-Bahn n° 3 : Thalkirchen ; ou bus n° 52. 1er avr-fin oct, tlj 9h-18h. Nov-fin mars, 9h-17h. Entrée : 14 € ; réduc. Parking 3 €.* C'est l'un des premiers zoos (il date de 1911) à avoir tenté de considérer les animaux autrement que comme des bêtes de foire : pour la plupart, les animaux sont séparés du public non par des grilles mais par des ravins ou des petits cours d'eau. De plus, l'espace alloué aux quelque 5 000 animaux présents est assez considérable (400 000 m²). À voir, entre autres : le polarium, le terrarium (superbe panorama de serpents) et la volière de 5 000 m² ! Sur place, *Biergarten* et zoo pour enfants, très bien fait.

MUNICH

## Les musées à l'écart du centre

**La villa Stuck** *(plan couleur I, D2)* **:** *Prinzregentenstr 60, derrière Europaplatz. ☎ 45-55-51-0. • villastuck.de • U-Bahn n° 4 : Prinzregentenplatz ou*

*Max-Weber-Platz. Tram nº 16 : Friedensengel et bus nº 100. Mar-dim 11h-18h. Entrée pour l'ensemble des expositions : 9 € ; réduc ; gratuit pour les moins de 18 ans.* Cette superbe résidence du XIX^e^ s fut entièrement conçue et décorée par l'artiste peintre Franz von Stuck, l'un des fers de lance du mouvement Sécession, qui eut son heure de gloire à la fin du XIXe s. Sa villa servait de lieu de rencontre privilégié entre artistes et branchés de l'époque. De l'extérieur, la maison n'a rien d'un palais, mais la décoration intérieure devait attirer les curieux : Stuck a obtenu une harmonie visuelle incroyable en faisant se rencontrer Jugendstil et style byzantin, Renaissance italienne et art antique grec ! Un cocktail détonnant à la finesse extraordinaire, auquel il faut ajouter quelques touches très personnelles de l'artiste (horoscope géant au plafond, reproductions inspirées par la mythologie grecque à la « sauce von Stuck »), de belles sculptures et, bien sûr, ses propres peintures. Deux pièces à ne manquer sous aucun prétexte : les salles du rez-de-chaussée, aux ornementations Jugendstil représentatives de la fin du XIXe s allemand, et l'atelier de von Stuck, entièrement décoré des tapisseries du maître de maison (1er étage). La villa accueille également des expos temporaires.

La plus récente des deux annexes du Deutsches Museum, le ***Verkehrszentrum*** *(centre des transports)*, se trouve dans les anciens halls de la foire : *Theresienhöhe 14a (plan couleur I, B3). ☎ 500-806-762. • deutsches-museum.de/en/verkehrszentrum • U-Bahn nºs 4 et 5 (ou bus nº 134) : Schwanthalerhöhe. Tlj sf j. fériés 9h-17h (20h certains j.). Visites guidée en allemand slt. Entrée : 6 € ; réduc ; gratuit la dernière heure.* Essentiellement consacré au trafic urbain, au voyage et à la technique, ce passionnant musée ravira les amateurs de belles mécaniques.

## CARBURANT CONTRE ÉLECTRICITÉ

*On le sait peu, mais à New York en 1900, la majorité des véhicules en circulation étaient des voitures électriques, dont les premiers succès furent freinés par le peu d'autonomie des batteries. À l'opposé, les progrès du moteur à explosion furent continus. Le coup de grâce fut donné dès 1908 par le lancement de la* Ford T, *marquant la démocratisation du véhicule thermique qui bénéficia alors de l'ère de l'essence bon marché et du lobbying des compagnies pétrolières naissantes.*

Le ***Hall 1,*** réaménagé en 2011 pour accueillir les visiteurs, s'intéresse essentiellement aux problématiques de la circulation urbaine. On y verra comment est traitée la question de la fluidité du trafic, les différentes formes de transport en commun, la signalisation et la sécurité routière... tout en (re)découvrant en remontant dans le passé, quelques vieux véhicules utilitaires bien familiers : camions de pompiers, taxis, bennes à ordures, voitures de police, autobus, camions de livraison, ambulances ou, dans un cortège bien sympathique, des véhicules simplement curieux et rares comme la petite Messerschmitt KR175 et son toit en plexiglas ou la rutilante Mercedes 370S *Manheim* de 1932.

Le ***Hall 2*** a pour vocation d'embrasser, dans un vaste panorama, l'histoire du voyage terrestre depuis la construction des routes romaines jusqu'aux liaisons ferroviaires à grande vitesse avec une rame d'*ICI* qui voisine une impressionnante locomotive vert pomme de 1912 capable de tracter son cortège de wagons à plus de 100 km/h. Pour nos ancêtres, tous les motifs ont été prétextes à circuler : pèlerinages à pied, routes commerciales et marchandises portées par des animaux de bât, cours royales se déplaçant de villes en villes en chariot, armées en campagne, services postaux et leurs relais, barges fluviales, etc. Avec le perfectionnement de l'usage de la roue, carrosses et diligences deviennent les principaux moyens de communication terrestres jusqu'à l'avènement de la révolution industrielle et du chemin de fer qui précède pour quelques décennies encore l'abandon de la traction hippomobile. Sur deux niveaux, matériels et équipements illustrent en abondance cette évolution qui débouche au XXe s sur la généralisation de la mobilité pour tous avec le transport individuel et le voyage organisé.

Le ***Hall 3,*** enfin, s'attache à détailler quelques innovations technologiques qui ont permis aux moyens de transport d'évoluer dans une direction plutôt qu'une autre : ainsi la suprématie du moteur à explosion sur la propulsion électrique. Avec la colonisation, le développement massif de la culture de l'hévéa a permis de doter les roues des véhicules du caoutchouc améliorant leurs performances et leur confort. Entre autres curiosités, on peut voir fonctionner une locomotive de 1840 à air comprimé parfaitement en ordre de marche, mais qui s'est vue supplantée par l'utilisation de la vapeur. Un exemple de technologie restée à l'état d'ébauche : la *Lohner-Porsche* de 1900, créée par un jeune ingénieur de 24 ans, Ferdinand Porsche, et dotée d'une propulsion électrique avec déjà une autonomie de 50 km, ce qui en faisait le premier véhicule hybride de l'histoire, mais dont la commercialisation a échoué.
Un musée passionnant, on vous le disait.

### L'HÉLICE DE LA BM

*Les lettres « BMW » signifient « Bayerische Motoren Werke », soit en français « Manufacture Bavaroise de Moteurs ». BMW est née en 1916 et fabriquait à l'origine des moteurs d'avions. C'est la raison pour laquelle le logo de la marque représente une hélice d'avion en mouvement, stylisée sur fond bleu ciel et blanc, les couleurs de la Bavière.*

*** ***Musée BMW*** *(plan couleur I, B1)* **:** *Am Olympiapark 2.* ☎ *382-233-07.* • *bmw-museum.de* • *Au nord de la ville. U-Bahn nº 3 : Olympiazentrum. Mar-dim 10h-18h. Entrée : 9 € ; réduc. Visite guidée : 12 €. Se renseigner à l'entrée.*
Le concept du nouveau musée BMW, inauguré en 2008, à la forme en coupe très épurée d'une sculpture cinétique, témoigne de l'histoire d'une réussite technique et commerciale exemplaire, mais s'ouvre aussi sur une projection assez délirante dans l'avenir. Il a quintuplé sa surface d'exposition par rapport à celui qui se trouvait dans la tour d'acier futuriste du siège du groupe et qui est à présent classé. Plus de 120 modèles originaux sont superbement mis en valeur. Toute la fascination pour la marque BMW, caractérisée par le dynamisme, la sportivité et la passion, se retrouve ici magnifiée par de nouvelles techniques de présentation, des expositions permanentes et temporaires.
On commence par un rappel important : BMW *(Bayerische Motoren Werke AG)* était à l'origine, en 1916, un constructeur de moteurs d'avions (voir encadré) qui a diversifié sa production par la suite de l'interdiction faite à l'Allemagne de produire des avions, en fabriquant des motos puis des camions et des voitures. Dès 1938, les bases de la technologie moderne en matière de deux-roues étaient présentes sur le modèle *RS 255.* Ce savoir-faire industriel sera appliqué par la suite sur les voitures, illustré par le fringant coupé *328 MM* de 1939.
Pendant la guerre, BMW dota également le chasseur *Focke-Wulf 190* d'un puissant moteur puis conçut le premier turboréacteur de l'histoire de l'aviation, tout en équipant la Wehrmacht avec la moto side-car *R 75.* La firme emploie jusqu'à 50 000 travailleurs forcés, prisonniers de guerre et déportés des camps de concentration. En 1945, l'usine de Munich était détruite et celle d'Eisenach, en territoire sous occupation soviétique, fut pillée par les Russes. Munich dut se reconvertir dans la fabrication de matériel électroménager et de bicyclettes. La production de voitures redémarra modestement avec la petite *Isetta,* compromis entre motocyclette et automobile avec porte à l'avant (joli modèle exposé).
Ce fut le début d'une nouvelle aventure qui permit à la marque de devenir une des icônes du miracle économique allemand de l'après-guerre, et un symbole de la technologie de pointe et de la solidité des modèles d'outre-Rhin, grâce à la concurrence permanente avec ses rivaux Mercedes et Audi. BMW est à présent un groupe mondial qui s'est payé entre autres, les marques britanniques MINI et Rolls-Royce. Le parcours dans le musée permettra aux amateurs de contempler de superbes modèles de légende comme les *roadsters* racés des années 1930 et

de mesurer le chemin parcouru entre les premiers modèles du renouveau industriel symbolisé par la *BMW 1500* lancée au salon de Francfort en 1961, et les prestigieuses déclinaisons les plus récentes de la *série 7*.

Ceux qui veulent en savoir plus disposeront d'une salle d'archives (allemand/anglais) à la technologie futuriste sous forme d'albums de photos dont les pages électroniques se feuillettent comme un livre. En complément, une brochette de voitures décorées par des artistes de renom et cotées à présent comme œuvres d'art. Calder, Frank Stella, Rauschenberg, Liechtenstein, Jeff Koons et d'autres ont prêté leur concours à cette opération de marketing plutôt innovante. À vous de juger du résultat.

### ANDY ET LE ART CAR

*En 1979, Andy Warhol accepta de peindre une BMW M1 et effectua le travail en 28 mn. Devenue par la suite une œuvre d'art à la cote astronomique, la voiture servit à des fins promotionnelles et on la fit tourner sur le circuit d'Hockenheim. Les assureurs tremblèrent tout au long du parcours, craignant qu'elle ne finisse dans le décor. Ils ne furent soulagés que lorsqu'elle rentra au paddock. Depuis, elle ne sort plus du musée.*

– Autre monument à la gloire de la marque : le ***BMW Welt,*** sorte de « super-boutique » du constructeur, en face du musée, dans un complexe de verre et d'acier au style également très futuriste et aux formes en spirale. Le bâtiment peut faire penser à un musée d'art contemporain, mais les visiteurs attendus ici viennent célébrer le culte de la marque allemande : *showrooms* (auto et motos), boutiques d'objets estampillés à la marque à l'hélice, espaces dédiés aux innovations technologiques, bars et restaurants (voir « Où manger ? À Olympiapark »)... Les Bavarois en raffolent puisqu'ils peuvent aussi prendre livraison ici de leur nouvelle BMW ou faire un tour d'essai sur les nouveaux modèles...

## Pour ceux qui ont du temps...

Encore plusieurs ***musées,*** tous recensés dans la documentation disponible à l'office de tourisme : celui consacré à la marque *Siemens,* celui *d'Ethnographie* (très beau) ; et ceux *de Préhistoire, d'Arts graphiques, d'Art populaire, de Minéralogie, du Théâtre, des Romantiques allemands, de l'Homme et de la Nature, de la Chasse et de la Pêche* (réputé), etc.

### UN QUARTIER UN PEU FRANÇAIS

*Haidhausen, de l'autre côté de l'Isar à l'est du centre, était autrefois un quartier misérable. Il doit son développement à la fin du XIXe s aux lourdes indemnités de dommages de guerre versés par la France après la défaite de 1870 (5 milliards de francs-or). Pour preuve, les noms de lieux : Parisersstrasse, Orleansplatz, Bordeauxplatz, Sedanstrasse, Metzstrasse...*

En 2011 a débuté la construction d'un nouveau bâtiment qui abritera le ***Centre de documentation pour l'Histoire du national-socialisme.*** Il va doter la ville d'un lieu central de l'apprentissage et de la mémoire qui portera sur le passé national-socialiste de la ville et les ramifications de la dictature nazie. Son ouverture est fixée au 30 avril 2015. Le centre offrira une exposition permanente, un centre d'apprentissage avec les médias et des possibilités de recherche, des expositions spéciales, ainsi qu'un programme d'éducation et d'événements divers.



## Détente

Quelques suggestions pour se dégourdir un peu après ces kilomètres de musées...

■ ***Volksbad*** *(plan couleur II, C3,* ***150****) : Rosenheimerstr 1.* ☎ *23-61-50-50.* *U/S-Bahn : Isartor. Tram nº 16. Tlj 7h30-23h (17h lun pour le grand bassin).*

*Entrée : 4,20 €.* Entre le *Deutsches Museum* et la *Muffathalle,* avec vue sur l'Isar (et balade possible dans le jardin le long de la rivière), un chef-d'œuvre Art déco à ne pas manquer. Établissement de bains publics construit en 1900, qui a gardé ses dorures et son style baroque mais qui s'est adapté à notre époque : bains classiques, mais aussi piscines, sauna *(9h-23h),* massages, solarium, fitness *(ven),* institut de beauté et coiffeur. Le *Café im Müller'schen Volksbad* (avec son jardin en été ; voir plus haut « Où manger ? ») est un lieu de rendez-vous sympathique.

■ ***La piscine d'Olympiapark*** *(Olympia-Schwimmhalle ; plan couleur I, B1,* ***151****) : se reporter à la rubrique « À voir. À l'écart du centre ». ☎ 30-67-22-90. Tlj 7h-23h (fermeture des caisses à 22h).*

➢ ***Les berges de l'Isar,*** au sud-ouest du *Deutsches Museum,* ont été réaménagées après plus de 10 ans de travaux. Le résultat est vraiment étonnant et offre l'opportunité aux Munichois, encore une, de se relaxer, pique-niquer, bronzer et même de faire des barbecues le long de la rivière, surtout en été.

➢ ***Ammersee :*** *promenades en bateau sur ce joli lac, long de 16 km et large de 3,5 km, situé à 40 km au sud-ouest de Munich. S-Bahn nº 5 : Herrsching (45 mn). Par la route, suivre l'A 54 (sortie Ammersee).* Des eaux d'une propreté exceptionnelle vous invitent à la baignade et au repos. Pour qui voudrait prolonger son séjour, nombreuses pensions, et des auberges accueillantes pour faire une cure de poisson grillé. À 5 km au sud de Herrsching, visite de l'*abbaye d'Andechs.*

## Fêtes et festivals

Les Bavarois ont toujours un événement à fêter, et dans la capitale encore plus qu'ailleurs. La bière leur donne de bonnes occasions de s'amuser, en rythmant l'année de « saisons » correspondant à l'arrivée de chaque nouveau cru !

– ***Carnaval munichois*** *(Fasching) : janv, juste après l'Épiphanie et jusqu'au Mardi gras.* Liesse populaire et bals masqués assez délirants (mais sans comparaison avec le carnaval rhénan), organisés par différentes corporations professionnelles. Le dernier dimanche, les festivités ont lieu autour de Marienplatz. Le dernier jour (tôt le matin), c'est l'apothéose sur le Viktualienmarkt : les femmes de la halle, en costume dansent et chantent en chœur avec le public... Programme disponible à l'office de tourisme et dans les journaux locaux. La célèbre *Schläffertanz* (danse des tonneliers), ne se célèbre que tous les 7 ans, la prochaine aura lieu en 2019.

– ***Fête de la Starkbier*** *(Starkbierzeit) : pdt une quinzaine de j. en fév ou mars.* On célèbre l'arrivée de la *Starkbier* (plus forte que les autres en alcool : 12° !), dans les caves des brasseries ou dans les *Biergärten* (si le temps le permet). Musique et concours (lever de poids...).

– ***Auer Dult :*** *a lieu 3 fois par an, en mai, mais aussi fin juil (foire de la Saint-Jacques) et mi-oct. Dure 9 j. à chaque fois. A lieu sur la Mariahilfplatz (Haidhausen), près du* Deutsches Museum. Vieille tradition munichoise, avec fête foraine, brocante et stands divers.

### QUE LA FÊTE COMMENCE !

*En octobre 1810, le prince héritier Louis, futur Louis Ier, épouse Thérèse de Saxe. Les réjouissances se déroulent sur un pré aux portes de la ville et se terminent par une course de chevaux. On décide de renouveler la course l'année suivante ; ainsi naquit la tradition des fêtes d'Octobre. En 1818, on installe le premier manège et deux balançoires ! Puis, en 1896, on dresse les premières grandes tentes sous l'égide des brasseries.*

– ***Maibock :*** *en mai, on fête l'arrivée de la bière... de mai !* Cette fête coïncide judicieusement avec la **fête de l'Arbre de mai** (un mât décoré des emblèmes bavarois), érigé sur la place de tous les villages (et villes) de Bavière le 1er du mois, jusqu'à l'année d'après.

– ***Anniversaire de la ville :*** *mi-juin, pdt 2 j.* Stands, musique et repas dans la vieille ville.

– ***Festival de Tollwood :*** *pdt 3 sem, à partir de mi-juin, Munich fête le début de l'été dans Olympiapark. Infos : ☎ 21-11-64-18.* Des chapiteaux sont dressés pour accueillir des spectacles venus de tous les horizons des arts et du monde. Seconde édition, cette fois pour fêter l'hiver, sur la Theresienwiese, au sud-ouest du centre-ville, courant décembre.

– ***Festival du Film :*** *fin juin. Gratuit. Dans le centre culturel du Gasteig et dans la plupart des cinémas de la ville.* Axé autour du cinéma contemporain. Certains films sont alors projetés en plein air sur la Königsplatz. Places à retirer au Gasteig.

– ***Festival d'opéra :*** *fin juin-fin juil. Au* Nationaltheater, Prinzregententheater *et* Cuvilliés-Theater. *Infos : ☎ 21-85-19-20. • staatsoper.de •* Ne perdez pas de temps, les places se réservent parfois plus de 6 mois à l'avance !

– ***Festival de piano*** *(Münchner Klaviersommer) :* *1 sem en juil.* Consacré surtout au jazz classique. Concerts au Gasteig ou dans Lukaskirche.

– ***Fête d'été au parc :*** *pdt tt le mois d'août.* Olympiapark se transforme en mini-Woodstock : concerts quotidiens en plein air et gratuits !

– ***Oktoberfest :*** *de la dernière sem de sept au 1er dim d'oct.* La plus connue et la plus « kolossale » des fêtes munichoises se déroule sous de vastes chapiteaux (chacun pouvant contenir jusqu'à 6 000 personnes !), situés sur un terrain de 60 ha, la *Theresienwiese,* au sud-ouest du centre-ville, non loin de la gare. *(U-Bahn nos 4 et 5 : Theresienwiese ; S-Bahn : Hackerbrücke. Programme disponible à l'office de tourisme, avec petit plan couleur de l'endroit.)* Autant prévenir : *Oktoberfest,* c'est une orgie démente, un vacarme hallucinant, des monceaux de viande et de saucisses ingurgités, et plus de 6 millions de litres de bière vidés par les 5 à 6 millions de visiteurs annuels !

Les festivités se déroulent selon un rituel immuable. Coup d'envoi le 1er jour à midi pile par le maire de Munich, lors de l'*« Ozapft is »* (« mise en perce »). Puis, le premier week-end, un grand cortège de chars attelés (tonneaux géants, brasseurs, etc.), rejoint par le public, part de la Josephspitalstr. Le lendemain matin, des milliers de personnes en costume traditionnel se réunissent dans la Maximilianstr pour un nouveau défilé. Certaines de ces manifestations et les concerts attenants sont payants en tribune (ainsi, bien sûr, que les repas et la bière sous les chapiteaux). Se renseigner dans les offices de tourisme. Ajoutons que cette fête de la Bière s'accompagne aussi de nombreuses ***animations foraines,*** de qualité pour la plupart.

### CULTURE DE *MASS*

*Au cours des libations de l'Oktoberfest, on ne boit pas sa bière dans un simple verre, ou une pinte, mais dans un* Mass, *d'un litre de capacité. Pas la peine de demander plus petit, ça n'existe pas ! Parfois, on est servi dans un verre en forme de botte ou de spirale, pas très commodes à manipuler.*

*Attention :* on vous rappelle qu'il est ***indispensable de réserver*** – au moins plusieurs mois à l'avance – son hébergement pendant cette période, et que les prix sont évidemment majorés pendant toute la durée des festivités... Pour trouver une place dans un chapiteau, on vous conseille aussi de vous pointer tôt, car ils se remplissent très vite. Sinon, vous pouvez aussi réserver votre place en contactant directement l'une de ces « tentes », la liste est disponible sur *• oktoberfest.de •*

– ***Christkindlmarkt :*** *c'est le marché de Noël. Il a lieu sur la Marienplatz et dure de fin nov jusqu'au 24 déc.* Très important, comme dans la plupart des villes allemandes ; son origine remonte au XVIe s. Arbre de Noël géant sur Marienplatz, chants de Noël, stands artisanaux.

## DANS LES ENVIRONS DE MUNICH

***Allianz-Arena :*** *Werner-Heisenberg-Allee 25, à 10 km au nord du centre-ville. ☎ (089) 20-050. • allianz-arena.de • U-Bahn n° 6 : Fröttmaning (15 mn).*

*En voiture, suivre la direction Fröttmaning-Nord par l'autoroute (en direction de l'aéroport). Parking : 5 €. Visites guidées en allemand (10 € ; réduc) tlj sf j. fériés et j. de match 9h30-17h30 (16h30 hors saison), visite en anglais à 13h. Durée : 1h. Également un musée dédié au FC Bayern, ouv tlj 10h-18h. Entrée : 12 € (cher !). Ticket combiné avec la visite du stade à 19 €.* Le stade de 69 000 places du *Bayern de Munich* a été une des attractions de la Coupe du Monde de football 2006. Si les fans de foot vont là-bas en pèlerinage, pour se remémorer la demi-finale remportée par la France contre le Portugal, ou voir évoluer Frank Ribery, l'*Allianz-Arena* attire également curieux et amateurs d'architecture : que dire de l'impression créée par une structure de membranes à coussin d'air qui le font ressembler à un gigantesque canot pneumatique posé à l'horizontale (on le surnomme d'ailleurs le « Schlauchsboot »), un impossible cocon en plastique, une bouée géante et flottante ? On a affaire là à une vraie innovation architecturale, qui plus est dans un cadre verdoyant, au milieu des collines. Outre la visite du stade, les fans pourront aussi jeter un œil au nouveau musée consacré au club, avec son *Hall of Fame* (où figurent évidemment le légendaire Beckenbauer, mais aussi Lizarazu), les trophées remportés par le club (et ils sont nombreux), des t-shirts, des photos... bref, tout sur l'histoire du mythique Bayern de Munich.

***Bavaria Filmstadt*** *(ville du Cinéma)* **:** *Bavariafilmplatz 7, à* ***Geiselgasteig*** *(6 km au sud de Munich). ☎ 64-99-20-00. • filmstadt.de • Pour y aller, tram n° 25 (pas de métro proche). En voiture, prendre la direction Grünwald/Bad Tölz. Parking : 3 €. Visite de mi-avr à début nov tlj 9h-16h30 (dernière entrée), ttes les 10 mn ; le reste de l'année, 10h-15h30, départ à chaque début d'heure. Entrée : 13 € pour la visite seule, 27,50 € avec ttes les attractions ; réduc et billets pour familles. En saison, une ou deux visites se font en français en fonction de la demande, tentez votre chance ou téléphonez avt.*

C'est un peu le Hollywood allemand ! La Bavaria emploie entre 450 et 1 000 personnes selon les productions. On y a tourné des scènes du *Parfum* et des épisodes de la série policière *Derrick*. Aujourd'hui, on y réalise surtout des séries télé comme la version allemande des *Feux de l'amour (Sturm der Liebe)*. Mais depuis sa création dans les années 1920, pas mal de stars internationales y ont tourné : Liz Taylor, Sophia Loren, Hitchcock, Orson Welles, Kirk Douglas, Jean-Paul Belmondo (pour *L'As des as*) et, plus récemment, Gérard Depardieu et Christian Clavier pour *Astérix contre César*. Fassbinder réalisa ici, entre autres, *Berlin Alexanderplatz*. La visite *(Film Tour)*, d'une durée de 1h30, se fait en petit train au milieu des ateliers de décors, puis à pied, en groupes. Si le décor construit pour *Cabaret*, avec Liza Minnelli, a été détruit, d'autres ont été conservés, comme celui de *L'Histoire sans fin* de Wolfgang Petersen.

Pour ceux qui veulent faire plus, le complexe propose d'autres activités et attractions (en supplément). Ainsi, la technique de tournage, où les visiteurs se retrouvent dans la peau d'un acteur et découvrent des petits trucs et astuces du métier en faisant l'acteur dans une scène de série policière. On découvre aussi une réplique de sous-marin dans lequel a été tourné pendant 11 mois le film hyperréaliste *Das Boot* de Wolfgang Petersen, ou encore la reconstitution des cellules de haute sécurité de la prison de Stuttgart, où étaient détenus les membres de la bande à Baader. Ceux qui aiment être un peu « secoués » assisteront aussi au petit film en 4D (avec sièges qui remuent). Dernière attraction en date, le *Bullyversum*, dédié à l'univers et aux films de Bully Herbigs, acteur-réalisateur comique aux multiples casquettes, peu connu chez nous mais très populaire en Allemagne, notamment pour ses parodies. Là encore, on peut jouer au réalisateur et assister à un film en 3D inspiré du dessin animé *Hui Buh* produit par Bully... Bon, mieux vaut tout de même, pour tout ça, comprendre un peu l'allemand. Si vous avez décidé de manger sur place, essayez de prévoir un pique-nique, car seuls les amis de Ronald le Jaune ont obtenu l'autorisation de s'installer sur le site... mais le village de Grünwald, à 3 km du site (sur la ligne du tramway), compte quelques restos tout à fait recommandables.

**Dachau :** *à 16 km au nord-ouest. De la gare centrale de Munich, S-Bahn nº 2 direction Petershausen (20 mn ; descendre à Dachau et non Dachau Stadt).*
Une bien jolie petite ville (eh oui !), tristement célèbre pour son camp de concentration. Avant que Himmler, alors chef de la police munichoise, ne choisisse le site pour y établir le premier camp nazi, Dachau jouissait d'une excellente réputation. Sorte de Barbizon allemand, l'ancienne résidence des ducs de Bavière (on peut encore monter jusqu'à leur joli château) attirait de nombreux artistes...
– ***KZ Gedenkstätte*** *(le camp de concentration) : à l'est de la ville, Alte Römerstr 75. ☎ (08131) 66-99-70. • kz-gedenkstaette-dachau.de • De l'arrêt Dachau du S-Bahn nº 2, prendre le bus nº 726 (direction Saubachsiedlung) et descendre à KZ-Gedenkstätte. Tlj 9h-17h. Entrée gratuite (mais parking à 3 €). Audioguide en français 3,50 € ; réduc. Visites guidées (2h30 ; 3 €) tlj à 11h et 13h en anglais et à 12h en allemand. Projection d'un film documentaire à 13h en français (5 fois/j. en anglais et en allemand). Archives accessibles mar-ven 9h-17h.* À voir : le musée dans les anciens bâtiments administratifs, où sont expliqués de manière sobre et didactique (allemand et anglais) l'organisation des camps dans l'Europe occupée et celle de Dachau en particulier, avec la description des terribles « expériences médicales », puis les baraquements avec une reconstitution des dortoirs et, à l'extérieur du camp proprement dit, les sinistres *Krematorium*, qui servirent à incinérer les milliers de détenus victimes des effroyables conditions d'existence du camp. Créé en 1933 dès les premiers jours, après les pleins pouvoirs votés en faveur de Hitler, pour accueillir les prisonniers politiques, Dachau servit surtout de « gare de transit et de triage ». Cependant, sur les 200 000 personnes qui y furent internées, 41 500 moururent de faim, de maladie, voire souvent de torture ou d'exécution pure et simple, comme les 6 000 prisonniers russes. Une précision importante : des citoyens de la ville cherchèrent à aider les détenus (notamment en leur apportant des vivres en cachette) et tentèrent même, aidés de prisonniers évadés, de chasser les nazis de Dachau ! Ils furent tous liquidés. Il a fallu attendre l'arrivée des Américains, en avril 1945, pour que Dachau soit libéré.

**Le château de Schleissheim :** *à* **Oberschleissheim.** *☎ (089) 315-87-20. • schloesser-schleissheim.de • À 15 km au nord de Munich. S-Bahn : Oberschleissheim (ligne S1 direction Freising). En voiture, suivre l'A 99 (sortie Neuherberg). Tlj sf lun (pour les 3 sites) 9h-18h (10h-16h oct-mars). Entrée pour l'ensemble : 8 € ; réduc. Accepte la carte des musées.*
Il y a en fait trois châteaux : l'*Altes Schloss* (construit au XVII^e s, ravagé pendant la seconde guerre mondiale et reconstruit après celle-ci), le *Neues Schloss* (du XVIII^e s) ; bien plus intéressant, enfin, le *pavillon baroque de Lustheim* (au fond du parc), qui abrite une remarquable collection de porcelaines.
– Le ***Neues Schloss,*** autre résidence des Wittelsbach, vaut le château de Nymphenburg : la façade de style néoclassique a fière allure, les jardins sont somptueux, et les appartements sont autant de petits palais au luxe impressionnant. Les proportions de l'ensemble sont elles-mêmes étonnantes : l'aile est, à elle seule, fait plus de 330 m de long. À voir dans le Neues Schloss : l'*escalier monumental* ; au 1^er étage, la lumineuse *grande salle des fêtes,* la très belle *salle des Victoires* et la *Grosse Galerie* (copiée sur celle du Louvre !), longue de 61 m, de part et d'autre de laquelle sont situés les appartements du Fürst et de la Fürstin ! Ces pièces abritent normalement la *Staatsgalerie* (Galerie nationale de peinture), où sont représentées les meilleures écoles européennes. Parmi les grands maîtres : Rubens, Van Dyck, Ruisdael, Véronèse, Poussin, Millet, Ribera, etc.

**Flugwerft Schleissheim** *(musée de l'Aviation) : Effnerstr 18, à* **Oberschleissheim** *également. ☎ (089) 31-57-140. • deutsches-museum.de/flugwerft • Tlj sf certains j. fériés 9h-17h (16h la caisse). Entrée : 6 € ; réduc.*
C'est l'une des deux annexes du *Deutsches Museum* à Munich, ancien aérodrome militaire désaffecté datant de 1912 et utilisé par les Américains après 1945. On y retrace l'histoire des débuts de l'aviation en Bavière. Dans les hangars, quelques grands classiques du genre que sont les *Mig 21 et 23, F 86 Sabre* de la guerre de

Corée, *F 104 Starfighter, F Phantom, Tornado* de la Luftwaffe ou l'*Antonov 2,* la bonne à tout faire de l'aviation soviétique. Mais le clou du musée est constitué par une collection d'appareils qu'on n'a pas souvent l'occasion de contempler, notamment dans le domaine du décollage vertical : hélico *Sikorsky,* et *Dornier 31 E-3,* seul appareil de transport capable de décoller sans piste, et divers prototypes dans le même domaine de propulsion comme le *Fokker VAK 191 B.*
Également, quelques ancêtres des drones, le dernier modèle du docteur Messerschmidtt, le *HA 300* construit en Espagne après 1945 et frappé ici des cocardes égyptiennes ; le *Heinkel 111,* bombardier allemand du blitz sur Londres en 1940-1941, utilisé pour le tournage du film *La bataille d'Angleterre* en 1967 et, pour finir, un drôle d'hydravion *(Dornier 24 T3)* à trois moteurs placés au-dessus de la carlingue, ce qui ne devait pas manquer de rendre les pilotes complètement sourds ! Animations pour les enfants qui peuvent aussi prendre des leçons de pilotage sur simulateur.

## Autour du lac de Starnberg dans les pas de Louis II de Bavière

**Starnbergersee** (lac de Starnberg) **:** *S-Bahn n° 6 : Starnberg ou Tutzing. À 25 km au sud-ouest de Munich. À slt 45 mn du centre-ville par le S-Bahn.* La route traverse de superbes paysages qui donneront une idée de la campagne bavaroise telle que Louis II la contemplait. C'est le moment de se pencher sur ce personnage énigmatique et fascinant qui vécut là plus qu'à Munich, les cours de ferme l'attirant plus que celles des autres monarques...
Comme dans les nombreux lacs situés au sud de Munich, vous pourrez vous baigner, faire de la voile et du ski nautique. Une piste cyclable fait le tour du lac, tandis que des liaisons maritimes sont assurées toute l'année entre les deux rives. Très agréable par beau temps. Vous y trouverez naturellement des *Biergarten* avec terrasse au bord de l'eau, mais également des auberges typiques.

➢ ***Starnberg* :** située au nord du lac, c'est une ville de plus de 23 000 habitants, qui appartenait aux Wittelsbach dès le XIIIe s. Pour faire le tour du lac en voiture ou à bicyclette, c'est de cette bourgade que débute la promenade.

➢ ***Possenhofen* :** petite localité sur la rive ouest du lac, à env 5 km au sud de Starnberg. Célèbre pour son château (propriété privée, ne se visite pas) où Sissi, cousine de Louis II de Bavière, a passé son enfance.

➢ ***Roseninsel*** *(Île aux Roses)* **:** *Max Zimmermann Str 11,* ***Possenhofen.*** *L'île se trouve au niveau du golf* Club Feldafing, *un peu au sud du bourg de Possenhofen. Pour y accéder, navettes de bateau (traversée 5 mn) au départ d'un embarcadère situé au bord de l'eau. Ouv 1er mai-15 oct, tlj sf lun 12h-18h.* Louis II aimait cette petite île où se trouvait la villa « Casino » de son père Maximilien II. Il y retrouvait de temps en temps sa cousine adorée, Élisabeth d'Autriche, la fameuse « Sissi ». Outre les liens de sang, ils avaient en commun de mal supporter la pesante étiquette de cour et se désintéressaient de la politique. Louis II fit planter des roseraies sur l'île, d'où son nom. Il y reçut la tsarine Maria Alexandrovna et son musicien préféré Richard Wagner. La villa « Casino » se visite ainsi que le jardin. Petite expo dans la maison du jardinier.

➢ ***Berg* :** *Votivkappelle* (chapelle votive à Louis II de Bavière). À 5 km au sud de Starnberg sur la rive orientale du lac, Berg est une agréable localité, parsemée de riches résidences secondaires. Au sud du bourg, la *König-Ludwig-Weg* mène à un grand parc boisé. Là se cache une humble chapelle sur une butte à quelques encablures de la rive. Elle fut construite juste au-dessus de l'endroit où Louis II trouva la mort le 13 juin 1886. On retrouva son corps, noyé, près de celui de son psychiatre, Bernhard von Gudden. Le drame se déroula lors d'une petite promenade dans le parc après un goûter copieux et très arrosé... Les deux hommes

se seraient battus comme en témoigna l'autopsie du psychiatre qui portait des traces au cou. Cependant, les causes exactes de cette mort mystérieuse n'ont jamais vraiment été élucidées. Ce qui est sûr : le roi avait auparavant été destitué pour paranoïa et emmené à Berg par ses ministres pour y retrouver son calme.
À quelques mètres sous la chapelle, une simple ***croix de bois*** émerge des eaux, marquant l'endroit même où le corps fut retrouvé. Pèlerinage émouvant, évocateur d'un souverain romantique et excentrique, à la fin tragique.
Quelques semaines seulement après sa mort, les châteaux qui avaient été la dernière folie du roi furent ouverts à la visite (voir le chapitre « La route allemande des Alpes »). Curieusement : Louis II, qui se désintéressait de la politique, de la royauté et du peuple, n'a jamais été autant aimé et admiré qu'aujourd'hui. Son histoire et ses châteaux extraordinaires attirent chaque année des millions de touristes qui contribuent à la richesse du Land.

***Buchheim Museum** (fondation Buchheim) : Am Hirschgarten 1, **Bernried,** sur la rive ouest du lac de Starnberg. ☎ (08158) 99-70-20. • buchheimmuseum.de • S-Bahn n° 6 : Starnberg ; prendre ensuite le bateau (billet combiné S-Bahn + bateau + entrée au musée env 21,50 €). Ou bien prendre le train jusqu'à Bernried, c'est à 20 mn à pied. Mar-dim 10h-18h (17h nov-mars). Fermé lun. Entrée : 8,50 € ; réduc. Brochure en français.* Le musée présente une collection incroyablement riche d'œuvres d'artistes du mouvement ***Die Brücke*** (Kirchner, Emil Nolde, Mueller) et de quelques-uns de leurs contemporains, comme Otto Dix, Beckmann ou encore Jawlensky. Le tout dans un superbe bâtiment conçu comme un paquebot blanc en bois avec plusieurs ponts superposés, dessiné par Behnisch, architecte du stade olympique de Munich. Lothar-Günther Buchheim a aussi légué à la fondation ses collections d'ethnographie, d'art populaire, ainsi que ses propres œuvres. Le musée accueille également des expos tournantes de haut niveau sur d'autres peintres (expressionnistes le plus souvent) de l'époque.

# LA BAVIÈRE ORIENTALE

**Sans doute moins visitée que les autres régions, la partie au sud-est de la Bavière est pourtant chargée d'histoire. Elle compte des villes au passé prestigieux : l'accueillante Burghausen, la frontalière Passau, la méconnue Straubing ou notre préférée, Regensbourg, l'ancienne Ratisbonne... Mais beaucoup de visiteurs, pour la plupart allemands, sont plutôt des amoureux de la nature : la *Bayerischer Wald* et l'*Oberpfälzer Wald* abritent de nombreux parcs naturels et sites protégés qui s'étalent le long de la frontière tchèque, sur plus de 300 km !**

## LANDSHUT

(84028) 63 000 hab. IND. TÉL. : 0871

**À 70 km au nord-est de Munich et à 40 km après l'aéroport. Du haut de son éperon rocheux, le château fort de Trausnitz domine cette charmante ville baignée par l'Isar. Qui pourrait imaginer un décor de ville bavaroise aussi homogène et authentique, avec en son centre deux places jumelles, toutes en longueur, bordées d'une série de superbes maisons aux façades colorées, coiffées de pignons remarquables ? Un décor de cinéma ! Magnifique !**

## UN PEU D'HISTOIRE

Capitale de la Basse-Bavière depuis 1839, la ville est riche d'un passé de plus de huit siècles. Fondée par la famille des Wittelsbach, dont elle fut la résidence jusqu'en 1255, elle connut son apogée sous le règne des *Reichen Herzöge* (« riches ducs ») entre 1393 et 1503. Dépassant Munich en opulence, Landshut était alors une capitale reconnue pour tous les métiers liés à la création artistique. Durant la guerre de Trente Ans, elle connut trois fois le siège des armées suédoises avec un pillage en règle et une épidémie de peste en conséquence.
Plus tard, le 21 avril 1809, la bataille de Landshut opposa l'armée de Napoléon aux Autrichiens. Épaulés par les armées du Wurtemberg et de Bavière, les Français du général Marbot emportèrent la ville. En 1945, Landshut n'a souffert d'aucun bombardement, hormis la gare. La ville actuelle est fortement marquée dans son style architectural par les trois classes sociales alors en présence : noblesse, bourgeoisie et clergé, qui ont chacun développé des témoignages clairs de leur puissance.

## Adresse utile

**Office de tourisme :** *Altstadt 315, dans le Rathaus. ☎ 92-20-50. • landshut.de • Lun-sam : mars-oct, 9h-18h (10h-16h sam) ; nov-fév, 9h-17h (10h-14h sam). Visite guidée de la ville en allemand ts les mer à 14h et sam à 10h30, mai-oct à 15h, nov-avr à 14h. Départ devant la mairie. Durée : 2h. Prix : 5 €.* On y baragouine l'anglais. Plan de la ville très bien fait. Nombreuses brochures avec logements et curiosités de la ville et de la région.

## Où dormir ? Où manger ?

**Jugendherberge Ottonianum (AJ) :** *Richard-Schirrmann-Weg 6. ☎ 234-49. • jugendherberge@landshut.de • landshut.jugendherberge.de • Sur la rue menant au château fort. De la gare, lignes de bus nos 1, 3 et 6 (direction Altstadt). Fermé fin déc-début janv. Carte AJ obligatoire. Compter 18-25 € pour une nuit, loc draps incluse, 4 € de plus pour les seniors.* Grande demeure ancienne avec véranda et colonnade face au clocher de Saint-Martin. Intérieur rénové et propre. Dortoirs de 4 à 10 lits. Chambres privatives pour 2 personnes. Possibilité de prendre son petit déj et des snacks dans la journée. Volley, ping-pong, grande cuisine.

**Gasthof Zur Insel :** *Badstr 16. ☎ 92-31-60. • info@insel-landshut.de • insel-landshut.de • Doubles tt confort 95-115 €, plus quelques familiales. Resto 8-25 € 11h-22h. Parking derrière l'auberge.* C'est notre coup de cœur : on y va d'abord pour l'emplacement et l'environnement. À la pointe ouest de l'île constituée par les 2 bras de l'Isar, voilà une belle auberge avec un *Biergarten* sous les marronniers. On y dort et on y mange avec une vue superbe sur la vieille ville et sur le château fort. La cuisine de poissons est excellente, les chambres claires et aussi agréables que l'endroit. Ce n'est pas bon marché, mais le prix est justifié par la qualité de l'endroit. Accueil aimable.

**Bernlochner :** *Ländtorstr 2-5. ☎ 899-90. • info@restaurant-bernlochner.com • Tlj 11h-14h et 18h-22h. Menu autour de 30 €, plat du jour 10 €.* Ce resto renommé se trouve dans le théâtre de la ville au bord de l'Isar. Le chef mélange des saveurs et recettes de sa patrie autrichienne avec celles de la région. Le décor soigné, l'ambiance élégante et les quelques tables en terrasse au bord du fleuve sont vraiment plaisants.

**Borsencafe La Bruschetta :** *Altstadt 218. ☎ 974-91-11.* À 100 m de la *Sankt Martinkirche,* sur une belle place. Sous les arcades, une grosse porte à double battant ouvre sur une vieille salle voûtée au plafond stylisé. Pour changer de la cuisine classique bavaroise, voici un resto italien qui propose de bonnes pâtes à prix sages.

Très bien pour boire un verre ou un cocktail en soirée.

## À voir

**Altstadt :** magnifique place principale de 600 m de long, réservée aux piétons, avec ses maisons à pignon élégamment alignées, certaines couvertes de sgraffites. C'est dans cette rue que se concentre l'essentiel des curiosités : le *Rathaus* et sa salle des cérémonies *(Prunksaal, visite libre lun-ven 14h-15h),* où a été représenté sur les murs en 1880, le fameux mariage de Landshut (dont on célèbre, depuis 1903, l'anniversaire tous les 4 ans sous forme de fête historique), la façade de la *Landschaftshaus* (maison située face au porche de Saint-Martin), sur laquelle est peint l'arbre généalogique de la famille Wittelsbach depuis 1598.

**Sankt Martinskirche** *(église Saint-Martin)* **:** *7h30-17h (18h30 été), fermé lun et ven 10h30-15h.* Impossible de la manquer, son clocher mesure 131 m de haut ! C'est d'ailleurs la ***plus haute tour du monde édifiée en brique.*** Construite entre 1389 et 1500, l'église est un chef-d'œuvre d'art gothique. À l'intérieur, on est d'abord frappé par la hauteur de la nef et la finesse des piliers. La grande croix suspendue est impressionnante ; elle date de la fin du XVe s et mesure 8 m de haut. À droite, au fond, ce qu'il reste d'une église romane du début du XIIIe s. Magnifiques pierres tombales en marbre.

**Stadtresidenz** (palais) **:** *Altstadt 79, sur la place centrale. Mar-dim, avr-sept, 9h-18h ; oct-mars, 10h-16h. Pas de visite individuelle. Visite guidée (45 mn) slt en allemand mais infos disponibles en français. Dernière visite 30 mn avt la fermeture. Entrée : 3,50 € (8 € en ticket combiné avec le château). Petit café très agréable au 2e étage.* Première résidence Renaissance construite au nord des Alpes, le palais fut érigé entre 1536 et 1543 par Louis X de Bavière. Lassé de sa forteresse médiévale trop haut perchée, il rêvait d'un palais comme celui admiré à Mantoue *(Palazzo del Té).* C'est aujourd'hui le musée de la ville (au 2e étage). Une grande partie du mobilier a disparu lors du pillage par les troupes de Gustave-Adolphe au XVIIe s. Admirez les plafonds et les marbres. De la salle des dieux où trône une superbe armoire de voyage, on passe à la salle des fêtes, avec les médaillons des 12 travaux d'Hercule, puis à celle des étoiles avec les planètes et les signes du zodiaque, à celle des 12 mois de l'année et du jour et, enfin, à celle de la nuit et des plaisirs. Au rez-de-chaussée, salle de Nemesis, avec *Jugement de Pâris* et *Destruction de Troie.* On peut terminer avec une partie à la déco plus récente (1780) lorsque la famille des Birkenfeld en fit sa résidence : papiers peints remarquables d'inspiration pompéienne.

**Herzogs Garten** (jardins ducaux) **:** *entre le vieux centre et le château fort, à flanc de colline. 6h-22h, horaires restreints en dehors de la hte saison.* Panorama, petit parc animalier... Idéal pour monter au château en restant à l'ombre. En arrivant, superbe perspective sur le chemin de ronde en bois entre les deux remparts.

**Trausnitz-burg** (château fort) **:** *tlj 9h-18h avr-sept ; 10h-16h oct-mars. Visite guidée slt (45 mn), en allemand, dernière visite 1h avt la fermeture. Entrée : 5,50 € ; billet combiné avec la Residenz 8 €. • burg-trausnitz.de •* Ancienne résidence des Wittelsbach, le château (1204) est perché au sommet d'un éperon rocheux. De 1255 à 1503, les ducs de Basse-Bavière y résidèrent. Il renferme des collections de meubles, tapis et peintures. L'escalier des Bouffons *(Narrentreppe)* est décoré de belles fresques d'inspiration italienne *(commedia dell'arte).* Depuis l'incendie en 1961, ce n'est plus la richesse de l'intérieur qui attire les visiteurs mais principalement le panorama et la *Burgschänke* (dans la cour, terrasse sur les remparts).

Pour les amateurs, il y a aussi un petit ***musée d'Art et de Merveilles*** *(Kunst und Wunderkammer),* que l'on peut visiter sans guide et qui abrite le cabinet de curiosités des ducs, sorte de collection hétéroclite, précurseur de nos musées, rassemblant tant des bizarreries de la nature que des merveilles de l'artisanat. Il se divise en quatre sections : *Artificialia* (objets en ambre, en cristal de roche), *Naturalia* (anomalies, monstruosités de la nature), *Exotica* (objets anciens provenant des Amériques et d'Asie par les marchands de Venise, Gènes, Lisbonne et Anvers), *Scientifica* (instruments de mesure dans les domaines de l'astronomie, de la marine, de la physique et de la cartographie).

## Fête

– ***Landshuter Hochzeit*** *(mariage princier)* **:** *ts les 4 ans en juil, la prochaine fois en 2017. Infos sur • landshuter-hochzeit.de •* La plus grande fête culturelle de la ville. Plus de 2 000 hommes et femmes en costume d'époque commémorent le mariage du duc Georges le Riche avec la princesse polonaise Hedwige Jagellon en 1475. Simulation de bataille, tournoi, acrobates, concerts, défilé princier et bal de la cour.

# BURGHAUSEN (84489) 19 000 hab. IND. TÉL. : 08677

**Sur la frontière autrichienne, un site exceptionnel : un éperon étroit et allongé entre les eaux de la Salzach et celles du lac de *Wöhrsee,* venu prendre la place d'un ancien lit du cours d'eau. Cette jolie petite ville est dominée par la plus longue forteresse du pays : ses murailles s'étirent sur 1 km ! Il faut dire qu'à l'époque (au XVIe s), les ducs de Bavière redoutaient une invasion turque.**

## Adresse utile

ℹ ***Office de tourisme :*** *Stadtplatz 112, à côté du Rathaus.* ☎ *887-140. • tourismus.burghausen.de • Lun-ven 9h-17h (13h sam). Fermé le w-e en hiver.* Bonne documentation en français : plan de la ville, curiosités, liste des chambres chez l'habitant.

## Où dormir ? Où manger ?

***Jugendherberge*** *(AJ)* **:** *Kapuzinergasse 235.* ☎ *881-7910. • burghausen@jugendherberge.de • burghausen.jugendherberge.de • Fermé en déc. Réception 8h-13h et inscriptions 17h-19h. Carte AJ obligatoire. Nuit à partir de 19,90 € (plus cher en août) ; 4 € de plus pour les plus de 27 ans.* Agréable AJ de 140 lits dans un ancien monastère très bien rénové qui bénéficie d'une situation centrale.

***Hôtel Post :*** *Stadtplatz 39.* ☎ *96-50. • info@altstadthotels.net • altstadthotels.net • Dans la ville basse, sur la place principale. Doubles 109-139 €, petit déj inclus. Resto 11h-23h. Plats 10-25 €.* Chambres un peu chères à l'hôtel *Post* même, mais ils possèdent une annexe récente (l'hôtel *Burgblick*) de l'autre côté de la rivière, côté autrichien, avec des chambres aux mêmes tarifs très agréables et de grand confort, les plus chères bénéficiant d'une vue imprenable sur la ville et le château. Excellent petit déj. On vous recommande aussi le resto de l'hôtel *Post* avec, au choix, de magnifiques salles anciennes ou une terrasse ombragée. Très bonnes salades et autres plats locaux comme le porc à la bière brune ou la truite du monastère.

## À voir

**Stadtplatz :** *dans la ville basse.* Très jolie place principale aux maisons peintes et élégamment alignées. Un vrai décor de théâtre. Jetez un œil au *Rathaus* (l'hôtel de ville), qui possède de très belles voûtes gothiques, au *palais des Taufkirchen,* au nº 97 (Napoléon y séjourna 4 jours en 1809), ainsi qu'à l'église *Sankt Jakob* qui, malgré de nombreuses destructions, a conservé un intérieur néogothique et de belles épitaphes.

**Burg** *(forteresse)* **:** • *burg-burghausen.de* • Avec ses remparts qui s'étendent sur plus de 1 km, c'est la forteresse la plus longue d'Europe ! En remontant l'allée, bordée de vieilles maisons, on traverse une enfilade de six cours intérieures et trois pont-levis avant d'atteindre la dernière enceinte.
Sur le chemin : *musée de la Photo (avr-oct slt, mer-dim 10h-18h ; entrée : 2 € ; billet combiné avec les autres musées : 5,50 €), musée de la Torture (entrée : 3 €),* avec cachots, et, des deux côtés, vue sur la ville basse et sur la rivière Salzach. La dernière cour a conservé un aspect très médiéval : escaliers en bois, pavés, vieilles grilles... Tout au fond, deux *musées.* Le premier *(avr-sept tlj 9h-18h, oct-mars 10h-16h ; entrée : 4,50 €),* installé dans les appartements princiers, abrite la *Staatliche Gemäldegalerie* : collection nationale de peintures, médiévales surtout, certaines de batailles. Belle vue panoramique depuis le toit du château. Le deuxième, le *Stadtmuseum* (peintures, sculptures, armes et armures, ferronneries, histoire de la ville, oiseaux petits et gros) est... fermé jusqu'à l'été 2015.

## DANS LES ENVIRONS DE BURGHAUSEN

**Les églises de Marienberg et Raitenhaslach :** *à 4 km au sud du centre, sur une colline dominant la Salzach.* L'église *St Maria-Himmelfahrt* et l'abbatiale du monastère cistercien comptent parmi les plus belles églises rococo de Bavière. Pour les visites, renseignements à l'office de tourisme.

**Altötting :** *à 15 km au nord-ouest.* Petite ville pittoresque et haut lieu de pèlerinage dès le XVᵉ s. Elle draine un important tourisme religieux vers la *Gnadenkapelle* (chapelle de Grâce) avec sa Vierge noire. De nombreux ex-voto autour la chapelle témoignent de la foi des croyants. C'est la ville natale de l'ex-pape Benoît XVI.

## PASSAU

50 000 hab. IND. TÉL. : 0851

**Ville frontière entre trois pays (Allemagne, Autriche, République tchèque), Passau se situe également au confluent de trois cours d'eau (l'Ilz, l'Inn et le Danube)... et regroupe aussi trois villages en un : Altstadt, Ilzstadt et Innstadt... Une véritable originalité qui ajoute encore au charme de cette petite cité paisible, une des plus anciennes du pays, puisqu'on lui prête 5 000 ans d'existence. Qualifiée parfois de « Venise bavaroise », Passau aurait plus tendance à emprunter son pittoresque à la fois à Prague et à Salzbourg (toutes proportions gardées, bien sûr !). On y retrouve les mêmes collines avec forteresse, les maisons aux façades colorées, les rues tortueuses pleines de passages et de cours. Sans oublier les quais et leurs échoppes touristiques...**

### UN PEU D'HISTOIRE

Une colonie celtique existait déjà sur la colline de la cité mais les découvertes les plus anciennes datent de l'époque romaine, 80 apr. J.-C. En 739, saint Boniface y établit un siège épiscopal, et deux monastères sont construits, dont le *Kloster Niedernburg,* cadeau de Frédéric Iᵉʳ Barberousse à l'évêque en 1161. Les évêques, comme à Salzbourg, dirigent la ville avant de devenir princes d'Empire en 1217. La navigation fluviale, idéale pour le transport du sel, du vin et des céréales, y est la plus grosse source de revenus. Jusqu'au XVe s, leur diocèse s'étend sur toute la vallée en aval du Danube, jusqu'à Vienne. La paix religieuse de Passau est signée en 1552. Elle permet la sécularisation des biens ecclésiastiques. À partir de 1803, grâce à Napoléon, Passau revient à la Bavière. De nos jours, sa prospérité repose sur son statut de ville-étape des croisières sur le Danube.

### LA BELLE HISTOIRE DE LA STARKBIER

*Autrefois, les moines bavarois suivaient scrupuleusement le carême. Contre la faim, ils brassaient alors une bière très nourrissante, riche de céréales, la* Starkbier, *titrant entre 7° et 10°. Tenaillés par les scrupules, ils expédièrent un tonneau au Pape pour obtenir son autorisation. Après trois semaines de voyage, le breuvage arriva à Rome. Le pontife le goûta et le recracha. Verdict du Pape : s'ils veulent vraiment boire cette cochonnerie, je ne vais pas leur interdire ! Depuis lors, la* Starkbier *ne se boit que durant la période de jeûne.*

## Spécial deux-roues

Passau, se situant au confluant de trois rivières importantes, peut constituer une bonne base de départ pour des circuits à vélo, notamment tout au long des berges du Danube entièrement aménagées pour le cyclotourisme. De Passau, on peut descendre le cours du fleuve jusque Vienne, puis Bratislava et Budapest (900 km), ou remonter vers la source en Bade-Würtemberg. Un réseau d'hébergements accueillant les cyclistes s'est constitué, tout au long des parcours. Sites à consulter : • *eurovelo6.org* • *bettundbike.de* • *adfc.de* •

## Adresses et infos utiles

**Tourist Information :** *sur la gauche en sortant de la gare. ☎ 95-59-80. • tourisme.passau.de • Tlj Pâques-sept : lun-ven 9h-12h, 12h30-17h, w-e 10h30-15h30. En hiver, horaires identiques, mais fermé le dim. Visite guidée de la ville mai-oct tlj à 14h30, en sem aussi à 10h30 ; prix : 4 €. Un autre bureau sur les quais, dans le Neue Rathaus. Pâques-sept : en sem 8h30-18h, w-e 9h-16h. En hiver : lun-jeu 8h30-17h (16h ven) et 10h-15h le w-e.* Quand c'est fermé, documentation disponible dans un distributeur. Brochures en français et plan de ville gratuit. Résas de chambres et liste des chambres d'hôtes. La *PassauCard* *(16-42 € pour 1 à 7 j.)* en vente à l'office de tourisme donne droit au libre accès à divers musées, concerts, loisirs et piscines dans la région.

**Location de vélos : Fahrrad-Klinik,** *Römerplatz. Pas loin du Rathaus. ☎ 334-11. • fahrradklinik-passau.de • Lun-ven 9h-12h, 13h-18h ; sam 9h-12h. Fermé nov-fév. Loc à partir de 13 €/j.*

**Gare :** *dans le centre (partie ouest de l'Altstadt). ☎ 0800-150-70-90.* Trains ttes les heures pour Munich (2h30 de trajet env).

– ***Renseignements sur les concerts :*** *☎ 988-60-91. • passau-ticket.de •*

## Où dormir ?

### Camping

**Zeltplatz Ilzstadt :** *Halserstr 34, 94034. ☎ 414-57. • KaFriedl@kabelmail.de • camping-passau.de • Ouv mai-sept. Au bord de la rivière et au pied de la forteresse. À 15 mn à pied du centre ou bus nº 1, 2 ou 3. Compter*

*8 €/pers.* Camping réservé aux tentes. Activités nautiques, kayak.

## Bon marché

**Jugendherberge** *(AJ) : dans le Veste Oberhaus, 125. 94034. ☎ 49-37-80. • passau@jugendherberge.de • passau.jugendherberge.de • Navettes (10h-17h) pour s'y rendre slt avr-oct (sinon, ça grimpe dur !), ttes les 30 mn au départ du Rathaus. Carte AJ exigée. Nuit 21,40 € ; 26,50 € pour les plus de 27 ans.* Tenez-vous bien : l'AJ de Passau est tout simplement, sur la rive gauche, dans la forteresse, au sommet de la colline qui domine le Danube ! Évidemment, elle est prise d'assaut (comme autrefois, mais de façon plus pacifique) : réservez dès que possible !

**Rotel Inn :** *Donaulände. ☎ 95-16-0. • rotel-inn@rotel.de • rotel-inn.de • Ouv slt mai-sept. Chambre à 2 lits 25 €/pers. Petit déj 6 €.* Cet hôtel est situé à deux pas de la gare, sur le bord du Danube, et vous ne pouvez pas le louper : son architecture avant-gardiste en fait même un des bâtiments que l'on signale lors de la visite de la ville ! « Der Ruhende » a la forme d'un homme allongé : la tête, bleue, c'est l'entrée ; les bras, rouges, la salle du petit déj ; et le corps blanc immense abrite la centaine de chambres. Celles-ci sont tout aussi surprenantes : elles sont de la taille exacte du lit (soit 2 m de long et 1,50 m de large !). Une aubaine pour les cyclistes, qui y réservent leur chambre longtemps à l'avance ; faites donc de même !

## De prix moyens à plus chic

**Pension Rössner :** *Bräugasse 19. ☎ 93-13-50. • info@pension-roessner.de • pension-roessner.de • Souvent prise d'assaut, résa conseillée. Double 30 €/pers, petit déj compris. Chambres tt confort (jusqu'à 5 pers), certaines, les plus chères avec vue sur le Danube et la forteresse. Garage privé 8 €/j.* Idéalement située, à côté du musée d'Art moderne, presque au confluent des 3 fleuves et tout près des attractions principales. Ambiance très familiale, accueil décontracté. Location de vélos.

**Hotel Residenz :** *Fritz-Schäffer-Promenade 6. ☎ 98-90-20. • hotel@residenz-passau.de • residenz-passau.de • Fermé période de Noël. Chambres spacieuses 110-140 € selon confort et saison, petit déj compris ; réduc nov-mars. Parking payant.* Au cœur du quartier historique, un hôtel-restaurant très élégant, où l'on vous accueillera en français. Face au quai où accostent les nombreux bateaux de croisière... donc une terrasse côté rue pas vraiment calme en saison ! Chambres spacieuses et décorées de différentes couleurs. Préférez celles avec vue sur le fleuve ou avec accès à la terrasse du toit. Accueil délicieux.

**Hotel Atrium :** *Neue-Rieser-Str 6. ☎ 988-66-88. • info@atrium-passau.de • atrium-passau.de • Accès : sortie autoroute A 3 « Passau-Nord », continuer en direction de Passau ; à 7 km, tourner au feu à gauche vers la « Veste Oberhaus », puis à droite. Doubles tt confort 74-146 € selon confort et période, petit déj inclus. Garage 7 €/nuit.* Sur les hauteurs mais à seulement 600 m du centre, c'est un bel établissement lumineux, à la décoration moderne très soignée. Petit détail : l'intérieur reprend la géographie de la ville ; les couloirs portent les noms des fleuves et les ailes ceux des différents quartiers. Accueil des plus chaleureux. Sauna ou location de vélos selon les besoins.

# Où manger ? Où boire un verre ?

Encore une ville universitaire, d'où l'abondance de cafés et de *Kneipen,* surtout dans la zone piétonne et aux bords des fleuves. On y mange pour pas cher, c'est souvent original, et les rencontres ne sont pas difficiles, pourvu qu'on comprenne le patois bavarois.

**Caffehaus Anton :** *Luragogasse 1. ☎ 988-51-65.* Dans une ruelle qui descend de la Domplatz, un adorable petit café intimiste qui propose d'excellents petits déj, des salades composées et des pâtisseries maison (comme le pain, d'ailleurs). S'il fait chaud, commandez un sirop de *Holunderblüten,* une boisson bien rafraîchissante à base de fleurs. Petite cour-jardin.

**Café Kowalski :** *Oberersand 1. ☎ 24-87. • info@cafe-kowalski.de • Sur les quais de l'Inn, côté Altstadt, au pied de la cathédrale. Au 1er étage. Tlj 10h-1h.* Notre endroit préféré, ne serait-ce que pour la jolie terrasse donnant sur le fleuve... Une plaque rappelle que Mozart y séjourna une semaine, en 1782 ! Clientèle jeune : étudiants et *Schicki-Micki.* Petits déj, surtout le *Weisswurstfrühstück* (saucisses blanches et bière itou), plats chauds à moins de 6 € et toutes sortes de salades. Concerts de temps en temps.

**Café im Scharfrichter Haus :** *à l'angle de Milchgasse et Marktgasse, juste derrière le Rathaus. ☎ 35-900. • info@scharfrichter-haus.de • Ouv le midi et 17h-1h. Fermé dim.* Café-resto-concert-spectacle-cinéma, bref, un minicomplexe culturel. Programme affiché à l'extérieur (2 à 3 manifestations par semaine). Propose des plats de qualité *(8-15 €),* servis en sous-sol ou dans la cour intérieure. Très sympa.

**Zum grünen Baum :** *Höllgasse 7. ☎ 356-35. Tlj 10h-1h. Plats 7-14 €, menu complet 30 € env.* Petit resto écolo dans une ruelle près du Rathaus. Les plats sont riches en saveurs et tous préparés avec des aliments biologiques produits dans la région. Intérieur à l'ancienne et tables sur la rue prises d'assaut aux beaux jours.

**Heilig-Geist-Stiftsschenke :** *Heiliggeiststr, dans le centre ancien. ☎ 26-07. • info@stiftskeller-passau.de • Tlj sf mer 10h-1h. Plats 12-20 €.* L'établissement le plus fiable de la ville date de 1358 et propose, dans un cadre historique de voûtes et de lambris, d'excellentes spécialités régionales, notamment du poisson en provenance des trois rivières. Dégustation de vins à partir de 18h. Le jardin couvert de lierre et de vigne est aussi très authentique.

**La Bouillabaisse :** *Rosengasse 1, dans le centre. ☎ 37-795. Tlj sf dim midi et lun 11h-22h. Plats 10-25 €.* 2 petites salles au 1er étage pour préparer, avec talent, les poissons tant de rivières que de mer de toutes les latitudes. Déco plancher brut, banquettes et jolies toiles au mur, cuisine apparente où s'affairent les cuistots. Service bon enfant et souriant. Solide carte des vins, servis au verre sur demande. Plutôt chérot tout de même.

### Où déguster une pâtisserie et acheter des douceurs ?

**Café Stephan's Dom :** *Domplatz 2. ☎ 49-055-74. • greindl.gmbh@t-online.de • greindl-passau.de • À côté de la cathédrale (à droite), comme son nom l'indique. Tlj 9h (10h dim)-18h.* Déco baroque délirante aux couleurs flashy, terrasse avec vue sur l'Inn. Buffet de pâtisseries affolant à mettre au supplice tous les becs-sucrés. Chocolaterie à l'entrée pour pousser le vice jusqu'à faire des provisions de voyage.

## À voir

**Dom Sankt Stephan** (cathédrale Saint-Étienne) **:** *tlj 6h30-19h (18h en hiver).* Le gigantesque édifice gothique, dont il ne reste que le chœur et le transept, est devenu un haut lieu du baroque. Nef très haute, décorée de stucs et de fresques. Attraction principale des lieux : le très bel orgue du début du XXe s. C'est le plus gros du monde, avec pas moins de... 17 974 tuyaux !

– *Concerts : mai-oct et 27-31 déc, tlj sf dim à 12h (ensuite, à 12h30, visite guidée), aussi jeu à 19h30. Attention : arriver à l'heure, car ensuite la cathédrale est*

*fermée et en saison, la cargaison débarquée des bateaux de croisière fait le plein ! Prix : 8 €, 10 € le soir.* Quand l'organiste attaque l'intro de *Toccata et fugue* de J.-S. Bach, on est transporté parmi les *putti* et les anges du ciel.
On accède au ***Diözesanmuseum*** par l'intérieur *(mai-oct, lun-ven 10h-16h, entrée : 2,50 €).* En été, le trésor et les objets religieux cèdent la place aux expositions temporaires.

***Residenzplatz :*** *derrière le Dom.* Jolie place bordée de vieilles demeures patriciennes et de la résidence des princes-évêques. Tout autour de la cathédrale, quartier médiéval plein de charme. Ruelles, escaliers, etc.

**Glasmuseum** *(musée du Verre)* **:** *entrée par la réception de l'hôtel* Wilder Mann, *sur Rathausplatz. • glasmuseum.de • Tlj 9h-18h. Entrée : 7 € ; réduc.* Une collection de 20 000 pièces de verre produites dans les ateliers de Vienne, de Prague, de Bavière et de Bohême. Un dédale de salles mène des caves au grenier d'un superbe ensemble de maisons du XIVe s. L'occasion d'embrasser en une fois 250 ans d'histoire du verre.

***Le musée d'Art moderne :*** *Bräugasse 17, non loin de Dreifluẞeck. ☎ 38-38-790. • mmk-passau.de • Mar-dim 10h-18h. Entrée : 5 € ; réduc.* Musée privé situé dans une belle demeure admirablement restaurée. Expositions tournantes. Café très sympa à l'intérieur du musée, avec vue sur le Danube.

***Rathaus :*** *face au Danube.* Un bel hôtel de ville du XVe s, à la façade peinte. Au 1er étage, les ***Rathaussaale*** *(salles de réception ; tlj 10h-16h avr-oct et fin nov-début janv ; entrée : 2 €).* Faste impressionnant : vitraux, voûtes, arcs gothiques. Couleurs sombres mais chaleureuses, peintures murales du XIXe s.

***Dreiflusseck :*** *à la pointe de la péninsule.* En français, le « confluent des trois rivières ». Une grande terrasse permet d'observer le spectacle des eaux. Noter que celles de l'Inn et du Danube ne se rejoignent pas tout de suite, se boudant sur une certaine distance. Vous identifierez facilement les trois cours d'eau à leur couleur : vert pour l'Inn, noir pour l'Ilz et bleu pour le Danube..., ben non, pas vraiment... plutôt brunes ! Panorama superbe également sur les rives opposées : la forteresse et les collines d'Ilzstadt d'un côté, les maisons éloignées d'Innstadt de l'autre. Belle balade à faire sur les quais, des deux côtés.

***Veste Oberhaus :*** *au sommet d'Ilzstadt. Accès par le pont Luitpold ou en navette gratuite depuis la mairie (ttes les 30 mn 9h-17h ; 18h le w-e).*
Immense forteresse sur plusieurs niveaux, curieux mélange de murailles médiévales, bâtiments peints et palais épiscopal qui servait de repli aux évêques à chaque rébellion des habitants. Napoléon s'en empara en 1809. De la terrasse, (accès par le parking) panorama sur toute la ville.
Le château abrite un ***musée*** consacré à l'histoire de Passau. *Tlj de mi-mars à mi-nov 9h-17h (10h-18h le w-e), et vac de Noël 10h-16h. • oberhausmuseum.de • Entrée : 5 €.* Un peu fourre-tout mais intéressant, aussi bien par l'architecture des pièces que par le panorama sur la ville et les thèmes abordés. On y apprend que l'histoire de la ville se confond là aussi avec celle de l'« or blanc » (le sel). Également artisanat et musée diocésain consacré à la vie religieuse.

***Kloster Mariahilf :*** *l'église au sommet d'Innstadt. Accès au départ de la brasserie Innstadt et par un escalier tapissé d'ex-votos, 321 marches à grimper !* Face à la forteresse, ce monastère capucin attire tous les regards. Après la libération de Vienne de la menace turque en 1638, l'église baroque devint un important lieu de pèlerinage.

## Manifestations

– ***Festspiele Europäische Wochen :*** *de mi-juin à mi-juil.* Plus de 60 spectacles, dont opéras, théâtres et concerts dans divers endroits.
– ***Sommer-Jazz :*** *chaque année début août. 3 concerts gratuits sur la Bräuplatz.*

## Excursions sur le Danube

*Infos • donauschiffahrt.de • Départs de la Rathausplatz.* La compagnie ***Wurm und Köck*** *(☎ 92-92-92)* propose un intéressant *Dreiflüsse Stadtrundfahrt* qui permet d'effectuer le tour de la péninsule en empruntant les trois cours d'eau. Toutes les possibilités sont proposées, de la petite balade de 45 mn en bateau-mouche (départ toutes les 30 mn, sauf en hiver) à la croisière de luxe pour Vienne ou Linz ou encore la visite de Passau de nuit avec soirée dansante !

## DANS LES ENVIRONS DE PASSAU

***Le quartier de Hals :*** *à env 4 km de Passau en remontant l'Ilz.* Petit bourg agréable que l'on peut atteindre grâce au bus n° 4 ou à pied en longeant le fleuve. Il est dominé par les ruines d'un château. De là-haut, vue magnifique sur les environs. Possibilité de balades et de baignade.

***Museumsdorf Bayerischer Wald :*** *Herrenstr 11, 94104* ***Tittling,*** *près du lac Dreiburgensee, à 20 km au nord de Passau. • museumsdorf.com • Tlj 9h-17h avr-nov. Entrée : 5 € ; réduc.* Une centaine de maisons et fermes anciennes minutieusement restaurées retracent la vie d'autrefois dans la forêt bavaroise. Démonstrations d'artisans, aire de jeux et restos. Les enfants adoreront découvrir les animaux de la ferme.

# STRAUBING

(94315) 44 000 hab. IND. TÉL. : 09421

**À 70 km à l'ouest de Passau et 30 km de Regensbourg. Petite ville méconnue, traversée par le Danube. Fière de ses origines celtes et romaines, elle fut également un temps le siège du duché Straubing-Hollande. C'est ici qu'est né Emanuel Schikadener (1751-1812), le librettiste génial de *La Flûte enchantée* de Mozart. Ville moyenne, ayant conservé son charme et son caractère ancien, Straubing est une halte très agréable pour prendre un verre sur la place principale bordée de plusieurs belles vieilles demeures.**

### Adresse utile

**Tourismusamt** (office de tourisme) : *dans le Rathaus, Theresienplatz 2. ☎ 94-43-07. • straubing.de • Lun-ven 9h-17h (18h jeu), sam slt jusqu'à 14h.* Plan de la ville et doc en français.

### Où manger et boire un café ?

***Café Krönner :*** *Theresienplatz 1. ☎ 10-994 • info@kroenner.de • Tlj (sf dim avr-août) 8h30-18h (14h déc-janv).* Au pied de la tour, une boulangerie-pâtisserie abritant un charmant café-salon de thé comme on les aime, avec une salle voûtée au décor chaleureux. On peut y prendre son petit déj et y grignoter le midi. Nombreuses spécialités de gâteaux, comme la tarte *Agnès Bernauer.*

## À voir

***Stadtplatz :*** *place principale, entièrement piétonne.* La *Stadtturm,* tour-horloge à cinq clochetons de 1316, qui servait de tour de guet au Moyen Âge, divise cette place en deux : *Theresienplatz* et *Ludwigsplatz*. Outre les belles maisons à pignon (dont l'hôtel de ville), on y trouve également la *Dreifaltigkeitsäule* (colonne de la Trinité), réalisée au début du XVIIIe s à l'initiative de la bourgeoisie de la ville. Pour la petite histoire, la statue de l'ange Michel fut réalisée par Franz Mozart, un grand-oncle du petit génie !

***Sankt Jakob Basilika** (basilique Saint-Jacques) : Pfarrplatz 11a.* Commencée vers 1400 et terminée vers 1590, la basilique est un édifice de style gothique tardif. Remarquable intérieur notamment pour ses vitraux dans la chapelle *Mariahilf*. À côté, dans la *Tod Marienkapelle,* magnifique autel avec des drapés. Chaire de style baroque. Volets du retable peints par Wolgemut (le maître de Dürer au XVe s, qui a lui aussi laissé son empreinte à travers le *Moses-Fenster,* « la fenêtre de Moïse ».

***Sankt Peterkirche :** à l'extérieur de la vieille ville, en prenant à droite avt le pont sur le Danube. Demander la clef à l'office de tourisme.* Ensemble de quatre églises et chapelles à l'intérieur d'un cimetière fortifié avec des belles tombes remontant au XIVe s. L'église romane Saint-Pierre date du XIIe s, lorsque le centre de la ville se trouvait à cet endroit. On peut encore y distinguer le tympan lombard de l'ancienne église ottonienne. Elle recèle une belle *pietà* du XIVe s et une chapelle où se trouve la tombe de l'héroïne locale, Agnès Bernauer. À ne pas rater, la *Seelenkapelle,* avec ses fresques du XVIIIe s représentant une danse macabre *(Totentanz),* où ne figure qu'une seule femme : une religieuse.

**Gäubodenmuseum :** *Fraunhoferstr 9 (rue donnant sur la place principale). ● gaeubodenmuseum.de ● Mar-dim 10h-16h. Entrée : 4 € ; réduc.* Bien agencé, ce musée expose les découvertes faites à Straubing depuis l'âge du bronze. On y voit notamment la découverte exceptionnelle faite en 1950 d'un grand chaudron de cuivre contenant des éléments d'armures et des statuettes romaines. Les objets témoignent du passé romain et celte de la ville. Magnifiques masques romains. Le musée a ouvert en 2008 un parc archéologique, le **Römerpark Sorviodurum** *(accès et parking sur la Schlesische Str).*

**AMOUR MALHEUREUX EN BAVIÈRE**

*Agnès Bernauer (1410-1435) était la fille d'un barbier d'Augsbourg. D'une grande beauté, elle suscita l'amour du duc Albert de Bavière, qui l'épousa contre l'avis de son père Ernest. Fou furieux, celui-ci la condamna comme sorcière et en l'absence de son fils, la fit noyer dans le Danube. Cette histoire dramatique a inspiré de nombreuses œuvres, dont* Les Amours célèbres, *un film à sketches de Michel Boisrond avec Brigitte Bardot et Alain Delon.*

## Manifestations

– ***Festival Agnès Bernauer :** ts les 4 ans en juil.* Fête qui commémore en costumes d'époque cet épisode célèbre mais malheureux de l'histoire de Straubing (voir encadré plus haut). La chapelle de la Sankt Peterkirche fut construite en réparation de cette vilénie. Prochaine édition en 2017.
– ***Gäubodenvolksfest :** mi-août, pdt 10 j.* Célèbre la fin de la récolte. La région du Gäu est en effet un des greniers à blé de la Bavière. Expositions, fête et bière à volonté !

# REGENSBURG (RATISBONNE)

143 000 hab. IND. TÉL. : 0941

**Traversée par le Danube (pas encore très large mais déjà majestueux), Regensburg est une fausse grande ville, classée au Patrimoine mondial par**

**l'Unesco, où près de 1 200 monuments historiques sont aujourd'hui protégés. Difficile de ne pas succomber à son charme. Le centre historique se découvre facilement à pied, ce qui incite à la flânerie. Vieille de 2 000 ans, elle fut la première capitale de la Bavière et le cœur géopolitique du Saint Empire romain germanique du temps de sa plus grande expansion. Rien d'étonnant donc à ce qu'on y trouve l'auberge la plus vieille d'Allemagne, où l'on déguste des saucisses grillées depuis 850 ans !**

**Une balade à travers les ruelles sinueuses équivaut à une remontée dans le temps, doublée d'une leçon d'histoire. On y croise Charles Quint, qui y engendra don Juan d'Autriche (un des vainqueurs de la bataille de Lépante) ou l'astronome Kepler, qui y mourut seul et oublié de tous. La cité est hérissée d'une quarantaine de tours datant du Moyen Âge et prend des airs de cité toscane, voilà pourquoi on l'a surnommée « ville la plus septentrionale de l'Italie ». Ne pas manquer aussi la visite du château des *Thurn und Taxis,* qui est encore habité par la famille princière.**



## UN PEU D'HISTOIRE

En l'an 179, l'empereur romain Marc Aurèle fonde *Ratisbona* sur le Danube, qui marquait la limite nord de l'Empire romain. Une légion de 6 000 soldats romains y stationne. Charlemagne conquiert Ratisbonne et l'inclut dans l'Empire carolingien. Le pont de pierre traversant le Danube date de 1046. Sur la route des croisades, via le Danube et Constantinople, elle prospère, et devient la première capitale de la Bavière avant d'être élevée, en 1245, au rang de ***ville libre impériale*** par l'empereur ***Frédéric II.***

Au XIV<sup>e</sup> s, la mode vient d'Italie, et les tours patriciennes s'érigent, à l'instar de San Gimignano. Vers 1400 commence son déclin économique au profit d'Augsbourg et de Nuremberg. En 1542, Ratisbonne passe officiellement à la religion réformée, mais elle reste en même temps le siège de l'évêché catholique, de sorte que les deux confessions coexistent. En 1663, elle retrouve un certain prestige comme siège permanent des Diètes impériales.

## La Diète de Ratisbonne : cerveau de l'Empire

La Diète est une assemblée politique du Saint Empire romain germanique qui se réunissait régulièrement à Ratisbonne du XVII<sup>e</sup> s jusqu'au début du XIX<sup>e</sup> s. La Diète impériale convoquait les représentants de 51 villes franches, les 37 princes de l'Église, les 63 princes de l'Empire (ducs, comtes, barons...), et enfin les 7 princes-électeurs à savoir les archevêques de Cologne, Mayence et Trèves, le duc de Saxe, le margrave de Brandebourg, les comtes du Palatinat et enfin le roi de Bohême. Ces princes-électeurs étaient chargés d'élire l'Empereur. L'Empereur n'assistait pas à ces réunions mais se faisait représenter par le prince *Thurn und Taxis* dont le somptueux château se trouve aujourd'hui encore au cœur de la ville. Pour préserver leur indépendance, les États allemands du Saint Empire préféraient supporter le coût de l'entretien du représentant de l'empereur (le prince *Thurn und Taxis* donc) plutôt que de renoncer à leurs droits.

En 1803, cette même Diète sanctionne, sous la pression de Napoléon, la réorganisation territoriale du défunt Empire germanique.

Napoléon offre Regensburg à l'archevêque de Mayence et la ville connaît une décadence au XIX<sup>e</sup> s. Ensuite, intégrée malgré elle (elle ne s'en est toujours pas remise, d'ailleurs) au royaume de Bavière, elle est évincée au profit de Munich. Splendeur déchue !

Ironie du sort : peu industrialisée, c'est l'une des rares villes de Bavière à avoir peu souffert de la Seconde Guerre mondiale (13 % de la ville ont été détruits), d'où son authenticité préservée. Par ailleurs, l'ex-pape Benoît XVI, originaire du village voisin de Pentling, y a été titulaire de la chaire d'histoire des dogmes à l'université et vice-président de celle-ci. En 2006, le centre historique des XIIe s et XIIIe s a été classé au Patrimoine mondial de l'Unesco ; cette date marque le début du renouveau pour la ville...

## La famille Thurn und Taxis

Non, ce n'est pas la raison sociale d'une compagnie de taxis bavarois ! Les *Thurn und Taxis,* d'origine italienne, sont une des plus vieilles et plus puissantes familles princières d'Allemagne. Le patronyme *Taxi* vient de *tasso* (le blaireau) qui figure dans le blason familial. Leur ancêtre eut l'idée d'inventer un ***service postal,*** rapide pour l'époque. Les coursiers à cheval mettaient à peine 6 jours pour relier Innsbruck à Bruxelles, chevauchant jour et nuit. L'Empereur fut séduit et chargea ce pionnier d'étendre son organisation à l'Empire (voir plus loin l'encadré « C'est le facteur »). L'ascension sociale fut rapide : anoblis, les descendants montèrent en grade jusqu'au titre de prince. La famille a accumulé une fortune considérable au fil des siècles et possède toujours 30 000 ha de forêt en Bavière. Aujourd'hui, leur château est habité par la ***princesse Gloria von Thurn und Taxis.*** Née en 1960, elle épousa à 20 ans le prince héritier Johannes, qui avait 34 ans de plus qu'elle ! Exubérante, elle défraya la chronique mondaine dans les années 1980, avec ses tenues extravagantes et ses coiffures flashy. On lui donna le sobriquet de *Princesse TNT ou princesse punk.* À la mort de son mari en 1990, elle se retrouva à la tête d'une immense fortune mais aussi avec des dettes colossales sur le dos... Assagie aujourd'hui, catholique fervente et toujours aussi médiatique, la princesse continue d'avoir une influence sur la ville et sur l'économie de la Bavière. Elle a deux filles et un fils, Albert, qui est pilote automobile.

## Adresses et infos utiles

***Tourist Information*** *(plan A1) : Rathausplatz 4. ☎ 507-44-10. • regensburg.de • Lun-ven 9h-18h (16h sam), dim 9h30-16h (14h30 hiver) ; 9h-18h à la période de l'Avent. Visite guidée de 1h en allemand tlj à 10h30 et 14h30 (nov-mars, lun-ven à 10h30, dim et j. fériés à 14h30) ; en anglais, mai-oct et en déc, tlj à 15h. Tarif : 8 €.* Excellent accueil. Plein d'infos et une doc complète en français ! Liste des chambres chez l'habitant.

✉ **Poste** *(plan B1) : Domplatz, face à la cathédrale. Lun-sam 9h-18h (12h30 sam).*

***Gare ferroviaire*** *(plan B2) : ☎ (0800) 150-70-90.* Trains quotidiens pour Munich (1h30 de trajet), Nuremberg (1h), Straubing (30 mn), plusieurs trains pour Vienne et Berlin.

– Départ des bus pour *Kelheim* (voir le *Weltenburgkloster* dans « Dans les environs de Regensburg »).

***Location de vélos*** *(plan B2) :* ***Bikehaus,*** *Bahnhofstr 17 (entre la gare et la poste). ☎ (0800) 460-24-60. • fahrradverleih-regensburg.de • Tlj sf mar 10h-13h, 14h-19h en saison.*

## Où dormir ?

### Camping

***Azur Camping*** *(hors plan par A1) : Weinweg 40, 93049. ☎ 27-00-25. • regensburg@azur-camping.de • azur-camping.de/de/ • À 2,5 km au nord-ouest du centre-ville et au bord du Danube. Ouv tte l'année. Env 30 € pour 2 pers. avec tente et voiture en hte saison. Réduc de 10 % si résa via Internet. (un secteur).* Bien aéré, avec emplacements corrects et agréables, et des équipement de qualité (cuisine, resto, supermarché...).

### Bon marché

***Jugendherberge*** *(AJ ; hors plan par B1,* ***14****) : Wöhrdstr 60, 93059, à* ***Untere Wöhrd.*** *☎ 0466-2830.*

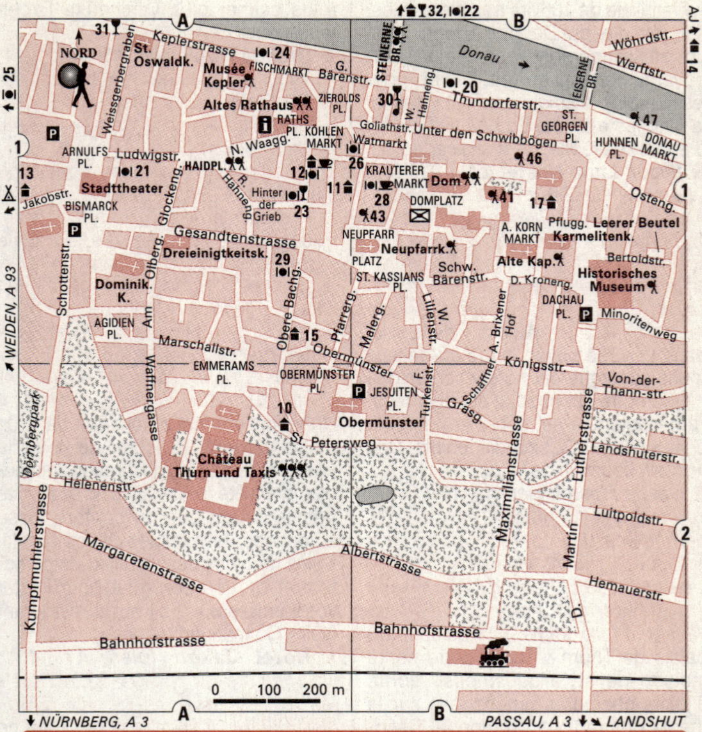


## REGENSBURG

| ■ **Adresse utile** | |
|---|---|
| ℹ Tourist Information | |

**Adresse utile**

- Tourist Information

**Où dormir ?**

- **10** Castle Hostel
- **11** Hotel Münchner Hof
- **12** Orphée Hotel
- **13** Hotel Jakob
- **14** Jugendherberge
- **15** Brook Lane Hostel
- **17** Elements Hotel

**Où manger ?**

- **12** Restaurant Orphée
- **20** Historische Wurstkuchl
- **21** Mirabelle
- **22** Alte Linde
- **23** Vitus Café-Restaurant
- **24** Gänsbauer
- **25** Lokanta – Schwedenkugel
- **26** Beim Dampfnudel Uli
- **28** Haus Heuport
- **29** Italia Pizza e Pasta

**Où boire un verre ?**
**Où prendre un café ?**

- **30** Irish Harp Pub
- **31** Orkan
- **32** Gasthof Spielgarten

**À voir**

- **41** Église Saint-Ulrich
- **43** Document Neupfarrplatz
- **46** Porta Prætoria
- **47** Musée de la Navigation

*• regensburg@jugendherberge.de • regensburg.jugendherberge.de • Du centre, emprunter l'Eiserne Brücke, puis prendre à droite la rue traversant l'île. Bus nos 3, 8 et 9 de la gare, arrêt Wöhrdstrasse. Carte AJ obligatoire. Nuit 21 € ; 26,50-31 €/pers en chambre double sans ou avec douche.* Grande

AJ familiale de 186 lits très bien située, sur une île du Danube, donc dans un environnement paisible et verdoyant. Parking gratuit, même pour les camping-cars qui peuvent y passer la nuit, juste à côté de l'AJ. On peut y prendre ses repas, c'est à la carte.

**Brook Lane Hostel** (plan A1, **15**) : *Obere Bachgasse 21. ☎ 696-55-21. • kontakt@hostel-regensburg.de • herberge-regensburg.de • Nuitée en dortoirs 5-10 lits : 16-20 €. Chambres privatives pour 2 pers : 50-70 € (draps payants, mais on peut apporter son sac de couchage).* Au cœur de la ville, dans une rue pavée, situé au-dessus d'une supérette cet hôtel économique mérite notre attention. Il est bien tenu, l'aménagement est sobre et net, et la déco colorée. Cuisine disponible. Bon accueil. Location de vélos.

**Castle Hostel** (plan A2, **10**) : *Sankt Petersweg 3. ☎ 58-61-27-07 • reservierung@castlehotel-regensburg.de • castlehotel-regensburg.de • Doubles à partir de 90 €. Petit déj 7,50 € servi à la grande table commune. Parking payant à proximité.* Pas loin du palais de Thurn & Taxis, cette petite maison de style *guesthouse* abrite 8 jolies chambres aménagées sur le thème des régions du monde. Décoration coquette et soignée. Certaines chambres donnent sur les arbres du parc du château. Accueil prévenant et délicat.

## De prix moyens à plus chic

**Hotel Münchner Hof** (plan A-B1, **11**) : *Tändlergasse 9. ☎ 584-40. • info@muenchner-hof.de • muenchner-hof.de • Dans une rue piétonne, dans la vieille ville. Attention : inaccessible en voiture. Prix réduit (6 €) dans le parking « am Petersweg » à côté. Doubles env 100-120 €, appart (4 pers) 137-147 €, petit déj-buffet inclus.* Un 4-étoiles de charme dans une ancienne maison patricienne, vieille de 7 siècles et chargées d'histoire. L'intérieur a été très bien restauré. Meublées à l'ancienne ou modernes, elles sont toutes confortables. En demander une dans les étages élevés (plus calme, plus lumineux). Excellent accueil.

**Orphée Hotel** (plan A1, **12**) : *Wahlenstr 1. ☎ 59-60-20. • info@hotel-orphee.de • hotel-orphee.de • Réparti dans plusieurs bâtiments : Kleine Haus (15 chambres), Grosses Haus (32 chambres à l'adresse du resto du même nom), Landhaus dans le centre et Andreasstadel sur la rive opposée. Réception dans une rue parallèle – Untere Bachgasse 8, dans un quartier piéton, donc un peu compliqué en voiture. Plusieurs catégories de prix : doubles 75-135 € pour la Kleine Haus (petit hôtel Orphée) et 135-185 € pour la Grosses Haus, les moins chères ont la sdb sur le palier. Petit déj inclus.* Un véritable hôtel de charme dans un palais baroque, au cœur de la vieille ville. L'ensemble, la décoration, l'ameublement a été réalisé avec un souci des détails autant que du confort. Tissu autour des lits, meubles chinés ici et là, salles de bains cosy, un lieu de caractère et de très bon goût pour inviter votre âme-sœur. Fait aussi restaurant (voir « Où manger ? »)

**Hotel Jakob** (plan A1, **13**) : *Jakobstr 14. ☎ 600-92-90. • hotel-jakob-regensburg.de • Doubles 120-140 € selon confort.* Près de la porte Jakob, à l'ouest de la vieille ville, à l'écart de du centre, l'hôtel est installé dans une demeure du XVIIIe s. La police municipale y avait naguère un poste, d'où le petit musée au sous-sol (ancienne prison). Tenu par l'hôtelier le plus aimable de la ville, il abrite des chambres impeccables, toutes bien équipées (avec AC), donnant sur une place, tranquille la nuit. Petit parking très pratique à l'arrière.

**Elements Hotel** (plan B1, **17**) : *Alter Kornmarkt 3. ☎ 38-19-86-00. • info@hotel-elements.de • hotel-elements.de • Doubles 105-160 €. Réception au café Rinaldi, où est servi le petit déj.* Entre le *Konditorei Café* et le *café Rinaldi*. En coin derrière l'église Saint-Ulrich, petit hôtel bien situé, dans un immeuble étroit, avec des chambres très bien arrangées, avec imagination et style. Quasiment de la taille de petites suites, elles sont aménagées avec beaucoup d'originalité sur le thème des 4 éléments (il y a un designer philosophe derrière tout cela). On aime beaucoup celle sur le thème de la Terre. Accueil chaleureux à l'italienne.

Le resto attenant est parfait pour une collation.

## Où manger ?

### Bon marché

Nombreux ***Imbisse*** dans la *Weisse-Lilienstrasse,* rue piétonne dans le prolongement de Pfauengasse, qui part de Domplatz.

**|●| *Historische Wurstkuchl*** *(plan B1,* ***20****) : Thundorferstr 3 ; sur les quais du Danube, au pied du vieux pont de pierre (Steinerne Brücke). • info@wurstkuchl.de • Tlj 8h-19h. Saucisses 6-11 €.* Minuscule maison verte toute de guingois, construite au... XII$^{e}$ s, pour servir de cantine aux ouvriers du vieux pont. Il s'agit là d'un des plus vieux restaurants de Bavière, si ce n'est le plus vieux. Certaines villes voisines prétendent elles aussi détenir le plus ancien resto, mais comme les archives du *Routard* ne remontent pas jusqu'à cette époque... difficile de vérifier. On y sert toujours les mêmes plats dans une ambiance de guinguette : *Bratwürste* (ces excellentes petites saucisses grillées) de 6 à 12 pièces, choucroute, petit pain et succulente moutarde douce maison pour épicer le tout. On mange à de grandes tables en bois, sur le vieux pavé du quai, ou près de la cuisine les jours de pluie. Attention, les petits pains déposés sur la table sont à payer en supplément. Service efficace (on y parle toutes les langues).

**|●| *Beim Dampfnudel Uli*** *(plan A-B1,* ***26****) : Am Watmarkt 4. ☎ 53-297. Mer-sam 10h-18h. Compter une petite dizaine d'euros.* Dans une petite rue derrière le Kohlmarkt, au rez-de-chaussée de la *Baumburger Turm,* une des vieilles tours médiévales de la ville. Si vous ne craquez pas pour les bonnes grosses boules de pain soufflé cuites à la vapeur, il y a toujours des saucisses pour calmer une petite faim.

**|●| *Lokanta – Schwedenkugel*** *(hors plan par A1,* ***25****) : Haaggasse 15. ☎ 53-321. • info@lokanta-regensburg.de • Tlj 18h-1h. Formules combinées pour 2, 3 ou 4 convives 26-52 € ; plat autour de 6 €.* Un café-resto kurde qui fait le plein tous les soirs. Service d'une grande gentillesse, *joghurt kebab* ou assiette végétarienne pleins de saveur, et prix intéressants quand on est nombreux.

### Prix moyens

**|●| ☕ *Haus Heuport*** *(plan B1,* ***28****) : Domplatz 7. ☎ 599-92-97. • info@heuport.de • Tlj dès 9h. Plats classiques bavarois ou internationaux 6-25 €.* Difficile de trouver meilleur emplacement que ce restaurant situé face à la cathédrale. La façade ancienne, la terrasse sur la place, le portail patiné, les hautes baies gothiques de la salle, la cuisine classique et sincère, le service, tout y est authentique. Malgré la taille et l'affluence, c'est une bonne adresse pour s'attabler à toute heure.

**|●| *Italia Pizza e Pasta*** *(plan A1,* ***29****) : Obere Bachgasse 6. ☎ 55-174. Ouv tlj sf lun 11h30-15h et 17h30-minuit. Salades 5-10 €. Pizzas 6-10 €.* Un resto italien central : cuisine classique, *bruschetta*, *risotto*, pasta sous toutes ses déclinaisons... et bien sûr de l'huile d'olive vierge. Derrière la salle, il y a un petit jardin agréable en été.

**|●| *Alte Linde*** *(hors plan par B1,* ***22****) : Müllerstr 1. ☎ 88-080. Avr-sept, tlj 11h-minuit ; oct-déc, 17h (11h w-e)-minuit ; idem janv-mars sf lun. • altelinde-wiesbeck@yahoo.de • Plats 7-14 €.* Passez le pont de pierre, c'est à 50 m à gauche au bout d'une petite rue pavée. Un *Biergarten* plein de charme sur l'île, à l'ombre des arbres, avec une vue romantique sur la vieille ville et son pont. Cuisine locale simple et copieuse, ambiance festive certains jours.

**|●| ☕ *Restaurant Orphée*** *(plan A1,* ***12****) : Untere Bachgasse 8. ☎ 52-977. • restaurant@hotel-orphee.de • Tlj 8h-1h. Compter 15-25 €.* Le resto de

RATISBONNE

l'hôtel du même nom est décoré et meublé comme un bistrot parisien. Banquettes, boiseries, chaises et tables, affiches anciennes et panneaux rétro (articles de Paris...), terrasse agréable, les jeunes de la ville apprécient cette adresse. Bien pour un petit déj, avec baguette croustillante. À la carte : plats d'inspiration française qui suit les saisons et le marché. Que du bon et du frais, avec des petites touches méditerranéennes. Service souriant, malgré l'affluence.

**Vitus Café-Restaurant** *(plan A1,* **23***)* **:** *Hinter der Grieb 8. ☎ 526-46. Tlj sf lun 9h-1h. Compter env 20 €/pers.* La maison date du XIII^e s. Il y a plusieurs salles dont une installée dans une ancienne chapelle, et une cour-jardin pour changer d'air. Pour changer des saucisses, un café-restaurant dans un monument historique. Chef français, et personnel, parfois bilingue et toujours accueillant. Enfants bienvenus et convivialité assurée autour des grandes tables, on peut même y échanger des bouquins. Plusieurs formules de petit déj. Servent la bière *Thurn und Taxis.*

## Plus chic

**Gänsbauer** *(plan A1,* **24***)* **:** *Keplerstr 10. ☎ 578-58. • gaensbauer@machwas.com • Tlj sf dim 18h-1h. Plats 15-30 €.* Sur une placette pavée, cette auberge rustique avec ses gros rondins de bois et ses nappes blanches reste une des très bonnes adresses de la ville. Prix justifiés pour une cuisine fine, à base d'excellents produits. Imposante carte des vins, service attentionné et cadre charmant avec une décoration et une ambiance différentes dans chacune des petites salles composant le restaurant.

**Mirabelle** *(plan A1,* **21***)* **:** *Drei-Mohren-Str 11, à côté de la Bismarckplatz. ☎ 595-65-50. Ouv tlj midi et soir, mais dim 11h-14h. Plats 16-19 €, menu 27 €.* Comme son nom léger et chantant l'indique, c'est un resto de cuisine française. Le chef reprend la tradition et la restitue à sa manière, ce qui donne des saveurs exquises aux plats. Il y a aussi des plats bavarois, revus et corrigés à la sauce française. Décoration chaleureuse, très bon service, mais plutôt un resto pour le soir.

## Où boire un verre ? Où prendre un café ?

**Gasthof Spitalgarten** *(hors plan par B1,* **32***)* **:** *St-Katharinenplatz 1. ☎ 847-74. • spitalgarten@spitalgarten.de • spitalgarten.de •* Y aller à pied de préférence ; c'est à 10 mn du centre à peine. Traverser le pont sur le Danube, et tourner à gauche. On arrive dans un grand jardin ombragé par des arbres centenaires avec une énorme terrasse. Cette auberge abrite le plus beau *Biergarten* de la ville. La bière est brassée sur place. C'était l'adresse préférée du pape Benoit XVI quand il n'était encore qu'enseignant à Regensburg. Accessoirement, chambres très simples mais propres *(54 €).*

**Irish Harp Pub** *(plan B1,* **30***)* **:** *Brückstr 1. Tlj 18h-1h (2h w-e).* Un vrai pub irlandais transplanté en Bavière, avec une déco un peu intimiste. Vin, bière, alcools et cidre... anglais ! Bonne atmosphère, fléchettes et en principe musique live tous les soirs (sauf dimanche) à 21h.

**Orkan** *(plan A1,* **31***)* **:** *Holzländestr 1. ☎ 546-05. Plats 5-9 €. Tlj de 18h à tard.* La façade ancienne, rose et fanée, de ce vieil immeuble plusieurs fois centenaire cache un petit *Kneipe* dont la salle et les chaises donnent sur la rive droite du Danube où se rassemblent les étudiants et d'autres hôtes conviviaux. On y sirote sa bière, mais on mange aussi fort bien et à des prix serrés (pâtes, viandes et plats végétariens).

Et aussi sur la *Haidplatz,* la plus italienne des places de la ville, où les jeunes aiment se retrouver le soir aux terrasses des nombreux cafés.

## À voir

**Dom** (cathédrale ; plan B1) **:** *Domplatz. Entrée sur le côté. Ouv jusqu'à 18h (17h hiver). Fermé durant les offices. Visites guidées tlj 10h30 (slt en été)* *et 14h (billet : 2-4 € au centre d'info Domplatz 5).* Construite du XIIIe au XVIe s (de 1273 à 1525), c'est l'une des plus importantes de Bavière. Curieusement, les dernières pierres des flèches ont été posées en... 1872. Dimensions assez étonnantes (tours de plus de 100 m de haut), intérieur un brin austère, mais beaux vitraux du XIIIe-XIVe s. C'est l'édifice qui compte ***la plus grande surface de vitraux*** en Allemagne, plus même que la cathédrale de Cologne ! Une certaine pénombre y est maintenue pour mettre ceux-ci en valeur. Voir le tabernacle, les autels, les dalles et le puits, à droite de l'entrée. L'orgue de 37 t est suspendu à 4 câbles, et l'organiste est installé dans une nacelle en verre. Le cloître est intéressant pour sa chapelle funéraire du XIIe s *(Allerheiligenkapelle)*, couverte de fresques. Beaux jardins également.

Un grand moment à ne pas manquer, à 10h le dimanche matin : la messe avec la célèbre chorale *Domspatzen* (les moineaux). Pour ceux qui seraient intéressés par le trésor, entrée : 2 €. Dans la crypte, la tombe du prêtre ***Johann Maier,*** jugé et pendu comme traître par les nazis le 24 avril 1945 pour avoir préconisé la capitulation alors que les troupes américaines se trouvaient sur l'autre rive du Danube.

### LES JEUNES CHANTEURS FRAGILES DE RATISBONNE

*Ce chœur « des moineaux » est considéré comme le plus ancien du monde : son origine date de 975, lorsque l'évêque de la ville créa une école où les jeunes garçons eurent la tâche de chanter aux offices. Les études s'effectuaient en internat avec une discipline stricte. De 1964 à 1994, il fut dirigé par Georg Ratzinger, le frère de l'ex-pape Benoît XVI. En 2010, des révélations sur des abus sexuels commis sur les garçons ont créé le scandale.*

***L'église Saint-Ulrich*** *(plan B1,* ***41****) : derrière la cathédrale. Tlj sf lun 10h-17h. Fermé en hiver.* D'inspiration française, construite sur le modèle de l'église de Laon, elle possède un intérieur très curieux, avec des loggias sculptées et peintes. Elle abrite un intéressant musée religieux *(**Diözesanmuseum** ; entrée : 2 €),* aux objets liturgiques rares et précieux.

***Alte Kapelle*** *(plan B1) : sur le Kornmarkt.* Ancienne basilique carolingienne, complètement « rocoquisée » au XVIIIe s. L'intérieur peut se voir à travers une grille : retables, plafonds peints et stucs dorés forment un ensemble harmonieux. Les habitants s'y pressent pour la messe de Noël le 24 décembre à 18h30.

***Altes Rathaus*** *(plan A1) : Rathausplatz.* Noble édifice gothique des XIIIe et XIVe s.

– À l'étage, le ***Reichstag Museum*** *(musée de la Diète d'Empire) : accès slt en visite guidée ; horaires de visite variables selon saison, en anglais, tlj à 15h (avr-oct) et 14h (nov-janv et mars). Mieux vaut passer pour réserver. Plaquette explicative en français. Billets à l'office de tourisme, à côté. Entrée : 7,50 € ; ticket combiné avec le musée de la Ville 10 € ; réduc.*

Un des plus anciens hôtels de ville médiévaux d'Allemagne. La visite permet d'admirer la grande salle impériale *(Reichssaal)* dans laquelle siégea à partir de 1663 la Diète (assemblée) perpétuelle de l'Empire. Pour comprendre comment fonctionnait la Diète et à quoi elle servait, voir plus haut la rubrique « Un peu d'histoire ». En 1803, la Diète est dissoute, sous la pression de Napoléon, c'est la fin du Saint Empire, Regensburg perd l'institution qui avait fait son prestige et sa puissance. Aujourd'hui, beaucoup d'historiens pensent que la Diète fut l'ancêtre du Bundestag actuel, symbole de la démocratie représentative allemande.

***Visite :*** très belle succession de salles, superbes plafonds, riches boiseries, grandes tapisseries.

La 3e salle est la ***salle Impériale*** *(Reichsaal)* avec deux fenêtres dans le fond, une grande verrière et un oriel sur la gauche. On a du mal à imaginer, en découvrant cette salle déserte, la foule qui devait alors envahir ces lieux. Les empereurs avaient pris l'habitude de convoquer ici toutes les Diètes, jusqu'à la fin de l'Empire en 1803. Les quelques 150 délégations d'États extérieurs menaient ici un train de vie fastueux. La 4e salle est la ***salle du Collège Princier*** avec sept belles tapisseries de Bruxelles au XVIe s. Notez au plancher la trappe carrée en bois qui servait au chauffage. La visite s'achève sur une note glauque avec la série des cachots et la salle des tortures digne d'un feuilleton de série B (on pourrait se passer de cette partie).

– À proximité, sur une placette à l'est, statue en pied de ***don Juan d'Autriche,*** qui tient sous le pied une tête de Turc. Elle fut érigée en 1978, pour les 400 ans de la mort de ce fils bâtard de l'empereur Charles Quint et de Barbara Blomberg, une fille de notable de 19 ans. Don Juan d'Autriche fut reconnu, vécut à Bruxelles à la cour de Marie de Hongrie, sœur de Charles Quint, élevé comme demi-frère de Philippe II d'Espagne et nommé chef de la flotte chrétienne qui mit les Ottomans en déroute à Lépante en 1570.

★★ ***Haidplatz*** *(plan A1)* **:** à 200 m à l'ouest du Rathaus, magnifique place monumentale qui rappelle celles d'Italie du Nord. Le bâtiment le plus intéressant (au no 7 de la place) est un château princier du XIIIe s flanqué d'une tour et crénelé. Il abrite l'hôtel ***Goldenes Kreuz*** (chic), historique, puisque c'est dans cette auberge que Charles-Quint aurait eu en 1546 son idylle avec la belle Barbara Blomberg... Une inscription en vers rappelle leurs amours. De nombreuses têtes couronnées, rois, reines, princes et princesse y dormirent : Metternich, l'empereur François-Joseph, Napoléon III, le Kaiser Guillaume Ier... Aujourd'hui, la tradition hôtelière se maintient 500 ans après ! Si ces vieilles pierres pouvaient parler !
Au centre de la place, la *fontaine de Justice* date de 1655.

– En poursuivant vers l'ouest, on arrive, avec la ***Bismarckplatz,*** aux limites de la ville médiévale, où trônent le *Stadttheater* et, en face, le palais présidentiel et son portique à colonnes, construit pour accueillir la délégation des plénipotentiaires français en 1805.

★★ ***Steinerne Brücke*** *(pont de pierre ; plan B1)* **:** était en travaux de restauration en 2014. Ses élégantes arches sur 310 m de long enjambent le Danube. Construit dans la première moitié du XIIe s, il est considéré comme un exploit architectural. Il servit de modèle pour la construction du pont Saint-Charles à Prague. On remarque qu'il est bombé au milieu. Du pont, jolie vue sur la ville et le fleuve. Pour accéder au pont, on passe par l'une des dernières portes de la ville abritant un petit musée, *le* ***Brückturmmuseum*** *(avr-oct, tlj sf lun 10h-17h ; entrée : 2 €).* À côté, le plus vieux resto d'Allemagne, l'*Historische Wurstkuchl* (voir « Où manger ? »). En face, une maison où dormirent Mozart (infatigable voyageur européen) et Goethe (en 1786, il n'y passa qu'une nuit lors de son voyage en Italie). Voir la plaque sur le mur.

★ ***Document Neupfarrplatz*** *(plan B1,* ***43****)* **:** sur la place, un relief de l'artiste Dani Karavan évoque la synagogue de la ville, brûlée en 1519. Un peu cachée à côté de l'église, on peut trouver l'entrée d'un *musée souterrain* démontrant le passé romain et l'histoire du vieux quartier juif *(slt en visite guidée, jeu, ven, sam – plus dim et lun en juil-août – à 14h30 ; prix : 5 €, billets en vente au tabac* Götz, *Neupfarrplatz 3).*

★★★ ***Château princier Thurn und Taxis et cloître de l'église Sankt Emmeram*** *(plan A2)* **:** *Emmeramsplatz 5. ● thurnundtaxis.de ● Visite guidée premium en allemand (1h20) tlj avr-oct à 10h30, 12h30, 14h30, 16h30. Prix : 13,50 € (trésor 4,50 € en sus). Visite réduite à 11h30, 13h30, 15h30 pour 11 €.*
Voir la rubrique « Un peu d'histoire ». Les princes *Thurn und Taxis* étaient basés à Francfort-sur-le-Main et se sont fixés à Regensburg au XVIIIe s. Ils représentaient l'empereur dans la fonction de commissaire principal à la Diète permanente (de 1623 à 1803). Même après la dissolution du Saint Empire romain germanique, ils ont gardé leur prestige, leur fortune et leurs habitudes fastueuses. Au début du XIXe s, en compensation de la perte du monopole qu'ils avaient

sur le service postal, ils reçoivent l'ancienne abbaye bénédictine qu'ils transforment en château, ouvert aujourd'hui en partie à la visite (salles d'apparat, salons, jardin d'hiver, chapelle privée, écuries, cloître).

Ce château est aujourd'hui encore habité par la famille avec à sa tête la princesse Gloria. Il abrite de magnifiques salles d'apparat. Il compte 500 pièces et 14 escaliers, c'est le plus grand château privé d'Allemagne. La plus imposante pièce est la ***salle de Bal,*** dite Blanche, en style rococo. Celle-ci fut démontée du palais d'origine à Francfort puis remontée à Regensburg. On s'étonnera au cours de la visite de la modernité des équipements (distribution d'eau, chauffage, éclairage) installés dès la fin du XIXe s. Le parcours inclut aussi la ***salle des Glaces*** (buste de Joséphine de Beauharnais), le ***salon Vert*** (avec le lit aux cygnes de style français), le ***salon Madeleine*** (insolite montage numérisé des visages de la famille princière actuelle avec les yeux qui clignent), la chapelle privée, le jardin d'hiver, les écuries avec leur parc à voitures (collection de calèches, cabriolets, landaus, berlines...) et le manège de 600 m$^2$.

À l'issue de la visite du château, vous pouvez également aller voir l'***église Sankt Emmeram*** *(tlj 10h – 13h ven et dim – 16h30),* basilique du XIe s aux superbes porche et portail. Le cloître de style roman se distingue par sa profusion de détails architecturaux. À l'intérieur (style plus baroque que roman), nombreux tombeaux de saints et de seigneurs. Les cryptes remarquables ne sont visibles que lors des visites guidées. Y sont enterrés les membres de la lignée Thurn und Taxis, soit une trentaine de tombeaux.

Ensuite, on a le choix entre le ***Schlosscafé*** et la grande brasserie princière ***Fürstliches Brauhaus*** *(Waffnergasse 6, 11h-minuit, plats 10-16 €)* pour étancher une soif légitime ou goûter aux spécialités locales dans une ambiance qui l'est tout autant.

## C'EST LE FACTEUR !

*L'histoire de la dynastie des Tour et Taxis remonte au XIIe s. Les comtes de la Torre fondèrent un réseau de courrier entre les villes de Lombardie. En 1490, Frédéric III confia à la famille le monopole postal sur l'Empire. Son réseau reposait sur des relais pour chevaux tous les 40 km. À son apogée, l'entreprise comptait 20 000 employés et des milliers de chevaux. Leur emblème, le cor, souvent présent sur les postes modernes, car en entrant dans les villages les messagers sonnaient du cor pour annoncer leur passage ! Leur mot d'ordre : « Vite, vite ! ».*

***Kepler Gedächtnishaus*** *(musée Kepler ; plan A1)* **:** *Keplerstr 5. Slt w-e et j. fériés 10h30-16h. Entrée : 2,20 €. Petite bio de Kepler en français.*

C'est ici que Johannes Kepler *(1571-1630),* astronome et mathématicien, est vraisemblablement mort le 15 novembre 1630. Cette maison a été transformée en musée à la mémoire de ce grand astronome. Il soutint contre le dogme de l'Église que la Terre n'était pas au centre de l'univers. On peut y voir des instruments astronomiques, des cartes du ciel et un précieux exemplaire de *Opera Omnia,* œuvre de son rival,

## UNE VIE DE GALÈRE

*La vie de Kepler ne fut qu'une suite de malheurs. Sa première femme ? Folle. La mort de leurs 3 enfants, un grand deuil. Sa mère ? Accusée de sorcellerie. Ensuite ses soucis d'argent pour nourrir les 7 enfants de son second mariage. À Prague, un conflit l'opposa à son rival Tycho Brahé et mina son esprit. Kepler fut accusé d'être hérétique. En 1630, en plein hiver, il partit à cheval pour récupérer de l'argent qu'on lui devait... 6 jours après, retour à Ratisbonne où il mourut (de froid) et d'épuisement, vieux avant l'âge. Trois ans après son inhumation dans la cathédrale (Dom), sa tombe fut profanée par l'armée suédoise, et ses ossement furent jetés dans la fosse commune.*

l'astronome danois Tycho Brahé, qu'il avait fréquenté à la cour de l'empereur Rodolphe II à Prague. Malheureux dans la vie, Kepler n'a été reconnu que bien plus tard. Des scientifiques du XX^e s ont donné son nom à un astéroïde et à une supernova... Un cratère sur la Lune et un autre sur Mars s'appellent Kepler, et même un télescope spatial de la NASA. Il a aussi inspiré deux opéras (Hindemith et Philip Glass).

**Donau-Schiffahrts-Museum** *(musée de la Navigation ; plan B1, **47**) : Marc-Aurel Ufer, Thundorferstr. Avr-oct, tlj sf lun 10h-17h. Entrée : 2 €.* À deux pas du vieux pont. Ce musée a été aménagé dans un ancien bateau à aubes.

Pour ceux qui s'intéressent à ***l'architecture romaine,*** pas mal de vestiges disséminés dans le centre : la ***Porta Prætoria*** *(entre les quais et la cathédrale ; plan B1, **46**)* est tout ce qui reste de la porte principale de l'enceinte romaine de Ratisbonne. Voir aussi dans l'ancien couvent les collections de l'***Historisches Museum*** *(musée d'Histoire de la ville ; plan B1) : tlj sf lun 10h-16h (20h jeu) ; entrée : 5 €.* Très complet, ce musée retrace l'histoire de la ville depuis la préhistoire jusqu'au XIX^e s. Armement des légionnaires romains, tombes carolingiennes, statuaire gothique, vitraux, gravures montrant la profusion des tours dans la ville, maquette du vieux pont, tapisseries, retables... Dommage que les explications ne soient qu'en allemand.

## Excursions en bateau

- Nombreuses croisières proposées par ***Ersonenschifffahrt Klinger*** *(☎ 521-04). • schifffahrtklinger.de •* Départs de la Thundorferstrasse à droite du Steinerne Brücke.
- Promenades sur le Danube *(ttes les heures en hte saison 10h-16h, env 50 mn, 10,50 €)* ou excursions de 3 h vers le Walhalla *(mai-oct, tlj à 10h30 et 14h ; prix : 7 €).* Voir « Dans les environs de Regensburg ».

## Manifestations

- ***Festival musical :*** *à Pâques.*
- ***Tage Alter Musik :*** *pour la Pentecôte.* Festival de musique Renaissance et médiévale dans les salles historiques de la ville.
- ***Bayerisches Jazzweekend :*** *un w-e en juil.* Une centaine de concerts partout dans la ville.
- ***Thurn und Taxis Schlossfestspiele :*** *10 j. en juil.* Festival dans la cour du château. Théâtre, opéra et concerts.
- ***Herbstdult (foire d'automne) :*** *de fin août à mi-sept.* En fait, une « mini-*Oktoberfest* », avant celle de Munich !
- ***Marché de Noël et marché des Artisans :*** *en déc. Entrée : 2-4,50 € (plus cher le w-e).* Un marché de Noël a lieu dans la cour du château, sur le thème de la musique, et attire chaque année plus de 100 000 visiteurs.

## DANS LES ENVIRONS DE REGENSBURG

***Donaudurchbruch*** *(gorges du Danube) : accessibles en bateau de **Kelheim,** à 20 km au sud. De mi-mars à début nov, des bateaux effectuent l'aller et retour Kelheim-Weltenburg en remontant les gorges. Plusieurs départs quotidiens en été. Horaires à l'office de tourisme de Regensburg ou à celui de Kelheim. Compter 10 € l'A/R.* Balade sympa qui permet d'admirer les falaises calcaires qui se dressent sur les deux rives du Danube. Les parties les plus hautes sont couvertes de forêts. À faire à vélo ou en canoë.

**Weltenburg Kloster** *(monastère de Weltenburg)* **:** *les bateaux se rendant dans les gorges vous y déposent. Sinon, de Regensburg, à 33 km, accès en voiture par Kelheim (à 6 km du monastère) ou en bus. Parking obligatoire : 3 €. De mi-mars à oct 8h-19h.* La grande abbaye bénédictine, fondée aux alentours de l'an 600 dans un coude du Danube (un site exceptionnel), brasse sa propre bière (la plus ancienne bière d'abbaye au monde) et distille sa liqueur. Le principal intérêt de la visite réside dans la ***splendide abbatiale baroque*** du XVIIIe s, célèbre pour sa décoration hallucinante due aux ***frères Asam*** (on se souvient de leur église à Munich). Étonnante voûte ovale entièrement peinte. Stucs et dorures partout. Observer les angelots pendus à la gigantesque couronne du plafond ! Superbe maître-autel en arc de triomphe et ingénieux éclairage illuminant par-derrière la statue de saint Georges terrassant le dragon. Petit expo payante sur le baroque, les activités de l'abbaye et la fabrication des quatre variétés de bière.

On peut aussi faire une visite guidée de la brasserie de l'abbaye (bien sûr avec une dégustation) ou se restaurer tout de suite dans le *Biergarten.* Succulente *Weltenburgerklosterwurtst* (ouf !) saupoudrée de paprika accompagnée de pommes de terre et de crème et, bien sûr, arrosée de la brune légère locale.

RATISBONNE

***Altmühltal* :** une fois arrivé à Kelheim, on est au cœur de la vallée de l'Altmühl, parc naturel s'étendant entre Regenburg à l'est, Nuremberg au nord et Donauwörth à l'est. De Kelheim, avec sa ***Befreiungshalle*** *(halle de la Libération ; tlj 9h-18h, 16h en hiver ; entrée : 3 €),* érigée par Louis Ier de Bavière après la défaite de Napoléon, on peut poursuivre vers ***Riedenburg,*** où l'on peut découvrir deux ruines, le château romantique *Burg Prunn* et l'imposant château fort de *Rosenburg.*

***Le Walhalla* :** *à 11 km à l'est de Regensburg, à côté du village de Donaustauf. De là, un chemin mène en 10 mn au monument. On peut également s'y rendre en bateau de Regensburg. • walhalla-regensburg.de • Tlj 9h-17h45 (16h45 oct, 10h45-11h45 et 13h-15h45 nov-mars). Entrée : 4 € ; réduc. Audioguide en allemand et en anglais 3 €.* Surplombant le Danube, entouré de forêts, le Walhalla est un impressionnant panthéon de marbre, édifié sous Louis Ier de Bavière. Toute ressemblance avec un certain Parthénon d'Athènes n'est pas une coïncidence ! Le nom Walhalla évoque le paradis des héros dans la mythologie nordique. À l'intérieur du monument, 129 bustes des « grands hommes » qui ont fait l'histoire de l'Allemagne... Bach, Beethoven, Brahms, Wagner, Luther, Dürer, Emmanuel Kant, Gutenberg, Goethe, Copernic... Einstein y a fait son entrée en 1990 et Konrad Adenauer en 1999.

Seulement quatre femmes y figurent dont l'impératrice Marie-Thérèse, Amélie Elizabeth de Hanau-Münzenberg (épouse de Guillaume V de Hesse-Cassel), Sophie Scholl (résistante antinazi), et Édith Stein (religieuse et philosophe allemande). Tous ne sont pas allemands comme, par exemple, Érasme !

➢ Regensburg peut être également le point de départ d'excursions de plusieurs jours dans les parcs naturels qui bordent la frontière tchèque :

– la ***Bayerischer Wald*** (forêt bavaroise), au sud-est de Regensburg, encore peuplée, dans certains sites protégés, de loups et d'ours ! En outre, d'innombrables chemins bien balisés de tous niveaux de difficulté et les sommets du ***Rachel*** (1 453 m) ou du ***Grosser Arber*** (1 456 m), avec son lac idyllique.

– À la ***Haus der Wildnis*** *(au nord du parc à Ludwigsthal, à joindre depuis l'autoroute par Deggendorf et Zwiesel ; avr-nov 9h30-18h ; 17h en janv-mars),* on peut se renseigner pour préparer une randonnée. C'est aussi un centre pédagogique très informatif et distrayant, même pour les petits.

– Au nord-est de Regensburg s'étend, sur plus de 150 km, l'***Oberpfälzer Wald*** (parc naturel du Haut-Palatinat), connu notamment pour ses innombrables étangs que les moines cisterciens ont... creusés au XIIIe s et qui leur fournissaient le poisson pour les jours de carême.

# LA FRANCONIE

**La Bavière du Nord est composée des villes et villages de Franconie, vieille province autrefois conquise... par les Francs ! Carolingienne, puis saxonne, la région, convoitée pour ses richesses et ses voies de passage (dont le Main), fut ensuite intégrée au royaume de Bavière. Pour les voyageurs qui la découvrent, avant de rejoindre Prague ou Berlin, cette région offre au regard des villes superbes et chargées d'histoire, parmi lesquelles les mythiques Nuremberg et Bayreuth, sans oublier notre préférée, Bamberg. La nature n'est pas en reste avec la charmante « Suisse franconienne » et les profondes *forêts du Fichtelgebirge,* qui marquent la frontière avec la République tchèque.**



## NÜRNBERG (NUREMBERG)

503 000 hab. IND. TÉL. : 0911

**Nuremberg est une ville de 500 000 habitants, au riche passé : historique, industrielle mais aussi culturelle avec son université et ses nombreux musées aux fabuleuses collections. On est séduit par les remparts médiévaux qui enserrent encore la vieille ville sur 5 km, mais on ne peut cependant s'empêcher de lier Nuremberg à l'histoire du nazisme : les grand-messes hitlériennes des années 1930, et les « procès » des chefs nazis en 1945.**

**De nos jours, Nuremberg est une ville qui entend transcender le passé sans le renier, en préférant exposer les faits, dans le cadre d'un centre de documentation unique au monde sur l'ancien site des congrès du parti nazi. Nous vous conseillons de visiter cette partie de la ville en dernier lieu ; sinon, après la visite du *Centre de documentation,* il vous sera difficile d'aborder le centre ancien en occultant les images des défilés nazis dans ces mêmes rues.**

**Trois artistes émergent du panthéon artistique de la ville : Albrecht Dürer, le plus célèbre graveur de la Renaissance, et les sculpteurs Veit Stoss et Adam Kraft. Vous les retrouverez magnifiés dans les salles de l'incontournable Musée national germanique.**

### LES GRAND-MESSES DU NAZISME

*À partir de 1933, durant une semaine, en septembre, Nuremberg voyait converger de toute l'Allemagne les centaines de milliers de membres du parti nazi. Chaque année, le NSDAP organisait de spectaculaires défilés et de grandioses cérémonies. Le thème du congrès de 1939, qui n'eut pas lieu (la Wehrmacht venait d'entrer en Pologne), était prévu sur... la paix dans le monde !*

### UN PEU D'HISTOIRE

Simple forteresse au XIe s, puis ville libre d'Empire au XIIIe s, Nuremberg est déjà une ville prospère en Europe du Sud au Moyen Âge. En 1356, l'empereur ***Charles IV*** décrète que les sept princes-électeurs doivent désormais tenir leur assemblée *(Reichtag)* à Nuremberg. Cette décision est importante car elle fait de la cité bavaroise un nouveau centre de gravité politique de l'Empire tandis que Francfort est la cité où l'empereur est élu, et Aix-la-Chapelle celle de son couronnement. Au carrefour des routes marchandes Hambourg-Venise et Strasbourg-Prague, Nuremberg jouit d'une prospérité commerciale et financière. En outre, à 20 km de

là, Schwabach est la ville des batteurs d'or, Nuremberg donc profite de cette proximité. Avec l'essor de l'économie, les arts s'épanouissent. La poésie allemande trouve son porte-parole en la personne de Hans Sachs, chef de file des ***Maîtres chanteurs de Nuremberg*** *(Mesitersinger).* Cette confrérie poétique inspirera plus tard un opéra à Richard Wagner. Le graveur et peintre ***Albrecht Dürer*** produit ses plus belles œuvres dans son atelier (il se visite aujourd'hui). À la Renaissance, la ville est aussi un foyer de recherche et de science. En 1493 (un an après la découverte de l'Amérique par Christophe Colomb) l'astronome et cartographe ***Martin Behaim*** fabrique à Nuremberg le premier globe terrestre de l'histoire. C'est le plus vieux du monde, toujours conservé au Musée national.
Symbole de la réussite et de la beauté allemandes, avec son patrimoine médiéval conservé, Nuremberg attire les écrivains romantiques. En 1806, Napoléon rachète cette ville endettée et sur le déclin. Nuremberg perd alors son autonomie et son indépendance. La voilà rattachée définitivement à la Bavière.



## Nuremberg, capitale idéologique du III^e Reich

Dans les années 1920-1930, la cité vote majoritairement pour les sociaux-démocrates. Les nazis vont faire main basse sur la ville en peu de temps, comme sur le reste du pays. En 1935, Hitler choisit Nuremberg pour y promulguer les « lois raciales ». Il décide d'y organiser ces immenses assemblées et parades annuelles. Pourquoi Nuremberg ? D'abord pour sa situation géographique centrale en Allemagne, qui en fait un nœud de communication important. La plupart des membres du parti pouvaient y arriver facilement en train. Autre raison : la propagande hitlérienne était relayée par un journal antisémite dirigé par un partisan national-socialiste. Nostalgique de la grandeur déchue de Nuremberg à l'époque du Saint Empire, Hitler récupère à sa façon son prestigieux passé et utilise son décor à des fins de propagande. La cinéaste Leni Riefenstahl y tourne *Le Triomphe de la volonté* à la gloire du régime et de son Führer.

## 1945-1949 : les procès de Nuremberg

En 1945, le tribunal et la prison de Nuremberg étaient intacts. Pour des raisons pratiques et de sécurité, les Américains choisirent cet endroit pour y juger les dignitaires nazis. Des magistrats choisis par les quatre puissances occupantes (États-Unis, Grande-Bretagne, France et URSS) y jugèrent les tristement célèbres Göring, Hess, Keitel, Jodl et Ribbentrop, et huit organisations (dont les SS et la Gestapo). La plupart des accusés furent condamnés à mort tandis que les autres comme Rudolf Hess, Dönitz et Albert Speer furent condamnés à des peines de prison. Ces procès médiatisés retentissants auront au moins servi d'exemple. Les procès de Nuremberg posèrent des règles reprises ensuite par les tenants d'une justice internationale et restent dans l'Histoire comme la première mise en application de la notion de crime contre l'humanité. À la suite de ces grands procès, il est bon de rappeler que jusqu'en avril 1949, les tribunaux militaires américains ont mené 12 autres

### CHURCHILL ET ROOSEVELT NE VOULAIENT PAS DE PROCÈS !

*L'instauration d'un tribunal pour juger les nazis fit l'objet de nombreuses discussions préalables. Churchill et Roosevelt voulaient exécuter les principaux responsables, sans jugement. Staline parlait, lui, de liquider 50 000 officiers allemands... De Gaulle était favorable au procès. Finalement, la mort de Roosevelt et l'arrivée de Truman au pouvoir changèrent la donne : ce dernier refusait les exécutions sommaires. La mort de Mussolini et les suicides d'Hitler et de Goebbels facilitèrent l'organisation des procès à Nuremberg.*

procès contre 177 représentants des élites du système nazi : médecins, juristes, industriels, dirigeants de la SS et de la police, militaires et diplomates. Ainsi commença la dénazification de l'Allemagne de l'après-guerre... Ce haut-lieu de l'histoire se visite aujourd'hui : c'est le ***Memorium Nürnberger Prozesse*** *(mémorial du Tribunal militaire international).*

## Une ville-phénix renaît de ses cendres.

La ville comptait 3 000 maisons avant 1940, il n'en restait que 250 en 1945. Parmi elles, 22 maisons du XIVe s miraculeusement épargnées dans la *Weissgerbergasse.* Un formidable travail de reconstruction, souvent à l'identique, a débuté dès 1946. Des règles architecturales strictes furent imposées pour qu'on ne puisse pas distinguer les bâtiments neufs des anciens (même pente des toits des habitations...). Au début du XXe s, selon le vœu du maire de l'époque, toutes les statues et tous les objets de valeur composant le patrimoine de la ville avaient été remplacés par des copies et les œuvres originales conservées au musée. Cette initiative a permis après la guerre de remettre en place de nouvelles copies dans la ville. Vingt ans plus tard (vers 1965), les reconstructions étaient achevées, et Nuremberg s'élevait au deuxième rang industriel et économique de Bavière: un nœud autoroutier impressionnant, et un aéroport qui se veut en concurrence directe avec celui de Munich.

Les salons de l'industrie et du tourisme attirent beaucoup de visiteurs, et remplissent les hôtels à des lieues à la ronde. Difficile de donner des dates à l'avance, car il ne s'agit pas, comme à Munich, de manifestations revenant à date fixe. Dans tous les cas, ce n'est pas le bon moment pour visiter Nuremberg. Pour en savoir plus, téléphoner avant à l'office de tourisme, ou consulter leur site internet.

## Adresses et infos utiles

ℹ ***Tourist Information :*** *☎ 23-360. • tourismus.nuernberg.de • 2 bureaux :*
*– L'un (plan B3) face à la la Königstor, Königstr 93. Lun-sam 9h-19h, dim 10h-16h.* Excellent accueil, personnel très compétent, documentation très variée et bien faite. Demander la doc en français. Plans de la ville et du métro. Liste des hébergements.
*– L'autre bureau de l'office de tourisme (plan B2) se situe dans la vieille ville, sur la place principale (Hauptmarkt), près du Rathaus. Lun-sam 9h-18h (et mai-oct, dim 10h-16h).*
– ***Visite guidée de la ville :*** *en allemand, tlj à 13h30 et mai-oct, aussi sam et dim 10h30 ; en anglais, mai-oct tlj à 13h ; en français, à 10h, organisées une douzaine de fois en juil-août ou à la demande (voir site internet). Prix : 8 €. Point de départ (à 10h) et billets à l'office de tourisme (Hauptmarkt). D'autres visites thématiques à voir avec l'office de tourisme. Il y a aussi des visites en français, proposées ts les sam en juil-août, et aussi pdt le marché de Noël. • nuernberg-tours.de •*

✉ ***Poste principale*** *(plan B3) : à la gare. Lun-ven 8h30-19h, sam 7h-minuit.*

@ ***Internet et Call Shop*** *(plan B3) : à la gare, dans la galerie à l'étage. Tlj 8h30-23h.*

### Transports

– ***Transports en ville :*** on trouve un plan du métro, des bus et des trams dans la brochure *Unterwegs in Nürnberg,* distribuée gratuitement à l'office de tourisme. Le métro est automatisé. Le bus n° 36 dessert tous les centres d'intérêt. Carte journalière des transports pour 5,10 € (elle est valable pour le w-e si achetée le sam). Billet familial (2+2) pour le w-e à 8,50 €, sinon ; billet individuel pour 90 mn à 2,10 €. Réduc. Pour un court séjour, un bon plan : la carte *(pass)* ***Nürnberg Card*** (23 €) donne droit, outre l'utilisation des moyens de transport appropriés, à la visite de différents monuments et musées de Nuremberg pour 2 jours successifs.

✈ ***Aéroport*** *(hors plan par C1)* **:** *à 7 km au nord de la ville. Infos sur les vols : ☎ 937-00. Air France : ☎ 937-19-30. • airport-nuernberg.de • Pour aller au centre-ville, le mieux est de prendre le métro ligne n° 2 (12 mn). Carte 4,10 € à la journée.*

***Gare ferroviaire principale*** *(Hauptbahnhof ; plan B3)* **:** *au sud du centre-ville, à l'extérieur des remparts. ☎ 0800-150-70-90.* Trains ttes les 30 mn pour Munich. Consignes, pharmacie, bureau de change...

■ ***Mitfahrzentrale*** *(covoiturage)* **:** *Hummelsteiner Weg 12. ☎ 19-444.*

■ ***Location de vélos :*** ***Ride on a Rainbow,*** *Adam-Kraftstr 55 (près de Johannis Friedhof). ☎ 39-73-37. • ride-on-a-rainbow.de • Tlj sf mer 10h-18h, sam 10h-15h.* On y parle le français.

## Culture, loisirs

– Pour tout connaître des programmes de théâtre, concerts, ciné, se procurer le mensuel *Doppelpunkt,* pour la vie nocturne le magazine *Prinz* et le petit carnet gratuit *CURT.*

NUREMBERG

# Où dormir ?

Comme à Munich, l'hébergement n'est pas donné... En outre, Nuremberg est une ville de congrès, foires et salons. Les prix de l'hébergement grimpent rapidement à cette occasion. Mais que ce ne soit pas une raison pour vous enfuir : la ville vaut vraiment le coup.

## Camping

***Knaus-Campingpark Nürnberg :*** *Hans-Kalb-Str 56. ☎ 98-12-717. • nuernberg@knauscamp.de • knaus camp.de • À 5 km, au sud du centre, dans le parc Dutzendteich. De la gare, prendre S2, arrêt Frankenstadion. Ouv tte l'année. Env 28-32 € pour 2 avec tente et voiture.* Assez récent, donc tout beau. Certains emplacements sont ombragés, d'autres moins. Sanitaires impeccables. Loue aussi des mobile homes. Possibilité de se restaurer au resto-bistrot.

## Bon marché

***Jugendherberge*** *(AJ ; plan B1,* ***10****)* **:** *Burg 2, 90403. ☎ 23-09-360. • nuernberg@jugendherberge.de • nuernberg.jugendherberge.de/ • Au nord du centre, sous les remparts, à 20 mn à pied de la gare principale. On peut aussi prendre le métro et descendre à la station Lorenzkirche puis 10 mn de marche ou le tram n° 9 (direction Thon) et descendre à Krelingstr. 7h-1h. Fermé à Noël. Carte AJ demandée. Env 30 € la nuitée, 3 € en sus pour les plus de 26 ans, petit déj et draps compris. La cantine (belle salle voûtée) sert des repas 3 fois/j. (sur inscription le j. même). Loc de vélos. Pas de parking. (payant).* Installée dans les dépendances de l'ancien château fort (en fait, dans les écuries impériales), voici la plus belle et la plus moderne des AJ de Bavière (et peut-être d'Allemagne). L'édifice, imposant par sa taille et son style, a été très endommagé par les bombardements de 1945, mais la restauration et sa rénovation en 2012 ont fait des merveilles : pierre de taille, porte gothique et toit assez incroyable, avec ses 37 fenêtres... 381 lits pour 93 dortoirs et chambres. Les dortoirs (de 2 à 6 lits) sont impeccables, avec douche-w-c. Il est préférable de réserver car l'AJ reçoit souvent des familles et des groupes scolaires.

***AO Hostel & Hotel*** *(plan C3,* ***16****)* **:** *Bahnhofstr 15. ☎ 30-91-68. ☎ (central de résa) : (0) 30-947-51-09. • booking@aohostels.com • aohostels.com • Nuitée en dortoirs (4-6 lits) 15-30 €, doubles env 52-56 € selon période, sans petit déj (4 €). Draps 3 €.* À 300 m de la gare ferroviaire, un grand bâtiment impersonnel mais très fonctionnel, dernier fleuron d'une chaîne d'hébergement bon marché. Il abrite 500 lits, des dortoirs (4 ou 6 lits), des chambres individuelles, doubles ou familiales, toutes équipées de douches et TV. Il y a aussi un dortoir réservé aux femmes. Déco basique mais lumineuse et confort tout à fait convenable pour le prix. Multitude de services, comme la

### Adresses utiles

- Tourist Information
- @Internet et Call Shop

### Où dormir ?

- 10 Jugendherberge
- 11 Gasthof Zum Schwänlein
- 12 Pension Vater Jahn
- 13 Burghotel Stammhaus
- 14 Hotel Drei Raben
- 15 Hotel Garni Probst
- 16 AO Hostel & Hotel
- 17 Dürer-Hôtel
- 18 Hotel Elch

### Où manger ?

- 20 Dampfnudelbäck
- 21 Bratwursthäusle bei St Sebald
- 22 Kettensteg
- 23 Lorenz
- 24 Zeit & Raum
- 25 Wirtshaus Hütt'n
- 26 Padelle d'Italia
- 27 Historische Bratwurstküche Zum Gulden Stern
- 28 Il Rossini
- 29 Handwerkerhof

### Où boire un verre ? Où manger une glace ?

- 30 Kaiserburg
- 31 Alex

### Où manger une excellente pâtisserie ?

- 40 Confiserie Neef

### Où sortir ? Où écouter de la musique et danser ?

- 32 360°
- 33 Jazz Studio
- 34 Club Stereo
- 35 Mach 1

### À voir

- 50 Hauptmark
- 51 Schöner Brunnen
- 52 Sebalduskirche
- 53 Lorenzkirche
- 54 Mauthalle
- 55 Spielzeugmuseum
- 56 Neues Museum
- 57 Memorium Nürnberger Prozesse

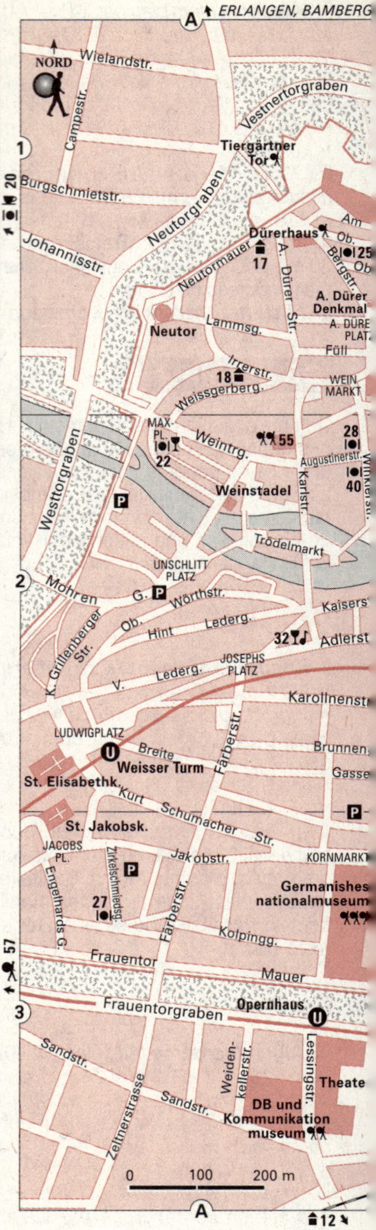

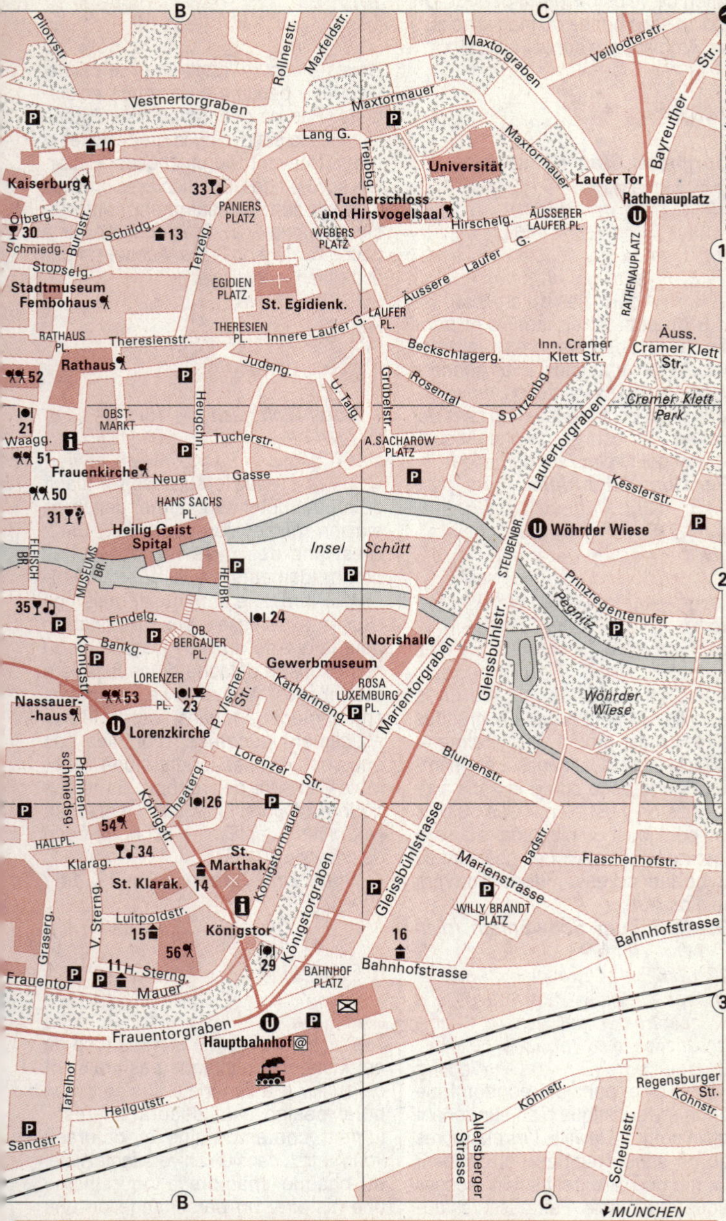


# NÜRNBERG (NUREMBERG)

location de vélos ou le wifi partout. Un bon plan sans bonne ou mauvaise surprise. Ambiance et accueil amicaux.

## Prix moyens

🏠 ***Burghotel Stammhaus*** *(plan B1,* ***13****) : Schildgasse 14-16. ☎ 20-30-40. • info@burghotel-stammhaus.de • invite-hotels.de • Réservez très tôt, cet hôtel est demandé. Doubles à partir de 60 €, petit déj en plus. Parking payant.* À deux pas du château. Un amour de petit hôtel, familial et tranquille, avec des chambres fonctionnelles et bien arrangées. Elles donnent sur une rue peu passante, ou sur un jardinet où l'on peut prendre son petit déj (excellent). TV câblée, piscine. Accueil cordial et petits plats sur demande.

🏠 ***Pension Vater Jahn*** *(hors plan par A3,* ***12****) : Jahnstr 13, 90443. ☎ 44-45-07. • info@hotel-vaterjahn-parma.de • hotel-vaterjahn-parma.de • À deux pas du musée des Transports, de l'autre côté de la voie ferrée. Chambres 47-68 € sans ou avec sdb et TV câblée, petit déj inclus. CB refusées et paiement exigé dès le check-in.* À l'écart de l'agitation, au sud de la vieille ville, un petit hôtel aux grandes qualités : c'est propre, clair, calme et familial. Les prix sont sages. Les chambres ont une déco sobre et sans artifices mais on y est bien. Doué ou pas, ici, on peut jouer du piano dans la salle du petit déjeuner. Accueil chaleureux. Une bonne adresse, donc souvent prise d'assaut.

🏠 ***Gasthof Zum Schwänlein*** *(plan B3,* ***11****) : Hintere Sterngasse 11. ☎ 22-51-62. • schwaenlein@t-online.de • schwaenlein-nuernberg.de • Juste derrière Neues Museum. Chambres sans ou avec douche 50-65 €, petit déj inclus. CB refusées. Parking 5-7 €.* Une pension économique dans un style rustique bien surprenant en plein cœur de la ville. Les chambres (avec ou sans douche-w-c) donnent sur la rue ou sur le petit jardin. Accueil rustique et aimable. Fait aussi restaurant *(11h-23h, congés : Noël-7 janv)* typique avec spécialités tchèques et franconiennes.

🏠 ***Hotel Garni Probst*** *(plan B3,* ***15****) : Luitpoldstr 9. ☎ 20-34-33 ou 22-22-27. Double 75 €. Triple 93 €. (payant).* Juste à côté du *Neues Museum,* dans une rue calme, voici une pension bien située et discrète. Pas de décoration ostentatoire ici, mais la simplicité, la modestie et la propreté avant toutes choses. Réparties sur 3 étages, les chambres ont 2 ou 3 lits, et sont suffisamment confortables (douche-w-c). Elles donnent sur la cour à l'arrière ou la rue. Accueil cordial et ambiance familiale.

## De prix moyens à plus chic

🏠 ***Hotel Elch*** *(plan A1,* ***18****) : Irrerstr 9. ☎ 249-29-80. • hotel-elch.de • Doubles à partir de 89-99 € selon confort et période.* Quelle surprise ! Il s'agit d'un petit hôtel de charme, dans une maison médiévale datant de... 1342. C'est une des rares rescapées des bombardements de la guerre 1939-1945. Ni mirage ni miracle, mais une excellente adresse à prix raisonnables pour la qualité du lieu ! L'enseigne du cerf (Elch) se détache d'une façade à colombages. Accueil jovial, chambres entièrement rénovées, confortables et joliment décorées, n'oubliez pas que vous dormez ici dans une vénérable demeure déjà debout du temps d'Albrecht Dürer ! Fait aussi restaurant (le *Schnitzelria*). Bref, c'est notre coup de cœur de 2015 !

🏠 ***Hotel Drei Raben*** *(plan B3,* ***14****) : Königstr 63. ☎ 27-43-80. • info@hoteldreiraben.de • hoteldreiraben.de • Au cœur de la vieille ville. U-Bahn : Altstadt. Pour ceux qui viennent en voiture, parking payant à proximité « Am Sterntor ». Doubles 150-225 € selon confort.* La façade en grès rose de cet immeuble n'indique pas vraiment ce qu'il y a à l'intérieur. Il s'agit d'un hôtel design à la décoration résolument contemporaine et colorée : vous entrez dans un univers fantaisiste, où chaque chambre a pour thème une histoire, un personnage ou une légende liée à la ville : Albrecht Dürer, le premier train, la ville des jouets... Un hôtel plein de dynamisme et de joie de vivre avec, en soirée, le salon d'entrée qui se transforme en bar à cocktails... Préférez les chambres dans les étages élevés.

**Dürer-Hôtel** *(plan A1, **17**) : Neutormauer 32. ☎ 214-66-50. • duerer-hotel.de • info@duerer-hotel.de • Doubles 95-265 €. Parking 12 €.* Situé dans la partie haute de la ville, près de la Tiergärtner Tor (une des grandes portes sur les remparts), et à côté de la maison (musée) d'Albrecht Dürer. À la réception, un grand portrait de Dürer accueille le visiteur. Les hôtesses sont en tenue bavaroise traditionnelle. Chambres impeccables et confortables, avec une déco classique soignée et une vue sur la rue ou sur le jardin à l'arrière. Ce jardin méditerranéen forme une oasis de fraîcheur et de calme au cœur la vieille ville.



## Où manger ?

S'il y a une ville où la culture du ***Brotzeit*** se maintient contre vents et marées, c'est Nuremberg. Il est facile de grignoter un *Bretzel* dans la *Königstrasse,* de déguster un bon gâteau à la crème ou de s'asseoir dans l'une des brasseries de la ville, pour boire une bière brune délicieuse, accompagnée de charcuterie et de saucisses. Deux adresses supplémentaires : ***Barfüsser*** *(Hallplatz 2)* et ***Altstadthof*** *(Bergstr 19-21, au pied du château).* Nombreux ***Imbisse,*** sinon, dans toutes les rues piétonnes.

### Bon marché

**Handwerkerhof** *(plan B3, **29**) : • handwerkerhof.de • Tlj sf dim et j. fériés 10h-18h30 (16h sam). Fermé de janv à mi-mars.* Tout un quartier d'artisans a été reconstruit dans le style néo-médiéval. C'est réussi ! Boutiques de jouets et de bibelots à l'ancienne, échoppes d'artisans, éventaires de cuisine servant d'excellentes petites saucisses grillées et au pain d'épice, les spécialités de la ville (jusqu'à 22h). Ne jamais dire que vous avez déjà mangé les mêmes saucisses dans le vieux resto de Ratisbonne... car Nuremberg en fait possède le local le plus ancien, et Regensburg la marmite la plus vieille (un document l'atteste). *Das Bratwurstglöcklein (tlj sf dim)* fait partie de ces repaires incontournables.

**Historische Bratwurstküche Zum Gulden Stern** *(plan A3, **27**) : Zirkelschmiedsgasse 26, près des remparts. ☎ 205-92-88. • info@bratwurstkueche.de • Tlj 11h-22h (cuisine jusqu'à 21h). Compter 8-13 € pour des assiettes de 6 à 12 saucisses.* Les cuisiniers y préparent la fameuse *Bratwurst* au bois de hêtre depuis 1419. 7 siècles d'expérience en la matière, cela doit inspirer un certain respect, non ? Servies dans une assiette en étain, ces saucisses sont accompagnées d'une traditionnelle salade de pommes de terre et de la redoutable (pour les sinus) crème au raifort. On déjeune en terrasse ou dans les charmantes petites salles rustiques et patinées par le temps. Les serveuses officient en *dirndl,* l'uniforme traditionnel des bavaroises, comme il se doit.

***Dampfnudelbäck*** *(hors plan par A1, **20**) : Johannisstr 34. ☎ 39-75-04. • reservierung@dampfnudelbaeck.de • Tlj 8h30-tard. Plats 5-10 €.* C'est vrai qu'il faut quitter les remparts pour y arriver, mais ça vaut le détour, à n'importe quelle heure de la journée. Leurs spécialités, les *Baggers* (beignets de pommes de terre) ou la *Dampfnudel* (pâte à la vapeur au goût de brioche), sont servies dans un cadre rappelant celui d'une *Kaffeehaus* viennoise. Petit déj, *Kaffe-Kuchen* ou un dîner bon marché.

### Prix moyens

***Il Rossini*** *(plan A2, **28**) : Augustinerstr 2. ☎ 509-44-17. Lun-sam 11h (15h dim)-23h. Primi 6,50-10,50 €. Secondi piatti 14-21 €. Pizzas 7-10 €.* Au cœur de la ville, très bien situé, à 100 m de la mairie, voici une terrasse avec quelques oliviers dans de gros pots : sommes-nous déjà en Toscane ? Presque ! Ce restaurant italien mijote une savoureuse cuisine toscane : *pasta,* tagliatelles, *risotto,* salade *caprese...* sans oublier les pizzas ; bref la carte est variée, le service aimable, les prix sages pour la qualité. Et bien sûr huile d'olive sur la table et de bons petits vins de là-bas. Les locaux comme les touristes aiment s'y attabler.

**Wirtshaus Hütt'n** *(plan A1, **25**) : Bergstr 20. ☎ 201-98-81. Tlj 11h-0h30 (22h30 dim). Plats 5-8 € en moyenne.* À côté de la maison de Dürer (Dürerhaus), dans une rue en pente, ce *Wirtshaus* traditionnel ne vous laissera pas indifférent. Les soirs d'été, les bancs de la terrasse sont noirs de monde, tout comme la grande salle chaleureuse. Bien pour manger à petits prix des plats classiques de la Franconie et boire une bonne bière. La carte change selon les jours de la semaine et les saisons : lundi, jour de la viande, vendredi, du poisson, samedi, du cochon de lait...

**Bratwursthäusle bei St Sebald** *(plan B2, **21**) : Rathausplatz 1. ☎ 22-76-95. • info@bratwursthaeusle.de • Service tlj sf dim 10h-22h. Plats 6-11 €. CB refusées.* Au pied de l'église Sankt Sebald, voici une adresse connue et appréciée des habitants du quartier : on y sert depuis des années les meilleures saucisses grillées de Nuremberg ! Serveuses en tenue bavaroise qui vont et viennent sur la terrasse ensoleillée et ombragée (en été du moins).

**Padelle d'Italia** *(plan B2-3, **26**) : Theatergasse 17. ☎ 274-21-30. Tlj sf dim 11h30-14h et 17h30-23h, et sans interruption les ven-sam. Antipasti et pasta : 4,50-12 €. Plats 13-24 €.* Un peu à l'écart de la très animée *Königstrasse,* on passe d'abord sous un porche, et au fond d'une cour on trouve ce restaurant italien, bien caché mais très renommé. Pour certains, ce serait le meilleur italien de la ville. Le chef élabore une cuisine qui suit les saisons, en respectant la tradition culinaire de Taormina (Sicile). Le cadre est agréable et sans prétention, mais on ne vient pas pour cela. On vient pour bien manger, et c'est le cas ici ! On s'est régalé.

**Kettensteg** *(plan A2, **22**) : Maxplatz 35. ☎ 22-10-81. • sudhaus.hexenhaus@t-online.de • Tlj 11h-23h. Brotzeit 4-13 €.* L'un des plus beaux *Biergarten* de la ville. Au bord de la Pegnitz et bien ombragé sous les châtaigniers, dans une ambiance très franconienne. Cuisine classique pour ce genre d'endroit, juste un petit plat de saucisses pour accompagner sa bière.

**Zeit & Raum** *(plan B2, **24**) : Wespennest 2. ☎ 22-74-06. • zur@barcode-union.net • Tlj 9h-2h. Plats 7-18 €, moins chers le midi.* La terrasse est déjà bien jolie mais l'intérieur l'est encore plus avec ses 3 petites salles décorées dans le style rencontre entre l'Orient et l'Occident. Originale, la carte indique quel plat est à recommander en fonction du calendrier lunaire. Les recettes, plutôt inspirées de la cuisine française, sont souvent insolites mais toujours savoureuses.

### Plus chic

**Lorenz** *(plan B2, **23**) : Lorenzer Platz 23. ☎ 205-93-90 • lorenz@hattenbach-gastronomie.de • Tlj 8h30-1h (10h-1h dim). Menu bio 6-8,50 €. Menus classiques 25-40 €.* Derrière l'église du même nom, une terrasse ombragée par 3 vieux arbres et des chaises blanches pour profiter de l'endroit. Sinon on s'installe dans la salle décorée de peintures et de sculptures modernes. La cuisine est plutôt sophistiquée et transforme des ingrédients en grande partie biologiques en menus savoureux. Brunch le dimanche. Il y a aussi des club-sandwichs à prix doux. Accueil avenant.

## Où boire un verre ? Où manger une glace ?

La vieille ville mérite qu'on y flâne. Les nouveaux lieux à la mode ouvrant et fermant régulièrement, à vous de suivre le défilé des jeunes poussant la porte d'un ancien magasin manifestement reconverti ou d'un bistrot sans enseigne particulière. Pour prendre le pouls de la ville, et un verre par la même occasion, c'est la bonne méthode. L'animation se concentre du côté de la Bergstrasse, la Weissgerbergasse, l'Innere Laufer Gasse ou autour de l'Untere Insel Schütt.

**Kaiserburg** *(plan B1, **30**) : Obere Krämersgasse 20, près de la*

*Rathausplatz.* ☎ *640-05-86. Mar-sam 17h-minuit (1h ven-sam).* En dessous du vieux château impérial. Pub germano-tchèque à la déco rustico-baroque dans une vieille maison de 1452 (encore une reconstitution : poutres, cuivres, lustres et bibelots partout). Atmosphère feutrée style Bohême. Ne pas manquer de jeter un œil à la cave paysanne.

**Alex** *(plan B2,* ***31****)* **:** *Hauptmarkt 10.* ☎ *244-69-80.* • *alex@alexgastro.de* • *Lun-jeu 8h-1h ; ven-sam 8h-3h ; dim 9h-1h.* Difficile de trouver plus central : sa terrasse avec parasol surplombe la place du marché. On est aux premières loges pour déguster une glace dans l'après-midi ou siroter un cocktail en soirée, attablé au bar qui ferme tard. Petite restauration toute simple (carte en français).



## Où manger une excellente pâtisserie ?

**Confiserie Neef** *(plan A2,* ***40****)* **:** *Winklerstr 29.* ☎ *22-51-79. Confiserie : lun-ven 8h-18h, sam 7h-17h. Café : lun-sam 8h30-18h (17h sam).* 4 générations de pâtissiers, de la même famille (les Neef), cela ne peut donner que du très bon si les héritiers ont gardé la passion et le savoir-faire. C'est le cas ici, dans cette maison tenue par la charmante Ingrid Neef, aidée par une équipe d'une douzaine de marmitons talentueux. Gâteaux de toutes sortes, tartes aux fruits de saison (cerises, prunes, mûres, rhubarbe...), chocolat maison (il y a 3 maîtres pâtissiers qui s'activent dans la chocolaterie). Le chocolat vient de Lubeck : 72 % de cacao, pas moins, c'est la preuve du sérieux de la maison et jamais plus de 10 % de farine dans les produits.

## Où sortir ? Où écouter de la musique et danser ?

**360°** *(plan A2,* ***32****)* **:** *Adlerstr 36.* • *club-360.de* • *Lun-sam 20h-5h du mat.* Club pas très original mais agréable, toujours bien animé et souvent gratuit. Clientèle de jeunes de 20-30 ans, pas plus.

**Jazz Studio** *(plan B1,* ***33****)* **:** *Paniersplatz 27-29.* • *jazzstudio.de* • *Ven-sam soir slt. Entrée dès 20h et concerts de jazz à 21h.* Dans une espèce de bunker sous la rue ! Très bonne programmation. Les meilleurs groupes de jazz s'y produisent.

**Mach 1** *(plan B2,* ***35****)* **:** *Kaiserstr 1-9, à côté de l'entrée d'un parking.* • *info@mach1-club.de* • *mach1-club.de* • *Boîte de nuit ouv jeu-sam 22h-5h, mais le mélange commence à prendre vers minuit.* Clientèle hétéroclite, assez jeune dans l'ensemble. Très *in* : déco très sobre, barmen et barmaids branchés. Tout ce petit monde s'observe et se montre !

À citer aussi : **Club Stereo** *(plan B3,* ***34****), Klaragasse 8.* • *club-stereo.net* •

■ 2 complexes « ciné-resto-bar-théâtre » en plein centre. L'un d'eux, le **CineCittà** *(Gewerbemuseumsplatz 3)*, est l'un des plus grands cinémas multiplexes d'Allemagne, avec un Imax. L'autre, l'***Admiral Filmpalast*** *(Königsstr 11)*, propose notamment un « sky-bar » au dernier étage, avec terrasse sur les toits et donc une belle vue sur Nuremberg.

# À voir

L'essentiel des curiosités de Nuremberg est concentré dans la vieille ville, délimitée par des remparts et des portes médiévales. Une jolie rivière, la Pegnitz, coupe la ville en son centre et favorise la promenade du soir, notamment le long des remparts, pour humer l'atmosphère particulière de la cité. Aux beaux jours, Nuremberg respire vraiment la joie de vivre.

## La vieille ville

**Hauptmarkt** (plan B2, **50**) **:** le cœur historique de Nuremberg. Vaste place encadrée d'édifices étonnants comme l'église Notre-Dame et la fontaine... Autrefois s'y trouvait le quartier juif, qui fut brûlé (avec ses habitants) lors d'un pogrom en 1349. Depuis s'y tiennent le célèbre marché de Noël (évitez de venir un dimanche !) et la fête de la Vieille Ville (en septembre), ainsi que le marché, principale attraction du centre-ville *(tlj 8h-18h en sem).*

**Schöner Brunnen** (Belle Fontaine ; plan B2, **51**) **:** *face à l'église.* La fontaine gothique du XIVe s s'étage sur quatre niveaux, culmine à 19 m et ne comprend pas moins de 40 personnages sculptés et peints (des copies) qui illustrent les grandes légendes antiques et médiévales : tout en haut, Moïse et les prophètes, puis César, Alexandre le Grand, Charlemagne, le roi Arthur et bien d'autres figures, dont notre Godefroi de Bouillon !

**Frauenkirche** (église Notre-Dame ; plan B2) **:** *lun-sam 9h-18h, dim 12h30-19h. Visite guidée : janv-avr et oct-nov, sam 12h10 et dim 15h ; mai-sept, tlj 12h10 (15h le dim).* Ce chef-d'œuvre du XVe s présente une incroyable façade pyramidale à pignons et pinacles, de style gothique flamboyant, bâtie sur les ruines de la synagogue incendiée en 1349. Au centre et à l'extérieur, amusante horloge monumentale du début du XVIe s, dont les personnages des princes-électeurs et de l'empereur s'animent tous les jours à midi tapantes ! À l'intérieur, œuvres sculptées d'***Adam Kraft*** et autel décoré d'un triptyque datant de la première moitié du XVe s. Au sol, au milieu du chœur, une étoile de David, et sur l'autel, un tabernacle en forme de thora rappellent le passé tragique des lieux. située sur un pilier à droite du chœur, à côté du buffet d'orgues, une statue de ***sainte Edith Stein*** (1891-1942), rappelle la destinée et la fin tragique de cette femme juive convertie au catholicisme. Devenue sœur carmélite et malgré tout gazée à Auschwitz, en raison de ses « origines raciales » Elle a été canonisée par Jean-Paul II en 1998.

**Rathaus** (hôtel de ville ; plan B1) **:** *Rathausplatz. Avr-oct, tlj 10h-16h30 (slt lun-ven en hiver). Fermé en janv. Entrée : 3,50 €.* Puissant édifice du XIVe s, transformé en copie de palais italien au XVIIe s. Belle salle d'honneur voûtée. On peut aussi *(début mars-fin nov, 10h30-16h)* visiter les 12 cachots et la chambre des tortures *(Lochgefängnisse).*

### UNE TÉNÉBREUSE AFFAIRE

*Kaspar Hauser apparut vêtu de haillons à Nuremberg le 26 mai 1828. Probablement âgé de 17 ans, il fut surnommé « l'orphelin de l'Europe ». Hébergé par un notable qui lui apprit à lire et à écrire, il fut poignardé par un inconnu en 1833 à Ansbach (50 km de Nuremberg). Sa brève existence est toujours au centre d'une énigme relative à ses origines, que certains pensent nobles, et rattachées à la maison de Bade. À l'emplacement de l'attentat, une inscription mentionne : « ici, un inconnu fut assassiné par un inconnu ». Werner Herzog s'est inspiré de cette histoire pour un de ses films.*

**Sebalduskirche** (église Saint-Sébald ; plan B1, **52**) **:** *face au Rathaus. Tlj 9h30-18h (16h janv-mars, 18h à l'intersaison et 20h en été).* La plus vieille église de Nuremberg, érigée au début du XIIIe s et reconstruite après les bombardements de 1945. Il en reste une façade romane à l'ouest et un chœur gothique. À l'intérieur, vitraux du XIVe s et nombreuses œuvres sculptées dues au ciseau des grands artistes de la ville : Vischer (superbe tombeau de Saint Sébald du XVIe s), Stoss (*Groupe de la Crucifixion,* entre autres) et le monument funéraire des Schreyer d'Adam Kraft avec une représentation de la Passion et de la Résurrection.

🏛 ***Kaiserburg*** *(château impérial ; plan B1) : accès par Burgstr. Avr-sept, tlj 9h-18h (10h-16h oct-mars). Entrée : 7 € ; réduc. Visite guidée slt, durée 1h30.* Bâti au nord de la vieille ville, sur une hauteur de manière à dominer la ville. Les dates de construction de ce monumental ensemble s'étalent grosso modo du XIIe s au XVIe s. Il ne s'agit pas de n'importe quel château, puisque les empereurs du Saint Empire romain germanique en avaient fait une de leurs résidences jusqu'à la seconde moitié du XVIe s, du temps où Nuremberg accueillait les assemblées de la Diète impériale. En 1945, le château est en grande partie démoli, puis reconstruit par la suite. Un peu austère mais tout de même impressionnant, c'est un beau complexe médiéval. Puits profond de 50 m dans la cour, tour pentagonale, palais et chapelle impériale (du XIIe s). Superbe panorama sur la vieille ville depuis la *Sinwellturm* (donjon).



🏛 ***Tiergärtner Tor*** *(plan A1) : porte nord-ouest de la ville.* Autour de cette porte historique s'étend le plus beau quartier de Nuremberg, particulièrement charmant en fin de soirée. Superbes maisons à colombages, dont la *Pilatushaus (Obere Schmiedgasse 66),* la plus remarquable, et la maison de Dürer.

🏛 ***Dürerhaus*** *(maison de Dürer ; plan A1) : Albrecht-Dürer-Str 39. Lun-ven 10h-17h (20h jeu) ; w-e 10h-18h ; en été et pdt le marché de Noël. Entrée : 5 €. Audioguide en français.* Charmante maison médiévale à pignon à auvent et colombages, de style gothique. En partie endommagée en 1945, elle a été restaurée à l'identique avec le mobilier du XVIe s. C'est la maison-atelier d'Albrecht Dürer (1471-1528). Le plus grand maître de la peinture allemande de la Renaissance (avec Cranach) n'y est pas né. Il a vu le jour à côté dans la Burgstrasse. Il acheta cette demeure en 1509 (à l'âge de 38 ans) et y vécut ici pendant presque 20 ans, jusqu'à sa mort de la malaria en 1528. On peut voir sa tombe très bien conservée qui se trouve au cimetière de *Johannis Friedhof,* à l'ouest de la ville.

Pour admirer ses plus beaux tableaux, aller au Musée national germanique (voir plus loin), ainsi qu'à l'Alte Pinakothek de Munich. Rien de tel ici, excepté le maigre plaisir de découvrir la maison et d'imaginer le grand artiste de la Renaissance à l'ouvrage. On y apprend que la famille de Dürer était originaire de Hongrie et que sa femme, Agnès, vendait les œuvres de son époux sur la place du marché. Dans la maison, il y a des toilettes, et on dit que Dürer aurait eu une amende à cause d'elles... Belle cuisine d'époque également. Démonstration d'impression de gravures. Hommages de peintres contemporains.

🏛 Redescendre ***vers la rive sud*** en passant par la très belle *Weissgerbergasse,* tourner dans *Maxplatz* et prendre le *Maxbrücke,* pont qui offre une des plus jolies vues sur la rivière : îlots, ponts de bois, vieux entrepôts et saules se reflétant dans l'eau. Sur l'île à gauche nommée ***Trödelmarkt*** *(plan A2)* s'alignent boutiques et cafés ainsi que l'ancienne maison du bourreau, transformée en petit musée. Longer ensuite la rivière Pegnitz par la *Kaiserstr* (quartier charmant).

## La rive sud

🏛🏛 ***Lorenzkirche*** *(église Saint Lorenz ; plan B2,* ***53****) : Lorenzerplatz. Lun-sam 9h-17h, dim 13h-16h.* ***L'église la plus somptueuse de Nuremberg,*** sans aucun doute. Édifiée du XIIIe s au XVe s, elle fut reconstruite après la Seconde Guerre mondiale (un sacré tour de force, vu la complexité de la façade sculptée !). Visiter absolument l'intérieur : le chœur est un enchantement. On y trouve deux véritables chefs-d'œuvre. D'abord l'*Englischer Gruss* (Le Salut de l'Ange), immense couronne de bois sculptée par Veit Stoss (XVIe s) et suspendue au plafond. Dans la couronne (décorée de 50 roses), une Vierge et un ange ravissants.

L'autre chef-d'œuvre du chœur est cet ***hallucinant tabernacle*** *(Sakramenthaus),* haut de 20 m, adossé à un pilier, sur la gauche du chœur. Œuvre du sculpteur ***Adam Kraft*** (XVe s), l'artiste le plus génial de la ville après Dürer, cette pièce incroyable, ajourée à la manière d'un jubé, s'élance comme une flèche gothique. Elle illustre les épisodes de la passion du Christ. Kraft s'est d'ailleurs représenté, tel Atlas soutenant le monument sur ses épaules ! Les nombreux tableaux d'autel et retables méritent tous un examen attentif. Voir aussi, à côté du grand portail, les photos prises en 1945, pour se rendre compte des destructions subies par la ville.

**Nassauerhaus** *(plan B2) : sur le parvis de l'église, en face.* La plus vieille habitation de Nuremberg (XIIIe s). Belle façade sculptée.

**Mauthalle** *(maison des Douanes ; plan B3,* ***54****) :* ne manquez pas, à l'angle de Hallplatz, cet ancien grenier à blé et à sel au pignon sculpté. À l'intérieur (au resto *Barfüsser*), bel escalier médiéval et cave voûtée.

## Les musées

**Germanisches Nationalmuseum** *(Musée national germanique ; plan A3) :* ☎ *133-10.* ● *gnm.de* ● *U-Bahn : Opernhaus. Tlj sf lun 10h-18h (21h mer). Visites guidées tlj à 10h30 et à 15h. Entrée : 6 € ; réduc ; gratuit mer 18h-21h. Lunch possible au café* Arte, *menu aux alentours de 16 €.*
Le plus important et le plus grand musée de la ville et sans doute un des plus foisonnants d'Europe. À l'extérieur, au long de l'allée nommée « The Way of Human Rights », se suivent une enfilade de 30 colonnes où sont gravés dans toutes les langues les articles de la déclaration des Droits de l'homme.
Avec plus de 20 000 pièces exposées, cette gigantesque collection demande plusieurs heures de visite pour en faire le tour. On vous conseille de sélectionner un thème qui vous intéresse en particulier et d'y venir, si c'est possible, à plusieurs reprises. Laissez vos affaires à la consigne. Plan d'orientation gratuit à l'entrée. Le fond du grand hall d'entrée est tapissé de plaques de rues provenant de Berlin-Est avant 1989.
On y trouve de tout depuis les silex de l'âge de pierre jusqu'aux installations de Joseph Beuys, en passant par le cône d'or d'Ezelsdorf du Xe s av. J.-C., les ***portraits d'empereurs*** par ***Albrecht Dürer*** ou celui de Rembrandt par lui-même, les sculptures médiévales de Veit Stoss et Tilmann Riemenschneider et le ***globe de Martin Behaim*** (1493), la plus ancienne représentation de notre Terre sous forme sphérique.
L'art médiéval occupe la plus grande place, mais aussi les Arts décoratifs et l'orfèvrerie, les armes, les instruments de musique (étonnant !), les instruments scientifiques anciens, les estampes, les médailles, les monnaies et, enfin, les traditions populaires.
Le tout installé en partie dans les superbes bâtiments gothiques d'une ancienne chartreuse (quant au reste...). Bon, on ne peut pas tout vous détailler mais, à défaut d'un audio-guide, on va juste tenter de signaler certains chefs-d'œuvre à ne pas rater.

*Rez-de-chaussée*
Le mieux est de commencer par le fond pour respecter l'ordre chronologique.
– ***Section A*** *(salles 4-12) :* de la préhistoire à l'époque carolingienne : en vedette, le ***cône d'or d'Ezelsdorf,*** qui servait d'attribut religieux à la célébration des cultes solaires à l'âge de bronze. Également une magnifique fibule en forme d'aigle (VIe s) ornée de lapis-lazulis et un casque romain de parade du IIe s.
– ***Section B*** *(salles 13-19) :* elle se consacre à l'art et la culture de la fin de l'antiquité au XVe s. Beaucoup de pièces de la période carolingienne : la croix d'Ardenne, le ***codex d'Echternach,*** un évangéliaire à la couverture d'or ou l'aquamanile de bronze en forme de lion du règne de Frédéric Barberousse.
– ***Section C*** *(salles 2-3) :* elle a pour thème « les perceptions du Moyen Âge » et rassemble aussi bien des œuvres et objets de cette époque, que des représentations idéalisées au XIXe s lors de la redécouverte de cette période par le mouvement romantique et la montée du nationalisme allemand. On retiendra de cet

ensemble la précieuse châsse-reliquaire de 1438, entièrement d'or et d'argent, avec fond peint (miroir dessous).

– ***Section D*** *(salles 21-39)* **:** Moyen Âge tardif ; les trésors y abondent. La plus belle collection de sculptures religieuses qu'on puisse imaginer. On y retrouve, dans un cloître reconstitué, les grands artistes de Nuremberg, ***Veit Stoss, Adam Kraft*** et ***Tilman Riemenschneider.*** Tout le talent de ces incomparables sculpteurs est concrétisé dans le traitement tout en finesse du duo de l'archange *Raphaël avec le jeune Tobias* dû au ciseau de Veit Stoss. Profusion de tableaux d'autels illustrant des épisodes bibliques où les personnages austères restent encore dans une attitude figée. Viennent ensuite les chefs-d'œuvre de la peinture allemande de la fin du Moyen Âge : étonnante allégorie de la vie et de la mort en diptyque, avec un même paysage composé à gauche de désolation et de destructions, et à droite d'environnement idyllique fleuri avec un couple jeune avec enfants.

– ***Section E*** *(salles 46-47 et jardin)* ***: armes*** et armures essentiellement. Magnifique travail de damasquinerie sur des équipements de tournoi. Têtes de maures, pour l'entraînement. Canons et couleuvrines, chevaux caparaçonnés, traîneau en forme de cerf, armes de chasse nacrées.

– ***Section F*** *(salles 42-43)* ***: instruments de musique.*** Clavecins, virginals et épinettes aux couvercles joliment peints de paysages, piano à soufflet, harpe-piano, violes de gambe, violon démontable camouflé dans une canne, piano miniature caché dans un tiroir sortant de la jupe qui habille une statue et autres inventions cocasses comme le « baryton » (mélange de violon et de sitar) ou encore la « chitarrone », mandoline à 12 cordes, à manche plat.

– ***Section G*** *(salle 41)* ***: arts appliqués*** dans une vaste salle aux voûtes gothiques. Mélange des genres avec des objets de l'Antiquité jusqu'aux années 1900 où des chevaliers en bois sculpté chevauchent par-dessus les commodes Biedermeier.

*1er étage*

– ***Section A*** *(salles 103-133)* ***: Renaissance, baroque et Lumières.*** Vaste programme, avec notamment l'essentiel de la collection de peintures du musée. Impossible de tout citer. Le ***globe terrestre de Martin Behaim*** se trouve dans la salle 103a. Réalisé en 1493 : l'Amérique fraîchement découverte l'année précédente par Christophe Colomb n'y figure pas, le cartographe n'étant pas encore informé de cet événement majeur.

Les œuvres exposées sont remarquables : Hans Baldung Grien, Jörg Breu, Dürer, Brueghel, Cranach l'Ancien et Cranach le Jeune, Roelandt Savery Rembrandt, foison de paysages, natures mortes et « vanités » hollandaises, des pièces rares et insolites de « cabinets de curiosités », de gravures, etc. Quelques coups de cœur pour titiller la curiosité : d'***Albrecht Altdorfer,*** cette foisonnante bataille près de Ratisbonne, où Charlemagne défit l'armée des Avars en 791 ; vous y remarquerez un anachronisme flagrant : la présence de canons ! ***Charlemagne*** encore aux côtés de ***Sigismond,*** portraiturés en majesté, par ***Dürer,*** avec armoiries et attributs de leur charge, sont bien entendu complètement imaginaires.

De ***Cranach l'Ancien,*** fascinante *Salomé,* icône de la beauté germanique à la Renaissance, parée de ses plus beaux atours sur fond de paysage montagneux. Dans cette version, le bas du tableau a été « coupé ». Dans une version qu'on peut voir à Budapest, la tête de saint Jean-Baptiste sur un plateau apparaît dans toute son horreur. Pour les siècles suivants, bien d'autres peintres réputés, comme Kirchner et Caspar David Friedrich.

– ***Section B*** *(salles 135-137)* ***: instruments médicaux.*** À voir pour les instruments de chirurgie, prothèses, pharmacie du XVIIe s.

– ***Section C*** *(salles 148-154)* ***: Arts décoratifs des XVIIe et XVIIIe s.*** Mobilier, vaisselle, verres, faïence et papiers peints. Imposante série de chopes de bières ouvragées.

– ***Section D*** *(salles 145-147)* ***: vêtements aux XIXe s et XXe s.*** Pour s'amuser, voir l'évolution du costume de bain et celle du caleçon masculin !

– ***Section E*** *(salles 101-102)* **: *instruments scientifiques.*** Cadrans solaires, horloges, clepsydres, lunettes astronomiques, sextants et compas, cartes et mappemondes du XVI^e s.

*2^e étage*

– ***Section A*** *(salles 210-230 au fond)* **: *art et culture du XX^e s.*** Large part accordée à l'expressionisme allemand, avec l'étonnant autoportrait de Ludwig Kirchner en *Buveur* (1914). Opposition également entre art progressiste sous la république de Weimar et rigidité de l'art officiel du II^e Reich. Abstraction lyrique et mouvement *Fluxus* illustrent la période post-1945.

– ***Sections B et C*** *(salles 206-209)* **: *collection d'ethnologie européenne.*** Objets de la vie rurale. Magnifiques armoires peintes, intérieurs de fermes reconstitués, crèches de Noël.



*3^e étage*

– ***Section A*** *(salles 301-303)* **: *art bourgeois et culture au XIX^e s.*** Certainement pas la moins intéressante (si vous n'êtes pas déjà sur les rotules !). Cette partie brasse tous les courants artistiques qui ont jalonné le siècle dans l'univers germanique, depuis le néoclassicisme et le romantisme jusqu'à l'historicisme et la fondation de l'Empire sous la houlette prussienne. À la suite du portrait de Napoléon qui bouleversa le cours de l'histoire allemande et importa la guillotine dans les bagages de la Grande Armée, on se régale des paysages italiens de Joseph Rebell exaltant la Nature, et de la vue de la belle nymphe alanguie d'Anselme Feuerbach, au milieu du mobilier cossu de l'époque *Biedermeier,* et des spectaculaires mises en scène de Hans Makart, chouchou de la cour de Vienne sous François-Joseph.

– ***Section B*** *(salle 305)* **: *piété.*** Collection passionnante d'ex-voto et mobilier décoré de sujets religieux dans les zones catholiques de l'espace germanique.

***Le Monde du jouet*** **:** sur trois niveaux, dans un bâtiment extérieur à gauche à 100 m de l'entrée du musée précédent. On vous donne à l'entrée une lampe de poche qui permet de bien distinguer tous les détails à l'intérieur des maisons de poupée. Également armées de soldats de plomb, fermes miniatures, châteaux forts, carrousels, chemins de fer, théâtres de marionnettes, lanternes magiques, jeux d'échecs, jeux de cartes, puzzles... tout un univers charmant et enchanteur.

***Spielzeugmuseum*** *(musée du Jouet ; plan A2,* ***55****)* **:** *Karlstr 13-15. • spielzeugmuseum-nuernberg.de • Mar-dim 10h-17h (18h w-e). Entrée : 5 € ; réduc.* L'un des plus beaux du genre en Europe, et peut-être le plus attachant : normal, on fabrique des jouets à Nuremberg depuis le Moyen Âge, et la ville en produit encore en quantités industrielles. Les pièces exposées, rares ou emblématiques, magiques ou mythiques, vous permettront de replonger en enfance, une heure durant ! À noter, entre autres : une étonnante collection d'ours, une ravissante maison de poupée du XIX^e s, un adorable vaisselier du XVIII^e s ; et côté garçons, des avions, des navires et autres « bagnoles » de pompiers du début du XX^e s. Plus drôle : les osselets « le Mioche », un petit service de messe (l'endoctrinement allait loin), l'ancêtre du roller et le premier badminton. Boutique à la sortie, pour les cadeaux-souvenirs, et espace de jeu pour les enfants.

***Neues Museum*** *(musée d'Art et de Design ; plan B3,* ***56****)* **:** *Luitpoldstr 5. • nmn.de • Mar-dim 10h-18h (20h jeu). Entrée : 4 €.* Un nouveau musée au look impressionnant, à découvrir depuis la *Klarissenplatz,* entièrement réaménagée pour laisser le temps aux visiteurs de s'adapter à ce nouveau visage de la ville, la façade vitrée ne cachant rien des œuvres. Sur 1 200 m², une collection d'art contemporain comprenant des pièces de 1945 à nos jours, qui permettra peut-être à beaucoup de mieux adhérer à leur époque. Pas encore gagné, vu certaines réactions.

***Stadtmuseum Fembohaus*** *(Musée municipal ; plan B1)* **:** *Burgstr 15. Mar-dim 10h-17h (18h w-e). • museen.nuernberg.de/fembohaus • Entrée : 5 €. Audioguide en français.* Grande maison de quatre étages à pignon datant de la fin du XVI^e s, ayant appartenu à un commerçant hollandais, exilé protestant. On commence au 4ᵉ étage, par un petit montage audiovisuel. Au même étage, ne manquez pas la ***magnifique maquette de la ville,*** en bois de tilleul, réalisée en 1939 donc juste avant la destruction de Nuremberg. On découvre ensuite, en parcourant les pièces de la maison en compagnie de leurs différents occupants, tous les aspects de la vie quotidienne des marchands et artisans de Nuremberg. Parcours plaisant et bien ficelé. On termine par un choix de différentes vidéos (en anglais) sur des sujets aussi différents que les lois raciales ou la reconstruction après 1945. En revanche, le *Noricama Show,* qui dure 52 minutes et coûte 4 €, nous a paru un peu long et indigeste.

***Tucherschloss und Hirsvogelsaal*** *(plan C1)* **:** *Hirschelgasse 9-11. Lun 10h-15h, jeu 13h-17h, dim 10h-17h. • museen.nuernberg.de/tucherschloss • Entrée : 5 €, réduc.* Construit au milieu du XVIᵉ s par la famille Tucher (celle de la bière !), ce petit manoir fut presque entièrement détruit par la guerre. Rebâti dans le style Renaissance, il sert désormais de témoignage de la vie d'une famille patricienne de Nuremberg. À l'intérieur, tapisseries et beau mobilier baroque, notamment.

***DB und Kommunikation museum*** *(musée des Chemins de fer et des Communications ; plan A3)* **:** *Lessingstr 6. • dbmuseum.de • Tlj sf lun 9h-17h (18h w-e). Entrée : 5 € ; réduc. Audioguide en français.* Le plus ancien musée sur le sujet en Allemagne, fondé en 1899, est surtout axé sur le chemin de fer, mais y sont également présents les diligences, les voitures des postes et le matériel de communication. Parfois très technique, mais présenté dans l'ensemble de manière ludique. À voir, entre autres, les deux somptueux ***wagons de Louis II de Bavière*** (un « Versailles sur roues avec terrasse !), *Adler,* la première loco des chemins de fer allemands, ainsi que celui du chancelier Bismarck et une rame de l'*ICE 3.* Le rôle joué par la *Reichbahn* au cours de la guerre et sa contribution à l'Holocauste ne sont pas escamotés. À l'étage, on retrace l'histoire de l'architecture des gares, la culture du voyage, et en prime, une reconstitution de la salle Royale de la gare centrale de Nuremberg en 1864. Les enfants et leurs parents passeront des heures à voir évoluer les trains miniatures au milieu des paysages reconstitués.

## Les mauvais souvenirs : les sites du IIIᵉ Reich, une mémoire pour demain

Les grands projets architecturaux (certains inachevés) d'Hitler destinés à faire de Nuremberg la ville-vitrine du régime sont situés au sud-est de la ville. Pour s'y rendre, tram nº 9 ou 6 de la gare et descendre au terminus *Luitpoldhain* ou *Doku-Zentrum,* ou bus nº 36.

> **UN SYMBOLE IMPOSANT**
>
> *Le Zeppelinfeld pouvait accueillir 320 000 personnes. La tribune principale, longue de 390 m et haute de 24 m, construite sur les plans d'Albert Speer, était inspirée du grand autel de Pergame reconstitué à Berlin. 130 projecteurs de DCA illuminaient le ciel lors des cérémonies nocturnes, formant une cathédrale de lumière. La tribune était surmontée d'une croix gammée gigantesque en pierre, détruite par les Américains en 1945.*

Le ***Reichsparteitagsgelände*** *(site des Congrès du NSDAP)* **:** *en bus, en tram, mais aussi en taxi. Du centre, la course coûte env 10 € ce qui est raisonnable. Sur place, on peut soit prendre une visite guidée soit librement faire le tour à pied soi-même. Tlj 9h (10h w-e)-18h.*

Une association, *L'Histoire pour tous*, organise des visites guidées *(slt dim 14h ; départ du Dokumentationszentrum ; durée : 2h ; prix : 7 €).* Visites guidés aussi avec l'association des *Guides de Nuremberg* *(mai-sept, le 1er sam du mois à 14h30 ; prix : 7 €).*

Étendu sur une surface de 11 km², ce gigantesque complexe architectural fut la première grande réalisation de l'architecte préféré du Führer, Albert Speer. De 1933 à 1938, le site a accueilli les congrès annuels du parti nazi (le NSDAP). Sa conception reste l'un des symboles de l'architecture à l'époque nazie et fut l'un des principaux instruments au service de la propagande du régime, illustré par le film de Leni Riefenstahl *Le Triomphe de la volonté*.

– ***Grand tour du site à pied :*** le site et le centre de documentation ferment à 18h (voir plus haut). Prévoir au moins 1h pour en faire le tour. Du centre de documentation *(Dokumentationszentrum),* on découvre d'abord les restes imposants du ***grand colisée*** inspiré par celui de Rome. En granit extérieurement, en brique intérieurement, il est resté inachevé. C'était une folie architecturale de Hitler. À pied toujours, suivre la ***grande rue*** (2 km de long) où étaient organisés des défilés nazis. Ensuite par un chemin ombragé longeant la rive nord d'un lac, on arrive au ***Zeppelinfeld,*** immense esplanade entourée d'une enceinte peu élevée hérissée de tourelles. L'on voit encore aujourd'hui les vastes gradins en pierre, en mauvais état (il est question de les restaurer) et les restes de la ***grande tribune*** mais sans la colonnade de style néo-grec qui la coiffait au temps des nazis. Hitler avait demandé à Speer quelque chose de grandiose. Celui-ci s'était inspiré du temple de Pergame (Asie mineure). Le terrain sert encore aujourd'hui à des courses automobiles.

NURNBERG

🕈🕈 ***Dokumentationszentrum*** *(Centre de documentation)* **:** *Bayernstr 110. ☎ 231-5666. • museen.nuernberg.de • Tlj 9h (10h w-e)-18h. Entrée : 5 € ; réduc. Audioguide en français.* Ce centre de documentation a ouvert ses portes sur le site de ***Reichsparteitagsgelände*** où les nazis tenaient leurs rassemblements de masse. Sa mission est de montrer comment le parti a réussi à fanatiser la population allemande, grâce à une propagande diabolique. La muséographie, très contemporaine, met en exergue la mégalomanie d'un homme en présentant maquettes et plans des projets architecturaux « pharaoniques » prévus à Nuremberg. Les rassemblements sur ce site des congrès du parti duraient une semaine et rappelaient implicitement les anciennes Diètes impériales. Chaque jour, une organisation était mise à l'honneur (SA, SS, Hitlerjugend). Entre 500 000 et 1 million de partisans y étaient attendus. Des passerelles métalliques suspendues relient certaines salles, et on se retrouve à un moment sur un de ces passages, entouré de vide, avec la photo d'Hitler grandeur nature s'avançant vers le visiteur... saisissant ! Passionnant, à ne pas manquer !

🕈🕈 ***Memorium Nürnberger Prozesse*** *(mémorial du Tribunal militaire international ; hors plan par A3,* ***57****)* **:** *Justizbäude, Bärenschanzstr 72. ☎ 321-79-372. • memorium-nuernberg.de • Tlj sf mar 10h-18h ; admissions jusqu'à 17h. Entrée : 5 € ; réduc. Audioguide en français. Visite guidée le sam à 14h (3 €).*

Un des rares bâtiments d'importance à peu près intacts à Nuremberg en 1945 après les bombardements, le tribunal fut choisi par les Américains pour y juger les criminels nazis. Autre avantage pratique, la prison située à l'arrière était encore debout et on y enferma les accusés avant de les juger.

**BUSINESS AS USUAL**

*Pour se faire pardonner d'avoir conçu le système de mécanographie qui permit aux nazis de répertorier les juifs, IBM offrit le matériel de traduction simultanée au tribunal de Nuremberg. Chaque participant avait la possibilité, grâce à un bouton, de choisir la traduction en 4 langues. La société IBM ne fut jamais inquiétée pour sa collaboration.*

C'est dans la ***salle 600*** au second étage que se déroulèrent durant 11 mois (du 20 novembre 1945 au 1er octobre 1946) les célèbres procès de 24 responsables du IIIe Reich. Dans le box des accusés se trouvaient Hermann Goering, nº 2 du régime, Rudolf Hess adjoint d'Hitler, Keitel, Ribbentrop, Albert Speer... Le général Von Paulus (commandant de la Wehrmacht à Stalingrad) n'y était pas attendu mais les Russes l'avaient emprisonné. Ils créèrent la surprise en le faisant pénétrer dans le tribunal pour témoigner. Le président du jury Robert Jackson ouvrit la séance par un discours remarquable. Les juges étaient Américains, Britanniques, Français et Russes. Les hauts responsables du IIIe Reich furent accusés de complot, crime contre la paix, crime de guerre et crime contre l'humanité.
La plupart d'entre eux furent condamnés à mort et exécutés, les autres furent condamnés à des peines de prison comme Rudolf Hess (prison à vie) et Albert Speer (plusieurs années). Trois accusés furent acquittés : Hans Fritzsche, Franz von Papen et Hjalmar Schacht. La presse internationale était présente au procès, notamment les reporters américains John Steinbeck, John dos Passos et Walter Cronkite. Du côté des journalistes allemands, il y avait le jeune Willy Brandt, qui finira sa carrière comme chancelier ! Parmi les avocats français, citons Edgar Faure, bien jeune aussi à l'époque.
Le reporter et écrivain Joseph Kessel, envoyé par le journal *France-Soir,* y assista quelques jours. Il décrivit ainsi les accusés : « anciens maîtres insolents et cruels, un ramassis de faux demi-dieux, tous aussi insignifiants ou vulgaires ou médiocres... ».
– Au 3e étage, une ***expo permanente*** très bien faite permet de se plonger dans les nombreux documents retraçant le déroulement des audiences de cet événement historique et de comprendre les répercussions ultérieures qu'il engendra.

## Manifestations

– ***Die blaue Nacht :*** *en mai.* La « nuit bleue » se tient dans la vieille ville et dans les musées. Nombreuses animations et illuminations.
– ***Rock im Park :*** *en juin.* Concert de pop music et de rock pendant 3 jours. Ironie de l'histoire, cet événement se déroule sur le site des congrès du parti nazi. Les participants peuvent camper sur place.
– ***Nürnberger Bardentreffen :*** *un w-e en août.* Joyeux festival de musique du monde en plein air sur les places de la ville. Gratuit !
– ***Christkindlesmarkt :*** *en déc.* Pains d'épice et vin chaud à volonté au plus célèbre et plus touristique marché de Noël du pays.

# DE NUREMBERG À BAYREUTH

## *LA SUISSE FRANCONIENNE*

Minuscule région s'étendant sur 60 km de large, entre Bamberg, Nuremberg et Bayreuth, la *Fränkische Schweiz* est préservée grâce à son statut de parc naturel. Une agréable balade, qui permet d'admirer collines boisées et champs proprets, cours d'eau et vallées encaissées, villages fleuris et ruines médiévales, mais aussi des grottes féeriques et une église d'un rococo inouï. Pour les sportifs : sites d'escalade, chemins de randonnée, pistes cyclables, pêche et canoë.
• *fraenkische-schweiz.com* •

➢ Prendre l'autoroute vers le nord en direction de Bamberg. Première halte environ 40 km plus loin, à Forchheim.

***Forchheim :*** *à env 35 km au nord de Nuremberg, sur la route de Bamberg.* Une petite ville de caractère, bien calme, avec quelques vestiges historiques.

LA FRANCONIE

À voir : le *Kaiserpfalz* du XIVe s, entouré de douves (donne davantage l'impression d'une grosse demeure bourgeoise que d'un château impérial !). Il abrite un intéressant musée local. Le mieux est de flâner dans les ruelles bordées de maisons à colombages.

**Streitberg :** *village à une quinzaine de km au nord-est de Forchheim.* Prendre la petite route 470, et passer *Ebermannstadt.* Streitberg se trouve 5 km après cette localité. Paysage bucolique avec des chemins de rando le long du cours d'eau, des petits ponts de bois enjambant la rivière. À droite, les *ruines du Burg* (bastion et donjon) accessibles seulement à pied, et de l'autre côté de la route, les falaises en haut desquelles on jouit d'une très belle vue sur la vallée *Wiesenttal.*

**Gössweinstein :** *à une dizaine de km au sud-est de Streitberg, en continuant la belle route 470.* Voici le village le plus connu de la région, on y vient pour sa *basilique* du XVIIIe s. Étonnant maître-autel rococo, couvert de sculptures, dorures et stucs. Belle Vierge étoilée (sa couronne ressemble étrangement au drapeau de l'Union européenne !). Plafond peint et beau buffet d'orgue. Concerts pendant les visites guidées. À voir également, le *Burg,* perché sur un éperon rocheux qui domine Gössweinstein. Ancien siège administratif des évêques de Bamberg. Intéressant surtout pour le coup d'œil sur la Suisse franconienne.

LA FRANCONIE

À 6 km à l'est de Gössweinstein, le village de ***Pottenstein*** possède un Musée régional, une église gothique, un château fort, bien sûr, qui dut inspirer Wagner, et une grotte du Diable *(Teufelshöhle ; tlj 9h-17h ; visites guidées jusqu'à 15h en hiver, 17h30 en été ; prix : 4,50 € ; réduc ; • teufelshoehle.de •)* à laquelle l'on peut rendre une petite visite. Au même endroit, petit lac avec des barques, piste de luge d'été et piscine naturelle, sans oublier une AJ, à 2,5 km du centre.

***Office de tourisme :*** *Forchheimer Str 1. ☎ 092-43/708-41. • pottenstein.de • Lun-ven 9h-12h, 14h-16h (17h mai-sept), en saison aussi sam 10h-12h.* Sinon, bon panneau d'information à l'extérieur indiquant toutes les pensions et chambres chez l'habitant dans la région.

➢ Rejoindre ensuite l'autoroute pour arriver à Bayreuth directement.

# BAYREUTH

73 000 hab. IND. TÉL. : 0921

**À 80 km au nord-est de Nuremberg et mondialement connue pour son festival d'art lyrique, cette petite ville faussement endormie peut donner l'impression de ne plus reposer que sur les épaules des héritiers de Wagner. Erreur : Bayreuth est accueillante et mérite une halte prolongée, le temps de découvrir l'héritage des siècles ayant précédé le retour sur scène des Walkyries. N'attendez surtout pas d'arriver au mois d'août, saison des opéras, pour la visiter, c'est la pire erreur que vous pourriez commettre, à moins, bien sûr, d'avoir hérité d'une place pour le festival ou de connaître un choriste capable de vous faire entrer pour une générale. Allez, faut pas rêver ! En 1945, lourdement bombardée, la ville a payé cher l'admiration que le Führer portait à son musicien préféré.**
**En 2013, on a fêté les 200 ans de la naissance du grand musicien mais l'opéra des Margraves restera fermé pour travaux pendant plusieurs années.**

## Adresses et infos utiles

***Tourist-Information*** *(office de tourisme ; plan C1) :* *Opernstr 22. ☎ 885-88. Site en français : • bayreuth-tourismus.de • Lun-ven 9h-19h, sam 9h-16h, dim 10h-14h (slt mai-oct).* Bonne doc gratuite sur la

ville. Résas de chambres par téléphone seulement.
- ***Visite guidée de la ville*** *(en allemand mais possible en français sur résa)* **:** *mai-oct, tlj 10h30 (slt sam hors saison). Départ de l'office de tourisme. Prix : 6,50 €, réduc.*
- ***Transport*** **:** la **Bayreuth Carte** *(vendue 12,90 € à l'office de tourisme)* est valable durant 3 j. pour 1 adulte et 2 enfants de moins de 15 ans et donne accès aux bus municipaux, à 8 musées et à une visite guidée de la ville.
***Gare ferroviaire*** *(plan C1)* **:** *au nord du centre-ville (10 mn à pied). Rens : ☎ 0800-150-70-90.* Train ttes les heures pour Nuremberg (durée 1h), Munich (durée 2h) et Bamberg (durée 1h15).
***Gare routière/ZOH*** **:** *entre l'office de tourisme et la Marktplatz.*

## Où dormir ?

Comme dans toute ville de prestige, l'hébergement à Bayreuth est plutôt cher, surtout pendant le festival. L'office de tourisme étant très compétent, réservez selon vos besoins, en n'hésitant pas à prospecter les villages environnants.

### Auberge de jeunesse

***Jugendherberge Bayreuth*** *(hors plan par B2,* ***10****)* **:** *Universitätstr 28, 95447. ☎ 76-43-80. • bayreuth@jugendherberge.de • jugendherberge.de/jh/bayern/bayreuth • Loin de la gare, au sud de la ville, à 15 mn à pied du centre. Bus n° 4 ou 6 du ZOH (descendre à Mensa). 7h-22h. Fermé de mi-déc à fin janv. Carte AJ obligatoire. Nuit à partir de 20 €, 4 € de supplément pour les plus de 27 ans.* Grand bâtiment moderne et propre. Dortoirs de 2 à 6 lits, et aussi des petites chambres privatives pour 2 ou 3 personnes. Possibilité d'y prendre ses repas. Jardin et activités sportives.

### Prix moyens

***Gasthof zum Herzog*** *(plan A1,* ***11****)* **:** *Herzog 2, à 5 mn à pied du centre. ☎ 41-334. • peter.friedauer@t-online.de • gasthofherzog.de • Doubles avec douche et w-c 47-57 €, petit déj inclus ; apparts 71-100 €. Garage et parking couvert.* Drôle d'emplacement ! À flanc de coteau, au-dessus de la brasserie-musée *Maisel*. Une pension modeste et sans prétention abritant des chambres simplettes mais propres et suffisamment confortables. Petit resto avec terrasse (cuisine locale).

***Gasthof Goldener Löwe*** *(plan A1,* ***12****)* **:** *Kulmbacher Str 28-30. ☎ 746-060. • info@goldener-loewe.de • goldener-loewe.de • Resto fermé dim soir et lun. Doubles avec douche et w-c 65-130 €, petit déj compris. Parking privé gratuit. (payant).* Également situé à proximité de la brasserie *Maisel*, au bord de la route, installé dans un ancien moulin datant de 1555 voici un charmant petit hôtel. Les roues et transmissions qui faisaient fonctionner le moulin sont toujours là, et ornent aujourd'hui la salle de restaurant, sur 3 niveaux d'origine. Les chambres sont quant à elles modernes et fonctionnelles. En demander une qui ne regarde pas la route. Accueil jovial. Cuisine soignée au resto.

### Plus chic

***Hotel Lohmühle*** *(plan C2,* ***13****)* **:** *Badstr 37. ☎ 53-060. • info@hotel-lohmuehle.de • hotel-lohmuehle.de • Doubles 105-176 €, petit déj inclus ; tarifs majorés de 50 % pdt le festival. Plats 10-16 €. Parking payant.* 2 maisons côte à côte, l'une avec colombages, l'autre avec des plantes grimpantes et des plaques solaires sur le toit. Le plus amusant, ce sont les formes triangulaires de ces 2 demeures. Il s'agit d'un hôtel traditionnel avec des chambres qui pourraient être plus spacieuses. Attention, pas de clim en été. Dans tous les cas, l'accueil sympathique, l'emplacement à deux pas du centre et le restaurant, d'un bon niveau, font que l'hôtel est très demandé (surtout pendant le festival de Bayreuth).
***Hôtel Rheingold*** *(plan A2,* ***14****)* **:** *Austrasse 2. ☎ 990-08-50. • booking@*

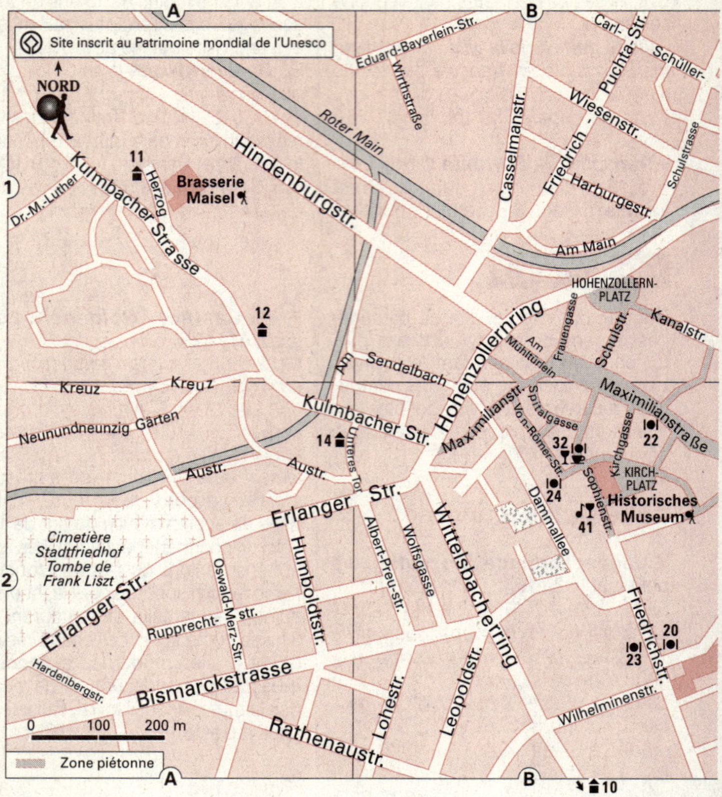


■ **Adresse utile**

- Office de tourisme

**Où dormir ?**

- **10** Jugendherberge Bayreuth
- **11** Gasthof zum Herzog
- **12** Gasthof Goldener Löwe
- **13** Hotel Lohmühle
- **14** Hôtel Rheingold
- **15** Hôtel Burgerreuth

**Où manger ?**

- **20** Hansl's

*hotel-rheingold-bayreuth.de • hotel-rheingold-bayreuth.de • Doubles env 90-130 € selon confort.* En plein centre de Bayreuth, un grand hôtel moderne avec parking bien pratique (payant). Abrite 146 chambres de confort standard (bonne literie), à la déco classique et sobre. Elles donnent sur le parking en retrait de la rue principale, donc nuits calmes. Copieux petit-déj buffet. Accueil professionnel.

**Hôtel Burgerreuth** *(ristorante italiano, hors plan par C1,* ***15****) : An der Bürgerreuth 20. ☎ 784-00. • info@buergerreuth.de • buergerreuth.de • Doubles 70-90 €, et 139-189 € pdt le festival de Bayreuth (août). Plats 8-15 €.* À 600 m au nord du palais des Festivals, au sommet d'une colline verdoyante, en lisière de forêt, cette auberge est une aubaine pour les festivaliers, à condition de réserver sa

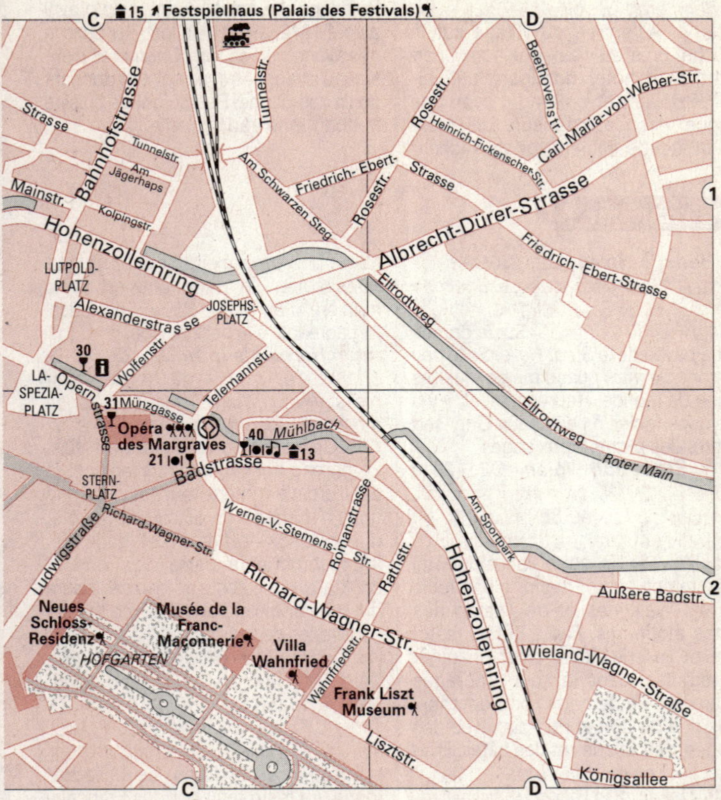


## BAYREUTH

| | |
|---|---|
| **21** Sinnopoli | **31** Cafe an der Oper |
| **22** Oskar | **32** Kraftraum |
| **23** Herpich's | |
| **24** Miamiam-Glouglou | ♫ **Où sortir ?** |
| 🍷 **Où boire un verre ?** | **40** Tapas et Rosenau |
| **30** Engin's Ponte | **41** Sophie's |

chambre très longtemps à l'avance. Quel emplacement remarquable ! Les chambres à la déco standard sont confortables et calmes (vue sur le jardin et la campagne autour). Au restaurant, cuisine italienne soignée que l'on déguste en salle ou en terrasse en été.

## Où dormir dans les environs ?

**Hôtel Fantaisie :** *Bamberger Strasse 5,* ***Eckersdorf.*** *☎ 75-86-44-80. • conditore@fantaisie.de • fantaisie.de • À 8 km à l'ouest de Bayreuth, sur la route 22 en direction de Hollfeld et Bamberg (vieille route* *de Bamberg). Doubles 84-120 € selon période.* À l'entrée du village sur la gauche, près du vieux château. Charmant petit hôtel dominant un vallon verdoyant et ombragé, avec une longue véranda extérieure qui court sur la façade couleur rouge. Richard Wagner et sa famille y ont vécu d'avril à août 1872, avant de s'installer dans la villa Wahnfried en ville. Chambres classiques arrangées avec soin, et donnant sur la campagne. Restaurant de cuisine franconienne traditionnelle.



## Où manger ?

|●| ***Hansl's*** *(plan B2, **20**) : Friedrichstr 15, à deux pas du nouveau château. ☎ 543-44. • info@hansl-pizzeria.de • Tlj 10h-22h30.* Sur la grande place pavée de la *Stadt Halle.* Salle peu confortable mais quand même toujours pleine de monde. Heureusement, il y a quelques tables à l'extérieur. On y sert de grandes pizzas à prix sages.

|●| 🍷 ***Sinnopoli*** *(plan C2, **21**) : Badstr 13. ☎ 620-17. • info@sinnopoli.de • Ouv tlj, lun-jeu 8h-minuit, 8h-1h du mat ven-sam, et 9h-minuit dim. Plats 7-14 €.* Un autre lieu mode, lui aussi rempli soir et matin, d'une foule de néo-Walkyries et de Tristan des temps modernes. Fait à la fois resto, café et galerie. Idéal pour un dîner en terrasse, dans la cour ombragée à l'arrière. Petite carte, peu de choix mais que du bon et du frais, avec des soupes, des salades et des pâtes. Bien aussi pour boire un verre.

|●| 🍷 ***Oskar*** *(plan B2, **22**) : Maximilianstr 33. ☎ 51-60-553. • oskar@oskar-bayreuth.de • Tlj 8h (9h le dim)-1h. Plats 6-17 €.* Au cœur de la ville. Le style de la demeure, qui date de 1724, se situe entre le *Ratskeller* de papa et l'adresse estudiantine pour grignoter selon l'humeur. Grand bar, boiseries patinées, terrasse agréable. Renommé pour ses brunchs du dimanche et ses spécialités franconiennes, ce resto abrite une cave pleine à craquer certains soirs. Le patio couvert, à la manière d'un jardin d'hiver, est aussi fort agréable à la belle saison.

|●| 🍷 ***Herpich's*** *(plan B2, **23**) : Friedrichstr 10. ☎ 22-100. • hallo@herpichs.de • Tlj sf dim 11h-minuit. Lunch à partir de 9,50 €. Carte 25 € sans les vins.* Ce resto chic fait aussi bar à vins. Le porche ancien, le décor soigné, le petit jardin à l'arrière, tout est ici de bon goût. À l'image de la cuisine légère, d'inspiration française et italienne. Impressionnante carte des vins et cocktails, succulents gâteaux à l'heure du thé, choisis dans les meilleures pâtisseries de la ville.

|●| 🍷 ***Miamiam-Glouglou*** *(plan B2, **24**) : Von-Römerstr 28. ☎ 656-66. • info@miamiam-glouglou.de • Tlj 10h-1h. Plat du jour midi : 5,50 €. Apéritif, café ou digestif offert sur présentation de ce guide.* Dans une ruelle piétonne, un resto tenu par des Français. Des tables dehors et 2 salles à l'intérieur. Beaucoup de salades, de bonnes viandes (de la charolaise), crêpes et galettes, et une carte des vins qui vous rendra le sourire. Cocktails variés lors des *happy hours* 18h-20h, 23h-minuit. Certains jours d'affluence, le service peut être lent car le chef officie seul en cuisine mais les serveuses font de leur mieux.

## Où boire un verre ?

🍷 ***Engin's Ponte*** *(plan C1, **30**) : Opernstrasse 24-26. ☎ 871-05-03. À deux pas de l'Operplatz, dans la prolongation de Kanalstrasse (« Canal Grande ») de Bayreuth. Ouv tlj 8h-2h du mat.* C'est un endroit très prisé des jeunes du coin, qui aiment s'y prélasser en terrasse, le « Roter Main » à leurs pieds. On peut y boire un verre et y manger.

🍷 ***Cafe an der Oper*** *(plan C2, **31**) : Opernstr 16. ☎ 507-14-21. À gauche de l'opéra des Margraves. Tlj sf mar 10h-18h.* Dans une belle demeure du XVIIIe s, ce café dispose non seulement d'une agréable terrasse sur la place, mais aussi d'une cour plus calme à l'arrière du bâtiment... Pour une pause *Kaffee und Kuchen* en toute quiétude.

**Kraftraum** (plan B2, **32**) : *Sophienstr 16. ☎ 800-25-15. Brunch 12 €.* Le café-resto préféré des écolos et leurs amis. Plats bio, tous végétariens. Même la bière y est écologique. Ambiance décontractée dans un décor des années 1970.

## Où sortir ?

On trouve la plus grande concentration de bars sur Römerstrasse.

**Tapas** (plan C2, **40**) : *Badstr 29. ☎ 98-73-04. Tlj 16h-2h.* En contrebas de la route, à droite de la disco *Rosenau*, voici un resto où le patron a travaillé pendant 15 ans à Ibiza ; il en est revenu avec l'envie d'ouvrir un restaurant connoté Sud, dans la cuisine comme dans la déco. L'arrière du restaurant est aussi un très joli *Biergarten*.

**Rosenau** (plan C2, **40**) : *Badstr 29. ☎ 50-70-54-74. • info@rosenau-party.de • rosenau-bayreuth.de • Ouv jeu et parfois ven-sam. Entrée : 4 €.* Cette boîte de nuit, loin de l'agitation du centre, est le rendez-vous des étudiants de Bayreuth et de toute la région. On est très loin de la musique de Wagner ! Venir ici pour écouter toutes sortes de musiques, des années 1970 à nos jours, dans une ambiance festive et conviviale.

2 autres adresses pour d'autres goûts musicaux : **Sophie's** *(plan B2, 41 ; Sophienstr 26, ven-sam dès 21h)* pour les étudiants amateurs de rock et la **Glashaus** *(programmation sur • glashaus.org •)* à l'université, où les étudiants organisent des concerts, lectures et fêtes souvent gratuits.

## À voir

La liste exhaustive des musées se trouve dans un dépliant en français distribué à l'office de tourisme.

**Markgräfliches Opernhaus** (opéra des Margraves ; plan C2) : *Opernstr, près de la Sternplatz, dans le centre. En travaux pour rénovation. Date de réouverture annoncée sans certitude pour 2017. Un centre d'informations permet d'en visualiser l'architecture interne et de suivre la progression des travaux. Ouv avr-sept 9h-18h, oct-mars 10h-16h. Billet : 2,50 €.*

En dépit de sa sévère façade, c'est un des plus beaux théâtres d'Europe, mais on ne s'en rend compte vraiment qu'à l'intérieur. Tout en bleu-vert et or, la salle est un joyau du baroque : la décoration pleine d'exubérance est due à Guiseppe Bibiena, un décorateur de Bologne très doué : une loge princière à baldaquin, colonnes torsadées, le Mont Parnasse avec Apollon et les muses au plafond, guirlandes de bois peint, etc.

C'est la renommée de l'*Opernhaus* de Bayreuth qui incita Wagner à venir s'installer ici, puis à créer sa propre salle, pourtant à l'opposé de celle-ci.

Bon, un peu d'histoire, puisque vous y avez échappé en intro de la ville : la construction de l'opéra des Margraves fut décidée au XVIIIe s par la margravine Wilhelmine de Prusse (1709-1758) Elle était la sœur chérie du grand Frédéric II de Prusse. Alors qu'elle était promise au trône d'Angleterre, Wilhelmine épousa le terne margrave de Bayreuth, une triste alliance. Elle se rattrapa en faisant de sa cour de Bayreuth une des plus brillantes d'Allemagne. Voltaire fut plusieurs fois son hôte. On dit qu'elle aurait joué avec le philosophe sur les planches du théâtre du château de l'Ermitage, situé à l'est de Bayreuth (voir plus bas). Nos lecteurs cinéphiles seront ravis d'apprendre que l'opéra des Margraves a servi de décor à une partie du tournage de *Farinelli*.

**Villa Wahnfried** (musée Wagner ; plan C2) : *Richard-Wagnerstr 48 (à l'est du centre-ville). • wagnermuseum.de •* ***Fermé pour cause de rénovation, réouverture prévue en août 2015.***

LA FRANCONIE

*Wahnfried* (Paix des tourments dans la création) est le nom de la propriété que Wagner se fait construire en 1872 à Bayreuth. Le compositeur aurait souhaité y finir ses vieux jours, mais la mort l'emporte plus tôt que prévu, en 1883, à Venise. Ramené en grande pompe, il est enterré dans le jardin de la villa. Toujours est-il qu'à 60 ans, enfin en fonds grâce à la rente versée par Louis II de Bavière (dont le buste, c'est la moindre des choses, trône à l'entrée), il peut s'offrir cette grande villa bourgeoise, au luxueux salon de musique.
Détruite par une bombe pendant la Seconde Guerre mondiale, la villa a été restaurée et agrandie par ses descendants pour être transformée en musée. On y trouve des souvenirs de l'artiste, dont sa bibliothèque (plus de 2 000 volumes !) et un beau piano à queue, offert par Steinway & Sons peu avant sa mort en 1876, à l'occasion de la première du festival (Liszt, son beau-père, jouait souvent dessus). Son fils, Siegfried, reçut ici à plusieurs reprises un fervent admirateur de son père, un certain Hitler, futur chancelier du Reich. Une fois la visite achevée, allez au fond du jardin saluer la sobre ***tombe*** du génie, de sa femme Cosima, fille de Franz Liszt, ainsi que celle du chien Russ, son terre-neuve préféré. La tombe ne porte pas de noms. Notez que la sépulture est accessible par le parc en face de la villa, laquelle est fermée pendant les travaux.

LA FRANCONIE

***Franz Liszt Museum*** *(plan C2)* **:** *Wahnfriedstr 9 (à côté du musée Wagner). Tlj 10h-12h et 14h-17h (10h-17h juil-août). Entrée : 2 €.* Aménagé dans une maison couverte de vigne vierge et voisine de la villa Wahnfried de Wagner, ce musée retrace la vie et l'œuvre de Franz Liszt (Doborjan, Hongrie, 1811 – Bayreuth, 1886). Rappelons que Cosima Wagner était née Cosima Liszt, et qu'elle était la fille de Marie d'Agoult et de Franz Liszt. Mariée à Hans Von Bülow, elle devint la maîtresse de Wagner, et quitta son mari pour lui. Beau-père de Wagner donc, Liszt s'installa à Bayreuth dans cette maison où il vécut jusqu'à sa mort. Nombreux documents, photos, illustrations, objets. Journal de jeunesse de Liszt à Paris, écrit en français, piano de Wagner, son masque mortuaire, ses sandales...
Liszt passa la fin de sa vie entre Budapest, Rome, Weimar et Bayreuth. Intéressante présentation de sa vie sentimentale tumultueuse (il eut de nombreuses liaisons) et de ses égéries dont la princesse Carolyne Von Sayn-Wittgenstein. Sa tombe se trouve au cimetière Stadtfriedhof, à Bayreuth, mais la Hongrie et la ville de Weimar, mécontentes qu'il soit enterré là, réclament ses restes...

### PAS DE FUNÉRAILLES POUR LA STAR

*Privé par ses médecins de sa bouteille de cognac quotidienne, Franz Liszt mourut, en plein délire, le 31 juillet 1886 après avoir contracté une pneumonie à une représentation du* Tristan et Isolde *de son gendre, Richard Wagner. Alors qu'il aurait souhaité un cortège funèbre digne de sa gloire, 3 jours après sa mort, il fut enterré presque clandestinement en raison de la venue de l'empereur Frédéric III, attendu pour l'inauguration du festival.*

***Neues Schloss-Residenz*** *(plan C2)* **:** *Ludwigstr 21. ☎ 759-69-21. • schloesser.bayern.de • Tlj sf lun : avr-sept 9h-18h, oct-mars 10h-16h. Entrée : 5,50 € ; réduc.* Construit au milieu du XVIIIe s sur les plans de l'architecte français Joseph Saint-Pierre. Le margrave Friedrich et la princesse royale Wilhelmine de Prusse rêvaient d'un « Nouveau Palais » qui serait une réplique de celui de Potsdam (Berlin) où elle avait passé son enfance. Au rez-de-chaussée, exposition de faïences de Bayreuth. À l'étage, appartements de la margravine. À voir : le salon de musique, le cabinet des glaces et une gentille chambre d'inspiration japonaise. Ne pas rater la salle prestigieuse dite de la Palmeraie *(Palmenzimmer)*. Derrière ce « nouveau château », le ***Hofgarten*** (jardin de la Cour), joli parc à la française bordé d'un verger, et avec lequel communiquait, comme par hasard, la propriété de... Wagner. L'***Altes Schloss,*** près de l'office de tourisme, ne présente aucun intérêt (c'est actuellement l'hôtel des impôts !) ; en revanche, il est possible de grimper à la ***schlossturm*** de 1194, par une rampe hélicoïdale prévue pour les chevaux et y profiter du panorama sur les environs.

***Deutsches Freimaurer-Museum*** *(musée allemand de la Franc-Maçonnerie ; plan C2)* **:** *dans le parc.* ☎ *698-24.* • *freimaurermuseum.de* • *Mar-ven 10h-12h, 14h-16h, sam 10h-12h. Entrée : 2 €.* Pour ceux qui ont un peu plus de temps. Bien mis en valeur grâce aux techniques audiovisuelles (hélas, en allemand seulement). Histoire de l'Ordre en Allemagne depuis 1738. Assez passionnant pour les connaisseurs. Précision : Wagner n'était pas franc-maçon, Liszt oui (ce qui ne l'a pas empêché d'être abbé durant un certaine période de sa vie...).

***Brasserie Maisel*** *(plan A1)* **:** *Hindenburgstr 9.* ☎ *40-12-34.* • *maisel.com/museum* • *L'entrée pour la visite se fait par le n° 40 Kulmbacher Str. Visite guidée slt, en allemand (sur demande, un dépliant traduisant la visite en français), tlj à 14h ; durée 1h30. Prix : 5 € (comprend un verre de bière en dégustation).* Fondée en 1887 par Hans et Eberhard Maisel, cette brasserie est encore en activité et appartient toujours à la même famille. Le vieux bâtiment, inutilisé depuis 1974, a été transformé en musée et ce sont 2 400 m² entièrement dédiés à la bière que vous découvrirez, avec notamment une impressionnante collection de 4 500 chopes et verres, des centaines de sous-verre et plaques émaillées et l'explication des différentes étapes de fabrication de cette fameuse boisson.

***Festspielhaus*** *(palais des Festivals ; hors plan par C1)* **:** *au bout de la Siegfried-Wagner-Allee, au nord de la ville. Assez loin du centre : prendre le bus n° 5 de la gare routière. Visites guidées (7 €, en allemand slt) tlj à 10h, 11h, 14h et 15h. En hiver, slt 10h et 14h. Fermé pdt le festival, 15 juin-fin août.*

C'est donc ici que, chaque année, depuis plus d'un siècle, se déroule le fameux ***Festival de Bayreuth.*** Parmi les nombreuses personnalités qui y ont défilé : Nietzsche, Thomas Mann, Rodin, Debussy, Puccini, Bartok, Tchaïkovski, Mahler, Virginia Woolf et, le plus assidu, George Bernard Shaw. Le chancelier Hitler (qui avait fait de Wagner le musicien « officiel » du Reich, sans son avis, bien sûr) est également venu ici...

Difficile de ne pas être captivé en arrivant ici par cette longue avenue bordée d'arbres. Elle grimpe vers ce temple de la musique perché au sommet d'une colline, séparé du reste de la ville et du commun des mortels, à la manière d'un couvent, d'une basilique ou d'un lieu sacré. Curieuse construction tout en brique, d'une architecture fascinante aux yeux des mélomanes. C'est un lieu inhabituel qui révolutionna en son temps la conception du théâtre lyrique. Construit de 1872 à 1876, selon les plans de Wagner lui-même et avec les subventions du roi Louis II. Le royaume de Bavière était déjà très endetté, les finances au bord de la faillite, et malgré cela le souverain (en froid avec Wagner) eut le courage de soutenir jusqu'au bout le « dieu » de ses jeunes années.

L'édifice devait démocratiser l'opéra et permettre aux spectateurs de se concentrer uniquement sur le spectacle : ni loges (où l'on se pavanait auparavant) ni orchestre (les musiciens sont cachés sous la scène dans une fosse, et personne ne leur demande de se mettre en costume, vu la chaleur ambiante) ! Entièrement voué au culte de Wagner, il peut accueillir 2 000 spectateurs et permet à 350 figurants d'évoluer sur la scène !

### WAGNER À PARIS

*Criblés de dettes, Wagner et sa femme choisirent en 1840 de rejoindre Paris pour changer d'existence. Les petits travaux musicaux qu'on lui confiait ne suffisaient pas à apaiser la faim qui les tenaillait. Installés misérablement à Meudon au sein d'une colonie d'exilés allemands, il leur arrivait de se contenter des champignons ramassés dans la forêt toute proche. Wagner quitta Paris en 1842, non sans avoir achevé la composition du* Vaisseau fantôme.

Le premier festival eut lieu en août 1876, ce fut un succès artistique mais un échec financier. Il fallut attendre 1882 et des levées de fonds pour que le second festival s'y tienne avec *Parsifal* au programme. L'orchestre était dirigé par le chef juif allemand Hermann Levi, choisi par Wagner malgré ses idées antisémites...

Bayreuth compte de nombreux autres musées, dont l'***Historisches Museum*** *(plan B2 ; Kirchplatz 6 ; mar-dim 10h-17h, plus lun juil-août ; entrée : 2 €),* musée d'Histoire où vous pourrez voir une maquette de la ville au XVIIIe s, où l'on distingue le lac Saint-Georges qui servait à organiser des simulations de batailles navales au XVIIIe s.
Le ***Urwelt-Museum*** *(collections géologiques et minéralogiques, Kanzleistr 1)* et le ***Kunstmuseum*** *(plan B2,* ***22****),* situé au-dessus du restaurant *Oskar,* présentant des expositions temporaires d'artistes contemporains.



## Le Festival de Bayreuth

Wagnerophiles, festivaliers fous et fondus d'opéras, accrochez-vous ! Pour se procurer une place dans le saint des saints, l'attente est en moyenne de 10 ans... Normal, on ne met en vente que 60 000 places chaque année et certains s'abonnent pour plusieurs saisons de suite ! Le festival se déroule de la dernière semaine de juillet à fin août. Comme vous pouvez donc l'imaginer, il est aussi difficile de se loger à cette période.

### LA MUSIQUE AVANT TOUT !

*Wagner fut le premier à faire éteindre les lumières dans les salles d'opéra et à interdire les applaudissements et les tapages de pied. On ne peut pas dire que son souhait soit respecté de nos jours.*

– ***Renseignements et réservations :*** *écrire au Kartenbüro, Postfach (boîte postale) 10-02-62, 95402 Bayreuth. ☎ 78-78-0. • bayreuther-festspiele.de • Les places ne sont pas si chères que ça ! Bien sûr, au 1er rang, il vous en coûtera tt de suite 280 €, mais on trouve des places à 30 ou 40 € ; également des places sans visibilité et dans un nombre extrêmement limité à slt 15 € !* Ajoutons que la salle n'est pas climatisée, et qu'il peut faire chaud en août. Mais n'ayez pas trop d'espoir, vu le délai d'attente.

## DANS LES ENVIRONS DE BAYREUTH

***Altes Schloss*** (château de l'Ermitage) **:** *à 4 km à l'est de la ville (direction Weidenberg). Pour y aller, bus nº 2 ou 3 de la gare routière, arrêt ZOA sur Hohenzollern Ring. Avr-sept 9h-18h ; 1er-15 oct, 10h-16h. Fermé de mi-oct à fin mars, sf les jardins. Visite guidée obligatoire, en allemand slt, départ ttes les 30 mn env. Prix : 4,50 €.* Bien plus intéressant que les deux châteaux du centre-ville. On y retrouve l'influence de Wilhelmine de Prusse, qui transforma le vieux château de sa belle-famille en y faisant élever un « temple du Soleil » *(Sonnentempel)* tout ce qu'il y a de plus rococo, avec incrustations de mosaïques de toutes les couleurs et entouré d'ailes en hémicycle. Autour, parc superbe avec étang, statues, grottes, fausses ruines d'un théâtre romain, cascades et jeux d'eau délirants (de mai à septembre).

## BAMBERG

75 000 hab. IND. TÉL. : 0951

**À 60 km à l'ouest de Bayreuth et autant au nord de Nuremberg. Chargée d'histoire et étendue sur sept collines (comme Rome), et baignée par le Main**

**qui se faufile dans la cité sous forme de canal (Main-Danube), Bamberg est une des plus belles villes de Bavière. Son emblème est sans aucun doute son imposante cathédrale impériale *Saint-Pierre-et-Saint-Georges.* Du haut de ses quatre flèches, elle domine la vieille ville et les quartiers anciens en contrebas de la colline, bordés de nombreuses maisons à colombages patinées par les siècles et restaurées avec le plus grand soin. Bercé par les eaux du canal, le cœur de la cité évoque une petite Venise bavaroise.**
**Depuis 1993, elle bénéficie d'un classement mérité au Patrimoine mondial de l'humanité par l'Unesco. Dans les *Biergarten,* les gourmets se régaleront de carpes et arroseront les incontournables saucisses franconiennes de bière fumée.**



## UN PEU D'HISTOIRE

Bamberg affiche déjà plus de 1 000 ans au compteur de l'histoire. Consacrée ville impériale en 1014, avec la grande figure historique locale, Henri II le Boiteux, Bamberg est devenue ville épiscopale sous la férule des princes-évêques. Elle est considérée comme l'une des villes les plus romantiques d'Allemagne, avec à la fois une allure médiévale et baroque.
Ernst Theodor Amadeus Hoffmann, dit ***E.T.A. Hoffmann*** *(1776-1822)*, y a coulé des jours heureux. Il y vécut 5 ans de 1808 à 1813, travaillant comme chef de musique au théâtre de Bamberg. C'est dans cette ville qu'il composa ses contes fameux *(Le Chat Murr, Princesse Brambilla...)* mais aussi des ballets et des opéras. Et c'est à Bamberg qu'est mort le ***maréchal Berthier*** (marié à une princesse bavaroise) en tombant du 3e étage du château... le 1er juin 1815... Son maître Napoléon est tombé de plus haut...

### Épargnée par les bombes en 1945

Fait rare, seuls 4 % des bâtiments ont été détruits pendant la Seconde Guerre mondiale, ce qui explique le parfait état de la plupart des monuments. La ville doit cette chance aux brouillards fréquents qui la dérobaient aux yeux des pilotes alliés.

## Adresses utiles

ℹ ***Tourismus & Kongress Service*** *(office de tourisme ; plan B2) : Geyerswörthstr 5, 96047. ☎ 29-76-200. • bamberg.info • Dans un bâtiment moderne, au cœur de la vieille ville. De la gare (à 20 mn), descendre Luitpoldstr, passer le pont, puis continuer vers le centre. Tlj 9h30-18h (16h sam et 14h30 dim et j. fériés). Idéale pour un court séjour, la Bamberg Card à 12 €, valable 72h (musées, bus, visite de ville, etc.).* Demander le dépliant en français, avec plan de la ville et descriptif des curiosités. Plusieurs visites guidées à thème.
– ***Visite guidée de la ville*** *(en allemand) : avr-déc, tlj à 10h30 et 14h (slt 14h janv-mars). Prix : 8,50 €. Possibilité de louer des audioguides en allemand ou en anglais (8,50 € pour 4h, 12 € pour 8h).*

🚂 ***Bahnhof*** *(gare ferroviaire) : au nord de la ville. ☎ (0800) 150-70-90.* Liaisons avec Nuremberg, Munich (2h30 de trajet), Wurtzbourg et Berlin.

## Où dormir ?

### Camping

⛺ ***Campingplatz Insel*** *(hors plan par B2, **10**) : dans le quartier de Bug. ☎ 563-20. • buero@campinginsel.de • campinginsel.de • À 5 km au sud du centre-ville. Bus nº 18 du centre. Ouv tte l'année. Env 18 € pour 2 avec tente et voiture. CB refusées.* Le seul camping de la ville. Impeccable, moderne, bien équipé (4 étoiles) dans un environnement verdoyant et calme, au bord de la rivière Regnitz.

## Bon marché

**Backpackers Bamberg** (hors plan par B1, **11**) : Heiliggrabstr 4. ☎ 222-17-18. • info@backpackersbamberg.de • backpackersbamberg.de • Nuitée en dortoirs 2-6 lits. Compter 17-29 €/nuit par pers. Située à deux pas de la gare principale et 15 mn du centre, voici une petite auberge de jeunesse (une dizaine de lits). Vieilles poutres et déco colorée à l'intérieur. Chambres propres et bien arrangées. Laverie payante (2 €). Accueil très aimable.



## Prix moyens

**Hotel Wohnbar-Essbar** (plan A1, **12**) : Stangstr 3, 96049. ☎ 50-99-88-44. • info@wohnbar-bamberg.de • wohnbar-bamberg.de • Apparts pour 2 pers tt confort 80-120 € selon saison. Parking payant. En plein centre, à deux pas de la statue « Eve » de Botero sur la Heuplatz. Il s'agit d'un hôtel-résidence, confortable et bien tenu. Chaque appartement a été conçu en tenant compte de l'influence des couleurs sur l'esprit ; l'atmosphère est par conséquent très différente selon la couleur de décoration... À choisir, donc, selon votre humeur.

**Hotel Altenburgblick** (hors plan par A2, **13**) : Panzerleite 59. ☎ 953-10. • hotel@altenburgblick.de • altenburgblick.de • À 10 mn à pied du centre-ville. Doubles tt confort 69-160 € (petit déj inclus) selon confort et saison. Parking gratuit. Bâtiment moderne et sans grâce, situé sur les hauteurs, à côté de la brasserie *Greifenklau*. Chambres confortables avec vue imprenable sur l'Altenburg. Préférez celles du 3e étage, plus claires. Location de vélos.

**Hotel-Café Bug-Lieb** (hors plan par B2, **14**) : Am Regnitzufer 23. ☎ 560-78. • hotel.lieb@t-online.de • hotellieb.de • À 3 km au sud du centre. Chambres 60-98 € selon confort, avec douche-w-c dans la chambre ou sur le palier. En retrait de la rivière canalisée, une maison bourgeoise calme et accueillante avec son jardin. Salle de resto ornée de trophées de chasse et spécialité de tartes. Avantage, on se gare facilement. Minigolf et location de bateaux à proximité.

## Plus chic

**Hotel Alt-Ringlein** (plan A1-2, **15**) : Dominikanerstr 9. ☎ 953-20. • info@alt-ringlein.com • alt-ringlein.com • Doubles tt confort 89-99 €. Plats 6-15 €. Garage payant. Idéalement situé dans une ruelle centrale au-dessous de la cathédrale, mais impossible de se garer dans ce labyrinthe de rues étroites à sens unique. Heureusement, l'hôtel a un garage privé accessible par la cour même du restaurant. *Alt-Ringlein* se compose de 2 parties : la partie médiévale (notre préférée), avec de charmantes chambres aux meubles peints assez typiques. L'autre partie est baroque, modernisée, avec des chambres plus récentes. Elles donnent sur les ruelles autour, parfois animées. Il y a un agréable *Biergarten* aux beaux jours.

**Hotel-restaurant Brüdermühle** (plan B2, **16**) : Schranne 1, 96049. ☎ 955-220. • info@brudermuehle.de • brudermuehle.de • Doubles tt confort 120-135 € hors petit déj, 3 apparts 125-150 €. Plats 15-20 €. Dans le centre, proche de l'ancienne mairie, une auberge qui date de 1314 ! Il a reçu des clients célèbres dont Henry Kissinger. Les chambres ont toutes été rénovées. Spacieuses et confortables, elles ont une très jolie vue sur le vieux pont et l'ancienne mairie de Bamberg. Les plus belles sont celles situées dans l'annexe *Mehlwaage*, qui surplombe la rivière. Du restaurant aussi, la vue est superbe. La cuisine régionale est copieuse et succulente, le service souriant. Location de vélos.

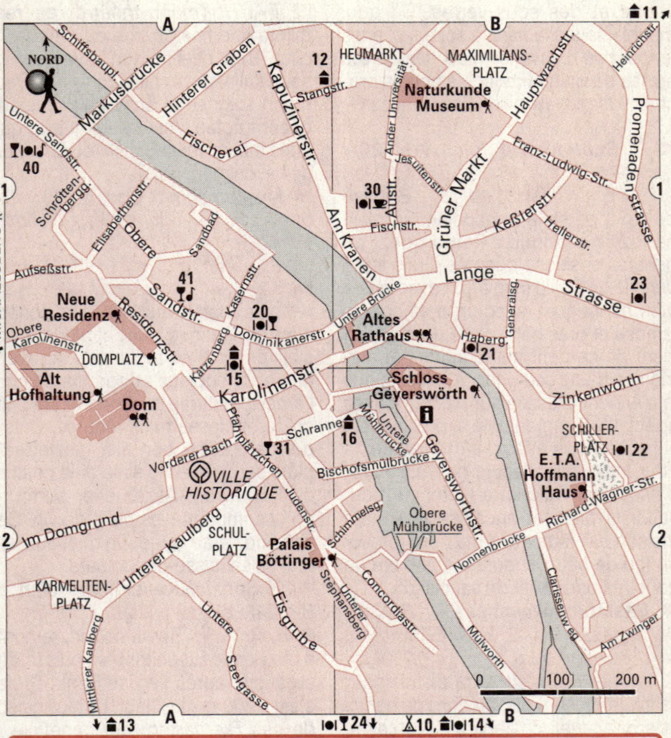


## BAMBERG

**Où dormir ?**

- **10** Campingplatz Insel
- **11** Backpackers Bamberg
- **12** Hotel Wohnbar-Essbar
- **13** Hotel Altenburgblick
- **14** Hotel-Café Bug-Lieb
- **15** Hotel Alt-Ringlein
- **16** Hotel-restaurant Brüdermühle

**Où manger ?**
**Où boire une bière ?**

- **20** Schlenkerla
- **21** Gaststube Weinfass
- **22** Hoffmann's
- **23** Messerschmitt
- **24** Spezial-Keller

**Où boire un thé ou un café ?**

- **30** Café Müller
- **31** Teegiesserei

**Où sortir le soir ?**

- **40** Pelikan
- **41** Jazz Club

## Où manger ? Où boire une bière ?

Quelques bonnes adresses à Bamberg, notamment au pied du château, le long de la *Sandstrasse* (quartier animé le soir). Parmi les spécialités de la ville, ne manquez pas de goûter à la *Rauchbier* (bière fumée) de la brasserie *Schlenkerla* ou de son concurrent *Spezial.* Avec ses 9 brasseries produisant 50 bières artisanales, Bamberg est sans conteste la capitale de la bière en Franconie.

L'office de tourisme vous propose pour 20 € un bon d'achat pour 5 dégustations de bières de 0,50 l à déguster dans plusieurs débits différents. En plus, vous recevrez un sac à dos, une chope et des sous-verres. De quoi meubler joyeusement la soirée... Faites le tour des brasseries mais gardez vos envies de vin de Franconie pour la prochaine étape, au milieu des vignes...

**Schlenkerla** *(plan A1, **20**) : Dominikanerstr 6. ☎ 560-60. • schlenkerla.de • Tlj 9h30-23h30.* Bâtisse de 1678 de style franconien, en plein centre historique. Remarquez au dehors l'enseigne décorée d'une sorte d'étoile de David (rien à voir avec la religion hébraïque), avec un bonhomme, jambes et bras ballants (le nom du lieu vient de ce petit personnage), et surmontée d'une couronne qui signifie que la bière est brassée sur place. Bonnes spécialités régionales à prix sages. N'hésitez pas à faire un tour dans la cour intérieure, dédale de couloirs et d'escaliers. Guichet à l'intérieur pour servir la bière et encaisser. La bière maison est fumée : le malt est rôti sur un feu de hêtre et donne à la bière un goût très particulier de saucisson.

**Gaststube Weinfass** *(plan B1, **21**) : Habergasse 12. ☎ 230-35. • info@weinfass-bamberg.de • Tlj 10h-21h. Plats 8-11 €.* On aime ce bistrot pour sa situation centrale, au bord du canal, et son accueil chaleureux. Au calme dans cette petite Venise, il dispose d'un cadre rustique et convivial, et d'une terrasse paisible. Propose une bonne cuisine régionale.

**Hoffmann's** *(plan B2, **22**) : Schillerplatz 7. ☎ 700-08-85. Tlj sf dim 11h30 (sam à partir de 17h30)-1h. Compter 25-35 € pour un repas complet.* Derrière le bâtiment moderne abritant l'*E.T.A.-Hoffmann-théâtre,* ce resto mijote une fine cuisine du monde inspirée. Ici, le chef fait son travail au milieu de la salle, devant les convives. Décoration soignée et chic mais ambiance décontractée. Aux beaux jours, quelques tables sur la Schillerplatz, ombragée et calme.

**Messerschmitt** *(plan B1, **23**) : Lange Str 41. ☎ 297-800. • messerschmitt@t-online.de • Tlj 11h-23h. Une institution à Bamberg. Plats 14-28 €. Menu 58,50 € (partie gastronomique).* Hôtel-resto de charme aux allures de bonbonnière romantique jaune et bleue. 2 possibilités pour se restaurer : la taverne aux plats copieux et bon marché ou à l'arrière, la partie gastronomique plutôt chère et classe mais réputée. Cuisine de marché de bon aloi, assiettes et plats servis avec le style et le costume de la maison. Assez cher surtout si on accompagne les plats de vin. Desserts de haute volée. De quoi oublier le régime saucisse-choucroute.

**Spezial-Keller** *(hors plan par B2, **24**) : Sternwartstr 8. Tlj sf lun 15h (10h dim)-23h.* Sur la colline, remonter à pied la rue Stephansberg puis tourner à gauche après l'église Sankt Stefan, c'est à 200 m plus haut. Le plus célèbre de ces *Biergärten,* qui bénéficie de 2 atouts imparables : une bière fumée réputée et une vue magnifique sur le quartier, aux beaux jours (eh oui !). Tout le monde se retrouve évidemment *auf dem Bierkeller,* installé sur le Stephansberg, au-dessus des anciennes caves des brasseries. Car ici, on ne descend pas, on « monte » boire une bière.

## Où boire un thé ou un café ?

Pour ceux qui ne veulent pas boire de bière toute la journée, la ville dispose d'endroits agréables autour du vieux pont et notamment dans l'Austrasse :

**Café Müller** *(plan B1, **30**) : Austr 23 (tt à côté de l'Altes Rathaus). Tlj 9h-1h, dim et fêtes 11h-20h.* Décoration mêlant l'ancien et le moderne : quelques tables dehors, banquettes en skaï à l'intérieur, grandes glaces et mobilier de bistrot. Quelques plats chauds. Excellent petit déj. C'est un des rendez-vous préférés des jeunes de Bamberg.

**Teegiesserei** *(plan A2, **31**) : Pfahlplätzchen 2. Tlj sf lun 11h-18h. • teegiesserei@web.de •* Sur une placette pavée, on se sent loin des brasseries rustiques, et pourtant juste à côté d'une brasserie. On y sert plus de 60 sortes de thé, des gâteaux délicieux, et le patron fait lui-même des lectures chaque jeudi soir.

## Où sortir le soir ?

Le vieux Bamberg regorge de bars sympas : beaucoup ont une ambiance musicale, et plusieurs proposent régulièrement des concerts, notamment dans les rues *Obere Sandgasse* et *Obere Brücke*, et sur la place *Obstmarkt*.

**Pelikan** *(plan A1, **40**)* : *Untere Sandstr 45. • pelikan-bamberg@web.de • Entre la cathédrale et la Regnitz. Tlj sf mer à partir de 17h (15h le w-e).* Cadre intime, bonne musique, concerts live et clientèle mélangée. Bar et également quelques plats thaïlandais. Service cool.

**Jazz Club** *(plan A1, **41**)* : *Obere Sandstr 18. ☎ 537-40. Ouv à 20h, concerts à 21h. • jcbamberg.de •* Salle voûtée au cadre intime, idéale pour les fondus de la note bleue.



## À voir

Bamberg se compose de ***trois parties bien distinctes*** : au nord, le ***quartier de la gare,*** sans grand charme mais parsemé de terrains cultivés *(Gärtnerstadt)* par les maraîchers appelés ironiquement *fouleurs de feuilles d'oignons.*
Entre le canal Rhin-Main-Danube et la rivière Regnitz. C'est le ***centre commerçant*** de la ville *(Inselstadt).* Enfin le ***quartier historique*** (donc touristique), côté ville haute *(Bergstadt),* le quartier ecclésiastique de la cathédrale et du monastère. On visite les principales curiosités en quelques heures à pied, puisque tout est concentré et les distances réduites entre les quartiers. Quelle belle promenade à travers le temps et l'histoire !
Attendez les premiers beaux jours pour en profiter vraiment, à moins que vous ne soyez tenté par les superbes ***crèches de Noël,*** qui sont la grande attraction de la ville entre début décembre et début janvier. Une tradition vieille de quatre siècles qui s'enseigne ici à « l'école des crèches » et s'organise à travers un circuit dans toute la ville : églises, places, musées. Une originalité : ces crèches ont toutes, ou presque, un site franconien en toile de fond.
On sera bref, en revanche, sur les principaux centres d'intérêt qui ne manquent pas, car tout est détaillé sur le plan de la ville (en anglais) disponible à l'office de tourisme. Mais surtout parce qu'il vous faut acheter un petit guide de la ville (en français) réalisé avec humour et passion par Karin Dengler-Schreiber : *Bamberg pour amateurs et connaisseurs.*

### La ville historique

Ville impériale et épiscopale, Bamberg fut, comme Rome, bâtie sur sept collines. Dominée par la *Kaiserdom* (cathédrale impériale), la vieille ville aux 2 300 monuments classés constitue une gigantesque œuvre d'art, conservée en son état original, associant le Moyen Âge et le baroque bourgeois.
Parmi les autres attractions remarquables de la vieille ville, la place de la Cathédrale *(Domplatz),* le somptueux bâtiment de la *Neue Residenz* et l'*Alte Hofhaltung* (ancienne cour), avec des éléments décoratifs de la fin du Moyen Âge et de la Renaissance. D'autres sites d'intérêt : l'hôtel de ville sur les bords de la rivière Regnitz ; le *Rosengarten* (roseraie) avec vue sur la vieille ville, le monastère Saint-Michel, les *Gerberhäuser* (maisons des corroyeurs) le long du vieux canal, le *Mühlenviertel* (quartier des moulins) et la cité de pêcheurs de la Petite Venise.

***Altes Rathaus** (ancien hôtel de ville ; plan B1)* : *mar-dim 9h30-16h30. Entrée : 3,50 €.*
À cheval sur un îlot de la rivière Regnitz qui délimitait le territoire entre ville bourgeoise et ville épiscopale, c'est un bâtiment du XIV^e^ s dont on a découvert les

colombages à la fin de la Seconde Guerre mondiale. En effet, l'édifice avait été entièrement recouvert de fresques à l'époque baroque ; une partie des fresques est tombée lorsqu'on a fait sauter le pont, laissant apparaître le revêtement médiéval que l'on a décidé de conserver lors de la restauration de cette partie du bâtiment. L'autre partie, intacte, présente toujours de très belles fresques et d'intéressants trompe-l'œil : remarquez l'ange qui tient le rideau sur le haut de la façade et l'homme en bas, dont la jambe pend au-dessus de la rivière. Il est aussi amusant de noter que, symbolisant le pouvoir, c'est une femme qui tient les clés de la ville.
L'imposant balcon rococo, surmonté d'un clocher, relie les deux parties de l'ancienne mairie et enjambe le vieux pont. De là, superbe vue sur les rives de la Regnitz, noyées de végétation. À l'intérieur, remarquable *collection Ludwig,* constituée de porcelaines de Meissen et surtout de faïences de Strasbourg (on ne trouve pas d'aussi belles pièces dans la capitale alsacienne).
Sous le porche, une simple plaque rend hommage à un natif de la ville : le comte Claus von Stauffenberg, acteur principal de l'attentat qui faillit coûter la vie à Hitler en juillet 1944.
De l'***Untere Brücke,*** au nord de l'îlot, vue sur le mignon quartier des pêcheurs, appelé un peu abusivement « Petite Venise », avec ses petites maisons vieilles de 500 ans, flanquées de jardinets et d'embarcadères. C'est sur cette portion de la rivière que se déroule la *Sandkerwa,* une joute sur barque.

LA FRANCONIE

★ ***Domplatz*** *(place de la Cathédrale ; plan A1-2)* **:** en continuant tout droit après le *Rathaus* et en remontant la *Karolinenstr,* on parvient à cette étonnante place bombée, entièrement pavée et entourée de remarquables édifices, dont deux résidences princières. Si la place est grande, c'est parce qu'on exposait régulièrement sur le parvis de l'église les reliques des saints. La population, équipée de petits miroirs, défilait devant ces reliques, en tendant les miroirs vers elles afin d'en capter les rayonnements protecteurs. La foule était tellement nombreuse que la dimension de la place se justifiait alors pleinement.

★★ ***Dom*** *(cathédrale ; plan A2)* **:** *ouv 8h-18h (17h 1er nov-1er avr).* Sur un plan autrefois ottonien, c'est un édifice à la fois roman et gothique, reconnaissable de loin à ses quatre hautes tours. Beaux portails romans dont celui des Princes (façade latérale), aux 10 voussures cannelées. On y pénètre par le portail d'Adam, à gauche du chevet est. À l'intérieur, plusieurs trésors : deux magnifiques chœurs surélevés, l'un roman à l'entrée, l'autre gothique lui faisant face, une statue du XIIIe s, celle du ***chevalier de Bamberg*** *(Bamberger Reiter)* qui pourrait être saint Étienne de Hongrie, mais rien n'est sûr. Cette sculpture est considérée comme la première statue équestre depuis l'Antiquité. Un superbe retable de la Nativité en bois de tilleul sculpté par Veit Stoss au XVIe s (à gauche du chœur).
La cathédrale abrite aussi la tombe du seul couple impérial canonisé du Saint Empire romain, le ***sarcophage d'Henri II*** *(dit le Boiteux)* **et Cunégonde.** Entièrement ciselé pendant 14 ans, à la fin du XVe s, par le célèbre Tilman Riemenschneider. On peut l'admirer en montant les marches d'un petit escalier. Les côtés du monument relatent des épisodes de la vie d'Henri et Cunégonde, dont la scène où celle-ci subit (avec succès) l'épreuve du feu (voir encadré). Une curiosité : il s'agirait du seul couple de gisants au monde où la femme se trouve à la droite de son époux ! Dans la crypte, sous le chœur, on peut aussi voir leurs crânes, exposés dans une châsse.
Voir aussi l'unique sépulture papale en dehors de Rome, celle du pape Clément II.

## INJUSTEMENT CALOMNIÉE

*Cunégonde et Henri n'auraient jamais consommé leur mariage. Soupçonnée injustement d'adultère, Cunégonde se serait soumise avec succès au jugement de Dieu, consistant à marcher les pieds nus sur 12 socs de charrue chauffés à blanc. Depuis, elle est vénérée par les femmes qui souhaitent préserver leur chasteté.*

**Alte Hofhaltung** *(Ancienne Résidence ; plan A2)* **:** *à côté du Dom.* Vénérables bâtiments à colombages, autour d'une grande cour. Le bâtiment servait de résidence à l'empereur quand il était en visite à Bamberg. Façade Renaissance et galeries gothiques, en bois ! On y trouve le ***musée d'Histoire de la ville*** *(Domplatz 7 ; mai-oct, mar-dim 9h-17h ; entrée : 5 € ; réduc)* : belle façade Renaissance à pignons en volutes et tourelle d'angle. À l'intérieur, peintures médiévales, mobilier, horloges, armes d'époque, etc.

**Neue Residenz** *(Nouvelle Résidence ; plan A1)* **:** *toujours sur Domplatz.* *• schloesser.bayern.de • Tlj : avr-sept 9h-17h ; 10h-16h oct-mars. Entrée : 5 €.* Ancienne résidence des princes-évêques, pas très belle mais tout de même l'un des plus anciens (malgré son nom) palais baroques du pays. Des 150 salles, on n'en visite que quelques-unes : notamment la *Kaisersaal,* remarquable pour ses fresques allégoriques, le salon chinois et la pièce où Napoléon a déclaré la guerre à la Prusse ! Abrite également un *musée* (peintures classiques de maîtres allemands, dont un *Déluge* de Hans Baldung Grien). Plus intéressant : la cour intérieure, pour son élégante ***roseraie*** et le beau panorama sur Bamberg. Petit pavillon luxueux transformé en café-resto.

**Rathaus Schloss Geyerswörth** *(plan B2)* **:** *à côté de l'office de tourisme, grande bâtisse rouge.* ***La tour est fermée pour restauration, réouverture prévue en 2016.*** Ancienne demeure des princes-évêques dès le XIIe s. Du haut de la tour, on a la meilleure vue sur la vieille ville. Quand c'est fermé, demander la clé à l'office de tourisme.

**Le palais Böttinger** *(plan A2)* **:** *Judenstr 14.* Dans l'une des plus belles rues de la ville. C'est un palais du XVIIIe s d'inspiration vénitienne. On ne visite pas l'intérieur (galeries d'art privées au rez-de-chaussée), mais on peut toujours admirer la façade couverte de grès ciselé, le porche richement sculpté et la jolie cour (si le portail est ouvert).

**E.T.A Hoffmann Haus & Museum** *(maison-musée d'E.T.A. Hoffmann, plan B2)* **:** *Schillerplatz 26. • etahg.de • Mai-nov, mar-dim 15h-17h (10h-12h w-e et j. fériés). Entrée : 2 €.* L'auteur des contes vécut dans cette minuscule maison de 1808 à 1813. On y a rassemblé tous les souvenirs du musicien-poète : à voir, notamment, son atelier de travail, le *Poetenstübchen.* C'est ici qu'il rédigea ses fameux contes fantastiques, qui allaient lui fournir matière à un ultime chef-d'œuvre.

**DOUBLE VIE**

*Hoffmann menait à la fois une carrière de juge et d'écrivain prolifique. Mais son penchant pour l'alcool contribua à le faire mourir prématurément à 46 ans. On raconte que pour se payer ses 6 à 7 litres de vin quotidiens, il déclamait dans un bar de Berlin des vers interdits par la morale. L'ardoise considérable laissée pour sa consommation fut effacée par le tenancier. En effet, ces séances de déclamation lui amenaient plein de clients.*

– Les amateurs de philosophie allemande peuvent également passer devant la ***maison de Hegel*** *(Pfahlplätzchen, sur Judenstr).* Le philosophe y vécut à l'époque où il dirigeait *La Gazette de Bamberg* !

**Naturkunde Museum** *(musée d'Histoire naturelle, plan B1)* **:** *Fleischstr 2. • naturkundemuseum-bamberg.de • Mar-dim : 9h-17h, oct-mars, 10h-16h. Entrée : 3,50 €.* Ce musée vaut le coup d'œil, ne serait-ce que pour sa superbe salle d'exposition, vieille de plus de 200 ans, qui présente sur deux niveaux l'une des collections d'oiseaux les plus importantes d'Europe dans un très beau mobilier d'époque. Film multivision en allemand, diffusé toutes les heures, expositions de fossiles, animaux naturalisés...

**Michaelsberg** *(hors plan par A1)* **:** sur une des sept collines (c'est pourquoi ils parlent de « Rome franconienne »). ***Attention, le monument est actuellement fermé pour travaux. Ils devraient durer jusqu'en 2018 !*** Magnifique vue sur la ville et visite du musée de la Bière, ***Fränkisches Brauerei-museum*** *(hors plan par A1 ; Michaelsberg 1 ; mer-dim 13h-17h, w-e 11h-17h ; entrée : 3 € ; • brauereimuseum.de •).*

## À faire

***Visite du vieux Bamberg en bateau :*** *départ tlj de mi-mars à mi-nov à l'embarcadère de Kapuzinerstr 5 (derrière l'Altes Rathaus). Env 8 €, mais slt s'il y a suffisamment de demandes. Consulter le tableau des horaires. Durée : 1h30 env.* Cette promenade combine la visite de la « Petite Venise » à celle, plus technique et économique mais très intéressante, du port de Bamberg. Passage d'une écluse.

– ***Marchés :*** *aux fleurs tlj au Grüner Markt, aux fruits et légumes tlj sf dim, et produits fermiers le sam mat sur la promenade.* Produits locaux en provenance des maraîchers de la ville.

LA FRANCONIE

## Manifestations

Beaucoup de manifestions sont liées à la profonde foi catholique des habitants de Bamberg.

– ***Concerts au Kaiserdom :*** *mars-oct, sam 12h. Entrée libre.*

– ***Passionskrippen :*** *autour de Pâques.* Exposition de crèches dans la Maternkapelle.

– ***Fête-Dieu :*** *après la Pentecôte.* Procession religieuse et messe solennelle. Le dimanche suivant, les maraîchers font de même dans leur quartier.

– ***Bamberg zaubert*** *(festival de magie)* **:** *2e w-e de juil.*

– ***Semaines des antiquaires :*** *fin juil-fin août.*

– ***Sandkerwa*** *(kermesse)* **:** *3e ou 4e w-e d'août.* Grande fête où toutes les brasseries sont représentées. Les joutes sur l'eau sont une vieille tradition.

– ***Circuit des crèches :*** *début déc-début janv.* Les crèches de Noël sont exposées dans plusieurs lieux de la ville.

# DANS LES ENVIRONS DE BAMBERG

***Buttenheim :*** *à 15 km au sud de Bamberg, prendre l'autoroute A 73, direction Forchheim et Nuremberg, et suivre la sortie 26.* Ce gros bourg d'à peine 3 500 habitants a vu naître Loeb Strauss le 26 février 1829. Il émigra aux États-Unis en 1847 (âgé de 18 ans), prit le nom de Levi Strauss et y inventa le plus célèbre pantalon de l'histoire : le blue-jeans. Il est mort à San Francisco en 1902. Un petit musée installé dans sa maison natale rappelle l'incroyable destinée de ce juif bavarois. ***Gebursthaus Levi Strauss Museum,*** *Markstr 31-33. ☎ 44-26-02.*

## COBURG *(COBOURG ; 42 000 hab. ; ind. tél. : 09561)*

Si vous avez un peu de temps, faites un détour, au nord de Bamberg, pour découvrir cette petite ville. Plus que charmante et pas trop fréquentée par les touristes, Cobourg connut un certain prestige du XVIe s au XVIIIe s (bâtiments remarquables). Au XIXe s, le nom Coburg était connu dans toute l'Europe

princière, grâce à l'habile politique matrimoniale de ses seigneurs : la fameuse dynastie de Saxe-Cobourg d'où sont issus le prince Albert, mari de la reine Victoria, et la famille royale de Belgique.
Spécialité locale : la *Coburger Bratwurst* (grillée et fumée sur pommes de pin.
➢ Train toutes les 2h de Bamberg (durée du trajet : 30 mn).

### LES COBOURGEOIS L'ONT ÉCHAPPÉ BELLE

*Après la chute de la dynastie en 1918, le duché de Saxe-Cobourg-Gotha fut incorporé à la Thuringe, à l'exception de la ville de Cobourg, annexée à la Bavière en 1920. Heureusement pour ses habitants... En 1945, ils se seraient trouvés en RDA et donc dans la zone d'occupation soviétique jusqu'en 1990 !*

## Adresse utile

**Tourist Information** *(office de tourisme)* **:** *Herrngasse 4, 96450. ☎ 89-80-00. • coburg-tourist.de • Entre la place du marché et le château Ehrenburg. Lun-ven 9h-18h (17h nov-mars), sam 10h-14h (ouv le dim en été slt). Visites guidées thématiques avr-oct, tlj à 11h (lun, mer et sam slt en hiver). Départ de l'office de tourisme. Prix : 5 €. Durée : 1h30.* Bonne documentation en français.



## Où dormir ?

**Hotel Garni Haus Gemmer :** *Rosenauer Str 10. ☎ 55-510. • info@hotel-gemmer.de • hotel-gemmer.de • Double 90 € avec petit déj-buffet généreux. Parking.* À 1,2 km au nord de la place centrale Marktplatz, proche du Rosenau Palace. Petit hôtel aux murs verts, avec un bâtiment principal bordé d'une sorte de tourelle à l'italienne. Bon accueil. Chambres claires avec douche au confort correct, décoration sobre et classique. Bonne literie. Fait aussi restaurant.

**Stadt Cobourg Ringhotel :** *Lossaustr 12. ☎ 87-40. • stadtcoburg@ringhotels.de • hôtel-stadt-coburg.de • Doubles 118-128 €. Parking.* À deux pas du centre et de la gare, cet hôtel centenaire affiche un chic de bon aloi. L'intérieur a été modernisé et restauré avec soin. Confort et hospitalité sans faille. *Backstube* spécialisé dans les grillades et la cuisine franconienne traditionnelle. Accueil tout sourire. Bon restaurant.

**Golden Traube Romantik Hotel :** *Am Viktoria Brunnen 2. ☎ 87-60. • goldenetraube.com • info@goldenetraube.com • Doubles 119-165 € selon confort.* Très bien situé, à 200 m de la *Marktplatz,* cet hôtel de charme offre un bon rapport qualité-prix-accueil. Installé dans une vieille demeure entièrement restaurée, il abrite des chambres de très bon confort, qui donnent soit sur la rue soit sur l'arrière (plus calme). Excellent accueil des propriétaires. Personnel très aimable. Au restaurant *Victoria Grill,* le chef concocte une des meilleures cuisines de la ville, à des prix raisonnables.

## Où manger ? Où boire un verre ?

**Künster-Klause :** *Theaterplatz 4. ☎ 90-705. • post@kuenster-klause.de • Tlj 17h30-23h (ven-dim 11h30-14h et 17h30-23h). Plats 8-14 €.* *Weinstube* et restaurant en face de l'Opéra. Large terrasse aux beaux jours et intérieur traditionnel de boiseries avec des coins intimes protégés par des vitres épaisses. Journées thématiques : sushi le mardi, grillades le mercredi et pâtes le jeudi. Petite carte mais cuisine soignée qui sort un peu de la monotonie environnante. Bières régionales en vedette. Service souriant. On peut y prendre un petit déjeuner le week-end.

## Où déguster une bonne pâtisserie ?

**Kaffeehaus Cappuccino :** *Markt 14. ☎ 95-490. Tlj 8h30-19h (9h-18h sam-dim). Sur la place centrale, donc au cœur de la ville.* Cette pâtisserie-salon de thé, c'est 3 ambiances en 1 lieu : une belle salle claire et une suite de petits salons élégants au mobilier sobre et contemporain à l'intérieur, une terrasse avec vue sur la place de la mairie à l'avant, et à l'arrière, une adorable petite cour intérieure, au calme intimiste, cernée par de jolies façades à colombages. Petite restauration, grand choix de gâteaux et de glaces.

## À voir



Un conseil : faites la visite de la ville à pied. De la *Marktplatz,* remontez la *Herrngasse,* qui conduit au château *Ehrenburg.* Prenez ensuite les escaliers menant au *Hofgarten,* un immense parc à l'anglaise aux arbres magnifiques, bien aménagé et vraiment agréable. En 30 mn de marche environ, vous arriverez au château médiéval *Veste Coburg.* Possibilité de se faire conduire là-haut par un petit train.

**Marktplatz :** majestueuse place du Marché (mercredi et samedi matin), avec son hôtel de ville bleu *(Rathaus)* en style Renaissance tardive. Face à lui, le *Stadthaus* (ancienne chancellerie ducale) à trois pignons triangulaires délicats surmontés de statues (dont celle de saint Maurice, patron de la ville). Remarquer les encorbellements, typiques de l'architecture de Cobourg.
Au milieu de la place trône ***la statue d'Albert de Saxe-Coburg-Gotha.*** Né à Coburg en 1819, il épousa sa cousine Victoria née la même année que lui. La mère de Victoria, la duchesse de Kent, était née princesse de Saxe-Coburg-Saalfeld, d'où le cousinage. Le mariage royal eut lieu en 1840, Victoria étant déjà reine d'Angleterre depuis 1837. Le couple royal eut neuf enfants qui épousèrent nombres d'héritiers des familles royales et princières européennes. À la mort d'Albert, en 1861 à l'âge de 42 ans, Victoria fut très affectée et son deuil dura longtemps. Elle vint elle-même inaugurer le monument après la mort de son bien-aimé en 1861. Au coin de la *Steingasse,* la vieille pharmacie de la cour *(Hofapotheke)* se pare d'un splendide encorbellement.
Non loin de la place, jeter un coup d'œil, en face de l'église Sankt-Moritz (où Luther prêcha), sur le *lycée Casimir* de style Renaissance (1605), flanqué à l'angle de la statue de son fondateur, le duc *Jean Casimir de Saxe-Coburg-Eisenach.* Pas loin de la place du marché encore, au n° 7 de la Ketschengasse, admirer la *Münzmeisterhaus,* (maison des maîtres monnayeurs), une des plus anciennes maisons à colombages d'Allemagne.
– ***Tickets combinés*** pour la visite des musées de Cobourg **:** *10 € ; réduc.*

**Schloss Ehrenburg** (palais Ehrenburg) **:** *visites guidées slt en allemand, mais plaquette en français disponible. Tlj sf lun ttes les heures 9h-17h (10h-15h oct-mars). Prix : 4,50 €.* Château qui servit de 1547 jusqu'en 1918 de résidence aux princes de Cobourg. L'extérieur a été complètement refait au XIX$^e$ s dans un mélange de styles néo-gothique et néo-Renaissance. Ce n'est pas ce qui existe de plus réussi en Allemagne, mais l'endroit est chargé d'histoire. ***Au premier étage :*** on verra surtout le boudoir avec la baignoire encastrée et la niche à poésie de la duchesse Louise. ***Au second étage :*** la salle des Géants où 28 sculptures d'Atlantes soutiennent l'entablement. Voir aussi le salon des Gobelins et la chambre à coucher où la reine Victoria dormit en 1893 ; notez les w-c en acajou (1869).

**Veste Coburg** (forteresse) **:** *château fort médiéval. L'accès à la forteresse est libre. Avr-oct, tlj 9h30-17h ; nov-mars, mar-dim 13h-16h. • kunstsammlungen-coburg.de • Tlj 9h30-17h, sf nov-mars mar-dim 13h-16h ; prix : 6 €, réduc ; audio-guides en allemand et en anglais 2-3 €. Compter 2h de visite.* C'est une forteresse

perchée sur un piton rocheux, qui surplombe la cité comme un nid d'aigle. À l'intérieur de l'enceinte fortifiée, vaste palais qui comprend les appartements princiers et un *musée* qui rassemble de nombreuses collections : peintures et gravures (Cranach, Dürer, Grünewald, Holbein, Grien, Hals), d'armes (un vrai arsenal), porcelaines et étains, cabinet de gravures sur cuivre, magnifique salon de chasse en marqueterie. On visite aussi l'appartement où vécut Martin Luther pendant 6 mois. Plus loin, voitures de parade, traîneaux de tournoi sur glace pour femmes... Le château est surtout connu pour sa ***collection de verres,*** notamment de Murano, certainement l'une des plus belles d'Europe : pièces de Gallé, Tiffany. Café à la sortie. Belle vue sur la Thuringe depuis les remparts.
– ***La crypte des Cohary*** dans l'église catholique Saint-Augustin, *(Festungsstrasse, 1),* renferme les tombes de 15 membres de la dynastie des Saxe-Cobourg. Parmi eux, le tsar des Bulgares, Ferdinand I^er^ (1861-1948).



## Manifestations

– ***Samba-Festival :*** *un w-e en juil.* Toute la ville danse lors du plus grand festival de samba hors du Brésil. À ne pas rater !
– ***Schlossplatzfestival :*** *un w-e fin juil.* Sur l'imposante place devant le palais Ehrenburg, grande fête des gourmets accompagnée de concerts et spectacles. Et le tout gratuit.

## LA BASILIQUE DES QUATORZE-SAINTS

*À 26 km au sud-est de Cobourg. Prendre la direction de Bamberg (autoroute A 73). Au niveau de la ville de Lichtenfels, il y a une intersection, prendre la bretelle et la sortie 13, passez par le village de Grundfeld, c'est indiqué. Suivre la route qui monte sur la colline boisée, l'église-basilique se trouve haut perchée sur le versant de la colline. Ouv mai-sept 6h30-20h, oct-avr 7h30-17h. Entrée libre.*
C'est bel et bien un chef-d'œuvre de l'architecture baroque : la ***Wallfahrtkirche Vierzehnheiligen*** (1743-1772). Cette église de pèlerinage vaut largement le détour pour les amateurs du genre. L'abbé Stefan Moesinger a commandé cette église à l'architecte Balthasar Neumann, qui a aussi travaillé à la Residenz de Würzburg. L'intérieur est une merveille du baroque religieux ! Le plus étonnant dans cette église est la position centrale de l'autel mais aussi sa décoration d'une extrême richesse. Parmi les 14 sculptures représentant les saints perchés sur le dais de l'autel, on notera celle de Saint-Denis qui porte sa tête, Saint-Christophe avec son bâton doré, et surtout le curieux et insolite Saint-Pantaleon. Juché au sommet du dais, il pose ses deux mains sur sa tête, prenant des airs d'une « agreste désinvolture », il évoque plutôt un faune rustique sorti d'une cour de ferme qu'un saint ascète catholique... c'est bel et bien la marque fantaisiste du style baroque !

## LE CHÂTEAU WEISSENSTEIN DE POMMERSFELDEN

*À 30 km au sud de Bamberg, par la route 505, direction Höchstadt. Sinon, bus à partir de la gare (7h30, 11h et 13h30) jusqu'à Steppach, puis 30 mn à pied. Slt en visite guidée avr-oct ttes les heures 9h30-17h. Entrée : 6,50 €, documentation française disponible. Le parc est ouvert tte l'année.* L'un des bijoux du baroque franconien, construit au XVIII^e^ s par Baltazar Neumann, l'un des architectes de la cour viennoise pour Lothar Franz von Schönborn (1655-1729), prince-évêque de Bamberg et électeur de Mayence, donc un personnage puissant et très riche. À voir pour le superbe plafond peint de l'escalier monumental, représentant l'Olympe, le hall (galeries sculptées superposées), le salon-grotte rocaille, les trompe-l'œil, les peintures et la salle en marbre. Vaste jardin et parc à gibier.

Possibilité de se loger au ***Schloss-hotel*** dans les anciennes écuries face au château : ☎ *09-54-86-80* ; • *schlosshotel-pommersfelden.de* • Divers forfaits avec repas du soir thématique *(compter à partir de 100 €/pers).*

## DE BAMBERG À WÜRZBURG



**Rejoindre l'autoroute, avant *Höchstadt.* Elle traverse un superbe parc naturel, le *Steigerwald.* Changement de paysage avant *Würzburg* : le long du Main s'étalent langoureusement les coteaux des vignobles qui vont vous inciter à vous passer de votre demi de bière habituel...**

## WÜRZBURG (WURTZBOURG) 135 000 hab. IND. TÉL. : 0931

**La ville s'étale dans une vallée baignée par les eaux du Main (celui qui passe à Francfort) dans un paysage de collines couvertes de vignobles. Un château haut perché (citadelle du Marienberg), des clochers lancés au-dessus des toits de tuile, un site exceptionnel, on pourrait se croire dans la vallée du Rhin, mais non. Würzburg semble vivre au rythme de sa rivière chargée d'histoire. Ce paysage inspira des auteurs et des peintres romantiques, au point que Goethe la compta parmi les plus belles villes d'Allemagne. Würzburg n'est-elle pas le point de départ Nord de la fameuse Route romantique ? Malgré une reconstruction chaotique (le 16 mars 1945, la ville fut presque entièrement détruite), Würzburg a gardé son rayonnement culturel d'autrefois, reconnu par l'Unesco, qui a classé au Patrimoine mondial la *Residenz* des princes-évêques.**

### UN PEU D'HISTOIRE

À l'origine, un moine irlandais nommé Kilian y établit son ermitage. Il apporta le christianisme à la région, et mourut martyrisé. Son tombeau se trouve dans l'église Neumünster, dans le centre historique. En 742, le pape Boniface fonde l'évêché de Wurtzbourg que Frédéric Barberousse élève au rang de duché de Franconie en 1168. Un évêque qui devient duc, voilà qui n'est pas banal ! La destinée de Würzburg est très tôt fixée : de 1168 à 1802 elle restera ville impériale du Saint Empire romain germanique. En 1397, le roi Wenzel promet même l'indépendance de la ville par rapport à l'Empire, mais se rétracte vite fait.

La ville prend de l'ampleur pendant ce temps et ses fortifications s'étendent. En 1483, le grand sculpteur du gothique flamboyant, ***Tilman Riemenschneider,*** s'y installe et réussit même à se faire élire maire, en 1520. L'université est fondée en 1582.

Au XVIIe s, pendant la guerre de Trente Ans, les Suédois de Gustave-Adolphe II occupent la ville, puis ce sont les guerres napoléoniennes qui troublent l'histoire wurtzbourgeoise. Napoléon loge dans la Résidence, qu'il décrit comme le plus beau presbytère d'Europe... Puis la cité redevient une fois pour toutes « bavaroise ». Goethe y passe au XIXe s. Il apprécie le site, le paysage et les vins de Franconie. Plus tard, en 1895, Wilhelm Röntgen (premier Prix Nobel de physique, en 1901) y découvre les rayons X en observant la bague de sa femme entourant une phalange de l'annulaire du squelette.

## Adresses et infos utiles

### Informations touristiques

**Office de tourisme – Tourist Information & Ticket Service** (plan B2) **:** *Falkenhaus, derrière l'église Sainte-Marie. La maison du Faucon de 1752 possède une très jolie façade rococo.* ☎ *37-23-98.* • *wuerzburg.de/tourismus* • *Avr-déc, lun-ven 10h-18h, sam 10h-14h (et 10h-14h dim mai-oct). Janv-mars, lun-ven 10h-16h et sam 10h-14h.* Documentation gratuite en français.

– ***Visites guidées à pied de la ville*** *(en allemand)* **:** *durée : 1h30. Prix : 8 € ; réduc. Infos, horaires et résas auprès de l'office de tourisme.*

– ***Tour de ville guidé :*** *en petit train au départ de la Residenz (40 mn). Les billets se prennent dans le train.*

– Possibilité d'acheter la ***Würzburg Welcome Card*** *(3 €)* donnant droit, pendant 1 semaine, à des réductions dans les musées.

### Transports

***Gare ferroviaire principale*** *(plan C1)* **:** *rens sur les trains au* ☎ *0800-150-70-90.* Nombreux trains quotidiens pour Nuremberg, Munich, Bamberg et Berlin (4h de trajet).

■ ***Location de voitures :*** ***Hertz,*** *Bahnhofsplatz 4.* ☎ *784-69-13.*

■ ***Location de vélos :*** ***Call a Bike,*** *à la gare principale.* • *callabike-interaktiv.de* •

***Promenades en bateau :*** plusieurs compagnies. Informations et embarquement à *Alter Kranen (plan B2).* Possibilité de se rendre par bateau jusqu'à la résidence d'été *Veitshöchheim,* aux jolis jardins rococo avec jeux d'eau *(en 40 mn, avec des départs ttes les heures 10h-16h ; A/R : 9 €. Mai-oct ; croisières du soir de 3h, départ à 19h, billet 13 €). Croisières du soir sur résa slt et pour groupes slt : mai-sept, prix 16 €/pers.*

– Des excursions permettant la découverte des villages viticoles alentour sont également proposées.

LA FRANCONIE

## Où dormir ?

### Camping

***Campingplatz Kalte Quelle :*** *Winterhäuserstr 160, 97084 Würzburg.* ☎ *655-98.* • *info@kalte-quelle.de* • *kalte-quelle.de* • *À 8 km, au sud-est du centre. Ouv tte l'année. Compter env 20 € pour 2 pers. avec tente et voiture.* Situé au bord du Main, dans un environnement verdoyant, un petit camping ombragé et calme. Équipement aux normes. Bistrot-resto sur place. Un peu loin de tout, mais un bus permet de gagner rapidement la vieille ville.

### Bon marché

***Jugendherberge*** *(AJ ; plan B3,* ***10****)* **:** *Fred-Joseph-Platz 2.* ☎ *467-78-60.* • *wuerzburg@jugendherberge.de* • *wuerzburg.jugendherberge.de* • *Au pied de la citadelle Marienberg, dans une rue parallèle au fleuve. Fermé fin déc. Carte AJ exigée. Env 25 € la nuit en dortoir, 5 € en supplément pour les plus de 27 ans, petit déj compris. (payant).* Dans un ensemble de vieux bâtiments du XIIIe s, idéalement situé. 238 lits répartis dans une soixantaine de chambres. Idéal pour les familles et les groupes.

***Babelfish-Hostel*** *(plan C1,* ***11****)* **:** *Haugerring 2.* ☎ *30-40-430.* • *info@babelfish-hostel.de* • *babelfish-hostel.de* • *À deux pas de la gare, 10 mn du centre. Nuitée en chambres 2-10 lits 17-23 €, draps inclus, serviettes de toilette dans les chambres « privées » (4 pers et moins) slt. Double 62 €, studios, appartements 70-74 € pour 2 ; petit déj 4,90 €.* Ne pas se fier à l'extérieur, qui cache un intérieur chaleureux et bariolé dès qu'on a franchi la porte. Les dortoirs (de 4 à 10 lits) et les chambres

## Adresse utile

Office de tourisme-Tourist Information et Ticket service

## Où dormir ?

10 Jugendherberge
11 Babelfish-Hostel
12 Hotel Poppular
13 Hotel Alter Kranen
14 Hotel am Congress Centrum

## Où manger ?

20 Backöfele
21 Taverna Cinquantanove
22 Weinhaus-Restaurant zum Stachel
23 Nikolaushof

## Où boire un verre de vin franconien ?

30 Weinstuben Juliusspital
31 Bürgerspital
32 Alte Mainmühle

## Où boire un café ? Où sortir ?

33 Uni Café
34 Till Eulenspiegel
35 Wohnzimmer

## À voir

46 Käppele

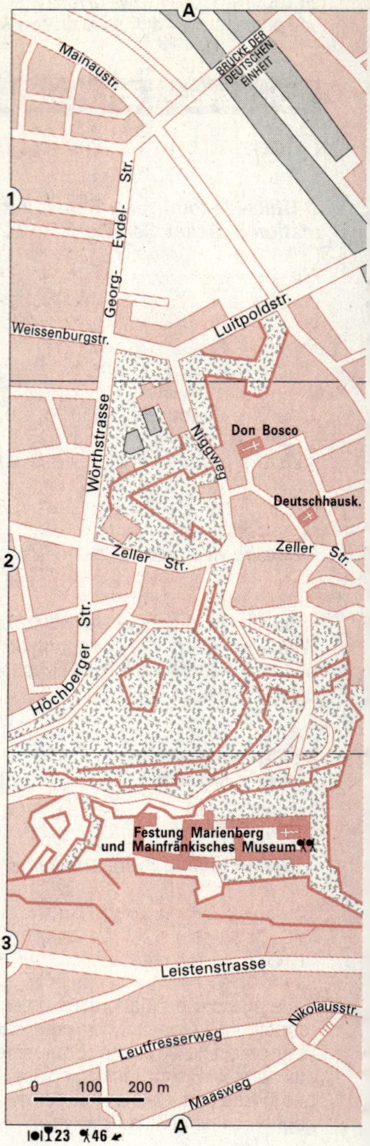

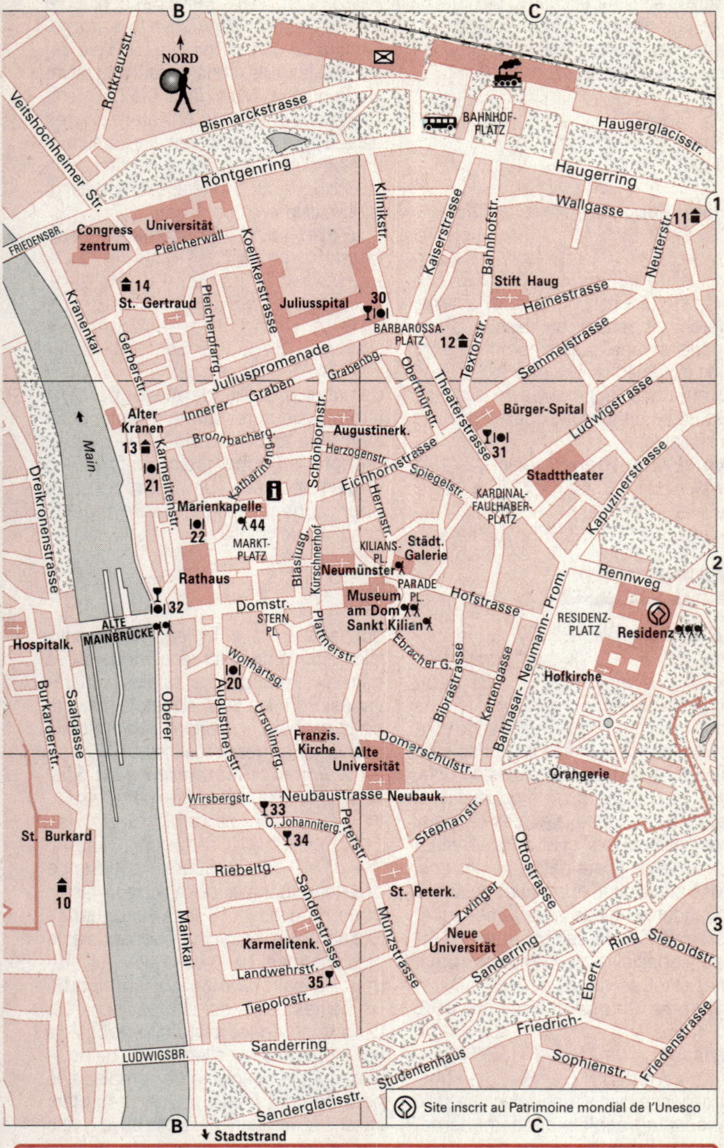


## WÜRZBURG (WURTZBOURG)

privatives sont impeccables, bien décorés et très propres comme toujours en Allemagne. Cuisine, boissons chaudes et machine à laver à disposition.

### De prix moyens à plus chic

**Hotel Poppular** (plan C1, **12**) : *Textorstr 12-17. ☎ 32-27-70. • hello@hotelpoppular.de • hotelpoppular.de • En plein cœur de la ville. Doubles 88-113 € selon confort.* Un petit hôtel à taille humaine, entièrement retapé au-dessus d'une crêperie sympa. Les chambres sont claires et agréables. Les moins chères se trouvent dans l'annexe *Gästehaus Stift Haug,* juste en face. Accueil et service très agréables.

**Hotel Alter Kranen** (plan B2, **13**) : *Kärrnergasse 11. ☎ 35-180. • mail@hotel-alter-kranen.de • hotel-alter-kranen.de • Doubles 100-140 €. Réduc en déc. Parking à proximité.* Ne pas confondre avec le *Gasthof Alter Kranen* tout proche. Le nom de ce charmant hôtel (3 étoiles) vient de la vieille grue tournante en pierre sur le quai du Main devant le bâtiment. Toutes les chambres ont été rénovées dans le style contemporain. En demander une du côté ouest, car elles offrent une vue idyllique sur la forteresse Marienberg, le Main et le vieux pont.

**Hotel am Congress Centrum** (plan B1, **14**) : *Pleichertorstr 26. ☎ 230-79-70. • info@hotel-am-congress-centrum.de • hotel-am-congress-centrum.de • Doubles 100-149 €, petit déj-buffet compris. Parking privé : 8 €/j.* Belle demeure à la façade bleue, de style néo-classique restaurée et aménagée avec beaucoup de goût, elle abrite un hôtel aux chambres confortables et bien décorées. On l'apprécie aussi pour la gentillesse de son accueil. Location de vélos.

## Où manger ?

**Backöfele** (plan B2, **20**) : *Ursulinergasse 3. ☎ 590-59. • mail@backoefele.de • Tlj 12h-minuit (1h ven-sam ; 23h dim). Plats 5-20 €. En plein centre.* Une façade rose, une grande porte verte voûtée, une jolie cour intérieure et une salle chaleureuse. Poutres et piliers en bois, tables et chaises d'auberge rustique, fenêtres à l'ancienne avec des carreaux fumés, vieux objets ici et là, on dirait un vieux relais de poste patiné par les ans. Service attentionné et bonnes spécialités de Franconie : *blaue zipfel*, *fränkischer Flusszander* et le *sauerbraten « Backöfele »* spécialité de la maison (bœuf mariné et rôti servi avec de la crème).

**Taverna Cinquantanove** (plan B2, **21**) : *Karmelitenstr 31. ☎ 45-22-85-68. • luciano@taverna59.de • Tlj sf mar 12h-14h, 18h-23h. Env 20-30 €.* Trattoria italienne bien située, avec une salle intérieure agréable : déco moderne, grande banquette, murs de brique peints en blanc. La cuisine est aussi bonne qu'en Italie. Tableau noir pour les suggestions du jour : recettes de pâtes originales, produits transalpins bien travaillés. Pour les vins, suivez la maxime de la maison : *« Il vino è l'anima della poesia ».* Pas besoin de traduire !

**Weinhaus-Restaurant zum Stachel** (plan B2, **22**) : *Gressengasse 1. ☎ 52770. • info@weinhaus-stachel.de • Tlj sf lun 11h30-minuit (16h sam). Plats 7,50-16 €.* Malgré l'apparence extérieure banale, cette maison historique date de 1413 (ses fondations). Elle abrite un resto gastronomique et le plus charmant patio de la ville. À l'intérieur, la cave voûtée qui surplombe les petites salles est impressionnante. On y déguste les plats classiques de Françonie et d'excellents plats de poisson, dont la spécialité de la maison, le poisson-chat *(Waller).* Quelques plats italiens et végétariens. Belle cave à vins garnie de grands foudres de vins franconiens. Service attentionné.

## Où manger à l'extérieur du centre ?

**Nikolaushof** (hors plan par A3, **23**) : *Spittelbergweg. ☎ 79-75-00. • johannes@nikolaushof.org • Prendre la Nikolausstrasse, puis Maasweg, puis*

*Spittelbergweg vers la chapelle « Käppele ». Mai-sept, tlj midi-minuit ; oct-avr, tlj sf lun 15h-minuit. Repas complet env 30 €, moins cher le midi.* Pour fuir le bruit de la ville et s'offrir un petit luxe après la montée. L'ensemble de resto-bar-*lounge* autour d'un petit étang permet une belle vue sur la ville. Déco aux couleurs chaudes. Cuisine du monde inventive et délicieuse. Beaucoup n'y viennent que pour prendre, dans des petits pavillons, un verre entre copains.

## Où boire un verre de vin franconien ?

🍷 🍽 ***Alte Mainmühle*** *(plan B2, **32**) : Mainkai 1. À l'extrémité est du Vieux-Pont. ☎ 167-77. Tlj 9h30-minuit.* Une position stratégique pour cet ancien moulin au bord du Main. Les promeneurs passent devant en empruntant le vieux pont sur le Main. La belle charpente de bois de l'intérieur abrite un resto réputé de spécialités franconiennes. Le soir, vue privilégiée sur les coteaux et la citadelle illuminée. C'est aussi l'arrêt obligatoire pour déguster un verre de vin à l'une des petites tables plantées sur le parapet du pont.

🍷 🍽 ***Weinstuben Juliusspital*** *(plan C1, **30**) : Juliuspromenade 19, angle de la Klinikstr. ☎ 540-80. Tlj 10h-minuit. • weingut@juliusspital.de • Plats 7-22 €.* Une des meilleures adresses de la ville. Il s'agit d'une taverne installée dans un hôpital (toujours en activité) fondé au XVIe s. On y déguste le vin provenant des propres vignobles de l'établissement. À chaque plat son vin, ou vice versa, selon ce qu'on préfère. Belle terrasse. Possibilité de visiter les caves et la pharmacie rococo le vendredi à 17h (6 €).

🍷 🍽 ***Bürgerspital*** *(plan C2, **31**) : Theaterstr 19. ☎ 35-28-80. • info@buergerspital.de • Tlj 10h-23h. Plats 7-18 €.* Vieille *Weinstube* typique datant du XIVe s, qui occupe les bâtiments d'un ancien hôpital. Il y a 2 parties, une partie moderne abritant une vinothèque, et une autre qui fait restaurant. On y vient surtout pour déguster les vins du domaine et des environs. Grande cour intérieure, et salle voûtée supportée par des colonnes. Au n° 17 de la même rue, on peut acheter ces mêmes vins en bouteilles *(lun-ven 9h-18h, sam 9h-15h). Visite des caves le sam à 14h (5 €).*

LA FRANCONIE

## Où boire un café ? Où sortir ?

Wurtzbourg propose de nombreux endroits animés, notamment autour de la *Sanderstrasse (plan B3)*, quartier étudiant au sud de la ville. L'animation nocturne se concentre aussi autour des nombreux bars et tavernes de *Karmelitenstrasse* derrière le *Rathaus* et, plus loin, dans les ruelles des anciens remparts *(Innere Graben)* et sur *Juliuspromenade (plan B1)*. Regarder la programmation des discothèques sur *• wuewowas.de •*

🍷 ***Uni Café*** *(plan B3, **33**) : à l'angle de Sanderstr et de Neubaustr. ☎ 156-72. Tlj 8h-1h.* Comme son nom l'indique, repaire d'étudiants de l'université. Cadre moderne, terrasse sur le trottoir. Grand choix de petits déjeuners, quelques plats bon marché plus une carte du jour.

🍷 ***Till Eulenspiegel*** *(plan B3, **34**) : Sanderstr 1a. Tlj 18h-1h.* Souvenez-vous des aventures de Till l'Espiègle, ce facétieux personnage de la littérature populaire allemande ! C'est un bar à vins et à bières, très prisé des étudiants. Ils s'agglutinent dans la cave pour écouter des groupes locaux. Bondé et surchauffé surtout le week-end, mais bonnes bières pour étancher sa soif.

🍷 ***Wohnzimmer*** *(plan B3, **35**) : Sanderstr 1, à l'angle de la Tiepolostr.* Lieu à la mode avec sa salle aux grandes baies vitrées et sa clientèle un peu yuppie. Toutes sortes de petits déjeuners et plats mexicains.

🍷 Plein d'autres adresses qui ne manquent pas de charme : ***Sternbäck*** sur la *Sternplatz (plan B2)*, un café fréquenté par des étudiants,

***Café Journal*** *(Juliuspromenade 50 ; plan B1),* endroit intello de bon goût, ou encore le **Standard** *(Oberthürstr 11a ; plan C1-2),* bar estudiantin avec concerts et fêtes.

## Où écouter de la musique et danser ?

♫ ***Studio Club*** *(plan C1) : Haugerpfarrgasse 7. • studio.tobit.net •* Fréquenté par les plus de 30 ans le jeudi soir, et par les plus jeunes le mardi et le week-end.

♫ **Boot** *(plan A-B1) : Veitshöchheimerstr 14. ☎ 593-53. • das-boot.com • Jeu-sam 21h-5h.* Une discothèque sur un bateau amarré au quai, près du pont der Deutschen Einheit. Clientèle jeune de moins de 30 ans.

♫ 🍷 ***Zauberberg*** *(plan A-B1) : à côté du précédent, Veitshöchheimer Str 20. • zauberberg.info • Jeu-sam 22h-5h.* Mélange de *Biergarten* et de discothèque pour les étudiants le jeudi et pour les plus de 30 ans le samedi soir.



## À voir

***Alte Mainbrücke*** *(plan B2) :* le Vieux-Pont sur le Main date du XVe s où il a remplacé un pont roman. Comme le pont Saint-Charles de Prague auquel il ressemble en plus petit, les côtés sont décorés de statues de saints, dont celle de saint Kilian, patron de la ville. Depuis le pont, on aperçoit en aval l'*ancienne grue (Alter Kranen).* À l'extrémité est, dans l'ancien bureau de douane se trouve la *Haus des Frankenweins* (maison des vins de Franconie). Plus loin, une tour romane qui annonce le *Rathaus* du XIIIe s. Cour intérieure où on installe les tables de la *Ratskeller* en été.

***Marienkapelle*** *(église Sainte-Marie ; plan B2) : Marktplatz.* Repeinte en rouge et blanc (elle a du style), de type halle gothique, cette église fut fondée au XIVe s sur les ruines d'un quartier juif incendié après une épidémie de peste. Voir le joli portail nord avec les sculptures représentant *Adam et Ève* de Tilman Riemenschneider, dont le ciseau a également façonné la pierre tombale (1499) de *Konrad von Schaumberg,* encastrée dans un mur sous le buffet d'orgue. Observez son beau visage grave et sa chevelure de pop star. Les *Schaumberg* sont une des plus vieilles familles de Franconie-Thuringe, qui remonte au XIIIe s.
Derrière le chevet de l'église, la façade rococo (XVIIIe s) de la ***maison du Faucon*** (qui abrite l'office de tourisme) est sans doute la plus belle de cette place reconstruite après 1945.

***Dom Sankt Kilian*** *(plan C2) : Kiliansplatz. Lun-sam 10h-17h, dim 13h-18h. Visite guidée (1h) Pâques-Toussaint tlj à 12h30. Prix : 3 €.* Comptant parmi les plus grandes églises romanes d'Allemagne, cette cathédrale fut construite du début du XIe s à la fin du XIIe s. Entièrement détruite en 1945. L'extérieur a gardé son aspect médiéval, alors que l'intérieur a subi de nombreuses modifications. La chapelle, près du transept nord, abrite les tombeaux des princes-évêques de la maison des Schönborn. Trésor : 2 €. Objets liturgiques et reliques.

***Museum am Dom*** *(plan C2) : Kiliansplatz. ☎ 386-65-600. • museum-am-dom.de • Mar-dim 10h-18h (17h nov-mars). Entrée : 3,50 € ; billet couplé au trésor de la cathédrale : 4,50 €.* Tout à côté du *Dom,* ce musée présente ses collections de façon plutôt originale. Mêlant art contemporain (Joseph Beuys, Otto Dix...) aux maîtres de l'art roman, gothique (Riemenschneider encore) ou baroque, il réunit les œuvres autour de mots-clés et permet ainsi au visiteur de découvrir comment les thèmes de la vie, la souffrance, la découverte, la décision... sont traités selon la sensibilité de l'artiste et l'époque dans laquelle il a évolué. Similitudes troublantes et cependant fortes différences... c'est surprenant et vraiment réussi !

**Neumünster** *(plan B2)* **:** entièrement remaniée dans le style baroque au XVIIIe s, cette collégiale de conception romane présente une jolie façade de grès rose. À l'intérieur, le ***tombeau de saint Kilian*** (le saint fondateur de la ville au VIIe s) et quelques sculptures, une *Vierge à l'Enfant,* de (quelle surprise !) Tilman Riemenschneider. Cloître roman sur le côté, où se trouve la tombe d'un troubadour du XIIe s : Walter von Wegelweide. Les amoureux déçus viennent y déposer une rose rouge pour récupérer leur amour perdu.

**Residenz** *(Résidence ; plan C2)* **:** *Residenzplatz, à l'angle de la Balthasar-Neumann-Promenade et du Rennweg. • residenz-wuerzburg.de • Visites tlj 9h-18h (10h-16h30 nov-mars). Entrée : 7,50 € ; réduc.*
La résidence des princes-évêques de Wurtzbourg fut bâtie entre 1720 et 1744 selon les plans de Balthasar Neumann (1687-1753), un des plus talentueux d'Allemagne au XVIIIe s. C'est ***l'un des plus beaux palais baroques d'Allemagne,*** qui rivalise aisément avec le palais de Schönbrunn à Vienne et le château de Versailles. Depuis 1981, elle est inscrite au Patrimoine mondial de l'Unesco. Le bâtiment central, n'ayant été que légèrement touché par les bombardements de 1945, a préservé ses plus belles pièces. En 1752, Giovanni Battista **Tiepolo** créa pour le célèbre *Treppenhaus* (escalier d'honneur) ***la plus grande fresque de plafond au monde.*** Elle représente une allégorie des quatre continents connus à l'époque, l'Afrique, l'Asie, l'Europe et l'Amérique. Splendides couleurs des fresques en trompe-l'œil se mêlant aux reliefs dans la plus pure tradition du baroque. Sur la balustrade supérieure de ce même escalier d'honneur, ne manquez pas d'admirer les figures allégoriques et notamment la lugubre sculpture d'une femme couverte d'un voile funèbre, apparition étrange qui dénote avec le faste et la splendeur du lieu. Dominique Fernandez a écrit de belles pages sur cette femme, dans son livre sur le Baroque européen : *La Perle et le Croissant.*
L'enchaînement des pièces, du vestibule et de la *Gartensaal* (salle du jardin) jusqu'à la *Kaisersaal* (salle impériale), elle aussi ornée d'une fresque de Tiepolo, en passant par la *Weissen Saal* (salle blanche), est lui aussi sans pareil.
La ***galerie des glaces,*** entièrement reconstituée en 1987, est une attraction à elle seule. Les salles d'apparat sont meublées de chefs-d'œuvre du style rococo propre à Wurtzbourg. On poursuit la visite par les *appartements impériaux* (Napoléon et Marie-Louise y dormirent une nuit du 13 au 14 mai 1812) qui respirent le luxe et l'abondance, tout comme la *chapelle du palais (Hofkirche)* dans l'aile sud, richement décorée de différentes variétés de marbres, de délicates fresques de Rudolph Byss et de peintures de Tiepolo. ***Le jardin*** a été conçu à la fin du XVIIIe s par le paysagiste Johann Prokop Mayer. Les sculptures proviennent de l'atelier de Johann Peter Wagner. La ***Staatsgalerie,*** elle, propose des tableaux vénitiens des XVIIe s et XVIIIe s, dont les toujours fascinantes *Vues de Venise* de Canaletto.
– À voir encore, le ***Martin-von-Wagner-Museum*** qui renferme des collections de l'Antiquité, une galerie de peintures et un cabinet d'estampes. *Entrée libre, horaires différents selon les salles.*
– Tous les jours jusqu'à la tombée de la nuit, les jardins offrent une belle perspective sur la longue façade de l'édifice. Le week-end, visite de la cave, comptant parmi les plus belles d'Europe, véritable « cathédrale » du vin, haute de 8 m *(samdim ttes les heures 10h-16h ; env 7 €).*
➢ Le bus n° 9 passant devant la résidence vous conduit à la citadelle *Marienberg.* Vous pouvez aussi y aller à pied par les jardins en 45 mn.

**Festung Marienberg** *(citadelle Marienberg ; plan A3)* **:** *de mi-mars à oct, mar-dim 9h-18h ; visites guidées 11h, 14h, 15h, 16h (10h et 13h w-e). Visite en anglais à 15h. Entrée : 3,50 € ; réduc.* Cette formidable ancienne place forte domine la ville et le cours du fleuve depuis 1201. Résidence des princes-évêques durant cinq siècles, elle fut transformée en château Renaissance vers 1600, prise d'assaut par les Suédois en 1631 et partiellement détruite à la fin de la Seconde Guerre mondiale.

LA FRANCONIE

Mais l'église Sainte-Marie, l'une des plus anciennes du pays, où sont enterrés plusieurs princes-évêques, veille toujours sur la cour du château à l'ombre d'un imposant donjon rond du XIIe s. Au centre, margelle Renaissance couvrant un puits profond de 103 m. On visite les appartements princiers. Belle vue sur la ville depuis les terrasses.

**Mainfränkisches Museum** *(plan A3)* : • *mainfraenkisches-museum.de* • *Avr-oct, mar-dim 10h-17h ; nov-mars, 10h-16h ; entrée : 8 €.* Installé dans l'arsenal, il est consacré à l'art régional de la Préhistoire à nos jours. Salle consacrée à la viticulture franconienne. Dans la *salle Riemenschneider* (1er étage), belle collection dédiée au célèbre sculpteur. Un chef-d'œuvre : une *Vierge éplorée* de 1505 en bois polychrome.
Petite restauration sur place, pour profiter d'un panorama de rêve, si le temps s'y prête.

## À faire

Profiter de l'aménagement d'une **plage** *(Stadtstrand, hors plan par B3)* pour faire bronzette le long du Main *(avr-sept 11h-23h). Accès gratuit.*

➢ ***Promenade dans les vignobles et autour de la forteresse :*** départ de l'auberge de jeunesse ou du parking du château, une jolie balade pour prendre le temps de découvrir un peu mieux la ville. Faites un détour pour visiter la petite chapelle baroque ***Käppele,*** lieu de pèlerinage multiséculaire *(hors plan par A3,* ***46****)* et le resto *Nikolaushof* à côté (voir plus haut « Où manger ? »).

## Manifestations

Programme d'animations culturelles bien chargé. En haute saison, pas une semaine sans avoir quelque chose à se mettre sous la dent. Calendrier complet sur le site de la ville.
– ***Würtzburger Weindorf :*** *fin mai.* Village viticole sur la place du marché.
– ***Mozart Fest Würzburg :*** *fin mai-début juin pdt 4 sem.* Festival musical autour de Mozart et de la musique classique.
– ***Africa Festival :*** *vers la Pentecôte.* Le plus grand festival de musique africaine en Europe : 100 000 visiteurs. En plus, artisans, marché, spectacles.
– ***Hofgarten Weinfest :*** *fin juin, début juil.* Une des nombreuses fêtes du vin, celle-ci se déroulant dans les jardins de la Residenz.
– ***Barbarossa Spectaculum :*** *ts les 2 ans, parfois en mai ou en été.* Spectacle médiéval à la citadelle Marienberg, avec un grand tournoi.



# LA ROUTE ROMANTIQUE

**Longeant la frontière ouest de la Bavière, la Route romantique *(Romantische Strasse)* traverse le Land du nord au sud, reliant le Main aux Alpes. De la Basse-Franconie (Wurtzbourg) aux premiers contreforts des Alpes (Füssen), en passant par le pays souabe (Augsbourg), c'est un circuit de plus de 350 km, qui permet, en délaissant l'autoroute pour les petites routes de campagne, de profiter de quelques-unes des plus jolies petites villes historiques de Bavière.**
**Parsemant les paysages vallonnés, vous découvrirez tour à tour des cités médiévales renommées (Rothenburg, Nördlingen, Dinkelsbühl), plus ou moins épargnées par les destructions de la guerre, la richissime Augsbourg**

**et, en fin de parcours, Füssen, qui est la porte d'accès aux châteaux de Louis II de Bavière et le point de jonction avec la route allemande des Alpes. Les paysages entre Wurtzbourg et Rothenburg, au nord, sont, comme les chemins que vous emprunterez pour entrer en Haute-Bavière, plus au sud, tout à fait dignes d'une route romantique.**

## Informations et conseils utiles

🅸 Pour tout rens, la Route romantique a son office de tourisme : ***Touristik-Arbeitsgemeinschaft Romantische Strasse,*** *Segringer Str 19, 91550* ***Dinkelsbühl.*** *☎ (09851) 55-13-87.* • *romantischestrasse.de* • Édite de nombreux documents très bien faits : un descriptif général de la Route romantique avec carte et présentation de toutes les étapes (existe en français), une liste des campings du circuit, un programme des événements culturels, etc.

– ***De Würtzburg à Fussen,*** cet itinéraire est un des plus touristiques d'Allemagne, les chambres sont parfois réservées des mois à l'avance pour l'été ainsi que pour les week-ends de saison. N'hésitez donc pas à faire usage des numéros de téléphone.

– ***Pour les non-motorisés,*** il existe plusieurs moyens de se rendre d'une ville à l'autre. Outre le train et les lignes régulières de bus qui assurent les liaisons entre les étapes de la Route romantique et qui les relient aux grandes villes des environs (Munich, Nuremberg, Stuttgart...), il est possible de prendre en saison un bus quotidien reliant Francfort à Füssen dans les deux sens et qui dessert toutes les étapes du circuit.

*Infos et résas auprès de* ***Deutsche Touring*** *: ☎ (069) 79-03-261.* • *eurolines.de* • Par ailleurs, excellente idée, la compagnie propose d'emporter les vélos dans une remorque adéquate *(résa obligatoire 3 j. avt le voyage).* Vraiment pratique pour profiter au mieux du circuit.

– Le centre des vieilles villes le long de la route étant souvent piéton, il s'avère ***très difficile d'y circuler et de s'y garer.*** Pour éviter de devenir fou (cela a failli nous arriver plus d'une fois !), il est conseillé de laisser sa voiture sur l'un des nombreux parkings périphériques du centre (malheureusement payants pour la plupart) et de découvrir la ville à pied, ce qui est d'autant plus facile que, généralement, les curiosités sont très concentrées.

LA ROUTE ROMANTIQUE

# ROTHENBURG OB DER TAUBER

(91541) 11 000 hab. IND. TÉL. : 09861

**Entre Wurtzbourg (65 km au nord) et Dinkelsbühl, cette petite ville fortifiée est la plus visitée de la Route romantique. Comme son nom l'indique, Rothenburg domine le cours sinueux de la Tauber. On vous conseille de visiter au printemps ou à l'automne cette cité de caractère que beaucoup de touristes considèrent comme « la plus jolie petite ville d'Allemagne »... On peut les comprendre : quoi que l'on pense du résultat des rénovations d'après-guerre, les remparts, les ruelles et les maisons ont gardé, ou du moins ont su retrouver, un aspect « authentiquement moyenâgeux ». Très, très, très touristique (1,5 million de visiteurs par an, n° 1 les Japonais), vous vous en doutez... mais aussi très beau.**

**– Spécialités à Noël : les *Schneeballen.* On trouve partout ces « boules de neige », sorte de pâte de bugne enrobée de chocolat ou de sucre, véritables « étouffe-chrétien ». Les touristes (mais pas les Rothenbourgeois, pas fous !) les achètent chez ceux qui prétendent tous posséder la recette originale...**

## UN PEU D'HISTOIRE

Au début du XII^e^ s, Conrad III fait de Rothenburg l'une de ses résidences impériales. En 1274, elle est décrétée ville libre par Rodolphe de Habsbourg. C'est le début d'un grand essor économique (Rothenburg est connue pour sa laine, exportée jusqu'en Italie) et surtout culturel : les patriciens se consacrent à l'embellissement de la cité. On construit d'imposants monuments, le *Rathaus*, l'église Saint-Georges, et on enjolive les maisons privées. En 1340, Rothenburg est au croisement de deux grands axes : Wurtzbourg-Ausbourg et Paris-Prague. De nombreux commerçants, pèlerins et autres voyageurs vont donc transiter par la ville... et Rothenburg va vivre du tourisme avant l'heure, et fera sa pelote grâce au flux important de visiteurs.

### UNE BONNE DESCENTE PEUT SAUVER UNE VILLE !

*Engagée aux côtés des Réformés lors de la guerre de Trente Ans, la ville est assiégée en 1631 par l'armée impériale conduite par le comte Tilly qui, après l'avoir prise et pillée, n'a d'autre intention que de la raser. Mais, après avoir trempé les lèvres (voire plus que trempé !) dans une coupe de vin de Franconie, il lance un pari fou : si un habitant parvient à avaler d'un trait une chope de 3,25 l de ce vin, la ville sera épargnée... Le bourgmestre de l'époque relève le défi (et le coude) : il ingurgite le tout d'une magistrale rasade, et la ville fut sauvée !*

Après le siège de 1631 par les armées impériales du comte Tilly, Rothenburg cesse peu à peu de se développer. Et c'est une chance pour les descendants de ces vaillants ancêtres, puisque la pauvreté même de la cité empêche qu'on détruise remparts et maisons, faute d'argent à mettre dans des boulevards ou de nouvelles constructions. Dès 1871, les touristes affluent, surpris par un décor d'un autre âge qui n'était pas encore de carte postale, mais il faut attendre 1900 pour que les autorités décident par décret de protéger sa cohérence architecturale.

En 1942, le jeune ***François Mitterrand*** s'évade d'un camp allemand et se cache pendant quelques jours dans une modeste maison tenue par Maria Staudacher, située au 17, Alter Keller Strasse. Plus tard, Mitterrand y reviendra accompagné de son ami Willy Brandt. La maison est toujours là, elle porte une plaque en souvenir.

***Détruite à 40 %*** pendant la ***Seconde Guerre mondiale*** (les Alliés visaient un général nazi localisé dans ses murs), Rothenburg est reconstruite à l'identique entre 1950 et 1970, et on ne sait plus trop aujourd'hui ce qui appartient vraiment au patrimoine original.

## Arriver – Quitter

➢ ***Pour les non-motorisés***, le seul moyen d'accéder à Rothenburg est de passer par Steinach (50 mn de trajet en train au départ de Wurtzbourg). Des trains (15 mn) chaque heure ou presque, 6h-20h. Avr-oct, possibilité d'emprunter le bus quotidien de la Route romantique. Trains également depuis Frankfurt et Nürnberg.

*Attention !* Le centre-ville est autorisé aux voitures de 6h du mat à 19h. On ne vous conseille vraiment de ne pas y circuler. Allez-y à pied en garant votre véhicule dans les parkings hors de la vieille ville.

## Adresses et infos utiles

ℹ ***Rothenburg Tourismus – Office de tourisme*** *(plan B1) : Marktplatz 2. ☎ 404-800. • tourismus.rothenburg.de • Mai-oct, 9h-18h*

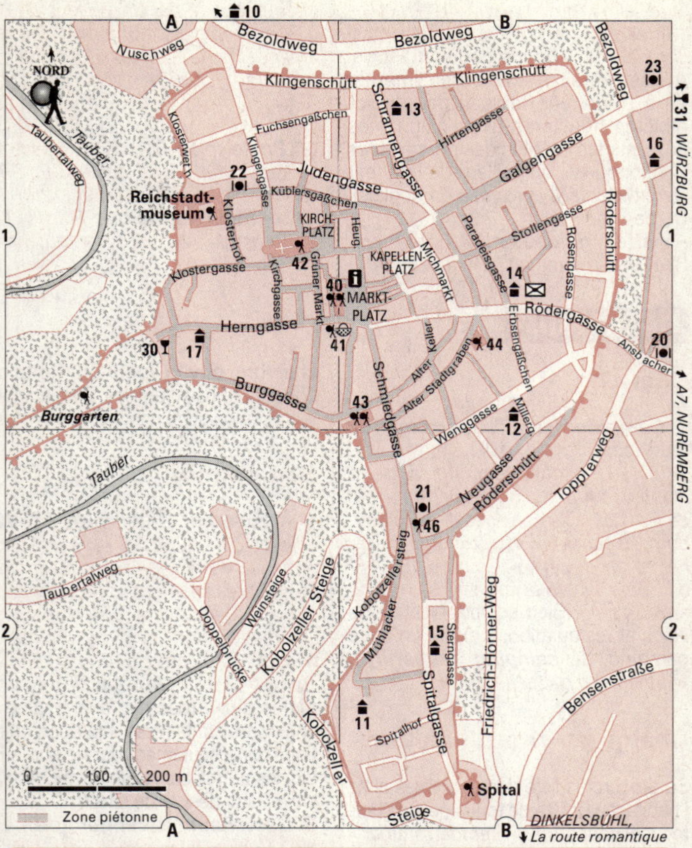




## ROTHENBURG OB DER TAUBER

**Adresse utile**

- Office de tourisme

**Où dormir ?**

- **10** Campingplatz Tauberromantik
- **11** Jugendherberge
- **12** Kreuzerhof Hotel
- **13** Gästehaus Gerlinger
- **14** Spitzweg
- **15** Hotel Gerberhaus
- **16** Hotel Hornburg
- **17** Kloster Stüble

**Où manger ?**

- **20** Gasthof Rödertor – Kartoffelstube
- **21** Gasthof Glocke
- **22** Altfränkische Weinstube
- **23** Villa Mittermeier

**Où boire un verre ? Où sortir ?**

- **30** Café Pulverer
- **31** Molkerei

**À voir**

- **40** Rathaus et Historiengewölbe
- **41** Käthe Wohlfahrt Weihnachtsdorf
- **42** Kirche Sankt Jakob
- **43** Mittelalterliches Kriminalmuseum
- **44** Alt-Rothenburger Handwerkerhaus
- **46** Plönlein

*(w-e 10h-17h) ; nov-avr, 9h-17h (10h-13h sam, fermé dim, sf lors du marché de Noël).* Bonne doc en français. Accès gratuit à une borne Internet et, à l'extérieur, tableau des disponibilités hôtelières avec plan. Infos aussi sur les horaires des promenades « historiques » du veilleur de nuit *(der Nachtwächter)*, certaines en anglais). Durée : 1h.

– ***Visites guidées :*** *avr-début nov tlj à 14h en anglais. Visite nocturne accompagnée par un veilleur de nuit à 20h en anglais (nombreux citoyens américains et japonais !), à 21h30 en allemand. Durée : 1h30. Prix : 7 €. Audioguide en allemand ou anglais 7,50 €.*

✉ **Poste** (*plan B1*) **:** *Rödergasse 11, au cœur du centre ancien. Lun-ven 9h-13h, 14h-17h30 ; sam 9h-12h.*

■ **Location de vélos : Rad & Tat,** *Bensenstr 17.* ☎ *879-84.* • *radtat.de* • *9h-18h (13h sam).*

## Où dormir ?

### Camping

⛺ ***Campingplatz Tauberromantik*** (*hors plan par A1*, **10**) **:** *Detwang 39.* ☎ *61-91.* • *info@camping-tauberromantik.de* • *camping-tauberromantik.de* • *À 1,5 km au nord-ouest de Rothenburg, en contrebas et au bord du fleuve. Fermé janv-fév et nov. Compter 19-21 €/nuit pour 2 pers avec tente et voiture, selon saison.* Bien équipé, location de vélos et restauration. Il existe un autre camping : le ***camping Tauberidyll,*** • *rothenburg.de/tuaberidyll* •

### Chambres chez l'habitant

Se procurer la liste des chambres chez l'habitant à l'office de tourisme, ou guetter les pancartes « *Fremdenzimmer* » (chambres chez l'habitant) ou « *Zimmer frei* » (chambres à louer), fort nombreuses dans la vieille ville. En général, moins chères *(compter 30-50 €/pers selon confort)* que les hôtels.

### Auberge de jeunesse

🏠 ***Jugendherberge*** (*plan B2*, **11**) **:** *Mühlacker 1.* ☎ *94-160.* • *rothenburg@jugendherberge.de* • *rothenburg.jugendherberge.de* • *Fermé en janv. Résa fortement conseillée en saison. Carte AJ obligatoire. À partir de 22,90 € la nuit.* 📶 Dans la vieille ville, sur une place ombragée et charmante, une grosse demeure médiévale avec de drôles de fenêtres sur le toit : on dirait des yeux ! Elle abrite 45 chambres et 165 lits en dortoir (4, 5 ou 6 lits) ou chambre privée (pour 2). Certaines conviennent aux familles. Bien équipée, restauration sur place, accueil sympa.

### Bon marché

🏠 ***Kreuzerhof Hotel*** (*plan B1*, **12**) **:** *Millergasse 2-6.* ☎ *34-24.* • *info@kreuzerhof.eu* • *kreuzerhof.eu* • *À proximité de la gare, à l'intérieur des remparts, entre la Wenggasse et la Neugasse. Doubles tt confort avec douche et w-c 66-75 €, petit déj-buffet inclus. Garage 3 €.* 📶 Autour d'une cour garnie d'une roseraie, une dizaine de chambres lumineuses à la déco éclectique. Une seulement donne sur le jardin, les autres sur la rue calme. Accueil jovial. Que désirer de plus ?

🏠 ***Gästehaus Gerlinger*** (*plan B1*, **13**) **:** *Schlegeleinsweth 10.* ☎ *879-79.* • *info@gaestehaus-gerlinger.de* • *gaestehaus-gerlinger.de* • *Doubles à partir de 60 €.* Située dans une ruelle calme près des remparts, une maison toute charmante datant du XVI^e s qui expose au dehors des outils, une brouette, un lapin et une enclume... Galerie en bois fleurie. Les 3 chambres disposent de tout le confort, l'une est même équipée d'une cuisine.

### De prix moyens à plus chic

🏠 ***Spitzweg*** (*plan B1*, **14**) **:** *Paradeisgasse 2.* ☎ *942-90.* • *info@hotel-spitzweg.de* • *hotel-spitzweg.de* • *Doubles 90-105 €.* C'est notre coup de cœur ! Dans une rue pavée et paisible,

LA ROUTE ROMANTIQUE

voici une demeure qui date de 1536. Entièrement rénovée, elle dispose donc de tout le confort nécessaire dans ses 10 chambres. Déco bonbonnière, vieilles poutres et meubles peints. Le patron est d'une grande jovialité, c'est un amateur du peintre romantique qui a donné son nom à l'hôtel et un admirateur du général de Gaulle. Ambiance familiale et chaleureuse.

**Hotel Gerberhaus** *(plan B2,* ***15****) : Spitalgasse 25. ☎ 86-555. • gerberhaus@t-online.de • gerberhaus.rothenburg.de • Congés : 7 janv-7 fév. Doubles 89-130 € selon confort et saison, petit déj 5 €. Garage payant.* Un hôtel vraiment agréable, à l'accueil adorable, dans une maison qui date du XVI^e s. Chambres spacieuses et confortables avec leur mobilier campagnard en bois de pin ; un nid douillet que l'on n'a pas envie de quitter... Certaines chambres sont équipées de lits à baldaquin (n^os 18 et 21), d'autres peuvent accueillir jusqu'à 5 personnes. On aime particulièrement le jardin et le caractère élégant des salles de petit déj, mi-salon, mi-salle à manger. Également petite restauration et *Kaffee Kuchen*. Accueil des randonneurs cyclistes.

**Hotel Hornburg** *(plan B1,* ***16****) : Hornburgweg 28, en dehors des remparts vers la Würzburger Tor. ☎ 84-80. • info@hotel-hornburg.de • hotel-hornburg.de • Doubles non-fumeurs tt confort 78-130 €, petit déj inclus.* Une villa bourgeoise, construite au début du siècle dernier dans un style Art nouveau à la franconienne. Les chambres sont spacieuses, chacune décorée différemment mais toutes aménagés avec goût. On a bien aimé la n° 14 avec sa belle véranda. Le vaste jardin et l'accueil chaleureux rendent le séjour vraiment plaisant.

**Kloster Stüble** *(plan A1,* ***17****) : Heringsbronnengasse 5. ☎ 93-88-90. • hotel@klosterstueble.de • klosterstueble.de • À l'ouest du centre, dans une ruelle coincée entre Herrngasse et Burggasse. Fermé début janv à fin-fév (pour le resto). Doubles 75-130 € selon confort et saison, petit déj inclus.* Tout le confort souhaitable dans cet hôtel abritant 2 types de chambres. Un des bâtiments fut une synagogue en 1875 (plaque). La partie traditionnelle est arrangée dans le plus pur style franconien, certaines chambres ayant même un lit à baldaquin. Les propriétaires ont également restauré avec beaucoup de goût la maison adjacente, qu'on vous recommande tout particulièrement pour ses très belles chambres : parquets, poutres, chacune avec une décoration différente et réussie. À l'entrée, adorable patio design et élégant.

## Où manger ?

### Prix moyens

***Gasthof Rödertor – Kartoffelstube*** *(plan B1,* ***20****) : Ansbacher 7, pile à l'extérieur de la Rödertor et en bordure des remparts. ☎ 20-22. • info@roedertor.com • Tlj 11h30-21h30 (21h dim). Plats 3-17 €.* Archétype de l'auberge franconienne, à l'entrée de la vieille ville. On y cuisine les pommes de terre sous toutes leurs formes : en robe des champs, en pâte de pizza, en beignets et même un steak flambé à l'alcool de pommes de terre ! Il y a aussi des plats à base de champignons. L'immense *Biergarten* est souvent bondé, et pas seulement de touristes. Une bonne adresse.

***Gasthof Glocke*** *(plan B2,* ***21****) : Am Plönlein 1. ☎ 958-990. • glocke-rothenburg.eu • Tlj sf dim soir. Plats 8-20 €.* Grande auberge enfouie sous les plantes grimpantes. La famille Thürauf est l'unique producteur de vins de Rothenburg. Ici, tout est fait maison, le vin comme la charcuterie, et des recettes originales sont devenues leurs spécialités : *Maultaschen* (sorte de gros raviolis farcis). Des dégustations des diverses cuvées de leur production sont proposées, et on peut acheter les bouteilles en sortant, dans leur boutique (fermée à 18h) qui jouxte le restaurant. L'hôtel est, comme le reste, de qualité.

***Altfränkische Weinstube*** *(plan A1,* ***22****) : Klosterhof 7. ☎ 64-04. • altfraenkische-weinstube@web.de • À côté du* Reichstadt Museum. *Tlj 18h-1h. Plats*

*5-15 €.* Superbe cave à vins dans un décor tout en bois, éclairé aux bougies. Accueil sympa. Bonne cuisine typique.

## Plus chic

**Villa Mittermeier** *(plan B1,* ***23****) : Vorm Würzburger Tor 9. ☎ 94-5430. • info@villamittermeier.de • Tlj sf dim 18h-22h30. Plats à la carte 12,50-30 €.* Une bonne table de la ville. Fine cuisine d'inspiration française, revue et corrigée à la mode franconienne. La carte suit le rythme du marché et des saisons. Fait aussi hôtel.

## Où boire un verre ? Où sortir ?

**Café Pulverer** (plan A1, **30**) **:** *Herrngasse 31, angle avec Burgasse. ☎ 97-61-82. Ouv tlj sf lun-mar, à partir de 17h (12h sam et dim). Petite carte 5-13 €.* Au pied de la porte ouest. Un endroit bien agréable pour déguster des gâteaux maison à l'heure du thé ou pour prendre un verre de vin le soir sur la terrasse.

**Molkerei** *(hors plan par B1,* ***31****) : Schweinsdorferstr 25b. ☎ 93-33-10. Ouv tlj à partir de 17h ; ven-sam 15h-2h du mat ; dim 10h-minuit.* À l'extérieur des remparts, par la Würzburger Tor, un bar à cocktails où se retrouve la jeunesse locale, les 18-35 ans, avec certains soirs de la musique live. Presque le seul endroit qui échappe à l'ambiance médiévale de la ville.

– Et pour ceux qui souhaiteraient prolonger la soirée, l'*Ansbacher Strasse* (rue en dehors des remparts, à partir de la Rote Tor en direction de la gare) est le quartier des boîtes de nuit...

## À voir

***La vieille ville :*** une vraie machine à remonter le temps. C'est le prototype des petites villes typiques de Franconie : rues étroites et pavées, maisons à colombages, pignons à redans, enseignes dorées, clochetons et toits pointus.

**Rathaus** (plan A-B1, **40**) **:** *montée à la tour : avr-oct, tlj 9h30-12h30, 13h-17h ; nov, janv-mars, sam-dim 12h-15h ; déc, tlj 10h-17h. Prix : 2 €.* Ce très bel hôtel de ville comporte deux parties d'époques et de styles bien différents. La façade Renaïssance (1578) donne sur la Marktplatz, avec sa jolie tour d'escalier octogonale, idéale pour avoir une belle vue de la ville. La seconde partie de l'édifice est gothique : surmontée d'un grand beffroi, elle garde l'entrée de la Herrngasse.

**Historiengewölbe** *(voûtes historiques ; plan A-B1,* ***40****) : accès par le passage sous la partie gothique du Rathaus, reliant Herrngasse à Grünermarkt. Tlj : mai-oct 9h30-17h30, 13h-16h pdt le marché de Noël, mars 12h-16h et avr 10h-16h. Prix : 2,50 €.* Ce petit musée retrace l'histoire de Rothenburg pendant la guerre de Trente Ans. La cave abrite les oubliettes où agonisa, de soif, en 1408, un des maires célèbres de la ville, Heinrich Toppler.

**Ratstrinkstube** *(plan B1)* **:** c'est dans cette ancienne auberge de notables que se niche l'office de tourisme. Toutes les heures pile, entre 10h et 22h, des foules impatientes se réunissent sur la place, les yeux braqués sur le sommet du pignon triangulaire, pour assister à la fameuse *Meistertrunk* interprétée par des automates animés.

***Käthe Wohlfahrt Weihnachtsdorf*** *(village de Noël)* ***et son musée de Noël*** *(plan A-B1,* ***41****) : Herrngasse 1. 11h-16h30. Entrée payante assez chère : 4 € !* D'autant plus que vous retrouvez la copie de la plupart des collections exposées dans ce musée en vente dans la boutique ! Ce magasin, signalé avantageusement par une vénérable camionnette de livraison, est entièrement consacré à Noël et constitue évidemment un enchantement pour les yeux ! Boules et guirlandes de toutes sortes, peluches, jouets en bois magnifiques... On ressort ébloui par cette profusion de couleurs et de lumières avec, si on n'y a pas résisté, le porte-monnaie méchamment entamé. Le *Weihnachtsmuseum,* petit musée installé dans les étages, propose une balade nostalgique autour des Noël d'autrefois.

***Kirche Sankt Jakob*** *(église Saint-Jacques ; plan A1,* ***42****)* **:** *intersection de Klostergasse et de Kirchplatz. Tlj : avr-oct, 9h-17h ; déc, 10h-16h45 ; janv-mars et nov, 10h-12h et 14h-16h. Entrée : 2 €.* De style gothique sans grande originalité. Intérêt principal : au premier étage, son magnifique retable du Saint-Sang en bois sculpté, du début du XVIe s, représentant la Cène. Notez les expressions tendues des apôtres et toute la miséricorde du Christ face au traître, Judas.

***Mittelalterliches Kriminalmuseum*** *(musée de la Justice médiévale ; plan B1,* ***43****)* **:** *Burgasse 3. Tlj mai-oct 10h-18h, horaires restreints en hiver ; entrée : 5 €, réduc. Dépliant en français, textes en anglais.* Dans l'ancienne commanderie des chevaliers de l'Ordre de Saint-Jean de Jérusalem, bien plus complet et documenté que les habituels musées de la torture. Explications quasi encyclopédiques sur la place de cette pratique certes cruelle, mais faisant partie intégrante des mesures légales pour prouver la culpabilité d'un prévenu jusqu'à des temps pas si lointains (et encore répandue sous les dictatures de nos jours, avec des méthodes bien plus sophistiquées). Abondante collection d'instruments tous plus effrayants les uns que les autres, tels les masques de honte, les piloris, les cages de suspension, l'horrible *Vierge de Nuremberg* (un sarcophage de fer hérissé de pointes à l'intérieur), les épées et haches de bourreaux, un sinistre garrot encore utilisé en Espagne sous Franco, etc., l'imagination humaine en cette matière n'ayant jamais été à court d'idées.

### BUVONS AVEC MODÉRATION

*Sous l'Inquisition, le supplicié était attaché à une planche inclinée et devait ingurgiter une énorme quantité de flotte : 6 l pour la petite torture et 12 l pour la grande. Celui qui serrait les dents avait la mâchoire ouverte de force. Les victimes étouffaient ou éclataient du fait que leurs orifices naturels avaient été bouchés ou noués. En Espagne, les bourreaux prenaient soin de faire bénir l'eau avant la torture. Merci mon Dieu !*

***Alt-Rothenburger Handwerkerhaus*** *(maison des Artisans ; plan B1,* ***44****)* **:** *Alter Stadtgraben 26. Avr-oct et déc tlj 11h (10h w-e)-17h. Entrée : 3 €.* À l'intérieur des remparts, 11 salles retracent la vie quotidienne de différents métiers traditionnels du (bon ?) vieux temps.

***Burggarten*** *(jardin du château fort ; plan A1)* **:** après avoir remonté la Herrngasse, on passe la *Burgtor,* ancienne porte du château dont ne subsiste plus que la *chapelle Saint-Blaise,* aujourd'hui mémorial. Du magnifique jardin, vue superbe sur la Tauber.

***Plönlein*** *(plan B2,* ***46****)* **:** petite place charmante, au croisement de l'Untere Schmiedgasse (qui mène à la Siebersturm) et de la Kobolzellersteig (menant à la Kobolzeller Tor).

➢ En descendant par la Kobolzeller Tor et en suivant la petite route, on arrive au *Doppelbrücke* (viaduc à arche double), datant du début du XIVe s.

***Spital*** *(hôtel-Dieu ; plan B2)* **:** ensemble de bâtiments des XVIe s et XVIIe s, regroupés autour d'une petite place au cœur de laquelle trône un pavillon au toit pointu, le *Hegereiterhäuschen.*

➢ En continuant sur Spitalgasse, on arrive au *Spitalbastei* (bastion de l'hospice), fortification formée de sept portes et deux cours. À côté, un joli pont de bois couvert enjambe les douves.

Pour ceux qui ont plus de temps :

***Reichsstadtmuseum*** *(musée de la Ville impériale ; plan A1)* **:** *Klosterhof 5. • reichsstadtmuseum.rothenburg.de • Avr-oct, ouv 9h30-17h30 ; 13h-16h en hiver. Cloître ouv avr-oct 8h-19h30. Entrée : 4,50 €.* Sur le site d'un ancien couvent de dominicains, l'histoire de la cité, au travers d'une multitude d'objets comme une collection de chopes en faïence, le fameux hanap du bourgmestre Nusch et une imposante collection d'armes parmi laquelle un fusil que Napoléon offrit à son frère Jérôme et un mignon petit ensemble de chasse destiné à la reine Marie-Antoinette. Quelques intérieurs reconstitués : cuisine du couvent, chambre à coucher bourgeoise et pharmacie. Section judaïque et évocation de la figure du *rabbi Meir ben Baruch* qui développa dès le XIIIe s des idées révolutionnaires sur la liberté et la démocratie.

## À faire

➢ ***Le chemin de ronde :*** les remparts de la ville et les 12 tours qui les ponctuent sont en parfait état. Suivre le chemin de ronde du sud-est au nord-ouest de la cité. Une jolie promenade offrant de très belles vues sur la vallée. Et une autre façon de remonter le temps. Et pour ceux qui veulent voir le vignoble en terrasses de plus près, sortir des remparts par la place de Plönlein et parcourir le sentier en contrebas, qui conduit aux jardins du château.

## Manifestations

– ***Meistertrunk*** *(Magistrale Rasade)* **:** *chaque année, à la Pentecôte.* La ville commémore l'épisode amusant qui la sauva de la destruction en 1631 (voir encadré plus haut, au début du chapitre « Rothenburg »). Une grande partie de la population se costume et prend part aux reconstitutions historiques. Les festivités se déroulent dans la salle impériale de l'hôtel de ville et sur la Marktplatz.
– ***Reichsstadt-Festtage :*** *début sept.* C'est la grande fête qui célèbre l'histoire de la ville, avec près de 1 000 participants costumés, un défilé le vendredi soir et un grand feu d'artifice.
– ***Marché de Noël :*** *en déc.*

# DINKELSBÜHL

(91550) 11 500 hab. IND. TÉL. : 09851

**À 51 km au sud de Rothenburg et 28 km au nord de Nordlingen, aux confins de la Bavière (Franconie) et du Bade-Wurtemberg, voici une étape importante de la Route romantique. Protégée par d'imposants remparts depuis le XIVe s, cette petite ville médiévale, a traversé sans souffrance les guerres et les turpitudes de l'histoire. 18 tours dominent les rues fleuries et les maisons colorées du centre. Aujourd'hui, les touristes affluent de toutes parts... Par son caractère authentique et l'état de conservation de son patrimoine, Dinkelsbühl est devenue peu à peu une sorte de ville-musée. Elle reste néanmoins très agréable hors saison.**

## Adresse utile

***Office de tourisme :*** *Haus der Geschichte, Altrathausplatz 14. ☎ 902-440. • dinkelsbuehl.de • Mai-oct, tlj 9h-18h (10h-17h w-e et j. fériés) ; nov-avr, tlj 10h-17h.* Liste des hébergements et des chambres chez l'habitant. Doc sur la ville et sur la Route romantique en français.

## Où dormir ?

### Camping

**DCC-Campingpark Romantische Str :** *Kobeltsmühle 6. ☎ 78-17. • camp dinkelsbuehl@aol.de • campingplatz-dinkelsbuehl.de • Ouv tte l'année. Compter env 17 € pour 2 pers, une tente et une voiture.* Plutôt agréable, grâce au lac de baignade et à sa jolie vue sur la ville. Une bonne partie des emplacements est ombragée. Minigolf.

### De prix moyens à plus chic

**Gasthof Weib's Brauhaus :** *Untere Schmiedgasse 13. ☎ 57-94-90. • info@ weibsbrauhaus.de • weibsbrauhaus. de • Double 72 €, petit déj inclus.* Petit hôtel installé dans une maison ancienne, au-dessus d'une brasserie en activité, et tenue par des femmes... comme le nom du lieu l'indique ! On déguste une *Hefeweissbier* avant de découvrir de coquettes chambres toute neuves et bien claires.

**Gasthof Goldenes Lamm :** *Lange Gasse 26-28. ☎ 22-67. • goldenes-lamm@t-online.de • goldenes.de • Congés : 1 sem fin oct-début nov et début janv-début fév. Doubles 84-94 € avec petit déj. Parking gratuit ; garage clos payant.* Une grande maison à la façade rouge et une autre en vert abritent des chambres confortables et bien arrangées. Déco chaleureuse et vue sur la *Grüne Terrasse* (terrasse verte) pour la plupart. En été, celle-ci est vraiment accueillante. Le resto sert une bonne cuisine locale *(fermé certains mer oct-mai, se renseigner).*

**Hotel Weisses Ross :** *Steingasse 12. ☎ 57-98-90. • hotel-weisses-ross@t-online.de • hotel-weisses-ross. de • Doubles 70-99 €, petit déj inclus. Appart pour 4 adultes 105-110 €.* On comprend que cet hôtel soit depuis plus d'un siècle le rendez-vous des artistes : cette vieille grange pleine de charme a été admirablement restaurée avec beaucoup de goût. Chambres spacieuses et claires, tout confort, et un des plus plaisants restaurants de la ville, avec ses boiseries foncées, sa vieille horloge et une immense couronne fleurie suspendue au centre de la pièce. La cuisine y est régionale et délicieuse, et l'accueil vraiment adorable. En plus, cet établissement a la particularité d'avoir sa propre école d'art !

## Où manger ?

**Zum Surri :** *Altrathausplatz 4. ☎ 55-47-59. • info@hotel-eisenkrug. de • Plats 5-12 €.* Central, il donne sur la place principale. Ce resto propose des plats préparés avec des produits écologiques et à des prix honnêtes. On mange dans les 2 salles à la déco très réussie. Bon accueil, cuisine locale classique à prix sages, et belle terrasse sur les pavés.

**Zum Kleinen Obristen :** *Dr Martin-Luther-Str 1. ☎ 57-700. 11h30-14h30, 17h-21h30. Résa conseillée. Plats 7-17 €.* 2 établissements se partagent cette belle demeure à la façade rose saumon ancienne et bien conservée ! Restaurant réputé et cave à vin. Cadre soigné et service impeccable. Cuisine raffinée et excellente, notamment les plats de gibier et de poisson.

## À voir

**La cathédrale Saint-Georges :** *Marktplatz. 9h-12h, 14h-19h (hiver, ap-m slt).* Bâtie durant la seconde moitié du XVe s, cette église-halle de style gothique a gardé sa tour romane et renferme un grand tabernacle ainsi qu'un intéressant retable. Reliquaire contenant les os de saint Aurélien. Remarquez également la voûte en berceau, bien spécifique. Du clocher, belle vue sur la ville.

**Deutsches Haus :** une des cinq bâtisses à pignon sur le *Weinmarkt,* datant de 1440. Sa superbe façade Renaissance peinte et sculptée ne laisse pas indifférent. Au premier étage, une Vierge veille sur la rue depuis plus de 300 ans.

**Les remparts :** Louis Ier de Bavière sauva la ville après l'annexion de la Bavière (en 1806) et fit interdire la destruction de ses remparts. Les tours et les portes de la ville rythment une promenade bien agréable sur les murs.

Si vous avez le temps, vous pouvez aller voir deux petits musées instructifs :

**Haus der Geschichte** *(Musée historique)* **:** *Altrathausplatz, dans le bâtiment de l'office de tourisme. Mai-oct, lun-ven 9h-18h ; w-e 10h-17h et nov-avr, tlj 10h-17h. • dinkesbuhl.de • Entrée : 4 € ; réduc. Audioguide en anglais.* Film de 10 mn en intro. 800 ans d'histoire de la ville « entre guerre et paix », un programme intéressant exposé dans une muséologie moderne.

**Le musée de la Troisième Dimension** *(Nördlinger Tor)* **:** *• 3d-museum.de • Lun-ven 10h-18h ; w-e et sep-mars, 11h-17h. Entrée : 10 € ; réduc.* Dans l'ancien moulin de la ville. Il s'efforce d'exposer tous les procédés scientifiques grâce auxquels les hommes se sont efforcés de recréer l'espace.

## À faire

➢ Découverte de la vieille ville en partant du ***chemin de ronde*** avec le « veilleur de nuit » *(der Nachtwächter).* Mieux vaut comprendre un minimum d'allemand pour apprécier. *Tlj 21h avr-oct (nov-mars, slt sam) ; départ devant la cathédrale. Durée : 1h. Gratuit. Également visites guidées classiques en allemand mai-oct tlj à 14h30 et 20h30 (nov-avr, slt le w-e à 14h30). Durée : 1h. Prix : 3 €.*

– ***Illuminations :*** à l'angle de la Marktplatz et de la Schrannegasse se trouve une maison à la façade jaune sur laquelle est écrit *Zum Reichsadler, Restaurant-Café.* Sur le côté de cette maison, il y a un boîtier surmonté de l'inscription *Stadtbeleuchtung* (traduisez : illumination de la ville). Après 22h, mettez une pièce de 2 € et vous aurez un éclairage romantique de la place pendant 1h !

## Fête

– ***Dinkelsbühler Kinderzeche :*** *chaque année, mi-juil.* Cette fête commémore la libération de Dinkelsbühl lors de la guerre de Trente Ans. Assiégée et affamée, la ville n'aurait dû son salut qu'aux supplications de ses enfants. Une occasion de voir les costumes de l'époque.

# NÖRDLINGEN

20 200 hab. IND. TÉL. : 09081

**À 28 km au sud de Dinkelsbühl, 75 km de Rothenburg, et à 3 km du Bade-Wurtemberg, cette cité de caractère mérite une escale sur la Route romantique. Nous sommes ici en pleine région de Souabe (Schwaben) mais toujours en Bavière (à l'ouest). C'est une des villes les mieux conservées de la région, qui a gardé ses vieilles demeures à colombages, ses façades roses, rouges, vertes ou jaunes, avec ses toits pointus couverts de tuiles vermillon, ses places anciennes et ses rues sinueuses aux pavés disjoints, bref... un réel décor de cinéma...**
**Vue du ciel, c'est probant, la ville s'inscrit au milieu d'une vague forme circulaire, on sent bien que cette rondeur n'est pas normale. En effet, Nördlingen est construite dans un ancien cratère de météorite (voir encadré plus haut).**

## UN PEU D'HISTOIRE

Le duché de Souabe fut créé en 915. Du Moyen Âge au XVIIe s, Nordlingen fut un carrefour de routes commerciales au cœur de la plaine du Ries, très fertile, ce qui a fait de cette ville fortifiée l'une des plus prospères de la région. Le tracé des rues et la ceinture de fortifications témoignent bien de cette ancienneté. La ville s'est développée vers l'extérieur en cercles concentriques. Les beaux jours de Nördlingen prennent fin avec le début de la guerre de Trente Ans, elle perd la moitié de ses habitants. En 1796 et en 1800, les troupes françaises et autrichiennes s'y affrontent à deux reprises ; à chaque fois, les Français l'emportent.

### ON A MARCHÉ SUR LA LUNE

*Pour les passionnés de phénomènes célestes, Nördlingen est située en plein milieu du cratère, de 12 km de large, d'une météorite tombée il y a 15 millions d'années. Dans les années 1960, des chercheurs se sont aperçus que les roches analysées ne pouvaient provenir d'une activité volcanique, mais bien de l'impact d'un corps céleste de 1,5 km de diamètre, et dont la puissance équivalait à 250 000 fois la bombe d'Hiroshima. Toute vie fut anéantie dans un rayon de 100 km. Les astronautes américains* d'Apollo 14 *et* Apollo 17 *sont venus pour s'y entraîner en 1970 à la collecte des roches lunaires !*



## Adresse utile

**Office de tourisme :** *Marktplatz 2. ☎ 841-16. • noerdlingen.de • Lun-jeu 9h30-18h (17h hiver), ven 16h30 (15h30 hiver), sam et j. fériés 10h-14h, dim (été slt) 10h-14h. Visite guidée avr-oct, tlj à 14h (3 €).* Fournit des brochures très bien faites avec les infos importantes de la ville, en partie en français. Accueil souriant et efficace.

– Vente de la *Tourist Card (10 €, valable 3 j.),* donnant droit à un accès gratuit à pas mal de musées et attractions et à des réduc sur d'autres et à une location de vélo.

## À voir

***L'église Saint-Georges :*** église-halle protestante bâtie au XVe s dans un style gothique flamboyant propre à la région. Le clocher est si familier aux habitants de la ville qu'il a été surnommé « Daniel ». Du haut de ses 90 m, il domine la ville, dont il est le symbole. Un veilleur est encore en service 24h/24 à son sommet. *Moyennant une entrée de 2,50 €, on peut y monter : tlj 9h-19h, 17h en hiver.* À l'intérieur, les murs sont couverts d'épitaphes de personnalités locales ayant vécu entre le XVe et le XVIIe s. Voir le retable baroque du maître-autel, le groupe sculpté de la Crucifixion et les statues de saint Georges et sainte Madeleine.

***Stadtmuseum*** *(musée de la Ville) : dans l'ancien hôpital, Vordere Gerbergasse 1. • stadtmuseum-noerdlingen.de • De mi-mars à début nov, tlj 13h30-16h30. Entrée : 4 €.* Sur quatre étages, un panorama complet de l'histoire de la cité, avec accent mis sur la guerre de Trente Ans. Collection de beaux retables.

***Rieskratermuseum*** *(musée du Cratère) : Eugene-Shoemaker-Platz 1, dans une ancienne grange (Holzhof), près du Stadtmuseum. • rieskrater-museum.de • Mai-oct, mar-dim 10h-16h30. Nov-avr, mar-dim 10h-12h et 13h30-16h30. Entrée : 4 €.* Pour tout savoir sur la météorite de Nördlingen !

***Bayerische Eisenbahnmuseum*** *(musée du Chemin de fer) : Am Hohen Weg 6, bien sûr derrière la gare. • bayerisches-eisenbahnmuseum.de • Mai-sept, mar-sam 12h-16h (ven et dim 10h-17h). En mars, avr et oct, ouv slt ven-sam 12h-16h et dim 10h-17h. Entrée : 6 €.* Plus d'une centaine de véhicules à vapeur et diesel au milieu de leurs ateliers.

***Les remparts :*** admirez les jolies tours et les portes fortifiées. Les plus intéressantes se situent sur les murs nord et est de la cité.

## AUGSBURG (AUGSBOURG) 263 000 hab. IND. TÉL. : 0821

**Troisième pôle économique de Bavière (après Munich et Nuremberg), mais aussi l'une des plus vieilles villes d'Allemagne avec Trèves et Cologne, puisque sa fondation remonte aux Romains. Elle fait également partie du parcours de la Route romantique. À moins de 1h de route seulement de Munich, Augsbourg (pour l'écrire à la française) a réussi à garder ses habitants : les animations et centres d'intérêt sont nombreux, et son université lui redonne des airs de jeunesse.**

### UN PEU D'HISTOIRE



Augsbourg vient du latin ***Augusta Vindelicum.*** La ville a plus de 2 000 ans d'âge ! Créée au Ier s av. J.-C. sous l'empereur Auguste, la ville est l'un des grands centres de commerce du nord de l'Empire romain, sur la via Claudia. La pomme de pin, symbole de fertilité, figure dans son blason, souvenir romain. Siège épiscopal au VIIIe s, Augsbourg devient résidence des ducs souabes puis bavarois. En 1156, elle obtient le statut de ville impériale. Ce sont les ***banquiers Fugger*** qui en feront l'une des grandes cités commerciales allemandes et la capitale financière du Saint Empire germanique.

#### LES PREMIERS CAPITALISTES EUROPÉENS

*Les Fugger ont joué à Augsbourg le même rôle que les Médicis à Florence. À la fin du XIVe s, Hans Fugger ne possédait qu'un petit commerce de textile. Son fils lança des succursales à Venise et à Anvers ; le petit-fils, Jakob, obtint le monopole du cuivre, de l'argent et du plomb, grâce à sa banque. Il put même financer l'élection de Charles Quint comme empereur (4 millions de ducats prêtés et jamais remboursés par les Habsbourg !). Avant que ses descendants ne dilapident la fortune, la famille avait étendu son empire jusqu'au Pérou !*

Génie des affaires et du commerce, ***Jacob Fugger*** (1459-1525) parlait plusieurs langues dont l'italien. Il avait une devise : « ne laissez jamais un attelage partir vide ». Il innova en créant un incroyable système de communication par miroirs entre Augsbourg et Barcelone qui lui permettait d'être informé avant les autres de l'arrivée des bateaux chargés de marchandises.

Il fut ***l'homme le plus riche d'Europe*** en son temps. Sa fortune immense lui permit de faire construire le premier palais Renaissance au nord des Alpes. Créancier du Saint Empire et de l'empereur Charles Quint, Fugger finança les Habsbourg d'Espagne au Nouveau Monde. Il posséda même le territoire de l'actuel ***Vénézuela*** pendant 26 ans ! À Santo Domingo (République Dominicaine), la porte historique de la citadelle est ornée du blason d'Augsbourg ! Une autre puissante famille d'Augsbourg joua un rôle primordial : ***les Welser.*** En octobre 1580, ***Montaigne*** en route pour l'Italie passe à Augsbourg. Il note que les immeubles ont l'eau courante à tous les étages.

La ville joue un grand rôle politique et religieux en Europe : François Ier y conclut une alliance avec les princes réformistes, Charles Quint préside la Diète de 1530 où ***Martin Luther*** se rend par deux fois pour expliquer, dans une « confession » restée fameuse, sa doctrine et les bases de la Réforme, mais sans succès. Malgré cet échec, c'est à Augsbourg, en 1555, que sera accordée la liberté du culte aux protestants.

La « ***ligue d'Augsbourg*** », réunissant la Prusse, la Suède, la Bavière et l'Autriche, y est créée en 1686 pour lutter contre l'expansionnisme de Louis XIV après sa révocation de l'édit de Nantes. S'ensuivit une guerre qui dura de 1688 à 1697 et se termina par le traité de Ryswick. ***Napoléon*** s'y rendra deux fois, dont une pour occuper la ville, avant de la céder à la Bavière. De nombreuses autres personnalités y séjourneront, du tsar Nicolas Ier à Jean-Paul II (en 1987). C'est également ici que fut inventé le ***moteur Diesel*** et que naquirent Hans Holbein l'Ancien, Léopold, le ***père de Mozart,*** puis un certain ***Bertolt Brecht.*** La vie économique d'Augsbourg doit beaucoup à la présence d'entreprises de grande taille comme *MAN, EADS, NCR* et *Siemens*, entre autres.

## Adresses et infos utiles

***Tourismus-Information*** *(plan A1-2) : Rathausplatz. ☎ 50-20-70. • regio-augsburg.de • D'avr à mi-oct, tlj 9h-18h (17h sam, 15h dim) ; mi-oct-mars, lun-ven 9h-17h, sam 10h-17h, dim 10h-15h. Visite guidée de la ville en allemand ou en anglais, à pied, avr-oct, tlj 14h (slt w-e hors saison).* Excellent accueil, très pro. Doc en français et plan de la ville. Résas de chambres.

***Gare ferroviaire principale*** *(Hauptbahnhof ; hors plan par A2) : infos pour les trains, ☎ (0800) 150-70-90.*

***Tip Jugendinformationszentrum*** *(plan A1, **1**) : Ernst-Reuter-Platz. ☎ 455-22-56. Lun-ven 13h-17h.* Lieu de rencontres et d'informations pour jeunes.

***Poste*** *(hors plan par A2) : Viktoriastr 3, à côté de la gare. Lun-sam 8h-20h. Autre bureau (plan A1) à Grottenau 1. 8h30-18h (13h sam).*

– Pour être au bon endroit au bon moment, se procurer le mensuel ***Neue Szene.*** *• neue-szene.de •* Programme des concerts, spectacles, expositions... Vraiment exhaustif ! Un calendrier d'animations, le *VK*, est également distribué gratuitement à l'office de tourisme.

## Où dormir ?

### Camping

***Lech-Camping :*** *Seeweg 6, 86444* ***Affing-Mühlhausen*** *(à 7 km au nord de la ville, au bord d'un petit lac). ☎ (08207) 22-00. • info@lech-camping.de • lech-camping.de • En voiture, prendre la sortie d'autoroute Augsburg-Ost, en direction de Neuburg-Donau, jusqu'à Mühlhausen. De la gare, bus nos 301-303, 305, 225, arrêt directement au camping. Avr-fin sept. Compter env 25-28 € selon saison.* Calme et verdoyant. Emplacements en partie ombragés et séparés par des haies. Restaurant en terrasse au bord du petit lac. Location de vélos et de bateaux.

### Auberge de jeunesse

***Jugendherberge Living Cube*** *(plan B1, **10**) : Unterer Graben 6, 86152. ☎ 780-88-90. • info@augsburg-jugendherberge.de • augsburg.jugendherberge.de • Pour y aller, tram n° 1, direction Neuer Ostfriedhof, arrêt Barfüsserbrücke. 24h/24, grâce aux cartes magnétiques. Fermé fêtes de fin d'année. Carte AJ obligatoire. Nuitée en dortoir avec petit déj env 20 €. Chambres env 50 €.* Une grande AJ rénovée (178 lits), très bien située. Dortoirs de 4 lits, modernes, propres et fonctionnels. Dans la partie hôtelière (carte AJ pas indispensable), chambres privatives avec 2 lits, avec douche-w-c à l'intérieur ou sur le palier. Possibilité de prendre ses repas sur place.

### Prix moyens

***Pension Herrenhäuser*** *(plan A1, **11**) : Georgenstr 6. ☎ 346-31-73. • pension.herrenhaeuser@onlinehome.de • pensionherrenhaeuser.online.de • Doubles avec douche et w-c 52-57 €.* La pension la moins chère du secteur, à 5 mn à pied de la cathédrale. Seulement 3 chambres doubles et une simple, modestement arrangées mais propres et bien tenues. Une réservation serait donc conseillée.

**Jakoberhof** *(plan B1, **12**) : Jakoberstr 41, 86152. ☎ 51-00-30. • jakoberhof@jakoberhof.de • jakoberhof.de • Doubles avec sdb 64-89 €, sans sdb 39-49 €, petit déj inclus.* Très bien situé, à 50 m de la Fuggerei. Grand bâtiment du XIXe s coiffé d'une tourelle à bulbe. C'est un hôtel-pension tout ce qu'il y a de familial. Chambres sans prétention mais bien arrangées, à l'allemande, avec ou sans douche-w-c (prix variables donc selon confort). Accueil cordial.

## Plus chic

**Hotel Ost am Kö** *(plan A2, **13**) : Fuggerstr 4-6, 86150. ☎ 50-20-40. • cityhotel@ostamkoe.de • ostamkoe.de • Doubles avec sdb env 99-149 € ; moins cher le w-e. Parking 9,50 €/nuit.* Un hôtel cossu idéalement situé, dans le style allemand contemporain, avec un accueil très agréable en français. Abrite des chambres confortables à la déco classique et fonctionnelle. Généreux buffet le matin, dans une salle agréable à vivre. Sauna à disposition.

**Hotel am Rathaus** *(plan A1, **14**) : Am Hinteren Perlachberg 1, 86150. ☎ 34-64-90. • info@hotel-am-rathaus-augsburg.de • hotel-am-rathaus-augsburg.de • Doubles avec sdb 105-145 € selon confort, petit déj inclus.* En plein cœur de la vieille ville, dans une ruelle tranquille en contrebas du Rathaus. Dans une maison du XVIe s, à la façade grise discrète. Demander une chambre dans les étages élevés (plus de clarté). Il y a un garage souterrain *(10 €)*.

**Hotel Augsburger Hof** *(plan A1, **15**) : Aud dem Kreuz 2. ☎ 34-30-50. • augsburger-hof.de • Doubles 90-140 €. Plats 6-20 €.* À 10 mn à pied du centre, dans un quartier tranquille, voici un très bon hôtel dans une demeure ancienne aux murs larges. Chambres modernisées, confortables et bien équipées (ventilo en été), décorées de manière classique, sans luxe. Au resto, bonne cuisine bien mijotée proposant des plats bavarois et méditerranéens (Italie). Excellent accueil.

AUGSBOURG

# Où manger ?

Si vous aimez les ambiances de ***marché*** *(plan A1-2, **19**)*, profitez de celui d'Augsbourg, du lundi au vendredi jusqu'à 13h *(halles : 7h-18h en sem et 7h-14h sam)*. Faites un tour sur la place, où les marchandes de fleurs, de légumes se mêlent aux fermières venues des villages voisins. Sous la halle des bouchers ou la *Viktualienhalle*, possibilité de s'offrir un *Brotzeit* matinal, les stands ne manquant pas. Pas de bière, évidemment, pour faire passer la *Bratwurst* ou le *Leberkäse*, mais vous vous rattraperez plus tard.

## Bon marché

**Kaffeehaus Eber** *(plan A1, **20**) : Philippine-Welser-Str 6, en bordure de la Rathausplatz. ☎ 36-847. • info@cafe-eber.de • Lun-sam 8h-18h. Le midi, lunch à moins de 9 €.* Salon de thé-pâtisserie réputé qui sert des soupes, des salades, et quelques plats chauds changeant chaque jour. Bien aussi pour prendre son petit déj. Terrasse en été.

**Café zu den Barfüssern** *(plan A1, **25**) : Barfüsserstr 10. ☎ 45-04-966. Tlj sf dim et j. fériés 10h-19h. Plats à moins de 6 €.* Géré par l'Église catholique (association humanitaire et sociale), le café attenant à une chapelle est situé en bordure du canal. Une oasis de calme au cœur de la ville, avec une charmante terrasse au bord de l'eau. Il a comme mission de former des handicapés aux métiers de l'hôtellerie. Salades, plats du jour, gâteaux... C'est simple et bon, ne pas demander plus. Petits prix et clientèle hétéroclite.

## Prix moyens

**Trattoria La Casa Vecchia** *(plan B2, **22**) : Bei Sankt Ursula 1. ☎ 346-38-90. • info@trattoria-lacasavecchia.de • Lun-sam 11h30-14h30, 18h-23h30 ; dim 11h30-14h30, 17h30-23h.* Un peu à l'écart de l'agitation

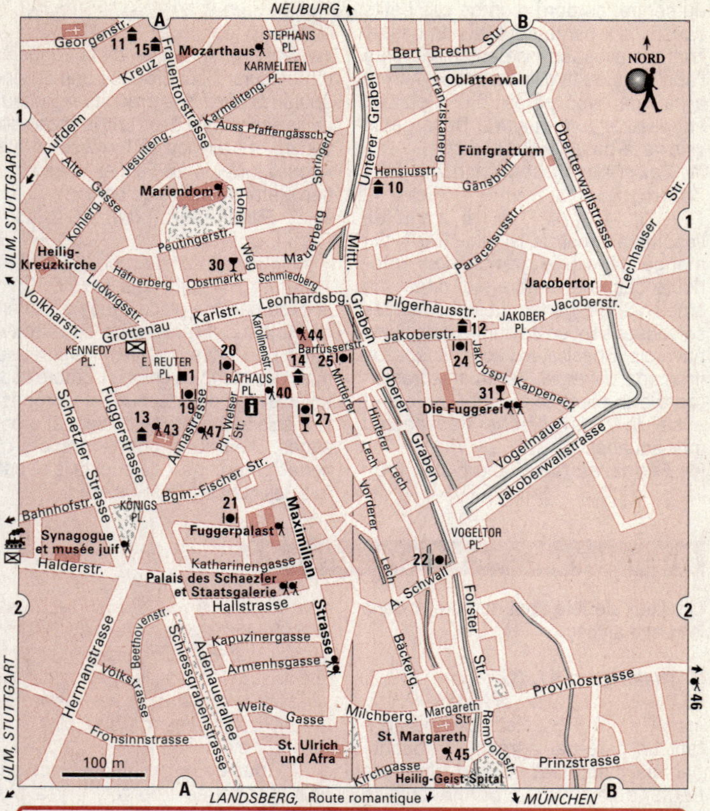


# AUGSBOURG

| | |
|---|---|
| ■ **Adresses utiles** | **24** Fuggereistube |
| ℹ Tourismus-Information | **25** Café zu den Barfüssern |
| 1 Tip Jugendinformationszentrum | **27** Ratskeller |

**Adresses utiles**

- ℹ Tourismus-Information
- **1** Tip Jugendinformationszentrum

**Où dormir ?**

- **10** Jugendherberge Living Cube
- **11** Pension Herrenhäuser
- **12** Jakoberhof
- **13** Hotel Ost am Kö
- **14** Hotel am Rathaus
- **15** Hotel Augsburger Hof

**Où manger ?**

- **19** Marché
- **20** Kaffeehaus Eber
- **21** Zeughausstuben
- **22** Trattoria La Casa Vecchia
- **24** Fuggereistube
- **25** Café zu den Barfüssern
- **27** Ratskeller

**Où boire un verre ? Où sortir ?**

- **30** Thalia
- **31** Drei Königinnen

**À voir**

- **40** Rathaus
- **43** Sankt Anna
- **44** Brechthaus
- **45** Puppenkiste et Puppenkistemuseum
- **46** Kunstmuseum Walter im Glaspalast
- **47** Maximilian Museum

du centre, au bord d'un de ces petits canaux qui parcourent la ville basse. Trattoria avec terrasse en coin, bien à l'abri sous de larges parasols. Cuisine *casalinga* avec pâtes (6 € !), pizzas, antipasti et *tutti quanti*... Bons petits vins de là-bas. Service *al dente*.

***Zeughausstuben*** *(plan A2,* ***21****) : Zeugplatz, 4. ☎ 508-05-04. Ouv tlj 10h-23h. Plats 7-17 €.* Il s'agit de l'ancien arsenal de la ville (1607). On mange dans une grande cour intérieure calme et ombragée, dans une ambiance *Biergarten*. Les charmantes serveuses sont en costume traditionnel bavarois. Spécialités : soupes, *obazda* (fromage bavarois), le *Krustenbrasten* (porc à la bière et au chou rouge) et aussi le *Schwäbische Kässpatzen* (plat souabe).

***Fuggereistube*** *(plan B1,* ***24****) : Jakoberstr 26. ☎ 308-70. • info@fuggereistube.de • Tlj sf lun 11h30-23h (15h dim). Plats 12-20 €. Biergarten jusqu'à 22h.* À l'entrée de la Fuggerei, un restaurant qui propose une cuisine goûteuse avec des produits régionaux de saison, servie dans une grande salle voûtée et claire ou en terrasse en été. Accueil jovial, mais vérifiez votre addition plutôt deux fois qu'une.

***Ratskeller*** *(plan A1-2,* ***27****) : Rathausplatz 2. ☎ 31-98-82-38. • info@ratskeller-augsburg.de • Tlj 11h-1h (2h w-e). Plats 6-19 €.* On y accède par une place située à l'arrière du Rathaus. En hiver, on se retrouve dans une cave voûtée chaleureuse, avec des meubles en bois sombre sous un éclairage en douceur. On y propose une cuisine bavaroise sincère et à prix sages. Bien aussi pour y prendre un verre : grand choix de cocktails et parfois des concerts le week-end.



## Où boire un verre ? Où sortir ?

Les lieux de fête sont nombreux dans le centre ancien...

***Thalia*** *(plan A1,* ***30****) : Obstmarkt 5. ☎ 15-30-78. Ouv tlj 8h30-1h du mat. Plats 5-11 €.* Petit cinéma abritant un café-bar agréable fréquenté par les cinéphiles. Grand choix de petits déjeuners et bonne cuisine internationale.

***Drei Königinnen*** *(plan B1,* ***31****) : Meister-Veits-Gäßchen 32, non loin de la Fuggerei. Tlj lun-ven 17h-1h du mat, sam-dim 10h-1h.* Un accueillant *Biergarten* sous les marronniers, toujours rempli de gens de tous âges. Bière en libre-service et quelques plats copieux à prix doux.

De nombreux autres ***cafés*** et ***bars*** sympas : ***Liliom*** *(Kino-café près des remparts nord, Unterer Graben 1, plan A-B1),* ***Anna Pam*** *(resto-bar avec une jolie cour dans la Bäckergasse ; plan B2),* ***Enchilada*** *(bar avec une chaude ambiance ts les soirs, liée sans doute à la cuisine mexicaine, qui met tt naturellement le feu, Hallstr 4 ; plan A2),* etc.

Pour ceux qui ne veulent pas finir leur soirée trop tôt, il y a plusieurs adresses, évidemment le long de la *Maximilianstrasse* : la clientèle du ***Peaches*** *(n° 73)* est plus jeune et moins branchée qu'au ***Barcode*** (près de l'église Saint-Ulrich) ou au ***Barfly*** *(n° 56)*. Les amateurs du rock indé et du décor des années 1960 et 1970 vont plutôt au ***Zum weißen Lamm*** *(Ludwigsstr 23, plan A1)* ou à l'annexe ***Zum schwarzen Schaf***. Pour ces derniers, musique techno, hip hop et rarement plus classique...

# À voir

Augsbourg a eu la chance de voir ses principaux monuments épargnés par les bombardements de la dernière guerre. Cela dit, c'est une ville qui ne livre pas facilement ses secrets, et il faut prévoir un peu de temps pour découvrir ce patrimoine caché : les centres d'intérêt sont disséminés aux quatre coins de l'agglomération et les petits canaux de la ville basse se cachent au milieu d'un dédale de rues piétonnes.

Quant aux remparts, ils délimitent le centre au nord, à l'est et au sud. Pour vous aider, vous pouvez suivre l'un des quatre circuits fléchés, de couleurs différentes en fonction du temps dont vous disposez. Deux heures et demie sont nécessaires pour le parcours le plus complet. Très bien fait.

## Le centre

**Rathausplatz** *(plan A1)* **:** *au cœur de la ville. Accès à la tour de mai à mi-oct tlj 10h-18h. Petite ritournelle au carillon tlj à 11h, 12h, 17h et 18h.* Grande et belle place avec son étonnant hôtel de ville flanqué d'une tour *(Perlachturm)* haute de 70 m. Au sommet, superbe vue sur les Alpes par temps clair !

**Rathaus** *(hôtel de ville ; plan A1-2,* ***40****)* **:** *tlj 10h-18h.* Édifice Renaissance en style palladien, aux proportions harmonieuses. Amusant, le contraste entre l'aigle peint du frontispice et la pomme de pin (symbole de fertilité et d'éternité mais surtout de la ville) qui couronne l'ensemble. Voir la fameuse *Goldener Saal* (salle Dorée), au 3e étage *(entrée : 2,50 €).* Superbe salle de 32 m sur 17 m, avec 14 m de hauteur de plafond inspiré du palais des Doges à Venise avec ses allégories des vertus. Elle a été restaurée à l'occasion des 2 000 ans d'Augsbourg (en 1985) : dorures partout (vous l'auriez deviné), plafond en stucs, fresques aux murs et sol en marbre. Petite expo sur l'histoire de la ville et salle des jumelages dont Bourges dans le Cher. Impressionnant phénomène de résonance. La tour de guet ***Perlach,*** romane à l'origine, se pare d'un drapeau jaune si l'on peut apercevoir les Alpes au loin. Au centre de la place, fontaine d'Auguste.



**Maximilian Museum** *(plan A2,* ***47****)* **:** *Fuggerplatz 1. Mer-dim 10h-17h. Entrée : 7 € ; réduc.* Entre le *Rathaus* et l'église Sainte Anne, ce musée occupe à l'origine deux grandes maisons bourgeoises des XVe s et XVIe s. Il propose au visiteur des sculptures, des objets d'art décoratif et des témoignages de l'histoire de la ville. Nombreuses maquettes, dont celle représentant la cité en 1500. Portrait en pied de Carl-Gustav II de Suède qui y séjourna pendant 3 ans, histoire de se reposer après son périple guerrier dans la région. Les originaux des sculptures des fontaines d'Augsbourg ont élu domicile dans une grande cour protégée par un toit de verre. On retiendra surtout la collection de pièces d'orfèvrerie d'Augsbourg, en or et en argent. Cafétéria agréable.

**Maximilianstrasse** *(plan A2)* **:** large avenue menant du *Rathaus* à l'église Saint-Ulrich, construite sur l'ancienne voie romaine qui reliait l'Italie à l'Allemagne. Cette avenue est bordée de palais Renaissance, de boutiques élégantes et de banques, dont celle des Fugger (encore en activité).

**Fuggerpalast** *(palais Fugger ou Damenhof ; plan A2)* **:** *Maximilianstr 36.* Abrite aujourd'hui encore une banque. Construit par Jacob Fugger le Riche, ce fut le premier palais Renaissance bâti au nord des Alpes. Il date du début du XVIe s et cache une magnifique cour à arcades, ornée de jolies fresques. Une plaque commémorative située sur la façade du palais Fugger rappelle que l'empire commercial et financier des Fugger a commencé ici. En octobre 1580, Montaigne visita le palais Fugger qu'il dit être couvert de cuivre : « Ce sont les plus riches pièces que j'ai jamais vues ». On découvre aussi qu'en 1518, ***Martin Luther*** fut interrogé dans le palais Fugger par le cardinal Cajetan.

Trois magnifiques ***fontaines*** en bronze, décorées d'inscriptions inspirées de la Renaissance, jalonnent la rue. Elles forment un triangle symbolisant les trois facettes de la ville impériale : la noblesse avec Auguste, le commerce avec Mercure et l'artisanat avec Hercule. Ce sont des copies, les originaux se trouvant bien à l'abri dans le musée Maximilien.

Plus loin, au no 46 (face à la fontaine d'Hercule), le ***palais des Schaezler*** *(plan A2),* une autre famille de banquiers : *Maximilianstr 46. Tlj sf lun 10h-17h. Entrée :*

*7 € ; réduc. Audioguide en anglais.* C'est la plus belle demeure baroque de la ville. En route pour Paris depuis Vienne, Marie-Antoinette y a logé en avril 1770. À l'intérieur, fameuse salle des concerts de style rococo, avec fresque tiepolesque au plafond. En complément, la ***Staatsgalerie,*** magnifique collection de peintures du Moyen Âge et de la Renaissance, en partie dans l'ancienne église Sainte-Catherine. Entre autres : Dürer (portrait de Jakob Fugger le Riche, presque psychologique), Leonhard Beck, Lucas Cranach l'Ancien, Hans Holbein, Jörg Breu et quelques maîtres vénitiens.

## La ville basse

C'est la plus belle surprise d'Augsbourg : une ville dans la ville, invisible pour qui remonte la *Maximilianstrasse* sans prêter attention aux escaliers qui descendent on ne sait où ! Eh bien, en contrebas de la grande avenue de luxe se terre un quartier médiéval aux ruelles sombres, aux petits restos et cafés, parcouru en maints endroits de charmants canaux (où coule le Lech)...

AUGSBOURG

★★ ***Die Fuggerei*** *(plan B1-2)* **:** *entrée Herrengasse (accès par Jakoberstr). Tlj : avr-sept, 8h-20h ; oct-mars, 9h-18h. Billet incluant la visite du musée : 4 € ; réduc.* L'autre surprise de la ville basse ! Cette cité sociale, créée en 1516 par le Bill Gates de l'époque, Jakob Fugger le Riche (1459-1525), est la première HLM du monde. Presque entièrement détruite pendant la guerre, elle fut reconstruite entre 1945 et 1970. Les héritiers Fugger en ont toujours la charge. L'ensemble est financé par les 6 000 ha de forêts qui leur appartiennent encore aujourd'hui.
*Die Fuggerei* se présente sous la forme d'un petit village charmant (8 rues composées de 66 maisons), encore destiné à une population de condition modeste. Les critères d'admission à la *Fuggerei* sont assez délirants : « être citoyen d'Augsbourg, catholique, jouir d'une bonne réputation et (bien sûr) justifier d'une certaine indigence »... De nos jours, 150 personnes y habitent. Les « logements de grâce » comprennent trois pièces avec salle de bains (env 60 m$^2$) et ne coûtent que 1 florin rhénan, soit... 80 € par mois. Conditions pour les locataires : être catholique et s'engager à prier tous les jours pour la famille Fugger ! Les portes ferment à 22h tapantes. Parmi les anciens locataires prestigieux, l'arrière-grand-père de Mozart, maçon de son état, qui sombra dans la misère après avoir accepté d'enterrer un bourreau (c'était strictement interdit à l'époque)...
***Au n° 13 de Mittleregasse,*** à côté de la maison du grand-père de Mozart, on peut voir un petit ***musée*** qui restitue le cadre d'un logement au XVII$^e$ s, construit avec beaucoup d'ingéniosité. Y vécut une sorcière brûlée en 1625 après avoir été accusée par sa fille de 11 ans ! Au milieu des maisons, on pénètre dans un bunker souterrain où est reconstituée l'ambiance de la vie quotidienne dans les abris sous les bombardements alliés. Pas mal de photos des destructions subies par la ville. Un homme habillé en costume de cour de la fin du XVI$^e$ s arpente également les rues en vous demandant une obole qui servira aussi à l'amélioration de l'habitat. À deux pas du musée, la ***boutique*** de la *Fuggerei (tlj mai-oct 10h-17h),* vendant des produits des abbayes environnantes et objets fabriqués par des handicapés. C'est aussi un petit café très mignon avec une grande terrasse à l'arrière en été, servant à boire mais aussi des petites choses à manger : gâteaux, soupes, petits plats du jour...

## Les églises

★ ***Mariendom*** *(cathédrale ; plan A1)* **:** grande basilique romane (X$^e$ s) à cinq nefs, devenue gothique au XIV$^e$ s. Très beau portail gothique au sud, avec portes de bronze. Magnifiques panneaux d'Hans Holbein l'Ancien, et vitraux de 1130, qui

sont les plus vieux vitraux figuratifs au monde. Assez joli cloître gothique couvert de pierres tombales et crypte romane.
Le **Hofgarten** mérite aussi une visite. Situé derrière la cathédrale, dans une cour intérieure, c'est un joli petit jardin avec fontaine, autour d'un bassin. Dans une allée, cinq statues de nains, caricatures de personnages médiévaux (pèlerin, clochard, notable...).

***Sankt Anna*** *(Lutherstiege ; plan A2,* ***43****)* **:** *entrée par Annastr. Ouv en sem sf ven ap-m 10h-13h, 14h-16h.* C'est dans cette église du couvent des Carmes (des XIVe et XVe s) que ***Martin Luther*** trouva asile lors de sa venue à Augsbourg en 1518. L'église est ensuite devenue protestante. On y trouve de nombreux témoignages concernant les rapports de la ville avec Luther. Belles fresques du XVe s dans la *Goldschmiedekapelle.* Dans le chœur oriental de l'église, d'autres chefs-d'œuvre, parmi lesquels trois tableaux de Lucas Cranach l'Ancien, dont l'un représentant Luther (au-dessus de l'autel), et une superbe chaire sculptée. Le clou de la visite, c'est la ***chapelle funéraire des Fugger,*** enclave catholique dans une église protestante, ce qui est très rare. Cette chapelle funéraire est considérée comme le premier monument Renaissance sacré d'Allemagne. La fortune immense des Fugger leur permit de s'offrir les services des plus grands artistes de l'époque ! Schöller en fut ainsi le sculpteur, sur des esquisses de Dürer en personne. ***Jakob Fugger*** (le Riche) y est représenté, une coupe à la main, sur le battant gauche de l'autel.

***La synagogue*** *(plan A2)* **:** *Halderstr 8. Visite 10h-15h (17h dim). Fermé lun, sam et j. de fêtes religieuses juives. Entrée : 2 €.* Érigée au début du XXe s, elle fut l'une des plus importantes à l'époque. Le style Art nouveau fut largement utilisé, d'où son originalité architecturale, même si le dôme s'inspire avant tout du style byzantin (étonnant mélange, d'ailleurs). À noter qu'il s'agit de l'une des rares synagogues qui n'ait pas été détruite par les nazis... À l'intérieur, belles mosaïques dorées, très modern style. La synagogue abrite aussi un intéressant petit ***Musée juif*** *(● jkmas.de ● ; mar-ven 9h-18h – 16h ven, dim 10h-17h ; entrée : 4 €, réduc)* rassemblant de nombreux objets religieux.

D'autres églises à voir pour ceux qui ont le temps : la ***Heilig-Kreuzkirche*** *(plan A1)* et celle de ***Sankt Ulrich und Afra*** *(plan A2),* surmontée d'une haute tour à bulbes, de style gothique, sont les plus importantes.

## Les remparts

Une agréable balade en perspective : portes médiévales, chemins de ronde, murs couverts de végétation, étangs, points de vue et lieux de rencontres...

***Au nord :*** le bastion ***Lueginsland,*** le long de *Thommstr (plan A1).* Un coin charmant : ruines au milieu des arbres et *Biergarten* sous les châtaigniers aux beaux jours. Un peu plus bas, en redescendant *Herwartstr*, on accède au ***Schwedenstiege,*** long chemin de ronde que l'on peut emprunter. Remarquez cette étonnante statue blanche au nez noir, objet d'amusantes légendes... Dans le prolongement, ***Unterer Graben*** et ses bâtiments anciens. Là encore, plein de cafés sympas au pied des murailles.

***À l'est :*** de Unterer Graben, prendre la Bert-Brechtstr jusqu'à l'***Oblatterwall*** *(plan B1 ; avr-oct, tlj sf lun 12h-22h).* Très jolie petite forteresse circulaire du XVIe s, dans laquelle on trouve une *Kneipe.* C'est aussi d'ici que partent les promenades en bateau *(Kahnfahrt)* dans les douves, entre le canal et le Lech.
Ensuite, descendre vers le sud par Untere Jakobermauer. On admire au passage l'amusante « tour à cinq doigts », puis on arrive à la ***Jakobertor*** *(plan B1),* belle tour gothique (XIIIe-XVe s) qui servait de porte fortifiée. Plus bas, une autre petite forteresse, puis le *Vogelmauer,* qui conduit à la ***Vogeltor,*** porte gothique (milieu du XVe s).

**Au sud :** point final de la promenade, le superbe bastion ***Roter Torwall*** *(plan B2)*. Entrer par la monumentale ***Rotes Tor*** (porte Rouge) du XVIIe s. Derrière, un parc charmant et un théâtre de plein air où ont lieu des concerts, notamment de rock ! Du haut d'une petite butte, belle vue sur les environs.

## Et encore

***Brechthaus*** *(maison natale de Brecht ; plan A1,* ***44****)* **:** *Auf dem Rain 7. Mar-dim 10h-17h. Entrée : 3,50 €.* C'est au premier étage de cette banale maison que naquit le poète-dramaturge, en 1898. Son père travaillait pour l'usine de papier *Haindl,* juste à côté. Bertolt passa son enfance ici et y écrivit ses premières œuvres, dont le fameux *Baal.* Ensuite, il s'installa à Berlin Est (mort en 1956). Expos temporaires et quelques souvenirs. En face, bar-pub *Brecht's Stüberl.*

***Mozarthaus*** *(plan A1)* **:** *Frauentorstr 30. Mar-dim 10h-17h. Entrée : 3,50 €.* Ce n'est pas Wolfgang Amadeus Mozart qui y est né, mais son père Léopold, sans qui le génie de la musique n'aurait pas été ce qu'il était. Quelques souvenirs sur le père et le fils... dont un beau piano du XVIIIe s, que Wolfgang adorait tapoter. Le père de Léopold Mozart était relieur. Il travailla pour la famille Thurn und Taxis (Ratisbonne) et pour les jésuites. La famille et les ancêtres de Mozart sont tous originaires de Souabe (au départ des pauvres gens de la campagne). Au XVIIIe s, près de 600 familles portaient le nom Mozart. L'esprit souffle où il veut, quand il veut !

***Puppenkiste*** *(plan B2,* ***45****)* **:** *Spitalgasse 15. ☎ 450-3450. • augsburger-puppenkiste.de • Théâtre de marionnettes à fils. Mar-dim 10h-19h. Résas par tél mar-dim 10h-12h. Représentations en principe mer, ven, sam et dim à 15h et 19h30.* Pièces classiques comme *Le Petit Prince, Faust* (depuis 1948), *Pierre et le Loup,* ou spectacles plus modernes. Les marionnettes sont animées par 8 fils au minimum et jusqu'à 20 pour les plus compliquées. Et si vous n'arrivez pas à assister à un spectacle, une bonne alternative est la visite du ***Puppenkistemuseum,*** installé dans le même bâtiment, et présentant l'histoire de ce théâtre, une collection de marionnettes...

***Kunstmuseum Walter im Glaspalast*** *(hors plan par B2,* ***46****)* **:** *Beim Glaspalast 1. Du centre, prendre le bus n° 33, arrêt Glaspalast. ☎ 81-511-63. • kunstmuseumwalter.com • Ven-dim 11h-18h. Entrée : 6 € ; réduc.* Cette usine nommée « palais en verre » abrite, sur une énorme superficie, deux musées d'art moderne plutôt intéressants. Également des expos temporaires qui valent le petit détour.

# LA ROUTE ALLEMANDE DES ALPES

**La *Deutsche Alpenstrasse* s'étend sur environ 500 km, de Lindau (près du lac de Constance) à Berchtesgaden (à la frontière autrichienne). Les paysages (forêts, lacs, sommets enneigés et, bien sûr, alpages au vert éclatant), les fameux châteaux de Louis II de Bavière, mais aussi les maisons traditionnelles, couvertes de fleurs et souvent ornées de fresques superbes, en font un circuit incontournable pour tous ceux qui visitent la Bavière. Une région vraiment charmante, aux traditions très fortes, mais dont les sites célèbres s'avèrent vite étouffants en haute saison. Évitez autant que possible le mois de novembre, la région entre alors en hibernation et tout est fermé !**

# FÜSSEN (87629) 16 500 hab. IND. TÉL...

**Cette petite ville à la situation privilégiée, entourée de nombreux lacs et blottie juste avant la frontière autrichienne, dissimule, dans sa zone piétonne, un quartier historique plein de charme. C'est la ville la plus proche de deux des châteaux de Louis II de Bavière, et donc une étape incontournable de la route allemande des Alpes. Conséquence malheureuse, entre 10h et 18h, c'est souvent la cohue pour y circuler en voiture...**

## Adresses utiles

**Füssen Tourismus :** *Kaiser-Maximilian-Platz 1 (le carrefour principal, à l'entrée du quartier piéton). ☎ 938-50. • fuessen.de • Lun-ven 9h-18h30, sam 10h-14h, dim 10h-12h.* Plan et brochure sur la ville et la région en français. Gros catalogue avec toutes les possibilités d'hébergement recensées. Ils organisent aussi des visites guidées de la ville (mais surtout en allemand) et, l'été, des balades à VTT dans la montagne *(départ le mer à 10h devant l'office de tourisme, sur inscription slt ; prix : 20 €).* Internet disponible. En dehors des heures d'ouverture, le pavillon situé devant donne aussi quelques infos.

■ **Location de vélos :** ***Radsport Zacherl & Müller,*** *Kemptener Str 26. ☎ 32-92. Lun-ven 9h-12h30, 14h-18h ; sam 9h-13h. À partir de 10 €/j.* Très bien équipé, bons conseils sur les possibilités de balades qu'offre la région. Également : ***Multicycle Jeti's Mountain-Bike-Shop,*** *Abt-Hess-Str 11. ☎ 397-12. Et* ***Sport Luggi,*** *Im Bahnhof 12. ☎ 50-59-155.*

■ **Promenades en bateau :** ***Städtische Forggenseeschifffahrt Füssen.*** *Prendre l'Augsburger Str depuis l'office de tourisme, puis tourner à droite après le cimetière. ☎ 92-13-63. • forggenseeschifffahrt.de • Tlj de début juin à mi-oct 10h-16h30.* Circuits de 50 mn ou 2h *(10-11 € ; réduc)* sur les eaux calmes d'un lac de retenue, le Forggensee.

## Où dormir à Füssen et dans les environs ?

### Campings

**Campingplatz Hopfensee :** *à l'entrée d'Hopfen am See. ☎ 91-77-10. • info@camping-hopfensee.com • camping-hopfensee.com • À 5 km au nord de Füssen. Réception tlj 8h-20h. Fermé de début nov à mi-déc. En hte saison, env 42-45 € en fonction de la saison pour 2 et un emplacement équipé. (wifi) (payant).* Attention : n'accepte pas les tentes (même combat pour les cartes de paiement) ! Un camping (vraiment) pas donné mais idéalement situé au bord du lac, offrant une agréable possibilité de baignade et à deux pas des châteaux de Louis II. Très bien aménagé et équipé : sauna, hammam (et même massage), solarium et piscine chauffée couverte, mais également terrains de foot, court de tennis, gymnase, grande salle de jeux pour tout-petits, etc. Un véritable lieu de remise en forme !

**Campingplatz Magdalena :** *Bachtalstr 10, 87669* ***Rieden am Forggensee,*** *à 3 km de Füssen sur la route 16 vers Marktoberdorf. ☎ 49-31. • sonnenhof-am-forggensee.de • Avr-fin oct. Env 15-22 € pour 2 avec tente et voiture.* Au calme au bord d'un charmant lac, le Forggensee, avec vue grandiose sur les montagnes de l'autre côté. Pizzeria sur place.

### Auberge de jeunesse

**Jugendherberge :** *Mariahilfer Str 5. ☎ 77-54. • fuessen@jugendherberge.de • fuessen.jugendherberge.de •*

*…00 m de la gare (longer la voie ferrée vers l'ouest). Fermé de mi-nov à fin déc. Compter 20,40 € la nuit, petit déj compris ; supplément pour les plus de 27 ans.* AJ classique, bien tenue. Sert des repas midi et soir. Jardin, ping-pong et panier de basket. Plein d'infos sur la région, les bus, les trains, etc. Débordée en été.

## Prix moyens

La liste des hôtels, pensions et *B & B* est longue, et les réservations se faisant souvent des semaines, voire, pour certaines périodes (août notamment), des mois à l'avance, on vous conseille vivement, si vous n'avez rien réservé, de passer par l'office de tourisme pour connaître les disponibilités. Sachez qu'il est au moins aussi agréable de loger dans les environs, comme à Hopfen am See (à 5 km de Füssen), surnommé la « Riviera de l'Allgäu », ou encore à Schwangau (à 4 km de Füssen et à deux pas du château de Neuschwanstein ; voir plus loin « Les châteaux de Louis II de Bavière. Où dormir dans le coin ? Près des châteaux »).

***Suzanne's Bed and Breakfast :*** *Venetianerwinkel 3. ☎ 384-85. • svorbrugg@t-online.de • suzannes.de • Doubles 65-130 €, petit déj inclus. Parking gratuit.* Dans une très jolie maison non loin du centre, au calme. Chambres claires et spacieuses, certaines avec balcon, et grand jardin pour prendre le petit déj l'été. Accueil chaleureux de Suzanne Vorbrugg, la propriétaire, qui se débrouille en français et qui n'est jamais à court de bons conseils pour qui voudrait découvrir sa région ; elle vous louera même un vélo.

***Gästehaus Kieser :*** *Ziegelwiesstr 15. ☎ 16-90. • info@gaestehaus-kieser.de • gaestehaus-kieser.de • Prendre la direction des châteaux, puis bifurquer à droite après le pont, à la sortie de Füssen, et suivre le Lech. Fermé 1 mois entre déc et fév, se renseigner. Doubles (sdb et TV) avec balcon 82-88 €, prix dégressifs dès la 2e nuit, petit déj compris.* Pension non-fumeurs dans le plus pur style bavarois, avec un intérieur lumineux et chaleureux en bois et de grands balcons fleuris. La patronne, qui parle bien l'anglais, est aux petits soins avec ses hôtes, et entretient l'atmosphère reposante du lieu. Elle vous renseignera volontiers sur les multiples possibilités de randonnées dans le coin. Car à 15 mn à pied du centre, vous êtes déjà en pleine nature, au pied des collines...

## Où manger à Füssen et dans les environs ?

Là aussi, si le temps est agréable, on vous conseille vivement de vous échapper de Füssen et d'aller manger autour d'un des nombreux lacs qui offrent de beaux points de vue sur les Alpes. Pour un pique-nique, achetez quelques produits locaux, *Wurst* (saucisse) ou *Käse* (fromage) par exemple, chez ***Vinzenz-Murr*** *(Reichenstr 35)* ou bien dans la ***Markthalle*** sur la Schrannenplatz, où l'on trouve différents stands d'alimentation appétissants installés sous la belle voûte de l'ancienne halle aux céréales datant de 1483, transformée un temps en caserne des pompiers et revenue aujourd'hui à une activité plus commerciale, de marché. On peut d'ailleurs aussi choisir de pique-niquer sur les tables installées au centre de cette halle pour profiter de l'ambiance conviviale qui y règne. Il y a même un petit bar pour étancher votre soif !

## Prix moyens

***Ritterstub'n Restaurant :*** *Ritterstr 4, dans le vieux centre. ☎ 77-59. • info@restaurant-ritterstuben.de • Tlj sf lun 11h30-14h, 17h30-22h30. Plat du jour 6,50 € à midi (sf dim). À la carte, plats 8-16 €.* Que ce soit dans la longue salle voûtée à la déco chaleureuse, dans le très typique « Stübli » ou dans le tranquille jardin à l'arrière, on se laisse surprendre par la savoureuse cuisine du chef, qui a su marier aux éternels plats bavarois des spécialités de poisson finement cuisinées.

Il propose aussi des fondues, mais à commander la veille. On peut également demander les plats à la carte en petite portion, facturés moins cher évidemment. Bonne carte de vin. Service rapide et agréable.

## Plus chic

**Hotel-restaurant Alatsee :** *Am Alatsee 1, à env 5 km à l'ouest de Füssen. ☎ 62-05. • info@hotel-alatsee.de • Cuisine jusqu'à 21h. Fermé lun soir et mar. Résa conseillée le soir. Plats 12-21 €.* En terrasse, face au très joli lac d'Alatsee. Une situation propice à un dîner romantique, d'autant que la cuisine du jeune couple de patrons saura vous exciter les papilles : les quelques viandes et poissons proposés à la carte sont vraiment bien réalisés ! Service un poil nonchalant mais cuisine soignée. Un resto (presque) gastronomique à prix abordables.

**Hotel-restaurant Geiger :** *Uferstr 18, à* ***Hopfen am See.*** *☎ 70-74. • info@hotel-geiger.de • À 5 km au nord de Füssen. Ouv tlj, cuisine 10h-14h, 18h-21h30. Pâtes et salades 7-14 €, viandes et poissons 15-20 €. Menu (midi et soir) 13 €.* Bonne occasion d'évasion à la fois pour les yeux, grâce à son emplacement face au lac et au panorama sur les Alpes (demandez une table le long de la baie vitrée), mais aussi pour le palais, grâce à sa carte de poissons gentiment préparés avec des produits de qualité, comme le sandre *(Zander)* ou la truite *(Forelle).* Cadre soigné, côté *Wintergarten* ou côté salle, couverte de bois, service professionnel et assiettes goûteuses, le tout dans une grande fourchette de prix. C'est aussi un hôtel proposant des chambres impeccables *(92-140 € pour 2 pers, petit déj inclus),* certaines avec, de nouveau, cette vue spectaculaire sur le lac.

# À voir

Le centre historique peut passer totalement inaperçu à qui se contente de traverser la ville en voiture... Pourtant, ce quartier piéton aux ruelles médiévales, aux maisons peintes et aux boutiques décorées de vieilles enseignes vaut le coup d'œil.

***Museum der Stadt Füssen*** *(musée de la Ville)* **:** *Lechhalde 3, dans l'ancienne abbaye bénédictine de Sankt Mang (Saint-Magnus), qui abrite également la mairie. ☎ 90-31-46. • stadt-fuessen.de • Avr-oct, tlj sf lun 11h-17h. Nov-mars, ven-dim 13h-16h. Entrée : 6 € ; réduc.*
D'une diversité et d'une richesse surprenantes pour une ville de cette taille. Le principal intérêt de la visite réside dans l'architecture des bâtiments : les moines voulaient affirmer la puissance de leur abbaye à travers son architecture : pari réussi ! Fondée au IXe s, l'abbaye fut entièrement reconstruite dans le style baroque au début du XVIIIe s. La visite commence au 1er étage, par le cloître, où les trois architectures successives sont encore visibles. Sur la droite, l'*Annakapelle,* célèbre pour sa fresque de la *Danse macabre* (*Totentanz,* du début du XVIIe s). Tonique en diable, une vraie bande dessinée, avec une héroïne à la faux qui a une pêche de Dieu !
Au 2e étage, on peut voir le *Colloquium,* la *salle du Chapitre,* mais surtout la *Bibliothèque ovale,* ouverte sur le réfectoire en dessous (hiérarchisant ainsi plaisirs physiques et spirituels) avec ses petits anges, sur la balustrade, et la *salle des Fêtes.* Également intéressante, l'histoire de l'abbaye et de la lutherie (dont Füssen fut l'une des capitales aux XVIe s et XVIIe s), où l'on peut suivre la fabrication de A à Z d'un violon et découvrir l'atelier du luthier.
Des concerts ont lieu toutes les semaines de juillet à septembre (mais la saison commence en mai), allant du classique au jazz : demander le programme à la caisse.

***Sankt Mangkirche*** *(église Saint-Magnus)* **:** installée à l'endroit même de l'ermitage (précisément sous l'autel actuel) de saint Magnus, apôtre de l'Allgäu. Elle

LA ROUTE ALLEMANDE DES ALPES

mérite une visite, car elle a été remaniée dans le style baroque au XVIIIe s : particulièrement intéressant pour ceux qui ont visité l'église de Wies, car son célèbre architecte Zimmermann a également travaillé dans cette église, et on peut s'amuser à retrouver des points communs.

**Hohes Schloss** (Haut-Château) : *prendre le chemin qui grimpe face à l'entrée de l'église.* C'était la résidence d'été des princes-évêques d'Augsbourg à la fin du XVe s. Cour assez étonnante, avec des trompe-l'œil du XVe s sur toutes les façades.
– Il abrite, au 1er étage, une magnifique galerie de peintures des XVe s et XVIe s, la ***Staatsgalerie*** : *tlj sf lun 11h-17h avr-oct ; ven-dim 13h-16h nov-mars. Entrée : 6 € ; réduc.* Anciens pensionnaires de l'*Alte Pinakothek* de Munich, ces trésors picturaux – essentiellement des peintures religieuses, illustrant notamment l'histoire de saint Magnus – font partie des galeries d'État « décentralisées », par manque de place. À voir également, le somptueux plafond à caissons peints de la salle des Chevaliers *(Rittersaal)*.
Pour accéder au sommet et jouir d'une superbe vue, il suffit de traverser une jolie galerie et de gravir 43 marches étroites. Le rez-de-chaussée, quant à lui, accueille des expos temporaires. Également ouverte à la visite, la *chapelle* de l'autre côté de la cour, avec des fresques du XVe s.

***Les jardins*** : *en arrière de l'abbaye et du château.* Parc très agréable avec vue sur le Lech qui coule en contrebas. L'été, souvent des stands évoquant la vie au Moyen Âge (tir à l'arc, etc.).
En continuant, on arrive dans le quartier de cure de *Bad Faulenbach,* où se sont installés de nombreux hôtels mais où la tranquillité est remarquablement préservée. On peut poursuivre la balade dans les bois environnants et même aller faire un tour en Autriche (la frontière est toute proche). Une attraction incontournable : la cascade du Lech, à cet endroit très étroit.



# LES CHÂTEAUX DE LOUIS II DE BAVIÈRE

**Il y en a trois : *Neuschwanstein, Linderhof* et *Herrenchiemsee.* Mais on a coutume d'en ajouter un quatrième au circuit : *Hohenschwangau,* château situé au pied de Neuschwanstein, où Louis II passa son enfance. Nous évoquerons plus loin le château Herrenchiemsee dans le chapitre consacré au Chiemsee et celui de Linderhof dans le chapitre d'Oberammergau.**
**La tradition veut que l'on effectue les visites dans l'ordre chronologique de la construction des châteaux, de manière à mieux suivre la biographie du plus connu des rois bavarois : Hohenschwangau (son enfance), Neuschwanstein (l'accession au pouvoir et la « première folie »), Linderhof (deuxième lubie : « faire comme les rois de France »), puis Herrenchiemsee (la chute après ce coûteux « petit Versailles ») !**
**Une précision pour répondre tout de suite à la brûlante question que tout le monde se pose : le château le plus connu, celui des cartes postales et des contes de fées, c'est celui de Neuschwanstein ! Voilà, vous commencez à vous y retrouver. Un avertissement tout de même : l'ensemble des visites coûte assez cher, et il faut s'attendre à faire la queue. Les visites sont toujours guidées, et vous n'êtes pas les seuls à venir admirer ces fameux châteaux, puisque ce sont les plus visités du pays...**
**Évitez le week-end, surtout si c'est un jour de fête et qu'il fait beau ; ça va être l'horreur. Il vaut mieux, en effet, être un peu tranquille pour se donner le temps d'imaginer l'époque où un homme, seul au milieu de quelques dizaines de serviteurs, profitait de ces sites incroyables.**

## LOUIS XIV BIS

Ce surnom cruel – tout tient dans le « bis » – désignait Louis II, né à Munich en 1845 et dernier souverain de Bavière, qui sacrifia son royaume pour copier Versailles. Le temps l'a réhabilité : en Bavière, désormais, pas de meilleur roi ! Certains contemporains l'ont senti, comme Bismarck qui l'admirait, ou *Le Figaro,* pourtant anti-germaniste : « Ce n'est point un méchant prince, il n'a jamais accompagné ses soldats que sur le piano, la Bavière l'a emprunté à un conte de fées. » Sans grande ténacité, il n'arrivera pas à garder l'indépendance de la Bavière face aux appétits de Bismarck et de la Prusse. Après la défaite de la France en 1870, le royaume sera absorbé par le Reich allemand. Ce « roi vierge au grand cœur pour l'homme seul battant » cher à Verlaine, puis à Visconti (qui tourna le film mythique, avec Helmut Berger et Romy Schneider, *Ludwig*), c'est le visage lumineux de la démesure germanique.
À 19 ans, sa beauté irradie : il accède au trône. Il mande ***Wagner,*** dont les opéras l'ont bouleversé, on le lui offre. Le maître, voyant sa fortune faite, flatte ses sentiments. Lune de miel platonique mais passionnée : « Je suis son Wotan, il est mon Siegfried. » Les jaloux vont s'insurger contre « Lolo », en qui ils revoient ***Lola Montès,*** l'égérie de son grand-père : Wagner chassé, pour un temps, Louis reste avec ses rêves. Il est le chevalier au cygne, beau et pur. Ou alors Louis XIV, « roy des roys ».
Autocrate mégalo, Ludwig est inoffensif : muré dans ses rêves, il se désintéresse du royaume. La Prusse avalera sans mal la Bavière pour réaliser le Reich. En juin 1886, les notables, las de ses dépenses et de ses extravagances (son frère, fou lui aussi, a été interné), montent à Neuschwanstein lui signifier sa déposition ; 36h après, Ludwig meurt mystérieusement, ainsi que son médecin. On considère généralement qu'il s'est noyé dans le lac de Starnberg, près de Munich (voir plus haut), où il a été retrouvé. Cependant, Louis II était réputé excellent nageur... Selon une lettre de l'archiduchesse Marie-Thérèse de Wurtemberg, parente du roi, celui-ci se serait étouffé avec sa langue après avoir étranglé son médecin dans une crise de démence. Le mystère demeure entier... heureusement, d'ailleurs, puisqu'il fait tout l'intérêt de ces visites guidées, qui drainent chaque année un nombre hallucinant de visiteurs venus de tous les pays du monde.

## *HOHENSCHWANGAU ET NEUSCHWANSTEIN* *(ind. tél. : 08362)*

*Attention :* Hohenschwangau est le nom d'un des deux châteaux, mais aussi du village qui est à son pied. On vous conseille d'ailleurs de venir vous balader ici en soirée, car s'il y a beaucoup de touristes pendant la journée, ils partent tous vers 17h-18h et on a ensuite les châteaux, superbement éclairés, presque à soi.
Pour visiter les trois châteaux (avec Linderhof) dans la même journée, nous vous conseillons de débuter par Neuschwanstein de très bonne heure, suivi de Hohenschwangau, et de vous rendre à Linderhof en milieu d'après-midi, quand il y a moins de monde, ce qui permet de profiter du parc, qui se vide dès la fermeture du château.

### Comment y aller ?

Les châteaux de Neuschwanstein et Hohenschwangau se visitent tous deux au départ du village d'Hohenschwangau (à 3-4 km au sud-est de Füssen), où se trouvent des parkings payants *(tarif unique de 5 €),* des restos (chers), des boutiques et un bureau d'infos *(tlj en saison)* avec des casiers pour sacs à dos.
➢ ***En voiture :*** aucun problème, il suffit de suivre le fléchage...
➢ ***En bus :*** de la gare ferroviaire de Füssen, avec les bus nos 73 et 78 de la *compagnie RVA (☎ 939-05-05).* En été, 1 départ/h, 7h30-18h30 env. À peine 10 mn de trajet. Compter 2 € par trajet.

## Où dormir dans le coin ?

Les abords des châteaux ne sont guère propices aux bonnes adresses, on vous conseille de vous en éloigner un peu et de rejoindre, par exemple, le charmant village de *Schwangau,* situé à 2 km et reflétant mieux le caractère authentique de la Bavière. N'hésitez pas à quitter les sentiers battus.

**Camping Bannwaldsee :** *Münchener Str 151, 87645* **Schwangau.** *☎ 930-00. • info@camping-bannwaldsee.de • camping-bannwaldsee.de • Sur la route de Schwangau (B 17), à 5 km au nord des châteaux, au bord du Bannwaldsee. Ouv tte l'année. Compter 26 € pour 2 avec tente et voiture en hte saison. Résa conseillée via Internet (en saison, mais il vous en coûtera 15 €). (payant).* Assez cher mais bien équipé et cadre boisé agréable. Demandez les emplacements les plus proches du lac et les plus loin du resto (assez animé en été), ce sont les plus calmes, car les plus éloignés de la route. Location de vélos.

**Hotel-gasthof am See :** *Forggenseestr 81, à* **Schwangau-Waltenhofen.** *☎ 930-30. • info@hotel-schwangau.de • hotel-schwangau.de • Congés : de mi-nov à mi-déc. À 5 mn en voiture de Neuschwanstein. Doubles sans ou avec balcon et vue 70-94 €, petit déj inclus. Au resto (tlj sf mar 7h30-20h30), plats 7,50-18,50 €. Parking. (payant).* Ravissant hôtel-resto fleuri, situé au bord du Forggensee, à côté d'une charmante église. Chambres confortables, certaines avec balcon et vue sur les eaux paisibles du lac. Le prix de la chambre comprend l'utilisation des barques (possible jusqu'à la mi-octobre) et du sauna. Un 3-étoiles d'un bon rapport qualité-prix. C'est également une bonne table, où l'on peut déguster, dans une ambiance conviviale, viandes et poissons.

## Où manger ?

**Hotel-restaurant Müller :** *Alpseestr 16, à* **Hohenschwangau.** *☎ 81-990. • info@hotel-mueller.de • Tlj : nov-avr 10h-17h ; avr-oct 11h-21h. Plats le midi 7-18 € ; le soir, menus 37-56 € et plats 18-28 €.* Réputé pour sa cuisine raffinée et son service courtois sans être guindé, ce resto offre aussi une vue imprenable sur Neuschwanstein. Le midi, les prix restent abordables ; le soir, c'est assez cher mais justifié. Pour se faire plaisir...

**Hotel-restaurant Helmer :** *Mitteldorf 10, à* **Schwangau.** *☎ 98-00. • info@hotel-helmer.de • hotel-helmer.de • À 2 km de Neuschwanstein. Cuisine midi et soir jusqu'à 22h. Fermé lun (et mar en hiver). Congés : 12-24 déc et 6-31 janv. Plats 12-17 € et menus à partir de 15 €. Fait aussi hôtel, doubles 76-126 € selon confort et saison, petit déj inclus (½ pens 15 €/pers). Parking.* Superbe maison traditionnelle qui abrite une auberge depuis au moins le XVII^e s. On y sert avec le sourire une généreuse cuisine familiale de plats bavarois. Accueille avec la même gentillesse aussi bien les autochtones que les touristes de passage. Ne manquez pas, à l'heure du *Kaffee-Kuchen (tlj à partir de 14h),* le bon choix de gâteaux maison. Côté hôtel, les chambres sont nickel et tout confort.

**Pizzeria San Marco :** *Füssener Str 6, à* **Schwangau.** *☎ 813-39. • mail@pizzeria-sanmarco.de • En plein centre, un peu en retrait de la rue principale, en face du resto* Weinbauer. *Tlj 11h30-14h, 17h30-23h. Pâtes, salades ou pizzas 5,50-10 €, viandes et poissons plus chers.* Les jours où l'on frise l'overdose de *Knödel* et *Kartoffelsalat,* une virée pizza peut s'apparenter au bonheur ! Également des plats à emporter.

**Café Neuschwanstein :** *Geblerweg 2, à* **Schwangau.** *☎ 82-09. • hotel-neuschwanstein@t-online.de • Ven-dim à partir de 14h.* Un petit hôtel qui fait aussi café en fin de semaine. Sympa pour son jardin très tranquille face au château et aux montagnes. Gâteaux maison.

## La visite des châteaux

*– Tlj : avr-sept 9h-18h ; oct-mars 10h-16h. Neuschwanstein est fermé les 24 et 25 déc, le Jour de l'an, le 1er nov et Mardi gras ; Hohenschwangau slt le 24 déc.*
*– Les tickets pour les 2 châteaux se prennent au* ***Ticket-Center,*** *qui se trouve dans le village de* ***Hohenschwangau,*** *Alpseestr 12 (tlj 8h-17h avr-sept ; le reste de l'année, 9h-15h). Se présenter très tôt en hte saison. Le mieux est de réserver son ticket avt (1,80 € de supplément) sur • ticket-center-hohenschwangau.de • ou par tél (☎ 93-08-30), et de venir le chercher 1h (au moins) avt la visite. Prix d'entrée pour chacun des châteaux : 12 € (ticket combinant les deux à 23 €) ; réduc ; gratuit pour les moins de 18 ans accompagnés. Visite guidée slt (durée : env 35 mn), avec l'audioguide (inclus dans le prix du billet) en français si vous ne parlez pas l'allemand : signalez, lors de l'achat des billets, que vous en voulez un (à retirer au château directement).*
– À noter, une réduction de 1 € sur la visite des deux châteaux est accordée à ceux qui logent sur le territoire de la commune de Schwangau. Demandez à votre hôtel la *resort card* que vous présenterez à la caisse du Ticket-Center.
Si vous réservez votre ticket à l'avance (sur le site internet ou par téléphone), vous devez obligatoirement le récupérer au *Ticket-Center* le jour de votre visite, minimum 1h avant celle-ci. Sur le ticket est inscrit un numéro, que vous retrouverez sur l'affichage à l'entrée du château et qui vous donne le signal pour avancer vers les barrières. Les groupes constitués (30-40 visiteurs à la fois) partent toutes les 5 mn. Visite au pas de course, pas le temps de traîner dans les couloirs, on suit le guide qui cavale comme Passe-Partout dans *Fort Boyard.* Ouf, tout est dit, bonne visite !

***Neuschwanstein :*** *• neuschwanstein.com • On y accède à pied en 20-30 mn. Sinon, possibilité de prendre un bus depuis l'*hôtel Lisl *(fréquents : 1,80 € pour monter et 1 € pour descendre), ou une calèche depuis l'*hôtel Müller *(6 € pour monter et moitié prix pour descendre).*
Grimpette déconseillée évidemment aux personnes âgées ou ayant des difficultés pour se déplacer, d'où l'intérêt des bus. À pied comme en calèche, compter 20 à 30 mn, et 10 mn en bus. La calèche embarque facilement 12 personnes. Vous ne serez donc pas tout seul. Le voilà donc ce fameux château qui vous a tant fait rêver. Environnement fantastique, voire unique. Ce château digne de la Belle au bois dormant (il inspira, dit-on, Walt Disney), sur son éperon rocheux, perdu au milieu des sapins, domine des lacs et une vallée superbes, avec en toile de fond les Alpes et leurs cimes enneigées... En choisissant ce site en 1868, après des mois de recherche passés à arpenter la région à pied, Louis II eut un éclair de génie... Un endroit pareil valait tous les délires ! Louis II ne s'en priva pas, quitte à dépenser l'argent qu'il n'avait pas (6 millions de marks-or), tout roi qu'il fût. Il fit venir 465 t de marbre, 1 550 t de pierres de taille, 400 000 briques et 600 t de ciment ! Ainsi, pendant près de 20 ans, la région entière vécut grâce aux travaux du château... mais il ne fut même pas achevé et Louis II n'y habita que 170 jours ! À sa mort, seules la construction du château et la décoration des 3e et 4e étages étaient terminées.
Neuschwanstein, le « Nouveau Rocher du Cygne », est très typique de l'« historicisme » néoféodal que connut le XIXe s, caractérisé par un goût prononcé pour la reconstruction de châteaux forts dans le style de ceux du Moyen Âge. C'est vrai que de près, il n'est pas si beau ; mais de loin, il a vraiment fière allure : ses façades et les matériaux modernes utilisés en font presque un décor de cinéma. L'intérieur vaut surtout pour les nombreuses fresques illustrant les grands thèmes wagnériens (*Tannhäuser, Tristan et Yseult, Siegfried, Parsifal,* etc.). À noter aussi que tout le confort moderne (pour l'époque), électricité, ascenseurs, chauffage central, téléphone étaient prévus dans l'équipement des appartements.
Deux pièces méritent le coup d'œil : la somptueuse ***salle du Trône,*** de style byzantin, pour les animaux naïfs du sol et le lustre doré de 900 kg (mais le trône n'y a jamais été installé, Louis II étant mort avant !), ainsi que son architecture

rappelant l'intérieur d'une église ; et l'immense ***salle des Chanteurs*** (au 4e étage), l'une des rares dont la décoration souhaitée par Louis II est achevée. Cette pièce superbe fut conçue pour que les œuvres de Wagner y soient jouées, mais Wagner n'a mit jamais les pieds dans ce château ! En revanche, on y donne désormais des concerts, tous les ans à la mi-septembre *(rens au ☎ 81-980).*

Pour avoir une belle vue d'ensemble sur Neuschwanstein, allez vous promener dans la forêt : un chemin mène (en 10 mn environ) au pont ***Marienbrücke,*** d'où le panorama vaut vraiment le coup. C'était même le lieu de prédilection du roi lorsqu'il venait en traîneau, la nuit tombée, admirer son œuvre éclairée aux bougies. Au passage, le lac situé derrière les châteaux est bien agréable. On peut y louer des canoës. Quant à la vue que vous avez sur toutes les cartes postales, elle est prise d'hélicoptère ou d'une montagne assez éloignée, dont l'accès est long, cher (avec guide) et difficile. Sinon, vous pouvez avoir une autre vue intéressante en empruntant le *Tegelbergbahn (☎ 98-360 ; • tegelbergbahn.de •).* Le départ de cette télécabine est situé à 1 km de Hohenschwangau, sur la route de Schongau. *Tlj 9h-17h.* Vue magnifique sur les châteaux pendant la montée. Une fois là-haut (à 1 707 m), nombreuses possibilités de randonnées.

### UN MUSÉE GRANDIOSE MAIS ÉPHÉMÈRE

*Durant la Seconde Guerre mondiale, le château de Louis II fut réquisitionné par les nazis comme entrepôt où s'entassèrent les innombrables tableaux et œuvres d'art (21 000 !) pillés dans les musées de la France occupée, ou spoliés aux familles juives déportées. L'or de la Reichsbank y transita en 1945, avant d'être transféré vers une destination inconnue.*

***Hohenschwangau :*** *• hohenschwangau.de • Compter 20 mn à pied depuis le village. Sinon, calèche depuis l'*hôtel Müller *(4 € pour monter et 2 € pour descendre).*

Le « Haut Domaine du Cygne » (c'est le nom du château) offre un surprenant mélange de forteresse médiévale, de manoir de style Tudor et de palais vaguement gothique. On dirait presque un édifice de carton-pâte ! Construit en 1832, à la demande du père de Louis II (Maximilien II), il fut pourtant décoré de fresques d'inspiration médiévale relatant les aventures mythologiques des héros germaniques. Ce détail a son importance, puisque le cadre du château berça les rêves du petit Louis, né à Nymphenburg, mais qui passa une partie de son enfance ici. Il retrouva ensuite tout naturellement les personnages légendaires de ces contes germaniques dans les opéras de Wagner...

On peut visiter une douzaine de *salles,* dont les plus intéressantes sont celles des *Héros* (justement), du *Chevalier au Cygne,* et diverses chambres, comme celle *de la Reine* (belle déco orientale) et celle des *Hohenstaufen,* où demeure l'un des pianos de Wagner.

***Museum der bayerischen Könige*** *(musée des Rois de Bavière)* ***:*** *Alpeestr 27. ☎ 926-46-40. • museumderbayerischenkoenige.de • Au bout du village, près du lac. Tlj : 9h-19h avr-sept, 10h-18h oct-mars. Entrée : 9,50 € ; réduc.* Ce nouveau musée, installé dans un beau bâtiment au pied du château de Hohenschwangau, présente la dynastie des rois de Bavière depuis les origines (XIIe s) jusqu'à aujourd'hui, et constitue donc un bon complément à la visite des châteaux. Au premier étage, galerie complète de portraits des différents monarques et espaces dédiés aux deux rois bâtisseurs des fameux châteaux de la région. On y voit, entre autres, toutes sortes d'objets leur ayant appartenu, tel le spectaculaire manteau de Louis II (visez la traîne !), à l'image de l'importance qu'il se donnait. Des écrans tactiles montrent aussi l'ampleur des contributions respectives des différents rois au développement de Munich (où l'on voit que c'est Louis Ier qui y a le plus mis la main à la poche)... et les folies imaginées par Louis II, comme ce téléphérique qui devait, porté par une montgolfière, passer au-dessus du lac d'Alpsee... Sacré Louis ! Au rez-de-chaussée, la famille royale au XX^e^ s, avec le prince héritier de Louis III (qui fut le dernier « roi » de Bavière), puis les ducs de Bavière.

## LINDERHOF

*À 12 km à l'ouest d'Oberammergau, entre forêt et montagnes, à la limite de la frontière autrichienne. Voir plus loin « Dans les environs d'Oberammergau ».*
Le moins grandiose mais le plus mignon des châteaux de Louis II de Bavière. Et à notre avis, la visite la plus intéressante (les guides n'auront de cesse de vous le répéter...), vu le nombre de surprises qu'elle réserve.
De Füssen pour rejoindre ce château, situé à environ 44 km, on peut passer la frontière autrichienne, puis emprunter la route B 314 direction Innsbruck. On prend ensuite à gauche une adorable petite route (après Reutte) qui longe les eaux émeraude du ravissant Plansee, puis on rejoint Oberammergau en repassant côté allemand. Prenez votre temps, c'est vraiment magnifique.

## SCHACHEN

Entre Neuschwanstein et Herrenchiemsee, Louis II s'est fait aménager un chalet de haute montagne (à 1 866 m d'altitude) en folie orientale (voir plus loin la rubrique « À faire » à Garmisch-Partenkirchen).

# OBERAMMERGAU (82487) 5 400 hab. IND. TÉL. : 08822

**Certainement l'un des plus adorables villages bavarois. À 1h de Munich, par l'autoroute (E 533), on est déjà dans les alpages, au milieu des forêts et au pied des Alpes. Son charme réside dans le grand nombre de façades peintes, qui ornent les fermes, les auberges et les maisons bourgeoises. Mais ce n'est pas sa seule particularité : Oberammergau, fière de ses traditions, a acquis une renommée internationale pour son artisanat sur bois (nombre des ses habitants continuent à en vivre), mais aussi pour ses représentations de la Passion du Christ. Depuis 1633, en effet, les villageois tiennent la parole donnée par leurs ancêtres, épargnés à l'époque par une épidémie de peste qui décima la région, de rejouer tous les 10 ans, 5 mois durant, la scène du mystère de la Passion... Inutile de chercher des chambres à louer tant que durent ces représentations, qui font figure ici d'événement et sont suivies avec beaucoup de ferveur. Une ville que la religion a assurément marquée de son empreinte ; pour preuve, Judas a même une rue à son nom !**
**Oberammergau attire, bien sûr, beaucoup de touristes, mais constitue aussi une base idéale pour visiter les environs : les châteaux de Louis II, l'abbaye d'Ettal et l'église de Wies sont tout près.**

## Adresses et infos utiles

**i *Ammergauer Alpen*** *(office de tourisme) : Eugen-Papst-Str 9a. ☎ 92-27-40. • ammergauer-alpen.de • Tlj sf dim et j. fériés 9h-18h ; sam 9h-13h (oct et janv-mars 9h-12h ; fermé de nov à mi-déc) ; dim 9h-13h slt de juil à mi-sept.* Plan du village et des environs. Demandez aussi, si vous cherchez un logement, la liste complète des hôtels, pensions et *B & B*, particulièrement nombreux à Oberammergau et dans la région ! Également, mais en allemand seulement, une brochure décrivant, plans à l'appui, les randonnées à faire dans le coin.

■ ***Location de vélos :*** ***Sport-Zentrale Papistock,*** *Bahnhofstr 6a.* ☎ *41-78. Tlj sf dim.* ***Radsport Lang,*** *Rottenbucher Str 16.* ☎ *10-04. Tlj sf dim.*

– Un moyen intéressant... et gratuit pour se déplacer : la ***Gästekarte,*** qui permet d'utiliser librement les bus dans toute la région. On l'obtient en remplissant simplement une fiche à l'office de tourisme ou dans les hôtels, *B & B,* etc. Bon à savoir : certains hôtels et pensions d'Oberammergau et des environs peuvent vous remettre gratuitement la *KönigsCard,* qui offre des réductions (et même la gratuité !) dans quelque 200 attractions (piscines, musées, téléphérique...) de l'Allgäu, du Tirol et de l'Ammergauer Alpen. Une façon pour tous ces prestataires, dans un contexte de crise lié à la concurrence des séjours pas chers au soleil, de faire découvrir leurs services, dans l'espoir que les visiteurs reviennent ou qu'ils fassent leur pub. Plus d'infos sur ● *koenigscard.com* ●

## Où dormir ?

Les possibilités ne manquent pas par ici : on recense pas moins de 200 adresses (tous types d'hébergement confondus) pour la seule ville d'Oberammergau... et 700 dans la région. Liste disponible à l'office de tourisme.

### Camping

⛺ ***Camping-Park Oberammergau :*** *Ettaler Str 56b.* ☎ *94-105.* ● *info@camping-oberammergau.de* ● *camping-oberammergau.de* ● *À l'entrée sud du village. Ouv tte l'année. Assez cher : 23-26 € pour 2 avec tente et voiture selon saison.* *(payant).* Cadre agréable, avec les montagnes tout autour, mais assez près de la route. Livraison de pain et de viennoiserie le matin. Minigolf.

### Auberge de jeunesse

***Jugendherberge :*** *Malensteinweg 10.* ☎ *41-14.* ● *oberammergau@jugendherberge.debayern.de* ● *oberammergau.jugendherberge.de* ● *À 10 mn à pied de la gare, au pied des collines : suivre la Bahnhofstr, puis à droite dans Eugen-Papststr jusqu'au pont König-Ludwig ; passer la rivière et prendre à gauche. Fermé de mi-nov à mi-déc. Nuit 20,90 €, petit déj inclus ; supplément pour les plus de 27 ans.* Dans un grand bâtiment moderne, 140 lits en chambres de 2 à 6 lits. Repas midi et soir. Bon accueil.

### Chambres d'hôtes

Nombreuses chambres d'hôtes, notamment dans la Ludwig-Lang-Strasse. Demandez là encore la liste tenue à jour à l'office de tourisme, une quarantaine en tout. Elles peuvent varier en confort, mais sont généralement très proprettes.

***Haus Genoveva Muhr :*** *Sankt Gregor 46, prendre la Ludwig-Lang-Str, et continuer en direction du téléphérique Laber.* ☎ *881-28-81.* ● *post@dashausinmuhr.de* ● *Fermé entre Noël et Jour de l'an. Double avec douche et w-c 45 €, petit déj (généreux) compris. Parking gratuit.* Petite maison d'hôtes tenue par une adorable mamie, sur les hauteurs d'Oberammergau, à 10 mn à pied du centre. Elle abrite 2 chambres (dont une avec balcon) très convenables pour le prix. Idéal pour qui recherche le calme et l'intimité. En bref, faites ici comme chez vous !

### Hôtels et pensions

***Zum Kirchenbauer :*** *Schnitzlergasse 16.* ☎ *92-35-97.* ● *info@zum-kirchenbauer.de* ● *zum-kirchenbauer.de* ● *Face à l'église. Doubles avec douche et w-c 72-76 €, petit déj inclus. Parking.* Adorable maison à la façade peinte, aménagée dans le style bavarois et installée sur une place pittoresque. Petit déj copieux, servi dans une charmante salle à manger campagnarde avec son poêle en faïence.

**Ferienhaus-Hotel Fux :** *Mannagasse 2a. ☎ 93-093. • info@firmafux.de • firmafux.de • Sur la pl. de la Mairie. Doubles 72-92 €, petit déj inclus.* Un gros chalet en plein cœur de ville mais au calme, avec 10 chambres confortables, à la déco personnalisée très cosy. L'accueil est chaleureux, la salle de petit déj et la terrasse, avec son petit jardin pour les beaux jours, sont très agréables. Possibilité de louer des appartements.

**Hotel Alte Post :** *Dorfstr 19. ☎ 91-00. • info@altepost.com • altepost.com • Doubles 75-125 € selon confort et saison, petit déj inclus. Petits apparts (2 pièces séparées, kitchenette, balcon) à partir de 95 €. Parking gratuit. (payant).* Hôtel 3 étoiles installé dans une demeure historique et couvert d'une superbe fresque en plein cœur du village. 2 types de chambres : les unes dans le style *Alt Deutsch,* les autres dans un style plus contemporain. Mais toutes très confortables et bien tenues. Fait aussi resto ; la qualité y est toutefois irrégulière.

## Où manger ?

**Café Wanninger :** *Dorfstr 22. ☎ 836. Tlj 10h-22h en saison. Plats 7,50-9 € le midi. Plus cher le soir.* Resto-salon de thé fréquenté aussi bien pour ses pâtisseries que pour ses petits plats bien ficelés et pas très chers à midi. Le soir, le lieu se mue en *steakhouse* et les tarifs grimpent. On s'installe au choix aux tables en terrasse ou dans une agréable salle à la déco contemporaine non dénuée d'un certain cachet. Service preste.

**Gasthof Zum Stern :** *Dorfstr 33. ☎ 867. • gasthausstern.oberammergau@t-online.de • Tlj 9h-1h (cuisine slt jusqu'à 21h). Plats 8,50-17,50 €. Brotzeit (casse-croûte), après 14h, 4,50-9,50 €. Propose aussi des chambres autour de 75 €. Gasthof* aux couleurs locales, servant une cuisine de terroir savoureuse, préparée avec des produits très frais (les légumes sont particulièrement goûteux) et s'autorisant quelques fantaisies dans la présentation. Belle carte de vins (allemands notamment) et *Biergarten* à l'arrière. Accueil moyen.

**Ammergauer Maxbräu :** *Ettaler Str 5. ☎ 94-87-40. • hotel@maximilian-oberammergau.de • Tlj 11h-23h (cuisine slt jusqu'à 21h30). Plats 7,50-25 €. C'est aussi un hôtel chic, avec des chambres doubles à partir de 170 €.* Avec ses allures de gros chalet, une brasserie-restaurant accueillante, avec une grande terrasse en été. Cuisine traditionnelle, copieuse et bien réalisée. Ils brassent aussi leur propre bière, on peut d'ailleurs voir les cuves en cuivre dans la salle.

**Zauberstub'n :** *Ettaler Str 58. ☎ 46-83. • info@zauberstubn.de • zauberstubn.de • Tlj sf lun 11h-23h. Plats 10-14 €, menu 12 €. Hébergement douillet sous les toits autour de 65 € pour 2. Parking gratuit.* Tenu par Vlado, un restaurateur-magicien ! Terrasse ou salle tout en bois soignée, à l'image de la cuisine, et les prix sont tout à fait raisonnables. Avec un peu de chance, Vlado vous régalera également de quelques tours à sa façon. Une adresse un peu à part.

## À voir. À faire

**Les maisons peintes :** on en trouve partout, mais les plus belles sont dans la partie historique du village. La plus connue est la ***Pilatushaus*** *(Ludwig-Thoma Str 10),* et se visite. Elle date du XVIIIe s, époque à laquelle se développa cette forme de décoration appelée *Lüftlmalerei.* Les motifs, fréquemment exécutés en trompe l'œil et accompagnés de dictons ou de citations, rappellent le rococo, mais les thèmes choisis sont avant tout populaires : scènes religieuses, représentations de métiers, scènes de chasse et de banquets ! Sans oublier les contes de Grimm (Ettaler Str 41)... Ici, on peut vraiment habiter la maison d'Hänsel et Gretel, et aller porter une tarte chez Grand-Maman en se disant qu'on a toutes les chances de voir le grand méchant loup...

**Le théâtre de la Passion :** *Passionswiese 1. ☎ 94-58-888. • passionstheater.de • Pas loin de la gare. De Dorfstr, prendre Devrientweg. Tlj sf lun 10h-17h (avec 1 visite/j. en anglais à 11h et 2 en allemand, à 10h et 14h). Durée : 45 mn. Entrée : 6 € ; réduc (ticket combiné avec l'*Oberammergau Museum *et la* Pilatushaus *: 8 €). Visite guidée en français sur demande.*
Construit en 1900 pour accueillir près de 5 000 spectateurs tant les « mystères de la passion du Christ » joués par le village (voir le commentaire au début du chapitre sur Oberammergau) étaient devenus célèbres. On vous conseille la visite de ce théâtre, entièrement rénové à l'occasion de la « célébration » de 2000, afin de comprendre l'importance de ces représentations pour le village, qui vit des mois durant au rythme des préparatifs.
L'histoire raconte que, en 1633, la peste s'abattit sur le village et tua un tiers des habitants. La population fit alors le vœu de rejouer la passion du Christ si cette épidémie les épargnait... et leur vœu se réalisa. Depuis, la tradition se perpétue, tous les 10 ans seulement, depuis 1680. Chaque représentation, qui a lieu 5 fois par semaine, pendant 5 mois de mai à septembre, dure 5 à 6h, avec une interruption de 3h pour aller se restaurer. Les hommes du village se laissent même pousser les cheveux et la barbe plusieurs mois à l'avance, pour mieux ressembler aux personnages bibliques ! Son organisation fait l'objet d'un vote populaire et est placée entièrement sous la responsabilité municipale, et non de l'Église. Presque tous les habitants (qui reçoivent en contrepartie un petit dédommagement financier) participent à ce qui reste avant tout une belle profession de foi.
Le spectacle, qui se joue à guichets fermés, est assez grandiose, sur fond de montagnes, avec plus de 800 acteurs et figurants (et des animaux) sur scène... Le prochain se déroulera donc en 2020.

**Oberammergau Museum :** *Dorfstr 8. ☎ 94-136. • oberammergaumuseum.de • Tlj sf lun 10h-17h de mi-déc à fin janv et de mi-mars à fin oct. Entrée : 6 € ; réduc ; ticket combiné avec le* théâtre de la Passion *et la* Pilatushaus *: 8 €.*
Intéressant pour sa gigantesque crèche de plus de 200 personnages. Mobilier, outils anciens et nombreuses sculptures sur bois réalisées par les artisans du village. Par ailleurs, ce musée accueille chaque année plusieurs expos temporaires, toutes plus différentes les unes que les autres ; au menu : peinture, sculpture ou collections diverses d'artistes locaux.

– Fierté du village depuis cinq siècles, devenu sa principale industrie, l'***artisanat local de sculpture sur bois,*** surtout destiné à la vente directe. En dehors des bondieuseries, il y a ici de quoi remplir toutes les crèches d'Allemagne ! Si vous aviez l'intention d'acheter un de ces objets, soyez vigilant : seuls ceux signés *Handgeschnitzt* sont entièrement taillés à la main, ceux portant l'inscription *Holzgeschnitzt* étant en partie fabriqués à l'aide d'une machine... et à l'étranger. On vous conseille donc de faire un tour des artisans et de vous arrêter à la ***Pilatushaus,*** devenue maison de l'artisanat, avec expos et démonstrations (sculpture sur bois, broderie, etc.). *1er avr-2 nov, tlj sf lun 13h-18h.*

– Jetez un œil en passant à l'***église Sankt Peter und Paul,*** du plus pur style rococo, tout en rose et stuc blanc, ce qui en fait une des plus attachantes de Bavière.

➢ ***Téléphérique Laber*** *(Laber-Bergbahn) : Ludwig-Lang Str 59. ☎ 47-70. Tlj 9h-17h en été ; 16,50 € l'A/R ; réduc. Départ à l'est du village, à 20 mn à pied du centre.* Offre hiver comme été de beaux points de vue. De quoi vous donner des idées si vous revenez un jour pour skier dans la région.

***Laber Haus :*** *Am Laber 1. ☎ 42-80. Mêmes horaires que le téléphérique.* Une adresse qu'il faut aller dénicher... à 1 683 m, en utilisant les cabines. Idéal pour un *Brotzeit* en terrasse, tout en profitant de la vue.

## DANS LES ENVIRONS D'OBERAMMERGAU

**Le château de Linderhof :** *à 12 km à l'ouest d'Oberammergau. ☎ 920-30. • linderhof.de • Tlj 9h-18h d'avr à mi-oct et 10h-16h le reste de l'année. Fermé fêtes de Noël et Jour de l'an. La grotte de Vénus, les jardins, le kiosque mauresque et le refuge de Hunding sont fermés de mi-oct à mi-avr. Entrée : 8,50 € ; réduc ; gratuit pour les moins de 18 ans. Visite guidée slt (25 mn), disponible en français en été (slt sur demande en hiver).*

– *Accès :* suivre la direction de Garmisch-Partenkirchen (B 23) et prendre la route à droite avant Ettal (indiqué). Sur place, parking payant *(2 €)* obligatoire. En bus, la compagnie *RVO* relie env 10 fois/j. (4 le w-e) Oberammergau à Linderhof (bus nº 9622).

– *Visites :* elles se succèdent à un rythme effréné, un groupe chasse l'autre. Comme dans les autres châteaux de Louis II, présentez-vous aux barrières dès que le numéro de votre ticket s'affiche à l'entrée du château. Attention, dès la fin octobre, les statues du parc et la grotte de Vénus sont recouvertes de coffrages de bois pour les protéger du gel pendant l'hiver. On ne visite plus alors que l'intérieur du château.

En 1874, Louis II fit aménager ici, à la place du pavillon de chasse de son père Max II, un superbe « petit refuge », de style XVIIIe s, inspiré d'une de ses visites à Versailles... Car tout, ici, célèbre l'incarnation de son idéal terrestre : le Roi-Soleil. On retrouve d'ailleurs Louis XIV, à cheval, dans une attitude d'empereur romain, dans le hall d'entrée du pavillon. C'est le seul château élevé par lui-même qu'il habita régulièrement : il y a séjourné 15 jours par mois pendant 8 ans.

### DÎNER ROYAL EN SOLITAIRE

*Dans la salle à manger de Linderhof, un détail amusant : la table est montée sur un ascenseur communiquant avec la cuisine, ce qui évitait tout contact avec les serviteurs... Les dernières années, Louis II ne supportait plus personne à ses côtés, hormis les portraits des grandes dames de la cour... de Louis XIV, ou d'autres fantômes illustres, avec qui il faisait la causette en français !*

Il faut dire que, une fois encore, l'environnement est magnifique. À l'intérieur, toute la déco est extrêmement chargée : laissez-vous glisser dans le passé et imaginez le romantisme se dégageant la nuit de ces pièces éclairées aux bougies... Dans le salon de musique, un piano que Louis II destinait à Wagner, mais le grand musicien ne vint jamais. Dans la chambre royale, immense lit à baldaquin (où Louis dormait toujours tout seul) et lustre d'une demie-tonne en cristal ! On visite encore le salon des glaces (le summum du rococo), et on quitte le château... par une drôle de porte (vous verrez).

– ***La grotte de Vénus :*** *à l'extrémité nord du parc. Visite guidée de 15 mn, en allemand et en anglais : présenter son ticket (inclus dans la visite du château).* La plus grande grotte artificielle d'Europe : plus de 100 m de long, entièrement en toc ! Une idée complètement folle rendant hommage à l'opéra *Tannhäuser*, de Wagner, et témoignant de l'esprit théâtral (c'est le moins qu'on puisse dire) de Louis II : la grotte, qui servait pour les représentations (c'est dire si elle servait), était chauffée à 20 °C (il fallait 3 jours pour arriver à cette température !) et entièrement éclairée à l'électricité (rappelons qu'elle fut construite au XIXe s) : c'est d'ailleurs un certain monsieur Siemens qui l'installa. Lac souterrain (artificiel, bien sûr) avec cascade et guirlandes partout... Le fin du fin : la barque rococo, en forme de coquillage géant, surmontée d'un angelot. Imaginez la tête des chanteurs et des acteurs invités ici seulement afin de distraire Loulou.

– ***Le kiosque mauresque*** *(Maurischer Kiosk)* **:** *un peu plus loin dans le parc.* Encore une sacrée trouvaille : une espèce de minimosquée digne de Pierre Loti ! Louis II la découvrit lors de l'Exposition universelle de Paris en 1867 et réussit à l'acheter après bien des péripéties. Imaginez ce qui se passait quand le roi venait

ici en costume de circonstance, pour jouer au souverain oriental... On a l'impression de comprendre un peu mieux dans quel imaginaire Louis II vivait : hors de la réalité de son temps, fou pour certains, éternel romantique pour les autres.
– ***La hutte de Hunding :*** *bien plus loin dans le parc (immense).* Cabane germanique archaïque inspirée par *La Walkyrie* de Wagner. Au milieu de la cahute en bois, un arbre énorme (avec ses branches) dans lequel est plantée une épée, celle de Nothung « au noble acier »... C'est le seul endroit où Louis II autorisait la bière, pour créer l'ambiance entre hommes... Détruite par un incendie en 1945, elle fut reconstruite en... 1990, ce qui explique son air tout neuf, tout propre.
– D'autres curiosités dans le parc, comme la ***maison marocaine*** (aussi acquise par Louis II à une exposition universelle de Paris, en 1878, et reconstruite dans le parc en 1998) et le ***pavillon royal*** *(Königshäuschen ; entrée : 2 €),* ancienne ferme puis pavillon de chasse de Maximilien II, à l'origine à l'emplacement du château et transféré ici par Louis II. Il abrite aujourd'hui une petite expo.

***Ettal et son abbaye :*** *à 4 km au sud d'Oberammergau, sur la route B 23.* Beau petit village au pied des collines, construit autour de son imposante abbaye bénédictine *(ouv 7h-19h45 en été, 18h en hiver),* dont le dôme de 65 m de haut prouve l'importance historique. Fondée au XIVe s, l'abbaye est devenue un lieu de pèlerinage important en Bavière. L'église fut embellie par l'adjonction du dôme au XVIIIe s. Une gigantesque fresque, superbe, décore la voûte intérieure. Beaux autels également. Les moines de l'abbaye produisent toujours de la bière et des liqueurs, qu'on peut acheter à la boutique sur place ou goûter à la *Klosterbräu* située juste en face de l'édifice.

***Wieskirche*** *(église de Wies) :* *à 26 km au nord-ouest d'Oberammergau. • wieskirche.de • Emprunter la route 23 jusqu'au pont d'Echelsbacher : le franchir et rouler encore 6 km avt de prendre une petite route sur la gauche. Parking payant obligatoire. Sinon, 9 bus/j. (5 le w-e) relient Garmish à Füssen via Oberammergau et l'église de Wies. 8h-20h (18h en hiver), mais visite interdite pdt les messes.* Cette église est une des plus belles de haute Bavière. Préparez-vous à un choc : si l'extérieur surprend par son austérité, l'intérieur, en revanche, ruisselle de luxe ! La décoration, réalisée au milieu du XVIIIe s, est un véritable chef-d'œuvre de rococo bavarois : peintures fantastiques sous la coupole, stucs somptueux partout, chœur d'une grande luminosité, autels couverts d'or, etc. Les proportions sont parfaites, les détails amusants ne manquent pas, et le plafond circulaire est une véritable élévation vers le ciel ! On a peut-être l'air de délirer, mais le travail de l'artiste (un certain Zimmermann) est une grande réussite.



## MURNAU

(82418) 12 100 hab. IND. TÉL. : 08841

**Murnau est au centre du « Pays bleu »... Ce coin de Bavière ne doit pas son appellation à ses petits lacs mais au mouvement artistique *Der Blaue Reiter* (Le Cavalier bleu) qui y a vu le jour. Murnau a en effet été le lieu de résidence de nombreux peintres, Gabriele Münter et Vassily Kandinsky y avaient une maison et y recevaient de nombreux autres artistes, dont Franz Marc, Alexej von Jawlensky... Une collection intéressante regroupant de nombreuses œuvres de cette période est visible dans le musée du Château. À pied, à vélo ou en voiture, partez sur les traces du « Cavalier bleu ».**
**Et si vous êtes dans le coin le premier dimanche de novembre, ne ratez pas les défilés d'attelages, à l'occasion de la Saint-Léonard, protecteur des chevaux (également à Bad Tölz, près de Munich, et au Schliersee).**

## UN PEU D'HISTOIRE DE L'ART : DER BLAUE REITER

Le mouvement du *Cavalier bleu* fut aussi important pour l'histoire de l'art moderne en Allemagne que le fut celui de la Sécession en Autriche.

L'art moderne va émerger en Allemagne grâce à deux grands groupes d'artistes : l'un, ***Die Brücke*** (Le Pont), créé à Dresde en 1905 par des expressionnistes, et l'autre, en 1909 à Munich, le ***NKVM*** (*Neue Künstlervereinigung München,* traduisez : « nouvelle association d'artistes munichois »). Parmi les artistes de ce groupe munichois, citons Kandinsky, Macke, Marc, Münter et Alexej von Jawlensky... Ils organisent trois cycles d'expositions avant que des différends n'apparaissent au sein de l'association. Kandinsky et Franz Marc vont alors, avec Gabriele Münter, Alfred Kubin et quelques amis, fonder en 1911 ***Le Cavalier bleu.*** Ils seront très vite rejoints par d'autres, notamment *Paul Klee.* Dès 1912, des expositions ont lieu dans toute l'Allemagne et en Europe, et l'*Almanach Der Blaue Reiter* est publié. Cet almanach est un recueil de textes écrits par divers artistes, peintres, compositeurs ou écrivains. Les artistes du *Cavalier bleu* tendent vers une interprétation abstraite du sujet, ils veulent traduire sur leurs toiles davantage leur ressenti, la nature intérieure des choses.

Le début de la Première Guerre mondiale marque la fin du mouvement : Kandinsky et Jawlensky doivent quitter l'Allemagne, Marc et Macke tombent sur le front.

Autour de ce mouvement se sont ralliés de grands créateurs unis par une même foi de renouveau spirituel de la civilisation, imaginant un art qui ne connaîtrait « ni peuple ni frontière, mais la seule humanité ». Bien que de courte durée, l'aventure a pourtant profondément marqué l'histoire de l'art et a véritablement ouvert la voie vers l'abstraction.

### ORIGINE DE L'ABSTRACTION

*L'art de Kandinsky repose sur une expérience troublante. Un soir, il découvrit chez lui une toile dont l'étrangeté le bouleversa. Intrigué, il se mit à chercher la raison de sa surprise devant un ensemble de formes et de couleurs dont le contenu fascinant lui semblait tout à fait incompréhensible. En réalité, il s'agissait bien d'une de ses œuvres, posée par hasard contre le mur, mais sur le côté. Il comprit alors que la figuration nuisait à la peinture. En 1910, il peignit la première aquarelle totalement abstraite.*

## Adresses utiles

**Tourist-Information Murnau :** *Kohlgruber Str 1 (dans le centre, parking gratuit à côté). ☎ 614-10. • murnau.de • Juin-sept, lun-ven 9h-17h, sam 10h-16h (slt Hôtel de Ville) ; oct-mai, lun-ven 9h-12h et 14h-17h, sam 10h-12h.* Plan de la ville en anglais ou en allemand où figurent les sites à visiter (disponible aussi quand l'office de tourisme est fermé) et programme de visites guidées thématiques de la ville (en allemand), notamment sur les traces du Cavalier bleu. L'été, sur inscription préalable, des randonnées à pied ou à vélo sont organisées, autour des lacs notamment.

■ ***Location de vélos :*** *Radl Stadl, Petersgasse 3. ☎ 40-222. Mar-ven 9h-12h30, 14h-18h, sam 9h-13h. Près de l'office de tourisme, bien équipé. Compter 10 € la journée pour un vélo de ville.* Loue aussi des vélos électriques et vend diverses cartes de randonnées cyclistes (avec descriptions des balades mais en allemand).

■ ***Promenade en bateau sur le Staffelsee :*** *☎ 62-88-33. • staffelsee.org • 6 départs/j. de Murnau-Achele, tlj avr-oct 10h-16h40. Billet : 9,50 € ; réduc.* Circuits de 1h20 sur le joli lac aux 7 îles, sur un beau bateau de promenade de 270 places.

## Où dormir à Murnau et dans les environs ?

### Campings

**Campingplatz Aichalehof :** *82449* ***Uffing am Staffelsee,*** *à 6-7 km de Murnau, sur la rive nord-ouest du lac. ☎ 2-11. • camping@aichalehof.de • aichalehof.de • Mai-sept. Env 20 € pour 2 avec tente et voiture.* Directement au bord du lac, dans un paysage de campagne fleurie, on peut profiter de son emplacement pour goûter aux joies de la baignade... dans un des lacs les plus chauds de Bavière ! Nombreuses possibilités de balades à pied ou à vélo. Resto, *Biergarten* et boutique.

**Campingplatz Halbinsel Burg am Staffelsee :** *Burgweg 41, 82418* ***Seehausen am Staffelsee.*** *☎ 98-70. • info@camping-staffelsee.de • camping-staffelsee.de • À 2,5 km du centre de Murnau. Fermé début nov-début janv. En hte saison, env 20 € pour 2 avec petite tente et voiture. Chiens non admis.* Au bord du lac aussi, avec 150 emplacements disponibles, mais bondé en plein été, donc pas franchement agréable. À privilégier plutôt hors saison. Jeux pour les enfants, resto, *Biergarten* et boutique.

### Bon marché

**Pension Kreszenz Meyer :** *Im Hinterfeld 8, 82418* ***Seehausen am Staffelsee.*** *☎ 50-75. À 2,5 km de Murnau. Ouv tte l'année. Compter 15-17 €/pers, avec petit déj. CB refusées. Parking.* Tout près de l'embarcadère pour les promenades sur le lac, un gros chalet avec terrasse, jardin et très belle vue sur la campagne. Les 5 chambres, avec balcon mais sans salle de bains privée, sont très convenables pour le prix. Accueil en allemand d'une dame âgée.

### De prix moyens à plus chic

**Gästehaus am Schloss :** *Pfarrstr 2a. ☎ 90-359. • gaestehausamschloss@web.de • gaestehausamschloss.de • Doubles 85-95 € en saison (75-95 € en hiver), petit déj inclus.* Un *B & B* de charme situé au pied du château, dans la plus vieille maison (encore debout) de Murnau (elle date du XVIIe s). On peut encore y voir des parties originales, comme certaines cloisons et murs de pierre. À peine 3 chambres, dont une familiale dans l'ancienne étable (les 2 autres sont à l'étage), toutes très agréables, colorées et impeccablement tenues. Petit déj sur mesure (demandez à la sympathique proprio, la veille, ce que vous désirez !), avec des produits locaux. Tenu par un couple accueillant et qui vous donnera de bons conseils pour visiter la région.

**Gästehaus Vita Stafnensis :** *Burgweg 18, 82418* ***Seehausen am Staffelsee.*** *☎ 21-10 ou 14-80. • wagner@urlaub-am-staffelsee.de • vita-stafnensis.de • À env 10 mn à pied du lac et à 100 m du camping. Doubles 90-95 €, petit déj compris. Parking.* Dans un quartier résidentiel et calme, à 2-3 km de Murnau, un grand jardin fleuri, une piscine, un sauna, des vélos à dispo... tout pour se détendre. Ajoutez à cela des hôtes très chaleureux (accueil en allemand seulement), un petit déj copieux, des chambres confortables... et vous tenez, là aussi, une adresse sympa.

**Galerie-Arthotel « Am Eichholz » :** *Am Eichholz 21. ☎ 58-63. • ameichholz@t-online.de • ameichholz.de • En venant de l'autoroute, en entrant dans Murnau, prendre à droite la Schwaigangerstr, puis la 4e rue à droite. Doubles 120-185 €, petit déj inclus. Appartements 2-4 pers 160-200 €. Parking.* Gina est peintre et galeriste, Alexander architecte-paysagiste de métier et cuisinier par passion. Ensemble, ils ont créé 2 lieux d'exception, un hôtel et un resto (voir « Où manger ? »), dans lesquels ils s'y entendent pour nous faire partager leur amour pour l'art et leur art de vivre... méditerranéen. L'hôtel est situé au calme, au cœur d'un superbe jardin, avec terrasse, hamac... Quant aux chambres, elles sont raffinées, chacune a son ambiance, sa couleur... et l'art est partout !

**Hotel Angerbräu :** *Untermarkt 44. ☎ 62-58-76. • info@angerbraeu.de • angerbraeu.de • Au cœur de la ville, dans la rue piétonne. Doubles à partir de 98 €, petit déj compris.* Dans un registre plus classique, des chambres de grand confort, spacieuses et impeccables. Excellent accueil.

## Où manger ?

### De bon marché à un peu plus chic

**Griesbräu :** *Obermarkt 37. ☎ 14-22. • info@griesbraeu.de • À l'extrémité nord de la rue piétonne. Tlj 10h-1h. Plat env 8 €.* Typique, avec sa vaste salle voûtée, ses grandes tables en bois et son *Biergarten.* On y vient aussi bien pour boire une de leurs bonnes bières saisonnières brassées sur place (à accompagner d'une succulente tartine garnie d'*obatzda* – un fromage au poivron – et de cornichons !) que pour y boulotter un petit plat de brasserie pas compliqué et bon marché. Existe depuis 1922. Également une partie resto, plus chère.

**Auszeit Restaurant :** *Kohlgruber Str 1. ☎ 48-87-90. • info@restaurant-auszeit.de • Dans le bâtiment qui regroupe l'office de tourisme et le centre des congrès. Mar 18h-minuit ; mer-dim 12h-14h30, 18h-minuit. Plats 10-20 €. Menu 26,50 €.* Un cadre particulièrement appréciable aux beaux jours : une terrasse ombragée et calme dans un grand parc fleuri avec vue sur les Alpes... et un chapeau rouge géant ! Il s'agit d'une sculpture réalisée en hommage à l'écrivain Horvath, qui a vécu à Murnau. Elle a été placée là en 2001 pour célébrer le centième anniversaire de sa naissance et est devenue le symbole du festival « Murnauer Horvath Tage ». Resto à l'accueil jeune et sympa. Cuisine légère, d'un bon rapport qualité-prix, aux accents méditerranéens.

**Schlossvogel Restaurant-Lounge-Bar :** *Schlosshof 5. ☎ 48-78-838. • info@schlossvogel.de • À côté du Schlossmuseum. Tlj sf lun (et mar en hiver) dès 11h. Plats 7-14 € le midi, un poil plus cher le soir.* Au pied du château, un endroit convivial, tant à l'intérieur avec sa salle voûtée à la déco orientale, qu'à l'extérieur avec sa vaste terrasse et son sympathique *Biergarten.* Cuisine allemande et méditerranéenne de bonne facture. Accueil cool. Parfois des petits concerts le soir.

**Galerie & Cantina :** *Seidelstr 4. ☎ 62-58-11. • ameichholz@t-online.de • À l'extrémité sud de la rue piétonne. Mer-ven 16h-22h ; w-e 12h-22h. Plats 8-25 €.* L'autre lieu tenu par Gina et Alexandre, tout aussi original que l'hôtel (voir « Où dormir ? »), dans une ancienne ferme du XIXe s, dont l'étable a été transformée en resto ! À l'étage, galerie d'art et terrasse ; au rez-de-chaussée, une cour joliment aménagée et des petites salles chaleureuses pour déguster une cuisine d'un peu partout : entrecôte espagnole, agneau irlandais, *yakitori, calamari fritti...* ou encore le *syllebab,* un dessert « victorien » composé d'une crème au vin nappée d'un alcool grec à la menthe... un endroit pour les amoureux d'art et de voyages ! Excellent accueil.

## À voir

Le centre de Murnau se visite à pied, en parcourant la rue piétonne où se dresse la colonne de Marie, sainte patronne de la Bavière, et d'où partent les ruelles adjacentes aux jolies maisons peintes et aux boutiques décorées de vieilles enseignes. À voir aussi, la façade peinte du *Rathaus* (mairie) et l'église Saint-Nicolas. Un parcours permet de découvrir les reproductions de tableaux peints in situ par les fameux artistes du *Cavalier bleu,* et principalement ceux de Gabriele Münter. C'est d'ailleurs par la visite de la *Münter Haus,* un peu à l'écart du centre, que nous vous conseillons de débuter votre balade.

**Münter Haus :** *Kottmüllerallee 6. ☎ 62-88-80. Tlj sf lun 14h-17h. Entrée : 3 €. De l'office de tourisme, traverser le parc et suivre le fléchage ; c'est à moins de 10 mn à pied, et la promenade est agréable.*
C'est à Murnau que **Gabriele Münter** et **Wassily Kandinsky** ont décidé de s'installer en ce début de XX<sup>e</sup> s, et Gabriele achète en 1909 cette maison blanc et bleu, juchée sur un promontoire qui fait face à la ville. Très vite, l'endroit sera connu sous le nom de la *Maison russe.* Elle va recevoir de nombreuses visites de peintres, critiques d'art, collectionneurs... et c'est avec Franz Marc, qui vit non loin de là, que Kandinsky bâtira ici le projet d'almanach du *Cavalier bleu.*
Ce musée est donc particulièrement émouvant puisqu'on y retrouve la maison telle qu'elle était, avec son mobilier peint par le couple d'artistes, jusqu'à la rampe d'escalier où courent des cavaliers. Le jardin est également resté à l'identique, comme en témoignent les nombreuses photos d'époque exposées dans les différentes pièces. Le couple vivra là jusqu'en 1914, début de la guerre, où Kandinsky (ressortissant russe) doit quitter l'Allemagne. Gabriele y reviendra et y restera jusqu'à ses derniers jours en 1962.

**Schlossmuseum** *(musée du Château) : Schlosshof 4-5. ☎ 47-62-07. • schlossmuseum-murnau.de • Tlj sf lun 10h-18h (21h jeu). Entrée : 6,50 € ; réduc.*
Le musée, rénové en 2011, présente tout d'abord l'environnement naturel de Murnau, les paysages qui ont inspiré les peintres dès le XIX<sup>e</sup> s. À cette époque, de nombreux artistes munichois vont venir peindre sur le motif. Au début du siècle suivant, ce sont de nouveaux artistes qui viendront, pour peindre à leur tour dans la nature, tout en cherchant à s'éloigner du motif. Ce sont les premiers pas vers l'art moderne et l'abstraction que les peintres du *Cavalier bleu* vont franchir.
Le 2<sup>e</sup> étage se consacre aux peintres paysagistes du XIX<sup>e</sup> s, influencés par les idées de Jean-Jacques Rousseau, ainsi qu'au mouvement *NKVM* (voir plus haut : « Un peu d'histoire de l'art »), avec notamment l'*Almanach du Cavalier bleu,* recueil d'articles sur l'art, rédigés par des artistes peintres, écrivains, compositeurs... Section également sur Gabriele Münter (gravures et huiles).
Le 3<sup>e</sup> niveau, dans les combles, présente la vie et l'œuvre de l'écrivain Horvath.

## DANS LES ENVIRONS DE MURNAU

Nombreux sont les sites qui racontent encore et toujours l'histoire de ce « Pays bleu »...
***Franz Marc*** est depuis l'enfance attaché à ce coin de Bavière, et il achète avec sa femme Maria, 2 ans avant de tomber au front, une maison, tout près de Kochel, dans le village de *Ried.* Un musée (voir ci-dessous) est aujourd'hui consacré à son œuvre à *Kochel am See.*
August Macke a aussi vécu non loin de là, avec son épouse Elisabeth, sur les rives du *lac de Tegern.* Il fera la connaissance de Franz Marc en 1909 et se liera d'amitié avec Kandinsky en 1911. À la même époque, Paul Klee vient régulièrement en week-end dans ce coin où tant d'amis l'attendent.
Un peu plus loin, sur les bords du *lac de Starnberg,* le musée Buchheim présente les œuvres d'un autre mouvement expressionniste, *Die Brücke,* contemporain de celui du *Cavalier bleu* (se reporter, au chapitre « Dans les environs de Munich », au Buchheim Museum).

**Franz-Marc Museum, Kunst im 20.JH** *(musée Franz-Marc, Art au XX<sup>e</sup> s) : Franz Marc Park 8, 82431* ***Kochel am See.*** *☎ 92-48-80. • franz-marc-museum.de • Bien fléché. Tlj sf lun 10h-18h (17h nov-mars). Entrée : 8,50 € ; réduc.* Le musée existe depuis 1986, mais les collections sont depuis juin 2008 dans un nouveau bâtiment, jouxtant l'ancien, qui est devenu le resto du musée. L'architecture contemporaine, monumentale et minimaliste à la fois, présente sur 700 m² des œuvres de Franz Marc, mais aussi des artistes issus des deux mouvements majeurs du début du XXe s en Allemagne, qui vont donner naissance à l'art moderne : *Der Blaue Reiter* et *Die Brücke.* Place est également faite aux œuvres du groupement *Zen 49,* composé de peintres abstraits d'après-guerre. Des expositions temporaires sont régulièrement organisées au rez-de-chaussée.

Pour grignoter, manger une glace ou se rafraîchir, le restaurant ***Zum Blauen Reiter*** *(☎ 92-38-33)* et sa grande terrasse sont tout à fait indiqués.

## GARMISCH-PARTENKIRCHEN

(82467) 26 500 hab. IND. TÉL. : 08821

**La plus connue des stations de ski allemandes, depuis les J.O. de 1936 et les championnats du monde de 1978, puis de 2011. Les sportifs prendront leur pied ici : les installations olympiques sont ouvertes au public, et les environs sont riches en randonnées. Richard Strauss, entre autres, adorait la région, et l'institut qui porte son nom est ouvert à tous ses admirateurs, qui peuvent ici en plus assister aux *Richard-Strauss-Tage,* en juin.**

**Grande attraction locale, le sommet du *Zugspitze,* point culminant d'Allemagne mais dont la partie la plus élevée (d'un mètre !) se trouve sur le territoire autrichien... À part ça, GAP (surnom donné à la ville nouvelle) manque tout de même un peu de charme. Quoique... le cœur des deux villages à l'origine de la ville (Garmisch d'un côté, Partenkirchen de l'autre) a conservé quelques jolies maisons anciennes aux façades peintes. Garmisch reste au cœur de la ville nouvelle, mais les nostalgiques iront flâner côté Partenkirchen, le long de la Ludwigsstrasse, célèbre pour ses auberges à l'ancienne, ses artisans, ses confiseurs...**

### Adresses et infos utiles

***Tourist Information :*** *Richard-Strauss Platz 2, près de l'entrée du Kurpark, à* ***Garmisch.*** *☎ 18-07-00. • gapa.de • Lun-sam 9h-18h (17h en hiver) et, avr-oct, dim 10h-12h.* Infos, plan, brochures et liste des chambres libres.

***Gare :*** *entre les 2 villages. Rens : ☎ 01805-99-66-33.* 1 train/h pour et de Munich.

***Location de vélos :*** ***Bike Center,*** *Ludwigstr 90. ☎ 54-946. Tlj 9h-19h (18h sam-dim).* D'autres loueurs en ville.

### Où dormir ?

#### Camping

***Campingplatz Zugspitze :*** *Griesenerstr 4,* ***Garmisch-Grainau.*** *☎ 9453-91-11. • info@pure-camping.de • pure-camping.de • À 4 km à l'est de Garmisch, sur la route pour Grainau (un bus ttes les heures depuis la gare de GAP). Ouv tte l'année. Compter env 21-24 € pour 2 avec tente et voiture. (payant).* Site boisé (hélas près de la route), en bordure de la rivière Loisach. Un camping qui accueille essentiellement les grimpeurs.

#### Auberge de jeunesse

***Jugendherberge :*** *Jochstr 10, à* ***Burgrain,*** *3 km au nord de GAP. ☎ 96-70-50. • garmisch@jugendherberge.de • garmisch.jugendherberge.de • Malgré les 207 lits, résa très conseillée en hte saison. 24,40 € la nuit, petit déj compris (tarif dégressif à partir de la 4e) ; supplément pour les plus de 26 ans (familles acceptées).* Située dans un petit village aux abords de Garmisch, cette AJ a rouvert en 2006, après avoir été totalement refaite, et le résultat est à la hauteur des attentes ! Dans un grand bâtiment moderne et fonctionnel, chambres impeccables de 2 à 6 lits, la plupart avec sanitaires. Possibilité de manger midi et soir. Tout autour, multiples installations sportives en parfait état (volley, ping-pong, mur d'escalade...). L'AJ dispose également de salles de séminaires et de projection dernier cri.

## De bon marché à prix moyens

Beaucoup de possibilités : de la simple pension de famille à l'hôtel de charme, en passant par les chambres d'hôtes (liste complète à l'office de tourisme). *Attention* toutefois : si les *Gästehaus* que nous vous avons sélectionnées acceptent les réservations pour une seule nuit, cette pratique relève plutôt de l'exception.



🏠 ***Gästehaus Reiter :*** *Burgstr 55. ☎ 22-33. • rainer.keilwerth@t-online.de • reiter-gap.com • Doubles avec sdb 40-60 €, petit déj inclus. Parking. (payant).* Une maison récente mais dans le style bavarois que vous commencez à bien connaître. Chambres fraîches et de bon confort, salle de petit déj tapissée de bois de cerf, joli jardin où trottinent quelques poules, avec panorama sur la chaîne du Wetterstein : que demander de plus, surtout pour le prix ? Propose aussi des appartements pour 2 à 4 personnes.

🏠 ***Gästehaus Alpenkranz :*** *Angerstr 7, non loin de la gare. ☎ 42-17. • info@alpenkranz.net • alpenkranz-garmisch-partenkirchen.de • Doubles 60-70 € sans ou avec douche, petit déj inclus.* Très central mais calme. L'ensemble est simple et propre, d'aspect un peu vieillot.

🏠 ***Hostel 2962 :*** *Partnachauenstr 3, non loin de la gare. ☎ 95-750. • contact@hostel2962-garmisch.com • hostel2962-garmisch.com • Par pers, env 22 € en dortoir et 28-50 € en chambre double selon saison et confort ; petit déj-buffet 6 €.* Grosse maison proposant à la fois des dortoirs de 4 ou 5 lits et des chambres privées, assez simples, avec salle de bains. Agréable salon TV, jeux et boissons en libre-service. Bon petit déj à volonté. Pratique, si vous cherchez un lit pas trop cher.

## Plus chic

🏠 ***Gästehaus Sissi :*** *Achenfeldstr 31. ☎ 33-63. • haus.sissi@t-online.de • haus-sissi.de • Fermé en nov. Doubles (douche et w-c) sans ou avec balcon 66-120 €. Parking.* Pension de famille extrêmement bien tenue. Maison neuve mais peinte sur le thème de Sissi impératrice. Chambres croquignolettes, aménagées avec confort, certaines offrant une superbe vue sur l'*Alpspitze.* Boisson de bienvenue et copieux petit déj, à prendre sur la terrasse ou sur la véranda.

🏠 ***Fraundorfer Gasthof :*** *Ludwigstr 24. ☎ 92-70. • fraundorfer@gaponline.de • gasthof-fraundorfer.de • Tlj sf mar-mer jusqu'à 17h. Congés : 13-23 avr et 3 nov-3 déc. Doubles avec sdb 94-98 €, petit déj inclus. Parking.* Dans la plus belle rue de Partenkirchen. Belle auberge bavaroise fondée en 1820, avec une grande fresque de banquet sur la façade. Intérieur chaleureux. Les chambres, dans des bâtiments à l'arrière, sont nickel et possèdent pour la plupart un sommier en forme de voiture, chariot, etc. Amusant. Bon accueil. Resto réputé (voir « Où manger ? »).

🏠 ***Hotel Aschenbrenner :*** *Loisachstr 48. ☎ 95-970. • info@hotel-aschenbrenner.de • hotel-aschenbrenner.de • Doubles avec douche et w-c 99-139 €, petit déj inclus. ½ pens 29 €/pers. (payant).* Un charmant hôtel, tenu par une pétulante patronne. Alexandra Kern a su transformer en *Garni,* comme on dit ici, avec goût, une ancienne villa construite autour de 1880. Tranquillité et confort y sont de mise, sans compter son charme, quelque peu hors du temps, et notamment son agréable salle pour le petit déj, qui fait ici office de vrai repas. Terrasse. Vue rêvée sur les montagnes environnantes. TV câblée et parking côté jardin.

🏠 ***Atlas Post Hotel :*** *Marienplatz 12. ☎ 70-90. • info@atlas-posthotel.*

*com • atlas-posthotel.com • Doubles à partir de 105 €, petit déj compris.* En plein centre ancien, un hôtel qui a une longue tradition d'accueil. Splendide bâtisse de 1512, déjà une taverne il y a plus de 300 ans ! Chambres à la déco un peu classique mais impeccables, toutes différentes. Les murs de l'hôtel, imprégnés d'histoire, avec des fresques, plafonds peints, tableaux et vieux meubles, confèrent à l'endroit une atmosphère pleine de charme. De nombreuses personnalités y auraient séjourné.

## Où manger ?

**Fiaker :** *Ludwigstr 31. ☎ 58-376. • raimundmaier@hotmail.de • Tlj sf mar 18h30-23h. Congés : en sept. Plats 9-18 €.* Au cœur de la Ludwigstrasse et de ses grosses auberges, on se sent pourtant ici à mille lieues du GAP touristique et bruyant. Plats simples et à petits prix (hormis les steaks, un peu plus chers), tous précédés d'une copieuse salade. Aux affamés désargentés, on conseille le *toast special,* une vraie affaire ! Accueil chaleureux, dans un minuscule resto d'habitués à la fois vivant et intime, où la bonne humeur est de mise.

**Fraundorfer Gasthof :** *Ludwigstr 24. ☎ 92-70. • info@gasthof-fraundorfer.de • Tlj sf mar 7h (17h mer)-23h. Congés 3 nov-3 déc. Plats 10-20 €. Menu 15 € et 28 €.* S'il est un endroit qui concentre les clichés sur la Bavière, c'est bien ici : ambiance rustique, tableaux bien kitsch montrant les Alpes, serveuses en habit traditionnel... et musiciens en bermuda coiffés d'un chapeau tous les soirs ! Mais le plus extraordinaire, c'est que malgré le folklore de l'endroit, la gentillesse, la chaleur et les bons petits plats sont toujours au rendez-vous. Le jarret de porc-choucroute est un must. Alors nous n'aurons qu'un mot : chapeau bas, m'sieurs dames !

**Zum Wildschütz :** *Bankgasse 9. ☎ 32-90. • zum-wildschuetz.gap@t-online.de • Mar-sam 17h30-21h ; dim 11h30-14h, 17h30-21h30. Plats 10-20 €.* Dans le centre de Garmisch, un resto réputé avec une salle tout en bois chaleureuse (plafond à poutres et bibelots campagnards aux murs) et une agréable terrasse à l'arrière. Nombreux plats typiques de la région, qui tiennent chaud au corps, y compris du gibier, mais aussi de succulentes salades et des suggestions du jour. Une bonne adresse.

## Où manger une bonne pâtisserie ?

Si vous traînez côté Garmisch, vous ne serez pas déçus en goûtant les gâteaux du fameux **Café Krönner** *(Achenfeldstr 1 ; tlj 8h30-18h)* au style un peu désuet (café et pâtisserie à la fois). Aux beaux jours, vaste terrasse aussi.

## À voir

Côté Garmisch, allez jeter un coup d'œil dans la Burgstrasse à la ***Sankt Martin Alte Kirche,*** belle église avec fresques gothiques, peintures anciennes, vitraux du XV^e s, ainsi qu'au ***Kurpark,*** petit parc agréable et bien fleuri où sont organisés des concerts deux fois par jour de mai à septembre. Mais c'est surtout côté Partenkirchen qu'il faut aller flâner dans les rues aux maisons peintes, particulièrement dans la ***Ludwigstrasse.***

Pour mieux comprendre la structure de cette ville, sachez que pendant le haut Moyen Âge, Partenkirchen, qui revendique ses origines romaines, était un centre important pour le trafic commercial de grands marchands. Garmisch, village germain du début du VI^e s, tirait, lui, ses ressources du flottage du bois. Les guerres ralentirent toute activité, depuis celle dite de Trente ans jusqu'aux guerres napoléoniennes. L'achèvement de la liaison par chemin de fer avec Munich, en 1889, marqua le début de l'ère touristique. Chaque village continue aujourd'hui de revendiquer ses propres atouts, comme si l'union voulue par un certain Adolf H en 1935 n'était qu'une erreur.

★ ***Werdenfelser Heimatmuseum*** *(Musée régional)* **:** *Ludwigstr 47, à Partenkirchen.* ☎ *751-710.* • *werdenfels-museum.de* • *Tlj sf lun 10h-17h. Entrée : 2,50 € ; réduc.* Installé dans une belle maison du XVIIe s, ce musée présente l'histoire, la culture et le folklore de la région. Quelques pièces rares ou étonnantes, comme la statue de Marie au rez-de-chaussée, qui aurait épargné la maison dans laquelle se trouve le musée... de l'incendie de 1865 qui ravagea toute la rue. Voir aussi la croix acheminée au sommet du Zugspitze, en 1851, criblée d'impacts de balles, dus aux mitraillades des Américains à la fin de la Seconde Guerre mondiale. Aux étages, mobilier, costumes locaux, peintures sur verre, reconstitution d'une vieille cuisine et ateliers divers, avec tout leur bric-à-brac.

★ ***Richard Strauss Institut* :** *Schnitzschulstr 19, à Partenkirchen.* ☎ *910-950.* • *richard-strauss-institut.de* • *Lun-ven 10h-16h. Entrée : 3,50 € ; réduc.* Pas grand-chose à voir en fait, c'est plutôt une évocation de l'univers du fameux compositeur allemand, à ne pas confondre avec l'auteur des célèbres valses autrichiennes *Johann Strauss*. Richard, lui, est plutôt connu pour le prologue d'*Ainsi Parlait Zarathoustra,* utilisé dans le film *2001 l'Odyssée de l'espace* de Kubrick. On peut visionner un film de 40 mn sur l'artiste, consulter des ouvrages sur lui et écouter sa musique (large collection de CD).

★ ***Le musée Aschenbrenner* :** *Loisachstr 44, à côté de l'hôtel du même nom.* ☎ *730-31-05.* • *museum-aschenbrenner.de* • *Tlj sf lun 11h-17h. Entrée : 3,50 € ; réduc.* Petit musée et qui porte le nom de sa bienfaitrice. L'ex-patronne de l'hôtel *Aschenbrenner* y a fait don de sa belle et impressionnante collection de crèches (déclinées à toutes les sauces), poupées et porcelaines, des XVIIIe s et XIXe s. Également un petit retour sur la découverte de « l'or blanc » en Europe, et film sur sa fabrication.

## À faire

– Évidemment, tous les ***sports d'hiver*** imaginables. Renseignements à l'office de tourisme. On peut acheter une ***Top Snow Card,*** forfait permettant d'emprunter toutes les pistes bavaroises, mais aussi autrichiennes *(pour 2 j. min ; à partir de 72,50 € ; réduc pour les moins de 18 ans).*
– Et bien sûr, en été, rafting, deltaplane, parapente, VTT, escalade... sans oublier de superbes balades.

★ ***Olympia Eisstadion*** *(stade de glace)* **et *Skistadion*** *(stade de ski)* **:** côté Garmisch, célèbre stade de glace comprenant trois patinoires d'une surface totale de 6 500 m$^2$. Côté Partenkirchen, le stade de ski, qui possède trois tremplins, accueille les épreuves de saut et de slalom. Le site aurait besoin d'une rénovation.

★★★ ***Partnachklamm*** *(gorge de Partnach)* **:** *entrée : 3,50 €.* Gorge profonde de plus de 100 m offrant un spectacle naturel grandiose. Départ du stade olympique de ski. De là part un sentier qui conduit aux gorges (25 mn de marche). Il est possible également de monter jusqu'aux alpages de Graseck, avant de redescendre en téléphérique *(Graseckbahn),* qu'il est conseillé d'utiliser tant la dénivelée est importante. Pas indiqué pour les jeunes enfants et les personnes âgées.

★★ ***Wank* :** autre excursion réputée. Prendre le téléphérique *(die Wankbahn ; fin mai-début nov ; compter 20 €)* à Partenkirchen pour atteindre le sommet du Wank, à 1 780 m d'altitude. Beau panorama sur la ville et les environs.

**UN PANNEAU TRÈS PHOTOGRAPHIÉ**

*À l'instar du village de Fucking en Autriche, le panneau routier à l'entrée de Wank est souvent photographié par les Anglo-Saxons de passage. La raison ? Son patronyme signifie « branlette » en anglais. On ne sait pas si la mairie envisage un jumelage avec les communes de Montcuq, Anus et Trécon en France.*

***Le Pavillon de chasse royal sur le Schachen :*** *ouv slt juin-sept, si l'accès n'est pas enneigé. Entrée : 4,50 € ; réduc. Visite guidée (30 mn) à 11h, 13h, 14h et 15h. Rens au château de Linderhof ou à l'office de tourisme de Garmisch.* Pour continuer en beauté le circuit Louis II, excursion depuis Garmisch, en passant par la gorge de Partnach, jusqu'au pavillon de chasse qu'il fit ériger en 1871 à 1 866 m d'altitude, au milieu des montagnes enneigées, avec vue sur le Zugspitze, dans le style d'un chalet suisse. Accessible en 4h de marche au départ du château d'Elmau (près de Mittenwald). Pour les amateurs, sachez qu'un joli jardin botanique vous attend non loin de là, avec quelque 1 500 variétés de fleurs et plantes alpines, particulièrement fleuri fin juillet-début août.

Possibilité d'hébergement et de restauration à la **Schachenhaus** : *☎ (0172) 876-88-68. • schachenhaus.de • Mai-oct. Dortoirs 12-24 lits 10 €/pers ; 15 €/pers en chambre double. Petit déj 7,50 €. Plats 7-8 €.*

## DANS LES ENVIRONS DE GARMISCH-PARTENKIRCHEN

***Le sommet du Zugspitze :*** le must de Garmisch-Partenkirchen et des Alpes bavaroises. Avec ses 2 964 m d'altitude côté allemand, il offre évidemment la plus belle vue de Bavière... Hélas, le glacier commence à subir les conséquences du réchauffement climatique...

➢ ***Pour s'y rendre :*** moyen le plus pratique mais cher, le train à crémaillère, suivi du téléphérique pour les 350 derniers mètres. *Départ à la Bayerische Zugspitzbahn, Olympiastr 27, à côté de l'Eisstadion vers la gare. ☎ 79-70. • zugspitze.de • Ttes les heures 8h15-14h15 ; retour jusqu'à 16h30. Compter 50 € A/R en été et 40 € en hiver ; réduc (gratuit pour les moins de 6 ans).* En tout, env 1h30 de trajet. Prévoir des vêtements chauds, bien sûr.

➢ Autre solution (plus rapide mais pas moins chère) : se rendre directement en voiture (10 km) au lac d'Eibsee (un des plus hauts d'Europe), prendre le téléphérique *Eibsee* (10 mn de montée). *Ttes les 30 mn, 8h30-16h30.* Attention, au lac, le parking est payant entre 8h et 17h.

Quitte à faire des folies, offrez-vous un *Brotzeit* à la ***Münchener Haus*** *(tlj mai-oct 6h-21h30)*, le *Biergarten* le plus haut du monde, à 2 964 m. Quelle vue ! Surtout si vous arrivez tôt, avant la ruée multicolore et bavarde qui gâche un peu le sentiment de bien-être.

Pour ceux qui ont moins de temps et/ou moins d'argent, un sommet moins prestigieux mais d'où la vue n'est pas mal non plus : l'***Alpspitze*** (2 628 m). De plus, une plate-forme s'avançant dans le vide y a été aménagée, permettant de voir la vallée sous ses pieds ! On y va aussi en téléphérique : mêmes horaires, même durée, mais deux fois moins cher que le précédent. Resto à l'arrivée et possibilité de treks dans la montagne. C'est d'ailleurs un très bon compromis, puisque de là vous aurez une vue sur... le Zugspitze !

***Mittenwald :*** *à 20 km à l'est de Garmisch, par la B 2 puis l'E 533, juste avt la frontière autrichienne.* Ravissant village « au milieu des bois », comme son nom l'indique. Prenez le temps de découvrir cette véritable petite ville montagnarde datant du Moyen Âge, qui possède de jolies maisons peintes, « un vivant livre d'images » d'après Goethe. Depuis le XVIIe s, Mittenwald s'est taillé une renommée internationale dans la lutherie, importée d'Italie par Matthias et Sebastian Klotz.

– ***Geigenbau Museum*** *(musée de la Lutherie)* **:** *Ballenhausgasse 3, sur une ravissante petite place derrière l'église. ☎ (08823) 25-11. • geigenbaumuseum-mittenwald.de • Tlj sf lun : 10h-17h en saison (de fév à mi-mars, de mi-mai à mi-oct, de mi-déc à début janv) ; 11h-16h le reste de l'année. Fermé de nov à mi-déc. Entrée : 4,50 € ; réduc.* Musée au sein duquel le violon joue évidemment le premier rôle : reconstitution d'un atelier de luthier et nombreux instruments exposés (violons, mais aussi contrebasses), le tout dans une sympathique mise en scène. On y apprend qu'il faut, pour faire un bon violon, du bois séchant depuis au moins 15 ans, et 130 à 200 heures de travail. Du coup, bien sûr, ce n'est pas un instrument particulièrement bon marché... Documentation en français.

– Situé au cœur d'un grand parc naturel protégé, Mittenwald est également un lieu de départ idéal pour les randonneurs en quête d'air pur. Un sentier, par exemple, permet de rejoindre (en 25 mn) la *gorge fantôme de Leutasch.* Autre excursion possible, le télésiège du *Kranzberg,* qui vous mènera en quelques minutes à 1 200 m. De là-haut, vous serez alors à portée de quelques-uns des plus beaux circuits de la région, dont trois superbes lacs de montagne : le Lautersee, le Wildensee et le Ferchensee. Enfin, de l'autre côté, le téléphérique du *Karwendel (28 € A/R)* monte abruptement à 2 244 m. Au sommet, cafétéria et petite expo sur la faune et la flore... dans un bâtiment en forme de télescope !

ℹ ***Office de tourisme :*** *Dammkarstr 3, en plein centre. ☎ (08823) 339-81. Ouv en saison lun-ven 8h30-18h ; sam 9h-12h ; dim 10h-12h.* Vous renseignera sur les dizaines de possibilités de balades qu'offre le coin.



# LE CHIEMSEE

**Toujours sur la route allemande des Alpes, mais cette fois-ci au sud-est de Munich, à l'écart de l'autoroute de Salzbourg. La petite ville de Prien est le principal port d'accès au Chiemsee, le plus grand lac d'Allemagne connu pour ses îles ravissantes. Sur l'une d'elles, le troisième et dernier château construit par Louis II de Bavière : le très versaillais *Herrenchiemsee.***

**Les séjours à la « mer bavaroise » (bien que ce soit un lac) incluent aussi bien le plaisir d'une balade en bateau qu'un circuit à vélo ou encore un pique-nique au sommet du *Kampenwand.* Beaucoup d'adresses de charme, aussi bien en pleine campagne qu'au bord de l'eau ou même sur l'île des Dames, la *Fraueninsel,* notre petite préférée...**

## Adresses utiles

ℹ ***Chiemsee-Infocenter :*** *Felden 10, à* ***Bernau.*** *☎ (08051) 965-550. • chiemsee.de • À l'entrée du village, directement en sortant de l'autoroute. Lun-ven 10h-12h30, 13h30-17h.* Très bonne doc sur la région (en partie en français), et résa d'hébergement (hôtel, pension, chambre d'hôtes...). Tous les villages sont au bord du lac, sauf Aschau, qui est un village de montagne. Attention, les indicatifs téléphoniques changent de l'un à l'autre. Infos aussi sur la location de bateau et les piscines ouvertes. Un loueur de vélos se trouve juste devant ce centre d'information.

ℹ ***Tourismusbüro*** *(office de tourisme de Prien)* **:** *Alte Rathausstr 11, dans le centre de* ***Prien.*** *☎ (08051) 69-050. • tourismus.prien.de • Mai-sept, tlj sf dim 8h30-18h (16h sam) ; le reste de l'année, lun-ven 8h30-17h.* À l'entrée, borne info disponible 24h/24, indique les chambres libres.

■ ***Location de vélos :*** plusieurs

autour du lac, notamment devant le *Chiemsee-Infocenter* et dans le centre de Bernau *(Prienstr 2 ; fermé dim, mer ap-m et sam ap-m).*

## Où dormir ? Où manger ?

### À Bernau et aux alentours (ind. tél. : 08051)

**Chiemsee Camping :** *Rödlgries 1, au bord du lac. ☎ (08642) 470. • info@chiemsee-camping.de • chiemsee-camping.de • Avr-oct. Env 25 € l'emplacement pour 2 pers.* Un camping pour les caravanes et camping-cars seulement, mais fort bien aménagé, avec plage, resto, *Biergarten,* jeu d'échec géant, etc. Pour les tentes, il y a d'autres campings tout autour du lac.

**Gästehaus Lechner :** *Aschauerstr 85. ☎ 73-73 ou (0171) 961-68-23. • kontakt@zimmer-chiemsee.de • gaestehaus-lechner.de • Un peu en dehors de Bernau, sur la route d'Aschau. Doubles avec sdb 58-89 € selon confort et saison. Petit déj 11 €.* Située un peu à l'écart, dans un cadre agréable, une ancienne ferme rénovée avec goût. Chambres aux meubles de bois clair, sobres et élégantes. Petit déj servi dans une charmante *Stube* possédant un joli poêle en céramique. Possibilité de se faire une grillade dans le jardin. Propose aussi des appartements.

**Hotel-restaurant Jägerhof :** *Rottauerstr 15, derrière la station-service. ☎ 73-77. • info@jaegerhof-bernau.de • jaegerhof-bernau.de • Resto tlj sf lun, le soir slt et dim midi. Doubles 86-96 € avec sdb et petit déj-buffet. Plats 12-30 €.* D'accord, vu de la route, ça ne semble pas l'affaire du siècle. On craint pour le bruit, non sans raison, mais les chambres sont sympas et pas très chères. En fait, l'intérêt de ce petit hôtel, c'est son resto : un des plus fins de toute la région. Willi Mehlhart joue intelligemment des produits de la terre comme des ressources du lac, pour composer une carte aussi inventive que savoureuse, qui change tous les jours, et à des prix encore abordables. En plus, l'accueil est sympathique, le sourire naturel, l'ambiance sereine. Réservez, c'est plus sûr !

**Gasthof Alter Wirt :** *Kirchplatz 9. ☎ 965-69-90. • info@alter-wirt-bernau.de • alter-wirt-bernau.de • Tlj 11h-23h. Resto fermé lun (sf en août). Congés : nov. Doubles 71-97 €. Plats 7,50-17 €.* La plus vieille auberge de la ville, datant de 1477. On y sert des plats bavarois de qualité et d'excellentes charcuteries maison. Côté hébergement, chambres meublées à l'ancienne et confortables, soit dans la *Gasthof,* soit dans le château (situé à côté), celui-ci étant un peu plus raffiné. Sauna gratuit.

**Hotel-restaurant Prinzregent :** *Loitshauserstr 5, 83250* ***Marquartstein,*** *à 10 km au sud-est de Bernau. ☎ (08641) 97-470. • info@gasthof-prinzregent.de • gasthof-prinzregent.de • Chambres doubles 75-82 €, petit déj inclus. Plats 11-16 €.* Une halte confortable dans cet hôtel aux chambres classiques mais impeccables, la plupart familiales. Au restaurant, ou dans le *Biergarten* en été, on vous sert de belles spécialités bavaroises et autrichiennes. Très bon accueil.

### À Aschau im Chiemgau (ind. tél. : 08052)

**Prillerhof :** *Höhenbergstr 1, 83229. ☎ 90-63-70. • info@prillerhof.de • prillerhof.de • À 100 m de la Kinderklinik. Fermé 26 mai-9 juin, 1re sem de sept et 2 sem en déc. Doubles 72-82 €, petit déj-buffet inclus. CB refusées.* Pour passer des vacances « comme à la maison », dans un délicieux hôtel *garni,* aménagé dans une ancienne ferme. Belles chambres, calme garanti et belle vue sur les montagnes et la campagne environnantes. Accueil adorable. On vient vous chercher si vous arrivez en train.

### À Prien (ind. tél. : 08051)

**Gästehaus Schwarz :** *Am Roseneck 30. ☎ 44-24. • info@gaestehaus-schwarz.de • gaestehaus-schwarz.de •*

*Fermé de fin oct à mi-mars. Doubles avec douche, w-c et balcon 82-94 €, petit déj compris.* Une maison d'hôtes tranquille, avec vue apaisante sur les pâturages à vaches et les chemins de randonnée, et à 5 mn du lac, quel bonheur ! Les chambres sont fraîches et agréables et l'accueil tout en douceur. La propriétaire loue également des petits bateaux qui vont sur l'eau, pour qui aurait envie de mettre les voiles... D'autant qu'une réduction est accordée aux clients.

**Hotel-restaurant Westernacher :** *Seestr 115 (mais réception au 117, à l'hôtel Schlossblick).* ☎ *080-51.* • *info@hotel-westernacher.de* • *hotel-westernacher.de* • *Doubles (avec sdb, TV) 79-98 €, petit déj inclus. Plats 7-20 €. Parking.* Vaste resto-pizzeria en terrasse, très apprécié des vacanciers de passage. Il faut dire que l'ambiance est chaleureuse et la cuisine pas trop chère et de bonne facture : belles pizzas, pâtes, viandes, poissons et autres plats régionaux. À l'étage, la *Gästehaus* de l'hôtel *Schlossblick* offre 7 chambres, dont certaines avec balcon et vue sur le lac. Agréable pour séjourner au bord de l'eau.

**Hotel garni Möwe :** *Seestr 111.* ☎ *50-04 ou 50-05.* • *hotelmoewe@t-online.de* • *hotelmoewe.de* • *À côté du resto Westernacher. Doubles avec sdb 90-128 € selon saison, taille et présence d'un balcon ou non. Parking.* *Garni* pimpant et fleuri, donnant sur le lac. Chambres agréables et confortables, très joli jardin. Excellent petit déj. Fitness gratuit et spa payant.

### À Seebruck *(ind. tél. : 08667)*

**Hotel-restaurant Malerwinkel :** *Lambach 23.* ☎ *888-00.* • *malerwinkel@info-seebruck.de* • *hotel malerwinkel.de* • *Entre Seebrück et Gollenshausen. Doubles 96-130 €, avec petit déj. Plats 12-30 €, menu dès 40 €.* Idéalement situé au bord du lac, cet hôtel-resto possède une réputation sans faille. Chambres au confort 3 étoiles, la merveilleuse vue sur le lac en plus. C'est également une bonne table, où l'on déguste des poissons, certes pas donnés, mais le charme opère : sublime vue sur le lac et les Alpes, salle et terrasse très bien aménagées, service élégant sans jamais être guindé.

### Sur l'île des Dames *(Fraueninsel ; ind. tél. : 08054)*

Sympa, on trouve sur l'île des échoppes de pêcheurs qui vendent du poisson du lac (sandre, anguille, etc.), cru ou fumé, à emporter. N'hésitez pas, c'est typique et ça change du resto !

**Chambres d'hôtes :** pas de voiture, pas un bruit, le rêve. Voici quelques adresses de chambres d'hôtes : **Theresia Dinzl,** *Haus n° 22 ;* ☎ *72-03.* **Annemaria Klampfleutner,** *Haus n° 4 ;* ☎ *617.* **Michael Lanzinger,** *Haus n° 9 ;* ☎ *329.*

**Zur Linde :** *derrière l'église.* ☎ *90-366.* • *info@linde-frauenchiem see.de* • *linde-frauenchiemsee.de* • *Cuisine 11h30-20h30. Fermé 6 janv-20 mars. Doubles avec sdb 129-133 €. Plats 8-15 €.* La meilleure adresse de cette adorable petite île. Auberge du XIVe s qui doit son nom aux tilleuls bordant la terrasse. Accueil souriant. 14 chambres entièrement rénovées. Cadre idéal, mais tout de même assez cher. Le resto est plus abordable et permet une halte très agréable : cuisine et service soignés. Ceux qui visitent l'île en vitesse peuvent se contenter d'y goûter la liqueur *Kloster,* fabriquée par les nonnes de l'abbaye !

## À voir : les îles

Deux des îles du lac Chiemsee se visitent : ***Herreninsel*** et ***Fraueninsel*** (« île aux Messieurs » et « île aux Dames » !). Tout autour du lac, six ports d'embarquement proposent leurs services, mais celui de Prien est le plus proche, fonctionne toute l'année et offre le plus de possibilités.

➢ L'embarcadère est à 2 km du centre de Prien, au bout de la Seestrasse. Parking payant, à l'heure. On peut y aller en petit train (centenaire, à vapeur) de la gare de Prien. Bateaux pour les 2 îles 6h40-19h30, 2 départs/h en saison. *Infos : ☎ (08051) 60-90. • chiemsee-schifffahrt.de •* On peut combiner les 2 îles (le mieux) ou n'en choisir qu'une. Billet A/R à un prix raisonnable : 7,10-8,30 € ; réduc. Prévoir plus de 1h A/R, plus le temps de visite. Attention à ne pas louper le dernier bateau (19h10 en été, 18h10 en hiver) !

**Herrenchiemsee :** *sur l'île d'Herreninsel, à env 25 mn de marche de l'embarcadère. ☎ (08051) 68-870. • herren-chiemsee.de • Visite guidée slt : 9h-18h d'avr à mi-oct (dernière visite à 17h) ; 9h40-16h15 de mi-oct à mars (dernière visite à 15h40). Durée : 30 mn. Fermé pdt les fêtes de Noël et du Jour de l'an et le Mardi gras. Visites fréquentes en anglais (tte l'année) et à 12h et 14h en juil-août en français. Entrée : 8-10 € selon saison ; réduc ; gratuit pour les moins de 18 ans.*

Sur la plus grande île du lac, dont le beau site boisé avait charmé Louis II, qui y fit entreprendre en 1878 la construction de son dernier château, sorte de Versailles bavarois érigé en l'honneur de son idole, Louis le Quatorzième. Architouristique, bien sûr. Mais si vous prenez les premiers bateaux, vous serez peu nombreux à gambader dans le parc pour photographier fontaines et statues.

Les travaux (trop chers !) du château Herrenchiemsee – construit entre 1878 et 1886 – ne furent jamais achevés et Louis II n'y résida en tout et pour tout que 10 jours. À l'entrée, un petit musée, remarquablement bien aménagé, retrace la vie de Louis II. Au cours de la visite du château (au pas de course), le guide insistera évidemment sur toutes les ressemblances avec Versailles, notamment dans la ***galerie des Glaces*** (bien sûr), longue de près de 100 m, qui était éclairée, quand Louis II était là, par 1 900 bougies réparties sur 52 bougeoirs et 33 lustres de verre, se reflétant dans tous les miroirs ! De la chambre d'apparat, on passe des salons de représentation (emplis de portraits bourboniens, de tableaux versaillais, de bibelots et de meubles copiés sur ceux du Roi-Soleil) aux appartements privés. Louis II était en représentation 24h/24, même si ses seuls invités étaient des fantômes conviés à sa table-ascenseur et ses seuls compagnons des serviteurs qui avaient pour interdiction de le regarder. Tout était agencé pour la parade. Fascinant, surtout quand, découvrant l'envers du décor, à la fin de la visite, on tente alors d'imaginer ce que Louis II aurait pu faire de toutes ces pièces s'il n'était pas mort si mystérieusement. Cafet' peu onéreuse, mais plats sans relief.

– À voir également, sur le promontoire derrière l'embarcadère, le ***musée de l'Augustiner-Chorherrenstift,*** situé dans l'ancienne abbaye de l'île *(entrée comprise dans le billet du château, ou 4 € si on visite slt le musée).* On le sait peu mais c'est ici, au premier étage, que s'élabora, en 1948, près des deux tiers de la constitution ouest-allemande ! Une expo sur le sujet se tient d'ailleurs dans quelques salles. À voir aussi, la salle du *Kaiser,* avec un superbe plafond peint de 1715 (à peine nettoyé alors qu'il semble dater d'hier !) et surtout, la galerie « Peintres des bords du Chiemsee » et celle dédiée à Julius Exter *(avr-oct)* : surnommé « le prince de la couleur », ce dernier participa au mouvement artistique de la « Sécession », au même titre qu'une autre icône de l'époque, Gustav Klimt. On peut visiter la maison où il vécut à Feldwies.

## LE CHAUDRON D'OR

*En 2001, deux plongeurs découvrirent dans le Chiemsee, une coupe en or massif de 10 kg, gravée de signes celtes. Les nazis, notamment Himmler, étaient fascinés par les objets mythologiques sensés conférer des pouvoirs spéciaux. Ils fabriquèrent cet objet pour contrer le mythe du Saint Graal de la religion chrétienne. Le chaudron est enfermé depuis dans un coffre de banque à Zürich, son dernier propriétaire étant accusé d'escroquerie.*

**Fraueninsel :** l'île la plus mignonne, avec son curieux clocher oriental, les beaux voiliers qui l'accostent et son paisible village de pêcheurs. Elle doit son nom au couvent qui y fut créé dès le VIIIe s. Les artistes allemands, peintres et autres, l'ont beaucoup fréquentée. On peut visiter l'***église,*** austère mais originale (admirer les dalles de pierre sculptées) et son joli cimetière coloré. À voir encore : le ***monastère,*** la ***Torhalle*** (vestige carolingien) et le petit ***musée*** attenant. On quitte cette île avec regret tant elle a du charme.

**Kampenwand :** point de départ de nombreuses excursions et randonnées, ce sommet à 1 669 m d'altitude offre également un superbe panorama sur le Chiemsee. Accessible par téléphérique depuis Aschau. • *kampenwand.de* •

## BERCHTESGADEN

(83471) 8 200 hab. IND. TÉL. : 08652

**À environ 150 km au sud-est de Munich, à la frontière autrichienne. Dernière étape de la Route allemande des Alpes, c'est aussi une excellente halte pour ceux qui se rendent ensuite à Salzbourg. Une petite ville de montagne aux allures de village et au centre piéton plein de charme. Bien agréable, malgré l'affluence en été. Les amateurs d'excursions et de randonnées ne s'ennuieront pas.**

**En réalité, la ville doit sa célébrité à deux « curiosités », l'une naturelle, l'autre beaucoup moins : le très beau lac *Königssee* et le prétentieux nid d'aigle d'Hitler...**

### ROMY ET LE REICH

*Magda Schneider, mère de Romy, était une actrice en vue et aussi une amie de Martin Bormann, proche d'Hitler. Des films montrent la petite Romy, âgée de 3 ans, jouant dans le nid d'aigle du Führer, distant de 20 km de sa maison d'enfance. Plus tard, pour afficher son rejet du nazisme, elle choisit des prénoms hébraïques pour ses enfants : David et Sarah.*

### Adresses utiles

**Office de tourisme :** *Königsseestr 2 (en face de la gare).* ☎ *96-70.* • *berchtesgaden.com* • *Juin-oct, lun-ven 8h30-18h ; sam 9h-17h ; dim et j. fériés 9h-15h ; le reste de l'année, lun-ven 8h30-17h ; sam 9h-12h.* Plan de la ville et des environs, carte-dépliant (en allemand) des randonnées et quelques brochures en français. Possède aussi la liste des hébergements et peut vous renseigner sur les disponibilités du jour. Le pays de Berchtesgaden comprend en fait 5 communes, qui chacune possède un office de tourisme. S'il est fermé, listes et photos des hébergements (affichage et écran à l'extérieur) encore disponibles.

Autre office de tourisme dans le centre : *Maximilianstr 9, dans la Kongress Haus.* ☎ *9445-300. De mi-mai à sept, lun-sam 9h-18h ; dim 10h-13h, 14h-18h ; horaires un peu plus limités le reste de l'année (et fermeture le w-e de nov à mi-déc).*

**Activités sportives : *Treff-Aktiv,*** *Jennerbahnstr 14, à* ***Schönau am Königssee.*** ☎ *66-710.* Michael et Franz, 2 frères, proposent avec enthousiasme de nombreuses activités comme le canyoning, le rafting, l'escalade, le VTT, des randos sur la montagne du Watzmann...

**Les thermes de Watzmann :** *Bergwerkstr 54.* ☎ *94-640.* • *watzmann-therme.de* • *Tlj 10h-22h (minuit ven-sam). Entrée : 10,50-15,50 € selon durée ; réduc.* Complexe aquatique très bien aménagé comprenant 5 bassins différents (intérieur et extérieur) avec sauna, beach volley...

## Où dormir à Berchtesgaden et dans les environs ?

### Campings

⛺ ***Campingplatz Grafenlehen :*** *Königsseer Fussweg 71, dans le village de* ***Schönau am Königssee.*** *☎ 44-88. • camping-grafenlehen@t-online.de • camping-grafenlehen.de • Ouv tte l'année. Emplacement env 25 € pour 2 avec voiture.* À 5 mn à pied du lac. Grand camping, assez calme malgré sa taille, le long d'une rivière, avec vue sur les montagnes. Bien équipé, avec resto-terrasse.

⛺ ***Campingplatz Mühlleiten :*** *Königsseer Str 70, à* ***Schönau am Königssee.*** *☎ 45-84. • info@camping-muehlleiten.de • camping-muehlleiten.de/fr/ • Emplacement 25 € pour 2 avec voiture.* Un peu avant le *Campingplatz Grafenlehen* venant de Berchtesgaden. Bien situé aussi, mais plus proche de la route que l'autre et, donc, moins calme. Nombreuses activités cela dit, resto juste en face et excellent accueil. Un bus direct vous conduit jusqu'à la gare.

### Auberge de jeunesse

***Jugendherberge Berchtesgaden :*** *Struberberg 6, à* ***Strub,*** *à env 2 km au sud-ouest de Berchtesgaden. ☎ 94-370. • berchtesgaden@jugendherberge.de • berchtesgaden.jugendherberge.de • Fermé nov-déc. Nuit en dortoir à partir de 19,90 € ; supplément si séjour d'une seule nuit... ainsi que pour les plus de 26 ans (4 €). Taxe de séjour 2,10 €/pers en sus.* La seule AJ du coin, donc souvent complète. Elle possède, outre des dortoirs de 6 à 8 lits, des chambres privées dans un nouveau bâtiment. Organise des activités (rafting, escalade...).

### Prix modérés

***Gästehaus Mitterweinfeld :*** *Weinfeldweg 6. ☎ 613-74. • info@mitterweinfeld.de • mitterweinfeld.de • Résa conseillée. Doubles avec sdb, certaines avec balcon, 64-75 € selon saison, petit déj inclus.* Gros chalet traditionnel à seulement quelques minutes à pied du centre. Une poignée de chambres confortables, aménagées avec du bois clair, à prix très raisonnables. Superbe vue sur les montagnes alentour et les neiges éternelles...

***Pension Perlerlehen :*** *Rennweg 19. ☎ 15-90. • info@perlerlehen.de • perlerlehen.de • À env 3,5 km du village, par la route qui monte vers Ober-Salzberg (puis prendre Renweg à droite). Double 58 €, petit déj inclus.* Petit coup de cœur pour cette charmante pension familiale qui bénéficie d'une vue remarquable et d'un calme absolu. Bel aménagement, typique et moderne à la fois, des chambres comme des espaces communs. Cuisine à dispo. Sauna, fitness, chevaux, poneys et même quelques biques... tout est là pour vous détendre et vous faire passer un bon séjour !

***Pension Martinsklause :*** *Im Tal 101, à* ***Ramsau*** *(env 10 km à l'ouest de Berchtesgaden). ☎ (08657) 268. • info@martinsklause.de • martinsklause.de • Doubles 60-76 € avec petit déj, apparts 60-90 €.* À 300 m de l'église et pourtant déjà au pied des chemins de balade, dans un superbe environnement. La famille Rasp vous accueillera chaleureusement et ne sera pas avare de précieux conseils pour vous faire découvrir le coin. Accueil d'une grande disponibilité.

***Berggasthof Vorderbrand :*** *Vorderbrandstr 91. ☎ 20-59. • vorderbrand@t-online.de • berchtesgaden-online.com • Slt pour les motorisés : de la gare de Berchtesgaden, prendre la B 20 (direction Königssee) ; à la station de bus Wemholz, prendre à gauche la Vorderbrandstr et rouler 4 km (ça grimpe sec !). Resto tlj sf lun, 12h-19h30. Fermé fin oct-nov. Doubles 40-44 €, petit déj en sus 7 €/pers. Plats 7-10 €.* Auberge d'altitude pur jus (on est à plus de 1 000 m), d'où la vue est à couper le souffle. Invitation à un casse-croûte rustique, qui prend ici toutes ses lettres de noblesse. Propose aussi des chambres simples mais agréables, ainsi que 2 chouettes appartements. Une adresse étonnante, de quoi se sentir vraiment dépaysé !

## Plus chic

**Alpenhotel Hundsreitlehen :** *Quellenweg 11, à* ***Bischofswiesen.*** *☎ 98-60.* • *info@hundsreitlehen.de* • *hundsreitlehen.de* • *À 5-6 km au nord-ouest de Berchtesgaden, fléché sur la droite à la sortie de Bischofswiesen. Doubles 90-132 € selon confort et saison, avec petit déj.* 3 gros chalets fleuris bénéficiant là encore d'une situation géniale. Chambres impeccables et d'un grand confort, la plupart avec vue sur les montagnes et la vallée. Accueil très courtois, excellent petit déj, tranquillité absolue... que souhaiter de plus ?

## Où manger ?

Rien de très remarquable côté restos à Berchtesgaden même.

**Goldener Bär :** *Weihnachtsschützenplatz 4. ☎ 25-90.* • *info@gasthof-goldener-baer.de* • *Cuisine tlj 9h-22h. Plats 7-20 €.* Terrasse ombragée avec banquettes en bois à l'entrée du piétonnier. Un peu de tout à la carte : pâtes, *Schnitzels, Brotzeit,* spécialités bavaroises... Toujours beaucoup de monde.

**Gasthof Bier-Adam :** *Marktplatz 22. ☎ 23-90.* • *info@bier-adam.de* • *Tlj 9h-minuit. Plats 10-25 €.* Installé à l'emplacement de la plus ancienne auberge du village. Plats traditionnels bavarois servis dans une ambiance rustique.

**Gasthof Auzinger :** *Hirschbichlstr 8, à* ***Ramsau*** *(env 10 km à l'ouest de Berchtesgaden). ☎ (08657) 230.* • *info@auzinger.de* • *De Ramsau, suivre la direction Hintersee, c'est à 500 m du lac. Tlj sf jeu, en été 11h45-14h et 17h-19h30, en hiver fermeture à 18h. Compter 9-13 € le plat.* Coup de cœur pour cette adresse authentique, qui vous permettra de mieux saisir la culture bavaroise. Taverne historique, qui attira au XIXe s les plus célèbres peintres naturalistes de l'époque, certainement grâce à la personnalité de sa fameuse patronne Babete. *Stube* à la déco charmante, où vous pourrez goûter toute la palette des spécialités locales. Viandes provenant des élevages voisins et légumes du marché... autant vous dire un délice. Gardez une place pour le dessert, le *Käsekuchen,* qui est à se damner ; sinon, revenez à l'heure du goûter ! À ne manquer sous aucun prétexte ! Propose aussi des chambres simples et agréables *(double env 60 €, petit déj inclus).*

## À voir

**La vieille ville :** la richesse du village est liée d'une part au fait que durant le Moyen Âge, il fut le théâtre d'une lutte de pouvoir face aux trop entreprenants archevêques de Salzbourg ; et d'autre part, au fait que ses montagnes environnantes renferment de riches gisements de sel. Cela explique le développement de Berchtesgaden et la présence de façades témoignant de l'opulence de ses habitants. Dans la Metzgerstr (derrière la Marktplatz), jetez un coup d'œil à la façade de l'ancienne auberge *Zum Hirschen,* bel exemple de *Lüftlmalerei* (peinture traditionnelle en trompe l'œil du XVIIIe s).

**Le château royal :** *au cœur du village. ☎ 94-79-80.* • *haus-bayern.com* • *De mi-mai à mi-oct, tlj sf sam 10h-13h et 14h-17h ; de mi-oct à mi-mai, tlj sf sam 11h-14h. Fermé 9-14 août. Entrée : 9,50 € ; réduc. Explications en français.* Ancien prieuré roman dont le principal intérêt est le jardin suspendu avec sa vue sur les montagnes. C'est aujourd'hui une des résidences des Wittelsbach (la famille royale de Bavière). Quelques belles salles anciennes, notamment le hall d'entrée, de style gothique. Entre Noël et le Nouvel An, ce dernier accueille d'ailleurs des chants et est éclairé à la bougie pour les visites guidées proposées en soirée.

**Heimatmuseum** (Musée régional) **:** *dans le château d'Adelsheim, Schroffenbergallee 6. ☎ (08652) 44-10.* • *heimatmuseum-berchtesgaden.de* • *Tlj sf lun*

*10h-17h. Fermé en nov et janv-Pâques. Entrée : 2,50 € ; réduc ; gratuit* [illegible] *18 ans.* Présentation des spécialités du Berchtesgadenerland : sculptures [illegible] tures sur bois, jouets, marionnettes, instruments de musique, mobilier et objets divers, notamment différents pièges à rats... le tout sur 2 étages. Une boutique vend les productions artisanales locales.

**Salzbergwerk** *(mines de sel) : Bergwerkstr 83. ☎ 600-20. • salzzeitreise.de • Au nord du centre, le long de la rivière. Parking payant. Bus depuis la gare. Tlj : 9h-17h mai-oct ; 11h-15h le reste de l'année. Visite guidée multilingue de 1h env. Entrée : 16 € ; 9,50 € pour les moins de 16 ans.* C'est l'attraction la plus amusante de la ville... depuis plus de 150 ans ! Vêtu d'une combinaison de travail, on se prend pour un mineur de fond et, assis sur d'authentiques wagonnets, on descend dans les profondeurs de la mine (creusée dans la montagne jusqu'à plus de 600 m), de grottes en galeries. Parmi les surprises : lac salé et descente de toboggan en bois ! Une façon originale de remonter le temps : grâce aux droits d'exploitation du sel accordés au XIIe s aux chanoines augustins, fondateurs de la petite communauté alpine, l'or blanc était devenu très tôt la source principale des revenus des souverains ecclésiastiques. Tout comme à l'époque, on voit comment le sel est exploité au moyen de puits, de tunnels et de bassins de décantation de la saumure. Deux conseils d'amis : sortez vos petites laines, il fait frisquet sous terre ; et allez-y tôt le matin, vous éviterez la foule !

## DANS LES ENVIRONS DE BERCHTESGADEN



**Enzianbrennerei Grassl** *(distillerie) : Salzburger Str 105, à* ***Unterau.*** *☎ (08652) 95-360. • grassl.com • À 4 km du centre-ville, direction Salzbourg. Tlj sf dim : 9h-18h (16h sam) mai-oct ; jusqu'à 17h en sem et 12h sam nov-avr.* Spécialisée dans la liqueur de gentiane, c'est la plus ancienne distillerie de ce genre en Allemagne... puisqu'elle date de 1602. Visite des installations et, bien sûr, dégustation, le tout gratuit ! Possibilité d'acheter au magasin. Resto sur place, l'occasion de faire une petite halte...

**Kehlstein** *(nid d'aigle) : à 5 km au sud-est du village. Tlj de mi-mai à oct (en fonction de la neige) 7h40-16h50. Accès interdit aux voitures : il faut laisser son véhicule à Obersalzberg-Hintereck (accessible aussi en bus n° 838 depuis la gare), parking payant (3 €). De là, des navettes (15,50 € ; 9 € pour les enfants ; doc en français) conduisent au pied du « nid », ttes les 25 mn : l'ascension est magnifique, gare au vertige ! On prend ensuite un ascenseur (doré, avec liftier !) qui mène en un peu plus de 40 secondes directement à la* ***Kehlsteinhaus,*** *124 m plus haut, à 1 834 m d'altitude (même en été, un pull est le bienvenu). Possibilité aussi de monter à pied au nid (env 30 mn).*
Attention : la *Kehlsteinhaus* (le « nid d'aigle ») est souvent confondue avec le *Berghof* (acheté avec les droits d'auteur de *Mein Kampf,* puis agrandi) ou avec la Maison de thé. Ces trois bâtiments étaient distincts les uns des autres. Le *Kehlsteinhaus,* construit à l'origine au sommet de la montagne nommée *Kehlstein* pour servir de centre de conférences pour le parti nazi, se trouve à plus de 1 500 m à

### SE DÉBARRASSER DU FÜHRER ?

*L'Opération Foxley était un plan élaboré par les services secrets britanniques pour assassiner Hitler au Berghof en juillet 1944. Un tireur d'élite devait être parachuté dans les Alpes bavaroises avec pour mission de l'abattre au cours de sa promenade matinale en solitaire. Ce plan ne fut jamais exécuté. En effet, Hitler était tellement mauvais stratège que l'on pensait que quiconque lui succéderait (en particulier Rommel) serait meilleur dans la conduite de la guerre.*

vol d'oiseau du *Berghof,* détruit en avril 1945 par les bombardiers anglais. La Maison de thé est un bâtiment distant de quelques kilomètres de la résidence de Hitler, dans lequel il avait l'habitude d'aller prendre le thé l'après-midi. La *Kehlsteinhaus* fut finalement offerte à Hitler, en 1939, par Martin Bormann, à l'occasion de ses 50 ans, au nom du parti nazi. Quoi qu'il en soit, Hitler n'y monta guère plus de 20 fois, car, dit-on, il avait la trouille là-haut ! Quant au site général d'Obersalzberg, il avait été choisi pour devenir, selon les termes d'Hitler lui-même, « un sanctuaire du régime nazi ». Des bâtiments complètement mégalos y avaient été édifiés. Les bombes anglaises en 1945 ne parvinrent pas à atteindre la *Kehlsteinhaus* ! Aujourd'hui classé Monument historique de l'État de Bavière, le « nid d'aigle » (mot que l'on doit à l'ambassadeur de France André François-Poncet !) attire chaque année un quart de million de touristes en provenance du monde entier. Autre intérêt de la visite en dehors de son aspect historique : la vue sublime sur le Königssee, les Alpes et Salzbourg au loin.

### ON NE RIGOLAIT PAS AU BERGHOF

*Hitler vivait comme un ascète au chalet. La cigarette était interdite. Les repas, servis en une heure maximum, étaient végétariens ; jamais de viande, sauf pour ses chiens. Le rouge à lèvres était prohibé pour les femmes. Il était fabriqué, disait-il, avec la graisse des égouts de Paris...*

Un tour de 4h en anglais, en minibus, permet aussi de visiter des sites occupés jusqu'à ces dernières années par l'armée américaine, ainsi que ce qui reste de visible du bunker, un des derniers refuges de Bormann, Hitler, Göring & Co avant l'achèvement de leurs destinées respectives. *Compter 50 €/pers. Inscriptions (et départ) à l'office de tourisme en face de la gare. ☎ 64-971. Tlj de mi-mai à oct à 13h15.*

***Dokumentation Obersalzberg :*** *Salzbergstr 41. ☎ 94-79-60. • obersalzberg.de • Tlj : avr-oct 9h-17h (dernière entrée à 16h) ; nov-mars, 10h-15h (dernière entrée à 14h). Entrée : 3 € ; réduc. Doc en français.* Exposition permanente présentant au travers du site d'Obersalzberg l'horreur de la dictature nazie. Vrai travail de mémoire, soutenu par une très intéressante présentation multimédia. Visite complémentaire à celle de la *Kehlsteinhaus,* d'autant qu'elle inclut celle du bunker souterrain construit par les nazis pendant la guerre.

## LE KÖNIGSSEE

*À 5 km au sud de Berchtesgaden. Parking payant (4 € pour la journée). Accès direct en bus nº 841 depuis la gare, 1 fois/h tte la journée.* Un véritable fjord : 8 km de long, à peine 2 km de large et, de chaque côté, des falaises s'élevant jusqu'à 2 000 m ! Un paysage grandiose et sauvage, préservé par son statut de parc national. Les autorités ont également eu la bonne idée de munir les bateaux de moteurs électriques silencieux. Cela dit, on ne se sent pas vraiment seul au milieu des touristes, surtout quand ils découvrent les phénomènes d'écho (oh-oh-oh)... Nombreuses possibilités de randonnées et de visites.

***Centre d'information sur le parc naturel :*** *tlj 9h-18h en saison (lun-ven 8h-17h, sam 8h-13h en hiver).* Infos et documentation sur le parc et les randonnées possibles.

– ***Le plus beau panorama sur le lac :*** à Königssee même, prendre la télécabine du Jenner (sur la gauche en arrivant), qui conduit à un resto d'altitude (1 800 m). *Tlj 9h-17h (16h déc-janv).* Belle balade, mais c'est cher *(env 22 € l'A/R ; réduc).* Sinon, il y a un ***point de vue gratuit*** à 15 mn à pied du parking et du centre d'info, en dépassant la longue rangée de boutiques de souvenir et les embarcadères, direction Malerwinkel (le « coin des peintres »). Beau panorama sur les falaises.

Possibilité ensuite de poursuivre la promenade le long de la rive puis dans les bois et de revenir au point de départ (durée : 1h).

➢ ***Promenades en bateau :*** *tte l'année, sf quand le lac est gelé ! ☎ 9-63-60. Départ ttes les 15-30 mn. Compter 16,30 € pour le circuit complet, 13,90 € pour l'A/R à Saint-Barthélemy ; ½ tarif pour les 6-17 ans. Balade de 2h ou 3h.* Un peu cher mais vaut le coup. C'est aussi le seul moyen d'accéder à la fameuse ***chapelle de Sankt-Bartholomä*** (du XVII$^{e}$ s), isolée sur une rive, au bord du lac et au pied des montagnes. Vraiment jolie, avec ses clochers rouges et ses trois globes étranges qui se reflètent dans l'eau. À côté, un ancien pavillon de chasse princier transformé en auberge (spécialité : le *Schwarzreiter,* poisson du lac). Après le repas, petite promenade de santé dans la montagne : un sentier de randonnée (1h30) mène à la « chapelle de glace » (un lieu-dit, il n'y a pas de chapelle)... On peut aussi (re)prendre le bateau jusqu'à *Salet,* au bout du lac (resto sympa et pas cher). De là part un chemin (30 mn aller-retour) permettant de découvrir un autre lac (l'*Obersee*), encore plus sauvage, avec cascade de 400 m de haut ! Randonnées dans le coin. À ne pas manquer : l'Obersee est tout simplement magnifique (mais attention : de novembre à fin avril, le bateau ne va pas au-delà de la chapelle de Saint-Barthélemy).

– Fin ici de la balade en Bavière. Pour beaucoup, l'aventure continue, en Autriche. D'ici, c'est la porte à côté. Si vous êtes en voiture, n'oubliez pas, si vous prenez l'autoroute, qu'il faut acheter une vignette pour y circuler.

# L'EST DE L'ALLEMAGNE

## LA THURINGE

**Il n'y a pas que l'air pur et la forêt qui poussent de plus en plus de touristes (de toute l'Allemagne mais aussi du reste du monde) à venir musarder en Thuringe : dans ce Land qui a vu défiler les personnages les plus célèbres du panthéon allemand de la culture, ils mettent leurs pas dans les traces laissées par Goethe et Schiller, Luther et Bach, Brahms et Wagner, Lucas Cranach et Otto Dix... Suivez avec nous une partie de la route des Classiques, un itinéraire aussi logique qu'incontournable, qui s'étend en fait sur 300 km et permet de mieux comprendre l'Allemagne.**

En 2015, la Thuringe, en compagnie de la Saxe, rendra les honneurs à un de ses enfants : le peintre Cranach *(● cranach2015.de ●)*

### INFO UTILE

– ***ThüringenCard :*** cette carte est une merveille pour le routard économe et curieux de tout. *Valable dans tte la région : 16 € pour 24h, 36 € pour 3 j. et 56 € pour 6 j. (réduc), et ce à partir de la date de la 1re utilisation. En vente dans les offices de tourisme ou sur ● thueringencard.info ●* Accès gratuit à un nombre incroyable de musées et châteaux mais aussi parcs, zoos et jardins botaniques... Également visites guidées des grandes villes de Thuringe. Très avantageuse.

## WEIMAR

65 000 hab. IND. TÉL. : 03643

**Paradis selon Goethe, omniprésent ici, symbole de l'humanisme pour les historiens, « Athènes allemand » sous la plume de Mme de Staël, ville de naissance du Bauhaus dans les années 1920, Weimar est devenu une destination de pèlerinage pour l'intelligentsia allemande depuis que le grand poète national s'y installa à la fin du XVIIIe s. La ville enchantera ceux qui sont sensibles non seulement à la littérature allemande, mais aussi aux légendes des héros germaniques, ainsi qu'à l'architecture.**

**Comme sont nombreux ceux qui partagent ces passions, fuyez autant que possible la foule estivale. Réfugiez-vous dans le parc Goethe, havre de paix**

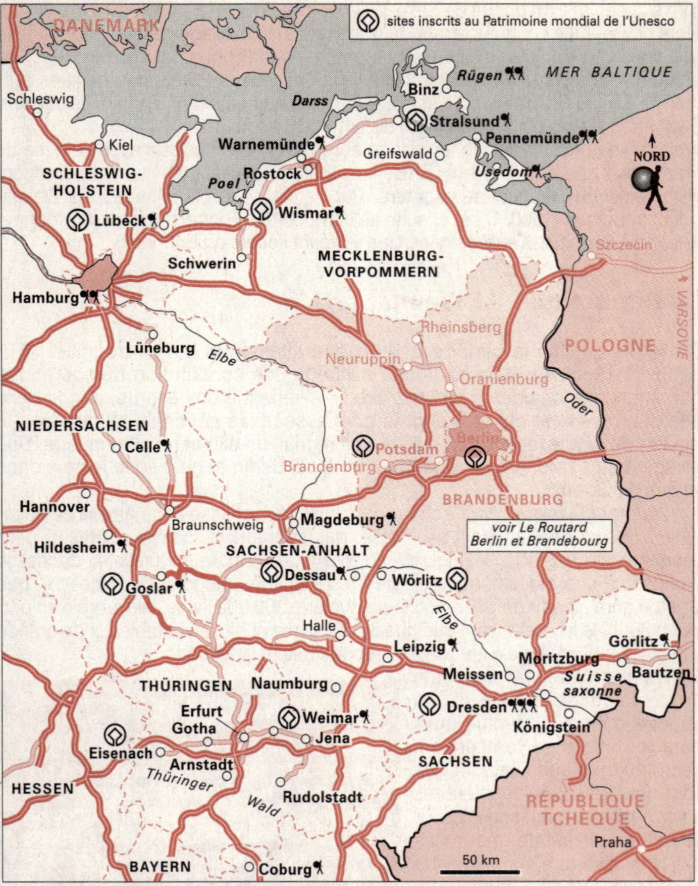


**NORD-EST DE L'ALLEMAGNE**



**et repaire estudiantin. Sinon, pour mieux apprécier le joli centre piéton et historique, attendez le soir pour flâner dans les ruelles désertes. Weimar a connu ces dernières années une vague de rénovation à tout-va. Pour en savoir plus, faites un petit tour sur** • *weimar.de* •

*Petit conseil pratique :* les pavés de Weimar sont d'époque. Des chaussures solides permettront de ne pas se tordre les chevilles.

*Curiosité :* l'arbre fétiche de la ville, inspiré par un poème de Goethe, est le *Ginko Biloba.* La ville possède d'ailleurs un musée dédié à cet arbre, et les pépiniéristes proposent des plants à la vente.

## UN PEU D'HISTOIRE

« Mare sacrée » en vieil allemand, Weimar était déjà capitale du royaume de Thuringe au Ve s. Dominée par les margraves de Meissen au XIVe s, la ville devient au

XVIe s la capitale du duché de Saxe-Weimar (elle le restera jusqu'en 1918). On dut alors chasser les cochons errant dans les rues de ce village paysan pour en faire une vraie ville de cour ! Attirés par sa propreté autant que par ses mécènes, les artistes vont alors affluer, à commencer par les plus éminents des peintres allemands, ***Lucas Cranach,*** père et fils, puis beaucoup plus tard, l'organiste ***Johann Sebastian Bach,*** qui y joua 10 ans durant pour la cour.
Weimar se convertit ensuite en centre européen de la musique avec l'arrivée de Franz Liszt en 1848. Les trois B (Berlioz, Borodine, Brahms) viennent lui rendre visite, ainsi que Wagner et, plus tard, Rubinstein... Nietzsche se retire à Weimar pour y mourir en 1900. C'est ensuite au compositeur ***Richard Strauss*** de donner le *la,* puis ***Gropius, Kandinsky*** et ***Klee*** y créent l'école du Bauhaus.

## La République de Weimar

Ce terme qualifie la période de l'histoire allemande qui va de juillet 1919 à janvier 1933. Au IIe Reich déchu succéda une constitution démocratique parlementaire, décidée à reconstruire l'« Allemagne des esprits, et non celle des guerriers », et qui fut adoptée par l'assemblée nationale réunie dans le théâtre de la ville, et non pas à Berlin où régnait un climat révolutionnaire. Une semaine plus tard, le gouvernement rentra à Berlin et ne siégea jamais dans la ville de Goethe.
***Weimar classique :*** tout a commencé avec la duchesse Anna Amalia de Saxe-Weimar, sœur de Frédéric II de Prusse, qui, la première, convia poètes et penseurs à venir dans sa ville. Figure emblématique de la vie culturelle, la duchesse y constitua une bibliothèque célèbre (trésor culturel mondial de l'Unesco), que Goethe géra à partir de 1797. Riche de quelque 900 000 livres, elle a brûlé en partie en 2004, le feu détruisant quelque 30 000 livres et plusieurs tableaux de grande valeur. La bibliothèque a été, depuis, reconstruite à l'identique.
Le *Weimar classique* constitue un témoignage unique d'une époque culturelle révolue mais dont les effets se font encore sentir aujourd'hui. C'est ici que sont nées des œuvres littéraires d'importance exceptionnelle pour la culture allemande, marquées par leur ouverture sur le monde et par une aspiration humaniste. Weimar fut la ville de résidence des poètes Christoph Martin Wieland, ***Johann Wolfgang Goethe,*** Johann Gottfried Herder et ***Friedrich Schiller.*** Le *Weimarer Klassik* prit fin avec la mort de Goethe en 1832. Les lieux de résidence et de travail des poètes et de leurs mécènes en sont les témoins privilégiés : les maisons de Goethe et de Schiller, les châteaux du Belvédère, d'Ettersburg et de Tiefurt entourés de superbes parcs. Les lieux de travail de Herder et le palais Wittum, où se tint l'illustre table ronde, et pour finir le cimetière historique avec le caveau des princes, où l'on peut se recueillir sur les sarcophages de Goethe et de Schiller.

### GOETHE NATURISTE

*Il adorait la compagnie des femmes. Alors, il les amenait en pleine nature se baigner nu dans les rivières, provoquant parfois quelques scandales avec le voisinage. Depuis, des millions d'Allemands l'imitent, chaque été.*

## Comment se repérer ?

Weimar présente deux avantages pour les visiteurs : peu étendue, elle rassemble dans un périmètre bien circonscrit musées et lieux historiques. Mais surtout, son centre-ville (autour de *Markt* et *Herderplatz*), aux coquettes maisons colorées, est piéton. À l'est, traversé par la belle rivière Illm, que borde le grand parc Goethe.

## Adresses et info utiles

**Tourist Information :** *Markt 10. ☎ 74-50. • weimar.de • Avr-oct, tlj 9h30-19h (15h dim) ; nov-mars, tlj 9h30-18h (14h w-e).* Résas de chambres chez l'habitant. Documentation et plan de ville en français *(également audioguide 7,50 € pour 4h).* Personnel anglophone. ***Autre bureau d'info*** au Weimar atrium *(Friedenstr 1 ; lun-sam 10h-18h).* Possibilité de louer un i-guide en français pour découvrir la ville.

– ***WeimarCard :*** *14,50 € et valable 48h.* Transports en libre accès, entrée libre au musée du Château, au palais Wittum, au château Tierfurt, au musée de la ville et au Nouveau Musée ; réduc sur les autres musées et expos, sur les représentations du Théâtre national ainsi que Buchenwald ; visites guidées de la ville à moitié prix. En vente à l'office de tourisme ou dans certains musées et hôtels.

***Gare ferroviaire :*** *au nord, à 10 mn à pied du centre-ville. Rens : ☎ 01805-99-66-33.* Bus fréquents. Liaisons *Intercity Express* vers Francfort, Leipzig, Dresde et Berlin. On y trouve consignes, cabines téléphoniques et plan mural de la ville. Informations touristiques tous les jours 10h-20h.

***Location de vélos :*** ***Grüne Liga,*** *Goetheplatz 9b. ☎ 49-27-96. Lun-ven 9h-15h, sam 9h-12h. Compter 9 €/j.* Une initiative locale de la ligue écologique *Grüne Liga...*

## Où dormir ?

### Camping

**Bad-Camp Ettersburg :** *Bad Weg 1, 99439* ***Ettersburg.*** *☎ 418-495. • info@badcamp.de • badcamp.de • À 5 km au nord de Weimar, suivre Buchenwald puis Ettersburg. Bus n° 6 de la gare, arrêt Am Kessling. Avr-oct. Compter env 18 € pour 2 avec tente et voiture. Parking gratuit.* Camping tranquille, au bord du parc du château d'Ettersburg. Cuisine commune, miniterrain de volley-ball. 2 petites piscines avec toboggans. Attention, elles sont situées derrière la grande piscine, qui, elle, est réservée aux canards ! Accueil naturel.

### Auberges de jeunesse

***Jugendherberge Am Poseckschen Garten :*** *Humboldtstr 17. ☎ 85-07-92. • jh-posgarten@djh-thueringen.de • jugendherberge.de • Au sud du centre-ville, en bordure du joli jardin Poseckschen, où il fait bon flâner. Fermé 1 sem en fin d'année. Carte AJ obligatoire. Compter 26 €/pers, petit déj et draps compris (seniors 3 € en sus).* AJ impeccable dans un bâtiment à la belle façade baroque.

***Jugendherberge Germania :*** *Carl-Ausgust-Allee 13. ☎ 85-04-90. • jh-germania@djh-thueringen.de • weimar-germania.jugendherberge.de • Fermé 1 sem fin déc. Carte AJ obligatoire. Nuit 26 €.* Dortoirs 1-6 lits et chambres familiales. Bien située à mi-chemin entre la gare et le centre historique. Chambres basiques mais propres et rénovées. Toutes disposent d'un lavabo et certaines d'une salle de bains. Le prix est le même, donc penser à se renseigner à l'avance ! Sinon, sanitaires à l'étage.

***Labyrinth Hostel :*** *Goetheplatz 6. ☎ 811-822. • info@weimar-hostel.com • weimar-hostel.com • Fermé 1 sem fin déc. Carte AJ obligatoire. Selon saison, lits en dortoirs 3-8 lits 13-21 €/pers. Doubles 40-48 €. Draps et serviettes en plus et petit déj (3,50 €).* Un *backpacker* récent qui a fait un effort notoire sur la déco des chambres. Petite cour centrale où prendre le petit déj ou se reposer. Bonne ambiance et plein de services supplémentaires : cuisine, terrasse, café et thé gratuits, etc.

### De prix moyens à plus chic

***ACC Café-Restaurant :*** *Burgplatz 1. ☎ 85-11-61. • reservierung@goethezimmer.de • goethezimmer.*

de • Doubles avec douche et w-c 45 € lun-jeu et 60 € ven-dim. Petits apparts (4 pers) 70-110 €. Petit déj en sus. Réception au comptoir du resto. Appartements sympas, avec poutre de soutien et plancher en bois. Simple mais cosy. Le plus : de la jeune création s'expose discrètement sur les murs des chambres. Une annexe s'est ouverte juste à côté de *Herderplatz* : se renseigner au bar ACC.

**Pension Residenz :** *Grüner Markt 4. ☎ 74-32-70. • residenz-pension@web.de • residenz-pension.de • Doubles avec douche et w-c 70 € ; 75 € avec balcon et vue sur le Residenzschloss (les nos 2 et 3 disposent d'une terrasse privative). Petit déj en sus au* Residenz Café *en bas (à partir de 4,50 €) ou ailleurs. Parking payant.* Chambres claires et chic, dont les tons pastel se retrouvent des draps jusqu'aux murs. Dans les appartements familiaux *(90 €)*, les jeux et jouets pour enfants en disent long sur la convivialité du lieu. Classe et en plein centre.

**Hotel Zur Sonne :** *Rollplatz 2. ☎ 86-290. • hotelzursonne@web.de • hotelzursonne-weimar.de • Doubles avec sdb 67-78 €, petit déj 5 €. Plats du jour 12-18 €. Menu 12 €. ½ pens 12 €. Parking offert à nos lecteurs.* Les meilleures chambres ont vue sur la *Jakobskirche*. Un hôtel très *gemütlich* (cosy, quoi, si vous préférez) où l'on est accueilli sans façons et où l'on peut dîner sans problème *(jusqu'à minuit)*. Dans un décor de brasserie, des plats locaux qui ne font mal ni au porte-monnaie ni à l'estomac.

**Hôtel Am Frauenplan :** *Brauhausgasse 10. ☎ 49-440. • info@hotel-am-frauenplan.de • hotel-am-frauenplan.de • Doubles 66-82 € selon saison avec douche et w-c. Parking souterrain payant.* Bel hôtel magnifiquement situé face au musée Goethe, dans un ancien palais (remarquez les tapisseries). Dans la cour intérieure, la dépendance est une construction moderne genre motel, qui étonne au premier abord, mais le tout forme un ensemble assez cohérent. Hôtel très fréquenté par les groupes.

## Où manger ? Où boire un verre ?

### Bon marché

**Crêperie du Palais :** *Am Palais 1. ☎ 401-581. • info@creperie-weimar.de • À deux pas du Bauhaus-Museum. Tlj 11h-22h (minuit ven-sam). Menus 2 crêpes (salée-sucrée) à partir de 5 € et tarte flambée 5 €.* Un petit coin de France en plein Weimar, avec ses cachous Lajaunie et ses paquets de Gitanes sans filtre en vitrine ! Assomme un peu sur le vin, dommage !

### Prix moyens

**Zum Zwiebel :** *Teichgasse 6. ☎ 50-23-75. • info@zum-zwiebel.de • Lun-ven 11h-15h, 17h-23h ; sam-dim 11h-23h. Fermé en hiver. Compter 6-14 € pour un plat.* Cadre chaudement rustique, murs habillés de bois et carte aux petits oignons, bien évidemment, puisque c'est le nom de ce resto : soupes et tartes aux légumes, salades, plats pour petites faims.

**Frauentor :** *Schillerstr 2. ☎ 51-13-22. • info@cafe-frauentor.de • Tlj 9h-22h. Plats 6,50-17,50 €.* Cuisine d'inspiration italienne. Buffet de gâteaux maison (18 sortes) et spécialités de cafés. Ambiance chaleureuse et un peu bohème dans ce petit café aux airs de brasserie.

**Residenz Café :** *Grüner Markt 4. ☎ 594-08. • residenz-cafe@email.de • Tlj 8h-minuit. Petits déj 3-8 €, plats 8-13 €. Coin enfants. Café offert sur présentation de ce guide.* Plus ancien café de la ville, le « *Resi* » est une institution depuis plus de 160 ans. Intérieur stylé, avec ses cuirs et son comptoir en bois massif. Plats du jour inscrits à la craie sur un tableau noir. On se mélange aux joyeux habitués. Agréable terrasse.

**Shiva :** *Fuldaerstr 187. ☎ 908-57-38. Sur une rue périphérique non loin de la gare. Lun-sam 11h30-14h30, 17h30-23h ;*

LA THURINGE

*dim 12h-22h. Lunch à moins de 5 € en sem. Plats 5-13 € env.* Une adresse qui ne paie pas de mine, déco orientale convenue avec banquettes, musique itou, mais cuisine indienne authentique, plutôt fine, pas chère et plébiscitée par les locaux. Plats végétariens et grillades. Service souriant.

**ACC Café-restaurant :** *Burgplatz 1. ☎ 85-11-61. • post@acc-cafe.de • Tlj 11h (10h dim)-1h. Plats autour de 9 €.* Cuisine originale, à petits prix, et cave à vins bien fournie (offre variée de vin au verre). Carte de la semaine : du couscous au yaourt au *Schnitzel* sauce tomates et olives, tous les plats sont certifiés bio. Atmosphère conviviale et bohème. Un vrai lieu de rencontre, où l'on vient pour nourrir le corps, mais aussi l'esprit (galerie d'art moderne à l'étage). Vous pouvez choisir entre les confortables fauteuils rouges, des chaises ou la terrasse sous les tilleuls de la Burgplatz. Concerts de jazz.

**Gasthaus Anno 1900 :** *Geleitstr 12a. ☎ 90-35-71. • kontakt@anno1900-weimar.de • Tlj dès 11h (9h w-e). Résa conseillée. Plats 8-20 €.* Cadre très agréable avec des plantes vertes et des chaises à fleurs qui donnent à ce café un air de jardin d'hiver. Terrasse un peu en retrait de l'animation de la rue. Petits récitals de piano le week-end.

## Où manger une glace ?

**Gelateria Giancarlo :** *Schillerstr 11. ☎ 90-83-941. • giancarlo@at-online.de • Tlj sf mar 9h-20h.* Le roi de la glace, en plein quartier piéton, dans le coude de l'élégante Schillerstrasse, large choix de parfums à déguster en terrasse ou à emporter. Certains « plats de glace » peuvent aisément remplacer un repas. Également d'énormes parts de gâteaux crémeux et des irrésistibles portions d'*Apfelstrudel*.

## Où sortir ?

Ville étudiante, Weimar est plus animée hors vacances scolaires ou universitaires. Parmi les endroits où flâner le soir, ***Zum Falken,*** le bar étudiant de la ville *(Trierestr 7) ou* le ***Kasseturm*** *(Goetheplatz 10),* avec soirées à thème (hip-hop, reggae, rock...), le ***C. Keller*** *(Marktplatz 21)* ou encore le ***Cielo*** *(dans la Schlossgasse).* Et pour les plus aventureux, sachez que le campus universitaire offre quelques bars et qu'il reste en théorie accessible au public...

LA THURINGE

# À voir

***Marktplatz :*** on y a reconstruit toute une rangée de maisons rappelant l'architecture weimarienne. Outre l'hôtel *Elephant,* où descendaient les grands de ce monde venus rendre visite à Goethe, la curiosité principale de la place est la maison où mourut le peintre Cranach l'Ancien. Remarquez ses armoiries, un serpent ailé, sous les fenêtres. Superbe façade aux couleurs pastel.

***Park an der Illm :*** on l'appelle aussi le « parc Goethe » car il fut aménagé fin XVIIIe s sur les conseils du poète en personne. C'est un spacieux jardin à l'anglaise, toujours bien entretenu, et c'est un véritable plaisir de s'y promener, par exemple en direction du pavillon où Goethe passa ses six premières années weimariennes.

***Goethes Gartenhaus*** *(maison de jardin de Goethe) : tlj sf lun : d'avr à mi-oct, 10h-18h ; de mi-oct à mars, 10h-16h ; dernière visite 30 mn avt la fermeture. Entrée : 6 €.*
Il est toujours émouvant de se retrouver dans la maison d'un grand homme : ici, quelques meubles simples avec, au mur, des dessins du poète rassemblés

dans une ambiance plus campagnarde que bourgeoise. Goethe cultive son jardin – toujours visible – en botaniste invétéré et expérimente ses premières théories sur « la métamorphose des plantes ». L'escalier en bois date de 1776. Au rez-de-chaussée, petite cuisine où poêle, four et évier en pierre sont d'origine.
Poursuivez la promenade dans le parc jusqu'à la ***Maison romaine*** *(avr-oct, tlj sf mar 10h-18h ; entrée : 4 €),* l'ancienne résidence d'été du duc Charles-Auguste, ami de Goethe, qu'il fit construire de 1792 à 1797 dans le style des maisons de campagne de la Renaissance, tout en jetant un œil aux belles collines boisées et aux grappes d'étudiants qui « révisent », par beau temps, au bord de la tranquille rivière Illm...

***Parkhöhle :*** *toujours dans le parc, près de la maison de Liszt. D'avr à mi-oct, tlj sf lun 10h-12h, 13h-18h (16h le reste de l'année). Entrée : 4 €.* Ces grottes et souterrains, creusés à l'origine sur les conseils de Goethe pour entreposer au plus frais la bière de son bienfaiteur et ami, le duc de Saxe-Weimar, sont moins romantiques que celles aperçues dans le parc au-dessus. C'est aujourd'hui un petit « musée » géologique très humide et assez impressionnant avec ses galeries aux portes coulissantes automatiques.

***Liszt-Museum :*** *Marienstr 17 (en bordure du parc Goethe). ☎ 545-388. D'avr à mi-oct, tlj sf lun 10h-18h. De mi-oct à mars, 10h-16h. Entrée : 4 €. Fascicule en français.* En fait, de 1869 à 1886, le musicien n'occupa qu'un appartement d'été dans cette ancienne maison du jardinier de la Cour. Né en 1811, le pianiste et compositeur hongrois fut directeur de l'Opéra de Weimar, recevant dans la ville les plus grands musiciens de son temps. Son musée, qui baigne dans une douce atmosphère un peu hors du temps, présente des partitions, des meubles d'époque, des moules du visage de Liszt à plusieurs époques de sa vie et un moulage du masque mortuaire de Beethoven, que Liszt conserva toute sa vie comme une relique. Au rez-de-chaussée, intéressant parcours de son œuvre musicale à l'aide de casques audio. À l'étage, reconstitution des appartements du compositeur, avec piano à queue, poêle en faïence et un tout petit clavier sculpté dans du bois brut. Voir aussi la copie en bronze du château de Wartburg-Eisenach, offerte par le grand-duc de Weimar.



***Goethes Wohnhaus :*** *Frauenplan 1. ☎ 545-400. Tlj sf lun : avr-oct, 9h30-18h ; nov-mars, 9h30-16h. Entrée maison : 12 €. Audioguide en français 1 €. Supplément lors des expos temporaires.*
Johann Wolfgang von Goethe, 26 ans à peine et déjà auréolé de gloire grâce à son roman *Les Souffrances du jeune Werther,* arrive à Weimar en 1775. Protégé du duc Charles-Auguste, et épaulé par son jeune complice Schiller, auteur dramatique, Goethe devient l'homme le plus influent de la ville. Il réside à Weimar jusqu'à la fin de ses jours, à l'exception de deux années passées en Italie. Conseiller du duc, il se voit confier aussi plusieurs portefeuilles de ministre (Finances, Arts et Lettres, etc.).
Goethe habita dans cette grande maison baroque de 1782 jusqu'à sa mort en 1832. Le musée, sur le côté gauche de la bâtisse, contient quelques lettres et objets personnels. Son travail de naturaliste et de botaniste est peu montré ; toutefois, on y découvre un Goethe passionné par la lumière et les couleurs au travers de magnifiques aquarelles. Mais c'est surtout l'époque du classicisme de Weimar qui est mise en scène avec, autour de Goethe, les personnalités majeures de Schiller, Herder et Wieland. Une époque formidable, à n'en pas douter.
Pour visiter sa maison, prendre le petit plan, car il n'y a aucune explication dans les chambres. Le poète était sûrement plus tranquille dans l'isolement propice à la création... Importante collection de sculptures antiques rapportées de ses voyages, vaisselle en céramique, belle bibliothèque de 6 500 ouvrages (que l'on n'admire qu'à travers un grillage), collection de minéraux (il en raffolait), cabinet de travail brillant par son ascétisme... Des couloirs roses conduisent ensuite à la chambre mortuaire : un lit misérable et un vieux fauteuil troué où Goethe rendit

l'âme en s'écriant : « De la lumière ! De la lumière ! » Dehors, joli jardin et, dans la cour, le carrosse de l'auteur de *Faust...* Café littéraire pour faire une pause sucrée-salée.

**La maison Schiller :** *Schillerstr 12. ☎ 545-400. Tlj sf lun : d'avr à mi-oct, 9h-18h; de mi-oct à mars, 9h-16h. Entrée : 7,50 €. Audioguide en français.* Friedrich Schiller habita dans cette jolie et ancienne demeure de 1802 jusqu'à sa mort en 1805. Influencé par Shakespeare et par la tragédie classique, le jeune Friedrich écrivit des poésies lyriques mais surtout des drames historiques devenus fameux : *La Pucelle d'Orléans, Guillaume Tell* ou encore *Marie Stuart.* Il est connu en France pour avoir inspiré nos écrivains romantiques. L'habitation a été fidèlement reconstituée, jusque dans le choix des papiers peints qui s'harmonisent superbement avec le mobilier d'époque !

**Fürstengruft** *(crypte des Ducs)* **:** *tlj sf mar : d'avr à mi-oct, 10h-18h ; de mi-oct à mars, 10h-16h. Entrée : 4 €.*
C'est dans la crypte du mausolée central que reposent côte à côte les deux monuments de la littérature allemande : Goethe et Schiller, encore eux ! De nombreuses autres sépultures sont rassemblées là dans une mise en scène sobre, et sous une belle coupole.
À voir aussi, derrière le mausolée, ravissante petite ***église russe*** au dôme doré *(entrée gratuite – faire un don).* Belle déco intérieure, surchargée d'ors et de couleurs, sources d'une luminosité particulière. Elle fut construite en 1862 sur les vœux de Maria Pavlovna, fille du tsar Paul Ier et grande-duchesse de Saxe-Weimar. Dans la coupole en forme de ciel étoilé, un Christ *Pantocrator* domine l'espace de son regard sévère. Sur les écoinçons de la coupole sont représentés les quatre évangélistes (Jean, Luc, Marc et Matthieu).

**Residenzschloss** *(château)* **:** *Burgplatz 4. ☎ 545-400. Tlj sf lun : avr-oct, 10h-18h ; nov-mars, 10h-16h. Entrée : 7,50 €.* Médiéval, Renaissance, puis baroque italien, il brûla trois fois en l'espace de trois siècles ! C'est ici qu'ont résidé les souverains de Saxe-Weimar jusqu'en 1918. À l'intérieur du château se trouve un musée dont la collection d'œuvres d'art du Moyen Âge jusqu'au début du XXe s est remarquable. L'ensemble de peintures de ***Cranach père et fils,*** rassemblé dans une belle galerie, vaut à lui seul le détour (aussi de splendides portraits signés Dürer). Aux étages, des salons tous plus rutilants les uns que les autres se succèdent : parquets marquetés et plafonds à cassettes, murs recouverts de miroirs ou de bois de loupe. Le clou est une grandiose salle de réception aux murs et plafonds finement peints et aux banquettes fuschia, un fabuleux décor XVIIIe s ! Dans les galeries de peinture, quelques grands italiens ***(Canaletto, Tiepolo...)*** et pas mal de tableaux du classicisme et du romantisme allemand ***(Caspar David Friedrich)*** font face à des sculptures sensibles de Houdon et Rodin. Peintures grand format de ***Johann Tischbein,*** le David allemand. Grande salle de bal avec colonnades ioniennes. Pour finir, de surprenantes correspondances sont évoquées entre les peintres de l'école de Weimar, partisans de la peinture en plein air dès la moitié du XIXe s, et nos chers impressionnistes, dont ***Claude Monet*** avec une *Cathédrale de Rouen* (1894) et ***Théodore van Rysselberghe*** et ses « Baigneuses » en style pointilliste.

**Neues Museum :** *Weimarplatz 5. ☎ 545-963. Tlj sf mar : d'avr à mi-oct, 10h-18h ; de mi-oct à mars, 10h-16h. Entrée collection : 5,50 €.* Installé dans un grand bâtiment néo-Renaissance du XIXe s, ce musée abrite la collection d'art contemporain de la ville et quelques œuvres de la collection Paul Maenz, maigres cadeaux d'adieu après le retrait de l'ancien galeriste vers Berlin. Expos temporaires. Se renseigner également pour visiter la nouvelle ***Dependance,*** située dans un ancien dépôt de tramways, à 10 mn à pied : à voir, l'installation de l'artiste contemporaine Rebecca Horn.

**La bibliothèque de la duchesse Anna Amalia :** *Platz der Demokratie 1. Tlj sf lun 9h-17h pour les visiteurs individuels. Entrée : 7,50 € pour la visite des pièces de* *style rococo. Expos temporaires gratuites.* Riche de près de 900 000 ouvrages et du plus grand fonds sur Faust, la bibliothèque a été victime d'un terrible incendie en 2004, lors duquel 30 000 livres ont été détruits et 40 000 autres endommagés. Une partie avait été déménagée un an auparavant en prévision de travaux d'assainissement. Tout n'a donc pas été perdu ! La réouverture de la bibliothèque comme « centre de recherche du livre ancien » a eu lieu en octobre 2007.

***Herderkirche** (église Saint-Pierre-et-Saint-Paul) : Herderplatz. ☎ 85-15-18. Avr-oct, lun-ven 10h-18h, w-e 10h (11h dim)-12h, 14h-16h ; nov-mars, tlj 10h (11h dim)-12h, 14h-16h. Fermé dim lors des messes. Entrée gratuite. Visite guidée (slt en allemand) dim à 14h (3 € ; petit fascicule en français). Travaux de rénovation en 2015.* Bel intérieur à trois nefs. Construite au XVe s, l'église a reçu des éléments de style baroque au XVIIIe s. Elle a été reconstruite après les bombardements américains (la cloche posée au sol attend toujours de réintégrer sa place ; il faut faire un don pour la faire sonner). On peut y admirer un imposant autel-triptyque de Lucas Cranach l'Ancien de 1522. On reconnaît Luther, à droite, et à sa gauche, Cranach en personne (barbe blanche), recevant un jet de sang du Christ, bénédiction absolue. C'est la dernière œuvre de ce grand peintre allemand du XVIe s (elle sera achevée par son fils en 1555).

***Les Archives Nietzsche** : Humboldtstr 36. Au sud-ouest du centre. Ouv slt avr-oct, tlj sf lun 11h-17h. Entrée : 3 €.* C'est dans cette maison que le philosophe séjourna de 1897 jusqu'à sa mort, 3 ans plus tard. En 1903, sa sœur demanda à l'architecte Henry Van de Velde de transformer le rez-de-chaussée. On peut encore voir la magnifique bibliothèque Art nouveau.

***Le palais Wittum** : Am Palais 3. ☎ 54-54-00. Tlj sf mar : avr-mi-oct, 10h-18h ; mi-oct-mars, 10h-16h. Entrée : 6 €.* Bâtisse ocre du XVIIIe s, d'un style presque campagnard, où la duchesse douairière Anna Amalia passa les 30 dernières années de sa vie – *Wittum* est un dérivé de *Witwe,* « veuve » en allemand – et recevait toutes les personnalités de la ville. Autour de son célèbre salon à table ronde se réunissaient les inévitables Goethe et Schiller, et les philosophes Herder et Wieland. Bustes de Rousseau et Voltaire dans la salle de musique.



***Bauhaus-Museum** : Am Theaterplatz. ☎ 545-961. Tlj sf mar 10h-18h (16h nov-mars). Entrée : 4 €.* Depuis 1995, un musée entièrement dédié au Bauhaus, qui naquit à Weimar au début du XXe s et dont la modernité influence encore et toujours l'architecture, l'art et le design. La visite démarre par un film de 20 mn. Qualifié de bolchevique et d'utopiste, le mouvement du Bauhaus, dont faisaient partie Paul Klee et Vassily Kandinsky, réunissait les plus éminents architectes et artistes de l'époque. Les projets du Bauhaus associaient art et technique et ont ouvert la voie vers la culture industrielle moderne. Il se réclamait d'une sorte d'« art libre » : les professeurs qui enseignaient le *design* ne faisaient que donner les bases pour développer la créativité des étudiants. En 1924, le gouvernement conservateur de la Thuringe décida de rogner des deux tiers les crédits et révoqua les enseignants. Cette décision entraîna les maîtres du Bauhaus à dissoudre l'école de Weimar pour la réinstaller à Dessau. Afin de soutenir le mouvement, le *Cercle des amis du Bauhaus* fut fondé. Chagall et Einstein faisaient notamment partie du nouveau conseil d'administration.
Construction d'un nouveau musée du Bauhaus en 2015.

### UN ART DÉGÉNÉRÉ

*Les nazis rejetaient l'architecture fonctionnelle du Bauhaus parce que plusieurs architectes étaient juifs et de gauche. Ce qui faisait beaucoup, vu par un nazi moyen. Privilégiant une architecture monumentale et pompeuse, ils fermèrent les bureaux d'étude dès 1933. Le départ de nombreux architectes vers les États-Unis contribua par la suite au développement fulgurant des villes américaines.*

**Haus am Horn :** *Am Horn 61, au bord du parc derrière la Goethes Gartenhaus. Avr-sept, mer et sam-dim 11h-17h. 4 €. Expos temporaires.* La **Maison « am Horn »** est typique de l'architecture Bauhaus de Weimar. Elle fut bâtie en 1923 en tant que maison modèle sur les plans de Georg Muches. Autour d'une pièce centrale, composée d'un puits de lumière, s'organisent les espaces d'habitation.

## Manifestations culturelles

– **Journées Bach :** *de début mars à mi-avr.* Dans le cadre des semaines Bach de Thuringe. Pour les mélomanes.
– **Fête des Arts de Weimar** (Pèlerinages) **:** *chaque année de fin août à mi-sept.* Spectacles, concerts et expos autour d'un thème... Se renseigner à l'office de tourisme.
– **Fête de l'Oignon :** *2e w-e d'oct.*

## DANS LES ENVIRONS DE WEIMAR

**Schloss Belvedere :** *à 4 km au sud-est de Weimar, au bout de la Belvedere-Allee. Bus nº 12 : direction Possendorf, arrêt Belvedere. ☎ 54-54-00. D'avr à mi-oct tlj sf lun 10h-18h (16h fin-oct). Fermé nov-mars. Entrée : 6 €. Orangerie : fin déc-fév mer-dim 11h-16h (mars-avr 17h). Entrée : 2,50 € par la tour rouge.* Très joli château rococo, parfait témoignage de l'esprit classique. Goethe et le duc Carl-August se réunissaient ici régulièrement pour discuter botanique. Pièces d'ivoire et d'ambre, porcelaines et faïences. Collection de calèches et armes de chasse dans l'orangerie.

# LE MÉMORIAL DE BUCHENWALD

**À 10 km au nord de la ville des Lumières et de la poésie, dans la belle forêt de l'Ettersberg où Goethe aimait se promener, l'horreur du nazisme est à son comble : barbelés, fours crématoires et « laboratoire d'expérimentation ». Édifié en 1937, pour y éliminer les opposants politiques et écarter du « corps national » allemand, les homosexuels, les SDF, les témoins de Jéhovah... le camp de concentration vit défiler 238 000 déportés de 32 nationalités différentes. Environ 50 000 y furent exterminés. Parmi eux, des militaires britanniques et canadiens, 10 000 juifs détenus à l'écart du camp, 8 500 soldats soviétiques abattus en masse dans une écurie, des milliers de femmes et d'enfants.**
**À voir impérativement, avec ou sans enfants, pour ne jamais oublier ce dont l'homme est capable et ne plus laisser les négationnistes débiter des sornettes sur les « détails » de l'Histoire.**

### Infos utiles

➢ **De Weimar :** *bus nº 6 depuis Goetheplatz ou de la gare en direction de Buchenwald (attention à ne pas prendre le bus nº 6 direction Ettersburg). En voiture, le mémorial se trouve à 8 km au nord du centre-ville par la nationale B 85 ; bien fléché.*
**Centre d'informations :** *à l'entrée du camp. ☎ 49-58-20. ● buchenwald.de ● Tlj sf lun : avr-oct, 9h-18h20 (20h w-e) ; nov-mars, 9h-16h20. Documentation en français, avec plan du camp. Petits livrets en français très bien faits (1 €). Également audioguide en français (durée : env 3h ; 3 € ou 5 € avec images).*

LA THURINGE

– Toutes les installations extérieures sont visibles tous les jours, jusqu'à la tombée de la nuit.
– ***Visite du mémorial et des musées :*** *GRATUIT. Tlj sf lun : avr-oct, 10h-18h ; nov-mars, 10h-16h ; dernière entrée 30 mn avt la fermeture.*
– ***Présentation d'un film*** *(30 mn) : en boucle, 10h-15h. Se renseigner à l'accueil pour la version française.*

## À voir

***La route du Sang et la gare de Buchenwald :*** c'est la route que l'on emprunte toujours pour accéder au camp en voiture ou bus. Elle fut construite sur plus de 5 km dans des conditions dramatiques. Plus tard, la direction du camp décida d'installer une gare près du camp : c'est le « chemin Caracho », les dernières centaines de mètres les plus dures, sous le contrôle des chiens et les coups de matraque des SS. Quelques restes du chemin de fer *(accessible slt à pied).*

### QUAND UNE BRUTE DÉFENDAIT LES BÊTES

*« L'on est en droit d'attendre et d'exiger de chaque visiteur qu'il s'abstienne de tout acte qui ne serait pas convenable pour les animaux ou qui pourrait même compromettre leur santé ou leurs habitudes [...]. Je ferai identifier les auteurs de telles grossièretés afin qu'ils soient punis pour cruauté. » Eh non, ces paroles n'ont pas été prononcées par une association de défense des animaux, mais par Karl Koch, commandant du camp de Buchenwald, à propos de son zoo. Hallucinant...*

***Les casernes SS et la tour de bois :*** sur le parking, les 4 bâtiments font partie des 18 qui abritaient les casernes des gardiens SS (le camp comptait également une fauconnerie et un zoo !). La tour du bois marque l'entrée du camp, tout à la fois mirador et prison. Sur la grille, une inscription particulièrement cynique : *Jedem das Seine* (À chacun son dû) ! Sur l'horloge de la tour, l'heure a été arrêtée à la libération du camp par les Américains, elle n'a pas bougé depuis.

Les blocks ont été rasés après la libération du camp. Il ne reste plus qu'un vaste ***champ de pierres noires*** (très symbolique) à la place des alignements de baraques en bois où s'entassaient 50 000 captifs. Une plaque rend hommage aux Juifs allemands et autrichiens déportés en 1938. À l'emplacement des baraques des Roms, noms des camps nazis sur des pierres dressées.

Le camp s'étendait plus loin que ce que l'on voit aujourd'hui. Vers l'arrière, en lisière de la forêt, les ***fondations de plusieurs blocks*** ont été mises au jour, mais il ne reste rien d'autre. Pour chacun, une photo restitue l'aspect d'origine. C'est ici que se tenait l'infirmerie, mais également le bordel du camp (interdit aux prisonniers juifs, roms et soviétiques).

***Le petit camp :*** également à l'arrière, un monument commémoratif rappelle l'existence du petit camp. C'est là qu'on entassait malades et moribonds dans des écuries. Oubliés parmi les oubliés, séparés du reste du camp par une clôture barbelée, ces détenus n'étaient souvent plus du tout nourris. Le petit camp fit plus de 5 000 victimes.

***Le four crématoire :*** en entrant à droite. Avant la petite cour d'accès, l'« infirmerie ». Histoire de rassurer les futures victimes, un diabolique scénario fut imaginé : pendant la visite médicale, on tirait une balle dans la nuque du condamné installé sous la toise. Les corps étaient ensuite entassés dans une charrette puis portés au four... C'est dans la cour du bâtiment que les Américains découvrirent des centaines de corps à leur arrivée. Les crématoires sont parfaitement conservés. Au sous-sol, l'une des salles les plus sinistres du camp. Sur les crochets, les SS suspendirent et assassinèrent plus de 1 000 personnes. La plus jeune victime avait 8 ans...

***Le laboratoire d'expériences « médicales » :*** on peut encore voir, dans une vitrine, seringues, pinces et autres instruments ayant servi à mutiler les corps des prisonniers. Un « détail » parmi d'autres : Ilse Koch, la femme de l'officier SS commandant le camp que l'on a surnommée « la salope de Buchenwald », y commandait ses lampadaires en peau humaine ! Des expérimentations de vaccins contre les maladies contagieuses (typhus, fièvre jaune, diphtérie) y furent menées à la demande des firmes IG Farben et Hoechst.

***Le poteau et le tombereau :*** on suspendait certains détenus à cet « arbre de mort », mains liées, pendant plusieurs jours... La charrette, pleine de cailloux extraits de la carrière, était tirée par des prisonniers obligés de chanter. Leurs tortionnaires les appelaient « chevaux chantants ».

***Les deux musées :*** dans le grand bâtiment du fond, qui abritait l'entrepôt de vêtements et d'objets personnels, premier contact des détenus avec le camp.
– L'un est consacré à l'***histoire du camp.*** Bien présenté et particulièrement instructif, il retrace également la montée du nazisme, la création et l'évolution des camps de concentration, sans oublier un élément important : la résistance menée de l'intérieur par de valeureux prisonniers, conduits par le communiste Ernst Thälmann, qui fut exécuté et qui est devenu un héros de l'ex-RDA. Très bien conçues, les expositions et reconstitutions de scènes ont l'avantage d'éviter la facilité de la fascination de l'horreur. L'accent est mis sur l'organisation méthodique de la politique de destruction et sur la vie quotidienne dans le camp (vêtements de détenus, outils de travail, photos de fichage, fragments de baraquement...). Panneaux à thème au premier étage.
– L'autre musée expose des ***œuvres d'artistes*** « antifascistes ». Il illustre les solidarités nationales formées dans le camp (affiche de la Résistance française). Voir aussi le dessin « Bienvenue au camp », où l'artiste se moque des gardiens SS.

### RECYCLAGE MORBIDE

*Buchenwald fut libéré par les Américains en 1945. Le camp se trouva, par la suite, dans la zone d'occupation soviétique. Staline profita des installations pour y organiser le camp spécial n° 2, géré par le KGB. Il y enferma de nombreux opposants politiques, dont 7 000 moururent de faim en 1946-1947.*

Parmi les détenus les plus connus de Buchenwald : l'écrivain espagnol Jorge Semprún, le psychanalyste Bruno Bettelheim, Marcel Dassault, Stéphane Hessel, Elie Wiesel... Hors de l'enceinte du camp des déportés se trouvaient des villas où une cinquantaine de personnalités, dont Léon Blum et Georges Mandel et le ministre d'État belge Paul-Émile Janson ont été internés dans des conditions très différentes de celles des déportés. Malgré cela, Janson mourut à Buchenwald.

### LE POUVOIR AUX PRISONNIERS

*Les SS laissaient la répartition des tâches à certains groupes de déportés, notamment les communistes, qui jouèrent un rôle important dans la survie de beaucoup de prisonniers (ce fut le cas de Marcel Dassault). Ceux qui n'en bénéficiaient pas étaient envoyés dans les kommandos de travail, d'où ils revenaient rarement.*

***Le mémorial :*** *à 2,5 km du camp, en bordure de route.* Érigé à la fin des années 1950. Au pied du clocher de 50 m de haut, saisissantes statues de détenus. Plus bas, l'***allée des Nations*** et ses 18 stèles, entourées des fosses communes où reposent 10 000 victimes du camp. Un petit musée retrace l'histoire de la création et de la réalisation de cet ensemble monumental par la RDA, qui y glorifie la résistance des communistes allemands.

## JENA (IENA)

104 000 hab. IND. TÉL. : 03641

**Ville industrielle et estudiantine à une soixantaine de kilomètres de Weimar, fort agréable à vivre en raison de son microclimat qui permettait autrefois d'y faire pousser la vigne, Jena mérite un crochet pour, entre autres, son musée d'optique. La place du Marché est l'un des rares endroits de la ville qui possèdent encore quelques maisons aux façades anciennes. Pour les passionnés d'histoire, un autre « pèlerinage » s'impose, sur le site d'une célèbre bataille napoléonienne...**

### Adresse et info utiles

***Office de tourisme :*** *Markt 16. Dans l'édifice moderne et en verre, en face du Rathaus. ☎ 49-80-50. • jenatourismus.de • Lun-ven 10h-19h (18h janv-mars), w-e 10h-16h (15h janv-mars).* Plan de la ville gratuit et infos sur logements, restos, etc. Vend la *JenaCard (11,90 € pour 48h).* Également petits fascicules en français sur les sites. À l'arrière, après le porche gothique, boutique avec de nombreux livres sur l'épopée napoléonienne. Anglais parlé.

### Où dormir ? Où manger ?

***Gasthaus zur Noll :*** *Oberlauengasse 19. ☎ 59-77-70. • izur-noll@t-online.de • zur-noll.de • Doubles 75-90 € (moins cher le w-e) avec petit déj. Parking payant.* Vénérable auberge en plein centre, tenue par un patron aux allures de professeur Tournesol. Jolies chambres assez grandes, resto plein de coins et recoins et *Biergarten* où se rassasier d'une solide cuisine thuringeoise plus roborative que gastronomique. Pas mal de visiteurs d'outre-Atlantique venus pour affaires.

***Gasthaus zum Roter Hirsch :*** *Holzmarkt 10. ☎ 44-32-21. • info@jembo.de • jembo.de • Tlj 6h30 (7h w-e)-23h (minuit ven-sam, 22h dim). Plats du jour (11h-17h) env 5-10 €.* Dans une très vieille et jolie maison du centre-ville (estampillée 1509 !), près de la poste. Les pièces, toutes de bois vêtues, sont très basses de plafond. Spécialités de Thuringe.

***Ratszeize :*** *Markt 1. ☎ 42-18-00. Tlj sf dim 8h30-23h. Plat du jour à moins de 8 €.* Maison datant de 1670. On se croirait dans une église : salles voûtées, superbes boiseries (plus récentes) et orgue mural à tuyaux. Petits cabinets de réception, en particulier le bar, la « salle des hommes » et la bibliothèque néogothique. Spécialités régionales, goulasch hongrois (délicieux !) et *Thüringer Knölle,* et l'inévitable *Bratwurst* avec choucroute et pommes de terre.



## À voir à Jena et dans les environs

***Optisches Museum*** *(musée d'Optique) :* *Carl-Zeiss-Platz 12. ☎ 44-31-65. • optischesmuseum.de • Mar-ven 10h-16h30, sam 11h-17h. Horaires étendus en cas d'expo temporaire. Entrée : 5 € ; réduc. Audioguide en français 1 € (plus caution 5 €).* Le musée présente une formidable collection d'appareils optiques en tout genre : des lunettes en ciseaux du Moyen Âge et des lunettes indiennes, avec des éléphants sculptés sur bois, aux microscopes, télescopes, appareils photo, lanternes magiques et appareils de diagnostic. Une gravure de 1590 montre qu'on utilisait déjà des lunettes sous-marines à l'époque ! Voir aussi la série de praxinoscopes du XIXe s ; ces joujoux optiques sont les ancêtres de notre cinéma. L'atelier de Zeiss, le cofondateur de l'industrie optique à Jena, a été reconstitué tel qu'il était en 1866. Intéressant et très bien fait. Au rez-de-chaussée : salle interactive, où l'on peut tester sa vue, mais aussi percer les mystères de l'optique. Impossible de tout décrire, à ne rater sous aucun prétexte.

**Stadtmuseum Jena** *(Musée municipal)* **:** *Markt 7. ☎ 49-82-61. • jena.de • Mar-mer et ven 10h-17h, jeu 15h-22h, w-e 11h-18h. Fermé lun. Entrée : 4 € ; réduc. Explications slt en allemand.* Le musée de la Ville et de son histoire, installé dans une ancienne maison bourgeoise du XIIIe s à la magnifique façade en gothique tardif. Au sous-sol, quelques pièces d'art religieux en bois brut, comme cette superbe *pietà.* Petite section sur les moulins de la ville. Ligne du temps illustrée le long des escaliers. Au 1er étage, salle des sciences, avec l'activité de l'université. Reconstitution d'une cellule du *Collegium* (sa maquette est en vis-à-vis). C'est là qu'au XIXe s on enfermait, pour deux ou trois jours, les étudiants pris en flagrant délit de duel. Ils y étaient très bien traités (bière, tabac, jeux de cartes...), un excellent moyen pour se réconcilier ! Au dernier étage, verrerie des années 1920. Au 1er étage, aussi une mignonne petite auberge à l'ancienne, avec tout juste quatre tables en bois massif. Au 2e étage, intéressante section consacrée au sport avec entre autres, l'évocation des dégâts causés par le dopage au temps de la RDA. Également des expos temporaires.

**Museum 1806 :** *Jenaer Str 12,* ***Jena-Cospeda.*** *Suivre la B 7 en direction de Weimar, puis tourner à droite à la sortie de Jena ; c'est indiqué (Napoleonstr). Sinon, bus n° 16 depuis le centre de Jena. ☎ 82-09-25. • jena1806.de • Avr-nov, mer-dim 10h-13h, 14h-17h ; de mi-janv à mars, 9h-13h et 14h-16h ; dernière entrée 1h avt. Entrée : 6 € ; réduc.* À quelques encablures du site de la bataille de Jena/Auerstedt qui se déroula le 14 octobre 1806, sur les plateaux au-dessus de Jena, ce tout petit musée rend hommage aux soldats prussiens et français. Construit sur le pavage qui se trouvait à l'époque devant l'église de Jena et sur lequel sont morts les blessés prussiens, ce « mémorial » a été fondé par un restaurateur local qui a retrouvé sur le champ de bataille les vestiges de la déroute prussienne : sabres, fusils, boutons... L'expo illustre la vie quotidienne des soldats et les effets de la guerre sur la population civile. Également cartes et dioramas. Se faire expliquer l'évolution du combat et la stratégie napoléonienne devant la maquette. De nombreuses pierres commémoratives balisent le champ de bataille.

➢ ***La route de Napoléon :*** une excursion à faire à vélo, et pas seulement pour les fans d'histoire. Elle rejoint, en une quinzaine de kilomètres, les champs de bataille de Jena et d'Auerstedt. L'itinéraire est marqué par des logos en forme de chapeau d'Empire. Tout au long, des chemins aux noms de généraux français et prussiens reprennent les mouvements des troupes. Petits fascicules en anglais avec la description des étapes dans la boutique de l'office de tourisme de Jena *(prix : 1,50 €).*

**Les châteaux de Dornburg :** *à 15 km de Jena, B 88 direction Naumburg. ☎ (03-64-27) 21-51-30. • dornburg-schloesser.de • Parc ouv tlj de 9h jusqu'à 20h. Châteaux tlj sf mer 10h-17h. Fermé nov-mars. Entrée : 2,50 € ou 4 € pour 2 châteaux.*

Le village de Dornburg, construit le long de la Saale, vit en partie à l'ombre d'un gros rocher. À 90 m au-dessus de la rivière, trois adorables châteaux gothique, Renaissance et rococo, aux couleurs acidulées et dont l'un servait de résidence d'été à Goethe. Ils sont reliés les uns aux autres par de ravissants jardins et des allées en tonnelles. Larges terrasses d'où contempler la Saale.

– ***Le château Renaissance*** *(à droite)* **:** *visite guidée.* Petit et sans fioritures. On visite l'étage où séjourna Goethe, invité du duc Charles-Auguste. Joli mobilier et

marqueteries, tableaux et objets du poète. On comprend que l'endroit lui ait inspiré son *Iphigénie* et ses plus beaux poèmes.
– ***Le château rococo*** *(au milieu)*: poursuivre à gauche en longeant la terrasse. Construit au XVIIIe s puis restauré au XIXe s à la demande de Goethe.
– ***Le château gothique*** *(Alte Schloss)* **:** au fond de l'allée. Styles roman et gothique du XIIIe s. Beaucoup de charme.
– ***Les terrasses :*** sous les châteaux. Vue splendide sur le village, le fleuve, la vallée et les vignobles. Un petit coup de cœur.

# ERFURT

220 000 hab. IND. TÉL. : 0361

**À 21 km de Weimar, c'est la capitale du Land de Thuringe fondée par Saint Boniface en 742. Au Moyen Âge, elle doit sa prospérité à la fabrication de teintures pastel et indigo et aussi à sa position stratégique sur la route du sel qui allait de la Baltique à l'Italie. Napoléon y rencontra le tsar en 1808. Voir absolument son centre historique, le plus important ensemble médiéval d'Allemagne, ses 21 églises (dont une splendide cathédrale), son curieux « pont des Épiciers » et les innombrables maisons à colombages...**

## Adresses et info utiles

LA THURINGE

***Tourist Information :*** *Benediktsplatz 1. ☎ 66-400. • erfurt-tourismus.de • Avr-déc, lun-sam 10h-18h, dim et j. fériés 10h-14h ; janv-mars, lun-ven 10h-18h, sam 16h et dim 10h-14h. Résas de chambres chez l'habitant : ☎ 66-40-110.* Personnel très compétent et accueil très sympathique. Réservation d'hébergement, plan de la ville et circuit historique en français, très précis. Autre ***point d'info*** à la forteresse de Petersberg : *tlj, avr-oct, 11h-18h30 ; nov-déc, 10h-16h.*
– ***ErfurtCard :*** *en vente à l'office de tourisme. Compter 14,90 € pour 48h.* Musées de la ville et transports gratuits, réduc pour les théâtres et les concerts (comparez aussi avec *ThüringenCard*). Également un tour guidé de la ville gratuit, mais uniquement pour ceux qui maîtrisent la langue de Goethe.

***Gares (ferroviaire et routière) :*** *Willy-Brandt-Platz 12. ☎ 300-10-55. Trams fréquents pour rejoindre le centre-ville.* Erfurt est un important nœud ferroviaire d'Allemagne de l'Est.

***Location de vélos : Radhaus am Dom,*** *Andreasstr 28. ☎ 602-06-40. Tlj sf dim 10h-18h (14h sam). Compter 8 €/j.* Simple et toujours pratique pour s'échapper des sentiers battus.

## Où dormir ?

### Camping

***Ferienpark Stausee Hohenfelden : 99448 Hohenfelden.*** *☎ (036450) 420-81. • info@stausee-hohenfelden.de • stausee-hohenfelden.de • À 12 km d'Erfurt et 20 km de Weimar. Autoroute A 4 sortie Erfurt-Ost direction Kranichfeld ; bus nos 155 et 163 de la gare d'Erfurt. Compter 15 € pour 2 en hte saison. Parking payant.* Au bord de la forêt de Thuringe et d'un lac, un véritable paradis naturel (enfin, c'est une retenue d'eau !). Le plus grand camping de Thuringe, mais du 3-étoiles quand même, et des sanitaires tout neufs. Cabanes en bois de style norvégien à louer à la semaine pour 50-60 €/nuit. Accès payant à la plage. Location de bateaux.

## Auberge de jeunesse

**Jugendherberge :** *Hochheimer Str 12, 99094. ☎ 562-67-05. • jh-erfurt@djh.thueringen.de • erfurt-hochheimerstr.jugendherberge.de • Tram nº 5 jusqu'au terminus Steigerstr, les 250 m restants à pied. Carte AJ obligatoire. Nuit 26 €/pers avec douche et w-c, petit déj compris. CB refusées.* Grande maison de 50 chambres avec portique à hautes colonnes.

## Bon marché

**Pension Schuster :** *Rubensstr 11. ☎ 373-50-52. • erfurt-pensionen.de/schuster • Trams nos 3 et 6, arrêt Robert-Koch-Str. Bien située à moins de 10 mn du centre, proche de la gare et du centre-ville. Doubles 39-47 €. Appartement 49 €. Petit déj 4 €. CB refusées.* Chambres coquettes et bien tenues. La patronne est un peu timide, mais une bonne dose de sourires devrait suffire à la mettre en confiance.

**Pension Am Dom :** *Lange Brücke 57. ☎ 48-660. • dompension.de • Doubles 69-85 € avec petit déj copieux. Parking public à proximité.* Une pension familiale à la façade majestueuse sur une des plus jolies rues du centre avec vue sur la cathédrale. Chambres lumineuses et joliment meublées. Propose aussi des appartements-studios équipés. Accueil chaleureux.

## Plus chic

**Hotel am Kaisersaal :** *Futterstr 8. ☎ 65-85-60. • info@hotel-am-kaisersaal.de • hotel-am-kaisersaal.de • Doubles avec douche et w-c à partir de 104 € avec petit déj. Parking payant.* Cet hôtel tranquille, moderne et de très bon confort est le point de départ idéal pour des excursions dans la vieille ville, à deux pas du Krämerbrücke, le « pont des Épiciers ».

**Gästehaus Nikolai :** *Augustinerstr 30. Entrée par la cour. ☎ 598-170. • gaestehaus-nikolai@augustinerkloster.de • gaestehaus-nikolai.de • Double avec sdb et TV env 92 €, petit déj inclus. Parking gratuit.* Proche du cloître des Augustiniens, dans le centre, mais dans un coin bucolique, où coule une rivière. Dans une maison qui remonte au XIIIe s un véritable hôtel de charme, dépendant de l'église évangélique, avec des chambres ravissantes aux détails savoureux. Dans les suites, parquets incrustés, meubles d'antiquaire et tableaux encadrés... Côté parties communes, charme à l'anglaise, avec verrières. Accueil sans chichis.

# Où manger ? Où boire un verre ?

## Bon marché

**Am Nordsee :** *Anger 11. Sur la grande place, en face de la poste. Tlj sf dim 9h-20h. Sandwichs 2-4 € et plats autour de 9 €.* Un fast-food aux allures de snack scandinave, dédié entièrement au poisson. Une alternative judicieuse aux saucisses et aux hamburgers. Plein de petits sandwichs frais (on a adoré le *Bremer,* à la fricassée de poisson), des petites boîtes de crevettes ou de calamars frits, des sushis... Terrasse sur la place en été. Un succès qui ne se dément pas, c'est toujours rempli !

## Prix moyens

**Café Paul :** *Paulstr 11. ☎ 64-64-310. • hallo@cafepaulerfurt.de • Mar-ven 11h-19h, sam 11h-17h30.* Dans le bâtiment adjacent de l'église Saint-Paul aujourd'hui disparue, un minuscule snack au look moderne qui propose des soupes et sandwichs à petits prix. Dans les plats, la traditionnelle sauce rémoulade revient en leitmotiv. Ambiance conviviale. Au 1er étage, une étroite passerelle métallique donne accès à un salon de poche, dans l'ancien clocher, sous une magnifique voûte : l'endroit idéal pour tremper son pain dans sa soupe discrètement...

## Plus chic

**Si Ju :** *Fischmarkt 1. ☎ 655-22-95. • info@si-ju-erfurt.de • Tlj sf dim dès 11h (9h sam). Pâtes autour de 8 € et plat de poisson env 15 €.* Réputé dans toute la ville pour ses brunchs et petits déj. Le soir, ambiance *lounge* accueillante dans la grande salle à colonnes aux allures de nef d'église. Agréable terrasse sur la place avec ses bancs à coussins rouges, où on aime à se lover confortablement.

**Due Angeli :** *Domplatz 31. ☎ 60-23-710. • info@dueangeli-erfurt.de • Tlj 10h-minuit. Assiette de viande env 20 €, mais plats de pâtes et pizzas 5-10 €. Grappa offerte à nos lecteurs.* On ne peut pas rater sa façade Renaissance blanche, aux contours surlignés de vert. Plusieurs salles que l'on découvre après un hall d'entrée majestueusement mis en scène. Service impeccable et 100 % italien. Plats de pâtes classés avec orthodoxie par type (tagliatelles, gnocchis...) et aussi quelques plats thuringeois.

## Où boire un verre ?

**Drogerie Bistro :** *Wenigemarkt 8.* Sous le clocher de l'église Aegidien, terrasse bien agréable le soir aux beaux jours. Les rayonnages sont restés, les flacons ont changé. Désormais l'alcool ne sert plus à soigner les plaies, mais à réchauffer les gosiers. Sirotage en 2 ou 4 cl et couvertures à disposition de ceux que le breuvage ne réchauffe pas suffisamment.

Dans Michaelis Strasse décidément très animée, 2 bars pour boire un dernier verre. Le ***Whisk(e)y Kneipe « Johnny Worker »*** *(au n° 37 ; tlj sf dim-lun 19h-1h),* où choisir un whisky vous prendra un certain temps, car il y en a plus de 270 sortes ! Concerts fréquents, souvent gratuits. Un peu plus loin, une ambiance plus latine, où les parfums de menthe des mojitos et *caïpirinhas* vous attireront dans le bar. ***Hemingway*** *(au n° 45 ; tlj dès 18h)* ; ici, le rhum est roi, et s'approcher du comptoir une aventure. Fauteuils de cuir noir, salle de cigares et faible luminosité, l'intérieur évoque l'univers racé de l'écrivain, sur fond de *lounge music.*

LA THURINGE

## À voir

**Domplatz :** *au centre de la ville.* Magnifique alignement de maisons à colombages. La place est dominée par la colline de la cathédrale et de l'église Saint-Sever, symboles de la ville. Venez de préférence le matin pour le marché *(7h-14h)* ou le soir pour profiter de l'éclairage des monuments.

**Dom** (cathédrale catholique Sainte-Marie) : *tlj mai-oct 9h30-18h et nov-avr 9h30-17h ; dim à partir de 13h. De la place, grimper la monumentale volée d'escaliers. Bureau d'infos sur place (mêmes horaires que le Dom) avec brochures en français et boutique.* La cathédrale actuelle résulte de plusieurs édifications successives entreprises du XIIe s au XVe s. La nef est de style gothique flamboyant. Ne pas manquer d'admirer les deux portails, véritables chefs-d'œuvre, et les mimiques des vierges, représentant les sages (à gauche) et les folles (à droite). L'intérieur est somptueux : fresque géante de saint Christophe (XVIe s) qui donne bien l'impression de porter une voûte de la cathédrale, un autel rococo de plus de 18 m de haut, splendide verrière du XIVe s et impressionnante collection d'œuvres d'art (dont un retable-autel de Cranach). Étonnante statue porte-cierge en bronze d'un style épuré très actuel (elle date du XIIe s) et superbe triptyque de la Vierge à la licorne. La pénombre du chœur met en valeur la richesse des vitraux. C'est dans cette église que Luther fut ordonné prêtre. À voir également *(slt visite guidée),* la cloche géante de 2,50 m de haut et plus de 11 t, que seuls huit « costauds » peuvent mettre en mouvement. En haut à droite, l'***église Saint-Sever*** *(entrée gratuite ; flash interdit).* Orgue majestueux à la riche déco rococo. À ce stade, c'est un objet d'art à part entière ! Moins visitée que sa grande sœur, l'église est propice au recueillement.

***Fischmarkt :*** *au bout de Marktstrasse en partant de Domplatz.* Étonnantes façades, dont celles de la vieille taverne *Zum Breiten Herd* et du *Rathaus* néo-gothique (à l'intérieur, des fresques racontent l'histoire d'Erfurt). On peut s'asseoir sur les bancs de pierre encerclant la statue du soldat romain (et non de Roland) et contempler cette superbe place.

***Krämerbrücke*** *(pont des Épiciers) : rejoindre la Benediktplatz, à droite de l'office de tourisme.* Certainement l'une des plus fabuleuses curiosités du pays. Long de 120 m et bordé d'habitations des deux côtés, ce « Ponte Vecchio » allemand existait déjà en 1110. En face de la maison la plus étroite de cette rue suspendue (au nº 21), prendre le petit passage et descendre l'escalier menant au quai. On aperçoit alors le paisible ruisseau longeant un îlot de verdure et le dos des maisons à colombages en équilibre sur le vieux pont. On peut aller jusqu'à s'aventurer sous les voûtes du pont... S'il fait beau, on peut aussi accéder à la tour de l'*Ägidienkirche,* au bout du pont. La montée est assez épique (45 m) mais offre à l'arrivée une belle vue sur le pont, le *Dom* et la ville.

***Anger :*** *du bâtiment de la poste (nos 69-75) à l'ancienne résidence du gouverneur (Regierungstr 73).* Aujourd'hui siège du ministre-président de Thuringe, cette rue piétonne et commerçante est une succession de magnifiques façades. Admirez, entre autres, aux nos 37-38, la maison *Dacheröden* et son superbe portail Renaissance, un des nombreux lieux de passage de Goethe et de Schiller, et, à l'angle avec la Bahnhofstr, l'imposant édifice baroque (d'un jaune que vous ne pourrez rater !) qui abrite le *musée Anger (mar-dim 10h-18h, 6 € ; réduc).* Collections d'art médiéval, peintures du XVIIIe s au XXe s, meubles, faïences, porcelaines...

***Augustinerkloster :*** *Augustinerstr 10. ☎ 576-600. Église : tlj 8h-18h. Cloître : visites guidées tte l'année : avr-oct, lun-sam 10h-12h et 14h-17h (16h nov-mars); dim à 11h et 12h, (11h nov-mars). Durée : 1h ; 6 €. Note explicative en français.* Le jeune Luther a passé plusieurs années dans une des cellules de ce cloître du XIIIe s. On peut y dormir au calme *(lits doubles 35-39 €/pers, résa par Internet),* mais c'est pour le moins monacal... Salon de thé avec de bonnes pâtisseries maison.

***Andreas-Viertel :*** *entre Domplatz et le cloître des Augustins.* La rivière qui borde ce quartier lui donne des airs de « petite Venise ». Ravissantes maisons en bois et en ardoise dans un vieux quartier qui semble un peu endormi : c'est en fait le quartier de l'université... dont les tavernes et bars autour de la Michaelisstr affichent bien souvent complet le soir venu !

***Alte Synagoge :*** *difficilement repérable. De Benediktsplatz, prendre Michaelistr, c'est la 1re ruelle à gauche. ☎ 655-15-20. ● alte-synagoge.erfurt.de ● Tlj sf lun 10h-18h. Entrée : 8 € ; réduc. Vidéo-guides inclus dans le ticket d'entrée.* C'est l'une des plus vieilles synagogues d'Europe, puisque sa construction commença au XIe s ! Exposition sur la vie et l'art juifs dans la région. Vous pouvez toujours admirer sur la droite sa façade orientale qui remonte à 1270 et présente une étonnante asymétrie. Voir les meurtrières et la rosace.

***Kleine Synagoge :*** *au sud-est de la Benediktsplatz. Tlj sf lun 11h-18h. GRATUIT. Petit fascicule en français.* Construite en 1840 dans un style classique et bien rénovée, cette synagogue à trois niveaux est nichée au bord d'un cours d'eau. De la salle de prière, on peut monter sur une mezzanine pour le voir, à travers les fenêtres en forme de Torah. Au sous-sol, toute petite exposition : des panneaux et des photos retracent l'histoire des juifs d'Erfurt. D'ici, vous pouvez accéder à la terrasse qui surplombe le cours d'eau. Des escaliers mènent au *mikve* (bains rituels au Moyen Âge), qu'on visite lors des tours guidés. Il reste aujourd'hui 600 juifs à Erfurt et la synagogue sert surtout de lieu de rencontres internationales.

**La citadelle de Petersberg :** *Petersberg-Plateau. ☎ 66-400. Visites guidées tte l'année, ts les sam à 14h. Entrée : 7,50 € (slt visites guidées de 2h en allemand).* On ne peut pas rater la citadelle, près du Dom, elle domine la ville. Les vignes, qui poussent sur le flanc gauche de la colline, lui donnent un charme particulier. Forteresse à ciel ouvert, véritable ville dans la ville. Les visites guidées nous font découvrir ses casemates et souterrains secrets. Seul exemple de citadelle baroque presque intacte en Europe (architecture militaire des XVIIe s et XIXe s), restaurée récemment. Plus loin sur la place forte, l'église Saint-Pierre-et-Paul – que les troupes de Napoléon dévastèrent et transformèrent en écurie – accueille aujourd'hui une collection d'art concret et abstrait (***Forum Konkrete Kunst,*** *mer-dim 10h-18h ; entrée : 4 €).* Au-dessus, un café niché sur une terrasse. Difficile d'aller plus haut !

**Le Musée militaire historique :** *juste après le portail d'entrée de la citadelle, sur la gauche. Tlj 11h-18h (16h en hiver). GRATUIT. Explications en anglais.* Une expo riche et vivante. Mannequins en uniforme de grenadier prussien et mousquetaires des troupes de Mainz au XVIIe s (eh non, il n'y avait pas que d'Artagnan et ses acolytes !). Reproduction d'une literie de caserne (oh, les petites bêtes...). Une maquette reproduit le siège d'Erfurt par les troupes impériales en 1664.

**Predigerkirche :** *au début de Predigerstr, à quelques mètres au sud de Fischmarkt. Tlj sf lun 11h (12h dim)-16h ; l'hiver, ouv slt les sam pdt la foire de Noël. GRATUIT. Petit fascicule en français à l'entrée.* Construite en 1270, l'église des Prédicateurs constitua l'un des plus grands édifices de l'ordre des Dominicains en terre allemande. Sur les quatrième et septième colonnes à gauche de la nef, quelques vagues restes de peintures laissent imaginer son aspect d'origine. À gauche du portail central, tableau de la *Montée du Calvaire* (1375), où les juifs sont reconnaissables à leurs chapeaux pointus, signe distinctif imposé au Moyen Âge. On peut aussi monter sur le portail pour une vue d'ensemble de l'intérieur. De là, on perçoit mieux les vitraux, faits de bouts de tessons, consécutifs aux bombardements de la Seconde Guerre mondiale.



**Egapark Erfurt :** *Gothaer Str 38. ☎ 564-37-37. • egapark-erfurt.de • Tram n° 2, arrêt Egapark, ou B 7 direction Gotha. Mars-avr et oct 9h-18h ; mai-sept 9h-20h ; nov-fév 10h-16h. Entrée : 8 € en hte saison, 3 € en basse saison ; et slt 2 € à partir de 17h30.* L'*Egapark* est un immense parc de plus de 60 ha, fleuri chaque année de 150 000 tulipes, narcisses, jacinthes et autres fleurs multicolores, qui accueille de nombreuses expositions consacrées au jardinage et à l'horticulture, une des spécialités de la ville. Vous y trouverez des serres qui abritent plantes tropicales, cactus et orchidées, le jardin des roses, le jardin japonais, la maison des papillons... L'idéal est de le voir en juin quand il est tout fleuri, de préférence en fin d'après-midi, après le départ des touristes. Munissez-vous d'un plan dès l'entrée : c'est gigantesque !

## Manifestations

– **Festival Bach :** *chaque année, en mars-avr. Rens à l'office de tourisme.* A lieu dans toute la Thuringe et à Erfurt plus spécialement. Un grand festival consacré au célèbre compositeur (concerts, spectacles, parades...).
– **Festival international d'orgue :** *en été.*
– **Domstufenfestspiele :** *de mi-août à début sept. Résa à l'avance conseillée. Infos : • domstufen.de • ou à l'office de tourisme.* Les 70 marches de l'imposant escalier qui mène au Dom sont au centre de mises en scène de théâtre en plein air. Également projection de films muets, avec orchestre.

– ***Marché de Noël*** *(en déc),* actif depuis plus de 160 ans. On y trouve l'artisanat en verre soufflé de la région.

## RUDOLSTADT

26 000 hab. IND. TÉL. : 03672

**Petite ville fondée en l'an 776. L'ancienne résidence des ducs et des marquis de Schwarzburg se distingue par son fastueux château de Heidecksburg et par sa tour de 40 m de haut. Pour monter au château, on peut emprunter un des six escaliers qui partent de la ville basse ou s'y rendre en voiture.**

### Adresse utile

***Office de tourisme :*** *Marktstr 5. ☎ 48-64-40. • rudolstadt.de • Lun-ven 9h-18h, sam 9h-13h. Fermé dim.* Hôtesses sympathiques. Nombreuses brochures sur la ville et la région.

### Où dormir ? Où manger ?

***Hôtel Adler :*** *Markt 17. ☎ 44-03. • info@hotel-adler-rudolstadt.de • hotel-adler-rudolstadt.de • Sur la pl. du Marché. Doubles avec sdb 87-97 €, petit déj inclus. Parking gratuit.* Grandes chambres agréables et décorées avec goût (tissus élégants, gravures, couleurs harmonieuses). Accueil aimable. Et en plus, dans la même maison (mais indépendants), un honnête restaurant et un café.

***Handwerkerhof :*** *Stiftgasse 21-25. • handwerkerhof@rudolstadt.de •* Dans cette cour pittoresque, 2 cafés-restaurants à prix doux : ***Zunftkeller*** *(tlj sf dim-lun 18h-minuit) et* ***Café im Handwerkerhof*** *(tlj sf lun 10h-18h). Plats à partir de 9 €. Tlj donc, mais attention aux « trous noirs » dans les heures d'ouverture !* De la cuisine simple et revigorante, ambiance très sympathique, terrasse fleurie et concerts en été.

***Schlosscafé Heidecksburg :*** *Schlossbezirk 6. ☎ 477-981. À partir de Marktplatz, tt droit jusqu'au pied du château ; prendre la montée d'escalier VI/6 jusqu'au parc du château. Tlj 11h-19h. Compter 11-15 € pour un plat principal.* De la terrasse ou du restaurant, la vue est magnifique : dans les assiettes, cuisine régionale tenant sur une page et gâteaux maison dont le patron se fera un plaisir de vous expliquer l'origine. Café servi dans un joli service en porcelaine.

***Verrücktes Kartoffelhaus :*** *Markt 5. ☎ 41-47-47. • info@kartoffelhaus-rudolstadt.de • Fermé lun. Plats autour de 10 €.* Déco éclectique pour ce resto spécialisé dans des recettes de pommes de terre. Tronc d'arbre au milieu de la salle et vitraux traditionnels, on mange dans un bout de campagne de Thuringe.



## À voir

***Marktplatz*** *(place du Marché)* **:** dans le quartier piéton aux agréables rues commerçantes (l'une des plus anciennes zones piétonnes en ex-Allemagne de l'Est). Fontaine et belle façade verte à pignon de l'hôtel de ville. Marché les mercredi et samedi.

***Volkskundemuseum « Thüringer Bauernhäusern »*** *(écomusée des Maisons de paysans de Thuringe)* **:** *Grosse Wiese 2. ☎ 422-465. Non loin de la gare. Slt* *avr-oct, tlj 11h-18h (dernière entrée à 17h30). Entrée : 2,50 € ; réduc.* Des maisons de paysans de toute la Thuringe, du XVIIe s notamment, ont été restaurées et reconstruites en 1914 dans ce musée en plein air passionnant. L'un des plus anciens écomusées d'Allemagne.

**LES NAINS DE JARDIN**

*Ils ont fait leur apparition dans les années 1870, en Thuringe. Ces personnages représentaient des mineurs de petite taille, habiles à se faufiler facilement dans les galeries étroites. Leur bonnet rouge permettait de les repérer dans la pénombre. Là encore, l'Allemagne est devenu le premier exportateur mondial.*

🔭🔭🔭 ***Le château de Heidecksburg :*** *Schlossbezirk 1. ☎ 42-900. • heidecksburg.de • Tlj sf lun : avr-oct, 10h-18h ; nov-mars, 10h-17h. Entrée : 7 € ; réduc.* Édifié au XVIIIe s, c'est sans doute le plus luxueux témoignage du rococo en Thuringe. Ne pas rater son musée des miniatures. Le château abrita la résidence d'été des princes de Schwarzburg-Rudolstadt jusqu'en 1918. Parmi ses hôtes de marque ; Louis-Ferdinand de Prusse, musicien et militaire, qui tomba face aux troupes napoléoniennes à la bataille de Saalfeld, en 1806. La vingtaine de salles distillent une accumulation de lustres, plafonds peints, moulures, dorures et mobilier de style rocaille. La somptueuse salle des fêtes donne à elle seule le vertige, avec ses balconnets dorés, ses figurines murales et son invraisemblable plafond ! Sur les fresques du plafond de la salle rouge, allégories des vertus du bon prince (courage, équité...). Dans la salle verte, représentations des quatre continents, symbole de la volonté de connaissance universelle. Une visite qui permet de retrouver le ton et l'ambiance de l'époque. Petite collection de magnifiques traîneaux. Bibliothèque ouverte au public. Galerie de peintures des XVIIe s et XIXe s avec l'inévitable Caspar David Friedrich. Théâtre dans la cour principale en été, pour rester dans la tradition d'une ville qui « a toujours exercé un attrait particulier sur les voyageurs en quête de repos ou de nourritures spirituelles », comme dit la brochure. Le château sert souvent de décor aux productions cinématographiques de la *Bavaria.*

– ***Le musée des Miniatures rococo :*** *au rdc du château. Entrée : 3,50 € (1,50 € si vous avez acheté le ticket pour le château) ; réduc. On vous propose même des petites loupes pour 0,50 €.* Une exposition vraiment étonnante, résultat d'un travail d'orfèvre et de patience : Kiedorf et Bätz ont mis 50 ans pour réaliser cet ensemble de style baroque lilliputien à l'échelle 1/50[e]. Plusieurs thèmes, dont une scène de danse à la cour, où chaque figurine reprend les codes gestuels d'ancien régime. Les différents palais sont présentés en coupe, avec reconstitution minutieuse et millimétrique des intérieurs : lustres, parquets, tables de billard et jusqu'aux tableaux de peinture, à peine plus grands qu'un ongle (du petit doigt !). Le moindre détail du modèle d'origine est scrupuleusement respecté. Voir aussi la maison de poupée, miniature de miniature, un auto-clin d'œil amusant.



## DANS LES ENVIRONS DE RUDOLSTADT

🔭 ***La vallée de la Schwarza :*** cette étroite région forestière fut l'une des plus chantées d'Allemagne. On longe cette romantique rivière, la Schwarza, de Bad Blankenburg (dès la sortie de Rudolstadt) à Schwarzburg. À mi-chemin, un chalet suisse à flanc de rocher tient lieu d'auberge : *Schweizerhaus.* Belle terrasse où se reposer. On s'arrêtera un instant à ***Schwarzburg*** pour le coup d'œil sur la vallée et pour l'ancien château qui domine le village. Hitler voulut en faire le lieu de résidence des hôtes du Reich en 1938. On commença les travaux, puis tout fut abandonné et tomba en ruine. Un peu plus tard, en 1980, Honecker eut la même idée, mais renonça par manque de moyens financiers. Un programme de rénovation est enfin en cours ! Petite balade dans ce village « modèle » : ruelles calmes et proprettes, maisons coquettes et fleuries...

Après Schwarzburg, le village le plus touristique de la région est ***Sitzendorf.*** Possibilité d'y skier en hiver. Quelques grands hôtels. Après, la forêt se fait moins dense, mais la route grimpe un peu plus. À partir des villages de Weissbach, Mellenbach et Cursdorf, de pittoresques maisons font leur apparition. Entièrement recouvertes d'ardoises blanche, grise ou noire.

***La route de crête :*** de Katzhütte, on gagne ***Ilmenau,*** ancien repaire de Goethe. À Ilmenau, prendre la direction de Sühl et, après le village de Stüzerbach, suivre la route d'Oberhof. Cette ligne de crête, appelée *Rennsteig,* est la plus belle route de Thuringe. On est presque à 1 000 m d'altitude : la vue est vraiment splendide.

# GOTHA

45 000 hab. IND. TÉL. : 03621

**À mi-chemin entre Erfurt et Eisenach, cette petite ville à l'allure aristocratique, dont la fondation remonte au VIIIe s et que surplombe le château de Friedenstein (le plus grand de Thuringe), est aussi connue pour ses spécialités, la cartographie et l'édition. C'est ici que fut publiée la première édition des œuvres complètes de Voltaire.**

## Adresse utile

***Office de tourisme :*** *Hauptmarkt 33. ☎ 507-85-712. • gotha.de • Lun-ven 10h-18h, sam 10h-15h, dim (slt mai-sept) 10h-14h.* Brochures en anglais. Nous vous conseillons *Le « Gotha at a glance »* avec plein de conseils pour des excursions et une carte des alentours.

## Où manger ?

***Zur Goldenen Schelle :*** *Hauptmarkt 40. ☎ 73-63-64. Mar-sam 11h-15h, 17h-22h ; dim 11h-15h. Plats à partir de 10 €.* Un resto familial à l'enseigne du grelot d'or, dédié à la musique et à la pêche. Malgré les nœuds et les petits phares, la carte propose surtout des viandes et des poissons. Bonne *Schnitzel* sauce champignons, servie avec une salade composée. Service prévenant, on allume la bougie à votre arrivée. La salle du capitaine dispose d'une chaise pour enfant en bas âge. Terrasse à l'écart du flot touristique estival.

## À voir

***Le château de Friedenstein :*** *☎ 82-340. • stiftungfriedenstein.de • Tlj sf lun : avr-oct, 10h-17h ; nov-mars, 10h-16h. Entrée combinée avec le* musée de la Nature *et le* musée d'Art populaire *: 10 € ; réduc. Audioguide. Visite guidée des casemates, durée 45 mn. Parking payant juste devant le château.*
Imposante demeure à trois ailes, construite au XVIIe s, dans le style du début de l'ère baroque. Abrite une merveille : l'ancienne salle de bal et de théâtre de la tour ouest,

### FAIRE PARTIE DU GOTHA

*C'est dans les années 1760 que paraît, initié par Guillaume de Rothberg, un almanach contenant, entre autres, toute la généalogie de la maison de Saxe et celle des empereurs d'Allemagne. Ce répertoire, intitulé le* Gotha, *devient le livre favori des nobles, qui se plongeaient dans sa lecture. À la fin du XIXe s, il recensait toute l'aristocratie européenne. En faire partie était donc une preuve d'appartenance au gratin de la société.*

devenue le *théâtre Ekhof,* un des plus anciens théâtres baroques d'Europe, encore utilisé de nos jours (festival en été). Il doit son nom à Conrad Ekhof, célébré de son vivant comme le « père de la dramaturgie allemande ». La visite alterne entre le musée et le château lui-même.

Le *musée* se situe dans l'aile droite : somptueuses collections de tableaux allant du Moyen Âge au XIXe s, section préhistorique, statues antiques et néoclassiques, objets d'art de toutes les époques, mobilier précieux, « curiosités » Renaissance, argenterie, porcelaine... Au rez-de-chaussée, quelques pièces magnifiques à ne pas manquer, comme le célèbre *Gothaer Liebespaar,* la plus vieille représentation d'un couple amoureux sur une peinture (1484). Une salle entière est consacrée à ***Lucas Cranach.*** On y admire son très célèbre *Portrait de Luther,* au visage austère. Voir aussi *Damnation et Rédemption,* dont la composition sépare le mal (péché, mort, démon...), à gauche, du Christ, sur la droite. À l'étage, on enfile les chaussons : influence de la mode française au XVIIIe s, collection de porcelaine de Meissen (repérez le petit singe espiègle). Ne pas rater les sculptures de Houdon. On redescend ensuite pour admirer le théâtre baroque et sa scène en trompe l'œil. À côté, petit *musée des Costumes de théâtre.*

Si l'extérieur du bâtiment, plutôt froid et sans charme avec sa cour carrée totalement vide, tient plus de la caserne que du palais princier, l'*intérieur* en revanche est superbe : enfilade de pourpre, d'or, de stucs et de tapisseries germaniques dans l'aile baroque (la salle des fêtes en est le plus luxuriant exemple) ; élégance, sobriété et tons pastel dans l'aile néoclassique, parquets différents dans chaque salle. Il y a même la chambre dite de Napoléon, lequel ne fit que visiter le château, sans y dormir.

Le ***musée de la Nature*** est le plus important de son genre en Thuringe. Spécimens naturalisés des animaux de la forêt.

***Hauptmarkt :*** du château, rejoindre à pied la place du Marché pour profiter des fontaines en terrasses qui jalonnent la descente. C'est le *Wasserkunst,* transformé en jeux d'eaux au XIXe s. Construit au Moyen Âge, il servit longtemps à alimenter la ville en eau. Au n° 17, la maison où vécut Lucas Cranach (il était le gendre du *burgemeister).* Au milieu de la place, le *Rathaus* (1574), en style Renaissance à la façade rouge et gris *(on peut le visiter tlj 11h-16h ; entrée : 0,50 €).* Tout autour, de belles maisons aux couleurs éclatantes, amoureusement restaurées.

***Neumarkt :*** l'autre place de la ville, à deux pas de la précédente. Jolie église gothique et quelques belles maisons.



## EISENACH

45 000 hab. IND. TÉL. : 03691

**Ville au passé prestigieux, au nord-ouest de la forêt de Thuringe, Eisenach redevient peu à peu une cité agréable, dominée par l'impressionnante forteresse de la Wartburg, qui a tout du château de conte de fées ! Fondé en l'an 1067, il est devenu mondialement célèbre au XIXe s, par la grâce de Richard Wagner et de son opéra *Tannhäuser,* inspiré par la vie des troubadours du château, dont il relata les joutes poétiques.**

### L'OR DES NAZIS

*À Merkers, à 30 km au sud-ouest d'Eisenach, les Américains découvrirent, à la Libération, 8 000 lingots d'or entreposés dans une mine de sel. Ce trésor provenait en partie du pillage des banques centrales des pays conquis, de la spoliation organisée des familles juives et des couronnes dentaires en or arrachées aux victimes des camps d'extermination. L'or volé était refondu et échangé en Suisse contre des devises, qui servaient à acheter aux pays neutres des matières premières indispensables à l'effort de guerre.*

**Les landgraves de Thuringe puis les souverains de Saxe-Weimar y élirent résidence. Martin Luther s'y réfugia en 1521 pour y traduire, dans un allemand plein de poésie, le Nouveau Testament, et Jean-Sébastien Bach y vit le jour en 1685. Goethe y séjourna, trouvant cette ville « suprêmement magnifique ». Autre événement important pour la ville : c'est ici que fut créé, en 1869, le premier véritable parti ouvrier (social-démocrate), appelé plus tard « notre parti » par Marx et Engels. Devenue industrielle autant que touristique, Eisenach était le bastion de l'automobile en RDA : c'est ici que furent fabriquées en grand nombre les *Wartburg,* voitures « de luxe » du régime. Les amateurs iront visiter le *musée AWE.***

## Adresse utile

**i** ***Eisenach Informationzentrum :*** *Markt 9. ☎ 79-23-0. • eisenach.info • Ouv lun-ven 10h-18h, w-e 10h-17h.* Personnel compétent. Résas de chambres chez l'habitant. Petit dépliant avec plan et nombreux ouvrages sur la ville et la région.

## Où dormir ?

### Camping

***Campingpark Eisenach :*** *Am Altenberger See, 99819* ***Wilhelmsthal.*** *☎ 21-56-37. • campingpark-eisenach@t-online.de • campingpark-eisenach.de • À 10 km d'Eisenach, prendre la B 19, direction Meiningen. Fermé en nov et resto le mar. Compter 22 € pour 2 avec tente et voiture.* Bien installé, au bord d'un lac. Bien agréable. Truites au resto.

### Bon marché

***Jugendherberge Artur Becker*** *(AJ) : Mariental 24. ☎ 74-32-59. • jh-eisenach@djh-thueringen.de • eisenach.jugendherberge.de • À 1 km du centre, par la B 19, direction Meiningen (au pied du château Wartburg). Bus n*os *3 et 10 depuis la gare. Résa conseillée ! Carte AJ obligatoire. Nuit en dortoir 23 €/pers. Petit déj et draps inclus.* Grosse bâtisse jaune du début XXe s, dont la rénovation, en 2000, a restitué le charme certain. Un *hostel* qui sort de la norme, avec ses colombages, ses colonnes d'entrée et, dans la salle commune, un parquet en bois croisé et un piano. Assez bluffant...

### De prix moyens à plus chic

***Pension Zum Burschen :*** *Am Ofenstein 12. ☎ 74-32-06. • zumburschen@aol.com • Doubles avec douche et w-c 50-60 €. ½ pens 11 €, sinon plat env 9,50 €. CB refusées.* Agréable villa reprenant le style à colombages, pas trop éloignée du centre-ville. 5 chambres seulement pour ce petit hôtel familial. Petit jardin au calme.

***Haus Hainstein :*** *Am Hainstein 16. ☎ 24-20. • haushainstein@t-online.de • hainstein.de • Doubles avec douche et w-c 80-87 €, petit déj inclus. Parking gratuit.* La route grimpe, et on arrive devant cette petite forteresse d'allure un peu sévère. Mais l'accueil est agréable, le calme règne et la place ne manque pas. Joli patio intérieur recouvert par une double baie vitrée, autour de stucs et de statues. Difficile de trouver plus confortable, plus calme, plus vert. Le soir, les oiseaux donnent la sérénade. Bon resto, assez classique, et superbe buffet de petit déj. Pensez à réserver (demandez les chambres avec vue sur la Wartburg).

## Où manger ? Où boire un café ?

### De prix moyens à plus chic

***Konditorei & Cafe Brüheim :*** *Marienstr 1, à l'angle de Grimmelgasse, devant le musée Bach. ☎ 20-35-09. Lun-sam 9h-18h30, dim et j. fériés 13h-18h30. Petit déj et assiettes rapides le midi.* Immeuble imposant. Vitrine en bric-à-brac d'antiquaire. L'après-midi, place aux adeptes du *Kaffee-Kuchen,* la longue pause-café fatale aux diabétiques.

**Leander-Bar :** *Karlsplatz 11. ☎ 280. Tlj 11h-1h (2h w-e).* Bistrot cosy au look Art nouveau, avec de grandes étagères à vins et une cuisine ouverte. Agréables banquettes d'où l'on peut espionner la chef de cuisine à l'œuvre. Tapas et recettes d'inspiration méditerranéenne. Prix corrects *(10-15 €)* dans l'ambiance selecte du bar du grand hôtel *Thuringer Hof.* L'atmosphère a beau être huppée, le service a su rester convivial. Vin du mois au verre.

## Plus chic

**Landgrafenstube :** *Auf der Wartburg (dans le Wartburghotel). ☎ 79-70. • info@wartburghotel.de • Tlj 12h-15h, 18h-22h. Résa conseillée. Menus 36-45 € le soir slt. À la carte le midi.* Vue incroyable sur les collines et la forêt de Thuringe depuis les baies vitrées des 2 grandes salles de restauration, dont la très belle « salle des armoiries ». Cuisine régionale de haut vol d'après de vieilles recettes « châtelaines », mais aussi des choses plus simples, comme cette saucisse de Thuringe sur son lit de salade de pommes de terre. Un effort louable de démocratisation des prix dans un lieu magnifique. Service stylé impeccable en gilet noir. Heureusement, le château permet aussi de se restaurer à prix modique dans l'annexe-brasserie **Burgschenke** *(tlj 10h-18h, 16h en hiver).* Déco rustique mais cuisine sans relief hélas.

**Weinrestaurant Turmschänke :** *Karlsplatz 28. ☎ 21-35-33. • info@turmschaenke-eisenach.de • Tlj sf dim dès 18h. Menus 3 plats à partir de 29 €.* Changement d'ambiance, dans la vallée, au centre d'Eisenach, dans *Nikolaitor,* la plus vieille tour de la ville, qui enjambe la rue. Un resto opulent où bons vins font bon ménage avec des plats recherchés aux parfums du sud, comme cette nectarine au piment d'Espelette.



# À voir

**Marktplatz :** joli ensemble que forment la grande église baroque, l'ancien palais, lui aussi baroque et agréablement décrépi, des ducs de Saxe-Weimar-Eisenach, le petit *Rathaus* Renaissance rose bonbon (peut-être trop restauré, pour le coup...) et les belles maisons à colombages du XVIe s et la fontaine ornée de saint Georges, patron de la ville.

**La maison et le musée Bach :** *Frauenplan 21. ☎ 79-340. • bachhaus.de • Tlj 10h-18h. Entrée : 8,50 € ; réduc. Fascicule en français.* Le grand compositeur est né ici en 1685. Le musée a été complètement rénové. Les travaux ont permis de dater avec précision la maison Bach et de l'identifier comme un exemple rare (en Thuringe) d'architecture de la moitié du XVe s ! Avis aux fétichistes, on accède à l'exposition par la porte d'origine de la maison de Bach à Leipzig. Dans la *salle des instruments de musique* a lieu *(env 5 fois/j.)* une démonstration de clavecin et d'orgue à vent de l'époque de Bach, reconstituant l'univers sonore du compositeur. Sa fécondité ne se limitait pas à la musique puisqu'il eut pas moins de 20 enfants, dont la moitié seulement passèrent 5 ans, cap fatidique sous l'Ancien Régime... Salle interactive où l'on peut se lover dans des cabines pour écouter les œuvres de Bach. Les inconditionnels du maître y feront une fugue.

**La maison de Luther :** *Lutherplatz 8. ☎ 298-30. • lutherhaus-eisenach.de • Tlj sf lun 10h-17h. Entrée : 4,50 € ; réduc.* C'est dans cette belle maison en gothique tardif et à colombages que logea le jeune Martin à la fin du XVe s dans sa famille d'accueil, les Cotta. L'exposition retrace

### LUTHER, OBÈSE ET FIER

*Il arborait son embonpoint par provocation vis-à-vis des contraintes dictées par Rome, qui imposait plus de 100 jours de jeûne par an. Selon lui, pourquoi subir de telles pénitences que le Christ, lui, n'avait jamais exigées.*

brièvement son parcours : écolier, traducteur de la Bible... La visite se déroule sur plusieurs étages et offre l'occasion d'admirer l'intérieur d'une maison patricienne présentant la transition entre gothique et Renaissance. Mais il y a peu à voir ou à découvrir pour qui ne fait pas un pèlerinage sur les pas du grand réformateur. Notez tout de même le portrait de Luther âgé, par Lucas Cranach, une représentation peu connue, ainsi que la gravure de 1866, où Luther joue du luth (!) pour sa famille d'accueil.

***Le château de la Wartburg :*** *Auf der Wartburg. ☎ 25-00. • wartburg-eisenach.de • Bus nos 10-13 : avr-oct, départ de la gare ttes les heures. Montée à pied à partir du parking (cher : 5 €). Tlj : avr-oct 8h30-17h, nov-mars 9h-15h30. Le pont-levis se relève à 20h en été et à 17h l'hiver. La visite du château et du Palas – du français « palais » – est obligatoirement guidée (slt en allemand et en anglais à 13h30) : 9 €, mais texte de la visite disponible en français. Elle dure 45 mn. Le musée et la chambre de travail de Luther peuvent se visiter seuls : 5 €. Dépliant avec plan du château en français et, Unesco oblige, panneaux dans la langue de Voltaire. Droit de photo-vidéo : 5 €.*
La visite de ce monument inscrit depuis 1999 au Patrimoine de l'humanité par l'Unesco est recommandée, mais venez le plus tôt possible.
« Le plus allemand des châteaux », affirmait Adolf Hitler, un fin connaisseur en matière de germanité. La Wartburg est l'une des plus belles réussites médiévales d'Allemagne, et ce n'est pas pour rien qu'elle inspira Louis II de Bavière pour la décoration du château de Neuschwanstein. Bâtie en 1067, son histoire remonte jusqu'à l'époque des landgraves de Thuringe. Dans sa forme actuelle, le palais datant du XIIe s témoigne de la grandeur d'antan et est à la fois un exemple type et un joyau de l'architecture du roman tardif. Au XIXe s, une restauration restitua l'essence architecturale médiévale en la complétant par de nouveaux bâtiments d'inspiration historique.
Pénétrer ces lieux, c'est ouvrir un livre d'histoire sur 900 ans : l'art de cour du Moyen Âge, la vie et l'œuvre de sainte Élisabeth, la traduction du Nouveau Testament par Martin Luther, la fête des Associations étudiantes allemandes et l'opéra romantique *Tannhäuser* de Wagner. Ce sont tous ces éléments qui confèrent à la Wartburg son pouvoir de séduction et son charme si particulier. La vue splendide, la forêt verdoyante, le pont-levis et la longue cour pavée, le lierre errant sur les remparts... tout donne l'irrépressible envie de s'emparer de la place, épée et bouclier en main, tel Parsifal, d'en chasser les badauds venus de tous pays, d'y installer la princesse de ses rêves et de l'entourer d'un cortège de petits troubadours ! Bon, on plaisante. Mais on aimerait bien pouvoir admirer – sans guide obligatoire – la salle des fêtes avec son plafond en bois, bercé de la musique de Wagner, la salle des chevaliers, ses voûtes et sa colonne, la salle des troubadours où se déroulaient les joutes poétiques, le vol plongeant des aigles de la salle des audiences, les fresques et mosaïques, les corridors et la chapelle, les peintures de Cranach... Mais sachez quand même que de nombreux éléments de ce décor ne datent que de la fin du XIXe s, lorsque la forteresse a été restaurée. On rigole un peu de la « chambre de Luther ». Splendide néanmoins...

***Automobile Welt Eisenach – AWE*** *(musée de l'Automobile) : Friedrich-Naumann-Str 10. ☎ 77-212. • ame.eisenachonline.de • Tlj sf lun 11h-17h. Entrée : 5 € ; réduc. Texte disponible en français.* Eisenach est l'un des berceaux de l'industrie automobile allemande. Les premiers modèles de BMW sortent d'ici en 1928 puis, après-guerre, c'est au tour des EMW (E pour Eisenach, en place de B pour Bavière !). Puis y sont produites les légendaires *Wartburg,* « luxueuses » limousines de l'ex-RDA. Le dernier modèle produit est exposé en compagnie de modèles plus anciens – BMW et EMW confondus –, d'autres sont plus expérimentaux. Le petit musée, qui plaira aux fans d'histoire de l'automobile et aux admirateurs des belles mécaniques, se trouve dans un grand hangar à côté d'une friche industrielle...

# LE LAND DE SAXE

**Difficile de prétendre vouloir vous faire découvrir en quelques pages toute la Saxe, le plus peuplé et le plus jeune des nouveaux Länder. Même avec l'arrivée des autoroutes, qui ont raccourci les distances en transformant complètement l'approche du pays en quelques années, c'est un pays en pleine reconstruction que le visiteur découvre, à l'image même de ses villes principales, Dresde et Leipzig, qui renouent avec leur passé mis entre parenthèses pendant 40 ans.**
**Pour qui ne parle pas la langue de Goethe, mieux vaut préparer son circuit à l'avance, le français n'étant pas vraiment une langue en usage dans les Länder de l'Est. Les offices de tourisme, généralement très compétents et attentifs, sont là pour réserver des chambres chez l'habitant, solution de dernière minute toujours intéressante financièrement, comme dans l'un de ces hôtels *low-cost* de la chaîne *Accor* qui ont poussé à proximité de tous les centres historiques.**
**Pour les amateurs de châteaux et de jardins, des brochures très bien faites sont disponibles afin de compléter leur vision de la Saxe, région touristique très fréquentée depuis le XIX<sup>e</sup> s. De quoi vous inciter à pousser, hors des grandes et petites villes pleines de charme citées ici, jusqu'aux monts Métallifères (l'*Erzgebirge*), région d'une beauté austère, où sont fabriqués tous les jouets en bois de Noël, ou jusqu'en Haute-Lusace, au pays des Sorabes, minorité ethnique slave faisant preuve d'une belle vitalité.**



## DRESDEN (DRESDE)

450 000 hab. IND. TÉL. : 0351

▸ Pour le plan de Dresde, se reporter au cahier couleur.

**La troisième ville de l'ex-RDA, après Berlin et Leipzig, « joyau de la cultureeuropéenne », a longtemps été surnommée « la Florence sur l'Elbe ». Lovée dans les méandres de l'Elbe et bordée par les collines de la « Suisse saxonne », elle fut, grâce à sa situation privilégiée, la résidence des ducs et des rois pendant 700 ans. Rasée à 90 % en 1945, du moins dans sa partie baroque (l'*Altstadt*), la capitale de la Saxe n'en reste pas moins la ville de province la plus visitée grâce à un centre historique reconstruit « pierre par pierre », un célébrissime opéra et des musées parmi les plus riches d'Europe. Elle peut, sans complexe à présent, figurer dans le Top 5 des villes incontournables d'Allemagne.**
**La Frauenkirche, consacrée à nouveau en 2005, a repris, avec sa haute coupole, sa place dans le paysage de la ville. En revanche, les quartiers construits après 1870, qui la ceinturaient, furent épargnés par la guerre et la destruction. La *Neustadt* (nouvelle ville) est actuellement le plus grand chantier de reconstruction d'Allemagne et nous donne une belle leçon d'architecture du XIX<sup>e</sup> s, articulée entre parcs et jardins. Tout le centre historique est classé au Patrimoine mondial de l'Unesco.**

**Quant au reste de la ville, il ne donne pas vraiment envie d'encenser l'urbanisme socialiste... Les environs sont néanmoins magnifiques !**
**À noter qu'avec 200 km², la surface de la ville englobe aussi une partie de la vallée de l'Elbe.**

## UN PEU D'HISTOIRE

*Dresden* vient du vieux slave *drezgajan,* « les gens de la forêt ». La première mention de la ville remonte à 1206. Il s'agit alors d'une simple forteresse qui, durant ce XIIIe s, reçoit un fragment de la Sainte Croix (la relique se trouverait aujourd'hui aux alentours de la *Kreuzkirche,* ou *église de la Sainte-Croix*). L'affluence des pèlerins est telle que Dresde a déjà des allures de ville touristique ! Lors du partage de la Saxe, au XVe s, la ville revient au duc Albert, dont la lignée régnera sur Dresde jusqu'en 1918. Après la Réforme, en 1539, la cité affirme sa vocation artistique, en se dotant d'édifices de style Renaissance. Au début du XVIIIe s, elle devient un grand centre du « baroque courtois » sous la férule d'***Auguste le Fort,*** duc et électeur de Saxe, roi de Pologne, et « chaud lapin » notoire : 354 héritiers dont le fameux maréchal de Saxe, Maurice pour les intimes (elles furent quelques-unes à pleurer sa mort dans les environs du château de Chambord, où il demeurait) ! Quant à ***Marie-Josèphe de Saxe*** (dont Auguste fut le grand-père), elle donna le jour à trois rois bien français : Louis XVI, Louis XVIII et Charles X.
Autre curiosité de cette lignée pacifique : ***Maurice de Saxe*** est l'arrière-grand-père d'Aurore Dupin, dite George Sand !
Profitant d'une certaine stabilité, Dresde connaît un essor économique sans précédent, décuplé au XIXe s par le développement du transport fluvial. Ses manufactures de tabac, ses industries et sa banque (la *Dresdner Bank,* l'une des plus importantes au monde) constituent alors des fleurons incontestables. À cette époque, la ville éclatante s'affirme aussi comme un centre important de la lutte ouvrière, et marque les esprits par des inventions célèbres. Saviez-vous que le soutien-gorge (1895), le lait concentré (1896), le tube de dentifrice (1907) et le filtre à café (1908) ont été conçus ici ? Pas par le même inventeur, non, faut quand même pas exagérer...
Les temps changent. Quand le dernier roi de Saxe, Auguste, abdique en 1918, il prononce une phrase historique lourde de sens : « Démerdez-vous tout seuls ! »
Puis vient la nuit du 13 au 14 février 1945 (la nuit du Mardi gras au mercredi des Cendres !), où 245 *Lancaster* de la RAF lâchent leurs bombes incendiaires sur la ville. Quatre heures plus tard, 529 autres bombardiers surgissent. À 10h, 450 forteresses volantes américaines et une centaine de chasseurs finissent le boulot ! Entre 35 000 et 130 000 morts ! Hiroshima fit moins de victimes... Pour illustrer cette tragédie, on vous recommande chaudement la visite du musée militaire inauguré en 2011.
Lire ou relire à cette occasion le livre de Kurt Vonnegut Jr : *Abattoir 5* (Points Seuil nº 1243).

DRESDE

## Comment se repérer ?

La partie historique de Dresde, ***Altstadt,*** est située entre la gare principale *(Hauptbahnhof)* et le fleuve, rive gauche. De l'autre côté de l'Elbe se trouve la partie la plus récente de la vieille ville et sa gare, ***Dresden-Neustadt.*** C'est ici, aux alentours de *Louisenstrasse* et *Alaunstrasse,* que restos et bars attirent des jeunes (et moins jeunes) de la ville. Également dans ce quartier, la *Königstrasse* propose boutiques élégantes ou insolites et cafés douillets.
Pour se rendre dans le centre-ville à pied de la gare *(Hauptbahnhof),* emprunter la *Pragerstrasse,* immense rue piétonne très animée.

## Adresses et infos utiles

### Informations touristiques

**Office de tourisme** *(plan couleur A2, **1**) : Neumarkt 2. ☎ 50-160-160. • dresden-tourist.de • Près de la Frauenkirche et à la Hauptbahnhof. Avr-sept, lun-ven 10h-19h, sam 10h-18h, dim 10h-15h ; oct-mars, horaires réduits.* Plans gratuits dont un en français, (payant) avec principaux sites. Demandez aussi la *Map for young travellers,* un plan avec boutiques, clubs et *hostels* de la ville. *Également un bureau à la* Hauptbahnhof *(plan couleur A3 ; **2,** Wiener Platz 4).*

– Vente des Dresden-*Cards (plus d'infos : ☎ 351-501-501 et ci-après),* résas toujours pratiques de chambres chez l'habitant *(☎ 351-501-501, • zimmer@dresden-tourist.de •)* et billetterie pour l'opéra et spectacles de la ville.

– ***Dresden-City-Card :*** *carte personnelle de réduc sur Dresde, 9,90 € pour 24h ou 26 € pour 48h. 48 € pour une famille (48h).* Transports gratuits (avec bateaux sur l'Elbe) et entrée libre dans les plus grands musées de la ville (accompagné de 2 enfants), réduction pour les autres musées, ainsi que pour certains spectacles, expositions et visites guidées de la ville. Au total 90 partenaires.

– ***Dresden-Regio-Card :*** *48 € pour 3 j. et 75 € pour 5 j. Carte familiale 68 € pour 3 j. et 98 € pour 5 j.* Aux avantages de la City-Card s'ajoutent la gratuité des trains express régionaux (*RB* et *S-Bahn*) de Meissen à Königstein et une réduction dans les principaux châteaux et musées de la région.

– Achetez aussi la revue ***Sax*** pour débusquer les bons plans de la ville et de ses environs et le ***Sächsische Zeitung,*** par exemple, le jeudi pour son supplément culturel de la semaine à venir (spectacles, concerts, films, expos...).

### Services

**Laverie automatique** *(plan couleur B1) : Louisenstr 6, dans Neustadt. • waschladen.de • Tlj sf dim 7h-23h. Compter 2,80 € pour 6 kg de machine et 6,20 € pour 14 kg.* On ne sait jamais, ça pourrait bien vous servir. Environ 20 machines, au-dessus desquelles pend une ribambelle de chaussettes en guise de déco !

### Transports

**Aéroport** *(Flughafen Dresden ; hors plan couleur par B1) : par la Königsbrücker Str. ☎ 881-33-60 (infos vols). • info@dresden-airport.de • dresden-airport.de • À 8 km au nord de l'Elbe. Pratique, le S-Bahn S 2 relie l'aéroport au centre-ville et aux gares (2 €).* L'architecture de l'aéroport est très réussie.

**Gare ferroviaire principale** *(Hauptbahnhof ; plan couleur A3, **3**) : Wiener Platz 4 (au bout de Pragerstr). ☎ 699-66-33. • bahn.de •* Complètement modernisée, sous la direction de Sir Norman Foster, elle est coiffée d'une élégante coupole.

– On y trouve un accueil touristique *(tlj 9h-19h).*

**Gare ferroviaire de Neustadt** *(Bahnhof Neustadt ; plan couleur A1, **4**) : Schlesischer Platz 1.* Trains réguliers et fréquents pour les principales villes allemandes et européennes. Dessertes régionales.

**Terminal des bus régionaux** *(Regionalverkehr ; plan couleur A3) : Bayerische Str (derrière le Hauptbahnhof). ☎ 49-21-357. • rvd.de •* Gare routière principale, seulement dessertes régionales.

**Transports publics : *Dresdner Verkehrs Betriebe AG,*** *☎ 857-10-11. • dvbag.de • Trajet simple 1h : 2,20 € (réduc) ; ticket valable 1 j. Tageskarte : 6 € (réduc), vite rentabilisé. Mais la palme revient au ticket familial* (Familientageskarte) *: 8,50 € pour 2 pers et 4 enfants !* Pratique et rapide, la ville est quadrillée par 12 lignes de tramway, 27 bus et des trains express régionaux (S-Bahn-DB). Circulation tlj 5h-minuit et 24h/24 pour de nombreux trams (n^os^ 3, 7, 8...) et les bus n^os^ 61 et 72 (fréquence de 70 mn après 2h30). Informations générales, plans et horaires détaillés, tickets : kiosque

DRESDE

***DVBAG*** *(Postplatz ; plan couleur A2).* Distributeurs automatiques aux arrêts et dans les trams.

**P** ***Parking :*** *les hôtels de la Altstadt proposent un forfait parking 24h pour 8 € slt.* De même l'office de tourisme vend des bons de parking. Seul inconvénient, si on reste plusieurs jours : il faut ressortir du parking au moins une fois par jour.

■ ***Mitfahrzentrale*** *(covoiturage) : Dr-Friedrich-Wolf-Str 2 (à l'angle de Schlesischer Platz et face à la gare de Neustadt).* ☎ *19-440.* • *mitfahrgelegenheit.de* • *Compter 1-2 € pour 20 km.* Une pratique pour se déplacer en Allemagne à bon marché, toujours très prisée par les étudiants.

■ ***Location de vélos :*** *à la **gare centrale** (plan couleur A3, **3**), Wiener Platz 4. Pas facile à trouver, mais ce sont parmi les moins chers : couloir 2, sous le quai 17 ; pousser la porte du* Gepäck Center *(en face du petit train électrique).* ☎ *155-33-38. Tlj 9h30-13h, 17h-19h. Compter 8 €/j.* Un bureau qui a l'air de tout sauf d'un loueur de vélos ! Même prix aussi pour les locations à la gare de Neustadt ; se renseigner sur place.

■ ***Fahrrad Schwarzer*** *(plan couleur B1, **6**) : Königsbrücker Str 57.* ☎ *80-20-714. Trams n^os^ 7 et 8 : Louisenstr. Lun-ven 10h-18h, sam 10h-13h. Compter 9 €.* Un poil plus cher et ouvert moins souvent qu'à la gare, mais la location du vélo est valable 24h.

## Divers

■ ***Institut français*** *(plan couleur A3, **5**) : Kreuzstr 6.* ☎ *48-21-891. Lun 15h30-19h ; mar-mer 10h-12h, 15h30-19h ; jeu 13h30-15h, 15h30-19h ; ven 12h-14h.* • *institutfrancais.de/dresde* • Programme culturel, bibliothèque et médiathèque, concerts et expos. Festival du film français chaque année.

## Visites guidées nocturnes

■ ***Nightwalk Team Dresden :*** ☎ *(0172) 781-50-07.* • *nightwalk.wordpress.com* • *Prix : 13 €/pers (groupe 1-20 pers). Durée : 3h. Pas la peine de réserver si vous êtes germanophones. Le point de rencontre a lieu tlj à 21h, devant la fontaine Artesische, sur le côté nord de l'Albertplatz (plan couleur B1). Visite en anglais possible, mais il faut téléphoner à l'avance.* Saviez-vous que les premiers habitants de Neustadt étaient tchèques ? Ou encore qu'il s'agissait d'un véritable quartier multiethnique ? Ce sont les quelques secrets que délivre le jovial Danilo Hommel au cours d'une visite nocturne de ce quartier méconnu, ponctuée de 2 étapes dans des bars. Verre de bienvenue offert. Au passage, on vous donnera quelques tuyaux sur les meilleurs clubs du quartier.

DRESDE

# Où dormir ?

## Campings

⛺ ***Mockritz Campingplatz*** *(hors plan couleur par A3) : Boderitzerstr 30.* ☎ *47-15-250.* • *mail@camping-dresden.de* • *camping-dresden.de* • *À 6 km au sud du centre-ville, direction Pirna. Bus n° 76 : Mockritz-Campingplatz. 21,50 € la nuit pour 2 pers avec tente et voiture. Superbes bungalows 4 pers 55 € et 48 € dès 3 nuits. Loc de vélos slt 3 €/j.* Bien équipé et pas si loin du centre, ce camping propose des emplacements ombragés et des sanitaires propres, autant d'atouts qui font oublier aux campeurs le léger bruit de fond dû à la proximité de la route. Souvent complet, arriver tôt le matin pour avoir une place.

⛺ ***Bad Sonnenland*** *(hors plan couleur par A1) : Dresdner Str 115, 01468 **Moritzburg-Reichenberg.*** ☎ *830-54-95.* • *info@bad-sonnenland.de* • *bad-sonnenland.de* • *À 15 km au nord de Dresde, direction Moritzburg. De l'autoroute A 4-E 40, sortie n° 80 : Dresden-Wilder Mann. En bus, départ derrière la gare, ligne n° 326 direction Radeburg, arrêt Bad Sonnenland. Ouv slt avr-oct. Résa conseillée. Compter 20,50 € la nuit pour 2 pers avec tente et voiture.* Un peu loin du centre mais à proximité d'un lac et d'une forêt aux multiples essences (ombre). Particulièrement bien aménagé, ce camping de

200 places, propre et accueillant, propose également de petites maisons de vacances.

### *Dans Altstadt*

## De bon marché à prix moyens

**A & O** *(hors plan couleur par B3) : Strehlener Str 10. ☎ 469-271-59-00. • reception@aohostels.com • aohostels.com • De la Hauptbahnof, prendre la sortie « Bayerische Strasse », tourner à gauche et passer sous le pont jusqu'au carrefour, où commence la rue. Dortoirs et chambres 9-16 €/pers selon saison et catégorie (hostel ou hôtel), petit déj inclus. Parking payant, mais on peut se garer dans la rue adjacente.* Un *hostel* pratique, près de la gare et à 15 mn à pied du centre. Chambres basiques, propres, avec petite salle de bains. Sur le toit, « la terrasse du ciel », avec vue unique sur Dresde. On peut s'y restaurer ou boire un verre sur des transats. Très sympa, mais à éviter lors des *happy hours*, car c'est alors le rush ! Pour le petit déj, ne pas oublier ses jetons...

**Hotel Ibis Budget** *(plan couleur A2-3,* ***18****) : Wilsdruffer Str 25. ☎ 183-393-820. Résa sur Internet. • accorhotels.com/fr/hotel-7514-ibis-budget-dresden-city • Chambre à partir de 44 €/nuit avec petit déj-buffet inclus. Parking public (payant) à proximité.* Cette structure hôtelière bon marché du groupe *Accor* est idéalement située dans le centre commercial d'Altmarkt-Galerie, en plein centre-ville à 10 mn de la gare. Plus de 200 chambres fonctionnelles, plutôt petites, à la déco moderne et conçues pour 2 adultes et 1 enfant (de moins de 12 ans), mais tout à fait confortables et accueillantes. Un vrai bon plan prix-qualité, même si c'est un poil impersonnel.

## Très chic

**Hôtel Pullman Dresden Newa** *(plan couleur A3,* ***16****) : Prager Str 2c. ☎ 48-140. • H1577@accor.com • pullmanhotels.com • Doubles 98-159 €, petit déj inclus ; promos sur Internet.* Un bâtiment moderne et clinquant, complètement rénové dans un quartier commercial. Chambres claires et fonctionnelles, avec panorama sur la ville. Clientèle d'affaires en semaine et de touristes le week-end. Près de la réception, cheminée design avec du vrai feu dedans, si si ! À noter, les douches aux parois transparentes au milieu de la chambre.

**Art'otel Dresden** *(plan couleur A2,* ***17****) : Ostra-Allee 33, 01067. ☎ 49-220. • aodrinfo@artotels.de • artotels.com • Doubles 70-150 € selon saison et catégorie. Petit déj 14 € (6,50 € petit déj express). Parking payant.* Dans un quartier un peu excentré, un hôtel design qu'on reconnaît à la mascotte aux bras levés sur la façade. La décoration intérieure est réalisée à partir de l'œuvre de A. R. Penck, un peintre néo-expressioniste dresdois. Confort absolu, harmonie des formes et des couleurs, comme il se doit dans ce genre d'établissement. Resto et bar avec petite restauration et salle de fitness.

**QF Hotel** *(plan couleur A2,* ***19****) : Neumarkt 1. ☎ 56-33-090. • info@qf-hotel.de • qf-hotel.de • Doubles à partir de 170 €, petit déj inclus.* Un hôtel tout neuf et ultra-design, sur la place où trône la Frauenkirche. Toute la vieille ville est directement accessible à pied. Vastes chambres classieuses dans une harmonie beige-marron et avec vue, pour la plupart, sur le Neumarkt complètement rénové. L'arrière donne sur une galerie commerciale.

### *Dans Neustadt*

## Bon marché

**Hostel Mondpalast** *(plan couleur B1,* ***12****) : Louisenstr 77. ☎ 56-34-050. • info@mondpalast.de • mondpalast.de • barbonvoyage.dresden.de • Tram n° 11 : Pulsnitzerstr. Réception 24h/24. Résa conseillée au moins 2 sem à l'avance pour les doubles. Chambrées 13-19,50 €/pers et doubles avec douche 40-56 €/pers. Petit déj payant (6,50 €). Loc de vélos 7 €/j.* Situé dans un quartier en pleine effervescence dès que le soleil

DRESDE

se couche (et même avant parfois !). Un lustre bourgeois au-dessus du bar sur fond de rap, voilà qui résume bien le lieu. Au total, une quarantaine de lits répartis en chambres de 2 à 10 personnes, au plancher en bois clair. Chacune porte un petit nom. Superbes chambres au décor branché. Tous les prix *happy hours* pour les clients de l'hôtel.

**Jugendherberge Rudi Arndt** *(hors plan couleur par A3)* **:** *Hübnerstr 11. ☎ 471-06-67. • dresden.rudiarndt@jugendherberge.de • jh-rudiarndt.de • De la gare, tram n° 3 : Nürnberger Platz ou tram 8 : Sudvorstadt. Fermé autour de Noël. Résa conseillée. Carte AJ obligatoire. Doubles 17-24,50 €. Compter 20 €/pers (chambres 3-12 lits) et 23 € pour les plus de 27 ans, petit déj inclus.* À 10 mn au sud derrière la gare centrale, dans un quartier résidentiel, calme et verdoyant, cette belle maison de style Art nouveau propose environ 80 lits et une excellente ambiance distillée par des routards du monde entier. Propreté « à tous les étages » et terrasse agréable par beau temps.

**Lollis Homestay** *(plan couleur B1,* ***11****)* **:** *Görlitzer Str 34. ☎ 810-84-58. • lolli@lollishome.de • lollishome.de • Tram n° 13, arrêt Alaunplatz. Horaires de la réception limités de nov à mars. Chambrées 3-8 lits 13-21 €/pers et doubles 20-24 €/pers, petit déj en sus : 4 €. Draps facturés 2 € (gratuit à partir de 4 nuits). Cuisine équipée.* Un amour d'*hostel* pour les noctambules qui n'auront pas choisi ce quartier par hasard. Chambres sympas à la déco personnalisée, parties communes conviviales et réception souriante. Ah oui ! les cartes d'infos se trouvent sous le clavier du piano. Vélos à dispo. Organise un pub crawl à 21h. *Dîner gratuit, dim et mer.*

## De prix moyens à plus chic

**Motel One** *(plan couleur A2,* ***10****)* **:** *Palais Platz 1. ☎ 65-57-38. • dresden-palaiplatz@motel-one.com.de • motel-one.com • Doubles à partir de 69 €, petit déj 7,50 €.* Bien situé à proximité du quartier piétonnier de Neustadt, cet hôtel de chaîne fait varier ses prix en fonction de l'offre et la demande. La déco design, marie habilement le marron et le turquoise. Les chambres sont assez petites mais très fonctionnelles, avec lits ergonomiques, et le petit déj est tout à fait correct. Si vous dormez avec la fenêtre ouverte, évitez les chambres donnant sur la rue où passent les tramways.

## Plus chic

**Gästehaus Mezcalero** *(plan couleur B1,* ***14****)* **:** *Königsbrücker Str 64. ☎ 810-77-0. • info@mezcalero.de • mezcalero.de • Trams n$^{os}$ 7 et 8 : Louisenstr. Résa conseillée. Doubles 42-79 € selon saison et confort. Petit déj 6,50 €. Parking gratuit mais minuscule (7 places dans la 1$^{re}$ cour). Un verre de champagne/prosecco offert sur présentation de ce guide.* En bordure du quartier le plus animé de la ville, situé dans une arrière-cour, un coup de cœur que cet hôtel calme, au décor mexicain très drôle. Aucune chambre n'est aménagée de la même façon : dans la n° 25, lavabo en carrelage coloré et asymétrique ; dans la n° 37, lit à baldaquin, sous une voûte céleste ! Également un appartement équipé au rez-de-chaussée. Salle du petit déj qui donne le sourire dès le réveil.

**Backstage Hotel** *(plan couleur B1,* ***15****)* **:** *Priessnitzstr 12 (au bout de la Louisenstr). ☎ 88-87-777. • info@backstage-dresden.de • backstage-hotel.de • Tram n° 11 : Pulsnitzer Str. Doubles à partir de 79,50 €. Petit déj 10 €. Parking payant.* Un style volontairement industriel, mais qui tient plus du loft cosy que de l'usine. Les chambres ont été décorées par des artistes et des artisans un peu chtarbés, résultat : chambres spacieuses avec grands lits, matériaux bruts de décoffrage, le tout chaleureusement exotique. Du kitsch mais avec humour : par exemple, la chambre n° 4 où se trouve un magnifique trône... dans les toilettes ! Resto baroque avec cuisine croate adjacent.

**Hotel Martha** *(plan couleur A2,* ***13****)* **:** *Nieritzstr 11. ☎ 81-76-0. • rezep* *tion@hotel-martha-dresden.com • hotel-martha-dresden.de • Trams nos 4 et 9 : Palaisplatz. Doubles avec sdb 113-121 €. Petit déj 10 €. Parking payant. Loc de vélos, 6 €/j.* Dans une rue perpendiculaire à la Königstrasse (bar-restos et boutiques chic) et à deux pas de la gare de Neustadt, cet hôtel garni centenaire, (très allemand) propose des chambres hautes de plafond et décorées avec goût (de style Biedermeier, aux meubles sombres et lourds, dans le style des cafés viennois). Belle salle de resto face au jardin. Excellent accueil.

## Où manger ?

### Dans Altstadt

#### Prix moyens

|●| ***Zum Schiesshaus*** *(plan couleur A2,* ***35****) : Am Schießhaus 19. ☎ 484-59-90. Trams nos 1, 2 et 9 : Am Zwingerteich. Tlj 11h-1h. Plats 8-14 €.* Jolie cible que cet ancien relais de chasse (XVIIIe s), plutôt atypique parmi l'habitat du quartier. On mange dans une grande salle rustique (fresques de chasse, armes...) éclairée par des bougies ou, l'été, en terrasse. Spécialités de gibier et de canard, ou salades, très copieuses. Accueil sympathique et gentil brouhaha le soir.

|●| ***Hot Wok*** *(plan couleur A2,* ***54****) : an der Frauenkirche 5. Juste à l'arrière de la Brühlsche terrasse, à mi-hauteur des escaliers. ☎ 49-77-62-46. Tlj 11h30-23h30. Plats 7-15 €.* Resto thaï tout en longueur, dans une salle voûtée tapissée de tableaux évoquant le pays du sourire. Chef thaï en cuisine qui connaît ses classiques : plats végétariens, riz frit, currys de canard, poulet ou bœuf délicatement parfumés. Excellent *Tom Kha Gai.* Lassi de mangue, milk-shake d'avocat, jus de bambou, bières asiatiques. Service affable.

|●| ***Augustiner an der Frauenkirche*** *(plan couleur A-B2,* ***38****) : an der Frauenkirche 16/17. ☎ 49-77-66-50. Trams nos 1, 2 et 4 : Altmarkt. Tlj 10h-minuit. Plats 8-18 €.* L'un des meilleurs rapports qualité-prix si vous avez décidé de dîner au pied de la cathédrale (grande terrasse aux beaux jours). Variations sur les *Schnitzel.* Les grosses faims opteront pour le gargantuesque genou de porc *(Knusprige Schweinshaxe)* avec *Knödel.* C'est simple, même les habitués nous ont souhaité bonne chance ! Dans la cave en sous-sol, on mange sur des tonneaux.

|●| ***Max*** *(plan couleur A2,* ***28****) : Wilsdruffer Str 24. ☎ 484-33-870. • kontakt@max-dresden.de • Lun-dim dès 8h (10h dim). Petits déj et suggestions du jour au déj 5,50-8 € ; brunch dim 12,50 €.* Structure sur 2 niveaux, déco design sobre. Plats de brasserie honnêtes et bien servis ; sandwichs, salades, pâtes. Poissons et pièces de viandes un peu plus chères, mais cela reste dans des limites raisonnables. Gaufres croustillantes avec glace vanille et cerises en dessert.

|●| ***Alte Meister*** *(plan couleur A2,* ***32****) : Theaterplatz 1a. ☎ 481-04-26. • info@altemeister.net • altemeister.net • Trams nos 4 et 8 : Theaterplatz. Tlj 10h-1h. Compter 20-30 € le midi et env 18-21 € le soir.* De la terrasse sur le côté gauche face à l'opéra, on se trouve quasiment aux premières loges du *Semperoper,* tandis qu'à l'intérieur un simple sas de communication fait le lien avec la galerie des Maîtres anciens. Du sandre à l'entrecôte, la symbiose entre les arts se retrouve dans les assiettes aux compositions soignées, servies dans cette belle salle qui fut l'atelier du sculpteur Braun, chargé de la reconstruction du Zwinger après la guerre. Service efficace. Notez que le soir, les tables situées sur la terrasse en balustrade sont généralement réservées.

### Dans Neustadt

#### Bon marché

|●| ***Currywurst & Pommes*** *(plan couleur B1,* ***34****) : Louisenstr 62. ☎ 209-31-54. • essen@curryundco.com • Tram no 13 : Görlitzer Str.*

*Dim-mer 11h-22h, jeu 11h-minuit, ven-sam 11h-2h.* Un minuscule snack où la saucisse grillée est à l'honneur, servie avec sa sauce curry aux variations originales : cacahuètes, mangue ou gingembre... *Aussi 3 formules sympas :* Economy *3,90 € avec frites,* Business *5,50 € avec frites et boisson et* FirstClass *8,90 € avec Prosecco.*

🏠 |●| ***Raskolnikoff*** *(plan couleur B1,* ***30****) : Böhmischestr 34. ☎ 804-57-06. • gastro@raskolnikof.de • raskolnikoff.de • Trams nos 7 et 8 : Louisenstr. Tlj 10h (9h le w-e)-2h (cuisine jusqu'à 23h). Compter env 15 €.* Dans une vieille maison, un resto où les cuisines, comme les clientèles, se mélangent. Sur la carte, les plats jouent avec les points cardinaux avec, par exemple, à l'est, les *pelmeni* russes, au nord le saumon norvégien, à l'ouest nos chères quiches et au sud une spécialité turque. Le jeu se poursuit avec les desserts. Une autre bonne idée est de pouvoir composer son propre menu si on ne veut pas d'un plat unique copieux ; les portions et les prix sont ainsi réduits. La déco intérieure a été confiée à des amis artistes. Ambiance agréable et gentiment alternative (du sable sous vos pieds dans une salle !). Également un bar de l'autre côté du couloir *(à partir de 19h).* Terrasse dans une petite cour avec fontaine design et sculptures contemporaines. Et quand elle affiche complet, on mange sur les marches ! Galerie à l'étage. Le resto propose aussi 6 chambres personnalisées, avec mansarde et poutres *(45-70 € selon saison).*

|●| ***Café Planwirtschaft*** *(plan couleur B1,* ***29****) : Louisenstr 20. ☎ 801-31-87. • info@planwirtschaft.de • Trams nos 7 et 8 : Louisenstr. Tlj 17h-1h (2h ven-sam) et 9h-18h le dim. Plats chauds 7-14 €.* À Neustadt, au fond d'une arrière-cour, un resto chaleureux, au cadre original : les pieds de tables proviennent de la récupération de vieilles machines-outils et l'éclairage dans la salle du sous-sol est réalisé avec des agrandisseurs photos ! Cuisine simple mais savoureuse. En été, terrasse au calme, donnant sur une usine désaffectée. Brunch le matin, et bar très fréquenté en soirée par une clientèle jeune et décontractée. Service sympa et musique parfois psychédélique.

|●| ***Dürüm Kebab House*** *(plan couleur B1,* ***36****) : Rothenburger Str 41. ☎ 802-62-79. En plein cœur de l'Aussere Neustadt. Tlj 10h-3h (5h jeu-sam). Kebabs à partir de 3,50 €.* Une institution, et une chaîne que l'on retrouve aussi dans toute la ville ! Tous les noctambules y passent ; c'est rapide, bon et frais à la fois, même si le vaste choix laisse d'abord perplexe. Les serveurs sont sympas, et on repart après s'être rassasié de *dürüm* ou de *falafel,* pour changer ! Certains soirs, tournée des thés de bienvenue offerte. Si vous n'êtes pas tenté, essayez le ***Suppenbar,*** un bar à soupes, tout à côté, au n° 37 *(tlj sf dim).* Jouez la carte locale, cette fois, en testant par exemple la soupe aux pommes de terre et au saucisson...

|●| ***Am Nordsee*** *(plan couleur B2,* ***39****) : Hauptstr 14. Lun-ven 10h-19h, sam 10h-18h, dim 11h-18h. Sandwichs 3-5 € et plat autour de 8 €.* Une chaîne de fast-food populaire dédiée aux poissons (thon, sandre, saumon...). Terrasse sur une rue piétonne et intérieur agréable. Clin d'œil à l'histoire : aux beaux jours, on peut s'asseoir, en terrasse, sur les chaises-cabines en osier comme sur les plages de la Baltique.

|●| ***Couscous Haus*** *(plan couleur B1,* ***33****) : Louisenstr 28. ☎ 432-92-27. Mar-sam 12h-15h, 18h-23h ; dim-lun 18h-23h.* Une petite salle toute simple, avec une poignée de tables, la cuisine derrière le comptoir et des gerbes de blé au mur. On y mange d'inénarrables couscous algériens (végétariens, merguez), bricks et autres taboulés, servis dans une vaisselle du pays. Les plus affamés devront prendre double portion. On peut aussi emporter ses achats.

## Prix moyens

|●| ***Hai Au*** *(plan couleur B1,* ***31****) : Görlitzer Str 23. ☎ 404-58-49. Tram n° 13 : Görlitzer Str. Cuisine : lun-ven 11h30-minuit ; w-e 11h30-1h. Plats env 10-15 €.* Un restaurant vietnamien avec un large choix de plats à la carte (en anglais aussi). Cocktails

asiatiques. Grande salle décorée avec soin et sans kitsch, position stratégique pour observer le manège des passants à travers les larges vitrines et les tenues de la patronne, très « In the mood for love »...

### En dehors de la ville

#### Plus chic

**Luisenhof** (hors plan couleur par B1) : *Bergbahnstr 8.* ☎ *214-99-60.* ● *gastronomie@luisenhof.org* ● *Tram n° 11 : Plattleite (env 200 m à pied par Plattleite jusqu'à Bergbahnstr). Trams nos 6 et 12 : Schillerplatz (puis traverser le pont Loschwitzerbrücke, surnommé « Blaues Wunder ») et prendre le funiculaire Bergbahn sur Körnerplatz. Lun-sam 11h-23h (minuit sam), dim 10h-23h. L'addition tourne autour de 20 € pour une grosse faim.* C'est le « balcon » de la ville et le lieu de rendez-vous des VIP et des familles le week-end. L'endroit est resté simple et délicieusement suranné : on vient aussi là pour les fêtes de communion des petits et les fiançailles des grands. Côté cuisine, c'est classique et riche en calories : plats aux asperges ou girolles en saison, gibier en hiver. Pâtisseries-maison (aussi à emporter). Point de vue magnifique sur la vallée de l'Elbe et Dresde.

## Où manger une pâtisserie ?

**Café Toscana** (hors plan couleur par B2) : *Schillerplatz 7.* ☎ *310-07-44. Tlj 9h-19h.* Quartier général de la princesse Louise de Toscane au début du XXe s, cette pâtisserie dispose d'une solide réputation dans la ville. Vaste choix de gâteaux et de tartes (aux prunes, un délice !), tous plus avenants les uns que les autres, et même de la mousse au chocolat.

## Où boire un verre ?

**Reise Kneipe** (plan couleur B1, **48**) : *Görlitzer Str 15.* ☎ *267-19-30.* ● *reisekneipe.de* ● *Tram n° 13 : Görlitzer Str. Tlj dès 18h.* Un café sympa aux 30 sortes de bière qui attireront le routard curieux et sans complexe à l'intérieur des diverses lounges thématiques : prenez place dans la case népalaise ou dans la hutte africaine... Dans l'arrière-cour, minuscule terrasse avec une corde à tirer si le serveur tarde à venir ! Le soir, le patron y allume la lampe à pétrole ! Lieu de rencontre des voyageurs, le mercredi est consacré aux récits avec projection diapos *(rencontre dès 18h, diapos 19h30 : programme sur leur page Facebook). Il est conseillé de venir assez tôt pour obtenir une place assise).* Brunch le dimanche et concerts de temps à autres.

**Frank's Bar** (plan couleur B1, **40**) : *Alaunstr 80.* ☎ *658-883-80. Tram n° 13 : Alaunplatz. Tlj 19h-2h (3h ven-sam). Happy hour 19h-20h. Cocktails 5-8 €.* Dans une rue très fréquentée par les noctambules, ce petit bar au cadre résolument moderne ne propose pas moins de 200 cocktails. Avec ou sans alcool, voyage culturel garanti. Ambiance détendue sur fond de musiques jazz et latine.

**El Cubanito** (plan couleur B1, **42**) : *Sebnitzer Str 8b.* ☎ *804-78-70. Tram n° 13 : Alaunplatz. Tlj 18h-1h (2h ven-sam). Fermeture cuisine : 23h30. Cocktails à partir de 6 € (par exemple, le généreux mojito maison).* Le charme de ce café cubain tient aussi dans le jeu de hanches du patron, Orlando, géant musculeux qui se trémousse tout en préparant ses cocktails : les meilleures places sont bien sûr au comptoir ! Clientèle mélangée et détendue. Le bar est tenu par de vrais Cubains, on y sert de la bière Hatuey, dépaysement garanti ! Quelques petits plats de l'île-crocodile.

**Saloppe** (hors plan couleur par B1) : *Brockhausstr 1, rue donnant sur la Bautznerstr. Tram n° 11 : Wilhelminenstr. Slt en été, tlj dès 17h (12h dim). Consos 3-8 €, plats 5-12 €.* Vous avez bien lu, c'est bien le nom de cet établissement respectable, tout à la fois buvette et boîte de nuit en plein air, posé en bordure de l'Elbe. La clientèle jeune se retrouve ici « à la fraîche » pour discuter tout en sirotant. Précision : *saloppe* signifie « à l'aise » dans la langue de Goethe.

## Où sortir ?

La plupart des lieux nocturnes sont situés dans la Neustadt. C'est vers ce quartier peu touristique que converge la jeunesse de Dresde. Boutiques de quartiers et ambiances variées ; alternative-destroy au coin de *Rothenburgerstrasse* et de *Louisenstrasse,* plus bobo dans la *Görlitzerstrasse* et un rien branchée dans *Alaunstrasse.* On a même vu des punks en émoi devant un vieux violoniste ! Et après une sortie de boîte, n'hésitez pas à traverser le pont Carola si vous retournez dans l'Altstadt. Les monuments éclairés sur l'Elbe sont alors un régal pour les prunelles...

🍷 ♫ ***Bailamor*** *(plan couleur B1,* ***41****) : Bischofsweg 14. ☎ 794-84-98. • bai lamor.de • Trams n^os 7 et 8 : Bishofsweg. Mer-sam dès 19h.* Happy hour *pour les cocktails, 21h-22h (mer, ven et sam).* Installé dans un ancien magasin, ce café-galerie vidé de son mobilier, semble bien étrange, avec juste un parquet en bois bien lustré. Puis les petits groupes rassemblés sur le trottoir prennent place à l'intérieur et la soirée commence... par un cours de danse collectif ! C'est gratuit et drôle : les premiers pas sont faits (aïe, les pieds !), et on en ressort avec des copains et des copines pour la vie. Cours de salsa et de tango *(mer 18h30-20h et 20h-21h30 ; jeu 19h-20h30 et 20h30-22h ; ven 18h30-20h et 20h-21h30. Prix : 69 €/pers).* Ambiance 99 % Amérique latine, le 1 % restant allant au narguilé sur le comptoir !

🍷 ♩ ***Blue Note*** *(plan couleur B1,* ***44****) : Görlitzer Str 2b. ☎ 801-42-75. • jazzdepartment.com • Tram n° 13 : Görlitzer Str. Tlj 20h-5h. Consos autour de 5 €.* Derrière sa devanture quelconque, un petit bar chaleureux aux murs rouges avec quelques photos des plus grands jazzmen ; tel est le cadre de cette humble salle de concert, où se produisent périodiquement (le week-end jusqu'au petit jour !) d'excellents orchestres de jazz, ainsi que des groupes de rock d'un peu partout. Programme affiché à l'entrée.

🍷 ♫ ***Studentenclub Bärenzwinger*** *(plan couleur B2,* ***45****) : Brühlscher Garten 1. Prendre les escaliers descendant sur la gauche. ☎ 495-14-09. • baerenzwinger.de • Trams n^os 3, 6 et 7 : Synagoge. Tlj dès 20h (parfois plus tôt : se renseigner sur le site). En cas de pièce de théâtre, le café peut être fermé jusqu'à 22h et plus. Consos à partir de 3 €.* La boîte des étudiants de Dresde. Petite cour intérieure désormais couverte, avec buvette centrale et piste de danse sous une voûte !

🍷 ♫ ***Down Town et Groove Station*** *(plan couleur B1,* ***47****) : Katharinenstr 11-13. ☎ 351-80-29-594. • dtown@t-online.de • Trams n^os 7 et 8 : Louisenstr. Tlj à partir de 19h, entrée payante : 3 € ; consos 4-8 €.* En été, tout le monde squatte dans la cour. Et quelle cour ! Camions déjantés, murs colorés et cette tour au sommet de laquelle s'éclaire une fenêtre factice ! Dans la salle du bar se tiennent des concerts, et à l'arrière, on peut jouer au billard ou au baby-foot. Dans la fureur de ses watts, la boîte accueille beaucoup d'étudiants le vendredi soir ! Plus âgé le samedi.

🍷 ♫ ***Scheunecafé*** *(plan couleur B1,* ***43****) : Alaunstr 36. ☎ 802-66-19. • reservierungen@scheunecafe.de • scheunecafe.de • Lun-jeu 16h-minuit, ven 16h-1h, sam 10h-1h, dim 10h-minuit. Sam, dim et j. fériés : brunch 10h-16h.* Cette auberge moderne, au lierre courant sur le plafond, est régulièrement pleine d'une clientèle d'habitués. C'est un lieu chargé d'histoire puisque l'édifice abrita la première maison de Jeunesse sous le communisme. Après la réunification, on enterra dans son jardin les symboles de la défunte RDA. Chaque été, le club organise un festival musical.

Brunch le week-end.

🍸 ♫ ***Hebeda's*** *(plan couleur B1, **46**) : Rothenburger Str 30 (à l'angle de Böhmischestr). ☎ 895-10-10. • hebedas.de • Tlj dès 19h30.* De l'extérieur, on vous l'accorde, ça semble un peu glauque, mais à l'intérieur, ambiance garantie, à condition de respecter certaines règles (salle du bar non-fumeurs et interdiction de prendre son verre dehors !). Venir plus tard que tôt. Vendredi-samedi : « Zebra disco », pour danser jusqu'au petit jour. Point de rencontre des jeunes artistes du quartier. Sinon, poussez jusqu'au ***Kathy's Garage*** *(Alaunstr 48),* autre adresse où vous ne risquez pas d'être seul au monde, surtout un soir de week-end.

# À voir. À faire dans Altstadt

## Les musées

Les musées de Dresde ont été restructurés. L'***Albertinum*** a rouvert en présentant les œuvres des peintres romantiques allemands, des impressionnistes français et des artistes contemporains, tandis que le ***Residenzschloss*** fait sensation en présentant désormais la totalité de ses collections de joyaux. Bref, le déplacement vaut toujours le coup d'œil pour des collections considérées parmi les plus riches d'Europe. Les différents musées installés dans le château ***Zwinger*** s'étoffent un peu plus, et un nouveau lieu – le ***Lipsius-Bau*** – s'impose sur la Brühlsche Terrasse. Restez vigilant pour ne rater aucun chef-d'œuvre... Et suivez le guide !

*– Petite info pratique : pour ts les musées suivants sf* Stadtmuseum *et* Hygiene Museum, *une seule adresse internet • skd.museum •*

Si vous n'avez pas déjà la ***Dresden-Card*** (voir plus haut « Adresses et infos utiles »), il reste la possibilité d'acheter des cartes de réduction combinées pour tous les musées de la *Staatlische Kunstsammlungen Dresden.* ***Jahreskarte,*** *carte annuelle : 50 €/pers ; réduc.* Valable surtout si vous souhaitez voir plusieurs musées sur plusieurs jours... ou revenir à Dresde dans l'année !

DRESDE

## *Entre Theaterplatz et Frauenkirche*

👁👁 ***Theaterplatz*** *(plan couleur A2) : le cœur de la vieille ville. Trams nos 4, 8 et 11 : Theaterplatz.* Immense et belle cour pavée, cernée des somptueux vestiges du passé : l'opéra *Semperoper,* les châteaux *Zwinger* et *Residenzschloß,* la cathédrale *Katholische Hofkirche,* sans oublier l'Elbe – un monument à lui seul –, qui coule avec nonchalance sous le pont *Augustusbrücke...* mais parfois s'emporte, comme lors de la dernière crue historique de 2002.

👁👁 ***Semperoper*** *(plan couleur A2) : Theaterplatz 2.* Construit entre 1871 et 1878 dans le style Renaissance italienne, cet opéra est le seul en Allemagne à porter le nom de son illustre architecte : Gottfried Semper. L'édifice fut entièrement détruit par les bombardements de 1945, puis reconstruit à l'identique, et inauguré, pour la seconde fois, en 1985. C'est ici qu'eurent lieu les premières représentations du *Vaisseau fantôme* de Wagner et du *Chevalier à la rose* de Richard Strauss. Les mélomanes feront l'impossible pour assister à une représentation. Programme complet et vente des billets en face, dans la *Schinkelwache,* le bâtiment aux colonnes ioniennes *(lun-ven 10h-18h, w-e 10h-13h).*

*– Ticket-hotline : ☎ 491-17-05. • semperoper.de • Places très bon marché.* Un des moments forts de la saison musicale est le *Dresdner Musikfestspiele,* fin mai-début juin. Le bel édifice peut également s'apprécier de l'intérieur. *☎ 320-73-60 ; visite guidée slt en allemand ou anglais (possibilité de visite en français) tlj à 15h ; 10 €/pers (réduc) ; durée : 45 mn.*

☗☗☗ ***Zwinger*** *(plan couleur A2)* **:** *Theaterplatz 1. ☎ 491-466-79. On y accède au choix par Theaterplatz, Sophienstr ou Ostrallee. Trams n*[os] *4 et 8 : Theaterplatz. Tlj sf lun 10h-18h. Côté expos, un ticket général à 10 € (réduc) inclut ts les sites dont la Gemäldegalerie.* Chef-d'œuvre du baroque allemand, le palais d'Auguste II dit « le Fort » abrite plusieurs musées dont la fameuse galerie Semper ***(Semperbau).*** Ce sont les Russes qui l'ont restauré, de 1945 à 1963, il faut le souligner. Peut-être pour se faire pardonner d'avoir emporté la plupart des collections en URSS (ils les rapportèrent en 1956). Construit sur les ruines d'une forteresse au XVIIIe s, ce qui ne devait être au départ qu'une orangerie devint une vaste construction – étrangement dénommée *Zwinger,* en français « donjon défensif » – flanquée de pavillons reliés entre eux par une longue galerie ***(Bogengalerie).*** La visite peut commencer par l'extérieur – la longue façade du palais, l'étang et les jardins du Roi – et se poursuivre par la somptueuse esplanade intérieure, avec bassins, statues et jardinet. Écoutez en passant les cloches du carillon en porcelaine de Meissen... Montez ensuite sur la *Bodengalerie* (on peut y accéder par les escaliers sur la Theaterplatz). De là, vous pourrez admirer la symétrie parfaite des fontaines et carrés de pelouse dans la cour, pur classicisme baroque. Vous passez ensuite sous la superbe porte de la couronne. Suivez les anges baroques et descendez l'escalier monumental jusqu'au majestueux *Bain des Nymphes,* chef-d'œuvre de Permoser. C'est un ensemble de fontaines croisées, de pavillons et de statues, parmi lesquelles même les anges s'embrassent ! Le *Zwinger* est vraiment l'attraction principale de Dresde, et il faut donc prévoir d'y passer une bonne demi-journée, voire une journée entière.

☗☗☗ ***Gemäldegalerie « Alte Meister »*** *(la galerie des Maîtres anciens)* **:** *Semperbau. ☎ 491-466-12. Tlj sf lun 10h-18h. Entrée : 10 € avec le Zwinger ; réduc. Audioguide 3 € (slt allemand et anglais).*
Le *Semperbau* abrite l'une des collections d'art les plus importantes d'Europe. La majeure partie fut acquise au cours de la première moitié du XVIIIe s par les souverains saxons successifs, Auguste le Fort et son fils, Auguste III. Un siècle plus tard, la galerie fut construite – par l'architecte Gottfried Semper, le même que pour l'opéra – du côté nord du Zwinger afin d'accueillir dès 1855 une collection qui couvre pour l'essentiel les époques Renaissance et baroque.
Elle comprend des œuvres d'art telles que la *Madone sixtine,* de ***Raphaël,*** la *Vénus endormie,* de ***Giorgione,*** et le *Christ au denier,* de ***Titien*** (magnifique malgré son horrible caisson-frigo de conservation), ainsi que des chefs-d'œuvre inestimables de ***Dürer*** et ***Cranach, Rembrandt*** et ***Vermeer*** *(La Mère maquerelle, La Lettre d'amour),* ***Rubens*** et ***Van Dyck,*** et d'excellents exemples des écoles française, italienne et espagnole.
Quelques arrêts sur images : par exemple, face à la *Madone sixtine* (1512), de Raphaël. On ne peut s'empêcher d'observer les anges peints accoudés sur le bord inférieur du tableau. Ces deux oiseaux-là, tout le monde les connaît forcément, mais regardez mieux : en vous déplaçant un peu sur le côté, et vous découvrirez qu'ils ne sont pas seuls ; en effet, les nuages du fond du tableau se révèlent être finalement des dizaines de petites têtes joufflues... Secret bien gardé que Raphaël camoufle pour quelques instants derrière une parfaite maîtrise de son art. Dans la même salle se trouve la *Vénus endormie,* autre tableau de maître, réalisé vers 1510 par Giorgione mais terminé par son ami Titien car le peintre mourut de la peste à 30 ans à peine : ce tableau est considéré comme le premier nu de l'histoire de la peinture. Le mont de Vénus de cette femme endormie est caché par sa main gauche, mais est-ce une scène érotique ? Et la scène de paysage du fond, est-ce le Paradis ou le septième ciel ? Interdit que Titien brisera en 1538 avec sa *Vénus d'Urbino* (galeries des Offices, Florence) en représentant cette fois une femme bien éveillée, langoureusement allongée sur un lit ! Dans *La Madone de la famille Luccina,* ***Véronèse*** nous prend à témoin, par l'intermédiaire de l'enfant qui se cache derrière le pilier. Également quelques ***Tintoretto*** et ***Correggio*** (travail intéressant de la lumière dans *La Nativité*). À l'étage, peinture baroque, avec série de thèmes

antiques aux couleurs vives de ***Rubens,*** quelques ***Vélasquez,*** ou encore une magnifique série de portraits de ***Christian Seybold.***
À découvrir encore, dans une nouvelle partie derrière la galerie des armures, les vues panoramiques – fameuses *vedute* – de Dresde et sa région dans les tableaux aussi sublimes qu'imposants de ***Bernardo Bellotto,*** dit « Canaletto le Jeune », peintre italien à la cour de Frédéric-Auguste II au XVIII^e^ s (se reporter aussi à *Canaletto-Blick* dans la rubrique « À voir dans Neustadt »). La Neumarkt y est étudiée sous plusieurs angles. Ne pas rater le ***Vermeer*** de la *Jeune fille à la lettre,* c'est un des tableaux de la collection qui viennent d'être restaurés. Le faible reflet dans la vitre de la fenêtre, pour ne prendre qu'un exemple, démontre la maîtrise du peintre. De Vermeer également, cette *Entremetteuse,* une scène de gens dans un bordel. D'ailleurs, plus loin, un tableau d'un *Dentiste* de l'école de Caravage s'amuse au petit jeu des clairs-obscurs. Voir aussi l'*Adam et Ève,* de ***Cranach,*** dont le fond noir laisse augurer de bien mauvais présages...
Peut-être pour finir, au dernier étage, *La Chocolatière* de ***Jean Étienne Lyotard,*** un beau pastel sur parchemin dans des tons éclatants, où la jeune et jolie serveuse semble se déplacer en portant sa précieuse tasse de chocolat sur un plateau : approchez-vous de cette tasse justement, oui, c'est bien de la porcelaine de Meissen. D'autres dessins encore, dont un ensemble de 75 pastels de ***Rosalba Carriera,*** ainsi que quelques Quentin de la Tour. De retour au sous-sol, une librairie très bien fournie intéressera certainement ceux qui veulent emmener avec eux quelques centimètres carrés de ce musée, sous forme de catalogues, cartes postales ou posters.

👁👁 ***Porzellansammlung*** *(collection de porcelaines)* **:** *dans le Glockenspielpavillon (pavillon des carillons) et l'Ostasien-Galerie (galerie est-asiatique).* ☎ *491-42-000.* • *skd.museum.de* • *Tlj sf lun 10h-18h. Ticket séparé : 6 € ; réduc.* Résultat de la faiblesse d'Auguste le Fort pour la porcelaine – il disait souffrir de « la maladie des porcelaines » ! –, cette splendide collection (la deuxième au monde, paraît-il !) allie des pièces de la manufacture de Meissen aux inévitables merveilles chinoises et japonaises. À voir, notamment, les vases des dragons, ainsi nommés car ils furent acquis en échange de 600 dragons (pour 14 vases, cela fait très cher le vase !). D'autres vases Ming blanc et bleu d'une beauté pathétique. À cette époque, seuls les Chinois détenaient le secret de fabrication du fameux « bleu de Chine », un mystère que les céramistes de Meissen arrivèrent à percer au XVIII^e^ s, tout en imitant les motifs de l'empire du Milieu.



👁 ***Skulptur im Zwinger*** *(collection d'art antique)* **:** *dans la cour, entrée par le pavillon français.* ☎ *491-42-000. Tlj sf lun 10h-18h.* Une partie de la Bogengalerie du Zwinger présente en intérim une sélection de la collection de sculptures de l'Abertinum. Expos temporaires, dont certaines très intéressantes.

👁👁 ***Mathematisch-Physikalischer Salon :*** *accessible depuis la cour intérieure du Zwinger.* ☎ *491-466-61. Tlj sf lun 10h-18h. Entrée : 6 € ; réduc.* Le *salon des Mathématiques et de la Physique* est visible dans la même galerie du château Zwinger depuis sa fondation en 1728. Plus étonnants encore sont les instruments de mesure et de travail rassemblés là et utilisés par les scientifiques dans les siècles passés : boussoles, longues-vues, lunettes astronomiques, pendules et chronomètres de marine, mappemonde, releveur d'angle astral...

👁👁👁 ***Residenzschloss Dresden*** *(plan couleur A2)* **:** *Taschenberg 2. Entrée par Schlossstr.* ☎ *491-42-000.* • *skd.museum.de* • *Tlj sf mar 10h-18h. Entrée : 12 € ; réduc. Audioguide gratuit (allemand ou anglais). Le plus pratique, surtout si vous ne parlez pas l'allemand, est de réserver env 2 sem à l'avance sur* • *skd.museum.de* • *(paiement par CB) ou par tél* ☎ *0491-42-000. Également en vente sur place le j. de la visite à partir de 10h ; moins cher, mais vous risquez une longue attente ou même de repartir bredouille (il y a peu de places, slt 100 pers/j.). Important : affluence oblige, vous avez 15 mn pour commencer la visite à partir de l'heure indiquée sur votre ticket. Ce billet comprend l'accès à la Nouvelle Voûte Verte, la Chambre* *turque, la Voûte Verte Historique, le cabinet des estampes, le cabinet des Monnaies et les expos temporaires (exceptées celles de la voûte verte historique). Ticket combiné : Residenzschloss et voûte verte historique (expositions temporaires), 21 € ; réduc.* Ce château fut tout à la fois résidence et symbole du pouvoir des princes électeurs et des rois de Saxe et un centre artistique de grande renommée. On peut apercevoir à travers les fenêtres la progression des travaux pour reconstituer la cour telle qu'elle était au XVIe s. Depuis sa réouverture en 2004, c'est à nouveau un haut lieu des arts à Dresde : les trésors de la cour de Saxe – conservés à l'origine dans la *Grüne Gewölbe,* la Voûte verte du château – sont présentés de manière spectaculaire dans leur emplacement historique mais au 1er étage. Cette collection – plus de 1 000 objets d'arts des joailliers de la Cour –, qui attire des visiteurs toujours plus nombreux, est complétée par plus de 3 000 joyaux, présentés au public dans des cabinets de riches amateurs. Pas de vitrines ici, on peut s'approcher de ces œuvres d'art au plus près, mais il y a peu d'élus, sécurité oblige...

*** ***Historisches Grüne Gewölbe*** *(Voûte verte historique) : au rdc du château.* Cette fabuleuse collection de pièces de joaillerie et d'orfèvrerie doit son nom surprenant à son lieu d'exposition originel : une pièce du château caractérisée par sa couleur verte. Après avoir été mise à l'abri au début de la Seconde Guerre mondiale dans la forteresse de Königstein, la collection fut confisquée par l'URSS en 1945, puis restituée à la RDA en 1958. Elle fut alors hébergée pendant 30 ans à l'Albertinum et a retrouvé, enfin, sa place au château. Constituée par Auguste le Fort, elle est considérée comme l'une des plus belles du genre en Europe. La reconstitution est en partie à l'identique de la vision de cette œuvre d'art totale (et totalement baroque), imaginée par Auguste le Fort afin de conforter sa richesse et son pouvoir absolu. Il joignit à sa collection d'objets précieux et de joyaux des œuvres d'art héritées datant de la Renaissance.
Et on est complètement ébloui par tant de lumière et de raffinement : des parures de pierres précieuses, des chefs-d'œuvre faits d'ambre et d'ivoire, des récipients faits de pierres précieuses et des statuettes de bronze ingénieuses. Mais surtout, la collection de joyaux et de parures constitue un magnifique exemple de l'art de la représentation et de l'orfèvrerie au XVIIIe s. Voir absolument le ***salon d'ambre*** et celui aux murs couverts de miroirs anciens et aux présentoirs finement sculptés, où l'air lui-même a des reflets d'or.
Environ 3 000 objets sont exposés dans la *Voûte verte historique,* 1 100 objets dans la *Nouvelle Voûte verte.*

*** ***Neues Grüne Gewölbe*** (Nouvelle Voûte verte) : *au 1er étage. Audioguide en français. Ticket séparé : 12 € (audioguide compris) ; réduc.* Les salles sont plongées dans une semi-obscurité, ce qui met particulièrement en valeur cette fabuleuse collection des joyaux les plus précieux d'Allemagne, jalousement conservée dans des vitrines certainement inviolables. L'art le plus fin avec les matériaux les plus nobles : nacre, corail, cristal, ivoire et même des noyaux de cerise (!) sont sculptés, ciselés, polis, assemblés. De fines peintures à l'émail, tableaux de marqueterie en bois ou marbre et d'innombrables verres gravés... Les princes électeurs se devaient d'avoir les meilleurs artisans – une salle entière est consacrée au joaillier ***Johann Dinglinger,*** où se trouve son œuvre maîtresse, la *Cour de Delhi* : 137 personnages d'or et d'émail, parés de 5 000 diamants, émeraudes, rubis et perles ! Ce chef-d'œuvre représente la fête d'anniversaire du Grand Mogol Aureng-Zeb et demanda 7 ans de travail aux 16 artistes de son atelier qui le réalisèrent avec lui... et qu'Auguste le Fort mit cinq ans à payer ! On a bien aimé aussi la mallette de jeux de société du prince électeur de Saxe : chaque pièce porte l'effigie d'un membre de l'aristocratie princière. Particulièrement surveillé, le diamant vert (41 carats), acquis par le roi de Pologne Auguste III à la foire de Leipzig.

** ***Rüstkammer*** *(galerie des Armures) : Residenzschloss. ☎ 491-42-000.* Collection d'armes anciennes, d'armures de tournoi et de costumes qui mérite une petite visite. Étonnante collection d'armures pour enfants mais aussi pour chevaux, reconstitution d'une scène de tournoi, armes de représentation magnifiques... Du plus grand (immense épée du XV^e s, taillée pour un géant) au plus petit (dague de poche, faite, elle, pour les intrigues !). Plus loin, une épée insolite faite avec l'éperon d'un poisson-scie ! Étonnants pistolets du XVI^e s, avec mécanisme apparent.

En complément, ne manquez surtout pas la ***Chambre turque,*** une exceptionnelle collection d'armes et d'équipements (dont une magnifique tente d'apparat) en provenance de l'empire ottoman. Les princes de Saxe avaient rassemblé depuis la Renaissance l'une des plus grandes collections d'art ottoman d'Europe. Dispersée dans plusieurs musées depuis 1945, elle est enfin réunie sur 700 m² dans une scénographie moderne, qui met en valeur les textiles, les armes (impressionnants chevaux caparaçonnés) et de nombreux objets d'or et de pierreries. Au fil des vitrines, on comprend la fascination exercée par les splendeurs du Grand Turc sur les cours européennes et l'on mesure l'influence de l'art ottoman sur l'art occidental.

***Haussmannsturm*** *(tour Haussmann)* **:** *mars-nov, tlj sf mar 10h-18h.* On accède à l'escalier de la tour par la cour du château, étape nécessaire pour admirer les fresques en sgraffite d'inspiration italienne (XVI^e s). Ensuite, l'ascension des 327 marches commence et nous mène à près de 40 m du sol : de la plate-forme (seulement par beau temps), on a bien sûr une très belle vue sur la vieille ville. À l'étage inférieur, visez donc le mécanisme ingénieux et terriblement complexe des horloges extérieures.
À voir également, une sélection de la collection des monnaies ***(Münzkabinett)*** présentée autrefois à l'Albertinum.

***Verkehrsmuseum*** *(musée des Transports, en face de QF Hotel ; plan couleur A2,* ***19****)* **:** *Augustusstrasse 1. ☎ 8644-0 • verkehrsmuseum-dresden.de • Tlj sf lun 10h-18h. Entrée : 7 € ; réduc.* Dans le Johanneum, un bâtiment d'exposition historique sur le Neumarkt en vis-à-vis de la Frauenkirche. Un musée qui plaira à tous. On y expose tout ce qui roule, vole et navigue : locos, tramways, voitures, motos et vélos. Quelques pièces remarquables : la légendaire locomotive saxonne « Muldenthal » (1861), la chaise à porteur de la Guilde des porteurs de chaise de Dresde de 1705, le bus hippomobile, la « Saporoshez SAS 865A » de la firme Wartburg, vendue dans les années 1960 en RDA, ou encore la « Petroleum-Reitwagen » de Daimler, première moto sortie des ateliers de la marque en 1885. En plus des transports terrestres et maritimes, évocation réussie du développement des transports aériens, des montgolfières aux avions commerciaux modernes. Pour les petits garçons et leurs papas, les maquettes de trains électriques circulent les mercredi et week-end, mais aussi pendant les vacances scolaires.



***Katholische Hofkirche*** *(plan couleur A2)* **:** *entrée par Schlossplatz (visite non recommandée pdt les offices).* La plus grande église de Saxe (4 800 m²). Achevée en 1751 dans le style baroque italien, cette cathédrale catholique de la Cour en terre protestante servit les intrigues d'Auguste le Fort – converti miraculeusement au catholicisme – pour obtenir le trône de Pologne. Un pont protégé la relie depuis au château résidentiel. Elle fut reconstruite patiemment et à l'identique après les bombardements de 1945, avant de devenir la cathédrale « Sanctissimæ Trinitatis » par décret du Vatican en 1980. Somptueux ornements intérieurs de style rococo.

***Fürstenzug*** *(procession des Princes ; plan couleur A2)* **:** *Augustusstrasse.* Impressionnante épopée des rois et des princes de Saxe de 1127 à 1904, à voir sur la façade extérieure des Écuries royales ***(Stallhof),*** dans le **Georgenbau.** À l'origine une peinture murale (1589), l'ensemble est transposé en sgraffite de 1872 à 1876 par l'artiste Wilhelm Walter à l'occasion de l'anniversaire des 800 ans de la Cour. Une mauvaise idée, car cette technique de gravure sur mortier se révèle très rapidement fragile ! La manufacture de Meissen propose ses services et le *Fürstenzug* est reproduit une nouvelle fois sur 24 000 carreaux de faïence : 102 m de long sur 9 m de haut, 90 personnages dont 35 marquis, princes, rois et 58 artistes, scientifiques, artisans et paysans. Monumental... et indestructible : seulement 223 carreaux seront remplacés au lendemain du bombardement de février 1945 !

🏛🏛 ***Brühlsche Terrasse*** *(terrasse de Brühl ; plan couleur A2)* **:** un lieu de promenade idéal et magique, avec, d'un côté, l'Elbe, et de l'autre, la vieille ville ; on domine ces magnifiques panoramas du haut de ce balcon monumental auquel on accède par les larges escaliers de Schlossplatz ou par la petite cour Georg-Treu, près de l'Albertinum. Achevé en 1738 sur les anciennes fortifications, le « Balcon de l'Europe » était le jardin privé du comte de Brühl, avant son ouverture au public en 1814. Également un merveilleux petit parc surplombant l'Elbe, le ***Brühlsche Garten,*** orné de statues curieuses. Allez prendre un « café Mozart » à la terrasse du café ***Vis-à-Vis*** *(10h30-minuit).* Étrangement, les cafés sont chers, alors que les plats restent abordables. Mais même si vous payez la vue, avec un peu de chance, quelques musiciens viendront accompagner ce paysage idyllique, délicieusement troublé par les sirènes des vapeurs qui appareillent avec leur cargaison de touristes.

🏛🏛🏛 **Frauenkirche** *(église Notre-Dame ; plan couleur A2,* ***58****)* **:** *Neumarkt. ☎ 656-06-100. • frauenkirche-dresden.de • Trams nos 1, 2 et 4 : Altmarkt. ♿ Accès handicapé par l'ascenseur de l'entrée A (sonner si nécessaire). Lun-ven 10h-12h, 13h-18h ; se renseigner pour le w-e. Audioguide payant (2,50 €, en français). Visites guidées 5 €.*
Un chantier monumental et fascinant, de 1994 à 2005 ! À l'origine (1743), cet édifice baroque (95 m de haut) était la plus grande église protestante d'Allemagne : elle est depuis lors le symbole par excellence de Dresde. Elle ne résista pas aux bombardements de 1945, et ses ruines – décrétées Monument national contre la guerre et laissées en l'état, sur place, mais sur d'imposantes étagères – ont fait l'objet d'un ambitieux programme de reconstruction à l'identique, assisté par ordinateur. D'ailleurs, de l'extérieur, l'église présente un bel effet « pixélisé », dû au réemploi des pierres d'origine, noircies par le temps et l'oxydation (et non le feu, comme on pourrait le penser), et mêlées aux nouvelles pierres de grès beige. L'opération, échafaudée par la *Dresdner Bank* et financée par des dons, a été achevée en octobre 2005. Concerts périodiques le week-end dans l'église (la série de balcons sur plusieurs étages est particulièrement appropriée, tant elle fait penser à une salle d'opéra !) ; se renseigner sur place. Magnifique autel rococo, dont la hauteur donne une impression de légèreté, malgré la luxuriance des ornements. Ascension dans la coupole intérieure du dôme et au-dessus à l'extérieur pour bénéficier d'une vue panoramique sur la ville et la vallée de l'Elbe. *Avr-oct, lun-sam 10h-18h et dim 12h30-18h ; nov-mars, jusqu'à 16h ; 8 €/pers (réduc). Entrée G : les 24 premiers mètres se font en ascenseur, puis il reste encore 127 marches à gravir ; comptez les 263 marches à la descente.* Accès libre dans la crypte, où sont exposés quelques éléments d'origine de l'église. Remarquez les massives colonnes de soubassement.
En guise d'écrin, la Frauenkirche dispose à présent d'un environnement qui la met en valeur : la Neue Markt achève sa rénovation, en partie sur la base des *Vues de Dresde* de Canaletto.

### WITH A LITTLE HELP FROM MY FRIENDS

*La reconstruction de la Frauenkirche s'est achevée en 2005 avec la pose, au sommet de la coupole, d'une croix dorée de 6 m de haut, financée par une association britannique. Parmi les membres du projet, le fils d'un pilote anglais qui avait participé au bombardement de la ville en 1945. Un beau symbole de réconciliation...*

*** **Albertinum** *(plan couleur B2)* **:** *Brühlsche Terrasse. Tram n° 7 : Rathenauplatz.* • *skd.museum* • *Tlj sf lun 10h-18h. Entrée : 10 € ; réduc. Audioguide gratuit en anglais et en allemand. Ticket combiné avec le Kunsthalle im Lipsiusbau : 12,50 €.*

L'Albertinum a retrouvé les collections des XIX^e s et XX^e s depuis sa réouverture en 2010. La leçon des inondations de 2002 a bien été comprise par la direction des musées d'État de Dresde : la cour intérieure de l'Albertinum a été réaménagée afin de placer les réserves et les ateliers de restauration hors de portée des eaux dévastatrices. On peut y voir à présent une magnifique mise en scène de sculpture, dont des œuvres de Rodin, Constantin Meunier, Maillol, Henry Moore et Hans Arp.

Aux étages, la ***galerie des Nouveaux maîtres*** propose un large éventail d'œuvres s'étendant de la période romantique jusqu'à nos jours et promène le visiteur depuis ***Caspar David Friedrich*** jusqu'à ***Gerhard Richter.*** L'exceptionnelle qualité des peintures de la collection en font l'un des musées les plus importants de son genre en Allemagne. Cette nouvelle exposition dans l'Albertinum se démarque en confrontant les différentes périodes dans une proximité inhabituelle.

On commence par quelques chefs-d'œuvre de Caspar David Friedrich, le peintre le plus représentatif du romantisme allemand avec, entre autres, le crépusculaire *Bateaux à marée basse, le soir.* Suivent alors d'autres représentants de ce courant : Carl Gustav Carus, Ludwig Richter et Johan Christian Dahl *(Vue de Dresde à la pleine lune).* Manet nous offre le plaisir de contempler sa *Dame en Rose.* Puis les impressionnistes, tant français qu'allemands (Monet, Edgar Degas, Max Liebermann, Max Slevogt), mais aussi Gauguin, Ensor, Lovis Corinth, Cézanne et les incontournables expressionnistes allemands, comme Otto Dix et les artistes du mouvement ***Die Brücke*** (Ernst Ludwig Kirchner, Karl Schmidt-Rottluff, Nolde) et Kokoshka, sans oublier Derain, Gris, Picasso, Braque et Léger, et deux petits Klee pour faire l'appoint. On retiendra l'hallucinant polyptique de Otto Dix intitulé *Guerre,* qu'on pourrait croire inspiré par Jérôme Bosch. La salle Klinger, est très marquée *fin de siècle* (le XIX^e) avec des peintures de Hodler, Böcklin *(Jour d'été)* ou Klimt (superbes sous-bois). Pour la première fois deux salles entières sont consacrées à Sigmar Polke et Georg Baselitz.

Les nouveaux médias sont représentés sous la forme d'installations assez déroutantes (son et vidéo). La visite se termine avec deux salles contenant des œuvres du nouveau *wonderboy* de l'art contemporain, Gerhard Richter, inventeur du code-barre horizontal en couleurs, et qui les a conçues pour figurer dans ce musée.

Ne manquez pas aussi la magnifique mosaïque dionysiaque romaine découverte près de Civitavecchia, en 1843, et les bas-reliefs assyriens du palais d'Assurnasirpal.



** ***Lipsius-Bau*** *(palais Brühlsche Terrasse ; plan couleur B2)* **:** *☎ 49-14-2000. Tlj sf lun 10h-18h. Entrée : 5 € ; réduc.* Imposante salle d'exposition (musée construit fin XIX^e s mais sévèrement endommagé en 1945 et rouvert en 2005), qui porte le nom de son créateur, Constantin Lipsius. Le *palais Brühlsche Terrasse,* populairement appelé « presse-citron » en raison de sa coupole de verre, abrite également l'école des beaux-arts (***Kunstakademie,*** ouverte seulement l'été pour présenter les jeunes diplômés de l'année, entrée par Töpferstrasse). Le *Lipsius-Bau* impressionne dès l'entrée, dans le foyer où de superbes colonnes de béton supportent les voûtes d'origine. Expositions temporaires d'art moderne et contemporain.

## Près de l'Altmarkt

** ***Stadtmuseum-Landhaus*** *(Musée municipal ; plan couleur B2-3)* **:** *Wilsdruffer Str 2. Entrée par Landhaus Str. ☎ 488-73-01.* • *stmd.de* • *Trams n^os 1, 2, 3, 4, 7 et 12 : Pirnaischerplatz. Tlj sf lun 10h-18h (19h ven). Entrée : 5 € ; réduc.*

Construit au XVIII^e s. Après le bombardement de 1945, il ne reste du siège du Parlement régional que l'escalier monumental de style baroque. Reconstruit à

l'identique en 1965, l'ancien bâtiment administratif devient musée municipal. L'histoire de Dresde est mise en scène de façon plutôt originale et spectaculaire, à l'image de l'étonnant escalier de secours, à l'extérieur, que l'on pourrait prendre tout d'abord pour une sculpture d'art contemporain.
– Le 3e étage est consacré à l'histoire contemporaine de Dresde : la partie sur le XIXe s évoque bien l'atmosphère de renaissance nationale, notamment avec le tableau *Fürst Bismarck in Dresden* (1892). Magnifique fontaine en céramique colorée de 1910. La section « Démocraties et dictatures » est sans doute la plus prenante. Schizophrénie sociétale de la Première Guerre mondiale, entre des soldats sacrifiés et une vie qui continuait quand même à l'arrière (maquillages d'époque). Une vidéo d'archives émouvante montre l'expropriation et l'internement des juifs de Dresde dans le camp de Helleberg en 1942. Voir aussi l'étonnant album-photo d'un soldat de la Wehrmacht et le fragment d'une bombe incendiaire anglaise. La salle sur la RDA retrace la vie quotidienne des Allemands de l'Est (*joysticks* en bois, jeux d'enfants, affiches de propagande...).
– Au 4e étage, une immense photo aérienne de la ville, recouvrant le sol, laisse imaginer la vision des pilotes alliés en 1945. En fait, l'exposition invite ici à la réflexion sur le Dresde d'aujourd'hui et de demain. On retrouve la maquette de l'escalier de secours et d'autres projets architecturaux controversés. Archives des souhaits à inscrire sur une machine à écrire... Plus loin, objets historiques de l'Ancien Régime (armes, meubles, vêtements et maquettes de Dresde).
– Le 1er étage est consacré à des expos temporaires de jeunes artistes de la région, ainsi qu'aux peintures modernes de la collection de la ville.

## TOUT ÉTAIT ÉCRIT

Juden Raus ! *(juifs dehors !). C'est sous ce nom que fut publié à Dresde en 1936 un jeu de société qui permettait aux joueurs (aryens, bien entendu) de capturer des juifs à coup de dés pour ensuite les déporter dans des camps. Tout ça, 6 ans avant la conférence de Wannsee et l'adoption de la solution finale.*

**Dresdner Kreuzkirche** *(plan couleur A3,* **65***)* **:** *lun-sam 10h-18h, dim à partir de midi ; ferme plus tôt en hiver. Accès à la tour (3 € ; réduc).* Une nef austère et dépouillée, que ne laisse pas présager l'extérieur baroque. La visite n'est pas indispensable, mais l'église concentre plusieurs charges symboliques : c'est d'abord le seul édifice du quartier à avoir échappé aux destructions de la guerre. En 1989, ce fut un lieu de rassemblement important des manifestants. Enfin, à côté de l'entrée, une menora est gravée dans la pierre, en hommage aux juifs de Dresde tués par les nazis. Notez que l'église fut peinte par Canaletto en 1751, un tableau exposé à la *Gemäldegalerie* du *Zwinger.*

DRESDE

**Deutsches Hygienemuseum Dresden** *(plan couleur B3)* **:** *Lingnerplatz 1. ☎ 484-64-00. • dhmd.de • Trams nos 1, 2, 4 et 12 : Deutsches Hygienemuseum. Tlj sf lun 10h-18h. Entrée : 7 € (moitié prix le ven à 15h) ; réduc. Audioguides gratuits en français.* Ne pas se laisser rebuter par cette appellation un peu austère, c'est un musée tout à fait passionnant. Construit en 1912, ce musée était censé inculquer des règles d'hygiène corporelle et alimentaire à l'ensemble du peuple allemand *(Massenhygiene).* Il a été financé par l'inventeur du bain de bouche Odol. Les premières salles (les plus intéressantes) relatent l'histoire de ce musée qui fut détourné de son but dans les années 1930 et alimenta les thèses nazies sur la « Rassenhygiene » (à vous faire froid dans le dos). Les salles suivantes sont consacrées aux cinq sens, au langage du corps, au sida, à la digestion, à l'étude du corps humain... Magnifique salon de coiffure conçu par Henri van de Velde en style Art nouveau. Et petite vitrine consacrée à l'invention du vibromasseur, conçu à la fin du XIXe s pour soigner l'hystérie... Expos temporaires thématiques, ainsi que des expos d'art contemporain.

Et puisque vous n'avez pas pu manquer de le remarquer, il n'y a rien de spécial à visiter dans le **Yenidze** *(Weisseritzstr 3, plan couleur A2).* Cet édifice aux allures de mosquée abritait l'ancienne usine de cigarettes de Dresde. On y trouve aujourd'hui un resto et un *Biergarten.*

## À voir. À faire dans Neustadt

***Canaletto-Blick*** *(plan couleur A2)* **:** *Augustus-Brücke. Trams nos 8-11 : Neustädter Markt.* C'est en contrebas du pont Augustus, entre l'hôtel *Bellevue* et la berge droite de l'Elbe, que l'on a une vue magnifique sur la vieille ville. Le peintre officiel de la cour de Saxe, Bernardo Belotto, plus connu sous le diminutif de Canaletto, ne s'y est pas trompé non plus et a réalisé en 1748 à partir de ce point de vue une magnifique peinture, fixant à jamais les silhouettes baroques de la vieille ville. Le tableau est aujourd'hui à nouveau fidèle à l'original, depuis la reconstruction de la Frauenkirche : les plus curieux retraverseront certainement l'Elbe pour chercher le chef-d'œuvre de Canaletto parmi ceux de la galerie des Maîtres anciens du *Zwinger,* c'est juste en face...

***Pfund's Molkerei*** *(plan couleur B1,* ***61****)* **:** *Bautznerstr 79. ☎ 80-80-80. • pfunds.de • Tram nº 11 : Pulsnitzer Str. Tlj 10h-18h (15h dim et j. fériés).* Sans doute l'une des « plus belles crémeries du monde » : c'est une des curiosités de la ville. Ouvert en 1882, ce magnifique magasin décoré de faïence ancienne aux ornements colorés est autant un lieu de vente et de dégustation qu'un but de visite pour les touristes.
Restauration au 1er étage *(tlj 10h-20h)* pour déguster des sélections de fromages (plus de 120 sortes : français, italiens ou allemands, en direct du magasin) sous d'étonnantes peintures murales... et rurales. Également des plats plus traditionnels autour de 10 €.

***Kunsthof-Passage*** *(plan couleur B1,* ***62****)* **:** plusieurs arrière-cours à dénicher dans le passage entre la Görlitzer (nº 23) et l'Alaunstrasse (nº 70), pleines de petits magasins de livres ou de déco, de boutiques de fleurs ou de fringues, de bars conviviaux et de maisons d'habitation décorées de façon plus qu'originale. Enfilade de cours, sur plusieurs thèmes (eau, terre, soleil, air), qu'il faut prendre le temps de parcourir si l'on veut un peu mieux comprendre la vie de ce quartier attachant. Ne pas rater la « vianesque » *cour des éléments* et sa façade bleue, décorée d'un ingénieux système de gouttières en trompettes. À vous faire aimer la pluie ! Des animaux en carrelage décomposé hantent la façade d'une autre cour...



Pour une visite guidée de Neustadt hors des sentiers battus, nous vous confions aux bons soins de **Nightwalk Team Dresden** (voir plus haut la rubrique « Adresses et infos utiles »).

***Militärhistorische Museum der Bundeswehr*** *(musée d'Histoire militaire ; hors plan couleur par B1,* ***66****)* **:** *Olbrichplatz 2. ☎ 823-28-03. • mhmbundeswehr.de • T nos 7 et 8, arrêt Olbrichtplatz. Tlj sf mer 10h-18h (21h lun). Entrée : 5 € ; réduc (pas dans la Dresden-Card). Audioguide en français. Prévoyez 2-3h min.*
Un dilemme bien allemand : comment évoquer 800 ans d'histoire militaire dans un pays au lourd passé guerrier, mais qui se veut à présent pacifiste.
Un architecte de renom et une équipe de jeunes historiens ont relevé le défi. Daniel Libeskind, déjà auteur d'un étonnant musée juif à Berlin, a pris le parti de briser les codes en plantant un gigantesque coin d'aluminium de 30 m de haut, dans un ancien arsenal de 1873 du quartier militaire d'Albertstadt, autrefois affecté aux troupes soviétiques dans la banlieue nord de la ville. Ce *Shrapnel* géant qui transperce le bâtiment de part en part préfigure symboliquement la thématique de l'intérieur : la guerre est une rupture de l'harmonie et génère la violence. Si certains parlent de premier musée pacifiste consacré à ce phénomène vieux comme le monde, la guerre, ses concepteurs parlent, eux, d'approche anthropologique du phénomène,

doublée d'une histoire culturelle de la violence. Deux étages d'expositions bien à l'écart du reste retracent en deux époques (1300-1914 et 1914-1945) les nombreux conflits armés auxquels les Allemands ont participé, dans une présentation chronologique plutôt traditionnelle mais très complète (tableaux, armes, uniformes, cartes...).

**LA MACHINE DE LA HONTE**

*Dans le musée, une imposante machine conçue par IBM, dont les cartes perforées permettaient de répertorier les populations par catégories, et notamment les juifs, identifiés dans la « case 22 ». Son efficacité était redoutable, et la déportation de masse pouvait commencer. Les nazis récompensèrent le patron d'IBM en 1937, un certain Watson, en lui décernant la croix de l'ordre l'Aigle allemand.*

En revanche, le parcours thématique évoque sur quatre niveaux les différentes perceptions de la guerre : en bas les victimes et les sacrifiés (sous les bombes), au milieu les acteurs, en haut les responsables. Le tout est traversé de thématiques innovantes et passionnantes comme la guerre et la technologie avec le « radar russe qui provoque le cancer », le premier sous-marin du monde (1851), la pilule de Goering (la pervitine), les animaux dans le monde militaire avec un défilé de nos amies les bêtes, utilisées à des fins guerrières (l'éléphant d'Hannibal, le pigeon voyageur aux armées, le chien de secours, le mouton démineur, jusqu'aux oies du Capitole...), la formation des soldats, la guerre et la mémoire, la politique et la musique, ou encore la guerre et les jeux d'enfants...
Désorienté par l'aménagement angulaire et oblique des espaces, le visiteur est happé par les sensations fortes des installations : la chute de l'hélicoptère Alouette qui évoque le confinement, les ombres persistantes sur les murs qui rappellent le souffle d'Hiroshima, le malaise devant la vitrine des prothèses sensées réparer les gueules cassées ou la vidéo du chat gazé... mais aussi quelques moments de détente avec l'uniforme de Marlène Dietrich, la luxueuse Horsch de de Gaulle de 1944 récupérée à von Cholditz, ou la robe offerte par Vivienne Westwood inspirée de l'uniforme allemand et plein d'autres choses qu'un vous laisse la surprise de découvrir... Importante section également pour narrer l'affrontement est-ouest de part et d'autre du rideau de fer après 1945 et la militarisation du territoire allemand où se faisaient face à face les forces de l'OTAN et celles du pacte de Varsovie et le rôle joué par la Bundeswehr. La visite se termine au niveau de la pointe de la flèche de Libeskind inspirée par les flèches éclairantes pour guider les bombardiers alliés qui ont détruit la ville en 1945, en faisant des dizaines de milliers de morts. Même si certains polémiquent sur le peu de place accordé à la Shoah, le musée remplit parfaitement la mission qu'il s'est assignée : « stop à la guerre ! ». Nous dirons que c'est, à contrario des autres grands musées du genre dans le monde (le *War Museum* à Londres, *les Invalides* à Paris...) qui exaltent l'héroïsme et les épopées militaires, un manifeste éloquent qui démontre magistralement, dans toute sa crudité, la connerie des guerres, tout en reconnaissant que parfois... elles sont nécessaires. En fait, il nous rappelle avec bonheur le mémorial de la Paix à Caen.

## Marchés et manifestations

Un visage inédit et attachant de Dresde pour celui qui prend le temps de déambuler entre les étalages de ses marchés. De même, tout au long de l'année, la ville est le centre de manifestations culturelles très variées.

### Marchés

– ***Sachsenmarkt :*** *ven 8h-17h.* Ce marché traditionnel – le plus important de la ville – ne réunit pas moins de 200 commerçants le long de *Lignerallee (plan couleur B3).* Baigné d'innombrables couleurs, parfums et saveurs, il demeure le point de rendez-vous d'un tissu social très varié. Un bon moyen d'approcher l'âme de la ville.

– ***Elbemarkt :*** *sam 8h-14h (parfois 16h).* De la *Sachsenplatz (plan couleur B2),* rejoindre ce marché aux puces sur les bords de l'Elbe. On y débusque des porcelaines de Meissen abordables, livres, cartes postales, objets de vie courante, et décorations militaires (pour les nostalgiques...). Quelques enfants s'improvisent brocanteurs d'un jour en vendant leurs jouets. Belle effervescence.

## Manifestations

– ***Flottenparade der Sächsischen Dampfschiffahrt :*** *début mai.* Les antiques bateaux à vapeur de la célèbre compagnie de navigation se livrent à une jolie petite revue navale, « au large » de la *terrasse de Brühl (plan couleur A2).* Embarquez donc au son des cornes de brume ! *Rens : ☎ 86-60-913.*
– ***Dixielandfestival Dresden :*** *en mai, au Kulturpalast (Schlossstr ; plan couleur A3), entre autres.* Véritable institution à Dresde, ce festival de jazz compte plus de 30 ans d'existence. Nombreux concerts d'artistes renommés et jeunes premiers, défilés à travers la ville et promenade en bateau lui donnent un petit côté « Nouvelle-Orléans ».
– ***Filmnächte am Elbeufer :*** *en juil-août.* Tout Dresde se rencontre sur l'herbe (si le temps et le niveau d'eau le permettent), juste en face de la *terrasse de Brühl,* pour siroter une bière en regardant un film sur écran géant. Concert en fin de semaine, suivi d'une party. Voir le programme dans *Sax* ou dans *Plusz.*
– ***Dresdner Stadtfest :*** *fête de la ville, en août.* Très populaire. Grande bouffe, grande foule. Nombreuses manifestations (arts, musique, parade de navires...) à suivre des deux côtés de l'Elbe.
– ***Dresdner Herbstmarkt :*** *en sept, sur Altmarkt (plan couleur A3). Infos : ☎ 488-16-95.* Ce *marché de l'Automne* propose artisanat traditionnel et spécialités gastronomiques de Saxe.
– ***Dresdner Striezelmarkt :*** *en déc, sur l'Altmarkt (plan couleur A3). Infos : ☎ 488-16-95.* Inauguré en 1434, c'est le plus ancien *marché de Noël* d'Allemagne. On y trouve bien sûr les fameux *Christstollen,* spécialité pâtissière du temps de l'Avent, les jouets typiques de l'Erzgebirge voisine (les monts dits « Métallifères »), la céramique de Lusace et les célèbres pains d'épice de Pulsnitz. Ne manquez pas de goûter au *Schmandfleck,* pain chaud servi avec du fromage ou du jambon et de la crème fraîche, et bien sûr au *Glühwein,* l'incontournable vin chaud aux épices.



# DANS LES ENVIRONS DE DRESDE

✱ ***La vallée de l'Elbe à Dresde :*** fortement marqué par les XVIIIe s et XIXe s, le paysage culturel de la vallée de l'Elbe s'étend sur près de 20 km du château d'Übigau, au nord-ouest, au château de Pillnitz et à l'île sur l'Elbe, au sud-est. La vieille ville historique de Dresde en constitue le point central. La vallée de l'Elbe allie nature et architecture, ville et paysage. Ses rives sont bordées d'une alternance de forteresses de la Renaissance et de villas et jardins de l'époque *Gründerzeit,* se fondant harmonieusement dans le paysage des vignobles.
À noter que la vallée de l'Elbe, classée au Patrimoine mondial de l'humanité par l'Unesco en 2004, a été retirée de la liste en juin 2009. On ne rigole pas avec les critères de protection des sites ! Raison invoquée : la construction d'un pont à quatre voies au cœur de la vallée. Le Comité laisse la porte ouverte à une nouvelle inscription mais avec d'autres critères géographiques, affaire à suivre...

✱✱ ***Le château de Pillnitz*** *(hors plan couleur par B1)* **:** *☎ 419-42-2000. • skd.museum/de/museen-institutionen/schloss-pillnitz • Bureau d'infos « Alte Wache » : tlj sf lun, mai-oct 10h-18h, nov-avr 10h-16h. Ticket combiné avec le Kunstgewerbemuseum, 8 € ; réduc. Plan du site en français (payant). En voiture, à l'est de Dresde et à 10 km du centre historique, remonter l'Elbe rive droite ou* *gauche : direction Pillnitz. Tram n° 1 de Postplatz jusqu'au terminus Kleinzschachwitz, puis traversez l'Elbe en ferry. On peut y aller à vélo, en longeant les berges de l'Elbe rive gauche ou en bateau à aubes (compter 1h).* Au passage, on ne peut manquer le « Blaues Wunder », le pont métallique suspendu sur l'Elbe construit en 1893. Il mène à Loschwitz, un quartier élégant à flanc de colline, où se nichent de jolies villas.

Une belle promenade dans les faubourgs « bourgeois » de Dresde mène au Schloss Pillnitz, situé entre l'Elbe et des coteaux de vignes. Il fut construit au début du XVIIIe s par Pöppelmann, également l'architecte du Zwinger de Dresde, pour Auguste le Fort, dans un style fortement imprégné de la mode des *chinoiseries* en vogue à cette époque. Ouvert au public en 1924, le château fut gravement endommagé pendant la Seconde Guerre mondiale ; beaucoup d'objets de la collection furent dispersés, et perdus ou détruits.

***Schlosspark** (parc du château) : tlj de 18h à la tombée de la nuit. Entrée libre ou visites guidées 4 € (slt en allemand, à 12h et 15h).* Concerts en été. Jardin admirable, succession de petits ensembles à la française. Les deux pavillons, chinois et anglais, ne sont ouverts que pendant les visites guidées. Ne pas manquer non plus l'étonnante ***Elbgondel,*** une gondole royale cachée derrière les haies, ainsi que le camélia japonais, vieux de plus de deux siècles, et sa maison en verre sur rail (en hiver, on la glisse au-dessus de ses 8,60 m pour le protéger du froid et lui assurer une humidité maximale).

***Schlossmuseum** (musée du château) : ☎ 261-32-60. Tlj sf mar mai-oct 10h-18h (nov-mars slt visite guidée). Entrée : 8 €, ticket valable également pour le* Kunstgewerbemuseum. *Visites guidées slt en allemand à 11h, 12h, 14h et 15h.* Ouvert au public récemment dans le Nouveau Palais, ce musée présente la vie de la Cour au château, la mode des *chinoiseries,* la culture du jeu et des fêtes au temps du baroque.

***Kunstgewerbemuseum** (musée des Arts décoratifs) : ☎ 261-30. Entrée : ticket combiné avec le château 8 €.* La collection est distribuée entre deux édifices jumeaux, le ***Wasserpalais*** *(palais de l'Eau ; mai-oct, tlj sf mar 10h-18h),* remarquable avec son impressionnante descente d'escaliers qui s'enfoncent dans l'Elbe, et le ***Bergpalais*** *(palais de la Montagne ; mêmes horaires que le Wasserpalais sf lun).* Constituée à l'origine pour l'enseignement par l'exemple de l'école d'Arts décoratifs de la ville, la collection regroupe de nombreux chefs-d'œuvre de l'artisanat du XVIIe s à nos jours. Meubles, objets en verre et tapisseries occupent le Wasserpalais, tandis que les collections de faïences et de design (de l'Art nouveau au contemporain) sont présentées dans le Bergpalais. Expos temporaires.

***Fährhaus Kleinzschachwitz** (maison du passeur) : Berthold-Haupstr 130. ☎ 207-84-02. • info@faehrhaus-kleinzschachwitz.de • Tlj 11h30-minuit. Tram n° 1 : Kleinzschachwitz. Face au château de Pillnitz, sur la rive gauche de l'Elbe et le long de la piste cyclable Elberadweg. Plats 3-14 €.* C'est la maison où loge depuis 1860 le personnel du ferry et, depuis peu, un élégant restaurant qui propose une cuisine aux forts accents italiens (langue que l'on retrouve sur la carte !). Excellent point de vue sur le château de Pillnitz. Plusieurs terrasses transforment le lieu chaque été en étape cycliste. Ambiance conviviale garantie.

Très belles ***excursions en bateau sur l'Elbe*** : *Sächsische Dampfschiffahrt, Hertha-Lindner-Str 10. ☎ 86-60-90. • saechsische-dampfschiffahrt.de • Env 10-25 € selon croisière ; réduc.* Appareillages tous les jours de mai à septembre à destination de Meissen, Pirna, mais aussi Königstein, le Bastei et la frontière tchèque, sur d'anciens et très pittoresques navires à vapeur avec roues à aubes. Les routards-moussaillons iront à l'embarcadère de la *Sächsische Dampfschiffahrt* sur les quais de la vieille ville (au pied de la *terrasse de Brühl*). Certaines croisières avec orchestre de jazz.

➢ ***Piste cyclable le long de l'Elbe*** *(Elberadweg)* **:** on peut désormais longer le fleuve à vélo de Hambourg à la frontière tchèque, en ne mettant pied à terre que le temps d'une visite culturelle ou d'un arrêt buffet dans une auberge à l'atmosphère familiale. Chemin bien balisé. *Infos : ● elberadweg.de ●*

***La route du Vin :*** la *Sächsische Weinstr* s'étend sur une cinquantaine de kilomètres de Pirna à Diesbar-Seußlitz en passant par Pillnitz, Dresde, Meissen... Elle vous conduira de caves en vignes, jusqu'au vignoble le plus au nord de l'Europe et aussi au plus petit d'Allemagne (320 ha), et vous proposera un choix de restaurants ayant des cartes des vins particulièrement fournies. *Relativement bien fléché. Suivre les panneaux marron et blanc « Sächsische Weinstr ». Rens à l'office de tourisme.*

# MORITZBURG

3 000 hab. IND. TÉL. : 035207

**À 15 km au nord-ouest de Dresde, charmant village au milieu des prairies et des bois. On s'y rend avant tout pour son beau château baroque érigé sur un lac.**

## Comment y aller ?

➢ De la gare de Dresden-Neustadt, bus nº 326 (départ ttes les 30 mn). De Meissen, bus nº 421 (ttes les 2h). De Radebeul et Radeburg, un petit train à vapeur, le *Lößnitzgrundbahn,* assure une liaison ttes les 2h, avec escale à Moritzburg. Un charme fou !

## Adresses utiles

***Tourist Information :*** *Schlossallee 3b. ☎ 85-40. ● kulturlandschaft-moritzburg.de ● Avr-oct, tlj 10h-16h, fermé lun en nov-mars.* L'office de tourisme se trouve dans la rue principale, menant au château. Accueil aimable, et renseignements précis sur les hôtels, restos et visites de la ville. Réservations des chambres chez l'habitant. Nombreuses brochures (seulement en allemand).

■ ***Location de vélos :*** ***Bike & Fun,*** *rens à l'office de tourisme. Compter 10 €/j., plus une caution de 50 € (slt avr-oct).* Possibilité de découvrir la région en reliant Radebeul, Meissen ou Coswig : il suffit de louer un vélo dans l'une des villes de ce réseau, Moritzburg ou Meissen par exemple ; on peut le rendre ensuite à Coswig, Radebeul... ou Moritzburg. Plutôt fun !



## Où dormir ? Où manger ?

***Pension « Alte Posthalterei » :*** *Bahnhofstr 1. ☎ 811-03. ● alte-posthalterei@web.de ● p-alteposthalterei.de ● Dans la rue menant à la gare, et à proximité de la Schloßallee, légèrement à l'écart de la route. Double avec baignoire et w-c 48 € (45 € à partir de 2 nuits et 41 € à partir de 5 nuits), petit déj inclus. CB refusées. Parking gratuit.* Reconnaissant en vous le « routard pure race », la patronne de cet ancien relais de poste à l'architecture typique, mais au confort très simple vous proposera de dormir dans les anciennes écuries ! Ne ruez pas : elles sont rénovées, parfaitement propres et spacieuses. Location de bicyclettes en face.

***Auberge Waldschänke :*** *Große Fasanenstr. ☎ 86-00. ● info@waldschaenke-moritzburg.de ●*

*waldschaenke-moritzburg.de • Prendre la route de droite quand on arrive au château ; c'est fléché. Parking gratuit juste avt, sur la gauche. Doubles entièrement équipées 57-105 € selon saison et catégorie, suites jusqu'à 130 €, petit déj compris. Au resto, plat du jour à midi à moins de 10 €, le soir, 10-20 €.* Coquette maison, isolée en pleine forêt, aux chambres agréables et confortables. Cuisine qu'il faut prendre le temps de savourer, dans une salle décorée avec goût (belles faïences), ou sur une terrasse paisible en été. Service stylé. Pas loin du phare *(Leuchtturm)* atypique marquant l'entrée d'un charmant petit port à barcasses.

## À voir. À faire

***Barockschloss Moritzburg*** *(château baroque)* **:** *☎ 87-30. • schloss-moritzburg.de • Tlj : avr-oct, 10h-17h30 ; nov-mars, slt w-e 10h-16h30. Fermé janv. Entrée : 7 € ; réduc.* Ancien rendez-vous de chasse du duc Maurice. Édifié au XVIe s sur une île artificielle cernée par les eaux d'un lac, ce château splendide fut transformé en palais baroque sous Auguste le Fort. L'allée du château se trouve dans l'axe principal de la ville, comme si tout y menait ! À l'intérieur, déco en trompe l'œil, tentures murales, meubles laqués recouverts d'argent, porcelaines de Meissen et une des plus grandes collections de trophées de chasse au monde. Visible par un corridor vitré, très belle chapelle protestante (1672), consacrée catholique à Noël 1699. Charmant restaurant-salon de thé au rez-de-chaussée (spécialités de poisson et gibier des bois et lacs environnants), avec terrasse d'où l'on bénéficie d'une jolie vue sur le lac. Tout proche du château, rendez-vous à la *Faisanderie* pour admirer un phare adorable construit sur la jetée d'un petit port à barcasses. Juste avant l'enceinte du château, toute petite terrasse de café descendant sur l'étang.

***Wildgehege*** *(réserve de gibier)* **:** *☎ 997-90. Dans la forêt, sur la route de Radeburg. Prendre à droite devant le château. Tlj mars-oct 10h-18h, nov-déc 9h-16h ; janv-fév, slt w-e 9h-16h. Entrée : 4 € ; enfant 2 €.* Idéale pour distraire les enfants, la réserve ne compte pas moins de 180 animaux de 30 espèces différentes : du sanglier au lynx, en passant par l'aigle, l'élan, la chouette, le cerf, sans oublier le loup, le renard et la belette. Promenades en calèche à travers la forêt. *Départ sur le parking devant le château. Compter 40 €/h pour 6 pers.*

## Manifestations

- ***Moritzburg Festival*** **:** *en août.* Ce festival de musique de chambre, réputé dans la région, se tient au château et dans l'église évangélique de la ville.
- ***Hengstparaden*** *(parade d'étalons)* **:** *3 premiers dim de sept.* Présentation de l'école nationale de dressage et de ses remarquables étalons.
- ***Fischzug*** *(procession des pêches)* **:** *dernier w-e d'oct.* Autour des lacs de Moritzburg.

## MEISSEN

32 000 hab. IND. TÉL. : 03521

**Célèbre pour ses porcelaines, omniprésentes dans tous les magasins, sur le clocher de la Frauenkirche et jusque dans la Nikolaikirche, qui abrite les plus grandes statues en porcelaine du monde, Meissen est aussi la plus jolie petite ville de Saxe (25 km au nord-ouest de Dresde), dont la naissance**

**remonte à plus de 1 000 ans. Dominée par son château fort et les clochers effilés de sa cathédrale, joliment restaurée dans sa partie médiévale, elle offre aux visiteurs le cœur charmant d'une vieille ville tranquillement installée au bord de l'Elbe et bordée de coteaux viticoles. Vous n'échapperez pas à la dégustation de son blanc, un vin sec adoré des gens du pays... Mais contentez-vous de regarder la *Meissner Fummel,* une pâtisserie feuilletée très légère dont l'histoire nous apprend que sa fragilité servait à savoir qui avait trop bu. Et gardez vos euros pour déjeuner en terrasse, autour de l'Albrechtsburg, sur le promontoire rocheux qui domine la ville.**

## Adresse utile

ℹ ***Tourist-Information :*** *Markt 3. ☎ 41-940. • touristinfo-meissen.de • Avr-oct, lun-ven 10h-18h, w-e et j. fériés 10h-16h ; nov-mars, lun-ven 10h-17h, sam 10h-15h (sf janv), fermé dim. Loc de chambres chez l'habitant. Audioguide en allemand ou anglais pour découvrir la ville.* Demander le petit plan en français et se renseigner sur le parcours des *City-Bus,* très pratiques pour relier les différents monuments de la ville. Quelques belles balades à bicyclette sont proposées : possibilité de location de vélos sur place, sur le même principe qu'à Moritzburg (se reporter aux pages précédentes). Personnel anglophone.

## Où dormir ?

### Prix moyens

***Dev's Pension :*** *Burgstr 24. ☎ 40-22-60. • devsrestaurant@web.de • Dans la rue montant au Dom. Résa fortement conseillée (d'autant plus que la réception n'est pas toujours ouv). Double 45 €.* Petite pension de 3 chambres claires et impeccablement tenues, dans une belle maison Renaissance. De la chambre n° 3, jolie vue sur les toits orangés de la vieille ville. Au rez-de-chaussée se trouve un bar cubain aux magnifiques murs carrelés (***Dev's Bar,*** *tlj sf lun dès 17h30 ; cocktails à partir de 5,10 €).* Terrasse dans une cour intérieure bien fraîche.

***Pension am Markt :*** *Am Markt 8. À ne pas confondre avec l'hôtel du même nom, au n° 6 ! ☎ 41-22-07. • info@meissenpension.de • meissenpension.de • Une pens charmante et mal signalée. Double 60 €. Suite 3 pers 80 €, 4 pers 100 €. Petit déj 5 €.* Accès par un escalier style Renaissance. Intérieur lumineux mais austère. Les fenêtres donnent sur la vieille ville et la place du Marché : on découvre ainsi au plus près les 37 petites cloches en porcelaine du carillon de la *Frauenkirche* voisine. Délicieuses mélodies qui berceront les nuits des routards fatigués.

### Plus chic

***Welcome Parkhotel Meissen :*** *Hafenstr 27-31. ☎ 722-50. • info.mei@welcome-hotels • welcome-hotel-meissen.de • Doubles 75-130 (prix réduits via Internet). Petit déj-buffet 11 €.* Installé depuis 5 ans dans une magnifique villa Art nouveau située dans un parc près de l'Elbe, un hôtel de chaîne différent des autres, très cosy, à défaut d'être tout à fait charmant. Jolie vue sur la vieille ville de l'autre côté de la rivière.

## Où manger ?

### Prix moyens

***Domkeller :*** *Domplatz 9. ☎ 45-76-76. • info@domkeller-meissen.de • Sur les hauteurs de la vieille ville, dans l'enceinte du Dom. Tlj 11h-23h (cuisine chaude jusqu'à 22h). L'addition tourne autour de 15 €.* Essayez à tout prix de vous installer en terrasse (armez-vous au passage de crème solaire et lunettes noires, une délicate attention de la maison pour les étourdis). Le panorama est aussi copieux que le contenu des assiettes. Spécialités du cru, telles les paupiettes de bœuf avec *Knödel,* qu'il convient d'accompagner avec les vins des coteaux environnants. Carte écrite en allemand... et en saxon ! Service rapide et énergique.

### Plus chic

**Vincenz Richter :** *an der Frauenkirche 12. ☎ 45-32-85. • restaurant@vincenz-richter.de • Derrière la Frauenkirche, sur Marktplatz. Tlj sf lun dès 12h-23h (18h dim). Plats 15-25 €.* Un véritable musée que ce resto historique signalé dans tous les guides allemands et sis dans une belle maison à colombages. Vitraux et boiseries. Armes et armures diverses ornent les murs, et les lampes sont fabriquées dans des casques ! La petite cour, elle, est beaucoup plus romantique. Carte bien ficelée. Goûtez le sandre grillé sur lit d'épinards. Grand choix de vins allemands. Service agréable.

**Café-restaurant :** *au 2ᵉ étage de la manufacture de Porcelaine. ☎ 468-730. Tlj : café dès 9h, restaurant dès 11h. Menu 3 plats (servis chacun dans une porcelaine de siècle différent !) 29 € ou plat autour de 15 €.* Également un café-pâtisserie au rez-de-chaussée.

## Achats

**Staalitche Porzellan-Manufaktur :** lire « À voir ». On y trouve une ***boutique*** où le plus petit objet (un dé à coudre) est déjà hors de prix !

**Ernst Schumann :** *Elbstr 1 ; près du Rathaus.* Très belle épicerie du XIXᵉ s. Conserves, tabac, saumon en boîte et vins du pays.

## À voir

**Frauenkirche :** *an der Frauenkirche 11. ☎ 45-38-32. Mai-oct 8h-19h (en hiver, 10h-16h) et dim 12h-16h. Visite du clocher : demander la clé à l'accueil, 2 €. Audioguide au centre d'information. En travaux pour assainissement.* Superbe vue sur les toits de la ville. Étonnante église Notre-Dame, de style gothique flamboyant (fin XVᵉ s), avec des boiseries qui n'ont pas connu d'incendie en 500 ans (touchons du bois !) et ont également échappé aux destructions de la guerre de Trente Ans. Cela n'y paraît pas, tant les dorures sont trompeuses, mais le retable de l'autel est entièrement en bois. Les 37 petites cloches de porcelaine blanche de Meissen jouent une courte mélodie, différente toutes les 3h, à partir de 6h30. Vous pouvez faire jouer sur demande d'autres mélodies si vous êtes disposé à faire un don.

**Prälatenhaus** *(maison du Prélat)* **:** *Rote Stufen 3. Avr-sept, tlj sf w-e 10h-15h.* En montant vers la cathédrale, une halte s'impose dans cette maison vieille de 500 ans, dont on aperçoit de loin les magnifiques pignons latéraux de brique rouge de style gothique tardif. Une œuvre d'art qui se visite surtout de l'intérieur, où des fresques étonnamment sensibles (certaines ont été endommagées par le soleil) ont été mises au jour depuis peu aux 2ᵉ et 3ᵉ étages. Le secret de la richesse de cette maison d'habitation reste entier : caprice ou folie, c'est de toute façon un magnifique témoin de l'art et de l'architecture de la Renaissance en Saxe. On y donne aussi quelques concerts d'instruments historiques. *Il faut demander à la gardienne de vous faire visiter les lieux (en allemand slt).* Elle pourra même vous faire accéder au château à partir du dernier étage, il paraît que c'est un raccourci !

**Dom** *(cathédrale)* **:** *Domplatz 7. ☎ 45-24-90. • dom-zu-meissen.de • Prendre les escaliers des remparts à partir de Burgstr ; montée assez raide. Tlj 9h-18h (10h-16h nov-mars) ; dernière visite 30 mn avt la fermeture. Entrée : 4 € ; réduc.* La première pierre de l'édifice, plusieurs fois agrandi, fut posée vers le milieu du XIIIᵉ s (style gothique primitif). À voir, le triptyque de l'atelier de Cranach en bonne place derrière l'autel, de splendides plaques tombales en laiton finement ciselé d'après des motifs d'Albrecht Dürer et Cranach toujours, de nombreuses statues ainsi qu'un vitrail du XIIIe s. À ne pas rater non plus, un lieu de silence dans une petite chapelle où quelques poèmes sont à disposition pour se recueillir.

**Albrechtsburg :** *Domplatz 1. ☎ 47-070. • albrechtsburg-meissen.de • Tlj 10h-18h (17h nov-fév). Entrée : 8 € ; réduc. Le City-Bus E fait la liaison entre la vieille ville, le château et la Manufacture.* De signature romane à l'origine, le château fort du margrave Albert fut reconstruit au XVe s dans un style gothique tardif (comme la cathédrale). Il devint la résidence des princes de Saxe et de Thuringe, qui ne tardèrent pas à s'installer à Dresde. Entre 1710 et 1863, le bâtiment abritait la fameuse fabrique de porcelaine, à l'origine de la renommée de la ville. À voir, passé l'escalier en colimaçon, de nombreuses fresques relatant l'histoire de la région et la belle collection de sculptures sur bois du XVe s. Voûtes en ogive décorées de motifs floraux alternant or, bleu et rouge. Voir la chapelle, aux voûtes étoilées.

***Staatliche Porzellan-Manufaktur*** (manufacture de Porcelaine) **:** *Talstr 9. ☎ 468-600. • meissen.com • Au sud-ouest du centre-ville. Indiqué depuis le Markt. Mai-oct, tlj 9h-18h (17h nov-avr). Entrée : 8 € (avec ateliers de démonstration). Visites des ateliers de démonstration ttes les 10 mn (audioguide en français).* L'accueil de la fabrique a été modernisé, la façade Art nouveau a été intégrée à un bâtiment moderne. L'histoire de la porcelaine de Meissen est ici évoquée à travers d'importantes collections (3 000 pièces exposées chaque année, sur quelque 20 000 pièces appartenant au musée) prouvant, s'il en était encore besoin, sa renommée internationale. À proximité, dans les ateliers de démonstration, les potiers, modeleurs et autres décorateurs issus du centre de formation de la manufacture vous livrent quelques-uns des grands secrets de sa fabrication. Une visite à suivre absolument pour découvrir, d'abord amusé, puis réellement émerveillé (que l'on aime ou non le résultat importe peu !), un savoir-faire transmis de génération en génération.

### LA CAPITALE DE LA PORCELAINE

*La manufacture de Meissen fut fondée en 1710 : l'alchimiste Böttger, en quête de la pierre philosophale, venait de découvrir – une première en Europe – le secret de la porcelaine de Chine. Pour protéger cette invention, la peine de mort fut requise contre celui qui en révélerait le procédé. On risque donc gros en vous dévoilant la matière première : le kaolin, encore exploité de nos jours. Signées par deux épées bleues croisées, les porcelaines de Meissen, appelées « Vieux Saxe », sont recherchées pour leurs fastueuses décorations.*

## Manifestations

- ***Dom Musik* :** tout au long de l'année, la *cathédrale (Dom)* se transforme en une remarquable salle de concert. Jazz, classique ou musique d'avant-garde ; demandez le programme !
- ***Weinfest* :** *en sept.* Succédant aux vendanges des coteaux environnants, la *fête du Vin* déploie ses saveurs dans le centre historique. Dégustations garanties.
- ***Weihnachtsmarkt* :** *1[er]-24 déc.* Un marché féerique où l'on peut faire ses derniers achats, petits objets en porcelaine et jouets en bois. À cette occasion, un immense calendrier de l'Avent prend place sur la façade de la mairie.

# LA SUISSE SAXONNE

**La *Sächsische Schweiz,* verte région de la vallée de l'Elbe, s'étend à l'est de Dresde, de Pirna jusqu'à la frontière tchèque. La beauté sauvage de**

**ses rochers a inspiré nombre d'artistes de l'époque romantique (la dénomination « Suisse saxonne » aurait été donnée par deux peintres suisses qui reconnurent ici leur Jura natal !). Il est vrai que le paysage est magnifique, les blocs rocheux du *Königstein* et de *Lilienstein* se découpant de façon magique sur l'horizon brumeux du petit matin, puis les fières forêts qu'il faut traverser en descendant vers le cours sinueux de l'Elbe. Outre son fleuve romantique qui coule au milieu d'impressionnantes parois de grès et de profondes gorges, ses basses montagnes hantées naguère par Wagner et Weber, et ses châteaux médiévaux juchés sur leurs rochers, la Suisse saxonne offre à ses visiteurs une curiosité géologique unique au monde : d'impressionnants blocs de grès aux formes curieusement géométriques. Localisées dans les montagnes de l'Elbsandsteingebirge, ces tables sédimentaires se formèrent au tertiaire après le soulèvement du socle.**

### LES ÉVADÉS DE COLDITZ

*Cette forteresse médiévale, entre Dresde et Leipzig, fut transformée par les nazis en prison ultrasécurisée pour officiers. D'ailleurs, il y avait plus de gardiens que de prisonniers ! On compta 330 tentatives d'évasion, dont un bon nombre réussirent. Ces faits eurent un tel retentissement qu'on en fit ensuite un film et une série TV...*

– Premier arrêt à ***Königstein,*** petite ville préservée et entourée de collines et de forêts, sur la rive gauche de l'Elbe, à 38 km au sud-est de Dresde. La forteresse, attraction de l'endroit, est à 2,5 km de la ville (bus fréquents).

➢ Plusieurs trains quotidiens ou bateau chaque matin depuis Dresde. En voiture, suivre la route B 172 en direction de Pirna, Bad-Schandau, puis Schmilka (frontière tchèque).

– Second arrêt à ***Hohnstein,*** à 40 km au sud-est de Dresde. Un village comme on les aime : près de la nature, dans un coin très vallonné, avec château fort, maisons à colombages, rue pavée, petite église baroque peinte en jaune...

➢ Pour s'y rendre de Dresde : train ou ligne RER S1 jusqu'à Pirna, puis bus en direction de Sebnitz (lignes 236-237). Quelques bus (ligne 253) également de Bad-Schandau. Avis aux randonneurs lourdement équipés : le chemin qui mène de la station de bus au village est certes très pittoresque, mais il monte raide sur 45 mn env.

## Adresses utiles

ℹ ***Tourist Information im Bahnhof Bad-Schandau :*** *Am Bahnhof 6. ☎ (035022) 412-47. • bad-schandau.de • Directement dans la gare. Avr-oct, lun-ven 8h-17h (18h mai-sept), w-e 9h-12h (17h mai-sept) ; nov-mars, lun-ven 8h-17h (fermé mer janv-fév).* 2 agences pour le développement du pays, qui devraient pouvoir répondre à toutes vos demandes. L'***autre bureau*** est en face dans Bad Schandau : traversez l'Elbe avec le ferry devant la gare. *Markt 12. ☎ (035022) 900-30. Mai-sept, tlj 9h-21h ; oct-avr, lun-ven 9h-18h, w-e 9h-13h ; fermé mer janv-fév.*

ℹ ***Haus des Gastes Königstein :*** *Schreiberberg 2, 01824 Königstein. ☎ (035021) 682-61. À côté de l'église. Lun-ven 9h-18h (17h30 nov-oct), sam 9h-12h (10h30 nov-oct) et dim 10h-13h (fermé nov-oct).* Liste des pensions et chambres chez l'habitant. Également bureau de poste et librairie.

ℹ ***Tourist Information Hohnstein :*** *Rathausstr 9. ☎ (035975) 868-13. Face à l'hôtel de ville (Rathaus). Lun, mer, jeu, ven et dim 9h-12h, 13h-17h (16h dim) ; sam slt 9h-13h.* Résas de chambres chez l'habitant, plan du village et de ses environs, infos sur les randonnées dans le Nationalpark. Au 1er étage, petit musée de la poupée (gratuit).

## Où dormir ? Où manger ?

**Camping Königstein :** *Schandauer Str 25e. ☎ (035021) 682-24. • info@camping-koenigstein.de • camping-koenigstein.de • Au bord de l'Elbe, près de la nationale B 172 et du chemin de fer (suivre les flèches). 23 €/j. pour 2 avec tente et voiture.* Un camping « les pieds dans l'eau », propre et bien ombragé mais quelque peu bruyant (route et trains à proximité). Également plusieurs bungalows *(Campinghütten)* pour 2 *(compter env 30 €).*

**Königstein-Naturfreundehaus :** *Halbestadt 13. ☎ (035022) 994-80. • info@nfh-koenigstein.de • Juste en face du terrain de camping, dans la grande maison jaune, de l'autre côté de l'Elbe. Pour s'y rendre, le plus facile est de traverser l'Elbe avec le bac (quai au niveau de la gare) et de marcher 5 mn sur la route de droite. Sinon, aller en voiture jusqu'à Bad-Schandau par la B 172, traverser l'Elbe et suivre la direction Hohnstein, puis tourner à gauche direction Prossen (suivre sans crainte l'itinéraire fléché !). Compter 26-42 €/pers (½ pens).* Sur les berges verdoyantes du fleuve, cette « Maison des amis de la nature » porte magnifiquement son nom. Elle propose 40 dortoirs (1-4 lits) avec douche et w-c. Confort spartiate, mais chambres bien tenues. Terrains de sport.

**Naturfreundehaus Burg Hohnstein :** *Am Markt 1. ☎ (035975) 812-02. • info@burg-hohnstein.info • burg-hohnstein.info • La réception se trouve dans la maison n° 5 de la cour. Résa conseillée, notamment en été. Env 25 €/pers en dortoir (4-6 pers) ou 33 €/pers en chambre double, avec ½ pens.* Tenez-vous bien : on dort ici dans le ravissant château médiéval du village ! Plus de 10 000 jeunes tous les ans. En tout, 260 lits répartis en chambres doubles ou dortoirs sous plafond voûté, propres et aussi spartiates que des cellules de moine. Attention à la tête : porte basse ! Les chambres situées à gauche du couloir donnent sur la vallée. Le site est vraiment splendide et l'établissement bien tenu. Grillades et fondues le soir sous les belles voûtes du *Burgkeller* ou sur les esplanades du château.

## À voir. À faire

**La forteresse de Königstein :** *☎ (035021) 646-07. • festung-koenigstein.de • Tlj : avr-oct 9h-18h et nov-mars 9h-17h. Entrée : 8 € ; 7 € en basse saison ; réduc. Audoguide en français (2,50 €).*
Prendre le sentier depuis le village (30-45 mn) ou rejoindre le parking au pied de la forteresse et continuer avec le petit train *Festungsexpress (4 €).* La montée finale à pied (paysage magnifique) ou en ascenseur, posé à même la façade, donne l'impression de prendre la forteresse à l'assaut.

### LA GRANDE ÉVASION

*Le général Giraud prépara son évasion de Königstein pendant 2 ans. Il apprit l'allemand et étudia par cœur les cartes. Le 17 avril 1942, il se laissa descendre le long de la falaise de la forteresse. Il avait rasé sa moustache... Il atteignit la frontière suisse, puis rejoignit Vichy. Hitler entra dans une violente colère. Himmler ordonna à la Gestapo de l'assassiner. Lors d'une entrevue avec l'ambassadeur Abetz sur la ligne de démarcation, Giraud déclara qu'il n'accepterait de rentrer qu'à une seule condition : que le Reich libère les 500 000 prisonniers mariés.*

Perché sur un plateau rocheux, le petit fortin d'origine (XIIIe s) est transformé, à partir de 1589, en une forteresse redoutable et sans cesse modernisée. En période de crise, les rois de Saxe s'y réfugiaient avec leurs richesses. Elle fut donc ville de garnison, mais aussi prison d'État. On a pu s'en évader (célèbre en France depuis l'évasion du général Giraud en 1942), mais elle n'a jamais été conquise ! On y a tourné en outre de nombreux films historiques. Du haut des remparts, vue à couper le souffle. Petit Musée militaire, puits de 152 m de profondeur, visite des cellules, magnifique pont-levis, un château, un palais, la salle du trésor, des caves, etc. Brochure explicative en français.

**Le château fort de Hohnstein :** *Am Markt. Tlj avr-oct 10h-17h. Entrée : 2,60 €.* Construit à flanc de rocher en 1333, il a longtemps appartenu au royaume de Bohême. L'endroit fut par la suite destiné à des fins particulièrement tragiques : premier camp de concentration de Saxe dès 1933, il servit jusqu'en 1939 de centre d'entraînement pour les Jeunesses hitlériennes, puis de prison pour les officiers polonais, français ou russes. Après la guerre, les Soviétiques le transformèrent en foyer pour les familles sans toit, puis à nouveau en auberge de jeunesse comme cela avait été le cas en 1924. La boucle est bouclée, et on visite maintenant les cachots où femmes et enfants furent victimes du nazisme, ainsi qu'un petit musée très bien fait qui retrace l'histoire du *Jugendburg.* On peut également profiter de la vue magnifique qu'offre le château sur le village et la nature alentour...

**Le Bastion** (Bastei) **:** célèbre ensemble de rochers dressés comme des colonnes à près de 200 m au-dessus de la rive droite de l'Elbe. Un pont immense et des passerelles métalliques relient entre elles ces phénoménales tours de grès, donnant à l'ensemble un air de forteresse d'albâtre. Panorama exceptionnel depuis le belvédère du sommet : le fleuve au cours sinueux, la vallée de l'Elbe et les montagnes voisines... Il est recommandé d'y aller tôt le matin ou tard dans l'après-midi (en aucun cas le week-end car il faut faire la queue pour avoir droit au panorama). De Pirna, bus n° 237 ou belle balade à pied pour ceux que le bateau de Dresde a déposés à Kurort Rathen. Si vous êtes motorisé, suivez le fléchage, puis laissez votre voiture au parking. Sentiers balisés jusqu'aux villages voisins, avec des parcours allant de 30 mn (comme le *Felsenbühne Rathen,* théâtre de plein air dans les rochers) jusqu'à 3h pour les hameaux de la vallée. Et 15 000 voies d'escalade magnifiques pour grimpeurs aguerris.

Nombreuses ***excursions*** à effectuer à pied ou à vélo. On peut se procurer un vélo sur place et emprunter la piste cyclable qui suit le cours de l'Elbe jusqu'à la frontière tchèque. Entre autres étapes, le *Kurort Rathen*, avec son petit lac bordé de massifs. Les excursions les plus populaires parmi les randonneurs sont le *Malerweg,* le *Ottendorfer Rundweg* (3,6 km) ou encore la *Affensteinpromenade* (14 km). *Plus d'infos sur ● karte.saechsische-schweiz.de ●*

## BAUTZEN

43 000 hab. IND. TÉL. : 03591

**Bienvenue en Haute-Lusace où vit une minorité de Sorabes, qui cultivent toujours leurs traditions propres, comme vous le verrez (et l'entendrez) très vite si vous arrivez un jour de fête...**
**Située à 52 km à l'est de Dresde, sur le cours supérieur de la Spree, Bautzen a gardé un aspect médiéval et baroque assez authentique. On peut apercevoir, depuis l'autoroute A 4, la silhouette de la vieille ville aux 17 tours et bastions, avec son enceinte presque intacte. Du haut des tours, vue au nord sur les landes et étangs classés par l'Unesco, dans les réserves de la biosphère.**
**Si vous avez le courage de monter ses 500 marches, c'est du haut de la « tour penchée », édifiée en 1492, que vous pourrez découvrir le mieux le tissu urbain de Bautzen, avec ses quelque 1 300 monuments recensés, dont le *château d'Ortenburg* et la *cathédrale Saint-Pierre,* seule église historique simultanément protestante et catholique dans l'est de l'Allemagne (les protestants utilisent le hall et les catholiques le chœur depuis 1524). Mais c'est autour de la *place du***

**_Marché_ qu'il faudra vous balader pour sentir l'atmosphère de cette ville sorabe et saxonne à la fois, où le peuple slave, venu de l'Est au VIIe s, a gardé nombre de ses traditions : on enseigne le sorabe dans les écoles, les pièces de théâtre sont données dans les deux langues, ainsi que les panneaux et plaques de rues... Bautzen et la région de Haute-Lusace ont fait tour à tour partie de la Hongrie, de la Pologne, de la Bohême, avant d'être rattachées à la Saxe en 1635, lors de la guerre de Trente Ans.**

**Si vous avez la chance de passer par là quelques semaines avant Pâques, vous allez craquer pour les œufs et les céramiques décorés à la main et vendus sur les marchés. Quant à la cuisine sorabe, ce n'est rien de dire qu'elle est à la fois simple et nourrissante. La ville de Bautzen est également réputée pour sa moutarde, douce ou forte.**

## Adresse utile

**Office de tourisme :** *Hauptmarkt 1, dans le Stadthaus. ☎ 42-016. • bautzen.de • Avr-oct, tlj 9h-18h, w-e et j. fériés 9h-15h ; nov-fév, tlj 9h-17h, w-e 9h-14h.* Accueil sympathique et répondant à toutes les questions sur la ville, la région ainsi que sur l'histoire des Sorabes. Plan de la ville avec ses principaux monuments.

## Où dormir ? Où manger ?

**Pension am Schloss :** *Schlossstr 11. ☎ 46-40-499. • info@pension-am-schloss-bautzen.de • pension-am-schloss-bautzen.de • Belles chambres doubles (70 €), ttes avec douche et w-c. Parking gratuit.* À deux pas du château, on trouve une charmante pension qui propose aussi des apparts équipés pour 2 *(à partir de 90 €).*

**Pension Dom-Eck :** *Breitengasse 2. ☎ 501-330. • wjelbik.de • Dans le centre historique, en dessous de la cathédrale Sankt Petri. Doubles dès 76 € avec douche et w-c, petit déj inclus. Garage payant.* Une petite pension d'une dizaine de chambres bien tranquilles. Décorée par des artistes de la région, avec des peintures originales dans les chambres et de très beaux vitraux aux fenêtres dans la salle du petit déj. Le patron est intarissable sur la culture sorabe et son légendaire sens de l'hospitalité.

**Wjelbik :** *Kornstr 7. ☎ 420-60. • info@wjelbik.de • Tlj ,11h-15h, 17h30-23h.* Dans un cadre voûté du plus bel effet (*wjelbik* est un mot sorabe signifiant « voûte »), un resto soucieux de présenter la cuisine régionale aux accents sorabes. Partie voûtée avec vitraux amusants. Dépaysement garanti avec la soupe traditionnelle de mariage (aux boulettes de viande et légumes finement coupés) ou l'assiette de charcuterie de Bautzen servie avec choucroute et pommes de terre. Le secret de la cuisine saxonne vous sera peut-être dévoilé : c'est le *Sächsischer Sauerbraten,* morceau de bœuf mariné au vinaigre puis revenu avec des choux de Bruxelles, et accompagné de légères boulettes de pommes de terre. Excellents desserts. Service en costume traditionnel, pour la plus grande joie des convives.

LE LAND DE SAXE

## À voir. À faire

**Alte Wasserkunst :** *Wendischer Kirchhof 7. ☎ 415-88. Fév-déc, tlj 10h-17h (16h nov-mars) ; janv, slt le w-e 10h-16h. Entrée : 2,50 € ; réduc.* La tour abrite un musée technique, mais son véritable intérêt réside dans le bâtiment de 47 m lui-même.

**Reichenturm :** *Reichenstr. ☎ 460-431. Tlj avr-oct 10h-17h. Entrée : 2,50 € : réduc.* Encore plus haut et plus... penché ! C'est la fameuse *Schiefer Turm von*

*Bautzen,* qui a un écart significatif de 1,44 m par rapport à sa verticale. Vu du haut de la plate-forme, à 56 m du sol, l'impression est assez inoubliable.

**Dom Sankt Petri :** *Fleischmarkt (entrée portail ouest). ☎ 36-97-10. Lun-ven 10h-17h, sam 10h-14h, dim 14h-17h (juin-sept, 18h lun-ven et dim).* Une rareté que cette cathédrale Saint-Pierre : les services religieux sont partagés tour à tour entre les catholiques et les réformés depuis près de 500 ans ! On peut visiter sa tour *(slt sam 16h),* toujours plus haut avec, cette fois, 83 m.

**Sorbisches Museum :** *☎ 2708-700. ● museum.sorben.com ● Tlj avr-oct 10h-17h (18h w-e), nov-mars 10h-16h (17h w-e). Entrée : 5 € ; réduc.* Un musée plutôt intéressant. On y apprend que les Sorabes est un peuple d'origine slave très proche des Serbes. La culture sorabe dans toutes ses dimensions : de l'habitat à la littérature, suivis de la peinture et des costumes traditionnels. Impressionnant ! De magnifiques paysages peints en grands formats de la région de la Lausitz. Ne surtout pas rater la salle de concert du premier étage, au charme désespérément suranné !

### LE SORABE EST TÊTU

*La langue sorabe a résisté pendant 1 000 ans à l'intérieur des frontières allemandes malgré la pression assimilatrice de la langue de Goethe. Bien qu'Allemands à part entière, les nazis les considéraient comme un peuple slave, donc inférieur et interdisaient tout usage public du sorabe. De nos jours, les Sorabes parlent encore leur langue et tiennent à la conserver, tout comme leurs coutumes.*

– Depuis Bautzen, pour certains, l'aventure continue, en République tchèque. Si vous êtes en voiture, n'oubliez pas, si vous prenez l'autoroute, qu'il faut acheter une vignette pour y circuler.

## GÖRLITZ

55 000 hab. IND. TÉL. : 03581

**Située à une centaine de kilomètres à l'est de Dresde (plusieurs trains par jour, et autoroute A 4-E 40), Görlitz déploie ses charmes pittoresques au bord du fleuve Neisse, frontière naturelle avec la Pologne depuis 1945. La ville est signalée pour la première fois en 1071, mais c'est au XIIIe s qu'elle affirme sa réputation de cité marchande dominante dans la région. Rattachée au royaume de Bohême au XIVe s, elle connaît ses heures de gloire aux XVe s et XVIe s, avec la prospérité de ses commerçants, mais surtout de ses maîtres drapiers. Görlitz acquiert alors un prestige culturel et philosophique, avant de connaître l'occupation des grognards de Napoléon. C'est sa fameuse manufacture de tissu qui a fait de la ville un pôle industriel florissant. De vieilles façades rénovées en pavés usés, on est émerveillé par la subtile harmonie des styles d'architecture : gothique, Renaissance, baroque, Art nouveau ; autant de signes extérieurs de richesse (3 500 maisons classées Monuments historiques qui bénéficient d'un ambitieux programme de rénovation), épargnés par les Prussiens en 1815 et plus miraculeusement par les bombardements de la dernière guerre mondiale. Les cinéphiles seront heureux d'apprendre que Görlitz a servi de lieu de tournage pour *Inglourious Basterds* de Tarantino.**

### Adresse utile

**Office de tourisme :** *Obermarkt 32. ☎ 475-70. ● eurotour.goerlitz.de ● Pâques-oct, lun-ven 9h-18h, sam 9h-17h, dim et j. fériés 9h-16h ;*

*nov-Pâques, lun-ven 9h30-18h, sam-dim et j. fériés 9h30-14h30.* Accueil sympathique, les infos essentielles se trouvent là facilement : liste des chambres chez l'habitant, visite guidée, plan de la ville avec ses principaux monuments. Juste à côté, au n° 33, le bureau touristique *I-Vent* (*• goerlitz tourismus.de •*) assure des prestations équivalentes.

## Où dormir ?

### Auberge de jeunesse

**Europa-Jungendherberge Görlitz :** *Peterstr 15. ☎ 649-07-00. • goerlitz-city@jugendherberge.de • goerlitz-city.jugendherberge.de • Fermé fin déc. Compter 25,50 €/pers en dortoir avec petit déj, supplément de 3,50 € pour les plus de 27 ans. Apparts pour familles. Réduc à partir de 2 nuits.* Tout beau, tout neuf ! À proximité immédiate de l'Untermarkt, dans l'Altsadt, une superbe rénovation de bâtiments anciens permit à la ville de proposer aux visiteurs une AJ pimpante au confort moderne. Dortoirs pour 6 bien équipés, mobilier de bois clair, et donnant sur un espace intérieur gazonné. Quelques doubles bien tenues disposant d'un balcon, toutes avec douche et w-c. Billard et vélos à dispo.

### Prix moyens

**Hotel Bon Apart :** *Elisabethstr 41. ☎ 480-80. • hotel@bon-apart.de • bon-apart.de • De la gare, à pied par la Berlinerstr en sortant face à vous (10 mn) ou tram n° 3 jusqu'à Demianiplatz. Hôtel à façade rouge. Doubles avec TV câblée et sdb 95-130 €, petit déj inclus ; réduc pour séjour de longue durée. Parking.* Le patron est franco-allemand, ce qui justifie le jeu de mots historique sur le nom de l'hôtel. Mais la facétie s'arrête là. Aménagées dans de grands appartements magnifiques, les 32 belles chambres, meublées design un poil baroque, ont une classe folle. Beaucoup de goût et excellent rapport qualité-prix. Resto de spécialités régionales (*tlj sf dim 17h-minuit ; env 8 €*) et disco-cave à jazz dans les sous-sols.

**Pension Drehscheibe :** *Landeskronstr 26. ☎ 31-41-49. • info@goerlitz-hotel-drehscheibe.de • goerlitz-hotel-drehscheibe.de • Au sud-ouest du centre-ville. De la gare, prendre à gauche la Bahnhofstr jusqu'à la Brautwiesenplatz ; la pens fait l'angle de la rue. Double avec douche et w-c 54 €, petit déj inclus (réduc au delà de 5 nuits). Parking.* Inspiré par les façades aux 1 000 teintes de ce quartier pittoresque, vous rêverez certainement en couleurs dans les chambres impeccables et lumineuses de cette pension. Excellent accueil, le fils parle l'anglais. Un joli café également (*mar-sam 18h30-22h ; compter 6-10 €*).

**Hotel Schwibbogen :** *Obermarkt 34. ☎ 877-78-90. • info@hotel-schwibbogen.com • hotel-schwibbogen.com • Compter selon saison et confort 80-115 € pour une double avec petit déj. Plats à la carte 7-15 €. Parking aisé.* Belle maison de tradition (depuis 1533 !) peinte en vert au coin de la place du marché. Chambres de très bon confort et petit déj plantureux. Le soir, savoureuse cuisine silésienne à la carte. Hospitalité sans faille.

## Où manger ? Où boire un verre ?

**Zur Schwarzen Kunst :** *Neisstr 22. ☎ 418-125. Mar-dim 18h-23h30. Plats 8-13 €.* Cuisine régionale. Bienvenue dans cet atypique bar-musée de l'imprimerie, où les tables des clients côtoient, dans une succession de caves voûtées assez sombres, des caractères typographiques, vieilles presses à bras, pierres lithographiques... Terrasse abritée du vent.

**Vierradenmühle :** *Hotnerstr 20. ☎ 406-661. Juste en dessous de l'église Peterskirche et au niveau de la chute d'eau sur la Neisse. Tlj*

LE LAND DE SAXE

*11h-minuit.* Le seul bistrot de Görlitz situé en bordure de la rivière Neisse, avec vue directe sur la Pologne en face sur la rive droite. À l'intérieur, admirez la dynamo qui produit de l'électricité depuis 1920, au seul moyen du débit de la rivière, et sur la terrasse, le poteau qui marque la frontière.

## À voir. À faire

**Obermarkt :** grande belle place marchande (parking), fermée à l'ouest par l'ancienne porte (1376) surmontée de sa tour *(Reichenbacher Turm).* Façades magnifiques. Au n° 29, demeure superbe qui servit de pied-à-terre à Napoléon en 1813 ; on prétend qu'il passa ses troupes en revue depuis son balcon central. Attardez-vous, enfin, devant l'église **Dreifältigkeitskirche** (XIVe-XVe s), réputée pour ses trésors d'art religieux.

**Untermarkt :** en arrivant par la Brüderstrasse, vous voici sur la plus fastueuse des anciennes places commerçantes de la ville, où les styles gothique, Renaissance et baroque se mélangent harmonieusement. Tout de suite sur la gauche, le *Rathaus* (hôtel de ville), bâtiment du XIVe s pourvu d'un bel escalier extérieur (1539) et d'une tour majestueuse, domine deux magnifiques maisons à arcades : le *Schönhof* (1526) – plus vieille demeure bourgeoise de la Renaissance allemande –, suivi du *Lange Läuben* (halle aux tissus). À l'angle de Neissstraße (n° 30), remarquez la *maison baroque* (1726) qui abrite les collections d'art de la ville *(mar-dim 10h-17h).* Juste en face, la bâtisse gothique *Brauner Hirsch* fut le centre intellectuel de Görlitz au XVIIIe s. Sur la face nord de la place, vous escaladerez du regard l'ancienne *Ratsapotheke* (pharmacie) Renaissance et son double cadran solaire (1550), suivie, au n° 22, du *Flüsterbogen* (arc chuchoteur), beau portail aux vertus acoustiques éprouvées par de nombreux touristes. Enfin, derrière vous, l'*Alte Börse* (ancienne bourse), magnifiquement décorée, est le plus vieux monument baroque de la ville (1706).

**Sankt Peterskirche :** *surplombant la Neisse, au nord-est de la ville. Tlj 10h-18h. Entrée libre. Concerts.* Achevée en 1497, à l'emplacement d'une basilique romane du XIIIe s, cette église, la plus grande de la ville, est réputée pour son orgue (XVIIIe s) et sa crypte Saint-Georg, magnifiquement voûtée. Juste sur le parvis, c'est dans le *Renthaus,* plus ancien bâtiment public de la ville (XIIe s), que l'on entreposait les précieuses teintures bleues, tant prisées par l'industrie textile.

**Heiliges Grab** (Saint-Sépulcre) **:** *Heilige-Grab-Str. ☎ 31-58-64. Tlj avr-sept 10h (11h dim)-18h ; oct-mars, 10h (11h dim)-16h.* Au nord-ouest du centre-ville, la réplique parfaite du Saint-Sépulcre de Jérusalem, érigée au XVe s par Georg Emmerich (fils du maire de l'époque). On prétend qu'il rapporta de son pèlerinage les plans du bâtiment sacré.

**Karstadt :** ambiance *Au bonheur des dames* ! *Tlj 9h30-18h.* Dans cet édifice imposant, construit vers 1913 dans le style Art nouveau, admirez l'immense verrière surplombant la cour intérieure harmonieusement décorée, d'où un escalier somptueux donne accès à trois étages flanqués de colonnes élégantes. Il s'agit du dernier temple de la consommation de ce style encore en état. Puis, en descendant la Berlinerstrasse, jetez un œil à gauche dans le pittoresque *Passage Strasbourg* qui recouvre, de sa superbe verrière, les boutiques chic de Görlitz. Beaucoup de charme.

**Schlesisches Museum zu Görlitz :** *Brüderstr 8 (Haus Schönhof). ☎ 87-910. • schlesisches-museum.de • Tlj sf lun 10h-17h. Entrée : 5 € ; réduc.* Dans une ancienne maison bourgeoise de style Renaissance. Présentation moderne pour ce musée d'Histoire contemporaine, à grands renforts d'effets multimédias, maquettes, peintures et d'objets diversement mis en scène. Observez en passant les plafonds peints magnifiquement restaurés. De salle en salle sont décrites l'histoire et la culture de la Silésie sur cinq siècles ; duché polonais, province de Bohême puis de Prusse, ce fut finalement son adhésion au Reich allemand qui précipitera sa fin : destin malheureux des *Vertriebene* (les « expulsés ») dont les revendications de retour marquent toujours lourdement les débats politiques actuels. Plus calmement, le musée souhaite proposer le point de départ d'un voyage dans le passé de cette région disparue, nécessaire pour envisager un futur européen loin des problèmes posés par les nations allemande et polonaise : et pourquoi pas à partir d'ici, sur la frontière entre les deux pays ?

*Kulturhistorisches Museum :* *Neissstr 30. ☎ 67-13-55. • museum-goerlitz.de • Mar-dim 10h-17h. Entrée : 5 € ; réduc.* Dans la Barockhaus (magnifique portail, cour avec faux marbres en trompe l'œil), un musée qui rassemble les collections d'art de la ville ainsi que du mobilier de style Renaissance et baroque. On retiendra la riche collection de verreries, les armoires rurales peintes du XVIIe s, les œuvres des paysagistes romantiques, les instruments scientifiques, notamment ceux destinés aux recherches en électrostatique et le cabinet maçonnique. Une pièce rare : le *glasharmonika,* actionné par une pédale, et pour laquelle on tire des sons en mouillant les doigts tout en faisant tourner les verres. Ne manquez pas également l'imposante bibliothèque.

*Spielzeugmuseum* (*musée du Jouet*) *:* *Rothenburgerstr 7. ☎ 40-58-70. • spielzeugmuseum-goerlitz.de • Mer-ven 10h-12h et 14h-16h ; w-e 14h-17h. Entrée : 3 € ; enfants 1 €.* Un petit musée qui ravira les nostalgiques des marionnettes, des soldats de plomb, des figurines et des autos miniatures. Pas de jouets fabriqués au temps de la DDR. On y admire un superbe paysage miniature sur 4 m$^2$. Salle de jeu (bien sûr) pour occuper les mômes.

➢ ***Passer en Pologne :*** traverser le pont (piéton) qui enjambe la Neisse a toujours quelque chose d'excitant. En face, la ville polonaise de *Zgorzelec* était la partie est de Görlitz avant que la ligne Oder-Neisse ne délimite les deux pays à la suite de la dernière guerre mondiale. Si les élégantes façades affichent un charme désuet qui plaira à certains (le contraste est saisissant), on y vient surtout pour acheter vodka et cigarettes à des prix défiant toute concurrence. Et de là, le point de vue sur Görlitz est magnifique. Votre carte d'identité suffit.

# LEIPZIG

490 000 hab. IND. TÉL. : 0341

LEIPZIG

**La deuxième ville de l'ex-RDA offre en apparence moins de curiosités que sa rivale de toujours, Dresde. Mais plus de richesses intérieures, diront ses amoureux...**
**« Réservoir de la littérature allemande » grâce à son importante concentration d'éditeurs, ville de foires et foyer de révolution socialiste, Leipzig bénéficie à la fois d'un centre historique des plus plaisant et d'une vie intellectuelle qui n'a jamais vraiment cessé. C'est ici qu'il faut venir pour traquer les fantômes de Bach, Wagner, Lénine, Rosa Luxemburg ou Goethe.**

## UN FOYER D'AGITATION RÉVOLUTIONNAIRE

*Bebel et Liebknecht travaillèrent pendant 20 ans à Leipzig à la création du parti social-démocrate ouvrier, Rosa Luxemburg y resta 2 ans pour diriger son journal anticapitaliste, tandis que Lénine y publiait, en 1900, son journal révolutionnaire,* L'Étincelle. *C'est également à Leipzig que se tint le procès de l'incendie du Reichstag, au cours duquel le communiste bulgare Dimitrov fit perdre son sang-froid à Göring, tint tête à Goebbels et fit le procès du nazisme.*

**Installés depuis 1545 à Leipzig, les premiers libraires allemands permirent par la suite que s'y développe le commerce du livre, chassé de Francfort au XVIe s par une censure trop sévère. En 1845, des émeutes éclatèrent pendant la visite du prince Jean, frère du roi de Saxe. Elles furent si brutalement réprimées qu'Engels jugea « abominable ce tour imaginé par le despotisme militaire ». En 1895, Leipzig fut la première ville de foire à organiser celle-ci sur la présentation d'échantillons, ce qui réduisait le coût des transports.**
**Plus près de nous, à l'automne 1989, les plus grandes manifestations du pays depuis 1953 se produisirent à Leipzig ; 8 000 personnes défilèrent le 25 septembre pour réclamer des réformes. Fin octobre, ils étaient 300 000 dans les rues de la ville ! On sait ce qui se passa par la suite. Depuis, Leipzig a littéralement explosé : on rénove les superbes immeubles de tous les styles (surtout dans le centre), on agrandit et modernise les musées. Bars, restaurants et cafés ont fait leur apparition partout, et le spectacle est dans la rue : musiciens, chanteurs, saltimbanques... Une atmosphère bariolée et chaleureuse, aux accents presque méditerranéens. Quant à son importante université, elle fournit une bonne occasion de rencontrer des étudiants allemands ou étrangers.**

## UNE DATE ENCORE DANS TOUTES LES MÉMOIRES

Le 9 octobre 1989, un mois jour pour jour avant la chute du mur de Berlin, un événement précurseur se déroule à Leipzig. Ce jour-là, bravant la menace d'une répression féroce, une foule considérable afflue de toute la RDA et se réunit pour manifester pacifiquement. Tablant sur la crainte de la population à manifester, les autorités ont mobilisé 5 000 policiers pour juguler, pensent-ils, au mieux 25 000 manifestants... Il en arrive 70 000 ! La ville est submergée. « *Wir sind das volk* » (« Nous sommes le peuple »), scande dignement cette foule immense. Malgré la STASI, les indicateurs et les militants du SED, le pouvoir communiste prend soudain la mesure du désaveu qui le frappe. Par leur mobilisation courageuse, les citoyens de la deuxième ville de la RDA ont ouvert la route au processus irréversible qui, un mois plus tard, provoquera la chute du Mur et la fin de la dictature.

### DÉLATION INSTITUTIONNELLE

*En RDA, un citoyen sur 66 espionnait régulièrement pour la Stasi. Un sur sept était informateur occasionnel. Chaque lieu de travail et chaque immeuble d'appartements était quadrillé de mouchards, parmi eux, 10 000 enfants.*

## Arriver – Quitter

### En train

Comme pour Dresde, le meilleur moyen d'accéder aux villes du pays est le train. Ça tombe bien, la gare de Leipzig *(plan C-D1)* a longtemps été la plus grande d'Europe, avec pas moins de 27 quais ! Horaires sur ● *bahn.de* ●

➢ ***De et pour Berlin :*** 1 train ttes les heures, direct ttes les 2h, pour la Hauptbahnhof ou la gare de Zoo.
➢ ***De et pour Dresde :*** 30 trains quotidiens avec un direct ttes les heures.
➢ ***De et pour Munich :*** 1 train ttes les heures.
➢ ***De et pour Hambourg :*** 1 train ttes les heures.
➢ ***De et pour Varsovie :*** env 10 trains/j.
➢ ***De et pour Prague :*** env 12 trains/j.

### En voiture

Attention : le centre de la ville est presque intégralement piétonnier. Inutile de vouloir y rentrer en voiture. Plusieurs parkings sont accessibles 24h/24 en bordure du *Ring* qui épouse le tracé des anciennes fortifications.

■ **Adresses utiles**

ℹ Leipzig Tourist Service
1 Location de vélos (Eckhardräder)

**Où dormir ?**

10 Hostel Sleepy Lion Leipzig
11 Central Globetrotter Hostel
12 Hotel Arcona Living Bach 14

**Où manger ?**
**Où boire un café ?**

21 Barthels Hof
22 Zill's Tunnel
23 Paulaner Palast
24 Auerbachs Keller
27 Mephisto
28 Zum Arabischen Coffee Baum
29 Eiscafé San Remo
30 Shiki
31 Centralapotheke
32 Das Alte Rathaus
45 Kaffehaus Riquet

**Où boire un verre ?**
**Où sortir le soir ?**

26 Kabarett Pfeffermühlenclub
33 Luise
40 Spizz
41 Moritzbastei
43 Oper Leipzig
44 Gewandhaus

**À voir**

28 Musée du Café

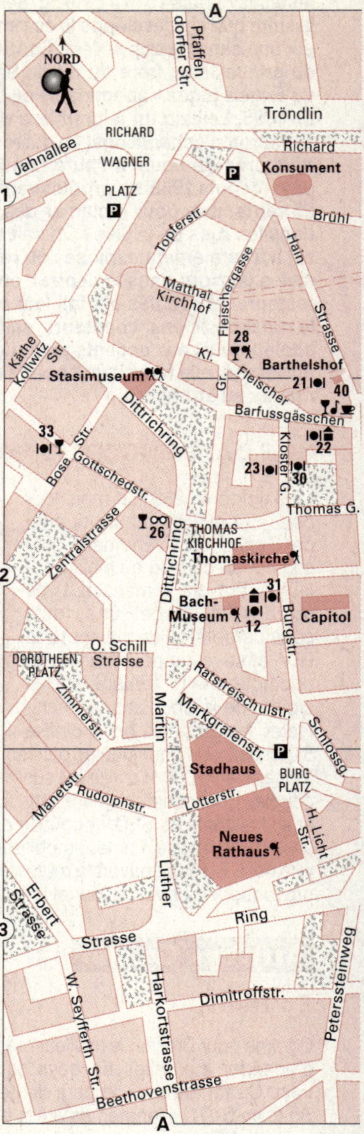

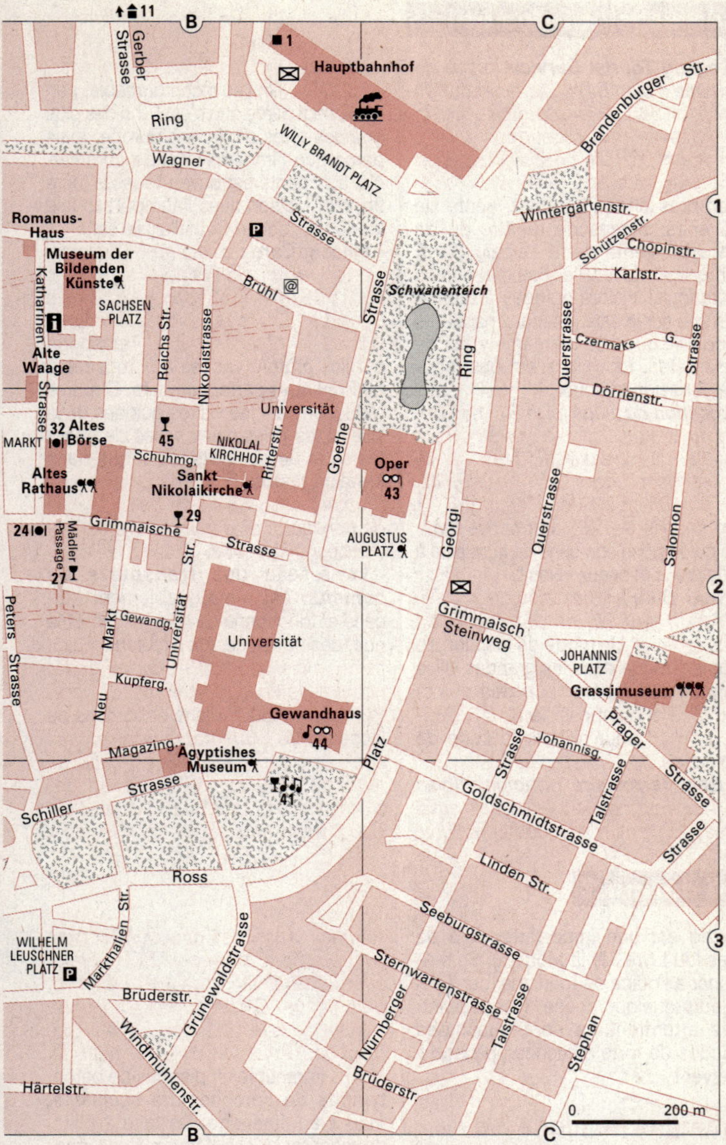

11
B
C
1
Hauptbahnhof
Gerber Strasse
Ring
Wagner
WILLY BRANDT PLATZ
Strasse
Brandenburger Str.
Wintergartenstr.
Schützenstr.
Chopinstr.
Karlstr.
Romanus-Haus
Museum der Bildenden Künste
SACHSEN PLATZ
Katharinen Strasse
Alte Waage
Brühl
Reichs Str.
Nikolaistrasse
Strasse
Schwanenteich
Ring
Querstrasse
Czermaks G.
Strasse
Dörrienstr.
Universität
32 Altes Börse
MARKT
45
NIKOLAI KIRCHHOF
Ritterstr.
Goethe
Oper
43
Schuhmg.
Altes Rathaus
Sankt Nikolaikirche
29
Grimmaische
Strasse
24
Mädler Passage
27
AUGUSTUS PLATZ
Georgi
Querstrasse
Salomon
2
Peters Strasse
Markt
Gewandg.
Universität Str.
Universität
Grimmaisch Steinweg
JOHANNIS PLATZ
Grassimuseum
Neu
Kupferg.
Gewandhaus
44
Magazing.
Ägyptisches Museum
Platz
Strasse
Johannisg.
Prager Strasse
Schiller Strasse
41
Goldschmidtstrasse
Talstrasse
Strasse
Ross
Linden Str.
Seeburgstrasse
WILHELM LEUSCHNER PLATZ
Markthallen Str.
Grünewaldstrasse
Sternwartenstrasse
3
Brüderstr.
Nürnberger
Talstrasse
Stephan
Windmühlenstr.
Härtelstr.
Brüderstr.
0
200 m


LEIPZIG

## Adresses et infos utiles

**Leipzig Tourist Service** (office de tourisme ; plan B1) : *Katherinenstr 8.* ☎ *71-04-265.* • *leipzig.de* • *Au rdc du Museum der Bildenden Künste. Lun-ven 9h30 (10h nov-fév)-18h, sam 9h30-16h, dim et j. fériés 9h30-15h.* Chambres chez l'habitant, vente de souvenirs, places de théâtre ou de concert... Vente de la *Leipzig Card.* Plan gratuit de la ville. Pas mal d'infos en français. Visites guidées à thème, dont une sur le café, cher aux habitants d'une ville où Bach lui-même y alla de sa cantate... La visite n'est pas régulière, renseignez-vous.

**Location de vélos** (plan B1, **1**) : **Eckhardräder,** *Kurt-Schumacher-Str 4 (gare centrale, à la sortie ouest).* ☎ *961-72-74.* • *bikeandsport.de* • *Lun-ven 8h-20h ; sam 9h-18h slt avr-oct. Compter 8 €/j. avec caution de 50 €.* Entreprise familiale qui impose son sens de la qualité à petits prix... et beaux vélos !

**Next Bike :** • *nextbike.de* • *8 €/j. Paiement par CB et possibilité de résas en ligne.* Un mode de location de vélos en vogue dans les grandes villes allemandes : repérer l'un des points *Next Bike* et composer le ☎ *0049-30-692-05-046* pour obtenir le code de déblocage.

**Gare ferroviaire principale** (plan B-C1) : *consignes, bien sûr, mais aussi bureau de poste, distributeurs Visa, restaurants, boulangeries, charcuteries, magasins...* Un lieu incontournable, non seulement parce que c'est l'une des plus grandes têtes de ligne d'Europe, mais parce que l'immense centre commercial qu'il abrite est ouvert tous les jours 9h-22h. Liaison avec l'aéroport toutes les 30 mn : départ Osthalle (aile est).

– **Leipzig Card :** *existe en 3 variantes. Carte individuelle valable 1 j. 9,90 € ou 3 j. 19,90 €. Carte familiale valable 3 j. pour 2 pers et jusqu'à 3 enfants (moins de 14 ans) 37,90 €.* Transports publics gratuits, accès aux musées à tarif réduit et parfois gratuits. D'autres réductions sur les visites guidées de la ville et les principales salles de spectacles et de concerts, ainsi que dans certains restos. *En vente à l'office de tourisme, aux guichets des services de transports en commun, à la gare et dans certains hôtels.*

– Le réseau des ***transports en commun*** est remarquablement efficace et fonctionne de 4h à minuit. Et la nuit, des bus spéciaux circulent. *Ticket trajet simple (valable 1h, quel que soit le nombre de changements) : 2 €. Ticket journalier : 6,50 €.* Plans et horaires au kiosque **LVB-Mobilitätszentrum,** *situé entre la Hauptbahnhof et l'office de tourisme, repérable à l'inscription LVB sur sa grande tour. Lun-ven 8h-20h, sam 8h-16h. Plus d'infos sur* • *lvb.de* •

## Où dormir ?

LEIPZIG

Leipzig est une importante ville de foires (du Livre, de la Mode...). Se renseigner à l'office de tourisme, car il y a toujours quelque chose d'intéressant. Mais attention, ce sont aussi des périodes de forte affluence : pensez à réserver !

### Auberges de jeunesse

**Jugendherberge Leipzig-Zentrum** (hors plan par C1) : *Volksgartenstr 24, 04347.* ☎ *245-70-0.* • *leipzig@jugendherberge.de* • *leipzig.jugendherberge.de* • *Un peu loin du centre (3 km nord-est), mais on y est en 7 stations de tram au départ de la gare centrale. Au choix, tram n° 1 direction Mockau ou tram n° 1E direction Schönefeld, arrêt Löbauer-Str ; puis 4-5 mn à pied, bien fléché. Carte AJ obligatoire. En saison, 28 € la nuit, dès 2 nuits 26 € (plus de 27 ans, 3 € en sus), petit déj inclus.* Immeuble en plaques de béton, typique de l'architecture socialiste, mais bien aménagé. Dortoirs 2-6 lits, douches et w-c à l'étage. Résa possible à l'office de tourisme.

**Hostel Sleepy Lion Leipzig** (hors plan par A1, **10**) : *Jakobstr 1, 04109.* ☎ *993-94-80.* • *info@hostel-leipzig.de* • *hostel-leipzig.de* • *Tlj 24h/24. Doubles 21-22 €/pers ou dortoir (4-8 lits) 12,50-18 €/pers. Petit déj*

*3,50 €. Draps 2,50 € (pour la 1re nuit slt). Parking payant au zoo.* La première *hostel* indépendante de Leipzig a ouvert ses portes en 2001, au cœur de la ville, proposant une cinquantaine de lits, disséminés dans des chambres colorées et très clean. Chaque dortoir est équipé d'une grande salle de bains, résultat de l'origine bourgeoise de cet immeuble de rapport. Certains dortoirs pour 4 personnes sont séparés par un rideau. Ambiance internationale et billard. Pas de limite d'âge, pas de carte de membre. Accueil souriant.

***Central Globetrotter Hostel*** *(hors plan par B1,* ***11****) : Kurt-Schumacher-Str 41. ☎ 14-98-960. • info@globetrotter-leipzig.de • globetrotter-leipzig.de • Réception 24h/24. Chambres de 4-8 lits 12,50-18 €/pers. Doubles avec douche 46 € et 42 € sans. Petit déj 3,90 €. Draps 2,50 € (la 1re nuit slt).* Autre établissement indépendant jouant la carte *backpacker-friendly,* tout près, derrière la gare côté ouest (300 m à pied). Parties communes sympas, avec baby-foot et cuisine équipée.

## Plus chic

***Hotel Arcona Living Bach 14*** *(plan A2,* ***12****) : Thomaskirchhof 13. ☎ 49-61-40. • info@bach14.arcona.de • bach14.arcona.de • Chambres doubles autour de 110-150 €, selon les disponibilités mais petit déj assez cher. Promos temporaires (consultez le site) : 3 nuits au prix de 2 à certaines dates et sans possibilité d'annulation.* Une localisation centrale et idéale à côté de la maison de Bach et en face de l'église Saint-Thomas. Ces détails pour vous expliquer que la superbe déco design aux tonalités harmonieuses s'imprègne de partitions de musique et que l'équipement, très complet, comprend – en plus d'un écran de TV plat et d'un lecteur de DVD – une chaîne hifi de qualité pour bercer votre réveils de douces volutes sonores. Sauna et salle de fitness gratuits. Cerise sur le gâteau : l'excellent resto-bar en façade qui propose des tapas et une fine cuisine d'inspiration méditerranéenne. Cave à vins qui suscite le respect. Accueil pas guindé du tout.

***Hotel-galerie Leipziger Hof*** *(hors plan par C1) : Hedwigstr 1-3. ☎ 697-40. • info@leipziger-hof.de • leipziger-hof.de • À 15 mn à pied de la Hauptbahnhof, 5 mn en voiture : sur le côté est de la gare, prendre Brandenburgerstr puis Eisenbahnstr qui la prolonge ; Hedwigstr est une rue parallèle, sur la gauche. Doubles avec sdb 87-195 €, petit déj inclus. Les prix peuvent varier selon le taux d'occupation. Parking payant.* Dans un imposant immeuble du début du XXe s, des chambres agréablement meublées au confort moderne et bien tenues : le patron est fou de peinture et a rassemblé là plus de 200 tableaux, tous de jeunes artistes de Leipzig, à tel point que l'on peut avoir l'impression de dormir dans un musée... ouvert jour et nuit aux clients ! Accueil aimable, service prévenant et quartier tranquille. Resto attenant. Sauna *(10 €/pers).*

# Où manger ?

## Prix moyens

***Zill's Tunnel*** *(plan A2,* ***22****) : Barfussgässchen 9, dans la vieille ville. ☎ 960-20-78. • info@zillstunnel.de • zillstunnel.de • Tlj 11h30-minuit. Compter 10-15 €. Carte en français.* L'endroit a tout de la brasserie institutionnelle : plusieurs salles lambrissées où l'on se régale de solides spécialités régionales, telles que canard au choux, avec 2 sortes de *Knödel* (farine, pomme de terre), cerf rôti, soupe aigre-douce, salade aux filets de porc grillés accompagnés de *Sauerkraut* sublime, *Schnitzel* géantes. Desserts à tomber raide. Terrasse sur rue en été, un peu moins bondée du côté de la Klostergasse. Pittoresque *Weinstübe* à l'étage (ouvert hors saison). L'établissement propose aussi, au dernier étage, 2 petits appartements joliment arrangés *(67 et 72 €, sans petit déj).* Superbe et en plein centre, mais peut être assez bruyant...

***Paulaner Palast*** *(plan A2,* ***23****) : Klostergasse 4-5. ☎ 350-59-80. • paulaner-leipzig@t-online.de • Tlj 11h-1h (service* *jusqu'à minuit). Plats env 10-15 €.* Installé dans un ancien palais baroque rebaptisé *Paulaner Palais,* carrément. Un restaurant, un café, un pub, un bar à tapas, le tout une cour intérieure avec une grande terrasse Spécialités bavaroises, autrichiennes et plats de la Thuringe voisine. Atmosphère agréable de brasserie régionale et dicton du jour inscrit à la craie sur un tableau noir... Bon, faut aimer l'ambiance Oberbayern.

**Barthels Hof** *(plan A1-2,* ***21****) : Hainstr 1. ☎ 141-310. • info@barthels-hof.de • Tlj 11-minuit. Plats un peu chers, mais menu 3 plats sous forme de buffet à 21,50 € le midi en sem.* Dans une cour pavée au milieu du passage Torsten Grahl, à la fois proche et à l'écart du flot touristique, une enseigne rustique dont le service est assuré par des jeunes filles en habit traditionnel. Optez pour le buffet, plus avantageux. Proposition de vin au verre sur la table.

## Plus chic

**Shiki** *(plan A2,* ***30****) : Klostergasse 18. ☎ 97-69-160. • info@sushi-shiki-leipzig.de • Lun-ven 11h30-22h, sam 12h-23h et dim 12h-22h. Sushis 3,50-4,50 €, menus asiatiques 13-14 €. Formule* all you can eat *à 21 € le dim.* Prix corrects, mais attention, les gourmands auront l'addition plus salée. Grand sushi-bar lumineux, avec un aquarium géant en plein milieu du comptoir : on peut choisir de s'installer dans de petits box avec banquettes ou directement sur le grand comptoir ovale, où passent lentement les petits bateaux chargés de sushis (dont certains au caviar !) et où sont déjà prêtes des bouteilles de soja individuelles.

**Centralapotheke** *(plan A2,* ***31****) : Thomaskirchhof 12. ☎ 21-18-299. • restaurant-centralapotheke.de • Tlj 11h-minuit. Plat de viande env 12 € et propositions plus démocratiques (pâtes, imbiss) autour de 6 €. Spécialités italiennes 7-19 € et menu saxon à 16,50 €.* Ancienne pharmacie du célèbre savant et homéopathe Willmar Schwabe : un flacon chasse l'autre, et on ne trouve plus sur les étagères que des bouteilles de vins et d'apéritifs. Joyeuse ambiance brasserie dans ce resto sur 2 étages, face à l'église Thomaskirche, où les 2 jeunes serveurs font leur petit numéro. À l'étage, petit *musée de la Pharmacie (tlj sf lun 11h-17h, jeu 14h-20h, entrée : 3 €).*

**Auerbachs Keller** *(plan B2,* ***24****) : Grimmaische Str 2-4, dans le passage Mädler, au sous-sol au niveau des statues de bronze. ☎ 21-61-00. • info@auerbachs-keller-leipzig.de • Service slt dans la « grande cave » tlj 12h-minuit. Formules 9,80 € au déjeuner et 12,90 € le soir ; plats env 15-24 €.* Auerbach fonda cette maison en 1525. Mais c'est en 1766 qu'elle allait entrer dans la légende en accueillant un étudiant du nom de Wolfgang Goethe, qui allait s'inspirer des lieux pour écrire la fameuse chevauchée du tonneau par un certain docteur Faust... Ambiance chaleureuse mais touristique, institution oblige (vente de souvenirs...). Grande salle agréable, avec parquet en point de Hongrie, arcades et panneaux peints... sur le thème de Faust, bien sûr... Mélange sucré-salé tout en nuances et tournedos préparés en direct par le chef. En face, du côté du *Alt Leipzig,* c'est beaucoup plus cher... les menus frisent les 75 €.

**Das Alte Rathaus** *(plan B2,* ***32****) : Markt 1. ☎ 230-60-36. • info@dasalterathaus-leipzig.de • Tlj à partir de 11h (10h w-e). Entrées env 9 €, plats principaux 10-17 €.* Au rez-de-chaussée de l'ancienne mairie, *Altes Rathaus,* directement sur la place du Marché. Brasserie bon teint, avec ses rambardes en bois en salle et ses journaux à disposition. Cuisine du terroir sans surprise : médaillons de porc, filet de sandre, à déguster sous les arcades, face au marché, si le temps le permet. À deux pas des bouquinistes... *Live music* le jeudi.



# Où boire un café ?

« Saxons-buveurs de café », tel est le surnom longtemps donné aux habitants de cette ville de foires, où les cafés sont devenus des lieux de rencontre à la mode dès 1694. C'est à cette date que fut ouvert le plus vieux concurrent du *Procope* parisien, le *Zum Arabischen Coffee Baum* (voir ci-dessous), où se retrouvèrent, au cours des siècles suivants, aussi bien Hoffmann que Wagner, Bach que Goethe. Même les révolutionnaires y élurent leur second domicile. La visite du musée du Café, au 3ᵉ étage, s'impose...

🍷 ***Zum Arabischen Coffee Baum*** *(plan A1, **28**) : Kleine Fleischergasse 4. ☎ 961-00-61. • kontakt@coffe-baum.de • Lun-ven 11h-minuit. Assiettes à partir de 10 €, cafés et pâtisseries à partir de 2,10 €.* Au-dessus de la porte d'entrée, un Turc enturbanné, à l'air satisfait, offre une tasse de café à un angelot ravi. C'est le lieu de rendez-vous célèbre de Leipzig et le plus ancien café-restaurant d'Europe encore existant (on le mentionne pour la première fois en 1694). Y vinrent les compositeurs Schumann, Liszt, Wagner, et l'inévitable Goethe. Dans la même maison, intéressant petit musée du Café (lire rubrique « À voir »). Pizzeria derrière le coin.

🍷 ***Mephisto*** *(plan B2, **27**) : Mädler Passage, derrière le Markt. ☎ 216-10-22. Tlj 11h-2h. Cafés à partir de 2,30 € et bons (mais petits) gâteaux aux noisettes. Cocktails.* Encore un endroit qui fait partie de l'empire Auerbach et qui nous renvoie à l'inévitable Goethe, un brin de snobisme en plus. Joli décor pour ce café classe aux canapés et fauteuils de cuir vert et et rouge, hanté par une silhouette cornue que l'on retrouve jusqu'au plafond. Demandez à un serveur de vous montrer le miroir de Méphisto, mais on vous prévient, cela peut faire peur aux plus petits...

🍷 ***Kaffehaus Riquet*** *(plan B2, **45**) : Schumachergässen 1. Tlj 9h-20h.* Ancienne maison de commerce datant de la Belle époque dans le style Félix Potin, à l'enseigne flanquée de deux têtes de pachydermes, le tout surmonté d'une tourelle tarabiscotée. L'intérieur est aménagé en café viennois et propose d'irrésistibles pâtisseries au chocolat. Vous pouvez aussi tâter des alouettes de Leipzig *(Leipziger lerche).*

🍷 ***Eiscafé San Remo*** *(plan B2, **29**) : Nikolaistr 1. ☎ 211-17-72. Avr-oct dès 9h, nov-mars dès 11h.* À deux pas de la Nikolaikirche sous les drapeaux des pays de l'UE. Glaces gargantuesques, cocktails exotiques, tartes aux fruits, cappuccinos...

## Où boire un verre ?

On ne peut pas connaître L.E. (prononcez L.É. : terme branché pour parler avec tendresse de Leipzig) sans avoir fait une vraie tournée des bistrots. Pour boire un verre, il faut en fait connaître quatre noms de rues, où se concentrent les cafés sympas.

– Allez d'abord dans le centre piéton, ce qui a permis aux terrasses de se multiplier. Flânez autour de ***Barfussgässchen*** et ***Klostergasse,*** ruelles où vous chercherez en vain une horloge : celui qui est heureux de vivre ne doit pas voir le temps passer ni chercher à connaître l'heure de fermeture des troquets et restos. La rue doit son nom aux moines qui l'empruntaient pieds nus pour se rendre de la Klostergasse au marché ! Aujourd'hui, les terrasses débordent tellement sur la rue qu'il est très difficile d'y passer... même à pied. Particulièrement recommandés : l'***Hundertwasser,*** au décor inspiré par le style de l'architecte d'avant-garde du même nom, ou encore une adresse musicale :

🍷 ♩ ☕ ***Spizz*** *(plan A2, **40**) : Markt 9. ☎ 960-80-43.* Terrasse touristique et bondée lors des soirées d'été. À l'intérieur, une mezzanine pour s'isoler. Concerts réguliers (blues, rock ou jazz) et généralement payants *(env 9 €). Consulter le programme sur • spizz.org •* Vous pouvez aussi y prendre votre petit déj jusqu'à 18h, on est très indulgent avec les lève-tard ici !

## Où manger ? Où boire un verre un peu en dehors du centre ?

– Un peu excentrée, derrière la Thomaskirche, de l'autre côté du Ring, la ***Gottschedstrasse*** *(plan A2)* rassemble une belle brochette de cafés et boîtes de nuit. Difficile de tous les citer, mais vous devriez jeter un œil au nº 11 au

***Maga Pon,*** un café où l'on boit sa bière tout en faisant sa lessive (eh oui, il y a même des machines à laver). Et les jeunes familles de la ville se retrouvent pour le brunch dominical sur la terrasse du café ***Luise*** *(plan A2,* ***33****)* qui fait le coin avec la Bosestrasse.

– Troisième grand axe, la ***Karl-Liebknecht-Strasse,*** au sud, dans le prolongement du Petersteinweg *(hors plan par B3).* De part et d'autre de cette grande artère se trouvent pas mal de *Kneipen* hautement recommandables, comme le ***Flower Power, Riemanstr 42,*** aux relents des *golden sixties* (fréquents concerts). Ou la ***naTo, Karl-Liebknecht-Str 46,*** cette ancienne maison de rassemblement pour la jeunesse communiste, transformée en café-salle de concert-ciné d'art et essai. Ou encore le ***Puschkin,*** plus bas dans la même rue au n° 76... et qui ouvre dès 9h du mat' ! Soirées thématiques. *• cafepuschkin.de •*

– Pour boire de la *Gose,* cette fameuse bière locale, allez à la ***Gosenschenke, Menckestr 5,*** à deux pas de la maison de Schiller et au nord du zoo.

Enfin, pour sentir l'« ostalgie » qui règne ici, ce grand retour vers les produits, les odeurs, les saveurs du passé, une belle adresse :

■ ***Die Zwanzig :*** *Industriestr 20, dans le quartier de Schleussig.* En fond de décor, tous les souvenirs de la DDR. Demandez au patron de vous sortir son jeu avec les clous et les marteaux...

## Où sortir le soir ?

***Moritzbastei*** *(plan B3,* ***41****) : Universitätsstr 9. ☎ 70-25-90. • moritzbastei.de • Lun-ven dès 10h, sam 12h. Entrée gratuite ou payante suivant le programme des concerts. Intérieur non-fumeurs, cour intérieure pour les accros.* Ce qui reste des anciens remparts (XVIe s) de Leipzig fut aménagé au début des années 1970 par les étudiants en club pour la jeunesse. Aujourd'hui, le « MB » est le plus grand club étudiant d'Europe. Passé les gorilles à l'accueil, c'est un amoncellement de cafés souterrains aux tableaux élégants, de discothèques agitées et de salles de concert. On s'enfonce dans ce labyrinthe de la nuit par palier, histoire de prendre la température. Chaque niveau possède son style musical (rap, rock, r'n'b...) et son DJ. Il y en a pour tous les goûts dans les nombreuses salles du ***Café Barbakane*** et du ***Bierbar Schwalbennest,*** où l'on peut se restaurer en buvant et en écoutant de la musique. Avez-vous remarqué la petite maquette des remparts ? Même en semaine, ce bastion de la fête est le plus souvent assiégé par une jeunesse de tous styles.

***Kabarett Pfeffermühlenclub*** *(plan A2,* ***26****) : Gottschedstr 1, dans la maison Kosmos. ☎ 960-31-96. • kabarett-leipziger-pfeffermuehle.de • Tlj dès 18h.* Pour ceux qui entendent quelque chose à la langue de Goethe, d'intéressants spectacles politiques et satiriques (Leipzig est la capitale des cabarets !). Sinon, le bar est très agréable. Entièrement peint en blanc, avec des bulles poussant un peu partout comme d'étranges excroissances, il oscille entre music-hall des années 1920 et *Orange mécanique* ! Cocktails aux noms sulfureux et clientèle un peu artiste.

***Kulturfabrik Werk II*** *(friche culturelle) : Kochstr 132 (au carrefour de Connewitz). ☎ 30-80-140. • info@werk-2.de • werk-2.de • Tram n° 10, direction Lössnig, arrêt Connewitzkreuz. Lun-ven 12h-18h (résa ticket concerts).*

– Café ***Constanze,*** *lun-ven dès 12h, sam dès 18h et dim dès 10h.* L'ancien *Werk II* de l'usine a été racheté par la ville et transformé en centre culturel avec salles de concerts et de spectacles. Également sur place, cafés et discothèques.

***Oper Leipzig*** *(Opéra ; plan C2,* ***43****) : Augustusplatz 12. ☎ 12-61-261. • service@oper-leipzig.de • oper-leipzig.de • Résas lun-ven 10h-20h, sam 10h-18h.* Moins prestigieux que celui de Dresde, mais on n'a pas à réserver ses places 3 semaines à l'avance ! Spectacles généralement d'une grande qualité, pour des prix bien inférieurs à ceux pratiqués chez nous ! Construit dès 1956 par l'architecte Kunz Nierade et inauguré en 1960 avec l'opéra-comédie *Les Maîtres chanteurs de Nuremberg,* de Wagner. Fini le temps où l'on pouvait voir défiler les *Gretchen* endimanchées pour l'occasion : rangées les robes de mousseline rose ou à grosses fleurs, l'heure est au chic décontracté !

♩ ∞ **Gewandhaus** *(plan B2,* ***44****) :* *Augustusplatz 8. ☎ 127-02-80. • gewandhaus.de • Caisse : tlj 10h-18h sf lun 13h-18h et sam 10h-14h ; aussi 1h avt les concerts.* Un orchestre de renommée mondiale et une salle dont le nom est cher à tous les amoureux du classique. Salle moderne inaugurée pour la troisième fois en 1981 (200 ans après sa fondation) mais à l'acoustique exceptionnelle. Remarquez la curieuse fresque à l'entrée. Les places sont là aussi à des prix très accessibles par rapport à ceux pratiqués en France.

# À voir

## Dans la vieille ville

**Thomaskirche** (plan A2) : *tlj 9h-18h. GRATUIT. Petite brochure en français.* Belle église luthérienne à trois nefs et lieu de pèlerinage des mélomanes : une plaque de bronze posée au pied de l'autel rappelle que Bach fut enterré ici, après avoir été 27 ans durant *Kantor,* c'est-à-dire maître de chapelle et directeur musical de ladite église. Il put ainsi composer en toute tranquillité des centaines de cantates et ses *Passion selon saint Jean* et *Passion selon saint Matthieu.* Mozart lui-même fréquenta cette ancienne abbatiale du XIVe s, y jouant en 1789. Sans oublier Schumann et Mendelssohn, ainsi que Liszt, qui y dirigea sa *Messe de Gran* en 1859. La chorale de garçons de Thomaskirche (qui existe depuis huit siècles) y chante des motets (seulement les vendredi à 18h et samedi à 15h). Concerts d'orgue. L'acoustique est parfaite et l'ambiance émouvante. À droite de l'entrée, dans la sacristie sud, petite expo avec livrets, lettres et instruments contemporains de Bach.

**Altes Rathaus** *(ancienne mairie ; plan B2) : Markt 1. ☎ 149-54-84. Tlj sf lun 10h-18h. Entrée : 6 € ; réduc.* Construit au milieu du XVIe s, l'ancien hôtel de ville est un très bel exemple d'architecture Renaissance en Allemagne, réalisé en un temps record de 9 mois – entre deux foires commerciales – par le maire et architecte de la cour de Saxe, Hieronymus Lotter. Dès la première rénovation en 1756, la tour est prolongée par une construction baroque. Délaissé en 1905 au profit d'un autre bâtiment, il abrite désormais le *musée d'Histoire de la ville* (voir plus loin). Très belle salle de réception de plus de 50 m de long : dès l'entrée, une impressionnante maquette de 25 m² présente la ville de Leipzig au début du XIXe s, salle des armures et du trésor. Évocation de la première bataille de Leipzig en 1547, retables, tableaux, portraits des bourgmestres de la ville, et ceux de Maximilien 1er, Luther, Melanchton. Livres de comptes, monnaies et échantillons de textile proposés lors des foires.

### DE LA MUSIQUE, MÊME EN ROUPILLANT

*Jean-Sébastien Bach avait l'habitude de s'endormir en musique. Chaque soir, un de ses fils, jouait pour lui, après qu'il se soit couché. Un soir, le fils joua du clavecin, mais en eût marre de sacrifier à ce rituel paternel. Voyant son père ronflant, il s'interrompit brutalement sans achever le morceau et quitta la pièce. Bach père, se releva et termina la partition. Puis, il flanqua une paire de claques à son fils au motif qu'il avait manqué de respect à la musique.*

**Neues Rathaus** *(plan A3) : Burgplatz.* Moins beau mais beaucoup plus impressionnant que l'ancien, avec sa tour verte de 110 m de haut, vestige d'un ancien château fort remplacé au début du XXe s par l'actuel hôtel de ville.

**Augustusplatz** *(plan B-C2)* **:** anciennement Karl-Marxplatz. La place est dominée par l'étonnante tour moderne (140 m de haut) de la télévision. Allez prendre un café ou manger un morceau au restaurant panoramique qui la coiffe (prix qui décoiffent, en revanche).

**Sankt Nikolaikirche** *(plan B2)* **:** *Nikolaikirchhof 3. • nicolaikirche-leipzig.de •* Mignonne église romane du XII^e s, rénovée au XVI^e s en style gothique. C'est la plus ancienne de la ville. L'intérieur fut entièrement redécoré en style baroque (immenses chapiteaux en forme de palmiers vert pâle). Mais elle est surtout connue désormais pour avoir été le lieu où la population se réunissait autour du pasteur Christian Führer pour « prier pour la paix » et ensuite le point de départ des grandes manifestations de l'automne 1989, qui ont amorcé le tournant pacifique vers l'unification de l'Allemagne. Sur la place, à gauche de l'église, voir la fontaine de « *la goutte qui fit déborder le vase* » et les traces peintes d'innombrables pieds pour symboliser les milliers d'opposants qui ne pouvaient entrer dans l'église, faute de place. Lire le récit des événements dans le dépliant en français. Des concerts d'orgue y sont donnés le samedi à 17h. Juste en face, la *Specks Hof,* joli passage commerçant du début du XX^e s, entièrement rénové, à l'image de ses sœurs.

## DIFFÉRENCES D'HORAIRES

*En 1989, les réunions de protestation contre le régime communiste se déroulaient le lundi, en fin de journée, dans l'église Saint-Nicolas. Le curé voyait débarquer dès 17h des dizaines d'agents de la STASI bardés d'appareils photo pour identifier les dissidents. Un soir où tous les premiers rangs étaient déjà monopolisés par les flics, le pasteur s'approcha d'eux : « Camarades ce n'est pas la peine d'arriver si tôt, les vrais prolétaires, eux, sont encore au boulot. »*

**Deutsche Bücherei** *(Bibliothèque et musée du Livre)* **:** *Deutscher Platz 1. ☎ 227-12-50. Tram n° 2 ou 16, arrêt Deutsche Bücherei sur Philipp-Rosenthal-Str, Lößnig. Lun-ven 9h-22h, sam 10-18h. Entrée bibliothèque payante.*
Au sud-est de la ville, dans un ancien bâtiment avec beaucoup d'allure, plus de 5 millions de volumes en langue allemande ! À gauche de l'entrée principale, sur trois étages, intéressant *musée du Livre et de l'Écriture.* De très beaux manuscrits chinois, égyptiens, assyriens et arabes. Histoire des signes et de l'imprimerie également.
À proximité, magnifique ***église orthodoxe russe*** au clocher en bulbe d'oignon allongé, construite en 1913 pour rendre hommage aux combattants russes des guerres napoléoniennes. Imposant mur d'icônes. *Ouv 10h-13h15 et 14h-17h (16h en hiver). Don de 1 €/pers recommandé.*



# Les musées

**Museum der Bildenden Künste** *(musée des Beaux-Arts ; plan B1)* **:** *Katharinenstr 10. ☎ 21-69-90. • mdbk.de • Mar et jeu-dim 10h-18h, mer 12h-20h. Fermé lun. Collection : 5 € ; expo temporaire : 6-8 €. Ticket combiné : 8-11 € ; réduc (gratuit pour les moins de 18 ans et pour ts le 2^e mer du mois). Audioguide (2 €) en allemand et anglais.*
Le musée des Beaux-Arts a trouvé sa place définitive dans ce magnifique cube de béton et de verre, dont la monumentalité se révèle agréablement en son sein. Les expositions prennent place à l'intérieur des volumes généreux des salles du musée, ce qui fait dire aux habitants qu'on n'a pas lésiné sur la facture de chauffage : les collections de peinture, d'art graphique et de sculpture, œuvres du XV^e s à nos jours occupent – sans logique chronologique – les trois étages supérieurs, tandis que le sous-sol accueille les expos temporaires. Beaucoup de

*Maîtres anciens* connus et reconnus : Van der Weyden, ***Hans Baldung Grien*** (les sept âges de la femme), Cranach père et fils (bel ensemble de 18 tableaux), ***Carl Caspar Friedrich, Böcklin,*** De Chirico, de petits chefs-d'œuvre d'Anton Graff ou de Tischbein, et, plus près de nous, Corot, Henri Fantin-Latour et quelques autres Français de l'école de Barbizon, Daubigny, Monet et Théodore Rousseau. L'enfant du pays, ***Max Beckmann,*** est en bonne place, ainsi que de nombreuses œuvres réalisées par des artistes de l'ex-RDA. L'école de Leipzig actuelle est présentée au dernier étage : tableaux de grands formats de ***Richter,*** Scheibitz et Neo Rauch qui ne sont pas non plus des inconnus. N'oubliez pas, pendant la visite, d'arpenter les escaliers ou même de prendre l'ascenseur, incroyablement spacieux : ils servent également de lieux d'exposition, et pas si incongrus que ça...

À signaler, pour finir, le *café-resto* du rez-de-chaussée, où l'on mange de petits plats à prix imbattables *(autour de 5 €),* pour se remettre de ses émotions en consultant les catalogues achetés à la boutique du musée. Terrasse couverte où l'on prend place sous le regard d'une statue de David assez intimidante...

***Bach-Museum*** *(plan A2) : Thomaskirchhof 16. ☎ 91-37-202. • bach-leipzig.de • Tlj sf lun 10h-18h. Entrée : 8 €, réduc. Audioguide en français.* Contrairement à ce que l'on pourrait croire, le musée n'est pas installé dans l'ancienne maison du Maître, mais dans celle d'un de ses amis, le commerçant Bose. Jean-Sébastien habitait en face, dans l'école jouxtant son lieu de travail. Grâce aux technologies multimédias interactives, installées en 2010, c'est le lieu rêvé pour en savoir plus sur cet organiste né en 1685 à Eisenach, qui dirigea l'orchestre du prince Léopold d'Anhalt, à Cöthen, avant de venir s'installer à Leipzig en 1723. Il y restera jusqu'à sa mort en 1750, laissant derrière lui des œuvres d'une grande richesse d'inspiration : suites, sonates, concertos (dont les fameux *Brandebourgeois*), fugues, œuvres pour clavecin... Certains de ses fils (Carl Philipp Emanuel et Johann Christian, notamment) se révélèrent particulièrement brillants (son arbre généalogique nous apprend que sur les 20 enfants conçus par ses deux femmes, 10 n'ont pas dépassé la petite enfance !). En plus des instruments d'époque, manuscrits, portraits, meubles et costumes de travail de J.-S. Bach sont exposés dans cette jolie maison. La pièce maîtresse étant la salle du trésor où sont exposées les partitions originales manuscrites. Les enfants s'amuseront à poser leurs oreilles (une à la fois) sur les tuyaux.

### TOUJOURS PRÊT

*On ne peut manquer la statue de Bach qui fait face à l'entrée de l'église Saint-Thomas. En observant bien le costume du maître, vous remarquerez un bouton du gilet dégrafé. Ce n'est pas un oubli du sculpteur mais bien une habitude que Bach maintenait pour pouvoir glisser le rouleau de partitions lorsqu'il s'installait à l'orgue. Assis devant son clavier il ne pouvait pas garder les papiers dans sa poche arrière. Vérifiez sur la statue... la poche de pantalon est ouverte, mais vide.*

***Grassimuseum*** *(plan C2) : Johannisplatz 5-11. ☎ 22-29-100. • grassimuseum.de • Tlj sf lun 10h-18h. 3 musées en un seul. Entrée combinée : 15 € pour les 3 musées et 12 € pour 2 ; sinon, nous vous indiquons le prix par musée ; entrée gratuite jusqu'à 16 ans. Audioguide 1 €. Cafétéria ouv aux mêmes heures.* Même vos enfants peuvent vous accompagner.

– ***Museum für Musikinstrumente*** *(musée des Instruments de musique) : ☎ 973-07-50. Entrée : 6 € ; réduc.* Avec ses 5 000 pièces, c'est le plus grand musée de ce type après celui de Bruxelles. Instruments de musique d'Europe et d'ailleurs, du XVIe s au XXe s. La visite commence au rez-de-chaussée. Un petit écran permet d'écouter le son des instruments exposés. Magnifique clavecin de 1580, aux pieds de lion, clavecin rouge aux délicats motifs chinois, on est à la frontière des arts musicaux et décoratifs. Découvertes insoupçonnables, comme ce clavier dont les cordes sont à la verticale. Au 1er étage, une idée géniale pour les plus petits (et les plus grands) : on peut essayer divers instruments historiques (enfin, leurs copies fidèles...) tels clavecins, orgues, gongs et d'autres plus loufoques. On vous prévient, vos enfants auront du mal à lever le camp !

– ***Museum für Völkerkunde*** *(musée d'Ethnologie) :* ☎ *973-19-00. Entrée : 8 ; réduc €.* Une visite étonnante, qui couvre la majeure partie des civilisations de la planète. Un patrimoine exhaustif. Impossible de toute décrire ici, mais voici un aperçu :

***1er étage :*** *Asie, Europe et Orient.* Dans la section Thaïlande, belle série de bouddhas aux yeux clos, visiblement en route vers le nirvana. Voir aussi les bouddhas en bronze, aux robes finement ciselées. Magnifique théâtre d'ombres javanais. Dans la section Inde, ne pas rater Ganesh aux cinq têtes d'éléphant, un avatar étonnant. Plus loin, le bruit du *Ôm* tibétain vous plongera en pleine méditation. Également sections japonaise, perse, turkmène... On a beaucoup aimé les reconstitutions de villages et de maisons traditionnelles, de l'Inde à la Sibérie.

***2e étage :*** *Afrique du Nord et Afrique noire, Amériques.* Tente de bédouin avec son puits, section Éthiopie à couper le souffle (brrr, ces armes liturgiques...). Un autel vaudou de Bahia, au Brésil, heurtera sans doute les âmes sensibles. Voir aussi les masques des Indiens du Canada, conçus pour provoquer la peur, et les kayaks esquimaux.

***3e étage :*** bijoux d'Iran et du Caucase.

– ***Museum für Angewandte Kunst*** *(musée des Arts décoratifs) :* ☎ *22-29-100. Entrée : 5 € ; réduc.*

Après rénovation totale et modernisation du bâtiment, le musée des Arts appliqués et de l'Artisanat d'art a rouvert ses portes en 2007. C'est le deuxième musée le plus ancien du genre (1874) en Allemagne et parmi les plus importants en Europe : textiles, céramiques, porcelaines, meubles, verres, métaux nobles et communs, objets en bois ou en pierre, étains à fin décorative ou domestique, mais aussi outils et appareils divers.

De l'Antiquité jusqu'au design du XXe s, les grands courants décoratifs sont ici représentés. Objets domestiques de l'époque mérovingienne (plutôt rare). Masques déroutants de comédie antique. Service de table baroque (avec huîtres et homards !) et, bien sûr, inévitable porcelaine de Meissen. Tous les ans a lieu au mois d'octobre une exposition, sous le nom de *Salon Grassi,* qui tient lieu de forum international pour les arts appliqués contemporains et le design expérimental.



***Stadtgeschichtliches Museum*** *(musée d'Histoire de la ville ; plan B2) : Markt 1.* ☎ *965-130.* ● *stadtgeschichtliches-museum-leipzig.de* ● *Tlj sf lun 10h-18h. Entrée : 6 €. Audioguide.*

Sous les combles du Altes Rathaus l'expo permanente ***Les Temps modernes*** déroule 200 ans d'histoire de la ville, à partir de la révolution de 1848 jusqu'à la révolution pacifique de 1989. Au moyen de mobilier, d'objets, de costumes, d'uniformes, de photos, de documents sonores ou filmés et de mises en scènes spectaculaires (les manifs de 1989), ce parcours à travers l'histoire de Leipzig rend compte de manière magistrale de tous les soubresauts et les drames d'une ville autrefois au faîte de la prospérité et renommée comme ville du commerce (les foires) et de l'édition, réduite en cendres durant la Seconde Guerre mondiale, puis figée sous le régime communiste. Un concentré en quelque sorte de l'histoire allemande contemporaine.

L'expo démarre autour de 1830 avec les tableaux de paysages urbains encore peu transformés par la révolution industrielle. Suit la période 1850-1871 qui voit le développement des idées libérales et le début de l'émancipation sociale des classes défavorisées. Sous l'autoritarisme du IIe Reich (1871-1918), Leipzig devient un centre économique florissant, mais paie son tribut à l'aventurisme militariste du Kaiser.

Sous la république de Weimar (1918-1933), Leipzig connaît l'agitation politique fomentée par les extrémistes de droite et de gauche, mais profite de l'effervescence

des Années folles puis de connaître les affres de la récession économique et de la grande dépression (voir la robe en billets de banque), avant de se retrouver sous le joug nazi. La période brune se termine par les destructions massives des bombardements (notamment pour détruire les imprimeries qui publiaient la propagande du régime) et par l'arrivée des troupes américaines en avril 1945 (photos de Robert Capa et Lee Miller), qui transmettent l'administration de la ville aux soviétiques 3 mois plus tard en vertu des accords passés à Yalta. La ville accueille un million de réfugiés.
À partir de 1949, Leipzig joue, au sein de la RDA, le rôle d'une ville de première importance tant du point de vue politique qu'économique, mais sa population, logée dans d'immenses et mornes complexes immobiliers en préfabriqué est soumise à la surveillance implacable des services de la Sécurité intérieure, surtout après les émeutes ouvrières de 1953 (reconstitution d'un intérieur de HLM). À la fin des années 1980, des milliers de citoyens est-allemands fuient le pays via la Hongrie, qui a ouvert ses frontières, pendant que ceux qui sont restés osent affronter le pouvoir vacillant lors de gigantesques manifestations pacifistes (impressionnante rangée de policiers anti-émeutes). 1990 voit la réunification allemande et le début du renouveau de Leipzig comme foyer de culture, de commerce et de liberté.

**Ägyptisches Museum** *(musée d'Art égyptien ; plan B2)* **:** *Schillerstr 21. ☎ 973-70-15. • gko.uni-leipzig.de • Tlj sf lun 13h-17h, w-e 10h-13h. Entrée : 5 € ; réduc. Brochure en français.* Petit musée géré par l'université voisine et installé ici temporairement au 1er étage. Quelques belles pièces dont certaines assez étranges et inattendues comme cette momie avec un portrait peint très réaliste. Nombreux autres sarcophages et petites sculptures d'animaux ou de personnages en terre et bronze.

***Musée du Café*** *(plan A1,* ***28****)* **:** *dans les étages du* Zum Arabischen Coffee Baum *(voir plus haut « Où boire un café ? »). GRATUIT. Audioguide en français 1 €.* Ce petit musée, niché dans un noble édifice baroque, illustre l'importance de la culture du café aux XVIIIe s et XIXe s. Explications en anglais et odeur de café. Services et moulins à café et une chouette estampe turque sur laquelle cet or noir est servi dans une piscine, sur des plateaux flottants.

**Stasimuseum** *(Museum in der « Runden Ecke » ; plan A1-2)* **:** *Dittrichring 24. ☎ 961-24-43. • runde-ecke-leipzig.de • Tlj 10h-18h. GRATUIT. Visite guidée en allemand tlj à 15h : à partir de 5 pers, 5 € ; réduc. Audioguide 3 €. Visite en français : possible slt à partir de 20 pers, se renseigner. Explications en allemand, mais objets et photos parlent le plus souvent d'eux-mêmes.* Exposition permanente très bien faite sur la « Stasi », diminutif pour « Staatssicherheit » (sécurité d'État du régime de RDA), dans les lieux mêmes où cette police secrète a exercé.
L'expo s'ouvre, au rez-de-chaussée, avec les manifestations de l'automne 1989 (photos, casques et matraques de police...). Devant ce bâtiment se réunirent, le 4 décembre, de nombreux protestataires. À l'étage, différentes sections pour une immersion totale dans le quotidien de la Stasi. Des faux tampons aux uniformes, tous les objets sont d'époque. Réplique exacte d'un bureau d'un employé (rien n'y manque) et d'une cellule de prisonnier. Instruments ingénieux et faits maison : machines pour ouvrir le courrier et même une conserve d'odeurs ! Si cela frôle le film d'espionnage, c'est bien la réalité d'une surveillance de tous les instants qui se dévoile ici. Embrigadement de la jeunesse (habits de pionniers, sport, exercices militaires en rase campagne...). L'expo permanente s'appelle « Pouvoir et Banalité » : à méditer tout simplement.

### LA STASI, NAUSÉABONDE ?

*Lors des interrogatoires, les policiers plaçaient discrètement une étoffe sous les fesses de l'interpellé, afin de garder une empreinte olfactive pour les chiens. Après 1989, on découvrit dans les archives de la police politique des milliers de bocaux en verre, méticuleusement rangés, contenant ces tissus odorants.*

Le dernier week-end du mois, le bunker de la Stasi, sous le bâtiment, est ouvert au public *(13h-16h)*. Construit entre 1968 et 1972, il constituait un centre de commandement replié en cas de guerre avec l'Ouest.

### *Au sud-est du centre-ville*

**Völkerschlachtdenkmal** *(monument de la Bataille des Nations)* **:** *Pragerstr. Tram nº 15 direct de la gare. Tlj : avr-oct, 10h-18h ; nov-mars, 10h-16h. Entrée avec le musée : 6 € ; réduc. Audioguide en français payant.*
C'est près de Leipzig que se déroula du 16 au 19 octobre 1813 (donc après la retraite de Russie) un épisode particulièrement sanglant des guerres napoléoniennes : un demi-million de soldats prussiens, autrichiens et suédois affrontèrent les troupes de l'Empereur à proximité d'un village aux portes de la ville. Le sort de l'Europe du XIXe s s'y joua et la bataille constitua un acte fondateur du nationalisme allemand.
Voulu par Guillaume II et inauguré à la date symbole de 1913, voilà un étrange et imposant monument, élevé en souvenir des 120 000 morts de cette « boucherie » et de la victoire sur l'envahisseur français. On peut gravir les 364 marches pour admirer la vue sur Leipzig et ses environs du haut des 91 m du monument (ascenseur payant pour les 195 premières marches !).
– ***Forum 1813* :** petit musée attenant, en face de la billetterie, expliquant le contexte historique puis, à l'aide de maquettes assez réalistes, reconstituant les combats. Également documents et vitrines d'armes et uniformes.

## DANS LES ENVIRONS DE LEIPZIG

### *NAUMBURG*

Cette petite ville historique, évêché dès 1028, offre l'une des plus jolies places de la région. Ses façades et ses portes ornées rappellent la richesse brassée par les foires au Moyen Âge. Mais si on fait étape à Naumburg, c'est d'abord pour sa cathédrale, qui doit ses riches décorations au « maître de Naumburg », un tailleur de pierre qui n'a pas laissé de nom à la postérité. Autre curiosité : la maison où vécut Nietzsche, aménagée en musée. La ville se trouve par ailleurs sur la route du Vin de la Saale, avis aux amateurs !

#### Adresse utile

***Office de tourisme* :** *Markt 6, sous l'église Sankt Wenzel. ☎ 27-31-24. • naumburg-tourismus.de • Lun-ven 9h-18h, sam 9h-16h (14h nov-mars) et dim 10h-13h (fermé nov-mars).* Plans et infos sur les hébergements.

LEIPZIG

#### Où manger ?

***Café Kanzlei* :** *Markt 9/10. ☎ 699-07-73. • cafe-kanzlei.de • Tlj 10h-minuit (22h en basse saison). Plats 7-12 €.* L'un des restos les plus abordables de la place, en particulier pour sa *Bratwurst* avec pommes de terre et choucroute acidulée. Fondantes asperges en saison. Terrasse très agréable aux beaux jours. Soirées thématiques le week-end.

### À voir

**Dom St Peter und St Paul :** *Domplatz 16/17. ☎ 23-01-10. • vereinigtedomstifter.de • naumburger-dom.de • Lun-sam 9h-18h (16h en hiver), dim à partir de 12h. Entrée : 6,50 €. Audioguide en anglais et allemand. Feuillet explicatif en français. Pour une visite guidée (10h-14h-17h) surtout en français, se renseigner à* *l'avance au ☎ 23-01-10. • fuehrung@naumburger-dom.de •* Un art roman tardif au sommet de sa force expressive, voilà ce qu'offre l'intérieur de la cathédrale. Conception originale à double chœur et donc à double jubé. L'occidental date de 1250. Sur les chapiteaux, les décorations de fleurs et de feuilles sont réalisées avec une précision étonnante. De la vigne au châtaignier, elles sont le résultat d'une observation attentive de la nature. Sur le jubé court une série de fresques relatant la vie du Christ (Cène, arrestation, jugement...). Les statues témoignent d'une expressivité rare pour le Moyen Âge. Dans le chœur, elles représentent les fondateurs de l'église, parmi lesquels l'énigmatique Ekkehard et la souriante Reglindis. Les vitraux d'origine sont les plus foncés, vous les repérerez facilement... Lors de votre passage, il est possible que certaines parties soient partiellement cachées par des bâches (travaux de rénovation), mais des écrans vidéo permettent d'en d'admirer les détails. Dans la nef, chaire de 1466, dont les trois bas-reliefs, à gauche, sont d'origine. Y figurent le pape Grégoire le Grand, l'évêque Augustin et le Christ découvrant le Temple à l'âge de 12 ans. Le jubé oriental, qui date de 1230, est le plus ancien conservé en Allemagne. Les petites maisonnettes en bois abritaient les écrits sacrés au XIVe s. En dessous, la crypte rassemble les éléments d'origine du Dom ; bel alignement de colonnes cannelées et acoustique irréprochable !

**Nietzsche-Haus :** *Weingarten 18. Au sud-est du centre historique, près des fortifications. ☎ 20-16-38. • mv-naumburg.de • Tlj sf lun 14h-17h, w-e 10h-17h. Entrée : 3 €.* C'est dans cette maison que Nietzsche passa la majeure partie de son adolescence. La vie du philosophe y est aujourd'hui documentée à travers un musée. Les nazis accapareront son œuvre jusqu'à en falsifier plusieurs passages. Prémonitoire, il déclarait, en cette fin de XIXe s : « Il n'est vraiment pas en Allemagne de clique plus effrontée et plus stupide que ces antisémites. Cette racaille ose avoir dans la bouche le nom Zarathoustra. Dégoût ! Dégoût ! Dégoût ! ».

# SAXE-ANHALT

**Entre Saxe et Basse-Saxe, le Land de Saxe-Anhalt est de création récente, puisque c'est à la suite de la réunification de 1990 qu'il fut créé en Land autonome avec Magdebourg pour capitale. Une capitale qui a bien changé, durant ce dernier quart de siècle... Depuis la réunification, c'est la Saxe-Anhalt qui a attiré le plus de capitaux étrangers. Les amoureux de la nature iront gravir le Brocken, haut de 1 141 m, au sommet duquel, selon la légende, dans la nuit de Walpurgis (veille du 1er mai), les sorcières se réuniraient pour danser. L'Elbe y coule sur une longueur de 300 km, des coteaux de vignes de la Saale et d'Unstrut, la région viticole la plus septentrionale d'Allemagne, jusqu'à l'Altmark au nord, en passant par les bassins industriels de Halle et Bitterfeld.**



## MAGDEBURG (MAGDEBOURG)

230 000 hab. IND. TÉL. : 0391

**La capitale du Land de Saxen-Anhalt se présente avec un slogan prometteur : *Magdeburg überrascht* (« Magdebourg surprend »). Elle peut surprendre**

**effectivement, déranger même ceux qui la découvrent au cœur de l'été, avec ses bâtiments vides, ses nouveaux quartiers qui semblent s'étendre indéfiniment, ses vélos qui filent en direction du fleuve, là où tout se passe aujourd'hui, plus que dans un centre qu'on a du mal à trouver.**
**Magdeburg n'est pas une ville où les touristes restent bien longtemps. Les plus sportifs y arrivent par le train, emportant leur vélo, pour des échappées dans une campagne qu'on aurait du mal à qualifier de riante.**
**Il suffit en fait de traverser l'Elbe pour se retrouver au vert en quelques minutes seulement, dans les immenses parcs de *Rotehorn, Elbeauenpark* ou *Herrenkrug.* Magdeburg peut étonner par la diversité des témoignages de son histoire mouvementée : de l'imposant *Dom St Mauritius und St Katharina* à la postmoderne *Grüne Zitadelle.* Choquer aussi lorsque l'on découvre l'ancien monastère *Unser Liebe Frauen,* sensible témoignage d'art roman au milieu de barres d'immeubles un peu tristes, construites dans l'urgence de l'après-guerre.**
**Et la visite ne serait complète sans avoir pris un verre près de l'*Hasselbachplatz,* plaque tournante de la vie nocturne, où l'on rencontre des jeunes gens aux visages aussi fatigués que les façades baroques de certains immeubles du quartier. Ici traînent quelques-uns des militants nostalgiques et tatoués qui ont pu donner de ce coin d'Allemagne une vision à l'opposé du mode de vie berlinois.**

## UN PEU D'HISTOIRE

Le nom de « Magadobourg » apparaît en 805 : située à l'intersection de grandes routes marchandes et de l'Elbe, la ville prend rapidement de l'importance sous Othon Ier, le premier empereur allemand. La cathédrale Saint-Maurice est détruite par un incendie en 1207 : le Dom actuel la remplace, après 300 ans de travaux.

> **À RESTER SCOTCHÉ**
>
> *L'expérience des « hémisphères de Magdebourg » eut un grand retentissement : Otto von Guericke, bourgmestre de la ville, démontra en 1654 la force de la pression atmosphérique, après avoir attelé deux chevaux pour séparer, sans succès, deux sphères à l'intérieur desquelles il avait fait le vide à l'aide d'une pompe.*

Fief protestant, la population de Magdebourg est massacrée par les mercenaires catholiques du général Tilly en 1631, dans un épisode sanglant de la guerre de Trente Ans. La ville brûle à nouveau.
En janvier 1945, la ville est détruite une nouvelle (et dernière) fois par une attaque aérienne particulièrement violente.
En perpétuelle mutation depuis la réunification de 1991, la ville se refait une beauté, côté fleuve, tandis que les *trekkeurs* urbains photographient les façades de l'après-guerre, derniers témoins d'un temps que les plus jeunes aimeraient bien oublier.

## Comment se repérer ?

Magdebourg présente l'avantage d'être peu étendue, si l'on veut bien faire abstraction de ses vastes faubourgs : en partant de la gare et en direction de l'Elbe, on emprunte la majestueuse avenue ***Ernst-Reuter-Allee*** qui partage le centre historique en deux (l'office de tourisme se trouve à mi-chemin sur cette frontière symbolique). D'un côté, le quartier autour du ***Dom,*** et de l'autre, l'***Alter Markt,*** avec la statue d'*Otto Ier* et le monument de l'autre célèbre Otto, *Otto von Guericke,* ancien bourgmestre et génial démonstrateur des effets du vide (voir son expérience des « demi-sphères magdebourgiennes »). Une fois au bord de l'***Elbe,*** au pied des remparts de la ville, il suffit de boucler le tour historique en remontant le ***Breiter Weg*** où sont encore visibles quelques façades baroques rescapées des bombardements de janvier 1945 et l'incroyable gothique tardif du bureau de poste. Arrêt en chemin pour découvrir les deux vraies curiosités de la ville : le ***Kloster Unser Lieben Frauen*** – monastère transformé en musée d'art contemporain – et la ***Grüne Zitadelle,*** la dernière réalisation de l'artiste Hundertwasser, qui apportent chacun à sa manière la touche finale, visionnaire et originale.

## Adresses et info utiles

**Tourist-Information :** *Ernst-Reuter-Allee 12. ☎ 83-80-402. • magdeburg-tourist.de • Nov-mars, lun-ven 10h-18h, sam 10h-15h ; avr-oct, lun-ven 10h-18h30, sam 10h-16h. Résas de chambres d'hôtel ou chez l'habitant : ☎ 194-33.* Documentation en français et plan de la ville, infos sur restos et bars. Bon accueil, anglophone.

– ***Magdeburg Tourist Card :*** *valable 2 j. pour 14,90 €/pers env.* Idéale pour découvrir la ville à petits prix, circuler librement dans les transports en commun et disposer d'un libre accès aux visites guidées de la ville et à ses monuments et musées.

**Gare ferroviaire :** *la gare centrale **(Hauptbahnhof)** se trouve en bordure de l'Altstadt, le centre-ville. Attention à ne pas descendre à la gare de Neustadt.* Un plan mural de la ville ainsi que de nombreux petits panneaux d'orientation se trouvent sur la place de la gare.

■ **Location de vélos : *bioBistro im Hundertwasserhaus,*** *Breiter Weg 8a. ☎ et fax : 59-77-631. Tlj 9h-19h.* Vous ferez d'une pierre deux coups en vous rendant directement dans la *Grüne Zitadelle* pour une visite de l'intérieur et pour y emprunter l'un des vélos proposés à la location *(6 € pour 4h, 10 €/j.).* Accueil chaleureux dans ce bistrot et épicerie bio : prenez au passage un pique-nique (au pain complet !) à ficeler sur le porte-bagages de la bicyclette. Pas de site.

## Où dormir ?

### Auberge de jeunesse

***Jugendherberge Magdeburger Hof :*** *Leiterstr 10. ☎ 53-21-010. • magdeburg@jugendherberge.de • jugendherberge-in-magdeburg.de • Carte AJ obligatoire. Compter env 22,50 € la nuit, draps et petit déj compris (3 € en sus pour les plus de 27 ans). Majorations possibles en été. Réduc familles. Ascenseur.* L'auberge de jeunesse se trouve dans un bâtiment moderne et coloré, en plein cœur de la ville mais dans une zone piétonne et calme. Dortoirs basiques et propres, avec lits superposés. Sanitaires nickel (douches et w-c séparés).

### De prix moyens à plus chic

***InterCityHotel Magdeburg :*** *Bahnhofstr 69. ☎ 59-620. À 50 m sur la droite en sortant de la gare. • magdeburg@intercityhotel.de • intercityhotel.com/en/Magdeburg • Doubles avec douche et w-c 60-110 € avec petit déj, selon saison et j. d'arrivée, voire selon taux d'occupation. Parking 10 €.* Confort standard pour cet hôtel orienté business destiné avant tout aux voyageurs arrivant par le train. Chambres petites mais fonctionnelles. Les sommeils légers choisiront plutôt les chambres côté rue que celles donnant sur la gare ! Petit plus : le très beau buffet du petit déj, et les bus et trams gratuits avec la carte donnée par l'hôtel. Réception anglophone très professionnelle et serviable.

***ArtHotel in der Grünen Zitadelle :*** *Breiter Weg 9. ☎ 62-0780. • info@arthotel-magdeburg.de • arthotel-magdeburg.de • Doubles 110-150 € selon catégorie. Petit déj payant. Sauna gratuit. Parking 11 €.* Hôtel à l'architecture très spectaculaire, réalisé d'après les plans de l'artiste autrichien Friedrich Hundertwasser, connu pour son goût des formes rondes et généreuses : la *Citadelle Verte* est en fait plutôt rose fuchsia et chaque chambre est dotée d'une salle de bains au carrelage décomposé assez fou – on peut faire la comparaison avec le génial Catalan Gaudí. Une quinzaine de chambres disposent d'une terrasse avec les colonnes-arbres dessinées par le maître. Dans la nº 35, l'une d'elles se retrouve même dans la salle de bains. Séjour assurément inoubliable pour tous les amateurs de kitsch chic !

**Plaza Hotel :** *Halberstädter Str 146-150. ☎ 60-510. • info@plazahotelmagdeburg.de • plazahotel magdeburg.de • Tram nº 10 : station Ambrosius Platz. Doubles 70-120 € avec petit déj ; réduc le w-e. Parking gratuit de l'autre côté de la rue.* Malgré ses 4 étoiles, ce n'est pas un hôtel de luxe, mais néanmoins un établissement fort agréable et confortable. Chambres disposées autour d'une grande cour intérieure, où il fait bon prendre le petit déj en saison (et pourquoi pas dans l'une des petites cabines de plage de la Baltique ?). Excellent petit déjeuner et très bon accueil.

## Où manger ?

### Prix moyens

**Wenzel Prager Bierstuben :** *Leiterstr 3. ☎ 544-66-16. Tlj 11h-23h. Plats env 9-13 €.* Situé en zone piétonne, à quelques pas de la *Grüne Zitadelle*. Dans cette auberge néomédiévale, dédiée au roi de Bohême Venceslas, la cuisine est résolument tchèque, de la *Kulajda,* soupe traditionnelle de champignons, jusqu'au *Berechovka* en guise de digestif. Excellent goulasch, avec *Knedlik* frais. Lumière tamisée à la bougie le soir. Service aimable et rapide.

**Le Frog :** *Heinrich-Heine-Platz 1 (dans le parc Rotehorn). ☎ 531-35-56. • info@lefrog-md.de • Lun-ven 9h-minuit, sam 10h-minuit, dim 10h-22h. Menus à partir de 21,50 €. Prix moyens à la carte 12-15 €. Brasserie le jour, agréable lounge musical et cocktails le soir, petit déj lun-ven 9h-12h (6,90 €), w-e brunch 10h-4h30 (18,90 €).* Grande terrasse en bordure d'un petit lac, qui a connu des heures difficiles lors des inondations de 2013. Aujourd'hui, tout est rentré dans l'ordre, et les brunchs dominicaux ont toujours la faveur des habitués. Du poisson, ainsi que des plats régionaux.

**Porten :** *Otto-von-Guericke-Str 64. ☎ 506-8893. Lun-ven 12h-minuit, sam 17h-minuit, dim 10-minuit. Plats 10-15 € (pâtes à partir de 6 € pour les plus fauchés).* Henny Porten fut une star du cinéma muet en Allemagne : cela tombe bien car on rencontre toujours dans ce chaleureux café-resto les acteurs contemporains du théâtre voisin. Cuisine aux accents italo-méditerranéens avec d'étonnants mariages Nord-Sud, pour faire couleur locale. Ambiance chic en noir et blanc. Grande terrasse arborée l'été. Service prévenant.

## Où boire un café ou un verre ? Où sortir ?

Plus de 25 cafés et restos autour de la *Hasselbachplatz* : c'est là que vous finirez forcément par revenir après avoir erré dans une ville qui ne manque pas de repaires, pour les habitués, mais qui peut surprendre ceux qui n'ont pas de... repères. L'été, rien ne vous empêche sinon de traîner le long du fleuve, à la recherche d'une glace ou de l'âme sœur.

**Café « Alt Magdeburg » :** *Breiter Weg 8a. ☎ 582-354. Tlj 10h-18h.* Niché dans la *Citadelle Verte* (lire « À voir. Hundertwasser-Haus »). La terrasse intérieure du café permet d'admirer la cour principale de cette étonnante maison. Une fois n'est pas coutume, on vous conseille d'aller faire un tour aux toilettes, entièrement décorées dans l'esthétique du maître Hundertwasser (demander un jeton, puis c'est à gauche, derrière la colonne bleue).

**Y3 :** *Keplerstr 5. ☎ 662-36-50. Tlj*

*jusqu'à 1h (3h ven-sam).* Certainement le plus stylé des bars du quartier *« zum Hassel »,* fauteuils en cuir blanc, écrans vidéo sur les murs (avec clips des années 1980, c'est tellement tendance...). Une déco classique (lustres, stucs muraux) mâtinée de tableaux pop-art pour une atmosphère gentiment décalée. Malgré les inévitables reflets de la boule argentée, c'est plus un bar qu'un club et on n'y danse pas vraiment (mais ce n'est pas interdit !). Musique house et fusion. Bar à cocktails. Plus animé en fin de semaine.

## À voir

*** **Magdeburger Dom** *(cathédrale des Saints-Catherine-et-Maurice)* **:** *Domplatz. ☎ 541-04-36. ● magdeburgerdom.de ● Lun-sam : mai-sept, 10h-18h ; avr et oct, 10h-17h ; nov-mars, 10h-16h ; dim tte l'année slt à partir de 11h30. Entrée gratuite. Visites guidées (slt en allemand et anglais) tlj à 14h ; dim à 11h30 et 14h ; 3 €. Petit fascicule en français 1 €.*

La cathédrale est le symbole de la ville et cumule les superlatifs : première cathédrale gothique d'Allemagne, la plus haute de l'ex-RDA avec ses deux tours de près de 100 m chacune et, plus récemment, la première église à s'équiper en énergie solaire ! La construction aura duré 300 ans, maintes fois arrêtée puis reprise ; pillée, détruite. Napoléon, de passage et comme à son habitude, en fit un grenier et une écurie pour ses troupes. Elle brûla la dernière fois le 16 janvier 1945, sous la violence des bombardements alliés. Elle est en rénovation depuis 1983.

À voir : la tombe de l'empereur Othon Ier en marbre, mais surtout les statues de saint Maurice en cotte de mailles (première description réaliste d'un Africain dans l'art européen, en 1250 !) et sainte Catherine. Également les deux groupes sculptés des vierges sages et folles, toujours de 1250, actuellement exposés sur la partie occidentale du chœur. À côté, la synagogue est représentée par une femme aux yeux bandés, symbole de l'aveuglement face au Christ ; une imagerie récurrente dans l'art médiéval en Occident. En vis-à-vis, l'église pointe une tour vers le ciel. Près du portail du Paradis (au bout à gauche de la nef) se trouve la sculpture dédiée aux morts aux combats de la Première Guerre mondiale de l'artiste Ernst Barlach. Réalisée en 1929 et placée à l'origine à l'entrée, elle constitua le point de ralliement des *manifestants du lundi* de 1989, manifestations qui jouèrent un rôle significatif dans la réunification allemande. Allez aussi faire un tour dans le jardin du cloître (partie sud du transept). Il est entouré d'une belle galerie, dont les nombreuses ouvertures en arcade invitent à la méditation. Accès à la crypte, mais rien de spécial à signaler de ce côté-ci.

*** **Hundertwasser-Haus :** *Breiter Weg 8-10. ☎ 544-560. ● gruene-zitadelle.de ● Tlj 10h-18h. Slt en visite guidée, slt en allemand (☎ 62-08-655). 3 visites en sem, à 11h, 15h et 17h ; le w-e, ttes les heures 11h-17h. Durée : 1h. Prix : 6 €. Tickets et début du tour au centre d'information (dans la cour à gauche du café).*

La vision d'un artiste avec ses doutes et ses obsessions : on ne retrouve pas deux fois le même élément d'architecture, que ce soit une fenêtre, une colonne en céramique ou un robinet. Une œuvre d'art architectonique tout à fait originale et sans angles droits, en opposition à l'« océan de béton » de Magdebourg : la ***Grüne Zitadelle*** *(Citadelle Verte)* sera l'une de ses dernières réalisations, une « oasis pour l'Humanité et la Nature dans une mer de maisons rationnelles », inaugurée le 3 octobre 2005 sans Friedrich Hundertwasser, décédé en 2000.

La visite guidée vaut le coup, à condition que vous compreniez l'allemand. Il n'y a pas d'autre moyen de visiter les intérieurs (si ce n'est de passer par l'hôtel). Ensemble multifonctionnel (hôtel, bureaux, lieu d'habitat...), la Citadelle Verte obéit à une démarche philosophique : celle d'une « architecture vivante ». Impressions d'inclinaison, formes arrondies, tout rappelle la parfaite imperfection de la nature. Le sol, qui ne rejoint jamais les murs en angle aigu, doit masser les pieds. Les traînées de pierre grise évoquent l'écoulement de la pluie et l'étanchéité de la maison.

Si les colonnes symbolisent les arbres, ces derniers sont également locataires : dans certains appartements, l'un d'eux pousse à travers la fenêtre. Il paie son loyer par l'oxygène qu'il fournit et par son action contre la poussière ! Au lieu de froids numéros, les places de parking sont marquées par des plaques en céramique ornées de logos et réalisées par des étudiants en art. La visite des intérieurs permet de mieux voir les toits en terrasses (le premier niveau abrite une école maternelle) et d'admirer les étonnants sanitaires, en céramiques décomposées.

*Kunstmuseum Kloster Unser Liebe Frauen* (musée d'art contemporain) : *Regierungsstr 4-6. ☎ 56-50-20. • kunstmuseum-magdeburg.de • Tlj sf lun 10h-17h (18h le w-e). Entrée : 4 € ; réduc.* Expositions temporaires et pertinentes sur la jeune création internationale. C'est une drôle de surprise de se retrouver devant des œuvres d'art modernes et contemporaines (issues de la collection de l'ex-RDA) à l'intérieur d'une abbaye du XIe s et le plus ancien édifice de la ville. Les sculptures et bronzes de la collection, eux, se trouvent à l'extérieur des bâtiments, ce qui permet de faire une nouvelle fois le tour de l'édifice et de profiter de son architecture spectaculaire.
Petite pause dans le ***Klostercafé*** situé dans une salle voisine du cloître pour les adeptes du *Kaffee-Kuchen*. Très bons gâteaux maison.

***Otto-Richter-Strasse*** (rue Otto-Richter) : *Magdeburg-Sudenburg, à l'ouest du centre. À 15 mn à vélo à partir de la gare centrale, Breiter Weg puis Sudenburger Wuhne ; ou de la gare centrale à la gare de Sudenburg, 5 mn en train régional.* Loin des merveilles romanes et gothiques, une œuvre d'art à l'échelle d'une rue : les façades des petits immeubles ont toutes été peintes dans le style dadaïste de l'époque (réalisation originale en 1922, restauration d'une portion à l'identique en 1998). Un projet original de transformation de l'habitat social tout en visions utopiques et colorées. Ne pas rater les éclairs follement électriques de la façade de la maison au no 2.

**Haus der Romanik :** *Domplatz 1b. ☎ 838-02-22. • haus-der-romanik.de • Sur une placette pavée juste derrière le Dom. Tlj sf mar 10h-18h (16h w-e). GRATUIT. Doc en français et surtout en anglais.* Rien de romantique dans tout ça. Le centre d'information de la « route de l'Art roman » (voir la rubrique « Dans les environs ») abrite une petite exposition permanente et multimédia, pour une initiation à la culture romane et gothique. Bornes explicatives (seulement en allemand), panneau avec instruments de musique médiévaux, à découvrir avec des écouteurs. L'édifice était habité, au XIIIe s, par les baillis de l'archevêché de Magdeburg. À vos pieds, à travers une vitre, escaliers d'origine de la maison.

## DANS LES ENVIRONS DE MAGDEBOURG

***Strasse der Romanik :*** la « route de l'Art roman » est une immense boucle en forme de huit de plus de 1 000 km de long, une invitation à remonter le temps, entre le Xe s et le XIIIe s, à l'âge d'or de la christianisation par la croix (et l'épée). C'est bien sûr aussi un itinéraire touristique et romantique dans le Land de Sachsen-Anhalt : le point de départ et d'arrivée – au centre du huit – est le *Kloster Unser Lieben Frauen* de Magdebourg. À faire à vélo ou en voiture : *plans et rens à l'office de tourisme de Magdebourg et dans la **Haus der Romanik** (voir plus haut), qui fournissent de la doc sur les sites, les itinéraires et les hôtels de la route.*



## DESSAU

IND. TÉL. : 3405

**Dessau, deuxième berceau du Bauhaus... Adoré ou décrié, ce style représente peut-être bien le dernier grand courant architectural depuis l'Art**

**nouveau. Travail en équipe, refus du dogme, l'originalité de Walter Gropius irrite les grands pontes de son époque. En 1925, devant l'hostilité du Land de Thuringe, il déménage le mouvement de Weimar à Dessau, où, entre 1925 et 1928, il fait construire l'école des Arts et Métiers (actuelle maison du Bauhaus) et les maisons des maîtres. Et quels maîtres ! Que des grands noms de l'art contemporain, de Mies van der Rohe à Klee et Kandinsky. Derrière la sobre harmonie des formes cubiques se cache une réflexion permanente sur le bien-vivre. « Le luxe d'aujourd'hui, c'est le confort de demain », affirmait Gropius en 1930... « Art dégénéré » pour les nazis, le Bauhaus est dissout dès 1933. Le site est classé à l'Unesco et représente une étape idéale pour une journée, si l'on est entre amateurs du genre et si l'on parle allemand (le parc de Wörlitz est tout proche, pour ceux qui sont en famille et sentiraient l'impatience de leurs proches les gagner...).**

➢ À 63 km au sud-est de Magdebourg par la route n° 184 et à env 72 km de Leipzig par l'autouroute A 9. Une fois dans Dessau, suivre l'indication « Bauhaus ». Petit parking devant la Maison du Bauhaus, de l'autre côté de la route. Il est destiné aux résidents, mais on peut s'y garer 2h en tant que visiteur.

## Adresse utile

**Maison du Bauhaus :** *Gropiusallee 38. ☎ 65-08-251. • besuch@bahaus-dessau.de • bauhaus-dessau.de • Tickets et infos. Visite tlj 10h-17h. Entrée combinée : 16 € (réduc) pour les 3 sites (maison du Bauhaus, maisons des maîtres et Siedlung Törten) ou entrées séparées (voir plus bas). Gratuit jusqu'à 18 ans. Visite guidée en allemand slt, mais audioguide en anglais (5 €).* Également des expos temporaires et une boutique.

## Où manger ? Où boire un verre ?

**Le café de la maison du Bauhaus :** *à l'entrée de la maison, sur la droite. Tlj 8h-minuit (18h dim). Entrée env 3 € et plats autour de 10 €.* Un café (forcément) Bauhaus, à l'instar des chaises design. Pour un petit *espresso* bien serré ou un gaspacho frais en été. On peut aussi y faire un repas complet. Possibilité de passer la nuit sur place. Renseignements à l'entrée *(chambres 35-60 €).*

## À voir

**La maison du Bauhaus :** *visites guidées (en allemand slt) à 11h et 14h, plus 12h et 16h le w-e. Entrée : 5 €. Nombreux panneaux en anglais dans l'expo.* Cet édifice en dit long sur le talent avant-gardiste de Walter Gropius. Structure en blocs, absence de façade principale... L'usage du verre crée cette interaction intérieur-extérieur chère au maître et aère la structure générale. Les nazis transformeront ce centre de la pensée en école pour *Gauleiter.* Il abrite aujourd'hui un institut de recherche sur l'architecture moderne. Si l'on ne suit pas de visite guidée, le tour de la maison est vite fait, et l'on risque d'être quelque peu déçu. Mais pour qui ne parle pas allemand, le tour peut aussi s'avérer un peu long. Terrible dilemme.

En guise d'introduction, maquette interactive de la maison (appuyez sur les boutons pour les endroits clés). Plus loin, petites constructions en papier ; elles servaient d'expériences sur la solidité des structures. Des nouvelles fibres de textile jusqu'à la scénographie, l'exposition illustre l'aspiration du Bauhaus à une « architecture totale ». Exemple, au 1er étage, avec la scène de spectacle de la maison. Remarquez les petites lampes, accrochées simultanément au plafond et aux parties latérales des poutres de soutien. Son aspect actuel n'a rien à voir avec le projet d'origine, qui devait condenser différents types de scènes en une seule (cirque, théâtre italien...), avec une série d'innovations techniques (plateaux tournants...). Entre les 1er et 2e étages, bel exemple d'art industriel ; les chauffages sont suspendus au mur, comme des tableaux. Une rangée de fenêtres s'ouvre d'un seul coup, en tirant sur une chaîne. Montez au 3e étage et jetez un coup d'œil, à travers la fenêtre, sur les deux maisons formant une cour en face. Elles furent construites par les nazis en réaction contre le Bauhaus, dans un style supposé plus germanique.

***Les maisons des maîtres :*** *Ebertallee. Tlj sf lun 10h-18h (11h-17h en hiver). • meisterhaeuser.de • Visites guidées à 12h30 et 15h30, plus 13h30 le w-e. Entrée : 5 €.*
Harmonie cubique et immaculée, voisinage des pins dégageant leurs effluves méditerranéens en été, le bien-vivre est ici à l'honneur. Un hameau moderne pour une communauté d'artistes, voilà ce qu'évoquent les maisons des maîtres, destinées aux enseignants de l'école. Toutes ne sont pas visibles, mais deux sont en visite libre.
La *maison de Moholy-Nagy et de Lyonel Feininger* reprend, comme ses voisines, le code de couleur propre au Bauhaus : les espaces privés sont surlignés de bleu, à l'instar des balcons, rarement en vis-à-vis, intimité oblige. Les parties publiques, propices à la communication, sont codées en rouge. Long balcon courant sur trois pièces, vue bucolique : l'environnement joue ici un rôle clé. Dans le vaste atelier, n'hésitez pas à actionner l'ingénieux système d'ouverture des fenêtres. Dans la *maison de Georg Muche et d'Oscar Schlemmer,* remarquez les placards, qui s'ouvrent à partir de deux pièces voisines. Voir également la chambre noire, peinte par Marcel Breuer. Pour ce dernier, le noir devait évoquer le sommeil, mais pour Muche, qui souhaitait un bleu (nuit !), il représentait avant tout la mort. Il n'y passera finalement qu'une seule nuit et la chambre servira de débarras ! Avec la prise de pouvoir par les nazis, la plupart des locataires émigrèrent aux États-Unis, et à partir de 1939, les maisons furent utilisées comme usines.

***Siedlung Törten et Stahlhaus*** *(cité Törten et la maison de l'Acier)* **:** *visite guidée tlj à 15h30 sf lun. Point de rencontre à la Stahlhaus (Südstr 5). Entrée : 5 €.*
C'est la municipalité de Dessau qui sollicita Gropius pour créer des logements de masse à bas prix. De 1926 à 1928, il s'attèle à la construction de plus de 300 maisons familiales. L'homogénéité du lieu s'est peut-être altérée avec le temps, si ce n'est la couleur blanche des maisons (exception faire de la *Stahlhaus,* entièrement construite en acier).

## WÖRLITZ

IND. TÉL. : 3490

**Premier parc à l'anglaise du continent, le complexe de Wörlitz fut construit de 1764 à 1813 sur 112 ha, pour la famille d'Anhalt-Dessau, liée aux plus grands souverains d'Europe. Il illustre à merveille le concept de retour à la nature, préromantisme très en vogue à la fin du XVIIIe s. Savant dosage d'éclectisme et d'harmonie, l'ensemble baigne dans la magie des parcs à l'anglaise : temples, châteaux, églises, ponts, champs de blé alternant avec parterres de fleurs et statues antiques déboulant à l'improviste ou trônant au bout d'une perspective. Une atmosphère irréelle de parc d'attractions baroque, dispersé entre lacs et rivières. Classé à l'Unesco, le parc de Wörlitz évoquait pour Goethe « un conte aux allures de Champs-Élysées ». Âmes romantiques et amateurs de patrimoine seront conquis d'avance ! Prévoir une demi-journée sur place pour faire plaisir à toute la famille.**

➢ À une soixantaine de km de Leipzig. Autoroute no 9, puis sortie 10 et suivre la direction Oranienbaum, puis Wörlitz par la route no 107. Grand parking juste avt la ville *(5 €/j.)*. N'hésitez pas à pousser jusqu'à celui qui se trouve sur Wörlitzer Platz, derrière le resto *Grüner Baum (2 €/j.)*. Mais vous pouvez aussi trouver des places libres dans le village, en dehors des grands week-ends. De Wörlitz, pour accéder au site, sortir à droite et longer le lac jusqu'au château.

## Adresse utile

**Centre d'information :** *Förstergasse 26. • woerlitz-information.de • Avr-oct, tlj 10h-18h ; nov-mars, lun-ven 10h-16h.* C'est surtout une boutique, mais on y achète aussi les tickets d'entrée. *Drei-Schlösser-Karte,* ticket combiné pour plusieurs sites majeurs : Schloss Wörlitz, Gotische Haus Schloss Luisum, Schloss Mosigkau, Schloss Orianienbaum *(14 €)*. Aussi une carte pour la journée valable pour la plupart des sites : *Tageskarte Wörlitz (14 €)*. Enfin, entrées séparées (indiquées par site). On vous conseille aussi fortement d'acheter un plan du site, vous en trouverez des très bien faits pour 1,10 €.

## Où manger ?

**Restaurant Grüner Baum :** *Neuer Wall 103. ☎ 521-703. Plats autour de 9 €.* Cet immense resto qui en regroupe 3, dont un *Icecafé,* se trouve à l'entrée de la ville. C'est aussi la plus ancienne auberge de Wörlitz. Dans le *Hofgarten,* partie cantine *(ouv jusqu'à 18h)* avec plats simples (goulasch aux macaronis, saucisses-frites...) à petits prix. Repérez l'inscription « Mittagstisch » et allez vous-même passer commande. Terrasse ombragée. Également une salle de resto, avec des plats plus élaborés.

**Gastwirtschaft im Küchengebaüde :** *am Wörlitzer Schloss. Tlj midi et soir dès 11h. Plats 11-23 €.* On se croirait presque sur le tournage d'un feuilleton historique. Oublié l'après-guerre, ici, dans le cadre d'une auberge à l'ancienne, on mange, on boit, on rit comme autrefois. Comme son nom l'indique, il y avait là les cuisines et la boulangerie du château. Ambiance garantie à l'intérieur, mais aussi *Biergarten* vraiment sympa, aux beaux jours. Accortes serveuses en habits, qui se démènent, lourdes chopes à la main. On peut aussi très bien s'y poser le temps d'un *Kaffe-Kuchen.*

## À voir

**Schloss Wörlitz** (château) : *visite avr et oct, mar-dim 11h-17h ; mai-sept, mar-dim 10h-18h ; nov-mars, fermé. Dernière admission 1h avt la fermeture. Entrée : 6 € ; réduc. Visite guidée obligatoire, en allemand, mais livrets de visite détaillés en français. Durée : 1h.* Construit pour le prince Franz d'Anhalt-Dessau de 1769 à 1773 comme résidence estivale, c'est l'un des premiers châteaux néoclassiques en terre allemande. À l'intérieur, la finesse et la variété des décorations et des objets d'art sont d'une richesse incomparable. Elles traduisent aussi la personnalité d'un prince bien dans son siècle. Dans la salle chinoise de nuit, un pan du mur se tire pour former un lit, encore plus pratique que nos clic-clac ! Dans la salle à manger, entre les portraits de la famille princière, on retrouve, mais à l'intérieur cette fois, les quatre colonnes corinthiennes du parvis, ainsi qu'une fontaine intérieure, nouveauté absolue à l'époque. Dans la deuxième pièce longue, ne pas rater le *Mariage d'Alexandre le Grand et de Roxane,* de **Rubens,** un original (en vis-à-vis, *Clélie passant le Tibre* est une copie). Voir aussi la table de jeux dépliable dans le cabinet de la princesse, dont le mobilier offre un superbe exemple de marqueterie baroque. Les motifs floraux, aux murs, sont d'origine. Studieuse bibliothèque aux tons mats. Vous y reconnaîtrez nos Lumières nationales en effigie

(Voltaire, Rousseau, Montesquieu...), ainsi que des philosophes anglais (John Locke...). Repérez également un certain Sir Hamilton. C'est en son honneur que le prince Franz baptisa la Villa du même nom.

**Gotisches Haus** *(Maison gothique)* **:** *pour y accéder, attendre le petit ferry à manivelles (on utilisait le même système au XVIII^e s !) pour passer sur l'autre rive (env 1 €). L'embarcadère est situé juste devant la synagogue. Visite guidée : mêmes conditions qu'au château. Entrée : 6 € ; réduc.* Vénitien par ses canaux et anglais côté jardin, cet édifice néogothique en brique rouge offre un doux mélange d'influences... mais aussi d'époques. Collection d'armes, de pièces, de dessins et de peintures du Moyen Âge et de la Renaissance. Quant à la *salle des chevaliers,* elle fut construite sur le modèle d'une chapelle médiévale. Y sont exposés deux Cranach le Jeune, *Les Ancêtres du prince Franz* et *Joachim-Ernst d'Anhalt avec son épouse.* D'autres bijoux, comme cette copie d'Hans Holbein le Jeune dans la salle de séjour et la série de vitraux décorés de thèmes bibliques dans le cabinet spirituel.

Pour vous rendre à la Villa Hamilton depuis la Maison gothique, traversez le ***parc*** vers le sud-est, sur environ 1,5 km. Empruntez le pont flottant ou encore le pittoresque pont du soleil. Dans la direction *Flora Garten,* petit stand à café et pâtisseries pour reprendre des forces.

***La Villa Hamilton* :** *mêmes horaires que pour le château et la maison gothique. Pas de visite guidée. Entrée séparée : 5 €.* Une fantaisie toujours aussi déroutante de nos jours. Elle fut construite sur le modèle de la villa napolitaine de l'anglais William Hamilton, diplomate, collectionneur et ami du prince Franz. La touche méditerranéenne est encore amplifiée par les figuiers. La maison est construite sur un rocher, taillé sur le modèle des grottes du Vésuve. On se perd avec délectation dans ce petit labyrinthe de pierre pour déboucher, ici, au bord du lac sous des arcades, et là, dans la salle de nuit, dont les parois imitent la lave volcanique. Amphithéâtre semi-circulaire (la niche principale était réservée au prince). Continuez au-dessus pour atteindre ce petit bijou qu'est la Villa. Seulement trois pièces, aux motifs antiques, rénovées comme à l'origine. Remarquez comme les symboles du parquet répondent de manière symétrique à ceux du plafond ! Vous pouvez ensuite redescendre vers le château sans reprendre le ferry.

➢ Si vous êtes de passage, ou tout simplement que le cœur vous en dit, des ***gondoles*** traversent le lac et parcourent tout le complexe en 45 mn *(8 €/pers). Départ à la station, à env 200 m au sud du château. Ouv avr-oct 11h-16h et mai-sept 10h-18h.* Peu de visiteurs chantent, sur ces gondoles : ils ont dû faire le compte de tout ce qu'ils avaient dépensé pour visiter Wörlitz. Si vous le souhaitez, vous pouvez prolonger votre séjour ici. Nombreuses chambres à disposition dans les hôtels et pensions de la ville.

# LE NORD DE L'ALLEMAGNE

## LA CÔTE BALTIQUE – LE LAND DE MECKLEMBOURG-POMÉRANIE OCCIDENTALE

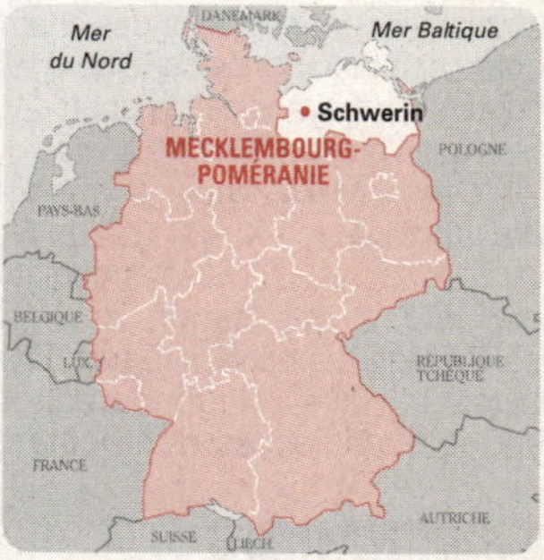


**De tous les *nouveaux Länder* (on ne dit plus de l'Est, à présent), le *Mecklemburg-Vorpommern* (en v.o.) est certainement le moins connu. Dès qu'on franchit les limites administratives héritées de la séparation entre l'Est et l'Ouest, on est frappé par les différences qui subsistent même un quart de siècle après la réunification. Paysages de collines ondoyantes à l'habitat clairsemé, larges étendues agricoles céréalières, barres de HLM rescapées de la défunte RDA, population au look moins élégant et aux revenus encore bien loin de celui des *Wessis*, mais oh combien chaleureux dans le contact humain... ou carrément xénophobes ! À peine peuplé de 1,6 million d'habitants, ce land ne se distingue pas, en dehors du port de Rostock, par des grandes villes drainant les foules. Pourtant, ses petites villes au passé hanséatique classées au Patrimoine de l'Unesco ont beaucoup à offrir aux amateurs d'histoire et d'architecture. Relativement épargnées par la guerre, elles présentent encore, avec leurs austères églises gothiques qui chatouillent les nuages, ce décor médiéval qui leur confère un charme indéniable. Maisons à pignons, imposants entrepôts et hôtels de ville remarquables témoignent toujours de la richesse des marchands et négociants d'alors.**

**Ajoutez à cela des réserves naturelles protégées, 2 000 lacs et 1 900 km de côtes bordées d'élégantes stations balnéaires, les nombreux châteaux et domaines qui servent de cadre en été à de grandes manifestations culturelles et les côtes escarpées de l'île de Rügen avec ses falaises de craie immortalisées par le peintre Caspar David Friedrich, un ensoleillement record (oui, oui !) et vous aurez tous les ingrédients pour une découverte inattendue, hors des sentiers battus.**

### SCHWERIN

99 000 hab. IND. TÉL. : 0385

**De toutes les villes de l'ex-RDA, Schwerin, la capitale administrative du Land est l'une de celles où l'on se sent le plus à l'aise. Dans les huit lacs bordés de verdure qui encerclent la capitale du Mecklembourg-Poméranie occidentale,**

**on découvre le reflet charmant d'une architecture discrète mais d'exception. À l'origine (1018), la « Ville des lacs et des forêts » était slave, et cantonnée sur l'actuelle île du Château, dans un fortin nommé *Zuarin* (signifiant : « territoire peuplé d'animaux »). Après sa conquête, Henri le Lion, duc de Saxe et de Bavière, bâtit en ce lieu une véritable cité, la seconde à l'est de l'Elbe, et y installa sa résidence en 1160. Ainsi Schwerin demeura-t-elle capitale du duché de Mecklembourg jusqu'en 1918 et reçut-elle de riches ornements. Elle a traversé le siècle dernier sans encombre, échappant à la guerre, à l'urbanisation et au tourisme de masse. Le château de Schwerin, qualifié de *Neuschwanstein du Nord,* était la résidence des grands ducs de Mecklembourg-Schwerin. Le parlement régional y siège de nos jours. Une halte rafraîchissante à une demi-heure de la mer Baltique et tout près de la plage de Zippendorf.**

## Adresses utiles

**i *Schwerin Information*** *(plan B2)* **:** *Am Markt 14.* ☎ *0385-592-52-12.* • *schwerin.com* • *Lun-ven 9h-18h ; w-e 10h-16h.* Hôtesses compétentes et souriantes. Liste et résas des chambres chez l'habitant. Bonne carte de la ville où figurent les moyens de transport *(2,95 €).* Quelques prospectus en français.

***Gare ferroviaire*** *(Hauptbahnhof ; plan A1)* **:** *Grunthalplatz. Rens :* ☎ *01805-99-66-33.* Plusieurs trains par jour à destination des principales villes allemandes (Berlin, Dresde, Leipzig, Halle, Magdebourg). Dessertes quotidiennes de la côte balte (Hambourg, Lübeck, Wismar, Rostock, Stralsund).

■ ***Weisse Flotte*** (plan B2, **1**) **:** *embarcadère sur Werderstr, devant le château.* ☎ *55-777-0.* • *weisseflotteschwerin.de* • *À partir de 11 € ; réduc. Propose 4 balades différentes, à partir de 10h sur le Schweriner See : 1h30, petits ronds dans l'eau ; 2h, croisière au long cours sans escale !* Plusieurs fois tous les jours, été comme hiver (prévoir une petite laine). Service de bar et restauration à bord. Également navettes pour Zippendorf et Kaninchenwerder.

## Où dormir ?

### Camping

***Seehof Camping* :** *Am Zeltplatz 1, 19069* **Seehof.** ☎ *51-25-40.* • *info@ferienpark-seehof.de* • *ferienparkseehof.de* • *À 8 km au nord. En voiture, route de Wismar, puis à droite en suivant le fléchage. En bus, ligne n° 8, de la gare ; le dernier part vers 22h. Ouv tte l'année. Compter env 16 € pour 2 avec tente et voiture ; douche payante.* Situé en pleine nature, au bord du lac Seehof (baignade autorisée), cet immense camping offre des emplacements propres et ombragés. Sanitaires impeccables. Également quelques bungalows. Petit resto et sports nautiques.

### Bon marché

***Jugendherberge Kurt Burger*** *(AJ)* **:** *Waldschulweg 3.* ☎ *326-00-06.* • *jh-schwerin@gmx.de* • *schwerin.jugendherbergen-mv.de* • *Au sud-est de Schwerin. Depuis la Marienplatz, prendre le bus n° 14 jusqu'au terminus, ou la navette de la Weiße Flotte jusqu'à Zippendorf, puis marcher à l'opposé de la plage (nord-ouest). Résa conseillée. Compter env 20 € pour les moins de 27 ans, 23 € pour les autres, petit déj compris.* Cadre vraiment agréable, avec la forêt et le Schweriner See comme seul vis-à-vis, mais éloignée du centre-ville. En revanche, elle constitue un excellent camp de base pour les balades à pied ou à vélo, ou plus simplement pour le farniente sur la plage de Zippendorf.

### Prix moyens

***Haus am Pfaffenteich*** *(plan A-B1,* ***12****)* **:** *Gaussstr 19.* ☎ *52-19-50.* • *haus-am-pfaffenteich-sn@online.de* • *haus-am-pfaffenteich.m-vp.*

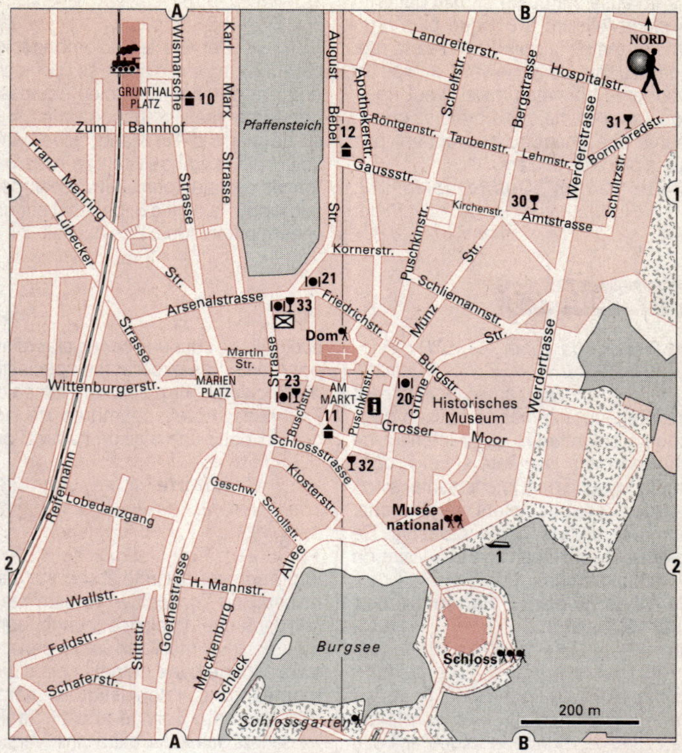


## SCHWERIN

| | |
|---|---|
| **Adresses utiles** | 21 Friedrichs |
| Schwerin Information | 23 Buschérie |
| Weisse Flotte | |
| **Où dormir ?** | **Où boire un verre ?** |
| 10 Hôtel am Hauptbahnhof | 30 Zum Freischütz |
| 11 Zur Guten Quelle | 31 Spind |
| 12 Haus am Pfaffenteich | 32 Café Prag |
| **Où manger ?** | 33 Bolero |
| 20 Alt Schweriner Schankstuben | |

*de ● Résa conseillée. Doubles avec sdb 55-66,50 € selon saison, petit déj inclus. CB refusées. Café offert sur présentation de ce guide.* L'adorable patronne dirige cet hôtel familial au bord de l'eau de main de maître. Décoration de goût et propreté garantie, depuis les chambres douillettes jusqu'à la salle à manger cossue. Quartier calme et résidentiel. Location de vélos.

**Hotel am Hauptbahnhof** *(plan A1, 10)* **:** *Grunthalplatz 11-12. ☎ 0385-511-97-0. ● info@hotel-am-hauptbahnhof-schwerin.de ● hotel-am-hauptbahnhof-schwerin.de ● Doubles 72-82 € avec sdb, petit déj inclus. Possibilité de ½ pens pour 14 € supplémentaires.* En sortant de la gare, jetez un œil sur la plantureuse statue de bronze qui orne la place (elle en a choqué plus d'un en son temps !), puis traversez la rue. Un hôtel tout de jaune vêtu, équipé de chambres honnêtes mais plutôt riquiqui. Assez calme, mais préférez quand même une chambre ne donnant pas sur la place de la Gare.

**Zur Guten Quelle** *(plan A2, **11**)* : *Schusterstr 12. ☎ 56-59-85. • info@gasthof-schwerin.de • zur-guten-quelle.m-vp.de • Doubles 80-93 € selon saison, réduc dès la 3e nuit.* Derrière les colombages de cette jolie maison d'angle se cache une poignée de chambres bien équipées, correctes mais sans charme. À un jet de pierre d'Am Markt, elles bénéficient de la tranquillité des rues piétonnes des alentours. Terrasse impeccable pour le petit déj, donnant sur une venelle pittoresque. Bon accueil.

## Où manger ?

**Friedrichs** *(plan A1, **21**)* : *Friedrichstr 2. ☎ 55-54-73. Tlj 11h-minuit. Compter 15 €.* Sur l'angle face au petit lac intérieur, une grande maison classique à colonnades, avec intérieur de bon ton dans le même style. Proposition du jour à midi intéressante, sinon salades, soupes, plats végétariens. Agréable terrasse avec parasols. De quoi se reconstituer après la visite du Dom tout proche.

**Alt Schweriner Schankstuben** *(plan B2, **20**)* : *Schlachterstr 9-13. ☎ 592-53-13. • mail@schankstuben.de • Derrière le Rathaus de la Marktplatz. Tlj 11h30-22h. Addition autour de 25 €. Café offert sur présentation de ce guide.* Bondé le midi. Par beau temps, la terrasse tranquille est absolument incontournable. Sinon, la salle accueillante offre une bonne alternative pour tester les excellentes spécialités du Mecklembourg. Serveurs aimables. Fait aussi hôtel, chambres de bon confort dans une maison hanséatique *(78-99 € avec petit déj).*

**Buschérie** *(plan A2, **23**)* : *Buschstr 9. ☎ 394-456-092. • buscherie@gmx.de • Près de la Marktplatz. Tlj 11h30-22h. Repas autour de 25-30 €.* Petite adresse discrète et chic sur deux niveaux où l'on cultive le bien manger dans une ambiance lounge, agrémentée d'un musicien jazzy certains soirs. Courte carte de petits plats bien tournés, un poil sophistiqués, même. Vins de choix. Service attentif. Tables au dehors, fait aussi bar à vins. Version *low-cost* *(**Buschérie Petit** au n° 11)* en annexe, et qualité pareille.

## Où boire un verre ?

**Zum Freischütz** *(plan B1, **30**)* : *Am Ziegenmarkt 11 (au bout d'Amtstr). ☎ 56-86-55. • matti@zum-freischuetz.de • Ts les soirs dès 18h.* Rien d'innocent à ce que la carte des consos ressemble à un disque de stationnement : il convient de stopper net au comptoir ! Essayer la *Zintlikor*, très local (bon courage !). Lumière tamisée et musique destroy attisent les discussions des jeunes gens branchés, et parfois, le *Bürgermeister* en personne vient siffler son canon.

**Spind** *(plan B1, **31**)* : *Bornhövedstr 16. ☎ 557-44-21. Ts les soirs à partir de 18h, sf dim dès 10h (pour le brunch !). Le verre env 5 €.* Derrière son comptoir, le patron a installé 2 authentiques vestiaires (*Spind* signifie « placard » en allemand) pour garder jalousement ses bouteilles. La carte, en tôle également, aligne ses liquidités : bières, vins, cocktails ; mentionnons aussi la présence de petites collations bon marché. La clientèle d'étudiants met une excellente ambiance.

**Bolero** *(plan A1, **33**)* : *Mecklemburgstr 2. ☎ 593-66-00. • schwerin@bolerobar.de • Tlj jusqu'au bout de la nuit. Happy hours 17h-19h.* Adresse au concept amusant, décorée comme un bar de plage, avec parasols, beach-volley et gradins de stade. Cocktails, BBQ, burgers et plats mexicains.

**Café Prag** *(plan B2, **32**)* : *Schloßstr 17 ß. ☎ 56-59-09.*

• *wumhilde@freenet.de* • *Dans la rue face au château. Lun-ven 8h-20h, sam-dim 10h-18h. Compter moins de 8 €.* Un incontournable, envahi par les mamies bien coiffées à l'heure du thé. Certes, l'atmosphère de cet élégant salon de thé est un tantinet compassée... Mais les lustres et les dorures rappellent le charme de la Belle Époque ! Gâteaux très alléchants.

## À voir

**Dom** *(la cathédrale ; plan A-B1)* **:** *Am Markt. ☎ 0385-565014. • kirche-schwerin.de/dom • Mai-oct, lun-sam 10h-17h, dim à partir de 12h ; nov-avr, ferme à 14h. Accès à la tour : 2 €.* Construite entre 1270 et 1416, cette cathédrale gothique de brique rouge demeure l'un des rares témoignages de l'architecture médiévale à Schwerin. Son fondateur, Henri Ier, lui avait rapporté de Palestine une goutte de sang du Christ ! En revanche, la tour monumentale de 117 m est un ajout du XIXe s (vue imprenable sur les lacs et la ville). À l'intérieur, jubé peint de couleurs vives, restes de fresques du début du XIVe s, tombeaux des ducs dans le déambulatoire, orgues, vitraux et maître-autel gothique.

***La vieille ville*** *(plan A-B2)* **:** *autour du Markt.* La place elle-même est séduisante, avec son étonnant *Rathaus* (hôtel de ville) néogothique tout crénelé et ses façades joliment rénovées. Visez le cavalier d'or sur le toit ; il s'agit d'Henri le Lion, fondateur de la ville. À droite du Rathaus, le bâtiment blanc à colonnes était l'ancienne halle du marché (XVIIIe s), construite pour éviter que les habitants ne dansent (ils aimaient bien ça !) sur la tête de leurs ancêtres ; car le cimetière se trouvait tout autour de la cathédrale ! Derrière l'hôtel de ville, jolies maisons à colombages et à pignon du XVIIe s. Derrière la cathédrale, les nombreuses maisons en brique, certaines à l'abandon, donnent une étrange atmosphère au quartier. Dans *Schmiedestr,* face au Rathaus, notez les maisons qui penchent d'un côté, comme si les architectes de l'époque avaient eu le vertige. Ne pas manquer non plus l'adorable maison à colombages de 1698, dans *Buschstrasse,* au n° 15 : tout un côté est suspendu dans le vide ! La raison : à l'époque, les habitants payaient un impôt sur la superficie au sol ; malin, non ? Derrière l'hôtel de ville, visitez donc le *Schlachtermarkt* ou *marché des Bouchers* *(mer et ven 8h-17h)* ; fontaine amusante.

**Schloss** (château ; plan B2) **:** *Lennestr 1. ☎ 525-29-20. De mi-avr à mi-oct, mar-dim 10h-18h (17h le reste de l'année). • schloss-schwerin.de • Entrée : 6 € ; réduc. Panneaux explicatifs en anglais.* Difficile de le rater. Dressé sur une île face à la vieille ville, cet immense château néo-Renaissance du XIXe s aux allures de petit Chambord, dresse une forêt de pinacles, clochers et autres tourelles au-dessus des eaux. Pas moins de 450 salles richement décorées, mais souvent pompeuses occupent l'édifice. De quoi se dégourdir les gambettes ! Certaines d'entre elles sont remarquables, comme la *salle du Trône* avec son chauffage central planqué derrière les portes dorées. Le château abrite également une galerie de peintres régionaux. Au 2e étage, délicieux petit café à l'atmosphère désuète. En sortant, faites le tour par l'arrière : superbes jardins en contrebas précédant une orangerie.

***La galerie de peinture du Musée national*** *(plan B2)* **:** *Alter Garten 3. ☎ 595-80. • museum-schwerin.de/museum • Sur la place située face à l'île du château. Mêmes horaires que le château. Entrée (expos permanente et temporaire) avec audioguide : 8 € ; expos temporaires : 5 €. Infos en anglais.* Sa riche collection de peintres flamands et hollandais du XVIIe s (Rembrandt, Ruysdael, Hals, Bruegel, Jordaens, Teniers, Rubens) en fait un des plus importants musées d'art du Nord de l'Allemagne. Les peintres français et anglais du XVIIIe s sont également bien représentés, ainsi que les artistes allemands du XVIe s au XXe s (Cranach, Corinth, Lieberman). Au rez-de-chaussée, deux salles consacrées à Marcel Duchamp : nombreux écrits et dessins, comme la Joconde à moustaches ! Expos temporaires. Juste à côté du musée se trouve le premier Théâtre national allemand (1753), point d'orgue d'une longue tradition à Schwerin.

**Schlossgarten** *(jardins du château ; plan A-B2)* **:** *ouv en permanence.* Derrière le bel édifice, prendre le pont tournant qui permettait au dernier grand-duc du Land (début XXe s) de faire passer son yacht. Immenses et vraiment splendides, avec leurs belles allées romantiques et leurs canaux où glissent les cygnes. Le chemin de gauche, *Französenweg,* mène à Zippendorf. Faire la promenade à vélo.

Les ***bateaux*** de la *Weisse Flotte* partent toutes les heures de l'embarcadère situé près de l'île du château. Dernier départ de Schwerin vers 17h, retour 1h après. Compter 20 mn de balade.

## DANS LES ENVIRONS DE SCHWERIN

***Schloss Ludwigslust :*** *dans la ville de **Ludwigslust,** à 38 km au sud de Schwerin. ☎ (03874) 571-90. • schloss-ludwigslust.de • Mêmes horaires que le château (plus haut). Entrée : 3,50 € ; réduc.* Le duc de Mecklembourg, ayant englouti l'essentiel de sa fortune lors de la construction du château (1772-1776), n'avait plus le moindre sou vaillant pour décorer ses salles d'apparat. Il eut l'idée d'un subterfuge original : ses artisans inventèrent une sorte de papier mâché, avec lequel ils façonnèrent la plupart des moulures et des bustes. Plus qu'un astucieux artifice, les décorations de Ludwigslust se révèlent être une véritable œuvre d'art ! Bien malin celui qui peut reconnaître le vulgaire matériau, là où chacun croit contempler les marbres ou les bois précieux. En tout cas, jusqu'à nos jours, les secrets de fabrication de ce papier mâché exceptionnel sont restés bien cachés.

***Zippendorf :*** une **plage** de vrai sable, à 30 km de la mer ! À 4 km seulement du château de Schwerin en suivant le *Französenweg* (chemin des Français). L'eau y est moins fraîche qu'on ne l'imagine. C'est le rendez-vous des familles chaque week-end. On pourrait presque se croire en Normandie... Location de ***barques.***

## WISMAR

48 000 hab. — IND. TÉL. : 03841

**En partant à la découverte de la vieille cité portuaire, vous succomberez aux sirènes de Wismar : maisons, places, ruelles pavées, églises et vieux port, autant de joyaux d'architecture dont vous ne remporterez que les plus vifs souvenirs... L'atmosphère médiévale avait d'ailleurs séduit Murnau, qui choisit d'y tourner son fameux *Nosferatu.* Fondée en 1229, au fond d'une baie de la mer Baltique, la cité, associée à la Hanse, brassait de la bière et tissait la laine. Elle connut un développement considérable après avoir signé un pacte de protection contre les pirates. Ses imposantes églises gothiques en brique témoignent encore de cette époque glorieuse. La guerre de Trente ans précipita Wismar dans les mains des Suédois jusqu'en 1803, date à laquelle elle fut rachetée par le duché du Mecklembourg. Longtemps réputée pour ses pêcheries et ses chantiers navals, Wismar s'est désormais reconvertie avec succès dans le tourisme.**

***La vieille ville de Wismar :*** Wismar, ville médiévale et hanséatique, est la seule ville de cette taille dans cette partie du sud de la Baltique à avoir conservé une telle homogénéité. La structure préservée des rues et places, l'impressionnante architecture sacrée en brique ainsi que les entrepôts et les maisons bourgeoises médiévales attestent du rôle de Wismar à l'époque de la Hanse.

L'*Alte Hafen* (bassin du port historique) donne une bonne idée de ce qui fait l'originalité de l'ancienne cité marchande. Les témoignages du passé y abondent : l'hôtel de ville de style classique, édifié entre 1817 et 1819, le *Wasserkunst* (réservoir d'eau) de style Renaissance, la célèbre *Bürgerhaus* (maison bourgeoise) ainsi que le *Schabbelhaus* (abritant le musée d'Histoire de la ville) sont inscrits au Patrimoine mondial de l'Unesco.

## Adresse utile

**Wismar Information :** *Am Markt 11. ☎ 194-33. • wismar.de • Tlj : avr-sept, 10h-17h ; oct-mars, 10h-16h.* Hôtesses sympathiques. Fournissent gratuitement un plan de la ville. Se procurer la petite brochure *Gastgeber-Freizeit-Gastronomie,* contenant les adresses des hôtels, pensions, chambres chez l'habitant, et autres bons plans de la ville (restos, expos, sports).

## Où dormir ?

Wismar devenant le « Honfleur de la Baltique », tous les hôtels y sont très chers, à vous de choisir. Nous vous avons dégoté, malgré tout, quelques adresses routardes tout à fait abordables.

### Camping

**Ostseecamping Ferienpark Zierow :** *Strandstr 19c, 23968* **Zierow.** *☎ 63-820. • ostseecampingzierow@t-online.de • ostsee-camping.de • À 6 km au nord-ouest de Wismar. Accessible par la route n° 105 en direction de Lübeck. Ouv tte l'année. 25-35 € pour 2 avec tente et voiture. Douches payantes.* Si le cadre de ce camping en bord de mer est exceptionnel, n'oubliez pas d'emporter quelques sardines supplémentaires pour amarrer votre tente. L'endroit manque un peu d'ombre, mais vous êtes ici pour bronzer, non ? Amusante petite ménagerie à l'entrée avec un lama, quelques chèvres et un poney. Calme, bien équipé (resto, aire de jeux, piscine) et tout un tas d'activités (cours de musique, de sport...). Location de vélos.

### Bon marché

**Jugendherberge Wismar** (AJ) : *Juri-Gagarin-Ring 30a. 23966. ☎ 32-680. • djh-mv.de • jh-wismar@jugendherberge.de • À l'ouest de la vieille ville. 21,40 € pour les moins de 27 ans, env 26 € pour les autres, petit déj compris.* À 15 mn à pied du centre-ville, cette auberge propre et bien équipée occupe une grande bâtisse de brique rouge (difficile de la rater !). En revanche, la déco intérieure mériterait un brin de fantaisie supplémentaire.

### Prix moyens

**Pension Kupfer :** *Frische Grube 58 b/c. ☎ 21-17-41. • pension-kupfer@t-online.de • Petite adresse avec pignons flamands à deux pas de la Nikolaikirche, au bord du canal. Doubles de 55 € (avec douche) à 65 € (avec bains et terrasse), petit déj inclus ; plus cher si on reste slt 1 nuit.* 5 chambres spacieuses et bien équipées décorées d'affiches de voyage, grande salle de bains. Déco maritime – le patron a été capitaine au long cours –, maquettes de bateau à vendre. Accueil sympathique et un petit déj (inclus) qui rassasiera les affamés. Grande terrasse. Prêt de vélos.

**Pension Chez Fasan :** *Bademutterstr 20a. ☎ 21-34-25. • service@pension-chez-fasan.de • pension-chez-fasan.de • Dans la 2e rue derrière le Rathaus (hôtel de ville). Résa conseillée. Doubles avec sdb 47-50 €, petit déj 6 €, ½ pens : 20 €/pers en sus.* Située au cœur du centre historique, cette jolie maison ocre offre une bonne vingtaine de chambres rénovées et très accueillantes. Salle à manger coquette dont les fenêtres ouvrent sur une petite cour intérieure. Accueil charmant.

### Chic

**Hotel-restaurant Reuterhaus :** *Am Markt 19. ☎ 222-30. • info@reuterhaus-wismar.de • reuterhaus-wismar.de • Doubles 80-110 €, avec petit déj.* Belle maison jaune sur un coin du Mark. Jolies chambres de taille variable pimpantes et douillettes, certaines sous les toits et avec vue sur le Markt. Resto avec terrasse, mobilier ancien, lambris sombres, cheminée. Plats classiques mais présentés dans les règles de la tradition. Accueil familial adorable.

## Où manger ? Où boire un verre ?

**To'n Zägenkrog :** *Ziegenmarkt 10. ☎ 28-27-16. • m.gehrke-pd@gmw.com • Près du vieux port, à l'angle de Ziegenmarkt et de Frische Grube. Lun-sam 11h30-14h30, et tlj 17h30-1h. La « cale » pleine pour env 12-14 €.* Un authentique resto de loup de mer, décoré d'objets maritimes, et offrant un grand choix de plats de poisson – harengs, rollmops – et salades, que les routards-moussaillons arroseront copieusement... Cramponnez-vous à la barre en sortant ! Atmosphère bon enfant et service adorable (même s'il est parfois fantaisiste). Quelques tables dehors, au bord du canal.

**Brauhaus am Lohberg zu Wismar :** *Kleine Hohe Str 15. ☎ 25-02-38. • info@brauhaus-wismar.de • En bordure du vieux port. Tlj 11h-minuit. Addition à moins de 15 €.* Cette bâtisse historique (XVIe s), tout en colombages et brique rouge, renferme un charmant resto-bar, où le patron brasse lui-même sa bière. 2 cuves viennent enrichir l'atmosphère déjà chaleureuse (bois partout) de l'endroit. Quelques bonnes salades, plats de viande, mais surtout des poissons à la fraîcheur irréprochable servis généreusement. Agréable terrasse dans une rue semi-piétonne. D'autres restos et pubs sympas à côté.

**Alter Schwede :** *Am Markt 22. ☎ 28-35-52. Tlj midi et soir dès 11h30. Addition 15-20 €.* Occupe une superbe demeure bourgeoise dont l'étonnante façade en brique est classée. Magnifique décor : lances aux murs, drakkars et galions au plafond ! Solide cuisine de terroir.

## À voir. À faire

Quatre **églises** dans un périmètre restreint :

– les ruines en brique de ***Marienkirchturm*** (XIVe s), détruite au cours de la guerre, dont il ne subsiste que le clocher qui culmine à 80 m dont l'horloge continue de donner l'heure exacte malgré les destructions. Sur un coin, remarquable bâtiment de l'archidiaconat.

– ***Heiliggeist-Spitalkirche*** (XIVe s), avec ses flèches effilées et son école de musique

– ***Sankt-Georgenkirche*** (XIVe-XVe s), en brique et de style gothique ; très abîmée par les bombardements, elle attend patiemment une restauration.

– ***Nikolaikirche*** *(mai-sept, tlj 8h-20h – 22h sam ; avr et oct, tlj 10h-16h ; nov-mars, tlj 11h-16h ; entrée : 2 €).* Basilique des XIVe s-XVe s, la mieux conservée et la plus visitée. Sa tour en brique rouge est une des plus hautes du monde. Frises vernissées figurant des saints et des animaux mythologiques. Intérieur magnifique avec buffet d'orgue, chaire et chœur baroques, pierres tombales et maquettes de bateaux, cité portuaire oblige ! Éblouissant retable de saint Georges, resplendissant de dorures, croix du triomphe, fonts baptismaux de bronze, cerclés d'une grille et retable des merciers, récupéré de l'église Sankt Marien.

***Marktplatz*** *(place du Marché) :* énorme surface de 10 000 m² avec de saisissantes façades colorées à pignon datant, pour la plupart, des XVIIe-XVIIIe s.

On y trouve tous les styles. Remarquez la plus vieille maison (1380) de la place – qui abrite le resto *Alter Schwede (Vieux Suédois)* –, avec son pignon pittoresque en brique rouge. À sa gauche, une maison Art déco. Étonnante fontaine couverte *(Wasserspiele)* qui alimentait la ville en eau du XVIe s à 1897. Enfin, le *Rathaus* (hôtel de ville), bâtiment blanc du début XIXe s et une expo permanente gratuite dans ses caves *(lun-sam 10h-18h, dim 10h-16h)* consacrée à l'histoire de la ville.

***Stadtgeschichtliches Museum** (musée de la Ville) : Schweinsbrücke 8. ☎ 28-23-50. En face de Nikolaikirche. Réouverture prévue pour 2015.* Très belle maison du XVIe s avec son pignon à volutes et une entrée pleine de charme. La vocation maritime de la ville est présentée à travers de nombreuses maquettes de bateaux, quelques peintures et outils (atelier du charpentier de marine). Un curieux instrument à tresser les aussières et d'autres objets amusants.

***Alter Hafen** (vieux port) :* pittoresque et désordonné comme il se doit. On y ressent plus qu'à Rostock cette atmosphère chargée d'aventures et d'histoire qui fait rêver tous les aventuriers du monde... Autour du bassin, caressez donc de votre imagination les quelques vieux gréements, et... prenez la mer. Les compagnies maritimes proposent promenades, visites du port et excursions nocturnes (de mai à octobre). Se renseigner, par exemple, auprès de *Clermont, ☎ (038425) 206-89.* La plus intéressante est la balade jusqu'à l'***île de Poel,*** à l'entrée de la baie de Wismar *(2h A/R).* En quittant la terre ferme, jetez un dernier regard aux deux étonnantes *têtes de Suédois (Swedenköpfe)* plantées devant le bureau du port depuis 1672 (leur fonction reste inconnue).

## DANS LES ENVIRONS DE WISMAR

### L'ÎLE DE POEL

*Située à une dizaine de km au nord de Wismar.* Cette île de 2 800 âmes est le lieu de villégiature de nombreux Allemands des nouveaux Länder de l'Est. Elle est accessible par la route. Le bus n° 430 s'y rend toute l'année en 30 mn à partir de la gare routière de Wismar. En voiture, rien de plus simple. Il suffit de suivre la Poelerstrasse (entre la gare routière et la gare ferroviaire). Mais aussi par bateau au départ de Wismar, bien que par ce moyen de locomotion, du fait des horaires, on ne puisse rester que 2 heures maxi, avant de réembarquer. L'île étant toute petite (7 km de long sur 4 km de large), la route est saturée en saison, tout particulièrement le week-end. Le meilleur moyen de circuler est alors le vélo. Parkings payants, ainsi que certaines plages ! C'est toutefois hors saison un endroit paisible, idéal pour une courte excursion. Charmants petits hameaux de maisons au toit de chaume en bord de mer, champs à perte de vue, nombreuses criques où l'on peut se baigner... Nous vous recommandons particulièrement *Timmensdorf* (à l'ouest de l'île) avec son petit port de plaisance dont l'adorable vieux phare domine la plage (payante) de sable fin (côte très sauvage).

## DE WISMAR À ROSTOCK

**Pour les pressés, il y a l'autoroute A 20. Pour les autres, on vous conseille la très agréable route 105 qui passe au milieu de la campagne : longs champs de colza, maisons en chaume, moulins en bois, forêt peuplée d'écureuils...**

## Où dormir ?

Nombreuses ***chambres chez l'habitant*** dans tous les villages.

***Doberaner Hof :*** *Alexandrinenplatz 4, 18209* ***Bad Doberan.*** *☎ (038203) 747-40. • info@hotel-doberaner-hof.de • doberaner-hof.de • Doubles 69-99 €.* Spacieuse maison à faux colombages au centre de la ville. Chambres coquettes et confortables. Accueil chaleureux. Le train à vapeur marque un arrêt juste devant l'entrée.

## À voir. À faire

***Doberaner Münster*** (abbatiale de Bad Doberan) : *• muenster-doberan.de • À la sortie de cette petite ville, sur la gauche, protégée par un mur de brique. Visites lun-sam : mai-sept 9h-18h, mars-avr et oct 10h-17h, nov-fév 10h-16h ; dim à partir de 11h slt tte l'année. Entrée : 3 € ; réduc.* Une splendeur. Cette gigantesque nef de l'abbaye cistercienne, coiffée d'une petite flèche date de la fin du XIIIe s, et est considérée à juste titre comme l'une des plus belles églises du pays. À l'intérieur, le contraste des enduits clairs et de la brique fait ressortir les saillies des arêtes de voûte et de piliers. Large maître autel à volets exécuté à Lübeck au début du XIVe s. À sa gauche un tabernacle gothique de 12 m de haut, croix triomphale... On y trouve les incroyables tombeaux des ducs du Mecklembourg, plus pompeux les uns que les autres, mais aussi ceux d'un roi de Suède et d'une reine de Danemark. Une curiosité : adossés aux piliers, des chevaliers en armure ont la tête entourée d'un bandeau, comme s'ils souffraient d'un mal de dents... Rien à voir, cela provient de la pratique qui consistait à attacher la mâchoire inférieure après la mort de peur qu'elle ne se relâche. Derrière : joli parc, étang et ponts en bois.

***Le Mecklembourg en train à vapeur :*** *à la Bahnhof (gare) de* ***Bad Doberan.*** *☎ (038293) 431-331. • molli-bahn.de • Départs ttes les heures 7h20-18h20 (ttes les heures et jusqu'à 16h40 de nov à mi-avr). Env 14 € l'A/R. Molli,* une locomotive fumante et pétaradante d'un autre âge, tracte à travers la ville une dizaine de wagons vétustes vers la station balnéaire d'*Heiligendamm.* Une réjouissante balade de 45 mn.

# ROSTOCK

195 000 hab. IND. TÉL. : 0381

**Jadis un des fleurons de la ligue hanséatique, c'était le plus grand port de l'ex-RDA et sa porte maritime vers le monde. Rostock est une ville aérée et cosmopolite, majestueuse avec ses hautes façades multicolores et ses clochers élancés... Le 7 fut longtemps son chiffre porte-bonheur : on y trouvait en effet 7 ponts, 7 rues commerçantes, 7 tours au sommet de l'hôtel de ville, 7 portes à l'église Sainte-Marie etc. Rostock bénéficie depuis quelques années d'un gigantesque programme de réhabilitation, espérant participer à la grande aventure touristique du XXIe s. Pari presque gagné ! Le centre-ville a été rendu aux piétons, qui redécouvrent avec plaisir ses joyaux. Les maisons à pignon caractéristiques de la Hanse ont été rénovées avec soin, offrant aux regards une large palette de couleurs attrayantes. En revanche, le célèbre port n'est pas sur la Baltique mais sur le fleuve qui s'y jette, la Warnow. Ambiance jeune assurée grâce aux 12 000 étudiants qui peuplent les auditoires de l'université. Pour voir la mer, on ira jusqu'à Warnemünde, agréable station balnéaire.**

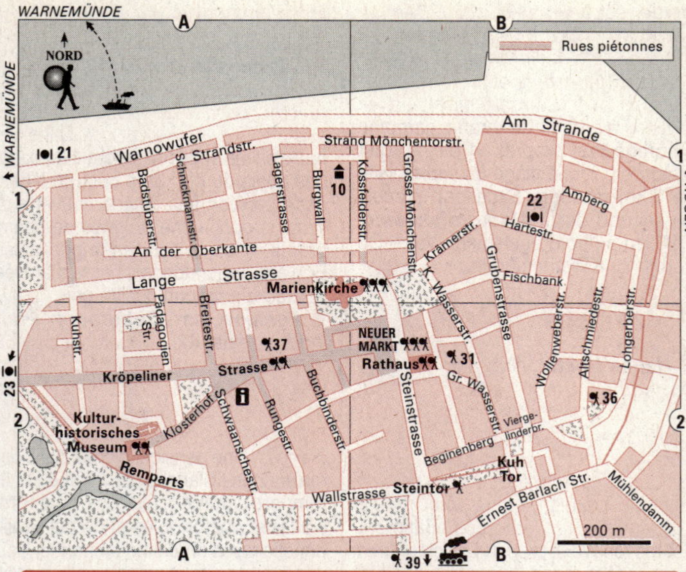


## ROSTOCK

| | |
|---|---|
| ■ **Adresse utile** | 23 Gaststätte Stralsunder |
| Tourist Information | **À voir** |
| **Où dormir ?** | **31** Kerkhofhaus |
| **10** City Pension | **36** Quartier de Nikolaikirche |
| **Où manger ?** | **37** Bibliothèque Willi Bredel |
| **21** Zum Alten Fritz | **39** Schiffahrtsmuseum |
| **22** Petrikeller | |

## Adresse utile

**Tourist Information** (plan A2) **:** *Universität Platz. ☎ 381-22-22. ● rostock.de ● Lun-ven 10h-18h (17h nov-avr) ; w-e 10h-15h (nov-avr fermé le dim).* Personnel efficace. Infos sur l'hébergement, les activités culturelles et les ferries pour la Scandinavie. Bon plan : la *Rostock Card* *(valable 24h, 12 € ou 48h, 16 €)* offre la gratuité des transports (jusqu'à Warnemünde !), une visite guidée de la ville et de nombreuses réductions. Existe également *la Rostock Card + Region, valable 24h, (19 €) ou 48h, (29 €).*

## Où dormir ?

Rostock offre de rares possibilités d'hébergement bon marché. La meilleure solution reste de trouver un logement dans la station balnéaire de Warnemünde, à quelques km de là, et facilement accessible par le S-Bahn.

### Campings

***Deux campings*** mais assez loin de la ville. Le premier, ***Ostsee-camp und Ferienpark Rostocker***

***Heide,*** est à *Graal-Müritz (25 km au nord). ☎ (038206) 775-80. • info@ostseecamp-ferienpark.de • ostseecamp-ferienpark.de • Fermé nov-mars. 15-24 € selon saison pour 2 avec tente et voiture.* Un grand camping ombragé très propre, en pleine forêt et au bord d'une plage de sable blanc de 5 km de long. Excellent accueil. Le second est à ***Markgrafenheide,*** à 20 km au nord également. Voir « Où dormir ? » à Warnemünde.

## Bon marché

⌂ ***Hanse Hostel*** *(hors plan par A2) : Doberaner Str 96. ☎ 259-99-80. • haus@hanse-hostel.de • hanse-hostel.de • De la gare, tram n° 1, 4 ou 5 jusqu'à l'arrêt Volkstheater. De 14 € pour un lit en dortoir de 8 lits à 44 € en chambre double. Petit déj 5,50 € ; 3 € obligatoire pour les draps.* Bâtiment double rénové et propre. Les chambres mansardées dans l'annexe sont très plaisantes. Location de vélos, parking privé. Accueil convivial d'une équipe dynamique. BBQ le soir.

## Prix moyens

⌂ **City Pension** *(plan A1,* ***10****) : Krönkenhagen 3. ☎ 25-22-60. • rostock.de • Au cœur de la vieille ville. Doubles avec sdb 58-79 €, sans petit déj.* Dans une ruelle calme et pavée, située à deux pas des quais du port (cris des mouettes), cette pension à la façade couverte de lierre, propose une poignée de chambres (simples ou doubles) impeccables. Bon accueil (annoncer l'heure d'arrivée) et excellent rapport qualité-prix.

⌂ ***Pension am Doberaner Platz*** *(hors plan par A2) : Doberaner Str 158. ☎ 49-28-30. • info@pension-doberanerplatz.de • pension-doberanerplatz.de • À deux pas de la Kröpeliner Tor. Doubles avec sdb 65-68 €, petit déj compris.* Une pension, nichée dans une maisonnette blanche dissimulée par un rempart d'immeubles. Les chambres claires et confortables et de belle taille bénéficient d'un calme inhabituel pour une grande cité. Agréable salle à manger, surveillée par une vieille horloge dont les aiguilles rythment la mastication. Bon accueil.

# Où manger ?

|●| ***Café Central*** *(hors plan par A2) : Leonhardstr 22. ☎ 490-46-48. À 5 mn de la Kröpeliner Tor. Dim-jeu 11h-22h30, ven-sam 11h-23h. Plats 6-8 €.* L'un des repaires des étudiants de la ville (ils sont plus de 12 000 à Rostock !). En salle ou en terrasse, on dévore des salades rafraîchissantes ou de bons plats servis généreusement tout en refaisant le monde... avant d'aller à la plage. Service détendu.

|●| ***Gaststätte Stralsunder*** *(hors plan par A2,* ***23****) : Wismarcher Str 22. ☎ 493-4900. Mar-ven 11h30-22h, sam 11h30-14h30, 17h30-22h, dim 11h30-14h30. Soupe du jour à moins de 1 €, plats 7-14 €.* Sur une grande avenue, une façade bleu délavé cache un resto rescapé de la période d'avant 1989. Comptoir décoré d'une fresque avec vieux tramway, fresque de la ville de Rostock. *Biergarten*-courette, décoré de publicités anciennes sous un figuier. Spécialités de schnitzel et d'*Eisbein* notamment avec choucroute et purée de pois... Bonne digestion. Service aimable.

|●| **Zum Alten Fritz** *(plan A1,* ***21****) : Warnowufer 65. ☎ 20-87-80. • bhg-hro@alter-fritz.de • Tlj 11h-1h. Env 15 € à la carte.* Sur le quai à côté du théâtre *Im stadthaven,* un grand resto pour rêver aux horizons lointains. Cargos « au départ », « à l'arrivée », et votre assiette toujours bien lestée en poisson frais de la mer Baltique. Essayez le *Fischpfanne Likedeeler,* ou la *Gulashsuppe* à la bière ; de quoi bien se remplir la « cale » ! Également copieux plats de viande (bœuf et cochon). En été, l'agréable terrasse accueille des moussaillons de tous âges.

|●| **Petrikeller** *(plan B1,* ***22****) : Hartestr 27. ☎ 45-58-55. • info@petrikeller.de • Tlj sf lun 18h-minuit. Compter 10-25 €. CB refusées. Un schnaps offert sur présentation de ce guide.* Ambiance médiévale dans cette cave voûtée éclairée par des bougies. Les serveuses avec grelots proposent des plats qui sortent

du « cochon quotidien », entendez : canard, lapin, poisson et coquillages. Bien évidemment, on mange avec les doigts, et la vinasse coule à flots dans des gobelets en terre cuite. Au moment de payer, on vous apporte les dés, et si vous faites trois « 1 », vous repartez sans sortir votre bourse. On vous souhaite bonne chance. Musique live les vendredi et samedi.

## À voir

★★★ ***Neuer Markt*** *(plan B2)* **:** *place principale de Rostock. Trams n^os 11 et 12 de la gare.* L'hôtel de ville (Rathaus), des XIIIe et XIVe s, s'y distingue par sa façade rose bonbon et un mur-écran ajouré avec ses sept petits campaniles de brique rouge et noir. Spectaculaire ! En face, alignement photogénique de ravissantes maisons à pignon, vert épinard, jaune moutarde ou plus simplement couleur crème.

★★ ***Kerkhofhaus*** *(plan B2, **31**)* **:** *derrière le Rathaus, au n° 5.* Maison d'habitation style gothique flamboyant, datant de 1470, à la façade de briques orange, jaune ou vert vernissées, coiffée d'un pignon « à redents ».

★★ ***Le quartier autour de Nikolaikirche*** *(plan B2, **36**)* **:** *dans la partie est de la ville.* Rénové, et peu connu des touristes. Il s'en dégage beaucoup de charme, avec des rues pavées étroites et de jolies maisons anciennes. On passe sous le porche de l'église en voiture ! Au passage, on remarque des antennes paraboliques. Eh oui ! le premier étage de l'église a été transformé en appartements.

★ Au sud du Markt, au bout de Steinstrasse, la grosse ***Steintor*** *(plan B2),* porte dont la fondation remonte au XIIIe s. En face, en pur néogothique, l'ancien siège de l'armée populaire tout en dentelle rouge.

★ ***Schiffahrtsmuseum*** *(musée de la Navigation ; hors plan par B2)* **:** *August-Bebel-Str 1. ● srm-hro.de ● À deux pas de la Steintor. Tlj 10h-18h. Entrée : 5 € ; réduc. Info slt en allemand, mais l'exposition est suffisamment éloquente.* Dans une présentation un peu poussiéreuse qui fleure bon la RDA défunte, elle concerne l'histoire de la navigation dans les eaux de la mer Baltique : la marine à voile, puis à vapeur, et enfin les unités modernes civiles et militaires sont évoquées à travers toute une série de maquettes, antiquités de marine, et même une reconstitution grandeur nature d'une passerelle de navire et d'un poste de pilotage. La vocation maritime de Rostock est confirmée avec la *table des Capitaines,* sur laquelle on peut lire les noms des anciens officiers et de ceux encore en activité. Évocation également des débuts de l'aviation dans la région avec la présence des usines *Arado-Heinkel,* qui produisirent le premier avion à réaction de la Luftwaffe en 1945.

★★★ ***Marienkirche*** *(plan A-B1)* **:** *à l'angle de Langestr et Neuer Markt. Lun-sam 10h-18h (10h-16h en hiver), dim 11h15-17h (11h15-12h15 en hiver). Entrée : don de 1,50 € recommandé (par Am Ziegen Markt). Infos en français.* L'imposante basilique Notre-Dame est visible à plusieurs kilomètres de Rostock. De style gothique, elle fut édifiée au XIIIe s, puis transformée aux XVe s-XVIIIe s. Sa haute nef, qui culmine à 31 m, est plus courte que celle prévue initialement, un effondrement du toit en est la cause. À l'intérieur, étonnante horloge astronomique (XVe s), programmée pour donner la date jusqu'en 2017 ; à midi pile, les 12 apôtres y font leur petite promenade. Superbes fonts baptismaux en bronze (XIIIe s), et orgue baroque gigantesque avec ses 5 700 tuyaux dorés. Chaire et chœur Renaissance. Du haut de la tour, la vue n'est pas triste non plus...

★★ ***Kröpeliner Strasse*** *(plan A2)* **:** la rue piétonne commerçante, qui traverse la vieille ville d'est en ouest est bordée de splendides façades colorées (différents styles). À droite du resto *Brödner's Goldbroiler,* la **bibliothèque Willi Bredel** *(plan A2, **37**).* La façade (XVe s) de cet ancien presbytère est un chef-d'œuvre de l'architecture de Rostock, avec sa mosaïque de briques contrastées et son pignon dentelé. Plus loin, le bâtiment massif de l'université, construit au XIXe s dans le style néo-Renaissance, domine une fontaine tout à fait curieuse. Juste en face, à l'angle de la Breitestrasse, les automates et les cloches d'une horloge font la joie des petits et des grands.

*Kulturhistorisches Museum* (plan A2) : *Kloster Zum Heilingen Kreuz, Klosterhof 7. • kulturhistorisches-museum-rostock.de • Mar-dim 10h-18h. GRATUIT.*
Dans le cloître de l'ancien couvent des sœurs cisterciennes, offert à la ville par une reine du Danemark en 1270. On y trouve un peu de tout.
Le réfectoire historique de 1480 est une des plus belles salles gothiques sur la côte de la Baltique. Il abrite la collection d'œuvres d'art sacré médiéval provenant des monastères et des couvents de Rostock et une partie du précieux trésor du couvent de la Sainte-Croix.
La collection de peintures hollandaise et flamande est l'une des plus importantes en Allemagne du Nord : Jan Bruegel le jeune, école de ***Rubens,*** gravures de Rembrandt, ***Van Dyck,*** paysages de ***Ruysdael.***
Également un cabinet des monnaies, une salle d'archéologie et une riche section d'art décoratif ; horloges, étains, porcelaines... et une salle où les enfants découvriront les jouets et poupées d'autrefois. Dans l'ancien dortoir, une collection intéressante d'œuvres des peintres ostracisés par la campagne nazie contre « l'art dégénéré » en 1937, dont ***Klee*** et ***Lovis Corinth.*** Pour finir, dans la chapelle, un magnifique retable et un tabernacle gothique tout en hauteur.

***Les remparts :*** enceinte médiévale dont il ne reste plus grand-chose, sinon la ***Kuh Tor*** *(plan B2)*, datant de 1260, « porte des Vaches », située non loin de la Stein Tor. D'autres vestiges des fortifications au bout de la Wallstrasse, le long du joli parc de Wallanlagen et jusqu'à la ***Kröpeliner Tor*** *(plan A2)*. Dans cette vieille porte de 55 m de haut, une expo sur les défenses de la ville et l'architecture militaire : *tlj 10h-18h (17h en hiver). Entrée 3 €. Points de départ des visites guidées de la ville en anglais (mai-sept).*

***Kunsthalle*** *(pavillon des Arts)* **:** *Hamburger Str 40. • kunsthallerostock.de • Dans un parc agrémenté d'un bel étang, au nord-ouest du centre. S-Bahn : Bramow (direction Warnemünde). De là, longer Schwarzerweg vers le parc. Mar-dim 11h-18h (20h jeu). Entrée gratuite sf expos temporaires.* L'un des plus récents musées du pays, consacré aux artistes allemands du XXe s. Quelques toiles intéressantes, d'inspiration surréaliste ou impressionniste. Sculptures dans le parc. Expositions temporaires.

## Il était un petit navire...

Depuis le XIIIe s, le port de Rostock, établi au fond du paisible estuaire du fleuve Warnow (à 12 km de la mer), est une importante plaque tournante du commerce maritime dans la Baltique. Au XVIIe s, la flotte de la ville approvisionne tous les ports d'Europe en céréales, malt, bière. Et, soutenue par ses chantiers navals, elle inaugure de nouvelles lignes maritimes. Seul débouché maritime d'importance pour la RDA, à la fin des années 1950, le port international brasse désormais encore des millions de tonnes de marchandises venues d'une soixantaine de pays. Deux grands chantiers navals, un port pétrolier et une importante flotte de pêche contribuent à en faire un des ports les plus fréquentés d'Europe du Nord.
– ***Visite du port :*** plusieurs compagnies, se renseigner à l'office de tourisme.



## Manifestation

– ***La grande fête de la Baltique :*** *chaque année, le 2e w-e du mois d'août. • hansesail.com •* Concerts dans les rues, rassemblement de vieux gréements, etc.

## QUITTER ROSTOCK

### En bateau

Départs quotidiens en ferry depuis **Travemünde.**

➢ ***Pour la Suède :*** pour Helleborg, avec *TT-Line.* ☎ *(04502) 801-81.* • *ttline.de* •

Au départ de ***Rostock.***

➢ ***Pour le Danemark :*** pour Gedser sur l'île de Falster, avec *Scandlines.* • *scandlines.de* •

➢ ***Pour la Finlande :*** vers Hanko (à l'ouest d'Helsinki) en ferry *Tallink.* ☎ *(451) 58-99-222.* • *tallinksilja.com/en* •

## WARNEMÜNDE

5 500 hab. IND. TÉL. : 0381

**À 12 km au nord de Rostock (S-Bahn direct, environ 30 mn de trajet). Ancien village de pêcheurs devenu, grâce à sa jolie plage de sable blanc et à son adorable port de plaisance, LA station balnéaire des Allemands du Nord. Malgré l'inflation galopante de l'urbanisation, le centre du bourg demeure charmant, avec ses jolies ruelles et son phare pittoresque. Des ferry-boats assurent la liaison avec Gedser, au Danemark et les monstres des mers y débarquent régulièrement leurs milliers de croisiéristes en quête de shopping, pour la plus grande joie de quelques vétérans de l'Armée Rouge qui en tirent des aumônes pour arrondir leurs maigres pensions, en exécutant quelques pas de danse cosaque sur fond d'accordéon. L'activité principale est d'arpenter la promenade le long des quais pour observer l'animation et le va-et-vient des ferries en attendant l'heure où, depuis la plage on contemple le flamboyant spectacle du coucher de l'astre solaire.**

### Adresses et infos utiles

***Tourist Information :*** *Am Strom 59.* ☎ *54-80-00.* • *rostock.de/warnemuende* • *Sur les quais. Lun-ven 9h-18h (10h-17h nov-avr), w-e 10h-15h (dim fermé nov-avr).* Efficace, de nombreuses brochures sur les loisirs et manifestations. Résas de chambres chez l'habitant.

➢ ***Promenades en bateau*** *(Schiffsfahrten) : s'adresser aux nombreuses compagnies sur Alter et Neuer Strom.* Visite du port de Warnemünde. Quelques chalutiers proposent aussi des balades en mer.

■ ***Location de Strandkörbe :*** il s'agit de ces emblématiques fauteuils de plage en osier conçus pour s'abriter du vent frais de la Baltique : *Strandkorboase Treichel (comptez 3 €/h et 10 € pour un ap-m).*

***Ferries pour la Scandinavie et la Suède :*** *sur la presqu'île, en face d'Am Strom.* Voir plus haut « Quitter Rostock ».

### Où dormir ?

#### Camping

***Baltic Freizeit :*** *Budentannenweg 2, 18146* ***Markgrafenheide.*** *Sur la rive droite du fleuve Warnow. Prendre le bac à Neuer Strom, à côté de la gare, jusqu'à Hohe Düne (5 mn de traversée) ; un bus direct attend à l'arrivée du bac.* ☎ *66-10 ou* 📱 *04544-800-30 pour les résas.* • *baltic-freizeit@t-online.de* • *baltic-freizeit.de* • *Compter env 15-36 € pour 2 avec tente et voiture, selon saison.* Une véritable ville, avec ses rues, ses trottoirs, ses restos, et même un cinéma ! Emplacements ombragés, proches d'une plage de sable clair à perte de vue. Propreté exemplaire, douches gratuites. Une belle batterie de bungalows.

## Bon marché

**Jugendherberge Warnemünde** *(AJ)* **:** *Parkstr 47. ☎ 54-81-70. • warnemuende.jugendherbergen-mv.de • jh-warnemuende@jugendherberge.de • Dans une rue parallèle à la plage, à l'ouest du village. Ouv tte l'année. Résa impérative plusieurs mois à l'avance ! Compter 24-31,80 €/pers selon âge et saison, petit déj compris.* L'architecte ne s'est vraiment pas foulé : le bâtiment aux allures de blockhaus est absolument laid. En revanche, AJ bien équipée et chambres impeccables. Lunch à emporter en pique-nique. Accueil variable.

## Prix moyens

**Chambres chez l'habitant :** *s'adresser à l'office de tourisme, ou tenter sa chance dans Alexandrinenstrasse, une rue parallèle à Am Strom.* De nombreuses chambres chez l'habitant, dans de splendides maisons hanséatiques. Prises d'assaut bien entendu pour le week-end.

**Pension Katy :** *Kurhausstr 9. ☎ 54-39-40. • info@pensionkaty.de • pensionkaty.de • Depuis la Kirchen Platz, suivre la Mühlenstr, puis prendre la 2ᵉ à droite. Résa conseillée. Doubles avec sdb 75-105 € selon saison, petit déj compris.* À 100 m de la plage, cette belle maison ancienne (1892), totalement rénovée, s'ouvre sur des chambres coquettes et spacieuses, aux couleurs pétaradantes (rose bonbon ou bleu électrique). Accueil très sympathique.

## Où manger ?

Innombrables établissements sur *Am Strom,* face au petit port :

**Backfisch Tilo :** *immense Imbiß, installé sur un ancien chalutier amarré au quai nº 17 (au niveau de Am Strom 106). Compter moins de 5 €.* Au menu de l'équipage : beignets de calamar, de crevette, sandwichs au poisson... que l'on mange debout sur le quai, appuyé au bastingage. Un peu plus bas, le *Backfisch Mac Udo (chalutier rouge au niveau de Am Strom 80)* propose la même formule.

**Gosch Sylt :** *Am Strom 107. Tlj 11h-22h.* Sur la promenade longeant la marina. La formule self service de cette chaîne est idéale pour déguster les produits de la Baltique tout frais sortis des filets des pêcheurs. On file d'emblée au fond de la salle pour faire son choix dans l'alléchant comptoir (fermé à 21h30). On paie, puis on va à l'entrée commander sa boisson et on s'installe sur de hauts tabourets en terrasse pour se régaler en regardant défiler le ballet des passants. Convivial et pas trop onéreux. Les mêmes produits se retrouvent à l'étage dans un décor plus chic et plus cher.

**Fischerklause :** *Am Strom 123. ☎ 525-16. • hanse-menue@t-online.de • Sur les quais à 50 m du phare. Tlj dès 11h30 (fermé lun nov-fin mars). Prévoir env 15 €.* Parmi les coques, ancres et autres antiquités entassées sur les murs, d'authentiques fanaux éclairent le contenu des assiettes : du poisson en majorité, et quelques salades chatoyantes. Les vendredi et samedi soir, chansons de pêcheurs. Bon accueil.

**Seekiste Zur Krim :** *Am Strom 47. ☎ 521-14. • info@seekiste-zur-krim.de • Tlj 6h30-18h (ouv également le soir en fonction du monde : résa conseillée).* Les murs sont recouverts d'antiquités de marine rutilantes. Petite terrasse tranquille en bordure des quais. Bonne cuisine traditionnelle à prix doux.

## À voir

**Heimatmuseum** (musée du Pays) **:** *Alexandrinenstr 31 (rue parallèle au port, en face de l'office du tourisme). ☎ 526-67. • heimatmuseum-warnemuende.de •*

*Mar-dim 10h-17h (18h avr-sept). Fermé mar avr-oct. Entrée : 3 €.* Installé dans une vieille maison de pêcheurs, ce musée croquignolet raconte la vie de ce petit village – la pêche, la mer et les marins – avec des maquettes, des tableaux, ses objets de la vie quotidienne et des objets insolites. Le tourisme balnéaire à la Belle époque n'est pas en reste : jolie collection « d'uniformes de plage ». Accueil débonnaire.



## DE ROSTOCK À STRALSUND

### Où dormir ? Où boire un verre ?

***Jugendherberge Born-Ibenhorst** (AJ) : Im Darßer Wald, Ibenhorst 1, 18375* ***Born.*** *☎ (038234) 229. • jh-born@jugendherberge.de • born-ibenhorst.jugendherberge-mv.de • Compter 22,40 € pour les moins de 27 ans, 29,80 € pour les autres.* Au bout d'un « chemin qui sent la noisette », une AJ en pleine forêt agréable et reposante. Accueil cordial. À 2 km de la plage. Possibilité d'y planter sa tente.

***Hotelschiff « Stinne » :** Am Kuhleger, Ostseebad Wustrow. ☎ (038220) 336. • hotel-schiff-stinne@t-online.de • hotelschiff-stinne.de • Doubles avec douche et w-c à partir de 75 €.* Ce vieux bateau danois, échoué sur le Fischland face à la mer intérieure Saaler Bodden, abrite un hôtel aux chambres impeccables. À défaut d'y dormir (les cabines sont chères), on peut toujours jeter un coup d'œil en allant boire un verre au bar (en forme d'étrave, bien sûr) ouvert à partir de 18h en semaine et de 12h le week-end. Accueil génial de la patronne, qui explique volontiers l'histoire de son bateau.

### À voir

***La Darss :*** en voiture, on peut traverser cette presqu'île étrangement découpée, bordée, d'un côté, par des mers intérieures *(Bodden),* de l'autre, par la Baltique. L'ensemble est classé site protégé en raison des nombreuses espèces qui profitent de ses marécages et de ses forêts pour s'y reproduire. Avant de regagner docilement Stralsund, la jolie route traverse quelques villages adorables, comme ***Wustrow,*** avec ses maisonnettes aux toits de chaume, ou le village d'artistes ***Arenshoop.*** De loin en loin, des panneaux indiquent les *Seebrücke* (littéralement : ponts de mer), ces pontons de bois ou de béton jetés sur la mer. Ils permettent au promeneur de « marcher sur l'eau », et de contempler la côte comme d'un bateau. Se méfier : la balade peut tourner au cauchemar en plein été.

## STRALSUND

60 000 hab. IND. TÉL. : 03831

**Dès sa fondation en 1209, l'arrogante réussite commerciale de Stralsund suscite bien des convoitises. Retranchée derrière d'épais remparts, elle résiste farouchement avant de tomber aux mains des Suédois au XVIIIe s. Les guerres napoléoniennes achevées, elle devient prussienne, et connaît un fort essor économique au XIXe s. Sa puissante flotte garantit son rôle prépondérant dans le commerce maritime jusqu'au milieu du XXe s, date à laquelle s'amorce le déclin de ses pêcheries. Aujourd'hui, à l'image de ses voisines baltes, Stralsund mise tout sur le développement du tourisme, avec notamment son attraction flambant neuve majeure, *Ozeanum.* Ses crépis décatis tombent les uns après les autres, révélant de fières façades bordant ses ruelles tortueuses. De loin en loin, des places bien dessinées servent d'écrin à de purs joyaux d'architecture gothique. À ne rater sous aucun prétexte.**

***La vieille ville de Stralsund :*** la position unique de l'île de Stralsund, entre le Strelasund, un bras de la Baltique, et l'étang formé au XIIIe s, souligne le fort caractère médiéval des lieux. En tant que ville de la Hanse, Stralsund a grandement contribué au développement de l'architecture sacrée et de la construction gothique en brique. La vieille ville, avec ses bâtiments historiques, est emblématique du développement idéal des villes de la Hanse au XIVe s, âge d'or de la ligue. Ce centre-ville historique est resté très proche de ce qu'il était au Moyen Âge, et c'est une sacrée chance pour le visiteur.

## Adresses utiles

***Tourist Office*** *(plan A1) : Alter Markt 9. ☎ 246-90. • stralsundtourismus.de • Lun-ven 10h-18h (17h nov-avr) ; sam 10h-16h (14h nov-avr) ; dim 10h-14h slt mai-oct.* Résas de chambres d'hôtel ou chez l'habitant ; billets pour diverses manifestations culturelles ou sportives ; brochure en français (payante) et plan de la ville gratuit.

***Gare routière*** *(plan A3) : angle Karl-Marx-Str et Frankenwall, à l'extérieur de la vieille ville.*

***Gare ferroviaire*** *(hors plan par A3) : rens au ☎ (01805) 99-66-33.* Trains quotidiens pour les cités de la côte balte et pour les principales villes allemandes. L'île de Rügen est également desservie par le rail.

## Où dormir ?

### Bon marché

***Hostel Stralsund*** *(plan B2-3,* ***10****) : Reiferbahn 11. ☎ 28-47-40. • info@hostel-stralsund.com • hostel-stralsund.com • En été, lit en dortoir (6 lits) à partir de 16 €, double à 46 €. Loc de draps 3 €. Petit déj 6 €. Parking.* Dans le quartier du pont vers Rügen, une petite AJ privée de 60 lits dans un bâtiment sans style, mais bien rénové dans un style fonctionnel sobre. Cuisine, BBQ et laverie à dispo, salle de fitness, ping-pong. Location de vélos.

***Jugendherberge Stralsund-Devin*** *(AJ) : Strandstr 21. ☎ 49-02-89. • jh-stralsund@jugendherberge.de • stralsund.jugendherbergen-mv.de • Prendre le bus n° 3 à partir de la gare centrale et descendre à l'arrêt Ortsteil Devin. Compter en été 21,40 € la nuit pour les moins de 27 ans, 27,20 € pour les autres, petit déj compris. Parking.* Auberge en bord de plage, agréable et bien tenue mais éloignée du centre (6 km au sud-est).

### Prix moyens

***Altstadt Hotel Peiss*** *(plan A2,* ***12****) : Tribseerstr 15. ☎ 30-35-80. • info@altstadt-hotel-peiss.de • altstadt-hotel-peiss.de • Doubles 65-125 € selon confort et saison, petit déj compris.* Avec les remparts à proximité et les cloches de Marienkirche comme fond sonore, l'immersion est radicale ! Au cœur de la vieille ville, cette jolie bâtisse vêtue de jaune abrite 14 chambres colorées, spacieuses et confortables, absolument irréprochables. Accueil charmant du proprio à la moustache imposante. Location de vélos, d'ailleurs l'hôtel est équipé pour accueillir les cyclo-touristes.

***Pension Cobi*** *(plan A-B2,* ***13****) : Jacobiturmstr 15. ☎ 27-82-88. • info@pension-cobi.de • pension-cobi.de • Doubles 60-75 €, petit déj compris. Parking gratuit.* Si cette petite pension de famille doit son nom à la paroisse toute proche, les chambres n'ont rien de monacal. Récemment rénovées, elles respirent la propreté et la sobriété et sont dotées d'un mobilier neuf. 2 d'entre elles disposent d'un balcon (plus chères).

***Villa am Meer*** *(hors plan par A1,* ***11****) : Gerhart-Hauptmann-Str 14. Suivre la Sarnowstr et prendre à droite, vers la mer. ☎ 30-84-66. • info@hotel-mit-meerblick.de • hotel-mit-meerblick.de • Doubles avec*

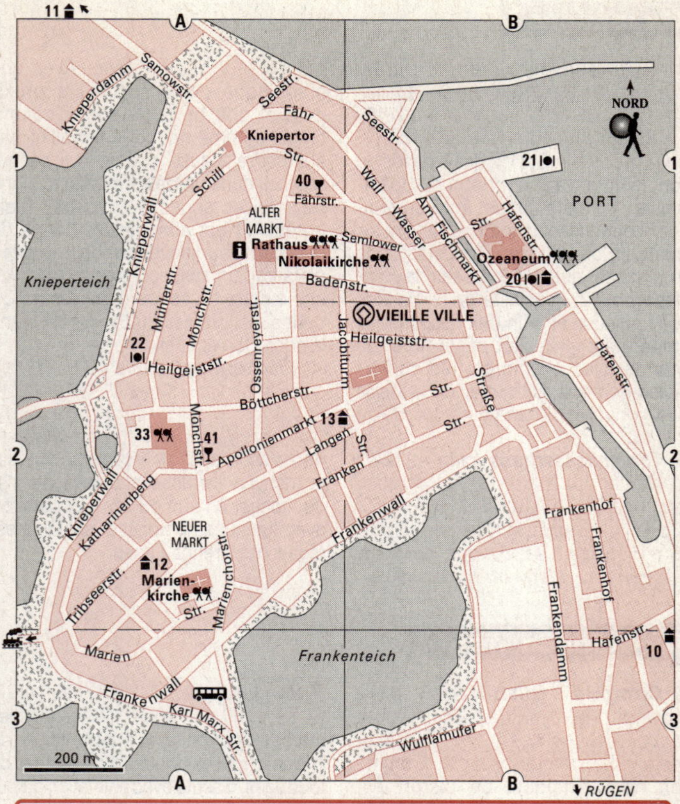


## STRALSUND

| | | | |
|---|---|---|---|
| | **Adresse utile** | | **21** Fischermann's |
| | Tourist Office | | **22** Torschliesserhaus |
| | **Où dormir ?** | | **Où boire un verre ?** |
| | **10** Hostel Stralsund | | **40** Bengunn |
| | **11** Villa am Meer | | **41** Campus |
| | **12** Altstadt Hotel Peiss | | **À voir** |
| | **13** Pension Cobi | | **33** Deutsches Museum für Meereskunde und Fischerei |
| | **Où manger ?** | | |
| | **20** Hindenseer | | |

*sdb 67-87 € selon saison et confort, petit déj compris. Parking privé.* Une ancienne demeure de caractère (tour d'angle), au cadre feutré (parquet, antiquités de marine...), dissimulée au cœur d'un quartier résidentiel. Elle renferme de très belles chambres, dont certaines donnent sur le grand port de Stralsund. Magnifique salle du petit déj bien copieux (choisissez la véranda). À une volée de mouette de la Sundpromenade, pour des balades romantiques... Excellent accueil et bon rapport qualité-prix.

## Où manger ?

**Hindenseer** (plan B1, **20**) : *Neue Baden 3. ☎ 289-23-90. Tlj dès 11h (17h janv-Pâques). Plat env 10 €. • info@hotel-hiddenseer.de • hotel-hiddenseer.de •* Sur les quais pavés du port, juste devant la maison du *Hafenmeister*, ce resto coquet (maison retapée et antiquités de marine) séduira les amateurs de poisson. Dégustez donc en terrasse, quand il fait beau, la *Fishplatte* pour 2, spécialité de la maison, très copieuse et à un prix raisonnable. Embarquez vite ! Fait aussi hôtel de charme avec chambres très confortables donnant sur la mer ou la vieille ville. *(doubles 66-133 € selon saison et vue).*

**Torschliesserhaus** (plan A2, **22**) : *Mühlenstr 26. ☎ 29-30-32. • info@torschliesserhaus-stralsund.de • Tlj 12h-15h, 18h-minuit. Congés : 2 sem nov. Plat env 10 €. Réduc de 10 % sur certains plats et boissons sur présentation de ce guide.* Avec une magnifique porte fortifiée à proximité et une belle maison à colombages comme refuge, il ne fallait pas s'attendre à autre chose... La déco a sombré dans un délire médiéval digne des vieilles séries B de papa ! Mais le résultat est amusant et donne de l'entrain pour savourer de robustes plats traditionnels, comme la *Soljanka,* une recette de soupe ukrainienne. On peut aussi profiter du *Biergarten* dans la cour. Bon accueil.

**Fischermann's** (plan B1, **21**) : *an der Färbrücke 3. ☎ 29-23-22. • info@fischermanns-restaurant.de • Tlj 11h-tard. Plat env 12 €.* Un restaurant de poisson avec une superbe vue sur la mer. La terrasse couverte permet de manger à l'abri du vent. Décoration avec fresques humoristiques. On s'est régalé de harengs fumés.

## Où boire un verre ?

**Campus** (plan A2, **41**) : *Mönchstr 40. ☎ 30-90-4. • info@campus-hst.de • Tlj 19h jusqu'au départ des derniers clients.* Comme son nom l'indique, ce bistrot est l'annexe officieuse de la cafétéria universitaire. Certains soirs, la cave qui l'héberge est tellement chargée qu'il faut sabrer ferme dans la marée humaine avant d'harponner un morceau de comptoir. Concerts plusieurs fois par mois. Se renseigner.

**Bengunn** (plan A1, **40**) : *Fährstr 27. ☎ 29-36-45. Tlj 19h-1h.* Descendez les marches conduisant à cette cave de brique et vieilles poutres. La clientèle, de tous âges, discute avec animation autour d'un verre, sans plus faire attention aux plaques émaillées qui recouvrent littéralement le plafond, la folie du patron ! Quelques bières irlandaises à la pression, pour ceux qui veulent comparer avec les saveurs allemandes. Excellente ambiance. Quelques joueurs de cartes.

## À voir

**Rathaus** *(hôtel de ville ; plan A1)* : il date des XIIIe s et XIVe s (style gothique). L'un des fleurons de l'architecture gothique d'Allemagne du Nord. Une rangée de six voûtes surmontées chacune d'une fenêtre, d'un cadran étoilé et d'un pignon ajouré, le tout en brique rouge. L'ensemble de cette façade, véritable dentelle, est couronné de sept tourelles en bronze. Se promener dans le passage sous les arcades, pour parvenir à l'entrée de l'église, à gauche.

**Nikolaikirche** (plan A1) : *entrée par le portail ouest, derrière le Rathaus. Avr-oct, tlj 9h-18h (19h juin-août et 17h nov-mar) sf dim 13h-17h. Entrée : 2 € (gratuit pour les moins de 18 ans).* Encore du gothique, encore de la brique ! Édifiée au XIIIe s et haute de 105 m, cette imposante église recèle des merveilles : une horloge astronomique du XIVe s avec dans les coins du cadran, les fondateurs de l'observation astronomique tant occidentale qu'orientale. Deux autels des XVIe s et XVIIIe s dont celui de la corporation des tailleurs. Piliers couverts de fresques du XIVe s.

**Badenstrasse :** *derrière le Rathaus.* Rue pleine de charme menant au port. Alignement de maisons aux façades à pignon, toutes plus belles les unes que les autres.

***Ozeaneum*** *(plan B1) : Hafenstr 11. • ozeanum.de • Tlj 9h30-22h (18h30 oct-mai). Entrée : 16 € ; réduc. Billets combinés avec le* Meeresmuseum *et le* Nautineum *: 21 €. Infos en anglais.* Spectaculaire architecture futuriste et complexe en gracieuses courbes d'un blanc éclatant au milieu des briques rouges, l'attraction principale la ville invite au voyage dans le monde fascinant de la mer et de ses rivages. On y découvre différents habitats marins de la Baltique ainsi que ceux de l'Atlantique. Le plus grand bassin a une capacité d'accueil de 2,6 millions de litres, et avec plus de 9 m de profondeur, héberge la faune atlantique. Dans les coulisses, une technologie complexe se soucie de préserver les conditions de vie de ses hôtes marins par le traitement mécanique et biologique de l'eau. On explore aussi les fonds marins grâce aux bathyscaphes et l'accent est mis sur les nécessités de préservation des mers pour la survie de la planète (Greenpeace est partenaire du musée !). Pour clôturer en beauté, une immense salle où sont accrochées dans les hauteurs des reproductions grandeur nature de quelques cétacés. On s'installe en contrebas dans des transats pour contempler ces gigantesques habitants du Grand bleu et entendre les yeux fermés leurs chants lancinants.

***Deutsches Museum für Meereskunde und Fischerei*** *(Musée océanographique allemand ; plan A2,* ***33****) : Katharinenberg 14-20. • meeresmuseum.de • Repérable à son bateau de pêche échoué sur le parvis de l'église. Tlj 10h-17h. Entrée : 9 € ; réduc. Infos en anglais.* L'un des rares musées de ce genre en ex-RDA. Les étages regroupent de belles maquettes de bateaux et de nombreux spécimens d'animaux marins empaillés, tandis que les caves abritent un aquarium de 50 000 l rempli de requins et de tortues bien vivants. Squelette de rorqual de 15 m de long échoué sur Rügen au début du XIXe s. Frissons garantis !

**Marienkirche** *(plan A2) : Neuer Markt. Lun-ven 10h-12h, 14h-16h ; sam-dim et j. fériés 10h-12h. Visite guidée mar à 15h et ven à 15h30 : 8 € ; réduc.* Vaste église gothique du XIVe s à nef démesurée (près de 100 m de long !). Du haut de la tour (349 marches), vue plongeante sur Stralsund : les lacs, les étangs, la mer, que d'eau, que d'eau ! Maître-autel gothique figurant le couronnement de Marie. Dans le cimetière, tombes de soldats russes et monument en hommage à l'Armée Rouge.

## DANS LES ENVIRONS DE STRALSUND

***Hiddensee :*** longue de 17 km et interdite aux voitures, l'île comprend trois hameaux de pêcheurs : Neuendorf, Vitte et Kloster. Sablonneuse et sauvage, on y trouve, paraît-il, les résidences de la Nomenklatura de l'ex-RDA. Départs quotidiens assurés de Schaprode par la compagnie ***Reederei Hiddensee*** : *Fährstr 16. ☎ (03831) 26-810. • reederei-hiddensee.de • 7h-18h. Compter 1h30-2h30 de trajet selon destination (15,30-17,70 € A/R). Réserver ses billets le plus tôt possible.* L'île est petite et bondée en été : ne pas s'attendre à trouver un hébergement sans mal. Prévoir des pulls : il fait frais sur la Baltique.

### *RÜGEN (80 000 hab. ; ind. tél. : 038393)*

La plus grande île d'Allemagne, 60 km sur 40 ! C'est également la plus touristique. Véritable puzzle aux côtes déchiquetées, dont le centre est parsemé de multiples mers intérieures, elle présente une curiosité géologique valant à elle seule le voyage : les *Stubbenkammer,* falaises de craie ou de granit de plus de 100 m de haut, tombant à pic dans la mer ! Mais Rügen tire sa réputation de ses bourgeoises stations balnéaires – toutes plantées à l'est de l'île – avec un sable de paradis exotique ! La mieux cotée est certainement **Binz,** dont les belles maisons de vacances, aux façades de bois peint héritées du XIXᵉ s, retrouvent peu à peu leur éclat d'antan... Longue plage où s'alignent les photogéniques *stand korp,* ces abris d'osier. À l'est de Stralsund, un pont de 2,5 km envahi de pêcheurs permet de gagner l'île en voiture ou en train (nombreux départs depuis Stralsund). Attention aux embouteillages l'été ! Un nouveau pont de 4 km qui culmine à 42 m au-dessus des flots permet désormais de remédier à cet inconvénient.

## Adresses utiles

**Haus des Gastes** *(informations)* **:** *Heinrich-Heine-Str 7, à* ***Binz.*** *☎ 148-148. • ostseebad-binz.de • Nov-janv, lun-ven 9h-16, w-e 10h-16h ; fév-oct, lun-ven 9h-18h, w-e 10h-18h.* Infos sur l'hébergement.

**Ferries :** à destination de Trelleborg (Suède) ou Rønne sur l'île de Bornholm (Danemark), au départ de Sassnitz. ***Scandlines,*** *Fährcenter Sassnitz, Fährhafen, 18546* ***Sassnitz.*** *☎ (038392) 644-20. • scandlines.com •*

## Où dormir ? Où manger ?

**Jungendherberge Binz** *(AJ)* **:** *Strandpromenade 35, 18609* ***Binz.*** *☎ 325-97. • jh-binz@jugendherberge.de • binz.jugendherberge-mv.de • Compter 22,40-23,40 € selon saison pour les moins de 27 ans, 27,40-28,60 € pour les autres, petit déj et draps compris. (payant).* Idéalement située sur la promenade de bord de mer, cette auberge rutilante dispose en majorité de chambres de 6 à 8 lits d'une propreté exemplaire.

**Hôtel Imperial :** *Standtpromenade 20. ☎ 13-80. • hotel-imperial@karin-loew-hotellerie.de • karin-loew-hotellerie.de • Doubles 90-140 € selon taille et vue sur la mer avec petit déj.* Élégant hôtel de style Belle Époque en bord de mer. Chambres spacieuses et bien équipées, les plus chères disposent d'un balcon donnant sur la mer.

**Strandhalle :** *Strandpromenade 5, 18609* ***Binz.*** *☎ 315-64. • Toni.Muensterteicher@t-online.de • Tlj 12h-22h. Plat env 10 €.* Sur la droite, dans une partie peu fréquentée de la Strandpromenade, cette halle en bois dissimule sous la charmille un intérieur chaleureux. La vue imprenable sur la crête des vagues vient valoriser les spécialités de poisson du chef à belles bacchantes qui font la réputation de l'établissement (incontournable *Ostseedorsch*). Également quelques rumstecks de derrière les fagots. À découvrir absolument.

**Gästatte Jägerhütte:** *Alleestr 33, 18581* ***Putbus.*** *À la sortie de Putbus direction Kasnevitz, prendre sur la gauche dans la forêt ; le pavillon de chasse est à 250 m. ☎ 038301-510. • thieleGmbH@t-online.de • Tlj 11h30-20h30. Plat du jour env 10 €.* Un lieu comme on n'en fait plus : imaginez une grosse cabane à toit pointu, dès que l'on pousse la porte on est encerclé d'une multitude de trophées de bêtes à cornes et autres créatures forestières empaillées. Grand âtre central, banquettes de bois. Cuisine de gibier en saison, bien sûr, mais aussi viandes et poissons accommodés de manière bien traditionnelle, le tout arrosé de la ***Köstiger,*** la mousse brune locale. Service sobre et efficace

## À voir

**Stubbenkammer :** ***Konigsstühle,*** *près de Sassnitz (suivre les pancartes).* Les célèbres falaises de craie se dressent à 120 m au-dessus de la mer. Le grand peintre du romantisme allemand, Caspar David Friedrich, les a immortalisées dans plusieurs tableaux. Cependant, la réalité est moins idyllique. L'accès au *Königsstuhl* (la chaise du roi) est devenu archi-touristique *(entrée 7,50 € – réduc –, pour le Centre d'interprétation et le parcours didactique, audioguide inclus),* on est obligé de se garer à 4 km de l'endroit (parking payant), un bus (3,20 €) assurant la liaison jusqu'aux falaises. L'idéal est donc d'y arriver après 20h. Le gros des touristes étant reparti, les caisses sont désertes et la circulation autorisée ! Cela dit, une fois en haut de la falaise, on n'en aperçoit que des fragments... un peu décevant pour le prix. Accès à la plage via une ribambelle d'escaliers et après il faut remonter !

**Kap Arkona :** son phare de 46 m de haut est le point le plus au nord de toute l'île. Belle balade à faire en longeant la mer du cap au petit village de Witt (env 2h). Parking obligatoire 1 km avant.

**La plage de Tromper Wiek :** au nord-est de l'île, une plage de sable blanc à perte de vue, et sans la fréquentation de la station de Binz, même si les baraques à frites altèrent la qualité de l'air marin...

### TRÔNE HAUT PERCHÉ ?

*Les habitants de Rügen avaient pour coutume de choisir comme souverain le plus courageux d'entre eux. L'épreuve consistait à escalader les 108 m de la falaise. Celui qui y arrivait le premier pouvait alors s'installer sur le trône du roi au sommet.*

**Putbus :** *à 10 km de Binz.*
Une miniville impériale au milieu des champs ! En 1810, le prince Wilhelm Malte von Puttbus décide de construire une cité idéale, dans le respect des règles du classicisme. Château, palais, orangerie, théâtre, lycée : le village de Putbus prend pour modèle les capitales européennes. Aujourd'hui, la plupart des édifices aux façades blanches sont toujours là, bien entretenus alors que le château, lui, a été rasé sous le régime communiste. La place principale, en forme de cirque autour d'un obélisque, est impressionnante, comme un vestige d'un blanc immaculé d'un autre âge.
Un train touristique à vapeur, le ***Rasender Roland*** relie toute l'année *(4 départs/j. avr-oct),* Putbus à Göhren en un peu plus de 1h en passant par Binz. Prix en fonction de la distance à parcourir. • *ruegensche-baederbahn.de* •

**Prora :** *à 5 km au nord de Binz.* Ce gigantesque ensemble de béton de 4,5 km qui s'étire le long d'une plage témoigne d'un épisode peu connu du nazisme. Financé par l'organisation des loisirs *Kracht durch Freude* (« la force par la joie »), Prora devait devenir un complexe de vacances pouvant accueillir jusqu'à 20 000 personnes récompensées pour leur zèle national-socialiste. Chaque chambre de 5 m sur 2,5 devait compter deux lits, une armoire ou un placard et un évier. Les toilettes et les douches étaient communes. Le projet reçut même le *Grand Prix d'Architecture à l'expo universelle de Paris* en 1937. La construction de ce sinistre *Club Med nazi,* qui aurait dû allier loisirs bon marché et endoctrinement, fut interrompue par la guerre en 1939. Une partie fut convertie en hôpital militaire pour héberger les blessés du front de l'est et servit de refuge aux populations de Hambourg bombardées. Ironie de l'histoire, il a servi de casernement à l'Armée Rouge et de centre d'entraînement sous la RDA. Aujourd'hui, malgré le délabrement, une partie de Prora, qu'on a renoncé à démolir, abrite un centre de documentation sur le nazisme, mais aussi une AJ de 400 lits et une discothèque, le *Miami* (sic !). Un projet hôtelier pourrait voir le jour malgré le côté embarrassant de ce drôle d'héritage et surtout du coût colossal de sa rénovation.

**Greifswald :** très jolie petite ville entre Rügen et Usedom qui connut un son essor après avoir rejoint la Hanse en 1281. C'est de cette époque que datent les trois imposantes églises paroissiales et les maisons anciennes du Markt qui façonnent le paysage du centre urbain médiéval. Son architecture témoigne aussi de la longue période (1648-1815) où la cité faisait partie du royaume de Suède.

On y fera volontiers une halte pour se prélasser sur une terrasse du Markt, bordé d'un hôtel de ville Renaissance et de magnifiques maisons représentatives du style gothique de briques de la Baltique.
Autre visite à conseiller : le *Landesmuseum,* dans un ancien cloître franciscain, pour parcourir les salles consacrées à l'histoire de la ville et à son environnement naturel et aux riches collections de peintures (il y a même un Van Gogh !) dont Caspar David Friedrich, le célèbre peintre romantique natif de Greifswald. *Rakower Str 9. Tlj sf lun 10h-18h (17h nov-avr) • pommersches-landesmuseum • Tarif : 5 € ; réduc.*

## Où manger ? Où boire un verre, tant qu'on est là ?

**Fritz Braugasthaus :** *Am Markt 13. ☎ 578-30. Tlj 11h-23h. Plats env 10-16 €.* Vénérable demeure gothique à la façade de brique avec un intérieur moderne, aménagé en brasserie fabriquant sa propre mousse. Photos illustrant cette activité. Cuisine locale sans relief particulier mais où chacun trouvera de quoi satisfaire son appétit. Quelques tables dehors. Service souriant.

## USEDOM *(2 400 hab. ; ind. tél. : 038378)*

*À quelque 50 km à l'est de Stralsund, accessible par la route au départ de la ville de Wolgast.* Usedom est la plus orientale des îles d'Allemagne. D'une superficie de 445 km², c'est la plus vaste après Rügen. Presqu'île dont 20 % du territoire (à l'est) appartient à la Pologne. La nature y est préservée, et les paysages sont très variés : marécages, lacs intérieurs, forêt, dunes, plages de sable et quelques falaises qui en font un paradis pour les fans de vacances au soleil et de vélo. Depuis que les cités balnéaires sur la Baltique y firent leur apparition à partir de 1820, le tourisme est devenu le secteur économique le plus important.
***Heringsdorf*** et ***Ahlbeck*** méritent particulièrement une halte, avec leur long ruban de belles maisons du XIXe s déroulé face à la mer. Les touristes, moins nombreux, y cultivent un certain élitisme qui vaut à l'île le surnom de « Deauville des Berlinois ».
Attention : à l'est, la frontière avec la Pologne à Alhlbeck, n'autorise pas le passage en voiture.

## Où dormir ?

**Jugendherberge Heringsdorf** *(AJ)* **:** *Puschkinstr 7-9, 17424* ***Seebad Heringsdorf.*** *☎ 223-25. • jugendherberge.de • jh-heringsdorf@jugendherberge.de • Compter 24-26 €/pers, petit déj compris, pour les moins de 27 ans (sinon 29,40-31,80 €).* Installée dans une maison neuve aux allures de chalet, cette auberge dispose de grandes chambres de 5 à 8 personnes, très propres et lumineuses. Salle de resto très spacieuse, et terrains de sport. À 2 mn de la mer ; les pieds dans l'eau, pour ainsi dire !

## À voir

***Peenemünde :*** *à l'extrémité nord-ouest de l'île. Ouv tlj 10h-18h (16h oct-mars). Fermé lun nov-mars. Tarif : 8 € ; réduc. Petite brochure et audioguide en français.*
L'existence du site fut longtemps un secret bien gardé du nazisme. Entre 1936 et 1945, le jeune ingénieur Wernher von Braun y mit sur pied, dans le plus grand secret, les fusées V1 et V2 qui ont bombardé l'Angleterre, Anvers, et même Paris. 6 000 missiles furent produits dans cette usine par 20 000 travailleurs, dont une

majorité de prisonniers de guerre travaillant dans des conditions épouvantables. En octobre 1942, la toute première fusée de l'histoire fut lancée dans l'espace, à 84,5 km de la Terre, depuis Peenemünde. Joli coup d'essai pour von Braun, qui, récupéré par les services secrets américains en 1945 travailla après la guerre, sur le projet Apollo visant à conquérir la Lune ! Aujourd'hui, l'ancienne centrale électrique sert d'écrin à une expo passionnante qui raconte la genèse du projet et ses développements après-guerre avec la course aux armements balistiques de la guerre froide. On peut aussi visiter un sous-marin soviétique et voir à l'extérieur, des répliques de V1 et de V2. Les curieux seront intrigués par un écusson peint sur la base de la fusée à damiers (qui inspira Hergé pour sa fusée lunaire) représentant une femme chevauchant un croissant de Lune. Cette illustration provient d'un film de Fritz Lang : *La Femme sur la Lune.*

### LA NAISSANCE DES FUSÉES

*Les traités de Versailles de 1919 avaient interdit à l'Allemagne de posséder une artillerie lourde. Résultat : sous la République de Weimar, les militaires ont financé des recherches sur les fusées. De plus, la science-fiction fascinait les jeunes scientifiques passionnés d'astronautique. Parmi eux, un ingénieur prometteur : Wernher von Braun...*



# HAMBOURG ET LE SCHLESWIG-HOLSTEIN

## HAMBURG (HAMBOURG)

1 813 000 hab. IND. TÉL. : 040

**« T'as voulu voir Hambourg et on a vu Hambourg »,**

**Jacques Brel.**

**Deuxième agglomération d'Allemagne après Berlin, comptant parmi les plus grands ports du monde, Hambourg est, depuis 1949, une ville-État *(Stadtstaat).* Forte de son indépendance économique et culturelle, capitale allemande de l'édition et des médias, elle ne dévoile pas ses charmes dès le premier contact. Pourtant, cette ville cosmopolite, posée à environ 100 km des côtes de la mer du Nord, au confluent de l'Elbe, de l'Alster et de la Bille, n'est dénuée ni d'intérêt ni de caractère. Plus de 64 km de canaux et environ 2 500 ponts forment un labyrinthe sinueux au sein de la ville. Hambourg n'est pas de ces villes qui laissent indifférent. Les somptueuses maisons des rives de l'*Aussenalster,* le lac intérieur, les terrasses de café du *Grossneumarkt,* sous les arcades, le fameux marché aux poissons le long de l'Elbe et les folles nuits de Sankt Pauli et Reeperbahn, sont autant de lieux qui confèrent un cadre fascinant à cette vibrante cité. Seuls ceux qui la quittent au bout de quelques heures ne lui trouvent aucun attrait puisqu'ils ne lui ont pas laissé le temps de l'imprégner de ses charmes... Sujet d'étonnement : c'est une ville considérée comme un pôle d'attraction touristique de premier plan... par les Allemands eux-mêmes. Tendance qui ne pourra que se renforcer lorsque seront achevés les grands**

**travaux de l'ultramoderne Elbphilarmonie et le quartier futuriste de Hafen City. C'est également une ville très verte, 14 % de la surface urbaine sont occupés par des espaces verts et de détente. Hambourg est la ville natale de Johannes Brahms, Felix Mendelsohn, l'ex-chancelier Helmut Schmidt, Karl Lagerfeld et.... Angela Merkel.**
**Comme c'est aussi un point de passage obligé pour les routards se rendant au Danemark, consacrez-lui plus que 24h pour la découvrir, vous ne serez pas déçu...**



## UN PEU D'HISTOIRE

Jusqu'au XIIe s, Hambourg n'est qu'un tout petit port installé sur l'Alster. En 1189, l'empereur Frédéric Barberousse en fait une ville franche, lui accordant le droit de navigation et de commerce sur l'Elbe. Cette date marque le début de l'essor économique de la ville. En 1321, Hambourg entre dans la Hanse, association de villes du nord de l'Allemagne ayant pour but la conquête de marchés étrangers et la protection réciproque des villes membres. En 1510, le parlement d'Augsbourg proclame Hambourg ville impériale. En 1529, elle adhère à la Réforme. L'activité du port est florissante, mais les grandes découvertes du XVIe s la relèguent aux rôles d'entrepôt et de distributeur. De son côté, l'influence de la Hanse décline : l'Europe a désormais les yeux rivés sur le Nouveau Monde. Pourtant, favorisées par la neutralité politique de la cité, les affaires demeurent prospères, au point qu'on y crée, en 1558, la première Bourse d'Allemagne ! De 1806 à 1814, la ville est occupée par les armées napoléoniennes, puis intégrée à l'Empire français qui y crée le « département des Bouches-de-l'Elbe » ! Hambourg rejoint l'union douanière avec l'Empire allemand en 1871 et obtient le statut de port franc 10 ans plus tard. Au début des années 1880, on crée la *Speicherstadt,* une véritable ville d'entrepôts en brique. Le port se développe de plus en plus et privilégie la construction navale. À l'aube de la Première Guerre mondiale, la *Hamburg-Amerikanische Linie* est la plus importante compagnie d'armement du globe. Elle transporte des millions d'émigrés vers les Amériques et l'Australie. En 1937, la ville absorbe les communes voisines, comme Altona et Harburg.
Anéantis par les bombardements alliés, le port et le centre de Hambourg ne sont plus qu'un tas de gravats quand les troupes britanniques occupent la ville en 1945. Mais la reconstruction est rapide et les activités économiques reprennent, à l'instar de son port qui retrouve rapidement son rang mondial. En 1962, des inondations catastrophiques de l'Elbe entraînent la mort de 350 personnes ; la ville est inondée à 20 %.

### LES ORIGINES DU HAMBURGER

*Comme son nom le laisse supposer, le hamburger est bien originaire de Hambourg. Comment et pourquoi est-il devenu la nourriture de base de millions d'Américains ? À la fin du XIXe s, nombreux étaient les Allemands qui émigraient aux États-Unis en partant de Hambourg. À bord des bateaux, on servait des steaks de bœuf haché dans un petit pain. Le hamburger entra sur le continent via New York. En Californie, il fut récupéré par les frères McDonald qui le placèrent eux aussi entre deux tranches de pain.*

### LES FEUX DE GOMORRHE

*En juillet 1943, le commandement allié décida d'anéantir les infrastructures et les capacités militaro-industrielles du grand port. Lors de l'opération « Gomorrhe », en sept raids aériens, 10 000 t de bombes incendiaires provoquèrent la mort de 40 000 personnes emportées par une tempête de feu. Quelques semaines plus tard, les chantiers navals étaient à nouveau opérationnels.*

Aujourd'hui, l'industrie aéronautique n'est pas non plus en reste. *EADS* possède ici des unités participant à la construction des *Airbus* et fait de cette ville le second centre européen de l'aéronautique après Toulouse.

## Le port en quelques chiffres

Avant la Première Guerre mondiale, Hambourg était le 3e port du monde après New York et Londres. Aujourd'hui, c'est le plus grand port d'Allemagne et le 3e en Europe derrière Rotterdam et Anvers. Sur le plan international, il se situe à la 9e place pour le trafic de porte-conteneurs, mais ne pointe plus qu'au 22e rang en terme de tonnage, dans un classement désormais dominé par les ports chinois. Mais il reste impressionnant : ses quelque 87 km$^2$ représentent 10 % de la surface de la ville, avec 60 bassins, un réseau ferré long de 390 km et le plus grand dock flottant du monde. Il fournit environ 150 000 emplois au Land, dont plus de 40 000 directement. L'Argentine y envoie sa viande, l'Orient ses épices et ses riches tapis, la Chine ses tissus, l'empire du Soleil-Levant et ses Tigres avoisinants leurs composants électroniques. C'est aussi le premier port pour les Suisses, les Autrichiens, et les Scandinaves mais aussi pour de nombreux pays de l'Est qui n'ont aucun débouché maritime. Ville internationale, elle est la deuxième au monde (hors capitales) après New York, en nombre de consulats étrangers.

Son efficacité et ses capacités de transbordement lui ont forgé une solide réputation dans le monde de la marine. Un peu plus de la moitié des échanges se font avec le Japon, Hong Kong, Singapour, Taiwan, la Corée, la Chine et les Amériques. Deux bateaux par jour assurent la liaison avec les Antilles d'où arrivent des bananes si vertes qu'on les surnomme des « cornichons ». Chaque année, plus de 10 000 bâtiments chargent et déchargent environ 114 millions de tonnes de marchandises. D'énormes containers permettent de transporter surtout des grains de café, du cacao et des engrais. Sur le port, on ne connaît pas les 35h mais plutôt les 24h/24...

Ceux qui s'intéressent à cette activité ne manqueront pas d'effectuer la visite du port et visiteront avec intérêt le magnifique ***Musée maritime*** en bordure des docks.

## Les quartiers de Hambourg

Le district de Hambourg (la ville) s'étend sur 755 km$^2$. Bien sûr, vous ne les parcourrez pas tous... mais il n'empêche que les distances sont importantes dès que l'on sort du centre, la voiture devenant alors bien utile. Si vous restez dans le centre-ville, c'est pas bien compliqué : on peut aller à peu près partout en métro (U-Bahn et S-Bahn). Plan distribué aux guichets de billets. Et un bon réseau de bus existe aussi.

– ***Neustadt*** *(zoom D2-3)* **:** la « ville nouvelle », pas si nouvelle que ça, puisqu'elle date du Moyen Âge, même s'il n'en reste plus grand-chose... Rien de particulier à en dire si ce n'est que les amateurs de shopping seront comblés : on ne compte plus les galeries commerciales de luxe ! Les passages couverts autour de Gänsemarkt ou sur Jungfernstieg abritent les magasins des plus grandes marques de vêtements, chaussures et bijoux.

– ***Sankt Georg*** *(plan I et zoom F2)* **:** relégué derrière la gare principale, à l'abri des regards. Cet ancien quartier de junkies et de prostituées s'améliore peu à peu, mais certaines rues, comme la Bremer Reihe et sa prostitution omniprésente, sont encore peu fréquentables. C'est dans ce quartier que se concentrent les hôtels les moins chers (souvent hôtels de passe). Mais il suffit de se promener sur Lange Reihe pour trouver une ambiance radicalement différente : bars et restos cosmopolites fréquentés par une clientèle un peu bobo, magasins de déco, de mode, d'artisanat et... boîtes gay. D'une rue à l'autre, on change radicalement de monde.

– ***Les rives de l'Aussenalster*** *(plan I, F1-2)* **:** c'est le quartier résidentiel des « Ham-bourgeois » (on s'en serait douté !). De superbes villas, à l'architecture très variée, se cachent parfois derrière de hautes grilles ou même se baignent les pieds dans le lac. Le must étant (évidemment !) d'avoir son petit ponton pour arrimer son embarcation. Possibilité d'un jogging ou d'un pique-nique dans les nombreux parcs bordant cette réserve d'eau, que les locaux aiment parcourir en canoë. On peut même acheter de la bière dans des comptoirs qui donnent directement sur les canaux, histoire de pagayer sans risquer la déshydratation !

– À l'ouest et au nord de l'antenne ***Heinrich Hertz*** (point de repère commode ; *plan I, D1),* notamment sur les rues Schulterblatt (rue des restaurants et bars étudiants) et Schanzenstrasse, le quartier de ***Sternschanze*** *(plan I, C1-2)* où vivent beaucoup de jeunes en colocation. Ce quartier, truffé d'anciens bastions, marquait autrefois la frontière avec le Danemark ! Eh oui, lorsque le duché de Schlesswig-Holstein n'avait pas encore été annexé par la Prusse en 1866. De nos jours, même s'il s'embourgeoise peu à peu, il n'en reste pas moins que c'est un quartier idéal pour manger et boire un verre à peu de frais, le tout dans une ambiance très décontractée.

– ***Sankt Pauli*** *(plan I, B-C2-3)* **:** sexe, jeu et drogue, telle pourrait être la devise de cet ancien quartier de marins. Mais depuis quelques années déjà, le secteur n'est plus seulement celui des filles de joie et des bars louches, c'est aussi un lieu à la mode où se retrouvent les jeunes – et moins jeunes – hambourgeois, ainsi que de nombreux touristes. Il y a même une ligne de produits dérivés à la gloire de ce quartier de débauche !

– ***Altona*** *(plan I, A-B2-3)* **:** plus cosmopolite et surtout moins touristique. Altona faisait autrefois partie du territoire danois et avait accueilli pas mal de juifs interdits à Hambourg. Au nord-ouest de la gare du même nom, sur l'Alma-Wartenberg-Platz où débouchent les rues Friedensallee et Bahrenfelderstrasse, il fait bon flâner dans ce petit quartier aux allures de village et profiter de ses terrasses conviviales. On y trouve une concentration de bars tantôt cool, tantôt branchés quand ce n'est pas les deux à la fois.

### LES DÉBUTS DES BEATLES À HAMBOURG

*En août 1960, John Lennon, Paul McCartney, George Harrison, Stuart Sutcliffe et Pete Best jouaient à l'*Indra Club, *puis au* Kaiserkeller, *pour 30 DM par jour, et dormaient dans les couloirs du cinéma porno* Bambi... *En 1961, ils enregistrèrent leur premier disque avec le chanteur Tony Sheridan. Mais c'est en 1962, à Hambourg, que se constitua le groupe définitif : Stuart mourut d'une hémorragie cérébrale et Best fut viré, remplacé par Ringo Starr. À la fin de l'année, ils cassèrent la baraque au* Star Club. *Au n° 36 de la* Grosse Freiheit, *une pancarte apposée au mur du* Kaiserkeller *relate le début de leur légende...*

– ***Les bords de l'Elbe*** **:** l'ancien quartier portugais où chantaient encore quelques marins dans les tavernes, avec les célèbres squats de Hafenstrasse (disparus à la fin des années 1980), s'est complètement transformé. On y trouve de nouveaux restaurants chic (terrasses avec vue sur le port), ainsi que des bars et magasins branchés le long de la Grosse Elbstrasse. Mais c'est aussi là que se tient le dimanche matin, le fameux ***Fischmarkt,*** l'une des attractions les plus hautes en couleur de la ville. Passé le Hohenzollernring, peu après Altona, un chemin côtier permet de longer les bords de l'Elbe vers Övelgönne pour un jogging ou une balade à vélo rassérénants.

– ***Speicherstadt et Hafencity*** **:** les quartiers portuaires, en pleine réhabilitation, représentent à la fois le passé et l'avenir de Hambourg. Speicherstadt est le cœur historique du port, avec ses entrepôts de brique rouge par où transitent les produits du monde entier. Plusieurs musées intéressants à visiter, sans oublier le superbe bâtiment du nouvel ***Elbphilarmonie,*** dont l'inauguration est annoncée pour 2016, après pas mal de retard sur les prévisions. Au sud et à l'est de Speicherstadt, ***Hafencity*** est un projet pharaonique qui s'étend sur plus de 150 ha : d'ici 2025, ce quartier flambant neuf, situé à moins de 1 km du Rathaus, accueillera environ 12 000 habitants, 40 000 employés et un site universitaire, ainsi que de nombreux commerces. Une nouvelle ligne de métro (U4) a été ouverte en 2013 pour desservir le quartier. Lorsque tout sera achevé, le centre-ville de Hambourg aura grossi de... 40 % ! Spectaculaire.



## Arriver – Quitter

✈ ***Aéroport de Hambourg :*** *à 8,5 km au nord-ouest de la ville. • ham.airport.de •*

### Depuis l'aéroport

La station de ***S-Bahn*** (train urbain) de l'aéroport permet d'atteindre la gare centrale *(Hauptbahnhof)* en seulement 20 à 25 mn. Prendre la ligne ***S1*** en face du terminal des arrivées. Départs dim-jeu 4h30-minuit, ven-sam 24h/24. On achète les billets aux guichets automatiques de la station. Pour un aller simple, taper « Einzelfahrt » (prix : 2,60 €) ; vous pouvez aussi acheter la *Hamburg Card* (voir plus loin), qui sera vite rentabilisée si vous restez quelques jours en ville.

Après minuit et jusqu'à 4h30 en semaine, depuis le terminal 1, le ***bus HVV 606*** conduit à la gare centrale et à la place Rathausmarkt.

– On peut également prendre un ***taxi*** : compter env 25 € et 30 mn de trajet.

### En train

Pour voyager en train dans la région de Basse-Saxe *(Niedersachsen-Ticket)*, il existe un ticket au prix de 21-37 €/jour (valable là aussi pour 1 à 5 personnes, y compris à Hambourg et Brême). De surcroît, ce ticket donne droit à des réductions dans de nombreux sites touristiques.

Il y a deux grandes ***gares ferroviaires*** à Hambourg (*Hauptbahnhof* – gare centrale – et *Bahnhof Altona*).

Sauf mention contraire, voici quelques indications au départ de la ***gare centrale*** *(plan I et zoom F2)* :

➢ ***Pour Lübeck :*** une vingtaine de trains quotidiens. Dernier vers 23h30. Env 50 mn de trajet.

➢ ***Pour Brême :*** env 35 trains/j., env 1h de trajet. Dernier vers 23h15.

➢ ***Pour Berlin :*** une quinzaine de trains directs/j. Env 2h de trajet (voire 1h30 slt grâce à l'*ICE*, le TGV allemand).

➢ ***Pour Cologne :*** env 1 départ/h 5h-0h30 ; 4h de trajet pour les plus rapides.

➢ ***Pour Hanovre :*** plus de 1 départ/h 5h-22h. Env 1h30 de trajet.

➢ ***Pour Lünebourg :*** plus de 1 départ/h 4h-minuit. Entre 30 mn et 1h de trajet.

➢ ***Pour Paris :*** env 12 trains/j., avec changement à Cologne, Francfort ou Mannheim. En train-couchettes, pas trop avantageux, à moins d'être effrayé par les 8-9h de trajet.

➢ ***Pour Bruxelles :*** env 1 train/h, avec souvent un changement à Cologne pdt la journée. Env 7h de trajet.

## Adresses et infos utiles

### Informations touristiques

***Tourist Information im Hauptbahnhof*** *(plan I et zoom F2,* ***1****) : dans la gare principale, près de la sortie Kirchenallee. ☎ 308-00-10 (hotline). Tlj 9h-19h, dim 10h-18h.* Un tout petit bureau très souvent bondé, d'où la file d'attente devant les guichets. Quelques dépliants mais pour la plupart payants. Plan de la ville en français.

■ ***Consignes :*** *dans la gare principale, non loin du bureau de l'office de tourisme. Guichet tlj 8h-20h ou casiers automatiques ; compter 5 €/24h. À la gare d'Altona, consignes jouxtant le quai n° 5 : 4 €/24h (max 72h).*

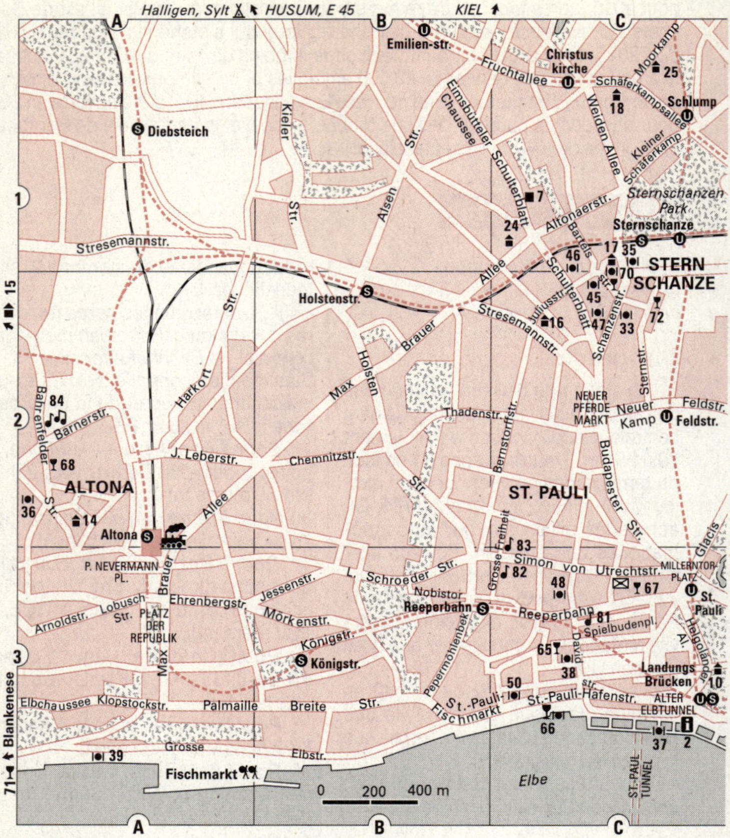


## Adresses utiles

- 1 Tourist Information im Hauptbahnhof *(plan I et zoom)*
- 2 Tourist Information am Hafen
- 7 Mitwohnzentrale Home Company (central de location d'apparts)
- 8 Location de vélos (Fahrradladen St Georg)

## Où dormir ?

- **10** Jugendherberge « Auf dem Stintfang »
- **14** Schanzenstern Altona
- **15** Gastwerk
- **16** Superbude Hotel & Hostel Sternschanzen
- **17** Schanzenstern
- **18** Boritzka
- **19** Hôtel Cristobal
- **20** Hôtel Alsterblick
- **21** Jugendherberge « Horner Rennbahn »
- **22** Junges Hotel
- **24** Instant Sleep Backpacker Hostel
- **25** YoHo (The Young Hotel)
- **26** Superbude Hotel & Hostel Sankt Georg

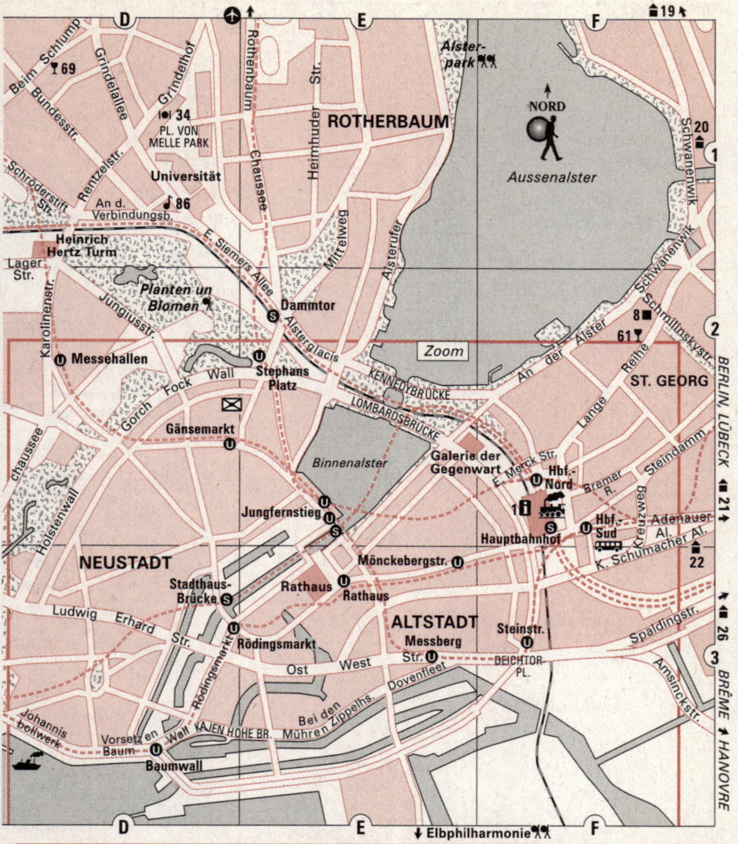


## HAMBOURG - PLAN I

**Où manger ?**

**17** Schanzenstern
**33** Café Sul
**34** Abaton Bistro
**35** Die Bullerei
**36** Eisenstein
**37** Captains Dinner
**38** Cuneo
**39** Au Quai
**45** Souperia
**46** Balutschistan
**47** La Sepia
**48** Freudenhaus
**50** Café Amphore

**Où boire un verre ?**

**65** La Paloma
**66** Strand Pauli
**67** Der Clochard
**68** Querbeet
**69** Hadley's
**70** Fritz Bauch
**71** Strandperle
**72** Erika's Eck

**Où écouter de la musique ? Où danser ?**

**81** Docks
**82** Grosse Freiheit et Kaiserkeller
**83** Grünspan
**84** Fabrik
**86** Logo

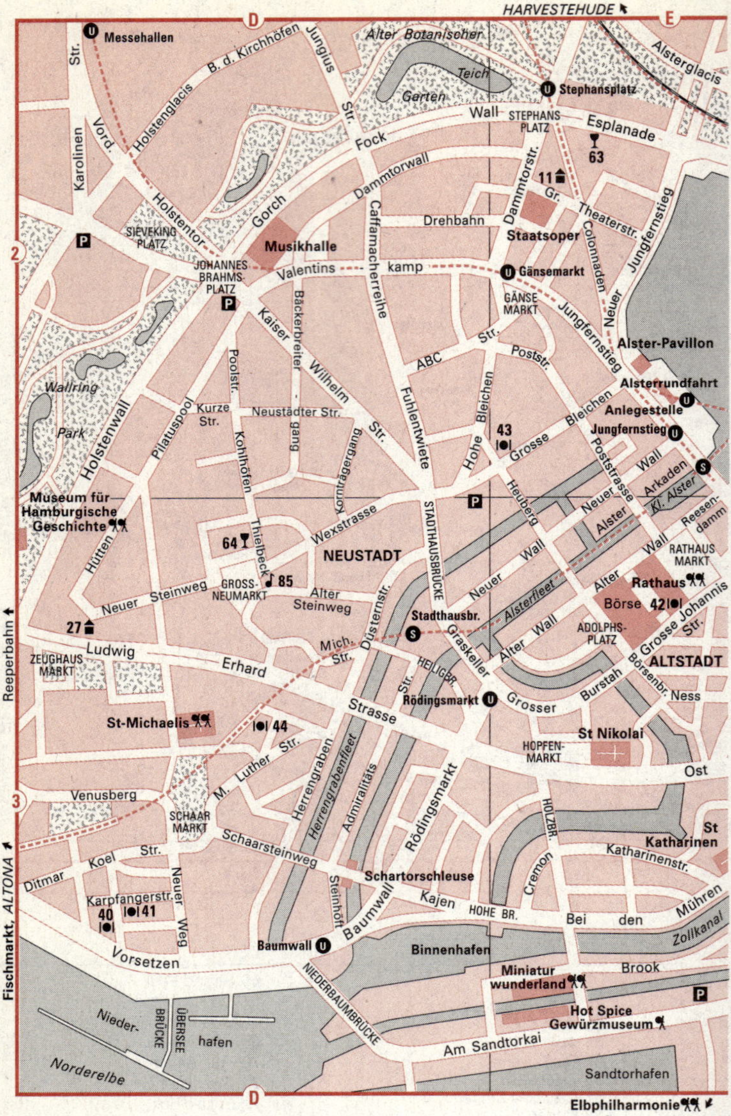


| **Adresses utiles** | **Où dormir ?** | |
|---|---|---|
| 1 Tourist Information im Hauptbahnhof *(plan I et zoom)* | 11 Hôtel-pension Bei der Esplanade | 27 Motel One Hamburg Am Michel |
| 3 Internationale Apotheke | 13 Hôtel Condor | **Où manger ?** |
| 5 Senator Apotheke | 23 Galerie-hôtel Sarah Petersen | 30 Café Koppel<br>31 Destille<br>32 Vasco de Gama |

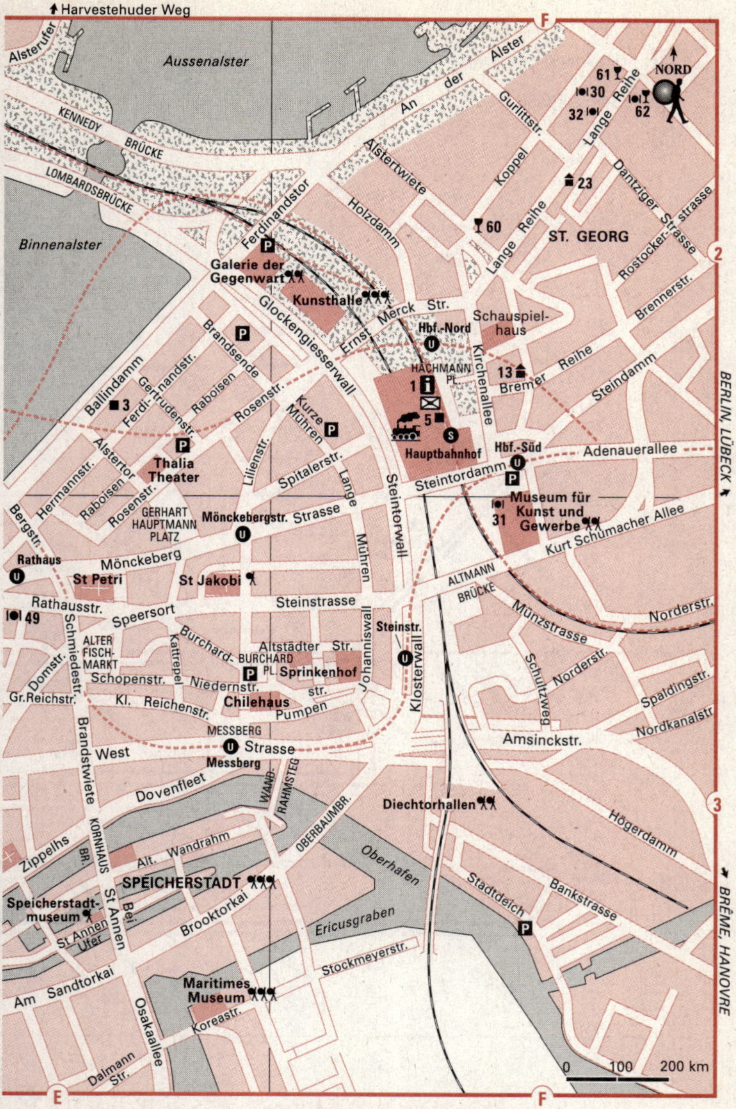


## HAMBOURG - ZOOM

| | | |
|---|---|---|
| **40** Sagres | **49** Café Paris | **63** Klimperkiste |
| **41** Restaurante A Casa Do Benfica | **Où boire un verre ?** | **64** Thämer's |
| **42** Parlament | **60** Max und Consorten | **Où écouter de la musique ?** |
| **43** Broscheks restaurant | **61** Café Gnosa | **85** Cotton-Club |
| **44** Zu den Alten Kramer-amtsstuben am Michel | **62** Café-Kneipe Frau Möller | |

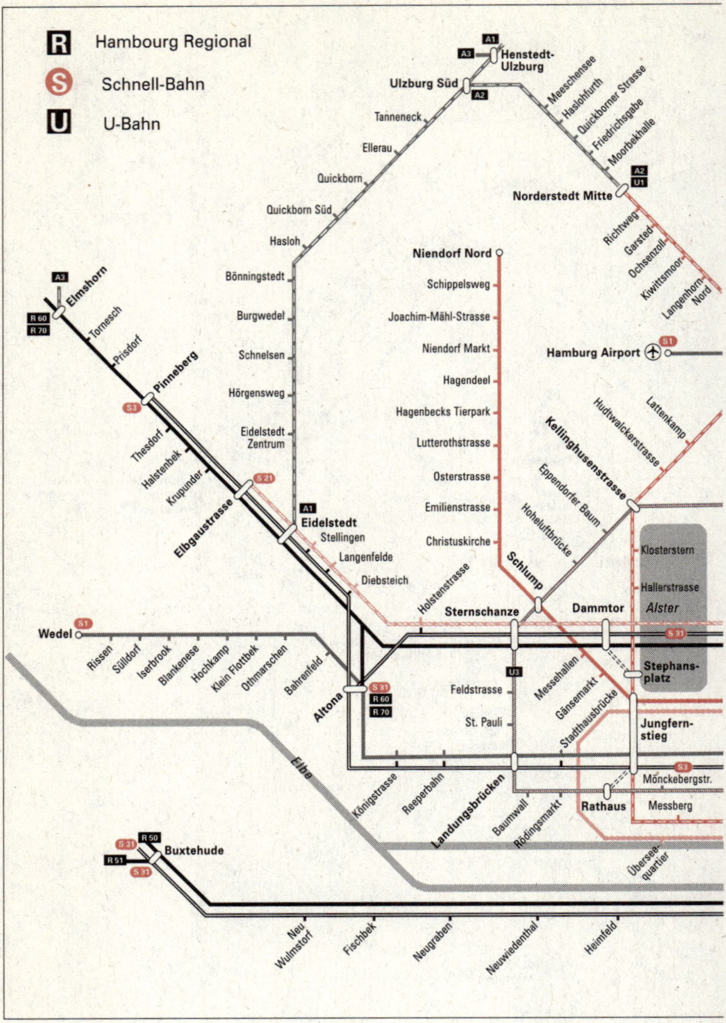


*À l'aéroport : terminal 2, au niveau des arrivées, chez la société* ***Tokmann.*** *☎ 50-75-29-23. Tlj 4h30-23h.*

***Tourist Information am Hafen*** (plan I, C3, **2**) **:** *Sankt Pauli Landungsbrücken, entre les pontons 4 et 5. ☎ 300. U3/S1/S2/S3 : Landungsbrücken. Tlj 9h-18h (19h jeu-sam).* Côté ville, un office bien placé avec documentation abondante.

***Tourist Information am Flughafen*** (Airport Office) **:** *à l'aéroport, au terminal 2. ☎ 50-75-10-10. Tlj 6h-23h. Et un autre, plus petit, dans le terminal 1, au niveau des arrivées. ☎ 50-75-22-20. Tlj 6h-23h.*

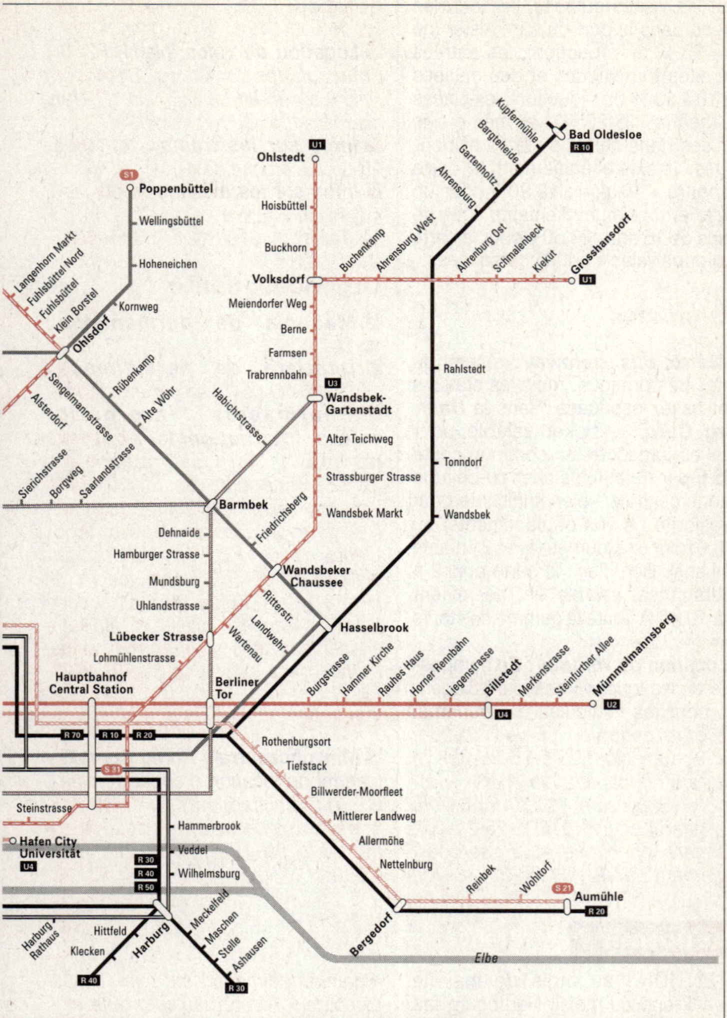


## MÉTRO DE HAMBURG

– ***Sites internet :*** • *hamburg.de* • *hamburg-tourism.de* •

– ***Hamburg Card :*** en vente dans les offices de tourisme, les distributeurs de billets de train ou de métro, ainsi que certains hôtels. Cette carte donne un accès illimité aux transports publics (métro, bus, tramways) de l'agglomération. Pour 1 j. (valable pour le jour indiqué et même à partir de 18h le jour précédent), compter 9,50 €. Également un ticket de groupe (valable pour 5 personnes au plus) aux tarifs avantageux de 15,50 € pour une journée. La *Hamburg Card* donne également droit à des tarifs réduits pour les visites guidées, les tours en bateau dans le port ou sur l'Alster (de 18 à 33 % de réduction), les entrées des sites touristiques et des musées (de 10 à 50 % de réduction), les places de théâtre (15-20 %), et même des remises dans certains restos et boutiques. Il existe également la carte *Hamburg + Region* : 19,90 € pour un adulte et maximum 3 enfants âgés de moins de 15 ans ; 28,50 € pour la carte de groupe valable pour 5 personnes.

## Transports

■ ***Métro, bus, tramway :*** réseau du métro très pratique, mais les stations sont assez espacées. Sans la **Hamburg Card,** le ticket valable pour tous les transports en commun coûte 2,95 € par trajet (plus cher au-delà de la zone centrale – bien suffisante pour la majorité de vos déplacements) ou 7,10 € pour une journée (avec 3 enfants 6-14 ans). Bon plan : la carte pour 2 à 5 personnes, valable 9h, ne revient qu'à 10,40 €. Toute la gamme des tarifs sur • hvv.de •

■ ***Location de voitures : Sixt,*** impossible de les louper. Possèdent 3 agences pour les véhicules de tourisme. *À la gare centrale, lun-ven 7h-23h, w-e 8h-22h (☎ 01805-25-25-25) ; à la gare d'Altona, lun-ven 7h (8h w-e)-21h30 (18h30 sam) (☎ 30-60-64-08) et à l'aéroport (☎ 01805-25-25-25). À la gare principale et à l'aéroport également :* ***Avis*** *(☎ 32-87-38-00),* ***Europcar*** *(☎ 33-59-41),* ***Hertz*** *(☎ 280-12-01).*

■ ***Location de vélos*** *(plan I, F2,* ***8****) :* ***Fahrradladen St Georg,*** *Schmilinskystr 6. ☎ 24-39-08. Lun-ven 10h-19h, sam 10h-13h. CB refusées.*

■ ***Infos sur les trains :*** *☎ 01805-99-66-33. • bahn.de •*

■ ***Infos sur les avions :*** *☎ 50-75-0. • ham.airport.de •*

***Taxis :*** *☎ 612-612 ou 66-66-66.*

## Urgences, santé

■ ***Médecin de permanence :*** *☎ 22-80-22.*

■ ***Dentiste de permanence :*** *☎ 01805-05-05-18 en cas d'urgence.*

■ ***Pharmacies internationales :*** ***Internationale Apotheke*** *(zoom E2,* ***3****), Ballindamm 40. ☎ 33-53-33. Lun-ven 8h-20h (21h jeu-ven), sam 10h-20h. Également à la gare principale :* ***Senator Apotheke*** *(zoom F2,* ***5****), Hachmannplatz 14. ☎ 32-75-27. Lun-ven 7h (8h w-e)-21h (21h30 jeu-ven). On y parle plusieurs langues. Ou encore une autre à l'intérieur de la gare, en mezzanine, tlj 7h (8h le w-e)-21h. ☎ 32-52-73-83.*

## Divers

■ ***Mitwohnzentrale Home Company*** *(central de location d'apparts ; plan I, C1,* ***7****) : Schulterblatt 112. ☎ 19-445. • hamburg.homecompany.de • Lun-ven 9h-13h, 14h-18h ; sam 9h-13h.*

# Où dormir ?

ATTENTION : au mois de mai (le 2e week-end du mois), Hambourg fait la fête à son port. Il devient très difficile de trouver une chambre d'hôtel à cette occasion, à moins de s'y être pris 6 mois à l'avance. De plus, les prix sont majorés de plus de 50 %.

## Campings

Consulter le site • *hamburg-tourism.de/Camping.36.0.html* •

***Camping Platz Schnelsen Nord*** *(hors plan I par A-B1) : Wunderbrunnen 2, 22457. ☎ 55-94-225. • hamburg@knauscamp.de • knauscamp.de • À côté de l'autoroute n° 7, sortie Schnelsen-Nord ; bien indiqué ensuite (c'est près d'IKEA). Pour les routards motorisés slt, car très excentré. Avr-fin oct. Réception fermée 13h-16h. Compter 21-25 € selon saison, pour 2 avec tente et voiture. (payant).* Un immense camping verdoyant, avec des emplacements assez grands en gazon, séparés par des haies. Les sanitaires sont récents et bien tenus. Dommage que l'accueil ne soit pas très gracieux et que l'on entende la rumeur de l'autoroute voisine...

⛺ ***Camping Buchholz*** *(hors plan I par A-B1)* **:** *Kielerstr 374, 22525. ☎ 540-45-32. • info@camping-buchholz.de • camping-buchholz.de • S3/S21 : Hamburg-Stellingen ; U2 : Hagenbecks Tierpark ; bus n° 4 : Volksparkstr et 22, 183, 283 depuis le Fishmarkt. Ouv tte l'année. Emplacements env 30 € pour 2 avec tente et voiture. Petit déj 5,80 €.* Une trentaine de places sur un tout petit terrain de goudron et gravier. Seulement pour dépanner, car ce n'est pas terrible et franchement pas donné... On est les uns sur les autres, au bord d'une grande avenue, et les sanitaires sont rudimentaires. 3 chambres doubles convenables *(67,50 € sans petit déj).*

## À Neustadt

### Bon marché

***Jugendherberge « Auf dem Stintfang »*** *(AJ ; plan I, C3,* ***10****)* **:** *Alfred-Wegener-Weg 5, 20459. ☎ 570-15-90. • jh-stintfang@djh.de • jugendherberge.de/jh/hamburg-stintfang • U3/S1/S3 : Landungsbrücken. Petite grimpette pour y accéder depuis le S-Bahn. 24h/24 ; check-in à partir de 13h. Souvent complet ; résa conseillée. Carte AJ exigée. Nuit en dortoir 20-26 € et chambres doubles 64-70 €. Petit déj et draps inclus. (gratuit, 1h slt).* AJ moderne et agréable, bien desservie et située à proximité du port, à côté de Sankt Pauli. 357 lits répartis en chambres de 2 à 6 personnes, la plupart avec leurs propres sanitaires. Certaines, plus chères) disposent d'une vue panoramique sur l'Elbe. Cuisine pour les hôtes (7 € au buffet servi le soir à heures fixes). Snack-bar avec billard, qui se prolonge par une belle terrasse avec vue magnifique sur le port.

### Prix moyens

***Hotel-pension Bei der Esplanade*** *(zoom E3,* ***11****)* **:** *Colonnaden 45, 20354. ☎ 35-50-11-70. • info@hotel-bei-der-esplanade.com • hotel-bei-der-esplanade.com • U1 : Stephansplatz ; U2 : Gänsemarkt. Doubles à partir de 85 € avec petit déj.* Dans un quartier plutôt chic, pas loin du Jungfernstieg et des Alster-Arkaden. Situé aux 2e et 3e étages d'un immeuble donnant sur une rue piétonne et commerçante. Tenu par une famille chinoise. Chambres calmes, rénovées et propres, mais qui manquent un peu de charme. Les moins chères ont leur salle de bains dans le couloir. Pimpante salle de petit déj.

## Dans le quartier Sankt Georg

Éviter les petits hôtels pas chers de la zone rouge (le *Rotlichtviertel*), qui se paient généralement à l'heure, voire à la demi-heure, et dont la réceptionniste est toujours dans la rue. Voici une petite sélection des meilleurs hôtels à prix doux (pas la peine d'essayer les vraiment bon marché) de ce quartier.

### Bon marché

***Superbude Hotel & Hostel Sankt Georg*** *(hors plan I par F3,* ***26****)* **:** *Spaldingstr 152, 20097. ☎ 38-08-780. • info@superbude.de • superbude.de • U2/U3/S1/S11 : Berliner Tor. En arrivant par le S-Bahn, prendre la sortie Heidenkamsweg, passer sous le pont ferroviaire et tourner à droite, c'est env 300 m plus loin. Lits en dortoir 16-22 €. Chambres doubles 60-90 €. Quadruples à partir de 95 €. Petit déj 8 €.* AJ privée excentrée dans un quartier pas folichon, mais tout compte fait, on n'est qu'à une station de métro de la gare. 74 chambres et dortoirs au design moderne et à la déco originale. Confort excellent : sanitaires complets, TV et cuisine dans chaque chambre. Terrasse sur le toit pour prendre un bain de soleil quand il y en a. Snacks et boissons en vente. Super accueil. Une bonne adresse, y compris pour ceux qui cherchent une jolie chambre double à prix moyens. Adresse équivalente du côté de Sternschanze (voir plus loin).

***Motel One Hamburg Am Michel*** *(zoom D3,* ***27****)* **:** *Ludwig-Ehrard-Str 26, 2459. ☎ 357-18-900. • hamburg-am-michel@motel-one,com • motel-one.com • U-Bahn Sankt-Pauli et à 200 m* *de l'arrêt de bus Hamburger Michel. Doubles à partir de 84 € sans petit déj (7,50 €).* Une des implantations locales de cette chaîne qui essaime partout en Allemagne. Rapport prix-qualité-confort imbattable. Petites chambres fonctionnelles, déco standard mais très plaisante avec sa touche turquoise omniprésente, équipements complets et efficacité rarement mise en défaut. Un peu l'usine, mais parfait pour un séjour professionnel non loin du centre.

## Prix moyens

**Galerie-hotel Sarah Petersen** *(zoom F2,* ***23****) : Lange Reihe 50, 20099. ☎ 24-98-26. • galerie-hotel-petersen@hamburg.de • galerie-petersen.hamburg-hotel.net • U2/U3/S1/S3/S21/S31 : Hauptbahnhof Nord ; ensuite, 2 stations en bus nº 6, ou 7 mn à pied. Doubles 71-79 € selon saison (avec douche à partager, et 98 € avec bains). Petit déj bien copieux (10 €). Parking.* Hôtel original, charmant et confortable situé dans une vieille maison biscornue. 5 chambres toutes différentes, décorées avec du mobilier Empire, Art déco ou contemporain. L'une d'elles possède une terrasse et une kitchenette. Une bonne adresse.

**Hotel Condor** *(zoom F2,* ***13****) : Steintorweg 17, 20099. ☎ 24-63-14. • info@hotelcondor-hamburg.de • hotelcondor-hamburg.de • Doubles 58-108 € selon confort et période, petit déj-buffet (à prendre dans les hôtels voisins) inclus. (dans le lobby).* Pas loin de la gare (c'est son avantage), un petit hôtel de 23 chambres agréables sans être très originales. Certaines sont un peu étriquées. Design sobre et entretien correct. Ne pas craindre l'environnement un peu louche. Petit bémol : personne à l'accueil en soirée, ne pas débarquer trop tard.

## Plus chic

**Junges Hotel** *(plan I, F2-3,* ***22****) : Kurt-Schumacher-Allee 14, 20097. ☎ 41-92-30. • reception@jungeshotel.de • jungeshotel.de • Doubles 80-200 € selon standing et période, petit déj 13 €. Parking 14 €/j.* Malgré son nom, ce n'est pas une auberge de jeunesse mais un grand hôtel moderne de 127 chambres à la façade high-tech en alu. Chambres confortables et propres, au style épuré. Les plus chères sont meublées design griffé. Salle pour le petit déj claire et agréable, avec quelques touches colorées. Buffet appétissant et bien garni. Sauna gratuit et massage payant. Salle de jeux pour les petits.

## À Sternschanze

## Bon marché

**Superbude Hotel & Hostel Sternschanze** *(plan I, C2,* ***16****) : Juliusstr 1-7, (entrée sur Stresemannstr) 2276997. ☎ 807-91-58. • stpauli@superbude.de • superbude.de • U3/S11/S21/S31 : Sternschanze ou Feldstrasse. Bus nº 3 depuis la Hauptnahnhof. Lits en dortoir 16-22 €. Chambres doubles 60-90 €. Quadruples à partir de 95 €. Petit déj 8 €.* Dans un ancien bâtiment industriel à l'allure un peu austère, une AJ privée à 5 mn à pied d'un quartier branché. Chambres et dortoirs à la déco originale et décalée faite de matériaux de récup. Confort soigné, équipement complet. Snacks et boissons en vente. Petit déj-buffet copieux et convivial. Staff vraiment cool. Une adresse coup de cœur, d'autant plus qu'on peut y occuper une jolie chambre double à prix doux. Adresse équivalente du côté de Sankt Georg.

**Schanzenstern** *(plan I, C1-2,* ***17****) : Bartelsstr 12, (entrée aussi par Schanzenstr) 20357. ☎ 439-84-41. • info@schanzenstern.de • schanzenstern.de • U3/S11/S21/S31 : Sternschanze. Nuit à partir de 19 € en dortoir 3-5 pers, draps inclus. Également des singles (39,50 €) et doubles (55 €). Petit déj 7,50 €.* Grande résidence dans une ancienne fabrique de stylos, située dans une rue animée. Chambres modernes, agréables, mais l'endroit est rapidement bondé, vu les prix. Machine à laver. Pas de cuisine, mais un super café-resto au rez-de-chaussée, où l'on prend son petit déj dans une ambiance chaleureuse. Il sert aussi des plats, bio et végétariens notamment, midi et soir (voir « Où manger ? »). Également une succursale équivalente à Altona (voir plus loin).

**Instant Sleep Backpacker Hostel** *(plan I, C1,* ***24****) :* *Max-Brauer-Allee 277, 22769. ☎ 43-18-23-10. • backpackerhostel@instantsleep.de • instantsleep.de • De la gare, U3, S21 ou S31, arrêt Sternschanze ; de là, bus nº 15, arrêt Schulterblatt. Au 1er étage, au-dessus du bar* Rossi. *Nuit 10-23 € (selon saison) en 12 dortoirs de 4-12 lits, mixtes pour les plus petits, draps inclus ; single 30-39 €, double 50-58 €. CB refusées. Pas de petit déj.* AJ privée, propre et conviviale, d'une capacité de 55 personnes. Chambres pimpantes et colorées. Dortoirs mixtes avec *lockers*, mais chambres réservées aux filles sur demande. Machine à laver, coin-cuisine, baby-foot. Vend quelques snacks et boissons à consommer dans le salon commun ou sur le balcon. Consigne à bagages.

## Prix moyens

**Boritzka** *(plan I, C1,* ***18****) : Schäferkampsallee 67, 20357. ☎ 44-85-82. • info@hotel-boritzka.de • hotel-boritzka.de • U2 : Christuskirche. Doubles 84-101 € selon saison et standing (sans ou avec sanitaires privés). Petit déj inclus.* Petit hôtel familial et mignonnet de 14 chambres aux prix raisonnables pour la ville, installé dans une charmante villa hambourgeoise, classée Monument historique. Accueil aussi professionnel que souriant. Bien tenu et assez confortable. L'un de nos meilleurs hôtels dans sa catégorie.

## Plus chic

**YoHo** *(The Young Hotel ; plan I, C1,* ***25****) : Moorkamp 5, 20357. ☎ 28-41-910. • yoho@yoho-hamburg.de • yoho-hamburg.de • U2/U3 : Schlump. Double 119-139 €, petit déj : buffet (w-e slt) 12 €, petit déj (en sem) 9,50 €. Réduc sur les chambres env 20 % pour les moins de 26 ans. Au rdc, resto syrien raffiné avec menu fixe (mezze) 33 €, ouv le soir slt. Parking gratuit.* Cette villa à façade 1900 abrite en fait un hôtel de 30 chambres moderne et design, boiseries claires et lignes épurées voire minimalistes. Les chambres, plus ou moins spacieuses, sont confortables (TV par satellite, téléphone, etc.). On peut trouver l'ensemble un peu froid, mais heureusement, l'accueil charmant est là pour nous réconforter.



# Dans Altona

## Prix moyens

**Schanzerstern Altona** *(plan I, A2,* ***14****) : Kleine Rainstr 24-26, 22765. ☎ 39-91-91-91. • info@schanzenstern-altona.de • schanzenstern-altona.de • À proximité de la gare d'Altona. Nuit 24 € en dortoir, double 72 € et simple 47 €, sans petit déj (8 €). Également quelques apparts avec salon et cuisine à partir de 81-88 € pour 2.* Il s'agit du petit frère de l'hôtel *Schanzerstern* (lire plus haut). Façade bariolée. Environ 80 places réparties en chambres de 1 à 7 lits, colorées et calmes. Accueil super et propreté nickel-chrome. En plus, le quartier est animé (dans le bon sens du terme) et regorge de petits cafés et restos sympas.

## Beaucoup plus chic

**Gastwerk** *(hors plan I par A2,* ***15****) : Beim Alten Gaswerk 3, 22761. ☎ 89-06-20. • info@gastwerk-hotel.de • gastwerk-hotel.de • S1 : Bahrenfeld. Sinon, en venant d'Altona, suivre Bahrenfelderstr et c'est sur la gauche avt Stresemannstr. Résa conseillée. Prix très différents selon période et saison, compter entre 105 et 200 €, mais tarifs plus avantageux proposés sur le site dans les packages w-e. Parking gratuit.* Les prix sont élevés, certes, mais l'endroit est exceptionnel. Dans un immense bâtiment industriel en brique rouge érigé en 1896 (un ancien entrepôt de charbon), près de 140 chambres spacieuses et confortables (TV dernier cri, etc.) allient grand luxe et cadre brut de décoffrage. La déco design minimaliste est adoucie par quelques statues de Bouddha. Pour que les hommes d'affaires qui fréquentent les lieux en semaine restent zen ? En tout cas, ils peuvent toujours se détendre au sauna, dans la salle de gym ou dans le très chic bar-resto du rez-de-chaussée.

### *Sur les bords de l'Aussenalster*

#### De prix moyens à plus chic

**Hôtel Cristobal** *(hors plan I par F1,* ***19****) : Dorotheenstr 52, 22301. ☎ 357-03-00. • d52@hotel-cristobal.de • hotel-cristobal.de • Depuis la gare centrale, bus n° 6 : Gertigstr. Doubles 110-140 € selon confort, petit déj 8 €. Réduc à partir de 3 nuits. Parking payant.* Dans un quartier résidentiel chic et un peu excentré, une quinzaine de chambres modernes et spacieuses aux tons apaisants, bien tenues et bien équipées (TV, téléphone). 2 d'entre elles possèdent une kitchenette et certaines ont un lit *king-size.* Accueil charmant.

**Hôtel Alsterblick** *(plan I, F1,* ***20****) : Schwanenwik 30, 22087. ☎ 22-94-89-89. • info@hotel-alsterblick.de • hotel-alsterblick.de • Doubles 120-170 € selon standing et vue, petit déj inclus. Réduc le w-e.* Sur les bords du lac, un bel hôtel plein de charme situé dans une maison bourgeoise datant de 1895 avec parquet, stucs, moulures et peintures. Restaurée avec beaucoup de goût, mariant ancien et contemporain. Petit déj avec vue sur l'Alster ou dans le joli petit jardin si le temps le permet.

### *Loin du centre*

#### Bon marché

**Jugendherberge « Horner Rennbahn »** *(AJ ; hors plan I par F2,* ***21****) : Rennbahnstr 100, 22111. ☎ 570-15-90. • hamburg-horn@jugendherberge.de • jugendherberge.de/jh/hamburg-horn • Très excentré, à l'est de la ville, à 9 km de la gare centrale d'où il faut prendre l'U-Bahn (U3, direction Mümmelmannsberg) jusqu'à Horner Rennbahn ; ensuite, bus n° 23, 160 ou 260, arrêt Tribühnenweg ; sinon, marcher 7 mn env. Fermé à Noël. Nuit à partir de 24,30 € selon le nombre de lits, petit déj et draps inclus. Enregistrement des arrivées à partir de 13h. Carte AJ exigée.* Un grand bâtiment en brique qui abrite 250 lits, répartis en chambres de 2 à 6 personnes. Cuisine commune à disposition ou cafétéria. Terrasse et jardin. Ping-pong, billards et salle TV. Affiche moins souvent complet que celle du port, mais assez galère pour y aller.

## Où manger ?

### *À Neustadt*

#### De bon marché à prix moyens

**Restaurante A Casa Do Benfica** *(zoom D3,* ***41****) : à l'angle de Rambachstr et de Karpfangerstr. ☎ 37-31-83. Lun-ven 15h-minuit, sam 16h-minuit, dim 12h-minuit. Repas env 15-20 €.* Un resto populaire, d'allure modeste. Large choix de spécialités portugaises et notamment beaucoup de poissons. Les soirs de week-end, il se peut que vous tombiez sur quelques marins égayés par plusieurs verres de *vinho verde.* Alors, ils se mettent à improviser au son de l'accordéon.

**Sagres** *(zoom D3,* ***40****) : Vorsetzen 42 ou 53. ☎ 37-12-01 ou 31-93-826. Tlj 11h-minuit. Résa recommandée, surtout le w-e. Repas env 15-20 €.* Il s'agit en fait de 2 restos voisins et appartenant aux mêmes proprios : *Sagres,* le plus ancien, et *Sagres Plus.* La carte est la même, proposant là aussi des spécialités portugaises, dont des poissons grillés (loup de mer et surtout l'espadon, qu'on trouve rarement dans les restos allemands) et des viandes de toutes sortes. Ambiance plus populaire et authentique chez *Sagres,* tandis que *Sagres Plus* (qui est fermé en sem pour le déj : 15h (11h we)-minuit tlj), attire surtout les touristes dans sa grande salle à la déco maritime. Dans tous les cas, accueil prévenant.

## Chic

**Parlament** (zoom E3, **42**) **:** *Rathausmarkt 1. ☎ 70-38-33-99. • gastro@parlament-hamburg.de • U3 : Rathaus. Au sous-sol du Rathaus. Tlj sf dim 11h30-23h30. Env 30 € le repas.* C'est dans une ancienne brasserie historique, *Ratsweinkeller,* que ce bar-resto chic s'est installé. Les volumes de la salle voûtée impressionnent, tout comme les énormes et vieux piliers, le bar illuminé, immense et moderne, ou encore les gros luminaires design au plafond. La cuisine n'est pas en reste : classique mais bonne. Une terrasse (ouverte jusqu'à 18h) dressée dans la cour de la mairie permet de déjeuner ou de boire un verre dans ce cadre historique.

**Broscheks restaurant** (zoom E2, **43**) **:** *à l'angle de Grosse Bleichen et Heuberg. ☎ 34-91-89-35. • hamburg.broscheks@renaissancehotels.com • Tlj 6h30-22h. Petit déj pour les lève-tôt. Le midi, sandwichs et petits plats à partir de 8 €. Pour un repas classique, compter 25-30 €.* Un resto d'hôtel un peu chic mais qui pratique des tarifs raisonnables pour une si bonne cuisine. Sur la carte, présentée comme un journal, les spécialités d'Allemagne du Nord sont à l'honneur et la finesse de la préparation les met bien en valeur : viandes en sauce, poissons savoureux, plats végétariens... La salle est très classe et le personnel sera aux petits soins. Au bar, juste à côté, musique live tous les samedis et DJ le jeudi.

**Zu den Alten Krameramtsstuben am Michel** (zoom D3, **44**) **:** *Krayenkamp 10. ☎ 36-58-00. • info@krameramtsstuben.de • S1/3 : Stadthausbrücke ou Landungsbrücken. Derrière l'église Saint-Michel. Tlj 10h-minuit (cuisine jusqu'à 22h). Menus à partir de 30 € ; compter 25-35 € à la carte.* Resto éminemment touristique dans un style hambourgeois traditionnel qui a gardé son charme suranné, un poil guindé. Vieille maison à étages et mobilier ancien. Cuisine locale de qualité que l'on peut apprécier sur la terrasse installée dans la ruelle. Cette dernière est bordée de charmantes maisonnettes, les *Krameramtswohnungen.* La guilde des merciers *(Krämer)* les a faites construire en 1676 pour y loger les veuves des membres de leur corporation. Un petit musée, *Kramer-Witwen-Wohnung,* a été aménagé à côté du resto. *Mar (sf en hiver) et le w-e 10h-17h ; entrée : 2 €. • kramer-witwen-wohnung.de •*

**Café Paris** (zoom E3, **49**) **:** *Rathausstr 4. ☎ 325-27-777. • info@cafeparis.net • U : Rathaus. Lun-sam 9h (9h30 we)-23h30. Plat du jour à midi 9,50 € ; plats 10-20 €.* Ancienne boucherie, grande salle carrelée estampillée Art Nouveau, comme une station de métro parisienne, allégories du commerce au plafond, grand zinc et banquettes de cuir. Un lieu fréquenté en son temps par Cocteau, Hemingway, Gérard Philippe, Montand ou Belmondo. On s'y attable du petit déj au dîner bien franchouillards : croque-monsieur, huîtres, fruits de mer, tartare-frites, bouillabaisse. Rien d'exceptionnel, un peu cliché, mais bon rapport prix-qualité. Une tranche d'Hexagone au bord de l'Elbe.

## *Dans le quartier Sankt Georg*

Le quartier tout indiqué pour tester quelques ***cuisines du monde,*** notamment les restos asiatiques, portugais et indiens de Lange Reihe.

## Bon marché

**Café Koppel** (zoom F2, **30**) **:** *Koppel 66. ☎ 24-92-35. Tlj 10h-23h. Soupes 4 € et plats env 8 €.* Au fond d'une cour, à l'écart de la rue, dans une ancienne fabrique reconvertie en centre artisanal. Ce café-resto est installé dans une salle très haute de plafond et dotée d'un mobilier de brocante. Lieu consacré à la nourriture bio et végétarienne, la saucisse y est bannie : salades, pâtes, quiches et divers petits plats du jour, ainsi que de succulents gâteaux faits maison. Jus frais, *lassi* onctueux, vins et bière bio. On peut aussi profiter de l'agréable courette arborée, au calme (mais elle ferme à 19h pour ne pas déranger le voisinage). Une halte délicieuse, saine et apaisante au cœur de ce quartier vibrant.

Ⅰ●Ⅰ ***Destille*** *(zoom F2-3,* ***31****) : Steintorplatz-Brockestr. ☎ 280-33-54. U1/3 : Hauptbahnhof Süd. Bistrot-cafétéria au 1er étage du musée des Arts décoratifs. Tlj sf lun 11h-17h. Droit d'entrée pour le resto (2 €) ; accès gratuit avec le billet du musée. Repas env 10 €.* Un resto accueillant, le plus accueillant parmi les restos de musées. Plantureux buffet froid, avec produits maison et délicieux desserts. On paie en fonction du poids de ce qu'on a emporté dans l'assiette.

## Prix moyens

Ⅰ●Ⅰ ***Vasco de Gama*** *(zoom F2,* ***32****) : Lange Reihe 67. ☎ 280-33-05. Tlj 11h30-23h. Plats du jour env 6-7 € le midi juqu'à 16h ; compter env 20 € le repas.* Resto portugais avec plats de très bonne facture qui propose aussi quelques plats espagnols. Large choix de poissons et fruits de mer, ainsi qu'une palette de viandes et de plats du jour inscrits sur une ardoise. Les plats pour 2 sont assez avantageux : paella, assortiments de grillades... On mange dans une salle chaleureuse ou en terrasse sur le trottoir, avec des tables recouvertes de nappes vichy où l'on peut grignoter des tapas. Accueil vraiment très sympa.

### *À Sternschanze*

Un quartier stratégique pour les fauchés, grâce à ses nombreux *döner kebab* et *falafel,* mais aussi de nombreux restos ethniques. Le soir, les terrasses de *Schulterblatt* sont littéralement envahies. Il faut guetter le bon créneau pour repérer une table qui se libère.

## De bon marché à prix moyens

Ⅰ●Ⅰ ***Souperia*** *(plan I, C2,* ***45****) : Bartelsstr 21. ☎ 430-99-555. ● souperia@web.de ● Lun-ven 11h-20h ; sam 12h-17h. Soupes 3-5 €.* Petit comptoir où l'on sert sans chichis, des bols de soupe bien fraîche et saine qu'on peut accompagner de salades ou de pâtes froides. Pain à volonté. Tables sur la rue aux beaux jours.

Ⅰ●Ⅰ ***Schanzenstern*** *(plan I, C1-2,* ***17****) : Bartelsstr 12. ☎ 432-90-409. ● gasthaus@schanzenstern.de ● U3/S11/S21/S31 : Sternschanze. Ouv 7h30-minuit (lun à partir de 15h et dim 11h, ven-sam ferme à 1h). Plats env 5-10 €. Brunch 18,50 €.* Dans le quartier étudiant. On aime bien ce restaurant pour sa petite cour intérieure et surtout pour les portions généreuses de plats simples, toujours bio et parfois végétariens (pâtes, salades). Ambiance chaleureuse et déco colorée. Dès potron-minet, on y propose aussi le petit déj sauf dimanche, où il faut attendre le brunch de 11h, servi jusqu'à 14h30.

Ⅰ●Ⅰ ***Café Sul*** *(plan I, C2,* ***33****) : Schanzenstr 48. ☎ 41-35-94-21. Tlj 7h-22h. Portion de tapas env 5 €, sandwichs 7-8 €.* Ici, on parle et on mange portugais. Délicieux assortiments de toasts et *bagels,* tapas et « croquettes » présentés en vitrine, idéal pour les petits creux. *Pasteis* à faire fondre dans la bouche et *gambas em ninho de batata.* On peut aussi boire une bière ou un vin portugais. Accueil souriant.

Ⅰ●Ⅰ ***Balutschistan*** *(plan I, C1-2,* ***46****) : Schuterblatt 88, 20357. ☎ 43-36-61. Tlj midi-23h30. Repas 15-20 €.* La communauté afghano-pakistanaise est nombreuse à Hambourg et active dans le commerce des tapis. Pas étonnant que des restos de cette partie du monde, aient éclos. Sous cette enseigne on en trouve 4 dans la ville. Salle boisée, bordée de tables basses et de coussins et grande terrasse. Tout le répertoire du genre : plats *biryani, tandoori, tikka* avec poulet, bœuf ou agneau. Ce n'est pas la plus fine du genre qu'on connaisse, mais les portions sont copieuses, surtout garnies de *naan* ou de riz basmati. Ne manquez pas le *lassi* à la mangue. Service nonchalant. Parfois spectacle de danse.

Ⅰ●Ⅰ ***Abaton Bistro*** *(plan I, D1,* ***34****) : Grindelhof 14a. ☎ 45-77-71. U1 : Hallerstr. Dans le quartier de l'université. Lun-ven 9h30-1h, sam 16h-1h,* *dim 12h-minuit. Plat du jour env 7 €, repas 10-15 €.* Les étudiants se donnent rendez-vous pour déjeuner ou boire un verre à des tarifs raisonnables. Le midi, on se bouscule pour trouver une chaise libre ! Grande salle claire, à la déco épurée, ou en terrasse quand il fait beau. Ce resto fait partie d'un cinéma, l'*Abaton-Kino*. Il programme des films en v.o. sous-titrée, phénomène rare en Allemagne.

|●| ***La Sepia*** *(plan I, C2,* ***47****) : Neuer Pferdemarkt 16, 20357. ☎ 432-24-84. • info@la-sepia.de • Tlj midi-2h; résa conseillée au dîner, c'est souvent blindé. Selon le choix des poissons, compter 15-25 € au prix du marché.* Une pieuvre tapie dans son antre au cœur du Schanzenviertel. Ne craignez pas l'emprise de ses longues tentacules, c'est pour mieux vous régaler d'une excellente cuisine de la mer mitonnée à la sauce ibérique. En cassolette ou grillé, l'octopus se fait accompagner sur la carte par ses congénères, crustacés, coquillages et créatures à écailles. Bougies sur les tables, fichées dans des bouteilles de *mateus*, tables au dehors. Service un peu gastéropode, en revanche.

|●| ***Die Bullerei*** *(plan I, C1,* ***35****) : Lagerstr 34b, 20357, mais accès par Schanzenstr, via quelques escaliers. ☎ 33-44-21-10. • info@bullerei.com • Tlj midi et soir ; résa conseillée au dîner. Le midi, plats du jour env 7-12 € ; en soirée, compter 14-20 € le plat.* Un nouveau resto très tendance, installé dans un ancien abattoir aux murs de brique rouge. Le chef est connu comme le loup blanc en Allemagne : Tim Melzer présente en effet des émissions culinaires à la télé ! Voilà pourquoi cette adresse est si courue. Les clients se bousculent pour découvrir les créations modernes de la maison, teintées de saveurs méditerranéennes. Tarifs assez raisonnables (sauf pour les boissons). Côté déco, le cadre s'inspire du passé industriel du bâtiment tout en intégrant des éléments contemporains du plus bel effet. Dehors, les clients mangent au coude à coude sur des bancs, le long de solides tables de bois. Une bonne adresse à prix encore démocratiques.

## *À Sankt Pauli*

### Bon marché

|●| ***Café Amphore*** *(plan I, C3,* ***50****) : St Pauli Hafenstr 140, 20359. ☎ 317-93-880. Tlj 10h-21h (minuit ven-sam). Env 10 € le repas.* À l'entrée de Sankt-Pauli sur la rue en corniche qui surplombe les casemates et la rive de l'Elbe. Tables dehors au soleil, face à une roseraie, et petite salle aux banquettes de cuir vert. Quelques gentilles suggestions du jour, simples et fraîches, au tableau noir. Camp de base idéal pour explorer cette partie du quartier, pleine de traces de la marginalité créative, dont des fresques murales bariolées.

### Prix moyens

|●| ***Captains Dinner*** *(plan I, C3,* ***37****) : St Pauli Landungsbrücken, Brücke 3. ☎ 31-21-21. • info@captainsdinner.de • Tlj 11h-23h. Compter env 20 € le repas.* L'un des bons rapports qualité-prix dans ce coin très fréquenté par les touristes : les promenades en bateau partent (et arrivent) juste à côté ! À la carte, de nombreuses spécialités de poisson, par exemple le régional *Hamburger Pannfisch* ou de très bons harengs. Délicieuses glaces en dessert. On mange soit en terrasse face à l'Elbe, soit dans la salle qui ressemble à une cale de bateau, avec les lustres qui se balancent au gré des vibrations du quai. Vu l'emplacement, ça pourrait être un attrape-gogo, mais force est de constater que la cuisine est de qualité, les prix sages et le service prévenant.

### Chic

|●| ***Cuneo*** *(plan I, C3,* ***38****) : Davidstr 11, 20359. ☎ 31-25-80. • info@cuneo1905.de • S1/3 : Reeperbahn ; U3 : Sankt Pauli. Tlj sf dim, cuisine chaude 17h30-1h. Résa conseillée.* C'est toujours « l'adresse » sur le Reeperbahn, juste à côté de la fameuse *Herbertstrasse* et ses vitrines colorées claquemurées derrière une palissade. Ici, à la sortie des théâtres (Tivoli à côté), on retrouve le beau

monde du milieu des créatifs : agences de pub, artistes, acteurs de théâtre, gens du cinéma... Dans l'ambiance chic mais décontractée de ce resto italien très cosy, sous les moulures rouges des plafonds, on entame facilement une conversation avec la table voisine. Et en plus, on y mange bien !

**Freudenhaus** *(plan I, C3, **48**) : Hein-Hoyerstr 7-9, 20359. ☎ 31-4642. • info@stpauli-freudenhaus.de • S1/3 : Reeperbahn ; U3 : Sankt Pauli. Tlj 18h-minuit. Résa conseillée. Compter 25 € pour dîner.* Un resto peuplé d'angelots coquins. Banquettes cramoisies, atmosphère de boudoir avec fresques olé-olé. Un bel écrin pour une cuisine régionale traditionnelle qui tient ses promesses tant en qualité qu'en quantité : le *Schnitzel* de 300 g remporte tous les suffrages. Essayez la *Bayerische Wurst* dans son bouillon en n'oubliant pas de lui faire la peau avant de la tremper dans un chutney... délicieux. Service souriant et aux petits oignons. Une bonne surprise.

## Beaucoup plus chic

**Au Quai** *(plan I, A3, **39**) : Grosse Elbstr 145b-d. ☎ 38-03-77-30. • info@au-quai.com • Resto lun-ven midi et soir, sam à partir de 18h ; fermé dim. Résa conseillée. Menus 35-48 €. Carte env 45-50 €.* Restaurant et bar installés sur le quai de l'Elbe, qui attirent un public top tendance. Larges baies vitrées, avec vue superbe sur les activités portuaires en face, et magnifique terrasse en été. Les jeunes propriétaires français vous reçoivent avec plaisir dans une ambiance cosmopolite et un décor éclectique au goût très sûr : meubles asiatiques ou statues africaines forment un ensemble chic et zen. Vous pourrez savourer les plats de poisson frais, délicatement parfumé, des sushis, ou, moins dépaysant, la bouillabaisse, le foie gras et le sauternes. Un franc succès depuis l'ouverture.

### Dans Altona

## Chic

**Eisenstein** *(plan I, A2, **36**) : Friedensallee 9, 22765. ☎ 390-46-06. • mail@restaurant-eisenstein.de • S1/3/31 : Altona. Tlj 11h-1h (dim, très bon brunch-buffet à partir de 10h, résa conseillée). Menus 33-36,50 €. Carte env 20 € le midi, 35 € le soir.* Magnifique resto design qui a pris place dans le *Zeise Hallen*, une ancienne fabrique d'hélices à bateaux réhabilitée et désormais dédiée au cinéma d'art et d'essai. Les tables nappées de blanc s'organisent autour d'un ancien four de fonderie en brique ocre et devant un bar en acier en forme de proue de bateau. On y mange, notamment, d'excellentes pizzas cuites au four à bois. Ambiance plus agréable le midi que le soir, quand les frimeurs garent leurs voitures de sport et investissent les lieux. Belle terrasse.

## Où boire un verre ?

### À Neustadt

**Klimperkiste** *(zoom E2, **63**) : Esplanade 18. ☎ 34-63-50. • klimperkiste@klimperkiste.com • U1 : Stephansplatz. Tlj 16h-4h (ven-sam jusqu'à 6h).* Un pub tout en longueur mais convivial et souvent plein comme un œuf, dans un quartier relativement calme. Plutôt sombre, si bien qu'au rez-de-chaussée, on se croirait dans une cave ! Musique variée. Accueil chaleureux. Sert aussi quelques plats.

**Thämer's** *(zoom D3, **64**) : Grossneumarkt 10. ☎ 34-50-77. S1/S3 : Stadthausbrücke. Avr-oct, tlj 11h (10h sam-dim)-minuit (bien plus tard le w-e) ; nov-mars, 16h (11h sam-dim)-minuit.* Une des nombreuses *Kneipen* qui entourent la place du Grossneumarkt. Petit et ancien, *Thämer's* est un bar plutôt calme avec un joli cadre cosy. Terrasse devant la porte. Sert aussi une cuisine de pub (pas très fine mais qui absorbe bien la bière !).

### À Sankt Georg

**Max und Consorten** *(zoom F2, **60**) : Spadenteich 7. ☎ 24-56-17. • mail@maxundconsorten.de • U2/U3/S1/*

*S21/S31 : Hauptbahnhof Nord. Tlj 10h (11h le w-e)-1h, voire bien plus tard.* Au pied du clocher de Sankt Georg, un lieu de rencontre au public très varié. Étudiants, artistes du quartier ou jeunes branchés discutent sur la vaste terrasse, aux beaux jours, ou dans la salle sombre avec ses boiseries et banquettes en skaï.

**Café Gnosa** *(zoom F2,* ***61****)* **:** *Lange Reihe 93. ☎ 24-30-34. • info@gnosa.de • U2/U3/S1/S21/S31 : Hauptbahnhof Nord. Tlj 10h-1h (2h ven-sam). CB refusées.* À l'origine, le point de ralliement homo de Hambourg, aujourd'hui, le public est mixte. Belle décoration rétro-chic : lustres des années 1920, fauteuils des années 1950, boiseries. Grand choix de gâteaux faits maison. Mais on peut aussi prendre un petit déj jusqu'à 16h et grignoter de bons petits plats pas trop chers. Terrasse. Accueil très sympa.

**Café-Kneipe Frau Möller** *(zoom F3,* ***62****)* **:** *Lange Reihe 96. ☎ 25-32-88-17. • info@fraumoeller.de • U2/U3/S1/S21/S31 : Hauptbahnhof Nord. 11h30-4h (dim 1h).* Bar à bière très fréquenté et apprécié des étudiants pour les plats du jour bien consistants et pas chers *(env 7-8 €).* Déco tout en bois. Billard et baby-foot. Bonne adresse.

## À Sternschanze

Les larges trottoirs de la *Schulterblattstrasse* sont mis à profit par une série de cafés-bars qui sortent leurs tables quand il fait beau. Un endroit sympa pour un petit déj au soleil ou un apéro en fin d'après-midi au milieu d'une population jeune et décontractée, un peu bohème.

**Hadley's** *(plan I, D1,* ***69****)* **:** *Beim Schlump 84a. ☎ 450-50-75. • hadleys@hadleys.de • U2/U3 : Schlump. Tlj 11h-1h.* Café-bar dans un ancien hôpital de 1850, non loin de l'université. Intérieur très *fashion,* lumières tamisées et déco branchée. Casting en conséquence, comme les prix d'ailleurs. Mais l'accueil est chaleureux et c'est quand même très agréable de s'installer sur la terrasse qui donne sur le jardin.

**Fritz Bauch** *(plan I, C1-2,* ***70****)* **:** *Bartelsstr 6. ☎ 430-01-94. U3/S11/S21/S31 : Sternschanze. Lun-ven 15h30-2h (4h ven), sam 12h-4h, dim 11h-2h.* Déco rustique, avec poutres au plafond et box en bois, où l'on peut boire une bière locale ou un *Fritz Cola* et grignoter pour pas cher dans une ambiance décontractée.

**Erika's Eck** *(plan I, C2,* ***72****)* **:** *Sternstr 98. ☎ 43-35-45. • stefan.wilm@erikas-eck.de • Dim-jeu 17h-14h (le lendemain !), ven-sam 17h-9h.* C'est dans ce petit bistrot d'habitués que les chauffeurs de taxi viennent, leur nuit finie, boire un café et manger un morceau. Ici, on sert à toute heure, des plats bien consistants pour recharger les batteries après une virée dans *Hamburg by night.* Plus local, on ne fait pas !

## Dans Sankt-Pauli

**La Paloma** *(plan I, C3,* ***65****)* **:** *Hans-Albers-Platz. ☎ 31-45-12. S1/S3 : Reeperbahn. Au cœur de Sankt Pauli. Mar-dim 19h-1h, open-end w-e.* Un zinc, une piste de danse, des bancs... et de l'ambiance ! Clientèle très mélangée. Toujours plein à partir de 22h30, tout le monde danse sur les bancs.

**Der Clochard** *(plan I, C3,* ***67****)* **:** *Reeperbahn 29. ☎ 319-62-30. • info@derclòchard.de • U3 : Sankt Pauli. 24h/24.* L'entretien n'est pas fait tous les jours et ça ne dérange pas le moins du monde une clientèle *destroy-punk.* Ambiance rock, juke-box et baby-foot dans les coins sombres de la grande salle. Terrasse sur le toit, donnant sur la très animée Reeperbahn. Bon endroit pour prendre contact avec la faune sauvage du quartier !

**Strand Pauli** *(plan I, C3,* ***66****)* **:** *St Pauli Hafenstr 89. ☎ 733-58-32. • verandstaltungen@strandpauli.de • U3 : Landungs Brücken. Tlj mai-sept 11h-23h (minuit en fin de sem). Buffet dès 10h le dim.* Quand il fait beau, comme une allure de plage hawaïenne au bord de l'Elbe. Paillottes, palmiers (en pot) et parasols, lits de repos et fauteuils d'osier sur sable chaud, cocktails aux fruits, musique douce... on ferme les yeux et on entend les ukulélés...

### Dans Altona

🍷 **Querbeet** (plan I, A2, **68**) : *Bahrenfelder Str 180. ☎ 39-11-17. S1/3/31 : Altona. Tlj de 11h à tard le soir.* Sur un coin, derrière une rangée de plantes vertes qui cachent la terrasse sur le trottoir et la petite salle chaleureuse et colorée. Clientèle bigarrée, cool, cocasse et bien représentative du quartier. C'est l'endroit où récupérer les flyers des concerts et soirées. Bière Astra (celle des dockers) à prix plancher.

### Dans les autres quartiers

🍷 **Strandperle** (hors plan I par A3, **71**) : *Am Schulberg, Övelgönne 63, au delà du tunnel sous l'Elbe. ☎ 880-11-12. • info@strandperle-hamburg.de • Bus nº 36 : Liebermannstr ; revenir 200 m avt cet arrêt et descendre les escaliers au niveau du panneau « Himmelsleiter », puis longer un peu le rivage par la gauche. Avr-fin oct, 11h-23h.* Nulle part ailleurs on ne retrouve une telle atmosphère : des enfants en maillot qui font des châteaux dans le sable sous l'œil de leurs parents décontractés, des étudiants cool et des homos branchés qui boivent un verre et, au loin, les immenses grues qui s'activent au-dessus des porte-conteneurs gigantesques. C'est un vrai plaisir de se poser au soleil, avec, pour fond sonore, le clapotis du fleuve et les sirènes des bateaux. Pas trop de musique ici, car les habitants des immeubles chic alentour cultivent le calme. Self-service à la petite guérite : café, thé, jus de fruits ou bière contre la soif et gâteaux (industriels), *Brezeln* ou saucisses de Francfort pour les petites faims.

## Où écouter de la musique ? Où danser ?

### À Neustadt

♪ **Cotton-Club** (zoom D3, **85**) : *Alter Steinweg 10. ☎ 34-38-78. • cotton-club@cotton-club.de • cotton-club.de • S1/3 : Stadthausbrücke. Tlj, lun-jeu 12h-minuit, ven-sam 20h3-1h, dim 11h-15h. Entrée : 6-15 €.* En sous-sol, sur un coin, le plus ancien et incontestablement l'un des meilleurs clubs de jazz de Hambourg. *New Orleans*, dixieland, hot jazz, boogie-woogie et blues au programme. Clientèle assez variée.

### Pas loin de Sternschanze, près de l'université

♪ **Logo** (plan I, D1, **86**) : *Grindelallee 5. ☎ 410-56-58. • club@logohamburg.de • logohamburg.de • S11/S21/S31 : Dammtor. Tlj (sf lun s'il n'y a pas de concert) dès 20h. Concerts à partir de 21h. Entrée payante selon programmation.* Salle toute noire et basse de plafond, qui pêche par son pilier en plein milieu de la clientèle étudiante, rock et punk, habitant dans les maisons proches. Concerts éclectiques : punk rock, ska, pop, métal... Bière pas chère.

### À Sankt-Pauli

À Reeperbahn et Grosse Freiheit, un coin aussi animé qu'Ibiza, il ne faut pas mettre ses oreilles entre toutes les mains ! Suivez le guide et votre inspiration :

♪ **Docks** (plan I, C3, **81**) : *Spielbudenplatz 19. ☎ 31-78-83-0. • info@docks.de • docks.de • U3 : Sankt Pauli. Sur une contre-allée de Reeperbahn. En général, ven-sam 22h-6h et parfois d'autres soirs. Entrée payante.* Clientèle de tous âges et de tous genres. Programmation tout aussi variée : hip-hop, trance, R'n'B, funk, soul, etc. Atmosphère moite, « je-te-colle-tu-me-colles ». Le manque d'aération rend l'endroit encore plus chaleureux...

♪ ***Grosse Freiheit*** et ***Kaiserkeller*** (plan I, C3, **82**) : *Grosse Freiheit 36. ☎ 31-77-780. • info@grossefreiheit36.de • grossefreiheit36.de • S1/3 : Reeperbahn. Ouv vers 21h-22h et jusque tard dans la nuit.* Les deux font cause commune et partagent le même édifice, là-même où les Beatles ont commencé à bâtir leur légende. Un style un peu destroy et plus underground pour la *Kaiser*, qui se veut indépendante de tout mouvement de mode. Cela n'empêche pas qu'il faille souvent faire la queue pour entrer ! Concerts et soirées éclectiques de la pop au punk en passant par le r'n'b et le gothic.

♩ **Grünspan** *(plan I, C2-3,* ***83*****) :** *Grosse Freiheit 58. ☎ 317-934-83. • gruenspan_info@web.de • gruenspan.de • Ouv surtout jeu-sam (mais parfois d'autres soirs) à partir de 20h env. Entrée payante.* Salle légendaire des années 1970, qui s'autoproclame encore boîte nº 1 pour le rock à Hambourg. Il faut dire qu'elle programme toujours de belles têtes d'affiche et des talents émergents.

### Dans Altona

♩ ♫ **Fabrik** *(plan I, A2,* ***84*****) :** *Barnerstr 36. ☎ 39-10-70. • info@fabrik.de • fabrik.de • S1/3 : Altona. Presque tlj à partir de 20h ou 21h et jusque tard dans la nuit. Entrée payante selon programmation.* Cette boîte occupe une ancienne usine d'outils (d'où son nom), dans laquelle on a aussi fabriqué des canons. Avec ses murs peints en rose et une grue sur le toit, impossible de la manquer. Elle a été réhabilitée par une association qui a gardé une déco postindustrielle et mis sur pied une programmation culturelle très variée : théâtre, concerts, clubbing, etc. Les musiciens les plus divers, de Dizzy, le joufflu, à Miles Davis, s'y sont produits. Les pointures internationales (Led Zeppelin, Marianne Faithfull, Brian Ferry) comme les découvertes de world music se succèdent en permanence sur scène. Fresques intéressantes dans une ruelle à l'arrière.

## Comédies musicales

Hambourg est l'une des étapes des comédies musicales qui tournent partout en Europe. *Rens et résas : ☎ 0180-544-44. • topticketline.de •*

## À voir

**Rathausmarkt** *(pl. de l'Hôtel-de-Ville ; zoom E3)* **:** *U3 : Rathaus. Entrée libre au Rathaus (mais slt au rdc). Visites guidées en français lun-jeu 10h15 et 15h15 ; ven 10h15 et 13h15 ; sam 10h15 et 17h15 ; dim 10h15 et 16h15. Tarif : 4 € (réduc avec la Hamburg Card).* Cette gigantesque place fut dessinée après le terrible incendie de 1842. Devant le Schleusenbrücke se dresse un monument aux morts de la Grande Guerre, alors qu'à quelques mètres de là, on vend des saucisses et des cartes postales à l'ombre de l'imposant Rathaus. Symbole de la puissance de la cité, l'hôtel de ville, construit à la fin du XIXe s dans le style néo-Renaissance, est soutenu par 400 pilotis ! C'est aussi le siège de la *Bürgerschaft* (le parlement de la ville) et du Sénat. Belle fontaine dans la cour intérieure.

**Sankt-Michaelis-Hauptkirche** *(église Saint-Michel ; zoom D3)* **:** *• st-michaelis.de • S1/S3 : Stadthausbrücke. Tlj mai-oct 9h-20h, 10h-18h l'hiver. Entrée gratuite pour l'église (don recommandé), payante pour la crypte (4 €) et la tour (5 € ; réduc avec la Hamburg Card). Billet combiné : 7 €.* Construite au XVIIIe s dans un style baroque représentatif du nord de l'Allemagne, cette église luthérienne (où Johannes Brahms s'est fait baptiser) est l'un des symboles incontournables de Hambourg. Sa tour, haute de 132 m, (452 marches, mais ascenseur sur une grande partie) comporte la plus grande horloge du pays et offre, de sa plateforme, une vue superbe sur la ville. Sa flèche permettait jadis aux navigateurs de se repérer en entrant dans l'embouchure de l'Elbe. L'église fut reconstruite après avoir été détruite par un incendie en 1906. Concerts réguliers de musique religieuse.

**Sankt-Jakobi-Hauptkirche** *(église Saint-Jacques ; zoom E3)* **:** *Steinstr. U3 : Mönckebergstr. Tlj 10h (11h oct-mars)-17h. Entrée gratuite.* Église-halle en style gothique, érigé entre le XIVe et le XVe s. Endommagée pendant la Seconde Guerre mondiale, l'église a conservé ses superbes orgues baroques datant de 1693, avec leurs 4 000 tuyaux, et des retables commandés par les corporations de pêcheurs et tonneliers.

*** **Kunsthalle** *(musée des Beaux-Arts ; zoom F2)* **:** *Glockengiesserwall 1. • hamburger-kunsthalle.de • Ts les U-Bahn et S-Bahn qui passent par la gare centrale. À côté de la Hauptbahnhof, sortie Nord. Mar-dim 10h-18h (21h jeu). Entrée (qui donne aussi accès à la Galerie der Gegenwart) : 12 € ; 8 € avec la Hamburg Card ; réduc ; gratuit moins de 18 ans.* Il abrite une fameuse collection d'œuvres d'art réalisées entre le début du Moyen Âge et la première moitié du XXe s. Que du beau linge ! Entre autres chefs-d'œuvre : le grand retable de Maître Bertram (vers 1380), la *Présentation de Jésus au temple* de **Holbein,** l'*Électeur de saxe* de **Lucas Cranach le Vieux,** la troublante *Flora* de Jan Massys avec la ville d'Anvers en arrière-plan. Belle série de maîtres hollandais dont les scènes de patinage en hiver, les marines de Ruysdael, des natures mortes et les scènes de la vie domestique de **Pieter de Hooch** très proche de Vermeer. On poursuit avec *Le Philosophe,* de Fragonard, le charmant *Pêcheur* de François Boucher. En vedette, le célèbre *Voyageur au-dessus de la mer de nuages,* de **Caspar David Friedrich** qui nous réfrigère avec sa *Mer de glace.* Quelques impressionnistes : une *Promenade matinale au bois de Boulogne* de Renoir, une *Nana,* de Manet, puis Bonnard, Vuillard, Jongdkind, et aussi Cézanne et Gauguin. Côté allemand : **Hans Makart** avec sa monumentale *Entrée de Charles-Quint à Anvers,* les multiples portraits de **Max Liebermann,** les déroutantes œuvres de Lovis Corinth. Chefs-d'œuvre également de **Max Beckmann** et des deux principaux groupes de peintres expressionnistes allemands, *Die Brücke* et *Der Blaue Reiter* : *Autoportrait avec un modèle,* de Kirchner auquel les toiles d'Evard Munch tiennent une compagnie muette. Et sans oublier Picasso, Léger, Delaunay, Klee, Max Ernst, Magritte, Dubuffet, Francis Bacon et David Hockney... on vous avait bien dit que vous en sortiriez tout étourdi, non ?

➢ Un passage souterrain mène dans le nouveau bâtiment de la *Galerie der Gegenwart.*

** **Galerie der Gegenwart** *(galerie d'Art contemporain ; zoom E-F2)* **:** *entrée directe ou par la Kunsthalle. Mar-dim 10h-18h (21h jeu). Le ticket d'entrée de la Kunsthalle inclut celui de la galerie.* Nouveau venu dans la cour des musées d'art contemporain. Impossible de louper ce beau blockhaus. Le but de cette extension du musée voisin est de présenter des œuvres plus récentes, depuis 1950 jusqu'aux tendances actuelles. On passe sous l'installation clignotante *Ceiling Snake,* de Jenny Holzer (1996), avant d'admirer des œuvres pop'art, *fluxus* et nouveaux réalistes, *arte povera,* art minimal et art conceptuel. Sans oublier Rebecca Horn, Annette Messager, Bruce Naumann, Jeff Koons, Warhol... et des expos temporaires. Enfin, très intéressant, le dernier étage, consacré à des peintres allemands, tels que Baselitz, Lüpertz, Richter ou Polke.

** **Museum für Kunst und Gewerbe** *(musée des Arts décoratifs ; zoom F3)* **:** *Steintorplatz 1, à deux pas de la gare centrale. • mkg-hamburg.de • U1/3 : Hauptbahnhof Süd. Tlj sf lun 11h-18h (21h jeu). Entrée : 10 € (7 € avec la Hamburg Card) ; réduc.* Superbe collection d'objets d'art d'origines différentes, de l'Antiquité jusqu'à nos jours. Le musée, fondé en 1877, possède notamment la collection la plus complète (sculptures, estampes, faïences, porcelaines, bijoux, meubles) du Jugendstil, de l'Art nouveau. La *Pariser Zimmer* (achetée à l'Expo universelle 1900 à Paris), avec ses meubles d'Hector Guimard, et les *18 danseuses d'Agathon Léonard,* de la Manufacture nationale de porcelaine de Sèvres, attirent amateurs et connaisseurs du monde entier. Remarquable collection d'instruments de musique anciens. Dans le Forum, expos temporaires qui montrent les tendances du design au XXe s. La visite vaut vraiment la peine.

Et le restaurant ***Destille*** *(au 1er étage ; zoom F2-3,* ***31****)* est très agréable pour une pause (voir « Où manger ? Dans le quartier Sankt Georg »).

***Deichtorhallen*** *(zoom F3)* **:** *Deichtorstr 1-2. • deichtorhallen.de • À 5 mn à pied de la gare centrale. Tlj sf lun 11h-18h (21h le 1er jeu du mois). Entrée : 9 € (6 € avec la Hamburg Card) ; réduc.* Deux anciennes halles de marché, construites en 1914 et utilisées pour vendre les légumes puis les fleurs jusqu'en 1984. Reconverties dans l'art contemporain, elles accueillent des expos temporaires de réputation internationale (peinture, photographie et design).

***Le quartier de Sankt-Pauli :*** une visite de Hambourg ne saurait faire l'impasse sur cette institution à la réputation sulfureuse. Au XVIIe s déjà, les marginaux, pas forcément des marins d'ailleurs, s'y installèrent autour de manufactures polluantes. Parmi ces prolos à l'espérance de vie limitée qui y disposaient du choix de leur religion, les *Reepschläger* chargés de confectionner câbles et cordages. Ils donnèrent son nom à l'artère principale, ***Reeperbahn,*** 900 m de long aujourd'hui et bordée de clubs de strip-tease et de peep-shows. Si c'est le quartier des putes et du cuir et hélas, de la drogue, c'est aussi celui de la gauche radicale. Quand les nazis sont arrivés au pouvoir, ils n'ont pas vraiment pu mettre le quartier au pas de l'oie. Tout ce qu'ils ont pu imposer, c'est de clôturer aux deux extrémités la fameuse rue de *Herbertstrasse* à la densité de dames en vitrine la plus concentrée et où des palissades servent de chicane pour filtrer les visiteurs. Les femmes et les mineurs y sont proscrits et ne vous avisez pas de vouloir y prendre des photos.

### UN QUARTIER EN BRUN ET BLANC

*Ce sont les couleurs des maillots de FC St Pauli, le club de football local, rock et anti-facho, qui passe de l'AC/DC avant chaque match et dès que ses joueurs marquent un but. Son emblème est un drapeau noir à tête de mort ! Ce qui ne l'empêche pas d'inviter les SDF et chômeurs dans les loges VIP pour Noël.*

Le soir, sur la *Grosse Freiheit* (petite rue perpendiculaire à la Reeperbahn), les enseignes clignotantes des salles de jeux, cabarets et boîtes de nuit illuminent les trottoirs.

St Pauli c'est l'underground décomplexé. La musique y a toujours tenu une place importante. John Lennon déclara un jour : « *Je suis né à Liverpool, mais je suis devenu adulte à Hambourg.* » Au n° 39 se tenait autrefois le *Star Club,* une cave qui n'existe plus mais qui marqua les débuts du plus grand groupe de l'histoire du rock... Ils jouèrent aussi au *Top Ten,* (devenu *Moondo Club*), au *Kaiserkeller,* et à l'*Indra,* autant de scènes où les Beatles, tout de cuir vêtus, ont secoué leur banane et enflammé leurs premiers fans entre 1960 et 1962. Un musée des Beatles s'était ouvert en 2010. Il a hélas fermé faute de visiteurs.

Mais aujourd'hui, des clubs comme le ***Molotow*** *• molotowclub.com •* ou le ***Hafenklang*** *• hafenklang.org •* continuent de faire les beaux jours du quartier. Le festival rock de Reeperbahn affiche sa scène émergente, dans tous les clubs alentours. L'alternatif électrise aussi les théâtres, la rue, les squats et le club de foot. Si la scène musicale est prolifique, les autres arts ne sont pas en reste : regroupés dans les squats dans les années 1980, les artistes ont littéralement couvert les murs de la Hafenstrasse de fresques colorées Comme beaucoup de ses homologues alternatifs dans le monde, Sankt Pauli a vu se profiler une gentryfication rampante et une spéculation immobilière insidieuse qui menacent son identité. Heureusement, les clubs et les bars semblent bien décidés à ne pas baisser le volume, les filles à ne pas couvrir leurs appâts et le FC Sankt Pauli continuer à ne rien gagner. Un réseau de résistance s'est organisé en 2008, pour s'opposer à la « valorisation du quartier » autour d'une contestation pacifique colorée et fantaisiste du nom des « Goldenen Zitronen » (les citrons dorés).

**Sankt Pauli Museum :** *Davidstr 17 (à côté du resto Cuneo, plan I, C3, **38**). • kiezmuseum.de • Mar-mer 11h-21h, jeu-ven 11h-23h, sam 11h-minuit, dim 11h-18h. Entrée : 6 € ; 5 € avec la Hamburg Card.*
Petit musée assez touchant sur l'histoire et la vie d'un quartier à la forte personnalité. On y découvre que les Beatles n'ont pas été les seuls à chatouiller les décibels : photos de Little Richards, Jerry Lee Lewis, Black Sabbath et Jimmy Hendrix.

– **Hempels Beatles Tour :** *ts les sam à 18h à la sortie de la station du U-Bahn Feldstrasse. Durée 2h30 en anglais. Tarif groupe : 30 €. • hempels-musictour.com •* Une balade musicale dans le quartier avec Stéphanie, qui gratouille les airs des *Fab Fours* sur sa petite guitare. Arrêt obligé devant les lieux où ils se sont produits et bien sûr, moment de recueillement devant les effigies de fer à leurs silhouettes de la *Beatlesplatz*, au croisement de Repperbahn et Grosse Freiheit.

**Museum für Hamburgische Geschichte** *(musée d'Histoire de Hambourg ; zoom D2-3)* **:** *Holstenwall 24. • hamburgmuseum.de • U3 : Sankt Pauli. Tlj sf lun 10h-17h (18h dim). Entrée : 9 € (6 € avec la Hamburg Card). Panneaux traduits en anglais slt. Audioguide.* Consacré à l'histoire de la ville et de ses traditions, du Moyen Âge à nos jours. Surprenants crânes de pirates décapités. Quelques restes de sculptures et bas-reliefs de la cathédrale, détruite en 1805. Intéressantes maquettes qui donnent une idée du Hambourg médiéval, ses maisons, églises et moulins. Mobilier (ham)bourgeois du XVIIIe s, reconstruction d'un bistrot de marins ou d'un magasin de produits exotiques. Présence des juifs à Hambourg. Documents photos émouvants qui donnent à découvrir l'aspect de la ville avant les destructions de 1939-1945. Démonstrations (à 11h, 12h, 14h et 15h, ainsi qu'à 16h le dimanche) du plus grand circuit pour train miniature d'Europe.

**Parc Planten un Blomen** *(zoom D2)* **:** *Klosterwall 8. • plantenunblomen.hamburg.de • U1 : Stephansplatz. Entrée la plus proche du jardin japonais : sur Jungiusstr, à l'opposé de la tour Heinrich Hertz. Avr 7h-22h, mai-sept 7h-23h, oct-mars 7h-20h.* Au sein de ce parc botanique qui remonte à 1935, un jardin japonais a été créé par Yoshikuni Araki à la fin des années 1980. Il est réputé pour ses parterres de fleurs colorées et ses variétés d'arbustes. Petite maison de thé croquignolette. De mai à août, tous les soirs vers 22h, et 21h en septembre, jeux d'eau sur fond musical.

### UNE RECRUE DE POIDS

*Jenny, une femelle pachyderme, vivait tranquillement au zoo de Hambourg quand en 1915 l'armée allemande l'envoya au front. C'est vrai ça, tout le monde doit participer à l'effort de guerre, même les éléphants ! L'animal débarqua donc un beau jour à la gare d'Avesnes et rendit de grands services dans le transport du bois. L'histoire ne dit pas ce qu'il advint de l'éléphant soldat...*

**Speicherstadt** *(la ville des entrepôts ; zoom D-E-F3)* **:** *visite guidée de la Speicherstadt et de son musée (Speicherstadtmuseum, voir plus bas) ts les dim à 11h ; avr-oct, également sam-dim à 15h. Départ et achat des tickets : Kornhausbrücke/Bei Sankt Annen, au niveau de la grille d'entrée du musée des Douanes. U1 : Meßberg. Bus nos 3 et 4 depuis le Rathaus, no 6 depuis la gare. Ticket : 8 € ; réduc. Visite en français sur demande : ☎ 32-11-91.* La « ville des entrepôts », des comptoirs *(Kontorhäuser)* et des maisons de commerce qui firent la richesse de la ville. Ces élégants bâtiments de brique rouge abritent sur environ 37 000 km² des épices, du café, du tabac, de la soie et des tapis. Cité dans la cité, construite dans un style néogothique à la charnière entre le XIXe s et le XXe s, Speicherstadt dégage un charme certain, surtout le soir, lorsque ses entrepôts illuminés se reflètent sur les canaux. Pas mal de bâtiments ont été investis par les entreprises afghano-pakistanaises importatrices de tapis. On peut les voir utiliser les poulies accrochées aux pignons pour hisser leur précieuse marchandise.

**Miniatur Wunderland** *(zoom E3)* **:** *Kehrwieder 4.* • *miniatur-wunderland.de* • *Lun-jeu 9h30-18h (21h mar) ; ven 9h30-19h ; sam 8h-21h ; dim 8h30-20h. Entrée : 12 € (11 € avec la Hamburg Card) ; réduc.* C'est évidemment cher, mais il faut reconnaître que dans son genre cette installation gigantesque de trains miniatures (4 000 m² et 700 trains en circulation) est assez soufflante. Reconstitution de paysages montagneux et urbains avec éclairage alterné jour/nuit, aéroport plus vrai que nature avec avions qui atterrissent et décollent, stades de foot, et même Las Vegas et son décor de Grand Canyon. Petit coup de cœur pour une série de diaporamas historiques, finement réalisés. À côté, le Hamburg Dungeon découragera les routards avec un prix d'entrée prohibitif de 23 €.

**Maritimes Museum** *(Musée maritime ; zoom E3)* **:** *Kaispeicher, Koreastr 1.* • *imm-hamburg.de* • *Mar-dim 10h-18h. Entrée : 12,50 € ; 9 € avec la Hamburger Card ; réduc. Prévoir au moins 2h de visite.* Dans un imposant entrepôt en brique. Un magnifique musée flambant neuf, consacré à la mer sous tous ses aspects, et situé aux portes de Speicherstadt. À coup sûr un des plus beaux et des plus complets au monde dans sa catégorie. Cette vaste collection, étalée sur pas moins de neuf niveaux, provient en majorité d'un seul homme : Peter Tamm, un vrai passionné de la chose maritime. Impossible de tout détailler, sachez juste que la muséographie est très moderne, avec un matériel multimédia abondant. Seul hic, en attendant un audioguide annoncé en français : les non-germanophones se contenteront de celles en anglais. Les explications fournies et les objets présentés permettent de couvrir tous les domaines autour de cet espace naturel qui couvre les deux tiers de notre planète et dont la préservation est capitale pour sa survie. Sont abordés ; la navigation (cartes anciennes, compas et sextants), la belle époque de la marine à voile, la guerre sur les mers, les routes commerciales ou encore la piraterie et les naufrages, la construction navale, l'armement, les uniformes et la vie à bord, les sous-marins, la marine marchande, les navires de croisière, la pêche, l'exploration sous-marine, celle des pôles, la faune des grands fonds, la navigation de plaisance, la marine dans l'art. Les amateurs de maquettes de bateaux seront à la fête, notamment avec une réplique du *Queen Mary II*... en *Lego,* et au dernier étage les milliers de bateaux en modèle réduit, sans oublier ceux mis en bouteille, et heureusement pas jetés à la mer... Musée PAS-SION-NANT !

**Speicherstadtmuseum** *(zoom E3)* **:** *St Annenufer 2.* • *speicherstadtmuseum.de* • *Avr-oct, tlj 10h-17h (18h w-e) ; nov-mars, mar-dim 10h-17h. Entrée : 3,60 € (3 € avec la Hamburg Card).* Au 4ᵉ étage d'un ancien entrepôt, une incursion au cœur de la vie portuaire. Parmi des caisses en bois pour le thé et des sacs à café, riche collection des outils pour contrôler et stocker la marchandise. Démonstrations et dégustations de café, de chocolat et de thé une fois par mois. Mais il y a en permanence un salon de thé ouvert dans le musée.

**Hot Spice Gewürzmuseum** *(musée des Épices ; zoom E3)* **:** *Speicherstadt, Am Sandtorkai 32.* • *spicys.de* • *U3 : Baumwall. Discrètement installé au 2ᵉ étage d'un entrepôt du bloc L. Tlj 10h-17h (nov-juin, fermé lun). Entrée : 5 € ; réduc.* Petit musée avec plus de 50 épices et herbes à sentir, à toucher et à goûter – mais attention au poivron rouge du Chili, un peu traître ; quant à l'aphrodisiaque... *no comment* !

**Elbphilharmonie** (Elphi pour les intimes ; *hors plan I par E3*) se plante comme une figure de proue sur une île au sud de Neustadt. Les Hambourgeois, pas peu fiers, déclarent sans ciller que cette construction futuriste construite par les architectes Herzog & de Meuron sur un ancien entrepôt sera bientôt une des trois attractions majeures de l'Allemagne avec le Reichstag et l'Allianz Arena de Munich. Rien que ça ! Ce sera en tous cas une double salle de concert en forme de trapèze surmontée d'une structure en verre. En attendant l'ouverture prévue en principe, au printemps 2017, après pas mal de retards et de polémiques liées au surcoût de construction, on peut apercevoir d'assez près son spectaculaire chantier en participant à la visite des installations portuaires.



**Hafen City :** colossal projet de réaménagement d'une ancienne partie du port de Hambourg, situé au sud de Neustadt. C'est actuellement le plus grand chantier d'aménagement en Europe. Sa conception répond, bien sûr à toutes les obligations de l'écologie et du développement durable. Sa mise en œuvre passe par la réhabilitation de 155 ha situés au bord de l'eau, autrefois occupés par des hangars ou entrepôts. En 2025, Hafen City devrait compter 12 000 habitants et occuper 40 000 emplois. La partie ouest est déjà habitée et intègre les conceptions de l'urbanisme moderne en termes de mixité des fonctions. Une nouvelle ligne de métro, la U4, dessert déjà le quartier.

**Musée de l'Émigration de Ballinstadt** *(hors plan I par F3)* **:** *Veddeler Bogen 2, 20539. • ballinstadt.de • S-Bahn 3-31 de la Hauptbahnhof, arrêt Veddel-Ballinstadt. Tlj 10h-18h (16h30 nov-mars). Entrée 12,50 € ; réduc. 10 € avec la Hamburg Card.* Au début du XX^e^ s, Albert Ballin, directeur de la compagnie maritime HAPAG, avait fait bâtir un ensemble de baraquements pour accueillir les émigrants européens avant leur embarquement pour les Amériques. Reconstruits à l'identique, trois bâtiments restituent par leur contenu l'histoire des cinq millions d'émigrants qui ont transité par Hambourg entre 1850 et 1939. Aidée par des moyens multimédias spectaculaires, l'expo fourmille de documents d'époque et s'emploie de manière vivante à faire revivre la destinée de ceux qui voulaient trouver une issue à leur misère et se forger une nouvelle vie de l'autre côté de l'Atlantique.

## À faire

**Fischmarkt** *(plan I, A3)* **:** *dans le quartier Sankt Pauli, à 8 mn à pied de la station de métro Landungsbrücken (U3/S1/S2/S3). • fischmarkt-hamburg.de • Ts les dim mat, 5h (7h nov-mars)-9h30, pour ne pas rater le service religieux !* Vieux marché aux poissons, élément majeur du folklore hambourgeois. Aujourd'hui, la vente des produits de la mer est devenue accessoire : on s'y rend autant pour l'ambiance que pour y faire ses courses ! On marchande son kilo de bananes, on écoute plaisanter les marchands au milieu de stands de brocanteurs, de bijoux, de vêtements, de fleurs ou de légumes. Tous les dimanches, dans la *Fischauktionshalle,* magnifique halle en bord de fleuve, une animation musicale assurée par deux groupes (chacun à une extrémité) a lieu dès 5h. Exit la vente de poissons à la criée. De nombreux stands où s'abreuver et manger tout en profitant d'une musique de bastringue. Continuez le long de l'*Elbstrasse* pour une belle promenade à pied le long du port. Et pour les amateurs de design, une visite au *Stilwerk* s'impose. Dans une ancienne brasserie construite en 1907 s'est installé le temple des designers contemporains. Une trentaine de boutiques *(Grosse Elbstr 68. S-Bahn 3 : Reeperbahn ou Königstrasse).*

**Alsterpark :** l'ancien chemin de halage, le *Harvestehuder Weg (plan I, E1),* longe l'Alsterpark entre l'*Aussenalster* (un bassin aux allures de vrai lac) et le quartier de Pöseldorf. On vient s'y reposer, conter fleurette, déstresser, bouquiner, « jogger » et même, quand le temps s'y prête, patiner sur la glace. Un cadre vraiment très agréable...

**Blankenese :** on a fait tout un foin de cette banlieue de Hambourg autrefois un ancien village de pêcheurs. Aujourd'hui, c'est devenu l'un des quartiers les plus huppés de la ville qui ne présente pas un intérêt incroyable, à part l'occasion d'agréables promenades avec jolie vue sur l'Elbe.

## Balades en bateau

**La visite du port en bateau** *(Hafenrundfahrt ; plan I, D3)* **:** *départ de Sankt Pauli-Landungsbrücken, ponts 1 à 9, avec, entre autres* **Rainer Abicht.** *Départ ttes les 20 mn, 10h-17h (16h nov-mars). Durée : 1h. Tarif : 12 € ; réduc (10 € avec la Hamburg Card).* Vraiment intéressante, cette balade permet de mesurer l'étendue de ce port gigantesque (80 km² ; la taille de Copenhague) et d'écouter des chansons paillardes de marin fredonnées par le batelier !

**La promenade en bateau sur l'Alster :** *avec la compagnie* **ATG.** ☎ *35-74-240. • alstertouristik.de • Tlj, départ ttes les 30 mn en saison, 10h-18h, de Jungfernstieg (zoom E3). Durée : 50 mn env. Tarif : 12 € (8 € avec la Hamburg Card).* Cette promenade très agréable permet de découvrir toute la douceur de la ville. Les belles villas bordant l'Aussenalster témoignent de la présence des plus grandes fortunes d'Allemagne.



# LÜBECK

211 000 hab. IND. TÉL. : 0451

Pour le plan de Lübeck, se reporter au cahier couleur.

**Le « joyau de la Hanse », classé au Patrimoine mondial de l'Unesco, est posé sur une île et pointe fièrement ses clochers vers le ciel souvent lourd, chargé d'histoire, à l'instar des sept tours qui encerclent son centre historique. Cette ville, qui fut aux XIIIe s et XVe s à la tête de la puissante ligue hanséatique, mérite sans conteste un arrêt. On y pénètre par la célèbre *Holstentor,* emblème de la ville, reproduite sur le *Lübecker Marzipan* (massepain, spécialité bien connue de Lübeck, à base de pâte d'amandes) et sur les pièces de 2 €. Au fil des rues, encore souvent pavées, qu'on appelle des « fossés », les riches maisons de brique des marchands alternent avec des bâtiments de facture plus récente. On n'appréhende pas immédiatement son charme, les rues commerçantes sont d'une banalité décourageante : une grande partie de la ville a été détruite par les bombardements alliés de 1942 et reconstruite à la va-vite. Mais si on se perd en flânant dans les petites ruelles fleuries (les *gänger)* cachées du côté du nord de la vieille ville, entre les demeures bourgeoises, on commence à y déceler une certaine douceur de vivre. Ceci dit, une journée suffira amplement pour découvrir ses monuments historiques de brique rouge et ses quelques musées. Lübeck n'est pas peu fière d'avoir vu naître trois Prix Nobel : Thomas Mann et Gunther Grass (littérature), Willy Brandt (Paix).**
**La station balnéaire de *Travemünde,* à 18 km de Lübeck, avec ses plages et son petit port bien calme et bien propret, est une bonne occasion pour aller humer l'air du large.**
**Événement : en mai 2014 (du 22 au 24), Lübeck aura l'honneur d'organiser les *Hanseatic Days* (journées internationales hanséatiques), une manifestation culturelle historique et économique qui existe depuis 1980 et qui se fixe pour objectif de redynamiser l'esprit de la Hanse. À cette occasion (ou pour 2015) un tout nouveau *Musée de la Hanse,* sera inauguré.**

## UN PEU D'HISTOIRE : LA HANSE

La Ligue hanséatique vit le jour en 1241 avec un traité entre Hambourg et Lübeck dans le but de protéger leur commerce contre les pirates de la Baltique et de défendre leurs privilèges contre les princes voisins. Un grand nombre de villes s'y associèrent : Brême, Bruges, Dantzig, Dunkerque, Anvers, Ostende, Dordrecht, Rotterdam, Amsterdam, etc. On peut même y ajouter Calais, Rouen, Saint-Malo, Bordeaux, Bayonne... et des villes du Bassin méditerranéen. Au moment de sa plus grande prospérité, la Ligue compta jusqu'à 80 villes. La Hanse était subdivisée en quatre secteurs à la tête desquels on trouvait Lübeck, Cologne, Brunswick et Dantzig, chacune organisant une assemblée annuelle. Tous les 3 ans, les délégués de la confédération se réunissaient, souvent à Lubeck. Chaque ville fournissait son contingent militaire et sa contribution financière. La Ligue possédait aussi son droit maritime particulier. Pendant quelques siècles, cette association prospéra et étendit au loin son activité commerciale ; mais à partir de la fin du XVe s, la découverte du Nouveau Monde et la modification des routes maritimes la firent décliner rapidement : dissoute en 1630 du fait de la guerre de Trente Ans, elle se trouva réduite à trois villes (Hambourg, Brême et Lübeck). Les Traités de Westphalie de 1648 consacrèrent définitivement l'avènement des États-nations.

## Arriver – Quitter

### En train

La ***gare*** est à l'écart de la ville historique mais accessible à pied depuis le centre, en passant par la célèbre Holstentor.

➢ ***Pour Hambourg :*** une vingtaine de trains/j. Dernier vers 23h. Env 40 mn de trajet.

➢ ***Pour Lünebourg :*** tlj 1 départ/h 6h-21h. Env 1h de trajet, via Büchen.

➢ ***Pour Travemünde :*** 1 train/h 6h-22h (en hiver beaucoup moins le w-e). Trajet en 25 mn.

### En bateau

Lübeck est une des portes de sortie vers les pays nordiques.

Départs au moins 1 fois/j. en ferry depuis la station balnéaire voisine de *Travemünde* (voir plus bas la partie qui lui est consacrée).

➢ ***Pour la Suède :*** pour Trelleborg, avec *TT-Line.* ☎ *045-02-80-181.* • *ttline.com* •

## Adresse utile

ℹ ***Tourist Information*** *(plan A2)* **:** *Holstentorplatz 1. Hotline : ☎ 88-99-700.* • *luebeck-tourismus.de* • *À l'entrée de la ville, à côté de la fameuse Holstentor. Lun-ven 9h-18h (mai-août 19h), sam 10h-16h, dim 10h-15h. Accès payant à Internet.* Vente de la *Happy Day Lübeck & Travemünde Card,* valable 24h (11 €), 48h (13 €) ou 72h (16 €), qui donne droit à l'utilisation gratuite des bus jusqu'au port de Travemünde et à des réductions pour les entrées aux musées. Plan de la ville en français (payant).

## Où dormir ?

### Bon marché

***Jugendherberge « Vor dem Burgtor »*** *(AJ ; plan B1,* ***11****)* **:** *Am Gertrudenkirchhof 4. ☎ 33-433.* • *luebeck@jugendherberge.de* • *jugendherberge.de* • *Très excentré, à l'ouest du cœur de la ville (mais bien indiqué). 10 mn en bus nos 1, 3, 11 et 12 (de la gare) ; arrêt Gustav-Radbruch-Platz ; puis 2 mn à pied. Carte AJ obligatoire. Nuit 21 € avec petit déj (24,40 € pour les plus de 27 ans) ; double 53 € avec petit déj (26 € pour les plus de 27 ans).* Dans un grand bâtiment, environ 210 places réparties en 50 chambres de 2 à 6 lits, modernes et propres. Terrain de foot à côté. Baby-foot, table de ping-pong dans le jardin. Accueil très sympa. Bonne cantine pas chère.

***Jugendherberge « Altstadt » Lübeck*** *(AJ ; plan A2,* ***10****)* **:** *Mengstr 33.*

☎ *702-03-99. • luebeck-altstadt@jugendherberge.de • djh.de • Dans le centre. Fermé vac de Noël. Nuit en dortoir (3-4 pers) 22,10 € avec petit déj ; double 25 €/pers avec petit déj ; ajouter 3 €/nuit pour les plus de 26 ans.* Environ 85 lits répartis en chambres de 1 à 4 personnes, avec sanitaires à partager. Une AJ bien placée, comme la précédente, mais pas mieux pour autant : grande structure, moins chaleureuse. En dépannage, donc. Pas de restauration sur place.

**CVJM Lübeck** *(plan A2,* ***14****) : Grosse Petersgrube 11.* ☎ *39-99-410. • info@cvjm-luebeck.de • cvjm-luebeck.de • Nuit en dortoir 22,50 € ; Petit déj 5 €. Parking gratuit.* Bien située dans une ancienne maison en brique, 40 lits en dortoirs de 4 à 8 lits, et 3 appartements avec cuisine. Pub au rez-de-chaussée avec animation musicale le soir. Une annexe toute proche du CVJM (même tél), l'hôtel ***Am Dom*** *(Dankwartsgrube 43)* propose des petites chambres coquettes avec douche *(à partir de 69 € pour une double ; petit déj 5 €).* Un bon plan économique et un accueil affable.

**Rucksack Hotel** *(plan B2,* ***12****) : Kanalstr 70.* ☎ *70-68-92. • rucksack-hotel-luebeck@t-online.de • rucksackhotel-luebeck.de • Résa conseillée. Nuit en dortoir 15-19 €. Loc de draps, 3 €. Parking gratuit.* Littéralement, l'hôtel des routards ! Non loin du centre et plutôt calme (sauf quand il y a des concerts à côté). Peu de chambres doubles mais dortoirs de 4 et 8 lits. Le confort est basique, mais la déco est égayée par les couleurs chaleureuses et puis les sanitaires communs sont très propres. Agréable salle commune avec cuisine à disposition. Accueil très sympa. Petit déj possible dans le café *Affenbrot* à côté ; sinon, thé et café gratuits.

### Prix moyens

**Hôtel Zur Alten Stadtmauer** *(plan B3,* ***13****) : an der Mauer 57.* ☎ *73-702. • rezeption@hotelstadtmauer.de • hotelstadtmauer.de • Selon saison, doubles sans sdb privée ou avec 72-98 €, petit déj compris. Parking payant proche. (offert à nos lecteurs).* Pas loin de la rivière. Derrière la façade peinte en jaune clair se cache une maison bourgeoise du vieux Lübeck. Beaucoup de charme. Meubles en bois clair, parquet blond et couleurs chaudes. Ambiance jeune et familiale garantissant un accueil très souriant. Une adresse très agréable.

**Hotel an der Marienkirche** *(plan A2,* ***15****) : Schüsselbuden 4.* ☎ *799-410. • info@hotel-an-der-marienkirche.de • hotel-an-der-marienkirche.de • Selon saison, doubles bien équipées mais un peu petites, 75-89 €, petit déj-buffet compris.* En plein centre, face aux tours jumelles de Sankt Marien, un hôtel de 18 chambres rénové de frais. Déco lumineuse et épurée tout en design scandinave. Parking à proximité. Prévoyez des boules Quies, si vous craignez les cloches de l'église. Accueil souriant.

## Où manger ?

### De prix moyens à chic

**Krützfeld** *(plan A2,* ***25****) : Hüxstr 23.* ☎ *72-832. Mar-sam 8h-18h (14h sam). Salades et canapés garnis 2-5 € les 100 gr.* Dans une rue piétonne bien fournie en jolies boutiques, un *deli* avec quelques tables hautes pour se sustenter de salades et sandwichs garnis de toutes les spécialités de la mer. Ultra-frais et délicieux. Idéal pour se confectionner un pique-nique.

**Ratskeller** *(plan A2,* ***24****) : Markt 13.* ☎ *720-44. • info@ratskeller-zu-luebeck.de • Tlj 11h30-23h30 (slt le midi, le dim en janv et fév). Plats 12-18 €.* Sous l'hôtel de ville. Le décor étonne un peu : sous les voûtes de la brasserie, succession de petit box en bois fermés par une porte, décorés de photos et d'objets relatifs à l'histoire et la culture de la ville. Carte typique de ce genre de lieu, mais plats plus savoureux que prévu. En saison, les *Maatjes* fondants à la sauce aigre sont un vrai régal. Bon rapport prix-qualité-agrément.

**Lübecker Kartoffel Keller** *(plan B1, **21**) : Koberg 8. ☎ 762-34. Tlj 11h30-22h30 (23h ven-sam). Repas env 25 €.* Grande salle gothique au bas de quelques marches. La patate telle que vous l'avez rêvée. En entrée, en salade, en dessert ! On la déguste dans une vaste salle voûtée décorée à l'ancienne avec des objets rustiques (tonneaux, outils agricoles, etc.) et des bancs en bois. C'est en fait la cave du *Heiligen Geist Hospital,* dans laquelle se perpétue une atmosphère du Nord bien chaleureuse. Service un peu lent.

**Restaurant Schiffergesellschaft** *(plan B1, **23**) : Breite Str 2. ☎ 767-76. • schiffergesellschaft@t-online.de • 11h-23h. Repas env 35 €.* Le plus vieux restaurant traditionnel de la ville, installé dans l'ancienne « maison de la corporation des marins », construite en 1535, avec briques rouges et pignon à gradins. Les serveurs s'activent sous les maquettes de bateaux suspendues aux vieilles poutres et entre les larges tables de la belle grande salle. Difficile d'éviter les groupes, mais le cadre, si ce n'est pas vraiment la cuisine, vaut le coup. À préférer en semaine.

**Salento** *(plan A3, **22**) : Pferdemarkt 19. ☎ 709-86-449. Tlj 11h30-15h, 17h30-minuit. Repas 17-25 €.* Un resto italien sans prétention qui sert des plats copieux, adaptés aux goûts allemands, entre les assiettes d'*antipasti,* les pizzas et autres classiques. Bon choix de vins importés de la péninsule. Grande terrasse, en partie couverte, dans un jardin agrémenté de statues kitsch. L'intérieur est du même acabit, avec fresque murale de volcan en éruption et fausses pierres apparentes. Accueil chaleureux.

**Konditorei-Café Niederegger** *(plan A2, **20**) : Breite Str 89. ☎ 53-01-126. • info@niederegger.de • En plein centre. Tlj 9h-19h, sam-dim jusqu'à 18h, dim à partir de 10h. Assiettes et salades pour grignoter le midi env 9 €.* Cette pâtisserie-salon de thé est une vraie institution à Lübeck, le Marzipan-Paradies (paradis du massepain, spécialisé dans la pâte d'amandes). Grand choix de gâteaux, thé parfumé aux amandes, etc. Au 2e étage, un musée *(accès gratuit)* retrace l'histoire (et des histoires) du Marzipan. Une photo de Chirac et Schröder, prise ici même, est exposée dans l'escalier. À noter que le massepain se déguste avec un verre de rotspon, un vin de bordeaux jeune vieilli en fût de chêne.

## Où boire un verre ?

**Im Alten Zolln** *(plan B3, **30**) : Mühlenstr 93-95. ☎ 723-95. • post@zolln.de • Tlj 11h-2h, voire 4h en fin de sem.* Un vaste bar sur 2 niveaux dans l'ancienne douane de la ville (une porte était à l'origine située à proximité). C'est dans ce troquet tout en bois que se rassemble la jeunesse lübeckoise. Bière spéciale : le *Bock* (bière blonde pression) en mai. Belle terrasse en été. On peut aussi y manger des petits plats de cuisine régionale *(env 6 €)* ou écouter des concerts certains soirs.

**Buthmanns Bierstuben** *(plan B2, **31**) : Glockengiesserstr 3. ☎ 767-88. Tlj sf dim 12h-minuit et plus tard le w-e.* Débit de bière dans lequel les Lübeckois de tous âges se retrouvent dans une atmosphère sombre et souvent enfumée. La petite salle est décorée de boiseries du XIXe s, d'un vieux piano et d'objets anciens qui nous transportent hors du temps.

**Jazz Café** *(plan B3, **32**) : Mühlenstr 62. 0176-70-70-19-91. • info@jazzcafe-hl.de • Lun-ven 11h30, sam 12h, dim 9h et jusqu'au bout de la nuit.* Bar moderne, rendez-vous de la jeunesse locale. Déco baroque, éclairages rouge et mauve. Carte des cocktails longue comme le bras à siroter en terrasse chauffée sous une couverture quand il fait frais. On peut aussi s'y restaurer. Animation musicale régulière.

## À voir

**Holstentor** *(plan A2) : Holstentorplatz. Tlj 10h-18h (janv-mars 11h-17h et fermé lun). • museum-holstentor.de • ☎ 122-41-29. Entrée : 6 € ; réduc.*

Impossible de louper cette porte aux tours jumelles, emblème de la ville présent sur chaque *Marzipan,* la spécialité en pâte d'amandes de Lübeck ! Alternance rouge-noir de briques brutes et vernissées. Si elle a l'air de pencher un peu, c'est parce que ses fondations reposent sur des marécages. Terminée en 1478, et dotée à l'époque de canons qui n'ont jamais servi, la Holstentor abrite un *musée* avec de nombreuses explications sur le développement de la cité hanséatique et son activité commerciale. Vestiges archéologiques, modèles de maisons bourgeoises, maquettes de bateaux, etc.

À droite, le long de la Trave, une série de belles maisons à pignons, ***Salzspeicher*** *(plan A2),* qui servaient d'entrepôt pour le sel acheminé sur l'eau depuis Lunebourg.

## SEL EN SOLDE

*Le mot salaire vient du latin* salarium, *dérivé de* sal, *le sel, autrefois indispensable pour conserver la viande. Il qualifiait initialement la ration de sel fournie aux soldats, puis désigna l'indemnité en argent versée pour acheter ce sel et les victuailles.*



🕵🕵 ***International Theater Figüren Museum*** *(musée des Marionnettes ; plan A2)* **:** *Kolk 16. Avr-oct tlj 11h-18h ; nov-mars, tlj sf lun 11h-17h. Entrée : 5 € ; réduc (notamment avec la Happy Day Card).* Une fois à l'intérieur, on oublie le temps qui passe, car ce musée bien agencé, regroupe quelque 1 000 figurines d'Europe, d'Asie et d'Afrique, dont les plus anciennes datent du XVII^e s. Elles sont présentées par pays dans une vingtaine de salles réparties en cinq bâtiments du XV^e s. Un art populaire souvent négligé mais bien servi ici. Propose aussi des spectacles dans son théâtre de marionnettes au n° 20 de la même rue.

🕵 ***Petrikirche*** *(plan A2)* **:** c'était l'église des bateliers. Détruite en 1942, elle est à présent désacralisée. Accès à une plate-forme à 50 m de haut d'où on jouit d'une belle vue sur le panorama des toits de la ville. *Avr-sept 9h-21h et oct-mars 10h-19h.*

🕵 ***Rathaus*** *(plan A2)* **:** achevé sur le ***Markt,*** au milieu du XIII^e s, sa curieuse silhouette gothique sur galerie à arcades avec murs noirs ajourés, blasons des grands-électeurs et clochetons, est prolongé vers la gauche d'une galerie qui vient buter en angle droit sur un ensemble hybride constitué de maisonnettes en grès clair du Götland, très ouvragées, que surmonte à l'arrière un mur-bouclier troué (pour offrir moins de prise au vent) et surmonté de trois flèches effilées. Si le tout a une allure un peu bancale, que dire du contraste que le pourtour du Markt offre à la vue avec ses hideux bâtiments des années 1950.

🕵🕵 ***Marienkirche*** *(église Sainte-Marie ; plan A2)* **:** *tlj 10h-18h (17h oct, 16h nov-mars).* Derrière le Rathaus. Construite au XIII^e s, c'est l'une des toutes premières églises gothiques entièrement construite en brique. Elle a servi de modèle pour la construction de plus de 70 églises dans la région de la mer Baltique. C'est aussi la troisième plus grande église d'Allemagne. Le vaisseau central s'élève à plus de 38 m. Elle abrite le plus grand orgue mécanique du monde, mais aussi des œuvres d'une valeur inestimable, comme entre autres un retable de la Vierge façonné à Anvers en 1518 et le monumental crucifix du XV^e s qui fait 17 m de haut. À l'intérieur, dans la chapelle du Souvenir, en bas de la tour sud, deux énormes cloches fracassées gisent sur le sol : elles sont tombées de 60 m lors des bombardements anglais en 1942, lors de la nuit du dimanche des Rameaux. On les a laissées telles quelles. Impressionnant et émouvant. Au dehors, ne manquez pas le petit diable porté sur la bouteille qui faillit démolir l'église quand il se rendit compte que celle-ci avait été bâtie en lieu et place de la taverne qu'on lui avait promis pour détourner quelques âmes perdues.

🕵🕵 ***Buddenbrookhaus ; Heinrich-und-Thomas-Mann-Zentrum*** *(plan A2)* **:** *Mengstr 4. ☎ 122-41-90. Tlj 10h-18h (11h-17h janv-mars). Entrée : 6 € ; réduc (notamment avec la Happy Day Card). Texte avec explications en français distribué à l'entrée.* Maison construite en 1758 (style baroque), rendue célèbre par Thomas

Mann puisqu'elle servit de décor à la saga des *Buddenbrook* après laquelle l'auteur lübeckois reçut le Prix Nobel de littérature pour l'ensemble de son œuvre. Plusieurs sections sont consacrées à la vie et à l'œuvre de l'écrivain, ainsi qu'à cellesde son frère Heinrich (qui dépeint Lübeck dans *Professor Unrat*).

**Katharinenkirche** *(église Sainte-Catherine ; plan B2)* **:** *sur Königstr, non loin de la poste. Tlj sf lun 10h-13h, 13h30-17h. Entrée (musée inclus) : 6 €. Provisoirement fermée pour rénovation.* Belle église romane reconstruite à l'époque gothique. À l'entrée, dans les niches de la façade, des sculptures des années 1930 réalisées par Ernst Barlach, représentant de l'expressionnisme allemand. Bel intérieur aux couleurs douces, avec un tableau du Tintoret (1578) et d'intéressants retables. L'église abrite aussi un *musée* sur l'architecture baroque. Par ailleurs, quelques concerts sont organisés de temps en temps.

**Günter Grass Haus** *(plan B2)* **:** *Glockengiesserstr 21. ● guenter-grass-haus.de ● Avr-déc, tlj 10h-18h ; janv-mars, tlj sf lun 11h-17h. Entrée : 6 € ; réduc (notamment avec la* Happy Day Card*).* Dans ce musée, le Prix Nobel de littérature (1999), Günter Grass, montre la diversité de son talent artistique en exposant ses dessins, peintures et sculptures. On peut aussi apprécier les différentes étapes de son travail d'écriture en comparant plusieurs versions de ses livres, notamment son roman *En crabe.* Malgré le nom du musée, l'écrivain n'habite pas cette maison (il vit à 25 km de là), mais elle accueille son secrétariat (qui ne se visite pas). Expos temporaires sur d'autres artistes allemands. Jardin et café attenants.

**Willy-Brandt-Haus** *(plan B1-2)* **:** *Königstr 21. ● willy-brandt-luebeck.de ● Avr-déc, tlj 10h-18h ; janv-mars, mar-dim 11h-17h. GRATUIT.* Un musée-fondation qui retrace la vie d'un des hommes politiques les plus importants de l'après-guerre, maire de Berlin puis chancelier et Prix Nobel de la paix. Installations multimédia qui raviront les amateurs d'histoire contemporaine. Dans le jardin, on a apporté un morceau du Mur de Berlin.

**L'église Saint-Jacob** *(plan B1)* **:** *à l'angle de Breitestr et de Koberg. 10h-18h (16h avr, 15h nov-mars). Entrée gratuite.* L'église des marins et pêcheurs, construite en 1334, de style gothique. Mémorial des victimes du naufrage du *Pamir* au large des Açores en 1957, et dont on a gardé un bateau de sauvetage à l'intérieur. Le *Pamir* est le jumeau du *Passat* amarré au port de Travemünde.

**Heiligen Geist Hospital** *(hospice du Saint-Esprit ; plan B1)* **:** *Am Koberg. ☎ 122-20-40. Tlj sf lun 10h-17h (16h en hiver). Entrée : 3 € ; réduc.* Ensemble gothique à trois pignons coiffés de fines tourelles, fondé pendant la seconde moitié du XIIIe s et qui a accueilli les vieillards de 1517 jusqu'aux années 1970. C'est l'un des premiers hospices au monde avec celui de Beaune en Bourgogne. On traverse la chapelle décorée de peintures et de retables pour rejoindre les petites stalles qui demeurent à l'identique. On y séparait les malades « normaux » et ceux qui étaient contagieux. Mais seule la cellule n° 65 est visible : elle donne une idée du « confort » des anciens pensionnaires !

**Kunsthalle St Annen Museum** *(musée Sainte-Anne ; plan B3)* **:** *Sankt Annenstr 15. ☎ 122-41-37. ● mq-st-annen.de ● Avr-déc tlj sf lun 10h-17h ; janv-mars tlj 11h-17h. Entrée : 6 € ; réduc (notamment avec la* Happy Day Card*).* Une des plus

### L'ÉPOPÉE DE LA CHARTE D'INDÉPENDANCE

*Document remontant à 1226, la charte d'indépendance de Lübeck n'avait plus qu'une (grande) valeur symbolique lorsqu'en 1937 la ville rejoignit la province prussienne du Schleswig-Holstein. Pour la protéger des bombardements, on la transféra dans une mine de sel qui tomba, en 1945, en zone d'occupation russe. Certaines chartes et quelques manuscrits se seraient « baladés » jusqu'à Moscou. En tout cas, depuis 1987, la précieuse charte est enfin revenue dans sa ville d'origine.*

belles collections d'art sacré d'Allemagne. Une quarantaine de retables peints et richement décorés, dont une bonne partie provenant de l'école de Lübeck. Ils traduisent le dynamisme de la cité, du XIIIe s au XVIe s, avant que la Réforme ne passe comme un couperet. Les plus intéressants sont ceux en triptyque, notamment ***l'autel de la Passion,*** la dernière œuvre de Hans Memling (1491). Magnifiques sculptures polychromes. Salle de peinture hollandaise du XVIIe s. La visite se poursuit dans le cloître du couvent des Augustines (XVIe s). À l'étage supérieur, collections de 500 ans de culture bourgeoise du XVIIIe s avec mobilier, bijoux, objets de la vie quotidienne, instruments de musique, poêles de faïence et maisons de poupées...



## DANS LES ENVIRONS DE LÜBECK

– ***La station balnéaire de Travemünde :*** *à 18 km de Lübeck.* Départ de la gare centrale de Lübeck : 1 train/h 6h-22h (en hiver, beaucoup moins le w-e) ; trajet de 25 mn. Également, depuis la gare centrale, les bus nos 30, 31 et 40. Trajet d'env 40 mn.

***Office de tourisme :*** *à la gare. ☎ 88-99-700. • travemuende-tourismus.de • Lun-ven juil-sept 9h30-19h, sam 10h-15h et dim 10h-14h ; janv-mai et déc 9h30-18h en sem, sam 10h-15h.*

C'est de cette ville que l'on peut prendre le ferry pour la Suède (voir plus haut « Arriver – Quitter »).
Grande régate internationale tous les ans, fin juillet. Sur la rive opposée au port, on aperçoit la presqu'île de Priwall, où mouille un magnifique quatre-mâts : le *Passat,* le dernier dans son genre à avoir contourné le Cap Horn.

***Les plages de la mer Baltique :*** la *Strandpromenade* à Travemünde, mais aussi les nombreuses stations balnéaires aux alentours, qui offrent des côtes plus ou moins aménagées.

➢ ***Le parc naturel de la Holsteinische Schweiz,*** à l'intérieur des terres, au nord-ouest de Lübeck. Il offre un paysage agréable lorsque les multiples lacs de cette région boisée s'habillent de couleurs mordorées au coucher du soleil.

# LE NORD-OUEST DE L'ALLEMAGNE

## LA BASSE-SAXE (NIEDERSACHSEN)

➧ Pour la carte du Nord-Ouest de l'Allemagne, se reporter au début de la partie « L'Ouest de L'Allemagne ».

**Avec Hanovre pour capitale, le Land de Basse-Saxe couvre plus de 47 000 km² et se situe, après la Bavière, comme le deuxième Land le plus étendu d'Allemagne. Créé en 1946, sous l'occupation des troupes britanniques, il constitue de fait la partie occidentale de la Saxe historique et se répartit sur les deux rives de l'Elbe inférieure. Une particularité : la Basse-Saxe enclave complètement un autre Land, celui de la ville-État de Brême. Le territoire a de tout temps été occupé par une peuplade germanique, les Saxons (d'où son nom) qui se permirent d'enrayer l'expansion romaine, en l'an 9 (apr. J.-C.), lors de la fameuse bataille de *Teutoburg* où les légions de Varus furent écrasées par les hordes d'Arminius, ex-centurion romain.**

## HANNOVER (HANOVRE)

600 000 hab. IND. TÉL. : 0511

**La capitale de la Basse-Saxe, fondée au XIIe s, a connu un destin atypique, étroitement mêlé à celui de la Grande-Bretagne. George-Louis, électeur de Hanovre, et fils de Sophie, célèbre princesse palatine, devint en effet, par le jeu des alliances matrimoniales, roi d'Angleterre en 1714, sous le nom de George Ier. En 1760, Georges III, le roi maboul, était à la fois souverain au Royaume-Uni et roi de Hanovre. En 1866, le royaume fut annexé à la Prusse. Plus près de nous, les bombardements de la Seconde Guerre mondiale ont rayé la ville de la carte (elle est jumelée à Hiroshima, c'est dire !) et Hanovre ne présente plus aujourd'hui qu'un intérêt touristique mineur. C'est pourquoi nous ne vous y indiquons que quelques adresses centrales en dépannage si, par hasard, vous y atterrissez. Cette « métropole verte » possède des forêts et lacs charmants mais d'une déconcertante banalité dans un pays où l'écologie est un sport national. Côté économie, Hanovre et son immense Parc des**

**expositions s'imposent comme un carrefour incontournable. Foires et salons internationaux s'y succèdent toute l'année, avec un pic de fréquentation au moment de la *Hannover Messe* (foire industrielle) et du *CeBIT* (technologies de l'information), deux manifestations de réputation mondiale.**

## Adresses et infos utiles

### Informations touristiques

**Office de tourisme :** *Ernst-August-Platz 8, à gauche en sortant de la gare. ☎ 12-34-51-11. • hannover.de • Lun-ven 9h-18h, w-e 10h-15h ; fermé dim en hiver.* Personnel très compétent. Plan de ville (payant) et documentation variée (notamment le « Fil rouge », livret explicatif, disponible en français, d'une balade à travers le centre, prix : 3 €). On peut y acheter la *Hannover Card,* qui permet d'utiliser librement les transports en commun et offre des réducs dans les principaux musées ; 9,50 € pour 1 j., 14,50 € pour 2 j. et 17,50 € pour 3 j. Infos également sur les cités historiques de la région (Hameln, Hildesheim, Goslar...).

*– On trouve également un* ***comptoir d'informations*** *au* Neues Rathaus, *Trammplatz 2 ; été : lun-ven 9h30-18h30, 10h-18h30 le w-e et tlj 11h-16h30 en hiver.*

### Transports

**Infos sur les transports publics d'Hanovre et de sa région :** *au petit kiosque « Ticket Point » situé juste devant la gare.* On peut y acheter tickets et cartes forfaitaires.

**Aéroport Hannover-Langenhagen :** *à 13 km au nord-est du centre. ☎ 97-70.* Pour rejoindre la gare centrale, prendre la ligne « S5 » (17 mn de trajet).

**Gare ferroviaire** *(Hauptbahnhof)* **:** *en plein centre. ☎ 0800-150-70-90 (n° Vert).*

**Gare routière :** *derrière la gare ferroviaire. Rens sur* Eurolines et Deutsche Touring *dans un préfabriqué qui sert de bureau (☎ 32-94-19 ; tlj sf dim).*

## Où dormir ?

En période de foires, les tarifs hôteliers doublent... quand ils ne triplent pas. Heureusement pour les budgets serrés, il existe un important réseau de ***chambres chez l'habitant.*** Meilleur marché que les hôtels, elles permettent aussi d'endiguer les pires flots de visiteurs (on en dénombre 40 000 dans la région !). *Pour réserver, ☎ 12-34-55-55, ouv aux mêmes heures que l'OT.* Ce sera souvent l'unique solution !

### Bon marché

***Jugendherberge Hannover International*** *(AJ)* **:** *Ferdinand-Wilhelm-Fricke-Weg 1. ☎ 131-76-74. • hannover@jugendherberge.de • jugendherberge.de • Au sud du centre. De la gare, trams n° 3 ou 7, arrêt Stadionbrücke ; puis traverser le pont et prendre la rue à droite (un peu plus de 1 km à pied). Ou encore, si vous êtes chargé, bus n° 100 depuis Kröpcke, arrêt Sporthalle, puis 100 m de marche. Nuit 23,20 € et ½ ou pens complète possibles.* Dans un quartier calme et verdoyant, à côté d'un complexe sportif et d'un grand lac, le Machsee. Auberge pouvant accueillir près de 300 personnes en chambres de 2 à 4 lits. L'ensemble est bien tenu par une équipe accueillante. Resto, mais pas de cuisine.

### Prix moyens

***Hotel Garni Elisabetha :*** *Hindenburgstr 16. ☎ 85-69-30. • hotel.elisabetha@htp-tel.de • hotel-elisabetha.de • À 10 mn à pied derrière la gare ; ou bus n° 128 ou 134, arrêt Friedenstr. Fermé dim ap-m. Fermé aux fêtes de fin d'année. Selon saison, doubles avec douche, sans ou avec w-c 56-79 €, petit déj inclus.* En lisière de la forêt

HANOVRE

bordant la ville, un hôtel familial de 25 chambres agréables et lumineuses. Petit jardin paisible et accueil très aimable de la patronne. Location de vélos

**Hotel Flora :** *Heinrichstr 36, 30175. ☎ 38-39-10. • info.flora@hotel-flora-hannover.de • hotel-flora-hannover.de • Derrière la gare, à 10 mn à pied (ou 2 arrêts du bus nº 121). Doubles 68-77 € selon confort avec petit déj-buffet ; réduc si l'hôtel n'est pas complet.* Un autre petit hôtel familial, pas très loin de l'*Elisabetha.* Chambres douillettes, simples et très bien tenues, dans les tons verts. Patron très cordial.

## Où manger ?



### Bon marché

**Markthalle :** *Karmarschstr 45. Tlj sf dim 7h-20h (22h jeu-ven ; 16h sam).* Grande halle moderne et vitrée, très fréquentée à l'heure des repas ! S'y côtoient dans une certaine pagaille les étalages de nourriture et les comptoirs où l'on sert des plats du monde entier. Plutôt bon marché dans l'ensemble et très varié.

**Plümecke :** *Vossstr 39, au nord-ouest du centre. ☎ 66-09-69. Depuis la gare, bus nº 128, arrêt Jakobi/Vossstr. Tlj sf sam-dim et j. fériés 17h-1h. Fermé plusieurs sem en été. Petits plats maison env 3-5 €.* Qui dit mieux ? À ce qu'il paraît, ce bistrot était un haut lieu de l'expression socialiste dans les années 1950-1960. Aujourd'hui, la clientèle s'est un peu « caviardisée », mais le comptoir en formica, le mobilier brut et la déco chiche demeurent ; sans oublier les prix : « Très doux, camarade routard ! » Le plat suprême, énorme saucisse-frites, est à l'image de la cuisine, simple et consistante. *Attention :* on vous inscrit le montant des consos sur votre sous-bock, que vous emportez au comptoir au moment de payer.

### Un peu plus chic

**Vater und Sohn :** *Warmbüchenstr 30. ☎ 32-12-76. Ⓣ Marienstr (lignes nºs 4, 5, 6 et 11). Lun-ven 16h-1h. Fermé en été. Compter 15-20 € le repas.* Dès l'entrée, on sent qu'ici, la nourriture est prise au sérieux. Dans un cadre un tantinet feutré, on perçoit l'essence de la cuisine allemande. Outre le cochon et les patates, essayez les excellentes soupes – l'*ungarische Gulaschsuppe*, par exemple – ou fondez sur le bœuf !

## Où boire un verre ? Où sortir ?

**Brauhaus Ernst August :** *Schmiedestr 13. ☎ 36-59-50. • info@brauhaus.net • Dans le centre. Tlj sf dim 8h-3h (5h w-e).* Happy hours 15h-17h. Énorme salle avec une petite scène au fond, pour les concerts du week-end. En semaine, toujours un DJ pour animer les soirées. Les 3 magnifiques cuves de fermentation vous apprendront que, outre un monde fou, l'endroit brasse sa propre bière, la *Hannöversh.* À commander en carafon de 2 l ou en barrique, selon votre soif ! Cuisine bon marché pour absorber le tout.

**Loretta's Biergarten :** *Culemannstr 14. ☎ 590-57-80. • post@lorettas-hannover.de • Ⓣ Markthalle (lignes nºs 3, 7, 17 et 18). Mar-ven 17h-minuit ; w-e 10h-2h. Fermé lun.* Derrière le Rathaus, et en lisière du Maschpark, cette drôle de guinguette entourée d'arbres affiche près de 70 ans d'existence. Certains soirs, le fond musical fait osciller les clients assis en terrasse. Encore quelques verres, et il y a fort à parier qu'ils pousseront tables et chaises pour guincher à tout-va !

**Jazz-club Hannover :** *Am Lindener Berge 38. ☎ 456-205. • service@mittwochtheater.de • mittwochtheater.de • À env 3 km à l'ouest du centre.*

*Ⓣ Lindener Marktplatz (ligne n° 9). Concerts lun soir (moderne) et ven soir (traditionnel). Entrée : env 10 €.* Dans une bâtisse en brique, un club qui attire les grands noms du jazz international. Bonne ambiance.

♫ **Osho :** *Raschplatz 7l. ☎ 34-22-17. • info@osho-disco.de • osho-disco.de • Juste derrière la gare. Mer-dim dès 22h. Entrée : 3-5 €.* L'une des boîtes les plus populaires de Hanovre (jusqu'à 2 000 personnes certains week-ends !), plus connue sous le nom de ***Baggi.*** Salle circulaire blanche avec des bars tout autour, que piétine sans merci la foule en délire.

## À voir. À faire

**Sprengel Museum :** *Kurt-Schwitters-Platz. ☎ 438-77. • sprengel-museum.de • Ⓣ Schlägerstr (lignes n^os 1, 2 et 8). 10h-18h (20h mar). Fermé lun. Entrée : 7 € ; réduc. Gratuit le ven.* Ce musée à l'architecture biscornue accueille l'une des plus riches collections d'art moderne et contemporain du pays. Vous serez surpris devant l'importante série de Picasso. Ne pas manquer la parodie du fameux *Déjeuner sur l'herbe* d'après Manet, revu et corrigé par le grand maître de Malaga. Ça vaut son pesant d'or ! De même, sa paisible *Femme assise aux mains jointes* tranche littéralement avec son tableau des *Trois Femmes* emportées par une irrésistible folie. Quelques figures géométriques de Sol Le Witt aussi, pour nous rappeler à l'ordre, puis une représentation de touchants vieillards par ***Otto Dix.*** Suivez la *Fuite* très sensuelle de ***Max Ernst,*** ainsi que sa *Chute de l'Ange* qui a tout d'un « Oiseau Rare » ! *L'Étable* de ***Marc Chagall*** est véritablement sous surveillance, alors que la *Baignade* de Max Beckmann tourne à la franche rigolade. Également quelques toiles plaisantes de ***Paul Klee*** et d'étonnants mélanges par Kurt Schwitters. Enfin, rincez-vous l'œil avec les collections de photos signées Man Ray, Eliot Swartz ou Beat Streuli, pour ne citer qu'eux. Une visite que les aficionados ne manqueront sous aucun prétexte.

**Landesmuseum :** *Will-Brandt-Allee 5. • landesmuseum-hannover.de • Bus n^os 200 et 267, arrêt Machsee. Mar-dim 10h-18h (jeu 20h). Entrée : 4 € ; gratuit ven ap-m.* Vaut surtout le coup pour sa belle collection d'art religieux et de peintures allemande (Cranach, Holbein) et flamandes baroques (Rubens, Rembrandt, Ruysdael). Sinon, on y trouve une jolie série de toiles impressionnistes (Monet, Sisley, Liebermann) et expressionnistes (nombreuses œuvres de Paula Modersohn-Becker) et puis, dans un style différent, une section préhistorique et une autre, ethnographique, qui intéresseront les passionnés.

**Luftfahrt Museum** *(musée de l'Aviation)* **:** *Ulmer Str 2, 30880* ***Laatzen.*** *• luftfahrtmuseum-hannover.de • Tt au sud de la ville, à côté du Parc des expos. Ⓣ Messegelände (lignes n^os 8 et 18) ; puis, de l'entrée nord du Parc des expos, remonter Ulmerstr. Mar-dim 10h-17h. Entrée : 8 € ; réduc.* Musée présentant quelque 400 maquettes d'avions et 30 appareils grandeur nature, dont un véritable *Messerschmitt 109* de la Seconde Guerre mondiale, l'un des rares exemplaires conservés dans le monde. À côté, un *Spitfire* anglais lui donne aujourd'hui une réplique pacifiste. La naissance de la *Lufthansa* dans les années 1930 est évoquée par un *Junker* et quelques affiches. Également un authentique *Mig-15* russe à côté du fameux *F 104 Starfighter,* contre lesquels le *Fokker* triplan du Baron rouge ou le *Spirit of Saint Louis* de Lindbergh (une copie) ne peuvent évidemment pas rivaliser.

**Les jardins royaux de Herrenhäusen :** *Herrenhäuser Str 2. • hannover.de/herrenhausen • À env 3 km à l'ouest du centre. Ⓣ Herrenhäuser-Gärten (lignes n^os 4 et 5). Tlj 11h-18h (19h en avr et oct, 20h mai-août, 16h30 nov-déc). Entrée : 8 € avec l'entrée de la grotte et du Berggarten ; réduc.*
Trois jardins, dessinés à partir du XVII^e s sur 150 ha, constituent « le petit Versailles local ». Le *Grosser Garten,* de style baroque, est un somptueux assemblage de carrés et de haies rangés géométriquement, avec jets d'eau et statues. Venez de

préférence vers 11h ou 15h, afin d'assister aux « grandes eaux », et ne manquez pas les huit jardins à thème. À côté, le *Berggarten,* ancien potager devenu jardin botanique, propose quelques escapades exotiques : du bananier aux 1 000 espèces d'orchidées, en passant par les palmiers tropicaux et les cactus. Enfin, jolies balades romantiques à faire dans le jardin anglais ***Georgengarten*** qui, lui, est en accès libre. En été, feux d'artifice, illuminations des jets d'eau, musique et théâtre dans les jardins.

– Les jardins renferment aussi ***The Historic Grotto*** *(accès compris dans le billet d'entrée),* trois salles entièrement couvertes de mosaïques, la ***Résidence princière*** *(entrée payante)* qui présente une série de salles d'époque et le musée de la satire et de la caricature ***Wilhelm-Busch*** *(ouv mar-dim 11h-18h ; entrée : 4,50 €).*

➢ ***Fil rouge :*** de monuments importants en curiosités notoires, ce parcours de 4,2 km, matérialisé au sol par une ligne rouge, vous invite à découvrir seul, à pied et sans contrainte, le centre-ville. Départ devant l'office de tourisme (s'y procurer la brochure explicative, qui coûte 3 €). De l'opéra à Marktkirche, en passant par le centre des affaires, les principaux musées, la colonne Waterloo célébrant la cuisante défaite napoléonienne (les Hanovriens étaient aux côtés de Wellington), les vestiges de la vieille ville en bordure de la rivière Leine, les plantureuses *Nanas* de Niki de Saint-Phalle, etc., vous verrez l'essentiel de la ville. Enfin, pour mieux en apprécier l'étendue et son appellation de « métropole verte », montez aussi en haut de la tour (97 m) du Rathaus. *Un ascenseur oblique unique en son genre vous y conduit, pour 3 €, tlj 9h30 (10h w-e)-18h30 (hiver, 11h-16h30).*



# LÜNEBURG (LUNEBOURG) 72 000 hab. IND. TÉL. : 04131

**En Basse-Saxe, Lunebourg est une petite ville cossue universitaire, et bucolique, idéale pour se reposer de Hambourg-la-Grouillante. À une cinquantaine de kilomètres de la grande capitale du Nord, c'est aussi la porte d'entrée de la région de la *Lüneburger Heide,* couverte de landes de bruyère. La ville garde les traces de son passé médiéval jusque dans ses murs. Suffisamment rare pour être souligné, elle n'a pas été une cible des bombardements alliés. Bâtie sur un gisement exploité depuis le Xe s, Lunebourg a construit sa richesse sur le commerce du sel, dont elle faisait bénéficier les villes de la ligue hanséatique à la tête desquelles figurait Lübeck. Ses nombreuses maisons de marchands aux pignons gothiques en brique rouge méritent vraiment de s'y échapper un après-midi.**

## Arriver – Quitter

➢ ***De Hambourg :*** compter env 30 mn depuis la Haupbahnhof. Dans l'autre sens, dernier train vers 23h30. Également relié à la gare d'Altona à l'ouest de Hambourg (compter env 45 mn).

➢ Autres liaisons avec ***Munich, Hanovre, Celle, Kiel*** et ***Francfort.***

## Adresses utiles

**i *Office de tourisme :*** *Rathaus, Am Markt.* ☎ *207-66-20. ● lueneburg.de.fr ● Lun-ven 9h30-18h ; mai-oct, sam 9h30-16h, dim 10h-16h ; nov-avr, sam 9h30-14h. Fermé dim.* Plan de la ville avec explications en français pour découvrir le centre *(env 1 €).* Pour les cyclistes, dépliants gratuits avec les principales pistes cyclables du coin ou cartes plus détaillées payantes.

Organise aussi, de fin juin à début octobre, des excursions le samedi après-midi dans la lande de la Lüneburger Heide, par différents moyens de locomotion : rando, vélo, calèche...

■ ***Location de vélos :*** *Fahrradstation Radspeicher, à côté de la gare. ☎ 266-350. Lun-ven 6h-20h, sam-dim 9h-18h.*

## Où dormir ? Où manger ?

### Camping

***Campingplatz Rote Schleuse :*** *☎ 79-15-00. • kontakt@camp-roteschleuse.de • camproteschleuse.de • À 6 km au sud de la ville, par la B 4 direction Uelzen et Braunschweig ; accessible aussi par les bus régionaux RBB n[os] 5601 et 5605 depuis la gare ; arrêt juste devant le camping. Ouv tte l'année. En hte saison, env 21 € pour 2 avec tente et voiture (env 17 € en basse saison). Douches modernes et gratuites.* Bien situé, en bordure de forêt et à côté d'un centre équestre. Bon accueil familial. Barbecue collectif, café-restaurant. Point de départ de nombreux sentiers de rando. Location de vélos et de canoës (rivière tout près) et possibilité de se baigner dans un petit lac. Un camping agréable.

### Bon marché

***Jugendherbergen Lüneburg*** *(AJ) :* *Soltauerstr 133. ☎ 41-864. • lueneburg@jugendherberge.de • jugendherberge.de/jh/lueneburg • À 4 km au sud du centre. Pour s'y rendre, bus n° 5011 ou 5012 depuis la gare ; arrêt Scharnhorststr/JH. Carte AJ obligatoire. Nuit 24,80 € pour les moins de 27 ans, 29 € pour les autres. (payant).* Idéalement située parmi les pins dans un grand bâtiment en U, cette AJ compte 148 lits en chambres de 1 à 6 lits. Terrains de basket et de volley. Resto midi et soir, mais pas de cuisine.

### Prix moyens

***Zum Roten Tore :*** *Vor dem Roten Tore 3. ☎ 43-041. • hotel@zumrotentor.de • zumrotentor.de • Légèrement excentré, en dehors de la zone piétonne. Doubles 88-104 € selon taille, petit déj inclus.* Une dizaine de chambres dans une auberge à la déco traditionnelle, avec des fresques du vieux Lüneburg dans l'espace petit déj. Quant aux chambres, elles sont coquettes et très bien tenues. Celles du 2e étage sont mansardées et plus petites. Resto de bonne facture (cuisine régionale) et *Biergarten* dans une courette qui ressemble à un village de campagne.

***Das Kleine :*** *Am Stintmarkt 8. ☎ 224-910. • scunny@aol.com • Tlj sf dim 10h (9h sam)-minuit. Tartines, salades et snacks env 5-10 € ; repas plus élaboré 15-20 €.* Ce petit bar-resto à l'ambiance chaleureuse possède une très agréable terrasse installée en bord de rivière. Malgré son nom, il ne propose pas de spécialités françaises mais des plats typiquement allemands, comme le très protéiné *Labskaus* (bœuf, hareng, patates, betteraves et œufs !). En prime, un bon accueil.

### Plus chic

***Hôtel Das Stadthaus :*** *Am Sande 25. ☎ 444-38. • info@das-stadthaus.de • das-stadthaus.de • Sur la longue place piétonne dominée par l'église Sankt-Johannis. Doubles 98-118 € selon vue, petit déj inclus.* Charmant hôtel dans une maison bourgeoise à façade typique de 1880. Les chambres, garnies de rideaux orange et d'un mobilier moderne, sont claires et chaleureuses. Un jardin à l'arrière et un agréable café au rez-de-chaussée permettent de prendre le petit déj dans un cadre paisible.

***Mälzer :*** *Heiligengeiststr 43. ☎ 477-77. • info@maelzer-brauhaus.de • 9h (11h dim)-minuit. Buffet le midi en sem (12h-15h) 7,20 €. Repas 10-20 €.* On mentionnait déjà une brasserie à cet endroit en 1540. Le resto se répartit sur plusieurs niveaux autour de 2 grosses cuves en cuivre, avec mezzanine, recoins et arrière-salles. On trouve même une cave voûtée avec chandeliers sur de longues tables et, au dernier étage, une salle chic aux teintes rouges, avec peintures italiennes. L'établissement brasse aussi sur place une bière : la *Mälzer,* une savoureuse blonde (ou brune) faite avec l'eau souterraine de Lüneburg. On peut même l'acheter en fût, histoire de rapporter un souvenir bien typique ! Côté cuisine, il y en a pour toutes les bourses, c'est varié (pizzas, salades, plats végétariens, viandes, poissons), frais et bien réalisé, à l'image de la *Mälzer* !

## À voir

Le cœur de la ville ne manque pas de charme. Lüneburg doit sa couleur rouge au sang de bœuf qu'on ajoutait jadis à l'argile pour fabriquer les briques. Comme beaucoup de villes allemandes, son centre est entièrement piéton.



***Rathaus*** *(hôtel de ville)* **et sa cour :** *en visite guidée slt (5 € ; réduc) tlj sf lun à 11h, 12h30, 14h30, 16h (dim et j. fériés slt 11h et 14h) ; durée 1h. Janv-avr : horaires restreints. Dommage que les visites n'existent qu'en allemand. Rens à l'office de tourisme, situé juste à côté.* Le *Grosser Ratsaal* (la salle du conseil municipal) est l'une des étapes de cette visite. À l'origine construite au XIVe s, elle a été embellie par la suite. À voir également, la *Grosse Ratsstube,* de style Renaissance, l'une des plus belles d'Allemagne, dit-on. Jetez aussi un œil à la cour, un peu irréelle, où l'herbe verte pousse parmi les constructions gothiques. Joli jeu de couleurs.

Jetez un œil aux belles ***églises Sankt-Johannis*** (majestueux orgue baroque et tour de 108 m), ***Sankt-Michaelis*** (dont les colonnes penchent à cause de l'affaissement du terrain) et ***Sankt-Nikolaï*** (gothique et construite au XVe s sur le modèle de Sainte-Marie de Lübeck).

***Wasserturm :*** *près de l'église St-Johannis. Tlj 10h-18h. Montée : 4 € ; réduc.* Qu'il est beau, ce château d'eau, comparé à nos vilains champignons de béton ! Tout en brique et tout rond, on peut grimper au sommet pour s'offrir un joli panorama sur la cité.

***Deutsches Salzmuseum :*** *Sülfmeisterstr 1. ☎ 450-65. • salzmuseum.de • Mai-sept, lun-ven 9h-17h (10h le w-e) ; oct-avr, tlj 10h-17h. Entrée : 6 € ; réduc.* La ville du sel a évidemment son musée du Sel, construit sur le terrain d'une saline en fonction pendant dix siècles, jusqu'à sa fermeture en 1980. Les bâtiments sont aujourd'hui considérés comme « patrimoine industriel ». Avec sa scénographie originale et sa présentation interactive, le *Deutsches Salzmuseum* a reçu le prix du « Musée du Conseil de l'Europe » en 1991. Seul point négatif : tout est en allemand ! Ceux qui se débrouillent un peu dans la langue de Goethe y apprendront des tas de choses sur le sel, son extraction, son raffinage et son transport, ainsi que l'importance historique d'une telle manne. Sachez que l'Allemagne est l'un des pays qui possèdent le plus de ressources en sel : environ 220 milliards de tonnes, principalement dans le nord où l'on compte plus de 300 salines.

### LA LENTE AUTOROUTE DU SEL

*Jusqu'au XIVe s, le sel était transporté en charrette de Lüneburg à Lübeck : le trajet prenait parfois des mois. La construction du canal de Stecknitz, en 1398, a développé le commerce du sel en permettant le transport de grandes quantités et en raccourcissant le trajet à seulement... un mois ! La lenteur du trajet (98 km de navigation) était due à un trafic intense – plus de 1 000 bateaux par an – et à la présence de 17 écluses.*

## DANS LES ENVIRONS DE LÜNEBURG

***Lüneburger Heide :*** un joli terrain de jeu pour les randonneurs et vététistes motivés par ces paysages de forêt et de lande sauvage que sillonnent maintes rivières. On peut s'y rendre en bus à partir de plusieurs villages, notamment Undeloh, Oberhaverbeck ou Buchholz. Également des excursions organisées par l'office de tourisme, qui vous donnera par ailleurs tous les renseignements nécessaires sur ce qu'il y a à voir et à faire dans la lande.

# HAMELN

(31785) 59 000 hab. IND. TÉL. : 05151

**Tout le monde connaît la légende du joueur de flûte de Hameln. Cela fait plus de 700 ans que l'histoire du chasseur de rats (lire ci-après) fait frémir les générations de bambins. Que la légende ait, comme toutes les légendes, sa part de vérité ne fait aucun doute. Indubitable aussi, le profit que la petite cité en tire auprès des touristes. Alors, au milieu des rues médiévales et des maisons à colombages et encorbellement de la Renaissance qui bordent la Weser, prêtez l'oreille au son aigrelet de la flûte et partez en chasse en suivant les rats, peints sur le pavé.**



## UN PEU DE FOLKLORE POUR SE RAFRAÎCHIR LA MÉMOIRE

En 1284, un homme étrange à la tenue bigarrée se présente aux autorités de Hameln, en se faisant fort de débarrasser la ville de tous les rats et autres rongeurs nuisibles qui l'ont envahie. Tope là ! Une belle récompense lui est alors promise. Aussitôt, de son fifre, il tire une mélopée lancinante qui fait sortir tous les muridés de leurs trous. Suivi de son trottinant cortège, il se dirige vers la rivière, où le troupeau se précipite et se noie. Contrat rempli... sauf du côté des édiles du bourg qui refusent de verser la somme convenue. Le dimanche suivant, pendant la messe, notre bonhomme se présente à nouveau, sort sa flûte et, aux premières notes de musique, tous les enfants en âge de marcher le suivent comme des zombies et disparaissent vers l'est pour ne plus jamais revenir. Ils étaient 130 et les seuls qui revinrent furent un aveugle et un sourd, qui ne purent donc raconter ce qui s'était passé.

– Une ***comédie musicale et théâtrale*** costumée fait revivre la légende de mi-mai à début septembre, chaque mercredi à 16h30, dans le jardin situé derrière l'office de tourisme *(Bürgergarten). GRATUIT.*

## Adresse utile

**Office de tourisme :** *Deisterallee 1. ☎ 95-78-23. • hameln.de • Mai-sept, lun-ven 9h-18h, sam 9h30-15h, dim 9h30-15h ; oct-avr, lun-ven 9h-18h, w-e 9h30-13h (fermé dim nov-mars).* Dans un bâtiment moderne au bout d'Osterstr, en bordure du boulevard qui ceinture le centre. On peut y visionner, notamment en français, un film de 10 mn sur la région. Brochure assez complète en français sur l'histoire de la ville.

## Où dormir ?

### Bon marché

**Jugendherberge Hameln** *(AJ) :* *Fischbeckerstr 33. ☎ 34-25. • hameln@jugendherberge.de • jugendherberge.de/jh/hameln • Un peu excentrée côté nord, à 15 mn à pied : du centre piéton, prendre Ritterstr et continuer tt droit jusqu'au petit ruisseau ; juste après l'avoir dépassé, tourner à gauche et suivre les panneaux. Sinon, bus n° 2 (arrêt Wehlerweg) ou 20 (arrêt Jugendherberge).*

*Carte AJ demandée. Nuit en dortoir à partir de 21,40 € pour les moins de 27 ans, 25,40 € pour les autres. Également des chambres doubles. Draps et petit déj inclus.* Petites, simples et agréables, la plupart des chambres donnent sur la rivière. Environ 100 places en chambres de 2 à 6 lits. Pas de cuisine, mais resto sur place. Ping-pong, baby-foot et plusieurs terrains de sport à proximité : basket, foot et volley. On peut même aller piquer une tête dans la rivière !

## Plus chic

**Christinenhof :** *Alte Marktstr 18, 31785. ☎ 95-080. • hotel_christinenhof@t-online.de • christinenhof-hameln.de • Fermé fin déc-début janv. Double avec petit déj-buffet 110 €. Parking gratuit.* Au cœur de la vieille ville, un hôtel de charme dans une demeure ancienne à colombages. Chambres spacieuses, sobres et confortables. Petit plus : une agréable piscine (avec sauna) a été creusée dans les caves voûtées. Très bon accueil.

**Hotel zur Krone :** *Osterstr 30, 31785. ☎ 90-70. • hotelzurkrone@gmx.de • hotelzurkrone.de • Doubles 95-99 € avec petit déj. Possibilité de ½ pens (resto au rdc). Parking payant.* Un 3-étoiles fonctionnel donnant sur la rue principale. Belle façade rénovée, même si l'hôtel en lui-même n'a guère de charme. Chambres confortables, mais isolation sonore un peu faible, vu l'animation du quartier.

LA BASSE-SAXE

## Où manger ?

**Rattenfängerhaus :** *Osterstr 28. ☎ 38-88. • info@rattenfaengerhaus.de • Tlj midi et soir à partir de 11h. Env 15 € le repas.* Un resto historique et éminemment touristique. Cela dit, le bâtiment est magnifique. À l'intérieur, plusieurs salles sur 3 niveaux, décor rustique, gravures anciennes et mobilier d'époque. Cuisine régionale bien roborative, faite de soupes et de plats de cochonnailles à caler un estomac pour 3 jours !

**Kartoffelhaus :** *Kupferschmiedestr 13. ☎ 223-83. • kartoffelhausGbR@aol.com • Tlj sf lun 11h30-14h30, 18h-22h (dim 21h). Repas env 15-20 €.* La pomme de terre sous toutes ses formes, de l'entrée au dessert. Voilà la spécialité de ce resto installé dans une belle maison ancienne. Assez touristique, il propose des plats copieux et pas trop chers. C'est du rustique dans l'assiette comme dans la salle, avec les grosses poutres, les roues de charrette et les outils agricoles aux murs.

## Où manger des crêpes ?

**Pfanneküchen :** *Hummenstr 12. ☎ 413-78. • info@pfannekuchen-hameln.de • Tlj 11h-15h, 17h-22h (sans interruption le w-e). Crêpes salées et sucrées 4-9 €.* Pas moins d'une quarantaine de sortes, à déguster en terrasse, dans l'agréable cour intérieure, ou dans un décor de maison de poupée, très chaleureux avec sa jolie déco rustique qui met bien en valeur cette maison de 1620. On se croirait dans un conte de Grimm.

## Où prendre un café et manger un morceau de tarte ?

**Museums Café :** *Osterstr 8. ☎ 215-53. • info@museumscafe.de • Tlj 9h-18h.* Sur la rue piétonne principale, dans une vaste salle ou en terrasse, voici un café tout indiqué pour une part d'*Apfelstrudel*, une pâtisserie ou une glace. On peut aussi y manger des plats du jour *(7-9 €)* plus légers que dans nos autres adresses !

## À voir

Hameln, comme ses consœurs de la région, s'enorgueillit d'une ribambelle de bâtiments du style Renaissance de la Weser, une variante un peu plus austère de l'architecture italienne de l'époque. Elle se distingue essentiellement par des pignons en pyramide, des volutes, gargouilles, masques et éléments en saillie garnis de moulures ornementales. La guerre a miraculeusement épargné la ville, et depuis les années 1960, une politique intelligente de rénovation a permis d'assurer la pérennité du patrimoine.

**Petite promenade dans le centre historique :** *suivre les rats peints sur le sol.* La balade commence près de l'office de tourisme, sur Osterstrasse, avec la ***Rattenfängerhaus,*** restaurant typique (voir plus haut « Où manger ? ») et bel exemple de façade *Weserrenaissance* aux volutes de pignon finement ouvragées, dont les inscriptions en bandeau relatent la légende du chasseur de rats. Plus loin dans la rue, sur la droite, la maison *Leist* (1589) abrite le petit ***musée*** de la Ville *(☎ 202-12-16 ; mar-dim 11h-18h ; entrée : 5 €, réduc).* Vous y verrez toutes les versions littéraires adaptées de la légende locale, en plus de collections de serrures, de verres, de jouets, d'armes et de cannes (le pommeau de l'une d'entre elles contient un petit squelette assez lubrique). Grand diorama d'une bataille de 1866 qui vit les Prussiens flanquer une déculottée aux Hanovriens. Masque mortuaire de Frédéric II et cuisine ancienne.
Au nº 8, en fait pile à côté, la ***Stiftsherrenhaus,*** maison des chanoines, magnifique maison à colombages de 1558, à l'entrée décentrée et dont les sculptures des consoles mettent en scène des personnages de la Bible. Sur le Markt se dresse la ***Hochzeithaus*** ou maison des mariages, grosse bâtisse grise qui abrite un carillon avec l'inévitable joueur de flûte en vedette. La maison a servi autrefois de salle de réunions, de bal et d'arsenal. Remarquer les trois pignons et les corniches. À côté, l'église Saint-Nicolas qui remonte à 1200 mais qui a été presque entièrement détruite en 1945, puis reconstruite : une pierre commémorative y évoque une naissance de septuplés en 1600 ! Face à l'édifice religieux, sur *Ritterstrasse,* la ***Dempterhaus,*** une vraie pièce montée flanquée d'un oriel et construite pour Tobias, un bourgmestre amateur de fioritures tarabiscotées. Au bout de la *Ritterstrasse,* à l'angle avec l'avenue, tourner à droite pour voir la ***Pulverturm*** (tour de la Poudre) et, plus loin en poursuivant l'avenue, la ***Haspelmathturm*** : ces deux tours forment une section des anciens remparts démantelés sur ordre de Napoléon. Revenir sur ses pas et prendre *Bäckerstrasse,* à droite *Fischportenstr,* puis à gauche *Kupferschmiedestrasse.*
Un peu plus loin, à l'autre bout de la rue, la ***Bürgerhaus,*** au nº 13, fait l'angle : c'est une ancienne brasserie qui abrite un restaurant spécialisé dans la préparation de la pomme de terre dans tous ses états (voir plus haut « Où manger ? Kartoffelhaus »). Elle présente un triple encorbellement, une magnifique porte cochère et de splendides poutres peintes.
Retour vers *Bäckerstrasse,* pour jeter un coup d'œil à droite au nº 50 sur la ***Lückingscheshaus,*** autre spécimen de maison à colombages. En face, la ***Löwenapotheke,*** pharmacie aux lions, vraie demeure gothique de 1200 avec une étoile de David à son sommet. Elle rappelle la petite communauté juive qui vécut ici jusqu'en 1943. Le ***Rattenkrug*** ensuite, avec son pignon de cinq niveaux et un oriel latéral, fut le premier resto de la ville. Un peu plus loin, la ***Kurie Jerusalem,*** à l'angle d'*Alte Markt Strasse* et *Kopmanshof,* est une ancienne annexe du cloître, avec une solide charpente à colombages, transformée à présent en crèche.
Plus loin, dans *Grossehofstrasse,* le ***Redenhof,*** bâtiment de ferme à la façade triangulaire très simple. Continuez cette rue pavée en direction de la cathédrale et admirez les jolies petites maisons à colombages, toutes différentes. La promenade se termine à la ***cathédrale Saint-Boniface*** *(tlj 9h-18h),* mi-romane, mi-gothique depuis sa transformation en église-halle. On peut y voir une dalle funéraire colorée et une fresque (XIVe s) sur un des piliers. On accède à la partie la plus ancienne (IXe s) dans la crypte Sainte-Romane.

## HILDESHEIM (31134) 101 000 hab. IND. TÉL. : 05121

**C'est incontestablement, en Allemagne du Nord, une capitale en son genre : celle de l'art roman ottonien. La période ottonienne s'étend de la fin du IXe s**

**au début du XIIIe s. Évêché dès 815, Hildesheim eut un rayonnement artistique et spirituel pendant tout le Moyen Âge, par sa position privilégiée sur la route commerçante qui allait de Bruges à Novgorod. Elle préserva son précieux héritage du passé jusqu'à un funeste matin de mars 1945, où un bombardement anglais, aussi ravageur qu'inutile, réduisit dix siècles de grandeur en cendres et fumée. À l'instar de son rosier miraculeux, Hildesheim a su renaître du chaos, mais comme beaucoup de villes reconstruites après la guerre, elle manque un peu de charme et, hormis sa place du Marché reconstruite à l'identique, il faudra fureter pour en découvrir les attraits, même si la cathédrale et l'église Saint-Michel sont inscrites au Patrimoine mondial de l'humanité par l'Unesco.**



## Adresse utile

**Tourist Information Hildesheim :** *Rathausstr 20. ☎ 17-980. • hildesheim.de • Mar-ven 10h30-18h, sam 9h-15h ; en été, et durant l'Avent, également dim 10h-15h.* Pas mal de doc, notamment un plan de la ville en français. Organise des visites guidées de la ville, mais seulement en allemand *(tlj à 14h).*

## Où dormir ?

### De bon marché à prix moyens

**Jugendherberge Hildesheim** *(AJ) : Schirrmannweg 4. ☎ 427-17. • hildesheim@jugendherberge.de • jugendherberge.de/jh/hildesheim • Très excentrée, à env 4 km à l'ouest de la ville par Dammstr : bus n° 4 (arrêt Triftstr), puis 15 mn à pied (suivre les panneaux). Fermé 3 sem autour de Noël. Carte AJ demandée. Nuit en dortoir 22,50 € pour les moins de 27 ans, 26,50 € pour les autres. Également des chambres doubles. Petit déj et draps inclus.* Pas pratique d'accès mais agréablement située au milieu des champs et au sommet d'une colline, d'où l'on jouit d'une vue sur toute la ville. 104 lits en chambres de 2 à 6 personnes. Ping-pong, baby-foot. Pas de cuisine pour les hôtes, mais une cafétéria qui sert des repas à la demande (prévenir à l'avance).

**Gästehaus Klocke :** *Humboltstr 11. ☎ 17-92-13. • gaestehaus-klocke@t-online.de • gaestehaus-klocke.de • Doubles 82-90 € ; triple 115 € et quadruple 140 € ; petit déj compris.* Dans un agréable quartier résidentiel non loin du centre, grosse maison abritant une vingtaine de chambres, desservies par un grand escalier. Très bon confort (sanitaires, TV, minibar) et joli mobilier ancien. Garage à dispo ou bien parking gratuit dans la rue.

## Où manger ? Où boire un verre ?

**Antik Café am Markt :** *Jacobikirchgasse 2. ☎ 32-414. Dans une petite rue derrière la pl. du Marché et à côté d'une église. 9h-19h (18h sam). Fermé dim sf oct-mars (12h-18h). Crêpes sucrées ou salées 5-7 €.* Un décor comme on n'en fait plus. Imaginez le salon de votre arrière-grand-mère : papier à fleurs, canapés à ressorts grinçants, tables couvertes de napperons, gravures jaunies... À la carte, une armada de crêpes sucrées ou salées (au lard ou au camembert !) de taille gargantuesque. Petit déj, soupes et tartes sont aussi au menu.

**Knochenhaueramtshaus** *(maison des Bouchers) : Markt 7. ☎ 288-99-09. • info@knochenhaueramtshaus.com • Tlj 9h-23h. Env 15-20 € le repas complet ; quelques menus.* L'incontournable attraction de la place du Marché est aussi une taverne-restaurant. Mais plus que pour la cuisine (pas géniale et bourrative), on viendra ici pour boire un verre au milieu des vieux objets rustiques et du chaleureux décor qui reconstitue à l'identique l'édifice de 1529 détruit en 1945. Il a fallu plonger dans les archives de la ville pour retrouver les techniques d'assemblage des poutres et boiseries, qui tiennent sans aucune pièce métallique. Remarquer les vantaux des anciennes échoppes de boucher.

**Restaurant Alte Münze :** *Andreasplatz 16. ☎ 13-29-01. Tlj 12h-15h, 18h-22h. Repas complet 25-30 € ; pâtes et pizzas moins de 10 €.* Devant le parvis de l'église, une des rares adresses un peu relevées d'Hildesheim. Un italien de qualité, dans une salle à la déco chaleureuse, un peu Art nouveau. On déguste une fine cuisine calabraise, bien loin des *pizzerie* et *trattorie* qu'on trouve un peu partout (sauf ici !). Pièces de veau, poissons grillés, pâtes aux fruits de mer et *tartuffo* au chocolat... hmm ! Excellents vins du Piémont et du Frioul, notamment.

## À voir

**Markt** *(marché)* **:** réduit en fumée en 1945, il a été entièrement reconstitué selon les plans originaux entre 1984 et 1990. Fontaine au centre d'un bel espace pavé où se tient le marché matinal. Côté est, le ***Rathaus*** *(hôtel de ville),* dont les premiers éléments furent commencés en 1268. Arcades et armoiries en parent la façade simplifiée lors de la réédification. Côté sud, à gauche, la ***Tempelhaus*** *(maison des Templiers),* au gothique inspiré d'orientalisme, avec un pignon carré flanqué de deux tourelles. Croquignolette bretèche Renaissance en avancée avec fines sculptures décoratives, côté droit. Juste à côté, la ***Wedekindhaus*** *(maison Wedekind)* et ses encorbellements Renaissance à la manière hollandaise avec avancées symétriques. Plus loin, toujours côté sud, un édifice classique abritant une banque et le bâtiment gothique de la Rolandstift, avec son avant-corps baroque.

Côté ouest, deux maisons remarquables : la ***Bäckeramtshaus*** *(maison des Boulangers)* en style Biedermeier du début du XIXe s, et à sa droite, le clou du lieu, la fabuleuse ***Knochenhaueramtshaus*** *(maison des Bouchers),* avec ses huit niveaux. Dire que, entre 1945 et 1984, elle avait été remplacée par un infâme bloc de béton ! On ne se lasse pas d'admirer sa magnifique architecture, avec les étages qui se surplombent. Détailler aussi les amusantes figurines sculptées dans le bois. Aux étages supérieurs, le ***musée de la Ville*** permet de se rendre compte du rayonnement de la cité à l'époque médiévale. Photos émouvantes des destructions de 1945.

Côté nord, la maison rococo cache en fait l'entrée d'un grand hôtel de chaîne. Elle est entourée des maisons des ***Stadtschänke*** *(brasseries de la ville)* et de la maison de ***Wollenwebergildehaus*** *(corporation des tisserands).*

***Roemer & Pelizaeus Museum :*** *Am Steine 1-2. • rpmuseum.de • Tlj sf lun 10h-18h. Entrée : 10 € ; réduc.* Dans un grand bâtiment moderne, on trouve, sur trois niveaux, une section d'histoire naturelle et, surtout, une partie sur l'Égypte ancienne. Voir en particulier la réplique grandeur nature du tombeau de Sennefer. Également des collections consacrées à la civilisation précolombienne, aux porcelaines chinoises et à l'art asiatique.

***Sankt-Michaelis Kirche :*** *lun-mar et jeu 9h-11h ; ven 10h-12h.* Basilique romane primitive à deux nefs et deux chœurs (1010-1033), placée sur un monticule. Fondée par l'évêque Bernward, personnalité éminente de son époque, elle a été reconstruite après la Seconde Guerre mondiale en éliminant tous les ajouts ultérieurs à la période romane. Elle présente une alternance d'un pilier pour deux colonnes. Les différences de chapiteaux s'expliquent par 200 ans d'écart : nus et cubiques à la période ottonienne, sculptés au XIIe s. Mais le plus remarquable est le plafond en bois peint, avec un superbe arbre de Jessé. Un élément de décoration ancienne a subsisté : la *clôture des Anges,* à droite du chœur ouest. La crypte abrite les restes de saint Bernward.

***Dom** (cathédrale) : ☎ 179-16-40 • dommuseum-hildesheim.de • Fermé pour rénovation jusqu'en 2015. On peut suivre l'avancement des travaux sur le site • domsanierung.de • Toujours fermée apparemment.* La cathédrale fut commencée en 850 à l'emplacement du rosier légendaire. L'édifice actuel est la copie conforme des plans d'origine de la basilique romane du XIe s. Cependant, les chapelles latérales ont été refaites en gothique, et la coupole du transept en style du XVIIIe s. Les curiosités remarquables sont légion, à commencer par les portes de bronze à deux battants de près de 5 m de haut, sommet de l'art roman ottonien, fabriquées sur ordre de l'évêque Bernward, d'une seule coulée. Pendant la durée des travaux, ces portes sont conservées au musée Roemer et Pelizaeus où vous pourrez les admirer. Dans la nef aux fenêtres étroites, sobriété des éléments décoratifs et même alternance que dans l'église Saint-Michel de deux colonnes pour un pilier, caractérisant l'architecture saxonne. Dans le transept droit, une rareté : une colonne de bronze de sept tonnes (XIe s), inspirée de la colonne Trajane de Rome avec, en spirale enroulée, une évocation de la vie du Christ.

## LE LANGAGE DES FLEURS

*Selon la légende, en 815, Louis le Débonnaire passa une nuit au pied d'un rosier grimpant dans lequel il prit soin de cacher le précieux reliquaire de la Vierge, qui ne le quitta jamais. Le matin, il lui fut impossible de retirer le coffret, retenu dans les branches de l'arbuste... Devant cette manifestation divine, il revint plus tard fonder une chapelle à cet endroit, puis un évêché autour duquel se développa Hildesheim. Au cours de l'histoire, le rosier miraculeux refleurit après chaque destruction, la dernière fois en 1945.*

À noter aussi, dans une chapelle latérale, des fonts baptismaux portés par des personnages symbolisant les fleuves du Paradis. À la croisée du transept, un gigantesque lustre, le plus grand d'Allemagne, dont la frise d'or et de laiton, incrustée de pierres soutient la représentation de la Jérusalem céleste. Côté transept droit, l'entrée du ***Musée diocésain*** qui recèle le Trésor, avec de remarquables reliquaires, véritables chefs-d'œuvre de l'art roman. À l'extérieur, ne pas manquer le cloître pour découvrir, au pied du mur d'abside, le fameux rosier millénaire, symbole de la pérennité d'Hildesheim.

***Saint-Andreas Kirche :** lun-ven 9h-18h, w-e 9h-16h (dim 11h30-16h) ; en hiver, tlj 10h-16h (dim 11h30-16h). Dernière montée à la tour à 15h30 (2 €).* L'église, affectée au culte réformé, conserve des éléments de la construction romane antérieure et une tour qui culmine à 114 m. Fontaine luthérienne moderne à l'extérieur, avec évocation des Évangiles. À propos, savez-vous comment distinguer au premier coup d'œil si une église est catholique ou protestante ? Par les bougies ! Si elles sont rouges, vous êtes chez les papistes ; chez les réformés, elles sont toujours blanches.

Plusieurs autres églises intéressantes : ***Sankt-Lamberti,*** au sud du centre, date du XVe s mais fut reconstruite après sa destruction en 1945. À l'intérieur, orgue baroque et fonts baptismaux intéressants. ***Sankt-Godehard,*** à 300 m de là, est une basilique romane conservée presque dans son état d'origine, avec des tours aux pointes effilées. Tout autour, jolies maisons à colombages. À l'intérieur, belles peintures murales autour et au-dessus de l'autel. Quant à ***Sankt-Mauritius,*** elle se trouve à 2 km du centre, vers l'ouest par Dammstrasse. Petite basilique romane du XIe s, avec un joli cloître et un intérieur « baroquisé ».

## DANS LES ENVIRONS DE HILDESHEIM

**Fagus-Werk :** *à* ***Alfeld an der Leine.*** Cet ensemble de 10 bâtiments industriels, classés au Patrimoine mondial de l'Unesco en 2011, ont été conçus au début des années 1910 par Walter Gropius. Ils témoignent du développement de l'architecture moderne et du design industriel. Avec ses verrières révolutionnaires et son esthétique fonctionnaliste, l'usine annonce le mouvement moderniste et l'école du Bauhaus. La succession des bâtiments est organisée pour accompagner le processus industriel, depuis les matériaux bruts jusqu'à la fabrication et le stockage des chaussures. L'ensemble est encore en activité.

# CELLE

(29221) 71 500 hab. IND. TÉL. : 05141

**Au nord de Hanovre, en bordure de la lande de Lüneburg, une petite cité pimpante particulièrement fière d'avoir été, de 1378 à 1705, la résidence des ducs de Brunswick-Lunebourg et d'avoir préservé des centaines de maisons à colombages. Les femmes ont marqué l'histoire de Celle : Éléonore d'Olbreuse, huguenote poitevine et épouse du dernier duc au XVII^e s, à qui l'on doit les jardins à la française ; sa fille Sophie-Dorothée, mariée pour raison d'État avec son cousin, le futur George I^er d'Angleterre, et grand-mère du grand Frédéric II. Sa liaison avec le comte de Königsmark lui vaudra une répudiation et un sombre exil ; Caroline-Mathilde d'Angleterre fut, elle, l'épouse du fantasque Christian VII du Danemark ; ses frasques (bis) avec le favori de ce dernier, le docteur Struensee, la conduiront en villégiature forcée à Celle. Vous pourrez voir les portraits de ces belles dames aux amours contrariées au musée de la Ville.**

➢ *Pour ceux qui viennent* ***en train,*** *1 départ/h depuis Hambourg et Hanovre.*

### L'INCROYABLE RACKET DE HIMMLER

*En 1943, il organisa un trafic dément : libérer des Juifs fortunés contre de l'argent et des armes. Ces échanges étaient organisés au camp de Bergen-Belsen (au nord de Celle). Des sommes considérables y transitèrent pour le profit personnel de quelques dignitaires nazis.*

## Adresses utiles

***Office de tourisme :*** *Altes Rathaus, Markt 14. ☎ 12-12. • celle-tourismus.de • Mai-sept, lun-ven 9h-18h, sam 10h-16h, dim 11h-14h ; oct-avr, lun-ven 9h-17h, sam 10h-13h.* Propose un plan de la ville commenté en anglais.

***Location de vélos : Fahrräder Walter Jakoby,*** *Bahnhofstr 23. ☎ 254-89. À 3 mn de la gare en direction du centre-ville, sur la droite. Lun-ven 9h-13h, 15h-18h ; sam 9h-13h.*

## Où dormir ?

### De bon marché à prix moyens

***Jugendherberge Celle*** *(AJ) : Weghausstr 2. ☎ 532-08. • celle@jugendherberge.de • jugendherberge.de/jh/celle • Très excentré, au nord-ouest de la vieille ville. Prendre le bus n° 3 (le dernier passe vers 19h30). Fermé autour de Noël. Carte AJ demandée. Nuit à partir de 20,10 €*

LA BASSE-SAXE

*pour les moins de 27 ans, 24,10 € pour les autres.* 💻 Dans un bâtiment plutôt vilain, mais au calme. Environ 120 places réparties en chambres de 4 à 7 lits, avec sanitaires communs à l'étage. Restauration sur place. Babyfoot et ping-pong.

🏠 ***Schifferkrug :*** *Speicherstr 9. ☎ 37-47-76. • schifferkrug@aol.com • schifferkrug.de • Entre la gare et le château. Double env 85 € avec petit déj.* Cette petite auberge traditionnelle existe depuis la fin du XVII^e s ! Elle propose 10 chambres élégantes et confortables dans ce quartier à la fois central et tranquille. En bas, le resto. À l'arrière, un jardin doté d'une belle pelouse. En plus, l'accueil est très souriant.

🏠 ***Hôtel am Hehlentor :*** *Nordwall 62-63. ☎ 88-56-900. • info@hotel-am-hehlentor.de • hotel-am-hehlentor.de • En bordure de la vieille ville, côté nord, non loin du Rathaus. Doubles à partir de 96 €, petit déj compris. Parking gratuit. Apéritif offert sur présentation de ce guide.* 2 jolies maisons anciennes à colombages, avec un *Biergarten* pour l'été. Chambres confortables et bien équipées (TV câblée, sèche-cheveux, etc.). Accueil souriant et chaleureux. Location de vélos.

LA BASSE-SAXE

## Où manger ? Où boire un verre ?

🍽 ***Schweine-Schulze :*** *Neuestr 36. ☎ 229-44. Tlj sf dim 11h-15h, 18h-minuit (sam 11h-16h). Plats 8-15 €.* Adresse populaire et bien fréquentée (Helmut Kohl et Gerhard Schröder sont passés par là). On vous case à la bonne franquette, là où il y a de la place, et pas question de contrarier le patron. Ici, le cochon, dans lequel, comme on le sait, « tout est bon », est décliné de toutes les façons. Pas toujours très raffiné, mais l'ambiance locale est garantie, la bière aidant. Vérifiez malgré tout votre addition, un peu vite griffonnée à la main.

🍽 🍷 ***Historischer Ratskeller :*** *Markt 14 (sous l'office de tourisme). ☎ 290-99. • info@ratskeller-celle.de • Tlj 11h30-14h30, 17h30-21h45 (dim 11h30-14h). Env 25 € le repas.* Un resto traditionnel dans la plus ancienne brasserie de Basse-Saxe, sous le Rathaus. Caves blanches voûtées décorées de quelques fresques et parées de lustres rustiques. D'après les archives, on y descend des chopines depuis 1378 ! On peut aussi y manger, mais entre nous, c'est un peu cher et pas particulièrement réussi...

🍽 ***Tiroler Stub'n :*** *Altencellertorstr 9. ☎ 67-93. • info@tirolerstubn.de • Au bout de Mauerstr, à 300 m du Rathaus. Tlj sf lun-mar : mer 11h-14h, 15h30-21h ; jeu-ven 17h30-21h ; sam 11h-14h, 18h-21h ; dim 11h-14h30. Repas env 20 €.* Délicieuse cuisine régionale et de saison : hareng, sandre, agneau, poulet bio... La salle est bien conviviale, avec ses banquettes et fauteuils à carreaux. Également un *Biergarten* pour les beaux jours. Une adresse chaleureuse.

## À voir. À faire

➢ ***Balade en ville :*** il faut consacrer une heure ou deux à un quadrillage de la ville ancienne préservée des destructions de la guerre, pour y admirer plus de 500 maisons à colombages aux poutres sculptées et peintes de maximes religieuses que seuls comprendront les germanistes distingués. Comme elles se ressemblent toutes, on se contentera de vous dire que ce qui caractérise les maisons de Celle, construites du XV^e s au XVIII^e s, c'est l'empilage des encorbellements des pignons. Tout cela forme un ensemble harmonieux mais, à la longue, peut-être un peu lassant.

***Rathaus :*** il offre en façade nord un mignon pignon garni de volutes et de pinacles. À ses côtés, la ***Stadtkirche*** *(mar-sam 10h-18h et slt jusqu'à 17h janv-mars),* au joli clocher (pour la construction duquel il a fallu vendre la bibliothèque de la ville !), présente un intérieur assez lourdement baroque avec profusion de peintures, moulures, stucs et statues. Un style que l'on trouve rarement dans le nord de l'Allemagne. Sur les côtés de l'autel, monuments funéraires en mémoire des ducs de Brunswick, révélateurs de l'évolution de leur attitude vis-à-vis de la religion : ceux de la Renaissance, humbles, sont à genoux devant Dieu ; leurs descendants ne le sont plus !

***Le musée Bomann :*** *Schlossplatz 7. • bomann-museum.de • Mar-dim 10h-17h. Entrée : 5 € ; réduc.* Un musée du Folklore et de l'Histoire, érigé en style Art nouveau, éclectique et intéressant. À l'entrée, le portrait de Wilhelm Bomann. N'essayez pas de fuir son regard, vous n'y arriverez pas ! On parcourt ensuite une série de salles, consacrées à l'habitat du XIXe s (mobilier Biedermeier, cuisines de faïence), aux activités artisanales (métiers à tisser, forge), aux loisirs d'antan (jouets, chambres de poésie) et aux métiers (accoucheuse, ébéniste, charron). Sont aussi abordés les costumes, bourgeois et paysan, les uniformes (régiments hanovriens) et les armes, avec les redoutables piques des lansquenets, ou encore l'industrie, avec la production de fonte et de fer ainsi que l'ancienne biscuiterie locale *Trüller.* Section relative aux figures féminines qui ont défrayé la chronique de Celle.

***Schloss Celle :*** *Schlossplatz 1. • residenzmuseum.de • Tlj sf lun 10h-17h. Visites guidées en allemand 2-3 fois/j. en été, moins fréquemment le reste de l'année. Visites en français possibles, mais slt sur résa. Entrée : 5 € ; réduc.* Ancien château fort, avec douves et tours d'angle fortifiées, construit en 1292, transformé à la Renaissance et baroquisé à la fin du XVIIe s par des artisans italiens, la résidence des ducs de Brunswick hébergea quelques exilées célèbres (voir intro sur la ville). Sans la visite guidée, c'est moins intéressant car les salles accessibles sont peu meublées, les expos peu mises en scène et les explications en allemand – parfois en anglais. En revanche, la visite guidée permet d'accéder aux parties les plus remarquables : la cuisine du château, le théâtre de facture italienne et surtout l'exceptionnelle chapelle privée, décorée à profusion de motifs floraux par l'Anversois Martin de Vos. On songe à la vanité des princes qui faisaient dire la messe à leur propre usage et qui exigeaient l'ouverture des vantaux de leurs loges pour permettre à l'Esprit saint d'avoir un accès direct jusqu'à eux.

***Französischer Garten** (Jardin français) :* *au sud du centre.* Belle allée double de tilleuls, conduisant au petit pavillon de plaisance à colombages et balconnet de bois, que la reine Caroline-Mathilde fréquentait assidûment. À côté du pavillon, les amateurs de miel seront ravis d'observer l'activité des habitantes de l'institut d'apiculture.

Ce jardin abrite un agréable café en bordure de rivière, le ***Café Müller*** *(tlj jusqu'à 18h30),* où il fait bon flâner.

À l'extérieur du parc, à proximité de la sortie est, au no 24 Im Kreise, se trouve une ***synagogue*** construite en 1740, la plus ancienne d'Allemagne du Nord. *Mar-jeu 12h-17h, ven 10h-15h et dim 12h-17h. Visites guidées slt sur rdv : ☎ 124-54 ou auprès de l'office de tourisme.*

# WOLFENBÜTTEL

(38300) 55 000 hab. IND. TÉL. : 05331

**À 70 km au sud-est de Hanovre, Wolfenbüttel fut une résidence régulière des ducs de Brunswick, jusqu'en 1754. Cette jolie petite cité Renaissance, aux rues tracées de façon rectiligne et aux vastes places, parsemée de maisons à pans de bois *(Fachwerkhaüser),* forme un ensemble harmonieux. Le château se visite sans déplaisir et la bibliothèque Herzog-August force le respect.**

## Adresse utile

**Office de tourisme :** *Stadtmarkt 7. ☎ 862-80. • wolfenbuettel-tourismus.de • Lun-ven 10h-18h, sam 10h-14h.* Dépliant en français, plan en anglais. Visites guidées de la ville samedi et dimanche à 14h30 en allemand (réserver pour obtenir une visite en français).

## Où dormir ?

**Jugendherberge** *(AJ)* **:** *Am Seeligerpark 1. ☎ 053-31-73099-50. • kontakt@jgh-wolfenbuettel.de • jgh-wolfenbuettel.de • Nuitée 19 € pour les moins de 27 ans et 21,50-39,50 € pour les autres selon la capacité de la chambre ; petit déj inclus.* AJ récente de 130 lits, installée dans le même bâtiment qu'une académie de musique (mais qu'on se rassure : l'insonorisation est parfaite !). Chambres toute neuves de 1 à 4 lits, claires et confortables, avec sanitaires. Cafétéria et kitchenette (frigo et bouilloire seulement). Cadre hyper agréable entre le jardin à l'arrière et le parc du château tout proche. De plus, le gérant est super sympa.

LA BASSE-SAXE

## À voir. À faire

➢ ***Petite balade :*** on vous recommande chaudement une promenade, le nez au vent, en compagnie du dépliant très complet proposé par l'office de tourisme, qui détaille les principales maisons à colombages (en tout, il y en a plus de 600 !) et l'origine sociale des décorations de chaque type de maison.

***Stadtmarkt :*** la place principale, tout en longueur, bordée de maisons bourgeoises à colombages d'un côté et par l'hôtel de ville de l'autre, que renforce la ***Waaghaus,*** maison du Poids, surmontée de la sentence du roi Salomon. Sur la place vécut, au XVIIe s, Schottélius, un érudit et grammairien qui donna à l'humanité l'invention du point-virgule ! Marché haut en couleur le mercredi et le samedi matin.

***Hauptkirche Beatae Mariae Virginis*** *(église évangélique principale)* **:** *non loin de Stadtmarkt. Mar-sam 10h-12h, 14h-16h ; dim 14h-16h.* Bâtie sur le Kornmarkt pour le culte protestant, elle présente un mélange de styles surprenant : des voûtes et croisées d'ogives gothiques, des pignons latéraux à niches et colonnes bordées de volutes, typiquement Renaissance, une tour à combles tout à fait baroque. À l'intérieur, même mixité des genres : buffet d'orgue, autel et chaire baroques, nervures de voûtes peintes gothiques, balcons de tribunes Renaissance. Et finalement, le résultat n'est pas trop indigeste. À l'intérieur, de l'autre côté de l'entrée, on remarque trois pierres tombales dressées, figurant des capitaines de guerre à la virilité bien affirmée.

***Schloss :*** *• schloss-wf.de • Château et musée mar-dim 10h-17h. Entrée : 7 € ; réduc.* C'est l'un des plus grands châteaux de Basse-Saxe et ce fut aussi un foyer des lettres, de la musique et des arts. Forteresse de plaine entourée de douves au Moyen Âge, il devint la résidence privilégiée des ducs dès le XVe s et fut amélioré à la Renaissance puis à l'époque baroque par une fringante tour. On y accède par un passage à arcades qui débouche sur une cour intérieure. Des 411 pièces que comptait jadis le bâtiment, seule une quinzaine se visite aujourd'hui. Les plus importantes, bien sûr, à savoir les salles d'apparat (plafonds ouvragés ou garnis de fresques, marqueterie murale, tapisseries...) et la chambre à coucher du duc.

***Herzog-August Bibliothek :*** *Lessingplatz 1. ☎ 808-214. • hab.de • Non loin du château. Musée de la bibliothèque mar-dim 10h-17h. Entrée : 5 € ; réduc. Visite* *guidée en allemand dim à 11h.* Ce fut, au XVIIe s, la plus importante bibliothèque d'Europe, pas moins ! Lessing et Leibniz ont fréquenté ce vrai temple du savoir qui compte aujourd'hui un million de volumes. Une vie ne suffirait pas pour tous les lire ! Autre record : on y trouve le livre le plus cher du monde. Il s'agit de l'évangéliaire d'Henri le Lion, racheté en 1983 pour l'équivalent de 16,6 millions d'euros ! Les amateurs de beaux livres vont être comblés et frustrés tout à la fois, parce que même si des pièces magnifiques sont exposées en vitrine, pour la plupart, les trésors rangés sur les étagères ne sont pas accessibles au visiteur lambda. On se contentera donc d'admirer les ouvrages enluminés, les manuscrits précieux du Moyen Âge, les premières bibles imprimées, une collection de livres d'art illustrés du XXe s, une autre d'ex-libris et surtout les globes terrestres et portulans des débuts des grandes explorations terrestres et maritimes.

### UNE INFUSION QUI TITRE À 35°

*La fierté locale de Wolfenbüttel, ce n'est ni le château, ni la bibliothèque : c'est le Jägermeister ! La célèbre liqueur à base de plantes médicinales, inventée dans les années 1930, est en effet fabriquée ici, au sein de l'usine familiale, avant d'être exportée partout dans le monde. En fait, elle est plus consommée à l'étranger qu'en Allemagne. L'usine se visite et il existe même un magasin de produits dérivés à la gloire de la marque au cerf. Mais jamais vous ne réussirez à en connaître la formule : le secret est jalousement gardé !*



## DANS LES ENVIRONS DE WOLFENBÜTTEL

**Die Autostadt :** *à* **Wolfsburg,** *à env 40 km au nord de Wolfenbüttel. • autostadt.de • Tlj 9h-18h (à partir de 10h en janv). Entrée : 15 € ; réduc ; slt 7 € après 16h. Visite guidée ttes les 15 mn (durée : 45 mn ou 2h).* Une vraie ville dans la ville, consacrée entièrement à la passion automobile. Et pour cause, nous sommes ici dans le berceau de la firme Volkswagen ! Mais aussi de ses filiales Audi, Seat, Skoda, Bugatti et maintenant Porsche, rachetée en 2009. Le musée *(Zeithaus)* retrace toute l'histoire de l'auto, modèles rutilants à l'appui, depuis la première Benz de 1886 (un genre de tricycle à moteur qui atteignait les 16 km/h !) jusqu'à la Lamborghini qui affole les radars avec ses pointes à plus de 350 km/h, en passant par les modèles mythiques, rares ou les prototypes. La coccinelle (*Käfer* en v.o.), produite de 1948 à 2003 et vendue à plus de 21 millions d'exemplaires, est évidemment à l'honneur, ainsi que le fameux *Kombi* qui a fait le bonheur de générations de hippies. Sur place, des restos, jardins et attractions comme ce parcours en voiture électrique destiné aux enfants. Les passionnés de voiture apprécieront le détour, même si l'entrée n'est pas donnée.

# GOSLAR

(38640) 42 000 hab. IND. TÉL. : 05321

**Ville de résidence impériale du XIe s au XIIIe s, puis ville hanséatique. À présent, Goslar est une petite capitale en bordure nord du massif du Harz (réunifié depuis 1990). Cité millénaire et souriante, elle cultive le souvenir des mineurs des gisements de cuivre, plomb et d'argent qui firent sa prospérité, et des sorcières qui fêtaient les « nuits de Walpurgis » dans les profondes forêts du massif. C'est un excellent camp de base pour explorer la région et un endroit de villégiature coquet et agréable, très apprécié comme**

**destination de week-end. Le parc hôtelier de la ville et des environs est plutôt bien fourni. La mine de Rammelsberg et la vieille ville, épargnée par les bombardements de la Seconde Guerre mondiale, sont classées Patrimoine mondial de l'humanité par l'Unesco.**

## Adresse utile

ℹ ***Office de tourisme :*** *Markt 7. ☎ 780-60. • goslar.de • Pâques-oct, lun-ven 9h15-18h, sam 9h30-16h, dim 9h30-14h ; le reste de l'année, lun-ven 9h15-17h, sam 9h30-14h.* Infos efficaces sur la ville et sur la région du Harz. Dépliant en français (payant) qui détaille une promenade à travers le centre. Vous pouvez aussi acheter un ticket combiné pour les différents musées de Goslar *(17 € ; réduc).*

## Où dormir ?



### De bon marché à prix moyens

***Jugendherberge Goslar** (AJ) :* *Rammelsbergerstr 25. ☎ 222-40. • goslar@jugendherberge.de • jugendherberge.de/jh/goslar • Suivre la direction de la mine, puis monter sur la gauche au niveau du panneau « Jugendherberge ». Bus n° 803 depuis la gare, arrêt Theresienhof. Nuit en dortoir (sans ou avec sanitaires privés) 22,40 € pour les moins de 27 ans, 26,40 € pour les plus âgés ; draps et petit déj inclus.* Dans une grande bâtisse à colombages non loin de la mine, sur les hauteurs. Cette AJ moderne abrite 169 lits en chambres de 2 à 8 lits. Resto sur place, baby-foot, ping-pong, terrain de basket et volley.

***Hotel Garni Kirchner am Steinberg :*** *Doktorswiese 7. ☎ 34-950. • info@hotel-garni-kirchner.de • hotel-garni-kirchner.de • Doubles 91-101 € selon saison et taille. Parking gratuit.* Dans un quartier résidentiel de la partie haute de la ville, grosse villa proposant des chambres à la déco un peu démodée mais confortables, bien équipées (petite kitchenette), assez grandes et plaisantes. Petit jardin à l'arrière.

***Die Tanne :*** *Bäringerstr 10. ☎ 34-390. • info@die-tanne.de • die-tanne.de • Doubles 78-100 € selon saison, petit déj compris. Parking gratuit. (payant).* Pas loin du centre piéton, côté nord-est. Maison classée, à la façade en ardoises grises. Chambres plaisantes, simples mais confortables, avec des boiseries claires. Petits plus : le petit déj hyper varié, servi dans une salle agréable, et la présence d'un sauna. Accueil souriant.

## Où manger ?

***Worthmühle :*** *Worthstr 4. ☎ 434-02. • post@worthmuehle.de • Lun-ven 17h-23h, w-e 12h-14h30, 17h-23h. Repas complet 20-25 €.* En face du musée de Goslar, dans une maison de 1500. Intérieur rustique et chaleureux, grâce notamment à la soupente du toit qui caresse les têtes des convives. Cuisine copieuse et pas mauvaise sans être pour autant mémorable. On viendra plutôt pour le cadre très agréable, avec son jardin et sa terrasse installée au bord de l'eau, près d'un moulin du XVIe s.

***Restaurant Aubergine :*** *Marktstr 4. ☎ 421-36. • info@aubergine-goslar.de • Tlj 12h-15h, 17h30-23h30. Repas 20-30 €.* Derrière l'église du marché. Cadre soigné, chic et cosy, où l'on déguste des spécialités françaises, italiennes et turques. Un peu cher, mais bonne réputation et accueil chaleureux.

***Die Butterhanne :*** *Marktkirchhof 3. ☎ 228-86. • info@butterhanne.de • Tlj à partir de 8h30 jusque tard. Repas env 10-15 €.* Vaste et ancienne brasserie sur 2 étages, dont la terrasse s'étale jusqu'au pied de l'église du marché. On y sert une cuisine simple et consistante à toute heure de la journée : l'endroit est donc bien pratique et très fréquenté. Quelques spécialités régionales à la carte, comme la *Steigerpfanne* (sorte de goulasch accompagnée de chou rouge bouilli). Les fanas de houblon essaieront la *Gosebier*, excellente bière locale qui existe en version blonde ou ambrée. Service très rapide.

## Où boire un café et manger une pâtisserie ?

**Barock-Cafe Anders :** *Hoher Weg 4. ☎ 23-814. • info@barockcafe-anders.de • Tlj 8h30-18h.* La *Konditorei* classique dans toute sa splendeur. Salles à la déco complètement kitsch, mais pâtisseries irrésistibles. Terrasse dans la cour intérieure.

# À voir. À faire

➢ ***Balades dans la ville :*** l'office de tourisme vend un petit dépliant en français, avec un plan qui détaille deux promenades-découverte de longueurs différentes et qui permettent de faire le tour des curiosités de la ville. Si on comprend l'allemand, plusieurs visites guidées à thème sont organisées en saison par l'office de tourisme.

***La vieille ville de Goslar :*** la richesse en argent et surtout en minerai de cuivre des mines de Rammelsberg a profondément marqué l'histoire et le développement de la ville, et a incité l'empereur Henri II à y bâtir un palais au début du XIe s. En 1009, Goslar est le théâtre de la première assemblée du royaume. Elle fut ville-résidence des rois et des empereurs allemands jusqu'en 1253. Parfaitement préservé, l'ovale du centre de la vieille ville de Goslar a été aménagé sur une surface d'à peine plus d'un kilomètre carré. Le palais impérial a été bâti dans un style roman. Des siècles durant, il fut la forteresse la plus grande et la plus sûre des empereurs saxons et saliens. Les tours des 47 églises et chapelles lui confèrent une esthétique médiévale très cohérente, marquée par les maisons des corporations, l'hôtel de ville sur la place du Marché et un grand nombre de maisons bourgeoises à colombages, ornées de superbes sculptures.

***La place du Marché :*** pour commencer, s'arranger pour s'y trouver à l'heure où se met en marche le carillon animé *(9h, 12h, 15h et 18h)* qui sort de la bâtisse face à la mairie et rend hommage aux mineurs de Rammelsberg. Au centre de la place, la fontaine surmontée de l'aigle impérial. La place est bordée par un ***hôtel de ville*** à arcades ogivales et tourelles (XVe s) ; à l'intérieur de la mairie, la *Huldigungssaal*, ou salle de l'Hommage, se visite *(lun-ven 11h-15h, sam-dim 10h-16h ; entrée : 3,50 €).* Elle est couverte de peintures murales chatoyantes (XVIe s). La *maison de la guilde des Drapiers et Tailleurs*, ou ***Kaiserworth,*** à la façade couleur rouille, s'orne d'une rangée de statues en bois peint. La plus regardée étant, bien sûr, celle qui défèque des ducats d'or : c'est une petite figurine sur le côté gauche de ce bâtiment désormais transformé en hôtel.

***Mönchenhaus Goslar :*** *Königsstr 1. ☎ 433-94. Tlj sf lun 10h-17h. • moenchehaus.de • Entrée : 5 € ; réduc. À l'entrée, on peut demander un classeur avec des fiches explicatives précises en anglais (car dans le musée, tt est en allemand).* Riche petit musée qui retrace l'histoire de la région et de la ville depuis la préhistoire. Dans la collection d'art religieux, on peut voir l'autel de Krodo (divinité païenne) du XIIe s, jadis emmené par les Français, puis rapporté par eux mais sans les pierres précieuses qu'il contenait ! Dans la même salle, un original trio de crucifiés en bois et une belle tapisserie du début Renaissance. À l'étage, passez la collection archéologique, d'un intérêt limité, pour voir la jolie maquette de la cité au début du XIXe s et la belle collection de mobilier ancien.

À côté du musée, on tombe sur un très vieux moulin à eau. En continuant à suivre la petite rivière, on arrive dans un charmant quartier de maisons à colombages, au sein duquel on jettera un œil sur la ***maison Siemens,*** demeure ancestrale de la famille d'industriels bien connus, avec cour centrale et écuries : situé au n° 12 Schreiberstrasse, ce très bel édifice de 1693 ne se visite que sur rendez-vous ou lors de visites guidées.
Sur une colline, à gauche, l'imposant ***Kaiserpfalz*** ou *palais impérial (tlj 10h-17h avr-oct, jusqu'à 16h en hiver ; entrée : 7,50 € ; demander un document en français)* est un édifice roman du XIe s, résidence temporaire de plusieurs empereurs allemands. Le cœur d'Henri III repose dans la chapelle palatine Saint-Ulrich, sous une dalle funéraire. On y trouve aussi le trône d'Henri IV, plus vieux trône impérial d'Allemagne. Le palais fut entièrement restauré au XIXe s. Les peintures historiques de la gigantesque *Reichssaal* datent de cette époque. Dans les salles voûtées, une expo évoque la destinée des souverains itinérants du Moyen Âge allemand et retrace l'évolution artistique et architecturale de cette époque.

Avant de rejoindre le centre, on ira en flânant passer quelques instants au ***musée d'Art moderne*** de Goslar *(mar-sam 10h-17h, dim 10h-13h ; entrée : 5 €).* On découvre, dans une ancienne maison de riches commerçants aux solives épaisses, les lauréats du prix de l'Anneau impérial, qui récompense des artistes contemporains pour le moins originaux. Ne pas hésiter à explorer les coins et recoins de la maison et du jardin, qui recèlent quelques surprises décoiffantes comme cette vieille *Trabant* dans une remise ou des œuvres d'Hundertwasser...

LA BASSE-SAXE

En passant derrière l'église du Marché, on aperçoit la ***Bäcker Gildehaus*** ou *maison de la guilde des Boulangers,* une belle et imposante maison de 1501. Tout près, dans un coin, se dresse le toit pointu de la ***Brusttuch*** (transformée en hôtel), avec un bel encorbellement et un balcon sculpté en saillie. Il faut presque s'adosser au mur de l'église pour bien distinguer les personnages sculptés : remarquez, en quatrième position à partir de la gauche, la *femme à la baratte,* à la cuisse légère. L'***église du Marché*** est une basilique à trois nefs du XIIe s, à l'intérieur très sobre. Tous les styles y sont présents : certains vitraux sont romans, les fonts baptismaux et la chaire datent de la Renaissance, l'autel est baroque. *Entrée gratuite, mais 2 € pour monter dans la tour (tlj 11h-17h).* Encore un petit crochet par la rue Hoher Weg jusqu'à l'hospice ***Grosses Heiliges Kreuz,*** ou *Sainte-Croix-la-Majeure,* grosse bâtisse blanche entièrement d'origine (1254), et vous aurez fait un tour honorable de la cité.

## DANS LES ENVIRONS IMMÉDIATS DE GOSLAR

***La mine métallifère du Rammelsberg :*** *Bergtal 19. • rammelsberg.de • À 1 km au sud-ouest de Goslar. Tlj 9h-18h (dernière entrée à 16h30). Entrée : 7 € pour le musée seul, 13 € pour le musée et un parcours à pied (1h30 dans la partie ancienne de la mine) ou en train (1h dans la mine plus récente), 17 € pour le musée et les 2 parcours (à pied et en train) ; réduc. Explications et audioguide en anglais.*
Fermée en 1988, la mine de Rammelsberg est aujourd'hui ouverte au public et abrite un musée, l'un des plus grands d'Allemagne, qui retrace plus de 1 000 ans d'exploitation ininterrompue, avec de nombreux témoignages de l'histoire de la mine à travers les époques : les terrils du Xe s, la *Rathstiefste Stollen,* l'une des mines les plus anciennes et les mieux préservées d'Allemagne, le *Feuergezäher Gewölbe,* la plus ancienne excavation murée d'Europe, la *Maltermeisterturm,* le plus ancien bâtiment de surface de l'industrie minière allemande, la *Roeder-Stollen,* une mine datant du XVIIIe s, avec deux roues à eau originales, et les impressionnantes installations de surface du début du XXe s.
La mine a d'exceptionnel le fait d'avoir été exploitée pendant 1 000 ans. Et même davantage, car on a récemment découvert des traces d'extraction remontant à plus de 3 000 ans. Quoi qu'il en soit, c'est à elle, surtout, que Goslar doit son

développement et sa richesse. On estime à 27 millions le nombre de tonnes de minerai (de plomb, de cuivre, de zinc, d'argent...) arrachés à la colline jusqu'en 1988, année où l'exploitation prit fin. Depuis, l'ensemble se visite et s'est même doté d'un très riche musée multimédia détaillant la vie des mineurs, la géologie et le fonctionnement de la mine, de même que son rôle dans l'histoire de Goslar. N'hésitez pas à coupler la visite du musée à celle de la mine, vous y découvrirez non seulement les différentes techniques d'extraction des précieux minerais mais aussi la beauté de certaines parois rocheuses.

## *LE MASSIF DU HARZ*

À partir de Goslar, on peut sillonner le vieux massif du Harz, seule éminence (sommet à 1 142 m, le *Brocken*) de quelque importance dans la platitude de la grande plaine germano-polonaise. Avant 1990, il se partageait entre RFA et RDA. Abondamment arrosé, couvert d'épaisses forêts et traversé de vallées profondes, c'est un énorme réservoir aquifère et une destination de week-end très appréciée des habitants des grandes villes industrielles voisines. On y pratique intensément la randonnée, la varappe dans les rochers de la vallée de l'Oker, la spéléologie, la voile sur les lacs artificiels, le VTT, le canoë, le deltaplane et les sports de glisse en hiver.

La ville la plus authentique du massif reste ***Stolberg*** *(● stadt-stolberg.de ●)*, petite cité médiévale de l'ex-Allemagne de l'Est, avec ses charmantes maisons à colombages et sa jolie église. Elle est encore préservée du tourisme de masse, même si les visiteurs sont nombreux à y faire étape. Le Harz est aussi un lieu de légendes, et l'exploitation outrancière des sorcières dans toutes les devantures des boutiques de souvenirs en atteste lourdement.

### LA NUIT DES SORCIÈRES

*Sainte Walburge était une religieuse anglaise qui évangélisa les Germains. Après sa mort en 779, au couvent de Heidenheim, près de Göttingen, les sorcières prirent l'habitude de se réunir sur sa tombe pour célébrer la Nuit de Walpurgis, malgré les condamnations de l'église. Cette fête, qui a lieu la veille du 1er mai, met symboliquement fin à l'hiver.*

Si vous êtes de passage du 30 avril au 1er mai, pour la *nuit de Walpurgis*, planquez-vous, les sorcières font du rase-mottes sur leurs balais !

# BREMEN (BRÊME)

550 000 hab. IND. TÉL. : 0421

**« Je vais à Brême pour y faire le musicien, accompagne-moi ; je jouerai du luth, et toi, tu sonneras les cymbales ».**

**Les musiciens de Brême, conte des frères Grimm**

**Deuxième port commercial d'Allemagne avec l'appoint de son extension Bremerhaven, Brême, enclavée dans le Land de Basse-Saxe, est la plus ancienne cité maritime du pays et bénéficie (tout comme Hambourg) des statuts combinés de ville et de Land.**

**Elle obtint le droit de tenir marché dès 965 et intégra la Ligue hanséatique, un peu à contrecœur, au XIVe s, après que ses navires aient joué les pirates en mer du Nord. Elle en fut même expulsée en 1427. Le développement de**

**la ville fut considérablement freiné par la guerre de Trente Ans. Au XIXe s, en raison de l'ensablement de la Weser, Brême se dota d'un avant-port, *Bremerhaven.* Situé à 55 km en aval, ce dernier permit à la cité de tenir son rang parmi les plus importants ports d'Europe. La compagnie Lloyd's d'Allemagne y installa son quartier général en 1857 et transporta des millions d'émigrés vers les Amériques. Aujourd'hui, Brême occupe toujours une place prédominante dans les importations de matières premières, comme le coton qui dispose d'une bourse spécialisée, mais aussi du chocolat et du tabac... Plus de 35 % de sa population active vit plus ou moins directement des activités portuaires.**

**On surnommait auparavant aussi Brême la « ville du café », puisque c'est par ici que la précieuse boisson entra pour la première fois dans le pays, en 1673, bien avant Hambourg et Vienne. D'autre part, dès 1783, elle était en relations commerciales avec la jeune république américaine. Si le port joue un rôle majeur dans l'économie de la ville (700 000 voitures transitent chaque année sur ses quais), Brême n'offre pas pour autant le visage d'un centre industriel morose. Les activités de pointe participent au dynamisme local. C'est aussi à Brême qu'est produite la célèbre bière *Beck's* (dont la brasserie se visite). Mercedes y dispose d'une usine, Kraft Foods et Kellog's y ont leur siège allemand et EADS y construit le module Astrium pour la station spatiale internationale ISS.**

**C'est une cité au charme indéniable et aux traditions bien vivantes, avec des parcs et des jardins, un mignon quartier de pêcheurs, des passages romantiques, un hôtel de ville classé au Patrimoine de l'Unesco et une agréable promenade le long de la Weser. Depuis l'époque de la Renaissance, elle est devenue « ville d'art », bien marquée par le style qu'on appelle « Weser-Renaissance ». Le conte populaire des quatre animaux musiciens de la ville de Brême (l'âne, le chien, le chat et le coq), écrit par les frères Grimm, en est devenu l'emblème. Le groupe de bronze les représentant se dresse dans le centre-ville à côté du *Rathaus.***

**Amusant : l'étendard du Land de Brême, composé d'une alternance de lignes rouges et blanches est surnommée par ses habitants : « la tranche de jambon » !**

– Routards motorisés, laissez votre véhicule en dehors du centre ou dans un parking souterrain : entre les ponts, tunnels, trams et zones piétonnes, circuler à Brême en voiture est tout simplement impossible !

## Arriver – Quitter

✈ ***City Airport Bremen :*** *à 5 km au sud-ouest de la ville.* • *airport-bremen.de* •

➢ Liaisons directes saisonnières depuis et vers ***Paris-CDG*** (1 ou 2 j./sem avec *Air France*), ***Nice*** (1 ou 2 j./sem) avec *Germania*, ***Toulouse*** (1/j. avec *British Midlands*) et ***Bruxelles*** (avec *Germanwings*).

***Hauptbahnhof :*** Bahnhofplatz, 15.

➢ 1 train/h tlj (de tôt le mat à env 23h) de et pour ***Hambourg*** (1h de trajet), ***Hanovre*** (1h), ***Cologne*** (env 3h), ***Berlin*** (env 3h), ***Lübeck*** (env 2h30), ***Francfort*** (env 4h) et ***Munich*** (env 6h).

## Adresses et infos utiles

***Office de tourisme*** *(plan B2) : Lagenstr 1, à deux pas de la Marktplatz.* ☎ *308-00-10 (hotline).* • *bremen-tourism.de* • *Lun-sam 10h-18h30 (16h le sam en hiver), dim 10h-16h.* Outre la réservation de chambres, on peut y acheter l'*Erlebnis Card Bremen,* qui permet d'utiliser gratuitement les transports publics et donne droit à des réductions dans les musées ou pour les visites guidées. *Coût : 9,50 € (1 j.) ou 11,50 € (2 j.) Formules familiales.* Bonne nouvelle : l'office organise des visites guidées de la ville en français.

*– Autre office dans la Hauptbahnhof (plan C1), lun-ven 9h-19h, w-e 9h30-17h (☎ 308-00-57).*

■ ***Location de vélos*** *(plan C1, **2**) : **Radstation,** Bahnhofplatz 14, à droite en sortant de la gare. ☎ 17-83-361. 9h-19h (9h-14h w-e).*

## Où dormir ?

### Camping

⛺ ***Camping*** *(hors plan par D1) : Hochschulring 1, 28359. ☎ 841-07-48. • contact@camping-stadtwaldsee.de • camping-stadtwaldsee.de • À 5 km au nord-est de la ville, pas facile d'accès sans voiture. À partir de la gare, prendre le bus n° 26, arrêt Hemmstr, et ensuite le bus n° 28, arrêt Campingplatz. Pour ceux qui sont motorisés, prendre l'autoroute A 27, direction Bremerhaven ; sortie Bremen-Universität ; puis c'est fléché. Mars-nov. Selon saison, env 28 € pour 2 avec tente et voiture. (payant).* Un camping moderne, propre et ordonné, au bord d'une forêt et d'un lac, le *Stadtwaldsee,* où l'on peut faire de la planche à voile. Resto, épicerie et location de vélos.

### Bon marché

■ ***Bremer Backpacker Hostel*** *(plan C1, **10**) : Emil-Waldmann-Str 5-6, 28195. ☎ 223-80-57. • gasthaus@bremer-backpacker-hostel.de • bremer-backpacker-hostel.de • À deux pas de la gare. Pas de carte AJ demandée. Nuit en dortoir (4-8 lits) à partir de 18 € et double 46 €. Draps 3 €, mais possibilité d'utiliser son duvet ou son sac à viande. Petit déj-buffet 6,50 €. Parking (5 €) sur résa.* Petite AJ privée chaleureuse et récente, avec 60 lits répartis dans des chambres vastes et claires. Sanitaires communs, mais on peut avoir sa propre salle de bains si on n'est pas partageur ! Grande cuisine pour les hôtes. Salle TV, machines à laver, consigne à bagages, thé gratuit. Plus conviviale qu'une AJ officielle, et très bien tenue. Possède également quelques chambres d'hôtel à prix plus chic juste au coin de la rue.

■ ***Jugendherbergen Bremen*** *(AJ ; plan A1, **11**) : Kalkstr 6, 28195. ☎ 16-38-20. • bremen@jugendherberge.de • jugendherberge.de/jh/bremen • À l'ouest du centre, au bord de la Weser, dans le quartier de la Schlachte. De la gare, prendre le tram n° 1 (direction Huchting) et descendre à Am Brill ; l'auberge est à 200 m. Carte AJ obligatoire. Nuit en dortoir (4-6 pers) 26,50 € pour les moins de 27 ans et 30,50 € pour les autres, petit déj inclus ; doubles 29-33 € selon âge, petit déj inclus. (payant).* AJ de grosse capacité (environ 220 places), plutôt impersonnelle. Chaque chambre ou dortoir a sa propre salle de bains avec w-c.

### Prix moyens

■ ***Hôtel Am Hillmannplatz Nr. 1*** *(plan C1, **12**) : Hillmannplatz 1, bien sûr, 28195. ☎ 132-58. • hotel@am-hillmannplatz.de • am-hillmannplatz.de • Dans une rue piétonne, à 3 mn à pied de la gare, direction centre-ville. Réception lun-ven 9h-13h, 15h-18h ; w-e 10h-13h. En dehors de ces heures, s'adresser à l'hôtel* Best Western *voisin. Fermé 23 déc-2 janv. Doubles à partir de 79 €. Petit déj-buffet dans un café voisin : 8 €.* Tout petit hôtel à façade blanche. À peine 8 chambres, standardisées mais très correctes. Également un appart pour 4. Bon accueil.

### Plus chic

■ ***Hotel Résidence*** *(plan D1, **14**) : Hohenlohestr 42, 28209. ☎ 34-87-10. • info@hotelresidence.de • hotelresidence.de • Derrière la gare. Selon confort, doubles env 90-156 € avec petit déj.* Élégante façade Art nouveau dans un quartier résidentiel plutôt chic. Les 40 chambres et 10 apparts ne

LA BASSE-SAXE

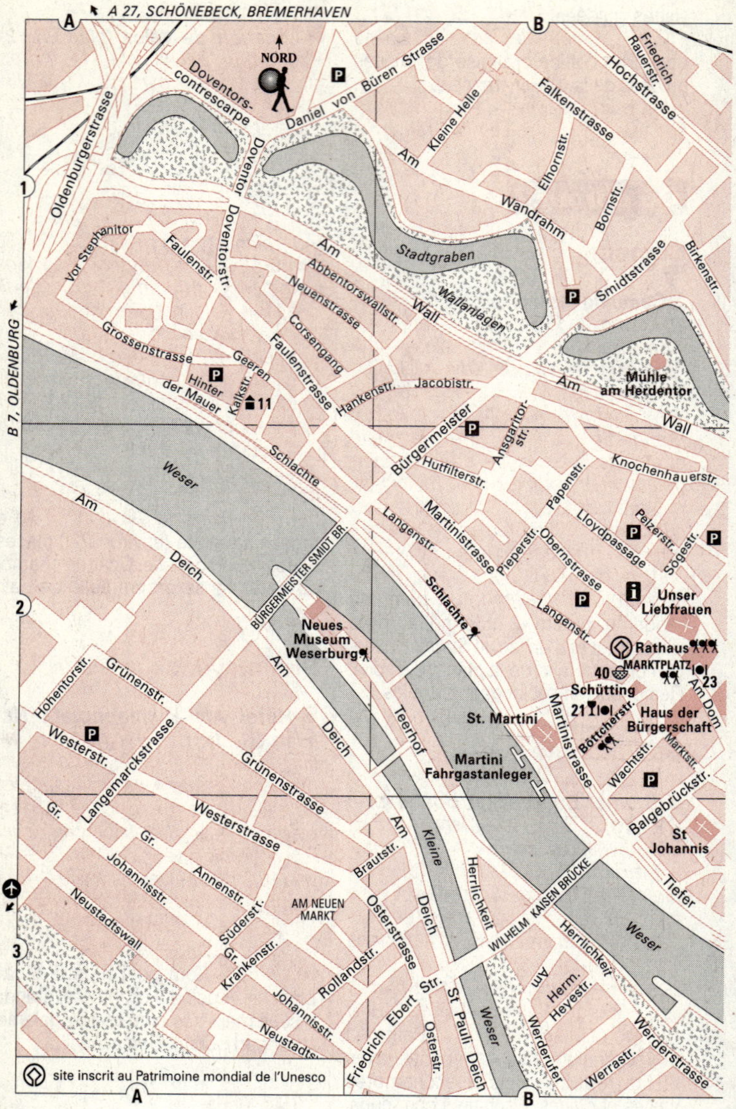


■ **Adresses utiles**

- Offices de tourisme
- 2 Location de vélos (Radstation)

**Où dormir ?**

- 10 Bremer Backpacker Hostel
- 11 Jugendherbergen Bremen
- 12 Hôtel Am Hillmannplatz Nr. 1
- 14 Hotel Résidence

**Où manger ?**

- 21 Ständige Vertretung

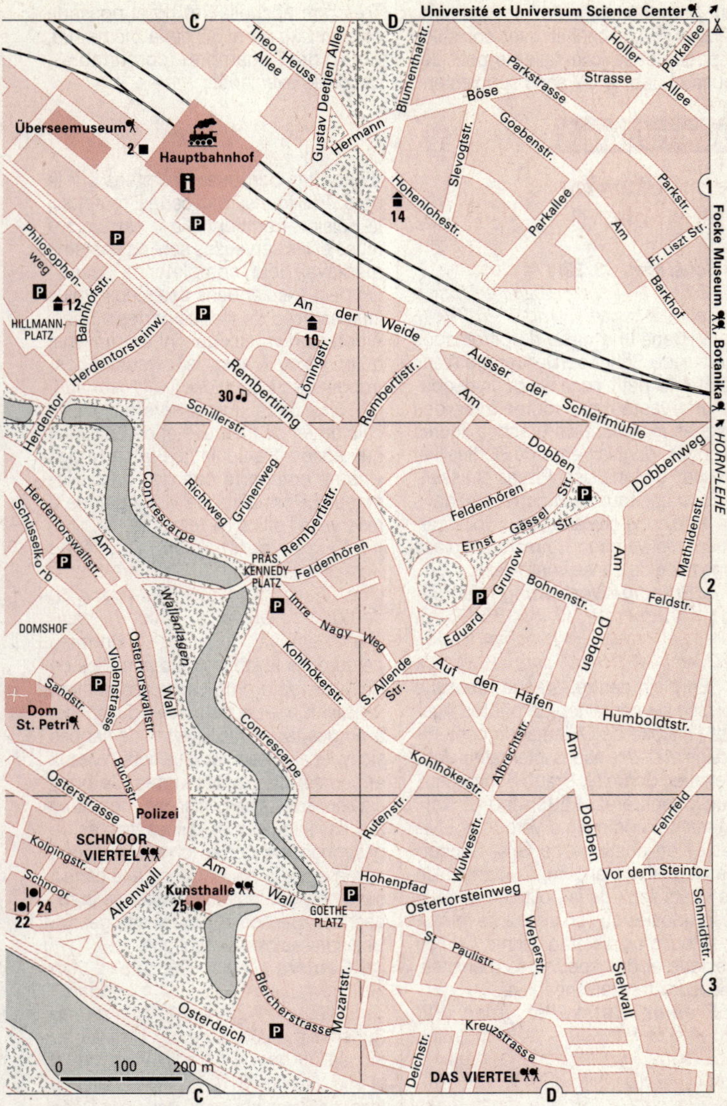


## BREMEN (BRÊME)

| | |
|---|---|
| **22** Scusi | **Où danser ?** |
| **23** Bremer Ratskeller | **30** Stubu Dancehouse |
| **24** Katzen-café | **Où acheter des douceurs ?** |
| **25** Canova | **40** Hachez |

sont pas donnés, mais l'ensemble ne manque pas de cachet, avec son salon d'époque et sa jolie salle de petit déj. Sauna et cabine UV sans supplément.

Très bon accueil. Cet hôtel possède une annexe au n° 36 de la même rue, dotée de 7 chambres confortables, décorées avec goût.

## Où manger ?

### De prix moyens à plus chic

**Scusi** (plan C3, **22**) : *Wüstestätte 11. ☎ 32-61-01. Tlj sf lun à partir de 18h en sem et midi le w-e. Compter 20-25 € le repas.* Dans une ruelle du pittoresque quartier de Schnoor. Descendre (sans crainte) le petit escalier pour découvrir une vaste cave voûtée avec des fresques reprenant les grandes figures italiennes, dont la Vénus de Botticelli et l'inévitable Mona Lisa. Pizzas et assiettes de pâtes tout à fait correctes, dans une ambiance chaleureuse... voire carrément festive quand le resto fait place à une piste de danse improvisée.

**Ständige Vertretung** (plan B2, **21**) : *Böttcherstr 3-5. ☎ 32-09-95. • bremen@staev.de • Lunch rapide. Tlj 11h30-minuit (1h ven-sam). Moins de 6 €.* En plein centre, grande brasserie tapissée de centaines de photos illustrant l'histoire de l'Allemagne contemporaine et des relations internationales : Adenauer, Schmidt, Brant, Schroeder... Vous y repèrerez, Mitterrand et Kohl se tenant par la main à Verdun et Elvis Presley en costume de GI's. Succursales à Berlin, Hanovre, Cologne... Un des hauts lieux de la politique et de la presse locales où l'on aime à se retrouver autour d'un plat traditionnel. Que du classique et des spécialités rhénanes, mais à prix très raisonnables.

**Bremer Ratskeller** (plan B2, **23**) : *Am Markt, sous l'hôtel de ville. ☎ 32-16-76. • info@ratskeller-bremen.de • Tlj 11h-minuit ; cuisine 12h-15h, 18h-22h. Env 20-30 € le repas, mais plats autour de 7-8 € le midi.* Décor surprenant, puisqu'il s'agit d'une grande salle voûtée toute blanche avec d'énormes barriques sculptées sur le côté. Très touristique, certes, toutefois, la cuisine traditionnelle y est savoureuse et les serveuses sont en costume médiéval pour compléter la scène ! On peut s'isoler dans des recoins plus intimes avec de vieilles portes vitrées. À noter, pour ceux qui ont les moyens, qu'on y trouve aussi le restaurant gastronomique *L'Orchidée* *(mar-sam midi et soir)*, dans une arrière-salle très chic ornée de fresques et de boiseries ouvragées. Particularité : la carte des vins ne comporte que des crus allemands ! Possibilité de visite guidée à réserver à l'office de tourisme.

**Katzen-café** (plan C3, **24**) : *Schnoor 38. ☎ 32-66-21. • infokatzen-cafe.de • On y accède au niveau d'un portique de pierre sculptée. Tlj midi-minuit. Env 25-30 € le repas.* Un resto perdu dans le labyrinthe des ruelles de Schnoor, doté d'un cadre absolument ravissant : une courette isolée du monde, avec des tables recouvertes de nappes vichy, éparpillées sur plusieurs niveaux et cernées de plantes vertes. Ce qui y est servi mérite des louanges : nourriture aux saveurs fines et variées, teintée de gastronomie française (on trouve du coq au vin et de la bouillabaisse à la carte !) sans négliger les autres cuisines européennes. Service et accueil très gentils. Une adresse bien romantique.

**Canova** (plan C3, **25**) : *Am Wall 207. ☎ 244-07-08. • erleben@canova-bremen.de • Le restaurant du* Kunsthalle, *accessible par l'entrée du musée ou par l'arrière. Tlj sf lun midi et soir. Lunchs 8-10 €. Brunch le dim.* Idéal pour une pause au déjeuner. Déco moderne, musique douce, cuisine de bonne facture à prix raisonnables. Excellentes pâtisseries au goûter.

## Où boire un verre ? Où sortir ? Où danser ?

À la belle saison, c'est le long de la Weser, en particulier sur la promenade piétonne de la **Schlachte** (lire « À voir »), qu'on boit un verre le soir

LA BASSE-SAXE

venu. Ou même pendant la journée : au moindre rayon de soleil, les terrasses des *Biergarten* qui surplombent la rivière se couvrent vite de monde. Elles ferment à minuit, histoire de ne pas trop déranger les riverains, mais l'animation se poursuit à l'intérieur des nombreux bars.

♫ ***Stubu Dancehouse*** *(plan C1, **30**) : Rembertiring 21. ☎ 32-63-98. • info@stubu.de • stubu.de • Non loin de la gare. Ts les soirs à partir de 22h-23h, slt ven et sam pour certaines salles. Petit droit d'entrée (env 5 €) le w-e.* Une très grande boîte plutôt fréquentée par des étudiants et les très jeunes. 3 salles à thème, selon vos goûts : house, latino, variété, tubes des 60's aux 80's, hip-hop et R'n'B. Les clubbers invétérés recommandent également le ***Modernes*** *• modernes.de •* la discothèque ***La Viva*** *• laviva-disco.de •* ou le ***NFF Club*** *(ven dès 23h),* spécialisé dans l'électro. *• nffclub.de •*

## Où acheter des douceurs ?

***Hachez*** *(plan B2, **40**) : Am Markt 1. Tlj sf dim 10h-18h30 (14h sam).* La chocolaterie incontournable de Brême, fondée par des huguenots chassés par la révocation de l'édit de Nantes après 1685. Décor Belle Époque.



## À voir

***Marktplatz*** *(plan B2) :* la vaste place du Marché est bordée par les maisons des corporations. Le regard se focalise sur l'imposante statue en pierre du neveu de Charlemagne, ***Roland*** (5,50 m de haut), rehaussée d'un dais gothique qui culmine à plus de 10 m. Dans un coin, au pied du mur ouest de la mairie, vous verrez le groupe sculpté des quatre animaux musiciens du conte des frères Grimm, perchés les uns sur les autres. Cette statue de bronze est le symbole de la ville. Face à l'hôtel de ville, le ***Schütting*** (XVIe s), siège de la corporation des marchands, révèle nettement une influence flamande. Dans l'entrée de la ***Bourse du Coton*** (accès libre) on peut voir des mosaïques allégoriques datant du règne de Guillaume II. À 100 m du Markt, dans la Langenstrasse, *le* ***Staadtwage*** (poids public) s'orne d'une magnifique façade Renaissance à pignon triangulaire. Chaque étage est flanqué de chaque côté d'un petit pinacle.

***L'hôtel de ville et la statue de Roland :*** ils illustrent le développement de la Hanse, à laquelle la ville a adhéré en 1358. Ce sont des témoignages uniques de l'autonomie commerciale et de la souveraineté croissante de la bourgeoisie européenne dans le Saint Empire romain germanique. Bâti au XVe s dans un style gothique, l'hôtel de ville, incarnation architecturale de la liberté, fut rénové au XVIIe s dans le style de la Renaissance de la Weser. Portant le bouclier à l'aigle impériale et Durandal, l'épée de justice, la statue de Roland trône fièrement sur la place du Marché depuis 1404, symbolisant la liberté de la ville. Il faut savoir que la tête de cette statue est une copie : l'originale se trouve au musée Focke (voir plus loin).

***Rathaus*** *(hôtel de ville ; plan B2) : Marktplatz 21. Plusieurs visites guidées (en allemand et en anglais). Prix : 5 € ; réduc (billets à l'office de tourisme).* Majestueux corps principal du XVe s, de style gothique, couronné de trois pignons. Façade typique de la *Weser-Renaissance,* un poil chargée, ornée des statues de Charlemagne et des sept princes-électeurs. Comme celle de Roland, ces statues sont des copies : vous pourrez voir les originales au musée Focke. À l'intérieur, après un escalier surmonté d'un squelette de baleine, la salle d'honneur *(Grosse Halle)* où sont suspendues les maquettes des navires de la flotte brêmoise. Une fresque du *Jugement de Salomon* rappelle la fonction du lieu autrefois utilisée comme salle de justice. Mais on ne peut manquer le superbe escalier à vis, en bois sculpté (1620). Sous la tribune, la ***Güldenkammer,*** une salle de réunion de style Art Nouveau, revêtue de cuir doré.

La cave *(Ratskeller),* la plus ancienne d'Allemagne, propose quant à elle près de 600 crus allemands, dont les 12 plus vieux du monde dans leurs fûts. L'un date même de 1653 ! On peut, là encore, y faire une visite guidée de 1h en allemand *(de janv à mi-nov, ven slt à 16h plus mars-oct à 15h, de l'office de tourisme ; prix : env 10 € ; réduc)* et même y manger (voir plus haut « Où manger ? *Bremer* »).

***Dom Sankt Petri*** *(cathédrale Saint-Pierre ; plan B-C2) : lun-ven 10h-16h45, sam 10h-13h30, dim et j. fériés 14h-16h45. Caveau ouv Pâques-fin oct slt, aux mêmes horaires (entrée : 3 €).*
Construite au XI^e s, elle a subi bien des remaniements au cours du temps. Actuellement, elle accueille à la fois les catholiques et les Réformés. À gauche du porche, une statue équestre très martiale de Bismarck témoigne du rattachement de la ville de Brême à l'Empire allemand en 1871.
À l'intérieur, plusieurs stèles funéraires des XV^e s et XVI^e s, ainsi que de beaux fonts baptismaux fondus vers 1230. Chaire baroque offerte par la reine Christine de Suède. Les vitraux sont inspirés de ceux de Chartres. Dans une crypte sous le cloître, découverte à la suite de l'effondrement d'un morceau de la tour, la « cave de plomb » *(Bleikeller),* héberge huit corps momifiés des XVII^e s et XVIII^e s. *Lun-ven 10h-16h45 (juil-août aussi le sam 10h-13h45 et dim 12h-16h45) : 1,40 €.*

LA BASSE-SAXE

***Böttcherstrasse*** *(plan B2) :* ruelle pittoresque reliant la Marktplatz à la Weser et dont l'architecture a été influencée par l'Art déco. Son aménagement fut financé par Ludwig Roselius, un riche négociant en café qui inventa le décaféiné. Depuis le Markt, on y pénètre par une porte surmontée d'un bas-relief doré représentant l'archange Michel terrassant le dragon. On lui doit également la riche collection de *Roselius Haus* (aux n^os 6-10 de la rue), constituée, entre autres, de beaux meubles de différentes époques ainsi que quelques œuvres de Lucas Cranach (portraits de Luther et de sa femme). À côté de cette maison, un carillon de porcelaine tintinnabule toutes les heures de midi à 18h ; il attire toujours une foule de touristes amusés par son naïf jeu de clochettes. Il est amusant de noter que les nazis gardèrent le quartier intact comme symbole de l'« Art dégénéré ».
Cette rue héberge aussi le ***musée Paula-Modersohn-Becker*** (même adresse que *Roselius Haus*), représentante célèbre de l'expressionnisme allemand, inspirée par Cézanne, Gauguin et les Nabis. Elle vivait et travaillait au village des artistes de Worpswede, dans les environs de Brême. *Pour les 2 musées : ☎ 338-82-22. • pmbm.de • Tlj sf lun 11h-18h ; entrée : 6 € ; réduc.*

***Schnoorviertel*** *(plan C3) :* ancien quartier pauvre de pêcheurs et de marins, le Schnoor est un vestige du passé de la ville particulièrement pittoresque et miraculeusement épargné par les bombardements. D'époques et de styles différents (XV^e s-XVII^e s), ces vieilles bâtisses bien restaurées, enfilées comme des perles (d'où le nom, *Schnoor* signifiant « fil »), s'égrènent le long de ruelles pavées où il fait bon se perdre et abritent aujourd'hui restaurants, galeries d'art et boutiques d'artisanat qui restent ouvertes le dimanche. Un endroit très touristique, mais plein de charme. Le routard attentif remarquera au faîte des pignons les petites niches aménagées dans les greniers destinées à abriter les hiboux chasseurs de souris. Les enfants pourront visiter le petit ***musée du Jouet*** qui jouxte la Johanniskirche.

***Schlachte*** *(plan A-B2) :* le quartier branché de Brême. Il s'étend au bord de la Weser, autour de la *Weserpromenade Schlachte.* Ambiance maritime (on parle de la Riviera du Nord en été) et décontractée. On peut flâner à côté d'un joli chapelet de bateaux et vieux gréements, entre les terrasses de restaurants aux cuisines du monde entier, cafés et bars au bord de l'eau. Recommandé aussi à ceux qui cherchent de l'animation nocturne (voir plus haut « Où boire un verre ? »).

***Kunsthalle Bremen*** *(musée d'Art de Brême ; plan C3) : Am Wall 207. • kunsthalle-bremen.de • Trams n^os 2 et 3, arrêt Theater am Goetheplatz. Tlj sf lun 10h-17h (21h mar). Entrée : 8 € ; réduc.* Musée des Beaux-Arts qui abrite de très belles collections d'art européen du XIV^e s à nos jours. Les écoles allemande

(Dürer, Altdorfer), flamande et hollandaise (Jan Bruegel, Rubens, Rembrandt et Van Dyck) et françaises du XIXe s (Manet, Monet, Courbet, Delacroix, Valloton, Denis, Émile Bernard), sont particulièrement bien représentées. Quelques allemands les romantiques du XIXe s Caspar David Friedrich, Johann Christian Dahl, Lovis Corinth et au XXe s : Beckmann, Kirchner, Nolde, Kirchner, Franz Marc et de l'école de Worpspede, un peu le Barbizon local. À noter également, la collection d'art graphique qui compte plus de 230 000 dessins et gravures.
I●I Le resto du musée (voir plus haut « Où manger ? »), ***Canova*** (à l'arrière) peut constituer un excellent point de chute au déjeuner.

En amont de la Weser, vers l'est se situe à quelques minutes de marche, ***Das Viertel*** *(plan D3),* quartier résidentiel très agréable et un peu bohème, où il fait bon flâner de terrasses en boutiques et bars branchés. Les Brêmois disent que c'est dans ce quartier que se manifeste le mieux la qualité de vie de leur cité.

***Überseemuseum*** *(musée d'Outre-mer ; plan C1)* **:** *Bahnhofsplatz 13. • uebersee-museum.de • Tlj sf lun 9h (10h w-e et vac scol)-18h. Entrée : 6,50 € ; réduc. Audioguide (en anglais) payant.* Du côté de la gare, dans un vaste bâtiment surmonté d'une verrière, musée sur la géologie, la faune et les principales civilisations du monde non-européen. La section « Océanie » occupe une bonne partie du rez-de-chaussée. Riche collection d'objets rapportés à partir du XVIIIe s par les commerçants brêmois lors de leurs voyages : sculptures indigènes, objets de culte, artisanat, embarcations traditionnelles... On notera, en particulier, les temples d'Extrême-Orient, les maisons maliennes, la tente touareg et le tronc d'un séquoia de plus de 2 300 ans. Le troisième niveau, un peu curieusement, se consacre à la géologie, à l'anatomie, ainsi qu'aux activités commerciales de la ville de Brême... Chose rare et étonnante, on peut visiter la réserve du musée : tout un bric-à-brac d'objets centenaires classés dans des vitrines (vieilles horloges, vieilles télés, maquettes de bateaux...) et indexés de A à Z. Grâce à une borne interactive, on peut obtenir des explications sur chaque objet.

***Neues Museum Weserburg*** *(plan A2)* **:** *Teerhof 20. • weserburg.de • Trams nos 1, 2 et 3 ; arrêt Am Brill. Tlj sf lun 10h-18h (11h le w-e et 21h jeu). Entrée : 8 € ; réduc.* Le musée d'art contemporain de Brême, sans lequel le patrimoine culturel et artistique de la ville ne serait pas complet. 350 œuvres d'artistes internationaux se partagent l'espace d'exposition, installé dans une ancienne usine de torréfaction.

***Focke Museum*** *(hors plan par D2)* **:** *Schwachhauser-Heerstr 240. • focke-museum.de • À env 3 km du centre. Trams nos 4 et 5, arrêt Focke Museum. Tlj sf lun 10h-17h (21h mar). Entrée : 6 € ; réduc. Demandez à la caisse les plaquettes en français.* Assez excentré, dans un environnement de verdure très agréable. Pour ceux que titille l'histoire de Brême et de sa région depuis le Moyen Âge. À l'entrée, admirez la tête de Roland et les statues originales qui ornaient le *Rathaus.* On y trouve de tout : peintures et photos de la ville au cours du temps, maquettes de maisons traditionnelles, sculptures, retables, chasse à la baleine, les chantiers navals, l'industrie automobile... Annexe consacrée à la préhistoire.

***Botanika et le parc à Rhododendrons*** *(hors plan par D2)* **:** *Deliusweg 40. • botanika.net • Au nord-est de la ville, non loin du musée Focke. Tram no 4 ou bus nos 21, 30 et 34 ; arrêt Horner Kirche. Accès au parc (gratuit) 7h-22h l'été (horaires réduits le reste de l'année). Botanika tlj 9h (10h w-e)-18h. Entrée : 8 € ; réduc.* Si vous êtes dans les parages entre fin avril et mai, qu'il fait beau, que vous avez du temps et que vous êtes un rhododendronmaniaque, venez jeter un œil à ce parc de 46 ha possédant plus de 1 600 types de rhododendrons sauvages. À l'intérieur se trouvent aussi le centre multimédia et les serres du *Botanika,* mais vu le prix d'entrée et ce qu'il y a à voir (du moins pour les non-germanophones), on vous conseille de vous contenter du parc.

**Universum Science Center** *(hors plan par D1) : Wienerstr 2. • universum-bremen.de • Tram n° 6, arrêt Universität. Lun-ven 9h-18h (dernière entrée à 16h30), w-e et j. fériés 10h-18h (dernière entrée à 16h30). Entrée : 16 € ; réduc.*
Accessible par un pont transparent, le bâtiment high-tech en forme de coquille de moule abrite la toute nouvelle cité des Sciences. Mieux vaut y aller l'après-midi car le matin, elle est envahie par les groupes scolaires. Trois parcours thématiques : l'univers, la Terre et l'homme. On a particulièrement aimé celui de la Terre où, au travers d'installations interactives, on en apprend sur les grands phénomènes géologiques et climatiques, de la formation du relief à l'effet refroidissant du vent sur la température ambiante, en passant par la raison pour laquelle la Terre est aplatie aux pôles. Les deux autres parcours sont de la même veine mais nous ont paru un peu moins explicites. À ne pas manquer tout de même : l'écran qui restitue (par infrarouge) les parties chaudes de votre corps et le « dôme tactile », un tunnel où seul le sens du toucher vous permettra de trouver la sortie.

## DANS LES ENVIRONS DE BRÊME



Le port de ***Bremerhaven*** s'étale sur la rive droite à l'embouchure de la Weser, à environ 58 km au nord de Brême. Grâce à ses passionnants musées, ce port de pêche et de transbordement de containers peut facilement vous retenir pendant une journée ; en revanche, comme l'ensemble urbain et portuaire n'est franchement pas joli et qu'on est tout près de Brême et de Hambourg, ce n'est pas la peine d'y passer la nuit. Tous les musées se trouvent sur le port, en plein centre. Accès fléché depuis l'autoroute : suivre « *Havenwelten* ».

**Deutsches Auswandererhaus** *(musée allemand de l'Émigration) :* *Columbusstr 65. • dah-bremerhaven.de • Mars-oct, tlj 10h-18h ; nov-fév, tlj 10h-17h. Entrée : 12,60 € ; réduc. Billet combiné avec le Musée maritime : 15,50 € ; réduc.*
C'est un voyage dans le temps que propose ce musée récent en vous donnant une carte d'embarquement à l'entrée : chaque visiteur endosse le rôle d'un(e) immigrant(e) qui a vraiment existé. Ils furent plus de 7 millions à partir du port de Bremerhaven pour le Nouveau Monde entre 1830 et 1974. Le musée retrace leur destin, associant les petites histoires avec la grande : grâce au *pass* magnétique, on active des installations multimédia astucieuses et originales. Du quai d'embarquement au flanc du paquebot *Lahn* où l'on côtoie des mannequins en costume du début du XX^e^ s et leurs malles, on emprunte l'échelle de coupée pour se retrouver dans le quotidien pas toujours confortable (cabines de 3^e^ classe à la promiscuité peu enviable), d'une croisière transatlantique vers New York, sur un bateau, où il ne manque que le mal de mer et les rats ! L'arrivée à Ellis Island est illustrée de manière émouvante avec les formalités sévères et les examens auxquels étaient soumis les immigrants avant de rejoindre la gare de Grand Central et leur nouveau destin. Une visite qui prend facilement plus d'une heure tant les détails ont été soignés, entre documents d'époque, reconstitutions réussies (mais explications seulement en allemand et anglais). Le musée a même pensé aux enfants avec l'espace *Kids' World.* L'ensemble n'est pas seulement une sorte de parc d'attractions historique, c'est aussi un lieu de mémoire : le centre d'archives sur les émigrés partis d'Allemagne vers les États-Unis permet à certains visiteurs de retrouver leurs ancêtres.
***Nouvelle aile :*** une architecture en cube pour abriter une expo passionnante sur un thème d'actualité sensible abordé de manière didactique et claire : l'immigration vers l'Allemagne depuis les huguenots en Brandebourg après 1685, jusqu'aux réfugiés récents des guerres du Moyen-Orient en passant par les Alsaciens après 1918, les juifs de l'Europe de l'Est, les travailleurs du STO durant la dernière guerre, les ouvriers italiens et turcs du miracle économique des années 1950-1960, les mineurs polonais, les réfugiés de RDA,

les boat-people du Vietnam, les Kossovars et Croates de l'ex-Yougoslavie. Amusante reconstitution du cinéma Roxy des années 1970.
En sortant, on peut voir, amarré devant le musée, le *Grönland,* le plus vieux voilier du pays conçu pour le long cours et encore en état de prendre la mer.

**Deutsches Schiffahrtsmuseum** *(Musée maritime) : • dsm.museum • Tlj 10h-18h (fermé lun nov-mars). Entrée : 6 € ; réduc. Billet combiné avec le musée de l'Émigration : 16 € ; réduc. Les explications sont en allemand, mais une brochure en anglais (que l'on achète à l'accueil) présente les parties les plus intéressantes. Il existe aussi un audioguide en français mais pas très bien fichu.* Un détour presque obligatoire pour les fondus de navigation. Organisé sur trois niveaux, ce musée décrit l'histoire du transport maritime à travers une remarquable collection de bateaux, objets, instruments et dioramas. La présentation date un peu, mais elle reste assez visuelle et attractive. Ainsi, on verra en priorité la *Hanse Kogge,* la carcasse d'une grosse barque de transport de 26 m (une cogue hanséatique) du XIVe s, retrouvée en 1961 dans la Weser. Belles figures de proue sculptées. Superbes maquettes et documents relatifs à la bataille du Jutland en 1916, la plus grande confrontation navale de la Première Guerre mondiale opposant près de 250 navires de la Royal Navy et de la flotte impériale allemande. Diaporama du ferry *Estonia* qui sombra corps et bien dans la Baltique en 1994 avec près de 1 000 personnes à bord. Dans la partie moderne du musée, une section sur l'océanographie, la navigation polaire avec le *Grönland* et la chasse à la baleine, et notamment le squelette d'un cachalot venu s'échouer à Bremerhaven en 1985. Voir également le poste de pilotage d'un cargo des années 1960, avec ses radars et instruments de navigation, et bien d'autres choses encore. Enfin, allez faire un tour dans le port du musée *(slt avr-oct),* où sont amarrées quelques perles de la marine allemande comme le *Seute Deem,* dernier grand voilier en bois d'Allemagne. La visite de ces bateaux est comprise dans le billet d'entrée, ainsi que celle du sous-marin de la Seconde Guerre mondiale, *Wilhem Bauer.*

**Klimahaus :** *sur le port. • klimahaus-bremerhaven.de • Avr-août, 9h-19h (w-e 10h) ; sept-mars, tlj 10h-18h. Entrée : 14,50 € adulte ; réduc. Durée totale de la visite : env 3h ! Attention, il y a toujours pas mal de queue pour entrer, que ce soit le w-e (familles) ou en sem (groupes scolaires).* Les Allemands sont à la pointe en matière d'écologie, ça, on le savait déjà. Ce centre ouvert en 2009 enfonce le clou : dans un bâtiment à l'architecture futuriste, une expo ultramoderne et totalement interactive, qui permet de découvrir les mystères du climat terrestre et de s'interroger sur l'avenir de la planète. Un voyage au cœur des écosystèmes mondiaux qui nous emmène à travers la chaleur sèche du Sahel puis le froid mordant de l'Antarctique, le tout rythmé par des expériences scientifiques à réaliser soi-même et ponctué par un édifiant voyage à la découverte du climat de la planète Terre... en 2050. Dommage qu'une fois encore, les explications (assez techniques) ne soient délivrées qu'en allemand et en anglais.

**Zoo am Meer :** *sur le port. ☎ 30-84-10. • zoo-am-meer-bremerhaven.de • Avr-sept, 9h-19h (mars et oct 18h, nov-fév 16h30). Entrée : 8,50 € ; réduc. Les animaux sont nourris vers 10h30 et 14h30.* Un petit zoo axé sur les animaux du Grand Nord : ours et renards polaires, harfangs des neiges, otaries, pingouins et lions de mer, ainsi que quelques animaux beaucoup moins polaires comme le chimpanzé ou le puma. Nombreux jeux et animations pour enfants. Pas d'un grand intérêt culturel, mais un bon moment de détente pour les familles.

## Où manger tant qu'on est là ?

**Lloyd's :** *H.-H. Meierstr 6. ☎ 0471-921-82-65. Plats 7-17 €.* Resto-bar pour un déjeuner en terrasse au milieu de l'architecture futuriste des musées et des gréements des bateaux de pêche. Harengs doux, salades, pâtes ou *schnitzel.*

LA BASSE-SAXE

# les ROUTARDS sur la FRANCE 2015-2016

(dates de parution sur • **routard.com** •)

## Découpage de la FRANCE par le ROUTARD

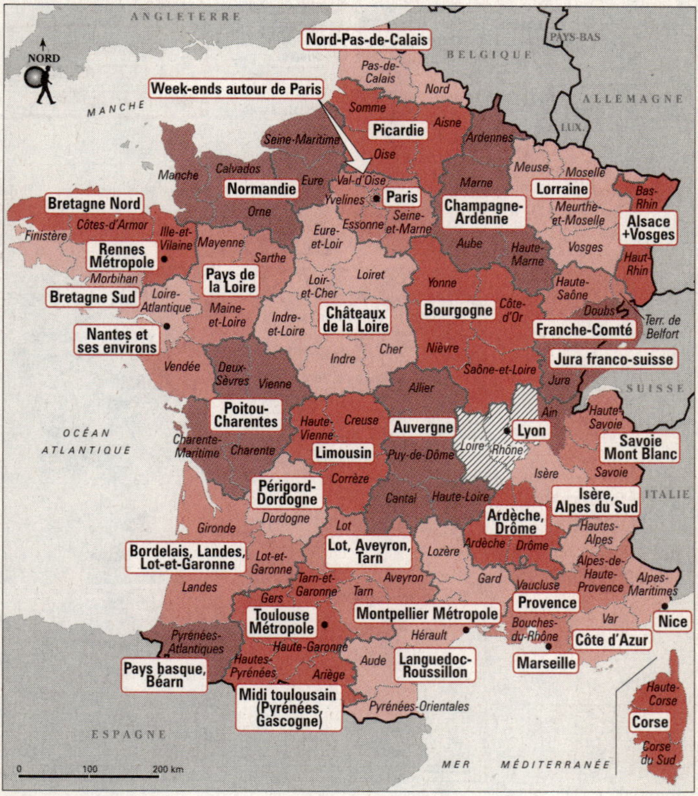


*Autres guides nationaux*

- La Loire à Vélo (février 2015)
- Les grands chefs du Routard
- Nos meilleurs campings en France
- Nos meilleures chambres d'hôtes en France
- Nos meilleurs hôtels et restos en France
- Nos meilleurs sites pour observer les oiseaux en France
- Tourisme responsable

*Autres guides sur Paris*

- Paris
- Paris à vélo
- Paris balades
- Restos et bistrots de Paris
- Le Routard des amoureux à Paris
- Week-ends autour de Paris

# les ROUTARDS sur l'ÉTRANGER 2015-2016

(dates de parution sur • **routard.com** •)

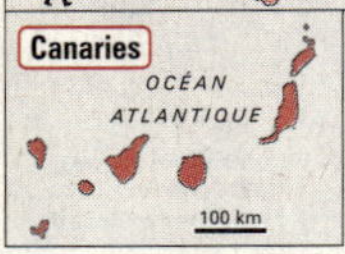


**Découpage de l'ESPAGNE par le ROUTARD**

**Découpage de l'ITALIE par le ROUTARD**

## Autres pays européens

- Allemagne
- Angleterre, Pays de Galles
- Autriche
- Belgique
- Budapest, Hongrie
- Crète
- Croatie
- Danemark, Suède
- Écosse
- Finlande
- Grèce continentale
- Îles grecques et Athènes
- Irlande
- Islande
- Madère (mai 2015)
- Malte
- Norvège
- Pologne
- Portugal
- République tchèque, Slovaquie
- Roumanie, Bulgarie
- Suisse

## Villes européennes

- Amsterdam et ses environs
- Berlin
- Bruxelles
- Copenhague
- Dublin
- Lisbonne
- Londres
- Moscou
- Prague
- Saint-Pétersbourg
- Stockholm
- Vienne

# les ROUTARDS sur l'ÉTRANGER 2015-2016

(dates de parution sur • *routard.com* •)

## Découpage des ÉTATS-UNIS par le ROUTARD

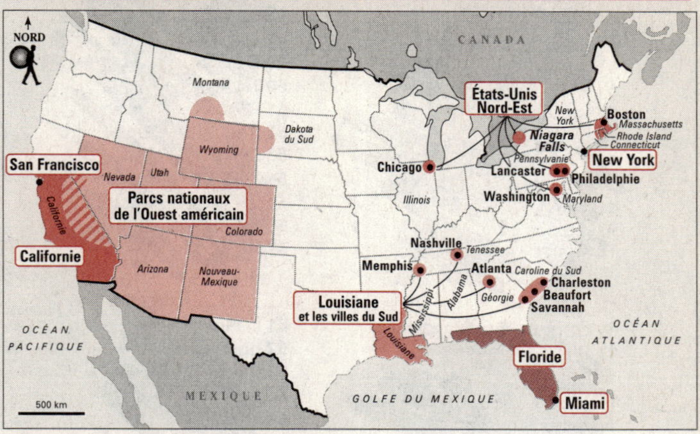


## Autres pays d'Amérique

- Argentine
- Brésil
- Canada Ouest
- Chili et île de Pâques
- Équateur et les îles Galápagos
- Guatemala, Yucatán et Chiapas
- Mexique
- Montréal
- Pérou, Bolivie
- Québec, Ontario et Provinces maritimes

## Asie

- Bali, Lombok
- Bangkok
- Birmanie (Myanmar)
- Cambodge, Laos
- Chine
- Hong-Kong, Macao, Canton
- Inde du Nord
- Inde du Sud
- Israël et Palestine
- Istanbul
- Jordanie
- Malaisie, Singapour
- Népal
- Shanghai
- Sri Lanka (Ceylan)
- Thaïlande
- Tokyo, Kyoto et environs
- Turquie
- Vietnam

## Afrique

- Afrique de l'Ouest
- Afrique du Sud
- Égypte
- Kenya, Tanzanie et Zanzibar
- Maroc
- Marrakech
- Sénégal
- Tunisie

## Îles Caraïbes et océan Indien

- Cuba
- Guadeloupe, Saint-Martin, Saint-Barth
- Île Maurice, Rodrigues
- Madagascar
- Martinique
- République dominicaine (Saint-Domingue)
- Réunion

## Guides de conversation

- Allemand
- Anglais
- Arabe du Maghreb
- Arabe du Proche-Orient
- Chinois
- Croate
- Espagnol
- Grec
- Italien
- Japonais
- Portugais
- Russe
- G'palémo (conversation par l'image)

## Le Routard Express

- Amsterdam (nouveauté)
- Barcelone
- Berlin
- Bruxelles (nouveauté)
- Florence (mars 2015)
- Istanbul (mars 2015)
- Lisbonne (nouveauté)
- Londres
- Madrid
- Marrakech (mars 2015)
- New York
- Prague
- Rome
- Venise

## Nos 1200 coups de cœur

- France (nouveauté)
- Monde

## Adresses utiles

1 Office d... tourisme
2 Of...
du... ar...
3 B...
4 Bu...
5 B...
6 ...o
7 ...
de... an...
...
de...
9 G...
Tere...

44 Restaura... Don ...ndo
45 Res...
46 A...
47 ...
48 T...
49 ...
50 Te...
51 R...
52 Re... Don Pedro
53 C... el Monte
54 ... Te...o
55 ...
56 ...a
57 ...

## Où dormir ?

11 Pension ... Naç...es
12 ...l
...aixa
1...
...
1...
17 ...el
...omeu
19 ...omeu
...
23 R...s
24 H...
25 Ho... Melo

## Où boire un verre ?

61 Caruag...m Bar
62 Bar d...
63 Pin...
64 B...
65 ...
66 ...
67 ...a
68 ...
69 ...
70 ...
71 ...
72 O...
73 Ti ...
74 Caf... Belem
75 Caf...
76 Es...rde

## Où manger ?

30 Restaurante Fernando
31 Rest...
32 A...
33 C...
34 T...
35 ...Fernand...
3...
37 ...elem
38 ...esta... Pedro
39 C...te
40 C...
41 ...
42 ...

## Où sortir?

83 Pingouin do Norte
84 Pav...
85 ...
86 ...a
87 B...
88 Ca... do Mo...e

## À voir

90 Palacio do Monte
91 Pavilh... M...tre
92 Ce...ral
93 M...
94 ...

Look!
Le guide du
routard
Disponible
sur iPhone
Pour vous faire
comprendre partout
dans le monde !
Randonnée à dos de ...
Riding a...
Achetez
l'application sur
l'App Store
2,99 €

Espace offert par l'annonceur – Avec le soutien de l'agence ★ EURO RSCG C&O
RÉPARER LES VIES
HANDICAP
INTERNATIONAL

# INDEX GÉNÉRAL

## A



## B

## C



## D



## E



INDEX

## F



## G



## H



## I-J-K



INDEX

# L



# M-N



INDEX

# O-P-Q



# R

## S-T



INDEX

## U-V



## W-Z

# OÙ TROUVER LES CARTES ET LES PLANS ?



INDEX

**IMPORTANT : DERNIÈRE MINUTE**

Sauf rare exception, le *Routard* bénéficie d'une parution annuelle à date fixe. Entre deux dates, des événements fortuits (formalités, taux de change, catastrophes naturelles, conditions d'accès aux sites, fermetures inopinées, etc.) peuvent intervenir et modifier vos projets de voyage. Pour éviter les déconvenues, nous vous recommandons de consulter la rubrique « Guide » par pays de notre site ● ***routard.com*** ● et plus particulièrement les dernières ***Actus voyageurs.***

## *Les* **Routards** *parlent aux* **Routards**

Faites-nous part de vos expériences, de vos découvertes, de vos tuyaux. Indiquez-nous les renseignements périmés. Aidez-nous à remettre l'ouvrage à jour. Faites profiter les autres de vos adresses nouvelles, combines géniales... On adresse un exemplaire gratuit de la prochaine édition à ceux qui nous envoient les lettres les meilleures, pour la qualité et la pertinence des informations. Quelques conseils cependant :

– Envoyez-nous votre courrier le plus tôt possible afin que l'on puisse insérer vos tuyaux sur la prochaine édition.
– N'oubliez pas de préciser l'ouvrage que vous désirez recevoir.
– Vérifiez que vos remarques concernent l'édition en cours et notez les pages du guide concernées par vos observations.
– Quand vous indiquez des hôtels ou des restaurants, pensez à signaler leur adresse précise et, pour les grandes villes, les moyens de transport pour y aller. Si vous le pouvez, joignez la carte de visite de l'hôtel ou du resto décrit.
– N'écrivez si possible que d'un côté de la lettre (et non recto verso).
– Bien sûr, on s'arrache moins les yeux sur les lettres dactylographiées ou correctement écrites !

En tout état de cause, merci pour vos nombreuses lettres.

***Les Routards parlent aux Routards :***
***122, rue du Moulin-des-Prés, 75013 Paris***

**e-mail :** • ***guide@routard.com*** •
**Internet :** • ***routard.com*** •

## **Routard Assurance** *2015*

Née du partenariat entre *AVI International* et le *Routard*, *Routard Assurance* est une assurance voyage complète qui offre toutes les prestations d'assistance indispensables à l'étranger : dépenses médicales, rapatriement médical, caution et défense pénale, responsabilité civile vie privée et bagages. Présent dans le monde entier, le plateau d'assistance d'*AVI International* donne accès à un vaste réseau de médecins et d'hôpitaux. Pas besoin d'avancer les frais d'hospitalisation ou de rapatriement. Numéro d'appel gratuit, disponible 24h/24. *AVI International* dispose par ailleurs d'une filiale aux États-Unis qui permet d'intervenir plus rapidement auprès des hôpitaux locaux. *AVI International* est un courtier reconnu qui gère lui-même ses dossiers et garantit une réponse rapide et simple. C'est aussi la filiale d'un groupe (SPB) présent à l'international. Pour toutes vos questions : ☎ 01-44-63-51-00 ou par mail • *routard@avi-international.com* • Conditions et souscription sur • *avi-international.com* •

Édité par Hachette Livre (43, quai de Grenelle, 75905 Paris Cedex 15, France)
Photocomposé par Jouve (45770 Saran, France)
Imprimé par Jouve 2 (Quai n° 2, 733, rue Saint-Léonard, BP 3, 53101 Mayenne Cedex, France)
Achevé d'imprimer le 9 février 2015
Collection n° 13 - Édition n° 01
34/4445/5
I.S.B.N. 978-2-01-002759-8
Dépôt légal : février 2015

# Allemagne

Écouter un concert d'orgue dans le cadre somptueux de la cathédrale de Cologne. Parcourir la vallée de la Moselle, entre riesling moelleux et vieilles pierres bien dures. Explorer la « Rome du Nord » et l'aimer sans Trève(s). Se promener le matin à Fribourg, à travers les étals du marché. Buller sur la plage, au bord du lac de Constance. Déambuler dans le quartier des pêcheurs à Ulm. Partir sur les traces de Louis II, roi de Bavière…

- Toutes les infos utiles pour bien préparer votre voyage.
- Tous les bons plans pratiques et culturels pour aborder le pays dans son ensemble et son actualité.
- Des centaines d'adresses vérifiées sur le terrain !
- Nos coups de coeur, des incontournables aux visites hors des sentiers battus.
- Des anecdotes surprenantes.
- 47 cartes et plans avec toutes nos adresses positionnées.

Pensez aussi au guide de conversation…

Photo : R. Delalande et E. Dessons
Photo de couv. : René Mattes

Thierry, Anne-Caroline, Gavin's, Benoît, Pierre, Jean-Sébastien, Alain, Olivier, Isabelle, Mathilde, Fiona, Bénédicte, Marie, André, Éléonore, Florence, Amanda, Carole, Philippe, Véronique, Anne, Géraldine.

14,20 € Prix TTC France

Découvrez toutes les photos de l'Allemagne sur • routard.com •
Attention au coût de connexion à l'étranger, assurez-vous d'être en wifi !

PAPIER À BASE DE FIBRES CERTIFIÉES

hachette TOURISME

ISBN 978-2-01-002759-8
9 782010 027598
34/4445/5